仏英独=和
［新］洋菓子辞典

DICTIONNAIRE DES TERMES DE LA PATISSERIE

逆引き用語集 付き

千石玲子
千石禎子　［編］
吉田菊次郎

白水社

装丁　森デザイン室

新版　まえがき

　本辞典の初版(1989)が出てから20年余りが経過し、実に多くの方に愛用して頂いた。しかしここ10年、日本のパティシエたちの技術は高度に磨かれ、フランス菓子は本国に勝るとも劣らない美しさを誇り、一般の人たちの知識も味覚力も飛躍的に増している。
　フランスにおいても、この10年余の間に菓子を含む料理の概念はいっそう明確化し、技術も表現も洗練され、一方で旺盛に他国のものを取り入れ新しい味との出会いによる創造への意欲も強い。こうした状況を受け、ラルース料理辞典もピエール・ロビュションの構想のもと1996年、2007年とかつてない早さで改訂版が出された。2007年版は大辞典と銘打ち(Le grand Larousse gastronomique)作品、食材、技術をカラー写真に収め視覚的にも美しい。パティスリー関係はピエール・エルメとルノートル製菓学校教授が執筆にあたり、フランスの食文化のなかにパティスリーがしっかり位置づけられている。2010年フランス料理が世界無形文化遺産に登録されたのも優れた才能の努力とフランス文化の伝統の賜物、今風にいえば"幸せなマリアージュ"であるといえる。
　情報や知識の収集法も大変革を遂げた。ネット検索のここ数年の普及によって実に簡単に知りたいことを知ることができるようなった。さらにインターネットは複数の言語による検索も容易にし、一つの事象を複眼的にグローバルに捉える道も拓いた。
　ここで敢えて「辞典」を再版する意味は、20年間の変化に対応することであるが、初版のコンセプトは変わっていない。そのひとつは事象をことばでもって客観的に定義することである。それは欧米のとりわけフランスの文化の伝承法である。昨今の真偽とり混ぜた膨大なネット情報は、それらを見分ける基準さえ危うくしているようにおもわれる。本辞典が一つの基準点を提供できることを願ってやまない。
　再版に際し、P.エルメ著『Le Larousse des Desserts』(2006)と『ph10』(2007)、新版の『Compagnons et maître pâtissier』を参照し、用語関係および基礎となるクラシックな菓子の記述を強化した。また歴史的菓子については必要に応じ、その背景も加えた。用具については、マトファ(Matfer)社カタログ(2010年版)に拠った。
　あらたな見出し語として風土色豊かな素朴な地方菓子を出来る限り採録した。イギリスの誇りたかき伝統の地方菓子と家庭菓子の充実にも努めた。重厚なドイツ菓子と併せ、三国の菓子を通しての交流を垣間みて頂いたら、またそこに日本の洋菓子、パティスリーの立ち位置を知る手がかりを見いだして頂ければ望外の喜びである。執筆はドイツ語は吉田菊次郎、フランス語、英語については千石玲子、千石禎子が担当した。
　最後に若々しい感性と活力をもって編集の任にあたられた製作部の大内直美氏に、そして静かにしっかりと舵取りをしてくださった及川直志氏にこころから感謝を申し上げたい。
　　2011年12月15日記

　　　　　　　　　　　　　　　　　　　　　　　　　　編者代表　千石玲子

凡　例

1. 見出し語・発音・品詞

1) フランス語, 英語, ドイツ語をABC順に並置配列し, ○内に略号でそれぞれの言語を示した. →[略号一覧] p.4
2) 発音は, [　]内にカタカナ表記で示し, ひとつの目安としての役割にとどめた. したがって日本語にない音を表現する場合に起こる煩雑さをさけるため極力単純化し, 微妙な差違は区別せず, アクセントも省いた. カタカナ中の半角スペースは語の区切りを示す (langue de chat [ラング ド シャ]). 男性・女性で発音が異なる場合は, 音節を単位として異なる部分のみ「,」の後に示した.
3) †は語頭のhが有音であることを示す.
4) 品詞及び性・数は, □内に略号で示した. →[略号一覧] p.4
5) 見出し語が性・数によって語尾変化する場合は, 付加する部分, あるいは入れ替わる部分をイタリック体で示した. 男女同形語尾にsだけをつける複数形は指示を省き, 男性複数形が例外的な場合は, 複数形語尾を(男複〜*aux*)などと示した.

    例)　**croqu**ant, *e* [クロカン, カント]
    　→男性形 **croquant** [クロカン]
    　　女性形 **croquante** [クロカント]

    　　blanc, *che* [ブラン, ブランシュ]
    　→男性形 **blanc** [ブラン]
    　　女性形 **blanche** [ブランシュ]

    　　original, *ale* (男複〜*aux*) [オリジナル, ノー]
    　→男性単数形 **original**
    　　女性単数形 **originale**
    　　男性複数形 **originaux**
    　　女性複数形 **originales**

6) 代名動詞は「‖」の後に「**se**〜 代動」「**s'**〜 代動」として示した.
    例) **effriter**... ‖ **s'**〜 代動 →　代名動詞は s'effriter
7) 見出し語で省略可能な文字もしくは単語がある場合, 該当文字・単語を (　) でくくった.

2. 関連語

1) 各言語の見出しの後, あるいは記述内で, 必要に応じて他の言語の該当語を (　) 内に示した. その場合, 料理書内で使用されている語をできるかぎり当て, 単なる置き換えは慎んだ. したがって若干説明的な表現を用いたり, 1つの語に数語をあげることになった. 同義語, 同義表現, 異綴語は「＝」あるいは「⇒」で提示した.「⇒」

の場合は,送り先に見出し語があるが,「=」の場合は,見出し語がない場合もある.
2) 特定の見出し語間の包括的な理解のために,「→囲み[sucre]」,「→〔付録〕le sirop et le sucre cuit」のような指示を付し,利用者の便を図った(ただし,囲み内の見出し語までは指示していない.これは,「逆引き用語集」においても同様である).

3. 訳語・語義・説明・囲み
1) 語義は基本区分を❶❷❸で示し,下位区分として,必要に応じ1),2),3),またはa),b),c)を用いた.
2) 同じ見出し語で品詞を異にする場合は「∥」の次に見出し語を再提示した.
3) 見出し語の用例を示す際には,用例の前に「／」を付した.「~」は見出し語の繰り返し(不変部分)を示す.

    froid : ／ à ~   →à froid
    gazeux, *se* : ／ eau ~se   →eau gazeuse

4) 菓子名,菓子用語について定着した日本語がない場合は訳語は当てず,形態,製作法,状態等の説明によって語釈とした.
5) 訳語を持たない見出し語が他項目の説明に必要な場合,カタカナ発音表記をそのまま用いた.
6) フランス菓子については,フランスの製菓上の分類を〔 〕で示した.内訳は,〔パティスリー〕〔糖菓〕〔氷菓〕の3部門を基本とし,〔パティスリー〕部門のみ,〔アントルメ〕〔冷アントルメ〕〔温アントルメ〕〔温冷アントルメ〕〔プティフール〕〔プティフールセック〕〔プティフールフレ〕と分化し,それに〔揚げ菓子〕を加えた.地方の菓子は〔地方菓子〕とし,特に〔パティスリー〕〔糖菓〕などの区別は行なわなかった.その他,歴史上の菓子,工場製品,家庭でつくる菓子,外来の菓子については上記の分類は行なわなかった.
7) 〔 〕は上記分類の他,カテゴリーを示す際にも用いた.
    〔植〕(=植物)   〔化〕(=化学)
    〔古〕(=古い意味,用法)   〔稀〕(=稀な用法)
    〔俗〕(=俗語)   〔製パン〕
    〔醸造〕   〔飲み物〕
    〔ケーキ製法〕   〔製菓用具〕
    〔商標〕   〔料理用語〕
    〔プロ用語〕   〔アイスクリーム製造用語〕
    〔食品添加物〕   〔カトリック〕 ほか
8) beurre ほかの重要語については,囲みを設け,一覧性をもたせた.

4. 逆引き用語集
1) 巻末の「逆引き用語集」は,見出し語の訳語として掲げた日本語から菓子製作においてよく使われる語を選び,五十音順に配列した(「ヴ」を使用,カタカナの「ー〔音引き〕」は直前の母音の音を考慮に入れる).ただし,対応するフランス語,英語,

ドイツ語は，必ずしも日本語見出しに直接対応するものではなく，本文見出しの記述内に関連情報があることを示す．用語集を利用する際は，必ず本文に戻って確認されたい．
2) 選んだ語は，菓子名，製菓用語とした．人名，地名などの固有名詞，副詞は省いた．
3) 本文中に訳語がない見出し語は，カタカナ発音表記をそのまま用いた．ただし若干日本語化し，検索の便を図ったものもある．

略号一覧

- 仏　フランス語
- 英　英語
- 米　アメリカ英語
- 独　ドイツ語
- 名　名詞
- 固　固有名詞
- 男　男性名詞，男性形
- 女　女性名詞，女性形
- 中　中性名詞，中性形
- 他　他動詞
- 自　自動詞
- 代動　代名動詞
- 形　形容詞
- 副　副詞
- 複　複数
- 〈　〉　前の語への付加

仏英独 = 和

囲み項目

banane fruit	25
beurre	34-35
bombe	42
cacao	57
caramel	62
chocolat	74-75
confiserie	86
couverture	94
crème fraîche	100
eau	126
farine	145
feuilletage	149
fond de pâtisserie	156
fruit à l'alcool	163
gâteau de circonstances	171
herbes aromatiques	192
huile	195
lait	217
macaron	228-229
moule à glaces	254
nougat	265
nouvelles M.G.V.	244
raisin sec	328
rhum	337
riz	340-341
sucre	380-381
sucre d'art	382

A.B. ［アベ］⟨仏⟩⟨女⟩ 有機農法（→agriculture biologique）による生産物であることを保証するフランスおよびEU（2004年以降）のロゴマーク. 保証を示すマークと第三者機関による認定のマークの2種類ある. 加工品の場合, これらのオーガニック生産品が95％以上含まれていなければならない. ロゴマークの貼付は任意. 2010年7月より, EUのオーガニック認定の新しいロゴマーク, ユーロリーフ（星で構成された葉の形）に移行, EU圏内産品か圏外産品か, または生産国名, 認定番号の記載と貼付が義務づけられた

abaisse ［アベス］⟨仏⟩⟨女⟩ ❶（焼成前の）のばした生地. パート・ブリゼ, パート・フイユテなどを麺棒で必要な厚さにのばしたもの（⟨独⟩ausgerollter Teig, ⟨英⟩thinly-rolled paste）❷（間にクリーム類を塗るために水平に切った）ビスキュイ, ジェノワーズの薄切り ❸（ミルフイユ製作のため）長方形に焼きあげたパート・フイユテ ❹（菓子の底, 台をつくるため）平らにのばしたヌガー ❺（＝～ de sucre）光沢をつけるため引きのばしたアメ ＝croûte de sucre

abaisser ［アベセ］⟨仏⟩⟨他⟩ ❶（麺棒などを使って, 必要な厚さに生地などを）平らにのばす（⟨独⟩ausrollen, auswalzen, ⟨英⟩laminate, roll ⟨out⟩）❷（ビスキュイ, ジェノワーズを何枚かに）水平に切る

Abendessen ［アーベントエッセン］（⟨仏⟩dîner, ⟨英⟩dinner, supper）⟨独⟩⟨中⟩ 夕食

Aberdeen gingerbread ［アバディーン ジンジャーブレッド］⟨英⟩⟨名⟩ スコットランド, アバディーン市の生姜（しょうが）入りケーキ, ジンジャーブレッド. オートミール, 小麦粉, ゴールデンシロップ, バター, 粗糖, 重曹, 生姜を混ぜて直径18㎝の正方形の型で焼く. 冷めてから小さな四角形に切って供する

abflämmen ［アップフレメン］⟨独⟩⟨他⟩ 菓子の表面を強火のオーヴン（上火のみ）やガスバーナーあるいはサラマンダーで, さっと焦げ目をつける

abîmer ［アビメ］⟨仏⟩⟨他⟩ 傷つける, 損なう ‖ s'～ ⟨代動⟩ 傷む, 損なわれる

abkühlen⟨lassen⟩ ［アップキューレン（ラッセン）］（⟨仏⟩refroidir, ⟨英⟩cool down）⟨独⟩ 冷却する, 冷ます→erkalten

abnehmen ［アップネーメン］（⟨仏⟩diminuer, ⟨英⟩decrease）⟨独⟩⟨自⟩ 減る

abnetzen ［アップネッツェン］⟨独⟩⟨他⟩ 薄く焼いた菓子から紙をはぎとりやすくするために, 紙の上に生地や種を絞る時に, 紙の裏面を水で軽く濡らす

abondamment ［アボンダマン］⟨仏⟩⟨副⟩ たっぷりと, 多量に, 豊富に

abondance ［アボンダンス］（⟨独⟩Überfluss, ⟨英⟩abundance, plenty）⟨仏⟩⟨女⟩ 多量, 豊富 / à l'époque de l'～ des pommes りんごの出盛りの季節に

aboukir ［アブキール］⟨仏⟩⟨男⟩ ❶〔アントルメ〕ジェノワーズをシャルロット型で焼き, 数段に切り分け, 間にマロンクリームを塗り, 菓子全体にコーヒー風味のフォンダンをグラセしたもの. 刻んだピスタチオを振りかける ❷〔プティフール〕amandes ～ アメがけをした緑色またはローズ色のパート・ダマンド. 中に薄皮をむいたアーモンドの実を入れる. 伝統的に紙のケースに入れる

abpressen ［アッププレッセン］⟨独⟩⟨他⟩（果汁などを）絞る→dressieren, drücken, spritzen

abricot ［アブリコ］⟨仏⟩⟨男⟩ ❶〔植〕バラ科, 杏（あんず）. 原産は中国. オレンジ色の丸い実. 果皮は薄く, ビロード状. 果肉は柔らかく水分がほとんどない. 甘く, 香りがよい. 種子はなめらかで, 果肉から容易に離せる. 仁はジ

ャムをつくる時に香りづけに用いる．カロチン，無機塩類，糖分（カロリーのない）を含む．完熟採取が必要なことと，果実そのものが傷つきやすいため輸送に適さない．ドライフルーツ，シロップ煮，ジャム，ジュース，アルコール漬け，砂糖漬けなどにする．パティスリー，糖菓製作には欠かせない（独Aprikose, 英apricot) ❷〔地方菓子〕／〜des Vosges ヴォージュ地方の杏のパート・ド・フリュイ．キルシュに漬けた杏の仁を包み込んである

abricot du Japon ［アブリコ デュ ジャポン］（仏）男〔植〕柿の実→ kaki

abricotage ［アブリコタージュ］（仏）男 菓子の表面に杏（あん）ジャムを薄く塗ること

abricoter ［アブリコテ］（仏）他（菓子の上面に刷毛やパレットナイフを使って）杏（あん）ジャムを塗る．風味を増したり，表面の艶出し，菓子の乾燥を防ぐために行なう→napper

abricotine ［アブリコティーヌ］（仏）女 ❶スイス，ヴァレー地方の杏（あん）のオドヴィ ❷〔プティフール〕小麦粉，粉末アーモンド，粉糖，卵白を合わせた生地を小さなボール状にして焼き，半分に割った片方の中身をくりぬいて杏ジャムを詰め，残りの片方と合わせる

abricot-pays ［アブリコ ペイ］（仏）男〔植〕アンティル諸島の果物．小さなメロン程度の大きさ．果皮は厚い．果肉は杏（あん）色で，ジャム，シャーベット，ジュースにする

abrösten ［アップレーステン］（独griller, grill, roast) 独他（網で）焼く→rösten

abschäumen ［アップショイメン］独他 煮立てた糖液の表面に浮かぶ不純物をすくいとる

abschmecken ［アップシュメッケン］独他 生地や種に香料を加える

Abschneidemaschine ［アップシュナイデマシーネ］（仏trancheuse, 英slicer, slicing machine)独女 スライサー

absinthe ［アプサント］（仏）女 ❶〔植〕キク科ヨモギ属．苦よもぎ．香味成分のツヨンを含みアニスに似た強い香りがある．昔から解熱剤や強壮剤として知られ，食欲増進の飲み物にも用いられた ❷アブサン．薬草系リキュールの一種．緑色．苦よもぎ，アニス，ういきょう，ヒソップをアルコールに浸し，蒸留したもの．1797年に商品化されるが，「緑の魔女」といわれ神経系を侵す毒性があるとして1915年に法律で使用を禁止された．2005年にツヨンの残存許容量が微量であることを条件に解禁 ❸アニスの香りがするリキュールの一種．アブサン禁止以降つくられるようになり，類似の香りがある

Absonderung ［アップゾンデルング］（仏séparation, 英separation)独女 分離

absorb ［アブソーブ］（仏absorber, 独absorbieren, aufsaugen)英他 ❶吸収する ❷同化する

absorbant,e ［アブソルバン，バント］（仏）形 吸収する，吸収力のある／ papier 〜 吸取紙 ‖ absorbant 男 吸取剤

absorber ［アブソルベ］（仏）他（水分などを）吸収する，吸い込む

absorption ［アブソルプスィヨン］（仏）女 吸収

abspachteln ［アップシュパハテルン］独自 削る = abstreifen →raspeln

absterben ［アップシュテルベン］独自（フォンダンなどが）糖化する，白っぽくなる

abstreifen ［アップシュトライフェン］独他→abspachteln, raspeln

abtropfen ［アップトロップフェン］（仏égoutter, 英drain)独自 水を切る

Abwaschbecken ［アップヴァッシュベッケン］（仏évier, 英sink)独中 流し台，シンク

acacia ［アカスィア］（仏）男〔植〕マメ科．にせアカシア．針えんじゅの通称．5月に，香りがよい房状の白い花をつける．この花でベニエ，サラダ，自家製のリキュールをつくる→beignet de fleurs d'acacia

acajou ［アカジュー］（仏）形 マホガニー色の，赤褐色の ‖ acajou 男〔植〕❶ウルシ科．カシューの木／ noix d' 〜 カシューナッツ（独Cashewnuss, 英cashew nut) ❷センダン

科. マホガニー.

accélérer ［アクセレレ］（独 beschleunigen, 英 accelerate）仏他 速める, 加速する, 促進する ‖ s'～ 代動 速くなる

accentuer ［アクサンテュエ］仏他 ❶目立たせる, 強調する ❷強化する, 増大する

accolé,e ［アコレ］仏形 連結された, くっついた, 張り合わされた／biscuits à la cuillère ～s 1本1本を隣り合わせに接して絞ったビスキュイ・ア・ラ・キュイエール／tranches de biscuit ～es 薄焼きにした数枚のビスキュイの間にジャムなどを塗って重ね, 2～3mmの厚さに小口切りしたもの. これをセルクル型などの側面に張り, 周囲が縞模様のアントルメなどをつくるのに使う

accoler ［アコレ］仏他 ❶並べる（独 legen, 英 place together）❷連結する, 張り合わせる ❸張りつける ‖ s'～ 代動 合わさる, つながる

accommoder ［アコモデ］（独 kochen, 英 prepare）仏他 調理する, 料理をつくる. 下ごしらえ, 調味, 加熱を含めた料理全般の作業をいう→apprêter

accompagnement ［アコンパニュマン］（独 Beilage, 英 accompaniment, trimming）仏男 添え物, 付け合わせ／sauce d'～ 別添えのソース（フランボワーズのクリ, チョコレートソースなど）

accompagner［アコンパニエ］（独 begleiten, 英 accompany）仏他 ❶～ de... （…を）伴わせる, 付け加える, 添える ❷（料理と）一緒に飲む, 食べる ❸付随する ❹一緒に行く, 同行する ‖ s'～ 代動 ～ de... （…を）伴う

acérola ［アセロラ］仏女〔植〕キントラノオ科. アセロラ, バルバドスチェリー. 原産は西インド諸島, 南アメリカ. 常緑低木. 果実は鮮赤色で小さく, さくらんぼに似ている. 甘酸っぱい. ビタミンCが豊富＝cerise des Antilles, cerise des Barbades

acide ［アスィッド］（独 sauer, 英 acid, sour）仏形 ❶酸っぱい ❷刺すような, 刺激的な ❸酸性の ‖ acide 男 ❶酸っぱいもの ❷〔化〕酸／～ citrique クエン酸／～ pectique ペクチン酸

acide carminique ［アスィッド カルミニック］仏男〔化〕カルミン酸. コチニール色素の主成分. 赤色染料の成分→carmin

acide tartrique ［アスィッド タルトリック］仏男〔化〕酒石酸, クリームタータ. 糖液を煮詰める際に, 結晶化を防ぐために添加する

acidité ［アスィディテ］（独 Säure, 英 acidity）仏女 酸味, 酸っぱさ

acidulé,e ［アスィデュレ］（独 sauer, 英 acid, acidulated）仏形 酸味のある, 少し酸っぱい／pomme ～e 酸味のあるりんご

aciduler ［アスィデュレ］（独 säuern, 英 acidulate）仏他 （レモン果汁, 酢などを加え）酸味を帯びさせる, 酸味をつける ‖ s'～ 代動 酸味を帯びる

acier ［アスィエ］仏男 鋼(はがね), 鋼鉄／en ～ inoxydable ステンレス製

âcreté ［アクルテ］（独 Schärfe, 英 acridity）仏女 （味, 匂いの）きつさ, 刺激, 辛さ

adapter ［アダプテ］（独 anpassen, 英 adapt, fit）仏他 ぴったり合わせる, 適応させる ‖ s'～ 代動 ぴったりと合う, 適応する

additif alimentaire ［アディティフ アリマンテール］仏男 食品添加物. 味, 色をよくし, 保存性を高めるもの

additionner ［アディスィョネ］（独 addieren, 英 add）仏他 加える

adéquat,e ［アデクワ, クワット］仏形 （目的などに）ぴったり合った／une longueur ～e 適切な長さ

adhérer ［アデレ］（独 ankleben, 英 adhere, stick）仏他 ❶ぴったりとくっつく, 密着する ❷張りつける／pour faire ～ les raisins レーズンがぴったりとくっつくように

adhésion ［アデズィヨン］仏女 付着

adjonction ［アドジョンクスィヨン］仏女 添加, 付け加えること

adoucir ［アドゥスィール］（独 lindern, 英 soften, sweeten）仏他 和らげる／La groseille adoucit le goût du cassis. グロゼイユのジャム は, カシスの味を和らげる

adragante [アドラガント] (独Tragant, 英tragacanth) 仏女 アドラガントゴム, トラガカントゴム. マメ科レンゲ属の低木からとれるゴムの一種. 水分を加えると粘性のある水溶液となる. パスティヤージュなどをつくる時に, 保形性を高めるために加える → gomme adragante

aerated goods [エアレイテッド グッズ] 英名複 (イーストの代わりに) ベーキングパウダーを加えて焼いた製品. 朝食用即席パン = baking powder goods → baking powder, bun, farl, oatcake, pancake, scone, soda bread

aérateur, trice [エアラトゥール, トリス] 仏形 ❶空気を入れる (含ませる) / agent 〜 含気剤. 卵白, ゼラチン, カゼインなど ❷通風の, 換気の

aeration [エアレイション] (仏aération) 英名 ❶材料をよくかきたて, 空気を混ぜ込むこと ❷イーストやベーキングパウダーから発生するガスにより, パンなどを膨らませること

aéré, e [エアレ] 仏形 ❶風通しのよい ❷空気を含んだ

aérer [エアレ] (英aerate, air) 仏他 ❶空気を含ませる ❷風を入れる

aérobatteur [エアロバトゥール] 仏男 生クリーム泡立て器. 短時間で生クリームを泡立てて約3倍量にする = appareil à crème fouettée, compresseur d'air

aérobie [エアロビ] 仏形 好気性の / germes 〜s 好気性病菌

affaiblissement [アフェブリスマン] 仏男 弱化, 弱くなること

affaissement [アフェスマン] 仏男 くぼみ, へこみ, 沈み込むこと, 陥没

affaisser [アフェセ] (英make sink, weigh down) 仏他 くぼませる, へこませる ‖ s'〜 代動 沈下する, 陥没する, くぼむ

afternoon tea [アフタヌーン ティー] 英名 午後(2時〜5時)のお茶. 数種のケーキ, ビスケットの取り合わせ, スコーン(バター, ジャム, クロテッドクリーム付き), ティーブレッドなどを紅茶と共に供する. 居間のローテーブルで供するところからローティー(= low tea)ともいう. 18世紀に遡る習慣で, 当時は軽食をとった → high tea, tea bread, tea cake, tea loaf

afternoon tea fancies [アフタヌーン ティー ファンスィーズ] 英名複 午後のお茶用小菓子類. スラブケーキを切り分けたものからプティフールまで含まれるが, 特にパート・ダマンド, グラサージュ, バタークリームで全体をおおって簡単に装飾した小菓子を指す → fairy cake, Genoese fancy, Genoese glacé, slab cake

Agar-Agar [アーガル アーガル] (仏agar-agar, gélose, 英agar-agar) 独男 寒天

agar-agar [アガラガール] (独Agar-agar, 英agar-agar) 仏男 ❶天草 ❷寒天 → gélose

agent [アジャン] 仏男 作用物, 薬剤 / 〜 levant 膨張剤

agent de texture [アジャン ド テクスチュール] 仏男 組成剤. 食品の濃度, 粘性, 流動性などを増す添加剤. レシチン, 寒天, カラギーナン, ペクチン, アラビアゴム, アルギン酸塩など

agglomérer [アグロメレ] 仏他 寄せ集める, 混ぜ合わせて一体にする, 固める ‖ s'〜 代動 寄り集まる, 固まる

agiter [アジテ] 仏他 揺り動かす, 揺さぶる, かき混ぜる ‖ s'〜 代動 ❶揺れる ❷動き回る

agrémenter [アグレマンテ] 仏他 ❶飾る ❷楽しくする

agriculture biologique [アグリキュルテュール ビオロジック] (英organic farming, biologische Landwirtschaft) 仏女 有機農業(法). 有機肥料(堆肥, 腐葉土, ミネラルなど), 地質の保護(表土の入れ替え, 除草剤禁止), 輪作(穀物と野菜類), 化学合成の殺虫剤の禁止などによる農法. 1981年, フランス政府が指針を制定. 1991年, 初めての

有機農産物を認定．2000年，畜産物に適応 → A.B.

agrume ［アグリューム］(仏)(男)〔植〕[複] 柑橘類．シトラス属の果実．みかん，オレンジ，ベルガモット，セドラ，レモンなど．原産はアジア．主に地中海地方，南北アメリカに広まる → ［付録］les fruits

Ahornsirup ［アーホルンズィールプ］(仏 sirop d'érable, 英 maple syrup) (独)(男) メープルシロップ

Ahornzucker ［アーホルンツッカー］(仏 sucre d'érable, 英 maple sugar) (独)(男) かえで糖

aide ［エード］(仏)(女) 補助，助け／à l'～ de … …を使って

aigre ［エーグル］(独 sauer, 英 sour) (仏)(形) 酸っぱい

aigre-doux, ce ［エーグル ドゥー, ドゥース］(仏)(形) 甘酸っぱい

aigrelet, te ［エグルレ, レット］(仏)(形) 少し酸味のある，酸味がかった

aigrette ［エグレット］(仏)(女) ❶クロカンブッシュなどの頂点の飾り．引きアメ，ヌガティーヌでつくった小物など ❷(孔雀などの)冠羽 ❸冠羽状の飾り

aiguillette ［エギュイエット］(仏)(女) ❶飾りひも ❷細切りにしたもの

aiguiser ［エギゼ］(仏)(他) ❶酸味（香辛料）をきかせる (独 stimulieren, 英 sharpen) ❷(ナイフなどを)研ぐ，とがらせる (独 schärfen, 英 sharpen)

ail ［アイユ］(独 Knoblauch, 英 garlic) (仏)(男) にんにく

air ［エール］(独 Luft, 英 air) (仏)(男) ❶空気 ❷外気／à l'～ libre 戸外で，外気に当てながら ❸そよ風 ❹雰囲気 ❺空間 ❻外観，様子

airelle ［エレル］(仏)(女)〔植〕ツツジ科スノキ属の常緑小低木 ❶こけもも，クランベリー，ブルーベリーなど．果皮は薄く，甘酸っぱい液果が実る．野生が多い．赤い実，熟すと黒くなる実がある → airelle myrtille, airelle rouge, canneberge ❷(特に)こけももの赤い果実 → airelle rouge

airelle myrtille ［エレル ミルティーユ］(独 Heidelbeere, 英 bilberry, whortleberry) (仏)(女)〔植〕ビルベリー．ツツジ科スノキ属．暗紫色の実 → myrtille

airelle rouge ［エレル ルージュ］(英 cowberry, lingonberry) (仏)(女) こけもも．北アメリカからシベリアの森林地帯に分布する．5月～6月に釣り鐘状の白い花が咲き，8月～9月に豆粒大の赤い果実がつく．酸味が強く，ビタミンC，ペクチンが豊富．コンポート，ゼリーにする → airelle

ajouré, e ［アジュレ］(仏)(形) 透し彫りをした，透し目のある／travail ～ 透し細工

ajouter ［アジュテ］(独 beimischen, 英 add, join) (仏)(他) 加える，付加する

akène ［アケーヌ］(独 Achäne, 英 achene) (仏)(男)〔植〕痩果．種子のように見える果実，不裂果．ヘーゼルナッツなど → ［付録］les fruits

alberge ［アルベルジュ］(仏)(女)〔植〕桃とかけあわせた杏(あん)の一種．果肉は柔らかく酸味がある．主にジャムをつくる

albumen ［アルビュマン］(独 Albumen, 英 albumen) (仏)(男) ❶卵白 ❷胚乳．植物の種子の一部．発芽に必要な栄養分を貯蔵している部分

albumine ［アルビュミーヌ］(独 Albumin, 英 albumin) (仏)(女) アルブミン．たんぱく質の一種

alcali ［アルカリ］(独 Alkali, 英 alkali) (仏)(男)〔化〕アルカリ／～ volatil (ammoniac) アンモニア水

alcalinisant ［アルカリニザン］(独 alkalische Nahrung, 英 alkalescent) (仏)(形) アルカリ性の／～ aliment アルカリ性食品

alcalinité ［アルカリニテ］(独 Alkalität, 英 alkalinity) (仏)(女)〔化〕アルカリ性

alcazar ［アルカザール］(仏)(男) ❶〔アントルメ〕タルト型にパート・シュクレを敷き，杏(あん)ジャム，次にフィナンシエ生地を詰め，

上面にパート・ダマンドと杏ジャムを格子模様に絞り、焼きあげたもの ❷アルカサール．スペインのイスラム教王の城塞

alcool ［アルコル］（独Alkohol, 英alcohol, spirits）仏男 ❶蒸留酒．（果実，穀物，根などの）糖物質を発酵させ，これを蒸留して得た液体．果実からつくるものに，マール，オドヴィ，コニャック，アルマニャック，カルヴァドス，キルシュ，ミラベル，フランボワーズなど，穀類からつくるものに，ジン，ウィスキー，ウォッカなど，南国の植物からつくるものに，アクアヴィット，ラム酒，テキーラなどがある／〜 blanc 無色透明でアルコール分の強い蒸留酒 ❷リキュール ❸醸造酒．蒸留酒，浸出酒の主成分．パーセンテージ（GL度），標準強度（% vol）によって表示する ❹アルコール飲料 ❺メチルアルコール

alcool à brûler ［アルコル ア ブリュレ］仏男 コンロ用のアルコール

alcoolat ［アルコラ］仏男 留出物．種子，花，果実，茎，核，果皮などの芳香物を漬け込んだアルコールを再び蒸留して得たもの．リキュールをつくるのに用いる

alcoolisé, e ［アルコリゼ］仏形 アルコールを含んだ／boisson 〜e アルコール飲料／un parfum au choix, 〜 ou non アルコールの入った，あるいは入っていない好みの香り

alcooliser ［アルコリゼ］仏他 ❶（シロップ，クリーム，ソースなどに）アルコールを加える ❷アルコール化する

alexandra ［アレクサンドラ］仏男 ❶〔アントルメ〕3枚の円形のムラングの間にムースを詰め，表面全体を長さ1cmに焼いたたくさんのムラングで隙間なくおおったもの／〜 aux noisettes ヘーゼルナッツのムースを詰めたアレクサンドラ／〜 chocolat チョコレート入りムラングとチョコレートのムースを使ったアレクサンドラ ❷（= gâteau 〜）チョコレートと粉末アーモンド入りのビスキュイ全体に杏(あんず)ジャムを塗ったアントルメ ❸〔飲み物〕コニャック，クレームカカオ，生クリーム，氷を合わせた甘口のカクテル．食後酒．イギリス国王エドワード2世の王妃アレグザンドラ（1844-1925）に捧げられたという説あり

alginate ［アルジナート］仏男 〔化〕アルギン酸塩．ワインの安定剤，アイスクリーム，フラン，アントルメなどのゲル化剤として使用

algue ［アルグ］（独Alge, Tang, 英alga, seaweed）仏女 〔植〕藻類／〜s marines 海藻

Alhambra ［アランブラ］（独 英Alhambra）仏男 ❶〔アントルメ〕/ 〜 au pamplemousse 長方形に薄く焼いた5枚のビスキュイの間にオレンジジャムか杏(あんず)ジャムを塗って重ね，厚さ8〜10mmに薄く切り，樋型の内部にきれいに敷き込む．その中にグレープフルーツのムースを詰めて冷やし固める ❷固男（スペイン，グラナダにある）アルハンブラ宮殿

aliment ［アリマン］（独Lebensmittel, Nahrungsmittel, 英food）仏男 食物，食品，栄養物

alimentaire ［アリマンテール］仏形 食物の，食品の／colorants 〜s 食品色素

alise ［アリーズ］仏女〔植〕バラ科ナナカマドの果実．深紅色で酸味がある．充分熟れたものを使い，ジャム，ゼリー，オドヴィをつくる → sorbex

alise pâcaude ［アリーズ パコード］仏女〔地方菓子〕フランス，ヴァンデ県オニス地方の復活祭のガレット．砂糖を加え，オレンジの花の香りをつけ，バター，卵をたっぷり入れた発酵生地で，最大2kgの大きさにつくる．聖土曜日に準備する．発酵は2時間で止める．古いフランス語alis（「目の詰まった，よく発酵していない」という意味）に由来する名 → gâche

alize pâquaude ［アリーズ パコード］仏女 → alise pâcaude

Alkali ［アルカーリ］（仏alcali, 英alkali）独女〔化〕アルカリ

alkékenge ［アルケカンジュ］仏男〔植〕ナス

科ホオズキ属の一種, ほおずき⇒physalis

Alkohol [アルコホール] ([仏]alcool, [英]alcohol) [独] [男] アルコール類, アルコール飲料

allant,*e* [アラン, ラント] [仏] [形] 〜 à… …に耐える／plat 〜 au feu 耐火性の皿

allégé, *e* [アレジェ] [仏] [形] 軽くした／une ganache 〜e à la crème au beurre バタークリームを加えて軽く仕上げたガナッシュ

alléger [アレジェ] [仏] [他] ❶軽くする, 軽減する ❷〜 de… (…を)取り除く

alléluia [アレリュイア] [仏] [男] ❶〔地方菓子〕ラングドック地方カステルノダリーで, 復活祭につくられる小型のセドラ入りフワス(⇒fouace). 第1帝政時代, 近衛兵が菓子屋に泊った際, お礼に野戦場で得た作り方を教えた. 法王ピオ7世がこの町を復活祭に訪問した時にこの菓子をつくったところ, 法王がハレルヤと祝福したのがその名の由来 ❷アレルヤ, ハレルヤ(神を賛美する語)

Allemagne [アルマーニュ] [仏] [固] [女] ドイツ

allemand,*e* [アルマン, マンド] [仏] [形] ドイツの, ドイツ人(語)の ‖ Allemand [名] ドイツ人 ‖ allemand [男] ドイツ語

aller et venir [アレ エ ヴニール] [仏] [自] 行ったり来たりする

alligator pear [アリゲーター ペア] [英] [名] ⇒avocado

all-in process [オーリン プロセス] [英] [副] 下準備せずに全材料を一度に混ぜて

allonger [アロンジェ] [仏] [他] ❶(生地を必要な長さに)のばす, 長くする([独]ausdehnen, [英]extend, lengthen) ❷(水やワインを加えて)薄める ❸長く見せる

allow [アラウ] ([仏]laisser, [独]lassen) [英] [他] …させておく／〜 to rise 発酵させる

allumé, *e* [アリュメ] [仏] [形] ❶火のついた, 点火された ❷明りのついた, スイッチの入った

allumer [アリュメ] ([独]anzünden, [英] light) [仏] [他] ❶火をつける, 点火する ❷スイッチを入れる, 点灯する

allumette [アリュメット] [仏] [女] ❶小さい長方形に焼いたフイユタージュ 1)〔パティスリー〕／〜 glacée 表面にグラスロワイヤルを塗り, オーヴンで焼いたもの. スイス出身のプランタPlantaというパティシエの創案という 2) チーズ, アンチョヴィ, 小海老などを挟んでオーヴンで焼いたもの. 温いアントレとして供する ❷細い棒状のもの／pommes 〜 細切りして揚げたじゃがいも ❸マッチ(棒)

almond [アーモンド] ([仏]amande, [独]Mandel) [英] [名] 〔植〕アーモンド, 扁桃／bitter 〜 苦アーモンド／sweet 〜 (食用)アーモンド／ground 〜 ([米]powdered 〜) 粉末アーモンド／chopped 〜 (＝dice 〜／nib 〜) 刻み(ダイス)アーモンド／sliced 〜(＝flaked 〜／[米]slivered 〜) 薄切りアーモンド, スライスアーモンド／roasted 〜 (＝toasted 〜) 乾燥焼きしたアーモンド／blanched 〜 皮むきアーモンド

almond cream [アーモンド クリーム] [英] [名] アーモンドクリーム, クレームダマンド. 粉末アーモンド, 砂糖, 油脂, 卵をクリーム状に混ぜ合わせたもの([仏]crème d'amandes, [独]Mandelkrem) ‖ almond cream [米] フランジパーヌ([仏]frangipane, [独]Franchipan-Krem)

almond icing [アーモンド アイスィング] ⇒ almond paste

almond meal [アーモンド ミール] [英] [名] 粉末アーモンド

almond paste [アーモンド ペイスト] ([仏]pâte d'amandes, [独]Mandelmasse) [英] [名] アーモンドペースト, パート・ダマンド, 時にマジパンのこと. 砂糖と粉末アーモンドを2対1(または1対1)の割合で混ぜ, ペースト状にしたもの. 伝統的にオレンジの花水で香りづけする. 油, 生クリーム, コーンシロップ, 水アメを加えることもある. マジパンより砂糖の割合が少ない. チョコレートのセンター, 菓子の詰め物, あるいは薄くのばしてフルーツケーキなどを包む＝almond icing⇒ marzipan

almond queen cake ［アーモンド クィーン ケイク］[英][名] ケーク生地にアーモンドの香りをつけ，上部に薄切りアーモンドを散らして焼いたもの⇒cake²

alourdir ［アルルディール］[仏][他] 重くする ‖ **s'～** [代動] 重くなる，鈍くなる

alphonse lavallée ［アルフォンス ラヴァレ］[仏][男] 生食用黒ぶどう品種．丸形大粒，黒色，厚皮，歯切れがよい．産地はプロヴァンス，ラングドック，ミディ＝ピレネー地方＝ribier⇒raisin noir

Alsace ［アルザス］[仏][固][女] アルザス地方．フランス東部のライン川左岸の地域．美味豊かな食通の地として知られる．果物の味が非常によいため，ミラベル，キルシュ，ケッチなどの蒸留酒，果物のタルト，キルシュ漬けのさくらんぼ，ミラベルの砂糖漬けなどが有名．菓子ではクグロフ，プレッツェルが特に有名で，その他，タルト・アルザシエンヌなどがある

alsacien, *ne* ［アルザスィヤン，スィエンヌ］[仏][形] アルザスの⇒tarte alsacienne ‖ Alsasien [名] アルザス人

Altdeutschemasse ［アルトドイチェマッセ］[独][女] ケーク生地ザントマッセの一種⇒Sandmasse

altération ［アルテラスィヨン］[仏][女] 変質，改変，悪化

altérer ［アルテレ］[仏][他] 変質させる，（悪い方に）変化させる／Le contact des doigts altère le brillant. 指で触ると光沢がなくなる ‖ **s'～** [代動] 変質する，悪化する

alternativement ［アルテルナティヴマン］[仏][副] 交互に，順次に，次々に

alterner ［アルテルネ］（[独]abwechseln, [英]alternate）[仏][自] 交代する，交互に起こる ‖[他] 交互に行なう

aluminium ［アリュミニオム］（[独]Aluminium, [英]alumin〈i〉um）[仏][男] アルミニウム／papier d'～ アルミ箔

alun ［アラン］[仏][男]〔化〕みょうばん

alvéole ［アルヴェオル］[仏][男] 小さな穴，小孔，蜂の巣の房室

amalgamate ［アマルガメイト］（[仏]amalgamer, [独]verschmelzen）[英][他]（均一の状態になるように）よく混ぜ合わせる

amalgamer ［アマルガメ］（[独]verschmelzen, [英]amalgamate）[仏][他]（泡立て器や木杓子などで）よく混ぜ合わせる ‖ **s'～** [代動] 混ざり合う

amande ［アマンド］（[独]Mandel, [英]almond）[仏][女] ❶〔植〕バラ科サクラ属の落葉高木．アーモンドの木の果実．アーモンド，扁桃．原産はアジア．南仏，コルシカ島，スペイン，カリフォルニアで栽培され，カリフォルニアが最大の産地．果肉は薄く種子の殻を除き仁を食用とする．糖分，アルブミン，油脂を多く含む．中世では，ポタージュ，アントルメ（⇒blanc-manger）などに多用された．スイート種（⇒amande douce）とビター種（⇒amande amère）に大別できる ❷（核果の）仁／～ d'abricot 杏(あんず)の仁，杏仁

amande amère ［アマンド アメール］（[独]Bittermandel, [英] bitter almond）[仏][女] 苦アーモンド，ビターアーモンド．乾燥させた仁には独特の芳香があるが，多量に用いると有毒である．エッセンスとして少量使われる⇒amande

amande blanche ［アマンド ブランシュ］（[英] blanched almond）[仏][女]（茶色の）薄皮をむいたアーモンド＝amande émondée, amande mondée

amande brute ［アマンド ブリュット］（[英] shelled almond）[仏][女] 殻を取り除いた，茶色の薄皮のついたアーモンド．薄皮付きアーモンド

amande caramélisée ［アマンド カラメリゼ］（[英] caramelized almond）[仏][女]〔糖菓〕カラメルがけをしたアーモンド．熱い糖液にアーモンドを入れてかき混ぜ，砂糖を結晶化させる．さらに加熱すると砂糖が溶けてカラメル状になる．バターを入れて全体にまわして火から降ろす

amande chocolat ［アマンド ショコラ］[仏]

女〔糖菓〕カラメルがけしたアーモンドにチョコレートを被膜し,ココアをまぶしたもの

amande colorée［アマンド コロレ］仏女 種々の色づけをした,薄切りあるいは刻みアーモンド.色に合わせた香りをつけることもある

amande de cacao［アマンド ド カカオ］仏女 殻をとり,焙煎した粒状のカカオ豆.食前酒,カカオのリキュールの香りづけに用いる

amande douce［アマンド ドゥース］(独 Süßmandel, 英 sweet almond) 仏女 食用アーモンド,スイートアーモンド,甘扁桃.多くは乾燥させ薄切りや粉末などにして,あるいはパート・ダマンドなどに加工して,パティスリー,ドラジェ,プラリーヌなどの糖菓の材料として広く用いる.塩味のものは食前酒と共に供される／～ douce verte 5月に収穫されたばかりの新鮮なアーモンド.デザートとして供される→amande

amande effilée［アマンド エフィレ］(独 gehobelte Mandel, 英 flaked almond, sliced almond, 米 slivered blanched almond) 仏女 薄切りアーモンド.薄皮をむいて,縦に薄切りにしたもの.アントルメのまわりにまぶしたり,飾りやヌガーに使用する

amande émondée［アマンド エモンデ］→ amande blanche, amande mondée

amande en dés［アマンド アンデ］仏女 薄皮をむき,さいの目状に刻んだアーモンド.刻みアーモンドより大粒→ amande hachée

amande entière［アマンド アンティエール］(独 ganze Mandel, 英 whole almond) 仏女 薄皮のついた丸粒アーモンド／～ mondée 薄皮をむいた丸粒アーモンド

amande grillée［アマンド グリエ］(英 roasted almond, toasted almond) 仏女 (オーヴンなどで)軽く空焼きしたアーモンド

amande hachée［アマンド アシェ］(独 gehackte Mandel, 英 chopped almond, nib almond) 仏女 薄皮をむき,細かく刻んだアーモンド.刻み(ダイス)アーモンド

amande mondée［アマンド モンデ］(英 blanched almond) 仏女 薄皮をむいたアーモンド ＝ amande blanche, amande émondée

amande(en)poudre［アマンド(アン)プードル］(独 gemahlene Mandel, Mandelpulver, 英 ground almond, 米 powdered almond) 仏女 粉末アーモンド.薄皮をむいたアーモンドを粉末状にしたもの

amande salée［アマンド サレ］仏女 塩味のアーモンド.薄皮をむいたアーモンド全体に,適量の塩を混ぜた5分立ての卵白をまぶし,低温のオーヴンで色がつくまで焼く

amandine［アマンディーヌ］仏女〔パティスリー〕粉末アーモンドをベースにした菓子.タルトやタルトレット型に,パート・シュクレを敷き,中にクレームダマンドを詰め,上面に薄切りアーモンドを振りかけて焼きあげる.煮詰めた杏(あん)ジャムを塗って仕上げる.ほかの作り方もある

amaretto［アマレット］仏男 苦アーモンド風味のイタリアのリキュール.杏(あん)の仁と幾種類もの香草からつくられる.菓子類の香りづけに用いる

ambassa*deur, drice*［アンバサドゥール,ドリス］仏男女 ❶〔パティスリー〕／ soufflé ～drice 大使夫人風スフレ.ヴァニラ風味のクレームパティシエールに,砕いたマカロン,ラム酒に漬けた生のアーモンドの薄切りを混ぜ,泡立てた卵白を混ぜ込んでオーヴンで焼く ❷大使,女性大使（または大使夫人）

ambiant, e［アンビヤン,ヤント］仏形 周囲の／ température ～e 室温

ambre［アンブル］仏男 ❶〔アントルメ〕2種類のクレームムスリーヌ(プラリネ入りとカラメルをからめた胡桃の入ったチョコレート風味)をチョコレート風味のビスキュイ上に塗って交互に重ね,上面をマーブル模様にグラスがけして,コルネを使ってチョコ

レートの装飾を施す. 正方形または長方形につくる. 1986年, ペルティエの創作→Peltier ❷竜涎(りゅうぜん)香 ❸琥珀(こはく), 琥珀色

ambroisie [アンブルワズィ] (仏女) ❶1) 〔飲み物〕自家製のリキュール. 古いオドヴィに, コリアンダー, クローヴ, 生アニスを漬け込み, 漉してから白ワインと糖液を加える 2) メキシコの植物アンブロワジの葉と花のハーブティー. 強い風味と苦みがある ❷美味な料理 ❸〔ギリシア神話〕アンブロシア. オリンポスの神々の食べ物. 永遠の命を得られると伝えられている. 「蜂蜜より9倍の甘さのある食べ物」と伝えられている→nectar

améliorant [アメリヨラン] (仏男) 安定剤

améliorer [アメリヨレ] (仏他) 改良(善)する, より良くする ‖ s'~ 代動 良くなる, 改良(善)される

amener [アムネ] (仏他) ❶連れてくる ❷仕向けていく / ~ le pâton à une épaisseur de 2 à 3cm パトンを2～3cmの厚さにする / ~ au bouillon 沸騰させる ❸持ってくる

amer, ère [アメール] (独英 bitter) (仏形) 苦い / couverture ~ère 苦味のあるクーヴェルテュール, ビター系クーヴェルテュール

American waffle [アメリカンワッフル] (仏 gauffle américaine) 英名 アメリカンワッフル. 円形, 長方形, 四角形で, ベーキングパウダーを使用. 柔らかい. 甘いものはバター, メープルシロップ, 蜂蜜などをかけて朝食にする. 塩味のものはフライドチキンと組み合わせた一皿になる (= chicken and ~)

amertume [アメルテュム] (仏女) 苦さ, 苦味

amidon [アミドン] (独 Stärkemehl, Kartoffelstärke, 英 starch) (仏男) ❶澱粉. 種子, 茎, 根, 塊茎に含まれる炭水化物. 水に溶けて熱すると糊状になる ❷種子(麦, 米, とうもろこしなど) から抽出した澱粉→ fécule / ~ de maïs コーンスターチ

amincir [アマンスィール] (仏他) 薄くする, 細くする ‖ s'~ 代動 薄くなる, 細くなる

ammoniac, que [アモニャック] (仏形) アンモニアの ‖ ammoniac 男 〔化〕アンモニア ‖ ammoniaque (独 Ammoniakwasser, 英 ammonia) 女 アンモニア水 / carbonate d'~ アンモニア炭酸塩. 生地, 特にパンデピスなどの膨張剤として使う

Ammoniak [アモニアク] (仏 ammoniac, 英 ammonia) 独 中 〔化〕アンモニア

amoindrir [アムワンドリール] (仏他) 小さくする, 弱くする, 減らす ‖ s'~ 代動 小さくなる

amolli, e [アモリ] (仏形) 柔らかくした (なった) / beurre ~ 柔らかくしたバター

amollir [アモリール] (仏他) 柔らかくする, 柔軟にする ‖ s'~ 代動 柔らかくなる

amour-en-cage [アムーラン カージュ] (仏 女) 〔植〕ほおずき→physalis

amovible [アモヴィーブル] (仏形) 取り外しができる / moule à tarte avec fond ~ 底が取り外しできるタルト型

ample [アンプル] (仏形) たっぷりした, ゆったりした

amplement [アンプルマン] (仏副) たっぷりと, ゆったりと

amuse-bouche [アミューズ ブーシュ] (仏男) アミューズグールの上品な言い換え. グールは「動物の口」という意味→amuse-gueule

amuse-gueule [アミューズ グール] (独 Appetithappen, 英 cocktail snack) (仏男) アミューズグール. 食前酒と共に供するつまみ. オリーヴの実, アーモンド, ピーナッツなどの木の実, カクテルソーセージ, フライドポテト, チーズ風味のアリュメット, ハム, チーズなどのプティフールセック, 小型のピザやキッシュ, タルトレット, 生野菜など = amuse-bouche

Amylase [アミュラーゼ] (仏英 amylase) 独 女 アミラーゼ

amylase [アミラーズ] (独 Amylase, 英 amylase) (仏女) アミラーゼ, 澱粉, 糖化酵素

Ananas [アナナス] (仏 ananas, 英 pine(-) apple) 独 女 〔植〕パイナップル

ananas［アナナ(ス)］(独Ananas, 英pine⟨-⟩apple) (仏)(男)〔植〕パイナップル科アナナス属の多年草およびその果実. 熱帯, 亜熱帯に分布する多年生の植物. 糖分, ビタミンが豊富. 生食するか, シロップ煮やジュースなどにし, デザート, アントルメに多用する. 生で使う場合は酵素が原因でゼラチンが固まりにくいため, 熱処理して用いる／～ au sirop シロップ煮した(缶詰の)パイナップル／glace à l'～ パイナップルのアイスクリーム／beignet d'～ パイナップルに衣をつけて揚げたもの

ananas confit［アナナ(ス) コンフィ］(仏)(男)パイナップルの砂糖漬け. パイナップルをシロップに漬けて数回煮詰め高糖度の状態にしたもの. 長期間保存が可能→confit

anbrennen lassen［アンブレネン ラッセン］(独brûler, havir, 英brown, scorch) (独)(他)焦がす

anchois［アンシュワ］(独Anschovis, Sardelle, 英anchovy) (仏)(男) カタクチイワシ科. アンチョヴィ. 最長20cmの小型の海水魚. 塩漬けやオイル漬けにして缶詰で売られ, プティフールサレなどに用いる

ancien, ne［アンスィヤン, スィエンヌ］(仏)(形) ❶(名詞の後)古い, 昔の ❷(名詞の前)もとの, かつての／à l'～ne 昔風の

andalou, se［アンダルー, ルーズ］(仏)(形) (スペイン南部の州)アンダルシアの／à l'～se アンダルシア風の. オレンジを使ったアントルメ類に冠される ‖ Andalou(名) アンダルシア人

aneth［アネット］(独Dill, 英dill) (仏)(男)〔植〕セリ科. ディル. フェンネルに似る. 芳香が強く, 種子は酢, ピクルスの香りづけに用いる＝faux-anis, fenouil bâtard→anis

anfeuchten［アンフォイヒテン］(独humecter, humiditer, 英moistten, moisten) (独)(他)濡らす

ange［アンジュ］(独Engel, 英angel) (仏)(男)天使, 天使のような人／cheveux d'～ (天使の髪のような)糸状アメ

angel cake［エインジュル ケイク］(米)(名) エンジェルケーキ. 卵黄を使わず, 卵白を固く泡立て, 王冠型に焼きあげた白いスポンジケーキ＝angel food cake→devil's food cake

angel food cake→angel cake

angelica［アンジェリカ］(英)(名) ❶〔植〕(＝garden ～)西洋とうき, アンゼリカ. 根から抽出した精油をリキュール類に加える (仏angélique, 独Angelika, Englwurz) ❷(＝candied ～)アンゼリカの茎の砂糖漬け. 日本では蕗(ふき)で代用される (仏angélique, 独⟨kandierte⟩ Angelika, Engelwurz)

Angelika［アンゲーリカ］(独)(女) ❶〔植〕アンゼリカ (仏angélique, 英angelica) ❷アンゼリカの砂糖漬け. 日本では蕗(ふき)で代用 (仏angélique, 英⟨candied⟩angelica) ＝kandierte Angelika

angélique［アンジェリック］(仏)(女) ❶〔植〕(＝～ vraie)セリ科シシウド属. 西洋とうき, アンゼリカ. 原産は北欧. 薬用として栽培された. 根に芳香があるため, リキュール類(シャルトルーズなど)に加えられる (独Angelika, Engelwurz, 英⟨garden⟩ angelica) ❷ (＝～ confite) アンゼリカの(茎の)砂糖漬け. ポワトゥー地方ニオールの非常に古い歴史をもつ銘菓. 作り方は中世に遡る. 現在は主に菓子類の装飾に使用される. 日本では緑に着色した蕗(ふき)の砂糖漬けで代用されている (独⟨kandierte⟩ Angelika, Engelwurz, 英⟨candied⟩ angelica)

Angestellte［アンゲシュテルテ］(仏commis, employé, 英employee, worker) (独)(男)(女) 従業員

anglais, e［アングレ, レーズ］(仏)(形) イギリスの／à l'～e イギリス風(料理用表現)／crème ～e クレームアングレーズ→crème anglaise ‖ anglaise(女) ❶卵, 油, 塩を混ぜ合わせた溶き卵. パン粉を付着させるために, 材料をあらかじめ浸すもの ❷クレームアングレーズ→crème anglaise ❸ (＝à l'～) イギリス風(料理) 1)塩ゆでした野菜や, フォンでゆでた鶏肉. バターとパセリのみじ

ん切りをまぶす　2）焼き魚．ゆでたじゃがいもを添える　❹（= cerises 〜s）さくらんぼの品種名

angle［アングル］仏男 ❶角，角度 ❷角(つの)，隅

anhauchen［アンハオヘン］(仏souffler, 英breathe)独他 吹く

Anis［アニース］独男 ❶〔植〕アニス（仏anis, 英anise）❷アニスシードで香りづけしたリキュール（仏anisette, 英anisette liquor）

anis［アニス］(独Anis, 英anise, aniseed)仏男 ❶〔植〕セリ科．アニス．その実．原産はエジプト，近東．芳香が強く，種子のように見える果実（アニシード）は薬効があるため，古くから薬，菓子・パン類（フガス，プレッツェル，パンデピスなど），リキュール（パスティス，アニゼット，アラック），糖菓の香りづけに使用されてきた＝anis vert→anisette, arac, pain d'épices, pastis ❷〔植〕アニスの香りがする植物 1）faux 〜 ディル→aneth 2）〜 étoilé スターアニス，とうしきみの実，八角→badiane 3）〜 doux フェンネル→fenouil ❸〔糖菓〕/〜 de Flavigny アニスシードを糖衣した小さなボール状のドラジェ．コート＝ドール県フラヴィニの銘菓．革命前までは，この地の修道院内でつくられていた．現在はアニスのほかにすみれ，甘草，コーヒー風味のものもつくられている ❹アニスで香りづけしたアルコール飲料．甘みはなく無色．甘草を加えるものもある→anisette

anis des vosges［アニス デ ヴォージュ］仏男 →carvi

anise［アニス］((仏anis, 独Anis) 英名 ❶セリ科の香草．アニス ❷とうしきみ，八角

aniseed［アヌスィード］((仏anis, 独Anis) 英名 アニスの実，アニシード，アニスシード

anis des prés［アニス デ プレ］仏男 →carvi

anis étoilé［アニス エトワレ］(独Echter Sternanis, 英star anise)仏男〔植〕シキミ科．とうしきみの実，スターアニス，大ういきょう，八角．原産は中国，ヴェトナム．種子にアニスやフェンネルに似た香りがある．チョコレートとの相性がよく，クリーム，アイスクリーム，ガナッシュ，リキュールの香りづけに使われる→anis, badiane

anisette［アニゼット］(独Anis, 英anisette)仏女 アニゼット．アニスの実（アニシード）で香りづけしたリキュール．フランスのボルドーのものが有名（マリーブリザール Marie Brizard社製）．パティスリー，あるいはチョコレートのセンターの味つけ，風味づけに使われる→anis, ouzo, pastis, raki, sambuca

Anisplätzchen［アニースプレッツヒェン］独中 ビスキュイ生地でつくる硬貨大のクッキー．ワックスを塗り，アニスを振りかけた天パンへ絞って焼くか，種の中にアニスの粉末やオイルを混ぜて焼く．表面に触ってもべとつかなくなるまで乾燥させ，オーヴンの蓋を開けたまま焼くと表面が滑らかで軽く浮きあがり，底に足（フース Fuß）と呼ばれる縁が出る状態になってできあがる

anis vert［アニス ヴェール］仏男 →anis

Anjou［アンジュー］仏固男 ❶アンジュ地方．フランス北西部，ロワール河下流域の地方名．豚肉加工品が特産．その他，質のよい家畜肉，ロワール河の川魚を使った料理，チーズ類，果物類など，フランス有数の美食の地として知られている ❷a〜 同地方のAOPワイン

Annatorte［アンナトルテ］独女 ウィーン菓子．コアントローなどのオレンジリキュールを使い，全体をチョコレートで包んで仕上げる

anneau（複 〜x）［アノー］仏男 輪，環，指輪

anone［アノーヌ］(独Süßsack, Zimtapfel, 英sugar-apple)仏女〔植〕バンレイシ科．カスタードアップル．ばんれいしの木およびその実．原産はペルー．果実はオレンジ大．

果肉は白く,果汁が多く,黒い種子がある.2つ割りにし,スプーンですくって生食するか,シャーベット,フルーツサラダにする⇒pomme cannelle

Ansatz [アンザッツ] (仏levain, poolish, 英ferment) 独男 イースト中種＝Dampfel, Hefestück

anse [アンス] (独Henkel, 英handle) 仏女 (籠,コーヒーカップなどの)取っ手,握り,柄(ぇ)

anticristallisant, e [アンティクリスタリザン,ザント] 仏形 結晶させない／produit〜 非結晶性製品

antillais, e [アンティイエ,イエズ] 仏形 アンティル諸島の／à l'〜e アンティル諸島風.バナナ,パイナップルなどの熱帯の果物とラム酒やヴァニラを使ったアントルメ,デザート⇒créole ‖ Antillais 名 アンティル諸島の人

Antilles [アンティーユ] 仏固女複 アンティル諸島.西インド諸島中の列島.料理はアフリカとインドの影響を受け,辛く揚げたものが多い.デザートは熱帯の果物を使ったフルーツサラダ,ゼリー,ジャム,ベニエ,コナッツでつくったブランマンジェなどがあり,ラム酒で香りづけされている

anwärmen [アンヴェルメン] (仏chauffer, réchauffer, 英heat, mull, worm) 独他 温める⇒erhitzen, erwärmen

anzünden [アンツュンデン] (仏allumer, 英fire, turn on) 独他 点火する

A.O.C. [アオセ] 仏女 Appellation d'origine controlée の略. ❶原産地統制名称.農産物の栽培・生産地域(原産地)を特定し,その土地,土壌,気候,伝統などに適合した品種,栽培(製造)法,生産量,肥料・餌・添加剤,風味などを厳格に管理し,その基準を満たした製品であることを証明する.19世紀末,ワインの偽造,ぶどうの木の病気などの危機を受け,「原料の偽装」に関する法案が提出され,1919年,「原産地保護に関する法律」が成立,1935年,ワインと蒸留酒の質の基準を含んだAOC法が制定され,INAOによって管理される.今日までに,チーズ,バター,野菜,果物,加工食品など多方面に適用されてきたが,2009年5月1日よりAOCの表示は順次,EU規準のAOPに移行 ❷スイス独自の原産地統制名称⇒A.O.P., I.N.A.O.

A.O.P. [アオペ] 仏女 Appellation d'origine protégée の略. EUの原産地名称保護.生産物の栽培,加工,飼育がその土地の風土気候に適合し確立した方法でつくられたことを証明する認証制度.1992年7月14日,成立.2006年11月23日,認証ロゴマーク設定⇒A.O.C.

apéritif [アペリティフ] (独Aperitif, 英appetizer) 独男 ❶食前酒,アペリティフ.食前に,食欲を増すために飲むワイン,少量のリキュール類 ❷アペリティフを飲みながら歓談する集り

Apfel [アップフェル] (仏pomme, 英apple) 独男 りんご

Apfel im Schlafrock [アップフェルイムシュラーフロック] 独男 皮をむき芯をとったりんごをフイユタージュで包んで焼きあげたもの.「寝巻を着たりんご」という意味

Apfelkernentferner [アップフェルケルンエントフェルナー] (仏vide-pomme, 英apple corer) 独男 (りんごなどの)芯抜き器

Apfelkuchen [アップフェルクーヘン] (仏tarte aux pommes, 英apple pie, apple tart) 独男 りんごの菓子,りんごのタルト,アップルパイ

Apfelstrudel [アップフェルシュツルーデル] 独男 アップルシュトゥルーデル.りんごを巻いたシュトゥルーデル⇒Strudel

Apfeltaschen [アップフェルタッシェン] (仏chausson aux pommes, 英apple turnover) 独女複 ショソン・オ・ポンム.スリッパの先の形をしたりんごのパイ

Apfelwein [アップフェルヴァイン] (仏cidre, 英cider) 独男 りんご酒,シードル

aplatir [アプラティール] (独glattstreichen, 英flatten) 仏他 (たたく,押すなどして)平

らにする‖ **s'~** 代動 平らになる

apparaître [アパレートル] 仏 自 ❶見える, 姿を見せる ❷出現する, 生じる ❸明らかになる

appareil [アパレイユ] 仏 男 ❶種. アパレーユ, ミクス, マス.（粉, 牛乳, 卵, バターなど数種の材料を）下準備として混ぜ合わせたもの. 主にババロワ, スフレ, ムース, アイスクリームなどをつくるために混ぜ合わせたもの（独 Masse, 英 mixture）→ masse, mix¹ ／ ~s crémés バターなどの油脂と砂糖を均等に混ぜ合わせたもので, 卵を加え滑らかにし, 次に小麦粉などを加える. ケーキ, パレ, 絞り出してつくるサブレなどの種／~s meringués 固く泡立てた卵白に粉末アーモンドや小麦粉, バター, 砂糖などを混ぜ合わせたもの. シュクセ, プログレ, ジャポネなどの種 ❷器具, 用具, 機械（独 Maschine, 英 machine）／ ~ à cuire 鍋／ ~ à crème fouettée クリーム泡立て器＝ aérobatteur, compresseur d'air

appareil à bombe [アパレイユ ア ボンブ] 仏 男 ボンブ種. ボンブグラセの基本の種. 卵黄と 117℃に煮つめた糖液またはシロップ（比重 1.2407〜1.2624）を湯煎にかけてリボン状に泡立て, さらに冷めるまで泡立てたもの. 泡立てた生クリームと好みの香りを混ぜ, パルフェ, スフレグラセをつくる → pâte à bombe, [付録] la glacerie

appareil à cakes [アパレイユ ア ケーク] 仏 男 → pâte à cake

appareil à condés [アパレイユ ア コンデ] 仏 男 → Condé

appareil à crème fouettée [アパレイユ クレーム フエテ] 仏 男 → aérobatteur, compresseur d'air

appareil crème [アパレイユ クレーム] 仏 男 → pâte à cigarettes

appertisation [アペルティザスィヨン] 仏 女 アペル法加熱殺菌. 食品を密封容器に詰め, 熱湯に浸しながら, ある程度の時間をかけて熱消毒をすること. 食品保存法の1つ. フランスの実業家ニコラ・アペル Nicolas Appert（1749-1841）の発明

appertiser [アペルティゼ] 仏 他 加熱消毒をする

appétit [アペティ]（独 Appetit, 英 apetite）仏 男 食欲

apple [アップル]（仏 pomme, 独 Apfel）英 名 りんご

apple brandy [アップル ブランディ]（仏 calvados, 独 Apfelbranntwein, Calvados）英 名 アップルブランデー. シードルを蒸留してつくった酒＝ apple jack → brandy, cidre

apple-butter [アップル バター] 英 名（りんごに砂糖を加えてゆっくり煮詰め, ペースト状にした）りんごジャム

apple cake [アップル ケイク] 英 名 イギリスの菓子. 細かく切ったりんご, 赤砂糖, 牛乳, ベーキングパウダー入り小麦粉, バター, レーズン, シナモン, カルダモンを混ぜてオーブンで焼き, 表面に粉糖をかけたもの

apple dumpling [アップル ダンプリング]（仏 douillon）英 名 りんごの芯をくりぬいてできた穴にレーズン, バターなどを詰め, フイユタージュに包んで焼いたもの

apple jack [アップル ジャック]（仏 calvados, 独 Apfelbranntwein, Calvados）英 名 アップルブランデー. シードルを蒸留してつくった酒＝ apple brandy → brandy, cidre

apple pie [アップル パイ] 英 名 アップルパイ. 薄切りにしたりんごをパイ皿に詰め, レモン果汁, 砂糖, 水を加え, 上から薄くのばした生地をかぶせ, オーブンで焼く. 生クリームを添えて供する. パイ皿にあらかじめ生地を敷き込んでりんごを詰め, 生地でおおって焼く方法もある → pie

apple pudding [アップル プディング]（仏 pudding aux pommes）英 名 ❶プディング生地を敷き込んだ半球型に, 砂糖, シナモン, レモンの皮を混ぜ合わせた薄切りのりんごを詰め, 生地で蓋をし, 布巾にくるんで約2時間蒸したもの ❷りんごを煮て裏漉しし,

砂糖, 卵を混ぜ込み, パイ皿に詰め, フイユタージュでおおい, オーヴンで焼いたもの

apple sauce [アップルソース] (仏 compote de pomme, 独 Apfelbrei, Apfelmus) 米 名 アップルソース. りんごに砂糖と水を加え, 煮崩れるまで煮たもの

apple strudel [アップル ストルードル] 英 名 アップルシュトゥルーデル

apple turnover [アップル ターノウヴァー] (仏 chausson aux pommes, 独 Apfeltaschen) 英 名 ショソン・オ・ポンム. フイユタージュにりんごのコンポートを詰め, 2つ折りにして焼いた菓子 → turnover

appliquer [アプリケ] 仏 他 ❶張りつける, 塗りつける ❷押し当てる ‖ s'~ 代動 押し当てられる, 張りつく

appoint [アプワン] 仏 男 補い, 補助／travail d'~ 補助の仕事

apport [アポール] 仏 男 提供, 供給, 加え入れること／L'~ de crème arrête immédiatement la cuisson 生クリームを加えたらすぐに加熱を止める

apprécier [アプレスィエ] 仏 他 評価する, 賞味する ‖ s'~ 代動 評価される

apprenti, e [アプランティ] 仏 名 見習い, 初心者

apprentissage [アプランティサージュ] 仏 男 見習い(期間), 実習(期間), 年季奉公, 職人が一人前になる前の見習い期間

apprêt [アプレ] 仏 男 ❶ (パン製作, 発酵生地の) 2次発酵 ❷料理, 調理. 1つの料理をつくりあげるまでの料理作業全体

apprêter [アプレテ] 仏 他 ❶料理する, 調理する ❷用意する, 準備する ‖ s'~ 代動 (…の)用意をする
→ accommoder

appuyer [アピュイエ] 仏 他 ❶支える ❷押しつける ‖ s'~ 代動 よりかかる

apricot [アプリカット] (仏 abricot, 独 Aprikose) 英 名 〔植〕杏(あん)

apricot purée [アプリカット ピュレイ] 英 名 杏(あん)の果肉の裏漉しと砂糖(同量比)を湯煎にして, 冷めた時に固まる程度まで煮詰めたもの. 杏ジャムを裏漉しして湯煎にしてもよい

Aprikose [アプリコーゼ] (仏 abricot, 英 apricot) 独 女 〔植〕杏(あん)

Aprikosenkuchen [アプリコーゼンクーヘン] 独 男 杏(あん)を使った菓子

aprikotieren [アプリコティーレン] 独 自 杏(あん)ジャムを塗る

aqueux, se [アクー, クーズ] 仏 形 水を含んだ, 水質の

arabesque [アラベスク] 仏 形 アラビアの, アラビア風の ‖ arabesque 女 唐草模様

arac(k) [アラク] (独 Arrak, 英 arrack) 男 アラック, アラキ酒. 穀物, なつめやしの実, さとうきびの汁, やしの樹液などを発酵させ, 蒸留してつくる, 近東諸国のアルコール. 多くの場合アニスの香りをつける = arrak

arachide [アラシッド] (独 Erdnuss, 英 ground-nut, peanut) 仏 女 〔植〕マメ科, 落花生とその実, 種子. ピーナッツ, 南京豆. カカウエート (アステカ語による → cacahuète) ともいう. 原産は南アメリカ. 主に種子から油を絞る. その他, 煎って塩味をつけて食前酒と共に供したり, サラダに入れたりする. 製菓では, アーモンドやピスタチオの代用にする. アメリカでは, 挽きつぶしてピーナッツバターにし, カナッペなどに塗る／huile d'~ 落花生油. 匂いがなく, 高温に耐える. こしが強い

araignée à friture [アレニェア フリテュール] (独 Schaumlöffel, 英 wire spider) 仏 女 (針金をくもの巣状に編んだ) 網杓子. 揚げ物の油切りに使用する

Aräometer [アレオメーター] (仏 aréomètre, 英 areometer) 独 中 液体比重計, 浮き秤(はかり)

araser [アラゼ] 仏 他 削りとる, (削って)平らにする

Arbeit [アルバイト] (仏 travail, 英 work) 独 女 仕事

arbeiten [アルバイテン] 独 自 働く

Arbeitsstraße［アルバイツシュトラーセ］(仏 chaîne de production, 英 production line) 独 女 製造ライン

Arbeitstisch［アルバイツティッシュ］(仏 table de travail, 英 kitchen table, work-table) 独 男 作業台, 調理台

arbouse［アルブーズ］(独 Erdbeerbaum, 英 strawberry tree) 仏 女〔植〕ツツジ科イチゴノキ属. アルブートス, イチゴノキの果実. 地中海地方, 北アメリカに自生. 酸味, 甘味のある果肉の多い赤い実で, 苺の形をして, クリスマスの頃実る. 果実酒, 蒸留酒, リキュール, ゼリー, ジャムに使う＝arbre à fraises

arbre à fraises［アルブル ア フレーズ］仏 男 →arbouse

aréomètre［アレオメートル］(独 Aräometer, 英 areometer) 仏 男 液体比重計, 浮き秤(ばかり)

arête［アレート］仏 女 ❶ 魚の骨 ❷ (2面のなす)角, へり, 稜(りょう)

arlequin［アルルカン］仏 男 ❶〔パティスリー〕シュー菓子. シュー生地を細長く絞り, 焼成後, コーヒーまたはプラリネ風味のクレームパティシエールを詰め, 上面縦の方向にチョコレートとコーヒー風味の2色のフォンダンをかける ❷ いくつかの料理の残り物を集めて構成した（皿に盛った）料理. 19世紀に, レストランや邸宅から集めた残り物を再構成して廉価で安食堂や市場で売ったという ❸ A～ イタリア喜劇の道化. 多色を使ったひし形模様の衣服を着用している ❹ 多色, 雑色(のもの)

Arles［アルル］仏 固 アルル. プロヴァンス地方の都市. 南仏の美食の中心地の1つ. ソシソン・ダルル(saucisson d'Arles)と呼ばれる大きなソーセージや, 上質のオリーヴ油を生産

arlésien, ne［アルレズィヤン, エンヌ］仏 形 アルルの ‖ Arlésien 名 アルルの人

armagnac［アルマニャック］仏 男 ❶ アルマニャック地方産の白ワインからつくる蒸留酒. 独特の芳香がある 1) バ＝アルマニャック Bas-Armagnac. 最高級品, アルマニャック西部地方産 2) テナレーズ Ténarèze. アルマニャック東部地方産 3) オ＝アルマニャック Haut-Armagnac. アルマニャック東南部地方産. アルマニャックの特徴をあまり備えていない ❷ A～ アルマニャック地方. フランスの旧州名. 現在では, 南西部のガスコーニュ地方ジェール県付近を指す

armature［アルマテュール］仏 女 ❶ 骨組み, 枠, 組, 芯 ❷ 支え, 基盤

armoire［アルムワール］仏 女 ❶ 戸棚, 食器棚／～ frigorifique 冷蔵庫／～ de congélation 冷凍庫／～ à pousse contrôlée サーモスタット付き貯蔵庫. 発酵生地を成形し, 発酵させる前に保存しておく ❷ ワードローブ, クローゼット

Aroma［アローマ］(仏 aromate, essence, parfum, 英 aromatic, essence, flavor) 独 中 香料, エッセンス→Essenz

aromate［アロマット］(独 Aroma, 英 spice) 仏 男 植物性の芳香(物), 香味材料. 葉, 花, 種子などを使う. 料理, 菓子類に香りをつける. 使用する部位は植物によって異なる →épice

使用部位	種類
葉	バジリコ, マジョラム, ミント, エストラゴン, セルフィーユなど
花	ケッパー, ナスタチウム（金蓮花）など
種子	アニス, コリアンダー, マスタード粒, キャラウェイなど
根	わさび, 生姜(しょうが)
茎	アンゼリカ, セイボリー, タイム
球根	にんにく, 玉ねぎなど
その他	野菜類. にんじん, セロリ, ねぎなど

aromatisation［アロマティザスィヨン］仏 女 香りをつけること

aromatisch［アロマーティッシュ］(仏

aromatique, 英aromatic) 独形 かぐわしい
aromatiser [アロマティゼ] (独aromatisieren, 英flavo⟨u⟩r) 仏他 クリームやアパレーユに香料(リキュール, コーヒー, チョコレートなど)を入れる, 香りをつける
aromatisieren [アロマティズィーレン] (仏aromatiser, 英flavo⟨u⟩r) 独他 香りをつける→würzen
Aromatisierung [アロマティズィールング] 独女 香りをつけること, 着香
arome [アローム] 仏男 →arôme
arôme [アローム] (独Aroma, 英aroma) 仏男 ❶芳香, 香り／du café　コーヒーの香り ❷香料／～s naturels　植物性天然香料／～s artificiels (=～s synthétiques)　合成香料
→parfum
arquebuse [アルクビューズ] (英arquebus) 仏女 薬草(金水引(きんみずひき), りんどうなど)からつくった古いリキュール. 銃創治療に使用されていた. 現在は, 食後酒として, 特にサヴォワ地方で飲まれている
Arrak [アラック] (仏arac⟨k⟩, arrak, arrack) 独男 アラック, アラキ酒
arrak [アラク] 仏男 →arac(k)
arrange [アレインジ] (仏arranger, arrangieren) 英他 整える, 配置する
arranger [アランジェ] (独arrangieren, arrange) 仏他 ❶整える, 配置する ❷直す ❸段取りをつける
arrangieren [アランジーレン] (仏arranger, dresser, servir, 英arrange, dish up) 独他 盛りつける, 調える, 配置する
arrêter [アレテ] 仏他 ❶(加熱を)止める ❷(動作を)やめる ‖ s'～ 代動 ❶止まる, 停止する ❷やめる
arrondi, e [アロンディ] 仏形 丸くなった, 丸い
arrondir [アロンディール] 仏他 丸くする ‖ s'～ 代動 丸くなる
arroser [アロゼ] (独ablöschen, 英spray, sprinkle, water) 仏他 ❶(シロップやリキュールなどの液体を)上から振りかける, 濡らす ❷水をまく, 水をかける→asperger
arrow-root [アロウルート] 仏男 arrow-root, 独Pfeilwurz) 英名 ❶〔植〕クズウコン科. 葛うこん, アロールート. 熱帯アメリカ原産の多年草 ❷アロールート. 葛うこんの根からとった澱粉. きめ細かく, 澱粉が多く, 味もよい. アントルメ, プディングなどによく使われる
art culinaire [アール キュリネール] 仏男 料理術
artificiel, le [アルティフィスィエル] 仏形 ❶人工の, 人造の, 模造の／parfum ～　人工(化学合成)の香料 ❷人為的な／paysage ～　人工的な風景 ❸不自然な／rire ～　作り笑い
Artois [アルトワ] 仏固男 アルトワ地方. フランス北部の地方名. 魚介類, 牛, 羊, 豚, 野菜類など, 品質のよさで知られる. 菓子類には, ノード県アラスのカラメル, カンブレのベティーズ, ベルクのシクがある
Ashbourne gingerbread [アシュボーン ジンジャー ブレッド] 英名 イギリス, ダービーシャー州アッシュボーンの生姜(しょうが)入りビスケット. バターをふんだんに使った生姜入りの生地を帯状にのばして幅2.5cmの長方形に切り分けて焼く
aspect [アスペ] 仏男 外観, 様子
asperger [アスペルジェ] 仏他 (液体を)軽く振りかける→arroser
aspérité [アスペリテ] 仏女 (表面の)ざらつき, 凹凸
aspic [アスピック] (独Sueize, 英aspic ⟨-jelly⟩) 仏男 ゼリー寄せ, アスピック. 火を通した肉, 魚, フォワグラ, 魚, 甲殻類, 野菜, 果物などを冷やして型に入れ, ゼリーを流し入れ, 冷やし固めてつくったもの
aspic de pommes [アスピック ド ポム] 男 りんごのアスピック. りんごと砂糖をピュレ状に煮詰め, ゼラチンと細かく刻んだ糖果を加えてサヴァラン型に流し, 冷やし固めたもの

aspiration［アスピラスィヨン］仏 女　吸いあげ, 吸引／A l'aide d'une palette, dégager par ～ des pointes sur toute la surface（クリームなどを）パレットナイフでたたくようにして吸いあげ, 表面全体に角(￡)を立てる

assaisonnement［アセゾヌマン］仏 男 ❶味つけ, 調味（独 Abschmecken, Würzen, 英 seasoning）❷調味料. 塩, 胡椒, 香料, 油, 酢, 香辛料, 調味用食材など, 食品本来の味を壊さず料理の風味を増すために, 調理中に加えるもの→condiment（独 Gewürz, 英 seasoning）

assaisonner［アセゾネ］（独 würzen, 英 season）仏 他（塩, 胡椒, スパイス類, 酢, 油, 香草類などで）調味する, 味を角

Assam［アッサム］英 名　アッサム. インド産紅茶の一品種. こくがあり, 牛乳と相性がよく, ミルクティーに向く

assemblage［アサンブラージュ］仏 男 ❶集まり ❷(部品などの)組み立て, 接合

assemble［アセンブル］（仏 assembler, monter, 独 zusammenbauen）英 他 ❶組み立てる ❷集める

assembler［アサンブレ］（独 zusammenbauen, 英 assemble）仏 他 ❶(寄せ)集める ❷組み(継ぎ)合わせる

assembling［アセンブリング］（仏 montage, 独 Konstruktion, Montage）英 名　組み立て

assiette［アスィエット］（独 Teller, 英 plate）仏 女 ❶（個々の料理を盛る）皿／～ plate 平たい皿／～ creuse 深皿, スープ皿 ❷（皿に盛った）料理

assorti, e［アソルティ］（独 gemischt, 英 assorted, mixed）仏 形　いろいろ取り混ぜた, 品物の揃った

assortiment［アソルティマン］仏 男 ❶（種類は同じで品質, 価格の違う）組み合わせ, 盛り合わせ, 詰め合わせ／～ de fromages チーズの盛り合わせ／～ de bonbons ボンボンの詰め合わせ ❷一揃い, 一式／～ de vaiselle 食器1セット（一揃え）❸配合, 組み合わせ／～ de couleurs　色の配色

assortir［アソルティール］仏 他（調和よく）取り合わせる, 組み合わせる‖s'～ 代動 ❶調和する ❷(…を)付加される

assouplir［アスプリール］仏 他（バターなどの油脂を麺棒, 手を使って）柔らかくする‖s'～ 代動　柔らかになる

assurer［アスュレ］仏 他 ❶保証する, 確言する ❷確実にする ❸しっかりさせる‖s'～ 代動　確かめる

asti［アスティ］仏 男（=～ spumante）アスティ・スプマンテ. イタリア, ピエモンテ地方アスティ村のスパークリングワイン. マスカットの香り

astiquer［アスティケ］仏 他　磨く, 艶出しする

ätherisches Öl［エーテーリッシェス エール］（仏 huile essentielle, 英 essential oil）独 中　芳香油, 植物性揮発油, 精油

atomisé, e［アトミゼ］仏 形　粉末にした, 微粒子化した／fruits frais ou congelés, ～s, lyophilisés　生または冷凍, 粉末, 凍結乾燥の果物

atomiser［アトミゼ］仏 他（液体を）霧状にする, 霧にする,（物体を）微粒子化する

atomiseur［アトミズール］仏 男　霧吹き, スプレー

atrophié, e［アトロフィエ］仏 形　萎縮した, 衰えた

attacher［アタシェ］仏 自　くっつく, 焦げつく‖他　結びつける, 繋ぐ, くっつける‖s'～ 代動　くっつく, 留まる

attaquer［アタケ］仏 他 ❶（仕事などに）着手する ❷攻撃する

atteindre［アタンドル］仏 他　達する, いたる, 届く

attelet［アトレ］仏 男　飾り串. トリュフ, 海老などを刺して飾る大串. アントナン・カレーム（→Carême）による古典料理の盛りつけ例に数多く用いられている

attendre［アタンドル］仏 他　待つ, 期待する

attention［アタンスィヨン］仏 女 ❶注意 ❷

複 配慮／faire 〜 注意する，気をつける

attentivement ［アタンティヴマン］仏 副
注意深く

attiser ［アティゼ］仏 他 （火，感情を）かきたてる

attraper ［アトラペ］仏 他 捕える，首尾よくつかまえる／Avec une fourchette, attrapez vivement le sucre. フォークを使って，すばやく糖液をすくいとりなさい

Attrappe ［アトラペ］独 女 トルテやアイスクリームなどのイミテーション．ショーウインドーに陳列する商品見本

aubépine ［オベピーヌ］(独Weißdorn, hawthorn)仏 女〔植〕バラ科サンザシ属の植物の総称．西洋さんざし．落葉低木．白または紅色の花をつける．果実は赤い．葉と花付き小枝は心臓鎮痛剤としてハーブティーに使用．ヨーロッパの5月の代表的な花木で生垣にされる⇒azerole

au-dessous ［オ ドゥスー］仏 副 ❶その下に（で）❷（数量・程度）…以下に（で）／étage 〜 階下／cinq degrés 〜 de zéro 零下5度

au-dessus ［オ ドゥスュ］仏 副 ❶その上に，上に（で）／〜 de papier silicone シリコンペーパーの上に ❷（数量・程度）…以上に／La température de la cuisine atteint 30℃ et au-dessus. 台所の温度は30℃かそれ以上に達する

aufarbeiten ［アオファルバイテン］独 他 成形する

aufgehen ［アオフゲーエン］独 自 膨らむ，浮く／〜 lassen 発酵させる

Auflauf ［アオフラオフ］(英soufflé)独 男 スフレ

Auflaufkrapfen ［アオフラオフクラップフェン］(仏 beignet soufflé, 英soufflé fritter)独 男 揚げ菓子．揚げて膨らませた菓子⇒Spritzkuchen

auflösen ［アオフレーゼン］(仏dégeler, fondre, 英dessolve, melt, thaw)独 他 溶かす，溶く⇒schmelzen

aufräumen ［アオフロイメン］(仏arranger, débarrasser, ranger, 英clear〈up〉, put away, put back)独 他 片づける⇒einräumen

Aufsatz ［アオフザッツ］(仏pièce montée, 英pyramid cake, tree cake)独 男 ピエスモンテ．マクローネン，ヒッペンマッセ，ムラング，ミュルベタイク，クーヴェルテュール，ヴァッフェル，アメ細工などでつくる高層の菓子

aufschlagen ［アオフシュラーゲン］(仏battre, fouetter, monter, 英beat, whip, whisk)独 他 泡立てる＝schlagen

Aufsetzapparat ［アオフゼッツアパラート］(仏aligneur, machine à dresser, 英depositing machine, depositor)独 男 デポジッター，（クリーム，生地，種など製菓用の）充填機⇒Dressiermachine

aufstreichen ［アオフシュトライヒェン］独 他 （生地を）擦り込む

Auftauen ［アオフタオエン］(仏décongélation, 英de-freezing)独 中 解凍

aufweichen ［アオフヴァイヒェン］(仏augmenter de volume par l'humidité, 英soak, sodden, steep)独 他 ふやかす

augmenter ［オグマンテ］仏 他 増やす‖自 増える

aumônière ［オモニエール］仏 女 ❶〔アントルメ〕パート・ブリゼに包んだ杏(ｱﾝｽﾞ)．種をとって砂糖を詰めた杏をパート・ブリゼで包み，端を張り合わせてとがらせた形にして焼く．刻んだアーモンドを振りかけ，杏の熱いソースを添える ❷（en 〜）巾着形につくったクレープ（甘味，塩味）．半焼きの薄いクレープ（直径15cm）に中身を詰めてひだをとりながら上部に寄せて閉じ（縛るなどして），オーヴンで焼く ❸巾着，貧者への施し物を入れる袋

auparavant ［オパラヴァン］仏 副 前に，以前，あらかじめ，まず

ausgestochenes Teegebäck ［アオスゲシュトッヘネス テーゲベック］独 中 型抜きするクッキー

ausgleichen ［アオスグライヒェン］独他 平らににする

auslesen ［アオスレーゼン］(仏séparer, trier, 英select, separate) 独他 分ける, 選び出す→Teilen

auspressen ［アオスプレッセン］(仏coucher, dresser, 英pipe)独他 (口金から)絞り出す

ausrollen ［アオスロレン］(仏abaisser, laminer, rouler, 英laminate, roll ⟨out⟩)独他 のす, のばす

Ausschuss ［アオスシュッス］(仏déchet, 英scrap)独男 屑, かす

aussi ［オスィ］仏副 ❶同じく ❷さらに ❸ (〜+形容詞〔副詞〕+ que...) …と同じくらい

aussitôt ［オスィト］仏副 すぐに／〜 que... …するとすぐに／〜 que possible できるだけ早く

ausstechen ［アオスシュテッヒェン］(仏découper, 英cut ⟨out⟩)独他 (生地を型などで)抜く

Ausstecher ［アオスシュテッヒャー］(仏emporte-pièce, découpeur, découpoir, 英cutter)独男 抜き型

Austro ［アオストロ］独女 古代ゲルマン民族に伝わる春の女神. 復活祭を意味するオーステルン(Ostern)の元の語

auswalzen ［アオスヴァルツェン］(仏abaisser, laminer, 英laminate, roll ⟨out⟩)独他 のばす, のす

auszacken ［アオスツァッケン］(仏chiqueter, 英pink out)独他 (ナイフで)飾り線を入れる

Auszug ［アオスツーク］独男 エキス→Extrakt

autant ［オタン］仏副 ❶同じくらい, 同程度に／ deux fois 〜 2倍の量（数）／ encore 〜 さらに同じだけ ❷ (〜 de +名詞+ que) …と同じ数(量)の／ J'ai 〜 de bonbons que toi. 君と同じ数のアメを持ってる ❸ (〜 de +無冠詞名詞) これ(それ, あれ)ほどの／ C'est la première fois que je bois avec 〜 de plaisir. これほど楽しく飲んだのは初めてです ❹ (動詞+〜 que...) …と同じくらい／ Nous sommes 〜 qu'eux. 私たちは彼らと同じ人数だ ❺ (autant+不定詞) いっそ…するほうがよい／ A〜 manger !（これだけ待ったのだから）食べ始めましょう！ ❻ (単独で) これほど, それほど／ Je ne l'ai jamais vu manger 〜. 彼がこれほど食べるのを私は見たことがない／ 〜 que possible できるかぎり／ A〜 que je sache 私の知るかぎりでは

autoclave ［オトクラヴ］仏形 (圧力によって)自動閉鎖の ‖ autoclave 男 加圧蒸気滅菌器

automatische Waschanlage ［アオトマーティッシェ ヴァッシュアンラーゲ］(仏lavage automatique, 英automatic washing)独女 自動食器洗浄機

autour ［オトゥール］仏副 周りに, 周囲に／ 〜 de... …の周囲に, …の近くに, …について

autrement ［オトルマン］仏副 ❶違った方法で ❷さもなければ ❸〜 que... （…より）はるかに, ずっと

Autriche ［オトリッシュ］仏固女 オーストリア. ウィーンのパティスリーは泡立てた生クリームをたっぷり使って飾りつけられるのが特徴. ザッハトルテ, シュトゥルーデル, リンツァートルテの3大ウィーン古典菓子のほか, カイザーシュマーレン, クラプフェン, ツヴェッチェンクネーデル, ブフテルなど, 多数のパティスリー類がある

autrichien, ne ［オトリシヤン, シエンヌ］仏形 オーストリア（人）の ‖ 名 Autrichien オーストリア人

auvergnat ［オーヴェルニャ］仏男 きのこ形のパン. パン生地を大小二つに丸めた小さい丸形を2〜3mmの厚さに薄く平らにのばして, 大きい丸形の上にのせて焼く→pain

Auvergne ［オーヴェルニュ］仏女固 オーヴェルニュ地方. フランス中央部の地方名. フランス有数の美食の地. 土地が肥沃で, 多

くの野菜や杏(あんず),りんご,桃,さくらんぼ,梨などの果物の宝庫で,生食のほか,砂糖漬けにする.銘菓にはミュル=ド=バレのピクセルなどがある

avance [アヴァンス] (仏)(女) 先立っていること,先行,有利／à l'~ 前もって,あらかじめ／en ~ 早く

avantage [アヴァンタージュ] (仏)(男) ❶有利,長所,強み ❷優越

avantageu*x, se* [アヴァンタジュー,ジューズ] (仏)(形) ❶有利な,好都合な ❷引き立つ,似合う

aveline [アヴリーヌ] (独 Haselnuss, filbert, hazelnut) (女) [植] カバノキ科ハシバミ属. ❶西洋はしばみの実. ヨーロッパ産ヘーゼルナッツの一種. 実は大きく平たい. 生のままか乾燥させて食す→noisette ❷[糖菓] アヴリーヌに糖衣したドラジェ

avérer [アヴェレ] (仏) ‖ s'~ [代動] ❶証明される ❷ (非人称) Il s'avère que... …であることは明白である

Avice, Jean [アヴィス,ジャン] (仏)(固) ジャン・アヴィス. 19世紀初頭のパティシエ. パリのヴィヴィエンヌ通りのシェ・バイイ菓子店の製菓長. この店は当時の最高級店で,タレーラン (1754-1815, ナポレオンおよびルイ18世治下の外相,美食家) の御用商人であった. 若きアントナン・カレーム (→Carême) の師であり,後に彼に「シュー生地の名人」と称えられた. マドレーヌの創始者ともいわれる

Avocado [アヴォカード] (仏 avocat, avocado) (独)(女) [植] アヴォカド

avocado [アヴォカードゥ] (仏 avocat, 独 Avocado) (英)(名) ❶[植] アヴォカドとその実＝alligator pear ❷アヴォカド色

avocat [アヴォカ] (独 Avocado, avocado) (仏)(男) [植] クスノキ科ワニナシ属の高木とその実. アヴォカド. 原産は南米. 果肉は厚く柔らかで,不飽和脂質が20％と非常に高く,ビタミン類も豊富

avoine [アヴワーヌ] (独 Hafer, 英 oats) (仏)(女) 燕麦,オート麦. ローマ時代から栽培. 北方の気候に合うため,19世紀まで北欧,スコットランド,ドイツなどの主要穀物であった. たんぱく質,脂質,ミネラル,ビタミン類を豊富に含む. 挽き割りにして食用とし,粥,ポタージュ,ビスケットをつくったり,豚肉加工品のつなぎにするなど,特にアングロサクソン諸国の伝統食物に用いられる／flocons d'~ オートミール

axe [アクス] (仏)(男) 軸,軸線

azerole [アズロール] (仏)(女) [植] バラ科サンザシ属. 西洋さんざし(の一種)の果実. 南仏,スペインに多くみられる. 果樹として栽培される. 直径2cm前後の赤い実でビタミンCが豊富. ゼリー,ジャム,ジュースなどにする →aubépine

azyme [アズィム] (仏)(形) 無酵母の,イーストの入らない ‖ azyme (男) ❶ 1) マッツァ. ユダヤ人の宗教上のパン. ユダヤ教の過越祭 (イスラエル民族のエジプト脱出記念) の最初の晩に食す. イーストの入ったパンに対し純粋性を表わす. エジプト脱出の時,発酵させる時間がないままつくったとされる. 水と(決まった方法で収穫された)小麦,場合により大麦,スペルト小麦,ライ麦,オート麦の粉でつくり,塩,砂糖,脂肪は一切加えない. また焼成中は発酵しないように表面に小穴をあける. 円形または角形,薄い平板状でかりかりしている. 幾何学模様の型押し模様をつけることもある. 宗教上の使用以外にはワインや果実入りのパンもある. 無酵母パンの粉はベニエ,スープ,団子,菓子にも使う (独 Mazze 英 matzo) 2) 無酵母パン (独 ungesäuertes Brot, 英 unleavened bread) ❷ (カトリックの) ホスチャ,聖体パン. 聖体式に使われる時の呼名 (独 Hostie, 英 host, wafer) →hostie ❸ ライスペーパー. 澱粉にゴムを加え,薄いシート状にして乾かしたもの. カリソン,ヌガーなどの底に用いる (独 Reispapier, 英 rice paper) →hostie

baba［ババ］(独Baba, 英baba) 仏男 〔パティスリー〕(=〜 au rhum) 発酵生地にレーズンを混ぜ, ダリオール型で発酵させ, 焼いた後, ラム酒またはキルシュ入りシロップに浸したもの. ロレーヌに亡命したポーランド王スタニスラスが固くなったクグロフから創作しアリババと名づけたとも, ポーランドで「ババ (baba)」(「老婦人」という意味) と呼ばれる, ライ麦粉を使用してハンガリーのワインで香りづけした菓子がロレーヌ地方に伝わったともいわれる→gorenflot, Leszczynski, savarin, Stohrer

babeurre［バブール］(独Buttermilch, 英butter milk) 仏男 ❶バターミルク, 酪漿(らくしょう). バター製造工程で撹拌(かくはん)器にかけて, クリームからバターを分離した後に残った液体を発酵させた酸味のある白い液体. 直接生乳に酵素を入れてつくることもある. 北欧諸国で愛飲. フランスでは, 飲料として, また菓子, パン, アイスクリームの乳化剤として使われる=lait de beurre ❷バターをたたく棒, 撹拌棒

bac［バック］仏男 (平底の)容器

Bacchus［バキュス］独固 酒神バッカス. ローマ神話のぶどう(の木)とワインの神. ギリシア神話のディオニソスにあたる

Backblech［バックブレッヒ］(仏plaque à patisserie, 英baking sheet) 独中 天パン

Backen［バッケン］(仏cuisson, 英baking) 独中 焼成

backen［バッケン］(仏cuire, 英bake) 独他 焼く

Bäcker［ベッカー］独男 パティシエ, パン職人, パン屋→Bäckerei

Bäckerei［ベッケライ］(仏boulangerie, boulanger, 英bakery) 独女 パン屋→Bäcker

Bäckerin［ベッケリン］独女→Bäcker

Backform［バックフォルム］(仏moule à tarte, 英pie plate) 独女 パイ皿

Backformchen［バックフォルムヒェン］(仏moule à tartelette, 英tartlet mo⟨u⟩ld, tartelette mo⟨u⟩ld) 独中 タルトレット型

Backhefe［バックヘーフェ］(仏levure de boulanger, levure de boulangerie, 英baker's yeast) 独女 パン種, イースト→Hefe

Backmasse［バックマッセ］独女 マジパンに似ているが, アーモンドの代わりに苦味を抜いた桃や杏(あん)の仁(じん)を用いてつくる. 法的には0.5%のじゃがいも澱粉を混ぜてもよいことになっている=Persipan, Persipanmasse

Backofen［バックオーフェン］(仏four, 英oven) 独男 オーヴン

Backpapier［バックパピーア］(仏papier-silicone, 英silicon paper, separating paper, baking paper) 独中 ベーキングシート, クッキングシート, シリコンシート

Backpulver［バックプルファー］(仏levure chimique, poudre à lever, 英baking powder) 独中 ベーキングパウダー

Backschaufel［バックシャオフェル］(仏pelle à four, 英baking shovel) 独女 窯べら

Backteig［バックタイク］(仏pâte à frire, 英frying batter, frying pastry) 独男 揚げ物用生地

Backtemperatur［バックテンペラトゥーア］独女 (オーヴンの)焼成温度

bacon[1]［ベコン］仏男 ロースベーコン. 円筒形. 豚の脂身の少ない胸部肉の燻製. 薄めの輪切りにして供する. または塩漬けしてから乾燥させ, 燻製にしたひれ肉

bacon² [ベイコン]（仏 bacon, lard maigre fumé, 独 Bacon, Speck）英 名 ベーコン

bactérie [バクテリー] 仏 女 バクテリア, 細菌

badiane [バディヤーヌ]（独 Sternanis, 英 star anise）仏 女〔植〕シキミ科の常緑高木とうしきみの実. スターアニス, 八角, 大ういきょう. 実が8つの角をもつ星形をしているため、「アニス・エトワレ」とも呼ばれる. 種子はアニスの香りがする. リキュール（アニゼット）, パスティスの香りづけに用いる. 北欧では菓子類にも使う➡ anis étoilé

badigeonner [バディジョネ] 仏 他 塗る

bag [バッグ]（仏 poche, 独 Dressiersack）英 名 三角形の紙を丸め, 先を切ったもの. 口金をつけ, 絞り出しに使う＝piping bag, savoy bag

bagatelle [バガテル] 仏 女 ❶〔アントルメ〕（＝〜 aux fraises）苺入りバガテル. 2枚のジェノワーズ間に, キルシュの香りをつけたバタークリームと苺を挟み, 上面を緑色のパート・ダマンドで飾り, 側面をきれいに切りそろえる ❷軽い作品, 小品,（形式の自由な）小曲, バガテル ❸B〜 固（＝ Parc de 〜）ブローニュの森の中心部にある城館（1775年建立）と花の多い美しい庭園. 世界的に名高いばら園がある

bague [バーグ] 仏 女 先が環状になったフォーク. ボンボン・ショコラをつくる時の被膜用チョコレートフォークの一種➡ broche à tremper

baguette [バゲット] 仏 女 ❶バゲット. 棒状の細長いパン. 基本的に砂糖, 卵・乳製品, 油脂は使わない. パリ発祥のパン. フランスパンともいわれる. 長さ60〜70cm, 幅5〜6cm, 重さ250g➡ pain ❷複 箸, 細い棒（独 Eßstäbchen,英 chopsticks）

bahut [バユー] 仏 男 ステンレス, ほうろう製などの, 左右に取っ手のついた円筒形の容器. クリーム, アパレーユなどの使い残りを入れる

baie [ベ] 仏 女〔植〕液果（漿果（しょうか））❶水分を多く含む果肉が種子を包んでいる果実. ぶどう, 柿, みかんなど／〜s de raisin ぶどうの一粒一粒の実 ❷（水分の多い小さな）野生の果実. こけもも, フランボワーズ, ブルーベリーなど. 生食するかジャムなどにして食す. ビタミンCを多く有す（独 Beere, 英 berry）＝ fruit rouge
➡［付録］les fruits

baie rose [ベ ローズ] 仏 女〔植〕ウルシ科. 胡椒木（こしょうぼく）の実. ピンクペッパー. 原産は南アメリカ. ピンク色の実（石果）は形が胡椒に似ていてほのかに甘く, ぴりっとしている. 柑橘類のアクセントに, フルーツサラダ, チョコレートと香りがよく合う＝ faux poivre, poivre de Pérou, poivre rose

baigner [ベニェ] 仏 他 浸す, 漬ける ‖ 自 浸る, 漬かる／Des fruits beignent dans des solutions de sucre 果物を砂糖の溶液に漬ける

Bailey's [ベイリーズ] 英 名〔商標〕ベイリーズ. ダブリンのR&Aベイリーズ社のクリームリキュール➡ Irish cream

bain [バン] 仏 男 ❶（浸すための）溶液, 液体 ❷浸すこと, 漬けること ❸風呂, 入浴

bain-froid [バン フルワ] 仏 男 冷水や砕いた氷が入った容器に, 急速に冷却したいクリーム類などを入れたボウルを漬けること

bain-marie [バン マリ]（独 Wasserbad, 英 bain-marie）仏 男 ❶湯煎鍋 ❷湯煎にすること

baiser [ベゼ] 仏 男 ❶〔プティフール〕2つの小さなムラングをクリーム類で合わせたもの ❷接吻

Baisermasse [ベゼーマッセ]（仏 英 meringue）独 女 ムラング, メレンゲ, 卵白生地➡ Meringenmasse, Schaummasse

baisser [ベセ] 仏 他 ❶低くする ❷下げる ❸弱める ‖ 自 ❶低くなる ❷下がる ❸衰える, 弱くなる

baisure [ベズュール] 仏 女 （焼成中, オーヴンの中でパンや菓子が互いに接近しすぎた

せいで)焼き色がつかない生焼けの部分

bake [ベイク] (仏cuire au four, 独backen) 英他 (パン,菓子などをオーブンで)焼く

bake blind [ベイク ブラインド] (仏cuire à blanc, 独blind backen) 英 (タルトなどを焼く際に,詰め物をせずに型に敷き込んだ生地を)空焼きにする

baked Alaska [ベイクド アラスカ] (仏omelette norvégienne, 独gebackenes Eis) 英名 ベイクドアラスカ,オムレット・ノルヴェジエーヌ.薄いビスキュイの台にアイスクリームをのせ,ムラングで全体をおおい,ガスバーナーで焼き色をつけたデザート

baked apple [ベイクド アップル] (仏pomme bonne femme, 独Bratapfel) 名 焼きりんご

bakélite [バケリット] 仏女 ベークライト

bake-off [ベイクオフ] 英名 下ごしらえの終わったパン,菓子などを焼きあげる作業

baker [ベイカー] (仏boulanger, 独Bäckerei) 英名 パン屋,パン・菓子類製造業者

bakery [ベイクリー] (仏boulangerie, 独Bäckerei) 英名 パン屋,製パン所 ‖ bakery 米 パン,菓子

bake shop [ベイク ショップ] (仏boulangerie, 独Bäckerei) 米名 パン屋,製パン所 = bakehouse

bake stone [ベイクストーン] 英名 (菓子などを焼く)ウェールズで使われている鉄板,ホットプレート= girdle, griddle

Bakewell tart [ベイクウェル タート] 英名 ダービーシャー州ベイクウェルのラトランド・アームズ・ホテルでつくられるようになったタルト.パート・ブリゼを敷き,フランボワーズのジャムを塗ったタルト型に,粉末アーモンド,パン粉,小麦粉,卵,油脂,アーモンドエッセンスを混ぜ合わせたものを詰め,グラス・ア・ローをかけたもの

baking [ベイキング] (仏cuisson 〈au four〉, 独Backen) 米名 焼き方,(パンなどを)焼くこと

baking powder [ベイキング パウダー] (仏levure chimique, poudre à lever, 独Backpulver) 英名 ベーキングパウダー／~ goods ベーキングパウダーを使用した製品.パン,スコーン,パンケーキなど⇒ aerated goods

baking sheet [ベイキング シート] (仏plaque à four, plaque à pâtisserie, 独Backblech) 名 天パン

baklava [バクラヴァ] 仏男 トルコ発祥の中東を代表するデザート.フィロ生地を溶かしバターを塗りながら5～6枚重ね,間に刻んだナッツ(胡桃,ピスタチオ,ヘーゼルナッツ,アーモンドなど)を挟み,さらに生地を重ねて焼きあげる.焼成後に濃いシロップをかけてひし形,三角形,正方形に切り分ける.シロップにローズウォーターや蜂蜜を加えることもある⇒ filo

balance [バランス] (独Waage, 英balance) 仏女 秤(はかり),天秤(てんびん)／~ à bascule 計量台,台秤

balancer [バランセ] 仏他 ❶揺する,振る ❷釣り合いをとる,均衡(均整)をとる ‖ se ~ 代動 揺れる

Ball [バル] 独男 球状のもの,ボール

Ballen [バレン] 独男 包み,梱包,(単位)バレン

ballen [バレン] 独他 物を丸める

Ballenprobe [バレンプローベ] 独女 122.5～125℃に煮詰めた糖液.冷水に落とすと小さな球ができる

ballotin [バロタン] 仏男 ボンボン・ショコラやドラジェを詰めるカートン容器.四隅が折りたたまれている.ふたはない.量り売り用のパッケージで何種類かある／~ 500g 500 g 入り用箱

ballottine [バロティーヌ] 仏女 ❶肉,鳥,魚などの身を布巾に包んで巻き,両端をひもでくくったもの.蒸し煮にするかゆでる ❷❶の方法でつくった料理.温製,冷製がある ❸小さな包み.両端をくくった包み

banana [バナーナ] (仏banane, 独Banane) 英名 バナナ

banana split［バナーナ スプリット］®名〔氷菓〕3種のアイスクリーム（ヴァニラ，苺，チョコレート）と縦に2つ割りにしたバナナにチョコレートソースをかけ，シャンティイで飾る．ソースは苺のクリでもよい→coupe glacée

Banane［バナーネ］(仏banane, 英banana) 独女 バナナ

banane［バナーヌ］(独Banane, 英banana) 仏女〔植〕バショウ科．バナナ．原産はインド．大別してフルーツバナナ（→banane fruit）と料理用バナナ（→banane plantain）の2種がある

banane fruit［バナーヌ フリュイ］仏女〔植〕フルーツバナナ．産地により品種が違い，外観，風味が異なる．カロリー，栄養価が高い．生のままか調理して食す．砂糖，バターあるいはアルコールを加え加熱すると香りが増す．調理方法は，ゆでる，ソテする，フランベ，ベニエなどがあり，オムレツ，アイスクリーム，フラン，ピュレ，フルーツサラダに用いられる．バナナを使用した料理やデザートには「クレオール風（à la) créole」「アンティル諸島風（à l') Antillaise」の呼称がつけられることが多い→囲み［banane fruit］／～ séchée 乾燥バナナ．生よりカロリーが高く，主にスポーツ食に用いられるが，コンポート，フルーツサラダにも使われる

banane légume［バナーヌ レギューム］仏男 料理用バナナ=banane plantain

banane plantain［バナーヌ プランタン］(独Gemüsebanane, Kochbanane, 英plantain) 仏女 料理用バナナ．皮はかなり角ばる．緑色，身はピンクがかって固い．生食用のフルーツバナナより大きく，長い．澱粉が多く，甘味が乏しい．煮込んだり，揚げ物，ピュレにして，アンティル諸島，南アメリカ，アフリカ料理に添えられる=banane légume

Banbury cake［バンベリー ケイク］英名 オックスフォードシャー州バンベリーの銘菓．フイユタージュを薄い楕円にのばし，スポンジケーキの屑（クラム），赤砂糖，バター，レーズン，ピール，香辛料などを混ぜ合わせたもの（～filling）を包み，平たい楕円形につくり，上部に水で溶めた卵白を塗り，切れ目を斜めに3本入れて焼く→Eccles cake

bande［バンド］仏女 ❶（生地などの）帯状に切り分けたもの（独Band, 英band, slice) ❷帯状の長方形につくった菓子．1人前用に切り分ける→tranche／～ aux fruits フイユタージュを，幅10cm，長さは天パンに合わせて切り，縁どりは，1.5cm幅のひも状のフイユタージュでつくる．クレームパティシエールを薄く敷いてからコンポートを詰め，フイユタージュでおおって焼く．1人

---

banane fruit

【主な種類】

dwarf cavendish［ドゥウォーフ カヴェンディシュ］= petite naine

figue rose［フィグ ローズ］アンティル諸島，コートジボワール産．ややずんぐりと短く，皮はサーモンピンク．香りよく，かなり甘い

figue sucrée［フィグ スュクレ］アンティル諸島，南アメリカ産．長さ6〜8cm，皮は薄く，実は締まっている．非常に甘い

freysinette［フレズィネット］= figue sucrée

giant cavendish［ジャイアント カヴェンディシュ］= grande naine

grande naine［グランド ネーヌ］仏女 アンティル諸島，中央・南アメリカ，アフリカ産．長く，曲がっている．香り良く，滑らかでねっとりしている．「大きな小人」という意味= giant cavendish

petite naine［プティット ネーヌ］カナリア諸島産．中位の長さですんぐりとして曲がっている．ねっとりとして香りがよい．「小さな小人」という意味= dwarf cavendish

poyo［ポヨ］アフリカ，中央・南アメリカ産．長く，ほぼ真っ直ぐ．香りよく滑らか

前に切り分けて供する／～ de millefeuille（切り分けて供する）長方形のミルフイユ ❸テープ, 帯, バンド

bande à flan［バンド ア フラン］⚜️女 帯状のフラン, タルト, キッシュなどを焼くための底のない長方形の型

bandelette［バンドレット］⚜️女 細ひも, 細帯／décorer avec des ～s de pâte 生地を細く切って飾る

banneton［バヌトン］⚜️女（発酵生地を発酵させ成形する）柄(え)のない籠＝paneton

bannock［バノック］英名 スコットランド, 北イングランドの, 円形の平たいパン. イースト, ベーキングパウダーを用いず, 大麦, 豆, オート麦などの粉をホットプレート（→griddle）で焼いたもの. 主に誕生日, 収穫祭などに焼かれた. 起源は熱した石の上で焼かれた平たい無発酵パンといわれる. ファール, スコーン, オートケーキもこの古い形から発展したもので, 互いに近い関係にある. 各地, 各時代により様々につくられ変種が多いが, セルカークの町のものが有名→farl, oatcake, Pitcaithly bannock, Selkirk bannock

bannock biscuit［バノック ビスキット］英名 スコットランドのビスケット. オート麦, 小麦粉, ベーキングパウダー, バター, 砂糖でつくった生地を円形にのばして小穴を開け, 8等分に切り分けて焼く

banquet［バンケ］(独Bankett, 英banquet)⚜️男 祝い事や社会的・政治的生活上での記念すべき出来事を機会に集まる豪華で盛大な食事→repas

banyuls［バニュルス］⚜️男 南フランスのルション地方産のAOP天然甘口ワイン→vin doux naturel

baptême［バテム］⚜️男 洗礼. キリスト教の信者になるための儀式. クロカンブッシュの上に洗礼用の人形をのせて飾ったり, 男児にはブルーを, 女児にはピンクのドラジェを配ったりして祝う習慣がある

baquet［バケ］⚜️男 ❶（発酵生地をこねる）桶 ❷バケツ

Bara brith［バラ ブリス］英名 バラブリス. ウェールズ特産のレーズン, スパイス入りの甘味のパン. 古くは粗挽き小麦粉でつくったが, 現在は小麦粉を使い, レーズン, ビール, スパイス, 赤砂糖などを入れた発酵生地をローフ型で焼いたパン. ティータイム用→tea bread

barack［バラック］⚜️女（＝～ pálinka）バラックパリンカ. ハンガリーおよびオーストリアの一部地域でつくられる杏(あんず)の蒸留酒(AOP)

baratte［バラット］⚜️男 バターをつくる際にクリームを攪拌(かくはん)する器具

baratter［バラテ］⚜️他（バターをつくるため）クリームを攪拌(かくはん)する

barbadine［バルバディーヌ］(独 Königsgrenadille, 英 giant granadille) ⚜️女〔植〕トケイソウ科. つる植物. 大実(おおみ)時計草. パッションフルーツの一種. 原産は南米. 果実は, 長さ25cmの卵形. 果肉は白く酸味がある. 野菜として, またジャム, シャーベット, ゼリーにして食する. よく熟したものは, マデイラを振りかけ, スプーンですくって生食もする

Barbados sugar［バーベイドウス シュガー］(⚜️ cassonade, 独 brauner Zucker, Kassonade)英名 粗糖の一種, 赤ざらめ

barbe à pape［バルブ ア パップ］⚜️男 綿アメ, 綿菓子. 1900年, パリ万国博覧会でクランクハンドル付きの綿アメ製造機が初登場した

barbouiller［バルブイエ］⚜️他 塗りたくる,（卵などを指で）塗る

barde［バルド］(独Barde, 英bard) ⚜️女（ローストにする肉, 鳥, 魚を包む）豚の背脂の薄切り

barder［バルデ］⚜️他（ローストするために肉などに）豚の背脂を巻く

Bärentatzen［ベーレンタッツェン］独女 熊の足形の半生タイプの焼き菓子

Bar-le-Duc［バール ル デュック］⚜️固

バル=ル=デュック. ロレーヌ地方の町. すぐりのジャム, 甘口白ワインの産地として名高い⇒confiture de Bar-le-Duc

barm brack［バーム ブラック］[英] [名] アイルランドのレーズン入りの円形のパン. 卵, 砂糖, パン種, 小麦を混ぜて発酵させ, ラードとサルタナレーズンを加え, 上部を平らな丸形につくり, 卵黄を塗ってセルクル型に入れてオーヴンで焼く

barquette［バルケット］[仏] [女] ❶小舟型, バルケット型（[独] Schiffchenform, [英] barquette mould, boat mould）❷小舟形のタルトレット（[独]Schiffchen, [英] barquette, boat）／〜 aux marrons マロンクリームを盛った小舟形のタルトレット

barre［バール］[仏] [女] ❶〔糖菓〕／〜 chocolatée チョコレートバー. 中心にヌガー, カラメル, シリアルなどが詰まり, 表面をチョコレートで被膜したもの. チョコレートの含有量には規制がない＝barre de chocolat⇒malakoff ❷（金属や木の）棒／〜 de chocolat チョコレートの棒(1本5g)

barsac［バルサック］[仏] [男] ボルドー地方ソーテルヌ地区のAOP甘口白ワイン

bas, *se*［バ, バース］[仏] [形] ❶低い ❷低部にある

bascule［バスキュル］[仏] [女] 台秤(だいばかり)

basculer［バスキュレ］[仏] [自] 傾く,（平衡を失って）ひっくり返る‖[他] 傾ける

base［バーズ］[仏] [女] ❶土台, 基部 ❷（制度・理論などの）基礎, 根本

Baseler Braun［バーゼラー ブラオン］[独] [中] アーモンド, シナモン, ビターチョコレートを使うクッキーの一種. のばして型抜きし, 砂糖をまぶして焼く

Baseler Leckerli［バーゼラー レッカーリ］[独] [中] バーゼラー・レッカリー. スイス, バーゼル市の伝統的な銘菓. 蜂蜜, 小麦粉, スパイス, 果物などを入れた生地を平らにのばして焼き, 上面にグラス・ア・ローを塗る. 適宜な大きさに切り分ける

basilic［バズィリック］（[独]Basilienkraut, [英] basil）[仏] [男]〔植〕シソ科. めぼうき, バジル, バジリコ. 原産はインド. 独特の強い香りがある. 南仏料理の代表的香草

basin［ベイスン］（[仏] bassine, [独]Schüssel）[英] [名] 小さいボウル, 丸い容器

Basismaterial［バーズィスマテリアール］（[仏] ingrédients fondamentaux, [英]fundamental ingredients）[独] [中] 基礎材料. 小麦粉や卵など調理の基本となる材料

basma［バスマ］[仏] [男] 中近東諸国, 特にレバノンの菓子, クナファの一種. 糸状の生地を網にして, 粗く刻んだドライフルーツを交互に重ねたもの⇒kounafa

basque［バスク］[仏] [形] バスク（人, 語）の, バスク地方の／Pays 〜 ピレネー山脈の西部の地方名／gâteau 〜 バスク地方の銘菓⇒gâteau basque

bassin［バサン］[仏] [男] ❶（銅または金属性の円形の）容器. 卵白の泡立て, ジャムを煮るのに用いる（[独]Schüssel, [英]basin, bowl）⇒bassine ❷〔製パン〕錫(すず)メッキした鋼鉄製の4ℓ用柄(え)つき計量器 ❸王冠状に置いた小麦粉＝fontaine ❹銅または錫の卓上洗面器. 現在は装飾用以外には使用されない

bassinage［バスィナージュ］[仏] [男]（軽く）湿らすこと

bassine［バスィヌ］[仏] [女] ❶底の丸い, あるいは平らなボウル（[独]Schüssel, [英]bowl）❷円形のやや口広がりの両手鍋（[独]Mulde, [英] pan）⇒bassine à blanc, bassine à confiture, bassine à friture, bassine à sucre

bassine à blanc［バスィヌ ア ブラン］[仏] [女] 卵白の泡立て用銅製のボウル. ヌガティーヌやプラリネをつくったり砂糖を溶かすのにも用いる. 底が丸く, 指で支えるために縁に輪がついている

bassine à confiture［バスィヌ ア コンフィテュール］[仏] [女] ジャム, ゼリーを煮る底の広い銅鍋

bassine à friture［バスィヌ ア フリテュール］[仏] [女] 揚げ物用の二重鍋. 内鍋は籠で, 外

鍋に油を入れる⇒négresse
bassine à sucre［バスィヌ ア スュクル］[仏] [女] カラメル, 糖液, プラリネなど高温の砂糖を煮る底の丸い銅鍋
bassine demi-sphérique［バスィヌ ドゥミ スフェリック］[仏] [女] ⇒calotte
bassiner［バスィネ］[仏] [他]〔製パン〕固すぎる生地に少量の水を加えながらこねなおす
baste［ベイスト］([仏] arroser, [独]begießen) [英] [他]（シロップ, 溶き卵などをまんべんなく）かける, 塗る
ba-ta-clan［バタクラン］[仏] [男]〔パティスリー〕アーモンドを挽き砕いて, 卵, 砂糖, ラム酒, 小麦粉を加え, 周囲に刻みめのある平らな型に入れて焼き, ヴァニラ風味のフォンダンを塗ったもの. 19世紀末のパリの有名な演芸カフェの名に由来, 作り方はピエール・ラカン(⇒Lacam)による
bâtard［バタール］[仏] [形] 中間的な, 折衷的な ‖ bâtard [男]（＝pain ～）バタール. 長型の太いパン. 450～500 g. バゲットより太く短い. 250 g のバゲットと 1kg のパンの中間の大きさのパンという意味
batch［バッチ］([仏] fournée) [英] [名] ❶（パンの）1窯分 ❷（材料の）1回分, 1度につくれる分量
batch bun［バッチ バン］[米] [名]（天パン1枚状に）互いにくっついたバン. 1つ1つ離すと上面が丸く膨らんだ四角形のバンになる. 一窯分のバン生地をピンポン玉大に丸め, 溶かしバターを塗り, 天パンに並べて2次発酵させる. この時に膨らんで互いにくっつく⇒bun
bateau（[複] ～*x*）［バトー］[仏] [男] ❶舟形, バルケット形の容器（[独]Schiffchenform, [英] barquette）❷バルケット形のタルトレット⇒barquette ／～ aux amandes 粉末アーモンド入りのムラング生地をバルケット形に焼き, コーヒーやプラリネなどで味つけしたバタークリームを間に塗って重ねた菓子 ❸舟, 船
Bath bun［バース バン］[英] [名] バースバン ❶（＝London type of～）レーズン, ピールの入った発酵生地を成形せず, 取り分けたまま, 上部にあられ糖を振りかけて焼いたもの. 19世紀に広まり, バース市以外のイギリス全土で焼かれる ❷イギリス南西部バースのバン. 18世紀にはじまる. 発酵生地を型に入れて丸く成形し, 卵黄を塗り, レーズン（カラント種）とあられ糖を振りかけて焼いたもの. フランスのブリオッシュが原形といわれる. 当時バースでは, フランス料理が愛好されていた⇒bun
bâton［バトン］([独]Stock, [英]stick) [仏] [男] ❶〔プティフールセック〕バトン. 棒状の菓子. バトネより太い⇒batônnet ❷棒状のもの ❸棒, 杖
bâton de Jacob［バトン ド ジャコブ］[仏] [男]〔パティスリー〕小さなエクレール. 中身はクレームパティシエール, 上面を飴がけする
bâtonnet［バトネ］[仏] [男] ❶〔プティフールセック〕バトネ. フイユタージュ, またはパート・ダマンドでつくった小さな棒状の菓子. バトンより細い⇒bâton ❷小さな棒（状のもの）([独]Kleiner Stick, [英]small stick)
battage［バタージュ］[仏] [男] 生地に空気を混ぜ込むため, 気泡を入れるように攪拌(かくはん)すること
batte［バット］[仏] [女]（打つための）棒. たたいたり, 砕いたり平らにする道具／～ à côtelette 肉たたき
battenberg cake［バトゥンバーグ ケイク］[英] [名] バッテンバーグケーキ. 角棒状に切った2色のケークを色違いに対角に組み合わせ, パート・ダマンドで包み, 小口切りにした菓子. 切り口が格子模様になる＝church window cake, window cake
batter［バッター］[英] [名]（小麦粉, 牛乳, 卵などを）混ぜ合わせた生地 ❶（＝frying ～）揚げ物用生地（[仏] pâte à frire, [独]Backteig）❷（ケーク, ムラング, シュクセなどの）アパレーユ, 種, 生地（[仏] appareil, pâte, [独] Masse）／～ method 油脂, 砂糖, 卵, 小麦粉, ベーキングパウダーをクリーム状に

してつくる生地の方法. 2種類ある　1) sugar 〜 大量の油脂と砂糖をクリーム状にして卵,粉を加える　2) flour 〜 同量の油脂と粉を混ぜてから卵と砂糖,ベーキングパウダーを加える　❸ ケーキミックスまたはクランペット用膨張剤入りミックス（仏 appareil, pâte）

batter cake［バッター ケイク］英 名 大量の油脂と砂糖,卵を混ぜてから,小麦粉を加える方法によってつくるケーキ.パウンドケーキ,ダンディーケーキなど⇒ Genoese ‖ batter cake ㋙ パンケーキ

batterie［バトゥリ］仏 女 ❶（器具・装置などの）一式,揃い（英 collection, complete set, 独 kompletter Satz）／〜 de cuisine　台所道具,調理道具一式 ❷バッテリー

batteur［バトゥル］（㊀ Mixer, 英 mixer）仏 男 ❶ホイッパー,ビーター,ドウフックを備えたミキサー.アタッチメントを付け換えて,泡立て,攪拌（ミュε）,混ぜ合わせを行なう.卵白の泡立て,マヨネーズ,クリーム類,ポタージュ,ソース,ピュレなどの製作に用いる ＝ batteur-mélangeur, mixeur ⇒ robot ❷ハンドミキサー

batteur-mélangeur［バトゥール メランジュール］仏 男 ⇒ batteur

battre［バトル］仏 他 ❶（泡立て器で）強くかき立てて,よく混ぜ合わせる,泡立てる（独 schaumig schlagen, 英 beat, whip）❷発酵生地にこしを出すために台上に打ちつける ❸たたいて平らにする

Baumbehang［バオムベハング］独 男 オーストリアのクリスマスツリーの飾り菓子.ムラングをいろいろな形に絞って乾燥焼きし,ひもで吊す

Baumé, Antoine［ボーメ, アントワヌ］仏 固 アントワーヌ・ボーメ（1728-1804）.フランスの物理学者・化学者で液体の濃度の測定法を発明した ⇒ degré Baumé

baume［ボーム］（㊀ Melisse, 英 balm）男 （薄荷（ミュペ）などの）芳香性植物

Baumkuchen［バオムクーヘン］（仏 gâteau à la broch, 英 baumkuchen）独 男 バウムクーヘン.水平に渡した軸棒を回転させ,種を流しかけて,直火で焼く木の年輪型の菓子.ドレスデナー（Dresdener）, シュテッティナー（Stettiner）, ザルツヴェードラー（Salzwedler）, コットブーザー（Kottbuser）などの種類がある

Baumkuchenspitz［バオムクーヘンシュピッツ］独 男 バウムクーヘンを三角形に小さく切り分け,クーヴェルテュール（チョコレート）をかけたもの

Baumkuchentorte［バオムクーヘントルテ］独 女 バウムクーヘンをトルテの高さに切り,輪の中にヴィーナー生地（⇒ Wienermasse）やクリームを詰めたり,上面にアイシングやチョコレートをかけて仕上げるトルテ

Baumstammform［バオムシュタムフォルム］（仏 moule à bûche de Noël, 英 yule-log mo⟨u⟩ld）独 女 樋型

Bavarian cream［バヴェリアン クリーム］（仏 bavarois, 独 Bayerische Creme, Bayrischerkrem）英 名 バヴァロワ

bavarois, e［バヴァルワ, ルワーズ］仏 形 バイエルンの,バヴァリアの ‖ bavarois（独 Bayerische Creme, Bayrischerkrem, 英 Bavarian cream）男 〔冷アントルメ〕クレームアングレーズまたは果物のピュレにゼラチンと,泡立てた生クリームを加えたものを冷やし固めたもの.ドイツのバイエルン地方,フランス語名では「バヴィエール Bavière」が起源といわれているが定かではない. 当地の大貴族にフランス人料理人が多数仕えていた. アントナン・カレーム（⇒ Carême）はフロマージュ・バヴァロワという名で数多くの作り方を挙げている

bavaroise［バヴァルワーズ］（英 bavaroise）仏 女 ❶（＝ crème 〜）クレームバヴァロワーズ.（冷やし固める前の）バヴァロワ用クリーム ⇒ crème à bavarois ❷紅茶,アルコール,アジアンタム（しだ）のシロップ,牛乳などを混ぜ合わせてつくったバイエルン

地方の飲み物　❸小麦粉と水を合わせたもの．スープなどのつなぎに用いる

bavure［バヴュール］(仏)[女]（生地の表面に塗る）溶き卵の塗りすぎ，過剰分．フイユタージュやシュー生地が均一に膨らむのを妨げる原因となる

bay［ベイ］(英)[名]❶生地をつくる際の小麦粉，砂糖などを盛りあげ，中央につくったくぼみ，穴．その中に液状の材料を入れ，混ぜ込んでいく（(仏)fontaine, (独)Brunnen）= well　❷月桂樹= laurel

bay leaf［ベイ リーフ］((仏)laurier, (独)Lorbeer）(英)[名]　乾燥した月桂樹の葉，ローリエ，ベイリーフ

Bayonne［バイヨヌ］(仏)[固][女]　バイヨンヌ．スペインに近い南西フランスの町．蒸留酒，ハムの産地として名高い

Bayrischerkrem［バイリッシャークレーム］（(仏)bavarois, (英)Bavarian cream）(独)[男]　バヴァロワ

Bearbeitung［ベアルバイトゥング］(独)[女]　加工→Formen

beat［ビート］((仏)battre, (独)mischen, rühren, schlagen）(英)[他]　（卵，生クリームなどを強く）かき混ぜる，攪拌（かくはん）する

beaten egg［ビートン エッグ］((仏)œuf battu）(英)[名]　溶き卵

beater［ビーター］((仏)feuille, plette, (独)Rührbesen）(英)[名]　電動ミキサーのアタッチメントの1つ．攪拌（かくはん）に用いる= beater blade

beau［(複)〜x）［ボ］《母音または無音のhで始まる男性単数の前では bel［ベル］，女性単数の前ではbelle［ベル］》(仏)[形]❶美しい，きれいな　❷見事な　❸上等な / belle fraise 形のよい苺

beaujolais［ボジョレ］(仏)[男]❶[固] B〜　ボージョレ．リヨン近郊のブルゴーニュ地方南部のワインの産地，地区　❷ボージョレ地区のAOP赤ワイン

beaune［ボーヌ］(仏)[男]❶[固] B〜　ボーヌ．ブルゴーニュ地方の都市　❷ボーヌ地区のAOP白・赤ワイン

Beauvilliers, Antoine［ボヴィリエ，アントワヌ］(仏)[固][男]　アントワーヌ・ボヴィリエ（1754-1817）．料理人．プロヴァンス伯の料理長を務めた後，1782年，パリに最初の本格的レストランを出した．著書に『料理人の技術 L'Art du cuisinier』(1814)がある

beauvilliers［ボヴィリエ］(仏)[男]〔パティスリー〕すりつぶしたアーモンド，砂糖，バター，卵，小麦粉（または米粉）を混ぜて焼き，銀紙に包んだもの．19世紀半ばにパリのモニエ Monnier という料理人が創作，師の名を命名した．最も古いガトー・ド・ヴォヤージュ，同様な菓子にボンヴァレがある→bonvalet, gâteau de voyage

bec［ベック］(仏)[男]❶（器物の）口，先端，注ぎ口　❷火口，バーナー

béchamel［ベシャメル］(仏)[女]　ベシャメルソース．牛乳とルー（同量比のバターと小麦粉を炒めたもの）でつくる白いソース．グラタンや卵，野菜，貝類を使った料理に用いる

Becher［ベッヒャー］((仏)verre, (英)glass）(独)[男]　杯，コップ，酒杯= Glasbecher

bedecken［ベデッケン］((仏)couvrir, masquer, recouvrir, (英)cover）(独)[他]　おおう

beet sugar［ビート シュガー］((仏)sucre de betterave, (独)Rübenzucker）(英)[名]　甜菜糖

begießen［ベギーセン］((仏)arroser, (英)drizzle）(独)[他]　濡らす，水をかける→beträufeln

behandeln［ベハンデルン］((仏)façonner, (英)process）(独)[他]　加工する

beignet［ベニェ］((独)Krapfen, (英)fritter）(仏)[男]　揚げ菓子，揚げ物．最も古い調理法の1つ．地方色豊かで，土地の伝統行事と関わりが深い．菓子（→beignet sucré）にも料理（→beignet salé）にもする　❶衣揚げ．果物（りんご，バナナ，杏(あんず)など）を薄切りにし，揚げ物生地をつけて揚げる　❷生地を揚げたもの．シュー生地（→pet-de-nonne）やブリオッシュ生地あるいは発酵生地

(→beignet viennois) やゴーフル用生地を，長い柄(え)のついた，ハート形，星形などの用具にからめて揚げる→beugnon, bignon, bottereau, bugne, merveille, oreillette, roussette, tourtisseau

beignet au brocciu [ベニェ オ ブロチュ] 仏男〔地方菓子〕コルシカ島の揚げ菓子．コルシカ島のチーズ，ブロッチョをラヴィオリのように生地の中に包んで揚げる

beignet de fleurs d'acacia [ベニェ ド フルール ダカスィア] 仏男〔地方菓子〕アキテーヌ地方の揚げ菓子．にせアカシアの房状の花に揚げ物用生地をつけて揚げたもの．にせアカシアは北アメリカから伝わり，この地に馴染んだ．5月に花をつける→acacia

beignet salé [ベニェ サレ] 仏男 仔牛や羊などの脳，魚，野菜の衣揚げ，天ぷら，チーズ入りのシュー生地の揚げ物など．アペリティフ，オードヴル，アントレとして供される

beignet soufflé [ベニェ スフレ] 仏男 シュー生地を揚げたもの．中にジャムやクリームなどを詰めてもよい＝pet-de-nonne

beignet sucré [ベニェ スュクレ] 仏男 果物，花の衣揚げ，ペドノーヌ（→pet-de-nonne）など．デザートやお茶と共に供される．

beignet viennois [ベニェ ヴィエヌワ] 仏男〔揚げ菓子〕ブリオッシュ生地の中にジャムを詰め，丸形につくって揚げ，粉糖をまぶしたもの．ジャム入り丸形ドーナッツ→krapfen[1]

beimischen [バイミッシェン] 独他 ❶加える（仏ajouter, 英add, join）❷混ぜる（mélanger, 英admix, blend）

belegen [ベレーゲン] 独他 ❶のせる，置く ❷（飾り を）つける

Belle-Hélène [ベレレーヌ] 仏女 ❶〔氷菓〕ベレレーヌ．アイスクリームの上にシロップ煮の果物を置き，熱いチョコレートソースをかけたもの．本来はウィリアムス種の洋梨のシロップ煮を用いる→coupe glacée ❷ オッフェンバック（Offenbach, Jacque,

1819-1880, フランスの作曲家）のオペレッタの名．1865年頃から料理名に使われる

Belvedere [ベルヴェデーレ] 独固 ベルヴェデーレ宮殿．ウィーンの中心部にある宮殿．チョコレートなどを使った重厚味のある菓子によくこの名が付される

bemehlen [ベメーレン] (仏fariner, enfariner, 英flour) 独他 粉を振る

Bemehlung [ベメールング] (仏enfarinage, 英flouring) 独女 粉振り

bénédictine [ベネディクティヌ] (独Benediktiner, 英benedictine) 仏女 ベネディクティン．27種の植物と蜂蜜を使い，サフランで色をつけた琥珀(こはく)色のリキュール（アルコール含有量40%）．修道僧たちによってつくられた秘薬だったもので，フランス革命時に作り方が不明になったが，1863年，ノルマンディ地方フェカンのイタリア・ベネディクト派の修道院に残された製法が発見され，商品化された．修道僧たちを偲び，修道会の名がつけられ，同派の銘D.O.M. (Deo Optimo Maximo) をラベルにしるす

Benediktiner [ベネディクティーナー] (仏bénédictine, 英benedictine) 独男 ベネディクティン．ベネディクト派の修道院のつくる薬草，香草入りのリキュール

bengale [ベンガル] 英名 インド産茶の一品種．軽くて，アーモンドの香りがある．朝食向き

bennoiton [ブヌワトン] 仏男 レーズン（カランツ種）入りライ麦パンで，80～100gの球形の小型パン．「聖ブノワのパン」という意味．朝食，おやつ用→pain de seigle

benutzen [ベヌッツェン] (仏employer, 英use) 独他 使う，活用する，利用する

berawekra [ブラヴェクラ] 仏男 →bireweck

Berchoux, Joseph [ベルシュ, ジョゼフ] 仏固男 ジョゼフ・ベルシュ (1765-1839). 弁護士．4歌からなる長編の詩『美食法または田園住いの人の食べ方Gastronomie ou l'Homme des champs à table』(1801) で知られる．ガストロノミという言葉をフラン

ス語にはじめて導入した人物

Bereitung［ベライトゥング］〔独〕〔女〕調理,製造,用意,準備

bergamote［ベルガモット］（〔独〕Bergamotte,〔英〕bergamot）〔仏〕〔女〕❶〔植〕ミカン科, 柑橘類. ベルガモット. 橙(だい)とマンダリンオレンジの交雑種. 芳香が強く, 果皮は製菓に使用 ❷ベルガモット油. 果皮から抽出する揮発性植物油（エッセンス）. 香料として糖菓, 香水に用いる ❸〔糖菓〕(=～ de Nancy) ベルガモットの香りがする, 小さく, 薄い四角形の蜂蜜色をしたアメ, 大麦糖. ナンシーの銘菓→I.G.P., sucre d'orge ❹〔植〕梨の一種, 丸形, 香りと甘味が強い

berline［ベルリヌ］〔仏〕〔女〕→ boule de Berlin, krapfen[1]

Berliner Ballen［ベルリーナー バレン］〔独〕〔男〕揚げ菓子の一種= Berliner Pfannkuchen

Berliner Pfannkuchen［ベルリーナー プファンクーヘン］(〔仏〕beignet,〔英〕doughnut)〔独〕〔男〕油で揚げる発酵生地製品の一種. 中にフィリングを詰めるものと詰めないものとがある. イーストドーナッツ

berlingot［ベルランゴ］〔仏〕〔男〕❶〔糖菓〕ミントの香りがするアメ. 透明と半透明の縞模様がついた四面体. 起源は中世に遡るといわれるが, 現在の製法はルイ16世の時代のもの／～ de Carpentras 南仏カルパントラの町のアメ. 1851年からつくられている. 特に強い香りのミントと砂糖漬けの果物をつくった残りの糖液を用いてつくるため独特な香りがある. その他, ロワール地方ナント, ピカルディ地方サン=カンタン, ノルマンディ地方カンのものが有名 ❷テトラ・クラシック. 牛乳などを入れる正四面体の紙容器, 三角パック

berlingotière［ベルランゴティエール］〔仏〕〔女〕ベルランゴを切る機械

Bernard, Emile［ベルナル, エミル］〔仏〕〔固〕エミール・ベルナール（1826-1897）. フランスの料理人. ナポレオン3世に仕えた後, プロシア王ヴィルヘルム1世の宮廷でユルバン=フランソワ・デュボワ（→Dubois）と働く. 著作に彼とのすぐれた共著『古典料理 Cuisine classique』（1856）がある

Berry［ベリ］〔仏〕〔固〕〔男〕ベリー地方. フランス中央部の一地方. さくらんぼ（キルシュ用）, 梨, 胡桃など果樹栽培が盛んであるため, アントルメに果物を多く用いる. シトルイヤ, ポワラ, サンシオ, ベニエ, 大麦糖などが有名

berry［ベリ］〔英〕〔名〕❶〔植〕ベリー. 苺など水分の多い, 核のない食用小果実（植物学的分類上は何のつながりもない）→blackberry, blueberry, cranberry, gooseberry, raspberry ❷〔植〕液果, 漿果(しょうか). ぶどう, みかん, トマト, メロンなど ❸（小麦, コーヒーなどの）乾燥した種子, 殻粒→［付録］les fruits

Beruf［ベルーフ］(〔仏〕métier, profession,〔英〕business, occupation, profession)〔独〕〔男〕職業

Beschicken［ベシッケン］〔独〕〔中〕窯入れ→Beschickung, Einschieben

Beschickung［ベシックング］(〔仏〕enfournement,〔英〕placing in the oven)〔独〕〔女〕窯入れ→Beschicken, Einschieben

besieben［ベズィーベン］〔独〕〔他〕（ふるいなどで）振りかける

Bestellung［ベシュテルング］(〔仏〕commande, demande,〔英〕order)〔独〕〔女〕注文

bestreichen［ベシュトライヒェン］(〔仏〕masquer, napper,〔英〕cover, frost, spread)〔独〕〔他〕ナペする, 上塗りする, 塗る→verstreichen

bestreuen［ベシュトロイエン］〔独〕〔他〕振りかける, まぶす

Bethmännchen［ベートメンヒェン］〔独〕〔中〕マジパン（パート・ダマンド）を主体に, オレンジピールや蜂蜜を加えて混ぜ, 丸めて上にアーモンドをのせ, 一晩乾かしてから焼きあげるフランクフルトの銘菓. 現在ではドイツのどこにでもみられる

bêtise［ベティーズ］〔仏〕〔女〕❶〔糖菓〕(=～ de Cambrai) ミントの香りのついたアメ. ノー

ル県カンブレの銘菓．1850年から製造．同種のものに同県ヴァランシエンヌのソティーズ (sottise) がある→bonbon dur ❷愚かさ，愚かな言動 ❸とるに足らぬこと

beträufeln [ベトロイフェルン] 独他 濡らす，水をかける→begießen

bette [ベット] 仏女〔植〕アカザ科．不断草．夏の野菜．鉄分，ベータカロチンが豊富で，ほうれん草と同じように調理され，癖がない．葉脈を除いた葉の部分を使った甘いトゥルトはニースのデザート＝blette, ôte, poirée→légume

bettelman [ベテルマン] 仏男〔地方菓子〕アルザス地方のアントルメ．固くなったミルクパンのクラム (身) を，砂糖とヴァニラの入った牛乳に浸し，卵黄，オレンジピール，さくらんぼを加え，泡立てた卵白を混ぜ込み，型に入れてオーヴンで焼いたもの．「物乞い」という意味

betterave [ベトラヴ] (独Zuckerrübe, 英sugar beet) 仏女〔植〕(=～ à sucre) 甜菜．砂糖大根／sucre de ～ 甜菜糖

betty [ベティ] 英名 パン粉，バター，レモンの皮，砂糖，ナツメグ，シナモンを混ぜ合わせ，シャルロット型の周囲と底に敷きつめ，りんごのピュレなどを詰めたアントルメ．シャルロットと同じ

beugen [ボイゲン] 独他 曲げる

beugnon [ブニョン] 仏男〔揚げ菓子〕フランス中央部のベニエ．発酵生地を小さな王冠形にして揚げる．ベリー，オルレアン地方のものが有名

beurre [ブール] (独Butter, 英butter) 仏男 ❶バター．牛乳から分離した乳脂肪 (クリーム) を攪拌 (かくはん) し，塊状に集合させた後，練りあげてできた油脂．乳脂肪分82％以上，非油脂分18％ (乳糖，プロテイン，ミネラルなど)，水分16％以下．加塩と無塩があるが，表示のないものは無塩=囲み [beurre] ❷ (バター状の) 植物の脂肪質／～ de coco ココナッツバター

beurre allégé [ブール アレジェ] 仏男 →spécialités laitière à tartiner

beurre de cacao [ブール ド カカオ] 仏男 カカオバター．カカオマスを圧搾機にかけて得る脂肪分．わずかに黄味を帯びた白色でチョコレートの香りがする．酸敗しない．チョコレートの製作時に添加，あるいは化粧品に用いる→chocolat, [付録] le cacao

beurre de coco [ブール ド ココ] 仏男 ココナッツバター．ココナッツの脂肪質

beurrer [ブーレ] (独Butter, 英butter) 仏他 ❶ (焼きあがった菓子がはがれやすいように) 型，天パンにバターを塗る ❷ (フイユタージュ用のデトランプに，あるいは生地に) バターを混ぜ込む

beurrier, ère [ブリエ，リエール] 仏形 バターの ‖ beurrier 男 (食卓用) バター入れ

biais, e [ビエ，ビエーズ] 仏形 斜めの ‖ biais 男 斜め，傾斜／en ～ 斜めに

bibace [ビバース] 仏女〔植〕枇杷 (びわ) の実＝bibasse→nèfle du Japon

bibasse [ビバース] 仏女 →bibace

Biber [ビーバー] 独女 レープクーヘン生地 (→Lebkuchen) をのばし，木型に当てて模様をつけ，ローマジパン (→Marzipanrohmasse) をサンドして焼いたスイスの菓子

Biberteig [ビーバータイク] 独男 蜂蜜，スパイスなどを使った重い生地

bicarbonate [バイカーボネイト] 英名〔化〕(=～ of soda) 重炭酸ソーダ，重曹

bicarbonate de sodium officinal [ビカルボナット ド ソディオム オフィスィナル] 仏男〔化〕薬局方重炭酸ソーダ．微粒粉末のアルカリ製塩．パンデピスなどの生地を膨らませたりするのに使用．薬局で扱っている

bicarbonate de soude [ビカルボナット ド スード] 仏男〔化〕重炭酸ソーダ．ベーキングパウダーの主な成分

Bickbeere [ビックベーレ] 独女〔植〕ブルーベリー，こけもも→Blaubeere, Heidelbeere

bicolore [ビコロール] 仏形 2色の

bidon [ビドン] 仏男 ❶ (金属，プラスチック

beurre

【バターの2大産地】
Normandie［ノルマンディ］　ノルマンディ地方
Poitou-Charentes［ポワトゥ シャラント］　ポワトゥー＝シャラント地方

【AOPバター】
Charentes［シャラント］　シャラント
Charentes-Poitou［シャラント ポワトゥ］　シャラント＝ポワトゥー
Deux-Sèvres［ドゥー セーヴル］　ドゥー＝セーヴル
Isigny［イズィニ］　イジニ

【種類】
beurre allégé［ブール アレジェ］，**beurre léger**［ブール レジェール］
　スプレットバター．塗りやすく柔らかくしたバター．乳脂肪分60〜65％(beurre allégé)，39〜40％(beurre léger)．低温殺菌した生クリームを，澱粉，ゼラチン，スターチ，水で乳化してつくる．調理にも使えるが高温には適しない．サンドウィッチ，トースト，カナッペなどに塗布→spécialités laitières à tartiner

beurre concentré［ブール コンサントレ］
　濃縮バター．乳脂肪分99.8％．低温殺菌生クリーム使用．微量のヴァリニリンまたはカロチンを含む．プロ用．パティスリー（フイユタージュ，バタークリームなど）に用いる

beurre cru［ブール クリュ］，**beurre de crème crue**［ブール ド クレーム クリュ］
　低温殺菌していない生クリームでつくったバター．乳脂肪分82％．保存期間3〜4℃で30日間

beurre de cuisine［ブール ド キュイズィーヌ］
　乳脂肪分96％．低温殺菌生クリームを使用．微量のヴァリニリンまたはカロチンを含む．プロ用．パティスリー（ブリオッシュ，カトルカール，マドレーヌなど）に用いる＝beurre laitier

beurre extra-fin［ブール エクストゥラ ファン］
　乳脂肪分82％．採乳後72時間以内に処理され，脱酸化，冷凍されていないクリームから製造したバター．製造後は冷凍される．保存期間−14℃で24か月，3〜4℃で60日．生地類，クリーム類に用いる

beurre fin［ブール ファン］
　乳脂肪分，製法，用途はbeurre extra-finと同じ．ただし冷凍生クリームを30％まで混ぜること

の）20ℓ入り蓋付き容器．酪農家の牛乳収集に用いる　❷（石油，ワイン，水など液体を入れる）容器

Bienenkorb［ビーネンコルプ］独 男　マカロン種を絞って，蜂の巣形につくったもの

Bienenstich［ビーネンシュティッヒ］独 男　天パンにのばした発酵生地の上へ，バター，砂糖（または蜂蜜），アーモンドおよび生クリームを煮立てた種を薄く流して焼いたもの．クレームパティシエールや生クリームを間に塗って重ねることが多い．「蜂の刺し痕」という意味

が認められている

beurre demi-sel［ブール ドゥミ セル］

減塩バター（添加量0.5%〜3%）. 保存性あり

beurre déshydraté［ブール デズィドラテ］

無水バター. 遠心分離で水分を除去したバターを溶解して得た油脂. 非油脂分0.1〜0.2 %以下. 10℃で数か月保存できる＝gil, huile de beurre, M. G. L. A.

beurre de table［ブール ド ターブル］＝beurre laitier

beurre d'importation［ブール ダンポルタスィヨン］

輸入バター. 主にデンマーク, オランダ産のもの. フランス産のものより白い

beurre d'intervention［ブール ダンテルヴァンスィヨン］

放出バター. 生産過剰のブール・レティエを政府が買い上げ, 6か月〜1年間冷凍にし, 必要に応じ廉価で市場に出すバター. 8日以上の保存は不可

beurre doux［ブール ドゥ］

弱酸バター. 酸味の少ないクリームからつくったもの. 繊細で美味. 保存性はあまりない

beurre fermier［ブールフェルミエ］

酪農家産のバター. 殺菌していない生クリームからつくる. 量り売り. 保存性なし

beurre laitier［ブール レティエ］

乳製品加工工場でつくられたバター＝beurre de cuisine, beurre de table

beurre pasteurisé［ブール パストゥリゼ］

低温殺菌したバター

beurre rénové［ブール レノヴェ］

品質改良バター. 基準以下の生クリームを, 重炭酸ソーダを入れて再度攪拌（かくはん）して酸味をとったバター

beurre salé［ブール サレ］

有塩バター（添加量3%以上）. 長期間保存できる

【調理用に手を加えたバターの状態】

beurre clarifié［ブール クラリフィエ］ 澄ましバター. バターを火にかけて溶かした上澄み

beurre en pommade［ブール アン ポマード］ ポマード状に柔かくしたバター

beurre manié［ブール マニエ］ バターと小麦粉を混ぜたもの

beurre noisette［ブール ヌワゼット］ 焦がしバター. ヘーゼルナッツの香りがする

Bier［ビーア］（[仏]bière, [英]beer）[独] [男] ビール

bière［ビエール］（[独] Bier, [英]beer）[仏] [女] ビール. 主に大麦の麦芽汁にホップを混ぜ, 発酵させた世界で最も古く, 親しまれているアルコール飲料の1つ

bière de ménage［ビエール ド メナージュ］[仏] [女] 自家用の手作り発酵飲料. 麦と乾燥したホップの花でつくる. その他, しば麦とねずの実, どんぐりとホップの実, 甘草と大麦などでもつくる

bigarade［ビガラード］（[独]Bitterorange, Pomeranze, [英]bitter orange, Seville orange）⚛女〔植〕橙(だいだい)，苦オレンジ．果皮は赤みがかった緑色で，マーマレード，ジャム，ゼリーにする．果肉は厚い皮に包まれ，非常に香り高く，キュラソー，コワントロー，グランマルニエをつくるのに用いる／～ confite 橙の砂糖漬け（ニースの特産）→ chinois confit

bigaradier ［ビガラディエ］（独 Bitterorangenbaum, 英 bitter orange-tree）⚛男〔植〕ミカン科カンキツ属．橙(だいだい)の木，苦オレンジの木．花からオレンジ花水をつくる → eau de fleur d'oranger, fleur d'oranger

bigarreau （複～x）［ビガロー］⚛男〔植〕さくらんぼ（甘果桜桃）の品種名．野生種（→ merise）の改良種．大粒で果肉は固く甘い．果皮は黄色，赤色，暗紅色など．派生品種は多種ある．主に生食用（→ cerise）／～x confits（＝～x rouges）ドレンチェリー

bignon ［ビニョン］⚛男〔地方菓子〕ブルボネ地方のベニエ．四旬節に食する→ beignet

bilberry ［ビルベリ］（⚛ airelle myrtille, 独 Heidelbeere）英名〔植〕❶スノキ属の低木．ビルベリー．多くの変種を含む．原産は北ヨーロッパ．ブルーベリーの近縁種．別名ヨーロッパブルーベリー ❷ビルベリーの実．藍，藍黒色．アントシアニン含有量が多い→ whortleberry

Bindemittel ［ビンデミッテル］独中 安定剤，接合剤

binden ［ビンデン］（⚛ lier, rendre, 英 thicken）独他 とろみをつける

Birchermüesli ［ビルヒャーミュッスリ］（⚛ Birchermüesli, 英 Bircher muesli）独中 ミューズリー．数種の穀類（燕麦の挽き割り，小麦の胚芽など）とアーモンド，レーズンを混ぜ合わせたもの．りんご，バナナなどの果物と牛乳，ヨーグルトと混ぜて食す．20世紀初頭，スイスではじまり（提唱者ビルヒャー＝ブレンナー Bircher-Brenner），ダイエット食としてイギリス，ドイツに広まった

bireweck ［ビルヴェック］⚛男〔地方菓子〕アルザス地方のクリスマス用フルーツケーキ（→ pain aux fruits secs, pain de Noël aux fruits）．発酵生地に，キルシュに漬け込んだ果物（洋梨，プルーン，いちじく，なつめ，レーズン，胡桃，アーモンド，オレンジピール），スパイス（アニス，シナモン，クローヴ）を混ぜ込み，なまこ形にかたどって焼く＝ berawekra

Birne ［ビルネ］（⚛ poire, 英 pear）独女 洋梨

Birnenbrot ［ビルネンブロート］独中 「洋梨のパン」という意味のフルーツケーキの一種．地方によってフッツェルブロート，フリュヒテブロートと呼ぶところもある＝ Früchtebrot, Hutzelbrot, Kletzenbrot

birnenförmig ［ビルネンフェルミッヒ］独形 洋梨状の

Birnengeist ［ビルネンガイスト］独男 洋梨の蒸留酒

birthday cake ［バースデイ ケイク］英名 フルーツケーキを台に誕生日にふさわしい飾りをした菓子→ fruit cake

biscotin ［ビスコタン］⚛男〔ガトーセック〕さくさくした小型サブレ．オレンジの花水の香りがついて日持ちがする／～ de Camarès ビスコタン・ド・カマレス．ミディ＝ピレネー地方のサブレ．アニスの香りのものもある／～ d'Aix ビスコタン・デクス．エクサン＝プロヴァンスの小球形サブレ

biscotte ［ビスコット］（独 Zwieback, 英 rusk）⚛女 ラスク．（油脂と砂糖を加えた発酵生地でつくった）パンを薄切りにし，中が乾燥するまできつね色にトーストしたもの．もともとはダイエット製品と考えられていた．現在は食事，特に朝食に食される．ダイエットの内容に応じて，塩抜き，麬(ふすま)入りなども生産されている

biscotte parisienne ［ビスコット パリジィエンヌ］⚛女〔パティスリー〕粉末アーモンド，卵黄，泡立てた卵白，澱粉でつくった生地にキルシュの香りをつけ，絞り袋で天パンに絞り出して焼いたもの

biscuit[1] ［ビスキュイ］[仏] [男] ❶ビスキュイ．別立法（卵白と卵黄を別々に泡立てる）でつくるスポンジ．卵黄と砂糖を火にかけずによく泡立て，小麦粉を入れ，最後に卵白と少量の砂糖を固く泡立てたものを混ぜ込み，オーヴンで焼く．卵黄に小麦粉が混じるので，出来あがりはきめが細かくしっかりしている（[独]Biskuitmasse, [英]sponge）⇒biscuit à la cuiller, biscuit de Savoie, biscuit roulé, pâte à biscuit ❷（＝moule à ～）ビスキュイ型．円形で，高さのあるセルクル型，平底，円筒のついた底の3点からなる．用途に応じ組み合わせて使う ❸（工場製の）ビスケット（[独]Biskuit, [英]biscuit）❹ダイエット用各種ビタミン入りビスケット ❺〔古〕(2度焼きして保存をよくした航海用，兵士用食糧だった）固いパン．ビスキュイは本来2度焼きの意味

biscuit[2] ［ビスキット］（[仏] galette, petit beurre, petit four sec, [独]Gebäck, Mürbegebäck, Teegebäck）[英] [名] ビスケット．生地を薄くのばし，いろいろな形に抜き，焼いた菓子の総称．日本でいうクッキー，クラッカー類も含まれる⇒cookie, cracker ‖ biscuit [米] 小型パン．ベーキングパウダー，重曹などを混ぜた生地で焼いた小さなパン．外皮は茶色でしっかり固く，身は柔らかい．即席にできる⇒bannock, scone, soda bread

biscuit à la cuiller ［ビスキュイ ア ラ キュイエ］（[独]Biskotten, [英]finger-biscuit, ladyfinger, sponge-finger）[仏] [男] 〔ガトーセック〕レディフィンガー，ビスキュイ・ア・ラ・キュイエール．ビスキュイ生地を細長く絞り，粉糖を振りかけて焼いたもの．cuillerは「スプーン」の意味．昔は絞り袋ではなく，スプーンでかたどったため，この名がついた．アイスクリーム，果物のソースと共に供する．またシャルロットなどのアントルメの周囲に用いられる

biscuit à la cuillère ［ビスキュイ ア ラ キュイエール］[仏] [男] ⇒biscuit à la cuiller

biscuit de Reims ［ビスキュイ ド ランス］[仏] [男] 〔地方菓子，ガトーセック〕シャンパーニュ地方ランスのビスキュイ生地のフィンガー形の菓子で，表面にたっぷり砂糖をふりかけ，かりかりに焼いたもの．コチニール色素（カーミン）でローズ色に着色する．生粋のランスの人たちは着色に反対している．ヴァニラの香りがありシャンパンに浸して食される⇒boudoir

biscuit de Savoie ［ビスキュイ ド サヴワ］[仏] [男] 〔パティスリー〕フランス南東部サヴォワ地方のビスキュイ．ビスキュイ生地を大きな菊型で焼いたもの．1348年頃，サヴォワのアメデ6世のコック長がつくったという．ガトー・ド・サヴォワ（gâteaux de Savoie）と混同しないこと

biscuit en feuille ［ビスキュイ アン フイユ］[仏] [男] ⇒biscuit roulé

biscuiterie ［ビスキュイトリ］[仏] [女] ❶フールセック，軽いクッキー類の総称⇒croquet, croquette, croquignole, macaron ❷ビスケット製造（販売）業，ビスケット工場

biscuit génois ［ビスキュイ ジェヌワ］[仏] [男] ⇒pain de Gênes

biscuit glacé ［ビスキュイ グラセ］[仏] [男] 〔氷菓〕❶非常に軽く，きめ細かく泡立った，滑らかな型詰め氷菓．つくられはじめた頃の製法が，ビスキュイ（別立法）と共通するために命名された．作り方は次の通り．ボンブ種（卵黄，糖液）にムラングイタリエンヌ，天然香料，泡立てた生クリームを混ぜる．円形または四角形の型に流し入れて凍らせる．型抜き後，好みの飾りつけをするか，アントルメグラセの構成要素として用いる⇒glace,［付録］la glacerie ❷長方形の型に数種類の香りのアイスクリームとボンブ種を段々に重ねて凍らせ，小口から切り分け，紙ケースに入れたもの ❸ビスキュイやムラングを敷いた円形または正方形の型にアイスクリームまたはシャーベット，パルフェ，ボンブ種をのせて凍らせたもの．シャンティイ，シロップ煮または砂糖漬け果物，チョコレー

トなどで飾りつけをする

biscuit Joconde［ビスキュイ ジョコンド］(仏) 男 ビスキュイ・ジョコンド．粉末アーモンド，小麦粉，卵をよく混ぜ合わせ，最後に泡立てた卵白を混ぜ込み，バターを塗った紙の上に絞ってオーヴンで焼く→opéra

biscuit roulé［ビスキュイ ルレ］(仏) 男 ロール用ビスキュイ．ビスキュイ生地を紙の上に薄く塗って焼いたもの＝biscuit en feuille

biseau（複〜x）［ビゾー］(仏) 男 斜断面．斜めに切った縁

biseauter［ビゾテ］(仏) 他 斜めに切る

Biskotten［ビスコッテン］((仏)biscuit à la cuiller, (英) finger-biscuit, lady-finger, sponge-finger) 独 男 複 フィンガービスケット．ビスキュイ・ア・ラ・キュイエール＝Löffelbiskuit

Biskuit［ビスクヴィート］((仏)biscuit, (英)sponge)独 男 ビスキュイ

Biskuiteis［ビスクヴィートアイス］((仏)biscuit glacé, (英)bisque ice cream)独 中 ビスキュイグラセ．スポンジ生地を併用してつくるアイスクリーム

Biskuitmasse［ビスクヴィートマッセ］((仏)pâte à biscuit, pâte à génoise, (英) sponge mixture) 独 女 スポンジ生地．卵と砂糖を泡立てて，小麦粉を混ぜてつくる．バターや油脂を加えない軽い生地．平らに焼いてロールにつくったり，フィンガービスケット（→Biskotten），モーレンコップフ（→Mohrenkopf）などに利用される

bitter［ビッター］((仏)amer, (英)bitter) 独 形 苦い

bittere Makronenmasse［ビッテレ マクローネンマッセ］独 女 細かくすりつぶしたビターアーモンドを少量加えてつくるマカロン種

Bitterkeit［ビッターカイト］((仏) amertume, (英)bitterness, bitter taste) 独 女 苦味，苦さ

Bittermandel［ビッターマンデル］((仏) amande amère, (英)bitter almond) 独 女 苦アーモンド

Bitterschokolade［ビッターショコラーデ］独 女 ビターチョコレート

blackberry［ブラックベリー］((仏) mûre sauvage, mûron, 独Brombeere) 英 名〔植〕イチゴ属．ブラックベリー．成熟すると紫黒色になる

black currant［ブラック カラント］((仏)cassis, groseille noire, 独 schwarze Johannisbeere)英 名〔植〕黒房すぐり，カシス

black jack［ブラック ジャック］((仏) caramel foncé, 独 Karamel) 英 名 糖液を褐色に煮詰めた状態．カラメル＝caramel colour

blade-spatula［ブレイド スパテュラ］((仏) palette métallique, 独 Palette, Spatel, (米) palette⟨knife⟩) 英 名 パレットナイフ

blanc, che［ブラン, ブランシュ］((独)weiß, white) (仏) 形 白い／amande 〜che 薄皮をむいたアーモンド ‖ blanc 男 ❶卵白／〜(s) ferme(s) 固く泡立てた卵白 ❷ (vin 〜) 白ワイン／〜 sec 辛口の白ワイン ❸ (水1ℓにつき大さじ1杯の小麦粉，レモン果汁，塩でつくる) クールブイヨン．白色の内臓，ごぼう，アーティチョークの下ゆでに用いる／au 〜 クールブイヨンで下ゆでにした ❹à 〜 1) 空焼きで，空焼きにした．タルトなどをつくる時，敷き込んだ生地に，果物などの中身を詰めずに，焼き色をつけないように焼くこと 2) 焼き色をつけずに焼いた

blanc de blancs［ブランド ブラン］(仏) 男 ❶白ぶどう品種シャルドネ（chardonnay），ソーヴィニョン（sauvignon blanc），シュナン・ブラン（chenin blanc）からつくった白ワイン ❷シャンパーニュ地方の白ぶどう品種シャルドネ100％のシャンパン

blanc de noirs［ブランド ヌワール］(仏) 男 ❶黒ぶどう品種ピノ・ノワール（pinot noir）とピノ・ムニエ（pinot meunier）の無色の果汁でつくったシャンパーニュ地方のシャンパン ❷黒ぶどう品種ピノ・ノワールからつくる白ワイン．ぶどうの実をすばやく破砕，圧搾し，皮を除いた果汁を発酵させる

blanch［ブランチ］英他 ❶（果物などを熱湯につけた後,冷水に入れ）湯むきし,灰汁（あく）を抜く,（ゆでた後）冷水にさらす（仏blanchir, émonder, 独blancieren）／～ed almonds　薄皮をとったアーモンド　❷漂白する

blanchâtre［ブランシャトル］仏形　白みがかった,白っぽい／tâche(s) ～(s)（チョコレートの）ブルーム

blanchet［ブランシェ］（独Filtertuch, 英cloth filter）仏男　漉し布,フィルター

blancheur［ブランシュール］仏女　白さ

blanchieren［ブランシーレン］（仏blanchir, 英blanch）独他　ゆでる.果物などを煮立った湯につけ,柔らかくする,ゆがく

blanchiment［ブランシマン］仏男　❶ゆがくこと,砂糖漬け果物をつくる時,砂糖の浸透をよくするように果実を熱湯に通すこと　❷ゆでること　❸白くすること

blanchiment gras［ブランシマン グラ］（独Reif, 英fat bloom）仏男　ブルーム現象.ボンボン・ショコラの表面にカカオバターが浮き出て白っぽくなること.テンパリングが最良でなかったり,保存状態（温度）が悪いと起きる→blanchâtre

blanchir［ブランシール］仏他　❶（果物などを沸騰した湯に浸す.以下の効果が生じる　1）アーモンド,桃,杏（あん）,トマトなどの皮がむきやすくなる→émonder　2）砂糖漬け果物をつくる際に,砂糖の浸透がよくなる　3）レーズンなどのドライフルーツが柔らかくなる　4）米などの澱粉が取り除け,調理しやすくなる　❷卵黄と砂糖を泡立て器で白っぽくもったりするまで泡立てる　❸（野菜類を）ゆがく　❹白くする　❺洗濯をする

blanchissage［ブランシサージュ］仏男　❶（果物,野菜類を）ゆでること,ゆがくこと　❷（卵黄と砂糖を白っぽくなるまで）攪拌（かくはん）すること　❸ドラジェをつくる時,純白に仕上げるため,シロップに薬剤を入れること　❹洗濯

blancmange［ブラマンジ］（仏blanc-manger, 独Mandelsulze）仏名　牛乳にコーンスターチ,砂糖を混ぜ,冷やし固めたもの

blanc-manger［ブラン マンジェ］仏男〔冷アントルメ〕ブランマンジェ.苦アーモンドを加えたアーモンドミルクに砂糖とゼラチンを加えて固めたもの.最も古いデザートの1つ.中世では白い肉（鶏肉または仔牛肉）のゼリー,あるいはアーモンドと蜂蜜でつくったゼリーを指した.ゼリー状に固めることに非常に手間がかかったため,難しい料理とされていた

Blätterkrokant［ブレタークロカント］独男　チョコレート菓子用のフィリングの一種.製法はいろいろあるが,火にかけて溶かした砂糖に,カカオバターを加えたヌガーを混ぜ入れてつくることもできる.薄いクロカント板（→Krokant）のこともいう

Blätterteig［ブレタータイク］（仏feuilletage, pâte feuilletée, 英puff dough, puff paste）独男　折り込みパイ生地.フイユタージュ

Blaubeere［ブラオベーレ］独女　ブルーベリー,こけもも→Bickbeere, Heidelbeere

blé［ブレ］（独Weizen, 英corn, 米wheat）仏男　❶小麦の総称→blé dur, blé tendre, épeautre, farine　❷（粉に挽ける,食用の）穀類／～ noir　そば（=sarrasin）／～ de Turquie（=～ d'Inde）スイートコーン,とうもろこしの一品種→maïs doux

blé dur［ブレ デュール］（独Hartweizen, 英durum）仏男　硬質小麦,ガラス小麦.この小麦粒は,たんぱく質含有量が多く,透明なガラス質.強靭で切断面はアメ色,グルテン量は多く,澱粉は少ない.パン用には粘りが強すぎて不適当.セモリナ粉（パスタ,クスクスに使用）をつくる.マカロニ小麦ともいわれる.フランスでは,ほとんど栽培されていない→semoule

blé tendre［ブレ タンドル］仏男　軟質小麦.この小麦粒の性状は軟弱.断面は白色でたんぱく質含有量は少ない.澱粉が多量に含まれ,グルテンは弾力性に富む.フランスで一番栽培されている.パン製造用小麦粉を

つくる→froment

blé turc［ブレテュルク］（仏）（男）スイートコーン．とうもろこしの一品種＝blé de Turquie, blé d'Inde → blé, maïs doux

Blech［ブレッヒ］（独）（中）天パン→Backblech

Blechkuchen［ブレッヒクーヘン］（独）（男）発酵生地やパート・シュクレまたはフイユタージュなどを天パンに敷き込み，その上にいろいろな果物をのせてナペして焼きあげ，切り分ける菓子＝Plattkuchen

blend［ブレンド］（（仏）mélanger, (独)mischen）（英）（他）（異なったものを）混ぜ合わせる

blender[1]［ブランデール］（仏）（男）カクテル用のミキサー

blender[2]［ブレンダー］（（仏）mixeur, (独)Mixer）（英）（名）ミキサー

blind［ブラインド］（（仏）〈cuit〉à blanc, (独)blind）（英）（形）（敷き込んだ生地が）詰め物なしに焼かれた，空焼きされた→bake blind

blini［ブリニ］（仏）（男）ブリニ．厚味のあるクレープ．ロシア料理で，オードヴルとして，生クリーム，溶かしバターを塗り，キャヴィアまたは燻製の魚に添える．通常小麦粉またはそば粉でつくるが，米粉，硬質小麦粉あるいはにんじんのピュレや刻んだ固ゆで卵を混ぜたものなど多種ある

Blitzblätterteig［ブリッツブレッタータイク］（独）（男）即席パイ生地→Holländischer Blätterteig

Blitzkuchen［ブリッツクーヘン］（（仏）（英）éclair）（独）（男）エクレール，エクレア．シュー生地を細長く焼いてクリームを詰めた菓子→Liebesknochen

blond, e［ブロン，ブロンド］（（独）blond, blond, fair）（仏）（形）ブロンドの，黄金色の‖blond（男）ブロンド色‖blonde（女）❶（＝bière 〜e）淡色ビール ❷〔植〕（＝orange 〜e）オレンジの一品種．冬成りで果皮の色は明るい．特にイスラエルでとれる．シャムティ種（shamouti）は皮に厚みがあり大きい．種子があり，果肉はさくさくしており，果汁は少ないが香り高い．サリュスティアナ種（salustiana）は皮が粗いが，種子がなく果汁が豊富

blondir［ブロンディール］（（独）blonde werden, bräunen, (英)colour lightly）（仏）（自）糖液や，バターなどで炒めた玉ねぎ，エシャロットが（きつね色に）色づく．粉がきつね色になる

bloom［ブルーム］（英）（名）❶発酵生地でつくった製品，ビスキュイなどの焼きあがりの自然の色艶がよいこと ❷（＝fat 〜）チョコレートの表面に浮き出た艶のない灰色の膜，縞模様，ブルーム（(仏)blanchiment gras, (独)Reif）

bloquer［ブロケ］（仏）（他）❶（温度調整をきちんと行なって）クーヴェルチュールをペースト状にまとめる→débloquer ❷ひとまとめにする ❸止める，固定する

blown sugar［ブラウンシュガー］（（仏）sucre soufflé, (独)geblasener Zucker）（英）（名）ふくらしアメ，吹きアメ（細工用）

blueberry［ブルーベリ］（（仏）myrtille, (独)Blaubeere）（英）（名）〔植〕❶ブルーベリー．スノキ属の各種低木，高木の総称．原産は北アメリカ ❷ブルーベリーの実．果皮は藍，藍黒色．食用として栽培市販されている→bilberry, huckleberry

bluet［ブリュエ］（仏）（男）〔植〕ツツジ科スノキ属．ミルティーユ，ブルーベリー／〜 des Vosges ヴォージュ山塊地方のブルーベリー→myrtille

blutage［ブリュタージュ］（仏）（男）ふるい分け

bluter［ブリュテ］（仏）（他）ふるいにかける

blutoir［ブリュトワル］（仏）（男）ふるい分け器，ふるい

boat［ボウト］（英）（名）❶小舟形，バルケット形の菓子（(仏)barquette, (独)Schiffchen）❷小舟

Bobbes［ボベス］（独）（固）サブレ生地に似た生地でつくる菓子．果物やケーキクラムを振りかけた後，生地をロール状に巻き，バターと小麦粉でつくったそぼろを振りかけて，小さく切ってから焼く＝Bobes

Bobes［ボベス］（独）（固）→Bobbes

bocal（複~*aux*）［ボカル, コー］（独Flasche, 英bottle, jar）仏男（口広で，密閉できる蓋のついた）保存瓶．自家製のジャム，シロップ煮の果物，水煮の野菜，果実酒など，殺菌した食品保存に用いる

bock［ボック］仏男 ❶（約4分の1ℓ入りの）ビールのグラス，小ジョッキ ❷（約4分の1ℓ入りのグラス，小ジョッキ1杯分の）ビール．カフェで注文できる最少量で，脚付きグラスに入ってくる ❸（= bière ~）（フランス，ベルギーで）低アルコールの弱いビール．ドイツ，アングロ・サクソン系諸国ではアルコール含有量の高い，褐色のビールを指す

Bocuse, Paul［ボキューズ, ポル］仏固男 ポール・ボキューズ（1926-2018）．フランスの料理人．1765年からリヨン近郊でレストランを営む料理人の家系．フェルナン・ポワン Fernand Point のもとで修業後，1959年以来リヨンの北，コロンジュでレストランを経営．伝統的なリヨン料理を重んじながら，フランス料理に新風を吹き込んだ功績が高く評価される．世界各国に料理大使として，特に日本で講演，講習を行なう．その創作の中でもトリュフのスープ，オマールのテリーヌ，特製チョコレートケーキが特筆される．1987年，フランス料理国際コンクール（隔年）ボキューズ・ドールを設立する．著作に『市場の料理 La Cuisine du marché』(1980)，『ボキューズの家庭料理 Boucuse dans votre cuisine』(1982) などがある

Bohnenmehl［ボーネンメール］仏farine de fèves, 英bean flour）独名 豆粉（まめこ）

boil［ボイル］（仏bouillir, 独kochen）英自 沸騰する ∥ 他（牛乳などを）沸かす，ゆでる

boiled sweets［ボイルド スウィーツ］（仏 bonbon〈de sucre cuit〉, 独Bonbon, 米hard candy）英名複 アメ類．シロップを144℃まで煮詰め，バター，生クリーム，香料などを加えてつくったもの→caramel, drop, fudge

boiling sugar［ボイリング シュガー］（仏 sucre cuit, 独Karamel）英名（熱い）糖液

boire［ブワール］（独trinken, 英drink）仏他 ❶飲む ❷（水分を）吸収する，吸い込む／papier qui boit 水分を含んだ紙

bois［ブワ］仏男 木，木材／spatule en ~ 木べら，木杓子

boisson［ブワソン］（独Getränk, 英drink）仏女 飲料，飲み物／~ alcoolique（~ alcoolisée）酒類，アルコール飲料／~s sans alcool ノンアルコール飲料．水，ジュース，リモナードなどのソフトドリンク／~ fermentée non distillée 蒸留していない醸造酒．ワイン，ビール，シードル．アルコール含有量3％の甘口ワインなど／~ rafraîchissante 清涼飲料

boisson glacée［ブワソン グラセ］仏女〔氷菓〕半凍結させた半流動性の飲み物．アイスクリーム・フリーザーで半凍結し，冷やしたカップ類に注ぎ，シャンティイで表面をおおって供する．コーヒー（→café glacé），チョコレート（→chocolat glacé），その他，牛乳，白ワイン，果汁などでつくる（→champagne glacé, lait glacé, vin blanc glacé）→［付録］la glacerie

boîte［ブワット］（独Büchse, Schachtel, 英 box, can, tin）仏女 箱，ケース，缶／~ à gâteaux 菓子箱／abricots en ~（シロップ煮の）缶詰の杏（あんず）

bol［ボル］（独Schüssel, 英bowl）仏男 ❶ボウル．陶，ガラス，木，金属，プラスチック製などがある．柄（え）のない半球形／~ mélan-geur 底が深いボウル．生地をこねたり，発酵させるのに使用する．電動ミキサーの使用が可／~ ménageur 混合用ロボ（→robot），ミキサーなどの付属品のボウル／~ à punch パンチ用ボウル．付属品として専用の小さなカップ，レードルがつく ❷椀，茶碗／~ à petit déjeuner カフェオレ・ボウル．朝食用食器で，カップより大きく，家庭的で，主に子供が使う

bombe［ボンブ］仏女 ❶〔氷菓〕(= ~ glacée) 好みの香りをつけ，固く回転凍結させたアイスクリームやシャーベットを型に

敷き込み, 内部にボンブ, パルフェ, ムースなどの氷菓用の生地を流し込んで凍結したもの. 型から取り出し, 内部に使った香りを想起させるものや材料を飾りに用いてもよい. 外側と内側の味, 香り, 色などを楽しむ. かつては半球形につくった (独Eisbombe, 英ice pudding) →囲み [bombe], appareil à bombe, glace, moule à glaces ❷爆弾

bombé, e［ボンベ］仏形 凸形の, 湾曲した

bomber［ボンベ］仏他 凸形にする, 膨らませる, 反らせる‖自膨らむ

bon, ne［ボン, ボンヌ］(独gut, 英good, nice) 仏形 ❶良い ❷美味しい ❸上手な ❹正しい ❺立派な ❻十分な

Bonbon［ボンボン］(仏bonbon, 英sweetmeats) 独男中 キャンディ

bonbon［ボンボン］仏男 糖菓. 砂糖を主原料とした菓子 ❶ (=〜 de sucre cuit) アメ類, キャンディ. 主な原料は砂糖, ぶどう糖, 牛乳, アラビアゴム, 木の実, 果物, 植物油, バター, 蜂蜜 1) 糖液を煮詰めて香料を加え, 着色成形したもの→bonbon plein 2) 詰め物をしたもの→bonbon fourré 3) (=〜 feuilleté) プラリネとアメを交互に重ねたもの→bonbon praliné 4) サテンの艶を出したアメ=sucre tors 5) 乳製品を加えたもの→caramel ❷フォンダンを使った製品→bonbon au chocolat, bouchée au chocolat ❸木の実, 果物, アラビアゴム, 澱粉などでつくった糖菓一般. ドラジェ, プラリネ, マロングラッセ, パート・ド・フリュイ, 砂糖漬け果物, チューインガムなど (独Bonbon, 英 sweetmeats) →confiserie, friandise

bonbon acidulé［ボンボン アスィデュレ］仏男〔糖菓〕酸味のあるアメ. 果物, ミント, ハーブ, 蜂蜜などの香りのものがある /〜 au miel 蜂蜜入りの酸味のあるアメ

bonbon au chocolat［ボンボン オ ショコラ］仏男〔糖菓〕ボンボン・ショコラ. 1粒が直径2cm前後, 8〜12gのチョコレート. 主に被覆法や型取り法によって製作され, センターは, プラリネ, ガナッシュ, ジャンドゥヤ, フォンダン, パート・ダマンド, ヌガー, リキュール, 木の実などが使われ, あらゆる形, 香りをつけることが可能. 手づく

---

bombe
bombe alhambra［ボンブ アランブラ］ ボンブ・アルハンブラ. ヴァニラ風味のアイスクリームと苺のピュレ, ムラングイタリエンヌ, シャンティイを混ぜたボンブ種の組み合わせ. キルシュに漬けた大きな苺を飾る
bombe archiduc［ボンブ アルシデュック］ 大公風ボンブ ❶苺のアイスクリームとプラリネ入りのボンブ種の組み合わせ ❷カラメル入りアイスクリームとラム酒入りパルフェの組み合わせ. シャンティイで飾る
bombe Bourdaloue［ボンブ ブルダルー］ボンブ・ブルダルー. ヴァニラアイスクリームとアニゼット風味のボンブ種の組み合わせ. 砂糖漬けのすみれを飾る
bombe diplomate［ボンブ ディプロマット］ ボンブ・ディプロマット. ヴァニラ風味のアイスクリームとさいの目に切ったマラスキーノに漬けた砂糖漬け果物を混ぜ込んだボンブ種の組み合わせ
bombe Doria［ボンブ ドリア］ ボンブ・ドリア. ピスタチオのアイスクリームとラム酒に漬けて砕いたマロングラッセを混ぜたボンブ種の組み合わせ. チョコレートでつくった葉を飾る
bombe duchesse［ボンブ デュシェス］ 公爵夫人風ボンブ. パイナップルのシャーベットと洋梨入りのボンブ種の組み合わせ. シャンティイで飾る
bombe Montmorency［ボンブ モンモランスィ］ボンブ・モンモランシ. キルシュ風味のアイスクリームとチェリーブランデー風味のボンブ種の組み合わせ

りのオリジナル製品は量り売りされ,箱詰(→ballotin),袋詰,あるいは陶器,銀器などに詰めたり工夫を凝らした包装で売られる.各地に名物のボンボン・ショコラが存在する＝bonbon de chocolat→chocolat maison

bonbon de chocolat［ボンボン ショコラ］仏 男 →bonbon au chocolat

bonbon dragéifié［ボンボン ドラジェイフィエ］仏 男 糖衣したアメ

bonbon dur［ボンボン デュール］仏 男 →bonbon plein

bonbon fourré［ボンボン フレ］仏 男〔糖菓〕ジャム,蜂蜜,リキュール,チョコレートなどをセンターに詰めたアメ,またはキャラメル.果物を詰めたアメには3種類ある.パッケージに表記された果物のジャムのみを詰めたアメ (bonbon fourré pur fruit),複数の果肉のジャムを詰め,天然香料を使ったアメ (bonbon fourré fruit),天然香料を使ったシロップを詰めたアメ (bonbon arôme fruit) →miel des Vosges

bonbonnière［ボンボニエール］仏 女 ボンボン入れ

bonbon plein［ボンボン プラン］（独 Bonbon, 英 boiled sweets, 米 hard candy）仏 男〔糖菓〕アメ.砂糖とぶどう糖を煮詰め,香料と着色料を加え,延伸,型押し,分断,流し込みなどによってかたどったもの＝bonbon dur→berlingot, bêtise, bonbon praliné, chique, coquelicot, rock, sucette, sucre de pomme, sucre d'orge, sucre tors

bonbon praliné［ボンボン プラリネ］仏 男〔糖菓〕❶アメとプラリネとが交互に層をなしているアメ ❷センターにプラリネの詰まったアメ＝bonbon feuilleté

bonne de Bry［ボンヌ ド ブリ］仏 女〔植〕プラムの一品種.7月に実る.丸く小粒.青色.果肉は黄緑色で,汁気と甘味がある

bonne femme［ボンヌ ファム］仏 女 ボヌ・ファム.ゆっくり煮込んだ,簡素で,家庭的あるいは田舎風の料理につけられる名称／pomme ～ お袋風りんご（焼きりんご）

bonvalet［ボンヴァレ］仏 男〔パティスリー〕長期保存可能な菓子.ボーヴィリエとほとんど同じもの.1869年,パリのパティシエであるジュール・ルロワ Jules Leroy が師の名を命名→beauvilliers

bord［ボール］（独 Rand, 英 border, edge, rim）仏 男 ❶縁,端 ❷周辺

Bordeaux［ボルドー］仏 固 男 ボルドー.フランスの南西アキテーヌ地方,ガロンヌ河をのぞむジロンド県県庁所在地の都市.リヨンと比肩する美食の町として有名

bordeaux［ボルドー］仏 形 赤ワイン色の,赤紫色の‖bordeaux 男 ボルドー周辺地域のAOP赤,白ワイン

Bordelais［ボルドゥレ］仏 固 男 ボルドレ地方.ボルドーを中心としたぶどう栽培が盛んな地域.美食の地として古くから知られる.料理はボルドーワインとのかかわりが深い.菓子ではサンテミリオンのマカロン,ファンショネット,メルヴェーユ,カヌレ・ボルドなどが有名

bordelais, e［ボルドレ,レーズ］仏 形 ボルドーの／à la ～e ボルドー風.エシャロットと髄(?)を使い,ソースにボルドー産ワインを用いる料理

bordure［ボルデュール］（英 border, edging）仏 女 ❶縁飾り,縁取り.タルトの周辺に指やパイバサミでつまんでつける ❷料理,デザートを盛った皿の周辺に置く,装飾を兼ねた付け合わせ類.レモン,ゼリー,固ゆで卵など

Boston brown bread［ボストン ブラウン ブレッド］英 名 とうもろこし粉とライ麦粉を原料に,糖蜜で甘味をつけた茶褐色の蒸したパン

botermelk［ボテルメルク］仏 男 ベルギーのデザート.フランス北部ではレ・バチュ (lait battu) の名で知られる.大麦(あるいは米,タピオカなど)を牛乳と粗糖でゆっくり煮てから澱粉の水ときでとろみをつけ,糖蜜や蜂蜜,レーズンを加えたもの

Botherel, Marie［ボトレル マリ］仏 固 男

マリ・ボトレル子爵（1790-1859）．フランスの政治家，資本家．食堂車を考案し，そのための大規模な料理生産所を設立した

bottereau [複〜*x*][ボトロー] (仏男)〔揚げ菓子〕シャラント，アンジュ地方の四旬節中日のベニエ．蒸留酒あるいはリキュールで香りをつけた発酵生地を薄くのばし，四角，円形，三角形などに切って揚げる

bouche [ブーシュ] (独Mund, 英mouth) (仏女) ❶口，口もと ❷(物の)口，入口／une cuillerée à 〜 大さじ1杯／du four オーヴンの入口

bouchée [ブーシェ] (仏女) ❶〔プティフール〕ビスキュイ生地で小さな円形の殻を2個焼き，中をくりぬき，好みの香りをつけたクレームパティシエール，またはジャムを詰めて2個を合わせ，色をつけたフォンダンを全体にかけたもの ❷フイユタージュでつくった小型のケース．ヴォロヴァンより小型．中身に魚介類，さいの目に切った野菜など種々のものを詰め，温めて供する (独Pastete, 英small-patty) → bouchée à la reine, vol-au-vent ❸1口（の量）(独Mundvoll, 英mouthful)

bouchée à la reine [ブーシェ アラ レーヌ] (仏女) フイユタージュでつくったケースに，サルピコンを詰めた温かいアントレ．ルイ15世の妃マリ・レクチンスカがヴォロヴァンを1人前に小さくつくることを思いつき，流行させたため，「王妃風（à la reine）」の名で呼ばれる → bouchée, Leszczynski, vol-au-vent

bouchée au chocolat [ブーシェ オ ショコラ] (仏女)〔糖菓〕直径5cm前後，40〜60gで1個売りするチョコレート．ボンボン・ショコラ（直径2cm前後）の4〜5倍の大きさ ❶中身をクーヴェルチュールで被膜したもの．センターはボンボン・ショコラと同様に，プラリネ，ヌガー，パート・ダマンド，リキュールなど → bonbon au chocolat ❷クーヴェルチュールでごく薄く型取りしたケースに中身を詰め，薄いチョコレート膜でおおったも の

boucher [ブーシェ] (独verstopfen, 英block, cork, stop) (仏他) (口や穴を)ふさぐ，栓をする

bouchon [ブーション] (独Pfropfen, Stöpsel, 英cap, cork, stopper) (仏男) ❶(差し込み式のコルク，ガラス，ゴムなどの)栓／〜 capsule 栓を開けた炭酸水，ビールなどのための密閉用栓 ❷栓の形，円筒形，円錐台形／prendre un 〜 en pâte à baba ババ生地でコルク栓の形につくる

boucle [ブークル] (仏女) ❶(ひもや金属の)輪，環 (英loop) ❷締め金 (独Schnalle, 英buckle)

boudin [ブーダン] (仏男) ❶(=〜 noir) 黒ブーダン．豚の血と脂身に香草などを加えてつくる腸詰め．古代ギリシアに遡る古い食べ物．フライパンか，グリルで焼き，伝統的にりんごあるいはマッシュポテトを添える．フランスでは各地方に特別なブーダンがある (独Blutwurst, 英black pudding, blood sausage)／〜 de Paris 血，脂身，火を通した玉ねぎが各3分の1入ったもの／〜 de Lyon 生の玉ねぎ，香草，蒸留酒を加えたもの／〜 de Strasbourg 火を通した豚の皮，牛乳に浸したパンを加え，燻製にしたもの／〜 aux fruits 果物入りのもの．各地方の特産の果物を入れる．ノルマンディ地方のりんご，ブルターニュ地方のプルーン，フランドル地方のレーズン，オーヴェルニュ地方の栗など ❷(=〜 blanc) 白ブーダン．白身の肉（鳥，豚，仔牛，うさぎ）を細かく挽き，脂身，魚，生クリーム，卵，粉，香辛料を加えた腸詰め．クリスマスの時期に食す．弱火で炒めるか，オーヴンで焼く (独Weißwurst, 英white sausage) ❸ブーダン（腸詰め）のような横長の形

boudoir [ブードワール] (仏男) ❶〔プティフールセック〕同量比の全卵，砂糖，小麦粉でビスキュイの種をつくり，ブドワール型に絞り出し，表面を乾かしてから焼いたもの → biscuit de Reims ❷ブドワール型．フィ

ンガー形の菓子を一度にたくさん（20個×4）焼けるようにくぼみをつけた天パン形の焼き型 ③厨房

bouffer [ブーフェ] ⑪ 圁 （パンがオーヴンの中で十分に）膨らむ

bouger [ブージェ] ⑪ 圁 動く ‖ 他 動かす

bougie [ブージ] （⑪Kerze, 英candle）⑪ 囡 ろうそく

bouillant, e [ブイヤン, ヤーント] ⑪ 形 沸騰した, とても熱い

bouilli, e [ブイイ] （⑪gekocht, 英boiled） ⑪ 形 沸騰した, 煮た, ゆでた ‖ bouilli 男 ゆで肉

bouillie [ブイイ] （⑪Brei, 英gruel, pap）⑪ 囡 ❶粥 ❷粥状のもの

bouillir [ブイイール] （⑪kochen, 英boil） ⑪ 圁 沸騰する, 煮立つ ‖ 他 沸騰させる, 煮る ／ faire 〜 le vin blanc 白ワインを沸かす

bouilloire [ブーイユワール] （⑪Teekessel, 英kettle）⑪ 囡 湯沸かし, やかん

bouillon [ブヨン] ⑪ 男 ❶ブイヨン. 肉, 鳥や野菜からとった出汁（だし） （⑪Bouillon, Brühe, 英stock） ❷ポトフ （肉の塊と, にんじん, かぶ, 玉ねぎ, セロリなどの野菜を水から長時間煮込んだ料理）のスープ （⑪Eintopf, 英broth） ❸（沸騰, 攪拌（かくはん）などによる）泡, 泡立ち, 気泡 （⑪Blase, Schaum, 英bubble） ／ bouillir à gros 〜s （強火で）激しい勢いで煮立てる ／ à petits 〜s （弱火で）軽く煮立てて ／ retirer du feu au premier 〜 沸騰したらすぐ火から下す

bouillonner [ブヨネ] ⑪ 圁 （攪拌（かくはん）, 発酵, 沸騰などで）沸き立つ, 泡立つ, たぎる

boulange [ブーランジュ] ⑪ 囡 ❶（麩（ふすま）など含んだままの, 挽いた）小麦粉 ❷パン焼きの仕事 ❸〔俗〕パン屋（稼業）

boulanger [ブーランジェ] ⑪ 他 ❶粉をこねてパンを焼く ❷（パンを焼くために粉を）こねる

boulang*er, ère* [ブーランジェ, ジェール] ⑪ 形 パン屋の ‖ boulanger （⑪Bäcker, Bäckerei, 英baker) 男 パン屋. 自家製のパンを売る人 ／ levure de 〜 生イースト

boulangerie [ブーランジュリ] （⑪Bäckerei, Bäckerladen, 英bakery） ⑪ 囡 （自家製のパンを売る）パン屋（店）, 製パン業

boulaud [ブーロー] ⑪ 男 〔地方菓子〕シャンパーニュ, アルデシュ地方のりんごの菓子 →rabot(t)e

boule [ブール] （⑪Ball, 英ball） ⑪ 囡 ❶丸形のパン ／ 〜 tressée 上面に3つ編みした生地を飾りつけた球形のパン ❷玉, 球 ❸球形のもの ／ 〜 de neige 雪の球

boulé [ブーレ] ⑪ 男 120℃に煮詰めた糖液. 指にとった糖液が水中で球状になる→〔付録〕le sirop et le sucre cuit ／ sucre cuit petit 〜 117℃の糖液 ／ gros 〜 125℃の糖液

boule de Berlin [ブール ド ベルラン] （⑪Berliner Pfannkuchen, 英berliner） ⑪ 囡 〔揚げ菓子〕「ベルリンのボール」という意味. ベルリーナー・プファンクーヘン. オーストリア・ドイツの球形の発酵生地菓子で, 油で揚げ, 中にマーマレードやジャム, カスタードまたはクレームパティシエールを注入器で詰める. 表面には粉糖をかける. まれにチョコレート, モカを詰めることもあるが何も詰めないこともある→krapfen[1]

boule de campagne [ブール ド カンパーニュ] ⑪ 囡 ライ麦入りの丸形パン→pain de campagne

boule de gomme [ブール ド ゴム] ⑪ 囡 〔糖菓〕アラビアゴムにアカシアのエキスをいれた丸いアメ. 弾力があり甘い. オレンジの花水やすみれ, 果物の香りと様々な種類がある→confiserie

boule de neige [ブール ド ネージュ] ⑪ 囡 球状で白い菓子の名 ❶〔パティスリー〕直径を違えながら円形に薄切りにしたジェノワーズにクリームを挟み, 数段重ねて球状にし, 全体を泡立てた生クリームでおおったもの ❷〔氷菓〕球形の型にボンブ種を流し入れて凍らせ, 全体をシャンティイでおおった

ボンブ ❸〔プティフール〕ビー玉大の小菓子. 1) 2つのムラングをクリームで張り合わせたもの 2) レーズンを入れないババ用生地を焼き,キルシュの香りのするクリームで張り合わせてビー玉大にし,白色のフォンダンを被膜したもの

boule de pétanque［ブール ド ペタンク］⊕⼥〔地方菓子〕1981年につくられたプロヴァンス地方のボンボン・ショコラ.センターにはアーモンドのプラリネ,ガナッシュなどが入っている.名称は,この地方で生まれた球技ペタンクに由来＝boule provençale

boule provençale［ブール プロヴァンサル］→boule de pétanque

bouler［ブーレ］⊕他（生地を球状にするために）転がす

boulet de Montauban［ブレ ド モントーバン］⊕男〔糖菓〕ミディ＝ピレネー地方のモントバンの丸粒のボンボン.煎ったヘーゼルナッツにチョコレートと薄い糖膜がかけてある.糖膜の歯応えとチョコレート,香ばしいヘーゼルナッツの組み合わせ.「モントバンの砲丸」という意味.1621年にルイ13世軍のモントバン包囲を撃退した住民の勇気と勝利を讃えてつくられた

boulette［ブーレット］⊕⼥ ❶（手,指で丸めた）小さな玉 ❷肉団子

boulot［ブーロ］⊕男（＝pain ～）2kgのなまこ形のパン.バタールとミッシュの中間のずんぐりした形.パン種法または直接法による→pain

bouquet［ブーケ］⊕男 ❶（ワインの）芳香（独Bukett,英bouquet）❷花束（独Blumenstrauß,英bouquet）❸束（独Bündel,英bunch）

Bourbonnais［ブルボネ］⊕固男 ブルボネ地方.フランス中央部の地方名.プルーンのタルト,さくらんぼ入りミラス,ぶどう入りフロニャルド,洋梨入りピカンシャーニュなど,果物を使った菓子が多い

bourdaloue［ブルダルー］⊕男 ❶洋梨とフランジパーヌを使った菓子の名.19世紀末,パリのブルダルー通りの菓子店の創作 1)〔アントルメ〕シロップ煮の半割り洋梨をフランジパーヌの上に並べ,上にマカロンの屑を散らし,オーヴンで焦げ目をつけたもの 2)〔パティスリー〕/ tarte aux poires B～ フランジパーヌを詰めた洋梨のタルト / à la B～ ブルダルー風.フランジパーヌ,洋梨などを使った菓子につける / tarte aux pêches à la ～ 桃のブルダルー風タルト ❷〔アントルメ〕スムールまたは米を使ったアントルメに,杏（あんず）,桃,パイナップルなどの洋梨以外の果物を取り合わせたもの ❸〔氷菓〕bombe B～ アニゼットの香りをつけたボンブ

bourdelot［ブルドロ］⊕男〔地方菓子〕ノルマンディ地方のりんごの菓子.ブルドロ,ドゥイヨン→douillon, rabot(t)e

Bourgogne［ブルゴーニュ］⊕固⼥ ブルゴーニュ地方.フランス東部の地方名.フランスの美食の中心地.特に古都ディジョン（→Dijon）がその名声の担い手といえる.ワインを使った料理法,マールの香りをつけたチーズなど,美食の名に恥じぬ名産,有名料理が多い.それに比べデザートは特色にとぼしいが,ビューニュ,フラミュス,リゴドン,果物を使った糖菓などがある

bourgogne［ブルゴーニュ］⊕男 ❶ブルゴーニュ地方で産出した赤・白ワイン,ブルゴーニュワイン ❷同地方のAOPワイン

bourgoule［ブルグール］⊕⼥ →teurgoule

bourguignon, ne［ブルギニョン, ニョヌ］⊕形 ブルゴーニュの / à la ～ne ブルゴーニュ風

bourrache［ブラッシュ］（独Borretsch, 英borage）⊕⼥〔植〕ムラサキ科.るりぢしゃ.ハーブの一種.原産は南ヨーロッパ.茎,花,葉を綿毛がおおう.きゅうりに似た風味がある.スープやサラダに用いる.強壮効果があるとされる

boursouflé, e［ブルスフレ］⊕形 膨れた

boursoufler［ブルスフレ］⊕他 膨らませる,（表面を）ところどころ盛りあがらせる

‖ **se 〜** 代動 膨らむ．(表面が) ところどころ盛りあがる

boursouflure ［ブルスフリュール］仏 女 膨らみ，でこぼこ，隆起

bout ［ブー］仏 男 端，先端，断片，破片

bouteille ［ブテイユ］(独Flasche, 英bottle) 仏 女 瓶，酒瓶，筒

bowl ［ボウル］(仏bassine, bol, 独Schüssel) 英 名 ❶(牛乳，砂糖，バターなどを混ぜ合わせるための，ステンレス製などの)容器，ボウル／mixing 〜 (= whipping 〜) 卵白，生クリームを泡立てるための底の丸いボウル ❷ボウル状の容器，椀／soufflé 〜 スフレ用型 ❸ボウル状のくぼみ

braid ［ブレイド］(仏natte, tresse, 独Zopf, 英plait) 米 名 ❶生地を編んで成形したパン，編みパン→plait ❷組みひも

braiser ［ブレゼ］仏 他 蓋をして弱火でゆっくり蒸し煮にする．固めの肉，野菜(キャベツ，アンディーヴ，アーティチョークなど)，大型の家禽，魚(鯉，うなぎ，鮭，まぐろ，あんこうなど)を柔らかく調理する→étuver

brancher ［ブランシェ］仏 他 〜 sur... (…に) 接続する，つなぐ／〜 le thermostat du four sur 7 オーヴンのサーモスタットを7にセットする

brandevin ［ブランドヴァン］仏 男〔古〕ワインの蒸留酒．オランダ語brandewijnから来た語

Brandmasse ［ブラントマッセ］(仏pâte à choux, 英choux paste) 独 女 シュー生地＝Brühmasse→Windbeutelmasse

Brandy ［ブレンディ］(仏eau-de-vie, brandy) 独 男 ブランデー＝Branntwein, Weinbrand

brandy ［ブランディ］(仏eau-de-vie, Brandy) 英 名 ❶ブランデー，蒸留酒．ぶどう，りんご，さくらんぼ，桃などの果汁を発酵させ蒸留した酒→apple brandy, cherry brandy[2], peach brandy ❷ワインの蒸留酒．樫材の樽で熟成させる

brandy snap ［ブランディ スナップ］英 名 ゴールデンシロップ，生姜(しょうが)，小麦粉，砂糖，油脂，ブランデーでつくった種を円形に薄く焼いてから，巻いたもの．ぱりぱりとしている．中心部に泡立てた生クリームを詰めてもよい

Brandzucker ［ブラントツッカー］独 男 カラメル化させた砂糖．褐色の色素がわりにも使用する

branlante ［ブランラント］仏 女 ドラジェをつくるための大きな平底のボウル．19世紀中頃まで使われていた．2つの取っ手に綱をつけて，天井からぶら下げて，左右に振って糖液のついた豆を転がした

Branntwein ［ブラントヴァイン］(仏eau de vie, 英brandy) 独 男 ブランデー→Brandy, Weinbrand

bras de vénus ［ブラド ヴェニュス］仏 男〔パティスリー〕ビスキュイ生地を薄く焼いて上面にクレームパティシエールを塗って巻いた縦長のもの．クリームはレモンの風味．プロヴァンス地方のロールケーキで，「ヴィーナスの腕」という意味．スペイン，カタロニア地方では「ジプシーの腕 (bras de gitan)」といい，マロンクリーム，チョコレート，ジャムを塗って巻き込む．地方によって様々に名付ける

brassadeau (複〜x)［ブラサドー］仏 男〔地方菓子〕ブラサド．プロヴァンス地方の古くからある菓子．エシオデ，トルティヨンと同種．形が腕輪状．新郎新婦が手首につけてダンスをする．「枝の主日」にも枝に下げる．復活祭に食す．オレンジの花水の香りをつけた生地を熱湯につけて乾燥させてからオーヴンで焼く→échaudé, tortillon

brassage ［ブラサージュ］仏 男 攪拌(かくはん)，かき混ぜること

brasser ［ブラセ］(独einrühren, umrühren, 英brew, stir) 仏 他 攪拌(かくはん)する，かき混ぜる，かきまわす／〜 une salade サラダをかき混ぜる

brasserie ［ブラスリ］仏 女 ❶ビヤホール，

1850年以後, ビールのほかに, シュークルート, 牡蠣, アルザスのワインを主に供する場所を指す. 昼食時, 深夜にかぎり伝統的な料理も供する. 1870年普仏戦争以後, アルザス, ロレーヌ地方出身の経営者が増え, 優雅な装飾を施した場所となり, 1940年まで, 文人, ジャーナリスト, 政治家たちのたまり場となった. イギリス, ドイツと比べ, カフェの性格が強い. ビール愛好者の増加に伴い, フランス内外の数百種のビールを置き, チーズ, ハム類, ムール貝を供する店も多い (独Bierhalle, 英brasserie) ❷ビール工場 (独Bierbrauerei, 英brewery)

bräunen [ブロイネン] (仏brunir, 英brown) 独 [他] 褐色にする, きつね色に焼く

brauner Nougat [ブラオナー ヌーガト] (仏nougat brun, nougat dur, 英brown nougat, hard nougat) 独 [男] ハードタイプの褐色のヌガー

brauner Zucker [ブラオナー ツッカー] (仏cassonade, sucre roux, 英brown sugar) 独 [男] 赤砂糖＝Kassonade

Brazilnuss [ブラジルヌス] (仏noix du Brésil, 英brazil nut) 独 [女] ブラジルナッツ

bread [ブレッド] 英 [名] ❶パン (仏pain, 独Brot) 1) 穀類の粉にイースト (またはパン種), 塩, 水を加えてこね, 発酵させ, 成形して, オーヴンで焼いたもの / black ～ 黒パン (主にライ麦パン) / brown ～ 全粒粉パン / rye ～ ライ麦パン 2) ベーキングパウダーを使って焼いたパン⇒soda bread ❷ (菓子などが) 山形パンの形をしたもの, 生地がパンに似たもの⇒Boston brown bread, gingerbread ❸(日常の)主食物, 糧

bread and butter pudding [ブレッド アンド バター プディング] 英 [名] 耳付きの薄切りパンにバターを塗り, 間にレーズンを散らしながら重ね, 卵, 砂糖, 牛乳を混ぜたものを注ぎ, オーヴンで焼いたもの⇒pudding[1]

breadcrumb [ブレッドクラム] 英 [名] ❶パンの柔らかい中身の部分, クラム, 内相(仏mie de pain, 独Krume) ❷ [複] パン屑, パン粉 (仏chapelure, 独Brotkrume, Brotkrümel)

bread dough [ブレッド ドウ] (仏pâte à pain, 独Brotteig) 英 [名] 穀類の粉に塩, 水, パン種 (⇒sponge), または流動状のパン種 (⇒ferment) あるいはイーストを加えてこねたもの. 発酵させて成形する

bread pudding [ブレッド プディング] 英 [名] パンプディング. 固くなったパンを水に浸して柔らかくし, よく絞って水気を切ってから, 卵, 砂糖(またはゴールデンシロップ), 油脂, 香辛料(シナモン, ナツメグなど), レーズンなどと混ぜ, 容器に入れてオーヴンで焼く. ヨーロッパ各地でつくられている家庭的なデザート

bread roll [ブレッド ロウル] (仏petit pain, 独Brötchen) 英 [名] 小さな1人用のパン, 小型パン, プティパン, ロールパン⇒roll

bread tin [ブレッド ティン] (仏moule à cake, 独Keksform) 英 [名] パン型, ローフ型, パウンドケーキ型. 長方形で, 1, 2あるいは4ポンドの定量⇒loaf pan

brechen [ブレッヒェン] (仏broyer, concasser, écraser, 英crush, grind) 独 [他] 砕く

Brenneisen [ブレンアイゼン] (仏caraméliseur, fer à gratines, 英hot iron) 独 [中] 焼きごて

brennen [ブレネン] (仏flamber, 英burn, glaze) 独 [自] 燃える

Brenten [ブレンテン] 独 [固] 元来はフランクフルトでつくられていたという菓子. マジパンローマッセ (⇒Marzipanrohmasse) に少量のグラニュー糖を加え, 薄くのばした後, 木型へ押しつけて約4×3㎝に切り分ける. 強火のオーヴンできつね色に焦がす. 均一に焦げ目がつき, 中はしっとりと湿り気を保っていなければならない. 上面にアラビアゴムを薄く塗る

Brest [ブレスト] 仏 [固] ブレスト. ブルターニュ半島の西端の町 / paris-b～ 王冠状に焼いたシュー菓子⇒paris-brest

brestois [ブレストワ] 仏 [男] 〔地方菓子〕ブレストの銘菓. 日持ちする. 薄皮をむいて砕い

たアーモンド, レモン, キュラソーを加えたジェノワーズを小さなブリオッシュ型で焼き, 冷めてからアルミ箔に包む. あるいはマンケ型で焼き, 上下2枚に切り, 間に杏(杏)ジャムを塗り, 上面に薄切りアーモンドを散らす

Bretagne [ブルターニュ] (仏)(固)(女) ブルターニュ地方. フランス北西部の地方名. 特に新鮮な魚介類に恵まれる. 卵, チーズ, ハム類を挟んだそば粉のクレープ (→galette), 魚のスープのコトリアド, 甘いものでは小麦粉のクレープ, クレープダンテル, ファール, クイニーアマン, ガレット・ブルトンヌ, ガトー・ブルトンなどが有名

breton, ne [ブルトン, トンヌ] (仏)(形) ブルターニュ(地方)の / à la 〜ne ブルターニュ風 ‖ breton (男) ❶ [パティスリー] ピエスモンテの一種. 直径の異なる粉末アーモンド入りビスキュイに各々違う色のフォンダンをかけ, ピラミッド形に積み重ねたもの. 宴席用. 1850年, パリのパティシエ, デュビュスク Dubusc によって創作された ❷ 有塩バターを使ったビスケット→galette bretonne, gâteau breton, palet breton ❸ ピエスモンテ用の型. 各段ごとに直径が異なり, 6段に積み重ねる型 = Savoie ❹ ブルトン語

bretzel [ブレッツェル] (仏)(男) [地方菓子] アルザス地方の銘菓プレッツェル. 独特な結び目の形につくる. 生地は熱湯を用い, 上部に粒状の塩, クミンを振りかけ, 固焼きにする. 普通ビールと共に供する. 新年, 御公現の祝日には, ブリオッシュ生地で大きく焼く. フイユタージュなども用い, 甘いものから塩味のものまでいろいろある

Brezel [ブレーツェル] ((仏)bretzel, (英)pretzel)(女) プレッツェル

bricet [ブリセ] (仏)(男) スイスのワッフル. 薄くぱりぱりしている. 西部スイスの銘菓→gaufre

brick [ブリック] (仏)(男) ブリック. チュニジア料理. 薄いクレープ状の皮で, 塩味(肉, 卵, チーズなど)や甘味(アーモンド, 蜂蜜, 果物など)の具材を包んで焼くか揚げたもの = brik / feuille de 〜s ブリックの皮. 水, 小麦粉, スムールをよく混ぜた種を, オリーヴ油をひいたフライパンに手のひらを使った独特の方法で薄く敷き, 焼き色をつけないで焼いた丸いシート. 既製品がスーパーなどで売られている

bridge roll [ブリッジ ロウル] (英)(名) 卵, 牛乳, バターの入った小型パン. 生地を巻いて, 長さ10cmほどに成形→roll

brie [ブリ] (仏)(男) ブリーチーズ. 牛乳のチーズ. パリ盆地東部, セーヌ川とマルヌ川の間の高原地帯イル=ド=フランス地方産. 円形で, 直径36〜37cm. 中が柔らかく, 外側は白かびでおおわれている / 〜 de Meaux モー産のAOPブリーチーズ

brignoles [ブリニョル] (仏)(女) 南仏ヴァール県ブリニョル産のプラム. 干しプラムに加工する→prune perdrigon

brik [ブリック] (仏)(男) →brick

brillance [ブリヤンス] (仏)(女) 明るさ, 輝き

brillant, e [ブリヤン, ヤント] (仏)(形) ❶光っている, 輝く ❷すばらしい ‖ brillant (男) 輝き, 艶

brillantage [ブリヤンタージュ] (仏)(男) 糖菓(ガム, ドラジェなど)の表面にワックス類で光沢をつけること

Brillat-Savarin, Jean-Anthelme [ブリヤ サヴァラン ジャン アンテルム] (仏)(固)(男) ジャン=アンテルム・ブリヤ=サヴァラン (1755-1826). 行政司法官, 美食家. 革命時に追放となり, スイス, オランダ, アメリカに亡命. 1796年, フランスに戻る. 独身で過ごし, 料理をはじめ多種にわたる趣味をもつ. グラン・ヴェフール, ボーヴィリエ, トルトニなどのレストランに出入りする一方, 自らも友人を招いて腕を振るう. 死後2ヶ月, 書斎で無記名の著作, 後に有名になる『美味礼讃 Physiologie du goût』が発見される. 彼の目指すところは科学的料理法を確立することで, 化学, 生理学, 医学, 解剖学に言及

しているが, 衒学的ではない. 特にすぐれた所は, いくつかの食品と調理法に関する記述である. 多くの逸話, ユーモアを交え, 文体も優雅である. ワインについては記述がない

brillat-savarin ［ブリヤ サヴァラン］⟪仏⟫ ⟪男⟫ 牛乳のチーズ. ノルマンディ産. 円形で, 直径13㎝, 厚さ3.5㎝. 内部はクリーム状, 外側は白かびでおおわれている. 第2次世界大戦前に創作される

briller ［ブリエ］⟪仏⟫ ⟪自⟫ ❶光る, 輝く ❷際立つ, 目立つ

brimbelle ［ブランベル］⟪仏⟫ ⟪女⟫ → myrtille

bring ［ブリング］⟪英⟫ ⟪他⟫ （人, 物をある状態に）いたらせる／～ the milk to the boil 牛乳を沸騰させる

brioche ［ブリオシュ］⟪仏⟫ ⟪女⟫ ブリオッシュ. 語源は「パリ盆地 (Brie)」, またはノルマン語の「砕く」,「生地のガス抜きをする (brier)」→ pain brié ❶［パティスリー］バターと卵がたっぷり入った発酵生地（= pâte à brioches）でつくる軽く膨らんだ菓子. バターと卵の割合により風味が変わる. 各地方に祝祭日に焼かれるブリオッシュがある → brioche de Gannat, brioche vosgienne, campanili corse, couque, cramique, fouace, gâtais (de la mariée), gâteau des Rois de Bordeaux, Kœck-botteram, pastis béarnaise, pompe ❷ブリオッシュ型（⟪独⟫Briocheform, ⟪英⟫〈ribbed〉brioche mould）

brioché, e ［ブリオシェ］⟪仏⟫ ⟪形⟫ ブリオッシュ生地を使った, ブリオッシュ生地の

brioche à tête ［ブリオシュ ア テット］⟪女⟫ ❶（=～parisienne）ブリオッシュ生地を大小に丸めてだるま形に焼いたもの ❷（= moule à～）周囲が波形になった, 口広がりの型. 大小ある

brioche aux fruits confits ［ブリオシュ オ フリュイ コンフィ］⟪仏⟫ ⟪女⟫ → brioche roulée aux fruits confits

brioche coulante ［ブリオシュ クラント］⟪仏⟫ ⟪女⟫ → fal(l)ue

brioche de Gannat ［ブリオシュ ド ガナ］⟪仏⟫ ⟪女⟫ ブルボネ地方ガナのブリオッシュ. フレッシュチーズまたはグリュイエールチーズ入り

brioche de Nanterre ［ブリオシュ ド ナンテール］⟪仏⟫ ⟪女⟫ ❶ブリオッシュ生地を数個丸めて, 長方形の型に並べて焼いたもの = brioche Nanterre, pain brioché ❷（= moule à ～）ナンテール型

brioche de Saint-Genix ［ブリオシュ ド サン ジュニ］⟪仏⟫ ⟪女⟫ サン=ジュニのブリオッシュ. 赤いプラリネが特徴. サン=ジュニはフランス北東部サヴォワ地方の町 = gâteau de Savoie

brioche en couronne ［ブリオシュ アン クーロンヌ］⟪仏⟫ ⟪女⟫ ブリオッシュ生地を王冠状に焼いた地方菓子の1つ. ガトー・デ・ロワとして, また聖人祝祭日, 家庭の祭日に各地方で焼かれる

brioche mousseline ［ブリオシュ ムスリヌ］⟪仏⟫ ⟪女⟫ ❶ブリオッシュ生地を円筒形に焼いたもの. バターを多く用いる. ブリオッシュの中で最もデリケートで美味 ❷（= moule à ～）円筒形の口広がりの型

brioche Nanterre ［ブリオシュ ナンテール］⟪仏⟫ ⟪女⟫ → brioche de Nanterre

brioche roulée aux fruits confits ［ブリオシュ ルレ オ フリュイ コンフィ］⟪仏⟫ ⟪女⟫ ［パティスリー］ブリオッシュ生地に, レーズン, 刻んだ砂糖漬け果物を巻き込み, 輪切りにしたものを, ブリオッシュ生地を敷き込んだ型に切り口を下にして並べ, 発酵させて焼きあげたもの = brioche suisse

brioche suisse ［ブリオシュ スュイス］⟪仏⟫ ⟪女⟫ → brioche roulée aux fruits confits

brioche vosgienne ［ブリオシュ ヴォジエンヌ］⟪仏⟫ ⟪女⟫ ［パティスリー］フランス北東部ヴォージュ地方のブリオッシュ. ヘーゼルナッツ, レーズン, 干し洋梨入り

Briochteig［ブリオッシュタイク］⟪独⟫ ⟪男⟫ ブリオッシュ用生地

briser ［ブリゼ］⟪仏⟫ ⟪他⟫ 壊す, 砕く, 割る, 折る

Brisse, Léon [ブリス, レオン] 仏 固 レオン・ブリス男爵 (1813-1876). 料理ジャーナリスト. 著作に『家庭料理 Recettes à l'usage des ménages bourgeois et des petits ménages』(1868),『ブリス男爵の小料理 Petite Cuisine du baron Brisse』(1870),『四旬節の料理 Cuisine au carême』(1873),『ブリス男爵の366日の献立 Trois Cent Soixante Six Menus du baron Brisse』(1879) がある. 空想的料理が多い

brisure [ブリズュール] 仏 女 ❶割れ目, 裂け目, 折れ目 ❷破片, かけら

broccio [ブロチョ] 仏 男 ブロッチョ. コルシカ島産の羊または山羊乳の乳清からつくる AOP チーズ. 48時間以内に食すフレッシュタイプ (= broccio frais) と加塩, 脱水し, 固めて21日から数週間熟成させる保存可能なタイプ (= broccio passu) の2種がある. コルシカ語ではブロッチュ (brocciu). コルシカ島の復活祭の菓子フィアドネ (→fiadone) にも使う. プロヴァンス地方にも同種のチーズ, ブルス (→brousse) がある

broche [ブロシュ] (独 Spieß 英 spit) 仏 女 串, 焼き串

broche à tremper [ブロシュ ア トランペ] (独 Pralinengabel, 英 dipping fork) 仏 女 →bague

brochette [ブロシェット] (独 Schaschlik, 英 skewer) 仏 女 小さな串

broil [ブロイル] (仏 griller, 独 grillen) 英 他 あぶり焼きする, (火に直接当てて) 焼く

broiler [ブロイラー] (仏 gril, 独 Grill, grill) 英 名 グリル

broken [ブロウクン] 英 形 砕かれた／〜 pekoe 紅茶の等級ペコ (略 P.) (→pekoe) の砕茶. 砕茶の等級には FBOP (オレンジペコを砕き, チップが含まれている), BOP (オレンジペコを砕いたもの), BP (ペコを砕いたもの), BPS (ペコスーチョンを砕いたもの) がある

Brombeere [ブロンベーレ] (仏 mûre sauvage, 英 bramble, blackberry) 独 女 〔植〕ブラックベリー

bronzé, e [ブロンゼ] 仏 形 ❶日に焼けた, 赤銅色の ❷ブロンズ色の

Brösel [ブレーゼル] 独 男 菓子屋でできるあらゆる菓子製品の屑

brosse [ブロス] (独 Bürste, 英 brush) 仏 女 ブラシ, 刷毛

brosser [ブロセ] 仏 他 ブラシをかける, ブラシで磨く

Brot [ブロート] 独 中 ❶パン (仏 pain, 英 bread) ❷焼いた菓子

Brötchen [ブレートヒェン] 独 中 小麦粉を使った小型パンの一種

Brotmasse [ブロートマッセ] 独 女 ビスキュイの一種. パン粉を加える種

brou [ブルー] 仏 男 胡桃, アーモンドなど核果のまだ青い果皮／〜 de noix 胡桃のリキュール. まだ柔らかい殻を砕いて, シナモンとナツメグと共にアルコールに漬け, シロップを加え, 漉してつくる. フランス南東部ドーフィネ, フランス南西部ケルシー, フランス中央部各地方の伝統的リキュール. 食後酒として飲む

brouillé, e [ブルイエ] 仏 形 (卵などを) かきたてながら調理した

brouiller [ブルイエ] (独 umrühren, 英 scramble) 仏 他 かきたてながら調理する

brousse [ブルス] 仏 女 (= 〜 du Rove) プロヴァンス地方・ローヴの町の羊乳のフレッシュチーズ. 乳清を凝固させてつくる. 白色, 酸味がなく, クリーム状. 砂糖, 生クリーム, 果物と食す→broccio

brown Christmas cookies [ブラウン クリスマス クッキーズ] 米 名 複 クリスマスクッキーの一種. 黒砂糖のシロップ, 粗糖, 生姜 (1/2), クローヴの粉末, シナモンなどを入れ, のばして動物, 星, 小人などの型に抜いて焼く

brownie [ブラウニ] 米 名 胡桃などの木の実の入った, 四角いチョコレートケーキ. 小さな正方形に切り分けて供する

browning [ブラウニング] 英 名 焼き色, 褐

色にすること

browning sugar［ブラウニング シュガー］英名 →brown sugar

brown sugar［ブラウン シュガー］(仏 cassonade, sucre roux, 独 brauner Zucker, Kassonade) 英名 粗糖（赤褐色）の総称．赤ざらめ，赤砂糖，ブラウンシュガー＝browning sugar, burnt sugar

broyage［ブルワイヤージュ］仏男 砕くこと，粉砕

broye［ブルワ］仏男 （生または煎った）とうもろこしの粉を使ったフランス南西部ベアルヌ地方のブイイ

broyé du Poitou［ブルワイエ デュ ポワトゥ］仏男〔地方菓子〕練り込み生地でつくったポワトゥー＝シャラント地方のガレット，ブルワイエ．大小サイズがある．名前は手で割って会食者に分けることに由来（粉砕の意味）

broyer［ブルワイエ］(独 brechen, 英 crash, pound) 仏他 （麺棒やローラーを使ってアーモンド，ヘーゼルナッツなどを）粉末状に砕く，すりつぶしてペースト状にする

broyeur［ブルワイユール］仏男 電動ビーター

broyeur-mixer［ブロワイユール ミクセ］仏男 電動粉砕機．圧力を使って，粉砕，混ぜる，刻むが短時間で可能

broyeuse［ブルワイユーズ］仏女 粉砕機，ローラー．砂糖，アーモンドなど木の実を砕いて粉末状にしたり，ペースト状にすりつぶしてパート・ダマンド，プラリネをつくる機械

Bruch［ブルッフ］独男 141.2〜147.5℃に達した糖液．冷水につけると固まり，噛んでも歯につかなくなる＝Karamelprobe

Bruchprobe［ブルッフプローベ］独女 132〜148℃まで煮詰めた糖液

brugnon［ブリュニョン］仏男〔植〕桃の一種．ネクタリンより酸味が強く，種子は果肉から離れにくい→nectarine

Brühmasse［ブリューマッセ］(仏 pâte à choux, 英 chou paste) 独女 シュー生地．水（乳），バターまたはラード，小麦粉を火にかけてよく練り合わせ，卵を少しずつ加えていく→Brandmasse, Windbeutelmasse

Brühmassekranz［ブリューマッセクランツ］(仏 paris-brest, 英 ring chou) 独男 パリ＝ブレスト，リングシュー

brûlant, e［ブリュラン，ラント］仏形 燃えるように熱い，焼けつくような

brûlé, e［ブリュレ］仏形 焦げた，（卵黄が）粒子状に ‖ brûlé 男 焼き焦げ，焦げた匂い（味）(独 Angebranntes, 英 burnt, burnt taste) / sentir le 〜 焦げくさい

brûler［ブリュレ］仏他 ❶（焼きごてで菓子の表面を）焦がす，焼く，焼き焦がす ❷（油脂と粉をこねすぎて，またはブリオッシュ生地を高温の場所でこねて）油がにじみでてこしをなくす ❸点火する ‖ 自 ❶燃える，焼ける，焦げる ❷（生地を乾燥させすぎて）裂ける / les jaunes d'œuf brûlent avec le sucre ou avec un liquide bouillant（卵黄をすばやくかきたてないで）砂糖と合わせたり，熱い液体を入れると卵黄が粒子状になる ‖ se 〜 代動 火傷する，卵黄が粒子状になる

brûleur, se［ブリュルール，ルーズ］仏名 (＝ 〜 de vin) 蒸留酒の蒸留業者 ‖ brûleur 男 火口，バーナー

brûlot［ブリュロ］仏男 ❶（飲料やデザートに注ぐ）フランベ用オドヴィ ❷オドヴィを染み込ませた角砂糖．コーヒースプーンの上にのせ，コーヒーの中に入れる前に火をつける ❸カフェブリュロー→café-brûlot

brûlure［ブリュリュール］仏女 ❶火傷 ❷焼け焦げ（の穴）

brun, e［ブラン，ブリュンヌ］(独 braun, 英 brown) 仏形 褐色の，焦げ茶色の / nougat 〜 褐色のヌガー

brunir［ブリュニール］仏他 褐色にする

brush［ブラシュ］英他 ❶（刷毛を使って）塗る (仏 badigeonner, 独 bepinseln) ❷ブラシをかける (仏 brosser, 独 bürsten)

brut, e［ブリュット］(独natürlich, 英raw) 仏形 自然のままの, 生の, 精製加工されていない / amande ～e 皮付きアーモンド / sucre ～ 粗糖 ‖ brut 男 辛口のシャンパーニュ, シャンパン. 糖分は1ℓ中6～15g / extra-～ 糖分を添加しない, 発酵させただけのシャンパン→extra-sec

bûche［ビュッシュ］(独Brennholz, 英log) 仏女 薪

bûche de Noël［ビュッシュドノエル］仏女 ❶〔パティスリー〕薪形のクリスマスケーキ. パリのパティシエによって1870年以後クリスマスにつくられるようになった. 長方形に焼いた薄焼きのビスキュイにクリーム類を塗り, 巻いて丸太形につくり, 周囲に栗, チョコレート入りのバタークリームを塗り, 樹皮に似せて筋目をつけ, パート・ダマンドの柊(ひいらぎ), ムラングの茸などを飾る. 近年は氷菓のものもある ❷クリスマスの時期に特別に暖炉にくべる太い薪

bûchette［ビュシェット］仏女 小さな木片, 小さな薪

Büchsenöffner［ビュクセンエフナー］(仏ouvre-boîtes, 英can opener, tin opener) 独男 缶切り

Buchteln［ブフテルン］独固 オーストリアの菓子. シュトゥルーデルの生地または発酵生地を少量ずつに分け, 平らに丸くのばしてプラムのジャム, ポウヴィドルPowidl (→Powidltaschern)あるいはクリームチーズなどを中央に絞る. これを角封筒のように四隅を折りたたみ, 溶かしバターの中に浸してから型に並べて詰める. 発酵させて焼成する

Buchweizenmehl［ブーフヴァイツェンメール］(仏farine de sarrasin, 英buckwheat〈flour〉)独中 そば粉

buckwheat［バックウィート］(仏farine de sarrasin, 独Buchweizenmehl) 英名 そば粉

buée［ビュエ］仏女 (焼成中オーヴンの中で生じる)蒸気, 湯気

buffet［ビュフェ］仏男 ❶(立食パーティの)布をかけた大きなテーブル. 温・冷製料理, プティフール, 菓子, 飲料, 食器を美しく並べる. そのテーブルに並べられた料理・飲料→cocktail, lunch¹ ❷(=～ de gare)(主要駅の)食堂, レストラン ❸食器棚

bugne［ビュニュ］仏男 〔揚げ菓子〕リヨン周辺のベニエ. 伝統的に祝祭日, 特に「謝肉祭の火曜日」(カーニヴァルの最終日)に食する. 小麦粉, 水または牛乳, 卵, ベーキングパウダーでつくった生地をひも状に切って結び, 揚げ, 粉糖をまぶす. 熱いうちに供する

buisson［ビュイソン］仏女 (ざりがに, 小魚のフライなどを)ピラミッド形(山形)に盛りつけた料理

bulk［バルク］英名 ❶大きさ, かさ, 容積 (仏volume, 独Volumen) ❷大部分 (仏masse, 独Größeteil) / in ～ 包装しないで, 大量に

bulle［ビュル］仏女 泡, あぶく, 気泡

bun［バン］英名 バン, バンズ. 菓子パンの一種. 伝統的なバンと朝食用の軽いバンがある ❶卵, 油脂, 牛乳の入った発酵生地を丸形, ローフ形などに成形し, 上面には溶き卵, シロップなどを塗り, 艶をつけ, 焼いたもの. レーズン, 砂糖漬け果物などを混ぜることもある. 朝食, あるいはティータイムに温めて供する. 伝統的なものが多い→batch bun, Bath bun, butter bun, Chelsea bun, hot cross bun / currant ～ カランツ種のレーズン入りのバン / fruit ～ レーズン, ピール入り丸形バン / ～ loaves ピール, レーズン入りローフ型バン / swiss ～ 指程度の細長いバン ❷小麦粉, ベーキングパウダー, 油脂, 砂糖でつくった生地を小さい丸形に焼いたもの. コーヒーの香りをつけたり (= coffee ～), フランボワーズ (= raspberry ～)の香りをつけたり, レーズン, ココナッツなどを入れることもある. 朝食用 ❸シュー菓子, シュークリーム / cream ～ (生クリーム入り)シュークリーム / grilled almond ～ 上部に刻みアーモンドを振りか

けて焼いたシュークリーム / kidney ～ チョコレート入りクレームパティシエールを詰め，チョコレートフォンダンをかけた半月形シュークリーム ‖ bun 米 バンズ．丸いあるいは細長いロールパン（ハンバーガー用としてよく用いられる）

bun dough ［バン ドウ］英 名 パン生地．小麦粉，バター，砂糖，卵，牛乳，イースト（またはパン種）を混ぜ，発酵させた生地．各種のパンをつくる

bun glaze ［バン グレイズ］英 名 バン用ナパージュ．分量比が2対1の卵と水か，2対1対1の卵と砂糖と水か，1対1の砂糖と水でつくる

bun wash ［バン ウォシュ］英 名 パンの表面に艶をつけるためにオーヴンから出したばかりのパンに塗るシロップ

bunyète ［ビュニエット］仏 女 ［地方菓子］ルシヨン地方の薄い円形のベニエ．復活祭には欠かせない．スペイン，カタロニア地方の各地では，様々な呼称で同様なベニエがつくられている→crespell, garrife, oreillette

Bürli ［ビュウリ］独 中 スイスの田舎パンの一種．吸水がきわめてよく，火の通りもよい．外観は粉の紋様が美しく，クラム（身）は柔らかで香味にすぐれ，日持ちがよい

burnt sugar ［バーント シュガー］英 名 →brown sugar

Bürste ［ビュルステ］(仏 brosse, écouvillon, 米 brush) 独 女 ブラシ，刷毛

Butter ［ブッター］(仏 beurre 英 butter) 独 女 バター．無塩は Butter だが，有塩バターはゲザルツェネ・ブッター gesalzene Butter という

butter[1] ［ビュテ］仏 男 無水バター→囲み [beurre]

butter[2] ［バター］(仏 beurre, beurrer, 独 Butter) 英 名 バター / clarified ～ 澄ましバター / melted ～ 溶かしバター / nut-brown ～ 焦がしバター / softened ～ ポマード状バター / unsalted ～ 無塩バター ‖ 他 ❶バターを塗る ❷バターで炒める

butter bun ［バター バン］英 名 折りたたんでつくったパン．レモンの皮を入れたパン生地を平らにのばし，粗糖とレーズンを散らしてフイユタージュの要領で3回半折りたたみ，約1mmの厚さにのばしてからひし形に切り分け，卵黄を塗って焼く→bun

butter cream ［バター クリーム］(仏 crème au beurre, 独 Butterkrem) 英 名 バターに，砂糖，卵を加えてつくったクリーム

butterfly cake ［バタフライ ケイク］英 名 菓子の上部を蝶の羽のように装飾をした代表的なフェアリーケーキ→fairy cake

Buttergebäck ［ブッターゲベック］独 中 市販品の品質標示語で，小麦粉100gにつき，フレッシュバター10g以上を配合したものにのみ使用できる．ほかの油脂を使用したものには標示してはいけない

Butterkaramel ［ブッターカラメル］(仏 caramel 〈au beurre〉, 英 toffee, toffy, 米 taffy) 独 男 トフィ，バターキャラメル

Butterkrem ［ブッタークレーム］(仏 crème au beurre, 英 butter cream) 独 女 バタークリーム

Butterkrem mit Schaum ［ブッタークレーム ミット シャオム］独 女 ムラングを使ってつくったバタークリーム．泡立てたバターに，卵白，砂糖によるムラングイタリエンヌを混ぜたもの

Butterkrem mit Sirup ［ブッタークレーム ミット ズィールプ］独 女 糖液を使ってつくるバタークリーム

Butterkuchen ［ブッタークーヘン］独 男 ［地方菓子］発酵菓子の1つ．焼く前に細かくしたバターを一面に散らし，シナモンシュガーを振りかける．この菓子にはバター以外の油脂を使ってはならない．発酵生地（→Hefeteig）の残り生地などを利用してもできる．ドイツ，ハノーヴァー地方の銘菓

butter milk ［バター ミルク］(仏 babeurre, 独 Buttermilch) 英 名 牛乳または生クリームからバターを分離させた残り．多少酸味

がある

Butter mit Margarine ［ブッター ミット マルガリーネ］（[仏] beurre composé, [英] compound butter）[独] [女] コンパウンドバター

Butterrollenmesser ［ブッターロレンメッサー］（[仏] coquilleur à beurre, [英] butter curler）[独] [中] バターカーラー

butter sponge ［バター スパンジ］[英] [名] 溶かしバターを混ぜ込んだスポンジ生地⇒Genoese, sponge

Butterstollen ［ブッターシュトレン］[独] [男] バター以外の油脂を使わずにつくったシュトーレン

Butterstreusel ［ブッターシュトロイゼル］[独] [男] バターと小麦粉を合わせてつくったそぼろ状のもの. 菓子の上に振りかけて焼く

butter tartlet ［バター タートレット］[英] [名] 溶かしバター, カランツ種レーズン, 粗糖, 卵を混ぜたものを詰めて焼いたタルトレット

butyrine ［ビュティリーヌ］[仏] [女] 〔化〕ブチリン. バターに含まれる油脂. 無色エステル（グリセリンと酪酸の化合物）

buvette ［ビュヴェット］[仏] [女] ❶（駅, 劇場, 公園などの）軽食堂, 喫茶室, 立ち飲みスタンド ❷（温泉の）鉱泉飲み場

cabaret［カバレ］仏男 ❶ナイトクラブ ❷酒場, 居酒屋 ❸（茶, コーヒー, リキュールのセットをのせる, 上部が大理石, うるし塗りの）小テーブル

cabernet［カベルネ］仏男 最も有名なぶどう品種. ボルドー周辺が主な産地. カベルネ・フラン (cabernet franc) とカベルネ・ソーヴィニョン (cabernet-sauvignon) の2種がある

cabinet pudding［キャビネット プディング］（仏 pudding de cabinet）英名 キャビネットプディング. サルタナレーズンとカランツレーズン, 15cm角に切ったジェノワーズを型いっぱいに入れ, カスタードを注ぎ入れてよく吸い込ませ, 湯煎にしてオーヴンで焼くプディング. 型から外し, 温かいカスタードソースを添える＝chancellor's pudding, hot diplomat→diplomat pudding

cacahouète［カカウエット］（独 Erdnuss, 英 groundnut, peanut）仏女〔植〕落花生の実, ピーナッツ＝cacahuète→arachide／pâte de ～（＝beurre de ～）ピーナッツバター

cacahuète［カカユエット］仏女→cacahouète

cacao［カカオ］仏男 ❶〔植〕カカオの木（→cacaotier）の種子. チョコレートの原料. ベネズエラ産が最高級品と考えられている（→caraque）. 以下ブラジル（→maragnan）, エクアドル, アンティル諸島, アフリカ, スリランカ, ジャワなどが生産地（独 Kakao, 英 cacao）❷ココア（独 Kakao, 英 cocoa〈powder〉）＝囲み [cacao]❸（飲み物の）ココア（独 Kakao, 英 cocoa）→chocolat →〔付録〕le cacao

cacaoté, e［カカオテ］仏形 ココア入りの／sucre glace ～ ココアを混ぜた粉糖

cacaotier［カカオティエ］（独 Kakao, 英 cacao）仏男〔植〕アオキ科カカオノキ属. カカオの木. 原産は中央アメリカ. 種子は, ココア, チョコレートなどの原料になる＝cacaoyer

cacaoyer［カカオイエ］仏男〔植〕カカオの木→cacaotier

cachat［カシャ］仏男 羊または山羊のチーズにマール（→marc）をかけ, 数日漬け込んだもの. プロヴァンス地方のフロマージュフォール. 香りがよく, 白色で柔らかい. 外皮はない→fromage fort

cachou［カシュ］仏男〔糖菓〕ミディ＝ピレネー地方トゥールーズの甘草を使った黒い角形のアメ. 1880年に薬剤師レオン・ラジョニが考案し, 黄色の缶に入っている

cadre［カドル］仏男 型枠, 枠. 長方形の底のない枠. 生地の敷き込みやアントルメを組み立てるのに用いる／～ à mousse ムース用の型枠

café［カフェ］仏男 ❶〔植〕コーヒーの木（→caféier）の種子, コーヒー豆（独 Kaffee, 英 coffee）❷コーヒー／petit ～ 小さなカップで供されるエスプレッソ／～ express エスプレッソ（独 Kaffee, 英 coffee）❸カフェ, 喫茶店. コーヒー, ビール, ワイン, 食前酒, ジュース類などの飲料と, クロックムシュー, サンドウィッチ, サラダ, ハム類の盛り合わせなどの軽食を供する店. 当初はコーヒーのみを供した店を指した. 1550年, コンスタンチノーブルで開業した店が世界初のカフェ（独 Café, Kafé, Kaffeehaus, 英 café, coffee shop）❹19世紀に開店した歴史的に由緒あるレストラン. 1802年開店のカフェ・アングレ (Café Anglais), 1799年開店, 現在はラ・メゾン・ドレ (La Maison dorée) となっているカフェ・アルディ (Café

cacao

cacao de ménage sucré(en poudre) ［カカオ ド メナージュ スュクレ （アン プードル）］　ココアと砂糖を混ぜ合わせたもの．100 g 中ココア 25 g 以上．成分表記に maigre または fortement dégraissé とあれば，低脂肪ココアになる＝cacao sucré (en poudre), chocolat de ménage en poudre

cacao en pâte ［カカオ アン パート］（独 Kakaomasse, 英 chocolate liquor, cocoa mass）　カカオマス．カカオの種子を数工程を経てペースト状にしたもの．45～60％の脂肪分を含む．パティスリーや糖菓のチョコレート風味を強めるために使用する．チョコレートの原料＝cacao pure pâte, cacao liqueur, masse de cacao, pâte de cacao

cacao en poudre ［カカオ アン プードル］（独 Kakaopulver, 英 cocoa powder）　ココアパウダー．カカオマスからカカオバターを絞りとった後，粉末状にしたもの．国によって，油脂分の含有量が規定されている．フランスではカカオバター 20％以上，水分 9％以下＝poudre de cacao → ［付録］le cacao

cacao fortement dégraissé(en poudre) ［カカオ フォルトマン デグレセ （アン プードル）］＝cacao maigre (en poudre)

cacao fortement dégraissé sucré(en poudre) ［カカオ フォルトマン デグレセ スュクレ （アン プードル）］＝cacao maigre sucré (en poudre)

cacao liqueur ［カカオ リクール］　カカオニブを滑らかな状態になるまでローラーにかけたもの＝masse de cacao

cacao maigre(en poudre) ［カカオ メーグル（アン プードル）］　低脂肪ココア（パウダー）．カカオバターの含有量 8～20％＝cacao fortement dégraissé (en poudre)

cacao maigre sucré(en poudre) ［カカオ メーグル スュクレ （アン プードル）］　低脂肪ココアパウダーと砂糖を混ぜ合わせたもの．100 g 中ココア 32 g 以上＝cacao fortement dégraissé sucré (en poudre)

cacao pure pâte ［カカオ ピュール パート］＝cacao en pâte

cacao solubilisé ［カカオ ソリュビリゼ］　水に溶けやすいよう加工したココア．アンモニア，炭酸アンモニア，あるいは炭酸アルカリ処理されたカカオマスを粉末にしたもの．色が濃く，苦味が少ない

cacao sucré(en poudre) ［カカオ スュクレ（アン プードル）］　ココア（パウダー）と砂糖を混ぜ合わせたもの．100 g 中ココア 32 g 以上＝chocolat en poudre

---

Hardy），1806 年開店のカフェ・ド・ラペ（Café de la Paix），1822年開店のカフェ・ド・パリ（Café de Paris）などがある → salon de thé

café au lait ［カフェ オレ］（仏）（男）　カフェオレ．牛乳入りコーヒー．主に朝食時に飲む．ウィーンからもたらされたが，その当時は野暮な飲料として評価されなかった．17 世紀末に，健康によいと見直されて流行し，マリー・アントワネットも好んだといわれる → café crème

café à Vienne ［カフェ ア ヴィエンヌ］（仏）（男）

ウィーン風サーヴィスのコーヒー．小盆上に，濃くいれたコーヒーにグラス一杯の水を添え，供される

café bicerin［カフェ ビスラン］⚲男 トリノのコーヒー．コーヒーの上にチョコレートと泡立てた生クリームをのせたもの

café-brûlot［カフェ ブリュロ］⚲男 アメリカ，ルイジアナ州の代表的コーヒー．ラム酒に砂糖，シナモン，クローヴを刺したオレンジ，レモンの皮を加えて温め，砂糖が溶けたら，熱いコーヒーを加え，フィルターで漉したもの．ラム酒のほか，ブランデーなども使用

café crème［カフェ クレーム］⚲男 ❶生クリームを混ぜたコーヒー ❷（カフェで）牛乳をクリーマーで別添えにしたコーヒー

café glacé［カフェ グラセ］⚲男 ❶アイスコーヒー．濃くいれたコーヒー1 l を500 gの角砂糖上に注ぎ，冷やす ❷❶のコーヒーに1 l の生クリームを加え，アイスクリーム・フリーザーで半凍結させてとろみをつけ，グラスに注ぐ⇒boisson glacée

caféier［カフェイエ］⚲男〔植〕コーヒーの木．原産はスーダン，エチオピア

caféine［カフェイヌ］（独Caffein, Kaffein, 英caffeine）女 カフェイン．興奮，強心作用をもつアルカロイド．コーヒー（1〜2％），茶（1.5〜3％），コラの実（2〜3％）に含まれる

Café-Konditorei［カフェ コンディトライ］（⚲salon de thé, 英 coffee shop, tea house）独 女 喫茶室のある菓子店．Konditoreiは手工業的な菓子店を指す＝Kafé-Konditorei, Kaffeehaus

café latté［カフェ ラテ］⚲男 ⇒latte

café liégeois［カフェ リエジュワ］⚲男 ❶〔冷菓〕カフェリエジョワ．ウィーン発祥のクープ．コーヒー風味のアイスクリーム，濃いコーヒー，クレームシャンティイを組み合わせた冷たいデザート．コーヒーの代わりにチョコレートを使うとショコラ・リエジョワ（＝chocolat liégeois）となる ❷エスプレッソに泡立てた生クリームをのせたもの．名前の由来は，1914年のリエージュの戦いを讃え，敵名ウィンナコーヒー（＝café viennois）をカフェリエジョワに改名した ⇒boisson glacé, café viennois

café moulu［カフェ ムリュ］⚲男 挽いたコーヒー豆

café soluble［カフェ ソリューブル］⚲男 インスタントコーヒー

cafetière［カフティエール］⚲女 ❶コーヒーメーカー．コーヒーを抽出するための器具一般／〜italienne 直火式エスプレッソメーカー／〜à filtre コーヒーメーカー⇒machine à café, percolateur／〜à dépression コーヒーサイフォン ❷コーヒーポット

café viennois［カフェ ヴィエヌワ］⚲男 ウィンナコーヒー．エスプレッソに，かき立てた牛乳，次に泡立てた生クリームをのせて，ココアや削ったチョコレートを振りかける．温かいものと冷たいものがある⇒café à Vienne, café glacé

Caffein［カフェイン］独 中 ⇒Kaffein

caillé, e［カイエ］⚲形 凝結した，凝結させた／lait 〜 凝乳 ‖ caillé 男 ❶凝乳．凝乳酵素（レンネット）の付加，あるいは自然発酵によって凝固した乳．チーズ製造の第1段階のもの（独Quark, 英curd）❷生チーズ，フレッシュチーズ．凝固させただけのもの．農村では，砂糖と混ぜてデザート，あるいは，ゆでたじゃがいもなどと共に夕食として供される

caillebotte［カイユボット］⚲女 ❶凝乳．牛乳，山羊乳からつくった生チーズ ❷ポワトゥー地方やアンジュ地方のデザート．野生のアーティチョークの汁を入れて牛乳を凝結させたもの．生クリーム，砂糖をかけて供する

caille-lait［カイユレ］⚲男 ❶〔植〕牛乳を凝固させる花や葉をもつ植物の総称．アーティチョーク，きばなかわらまつばなど ❷凝乳酵素，凝乳剤

cailler［カイエ］⚲他 凝固させる

caisse ［ケス］仏 女 ❶四角い型／～ à biscuit ビスキュイなどを焼く四角い型 ❷1人用菓子や糖菓を入れるアルミ, 紙製のケース ❸木箱, 大きな箱 ❹金庫, 会計窓口

caisse de Wassy ［ケスドヴァスィ］仏 女 〔地方菓子〕シャンパーニュ地方ヴァシのアーモンド入りムラング. 個別に包装されている. メアリー・スチュアートがこの町に滞在した時つくられた

caissette ［ケセット］仏 女 小箱／～ à pâtisser (ひだのついた耐熱性のアルミ製または紙製の) 小さなケース. (オーヴンで焼成する) プティフールや, 糖菓などにはかまとして履かせる

cajasse ［カジャス］仏 女 〔地方菓子〕ペリゴール地方のアントルメ. ラム酒の香りをつけたクレープ生地に果物を加えて焼いたもの. 焼成中によく膨らむ. 冷やして供する

cajou ［カジュ］仏 男 → noix de cajou

cake¹ ［ケク］独 Englischer Fruchtkuchen, 英 fruit cake, plum cake) 仏 男 〔パティスリー〕ケーキ, フルーツケーキ, パウンドケーキ. 小麦粉, 砂糖, 多量のバター, ベーキングパウダーで準備した生地に, 砂糖漬けの果物, レーズン, ドライフルーツなどを加え, 長方形に焼きあげる. 端より切り分けて供する. 中に入れる果物, 香りによって多くの種類がある. アルミホイルに包んで長期保存が可能 → gâteau de voyage, pâte à cake, plum-cake

cake² ［ケイク］(仏 cake, gâteau, pain, pâtisserie, 独 Kuchen) 英 名 ❶ケーキ. 油脂, 小麦粉, 砂糖, 牛乳, ベーキングパウダーなどでつくった生地で焼いた大型, 小型の菓子の総称 ❷パウンドケーキ, フルーツケーキ → almond queen cake, cherry cake, fruit cake, Genoa cake, lemon cake, pound cake ❸ジェノワーズ, ビスキュイなどの生地を使った菓子 ❹フライパンなどで平たく焼いたもの → hot cake, oatcake, pancake ❺固い塊状の, あるいは一定の形に圧縮した塊／a ～ of ice 氷塊1個 → mint cake, mosaic cake, rock cake

cake hoop ［ケイクフープ］(仏 cercle, 独 Kreis) 英 名 輪型, セルクル型, リング型

cake rack ［ケイクラック］(仏 grille, 独 Gitter, Grill) 米 名 ケーキクーラー, 金網

cake tin ［ケイクティン］英 名 (円形の) パウンドケーキ型. 縁は垂直で, 高い ＝ cake mould

calciner ［カルシネ］仏 他 ❶高熱で焼く ❷黒焦げにする, 焦がす ‖ se ― 代動 黒焦げになる

calcium ［カルスィオム］仏 男 カルシウム

calebasse ［カルバス］仏 女 ❶〔植〕ひょうたん ❷ひょうたん形の瓶, 容器

calendrier ［カランドリエ］仏 男 ❶〔パティスリー〕1月1日に売られる, 1月1日をデザインした, 主に日めくりの形をした菓子. ヌガティーヌ, パート・ダマンドなどでつくる ❷カレンダー, 暦

calisson ［カリソン］仏 男 〔糖菓〕(= ～ d'Aix) 南仏エクサン＝プロヴァンスの銘菓. アーモンド, 砂糖漬け果物, オレンジの花水をすりつぶしてペースト状にしてひし形にし, 表面にグラスロワイヤルをかけたもの. 乾きやすく, 日持ちが悪い

calorie ［カロリ］仏 女 カロリー

calorifuge ［カロリフュージュ］仏 形 断熱する, 保温する ‖ calorifuge 男 断熱材

calotte ［カロット］仏 女 ❶半球形のボウル ＝ bassine demi-sphérique ❷半球形のもの

calvados ［カルヴァドス］(独 Calvados, 英 calvados) 仏 男 ❶カルヴァドス. ノルマンディ地方カルヴァドス産のシードルの蒸留酒. 樽で寝かせた年数により等級が異なる ❷固 C ～ カルヴァドス県

calville ［カルヴィル］仏 男 りんごの一品種. 形は大きく, 黄色. 果肉は柔らかく, きめ細かい. 汁気が多く甘い

camembert ［カマンベール］仏 男 牛乳のチーズ. ノルマンディ地方産. 直径11cm, 厚さ3～4cmの円形. 乳脂肪分45～50％. 柔らか

く黄色. 周囲は白かびでおおわれる

camomille ［カモミーユ］(独 Kamille, 英 camomile) 仏 女 ❶〔植〕キク科の香草. カモミール, カモマイル, カミツレ ❷カモミールの花のハーブティー. 発汗作用がある

campanili corse ［カンパニリ コルス］仏 男 → brioche

Canache ［カナッヒェ］独 女 ガナッシュ → Ganache, Pariser Krem

Canada ［カナダ］仏 男 カナダりんご. レネット種のりんご→ reinette

canapé ［カナペ］仏 男 カナッペ. 白パン, ブリオッシュを種々の形や厚さに切り, その上に具をのせたもの. 冷製と温製がある. 冷製はビュッフェ, ランチ, カクテル, アペリティフに供される. 温製はトーストしたパンの上に料理をのせたもの. アントレなどとして供する→ rotie

candi, e ［カンディ］仏 形 ❶結晶した ❷砂糖漬けの / fruit 〜 砂糖漬けの果物‖ candi 男 ❶(= sucre 〜) 氷砂糖 ❷ボーメ33.5°(1.3023) に煮詰めたシロップ(水1ℓ, 砂糖2kg). 放置すると砂糖が結晶化する. フリュイ・デギゼ, パート・ド・フリュイなどの表面のグラサージュに用いる

candied ［キャンディド］(仏 confit, 独 kandiert) 英 形 ❶砂糖漬けの ❷糖衣した, アメがけした

candied cherry ［キャンディド チェリ］英 名 ドレンチェリー

candied fruit ［キャンディド フルート］(仏 fruit confit, 独 Kandierte Früchte) 英 名 砂糖漬け果物

candied orange ［キャンディド オレンジ］英 名 オレンジピール

candied peel ［キャンディド ピール］英 名 オレンジまたはレモンの皮の砂糖漬け, ピール

candir ［カンディール］仏 ‖代動 se 〜 ❶(溶かした砂糖が) 結晶する, 結晶になる ❷(果物, プティフールをシロップに浸し, 結晶して)砂糖におおわれる

candisation ［カンディザスィヨン］仏 女 ❶砂糖が結晶状になること ❷(果物などを) 砂糖漬けにすること

candissage ［カンディサージュ］仏 男 (ボンボンの表面が結晶化するように)煮詰めてカンディにした過飽和状態のシロップにつけること

candissoire ［カンディスワール］仏 女 バット. 中に金網のある縁の浅い長方形の容器 → plaque à débarrasser

candy ［キャンディ］(仏 confiserie, 独 Bonbon, Konfekt, 英 sweet) 米 名 糖菓, キャンディ. 広くボンボン, ドロップ, キャラメル, チョコレート, ヌガーなどを指す / rock 〜 氷砂糖‖ candy 他 ❶砂糖漬けにする, 砂糖をまぶす, 砂糖でくるむ (仏 confire, 独 Kandieren) ❷(砂糖を煮詰めて)結晶させる‖ candy (仏 sucre candi, 独 Kandiszucker)米 名 (= suger 〜)氷砂糖

candy floss ［キャンディ フロス］(仏 barbe à papa, 独 Zuckerwatte, 米 cotton candy) 英 名 綿菓子

cane sugar ［ケイン シュガー］(仏 sucre de canne, 独 Rohrzucker) 英 名 甘蔗糖, 砂糖きびからつくった砂糖

canistrelli ［カニストルリ］仏 男 〔地方菓子〕コルシカ島の白ワインで香りづけをしたサブレ. コーヒーに浸して食べる

canne ［カンヌ］(独 Schilf, Stock, 英 cane) 仏 女 ❶〔植〕葦 ❷杖, 竿, 茎

canne à sucre ［カンヌ ア スュクル］仏 女 砂糖きび, 甘蔗

canneberge ［カンヌベルジュ］(独 Preiselbeere, 英 cranberry) 仏 女 〔植〕ツツジ科スノキ属の匍匐(ほふく)性を持つ低木の総称. クランベリー. つるこけもも. 北半球, 寒帯の泥炭湿原, 沼地に生える. 実は赤い斑点があり, 非常に小粒で酸味がある. 北アメリカ産のものは大粒→ airelle

cannelé, e ［カヌレ］仏 形 ❶溝のついた ❷(縁が) ぎざぎざの / douille 〜e 星口金 / emporte-pièce 〜 刻みのついた抜き型

‖ cannelé [男]〔地方菓子〕縦溝のある円筒形のボルドー地方の小型菓子. 銅製の専用の型で焼く. 型に蜜蠟を溶かし入れ,側面に付着させ,その中に小麦粉,卵,砂糖,バター,ヴァニラ,ラム酒のアパレーユを入れてオーヴンで焼く. 表面が褐色でかりっとしていて,中は柔らかい＝cannelet

canneler [カヌレ]（独rippen, 英channel, flute）[仏][他] ❶（レモン,にんじんなどに,筋つけ用カヌレナイフで）浅く溝状の模様をつける,切り筋を入れる ❷（のばした生地に,刻みのついた抜き型や,星口金で）縁に刻みのある形に抜きとる

cannelet [カヌレ][仏][男] ⇒ cannelé

cannelet girondin [カヌレ ジロンダン][男]〔地方菓子〕ジロンドのカヌレ⇒ cannelé

canneleur [カヌルール][仏][男] カヌレナイフ. レモン,オレンジなどの皮に装飾的に溝をつける

cannelle [カネル]（独Zimt, 英cinnamon）[仏][女]〔植〕クスノキ科,シナモン,桂皮. 原産は南インド,スリランカ. セイロン肉桂の内皮. 乾皮はくるりと丸まった小さな棒状,または粉末. 刺激のある甘い香りはチョコレートに合う／〜 de Ceylan セイロン産シナモン. 薄い茶色で管状の乾皮は薄くもろい. 風味が強く甘美

cannelure [カヌリュール][仏][女] ❶溝,溝彫り ❷茎の筋

cantal [カンタル][仏][男] カンタルチーズ. 牛乳のAOPチーズ. セミハードタイプ. 直径36〜42cm, 高さ35〜40cmの円筒形で, 35〜45g. 乳脂肪分45%. 象牙色,しなやかで,香ばしく甘い香りがある. フランスチーズの原形と考えられる

cantaloup [カンタルー]（独Cantaloupe, 英cantaloup）[仏][女] カンタロープ. メロンの品種. 原産はローマ近郊のカンタロープ. 果皮に網目模様があり,果肉は黄色,中心部は赤味を帯びる. フランスで最も栽培されているカンタロープ種の一種シャランテは,果皮が青味を帯び,なり口周辺から帯状の筋目があり,網目はない⇒ melon

canule [カニュル][仏][女]（注射器や絞り器の）筒口,先, ノズル

caoutchouc [カウチュ][仏][男] ゴム,輪ゴム, ゴム製品

C.A.P. [セ ア ペ][仏][男] Certificat d'Aptitude Professionnelle 職能証明書（職業適認証）の略. 職業訓練校で養成訓練を受けた後,与えられる資格証明書

capillaire [カピレール][仏][男]〔植〕ホウライシダ属の羊歯（しだ）,アジアンタム. 芳香性と粘液性があり,咳止めシロップや煎じ薬に使われる. 昔は,温かい飲み物,特にバヴァロワーズの甘味料として用いられた

cappuccino [カプチーノ][仏][男] カプチーノ. イタリアの牛乳入りのエスプレッソ. コーヒーと同量の牛乳を泡立てて上面にのせる. 無糖のココアを振りかける. 大きなカップで供される. 名の由来はカプチン派修道僧の僧服の色と尖った頭巾を想起させることから⇒ café viennois

câpre [カプル]（独Kaper, 英caper）[仏][女] ケッパー,風鳥木（ふうちょうぼく）のつぼみ. 南仏,アルジェリア,トルコ,小アジアなどに自生する. つぼみは酢漬けにし,味つけ,薬味として利用される

capsule [カプスュル][仏][女] ❶〔植〕蒴果（さくか）,莢（さや）状になる果実. 中に種子がある. 百合,ほうせんかなど⇒〔付録〕les fruits ❷ カプセル,包み

capucine [カピュシーヌ]（独Kapuzinerkresse, 英nasturtium）[仏][女]〔植〕（= grande 〜）ノウゼンハレン科,金蓮花,ナスタチウム. 原産は南米. 花,葉はわずかにクレソンに似た辛みがあり,サラダに加えたり,マヨネーズ,ソースに入れる

carafe [カラフ]（独Karaffe, 英decanter）[仏][女]（水,ワインなどを供するための）ガラス栓がついたガラス瓶,デカンタ,カラフ,水差し（⇒ pichet）／ vin de 〜 軽く,若い,手頃なワイン

carambole [カランボル][仏][女]〔植〕カタバ

caramel

caramel à napper［カラメル ア ナペ］ ナペ用カラメル．砂糖を水なしでブロンド色まで煮詰めたら減塩バターと生クリームを加え，再び沸点まで火にかける
caramel à sauce［カラメル ア ソース］ カラメルソース．砂糖を水なしで火にかけ，湿らす程度の少量の水を加えて褐色になるまで煮詰める．最後に水を入れて強火で沸騰させる
caramel blond［カラメル ブロン］ 金色を帯びた黄色のカラメル．シュークリームの上部のカラメルがけ，ムラング，ピエスモンテの張りつけなどに使用
caramel brun［カラメル ブラン］ 166〜175℃．茶褐色のカラメル．甘味はない．180℃を超えると焦げ臭さが強く酸味が増し，190℃以上は使用不能．コンソメ，ソースなどの着色に使用する＝caramel foncé
caramel clair［カラメル クレール］ 156〜165℃．薄く色づいたカラメル．糖液の水分はほとんど蒸発．淡黄色からカラメル状（ブロンド色から茶色）に変化する．型へ流し込み，アントルメやプディングの香りづけ，アメ，ヌガー，糸状アメ，フリュイ・デギゼ，プティフールのアメがけなどに使用
caramel cuit à sec［カラメル キュイ ア セック］ 水を加えず，砂糖を火にかけて煮詰めたカラメル
caramel foncé［カラメル フォンセ］＝caramel brun
caramel liquide［カラメル リキッド］ カラメルソース，液体カラメル．小瓶に入れて市販される．アイスクリーム，菓子類の香りづけに用いる
caramel pour mousse［カラメル プール ムース］ ムース用カラメル．水アメ，砂糖をブロンド色まで煮詰め，減塩バターと泡立てた生クリームを加え，再び103℃まで煮詰める

ミ科．五斂子（ごれんし），スターフルーツの実．原産は熱帯アジア．横長の黄金色の実で，汁気があり香りがよい．断面が星形五角形． デザートとして，生クリーム，砂糖を添えて，または，アヴォカドのようにヴィネグレットを添えて生食する

caramel［カラメル］[仏][男] ❶カラメル．加熱することで水分が蒸発し，茶色に色づいた糖液．150℃以上になると色は薄茶から褐色まで変化し，甘味は減り，焦げ臭い味が増す（[独]Karamel，[英] caramel, burnt sugar）⇒囲み［caramel］，［付録］le sirop et le sucre cuit ❷〔糖菓〕キャラメル．砂糖，水アメ，生クリーム類の乳脂肪分，香料を煮詰めた四角いアメ．乳製品の風味が特徴．材料の割合，煮詰めた状態，成形によって多様な名称がある（[独]Karamellen，[英] candy, caramel）⇒hopje, sucre à la crème ／〜 d'Isigny ノルマンディ地方イジニの銘菓／〜 mou 柔らかいキャラメル／〜 dur 固いキャラメル

caramel almond［カルメル アーモンド］[英][名]⇒crushed praline

caramel au beurre salé［カラメル オ ブール サレ］[仏][男]〔糖菓〕ブルターニュ地方の加塩バター入りキャラメル（＝C.B.S.）．塩味と甘みが溶け合った味わいがある．アーモンド，ヘーゼルナッツ，胡桃入り，またチョコレートやヴァニラ風味のものがあり，セロフ

ァンで包んである→C.B.S.

caramel candied fruit ［カルメル キャンディド フルート］英名 グラスがけした果物. フリュイ・デギゼ

caramel candy ［カルメル キャンディ］英名 キャラメル. 牛乳または生クリーム, バター, 砂糖, 水アメ, ヴァニラを煮詰めたアメ

caramel colour ［カルメル カラー］英名 褐色に煮詰めた糖液. フルーツケーキなどの着色に用いる→black jack

caramel custard ［カルメル カスタード］英名→custard pudding

caramel fruit ［カルメル フルート］英名 グラスがけした果物. フリュイ・デギゼ

caramélisage ［カラメリザージュ］仏男 カラメル状にすること. 高温のオーヴンに入れたり, 焼きごてを使って菓子の表面をカラメル化すること

caramélisation ［カラメリザスィヨン］仏女 カラメル状にすること

caramélisé, e ［カラメリゼ］(英caramelized)仏形 カラメル状にした, 砂糖を焦がした

caraméliser ［カラメリゼ］(独karamellisieren, 英caramelize)仏他 ❶糖液をカラメル状に煮詰める ❷カラメル状の糖液を菓子や型全体にまんべんなくいきわたらせる／～ un moule 型の内側を糖液でおおう ❸(香りづけに) クリームやアパレーユにカラメルを加える ❹高温のオーヴンに入れたり, 焼きごてを使って, 砂糖をかけた菓子の表面をカラメル状に焦がす ❺(アーモンド, ヘーゼルナッツを) 糖液またはカラメルでおおう

caraméliseur ［カラメリズール］仏男 ❶砂糖をカラメル状に焦がすための焼きごて. ポルカ (→polka) などの菓子製作に使用 ❷砂糖をカラメル状に煮詰める機械. トフィやキャラメルをつくるのに使用

caramelize ［カルメライズ］(仏caraméliser, 独karamellisieren) 英他 カラメル状にする

caramelized almond ［カルメライズド アーモンド］英名→crushed praline

carapace ［カラパス］仏女 ❶甲皮, 甲殻 ❷固い被覆物, (パイナップルなどの) 皮

caraque ［カラック］仏女 ベネズエラ産のカカオ. きめが細かく, 香りが高い. 最高級品→cacao

caravane ［カラヴァヌ］仏女 中国産茶の一品種. 香り高く, カフェインが少ない. 夜向き

carbonate ［カルボナット］仏男〔化〕炭酸塩

carbonate d'ammoniac ［カルボナット ダモニャック］仏男〔化〕炭酸アンモニウム. 膨張剤, ベーキングパウダーとして用いる. パンデピスによく使用される＝carbonate d'ammonium

carbonate d'ammonium ［カルボナット ダモニオム］仏男→carbonate d'ammoniac

carbonate de calcium ［カルボナット ド カルスィオム］仏男〔化〕炭酸カルシウム. アメに加え, 湿気を防ぐ. 量を増やすと, アメは乳白色になり, 結晶化が起こる

carbonate of ammonia ［カーボニット オヴ アンモウニア］(仏carbonate d'ammoniac, 独Ammoniumkarbonat)英名〔化〕炭酸アンモニウム. 膨張剤, ベーキングパウダーとして用いる. パンデピスによく使われる

carbon dioxide ［カーボン ダイオクサイド］(仏dioxyde de carbone, 独Kohlendioxid)英名〔化〕二酸化炭素, 無水炭酸. 固形化したものはドライアイスとして用いられる

carbonique ［カルボニック］仏形 炭酸の／glace ～ (＝neige ～) ドライアイス／gaz ～ 炭酸ガス

carboniser ［カルボニゼ］仏他 炭化する, 黒焦げにする

carbonize ［カーボナイズ］英他 ❶炭化する ❷炭を塗る

carbure ［カルビュール］仏男 炭化物

cardamome ［カルダモム］(独Kardamom, 英cardamon) 仏男〔植〕ショウガ科. 小豆蔲(ずく), カルダモン. 多年草. 原産はインド

南西部. 種子は乾燥させ, 粒のまま, あるいは粉末にし, 香辛料として用いる. 天日干しの緑色のほうが香り高い. インド料理に多用されるほかは, 北欧でも比較的よく使用される. チョコレートとも相性がよく, ソースや飲み物に風味を添える

cardinal [カルディナル] (仏)(男) ❶〔氷菓, 冷アントルメ〕赤い果物のボンブ (= bombe ～), あるいは, 赤い果物 (苺, フランボワーズ, カシス) のソースをかけ, 果物を使ったデザート. 一般にシロップ煮あるいは生の果物を, ヴァニラアイスクリームの上に置き, 苺などのソースをかけたもの／ poire ～　シロップ煮の洋梨, ヴァニラアイスクリーム, フランボワーズソースを組み合わせたデザート ❷黒ぶどうの品種. 生食用. 紫系の赤色で, 粒は丸く大きく, 皮は厚い. 甘く, 汁気がある ❸枢機卿 (深紅の帽子を被っている)

Carême, Antonin [カレーム アントナン] (仏)(固)(男) → Carême, Marie-Antoine

Carême, Marie-Antoine [カレーム マリアントワヌ] (仏)(固)(男) マリ=アントワーヌ・カレーム (1784-1833). 料理人, パティシエ. パリ生まれ. 10歳で捨てられ, 食堂の主人に拾われる. 料理の才能を発揮, 後にタレーラン公を皮切りに, イギリスの当時の摂政皇太子 (ジョージ4世), アレキサンドル1世皇帝, ウィーン宮廷, イギリス大使館, 最後にロスチャイルド男爵に仕える. 理論家, 実践者, 数多くの料理・菓子の装飾図案, 料理を創案, 特にソースの内容を豊かにする. 料理アカデミーを創設, 菓子・料理器具, コック帽を改良, 創案する. 才能に恵まれるだけでなく, 類いまれなる努力家で世事にもたけ, 執政時代の権勢者である新貴族の好みを鋭く察知, 豪華な典礼に向く料理とその装飾を創作し, 宴席料理の礎を築き, フランス料理の絢爛さを世界に示した. 著作に『華麗なる菓子職人 Pâtissier pittoresque』(1815), 『フランス給仕長 Maître d'hôtel français』(1822), 『パリ宮廷菓子職人 Pâtissier royal parisien』(1825), 『19世紀のフランス料理術1〜3巻 Art de la cuisine au XIX siècle』(1833) (これは未完で, 4, 5巻は弟子のプリュムレ Plumerey による) がある

carême [カレーム] (独Fastenzeit, 英Lent) (仏)(男) 四旬節. カトリックで, 灰の水曜日から復活祭までの間, 日曜日を入れて46日前から日曜を除いて40日間の節制期間. 荒野で断食したキリストを偲んで行なわれる行事. 復活祭は3月22日から4月25日の間の日曜日なので, 四旬節は2月4日から3月10日のいずれかの日より始まる. かつては肉や卵類は制されたが, 少量のバター, 卵は許された. したがって菓子は, クロカン, クラクラン, エショデ, 蜂蜜入り小麦粉の菓子, アーモンド入り粥であった

carmin [カルマン] (仏)(形) 洋紅色の, 深紅色の ‖ carmin(男) カーミン, コチニール (色素), 洋紅. 天然の紅色の色素. えんじ虫からつくる. 菓子・糖菓 (ジャム, ゼリー, パート・ド・フリュイなど) の色づけに使用 = acide carminique, cochenille

carminer [カルミネ] (仏)(他) 洋紅色に染める

carnaval [カルナヴァル] (独Karneval, 英carnival) (仏)(男) カーニヴァル, 謝肉祭. 御公現の祝日 (→ Épiphanie) から灰の水曜日までの期間, 特に四旬節の前日の火曜日を頂点にその数日前から行なわれる. 四旬節には節制するため, その前に大いに食べ楽しむ. 菓子は安く, 簡単にできるもので, クレープ, ゴーフル, 揚げ菓子などがつくられる

caroline [カロリヌ] (仏)(女)〔プティフール〕長さ4cmの小型のエクレール ❶〔プティフール〕エクレールにクレームパティシエールを詰め, 上部にチョコレートかフォンダンをかける ❷ビュッフェ, オードヴル用. エクレールにチーズ, ハム, フォワグラなどを詰める

carotène [カロテヌ] (独Karotin, 英carotene) (仏)(男)〔化〕カロテン, カロチン. にんじんなどの野菜, 果物に多く含まれる橙(だいだい)色光合成色素の1つ. 動物体内でビタミンAに変わる = carotine

carotine［カロティヌ］(仏)(女) → carotène

carotte［カロット］((独)Mohrrübe, (英)carrot) (仏)(女) にんじん．糖分，ビタミン（特にA），カロチンなどが多い．すりおろしてジェノワーズの生地に加え，菓子にも用いる

caroube［カルーブ］(仏)(女)〔植〕ジャケツイバラ科．イナゴマメの種子，いなご豆．原産は地中海．果肉は甘く，生または乾燥させて食す．乾燥種子の重さが0.2ｇとほぼ一定なため，重さの単位カラットの語源となったといわれる＝carouge／poudre de 〜 いなご豆の粉

carouge［カルージュ］(仏)(女) → caroube

Carrageen［カラゲーン］((仏)carraghenate, (英)carrageen)(独)(中) カラギーナン

carraghenate［カラグナット］((独)Karrageen, (英)carrageen) (仏)(男) カラギーナン．ゲル化剤の一種，海草から抽出する無臭無味の白色の粉末（→ gélose）．泡立てたクリーム，クレームパティシエール，アイスクリームなどの分離防止，安定のために添加，あるいはアントルメ，ナパージュ，工業製ゼリーの粘剤として用いる

carré, e［カレ］((独)quadratisch, viereckig, (英)square) (仏)(形) ❶正方形の，四角い／moule 〜 15 cm de côté 15㎝四方の型 ❷四角ばった ❸平方の ‖ carré(男) ❶正方形の菓子 ❷正方形の枠型／〜 à entremets アントルメ用の四角い型枠

carré raisins［カレ レザン］(仏)(男) フランス北部のパン・オ・レザンの一種．フイユタージュにレーズンを散らし，9×9㎝に切って焼きあげたヴィエノワズリ

carreau（複 〜x）［カロ］(仏)(男) ❶碁盤縞，格子模様 ❷タイル ❸窓ガラス

carte［カルト］(仏)(女) ❶献立表，メニュー（(独)Speisekarte, (英)menu）／à la 〜 アラカルト．メニューから自由に選ぶ一品料理 ❷証明書 ❸（＝〜 de visite）名刺 ❹（＝〜 postale）郵便はがき ❺地図

carton［カルトン］(仏)(男) 厚紙，ボール紙／assiette en 〜 紙皿

carvi［カルヴィ］((独)Kümmel, (英)caraway) (仏)(男)〔植〕セリ科．姫ういきょう，キャラウェイ．原産は西アジア．種子は香辛料として用いる．クミン，アニスに似た刺激のある芳香がある．中央ヨーロッパ，北欧でよく使用．シュークルート，チーズ（マンステール munster，ゴーダ gouda など），パンや菓子（ドイツ，ハンガリーなどで），リキュール（キュンメル Kümmel，ヴェスペトロ vespétro など）に加え，香りづけをする＝anis des prés, cumin des prés, faux-anis

caséine［カゼイヌ］(仏)(女)〔化〕カゼイン．乳に含まれる必須アミノ酸を含んだたんぱく質の一種．レンネットなど凝乳酵素を加えると凝固する

Cashewnuss［カシューヌス］((仏)noix d'acajou, cashew nut)(独)(女) カシューナッツ

cassant, e［カサン，サント］(仏)(形) ❶割れやすい，もろい（(独)spröde, zerbrechlich, (英)brittle, fragile） ❷（果物など）歯切れのよい，（ものが）ぱりぱりした（(独)knackig, kroß, (英)crisp）

cassate［カサート］(仏)(女) ❶〔氷菓〕長方形の型に，2種のアイスクリームを上下に，中央にカサート用生地を詰め，凍らせたもの．端から切り分けて供する．イタリア発祥．小箱の意 ❷カサート用生地．生クリームを泡立て（軽く仕上げる場合は泡立てた卵白を加える），リキュールで香りをつけ，多くの場合，砂糖漬け果物を混ぜ込む ❸〔パティスリー〕（＝〜 sicilienne）長方形に薄切りにしたパン・ド・ジェーヌをリキュールに浸し，リコッタ（→ ricotta），チョコレート，砂糖漬けの果物，シロップを混ぜ合わせたものを塗り，それを数段重ねる．周囲に厚くチョコレートを塗って，端から切り分けて供する．シチリア島のクリスマス，イースター，婚礼用菓子

casse［カス］(仏)(女) ❶菓子屋の菓子の残り物，屑 ❷（オーヴン用）耐熱皿 ❸破損，破損物

cassé, e［カセ］(仏)(形) 割れた，壊れた ‖ cassé

[男] カセ．136〜155℃に煮詰めた糖液．冷水に落とすと固まる／petit 〜 プティカセ．136〜150℃に煮詰めた糖液．粘液性が残る．噛むと歯につく／grand 〜 グランカセ．146〜155℃に煮詰めた糖液．よく割れる．噛んでも歯につかない→［付録］le sirop et le sucre cuit

casse-croûte［カスクルート］仏男《単複同形》❶（急いでとる）軽食,弁当 ❷カスクルート．パンにハム類,チーズを挟んだもの→repas

casse-museau（複 〜・〜x）［カスミュゾ］仏男 ❶カスミュゾ．羊乳を主材料にして小麦粉,卵,バターでつくった生地を小さなシュー形にしてオーヴンで焼き,焼きあがったら表面にはさみで切れ目を入れて,再びオーヴンで焼く．中世以来の素朴な菓子．かつては祝祭日に盛んにつくられ,互いに顔にぶつけあった．また山地の住民には晩課（夕べの祈り）後にとる軽食でもあった．今日ではかぎられた地方でのみつくられる．「鼻へのパンチ」という意味 ❷固い菓子

casse-noix［カスノワ］（独Nussknacker, 英nutcracker）仏男 胡桃割り

casser［カセ］仏他 ❶砕く,壊す,（卵を）割る（独aufschlagen, 英break, crack）❷卵白または卵黄を泡立て器で溶きほぐす（独umrühren, verschlagen, 英beat）‖自 割れる,砕ける

casserole［カスロル］（独Kasserolle, 英saucepan, stewpan）仏女 片手鍋．平底で,縁が垂直／en 〜 煮込んだ→cocotte

cassis¹［カスィス］仏男 ❶［植］カシス,黒房すぐり（→cassissier）の果実．房states で黒く,汁気が多く酸味が強い．6月末に収穫．ビタミンC,カルシウムが豊富．生食することはない．ゼリー,ジャム,ジュース,シロップ,特にリキュールの原料になることが多く,シャーベット,タルト,バヴァロワなどの製作に用いられる（独schwarze Johannisbeere, 英black currant）= groseille noire ❷カシスのリキュール．アルコールにカシスを漬け,漉して砂糖を加えたもの．キール,カクテルに用いる（独Johannisbeere-Likör, 英black currant liquor）→crème de cassis

cassis²［カスィ］仏男 ❶プロヴァンスのAOP赤・白ワイン．特に白・辛口のものが最上品として知られる．ブイヤベースに合う ❷固 C〜 カシ．南仏マルセイユとラ・シオタの間に位置する港町

cassissier［カスィスィエ］仏男［植］スグリ科スグリ属．落葉低木．カシス,黒房すぐりの木．原産は中央・北ヨーロッパ

cassissine［カスィスィーヌ］仏女［地方菓子］（= 〜 de Dijon）ディジョンの銘菓．カシスのリキュールボンボンを包み込んだ,カシスのパート・ド・フリュイ

casson［カソン］仏男 ❶不揃いな砂糖の塊（独Streuzucker, 英coarse sugar nib）／sucre 〜 あられ状の粒の不揃いな砂糖．あられ糖,カソン糖,パールシュガー．大粒のざらめ糖を粉砕し,ふるいにかけたもの．粒子が約4mm．軽くしゃりしゃりした食感．菓子,ブリオッシュ系のパン,小型シューの飾りに使用される→囲み[sucre], chouquette ❷（壊れたものの）破片

cassonade［カソナード］（独Kassonade, 英brown sugar）仏女 ブラウンシュガー,赤砂糖,粗糖．未精製の甘蔗糖の結晶．赤褐色でわずかにラム酒の香りがする．ある種の料理,ある種のタルト菓子に独特の香りを与える→［付録］le sucre

castagnacci［カスタニャチ］仏男［地方菓子］コルシカ島の栗の粉でつくる菓子類．ベニェ,少し厚めのゴーフル,オーヴンで焼くフランなど

castor sugar［キャスターシュガー］（仏 sucre en poudre, sucre semoule, 独Streuzucker, 米granulated sugar, superfine sugar）英名 微粒子状のグラニュー糖 = caster sugar

Catalogne［カタローニュ］仏固女 ❶カタロニア,カタルーニャ．スペイン東北部の地方 ❷従来のスペイン東北部に加えて,ピレネー山脈に接しているフランス側の

ピレネー＝オリアンタル県のルシヨン地域圏も含む. 統一を求めるカタルーニャ運動家はルシヨン地域をカタロニア北部と呼んでいる. デザートにクレマ・クレマダ, ブラ・ド・ジタン, ビュニエート, パヌレー, ルスキーユ, トゥロンなどがある→bras de vénus, bunyète, crème catalane, panellet, rousquille, touron catalan

catégorie［カテゴリー］(仏)(女) 部類, 類別

Catherine de Médicis［カトリーヌ ド メディシス］(仏)(固)(女)→Médicis

cave［カーヴ］(仏)(女) ❶地下の酒倉, (地下に貯蔵されている) ワイン類(独Weinkeller, 英wine-cellar) ❷地下室(独Keller, 英cellar)

caviar［カヴィヤール］(仏)(男) キャヴィア. ちょうざめの卵の塩漬け

cavité［カヴィテ］(仏)(女) くぼみ, 穴, 空洞

cayenne［カイエンヌ］(独Cayennepfeffer, 英cayenne pepper) (仏)(男) ❶ (= poivre de C～) 唐辛子粉, カイエンヌペッパー. ピマン・ワゾー (piment oiseau) の粉末 ❷(固) C～ カイエンヌ. 南米北東部の仏領ギアナの港町

Cayennepfeffer［カイエンヌプフェッファー］(仏cayenne, piment, 英cayenne pepper, paprica, paprika)(独)(男) 唐辛子

C.B.S.［セーベーエス］(仏)(固)(男)〔商標〕Caramel au Beurre Salé Le Roux の略. ブルターニュ地方キブロンのキャラメル職人アンリ・ルルー Henri Le Roux の有塩バターのオリジナルキャラメル. 1980年, フランス最優秀ボンボン賞を受賞→caramel au beurre salé

cédrat［セドラ］(独Zitronat, 英citron)(仏)(男)〔植〕ミカン科. シトロン. レモンの近縁種. 原産はインド. レモンより大きく, 洋梨形. 皮は厚く, 凸凹状. 汁気は乏しい. ジャム, 皮は砂糖漬けにする. コートダジュール, コルシカ島で栽培

céleri［セルリ］(独Sellerie, 英celery)(仏)(男)〔植〕セリ科. セロリ

cellophane［セロファヌ］(仏)(女) セロファン
celluloïd［セリュロイド］(仏)(男) セルロイド
cellulose［セリュローズ］(仏)(女) セルロース, 繊維素

Celsius［セルシュウス］(独Celsius, 英Celsius)(仏)(形)(男) セ氏(の). 略号C. 氷点を0℃, 沸点を100℃とし, その間を100等分した温度表記法. スウェーデンの物理学者アンダース・セルシウス Anders Celsius (1701-1744)の考案→Fahrenheit, Réaumur

cendre［サンドル］(独Asche, 英ash)(仏)(女) ❶灰 ❷(小麦粉の)灰分

cendrier［サンドリエ］(独Aschenbecher, 英ashtray)(仏)(男) 灰皿

cent［サン］(仏)(形) 100の, 多くの ‖ cent(男) 100, 多くのもの

centaine［サンテーヌ］(仏)(女) 約100

center［センター］(米)(名)→centre²

centigrade［サンティグラード］(仏)(形) 100分度の, セ氏目盛りの / thermomètre à degré ～ セ氏温度計→Celsius

centilitre［サンティリットル］(仏)(男) (容量の単位)センチリットル. 1リットルの100分の1. 略号 cℓ. 10cc

central, ale［男)(複) ～aux］［サントラル, ロー］(仏)(形) 中央の, 中央にある

centre¹［サントル］(仏)(男) ❶中央, 中心 ❷センター, 中心施設

centre²［センター］(英)(名) ❶(ボンボン・ショコラの)中身(仏intérieur, 独Zentrum) ❷中心(仏centre, 独Zentrum)

centrepiece［センタピース］(英)(名) (祝宴席や菓子類を飾る) ヌガティーヌ, チョコレートなどでつくる装飾品

centrifugeuse［サントリフュジューズ］(仏)(女) ジューサー

C.E.P.［セウペ］(仏)(男) Certificat d'Engagement Professionnel (職業教育受講証)の略. 職業訓練校で養成訓練終了時に取得する資格証明書→C.A.P.

cercle［セルクル］(独Kreis, 英hoop, ring)(仏)(男) ❶セルクル型. 底がない輪型. 直径60

～340mm. 高さ16～60mm. 用途に応じて各種サイズがあり, 花, ハート, 楕円形などの型がある. 直接天パンや台上に置き, 生地の敷き込みやアントルメを組み立てるのに用いる → cercle à entremets, cercle à mousse, cercle à tarte, cercle-fleur ❷円 ❸輪, 円形 ❹たが

cercle à entremets［セルクル ア アントルメ］(仏)entremets ring）(仏)(男) アントルメ用セルクル型. 直径11～30cm. 高さ3.5cm

cercle à mousse［セルクル ア ムース］(英mousse ring）(仏)(男) ムース用セルクル型. 高さがある. 直径7.5～28cm. 高さ4～4.5cm

cercle à tarte［セルクル ア タルト］(英tart ring）(仏)(男) タルト用セルクル型. 玉縁. 直径6～10cm, 高さ1.6～2cm

cercle-fleur［セルクル フルール］(英 flower cake ring）(仏)(男) 花の形をしたセルクル型. アントルメ, ムース用. タルト用は玉縁

céréale［セレアル］(仏)(女)（主に複数で）穀類, 穀物. 燕麦, 小麦, 大麦, ライ麦, 粟, 米, とうもろこし. 歯ごたえや香ばしさ, 自然な甘みを生かしてサブレ類, ケーク, ムース・オ・ショコラに使われる

cérémonie［セレモニ］(仏)(女) 儀式, 式典

Cérès［セレース］(仏)(女)（ローマ神）ケレス. 豊穣の女神. ギリシア神話のデメテルにあたる / dons (présents) de ～ 麦, 収穫

cerise［スリーズ］(独Kirsh, 英cherry）(仏)(女) ❶さくらんぼ, 桜桃. 桜の木（→ cerisier）の実. カロリーが高く, ビタミンA, Bを含む. 生食するか, 砂糖漬け, アルコール漬け, ジャムにして菓子（タルト, クラフティ, フォレ・ノワール, ボンボン・ショコラ), 料理に用いるほか, リキュール類にする（→ cherry brandy², guignolet, kirsch, marasquin, ratafia). ヨーロッパには甘果桜桃 (merisier) と酸果桜桃 (griottier) の2系統ある. 主な品種にはビガロ, ギーニュ, ムリーズ, アングレーズ, モンモランシ, グリオットがある / ～ à l'eau de vie 蒸留酒漬けのさくらんぼ ❷さくらんぼ状の赤い実

cerise anglaise［スリーズ アングレーズ］(仏)(女) さくらんぼ（酸果桜桃）の品種名. 交配種. 小粒, 赤黄色, 半透明, 酸味がある. 6月初旬に収穫

cerise de chine［スリーズ ド シヌ］(仏)(女) → litchi

cerise des Antilles［スリーズ デ ザンティーユ］(仏)(女) → acérola

cerise des Barbades［スリーズ デ バルバード］(仏)(女) → acérola

cerise d'hiver［スリーズ ディヴェール］(仏)(女)〔植〕ほおずき → physalis

cerisette［スリゼット］(仏)(女) ❶さくらんぼの果汁を発酵させた清涼飲料. 極少量のアルコールを含む ❷〔糖菓〕/ ～ du Morvan ニヴェルネ地方コヌ＝クール＝シュル＝ロワール, モルヴァンの銘菓. さくらんぼ入りのアメ ❸乾燥さくらんぼ

cerisier［スリズィエ］(仏)(男)〔植〕バラ科. 桜の木

cerisier doux［スリズィエ ドゥ］(仏)(男) 甘果桜桃 → merisier

cerneau〔複 ～x］［セルノ］(独Walnusskern, 英 green walnut）(仏)(男) ❶胡桃の仁（じん）の半分. 欠損していない完全な形のもの. 菓子の飾りなどに使う → noix ❷（まだ青い胡桃の実の殻から取り出した）仁の半分 ❸未熟な木の実 / vin de ～（セルノーを収穫する夏の終わりに飲む）ロゼワイン

cerner［セルネ］(仏)(他) ❶（むきやすくしたり, 焼成中に破裂するのを防ぐために果物, 野菜の皮に）包丁の先で環状に切れ込みを入れる ❷胡桃の殻をむく

cesser［セセ］(仏)(他) やめる, 中止する. する ‖(自) やむ, 終わる

cévenol, e［セヴノル］(仏)(形) フランス中央山塊南東部セヴェンヌ地方の / à la ～ e ヴェンヌ風の. 栗を使った料理, アントルメに名づける名称. セヴェンヌ地方は栗の産地

C. F. P.［セ エフ ペ］(仏)(男) Certificat de Fin d'Apprentissage（養成訓練終了証）の略. 職業訓練終了時に取得する終了証明書

chablon ［シャブロン］(仏)(男) シャブロン型. 金属, ゴム, シリコン製または厚紙などの薄い板で, 中心に円形, 楕円形, 四角などの穴があり, その中に柔らかい生地(プログレなど)をすりこんで型抜きするもの. ダコワーズ, テュイール, ゴーフル, コルネなどをつくるのに使用

chablonner ［シャブロネ］(仏)(他) シャブロンに生地をすりこんで, 薄い円形などに抜きとる

chaffing ［チャフィング］(英)(名) パン, スコーンの表面を滑らかにするために成形の仕上げを丁寧に行なうこと

chair ［シェール］(独Fleisch, 英flesh)(仏)(女) ❶果肉 ❷(魚・鳥の)身, (食用の)肉 ❸肉, 身体

chaleur ［シャルール］(独Hitze, 英heat)(仏)(女) ❶熱, 熱さ ❷暑さ

chalumeau (複〜x) ［シャリュモー］(仏)(男) ❶ガスバーナー. 菓子の表面を焦がしたり, カラメル状にしたり, 型に入れてつくった氷菓, 冷アントルメを型からはずすのに使用 ❷ストロー

chalwa ［シャルヴァ］(仏)(男) 〔糖菓〕ヌガーの一種 → halva, halwa

chambrer ［シャンブレ］(仏)(他) ワインを室温(赤の場合15〜18℃)にする

Champagne ［シャンパーニュ］(仏)(固)(女) シャンパーニュ地方. フランス北東部の地方名. 糖菓, フールセックに銘菓が多い. ランスのビスキュイ (→biscuit de Reims) が有名. その他, ダリオル, クロキニョル, クロケット, マカロン, ノネット, パンデピス, シャンパンで香りをつけたクリーム類, タンティモル, お米のタルト (→tarte au riz) などがある

champagne ［シャンパーニュ］(仏)(男) シャンパン. シャンパーニュ地方産の発泡性のAOP白・ロゼワイン. 最高級の発泡性ワインと考えられている

champagne glacé ［シャンパーニュ グラセ］(仏)(男) 〔氷菓〕シロップ, シャンパン, オレンジ果汁, レモン果汁, 生クリームを混ぜ合わせ, 半凍結させた飲み物 → boisson glacée

Champagner ［シャンパニャー］((仏)champagne, (英)champagne)(独)(男) シャンパン, シャンパーニュ. フランスのシャンパーニュ地方でつくられる発泡性AOPワイン

champenois,e ［シャンプヌワ, ヌワーズ］(仏)(形) シャンパーニュ地方の / à la 〜e シャンパーニュ風の. シャンパンを使った料理・菓子に用いる / poires à la 〜e シャンパーニュ風の洋梨のタルト. 洋梨をシャンパン入りのシロップでポシェする ‖ champenoise(女) 〔醸造〕シャンパンの発酵法

champignon ［シャンピニヨン］((独)Champignon, (英)mushroom)(仏)(男) 〔植〕茸. 生命の誕生・豊穣を意味し, ムラング, パート・ダマンドでかたどった茸はビュッシュ・ド・ノエル(薪形のクリスマスケーキ)を飾る

champigny ［シャンピニ］(仏)(男) 〔パティスリー〕杏 ((略)) ジャムを詰めた長方形のフィユタージュの菓子

chancellor's pudding ［チャンスラーズ プディング］(英)(名) → cabinet pudding

chanciau (複〜x) ［シャンスィオ］(仏)(男) → sanciau

chandeleur ［シャンドルール］(仏)(女) 〔カトリック〕主の奉献の祝日, 聖母マリアお清めの祝日. 2月2日, ろうそくの祝別式がある. 春の到来と家族の幸せを祝し, 願いの成就を祈って, クレープを焼く習慣がある → crêpe

chandelier ［シャンドリエ］(仏)(男) 燭台, ろうそく立て

chandelle ［シャンデル］((独)Kerze, (英)candle)(仏)(女) ろうそく, キャンドル

changement ［シャンジュマン］(仏)(男) 変化, 変更

changer ［シャンジェ］((独)wandeln, (英)change)(仏)(他) 変える ‖ (自) 変わる

chantilly ［シャンティイ］(仏)(女) ❶ (= crème 〜) シャンティイ. 生クリームに砂糖を加えヴァニラの香りをつけ泡立てたもの. アン

トルメに添えたり，材料として様々な生地に混ぜ込んで使用する→bavarois, charlotte, coupe glacée, crème fondante ❷シャンティイを使った料理・菓子につける呼称．コンデ公(1621-1686)時代のシャンティイ城の給仕長ヴァテール(→Vatel)の采配下の料理が評判だったことにちなむ／à la 〜 シャンティイ風の／choux C〜 シャンティイ入りのシュークリーム ❸固 C〜 シャンティイ．パリ近郊の町名．美しい城で有名

chantilly cream［シャンティリークリーム］(仏 crème chantilly, 独 Schlag) 英 名 シャンティイクリーム．生クリームを泡立てて加糖した，ヴァニラ風味のクリーム

chapeau［複〜x］［シャポー］仏 男 ❶蓋 ❷帽子

chapeauter［シャポテ］仏 他 帽子(蓋)をかぶせる

chapeler［シャプレ］仏 他 乾いたパン，またはオーヴンで焼いたパンを砕く．パン粉をつくる

chapelure［シャプリュール］仏 女 パン粉．乾燥したパン，パンを砕いたもの．生のパンからつくったパン粉はパニュール(→panure)という／〜 blanche 白いパンの身を乾燥させ，砕いたもの．フライ用／〜 blonde オーヴンで軽く焼いたパンの皮かビスコットを砕いたもの．保存が可能．グラタン用

chaque［シャク］(独 jeder, 英 each) 仏 形 各々の

charcuterie［シャルキュトリ］仏 女 豚肉加工食品，塩漬け肉，ソーセージ類，ハム類，パテ，リエットなど

Charente［シャラント］仏 固 女 ❶シャラント県（ポワトゥー=シャラント地域圏）．東西にシャラント川が流れる ❷複 シャラント県とシャラント=マリティーム県一帯．乳製品，特にバターが有名．菓子としては受難の主日のコルニュエル，ガレット・シャランテーズなどがある→cornuelle, galette charentaise／beurre de 〜s AOP バター→beurre

charge［シャルジュ］仏 女 ❶ドラジェやプラリーヌを製作する時，プティカセに煮詰めた糖液を木杓子でかき混ぜながら，アーモンドに被覆すること．糖衣がけ／donner une 〜 糖衣がけする ❷重石

charger［シャルジェ］仏 他 ❶タルト類の生地を空焼きする時，生地が浮きあがらないように型に敷き込んで，紙でおおった生地の上に重石(豆など)をのせる→décharger ❷(荷物を)積み込む ❸満たす ❹責任を負わせる

charlotte［シャルロット］(独 Charlotte, 英 betty, charlotte) 仏 女 ❶〔アントルメ〕シャルロット型の内側にビスキュイやパンを張りつけ，クリーム，ムース，ピュレなどを詰めたもの．温・冷アントルメ，氷菓の3種類がある．中に詰めるバヴァロワ生地の種類によって名前が変わる→charlotte aux poires ❷(=moule à 〜)シャルロット用の深さのある円形の型(独 charlottenform, charlott-Russe-Form, 英 charlotte mould) ❸縁にギャザーやリボンをあしらった婦人用帽子

charlotte à la russe［シャルロット ア ラ リュス］仏 女 ロシア風シャルロット．冷たいシャルロット．シャルロット・リュス．シャルロット型にビスキュイ・ア・ラ・キュイエールを張り，その中にバヴァロワやムースを詰めて，冷やし固めたもの．アントナン・カレーム(→Carême)の創作

charlotte aux poires［シャルロット オ ポワール］仏 女 洋梨の冷たいシャルロット．シャルロット型にビスキュイ・ア・ラ・キュイエールを張りめぐらし，その中に洋梨のバヴァロワを詰めたもの

charlotte aux pommes［シャルロット オ ポム］仏 女 りんごの温かいシャルロット．シャルロット型にパンの薄切りを張りつけ，その中にりんごのコンポートを詰め，オーヴンで焼いたもの

charlotte glacée［シャルロット グラセ］仏 女 〔氷菓〕型詰め凍結したシャルロット．シ

ャルロット型またはセルクル型の周囲にビスキュイ・ア・ラ・キュイエールを張りめぐらし，その中にムースグラセかパルフェ，スフレ用アパレーユ，バヴァロワ，クリームを詰め，凍らせたもの⇒［付録］la glacerie

chartreuse［シャルトルーズ］[仏][女]（アルプス山中のシャルトルーズ大修道院でつくられる）薬草のリキュール．主に薄荷（はっか）類，アンゼリカの葉，シナモン，メース，サフランが使われる．アルコール含有量55％の緑色（chartreuse vert）と40％の黄色（chartreuse jaune）の2種がある

chartreuse aux pommes［シャルトルーズ オ ポム］[仏][女]〔地方菓子〕ノルマンディ地方の銘菓．棒状に切ってバターに浸した白パンをシャルロット型の底と周囲に敷き，カルヴァドスで香りづけしたりんごのコンポートと棒状の白パンを交互に入れてオーヴンで焼く．18世紀末にイギリスの菓子から着想．アントナン・カレーム（⇒Carême）創作によるシャルロット・リュスの原形である

chasselas［シャスラ］[仏][男]（生食用の）白ぶどうの品種．大きな房で小粒．果肉は固く，果汁が多く甘い．収穫は8月初旬から9月中旬⇒raisin blanc

châtaigne［シャテーニュ］（[独]Kastanie，[英]ches⟨t⟩mut）[仏][女]〔植〕栗の実．一般に1つのいがの中に仕切りがあり，数粒（約3粒）入ったものを指す．生食はしない．焼き栗，ピュレ，マロンクリームをつくる．粉末（＝farine de châtaigne）は地方菓子に用いられる．シャテーニュの改良種で，いがの中に実が1粒だけのものはマロンと呼ばれる⇒marron

châtaigne d'eau［シャテーニュ ド］[仏][女]〔植〕❶ひし，ひしの実⇒mâcre ❷針藺（はりい）⇒éléocharis

château（[複]～*x*）［シャトー］[仏][男] ❶ボルドー地方の自家ぶどう園付きワイン醸造所，ワイナリー．また同所でつくられるワインの銘柄C～ Latour シャトーラトゥール（AOP）．ボルドー，ポイヤック村の第1級赤ワイン ❷（ボルドー地方のぶどう園を持つ）屋敷 ❸城，城館 ❹大邸宅，大別荘

château la pompe［シャトー ラ ポンプ］[仏][男]（冗談で）水道水＝eau potable⇒囲み［eau］

chaud, *e*［ショ，ショード］（[独]heiß，warm，[英]hot，warm）[仏][形] 熱い，暑い，温かい／à ～ 温かくして，熱して／entremets ～ 温かくして供するアントルメ．クレープ，スフレなど

chaud-froid［ショ フルワ］[仏][男] ❶熱を加えて調理をし，冷たくして供する料理．主に調理した後，冷やし，白いソースでおおい，ゼリーをかけて光沢を加えた鳥料理．立食，アントレに供する ❷熱して，次に冷やすこと／copeaux ～ 温かくした天パンにチョコレートを流し，次に冷やしてつくったコポー

chaudière［ショディエール］（[独]Boiler，[英]boiler）[仏][女] ❶ボイラー ❷〔古〕釜，釜1杯分

chaudron［ショドロン］（[独]großer Kessel，[英]cauldron）[仏][男]（つるのついている）鍋，鍋1杯分

chauffe［ショフ］（[独]Erhitzen，Erwärmen，[英]heat，warm）[仏][女] 加熱すること

chauffe-plat(s)［ショフ プラ］（[独]Warmhalteplatte，[英]dishwarmer）[仏][男] 卓上用コンロ，ウォーマー．食卓で用いる，料理をのせて保温する器具

chauffer［ショフェ］（[独]erhitzen，erwärmen，[英]heat，warm）[仏][他] 温める，熱する ‖[自] 熱くなる ‖ **se** ～ [代動] 暖まる

chausse［ショス］[仏][女]（布製で漏斗（ろうと）形の）漉し布．液体やゼリーなどを漉す

chausson［ショソン］[仏][男] ❶〔パティスリー〕フイユタージュを円形にのばし，果物のコンポート（主にりんご）を詰め，2つ折りにして焼きあげたもの（[独]Apfeltasche，[英]turnover）／～ aux pommes りんご入りショソン，ショソン・オ・ポンム ❷上履，スリッパ

chaux［ショ］(仏)[女] 石灰／〜 vive 生石灰

checking［チェッキング］(英)[名] 焼きあがったビスケットの表面にできた細かい亀裂

cheese［チーズ］(英)[名] ❶チーズ（(仏) fromage, (独) Käse）／ farmer's 〜 牛乳または脱脂牛乳でつくるプレスチーズ／ cottage 〜 カテージチーズ．カードに塩味をつけてつくった白い柔らかいチーズ／ cream 〜 クリームチーズ．牛乳にクリームを加えてつくる，柔らかく味の濃厚な熟成しないチーズ ❷クリームチーズ程度の固さのジャム／ damson 〜 ダムソン（プラムの一種）のジャム ❸（形状，固さなどが）チーズに似たもの

cheese cake［チーズ ケイク］(英)[名] ❶〔古〕凝乳を主材料にした菓子⇒Yorkshire curd tart ❷フユタージュを敷き込んだタルトレット型にバター，砂糖，小麦粉，ベーキングパウダー，牛乳でつくった種を詰め，焼きあがってから，グラス・ア・ローをかけ，ココナッツを振りかけた菓子．チーズは含まない ∥ cheese cake (米) ❶チーズケーキ．クリーム（あるいはカテージ）チーズに，卵，砂糖，小麦粉などを加えて焼いた菓子．敷き込んだ生地の中に詰めて焼くこともある．((仏) gâteau au fromage, tarte au fromage, (独) Käsekuchen, Käsetorte) ❷レアチーズケーキ．ゼラチンを加え，焼かずに冷やし固めたもの

cheese curd［チーズ カード］((仏) caillé, (独) Käsebruch) (英)[名] 温めた牛乳に凝固酵素を加えるか，酸化剤を使って凝固させ乳清を除いたもの⇒curd

Chef［シェフ］((仏) chef, (英) chief) (独)[男][女] シェフ，チーフ，職長

chef［シェフ］(仏)[男] ❶（＝〜 cuisinier ／ 〜 de cuisine）料理長，シェフ（(独) Chef, (英) chief）／ 〜 pâtissier 製菓長，シェフパティシエ ❷発酵させた生地から取り分けたパン種 ❸頭，長

Chefin［シェフィン］(独)[女]⇒Chef

Chelsea bun［チェルスィー バン］(英)[名] チェルシー・バンズ．のばしたパン生地にレーズン，レモンピール，シナモン，粗糖をまんべんなく散らして，端から巻き，約5cmの小口切りにし，切り口が上下になるようにして，焼きあがった時に互いが接するように等間隔に一列に並べて焼きあげたもの．焼きあがったら，グラス・ア・ローを塗り，砂糖を振る．18世紀初頭，ロンドン南西部チェルシーが発祥⇒bun

cheminée［シュミネ］(仏)[女] ❶（トゥルト，パイなどの蓋に開ける）穴，蒸気穴．加熱により内部に詰めたものから出る蒸気を逃がすためで，穴をうがった後，紙などで円筒をつくり差し込む．オーヴンから出した後，内部の空隙をうめるために，そこからゼリーや生クリームを流し込む（(英) chimney）❷煙突 ❸暖炉

chemisage［シュミザージュ］(仏)[男] 型の内側に生地やアイスクリームなどを敷き込むこと

chemise［シュミーズ］(仏)[女] ❶薄皮，外皮／ en 〜 皮をつけた，包まれた／ gousse d'ail en 〜 外皮をむいていないにんにく ❷シャツ

chemiser［シュミゼ］(仏)[他] ❶型の内側にビスキュイ，生地，アイスクリーム，紙などを敷き込む ❷型の内側に，チョコレート，ゼリーなどを流し込んで固め，薄い層をつくる

cherry［チェリ］((仏) cerise, (独) Kirsche) (英)[名] さくらんぼ，桜桃／ stoned 〜 (米) pitted 〜) 種を抜いたさくらんぼ／ glacé 〜 砂糖漬けさくらんぼ，ドレンチェリー／ 〜 pie さくらんぼのパイ

cherry brandy[1]［シェリ ブランディ］(仏)[男] オドヴィにさくらんぼのピュレと砕いた種を浸潤させた赤色のシロップ状の甘いリキュール．イギリス発祥の食後酒．今日では2種のさくらんぼ，ギーニュ種（濃い赤，甘い）とグリオット種（酸味と香りが特徴）からつくる．マラスキーノ，ギニョレに似る ＝ cherry, cherry liqueur⇒guignolet, marasquin

cherry brandy² [チェリ ブランディ]（仏 cherry brandy, 独 Kirschebranntwein）英 名 チェリーブランデー ❶ブランデーにさくらんぼの果肉と砕いた種子を浸してつくった甘いリキュール．赤色，食後酒 ❷さくらんぼを発酵させ蒸留した酒．キルシュヴァッサー

cherry cake [チェリ ケイク] 英 名 細かく刻んだレモンピールとさくらんぼが入った円形のパウンドケーキ

chestnut [チェスナット]（仏 châtaigne, marron, 独 Kastanie）英 名 栗の実

cheval（複 ～*aux*）[シュヴァル, ヴォー]仏 男 馬／à～ 1)（薄切りにしたものなどが）互いに少しずつ重なるように 2)（ステーキ，ハンバーグステーキなどの上に）目玉焼きをのせて 3)またがり

chevaler [シュヴァレ]仏 他（薄切りにしたものを）互いに少しずつ重ね合わせながら並べる

chevaucher [シュヴォシェ]仏 自 重なり合う ‖ 他 またがる ‖ se～ 代動 重なり合う

chevrier d'Arpajon [シュヴリエ ダルパジョン]仏 男 複 ❶〔糖菓〕シュヴリエ豆（緑色を帯びた白いいんげん豆）の形をしたドラジェ（→dragée）．パリから30km南にあるイル＝ド＝フランス地方の町アルパジョンの銘菓 ❷アルパジョン産シュヴリエ豆．アルパジョンはシュヴリエ豆の産地．毎年9月に豆の収穫祭があり，その一環として国際ガストロノミのコンクールを開催．料理，製パン，製菓，精肉の部門がある

chewing gum [チューイング ガム]英 名 チューインガム．原料はゴム（天然または合成），甘味料，グリセリン，レシチン，香料，着色剤など．もとはサポジラ（チューインガムノキ．原産は中央アメリカ）の樹液からつくる

chez [シェ]仏 前 ❶（居宅，店などを指して）～の家に，～の店で ❷（レストランなどの屋号として）～の店

chialade [シャラード]仏 女 シャンパーニュ地方のクレープ→tantimolle

Chiboust [シブスト]仏 固 男 ❶シブスト．19世紀のパリ，サン＝トノレ通りに店を構えていたパティシエ．1846年，この通りの名であり，パン・菓子職人の守護聖人の名をつけた菓子サン＝トノレを創作．また，クレームシブースト（crème chiboust）の考案者とされる→crème à St-Honoré, saint-honoré ❷（＝tarte～）〔アントルメ〕フイユタージュにりんごを並べて焼いたタルトにクレームシブーストをたっぷりと詰め，表面に砂糖を振りかけてカラメル状に焦がした，軽くふんわりとした菓子

chiche [シシュ]仏 男〔植〕（＝pois～）エジプト豆，ひよこ豆

chichi [シシ]仏 男 →chichifregi

chichifregi [シシフルジ]仏 男〔地方菓子〕マルセイユおよびエクサン＝プロヴァンスの揚げ菓子．発酵生地を小指に似せてつくり，揚げて砂糖をまぶしたもの．かつては道端で売られていた＝chichi

chill [チル]（仏 rafraîchir, 独 abkühlen ⟨lassen⟩）英 他 冷やす，冷却する

chimique [シミック]仏 形 化学合成の

chinois [シヌワ]仏 男 シノワ．金属製で円錐形をした取っ手付きの漉し器．ソース，クリ，シロップなどを漉すのに使用＝passe-sauce

chinois confit [シヌワ コンフィ]仏 男 中国原産で，シチリア島に自生する小型の橙(だい)の砂糖漬け，またはアルコール漬け

chinoiser [シヌワゼ]仏 他（流動状または半流動状のものを）シノワ（漉し器）で漉す

chique [シック]仏 女〔糖菓〕❶ミント，レモン，あるいは杏(あんず)の香りがする，アーモンド入りの半透明のアメ．ブルボネ地方モンリュソンやプロヴァンス地方アローシュの銘菓 ❷（＝～de Bavay）ベルランゴ（→berlingot）と同種のアメ．1875年につくられた．若干咳止めの効果がある．ノール県バーベの銘菓→bonbon dur

chiqueter [シクテ]（独 auszacken, 英

chocolat

chocolat à croquer　[ショコラ ア クロケ]　カカオ38〜57％（内カカオバター26％）を含むもの．アイスクリーム，クリーム，ムース，ガナッシュ，チョコレートのセンターなどの材料として使用．板チョコレートとして食される

chocolat à cuire　[ショコラ ア キュイール]　調理用チョコレート．最も基本的なもので，カカオバターの含有量は少なく，濃度は濃い．カカオ30％（内カカオバター18％）以上．アイスクリーム，クリーム，ムース，ガナッシュ，チョコレートのセンターなどの材料として使用＝chocolat de ménage⇒［付録］le chocolat

chocolat amer　[ショコラ アメール]　ビターチョコレート．カカオ50％以上を含むチョコレート

chocolat à pâtisser　[ショコラ ア パティセ]＝chocolat de dessert

chocolat au lait　[ショコラ オ レ]　法定呼称．ミルクチョコレート．チョコレートに粉乳または濃縮乳を混合したもの．乳脂固形分14％以上，カカオ25％以上，砂糖55％以下⇒［付録］le chocolat

chocolat blanc　[ショコラ ブラン]　ホワイトチョコレート．カカオは含まず．カカオバター20％以上，乳脂固形分または乳製品（バター，生クリーム）14％以上＝chocolat ivoire⇒［付録］le chocolat

chocolat de couleur　[ショコラ ド クルール]　カラーチョコレート．ホワイトチョコレートに植物性色素を混ぜ合わせたもの．オレンジ，緑，赤，青，黄，ローズの各色がある⇒［付録］le chocolat

chocolat de couverture　[ショコラ ド クヴェルテュール]　法定呼称．クーヴェルテュール，クーヴェルテュール・チョコレート．カカオバター含有量31％以上のチョコレート．50％までカカオバターを高めることが可能で，非常に滑らか．プロ向け製品．円形または1〜2.5kgの板状で，専門店で販売＝couverture

chocolat de dégustations　[ショコラ ド デギュスタスィヨン]＝chocolat noir

chocolat de dégustation au lait　[ショコラ ド デギュスタスィヨン オ レ]　法定呼称．カカオ30％，乳脂固形分あるいは乳製品18％以上含んだミルクチョコレート＝chocolat supérieur extra-fin au lait

---

crimp）⒧⒯（フイユタージュ製品の縁まわりに）ナイフの先で，規則正しく浅い切れ目を入れる．焼成中の膨らみを容易にするためと，飾りを兼ねる

chlorure　[クロリュール]⒧男［化］塩化物／〜 de chaux　さらし粉，漂白粉

chocart　[ショカール]⒧男〔地方菓子〕ブルターニュ地方コート＝ダルモール県イフィニャックの銘菓．シナモン風味のりんごジャムを詰めた大型のショソン．温めて供する．11月のりんごの季節に2週間にわたってショカール祭りが行なわれ，大量につくられる．ショカールの名前はこの季節に屋根や鐘楼にコクマルガラス（choucas）が巣を

chocolat de dessert［ショコラ ド デセール］ 菓子製作用チョコレート．カカオの含有量が高い（55〜70%）．溶解しやすいよう，通常のチョコレートとは製作法が異なる．パティスリー，型取り，菓子やボンボン・ショコラの被膜など多用される＝chocolat à pâtisser

chocolat de ménage［ショコラ ド メナージュ］ 調理用チョコレート＝chocolat à cuire

chocolat de ménage au lait［ショコラ ド メナージュ オレ］ 法定呼称．ミルクチョコレート．カカオ20%，乳脂固形分あるいは乳製品20%以上を含んだチョコレート

chocolat de ménage en poudre［ショコラ ド メナージュ アン プードル］＝cacao de ménage sucré（en poudre）

chocolat de nappage［ショコラ ド ナパージュ］ ナパージュ用チョコレート．非常に甘い．パティスリーに使用

chocolat en poudre［ショコラ アン プードル］ 加糖ココア．砂糖と粉末カカオ32%以上を混ぜたもの．レシチン（1〜3%），乳化剤，香辛料（ヴァニラ，シナモンなど天然あるいは合成香料）が添加されることもある＝cacao sucré（en poudre）

chocolat extra［ショコラ エクストラ］＝chocolat noir

chocolat fin［ショコラ ファン］＝chocolat noir

chocolat fondant［ショコラ フォンダン］ フォンダンチョコレート，スイートチョコレート．カカオ48%（内カカオバター26%以上）以上，砂糖57%以下．利用法は，ショコラ・ア・クロケ（chocolat à croquer）と同じ

chocolat granulé［ショコラ グラニュレ］ スプレーチョコレート．細かい棒状＝vermicelles de chocolat

chocolat ivoire［ショコラ イヴワール］ ホワイトチョコレート＝chocolat blanc

chocolat noir［ショコラ ヌワール］ 法定名称．ブラックチョコレート，ダークチョコレート．カカオ43%以上，そのうちカカオバター26%を含むチョコレート＝chocolat de dégustation, chocolat extra, chocolat fin, chocolat supérieur

chocolat pailleté［ショコラ パイユテ］ フレークチョコレート→pailleté fin chocolat, pailleté super fin chocolat

chocolat supérieur［ショコラ スュペリュール］＝chocolat noir

chocolat supérieur extra-fin au lait［ショコラ スュペリュール エクストラファン オレ］＝chocolat de dégustation au lait

つくることに由来する＝choquart

chocolat［ショコラ］（独Schokolade, 英chocolate）仏男❶チョコレート 1）カカオに砂糖，カカオバターを均質に混合したもの．牛乳，蜂蜜，ドライフルーツなどを加えることもある 2）ヨーロッパのチョコレートの法定呼称．砂糖，35%以上のカカオを混ぜ合わせたもの（内カカオバター18%以上）．カカオ，カカオバターの含有量によって品質分けされる→囲み［chocolat］，［付録］le chocolat ❷チョコレート製品 ❸チョコレートまたはココアを水や牛乳で溶いた温かいあるいは冷たい飲み物

chocolat aux noisettes gianduja［シ

ヨコラ オ ヌワゼット ジャンデュジャ〕(仏)(男) 法定呼称. 砂糖, カカオ（32％以上）, 砕粒ヘーゼルナッツ（20〜40％）, 胡桃, アーモンド（60％以下）を混ぜ合わせたチョコレート

chocolat de cru [ショコラ ド クリュ](仏)(男)
→ chocolat d'origine

chocolat d'origine [ショコラ ドリジーヌ]
(仏)(男) 産地固有の香り（花や果実香）がするカカオ豆からつくるチョコレート. カカオ含有量は板チョコレートの場合は60〜85％, ミルクチョコレートは40〜65％ = chocolat de cru

chocolate [チョコリット](仏)chocolat, (独)Schokolade)(英)(名) チョコレート ❶カカオマスを主体にした製品, またはカカオマスに砂糖, カカオバター, 乳製品を混ぜて練り固めた加工食品 / baking 〜（= bitter 〜 / cooking 〜）カカオマスに砂糖, カカオバター, その他の油脂を適量加えて成形したもの. 無加糖 / dark 〜（= black 〜 / plain 〜 / sweet 〜）カカオマスに砂糖, カカオバターを加えたもの. カカオ35％以上 / semi sweet 〜 砂糖がカカオの半量以下のもの / bitter sweet 〜 カカオマスにカカオの3分の1以下の砂糖, セミスイートよりも多めのカカオバター, レシチンを加えたもの / couverture 〜（= covering 〜）クーヴェルテュール. 専門家向けチョコレート. カカオバターを多く含み, 流動性に富む. 型取り, 被膜に使用 / milk 〜 乳製品（粉ミルク, コンデンスミルクを含む）を加えたもの / white 〜 カカオバターに砂糖, 乳製品を加えたもの. カカオは含まない / compound 〜 カカオバターの代わりにほかの植物性油脂, 水素添加油脂を使用したもの / grated 〜（= 〜 flakes）チョコレートコポー / vermicelli スプレーチョコレート ❷〔飲み物〕ココア / powder 〜 ココア（粉末）

chocolaté, e [ショコラテ](仏)(形) チョコレートを加えた, チョコレート風味の / produit 〜 チョコレートが20〜30％含まれている

製品. それ以下のものはパルファンショコラ（parfum chocolat）という

chocolate cream [チョコリット クリーム]（(仏) crème au chocolat, (独) Schokoladencreme)(英)(名) チョコレート風味のクリーム

chocolate fruit [チョコリット フルート](米)(名) 砂糖漬け, ドライフルーツにチョコレートを部分的, あるいは全体に被膜したもの

chocolate liquor [チョコリット リカー]((米)(名) cacao en pâte, liqueur de cacao, (独)Kakaomasse)(英)(名) カカオマス. 液状からペースト状までの段階全体を指す = cocoa liquor

chocolate pudding [チョコリット プディング](英)(名) 澱粉で固めたチョコレート風味のデザート. 粉末状の半製品または容器入りの完成品がスーパーで市販されている. 工場製品

chocolate roll [チョコリット ロウル]((仏) pain au chocolat, (独) Schokodenlebkuchen)(英)(名) パン・オ・ショコラ. 発酵生地を折りたたんで, 長方形に切り, 棒状にしたチョコレートを挟んで3つ折りにしてつくる

chocolaterie [ショコラトリ](仏)(女) チョコレート製造販売店, チョコレート専門店

chocolat fourré [ショコラ フレ](仏)(男) 法定名称. 詰め物をしたチョコレート, または詰め物が断層になった板状チョコレート. 被膜しているチョコレートの量は, 完成製品の総量に対し25％以上であること

chocolat glacé [ショコラ グラセ](仏)(男) 〔氷菓〕砂糖, 牛乳, チョコレートを火にかけ, 最後に生クリームを加え, 半凍結した飲み物
→ boisson glacée

chocolatier, ère [ショコラティエ, ティエール](仏)(形) チョコレート製造・販売の ‖ chocolatier, ère (男)(女) ショコラティエ. チョコレート菓子を製造する人, それを販売する人 ‖ chocolatière(女) ❶〜 électrique チョコレートを溶かし, 適温に保つためのサーモスタットがついた容器. チョコレートフォンデュ用, ボンボンや型取りチョコレート製作用 ❷ココアポット, ココア沸か

し

chocolat liégeois［ショコラ リエジュワ］⑭男 → café liégeois

chocolat maison［ショコラ メゾン］⑭男複 ボンボン・ショコラの手作りのオリジナル製品

chocolat plastique［ショコラ プラスティック］⑭男 プラスティックチョコレート．チョコレートに水アメ，シロップを加えて練りあげたもの．粘性があり細工物に使用

choix［ショワ］⑭男 ❶選択／au ~ 好みに応じて，任意に ❷（商品などの）品数 ❸（商品などの）品質／article de premier ~ 一級の製品，一級品

chop［チョップ］(⑭hacher, ⑭hacken) ⑱他 刻む

chorley cake［チョーリー ケイク］⑱名 イギリス北西部ランカシャー州南部チョーリーの銘菓．ラードを使ったフイユタージュにカランツレーズン，バター，赤砂糖を混ぜたものを詰めて平たい円形につくり，表面に3筋切れ目を入れ，赤砂糖を振って焼く → Eccles cake

chou（複 ~x）［シュー］⑭男 ❶シュー生地でつくる菓子・料理．生地を天パンの上に絞り出し，オーヴンで焼く．または熱した油の中に絞り落して揚げる．熱することで生地が膨らんで中が空洞化する／~ sucré 甘いシュー．そのまま食する，または冷めてから空洞内にクリーム類を詰めたりする．製品例としてはシュークリーム，エクレール，パリ＝ブレスト，ポルカ，サランボ，サントノレ，クロカンブッシュ，ペドノーヌなど／~ salé 塩味のシュー．シュー生地に砂糖を加えず，塩，胡椒，チーズなどを入れる．焼成後，そのままか，あるいはサルピコンなどを混ぜたベシャメルソースなどを詰める．オードヴルとして，あるいは食前酒と共に供する → gougère ❷キャベツ

chou à la crème［シュー ア ラ クレーム］(⑭Windbeutel〈mit Krem〉, ⑱cream puff) ⑭男〔パティスリー〕シュークリーム．シュー生地を天パンに丸く絞って焼き，好みの香りをつけたクレームパティシエールを詰め，上面に粉糖を振りかける

chou Chantilly［シュー シャンティイ］⑭男〔パティスリー〕シャンティイ入りシュークリーム → chantilly

chouchen［シュシェヌ］⑭男 シュシェン．ブルターニュ地方の蜂蜜酒．蜂蜜と水を混ぜて発酵させた酒．アルコール含有量は14％．かつてはそばの蜂蜜からつくり，色が濃く独特の香りがしていた．りんごジュースにビール酵母を加えて発酵させる → hydromel

chou grillé［シュー グリエ］⑭男〔パティスリー〕シュー生地を天パンに丸く絞り，卵黄を塗り，薄切りアーモンド，粉糖を振りかけ焼いたもの

chouquette［シュケット］⑭女 ヴィエノワズリ．一口サイズの小型シューで，表面にあられ糖をかけて焼いたもの → viennoiserie

Chräbeli［クレベリー］⑭中 レモン，アニスを加えアンモニアを入れてつくるスイスのクッキー．同じ生地を使ってシュプリンゲルレ(→ Springerle)もつくる

Christmas cake［クリスマス ケイク］⑱名 レーズン，ピール，アーモンドなどの果物を50％含んだスパイス入りのパウンドケーキを台に，クリスマス用の飾りを施したもの → pound cake

Christmas Pie［クリスマス パイ］⑱名 デニッシュ生地の一種を薄くのばして型に敷き，ミンスミートを詰め，同じ生地で蓋をして上面に砂糖をたっぷり振って焼いたもの．この生地のイギリスにおける使用例はほかになく，イギリス，ギルフォードのクリスマスパイ村がこの菓子の起源といわれる → fermented pastry

Christmas pudding［クリスマス プディング］⑱名 クリスマスプディング．レーズン，オレンジピール，レモンピール，アーモンド，りんご，オレンジの皮，腎臓の脂身，香辛料，小麦粉，パンのクラム（身）をよく混ぜ，48時間寝かせてから卵を加え，布巾にしっかり

包んで4〜6時間熱湯で煮る.布巾から取り出し,粉糖をたっぷり振りかけ,ひいらぎを飾り,ウィスキーかブランデーを注いでフランベする→plum pudding, pudding¹

chrome [クロム] 仏男 クローム／acier au 〜 クローム鋼,ステンレス鋼

chunk [チャンク] (仏 gros morceau, 独 dickes Stück) 英名 (チーズ,パン,肉などの)厚切り

churros [チュロ] 仏男複 チュロス.スペインのベニエ菓子.熱湯,バター,小麦粉,砂糖でつくった生地を星口金付き絞り袋で絞りながら油で揚げる.ホットチョコレートと共に食す

chute [シュット] 仏女 ❶ (ビスキュイ,ジェノワーズなどの生地の)断ち屑,切り落し ❷ (物の)落下 ❸ (温度,価格などの)低下,下落 ❹ 失敗

cidre [スィードル] (独 Apfelmost, Apfelwein, 英 cider) 仏男 りんご酒,シードル.りんご(洋梨を混ぜることもある)果汁を自然発酵させてつくった飲料.アルコール含有量5％以上.起源は非常に古いが,ノルマンディ,ブルターニュ地方では12世紀頃から盛んにつくられている／eau-de-vie de 〜 シードルの蒸留酒→calvados

cidre bouché [スィードル ブーシェ] 仏男 発泡性シードル.ある一定量の残留性糖分をそのままにして瓶詰めし,香りと発泡を促進させたもの

cidre doux [スィードル ドゥー] 仏男 甘口シードル.アルコール含有量3％以下のシードル.糖分がアルコールに変化しないため甘い

cidre mousseux [スィードル ムスー] 仏男 発泡性シードル

cigare [スィガール] 仏男 葉巻

cigarette [スィガレット] 仏女 ❶〔プティフール〕(=〜 russe)シガレット.ラング・ド・シャ用生地を薄い円形に焼き,温かいうちに細い棒に巻きつけてかたどる ❷ (=〜 en chocolat)温度調節をしたチョコレートを薄

くのばし,パレットナイフで細長く丸めとったチョコレート ❸ 紙巻きたばこ

cinnamon [スィナムン] (仏 cannelle, 独 Zimt) 英名 肉桂,シナモン

cintrer [サントレ] 仏他 アーチ形にする,曲げる

circle [サークル] 米名 セルクル型,輪型 (仏 cercle, 独 Kreis, Ringform, 英 ring)／tart 〜 (タルト用)セルクル型

circonstance [スィルコンスタンス] 仏女 ❶ 事情,状況 ❷ 場合 ❸ 機会／gâteaux de 〜 行事菓子

cire [スィール] (独 Wachs, 英 wax) 仏女 蠟 (ろう)／〜 vierge 生蠟／〜 blanche végétale 植物性の白蠟,木蠟

ciré, e [スィレ] 仏形 ❶ 蠟(ろう)引きされた ❷ 防水された

cirer [スィレ] 仏他 蠟(ろう),ワックスで磨く

ciseau (複 〜x) [スィゾー] 仏男 ❶ 鑿(のみ) 複 はさみ (独 Schere, 英 scissors)

ciseler [スィズレ] 仏他 ❶ (玉ねぎ,パセリなどを)みじん切りにする (独 klein schneiden, 英 chop) ❷ (サラダ菜などを)せん切りにする (独 in Streifen schneiden, 英 shred) ❸ (オーヴンに入れる前に,生地などの上面に)切れ目を入れる ❹ (魚や腸詰めを焼いたり,ソテする前に)斜めに皮に切れ目を入れる

citric acid [スィトリック アスィッド] (仏 acide citrique, 独 Zitronensäure) 英名 〔化〕クエン酸

citrique [スィトリック] 仏形 クエン性(酸)の／acide 〜 〔化〕クエン酸,酢酸.レモンのほかにオレンジ,ベリー類などの中に多く含まれる有機酸.レモネードや柑橘類のシロップをつくるときに用いる

citron [スィトロン] (独 Zitrone, 英 lemon) 仏男〔植〕ミカン科.レモン.原産はインド,マレーシア.ビタミンC,クエン酸,カルシウムを豊富に含有.表皮,果汁,果肉は菓子,料理,糖菓,飲料に広く用いられる

citronnade [スィトロナード] (独 Limo,

Limonade, (英)lemonade, lemon-squash)(仏)(女) ❶レモン果汁, 水, 砂糖を混ぜた飲料. 皮付きのままのレモンをあらかじめ水または湯に浸して成分を抽出し, 漉して用いる. 冷やしてカラフに移して供する. 瓶詰めの市販品もある ❷レモネード. レモン果汁, 水, 砂糖を加えた飲み物→ limonade ❸レモンスカッシュ. レモン果汁, 砂糖, 炭酸水を加えた飲み物→ limonade

citronnat perlé [スィトロナ ペルレ] (仏)(男)
→ orangeat perlé

citronnelle [スィトロネル] (仏)(女) ❶〔植〕イネ科オガルカヤ属. レモングラス, シトロネル. 多年生の香草. 茎と葉にレモンの香味成分であるシトラールを含むため, レモンの香りがする. 東南アジア (タイ, ヴェトナム, インドネシア, マレーシアなど), 中国, 北モロッコで茎, 葉が料理に用いられる ((独)Zitronengras, (英)lemon grass) ❷シトロネル. レモンの皮を蒸留酒に漬けてつくったリキュール (= eau de Barbades) ❸レモンに似た香りがする植物. 熊つづら, よもぎなど

citronner [スィトロネ] (仏)(他) ❶ (料理の仕上げなどに酸味を加えるために)レモン果汁をかける ❷ (アーティチョーク, バナナなどの変色を防ぐために)半割りのレモンをこすりつける, レモン果汁を振りかける

citron pressé [スィトロン プレセ] (仏)(男) ❶レモンを押して絞り出した果汁 ❷シトロンプレセ. フランスのカフェのメニューにある冷たい飲み物. グラス (コップ) に生のレモン果汁と氷が入っている. 水, 砂糖が別に添えてあり, 自由に調節して飲む

citron vert [スィトロン ヴェール] ((独)Limette, Limonette, (英)lime) (仏)(男)〔植〕ライム. レモンより小型. 皮は緑色. 酸味, 香り共にレモンより強い. 南国料理によく用いられる→ lime

citrouillat [スィトルイヤ] (仏)(男)〔地方菓子〕フランス中央部ベリー地方南部のかぼちゃのパテ. 長方形にのばした練り込み生地に, さいの目に切って砂糖と生クリームで煮たかぼちゃを広げ, 四つ角を内に折って包んでオーヴンで焼く. 甘くないものもある. 温かくして供する

citrouille [スィトルイユ] (仏)(女)〔植〕ウリ科. ペポかぼちゃ, シトルイユ ❶丸く, 大型. オレンジ色. 果肉は筋っぽい. ハロウィーンに使用するかぼちゃ→ courge ❷〔料理用語〕西洋かぼちゃ→ potiron

citrus [スィトリュス] (仏)(男)〔植〕シトラス属. 柑橘類(レモン, オレンジ, グレープフルーツなど)の樹木→ agrume

clafouti(s) [クラフティ] (仏)(男)〔地方菓子〕クラフティ. リムーザン地方の黒さくらんぼの菓子. 黒さくらんぼを耐熱皿に敷きつめ, 濃いクレープ生地を流し込み焼く. 焼成中, 香りが生地に染み込むようにさくらんぼの種はとらない. 温かいうちに砂糖を振りかけ供する. オーヴェルニュ地方にも類似のものがある (→ millard). 黒さくらんぼ以外のさくらんぼや, プルーン, りんご, 桃, 杏(あん)などでもつくる→ flognarde

claie [クレ] (仏)(女) 格子, 網目状, すだれ状, すのこ状の用具, 敷き物. 水分を切って乾燥させたり, 冷ましたり, 通気性を高めて保存するために使用. 材質は金属, 木, 麦わら, 柳の枝, い草など→ clayon, grille ／ ～ de bois すのこ

clair, e [クレール] (仏)(形) ❶明るい ❷(色が)薄い, 淡い ❸透明な, 澄んだ ❹ (スープやソースなどが) 薄い, さらっとした ❺明解な, 明白な

clairette [クレレット] (仏)(女) ❶クレレット. 白ぶどうの品種名. 南フランスで栽培. マスカット種を混合し, 南仏産ワインをつくる ❷クレレット種からつくるワイン 1) ～ de Die クレレット・ド・ディ. マスカット種を含有する発泡性AOP白ワイン 2) ～ de Bellegarde クレレット・ド・ベルガルド. 辛口の, こくのあるAOP白ワイン. クレレット種のみでつくり, 美しい黄色. アルコール含有量11.5% 3) ～ de Languedoc

クレレット・ド・ラングドック. 2) と同様のAOP白ワイン. アルコール含有量13%

claquer [クラケ] 仏他 ❶ (泡立て器で) 打つように泡立てる ❷ (人や馬を) へとへとにさせる

clarequet [クラルケ] 仏男 (昔の調理法による) 透明なゼリー. 酸味のあるぶどう果汁, りんご, すぐりに同量の砂糖を加えて煮詰め, ガラス瓶に詰めて, ホイロでさらに水分を蒸発させたもの

clarification [クラリフィカスィヨン] 仏女 澄ますこと

clarifier [クラリフィエ] (英clarify, 独klarifizieren) 仏他 ❶ (卵を) 卵白と卵黄に分ける ❷ (不純物が沈澱するように) バターを弱火で溶かし, 上澄みをとる ❸ (シロップ, ゼリーなどの濁った液体に泡立てた卵白を加えて) 不純物を取り除いて澄ませる ❹ (シロップ, 果汁, ゼリーをフィルターなどで) 濾過して澄ませる

clarify [クラリファイ] (仏clarifier, 独klären) 英他 ❶ (バターを温めて溶かし) 上澄みをとる, 澄ます ❷ (シロップやゼリー液から異質物を除き) 透明にする, 澄ます

classique [クラスィック] 仏形 ❶伝統的な, 正統的な, 古典的な / procédé 〜 従来の方法 ❷よくある, ありきたりな, 普通の

clayette [クレイエット] 仏男 → claie, clayon

clayon [クレヨン] 仏男 ❶ (麦わら, い草で編んだ) すだれ状の敷き物. チーズ製作過程の最後に, この上にチーズを並べ, 乾燥させる = claie, clayette ❷ (柳の枝で編んだ) 台. 果物の砂糖漬けの製作過程で, この上に置いて乾燥させて, 水分の調整をする

clémentine [クレマンティーヌ] 仏女 クレマンティーヌ. マンダリンと橙(だいだい)を交配した柑橘類 (1902年, クレマン神父と植物学者ルイ・シャルル・トラビュの共同開発). フランス特産. 小型で果汁が多く, 種子がなく甘い. 生食以外に, 砂糖漬け, 蒸留酒漬け, ジュースにしたり, オレンジのように菓子, 糖菓, 料理に用いる. リキュールにもする

client [クリヤン] 仏男 顧客, 依頼人

clientèle [クリヤンテル] 仏女 ❶顧客 (層) ❷愛顧, ひいき

cloison [クルワゾン] 仏女 仕切り, 隔壁

clootie dumpling [クルーティ ダンプリング] 英名 伝統的なデザートプディング. 小麦粉, パン粉, サルタナ種とカランツ種のレーズン, 砂糖, 香辛料, 牛乳, ゴールデンシロップを混ぜ合わせ, 粉をまぶした布に包み, 大鍋でゆで, 最後にオーヴンに入れて乾燥させる. clootieはスコットランド語で「布切れ」という意味

clothe [クロウス] (仏 chemiser, 独 ankleben) 英他 (菓子型に) 生地, ビスキュイなどを敷き込む

clotted cream [クロテッド クリーム] 英名 クロテッドクリーム. 牛乳をゆっくりと沸騰させずに加熱, 表面に薄膜ができたら火から下し, 蓋をしてゆっくり冷やし, 表面に浮いて固まった脂分を集めたもの. イギリス南西部コーンウォール, デヴォンの乳製品. デザート, 菓子類, 特にスコーンに添える → cream tea

clou [クルー] 仏男 釘, 鋲

clou de girofle [クルー ド ジロフル] (独 Gewürznelke, 英 clove) 仏男 丁字, クローヴ. 乾燥させた丁字の花のつぼみ. 香辛料として使われる → girofle

clouter [クルーテ] 仏他 ❶ (玉ねぎに) クローヴを刺す ❷ (肉, 鳥, 野鳥獣, 魚に) トリュフ, ハム, アンチョヴィなどの細切りを刺し込む

clove [クロウヴ] (仏〈clou de〉girofle, 独 Gewürznelke) 英名 丁字, クローヴ

coagulate [コウアギュレイト] (仏coaguler, 独koagulieren) 英他 (熱を加えて, あるいは弱酸によって) たんぱく質を凝固させる

coaguler [コアギュレ] 仏他 凝結させる, 牛乳を凝乳に固める

coarse [コース] (仏grossier, 独grob) 英形 きめの粗い

coast [コウスト] (仏napper, 独einkochen)

[英][他] クリームなどが, 木杓子やスプーンに付着するまで煮る

coat ［コウト］（[仏] enrober, masquer, napper, [独]bestreichen, überziehen）[英][他]（クリーム, チョコレート, フォンダン, パート・ダマンドなどで）おおう, 塗る

coating ［コウティング］（[仏]enrobage, trempage, [独]Glasieren, Überzug）[英][名]（チョコレート, フォンダンなどで）被膜すること, 一面に塗ること

cochelin ［コシュラン］[仏][男]〔地方菓子〕ノルマンディ地方の大きなショソン. エヴルーのものが名高い. 昔はパート・ブリゼでつくっていたが, 現在はパート・フイユテでつくる

cochenille ［コシュニーユ］（[独]Koschenille, [英]cocheneal）[仏][女] ❶コチニール色素, カルミン, 洋紅, 紅色の色紛 ❷えんじ虫. 赤色色素の原料⇒carmin

cocheniller ［コシュニエ］[仏][他] コチニール色素で染める

cochineal ［コチニール］（[仏]cochenille, [独]Koschenille）[英][名] コチニール色素（赤色染料）

cochon ［コション］（[独]Schwein, [英]pig）[仏][男] 豚

cocktail ［コクテル］[仏][男] ❶カクテル. リキュール, アルコール, シロップ, 香料をシェイカーで混ぜ合わせた口当りのよい美しい飲み物. 19世紀末にアメリカでつくられるようになる ❷数種の材料を使い, カクテルソース（マヨネーズ, トマトケチャップ, 刻んだエストラゴンを混ぜたソース）であえ, 美しく盛りつけした冷たいオードヴル／～ de crevette 小海老をカクテルソースであえ, トマト, 固ゆで卵で飾ったソース ❸（=～ de fruits）（カクテル用のグラスなどに）美しく盛りつけた果物のマセドワーヌ ❹カクテルパーティ. 開会式, ヴェルニサージュ, 婚約式などに催されるレセプション. シャンパン, アルコール, ジュースなどの飲料を中心に, カナッペ, プティフールを供する, 屋内外で午後に催される立食パーティ⇒buffet, lunch ❺カクテルを楽しむ集まり

coco ［ココ］[仏][男] ❶ココナッツ（[独]Kokos, Kokosnuss, [英]coconut）／eau de ～（= jus de ～）ココヤシ水, ココナッツジュース. 核の中にある液体胚乳／lait de ～ ココナッツミルク. 果肉層をすりおろし, 水と煮込んで漉したもの. 缶詰で保存販売⇒lait de coco／beurre de ～ ココヤシバター. 新鮮な果肉（固形胚乳）より採取／huile de ～ コプラより採取した油. 低温では固形／huile de ～ vierge 新鮮な果肉より採取した油／lait de ～ ココナッツミルク. 削った胚乳から抽出した白い液体（⇒lait de coco）❷レモン入り甘草水. ココナッツミルクに似ている. 18, 19世紀に公園や通りで売られ, 非常に好まれた

cocoa ［コウコウ］（[仏] cacao, [独]Kakao）[英][名] ❶ココアパウダー⇒囲み［cacao］❷（飲料としての）ココア. ココアパウダーに砂糖, 牛乳, 湯などを加えてつくる⇒chocolate ❸カカオ

cocoa butter ［コウコウ バター］（[仏]beurre de cacao, [独]Kakaobutter）[英][名] カカオバター. カカオ豆を加熱圧縮し, 濾過してつくった油脂

cocoa liquor ［コウコウ リカー］[英][名]⇒chocolate liquor, cocoa mass

cocoa mass ［コウコウ マス］（[仏]cacao en pâte, liqueur de cacao, masse de cacao, [独]Kakaomasse）[英][名] カカオマス. 非脂肪カカオとカカオバターだけの未加工チョコレート. カカオニブをローラーにかけたもの. どろどろしたペースト状＝cocoa liquor⇒ chocolate liquor

cocoa solid ［コウコウ ソリッド］（[仏]cacao, [独]Kakao）[英][名] 非脂肪カカオ

cocon de Lyon ［ココン ド リヨン］[仏][男]〔糖菓〕パート・ダマンドを使ったリヨンの菓子. オレンジキュラソーなどの香りをつけたパート・ダマンドを繭（まゆ）にかたどってある. 1953年にリヨンの絹織物業者に敬意を

表して「リヨンの繭」という名でつくられた

coconut ［コゥクナット］（仏〈noix de〉coco, 独Kokos, Kokosnuss）英名 ココナッツ／desiccated 〜 （乾燥させ）粒子状にしたココナッツ

cocose ［ココズ］仏女 ココナッツオイル. ココヤシの実からとった油脂

cocotte ［ココット］仏女 ココット鍋. 厚手の円形または楕円形の蓋付き両手鍋. 鉄, ほうろう, アルミニウム, 銅製などがある. 弱火で長時間煮込む料理のための鍋／en 〜 （ココット鍋で）煮込んだ. 弱火で煮込んでいく料理法＝à la bonne femme, en casserole

cocotte minute ［ココット ミニュット］仏女 圧力鍋

code d'usage ［コード デュザージュ］仏男 使用法令. パティスリー, 糖菓, 氷菓など各部門の製作上の諸規定および違法の際の罰則を含んでいる

cœur ［クール］（独Herz, 英heart）仏男 ❶心臓 ❷ハート形のもの ❸中心, 芯 ❹心, 気分

cœur de Bray ［クール ド ブレ］仏男 牛乳のチーズ. ノルマンディ地方産. 乳脂肪分45％. 白かびにおおわれ, 中身は柔らかい

cœur de Sainte-Catherine ［クール ド サント カトリーヌ］仏男 ［地方菓子］北フランスのハート形の糖果入りイースト生地の菓子. ピカルディ地方では, 聖カトリーヌの祝日（独身女性は華やかな帽子を被る）の11月25日に独身女性に捧げられた

coffee ［コッフィ］（仏café, 独Kaffee）英名 コーヒー

coffee cake ［コッフィ ケイク］米名 朝食用パン, コーヒーケイク. 卵, バター, 砂糖, スパイスの入った発酵生地またはベーキングパウダーの入った焼き, 上部にはシュトロイゼル, スパイスなどを振りかけ, リング, ロールなど, 様々な形につくる. レーズン, 木の実, 砂糖漬け果物入りのものもある. コーヒーと共に食する／〜 ring 輪の形をしたコーヒーケーキ

coffee cream ［コッフィ クリーム］米名 乳脂肪分18〜30％の生クリーム＝light cream, table cream

coffee roll ［コッフィ ロウル］（仏petit pain, 独Milchbrötchen）英名 コーヒーと共に食する, 牛乳, 卵, バターの入った小型パン⇒roll

coffret ［コフレ］仏男 ❶（リキュールボンボンをつくるため）糖液などの流し込みに使うコーンスターチの入った木製の容器 ❷小箱

cognac ［コニャック］（独Kognak, 英Cognac）仏男 コニャック ❶コニャックの町およびその周辺のワインからつくる有名な蒸留酒. 食後酒として, また, 料理, 菓子の風味づけ, フランベ, 果物などに振りかけて用いる ❷固 C〜 フランス西部シャラント県の町

cognassier ［コニャスィエ］仏男 ［植］バラ科の落葉高木. かりん, マルメロ. 原産は中央アジア⇒coing

coin ［クワン］仏男 角, 隅

coing ［クワン］（独Quitte, 英quince）仏男 ［植］マルメロ, かりん. 香りが濃厚. 果肉は固く, ざらざらしている. タンニンとペクチンが多い. 生食はしない. コンポート, ゼリー, パート・ド・フリュイなどにする

Cointreau ［クワントロー］仏固男 ［商標］コアントロー. フランス製オレンジ系リキュール. オレンジの皮をアルコールに漬けた後, 蒸留したもの. 菓子づくりに広く用いられる

cola ［コーラ］仏男 ❶［植］（＝noix de 〜）アオイ科. コラの木の実. 原産は南米, アフリカ. カフェインを含み, 興奮剤として食される ❷炭酸清涼飲料. コラのエキスを含んだ飲み物⇒kola

colifichet ［コリフィシェ］仏男 ❶（昔, 菓子に飾った）小さな装飾物. 現在は, 婚礼, 洗礼用菓子, あるいは料理菓子博覧会用の作品以外に用いることはない ❷婦人帽子につけた装飾物. くだらない飾り, 安物の装身具

❸(鳥の餌用)ビスケット

collage [コラージュ] ⓛ男 ❶張り合わせること,張ること ❷泡立てた卵白,動物の血,ゼラチンなどを加え,ワインの澱(ホリ)を除く作業

collant, e [コラン,ラント] ⓛ形 ❶くっつく ❷糊状の

collation [コラスィヨン] ⓛ女 おやつ,間食

colle [コル] (独Klebstoff, Kleister, Leim, 英glue) ⓛ女 ❶水にふやかしたゼラチン ❷(冷たいソース類に加えるつなぎの)溶かしたゼリー ❸糊 ❹膠(にかわ)

coller [コレ] ⓛ他 ❶(コンソメ,ゼリー,バヴァロワなどに濃度をつけるため)水にふやかしたゼラチンを加える ❷(トリュフ,卵,にんじんの輪切りをゼリーで)張りつける,くっつける ❸(=～ du vin)(ワインを)清澄させる,澱(ホリ)引きする

collerette [コルレット] ⓛ女 ❶(=～ de givre)スノースタイル.(カクテル用グラスの縁に)砂糖,ココアなどを付着させた縁飾り ❷チャップ花.ローストチキンの骨などにつける紙飾り ❸環状にひだのついた飾り襟 ❹環状の飾り

colmater [コルマテ] ⓛ他 (穴を)ふさぐ

colombier [コロンビエ] ⓛ男 〔パティスリー〕プロヴァンス地方発祥の菓子.パート・ダマンドと小麦粉でつくった生地に砂糖漬けメロンを入れて焼きあげ,薄切りアーモンドを散らし,グラサージュする.中に陶製の鳩を埋め込む.コロンビエ(「鳩舎」という意味)の菓子名はこのことに由来する.現在ではほかの砂糖漬けの果物も使われている.鳩を当てた人はその年結婚するという.マルセイユではペンテコステの祝日(復活祭後7回目の日曜日)の菓子

colombo [コロンボ] ⓛ男 ❶〔植〕ツヅラフジ科,コロンボ.原産は東アフリカ.つる性植物.根は生薬として使用される ❷コロンボを使ったアンティル諸島の料理 ❸ミックススパイス.カレーやアンティル諸島料理のスパイスとして使用する

colonne [コロンヌ] ⓛ女 ❶(=moule à ～)果実の芯をとったり,野菜を円柱形に切るための道具 ❷円柱

colorant, e [コロラン,ラント] ⓛ形 着色(染色)の ‖ colorant (独Färben, Färbung, 英colo⟨u⟩ring) 男 着色剤,フードカラー,色素 / ～s naturels 天然着色料.動物性のコチニール色素(カルミン)を除いた植物性のもの / ～s synthétiques 合成着色料

coloration [コロラスィヨン] ⓛ女 ❶着色 ❷(彩色された)色

coloré, e [コロレ] ⓛ形 色のついた

colorer [コロレ] ⓛ他 ❶(独färben, 英colo⟨u⟩r) (ソース,クリーム,生地,糖液などに)着色剤を入れて着色する ❷強火で焼き色をつける ‖ se ～ 代動 着色される,色づく

coloris [コロリ] ⓛ男 ❶彩色法,色調,色あい ❷(果物・花などの)色

colo⟨u⟩ring [カラリング] (ⓛcolorant, 独Farbstoff, Lebensmittelfarbe) 英名 着色剤,色素

colza [コルザ] (独Raps, 英rape) ⓛ男 〔植〕西洋あぶらな / huile de ～ 菜種油.高温に耐えず疲労しやすいが,0℃でも凍らない

combine [クンバイン] (ⓛcombiner, incorporer, mélanger, 独mischen) 米他 (材料を)混ぜ合わせる

combler [コンブレ] ⓛ他 ❶(穴などを)埋める ❷(…を…で)いっぱいにする,満たす

comb scraper [コウム スクレイパー] (ⓛpeigne, 独Kammschaber) 英名 三角コーム,デコレーションコーム.櫛状になったプラスチック製のカード.筋目をつける道具

comfit [カンフィット] 英名 コンフィット.木の実,果物などにフォンダンをかけた糖菓

comice [コミス] ⓛ女 (=doyenne du ～) 洋梨の品種.皮が厚く,果肉は柔らかく甘い.香りがよい

commencer [コマンセ] (独anfangen, 英begin) ⓛ他 始める ‖ 自 始まる

commis [コミ] ⓛ男 ❶(給仕人,調理人の職階)助手.見習いを終え,各部門のシ

ェフになる前の身分．経験と能力により 2ᵉcommis，1ᵉʳcommis に配遇される ❷(官庁，会社などの)事務職員 ❸店員

communion [コミュニョン] 仏 女 ❶[カトリック] 聖体拝領 ❷(考え，感情などの)一致, 共感

compact, e [コンパクト] 仏 形 ❶ぎっしり詰まった，密度の高い，固く締まった ❷小型の，コンパクトな

compagnon [コンパニョン] 仏 男 ❶職人．親方と見習いの中間の地位, 親方見習い ❷仲間, 相棒

Compagnon du Tour de France [コンパニョン デュ トゥール ド フランス] 仏 男 ❶コンパニョン・デュ・トゥール・ド・フランス．パン，製菓職の伝統技術継承と職人育成を組織する団体．フランス遍歴同業者組合 (Compagnon du Devoir du Tour de France) の1つ．多くの伝統職種の組合がある．12世紀に遡るギルドを受け継ぐ職人教育活動で，見習い，共同生活，行脚から成り立つ．CAPを取得した15歳の少年少女は組合員(フランスあるいは国外)を遍歴しながら修行，成果を示す作品をつくり，認められると正式に組合員 (compagnon) となる →C.A.P. ❷フランス遍歴同業者組合の認定を受けた職人

compartiment [コンパルティマン] 仏 男 ❶仕切り，区画 ❷(客車の)コンパートメント

compenser [コンパンセ] 仏 他 ❶補償する ❷補正する

complément [コンプレマン] 仏 男 補充，補足

complet, ète [コンプレ, プレート] 仏 形 ❶完全な ❷完成された ❸徹底的な ❹満員の ‖ complet 男 揃い，完全

complètement [コンプレットマン] 仏 副 完全に，まったく，すっかり

compléter [コンプレテ] 仏 他 完全にする，補う，満たす，仕上げる

composant, e [コンポザン, ザント] 仏 形 構成する ‖ composante 女 構成要素

composer [コンポゼ] 仏 他 構成する，つくる

composition [コンポズィシィヨン] (独 Komposition, 英 composition) 仏 女 ❶組立て，構成，構成内容 ❷組成，成分 ❸創作，作品

compote [コンポート] 仏 女 ❶シロップ煮の果物．生または干した果実を，刻むか丸ごとヴァニラなどで香りをつけたシロップで煮る．日持ちはしない．デザートとして，あるいはタルトなどの詰め物に用いる (独 Früchtedose, Kompott, 英 stewed fruit) → [付録] les fruits ❷鳩，うずら，うさぎなどの煮込み．骨を抜いて，小玉ねぎ, ピーマンなどと，ルウで形がなくなるまで煮込む

compoter [コンポテ] 仏 他 (ぶつ切りにしたうさぎなどを，玉ねぎと共に)形がなくなるまでゆっくりと煮込む

compotier [コンポティエ] (独 Kompott-schüssel, Obstschale, 英 compote-dish) 男 果実や各種のアントルメをのせる脚付きの皿

compound fat [コンパウンド ファット] 英 名 ショートニング．水素加工した油からつくった合成脂，ほぼ100%脂肪分．ラードの代用品として開発→shortening

compresseur d'air [コンプレスール デール] 仏 男 クリーム泡立て機 = aérobatteur, appareil à crème fouettée

compte [コント] 仏 男 ❶計算 ❷勘定, 会計 ❸口座 ❹報告

compter [コンテ] 仏 他 ❶数える (独 zählen, 英 calculate, count) ❷支払う (独 bezahlen 英 charge) ❸…のつもりでいる

comté [コンテ] 仏 男 牛乳のAOPチーズ．フランシュ＝コンテ地方産．直径40〜70㎝，厚さ9〜13㎝．乳脂肪分最大45%．硬質．中身は圧搾脱水．グリュイエールチーズの一種

concasser [コンカセ] 仏 他 ❶(アーモンドなどの木の実，プラリネ，胡椒などを)粗く砕

く, つぶす ❷（トマト, パセリ, セルフィーユなどを）粗く切る ❸（鳥獣・魚の骨, 甲殻類の殻を）粗く砕く

concentré, e ［コンサントレ］（仏）形（水分を蒸発させて）濃縮した, 濃度の高い／lait 〜 (non sucré) エバミルク（無糖）／lait 〜 sucré コンデンスミルク（加糖）‖ concentré 男 ❶濃縮物 ❷肉, 鳥, 魚のフォンを煮詰めたもの→glace ❸ 〜 de tomate トマトペースト. トマトのクリを煮詰め, 水分を蒸発させたもの

concentrer ［コンサントレ］（独eindicken, 英concentrate）仏 他 ❶（ソースなどを）煮詰めて濃縮する ❷（果汁などを）濃縮する

conchage ［コンシャージュ］仏 男 チョコレート製造の一工程. 精練. カカオバターを加え, 加温しながら, ゆっくりと撹拌（かくはん）する. 余分な水分と酸味を除き, 香りを高め, 滑らかで艶やかな状態に仕上げる作業

conche ［コンシュ］仏 女 糖菓用の長方形のバット, 両手付きのものもある. クーヴェルチュールの調温および被膜の際に用いる. 下部に熱源となる付属の器具を置き, 組み合わせて使用する

concher ［コンシェ］仏 他 クーヴェルチュールが均質になるようにかき混ぜる→tabler

concombre ［コンコンブル］（独Gurke, 英cucumber）仏 男 きゅうり

concorde ［コンコルド］仏 男 ❶［アントルメ］円形（直径22cm）に焼いた3枚のムラング・オ・ショコラの間に, ムース・オ・ショコラを挟み, 3cmの長さの細い（または砕いた）ムラング・オ・ショコラで飾った菓子. コンコルドの機内食のデザート. ガストン・ルノートルが創作→Lenôtre ❷コンコルド. 仏英共同開発の超音速旅客機. 1976年就航, 2003年引退‖ 女 ❶肉料理の付け合わせ. じゃがいものピュレ, にんじんのグラセ, バターで炒めたグリーンピースをセットにしたもの ❷和合, 融和

Condé ［コンデ］仏 固 男 ❶コンデ家. フランス王家ブルボン家の傍系. フランス史の中で重要な役割を演じた ❷大コンデ公 (1621-1686) および, その子孫に仕えた料理人が彼らに献じた料理につけた名称 1) ［冷アントルメ］米の牛乳煮（→riz au lait）と果物, 果物のソースを取り合わせたもの→riz Condé 2) ［料理］赤いんげん豆のピュレを付け合わせた料理 ❸ c〜 ［パティスリー］1) 長方形に切ったフイユタージュに, 細かく刻んだアーモンド, 粉糖, 粉末アーモンド, ヴァニラ, 卵白を混ぜ合せたもの（= appareil à 〜s）を表面に塗って焼いた小型菓子 2) 粉末アーモンド, バター, 砂糖, 卵を混ぜて型で焼いた日持ちのする菓子

condensé, e ［コンダンセ］仏 形 凝縮した, 凝結した, 濃度が密な／lait 〜 コンデンスミルク. エバミルク（= lait concentré non sucré）に糖分を加えたもの

condiment ［コンディマン］（独Gewürz, 英condiment）仏 男 調味料, 調味用食材. 食物の自然な味を引き出し, 食欲を刺激し, 消化を助け, あるいは食物の保存のために用いる. 香辛料, 芳香物, ソース類, 果物, 調理調合されたもの, 着色料（カラメル, 赤かぶ, ほうれん草など）, 抽出液（アンチョヴィ, アニス, アーモンド）, 酒類, 花, チーズなど全般を指す. 料理に添えたり（コルニション, 酢漬け, ケチャップ, 辛子）, 料理材料の一部（調合香辛料, ハーブ, 香味野菜, ドライフルーツ, トリュフ）, 保存剤（油, 塩, 砂糖, 酢）として使用. ほとんどが植物性だが, 魚醤なども含まれる. 食物上の習慣に従って用いられる→assaisonnement

conditionnement ［コンディスィヨヌマン］仏 男（食品の）包装. 瓶, 缶, 箱, 紙, セロファン紙, アルミホイル, ラップなどを用い, 食料品を保護, 展示, 運搬するための方法全体

conditionner ［コンディスィヨネ］仏 他 ❶（水分, 湿度を）調節する, 調整する ❷包装する ❸影響をおよぼす ❹条件づける

cône ［コーヌ］（独Kegel, 英cone）仏 男 ❶円錐形の型 ❷円錐体, 円錐／〜 à cro-

confiserie

- アメ類　bergamote (de Nancy), berlingot, bêtise (de Cambrai), bonbon acidulé, bonbon dur, bonbon fourré, forestine de Bourges, niniche, pastille du mineur, rock, sucette, sucre de pomme, sucre d'orge
- キャラメル, トフィ　caramel, caramel (d'Isigny), caramel au beurre salé, Négus (de Nevers), toffee
- パート・ア・マシェ　pâte à mâcher
- アラビアゴム, 甘草　boule de gomme, cachou, gomme (à la réglisse), pâte de jujube, pâte de réglisse, pâte pectorale, réglisse (d'Uzes), réglisse dure, réglisse souple
- フォンダン　bonbon fourré, fondant, papillote
- 澱粉, ペクチンを使ったもの　guimauve, marshmallow, meringage
- ドラジェ, 糖衣をかけたもの　anis (de Flavigny), dragée
- プラリーヌ　boulet de Montauban, praline, praline (de Montargis), touron catalan
- ヌガー　nougat, nougat de Montélimar, nougat de Provence, gallien de Bordeaux
- パスティーユ　pastille, pastille (de Vichy), pastille du mineur
- パート・ド・フリュイ　cotignac d'Orléans, pâte de fruit, pâte de fruit (de Provence), pâte de fruits d'Auvergne
- パート・ダマンドを使ったもの　calisson d'Aix, cocon de Lyon, coussin de Lyon, fruit déguisé, touron du Pays Basque
- 砂糖漬けの果物, 花　angélique (de Niort), fruit confit, fruit confit (d'Apt), marron glacé (d'Ardèche), violette (de Toulouse)
- チョコレートを使った製品　barres de chocolat, bonbons de chocolat
- チューインガム　chewing gum
- 中東諸国の糖菓　halva, loukoum

---

quembouche　クロカンブッシュ用の型 ⇒ croquembouche

cones　[コウンズ]　英 名 複　粗挽きの米またはとうもろこしの粉でつくった打ち粉

confect　[クンフェクト]　英 他　❶つくる, 調合する　❷砂糖漬けにする ‖ confect (仏confit, 独in Zucker Eingelegtes) 名　砂糖漬け, 糖菓

confection¹　[コンフェクシヨン]　仏 女　(菓子・料理などを)つくること, 製作

confection²　[クンフェクシュン]　英 名　❶(果物などの)砂糖漬け (仏confit, 独eingelegt in Zucker)　❷キャンディ, ボンボン (仏bonbon, sucreries, 独Bonbon)　❸(菓子・糖菓などを)つくること

confectionary　[クンフェクシュネリ]　英 形　糖菓の, 菓子(製造)の ‖ confectionary 名　❶糖菓／flour ～　小麦粉を使った菓子　❷菓子屋

confectioner　[クンフェクシュナー]　(仏 pâtissier-confiseur, 独Konditor) 英 名　パティシエ, 菓子職人, 糖菓職(販売)人, 菓子屋

confectioner's custard［クンフェクシュナーズ カスタード］(仏crème pâtissière, 独Crème Pâtissière, Konditorkrem)英名 クレームパティシエール＝pastry cream

confectioner's shop［クンフェクシュナーズ ショップ］英名 →confectionery

confectioners' sugar［クンフェクシュナーズ シュガー］(仏sucre glace, 独Puderzucker, Staubzucker, 英icing sugar)米名 粉糖

confectionery［クンフェクシュネリ］英名 ❶（集合的に）菓子・糖菓類（仏confiserie, pâtisserie, 独Konfekt）❷糖菓製造業, 菓子屋（仏confiserie, pâtisserie, 独Konditorei）＝confectioner's shop

confectionner［コンフェクスィヨネ］仏他（菓子・料理などを）つくる, 製作する

confetti［コンフェティ］(独Konfetti, 英confetti) 仏男 ❶糖菓, キャンディ ❷（祭の時に投げ合う）色紙のつぶす, 紙玉

confire［コンフィール］仏他 （保存の目的で食物を）漬ける. 漬ける材料や漬け汁, 漬け方には次のようなものがある. 果物などを砂糖あるいは糖液に漬ける. 果物などを蒸留酒, あるいは酢に漬ける. 豚, 鵞鳥(がちょう)などを, その脂肪の中でゆっくりと煮る

confisage［コンフィザージュ］仏男〔果物の砂糖漬けをつくる過程〕果物に含まれる果汁分を糖液に置換していくこと

confiserie［コンフィズリ］(独Konfekt, 英confectionery) 仏女 ❶糖菓. 菓子のジャンルの1つ. 砂糖をベースにした加工品. 主なる原材料は, 砂糖, 転化糖, 水アメ, 蜂蜜, 牛乳, 油脂, 果物（生, ドライ）, 木の実, カカオ, アラビアゴム, ペクチン, 澱粉, ゼラチン, 甘草の根液, 酸, 香料, 色素━囲み［confiserie］❷糖菓製造（業）, 糖菓を売る店 ❸糖菓製造技術全般→pâtisserie

confiserie à la réglisse［コンフィズリ ア ラ レグリス］仏女 甘草の純粋な根液を香料として使った糖菓. 最低4%含有. ガム, アメ, キャラメル, トフィ, チューインガムなど／chewing gum à la réglisse　甘草風味のチューインガム＝confiserie au réglisse

confiserie au réglisse［コンフィズリ オ レグリス］仏女 →confiserie à la réglisse

confiseur, se［コンフィズール, ズーズ］(独Konfitüre, 英confectioner) 仏名 糖菓製造業者, 糖菓店

confit, e［コンフィ, フィット］仏形 （砂糖, 酢, 油などに）漬けた→fruit confit

confiture［コンフィテュール］(独Konfitüre, 英jam) 仏女 ジャム. 果物全体や果肉や果汁のみを同量の砂糖で煮詰めたもの. 保存用. 市販品の規定として製品1kgのうち350ｇ以上の果実を使用（450ｇ以上の果実使用は〜extraという）. スパイス（シナモン, ヴァニラなど）, アルコール（キルシュ, ラム酒など）, カラメルを加えたり, 風味や, 色合いを強めるために数種の果物（数種の柑橘類, さくらんぼとすぐり, 桃と木苺, ルバーブと苺など）を取り合わせる. 十分熟し, 新鮮な旬の果物を用いるのが基本→gelée de fruits, marmelade, ［付録］les fruits

confiture de Bar-le-Duc［コンフィテュール ド バール ル デュック］仏女 （鵞鳥(がちょう)の羽先で種子を除いた）すぐりのジャム. ロレーヌ地方バル＝ル＝デュックの特産品. 1344年以来, 鵞鳥の羽先で種子を除いているこのジャムは形状と高価ゆえにバル＝ル＝デュックのキャビアと称される

confiture de lait［コンフィテュール ド レ］仏女 加糖練乳の缶詰を数時間ゆで, 糖分のメイラード反応によってできるキャラメル色のクリーム状糖菓. ノルマンディ, サヴォワ, ブルターニュ地方でパンやクレープに塗って食される. 中南米ではドゥルセ・デ・レチェ（dulce de leche）と呼ばれ愛好される

confiturier, ère［コンフィテュリエ, リエール］仏形 ジャム製造業者（の）‖ confiturier 男 ❶（食卓用）ジャム入れ ❷（樫材などの）ジャムを保存する戸棚

congélateur［コンジェラトゥール］(独Gefrierschrank, Kühlscrank, 英freezer) 仏男 （-18〜-24℃で冷凍保存が可能な）

フリーザー, 冷凍庫, 冷凍器 / ～ 3 ou 4 étoiles 強力な冷凍庫, ショックフリーザー / ～-armoire 縦型, 前面扉, 内部は棚式の冷凍庫 / ～-coffre 水平型, 上面扉の冷凍庫

congélation [コンジェラスィヨン] (独 Gefrieren, 英 congelation, freezing) 仏 女 (-10～-18℃で)冷凍, 冷結 → surgélation

congelé, e [コンジュレ] 仏 形 冷凍された ‖ congelés 男 複 冷凍製品 (-18℃以下で保存するもの)

congeler [コンジュレ] (独 einfrieren, 英 congeal, freeze) 仏 他 (材料を長期保存できるように)冷凍する, 凍らせる ‖ se ～ 代動 氷結する

congolais, e [コンゴレ, レーズ] 仏 形 コンゴ(人)の ‖ congolais 男 〔プティフール〕ムランゲイタリエンヌと削ったココナッツを混ぜて, 低温のオーヴンで焼いたもの → rocher

conical strainer [コニクル ストレイナー] (仏 chinois, 独 Sieb) 英 名 シノワ, 漉し器

conique [コニック] (独 kegelförmig, 英 conical) 仏 形 円錐形の

conservateur [コンセルヴァトゥール] 仏 男 ❶冷凍品保存庫, 冷凍品陳列庫(棚). 冷凍機能はない ❷ (天然, 合成の)食品保存料, 防腐剤

conservation [コンセルヴァスィヨン] 仏 女 保存, 貯蔵, 保管

conserve[1] [コンセルヴ] (独 Konserve, 英 preserved food) 仏 女 瓶詰, 缶詰

conserve[2] [コンサーヴ] (独 fruit confit, kandierte Früchte) 英 名 複 (= fruit ～s) 砂糖漬けの果物 = whole fruit jam ‖ conserve 他 保存する, 果物を砂糖漬けにして保存する

conserver [コンセルヴェ] (独 konservieren, 英 conserve) 仏 他 保存する ‖ se ～ 代動 (よい状態で)保存される, 日持ちがする, 保存がきく

consistance [コンスィスタンス] (独 Konsistenz, 英 consistancy) 仏 女 (液体や固形物の)濃度, 固さ

consistency [クンスィスタンスィ] (仏 consistance, 独 Konsistenz) 英 名 濃度, 固さ, 固さの程度

consolider [コンソリデ] 仏 他 補強する, 強化する

consommable [コンソマーブル] 仏 形 ❶飲食できる ❷消費できる

consommer [コンソメ] 仏 他 (食料・燃料などを)消費する / à ～ de préférence avant le 30.08.2012 賞味期限は2012年8月30日 ‖ 自 飲み食いする ‖ se ～ 代動 飲食される

constamment [コンスタマン] 仏 副 常に, いつも, 絶えず

constituant [コンスティテュアン] 仏 男 構成要素, 成分. 全材料の中の1つの材料

constituent [クンスティテュアント] (仏 constituant, élément, 独 Bestandteil, Material, Zutaten) 英 名 構成要素, 成分. 全材料中の1つの材料

constituer [コンスティテュエ] 仏 他 ❶構成する ❷組織する

container [クンティナー] (仏 contenant, récipient, 独 Behälter, Container) 英 名 容器 / airtight ～ 密封容器

contaminer [コンタミネ] 仏 他 汚染する, 病原菌を感染させる

contenance [コントナンス] 仏 女 容積, 容量

contenir [コントニール] (独 enthalten, 英 contain) 仏 他 ❶含む, 入れる ❷ (容量が)ある ❸食い止める, 防ぐ ❹抑える

contenu, e [コントニュ] 仏 形 含まれた, …が入った ‖ contenu (独 Füllgut, 英 content, filling material) 男 中身, 内容

continuellement [コンティニュエルマン] 仏 副 絶え間なく, 始終

continuer [コンティニュエ] (独 andauern, 英 continue) 仏 他 ❶続ける ❷引き継ぐ ❸延長する ‖ 自 ❶続く ❷のびる, 広がる ‖ se ～ 代動 続けられる, 続く, のびる

contre-frase［コントル フラーズ］仏女 小麦粉を加えること

contre-fraser［コントル フラゼ］仏他 小麦粉を加える

contre-plaqué［コントル プラケ］仏男 ベニヤ板, 合板

conversation［コンヴェルサスィョン］仏女 ❶〔パティスリー〕型に敷き込んだフイユタージュの中にラム酒の香りをつけたフランジパーヌかクレームダマンドを詰め, フイユタージュでおおって, 上面にグラスロワイヤルを塗り, フイユタージュの細いひもを交差させた飾りをつけて焼いたタルト, あるいはタルトレット. 18世紀に流行した小説『エミリーの会話Conversations d'Emilie』（デピネ夫人作, 1774年）から命名したといわれている ❷会話

convertissage［コンヴェルティサージュ］仏男 小麦の胚乳部をロール式製粉機で挽き砕いて小麦粉にすること

convier［コンヴィエ］仏他 （食事に）招待する, 誘う

convive［コンヴィーヴ］仏名 （食事に招待された）客, 会食者

cook［クック］（仏 cuire, cuisiner, 独 kochen）英他 （火にかけて）料理する

cookie［クッキ］（仏 petit four sec, petit gâteau, 独 Gebäck, 英 biscute）米名 生地を薄くのばし, 型抜きして焼いた菓子. クッキー, クラッカー, ビスケットなど ‖ cookie（スコットランド）パン菓子, バンズ ⇒ bun

cooky［クッキ］米名 ⇒ cookie

cool［クール］（仏 frais, rafraîchir, 独 abkühlen ⟨lassen⟩）英他 冷やす ‖ cool 形 ほどよく（やや）冷たい

cooling wire［クーリング ワイア］英名 ⇒ dipping wire

copeau［コポー］（複 〜x）仏男 ❶（= 〜x de chocolat）チョコレートコポー（おが屑状）, フレークチョコレート. チョコレートの板の表面を削って鉋（かんな）屑のようにつくったもの（英 chocolate flakes, grated chocolate, 独 Schokoladenspäne）❷（= 〜 en chocolat）管状のチョコレートコポー. シガレット（⇒ cigarette）につくったチョコレートを細かく切り揃える ❸細い管状につくった菓子の名称 ❹おが屑, 削り屑

copieusement［コピユーズマン］仏画 たっぷりと

coprah［コプラ］仏男 ココヤシの種子の胚乳を乾燥させたもの. 圧搾して油をとる. 植物性油脂として使用 ⇒ noix de coco ／ huile de 〜 やし油

coque［コック］仏女 ❶（卵, 木の実などの）殻（独 Schale, 英 shell）／ 〜 de noix 胡桃の殻 ❷ムラングやチョコレートを殻状に焼いたり, 型取りしたもの. あらかじめつくりおきし, プティフールや小型菓子をつくる ❸〔地方菓子〕ミディ＝ピレネー地方アリエージュ県の砂糖漬けの果物の入った王冠形のブリオッシュ. 御公現の祝日あるいは復活祭につくられる ／ 〜 de Moissac ミディ＝ピレネー地方タルヌ＝エ＝ガロンヌ県モワサックのブリオッシュ. 楕円形が多い. 太陽をかたどった王冠形もある ／ 〜 catalane カタロニア地方の細長いブリオッシュ. 長さは約30cm. 砂糖漬け果物, アーモンド, 松の実, あるいはジャムが入っている ❹〔プティフール〕ムラング, プログレ, シュクセなどの生地を小さな卵形に焼き, 2個を1組とし, 間にジャム, マロンクリームなどを挟んだもの. 表面にフォンダンをかけることもある ❺ざる貝（二枚貝）

coquelicot［コクリコ］仏男 ❶〔糖菓〕（= 〜 de Nemours）ひなげしの花弁で赤色に着色し, 香りをつけた, 平たく長方形のアメ. セーヌ＝エ＝マルヌ県ヌムールの銘菓 ⇒ bonbon dur ❷〔植〕ひなげし. 花弁は糖菓の着色料になり, 葉は野菜として食する

coquemar［コクマール］（独 Teekessel, 英 kettle）仏男 やかん

coquerelle［コクレル］仏女 まだ緑色の莢（さや）状の総苞に入っている3つ1組のヘーゼ

ルナッツの実⇒noisette

coqueret [コクレ] (仏)(男)〔植〕(=~ du Pérou) ほおずき. 食用となる⇒physalis

coquetier, ère [コクティエ, ティエール] (仏)(名) 卵卸売商, 家禽卸売商 ‖ coquetier(男) エッグスタンド, 卵立て, エッグカップ ‖ coquetière(女) 卵ゆで器

coquillage [コキヤージュ] (仏)(男) ❶貝類, 貝 (独Muschel, 英mollusc, shell-fish) ❷貝殻

coquille [コキーユ] (独Schale, 英shell) (仏)(女) ❶コキーユ型, 卵型. チョコレート, ヌガティーヌなどの型取りに使用. 2つ1組で接合すると卵型や貝殻形になる. 金属製, プラスチック製 ❷貝殻形の容器, コキーユ皿 ❸/~ de Noël 北フランスの伝統的なクリスマス用ブリオッシュ. 産着にくるまれたイエスを想定した長方形=couque ❹コキーユ 1) 魚介類, 肉類, サルピコンをソースであえ, ほたて貝の殻か貝殻形の容器に入れ, おろしチーズなどを振りかけてオーブンで焼いた料理 2) 魚介類を冷たいソースであえてほたて貝の殻か貝殻形の容器に入れ, マヨネーズ, レタス, 黒オリーヴ, 輪切りレモンで飾りつけた冷たい料理 ❺貝殻, (卵, 木の実などの) 殻

coquille Saint-Jacques [コキーユ サンジャック] (仏)(女) ほたて貝(の殻)

corail [(複)~aux] [コライユ, ロー] (独Koralle, 英coral) (仏)(男) ❶甲殻類の腹部にある卵 ❷ほたて貝の卵巣 (橙(だいだい)色) ❸ (=~ des jardins) 赤色のとうがらしの実 ❹さんご

corbeille [コルベイユ] (独Korb, 英basket) (仏)(女) 小さい籠, 籠1杯分／~ de fruits 果物を盛り合わせた籠

corder [コルデ] (仏)(他) ❶ (生地をこねすぎて) 固くしすぎる ❷ (裏漉しを, 垂直一方向に行なわないため, ピュレに) 粘りを出す ❸ひもなどで縛る

core [コーア] (仏dénoyauter, noyau, trognon 〈de pomme〉, 独Kern) 英(名) (りんご, 梨などの) 芯 ‖ core(他) (果物の)芯をとる

coriandre [コリアンドル] (独Koriander, coriander) (仏)(女) 〔植〕セリ科コエンドロ属. コリアンダー, 香菜, パクチー. 原産はエジプト. 淡黄褐色で直径約5mmの小さな球状の種子をつける. 香りがよく, かすかな甘味と渋味がある. 種子は乾燥させ, ホールのまま, あるいは粉末にして使用する. チョコレート (ダーク, ミルク, プラリネ) に使われる. 葉も香辛料として用いる=coriandre arabe, persil chinois

corme [コルム] (独Vegelbeere, 英serviceberry) (仏)(女) 〔植〕園芸用ななかまど (cormier) の実. 直径2〜3cmの小さい洋梨形. 緑色を帯びた赤色. 熟してから生食するか, ドライフルーツやジャムにする. フランス西部では, 発酵させてシードルに似た飲み物コルメ (cormé) をつくる

corn [コーン] 英(名) ❶穀物. 狭義では, スコットランド, アイルランドではからす麦を, イングランドでは小麦を指す ❷粒 ‖ corm 米加豪 とうもろこし

corn ball [コーン ボール] 米(名) 糖蜜やカラメルをからめたポップコーン

corne [コルヌ] (独Schaber, Teigschaber, 英scraper) (仏)(女) スケッパー. 製菓用の耐熱プラスチックカード. 鍋やボールに残った, 種, クリーム, 生地を拭いとったり, 麺台の上で生地をつくる時に使用する. 角が丸いものと角ばったものがあり, 用途によって使い分ける=raclette

corne d'abondance [コルヌ ダボンダンス] (独Füllhorn, 英cornucopia) (仏)(女) 豊饒の角(⑶). 花, 果物, プティフールなどを詰める角形の容器. 豊饒の象徴. パスティヤージュ, ヌガティーヌ, 氷などでつくり, ビュッフェや宴席の飾りにする

corner [コルネ] (仏)(他) (容器についている生地やクリームをスケッパー, へらなどで) 集める, 拭いとる

cornet [コルネ] (仏)(男) ❶ (クリームなどを細く絞り出すために, 紙を円錐形に巻いた) 絞

り袋（独Dressiersack, 英cornet）❷円錐形の型，コルネ型（独Cornetspitzen, 英cream horn mould）❸（アイスクリームを詰める）ゴーフレットでつくった円錐形の容器，コーン（独Eistüte, 英cornet）❹〔パティスリー〕コルネ．帯状のフイユタージュ生地をコルネ型に巻いて焼き，中にクリームを詰めたもの ❺〔地方菓子〕オーヴェルニュ地方の銘菓／～s de Mura　カンタル県ミュラのコルネ．ラング・ド・シャを円錐形につくり，中にクリームを詰め，すみれの砂糖漬けを飾ったもの ❻ハムあるいはスモークドサーモンを円錐形に巻いたもの．中に詰め物をし，オードヴルに供する ❼円錐形

corn flour［コーン フラワー］（仏 farine de maïs, 独Maismehl）英 名　とうもろこし粉

cornichon［コルニション］（独Gurken, 英gherkin）仏 男　❶小型のきゅうり，コルニション ❷コルニション（矮小〔5cm前後〕のきゅうり）の酢漬け，ピクルス

Cornish fairing［コーニッシュ フェアリング］英 名　コーニッシュフェアリング．生姜（しょうが）, シナモン，スパイスの入ったイギリス南西部コーニッシュ地方の茶色のビスケット

Cornish pasty［コーニッシュ ペイスティ］英 名　コーニッシュパスティ．イングランド南西部コーンウォールのミートパイ．コーンウォールの伝統的パイ．牛挽き肉，じゃがいも，かぶ，玉ねぎを混ぜたものをラード入り生地に包んで焼いたもの．生地はしっかりと固く厚く，詰め物は生のまま包む．携帯用に考えられた．2011年，PGI地理的表示保護が認められた

cornitte［コルニット］仏 女　〔地方菓子〕ブルゴーニュ地方リヨン北方マコンのフレッシュチーズのタルト．キリスト昇天祝日の伝統菓子．タルトの縁に3つの角（corne）を立てる

cornouille［コルヌイユ］仏 女　〔植〕ミズキ科．山茱萸（さんしゅゆ）の実．赤色，オリーヴ大．生食するかゼリー，砂糖漬け，塩水漬けにする

cornstarch［コーンスターチ］（仏 amidon de maïs, 独Maisstärke）英 名　コーンスターチ，とうもろこしの澱粉

corn syrup［コーン スィラップ］（仏 sirop de glucose, 独Maissirup）英 名　コーンシロップ．とうもろこしの澱粉からつくった水アメ

cornucopia［コーニュコウピア］（仏 corne d'abondance, 独Füllhorn）英 名　豊饒の角（つの）．角形の容器で，中に糖菓，花，果物などをこぼれ落ちんばかりに飾り入れる

cornuelle［コルニュエル］仏 女　〔地方菓子〕正三角形（1辺が約10cm）のシャラント，ドゥ＝セーヴル地方のビスケット．アニスの粒を振りかけ，中心に穴がある．三角形は角（つの）（コルヌ）を表わし，呼称の由来となっている．「受難の主日（復活祭の1週間前の日曜日）」の前後に食される．かつては柘植（つげ）の若芽に中心の穴をかけて吊るした．リムーザン地方ではブリオッシュ生地で15～80cmの大きさにつくり，側面に複数の角が出ている

corps［コール］仏 男　❶（こねた生地のこしの）強さ，弾力性／donner du ～（こしの強さを出すために）生地をこねる→donner ❷（ソース，スープなどの）濃度，（ワインの）こく ❸本体，主要部分 ❹身体，肉体 ❺物体

corriger［コリジェ］（独korrigieren, 英correct, rectify）仏 他　❶ほかのものを加えて，味，香りを中和する，調整する ❷訂正する

Corse［コルス］仏 固 女　コルシカ島．栗，柑橘類，羊のチーズ，豚製品が名高い．甘味類ではブロッチョ（→broccio）を使った菓子（→falculelle, fiadone, fritelle, imbrucciata, migliacci），栗の粉を使ったクレープ（→nicci）や菓子（→pastizz），祝祭日用の菓子（→panzarotti），松の実，苦アーモンド，アニスなどが入った銘菓類（マカロン，クロカン，ガレット），サブレ（→canistrelli, coucouclelli）セドラの砂糖漬け，ジャム類（トマト，いちじく，ぶどう，栗，苺の木，かりんなど）が特産．ななかまどの実，さく

らんぼ, いちじくなどの野生果実の果実酒(⇨ratafia), ミルト(⇨myrte)のリキュールなども有名

corsé, *e*［コルセ］[仏][形] ❶(生地をこねて)こしがある／pâte trop ～e　こしの出すぎた生地 ❷香りをきかせた, こくのある／café ～　とても濃くいれたコーヒー／vin rouge ～　アルコール度が高く, 性格のはっきりした赤ワイン ❸(食事などが)ふんだんな／repas ～　たっぷりした食事

corser［コルセ］[仏][他] ❶生地をよくこねて, こしを出す([独]kneten, [英]tighten) ❷濃縮物, エキス, スパイスを加えるか, 煮詰めるかして, ソースやクリームの味や香りを強めたり, 濃くしたりする([独]eindicken, [英]thicken)

cosaque［コザック］[仏][男] 紙に包まれたボンボン

côté［コテ］[仏][男] ❶面, 辺 ❷側, 方面 ❸側面, 様相 ❹脇腹

cotignac d'Orléans［コティニャック ドルレアン］[仏][男]〔糖菓〕マルメロのフルーツゼリー, パート・ド・フリュイ. 赤色, 透明で非常に甘い. 円形の樅(もみ)の薄い木箱(曲げわっぱ)に流し込まれており, ジャンヌ・ダルクの肖像がゼリーの表面に浮き出し模様として, あるいは箱蓋に描かれている. 起源は蜂蜜にマルメロを合わせたギリシア・ローマ時代の糖菓で, フランスには中世に伝わる. オルレアンの風土がマルメロに適していた. コティニャックの語源はプロヴァンス語の「マルメロ」の意味からきている. また仮説としてマルメロのジャムをつくったのがヴァール県のコティニャック村であったともいわれている

couche［クーシュ］([独]Schicht, [英]base, layer) [仏][女] ❶(クリームやバターなどを一面に塗ってできる)層／étaler une ～ de ganache　ガナッシュを一面に塗る ❷(ジェノワーズなどの薄切りによる)層

coucher［クーシェ］([独]auspressen, [英]pipe) [仏][他] 口金をつけた絞り袋を傾けながら絞り出す⇨dresser

coucoulelli［クークールリ］[仏][男]〔地方菓子〕コルシカ島, ニース周辺の, 湿り気のあるひし形の小さな菓子. 小麦粉をオリーヴ油と白ワインで溶いてつくる

cougnou［クーニュー］[仏][男]⇨quignon

coulage［クーラージュ］[仏][男] ❶流し込み, 鋳込み／～ dans (à) l'amidon　(アメなどの成形法)澱粉の床(とこ)に好みの形のくぼみを押し, そこに糖液を流し込んで成形する方法 ❷糖菓製品が溶け出すこと. 保存状態や製作上の失敗から起きる現象

coulant, *e*［クーラン, ラント］[仏][形] よく流れる, さらさらした／vin ～　渋味のない飲みやすいワイン

couler［クーレ］[仏][他] ❶流す, 注ぐ ❷(型, 澱粉の凹み, 定規の囲み中に)流動状, 半ペースト状のものを注ぐ, 流し入れる, 入れる ❸(トゥルト, パテなどつくる時, 蒸気排孔からゼリーなどを)流し込む‖[自] 流れる, 流れ出す

Couleur［クレール］[独][女] 砂糖をカラメル度以上に煮詰め, 黒く焦がしたもの. これを褐色の色素代わりにする＝Kulör

couleur［クールール］([独]Farbe, [英]colour) [仏][女] ❶色, 色彩 ❷色合, 配色

coulis［クーリ］[仏][男] ❶クリ. (果物, 野菜の)液状のさらさらした裏漉し. 原則として火を通さない／～ de tomates　トマトのクリ. トマトを軽く煮て裏漉しする ❷(甲殻類などを)香辛料などと一緒にゆっくりと煮てから, 材料を全部細かく砕いて漉した, とろみのある汁. ソースやソースの味つけ, スープとして用いる／～ d'écrevisses　ざりがにのクリ

coulis de fruits［クリ ド フリュイ］[仏][男] 果物のクリ. 生か軽く煮た果肉の裏漉し, あるいは果汁にシロップまたは砂糖を加える. ひと煮立ちさせることもある. すぐり, 苺, フランボワーズ, 杏(あんず), ミラベル, キウイなどでつくり, アントルメ, アイスクリームなどのソースとして添える

coup [クー] 仏男 ❶打つこと, 一撃 ❷打撃, 損害 ❸（道具, 器具を使っての）手早い動作／donner un ～ de ciseaux　はさみを1回入れる／donner une vingtaine de ～s de fouet　泡立て器で20回位打つ

coup de feu [クードフ] 仏男 ❶（強火で焼きすぎたため）焦げること, 固くなること ❷（レストラン・調理場の）忙しさが最高潮に達した時

coupe¹ [クープ] 仏女 ❶クープ,（広口で大小さまざまの）カップ,（足付きの, クリスタル, 銀などの）杯. アイスクリーム, 果物でつくったデザート類を供する（独Pokal, 英coupe）❷〔冷菓〕クープに盛ったアイスクリーム類に果物などをあしらったデザート（独Eisbecher, 英coupe）→ coupe glacée／～ pêche Melba　アイスクリームとシロップ煮の半割りの桃を組み合わせ, フランボワーズかすぐりのゼリーをかけたデザート

coupe² [クープ] 仏女 ❶切ること ❷木切れ, 布切れ, 切片 ❸切り口, 断面

coupe- [クープ] 仏 「…を切るもの」の意の複合語をつくる

coupe glacée [クープ グラセ] 仏女〔氷菓〕クープにアイスクリームやシャーベットを盛り, 果物を加え, ソース類をかけ, シャンティィなどで飾ったデザート. 製作者の応用, 工夫によりヴァリエーションは無数にある. 果物は, 生, 砂糖漬け, シロップ煮, アルコール類であえたもの, ドライフルーツなどを, ソース類は, チョコレート, クレームアングレーズ, カラメル, ジャム, ゼリー, クリなどを用いる→ glace,〔付録〕glacerie

coupelle [クーペル] 仏女 小皿, 小鉢

coupe-pâte [クープ パート]（独Teigschaber, 英paste-cutter）仏男 スクレーパー, スケッパー. 生地を切りとったり, 麺台に残った生地の屑をかきとったりする用具. ステンレス製で四角形, 取っ手の部分は円筒状になっている

couper [クーペ] 仏他 ❶（ジェノワーズなどを）横に2～3段に切り分ける ❷（酒などを）水で割る ❸切る, 裁つ ❹（電気などを）切る, 止める ❺分ける, 仕分る

couperet [クープレ] 仏男 ❶（フードプロセッサーの）替刃, 刃 ❷肉切り用大型包丁

couque [クーク] 仏女〔パティスリー〕クク. 北フランス, フランドル地方, 特にベルギーの菓子 ❶パン菓子. ブリオッシュ生地, パンデピス生地, フイユタージュでつくる. 朝食時やティータイムに温めて横2つに切り, バターを塗って食す. フランドル語で「菓子（Keok）」という意味. フランス最北端のダンケルクでは小型のものを「バター入り菓子（koeck-totteram）」という→ brioche, cramique, pâte à couque／～ suisse　レーズンとクレームパティシエール入りのブリオッシュ生地をらせん状に巻いて焼いたブリオッシュ／～ de Jésus　イエスの産着姿のブリオッシュ→ coquille, quignon ❷ビスケット／～ de Dinant　蜂蜜, シナモン, クローヴ, アニス, 生姜(ジンジャー), の香りをつけたベルギー, ディナンのパンデピス. 動物, 人物像, 花などの木型でかたどり, 非常に固い. 起源は15世紀／～ de Rins　ランRinsはパティシエの名前. ディナンのパンデピスの変種. 砂糖が入っているので柔らかい

couqueret [ククレ] 仏男 → alkékenge, physalis

courbe de cristallisation [クールブ ド クリスタリザシィヨン] 仏女　チョコレート製品が艶やかに, しっかり固まるまでの3段階の調整温度. 55℃, 27℃, 30～33℃＝ courbe de température

courbe de température [クールブ ド タンペラテュール] 仏女 → courbe de cristallisation

courge [クールジュ] 仏男〔植〕ウリ科のかぼちゃ類（ペポかぼちゃ, シトルイユ, ポティマロンなど）の総称. ジャム, タルト, プディング, 菓子に使われる→ citrouille, légume, potimarron, potiron

couronne [クーロンヌ] 仏女 ❶アメを圧搾によってかたどる機械（一式） ❷冠, 王冠

couverture

couverture à mouler［クーヴェルテュール ア ムーレ］　型取り用クーヴェルテュール．流動性に少し乏しい

couverture aromatisée［クーヴェルテュール アロマティゼ］　フレーヴァー入りクーヴェルテュール．オレンジ，コーヒーなどの香り入り．菓子，糖菓，氷菓の製作に使う

couverture à tremper［クーヴェルテュール ア トランペ］　被膜用クーヴェルテュール．流動性にすぐれて冷えて固まると光沢が出る

couverture au lait［クーヴェルテュール オレ］　ミルク入りクーヴェルテュール．カカオバターを含めた脂質分31％以上を含有⇒［付録］le chocolat

couverture blanche［クーヴェルテュール ブランシュ］　ホワイト・クーヴェルテュール．カカオバター，砂糖，乳製品のみでつくられる．色合いは牛乳やクリームあるいはバターの乳脂の色による

couverture extra-fluide［クーヴェルテュール エクストラ フリュイド］　カカオバターを約60％以上含む流動性に富むクーヴェルテュール．ピストレ（噴霧器）で吹きつけてチョコレート製品の仕上げや飾りをする

couverture extra-liquide［クーヴェルテュール エクストラ リキッド］＝ couverture extra-fluide

couverture foncée［クーヴェルテュール フォンセ］　（＝ chocolat de 〜）ダーク系クーヴェルテュール．カカオバターを31％，非脂肪カカオ分を16％以上含む＝ couverture noire ⇒［付録］le chocolat

couverture ganache［クーヴェルテュール ガナシュ］　ガナッシュ用クーヴェルテュール．標準のクーヴェルテュールより流動性に乏しい．被覆，型取りには向かない．ボンボン・ショコラのセンターのガナッシュとして使う

couverture lactée［クーヴェルテュール ラクテ］＝ couverture au lait

couverture noire［クーヴェルテュール ヌワール］セミ・ビター系はカカオバターを58％，ビター系はカカオバターを64％含む．キューバ，サン＝ドミンゴ，エクアドル，ヴェネズエラ産の特定のカカオ豆はカカオバターの含有量が70〜75％．ガナッシュ，ムース，ボンボン・ショコラや，プラリネ，パート・ダマンド，型取りチョコレート，菓子の被膜に使う

❸環状のもの，リング（形）

cours［クール］⚤男 ❶（時の）流れ，経過／en 〜 de cuisson　焼いている（加熱している）間／en 〜 de …しながら，（…が）進行中の　❷（水，川などの）流れ

court, e［クール，クルト］⚤形 ❶流動性のない，煮詰まった／sauce 〜e（煮詰めすぎて）どろっとしたソース　❷短い

Courvoisier［クルヴワズィエ］⚤固男〔商標］クルボアジェ．同名のメーカーがつくるコニャック

couscous［クスクス］⚤男　クスクス　❶粟粒子状のセモリナ粉製品．クスクス粒．粒子の形状は大中小ある（⚐Grieß, ⚐semolina）　❷北アフリカ（アルジェリア，モロッコ，チュニジア）の伝統料理　1）蒸したクスクスと，肉類か魚類と共に煮た野菜類（なす，じゃがいも，ズッキーニ，豆など）に辛

いソースを添えて供する 2) 蒸したクスクス粒にレーズン,アーモンド,ピスタチオ,なつめ,胡桃,砂糖を混ぜ,牛乳で湿らしたもの

couteau (複〜x)［クートー］(独Messer, 英knife) 仏男 ナイフ,包丁／〜 de cuisine 肉切り包丁／〜 d'office プティナイフ.一番小型の包丁.刃先が鋭い.野菜,果物の皮むきなど,最も用途が広い

couteau économe ［クートー エコノム］仏男 ピーラー.野菜の皮むき器→éplucheを légume

couteau-scie ［クートー スィ］(独Brotmesser, Sägemesser, 英bread knife) 仏男 波刃ナイフ.パン,菓子用,あるいは冷凍製品用.チョコレートを刻むための必携品.チョコレート用の場合,歯が固く細かなものを選ぶ

couve ［クーヴ］仏男〔地方菓子〕ドーフィネ地方ドローム県クレストのガレット.ヴァニラとレモンの香りをつけ,卵を抱いた雌鶏の形か,ガレットの上に同じ生地でつくった雌鶏と卵(の形のもの)をのせる.卵黄を表面に塗って焼く.もともとは枝の主日(復活祭直前の日曜日)や復活祭の菓子であったが,現在は1年中つくられている.ドローム県ディの発泡性AOP白ワイン,クレレット・ド・ディ・ムスー(Clairette de Die mousseux)と共に供する

couvercle ［クーヴェルクル］仏男 蓋／mettre le 〜 蓋をする

couvert, e ［クヴェール,ヴェルト］仏形 蓋をした,おおわれた／à 〜 蓋をして ∥ couvert 男 ❶(各会食者の使用のために整える)食器具一式.皿,コップ,ナイフ,フォーク,スプーン ❷ナイフ,フォーク,スプーンの一揃い,カトラリー ❸〔プロ用語〕スプーンとフォーク ❹会食者

couverture ［クーヴェルテュール］仏女 ❶(=chocolat de 〜) クーヴェルテュール.専門家(プロ)向けチョコレート.カカオバターを31％以上含むので流動性に富む.ボンボン・ショコラのセンターや被覆,祝祭用の象徴物の型取りとしてクリスマスの鐘,木靴,像,もみの木などやイースターの卵,うさぎなどに使用→囲み [couverture],［付録］le chocolat ❷カヴァー

couvrir ［クーヴリール］仏他 ❶(オーヴンで焼成中,焼き色がつきすぎないようにアルミ箔などで)おおう ❷蓋をする

Coventry God cake ［カヴェントリ ゴッド ケイク］英名 フイユタージュか2番生地にミンスミートを詰めて三角形につくり,とじ目を上にして水で薄めた卵白を塗り,粉糖をかけて焼いた菓子

Coventry puff ［カヴェントリ パフ］英名 イギリス中西部コヴェントリーの銘菓,ゴッドケーキに由来.フイユタージュか2番生地を直径12cmの円形につくり,ラズベリーのジャムを入れて三角形につくり,とじ目のあるほうを下にして表面に水で薄めた卵白を塗り,粉糖をかけて焼いた菓子→god cake

cover ［カヴァー］(仏couvrir, 独bedecken) 英他 おおう

cracher ［クラシェ］仏他 (フイユタージュが焼成により)空気,蒸気を噴出する.焼成前にナイフで筋目,刻み目をつけておくと,そこから熱作用により蒸気が噴出して平均的に全体が膨らむ

cracker ［クラッカー］英名 クラッカー.イギリス発祥の軽く砕きやすく,ぱりぱりした薄い層になった塩味のビスケット.イギリスではチーズと共に供する.フランスではアペリティフとしてチーズ,ベーコンなどと共に供する

cramique ［クラミック］仏男〔地方菓子〕ベルギーおよび北フランス,フランドル地方の菓子.レーズン(カランツ種)入りのブリオッシュ生地のパン.バターを添え,温めて供する→brioche, couque

cranberry ［クランベリ］(仏airelle, 独Preiselbeere) 英名〔植〕ツツジ科.クランベリー,つるこけもも

crapiau (複〜x)［クラピヨ］仏男〔地方菓子〕ニヴェルネ地方の厚めのクレープ.甘

味と塩味がある / ～ aux pommes コニャックと砂糖に漬けたりんご入りの厚めのクレープ / ～x du Morvan ブルゴーニュ地方東部モルヴァンのクレープ. ベーコンの上にクレープ生地を流し, 両面を焼いた厚めのクレープ. すりおろしたじゃがいもを入れたものもある

craqueler [クラクレ] (仏)(他) ひびを入れる, ひび焼きにする

craquelin [クラクラン] (仏)(男) ❶粒状に砕いたヌガティーヌ ❷ [パティスリー] 軽く, かりかりと歯応えのある小菓子. 地方によって形態が異なる 1) ビスケット. ブルターニュ地方サン＝マロ, ペイ＝ド＝ラ＝ロワール地方ヴァンデ県, ブルターニュ地方ピニック, フランシュ＝コンテ地方ボーム＝レ＝ダムの銘菓 2) コタンタン半島のエショデの一種 → échaudé 3) いろいろな形に焼いた甘くない生地のビスケット. トリコルヌともいわれる → tricorne 4) レーズンがたっぷり入った北フランスのブリオッシュ＝cramique

craquer [クラケ] (仏)(自) ❶ (ぱりぱり, かさかさと) 乾いた音を立てる ❷ (乾いた音をたてて) 崩れる, 破れる ‖ (他) ❶折る, 破る ❷ (マッチを) する

cream [クリーム] (英)(形) ❶クリーム色の ❷クリームでつくった, クリームの入った ❸シャンティイで飾った ‖ cream (名) ❶ (=dairy ～) 乳脂肪, 生クリーム → coffee cream, double cream, heavy cream, whipped cream, whipping cream / single ～ 乳脂肪分が少なく, 液状のまま使用する ❷ (バター, 卵, 砂糖, 小麦粉などでつくった) クリーム / pastry ～ クレームパティシエール / chocolate ～ クレームパティシエールにチョコレートを入れたもの ❸ (バター, 卵, 砂糖などを混ぜたクリーム状の) アパレーユ, 種 / charlotte ～ シャルロットをつくるためのアパレーユ ❹クリーム状 (の固さ) のもの / chestnut ～ (米) 栗のピュレ ❺ (クリーム状のものが固まった) 菓子, デザート / caramel ～ カスタードプディング ❻アイスクリーム ‖ cream (他) ❶クリーム状にする ❷クリームを加える ❸ (牛乳に) クリームを生じさせる ❹ (牛乳から) クリームを分離する ❺最上の部分を抜きとる

cream bun [クリーム バン] ((仏) chou à la crème, (独) Windbeutel 〈mit Krem〉) (英)(名) シュークリーム＝cream puff

cream horn [クリーム ホーン] (英)(名) クリームホーン. フイユタージュまたは2番生地で, コルネ型を使って円錐形 (角($\frac{つの}{}$) の形) に焼き, 絞り袋を使ってフランボワーズのジャム, 次に泡立てた生クリームを絞り入れる

cream ice [クリーム アイス] (英)(名) アイスクリーム＝custard ice → ice

creaming method [クリーミング メソド] (英)(名) 〔ケーキ製法〕 クリーミング法. 油脂と砂糖をよく混ぜ, 卵を加え, 小麦粉を入れる → rub-in method

cream of tarta [クリーム オヴ ターター] (英)(名) 酒石酸水素カリウム, クリームターター. 食品添加物. ベーキングパウダーの酸性成分の1つ. 酸味料として利用されるほか, 膨張剤として重曹と一緒に使われる. また安定剤として卵白の泡立て, 糖液の結晶化防止に使用される

cream powder [クリーム パウダー] (英)(名) ベーキングパウダーに使用する各種の酸, あるいはその混合物. 重曹1に対し2の割合で, スターチなどの中性物質と合わせて使用する

cream puff [クリーム パフ] ((仏) chou à la crème, (独) Windbeutel 〈mit Krem〉) (英)(名) シュークリーム＝cream bun

cream puff paste [クリーム パフ ペイスト] ((仏) pâte à choux, (独) Windbeutelmasse, choux pastry, puff paste) (米)(名) シュー生地

cream roll [クリーム ロウル] (米)(名) 泡立てた生クリームを巻き込んだロールケーキ. クリームの中に果物を混ぜることが多い / chocolate ～ ココア入りの生地を使った

ロールケーキ／raspberry～ クリームにフランボワーズを刻んで混ぜ込んだロールケーキ

cream slice ［クリーム スライス］（[仏] mille-feuille, [独] Kremschnitte）[英] [名] ミルフイユ. 焼きあげた3枚のフイユタージュの間に, フランボワーズのジャム, クレームパティシエールを挟み, 上面をフォンダンなどでグラサージュし, チョコレートでマーブル模様をつけ, 長方形に切り分けたもの

cream soda ［クリーム ソウダ］[米] [名] ⇒ice cream soda

cream tea ［クリーム ティー］[英] [名] ❶ミルクティーとスコーン, クロテッドクリーム, 苺ジャムを添えたアフタヌーンティー. 起源はデヴォンシャー＝Devonshire tea ❷ジャムや乳脂肪分の多いクリームを添えたパンやスコーンを食べる午後のお茶⇒afternoon tea

crémage［クレマージュ］[仏] [男] クリーム状にすること

crème ［クレーム］（[独] Krem, [英] cream, custard）[仏] [女] ❶乳脂肪 ❷生クリーム⇒crème fraîche[1] ❸クリーム状のアントルメ, デザート⇒crème d'entremets ❹菓子製作の基本クリーム⇒crème de pâtisserie ❺ [複] 糖液と水を煮詰め, 香りをつけたボンボン, アメ ❻（主となるチーズを25%以上含んだ）プロセスチーズ⇒crème de gruyère ❼（小麦粉, 米粉, 澱粉などでとろみをつけた）ポタージュ ❽（とろりとした, 非常に甘い）リキュール. 蒸留酒にシロップ（1ℓ中250g以上の糖）と果物, 香草, 花などの抽出物を混ぜ合わせたもの. 食後酒, 食前酒として, またカクテルにも用いられる⇒crème de cacao, crème de cassis, crème de noyau ❾クリーム状のもの⇒crème de marron ❿クリーム色. 黄色を帯びた白

crème à bavarois ［クレーム ア バヴァルワ］[仏] [女] クレームアングレーズにゼラチン, 泡立てた生クリームを合わせたもの. 非常に軽いシャルロットやアントルメをつくる. クレームバヴァロワーズともいう⇒bavaroise,［付録］les crèmes

crème à diplomate ［クレーム ア ディプロマット］[仏] [女] 香りをつけたクレームパティシエールにゼラチン, 泡立てた生クリームを合わせたもの. 味がよく, 非常に軽い⇒［付録］les crèmes

crème à flans ［クレーム ア フラン］（[英] custard）[仏] [女] フラン用クリーム. 牛乳, 砂糖, 卵, 小麦粉を混ぜ合わせたもので, タルト型に流し入れて焼く⇒crème,［付録］les crèmes

crème anglaise［クレーム アングレーズ］（[独] Englische Creme, [英] custard）[仏] [女] クレームアングレーズ, カスタード. 卵黄, 牛乳, 砂糖, 香り（ヴァニラやレモン, オレンジの皮）を混ぜて火にかけ, 沸騰直前の83℃に煮詰めて, 卵黄に濃度をつけたクリーム. 24時間冷所に寝かせて香りを引き出す. 添え用ソース, あるいはアイスクリーム, アントルメをつくる⇒crème à bavarois, œufs à la neige, sauce anglaise,［付録］les crèmes／～ collée 煮上がったクレームアングレーズにゼラチンを加えて漉したもの. バヴァロワ, シャルロット・リュスをつくるのに使用する

crème à St-Honoré［クレーム ア サントノレ］[仏] [女] 温かいクレームパティシエールにゼラチン（任意）, ムラングイタリエンヌ, 香料を加えたクリーム. 非常に軽い＝crème Chiboust⇒Chiboust,［付録］les crèmes

crème au beurre ［クレーム オ ブール］（[独] Buttercreme, [英] butter cream）[仏] [女] バタークリーム. バター, 糖液か砂糖, 全卵か卵黄か卵白のいずれかをよく混ぜ合わせ, クリーム状にしたもの ❶（＝～ aux œufs）全卵入り. バターと卵をよく混ぜ, プティブレ（120℃）の糖液を混ぜ合わせたクリーム ❷（＝～ à l'anglaise）卵黄, 砂糖, 牛乳でクレームアングレーズをつくり, バターを合わせたクリーム. 糖液を使ったクリームより軽いが, 日持ちが悪い ❸（＝～ à la meringue italienne)卵白と糖液でムラングイタリエンヌをつくり、よく泡立てた中にバターを加えたクリーム ❹(=〜 à froid) 全卵と砂糖を湯煎でジェノワーズをつくる要領で泡立て、冷めてからバターを加えたクリーム. 簡単だが、日持ちも味も劣る → [付録] les crèmes

crème au cognac [クレーム オ コニャック] ⓛ 囡 〔地方菓子, 冷アントルメ〕フランス南西部ポワトゥー=シャラント地方の舌触りが柔らかいコニャック風味のデザート. 卵をよく泡立てた中に牛乳と生クリームを混ぜ合わせ、コニャックを加えてスフレ型に流し込み、湯煎しながらオーヴンで焼く. 冷めてから、コニャックで香りをつけたクレームアングレーズを添える

crème bavarois [クレーム バヴァルワ] ⓛ 囡 → crème à bavarois

crème brûlée [クレーム ブリュレ] ⓛ 囡 〔アントルメ〕クレームブリュレ. 卵黄, 砂糖, 牛乳, 生クリームを混ぜたアパレーユをグラタン皿に入れ、オーヴンで焼く. 冷やしてから表面にカソナードを振りかけ、グリルでカラメル化する = crème caramérisée

crème caillée [クレーム カイエ] ⓛ 囡 → 囲み[lait]

crème caramel [クレーム カラメル] (独 Karamelpudding, 英 caramel custard, 米 flan) ⓛ 男 〔アントルメ〕カスタードプディング. カラメルに煮詰めた糖液を型に流し込み、卵, 砂糖, 牛乳でつくったアパレーユを注ぎ、湯煎にしながらオーヴンで焼く. 容器のまま、あるいは上下逆にして取り出して供する. 温製でも冷製でもよい → crème renversée

crème caramélisée [クレーム カラメリゼ] ⓛ 男 → crème brûlée

crème catalane [クレーム カタラヌ] ⓛ 囡 〔地方菓子〕カタロニア地方のクレームブリュレ. カタロニア語でクレマ・クレマダ. レモンの皮とシナモンの香りをつけた卵黄, 砂糖, 牛乳, 粉を火にかけてつくったクレームを陶製の底の浅い小さな器(ラムカン)にあ

けて冷やし固め、供する直前に砂糖を振りかけてカラメリゼしたデザート. 聖ジョセフの日(3月19日春分の前日)に食されたことからクレマ・ド・サン=ジョセフ(crema de Saint-Joseph)とも呼ばれていた → crème brûlée

crème chantilly [クレーム シャンティイ] ⓛ 囡 クレームフエテに砂糖を入れ、ヴァニラの香りを加えて泡立てたもの → chantilly, crème fouettée, [付録] les crèmes

crème Chiboust [クレーム シブースト] ⓛ 囡 → Chiboust, crème à St-Honoré

crème cuite [クレーム キュイット] ⓛ 囡 クレームパティシエール、カスタードクリーム. 牛乳, 卵, 砂糖, 小麦粉などを混ぜ、加熱してつくったクリーム → crème pâtissière

crème d'amandes [クレーム ダマンド] (独 Mandelkrem, 英 almond cream) ⓛ 囡 クレームダマンド、アーモンドクリーム. 油脂(バター, マーガリン), 砂糖, 卵, 粉末アーモンドをよく混ぜ、クリーム状にしたもの. ラム酒の香りをつけることが多い. ブリオッシュ生地, フイユタージュなどによる菓子製作にかかせない → [付録] les crèmes

crème de cacao [クレーム ド カカオ] ⓛ 囡 クレーム・ド・カカオ. カカオ風味のとろりとしたリキュール. 糖分を1ℓ当たり250g以上含む. チョコレート・リキュールともいう 1) 〜 blanc ホワイト・クレーム・ド・カカオ. 焙煎したカカオ豆をアルコールに浸して蒸留した無色透明な液体に、香り、糖分を加えたもの 2) 〜 noir ダーク・クレーム・ド・カカオ. 砕いたカカオ豆をアルコールに漬けた液体と1)の蒸留酒を合わせたもの. 生クリームまたは牛乳を混ぜ合わせたものもある → liqueur de cacao

crème de cassis [クレーム ド カシス] ⓛ 囡 クレーム・ド・カシス. カシスのリキュール. 1ℓのリキュールを得るために、カシス325〜375g, 砂糖450〜475gを用いる. 最終アルコール含有量16〜18%. 1841年以来, ディジョンの特産品 → cassis[1]

crème de gruyère［クレーム ド グリュイエール］仏 女 グリュイエールチーズを25％以上含んだプロセスチーズ→fromage fondu

crème de marron(s)［クレーム ド マロン］仏 女 ❶マロンクリーム．砂糖入り栗のピュレ．滑らかで柔らかい．缶詰で市販．アルデーシュ県の名産 ❷パート・ド・マロンにバターを混ぜ，香りをつけたクリーム．菓子，アントルメの中身（バルケット，クレープ，ロールケーキ，ムラング）として，またジェノワーズなどに混ぜ込んだり，そのままシャンティイを添えて供する→［付録］les crèmes

crème de nougat de Montélimar［クレーム ド ヌガ ド モンテリマール］仏 女 →囲み [nougat]

crème de noyau［クレーム ド ヌワイヨ］仏 女 桃仁(とうにん)酒，杏仁(きょうにん)酒→noyau

crème d'entremets［クレーム ダントルメ］仏 女 牛乳，卵，砂糖を基本としたクリーム状のアントルメ．主に冷やして供する．家庭的デザート類の大半を占める ❶カスタードプディングなど凝固状のもの→crème au cognac, crème brûlée, crème caramel, crème renversée, diplomate, flan^1, île flottante, œufs au lait, petit pot de crème, pudding^2, velouté ❷クレームアングレーズを主体とした流動状のもの．クレームアングレーズ，ウ・ア・ラ・ネージュ（淡雪卵），あるいはジェノワーズ，ブリオッシュ，プディングに添えて供する→crème anglaise, crème sabayon

crème de pâtisserie［クレーム ド パティスリ］仏 女 アントルメや菓子製作の基本クリーム．牛乳，生クリーム，卵，砂糖が基本材料で，多少の濃度がある．次の種類がある 1) クレームシャンティイ．泡立てた生クリーム→crème chantilly, crème fouettée 2) クレームパティシエール→crème pâtissière 3) バタークリーム→crème au beurre 4) クレームダマンド→crème d'amande

crème de riz［クレーム ド リ］仏 女 ❶米粉．米を蒸してから粉にしたもの→farine de riz ❷水または牛乳で溶いた米粉．50gの米の粉に750mlの液体を混ぜ合わせたもの

crème de tartre［クレーム ド タルトル］仏 女 酒石酸水素カリウム．クリームタータ．食品添加物．ワイン醸造の副産物．ぶどうの絞り果汁の発酵中に樽内に結晶したものを取り出して精製，粉末化する．ベーキングパウダーの成分．糖液を煮詰める時，糖化を防ぐために入れたり，生クリーム，卵白などを泡立てる時，安定剤として用いる

crème diplomate［クレーム ディプロマット］仏 女 →crème à diplomate

crème fondante［クレーム フォンダント］仏 女 溶かしたチョコレートをシャンティイに混ぜ込んだクリーム→［付録］les crèmes

crème fouettée［クレーム フエテ］仏 女 泡立てた生クリーム．砂糖またはムラングイタリエンヌを加え，果物のピュレや好みの香りをつけてもよい．ゼラチンを入れることもある．使用例としては，アントルメ，赤い果物，フレッシュチーズ，ゴーフルに添えたり，氷菓の中身，装飾にしたり，バヴァロワ，スフレグラセ，シャルロットグラセの材料にしたりする→crème de pâtisserie, ［付録］les crèmes

crème fraîche^1［クレーム フレッシュ］仏 女 生クリーム．牛乳から乳脂肪分以外の成分と水分を除去した，乳脂肪分30％以上の白色や薄黄色の濃度のある液体．種類は，生または低温殺菌したもの，形状によって流動状または熟成させた濃度のあるクリーム状のものに分けられる．高温殺菌，冷凍のものは含まれない→囲み [crème fraîche]

crème fraîche^2［クレム フレッシュ］英 名 乳脂肪分28％の生クリーム．バクテリアによりわずかに酸味と，濃度のあるクリーム．サワークリームより酸味が少ない

crème frangipane［クレーム フランジパーヌ］仏 女 クレームダマンドとクレームパティシエール（3:1）を混ぜ合わせたクリーム

crème fraîche

crème à café［クレーム ア カフェ］= crème légère
crème aigre［クレーム エーグル］(独Sauerrahm, saure Sahne, 英sour cream) サワークリーム．乳酸菌発酵させた生クリーム．イギリス，アメリカ，ドイツ，ロシア，ポーランドで多用される
crème crue［クレーム クリュ］ 8℃で乳脂肪分を分離，冷却した生クリーム
crème de lait［クレーム ド レ］ 採乳直後の牛乳を沸騰させた時に表面にできる薄いクリーム層．自家製菓子に使用する
crème d'Isigny［クレーム ディズィニ］ ノルマンディ地方イジニのAOP生クリーム．濃度がある生クリーム．最低乳脂肪分35% = crème fraîche épaisse
crème double［クレーム ドゥーブル］ ダブルクリーム．濃度のある生クリーム．熟成のみで低温殺菌はされてない．乳脂肪分40%
crème fleurette［クレーム フルレット］ （流動性のある）生クリーム．乳脂肪分30〜38%．酸味がない．低温殺菌されている．泡立てに適している = crème fraîche liquide
crème fraîche de Bresse［クレーム フレッシュ ド ブレス］ ローヌ＝アルプ地方ブレスの生クリーム．2011年時点でAOPに認可申請中
crème fraîche épaisse［クレーム フレッシュ エペス］ 濃度のある生クリーム．65℃〜85℃で低温殺菌し，熟成させたもの．風味と濃度がある．加熱調理用でパティスリー，生地類に，またアイスクリーム製作にも使用．泡立てる場合は10〜20%の牛乳を加える⇒ crème d'Isigny, crème double
crème fraîche liquide［クレーム フレッシュ リキッド］= crème fleurette
crème légère［クレーム レジェール］ 乳脂肪の少ない生クリーム．乳脂肪分は12〜30% = crème à café
crème liquide stérilisée［クレーム リキッド ステリリゼ］ 115℃で殺菌処理した生クリーム．乳脂肪分32〜35%を含む流動性の生クリーム．泡立て用に最適
crème liquide U.H.T.［クレーム リキッド ユアシュテ］ 高温殺菌した流動状クリーム．150℃で2秒間熱し，その後，急速冷却．高温殺菌するため厳密には生クリームとはいえないが，泡立てが容易で，安定がよいため，料理分野で多用される

⇒ crème d'amande, frangipane, ［付録］les crèmes
crème frite［クレーム フリット］⓵ 女 ❶揚げ菓子．長方形，円形などに切り分けた，小麦粉が多く入った固めのクレームパティシエールを揚げ物用種に浸して揚げる．仕上げに粉糖をまぶす．生地に砂糖漬け果物を混ぜ，パン粉をつけて揚げるものもある ❷〔地方菓子〕粉の分量の多いクレームパティシエールにアルマニャックの香りをつけた，南仏の揚げ菓子⇒ croquette
crème glacée［クレーム グラセ］⓵ 女 〔氷菓〕アイスクリーム．果物や果汁，天然香料で香りをつける⇒ glace à la crème, ［付録］la glacerie
crème mousseline［クレーム ムスリヌ］⓵

女 クレームパティシエールにバター, 香りを加え, ミキサーでよく攪拌(かくはん)して軽くしたクリーム.→[付録] les crèmes

Crème Pâtissière [クレム パティシエール] (仏crème pâtissière, 英confectioner's custard, custard cream, pastry cream) 独 女 クレームパティシエール, カスタードクリーム.→Gekochterkrem, Konditoreikrem

crème pâtissière [クレーム パティスィエール] (独Crème Pâtissière, 英confectioner's custard, pastry cream) 仏 女 クレームパティシエール, カスタードクリーム. 卵, 砂糖, 牛乳, 小麦粉(あるいは澱粉)を混ぜ合わせ, 香りを加え, 火にかけて濃度をつけたもの. 冷やしてから用いる(= crème cuite). 香りにはチョコレート, コーヒー, ヴァニラ, カラメル, アルコールなどが用いられる. 温, 冷製アントルメの詰め物として, またほかのクリームと混合して使用する→crème à diplomate, crème à St-Honoré, crème Chiboust, crème frangipane, crème mousseline

crémer [クレメ] (独eincremen, 英cream) 仏 他 ①油脂(バター, マーガリンなど)に, 砂糖を加えて, クリーム状になるようによくかき立てる ②(ポタージュやソースに)生クリームを加える. 味を和らげ, 濃度をつけるために行なう

crème renversée [クレーム ランヴェルセ] 仏 女 ①クレームランヴェルセ. 牛乳, 砂糖, 卵を混ぜ, 香りを加えて型に注ぎ, 湯煎にかけて固めるクリーム = crème caramel→[付録] les crèmes ②[冷アントルメ]カスタードプディング. ①の材料を, カラメルを流し入れた型に注ぎ, 湯煎にかけながらオーヴンで焼いて固める. 型から上下逆にして取り出し, 冷やして供する. 型の底にカラメルを流し入れてもよい. ～ œuf au lait / ～ au chocolat 牛乳にカカオを加えたチョコレート風味のもの

crème renversée Opéra [クレーム ランヴェルセ オペラ] 仏 女 王冠形のカスタードプディング→opéra

crémerie [クレムリ] 仏 女 乳製品(バター, 卵, 生クリーム, チーズ)販売店(製造業)

crème sabayon [クレーム サバイヨン] 仏 女 卵黄と砂糖を湯煎にかけながらよくかき立て, ワイン, シャンパン, リキュール, 蒸留酒などを加えたクリーム. イタリアからもたらされた→sabayon, [付録] les crèmes

crème St-Honoré [クレーム サントノレ] 仏 女 → crème à St-Honoré

crémet [クレメ] 仏 男 [アントルメ]牛乳からつくるフレッシュチーズに, 固く泡立てた卵白, 泡立てた生クリームを混ぜ合わせ, 穴のあいた型に, 布を敷いて詰め, しばらく置いて水分を切った, アンジュ地方の名物(= crémet d'Anjou). 生クリームと砂糖を添えて供する

crémeux, se [クレム, ムーズ] (独cremig, 英creamy) 仏 形 ①乳脂肪を多く含んだ ②クリーム状の, クリーム色の

crème vanille [クレーム ヴァニーユ] 仏 女 [アントルメ]卵黄, 牛乳, 砂糖を混ぜ, ヴァニラを加え, 容器に注いで, 湯煎にするクリーム. 容器のまま供する→[付録] les crèmes

créole [クレオル] 仏 形 クレオル(西インド諸島などの旧植民地)の / à la ～ クレオル風の. アンティル諸島風の料理につけられる呼称. デザートとしてはラム酒, パイナップル, ヴァニラ, バナナを使ったもの→antillais

crepe [クレイプ] (独Krepp, 仏crêpe) 英 名 クレープ

Crêpe [クレプ] 独 男 → Krepp

crêpe [クレープ] (独Krepp, 英crepe, pancake) 仏 女 クレープ. クレープ生地(卵, 小麦粉またはそば粉, 砂糖または塩, 牛乳)をフライパンに丸く薄く流して焼いたもの. そば粉を入れたものは別名ガレットといわれ, ブルターニュ地方の名物→galette, pâte à crêpes / ～ de la chandeleur (du mardi gras) 主の奉献の祝日, カーニヴァルの最終日に焼くクレープ. 焼いている間, 願いを唱

え，片手に貨幣を握ったままクレープを空中で返し，きれいにひっくり返れば願いがかなうという→chandeleur, mardi gras ／ ～ à la confiture　ジャムを中に巻いたクレープ

crêpe dentelle ［クレープ ダンテル］(仏)(女)〔地方菓子〕ブルターニュ地方フィニステール県カンペールの銘菓．クレープを薄く焼いて，くるくると巻いたシガレット状の乾いた菓子

crêpe frisée des Pyrénées ［クレープ フリゼ デ ピレネ］(仏)(女)〔地方菓子〕ピレネー地方の揚げ菓子．絞り袋に入れたクレープ生地をたっぷりの揚げ油の中にらせん状に絞り入れて揚げたもの．「漏斗 (じょうご) 状のクレープ (crêpe à l'entonnoir)」ともいう

crêpe glacée ［クレープ グラセ］(仏)(女)〔氷菓〕(=～ surprise) 温かいクレープにアイスクリームやシャーベットを包み，シャンティイや果物で飾ったもの→［付録］la glacerie

crêperie ［クレプリ］(仏)(女)　クレープ屋．クレープを焼いて売る店

crêpe Suzette ［クレープ スュゼット］(仏)(女)〔アントルメ〕薄く焼いたクレープに砂糖とマンダリン (またはオレンジ) の果汁を混ぜたバターを塗って4つ折りにしてフライパンで温めたもの．オレンジ系リキュールでフランベすることが多い→Suzette

crêpière ［クレピエール］(仏)(女)　平らで縁のほとんどないクレープ用フライパン→poêle à crêpes

crescent ［クレスント］((仏)croissant, (独)Croissant, Hörnchen)(英)(名)　クロワッサン

crespell ［クレスペル］(仏)(男)　→bunyète

crête ［クレット］(仏)(女)　❶ (パイ挟みでつける) 縁飾り　❷ (山の) 稜線　❸ (鶏などの) 鶏冠

creuser ［クルゼ］((独)höhlen, (英)hollow)(仏)(他)　❶掘る，うがつ，くり抜く　❷彫る，深い溝をつける　❸くぼませる，へこませる

creusois ［クルズワ］(仏)(男)〔地方菓子〕リムーザン地方のヘーゼルナッツを使った菓子．卵白，砂糖，小麦粉，バター，ヘーゼルナッツの粉を混ぜて型に入れて焼く．素焼きのテュイール (瓦) 型でも焼く．クルーズ県の菓子屋がつくるものだけを「ル・クルゾワ (Le Creusois)」という．工場製やほかの地方でつくるのは「ガトー・クルゾワ (gâteau creusois)」,「ムワル・デュ・リムーザン (moelleux du Limousin)」という．15世紀の羊皮紙に書かれていた「丸瓦で焼く菓子 (cuit en tuile creuse)」の作り方が起源で，クルーズ県の菓子屋が県の銘菓として考案製作した．配合は明かされていない

creux, se ［クルー, ルーズ］((独)hohl, (英)hollow)(仏)(形)　❶へこみのある，くぼんだ，深目の／ plat ～ 深皿　❷ (内部が) 空の，空洞の

crevasser ［クルヴァセ］(仏)(他)　亀裂を入れる，割れ目をつくる‖ se ～ (代動)　割れ目ができる

crever ［クルヴェ］(仏)(他)　❶ (= faire ～) (米の澱粉を除去するために) 米を塩水で，水から強火で煮る．リオレをつくる下準備　❷破裂する

crible ［クリブル］(仏)(男)　❶ (目の粗い) ふるい．ジャムをつくる時，果物の裏漉しに使用する((独)Sieb, (英)sieve)→tamis　❷選別機

cribler ［クリブレ］(仏)(他)　❶ふるいにかける　❷ (余分な砂糖を取り除くために) 目の粗い鉄製のふるいにかける

crimp ［クリンプ］((仏)chiqueter, (独)auszacken)(英)(他)　(敷き込んだ生地の縁やショートブレッドの周囲に，飾りのために) 刻み目をつける．指でつまむ= pinch

crimping ［クリンピング］(英)(名)　指でつまんで飾りをつけること

crin ［クラン］(仏)(男)　(馬などの) たてがみと尾の毛／ tamis de ～ 馬の尾毛でつくったふるい

crisp ［クリスプ］((仏)cassant, croustillant, (独)knackig, kross)(英)(形)　(クッキーなどが脆く) ぱりぱりする，さくさくする

cristal ((複)～aux) ［クリスタル, トー］((独)Kristall, (英)crystal)(仏)(男)　❶結晶体　❷水晶

❸クリスタルガラス

cristallisation［クリスタリザスィヨン］仏女 結晶作用, 結晶

cristallisé, e［クリスタリゼ］仏形（砂糖などが）結晶した / violettes 〜es（表面が結晶している）砂糖漬けすみれ / sucre 〜 ざらめ糖

cristalliser［クリスタリゼ］(独kristallisieren, 英crystallize) 仏他 ❶結晶させる ❷菓子や糖菓（パート・ド・フリュイやフリュイ・デキゼ）をグラニュー糖の中に転がし, 砂糖をまぶす ‖ 自 結晶する ‖ se 〜 代動 結晶する

crochet［クロシェ］仏男 ❶ドウフック. ミキサーの付属品, アタッチメント. 生地をこねるために使用 ❷鉤

croissant［クルワサン］(独Croissant, Hörnchen, 英crescent) 仏男 ❶クロワッサン, 三日月形のパン. 発酵生地にバターをフイユタージュの要領で折り込み, のばして三角形に切り, 幅の広いほうから巻き, 湾曲させて三日月形につくり焼きあげる. 朝食時あるいはティータイムに供する. ハム, チーズなどを挟んで, 温かいオードヴルとしても供する→pâte à croissants ❷〔プティフール〕パート・ダマンドを三日月形につくり, 薄切りアーモンド, または松の実を振りかけたもの ❸三日月

croquant［クロウカン］英名 プラリネ

croquant, e［クロカン, カント］仏形（菓子などを噛むと）かりかりという, ぱりぱりした ‖ croquant 男 かりかりと歯ごたえのよい固いビスケット, クッキー類 = croquante / 〜s de Saint-Geniez アーモンドとヘーゼルナッツを混ぜてつくった歯ごたえのある菓子 / 〜s parisiens 歯ごたえのあるアメ

croquante［クロカント］仏女 ❶宴席のテーブルに置かれた大型の飾り菓子. パート・ダマンドを使ったもの, あるいはジャンブレット(→gimblette)をクロカンブッシュのように積みあげたもの（いずれも現在はつくられていない）がある ❷ = croquant ❸

ヌガティーヌ →囲み[nougat], nougatine[1]

croque-madame［クロックマダム］仏男 クロックマダム. 温製サンドウィッチ, クロックムシューの変種. 鶏肉とゴーダチーズ, 輪切りトマトを挟んだもので目玉焼きをのせて供する

croquembouche［クロカンブーシュ］仏男 ❶〔パティスリー〕（小さなシューまたは糖菓を）円錐形に積みあげたピエスモンテ. グランカセに煮詰めた糖液をシューにかけて互いに接着させる. ヌガティーヌでつくった台に据える. 名の由来は「口の中でかりかりするもの（croque-en-bouche）」. ビュッフェ, 結婚, 聖体拝領の宴席のために製作される. 伝統的なものは数十個の小型シュークリームを上記の方法で接着させ, 円錐形に積みあげて, ドラジェ, アメ細工の花などで飾る ❷円錐形の型. クロカンブッシュ用

croque-monsieur［クロックムシュー］仏男 クロックムシュー. 温製サンドウィッチ. 薄切りのパンに, ハムとグリュイエールチーズを挟み, グリルまたはフライパンで両面を焼いたもの. 上面にチーズ入りホワイトソースを塗り, オーヴンで焼く場合もある. 軽食用. 温かいオードヴルやアントレに供することもできる

croquet［クロケ］仏男〔フールセック〕小麦粉, アーモンド（粉末, 粒状など）, 砂糖, バター, 卵などを混ぜてのばし, 細長い楕円形に型抜きして焼くか, あるいは10cm幅に焼き, 棒状に切り分けたクッキー. 地方の銘菓に多い = croquette

croquette［クロケット］仏女 ❶固くつくったホワイトソース, ベシャメルソースをひし形や長方形などに成形し, パン粉をつけて揚げたもの. コロッケ. 鶏肉や魚が入ったものは温かいオードヴル, じゃがいも入りのものは付け合わせに用いる ❷〔アントルメ〕1) 固くつくったクレームパティシエールを❶と同じ方法で揚げたもの = crème frite　2) リオレ, パート・ド・マロンなどを❶と同じ方法で揚げたもの ❸ = croquet

croquignole [クロキニョル] [仏][女] 非常に軽いクッキー. 紅茶, アイスクリームに添える. かりっとしている. 砂糖(または, グラスロワイヤル), 小麦粉と固く泡立てた卵白を混ぜ, 天パン上に円形, リング, 細長などに絞り出し, 表面を乾かしてから焼きあげ, 表面をグラスがけする

croustade [クルスタード] [仏][女] ❶〔地方菓子〕/～ aux pommes 南西地方の薄くのばしたフイユタージュにりんご(またはレーズン, プルーン, アーモンドクリーム)を詰めて焼いた菓子. パスティスともいう⇒pastis, pastis quercynois ❷くりぬいたパン, フイユタージュ, 敷き込み生地, マッシュポテト, 煮た米などでつくったケースをオーヴンで焼くか揚げ, 中身(サルピコン, ピュレ, 野菜, 魚介類をソースであえたもの, 煮込んだ肉類) を詰めた料理. 大小さまざまな大きさにつくる, 中世に遡る料理法

croustillant, *e* [クルスティヤン, ヤント] [仏][形] かりかりする, がりがりいう

croûtage [クルタージュ] [仏][男] 表面が乾いて固くなること

croûte [クルート] [仏][女] ❶パンの固い外皮(クラスト, 外相) ❷(ブッシェ, ヴォロヴァン, タルトなどの)外皮, それらに用いるケース ❸(中に詰め物をするため) 厚めに切り, 中身を軽くくり抜いた円形, 四角形のパンやブリオッシュの外皮, ケース ❹グラタンの表面にできた薄皮 ❺(生地などの) 加熱, または空気に触れて固くなった表皮 ❻(軽い)食事・間食

croûte de sucre [クルート ド スュクル] [仏][女] ❶振りかけた砂糖の表面が焼けてぱりっとした薄皮. 果物に砂糖と卵白の混ぜたものをかけてオーヴンで焼いたり, また菓子に砂糖を振りかけて焼いた時の表面にできる砂糖の膜／pomme en ～ 皮に砂糖膜が張った焼きりんご菓子／chausson aux pommes en ～ 砂糖を振りかけて焼き, 表面に砂糖膜が張ったりんごのショソン ❷中身を詰めたボンボンの外側のアメの部分⇒abaisse

croûter [クルテ] [仏][他] (＝faire ～) (パート・ダマンド製品や, リキュールボンボンをつくる時, 空気にさらしたり, ホイロに入れて)表面を乾かして, 膜をつくる ‖ [自] ❶(生地やクリームが)空気に触れて表面が乾いて固くなる ❷〔俗〕食べる

croûton [クルトン] [仏][男] ❶クルトン. 食パンをさいの目, 大きなハート形, 棒状などに切り, フライパンで焼いたり, 揚げたりして, 黄金色にしたもの. オーヴンで焼いただけのものもある. サラダに入れたり, スープの浮き身, 半熟卵に添えたり装飾などに使う ❷(＝～ de gelée) ゼリーを冷製料理の装飾用に抜き型で抜いたり, 包丁で切ったもの ❸(外皮のついた)パンの端の部分⇒quignon

croûtonner [クルトネ] [仏][他] (冷製オードヴルやアントレの皿の縁に)ゼリーのクルトンをきれいに並べる

crown [クラウン] ([仏] couronne, [独] Krone) [英][名] ❶王冠形の菓子 ❷王冠形, リング形

cru [クリュ] [仏][男] ❶(食品の) 特産地 ❷(ブルゴーニュ地方) 特性をもった高級ワインを産するぶどう畑または小区画. クリマ(clima) ともいう ❸ ❷の畑, 区画から産するワイン／grand ～ 特級畑, または特級畑ワイン／premier ～ 一級畑または一級畑ワイン／～s du Beaujolais ボージョレ地区の特定の10村産のワイン ❹ 1) (特定のぶどう園産の) ボルドーワイン⇒château 2) 最高級ボルドーワイン. 公式に格付けされたメドック (Médoc) 地区, ソーテルヌ (Sauternes) 地区の, 最高級ワインを産するシャトーで栽培, 醸造されたワイン／premier grand ～ (またはpremier ～) メドック地区(1～5級)の60シャトー, ソーテルヌ地区 (特別1級および1～2級) の26シャトーが産するワイン／～ classé INAOによって格付けされた高級ワイン. 1855年以降メドック, ソーテルヌについで格付けされたグラーブ, サンテミリオン地区のワインと, 1955年格付けのコート・ド・プロヴァンスの

ワインがこれにあたる

cru, e［クリュ］(独roh, 英raw)仏形 ❶生の / fruit ～ 生の果物 ❷加工されていない

cruche［クリュシュ］仏女 (取っ手のついた, 胴の膨らんだ)水差し

crudité［クリュディテ］仏女 ❶複 生野菜 (生の果物)を数種類取り合わせたオードヴル ❷(生の食品の)消化の悪さ

crumb［クラム］英名 ❶(パン, ビスケットなどの)かけら, 屑, パン粉(仏chapelure, miette, 独Krume, Semmelbrösel) ❷(パン, ビスキュイなどの)身, クラム, 内相(仏mie, 独Krume) ❸(=～ pastry)クラム, クランブル. 砂糖, ビスキュイやパン屑, バターを練り合わせ, そぼろ状にしたもの. 菓子の上面に振りかける. 第二次世界大戦下の倹約のたまもの(独crumble, 独Streusel)→ crumb cake, crumble² ‖ crumb他 ❶(パンなどの身を)小さくくずす ❷パン粉をつける, まぶす

crumb cake［クラム ケイク］米名 ❶クランブルを型に敷き, ジャムを一面に塗って再びクランブルでおおい, 薄切りアーモンドを全面にちらして, 焼きあげた菓子. 冷めてから粉糖をかける ❷ 1)(= apple ～)薄くのばした発酵生地にりんごの薄切りを並べ, クランブルとカランツ種のレーズンをちらして焼いた菓子 2)(= cream cheese ～)薄くのばした発酵生地に, 砂糖, バター, レーズンを混ぜ合わせたクリームチーズを塗り, シナモンを混ぜたクランブルで上面をおおって焼いた菓子

crumble¹［クランブル］仏男 ❶(= pâte à ～)クランブル, クラム. バター, 砂糖, アーモンド粉, 塩, 小麦粉をまとめて, ぼろぼろの(または大まかな破片)状態にした生地を天パンに広げてオーヴンで焼く(独Streusel, 英crumb(pastry)= streusel ❷[パティスリー]グラタン皿に小さな角切りにした果物を並べてクリームやチョコレートを流し, その上にクランブルを振りかけてオーヴンで焼いた菓子. 温かいうちに供する

crumble²［クランブル］英名 パイ皿に果物の薄切りを敷き, バターと小麦粉をぼろぼろになるまで混ぜ合わせて, それを全面に散らして焼いた菓子. カスタードソースを添え供する / apple ～ りんごのクランブル ‖ crumble他 (パンなどを)ぼろぼろにくずす

crumble cake［クランブル ケイク］米名 クランブルケーキ. 全粒粉, オート麦粉, 油脂, 砂糖を混ぜ合わせたクランブルを型に敷き, 果物などを間に詰め, 再びクランブルでおおって焼いたもの / date ～ 種を抜いたなつめを刻んで詰めたクランブルケーキ

crumb pastry［クラム ペイストリ］英名 砕いたビスケット, 油脂, 砂糖を混ぜ合わせてつくった生地

crumpet［クランピット］英名 クランペット. 小麦粉と水, 重曹を入れたゆるい生地を天パン上のリング型(直径7cm)に流し入れ, ぶつぶつと気孔ができたら, 上下を返して両面を焼いたパンケーキの一種. 内部は餅状. トーストし, バターを塗って朝食, ティータイムに供する. 地方によって様々な種類がある / scottish ～ 薄く焼いたスコットランドのパンケーキ→ pikelet

crush［クラッシュ］(仏broyer, 独brechen, zerdrücken)英他 押しつぶす, 砕く

crushed praline［クラッシュ プラリーン］(仏praliné, 独Nusskrokant, Praline, 英almond-toffee)米名 砕いたプラリネ

crusher［クラッシャー］(仏broyeuse, 独Walze)英名 粉砕機= roller crusher

crust［クラスト］(仏croûte, 独Kruste)英名 ❶パンの外皮, クラスト, 外相 ❷タルト, パイなどの皮, ケース ❸(生地などの)空気に触れて固くなった表皮部分

crystallization［クリスタリゼイシュン］(仏cristallisation, 独kristallisieren)英名 (果物などを砂糖の過飽和溶液に浸し, 乾燥させて表面を)結晶化すること

cube［キューブ］仏形 立方の ‖ cube男 ❶立方体のもの, さいの目に切ったもの ❷立

方体

cube sugar［キューブ シュガー］(仏 sucre de luxe, 独 Stückzucker, Würfelzucker) 英 名 角砂糖. 純度の高い糖液を型に入れ結晶させたもの

cueillir［クイール］仏 他 (花, 果実などを) 摘む, 集める

cuignot［キュイニョ］仏 男 端の外皮がついたパンの一切れ → quignon

cuiller, cuillère［キュイエール］仏 女 ❶ さじ, スプーン ❷ スプーン1杯 (の量) / 〜 à café 小さじ / 〜 à soupe 大さじ / 〜 à glace アイスクリーム・ディッシャー / biscuit à la 〜 ビスキュイ・ア・ラ・キュイエール. 絞り袋がなかった時代, ビスキュイ生地をスプーンでかたどった / 〜 en bois 木製のスプーン. 混ぜ合わせたり, かき混ぜるための調理用具

cuillerée［キュイユレ］仏 女 スプーン1杯の量 / une grosse 〜 à soupe 大さじ山盛り1杯

cuire［キュイール］(独 kochen, 英 cook) 仏 他 (= faire 〜)(食物を)煮る, 焼く, 加熱する

cuiseur［キュイズール］仏 男 調理用の大鍋 / auto〜 圧力鍋 / 〜 vapeur 蒸し器 / 〜 à riz 電気炊飯器

cuisine［キュイズィーヌ］仏 女 ❶ 料理(法), 調理(法) ❷ 台所, 調理場, 厨房 ❸ (ホテル, レストランの) 料理人 ❹ (通常の) 料理, 御馳走

cuisiner［キュイズィネ］仏 自 料理する, 調理する ‖ 他 料理をつくる / plat cuisiné (缶詰, 瓶詰, 冷凍にされた) 調理済みのできあいの料理

cuisinier, ère［キュイズィニエ, ニエール］仏 名 料理人, 料理の上手な人

cuisinière［キュイズィニエール］(独 Herd, Ofen, 英 cooker) 仏 女 ❶ (電気またはガス) レンジ ❷ オーヴンのついた (電気またはガス) レンジ = fourneau

cuisse-dames［キュイスダム］仏 女 スイスの揚げ菓子. キルシュで香りをつけ, 縦長につくる.「ご婦人の太もも」という意味. ピエ・ド・ビシュ (pieds-de bische) と呼ぶ地方もある. こちらは「雌鹿(かわい子ちゃん)の足」という意味

cuisson［キュイソン］仏 女 ❶ 火を使い調理すること, 食物の熱処理. 焼くこと, 煮ること, 揚げること / table de 〜 ガス (電気) 台 ❷ (= temps de 〜) (調理過程中の) 加熱時間 ❸ (食物を煮る) 水, フォン, クールブイヨン, 煮汁 (= liquide de 〜) / 〜 de champignon 水にレモン果汁, 塩, バターを加えたもの. シャンピニオンをゆでるのに用いる

cuisson des sirops de sucre［キュイソンデスィロドスュクル］仏 女 → cuisson du sucre

cuisson du sucre［キュイソン デュ スュクル］仏 女 糖液の煮詰(法). 100〜180℃, シロップからカラメルまで数段階ある = cuisson des sirops de sucre → [付録] le sirop et le sucre cuit

cuit, e［キュイ, キュイット］(独 gekocht, 英 cooked) 仏 形 煮た, 焼いた, 加熱した / sucre 〜 (煮詰めた) 糖液

cuite［キュイット］仏 女 焼くこと

cuivre［キュイーヴル］(独 Kupfer, 英 copper) 仏 男 ❶ 銅 ❷ 銅製品

cul de poule［キュ ド プール］仏 男 底が丸い金属製の半球形の深いボウル. プロ仕様. 卵白を泡立てたり, 熱伝導がよいので, 湯煎にかけて, チョコレートを溶かすのに使用

culinaire［キュリネール］(独 kulinarisch, 英 culinary) 仏 形 料理の

culminer［キュルミネ］仏 自 頂点に達する, きわまる

culot［キュロ］仏 男 ❶ 底などに残るかす ❷ 下部, 底

culottage［キュロタージュ］仏 男 (菓子や鍋などの) 焦げつき

culotter［キュロテ］仏 他 ❶ 鍋や菓子の底を焦げつかせる ❷ (使い古して) 黒ずませ

る, 黒光りさせる

cultiver [キュルティヴェ] [仏] [他] 耕す, 栽培する

culture [キュルテュール] [仏] [女] ❶耕作 ❷耕地 ❸栽培 ❹教養, 文化

cumin [キュマン] ([独]Kreuzkümmel, [英]cumin) [仏] [男] 〔植〕セリ科. クミン. 原産は地中海東部からインドにかけて. 種子は灰黄色で小さく細長い. 香辛料として, またチーズやパンなどに混ぜ込んで使われる. アニスに似た香りと甘味と微妙な刺激性があり, アペリティフのつまみに供されるショコラ・ノワール系のボンボン・ショコラに添えられる. 古くはバビロンの時代より消化効果があることが知られていた. 現代では地中海地方からノルウェーにいたる地域で栽培 = cumin blanc, cumin de Maroc, cumin d'Orient, faux-anis / fromage de Munster au 〜 クミン入りマンステールチーズ

cumin des prés [キュマン デ プレ] [仏] [男] 〔植〕姫ういきょう, キャラウェイ⇒carvi

cup [カプ] [仏] [女] ワイン(白, 赤, 発泡)に果物(柑橘類, 洋梨, 桃, バナナなど)を混ぜたアルコール飲料. シードル, シャンパン, ビールなどに代えることもある. 大きなボウルやピッチャーでつくり, 冷やして大きなグラスで供する. 1950年代に流行した⇒punch[1], sangria

cup cake [カップ ケイク] [米] [名] カップケーキ ❶紙, アルミニウム製の型で焼いた1人用の小さな菓子. 18世紀にアメリカで小さなティーカップで焼いたのが始まりといわれる. マフィン型やラムカンも使用された. 21世紀に入り, 電子レンジでつくるマグカップケーキ (cake in a mug) も登場 ❷〔古〕材料をカップで計った軽いホームメードケーキ. パウンドケーキ(材料を重量で計り, 目が詰まり重さのあるケーキ)に対する呼称⇒butterfly cake, fairy cake

curaçao [キュラソ] [仏] [男] ❶キュラソー ([独]Curaçao, [英]curaçao) 1) オレンジリキュールの1つ. 当初, キュラソー島の橙 (だいだい) の皮からつくった. 現在はヴァレンシアオレンジなどを使用. 無色または黄金色. 人工着色したブルー, オレンジ色もある. 食後酒として飲むほかに, スフレ, クレープシュゼットなどの香りづけ, あるいは生の果物に振りかけたり, 料理, カクテルに使用される. もとはオランダ製であったが, 現在は世界中でつくられている 2)トリプルセック (triple sec). オレンジの皮を使ったリキュール ❷[固] C〜 キュラソー島. オランダ領アンティル諸島の主島

curcuma [キュルキュマ] [仏] [男] 〔植〕ショウガ科. うこん, ターメリック. 原産は熱帯アジア. 根茎は粉末にしてスパイスおよび黄色の着色料として用いられる. カレー粉の成分

curd [カード] [英] [名] ❶凝乳, カード ([仏]caillé, [独]Quark) / baker's 〜 チーズケーキをつくるための凝乳⇒Yorkshire curd tart ❷ (= fruit 〜) オレンジ, またはレモン果汁, 砂糖, 卵黄, バターを混ぜ, 火を通し凝乳状にしたもの. タルト, デザート類の詰め物やスプレッドに用いる⇒lemon curd ❸凝乳状のもの

curdle [カードル] ([仏]cailler, former des grumeaux, [独]gerinnen) [英] [自] (凝乳状に)固まる, (クリームなどが)だまになる

cure-dent [キュルダン] ([独]Zahnstocher, [英]tooth pick) [仏] [男] 爪楊枝

Curnonsky [キュルノンスキ] [仏] [固] [男] キュルノンスキ (1872-1956). 本名モリス・エドモン・サイヤンMaurice Edmond Sailland. フランス人, 作家, ジャーナリスト, 美食家. 1921年, 友人マルセル・ルフMarcel Rouff (1887-1936) と共に小冊子『フランスの美食La France gastronomique』(28回シリーズ) を刊行. 食文化ジャーナリストの道を歩む. 1927年, 美食王 (Prince des Gastronomes) に選ばれる. 1930年, 美食アカデミー(Académie des gastronomes) を創立, 初代総裁となる. 著作のかたわら, 多くのレストランを

めぐり評価を行なう．彼によれば，よい料理とは，誠実で率直，本来の味を維持しているものである．大レストランにありがちな技巧を尽し，気取った料理に対し，家庭的な料理，地方料理の魅力を求め主張する．死ぬまで美食家としての高い評価と敬意を受ける．主な著作に『フランスの地方料理 Recettes des provinces de France』(1930)，『フランス美食宝典 Trésor gastronomique de France』(1933)，『フランスの食通 Fines Gueules de France』(1935)がある

currant [カラント] (独Korinthe, 仏raisin de Corinthe) 英名 カランツ種のレーズン．種なし，小粒

curry [キュリー] 仏男 カレー粉，カレーソース

Cussy, Louis [キュスィ, ルイ] 仏固男 ルイ・キュスィ侯爵 (1766-1837)．帝政下の宮殿管理長官．有名な美食家グリモ・ド・ラ・レニエール (→Grimod de la Reynière) の友人．毎日異なった鳥料理を食べるため366種の鳥料理法を考えたといわれる．著作に『典型的料理 Classiques de la table』(1843)がある / fraises à la ～　キュスィ風苺．苺をシャンパンに漬け，生クリームと共に供する

custard [カスタード] 英名 カスタード ❶ 1)〔狭義〕卵黄，牛乳，砂糖を混ぜ合わせ加熱したもの．カスタードソース．菓子やデザートに添える / whisky (brandy, rum) ～ ウィスキー（ブランデー，ラム酒）風味のカスタードソース．クリスマスプディングに添える 2)〔広義〕卵，牛乳，砂糖，澱粉（コーンフラワー，アロールート，米粉，粉末カスタードなど），バターなどを混ぜて加熱し，とろみをつけたもの．ベイリーフ，キッシュ，その他，好みの香りで風味をつける →pastry cream ❷ (=desert ～) カスタードを焼いたり，蒸したりした菓子 (仏flan, 独Fladen) / baked egg ～　パイ皿にカスタードを注ぎ，ナツメグを振って焼いたデザート / ～ pudding　カスタードを蒸し焼きにしたデザート (→custard pudding) ❸ (=savory ～) 塩味のものはキッシュ，セイボリーに使用する →savory

custard cream [カスタード クリーム] 英名 ❶カスタードに生クリームを加えたもの ❷カスタードを間に挟んだビスケット

custard powder [カスタード パウダー] 英名 粉末カスタード．卵に替わりコーンフラワーを使用．牛乳で溶き，砂糖を加えカスタードをつくる

custard pudding [カスタード プディング] 英名 (=backed ～) カスタードプディング ❶カスタード（卵，砂糖，牛乳などでつくった種）を，あらかじめ生地を敷き込んで空焼きしておいた型に注ぎ，オーヴンで焼く ❷カスタードを小さなラムカンに注ぎ，湯煎にしてオーヴンで焼く →pudding[1]

custard sauce [カスタード ソース] 英名 カスタードソース．卵，砂糖，牛乳，小麦粉またはコンスターチを混ぜて加熱してつくる菓子用ソース

cut-out [カットアウト] 英名 (ナイフ，抜き型を使って)切り抜くこと

cutter [カッター] (仏découpoir, emporte-pièce, 独Ausstecher) 英名 抜き型＝cookie cutter, pastry cutter

cuve [キュヴ] 仏女 ❶ミキサーに付属している大きなボウル (独Schüssel, 英tun) ❷桶 ❸水槽

cygne [スィーニュ] (独Schwan, 英swan) 仏男 ❶〔パティスリー〕シュー生地で白鳥形につくり，クリームを詰めた菓子 ❷白鳥

cylindre [スィランドル] 仏男 円筒

cynorrhodon [スィノロドン] (独Hegbutte, 英rose hip) 仏男 野ばらの実．ローズヒップ．楕円形の赤い実．グラトキュと呼ばれ，ジャムや蒸留酒をつくる →églantier, gratte-cul

Dachziegelform [ダッハツィーゲルフォルム]（仏 moule à tuile, 英 tuile mo⟨u⟩ld）独 女　テュイール型

dacquois, e [ダクワ, ワーズ] 仏 形（フランス南西部ランド県）ダクスの ‖ dacquoise 女 ❶（＝fonds de 〜）ダコワーズの台．泡立てた卵白に，粉末アーモンド，砂糖を加えた生地を絞り袋でらせん状に絞り出すか，セルクル型やシャブロンで型抜きをして円形に焼く．シュクセの変種．ムラングとビスキュイの中間的食感の台．アントルメの準備品として，またムース，ガナッシュ，バヴァロワなどに添えて供する＝pâte à dacquoises ❷〔アントルメ〕（ダクスに起源をもつ）円形に焼いたダコワーズの間にバタークリームを挟み，2〜3段に重ね，上面に粉糖を振りかけたもの．小型菓子にすることも可能．生地に粉末のヘーゼルナッツ，ココナッツ，ピスタチオを混ぜることもある＝palois ❸ダコワーズ型．厚さ1cm，6×4cmの小型楕円形の穴があるシャブロン．一度に数枚(12枚以上)がすりこめる

daiquiri [ダイキリ／デキリ] 仏 男　ダイキリ．ラムベースのカクテル．キューバの町の名に由来

dairy cream [デアリ クリーム]（仏 crème, 独 frische Sahne, milchhaltige Schlagsahne）英 名　(牛乳からとる) 生クリーム → cream

damassine [ダマスィーヌ] 仏 女〔植〕金褐色の楕円形の小さなプラム．スイスで好まれる．タルトにしたり，オドヴィにする

dame [ダム] 仏 女 ❶既婚女性．奥様 ❷女性，婦人（femmeより丁寧な言い方）❸貴婦人 ❹（トランプ，チェスの）クィーン，女王

dame blanche [ダム ブランシュ] 仏 女 ❶ 1) 泡立てた生クリームとチョコレートソースを対にして添えたアイスクリーム．シロップ漬けまたはアルコール漬けの果物を添えることもある　2) アーモンド風味のアイスクリーム　3)〔パティスリー〕ジェノワーズの間に砂糖漬け果物とクリームを挟み，ムラングで全体をおおったもの ❷白，または白っぽい仕上げの菓子につけられる名称 ❸〔料理〕タピオカで軽くとろみをつけた鶏のコンソメ ❹D〜（ドイツ伝承上の不吉な）白衣の婦人

dame-jeanne [ダム ジャンヌ] 仏 女　50ℓの液体が入る大きなガラス，または籐製の籠に入った瓶．ワインやスピリッツの運搬に使われる

damier [ダミエ] 仏 男 ❶〔アントルメ〕上面に格子縞模様の飾りをつけた菓子．ラム酒風味のジェノワーズにプラリネ入りバタークリームを挟み，全体を同じクリームでおおい，側面には薄切りアーモンドをまぶし，上面に格子模様をつける ❷格子縞模様 ❸チェッカーボード

dampen [ダンパン]（仏 mouiller, 独 befeuchten）英 他　湿らす

Dampf [ダンプフ]（仏 vapeur, 英 steam）独 男　蒸気

Dampfel [ダンプフェル] 独 男　→ Ansatz

Dampfnudeln [ダンプフヌーデルン] 独 女 複〔アントルメ〕砂糖を加えた発酵生地を筒形につくって小口切りにして焼くドイツ，オーストリアの菓子．果物のコンポート，ジャム，生クリームと共にあるいは砂糖をまぶして供する．ラム酒風味の杏（⺈）ジャムを包んでショソンのように2つ折りしたものもある．もとは甘くなく，サラダに添えた

damson [ダムズン] 仏 quetsche, 独 Pflaume）英 名〔植〕ダムソン，ダムソンプラム．暗紫色．ジャムやゼリーにする＝

damask plum / ～ cheese　ダムソンのジャム．北ヨークシャー，カンブリアの特産．非常に濃密で，コールドミートや野禽料理にも添える．タルトレットの中身に使う ⇒ cheese

danger［ダンジェ］仏男　❶危険　❷害

dangereu*x*, *se*　［ダンジュルー，ルーズ］仏形　❶危険な，危い　❷有害な

danicheff　［ダニシェフ］仏男　〔パティスリー〕四角に焼いたジェノワーズを3段に切り，1段目の上にクレームパティシエール，2段目の上にアルコールに漬けて細かく刻んだ果物を一面にちらして3段目をのせる．最後に，全体をムラングイタリエンヌでおおい，オーヴンに入れて焦げ目をつける．名前の由来は不明だが，ベル・エポック時代につくられたようだ

dänischer Plunder［デーニッシャー プルンダー］（仏 viennoiserie，英 danish pastry）独男　デニッシュペストリー ⇒ Plundergebäck

danish paste［デイニッシュ ペイスト］（仏 pâte levée feuilletée Danois，独 Plunderteig）英名　デニッシュ用生地．発酵生地でバターを包み，フイユタージュと同様に折りたたんだ生地 ⇒ danish pastry

danish pastry［デイニッシュ ペイストリ］英名　❶デニッシュ用生地でつくったパン菓子（仏 viennoiserie，独 dänischer Plunder, Plundergebäck）　❷デニッシュ用生地．発酵生地にバターを折り込んだもの＝danish paste（仏 pâte levée feuilletée Danois，独 Plunderteig）⇒ pastry

danois, *e*　［ダヌワ，ワーズ］仏形　デンマークの ‖ danois 名 デンマーク人

dariole［ダリオル］仏女　❶上方が少し口広がりの円筒形の型，ダリオル型．ババ型ともいう．ババ，フラン，カップケーキ，ガトー・ド・リ，カスタードプディングなどに使用（独 Becherform，英 dariole mould）　❷ダリオル型で焼いた菓子　❸〔パティスリー〕フイユタージュを円錐形につくり，フランジパーヌを詰めてこんがり焼いたもの．ラブレー François Rabelais（1494?-1553）が言及しているほど非常に古い菓子．現在，シャンパーニュ地方ランス，イル＝ド＝フランス地方ボーヴェでサン＝レミ祭（10月1日）に伝統的につくられている　❹チーズ入りタルトレットまたはフラン

Darjeeling［ダージーリング］（英 Darjeeling）仏男　ダージリン．インド産紅茶の一品種．果実の香りがあり，蜂蜜の後味がする．菓子とよく合う

dartois［ダルトワ］仏男　ダルトワ．2枚のフイユタージュの間にクリームやアンチョヴィなどを挟んだもの．19世紀の通俗喜劇作者フランソワ＝ヴィクトール・ダルトワ François-Victor Dartois に由来　❶〔パティスリー〕2枚の帯状のフイユタージュの間に，クレームパティシエールあるいはアーモンドクリーム，ジャムなどを詰めて焼く．フランジパーヌを詰めたものは（「マノン」の作曲者マスネが特に好んだため）ガトー・ア・ラ・マノン（gâteau à la Manon）とも呼ばれる / ～ aux pommes　りんご入りダルトワ　❷温かいオードヴル．2枚のフイユタージュの間にアンチョヴィ，小海老，フォアグラなどを詰める

dash［ダッシュ］（仏 écraser, lancer，独 zerdrücken）英他　❶（激しく）打ちつける　❷打ち砕く，粉砕する

datte［ダット］（英 date，独 Dattel）仏女　〔植〕ヤシ科．なつめやしの実，デーツ．原産は北アフリカ，エジプト，アラブ，ペルシア湾沿岸．大きさは親指大．茶色の果肉には厚みがあり，甘味が強く，カルシウム，カリウム，リン，ビタミンBなどを含む．密閉容器に入れるか，天日干しにして保存．そのまま，またはベニエ，ヌガー，ジャム，プティフールなどにして食す

datte fourrée［ダット フレ］仏女　〔プティフール〕詰め物をしたなつめやしの実．なつめやしの実を切り開き，パート・ダマンド（時には着色）を詰め，糖液にくぐらすか，あるい

は糖液に一晩浸し,乾かして糖を結晶化させる→fruit déguisé

Dattel ［ダッテル］（仏 datte, 英 date）独 女 〔植〕なつめやしの実, デーツ

datte rouge ［ダット ルージュ］仏 女→jujube

daube de banane ［ドーブ ド バナーヌ］仏 女 バナナのドーブ(煮込み). 料理用バナナを使ったアフリカの代表的なデザートから着想. フルーツバナナ(banane fruit)を縦に切って, バターでソテーして赤ワイン, 砂糖, シナモンを振りかけて少し煮込む.

Dauergebäck ［ダオアーゲベック］独 中 日持ちのする菓子

Dauphiné ［ドフィネ］仏 固 男 ドーフィネ地方. フランス南東部の地方名. アルプスとローヌ渓谷の間に広がる地域. 起伏が多く, 気候も変化に富んでいるため多くの産物を生み, 美食の地に数えられている. 菓子としてはポーニュ(→pogne)と呼ばれる王冠形のブリオッシュ, グルノーブルの胡桃菓子, 糖菓では蜂蜜入りトゥーロン(→touron au miel de Gap), モンテリマールのヌガーが代表的. 衛兵形に焼いたサブレ(シュイス→suisse), 雌鶏形のガレット(クーヴ→couve), 洋梨, プルーン, レーズンなどを詰めた素朴なリソール(→rissole)も名高い

dauphinois, e ［ドフィノワ, ワーズ］仏 形 ❶ドーフィネ(人)の ❷ドーフィネ風の. ドーフィネ産の胡桃を使ったコーヒー味の菓子に付される名称

dé ［デ］仏 男 さいの目切り / le beurre en ～s 小さく切ったバター

débarrasser ［デバラセ］（独 aufräumen, einräumen, 英 clear）仏 他 ❶片づける, 邪魔な物を取り除く ❷(加熱に使った鍋などから)ほかの容器に移し替える

débiter ［デビテ］（独 schneiden, 英 cut up）仏 他 ❶切り分ける, 細かく切る ❷小売りする

débloquer ［デブロケ］仏 他 ❶(クーヴェルテュールの温度調整の温度が高すぎて)クーヴェルテュールの状態が流動状になる, ゆるむ→bloquer ❷(アパレーユを混ぜ合わせやすくするために, 液体や泡立てた卵白を加えて)アパレーユの状態をゆるめる ❸解除する, 流通させる

déborder ［デボルデ］仏 自 溢れる ‖ 他 (…の縁を)越える, (…から)溢れる, (～ de...)(…で)溢れる

déboucher ［デブシェ］（独 den Korken ziehen, 英 uncork）仏 他 (瓶の)栓を抜く

débris ［デブリ］仏 男 破片, かけら, 残ったもの

débrocher ［デブロシェ］仏 他 (肉などを)串から抜く

début ［デビュ］仏 男 ❶初め, 発端 / au ～ 初めは, まず第一に ❷デビュー, 初登場

décalotter ［デカロテ］仏 他 帽子状のものを取り除く. (瓶の)栓を抜く, 蓋をとる

décanter ［デカンテ］（独 dekantieren, 英 decant）仏 他 ❶溶かしバター, 揚げ油, ブイヨン, 赤ワインなどを, ほかの容器に移し替えながら, 液体中の不純物を取り除く ❷(澱(おり)を容器の底に沈めるため)濁った液体を動かさずに置いておく ❸(下ごしらえに使った香草などを)取り出す

décercler ［デセルクレ］仏 他 セルクル型を外す

décharger ［デシャルジェ］仏 他 (タルト類の生地を空焼きしている間, または焼成後)生地を敷き込んだ型に詰めた重石を取り除く→charger

déchet ［デシェ］仏 男 ❶複 屑, 廃棄物 ❷目減り, 減損

déchiqueter ［デシクテ］仏 他 ❶(ナイフなどで)細かく切れ目を入れて飾りつける ❷細かく切り裂く, 刻む

déchirer ［デシレ］仏 他 裂く, 破る ‖ se ～ 代動 破れる, 裂ける

décilitre ［デスィリットル］仏 男 (容量の単位)デシリットル, 10分の1リットル. 略号 *dl*

décoction ［デコクスィヨン］仏 女 (肉, 野

菜,香草などを水からゆっくりと煮立てて,味や香りを)煮出すこと,出汁(だし)をとること

décollage [デコラージュ] 仏男 (張ったものを)はがすこと

décoller [デコレ] 仏他 はがす,離す,剝離する ‖ se ～ 代動 はがれる

décomposer [デコンポゼ] 仏他 ❶分解する ❷変質させる,腐敗させる ‖ se ～ 代動 分解される,腐敗する

décomposition [デコンポズィスィヨン] 仏女 ❶分解 ❷分析 ❸腐敗

décongélation [デコンジェラスィヨン] 仏女 解凍

décongeler [デコンジュレ] 仏他 解凍する

décor [デコール] 仏男 ❶飾り,装飾 ❷外見 ❸舞台装置

decorate [デクレイト] (仏 décorer, 独 dekorieren) 英他 飾る→oven-decorated

décoratif, ve [デコラティフ,ティーヴ] 仏形 装飾の,飾りとなる

décoration [デコラスィヨン] 仏女 飾りつけ,装飾術.菓子やアントルメを完全に美しく見せるために行なう作業全般.使用する材料には以下のものがある 1)アメ細工,ヌガティーヌ 2)チョコレートコポー,チョコレートスプレー 3)絞ったクリーム類 4)スライスアーモンドか粒アーモンド 5)グラスロワイヤル,フォンダン 6)パート・ダマンド 7)コーヒー豆 8)すみれの砂糖漬け 9)果物の砂糖漬け 10)マロングラッセなど

décorer [デコレ] 仏他 菓子の外観をチョコレート,砂糖漬け果物,グラスロワイヤルなどで美しく仕上げる,飾りつけをする

décortiqué, e [デコルティケ] 仏形 殻をとった / noisette ～e 殻をむいたヘーゼルナッツ

décortiquer [デコルティケ] 仏他 (胡桃,甲殻類などの)殻をとる,皮をむく,脱殻する

découpage [デクパージュ] (英 cutting out, carving) 仏男 切り分けること

découper [デクペ] (独 ausstechen, schneiden, tranchieren, 英 cut out, cut up) 仏他 ❶(肉,菓子,果物,アイスクリームを)切り分ける ❷(抜き型やナイフで)切り抜く,切り離す

découpoir [デクプワール] 仏男 (生地,チョコレート,ヌガティーヌなどの)抜き型=emporte-pièce

découpoir à bouchée [デクプワール ア ブシェ] 仏男 ブッシェ用抜き型

découpoir à caramel [デクプワール ア カラメル] 仏男 カラメル切断器

découpoir à décor [デクプワール ア デコール] 仏男 (ハート,ダイヤ,星などの)小さいモチーフ用の抜き型

découvert, e [デクヴェール,ヴェルトゥ] (独 unbedeckt, 英 uncovered) 仏形 おおわれていない,蓋をしていない

découvrir [デクヴリール] 仏他 ❶おおいをとる,蓋をとる (独 aufdecken, 英 uncover) ❷発見する (独 entdecken, 英 discover)

décroûter [デクルテ] 仏他 (フォンダンの流動性を調整する時に,少量の水を入れて)表面の固くなった部分をゆるめる

décuire [デキュイール] 仏他 (煮詰めすぎた糖液,ジャムなどに)水を少しずつ足して薄める

dedans [ドゥダン] 仏副 その中に

deep-freeze [ディープ フリーズ] (仏 congélateur, 独 Gefrierschrank) 英名 冷凍庫

défaire [デフェール] 仏他 解体する,ほどく ‖ se ～ 代動 形がくずれる,解体する

défaut [デフォ] 仏男 (必要なもの,望むものが)ないこと,欠如,(à ～ de...)…がなければ,…の代りに / à ～ de glace pilée, utilisez de l'eau très froide 砕氷がなければ,冷水を使いなさい

déformer [デフォルメ] 仏他 変形させる,いびつにする ‖ se ～ 代動 変形する,いびつになる

défournement [デフルヌマン] 仏男 (パンなどの)窯出し

défourner [デフルネ] (独 aus dem Ofen

nehmen, 英 take out of the oven) 仏他 (パンを)窯から出す, オーヴンから出す→enfourner

defrost [ディフロスト] (仏 décongeler, 独 auftauen)英他 (冷凍食品を)解凍する

dégager [デガジェ] 仏他 ❶取り除く, 片づける ❷(匂い, 香りを)発散する, 放つ ❸ (埋もれているものなどを)引き出す, 取り出す‖se～ 代動 ❶(匂いなどが)発散する, 立ちのぼる ❷(障害物などが)なくなる

dégarnir [デガルニール] 仏他 (備えつけたものなどを)取り除く

dégeler [デジュレ] 仏他 (氷結したものを)溶かす‖se～ 代動 (氷が)溶ける, 冷えたものが暖まる

déglaçage [デグラサージュ] 仏男 鍋底に焦げついた焼き汁を, ワインなどの液体を入れて溶かすこと

déglacer [デグラセ] 仏他 ❶水, 酒類で鍋の底についた焦げ汁をかきとりながら薄める ❷鍋の縁についた砂糖を刷毛を使って水で溶かす ❸氷を溶かす ❹温める

dégorger [デゴルジェ] 仏他 ❶(肉, 臓物, 野菜などを)水にさらす ❷塩もみをする

dégourdir [デグルディール] 仏他 (水, シロップ, 卵などを)軽く温める(37〜40℃)

dégraisser [デグレセ] 仏他 ❶鍋に残っているカラメルを熱湯で溶かす ❷(ソース, スープなどの表面に浮く)余分な脂肪を取り除く

degré [ドゥグレ] 仏男 ❶(単位)度, 度数 ❷段階, 程度 ❸等級, 度合

degré Baumé [ドゥグレ ボメ] 仏男 ボーメ度(略号°B). 糖度計を用いてシロップの糖度を表わす単位. 0°Bから40°Bまである. 1961年以後は糖液の比重で表わす→densité

degré Celsius [ドゥグレ セルスィユス] 仏男 セ氏度(略号°C)→Celsius

degré Fahrenheit [ドゥグレ ファレナイト] (独 Fahrenheit, 英 Fahrenheit scale) 仏男 カ氏度(略号°F)→Fahrenheit

dégressif, ve [デグレスィフ, スィーヴ] 仏形 次第に減ずる, 漸減の

dégrossir [デグロスィール] 仏他 粗削りする

déguisé, e [デギゼ] 仏形 変装した／fruit ～ フリュイ・デキゼ. パート・ダマンドを詰め, グラスがけした生の果物またはドライフルーツ→fruit déguisé, marron déguisé

déguiser [デギゼ] 仏他 ❶(材料を見分けがつかないように)加工する ❷変装させる

dégustation [デギュスタスィヨン] 仏女 ❶(酒類の)試飲, 利き酒 ❷(食品の)試食, 品質味覚鑑定, 審査 ❸試食, 試飲スタンド ❹賞味

déguster [デギュステ] 仏他 ❶(酒類, 食品の)味をみる, 味の鑑定をする ❷ゆっくり味わう

dehors [ドゥオール] 仏副 外に, 外部に‖dehors 男 外部, 外側, 外見

déjeuner [デジュネ] 仏自 ❶昼食をとる ❷〔古〕朝食をとる‖déjeuner(独 Mittagsessen, 英 lunch)男 昼食／petit～ 朝食

Dekor [デコール] 独男 →Dekoration

Dekoration [デコラツィオーン] (仏 décor, décoration, 英 decoration) 独女 デコレーション, 装飾, 飾り＝Dekor

dekorieren [デコリーレン] (仏 décorer, 英 decorate) 独他 飾る

Dekortülle [デコールテュレ] (仏 douille, 英 decorating nozzle) 独女 絞って飾るための口金

délayer [デレイエ] (独 auflösen, verrühren, 英 mix〈flour〉with liquid) 仏他 (粉などに液体を加えて)溶く, (液体を加えて)混ぜ合わせる

délicat, e [デリカ, カット] 仏形 ❶(食物が)美味な, (香りが)ほのかな, (色が)柔らかな ❷(細工などが)精緻な, 精巧な ❸敏感な, 傷つきやすい ❹(味覚, 趣味などが)洗練された ❺(問題, 状況が)難しい, 微妙な

délicatement [デリカットマン] 仏副 ❶そ

っと,軽く,(小麦粉などを混ぜ込む時)さっと手早く ❷快く,美味に,ほのかに,繊細に

délicatesse [デリカテス] 仏女 ❶(味覚などの)繊細さ,洗練 ❷優美さ,軽妙さ／avec ～ そっと軽やかに ❸思いやり,心遣い ❹鋭敏,敏感 ❺複 珍味佳肴

délice [デリス] 仏男 ❶デリス.創作菓子,アントルメなどにつけられる名称／～ au citron レモン風味のデリス／～ aux noix 胡桃のデリス ❷きわめて美味なもの ❸大きな喜び(楽しみ)

délicieux, se [デリシィユー, スィユーズ] 仏形 ❶美味な,おいしい／～se surprise 創作菓子,アントルメなどにつけられる名称.意味は「びっくりする程おいしいもの」 ❷楽しい,気持ちのよい

Delikatesse [デリカテッセ] 独中 デリカテッセン,シャルキュトリー.高級惣菜や食品を扱う店.「おいしい料理」という意味

demande [ドゥマンド] 仏女 ❶要求,依頼 ❷注文 ❸申込書

Demerara sugar [デマララ シュガー] ((仏 cassonade en gros cristaux, 独 brauner Zucker) 英 名 粗糖の一種.赤砂糖,赤ざらめ

demi [ドゥミ] 仏形 (ハイフンをつけて名詞の前に置く,性数不変)半分の,2分の1の／un ～-citron 半割りのレモン／forme d'une ～-lune 半月形,半円形

demi-feuilletage [ドゥミ フイユタージュ] 仏男 ❶半分の回数だけ折り返したフイユタージュ ❷フイユタージュの1番生地の断ち落としをまとめて再度のばしたもの.タルトの底などに使う⇒rognure

demi-glace [ドゥミ グラス] 仏女 デミグラスソース.ソースエスパニョールを十分に煮詰め,マデイラを加えたもの

demi-sel [ドゥミ セル] 仏形 (バターなどが)薄塩の,有塩の ‖ demi-sel 男 牛乳からつくった薄塩(2%)のフレッシュチーズ.香草,パプリカ,胡椒などと混ぜ合わせパンにつけて食す.ノルマンディ産が極上

demi-tasse [ドゥミ タス] 仏女 デミタスカップ.小型のコーヒーカップ.エスプレッソ,アラビックコーヒー(カフワ・アラビーヤ)用.60〜90cc(普通のコーヒーカップは約120cc)

démoulage [デムラージュ] 仏男 型から取り出すこと

demould [ディモウルド] (仏 démouler, 独 entformen) 英他 型を取り外す,型から抜き出す

démouler [デムレ] (独 entformen, 英 demould) 仏他 (型の中に入れて焼いたり,つくったりしたものを)型から取り出す

dénaturer [デナテュレ] 仏他 (味,品質などを)変質させる,損なう ‖ se ～ 代動 変質する

dénomination [デノミナスィヨン] 仏女 呼称,名称,命名

dénoyauté, e [デヌワィヨテ] 仏形 果実の種子(核)をとった

dénoyauter [デヌワィヨテ] (独 entsteinen, 英 stone, 米 pit) 仏他 (果実の)種子(核,芯)をとる

dénoyauteur [デヌワィヨトゥール] 仏男 種子(芯)抜き器具

denrée [ダンレ] 仏女 ❶複 食品,食料品 (独 Lebensmittel, 英 foodstuff) ❷(比喩的に)品物,もの

dense [ダンス] 仏形 濃い,密度の高い,比重の大きい

densimètre [ダンスィメートル] (独 Gravimeter, 英 densimeter) 仏男 比重計.鉛または水銀のおもりが入ったガラス製の器具.糖度計と同じ.これを液体に浮かせ,その目盛り(1000〜1500)で計る.1000の目盛りは4℃の水の比重で,0°Bと等しい⇒pèse-sirop

densité [ダンスィテ] (独 spezifisches Gewicht, 英 density) 仏女 比重.シロップの糖度を表わす方法として1961年以後採用.糖度計(⇒pèse-sirop)を使用して測定する／～ de sirop 水1ℓ当たりに含まれる砂糖の量によって得られる比重⇒degré Baumé

dent de loup [ダン ド ルー] 仏女 ❶料理に飾る三角形のクルトン ❷ピエスモンテの縁まわりなどを飾る三角形のパスティヤージュやヌガティーヌ ❸フールセックの一種 1) レモンあるいは蒸留酒の香りをつけたアルザスのクリスマスの菓子. 櫛形波状の特別な天パン (plaque à ～) を使う 2) 半円形でクミンあるいは杏 (あん) の実がついているものなど ❹狼の歯

dentelé, e [ダントレ] 仏形 刻みのついた／rouleau ～ ぎざぎざのついたローラー式カッター, パイ車／poche à douille ～e 星形の口金をつけた絞り袋

denteler [ダントレ] 仏他 ❶ (縁を) のこぎり状に切る, ぎざぎざに切る (独zacken, 英indent) ❷ (ピティヴィエなどの縁まわりを) 刃の先を使ってスカラップ状に切る (独zacken, 英scallop)

dentelle [ダンテル] 仏女 ❶ (=～ de papier) レースペーパー ❷レース／～s レース細工 ❸レース状のもの

dentelure [ダントリュール] 仏女 ぎざぎざ, のこぎり状の形や模様

dépannage [デパナージュ] 仏男 応急修理

dépasser [デパセ] 仏他 ❶追い越す ❷ (限度を) 超える／ne pas ～ 32° au moment de l'enrobage 被膜する時に32℃を超えてはならない ❸行きすぎる ❹ (量・質において) 優る, しのぐ

dépendre [デパンドル] 仏自 (～ de...) ...に左右される, 依存する, 次第による／～ de la saison 季節次第である

déplacer [デプラセ] 仏他 (位置を) 移す, 置き換える, 移動させる

déplier [デプリエ] (独entfalten, 英unfold) 仏他 (たたんであったものを) 拡げる, 折り目をのばす

déposer [デポゼ] 仏他 ❶ (かすなどを) 沈澱させる ❷ (かすなどが) 付着する ❸置く, 下ろす ‖ se ～ 代動 沈澱する, 積もる

deposit [ディポズィット] 英他 ❶ (菓子用のアパレーユを, 型などに) 入れる ❷置く

dépôt [デポ] 仏男 ❶沈澱物, 澱 (おり) ❷置くこと ❸預り物, 委託物 ❹置き場所

dépouiller [デプイエ] 仏他 ❶ (ゆっくり煮立て, 表面に浮きあがった) 灰汁 (あく) や脂を玉杓子ですくいとる, 取り除く ❷ (鳥, 魚の) 皮をはぎとる

dépourvu, e [デプルヴュ] 仏形 (～ de...) (...の) ない, (...を) 持っていない

dépoussiérage [デプスィエラージュ] 仏男 ボンボンをコーンスターチの中から取り出し, 付着している粉を刷毛などで取り払うこと

dépoussiérer [デプスィエレ] 仏他 ❶ボンボンの表面についているコーンスターチを刷毛で取り払う ❷ほこりを払う

der(gute)Geschmack [デア (グーテ) ゲシュマック] 独 ❶goût, savour, 英 flavo(u)r, relish, taste) 独男 うまさ

dernier, ère [デルニエ, ニエール] (独letzt, 英last) 仏形 ❶ (名詞の前) 最後の／au ～ moment 最後になって／en ～ 最後に, 一番後に ❷ (名詞の後) 直前の, 最新の, 最近の

dérober [デロベ] 仏他 ❶ (英 (そら) から取り出した空豆の) 皮をはぐ ❷ (熱湯をかけたトマトやゆでたじゃがいもの) 皮をむく

derrière [デリエール] 仏前 ...の後に, ...の陰に ‖ drrière 副 後ろに ‖ derrière 男 後部, 背後

dès [デ] 仏前 ...の時からすぐに／～ le début de l'ébullition 煮立ちはじめたらすぐに

Désaugiers, Marc-Antoine [デゾジエ マルク アントワーヌ] 仏固 男 マルク=アントワーヌ・デゾジエ (1772-1827). フランスの歌手で詩人. 料理の歌を数多く作詞した

déshydraté, e [デズィドラテ] 仏形 脱水された／produits ～s 濃縮 (乾燥) 食品. 保存性, 軽量化の利点に加え, 即席利用が可能. 濃縮スープ, ジュース, コンデンスミルク, 野菜ペースト, 粉末スープ, 粉末ミルク, インスタントコーヒーなど

déshydrater ［デズィドラテ］（独 dehydrieren, trocknen, 英 dehydrate, desiccate）仏 他 脱水する，水分を取り去る

desiccate ［デスケイト］（仏 déshydrater, dessécher, sécher, 独 dehydrieren, trocknen）英 他 ❶乾燥させる ❷脱水（して粉末状に）する

Design ［ディザイン］（仏 dessin, 英 design）独 中 デザイン

désigner ［デズィニェ］仏 他 指示する，指定する

désinfecter ［デザンフェクテ］仏 他 消毒する

désinfection ［デザンフェクスィヨン］仏 女 消毒

Desinfektion ［デスインフェクツィオーン］独 女 → Desinfizierung

desinfizieren ［デスインフィツィーレン］（仏 désinfecter, 英 decontaminate, disinfect）独 他 消毒する

Desinfizierung ［デスインフィツィールング］（仏 désinfection, 英 decontamination, disinfection）独 女 消毒＝Desinfektion

dessaler ［デサレ］（独 wässern, 英 desalt）仏 他 塩出しする

dessèchement ［デセシュマン］仏 男 ❶（火にかけて）生地の水分を取り除くこと ❷乾燥させること

dessécher ［デセシェ］（独 austrocknen, trocknen, 英 desiccate, dry）仏 他 ❶生地を火にかけ，木杓子でかき混ぜながら余分な水分を取り除く．シュー生地に卵を加える前の操作 ❷バターを加える前に，マッシュポテトや野菜のソテを火にかけ，余分な水分を除く ❸（ホイロやオーヴンで）水分を蒸発させる，乾かす ‖ se ～ 代動 乾燥する

Dessert ［デセーア］（仏 英 dessert）独 中 食後に出すデザート，またはクッキー＝Nachspeise, Nachtisch

dessert[1] ［デセール］（独 Dessert, 英 dessert）仏 男 食事の最後に供される料理，デザート．チーズ，甘味（温または冷アントルメ，パティスリー，氷菓，糖菓），果物がその範疇に入る／grand ～ ワゴン上に数種類陳列したり，メニューにのっている全デザートの見本を大皿に配列し，好みに応じて選択するデザート／treize ～s de Noël プロヴァンスの13種のクリスマスのデザート→Noël

dessert[2] ［ディザート］英 名 デザート．食事の最後に供される 1) イギリスではパイ，プディングなど（→ sweet），アメリカではアイスクリーム，ケーキ類を供する 2) ディナーコースで，甘いものの後にだされる砂糖漬け果物，ナッツ類

desserte ［デセルト］仏 女 ❶（ほかの料理に再生利用する）調理済みの肉，魚の残り（独 Rest, 英 leftover）❷（片づけ用の）食器台，ワゴン

dessiccation ［デスィカスィヨン］仏 女 乾燥，脱水

dessiner ［デスィネ］仏 他 素描する，デッサンする

dessous ［ドゥスー］仏 副 その下に，裏面に，下側に ‖ dessous 男 下部，裏

dessus ［ドゥスュ］仏 副 その上に，表に ‖ dessus 男 上部，外側，表

destiner ［デスティネ］仏 他 ❶（仕事，用途などを）割り当てる，充てる，とっておく ❷予定する，前もって決めておく ‖ se ～ 代動 割り当てられる，志す

détacher ［デタシェ］仏 他 （…から）切り離す，（くっついているものを）はがす／～ l'écorce de l'orange オレンジの皮をむく ‖ se ～ 代動 はがれる，離れる

détaillage ［デタイヤージュ］仏 男 細かく切ること，切り分けること

détaillé, e ［デタイエ］仏 形 細かい，詳しい／beurre ～ 細かく切ったバター

détailler ［デタイエ］（独 ausstechen, schneiden, 英 cut up）仏 他 ❶生地を包丁やスケッパーで一定の大きさに切り分ける ❷（肉，魚，果物などを）輪切り，さいの目，薄切りなどに切り分ける

détendre ［デタンドル］（独 lockern, lösen,

deteriorate[ディティリアレイト](仏 détériorer, 独 verschlechtern) 英 他 (質を)悪くする

déterminant, e[デテルミナン, ナント] 仏 形 決定する,決定的な / élément 〜 pour le goût　風味の決め手になる要素

détrempe[デトランプ] 仏 女　デトランプ.小麦粉に水, 塩を加え, 混ぜ合わせてひとまとめにしたもの. 油脂, 卵などほかの要素を加える前の下準備の生地. 特にフイユタージュをつくるための基礎の生地

détremper[デトランペ] 仏 他 ❶小麦粉に水を混ぜる ❷デトランプをつくる ❸(液体で)柔らかくする, 溶きのばす

détruire[デトリュイール] 仏 他 ❶損なう ❷解体する, 破壊する

deutsch[ドイチュ] 独 中　ドイツ(人, 語)の, ドイツ風な, ドイツ的な

Deutsche[ドイチェ] 独 男 女　ドイツ人

Deutscher Blätterteig[ドイチャー ブレッタータイク] 独 男　ドイツ式フイユタージュ. 生地で油脂を包み, 折り込む方法でつくる

Deutscher Butterkrem[ドイチャー ブッタークレーム] 独 女　泡立てたバターに, 冷まして裏漉ししたクレームパティシエールを混ぜたもの

devant[ドゥヴァン] 仏 前 …の前に(で, を) ‖ devant 男 前部, 前面

develop[ディヴェロップ] 英 他 (グルテンをつくって生地に弾力を与えるため)小麦粉に水を加えよくこねる

développement[デヴロブマン] 仏 男 ❶膨れ, 膨張 / beau 〜 良好な発酵状態 ❷発達, 発展 ❸詳述

développer[デヴロペ] (独 entwickeln, 英 develop) 仏 他 ❶(菓子などを)加熱して膨らます ❷(発酵生地を)発酵させて膨らます ❸(クリームを)泡立てて盛りあげる ❹成長させる ❺発展, 展開させる ‖ se 〜 代動 ❶膨らむ ❷成長する

devil's food cake[デヴルズ フード ケイク] 英 名　悪魔のケーキ, チョコレートケーキ. バター, 砂糖をクリーム状にして卵, 溶かしたチョコレート, 小麦粉とベーキングパウダーを加え, 型に注いで焼く. チョコレート, エヴァミルク, 粉糖を混ぜ合わせたもので全体をおおう → angel cake

dextrose[デクストローズ] 仏 男 デキストロース → [付録] les matières édulcorantes

diable[ディアブル] 仏 男 ❶素焼き製の蓋付き煮込み用鍋. 野菜類を水を加えないで煮込むのに使用 ❷悪魔 / à la 〜　ディアブル風な, 悪魔風. 香辛料を使ったもの, 辛い料理に使われる

diablotin[ディアブロタン] 仏 男 ❶円形にごく薄く切ったパンに, ベシャメルソース(好みで), おろしチーズをのせ, オーヴンで焼いたもの. ポタージュ, コンソメに添える ❷[古]小さなクリームの揚げ菓子 = crème frite ❸チョコレートのドラジェ ❹びっくりボンボン. 包んである紙を開くと音がしたり, 格言を書いた紙が出てくる ❺カクテルをつくる時, 香辛料を計る小さなスプーン ❻小悪魔

diabolo[ディアボロ] 仏 男　レモネードにグレナディン, ミントなどのシロップを加えた清涼飲料

diamant[ディアマン] 仏 男 〔プティフールセック〕サブレ生地を棒状にし, グラニュー糖をまぶし, 輪切りにして焼きあげたもの ❷ダイヤモンド

diamètre[ディアメートル] 仏 男　直径

diastase[ディアスターズ] 仏 女　ジアスターゼ, アミラーゼ. 発芽時に種子や塊茎の中にできる酵素で, 澱粉を液化し, ぶどう糖に変化させる

dick[ディック] (仏 épais, gros, 英 big, thick) 独 形　太い, 厚い, 濃い

Dicke[ディッケ] (仏 épaisseur, 英 thickness)[独][女] 厚さ, 厚み

Dickwerden［ディックヴェーアデン］[独][中] 凍結⇒Erfrieren, Steifwerden

diète［ディエット］([独]Diät, [英]diet)[仏][女] ダイエット, 節食, 食餌療法＝régime

diététique［ディエテティック］[仏][形] 食餌療法の ‖ diététique ([独]Diättherapie, [英]dietetics)[女] 食餌療法, 栄養学

différemment［ディフェラマン］[仏][副] 違ったやり方で, 別様に

différent, e［ディフェラン, ラント］[仏][形] ❶違った ❷様々な

difficile［ディフィスィール］[仏][形] ❶難しい, 困難な ❷難解な ❸険しい

difficulté［ディフィキュルテ］[仏][女] ❶困難, 難しさ ❷難解な部分 ❸異議 ❹悶着

difforme［ディフォルム］[仏][形] 奇形の, 不格好な, 醜い

diffuseur［ディフュズール］([独]Simmerplatte, [英]flame tamer)[仏][男] (＝～ de chaleur) 散熱板. 錫(すず)メッキした鉄製の穿孔のある円形の板. 取っ手付き. 陶製やガラス製の調理器具が直接火に当たらないようにする, あるいは過度の熱を和らげるために調理用器具と熱源の間に入れる

digérer［ディジェレ］[仏][他] 消化する

digestibilité［ディジェスティビリテ］[仏][女] 消化性, 消化率

digestif, ve［ディジェスティフ, ティーヴ］([独]verdaulich, [英]digestive)[仏][形] ❶消化の ❷消化を助ける‖digestif ([独]Likör nach dem Essen, [英]after dinner drink)[男] 食後酒

digestion［ディジェスティヨン］[仏][女] 消化

digestive biscuit［ダイジェスティヴ ビスケット］[英][名] ダイジェスティヴビスケット. 全粒粉を使った甘味を抑えたビスケット. 19世紀イギリスに始まる. 当初は炭酸ソーダを使用し, 消化によいと考えられた

Dijon［ディジョン］[仏][固] ディジョン. ブルゴーニュ地方の都市, 昔のブルゴーニュ公国の首都. この地方の美食の中心地. 名産, 名物料理が多い／moutarde de ～ ディジョンのマスタード. マスタードの種子に酢または未熟な青いぶどうの酸味の強い果汁(⇒verjus)を混ぜたもの. 何種類かある.「ディジョン風」と命名された料理の主な調味料／cassis de ～ カシスのリキュール. 世界一級品の1つ／pain d'épice de ～ パンデピス(⇒pain d'épice)

dijonnais, e［ディジョネ, ネーズ］[仏][形] ディジョンの／à la ～e ディジョン風の. カシスを使った菓子類などに冠される

dilatation［ディラタスィヨン］[仏][女] 膨張, 拡張

diluer［ディリュエ］[仏][他] (水などで)溶かす, 薄める ‖ se ～ [代動] 溶ける

dimbula［ディンビュラ］([独]Dimbula, [英]dimbula)[仏][男] 紅茶の一品種ディンブラ. スリランカ産茶, 高品質. 短時間で濃く抽出される＝thé de Dimbula⇒thé de Ceylan, thé noir

dimention［ディマンスィヨン］[仏][女] 大きさ, サイズ

diminuer［ディミニュエ］[仏][他] 減らす, 小さくする‖[自] 減る, 値下がりする

dinatoire［ディナトワール］[仏][形] 夕食代りの, 夕食を兼ねた

dîner［ディネ］([独]zu Abend essen, [英]dine)[仏][自] 夕食をとる ‖ dîner[男] 晩餐, 夕食. 夜の7～8時頃

dip［ディップ］([仏]plonger, [独]eintauchen)[英][他] (液体に)ちょっと浸す, つける ‖ [米][名] ディップ. (クラッカー, ポテトチップス, 生野菜などにつけて食べる) 香辛料の入ったクリームソース. オードヴルとしてあるいはカクテルと共に供する

diplomate［ディプロマット］[仏][男] ❶〔アントルメ〕 1) 細かくしたブリオッシュ, 砂糖漬け果物でつくるパンプディング⇒pudding de cabinet 2) ビスキュイ・ア・ラ・キュイエール, 砂糖漬け果物を型に詰め, バヴァロワ生地を注ぎ, 冷やしてつくるプディング. クレームアングレーズ, 果物のソースなどを添える. 正式にはpudding à la ～

という ❷〔氷菓〕砂糖漬け果物を使ったボンブグラセ ❸外交官

diplomat pudding ［ディプロマット プディング］（仏pudding diplomate）英名 ディプロマットプディング．砂糖漬けの果物と細かく切ったジェノワーズを型に詰め，カスタードを注ぎ入れて湯煎にしてオーヴンで焼いたパンプディング．カスタードソースあるいはラズベリーソースを添える．温かいまま，あるいは冷たくして供する→cabinet pudding

dipping fork ［ディッピング フォーク］（仏broche à tremper, 独Pralinen-Gabel）英名 トリュフフォーク，チョコレートフォーク．トランペ用のフォーク

dipping wire ［ディッピング ワイア］（仏grille, 独Gitter, Grill）英名 ケーククーラー=cake rack

discrétion ［ディスクレスィヨン］仏女 慎み，遠慮／à ～ 好きなだけ，自由に

disposer ［ディスポゼ］仏他 ❶（秩序正しく）並べる，配置する ❷整理する

disque ［ディスク］仏男 ❶（生地など）薄い円形につくったもの，円盤 ❷レコード

dissimuler ［ディスィミュレ］仏他 隠す，おおい隠す

dissolution ［ディソリュスィヨン］仏女 （砂糖などの）溶解，溶液

dissolve ［ディゾルヴ］（仏dissoudre, fondre, 独auflösen, schmelzen）英他 （液体に）溶かす

dissoudre ［ディスードル］仏他 溶解させる，溶かす ‖ se ～ 代動 溶ける

distillation ［ディスティラスィヨン］（独Destillation, 英distillation）仏女 蒸留．熱を使って液体中の揮発性物質を分離させ，それを冷やして集めること

distiller ［ディスティレ］（独destillieren, 英distil）仏他 ❶蒸留する ❷滴らす

distillerie ［ディスティルリ］（独Brennerei, 英distillery）仏女 ディスティラリー，蒸留所(業)，蒸留酒製造所(業)

distribuer ［ディストリビュエ］仏他 ❶配る，分配する ❷区分する，分類する

divers, e ［ディヴェール, ヴェルス］（独divers, 英diverse）仏形 いろいろな，各種の

diviser ［ディヴィゼ］仏他 ❶分ける，分割する ❷分類する

diviseur à gâteau ［ディヴィズール ア ガトー］（独Einteiler, 英cake-divider）仏男 等分器，デバイダー．菓子を等分に切り分けるための印をつける

D.L.C. ［デエルセ］仏女 date limite de conservation（またはconsommation）の略．保存期限日，消費期限日

D.L.U.O. ［デエルユオ］仏女 date limite d'utilisation optimale の略．最適使用期限日，賞味期限日，品質保証期限日

Dobosböden ［ドボスベーデン］独男 天パンへ薄く塗りつけるようにして焼く生地

Dobosmasse ［ドボスマッセ］独女 卵を別立てにしてバターを混ぜ入れたトルテ用またはシート用生地

dock ［ドック］（仏piquer, 独Löcher stechen）英他 （ピケローラーで）穴をあける，突く

docker ［ドッカー］（仏pic-vite, rouleau à piquer, 独Locher）英名 ピケローラー，ドッカー

doigt ［ドワ］仏男 ❶〔プティフールセック〕／～ de fée 仙女の指．ムラングを細く絞って乾燥焼きした菓子．軽い口当たりとデリケートな繊細さからの命名．「貴婦人の指 (doigt de dames)」ともいう ❷指 ❸指の幅（約2cm），少量

doily ［ドイリ］英名 →doyley

dôme ［ドーム］仏男 ❶丸屋根，ドーム ❷半球形

domestique ［ドメスティック］仏形 ❶家の，家庭の ❷国内の ‖ domestique名 家事使用人

domino ［ドミノ］仏男 ドミノ ❶〔アントルメ〕市松模様の菓子．ジャムを巻き込んだ細いロールケーキを小口切りにして綺麗に型

に敷き込んでクレームバヴァロワーズを詰め冷やした菓子. 型から上下逆さに取り出すと渦巻き模様が表面をおおっている ❷ ドミノ札

doneness [ダンニス] (英) 名 (食物が)適当な状態に料理されていること

donner [ドネ] (独 geben, 英 give) 仏 他 与える／〜 du corps （生地をこねて）こしの強さを出す

doppelkohlensaures Natrium [ドッペルコーレンザオレス ナートリウム] (仏 bicarbonate de soude, 英 bicarbonate) 独 中 重曹, 重炭酸ソーダ→ Natriumbikarbonat

Doppelrahm [ドッペルラーム] (仏 crème double, 英 double cream) 独 男 クレームドゥーブル, ダブルクリーム

dorage [ドラージュ] 仏 男 ❶（菓子の表面に）卵黄を塗ること ❷（表面を）きつね色に焼くこと

doré, e [ドレ] (独 goldfarbig, 英 golden) 仏 形 ❶金色の, こんがり焼いた ❷（菓子の上面に）卵黄を塗った

dorer [ドレ] 仏 他 ❶（生地を色よく焼きあげるために）上面に溶き卵を刷毛で塗る,（2枚重ねた生地が焼成中はがれないように）溶き卵を塗る ❷金箔を張る ‖ 自 焼き色がつく, こんがり焼ける

dorine [ドリーヌ] 仏 女 〔パティスリー〕マロンクリームとクレームパティシエールを詰め, 表面に薄切りアーモンドを散らして焼いたタルトレット

dorure [ドリュール] (独 Eistreiche, 英 egg wash) 仏 女 エッグウォッシュ, ドリュール.（生地に焼き色をつけるため, 表面に塗る）少量の水か牛乳を加えた溶き卵

dos [ド] (独 Rücken, 英 back) 仏 男 背, 背面, 裏

dosage [ドザージュ] 仏 男 分量測定, 定量決定, 調合

dose [ドーズ] 仏 女 ❶分量, 含有量 ❷（薬の）服用量

doser [ドゼ] 仏 他 ❶（各要素の）分量を決める, 配合する ❷（薬の）用量を定める

doseur [ドズール] 仏 男 液量計

dosieren [ドズィーレン] (仏 doser, 英 compound) 独 他 調合する

dot [ドット] (仏 pointiller, 独 punktieren) 英 他 点(点々)を打つ

Dotter [ドッター] 独 男 中 卵黄 = Eidotter, Eigelb

double [ドゥブル] (独 doppelt, 英 double) 仏 形 2倍の, 2重の ‖ double 男 2倍／crème 〜 （もったりと）濃度の高い生クリーム→囲み[crème fraîche]

double boiler [ダブル ボイラー] (仏 bain-marie, 独 Wasserbad) 英 名 湯煎鍋

double cream [ダブル クリーム] (仏 crème double, 独 Doppelrahm) 英 名（もったりと）濃度の高い生クリーム. 泡立てる時に, 4分の1の分量の牛乳を加える→ cream

double fine [ドゥブル フィヌ] 仏 女 (orange 〜) ブラッドオレンジの種類. ドブレヒナ種. 収穫期は2〜3月. スペイン, モロッコ, イタリア産. 大型で, 果皮は薄く鮮やかな赤. 果肉は少し黒みがかった赤色（血のような）だが多汁

doubler [ドゥブレ] 仏 他 ❶（焼成中, 菓子の下部が焦げたり, 固くなったりするのを防ぐために）天パンを二重にする ❷2倍にする, 二重にする ‖ 自 2倍になる／〜 de volume 容量が倍になる

doucement [ドゥースマン] (独 langsam, 英 slowly) 仏 副 静かに, 穏やかに

douceur [ドゥスール] 仏 女 ❶甘さ ❷穏やかさ／en 〜 静かに, 急がずに ❸優しさ ❹ 複 甘いもの, 菓子

dough [ドウ] 英 名 ❶パン, ペイストリー, ヌードルなどをつくる穀類などの粉に少量の水を加えこねたもの (仏 pâte, 独 Teig)／slack 〜 水分を多く含んだゆるい生地／tight 〜 水分が少ない, 固い生地 ❷ (= fermented 〜) 発酵生地 (仏 pâte levée, 独 Hefeteig)／brioche (baba, bun) 〜 ブリオッシュ（ババ, バン）生地／old 〜 古

生地, パン種用に取り分けた発酵生地／mother ～ パン種, スターター ❸小麦粉と水などを混ぜ合わせてひとまとめにしたもの, デトランプ([仏] détrempe)

dough hook ［ドウ フック］([仏] crochet, pétrin spiral, [独]Knethaken) [英] [名] ドゥフック. 電動攪拌(かくはん)ミキサーのアタッチメント. 敷き込み用生地, 発酵生地などをこねるために使用

doughnut ［ドウナット］([仏] berline, krapfen, [独]Doughnut) [英] [名] ドーナッツ. 発酵生地でつくった揚げ菓子. リング状のものが多い. 丸形のものはすぐりなどのジャムを中に詰める. 表面に粉糖をかけ, 熱いものを供す. 同じような菓子のあるドイツ, スカンディナヴィア系住民の多い北アメリカで特に好まれている

douille ［ドゥイユ］([独]Dekortülle, Tülle, [英] piping tube, socket) [仏] [女] 口金. 絞り袋の先につけ, いろいろな形に絞り出す道具. 丸形, 星形, 波形などがあり, 太さもいろいろな種類がある

douille cannelée ［ドゥイユ カヌレ］([独] Sterntülle, [英] fancy tube) [仏] [女] 星口金

douille unie ［ドゥイユ ユニ］([独]Lochtülle, [英] plain tube) [仏] [女] 丸口金

douillon ［ドゥイヨン］[仏] [男]〔地方菓子〕ドゥイヨン. ノルマンディ地方の洋梨を生地で包んだ菓子. 伝統的に秋期につくられる. 洋梨をくり抜き, バター, 砂糖, シナモンを詰め, 大きい生地で包み, オーヴンで焼いたもの. 呼称の由来はdouillette「おくるみ, 部屋着」／～ d'Yvetot イヴェトのドゥイヨン. 洋梨の中にクレームパティシエールを詰め, フイユタージュ生地で包んで焼いたもの. りんごを使ったものはブルドロと呼ばれている⇒bourdelot, rabot(t)e

dourian ［ドゥリアン］[仏] [男]〔植〕ドリアンの実⇒durian

doux, *ce* ［ドゥ, ドゥース］[仏] [形] ❶甘い([独] süß, [英] sweet)／fruit ～ 甘い果物 ❷柔らかい([独]zart, [英] soft)／feu ～ とろ火, 弱火 ❸優しい, 甘美な, 快い([独]nachsichtig, [英] sweet)／saveur ～ce 快い風味

doyley ［ドイリ］([仏] petit napperon, [独]Spitzendeckchen, Zierdeckchen) [英] [名] レースや刺繍を施した小さな装飾用ナプキン, ドイリー＝doily／paper ～ レースペーパー

Dragée ［ドラジェー］([仏] dragée, [英]dragee) [独] [女] [中] ドラジェ

dragée[1] ［ドラジェ］[仏] [女]〔糖菓〕ドラジェ ❶アーモンドに固く糖衣し, 磨いたもの. 白色またはピンク, ブルーなどに着色. 1226年, ロレーヌ地方ミューズ県ヴェルダンの古文書に記述があり, 17世紀には, 特に王家の洗礼式に配られていた. 現在, ヴェルダンはドラジェの町として有名. ヨーロッパでは誕生, 洗礼, 婚約, 結婚などの祝い事に贈る習慣が残る ❷アーモンド以外(ピスタチオ, ヘーゼルナッツ, チョコレート, ヌガティーヌ, パート・ダマンド, リキュールなど)をセンターにして, 糖衣し磨いたもの. 海辺の砂利や小石, 野鳥の卵をかたどったものが各地に銘菓として存在する⇒anis, œufs à la liqueur, olive ❸アラザン. 砂糖粒をセンターにしてゼラチンの溶液にくぐらせ, 食用銀粉を付着させたもの＝perles d'argent⇒perle ❹(＝～ tendre) ソフトタイプのドラジェ. 中身となるアメに溶いたぶどう糖で糖衣し, 粉糖をまぶしたもの. いんげん豆または豆の形をしている⇒chevrier d'Arpajon, haricot de Soissons

dragée[2] ［ドラジェイ］[英] [名] ❶ドラジェ／chocolate ～ 中身がチョコレートのドラジェ ❷アラザン. 菓子の装飾に用いる金・銀粒. 3～4㎜ ❸糖衣したキャンディ, 糖衣錠

dragéifier ［ドラジェイフィエ］[仏] [他] (ドラジェを製作する時)核の表面に非常に薄く糖衣をかける

drain ［ドレイン］([仏] égoutter, [独]abtropfen) [英] [他] ❶水気を切る ❷排水する

drambuie ［ドランビューイ］[英] [名]〔商標〕ドランブイ. スコットランドのリキュール. ウィスキーをベースにヒースの蜂蜜, 薬草を加

えたもの

draw［ドロー］英他 ❶(オーヴンから)出す, 取り出す ❷(線などを)引く, 線で描く

dredger［ドレジャー］(仏 saupoudreuse, glacière, 独 Streubüchse, Streuer) 英名 粉糖, 小麦粉などを振りかける容器

Drehplatte［ドレープラッテ］(仏 plateau tournant, 英 decorating stand, turn table) 独中 回転台

Drehsheibe［ドレーシャイベ］(仏 trancheuse, 英 stencil) 独女 すり込み板

Dreieck［ドライエック］(仏 triangle, 英 triangle) 独男 三角形

Dreikönigskuchen［ドライケーニヒスクーヘン］(仏 gâlette des Rois, 英 twelfth-night cake) 独男 ガレット・デ・ロワ

Dreikönigstag［ドライケーニヒスターク］(仏 Épiphanie, 英 Twelfth Day) 独男 公現節, 主顕節. 三王来朝の祝日

Dresdener Baumkuchen［ドレースデナー バオムクーヘン］独男 ドイツ東部の都市ドレスデンで親しまれている共立てでつくるバウムクーヘン. 小麦粉とスターチは同量でつくる. 外見的には不揃いなこぶができる

Dresdener Christstollen［ドレースデナー クリストシュトレン］独男 重い発酵生地に多量のドライフルーツを加え, 太めの長い形に成形するドレスデンのクリスマスの菓子

dressage［ドレサージュ］仏男 ❶絞り袋を使って, 生地やアパレーユを天パンの上に絞り出して並べること ❷菓子や料理を皿の上にセンスよく並べること, 盛りつけること

dresser［ドレセ］仏他 ❶絞り袋を垂直に立てて, 生地やアパレーユを天パン上に絞り出す (独 auspressen, 英 pipe) ⇒ coucher ❷出来あがった菓子, 料理を皿にきれいに並べる, 盛りつける (独 arrangieren, 英 dish up) ❸(まっすぐに)立てる, 起こす ❹組み立てる, 作成する ‖ se 〜 代動 盛りつけられる, まっすぐに立つ

Dressierbeutel［ドレスィーアボイテル］独男 絞り袋 ⇒ Dressiersack, Spritzbeutel

dressieren［ドレスィーレン］(仏 dresser, 英 squeeze) 独他 絞り袋を使って生地類を絞る. クリーム類で仕上げをする時の絞りとは区別する. その場合はガルニーレン (⇒garnieren) という ⇒ abpressen, drücken, spritzen

Dressiermachine［ドレスィーアマシーネ］独女 (クリームや生地, 種などの)デポジッター, 充填機

Dressiersack［ドレスィーアザック］(仏 poche 〈à douille〉, 英 pastry bag) 独男 絞り袋 ⇒ Dressierbeutel, Spritzbeutel

droit, e［ドロワ, ドロワット］仏形 ❶まっすぐな ❷垂直な ❸正しい ❹右の ‖ droit 副 まっすぐに

drop［ドロップ］英名 ❶滴, 1滴の量 (仏 goutte, 独 Tropfen) ❷ドロップ, パスティーユ. シロップ, 水アメと酸味の強い果実の汁を煮詰め, 大理石に流して冷やし, 切り分けるか, コーンスターチのくぼみに流してかたどったアメ (仏 bonbon, 独 Bonbon) ‖ drop 自 滴たる, ぽたぽた落ちる

drücken［ドリュッケン］独他 (果汁などを)絞る ⇒ abpressen, dressieren, spritzen

drupe［ドリュプ］仏女〔植〕石果, 核果. 中心部に1つの固い核をもつ果実. 種子は核の中にある. 梅, 桃, さくらんぼなど ⇒[付録] les fruits

dry［ドライ］仏形 ❶(ベルモット, ジンが)辛口な ❷(カクテルに)ジンまたはベルモットの入った ❸(extra dry, brut と比較してシャンパンが)どちらかといえば甘口の

Dubois, Urbain-François［デュボワ ユルバン フランソワ］仏固男 ユルバン=フランソワ・デュボワ (1818-1901). フランスの料理人. パリのシェ・トルトニにはじまり, ロシアではオルロフ伯爵, プロシアでは, エミール・ベルナール (⇒ Bernard) と共にヴィルヘルム1世の料理人となる. 料理, 製菓に関する著書が多数あり, ベルナールとの共著

『古典料理Cuisine classique』(1856)をはじめ,『世界の料理Cuisine de tous les pays』(1870),『製菓・糖菓人必携書Grand livre des pâtissiers et des confiseurs』(1883),『現代のパティスリー Pâtisserie d'aujourd'hui』(1894)などが挙げられる

duc［デュック］(仏)(男) 公爵

duchesse［デュシェス］(仏)(女) ❶シュー生地でつくる調理品,菓子の名称　1)〔アントルメ〕長方形に焼いたシュー.スライスアーモンドを振りかけて焼き,クレームパティシエールまたはシャンティイを詰め,表面はカラメルがけにするかココアを振りかける　2)塩味のもの.サルピコンなどを詰めたアントレ,付け合わせ　❷〔プティフール〕1)丸く焼いたムラングを2枚1組にして間にバタークリームを挟んだもの　2)砂糖と粉末アーモンドを混ぜ,ムラングを加えた生地を丸く小さく絞って焼き,2個を1組にし,間にバター入りプラリネを挟んだもの　❸ 1) (= poire 〜 d'angoulême) シャラント地方の秋に収穫するデュシェス種の洋梨.甘くとろけるような香りがある.山羊のチーズやカマンベールチーズに合わせたデザートに用いる.鴨や牛肉料理の付け合わせにもなる　2) デュシェス種の洋梨を使ったアントルメ　❹公爵夫人,公妃／à la 〜 公爵夫人風.絞り出したポム・デュシェス(卵黄入りマッシュポテト)で周囲を飾った料理

duchesse de Sarlat［デュシェス ド サルラ］(仏)(女)〔地方菓子〕胡桃の仁(セルノー)を飾ったアントルメ.シャルロット型にビスキュイを張りめぐらし,その中に胡桃の粉末入りクレームパティシエールを詰め,上部にチョコレートソースをかけセルノーを飾る.フランス南西部ペリゴール地方の中世の町サルラはセルノーの取引地として有名 → cerneau

Duft［ドゥフト］((仏) bonne odeur, (英)〈good〉smell)(独)(男) よい匂い,芳香

duja［デュジャ］(仏)(男) gianduja の略語

Dumfries gingerbread［ダムフリーズ ジンジャーブレッド］(英)(名) スコットランド,ダンフリーズのジンジャーブレッド.強力粉,赤砂糖,ベーキングパウダー,炭酸ソーダ,バターなどでつくった生地に,おろし生姜(½切), スパイス,レーズン,キャラウェイシードを入れ,パウンドケーキ型で焼く

dumpf［ドゥンプフ］((仏) moisi, (英) musty)(独)(形) かびくさい

dumpling［ダンプリング］((仏) boulette, (独) Knödel)(英)(名) 小麦粉,じゃがいも,パン屑などをベースにした生地をそのまま丸めて,または詰め物(肉類,魚,ドライフルーツなど)を包んでゆでる,蒸すあるいは焼いた団子状のもの.小麦粉と刻んだ腎臓の脂を練り,丸めた団子.スープやシチューに入れる.甘味のものは果物を生地で包み,オーヴンで焼く (= fruit dumpling)→ apple dumpling

Dundee cake［ダンディーケイク］(英)(名) 粗糖を使ったケーキ生地にレーズン(サルタナ種)とオレンジピールを混ぜ,円形の型に入れて上部に皮むきアーモンドを同心円状に並べ,粉糖を振って焼きあげるフルーツケーキ.19世紀初頭,スコットランドのダンディーで初めてつくられたといわれる

dunkel［ドゥンケル］((仏) obscur, sombre, (英) dark, obscure)(独)(形) 暗い,(色が)濃い

dünn［デュン］((仏) fin, mince, (英) thin, fine)(独)(形) ❶細い　❷(厚みが)薄い

dur, e［デュール］((独) hart, (英) hard)(仏)(形) ❶ 固い／jaune d'œufs 〜s 固くゆでた卵黄　❷〜に耐える　❸困難な

Durchmesser［ドゥルヒメッサー］((仏) diamètre, (英) diameter)(独)(男) 直径

durchseihen［ドゥルヒザイエン］((仏) passer, (英) strain)(独)(他) 裏漉しする → seihen

durcir［デュルスィール］((独) härten, harden)(仏)(他) 固くする ‖ se 〜 (代動) 固くなる

durcissement［デュルスィスマン］(仏)(男) 固くする(なる)こと,固まること,固めること

durée［デュレ］(仏)(女) ❶持続,持続期　❷耐久

durer [デュレ] 仏 自 ❶続く ❷耐久性がある

dureté [デュルテ] 仏 女 ❶固さ ❷厳しさ

durian [デュリヤン] 仏 男 〔植〕ドリアンの実. 原産はマレーシア. スプーンで身をすくって, オードヴルやデザートに生食する. ジャムにして, 砂糖と生クリームを添えたりもする = dourian

Durst haben [ドゥルスト ハーベン] (仏 avoir soif, 英 be thirsty) 独 のどが乾く

dust¹ [ダスト] 仏 男 紅茶の品質の1つ. 砕葉. 茶の葉が完全に細かく砕けたもの. ティーバッグ用 ⇒ thé noir

dust² [ダスト] (仏 saupoudrer, 独 bestäuben) 英 他 (小麦粉, 砂糖を) 振りかける ‖ dust 名 紅茶の品質の1つ

dusting [ダスティング] 英 名 菓子の上に粉糖を振りかけること

duvet [デュヴェ] (独 Flaum, 英 down) 仏 男 ❶ (果実などの) 綿毛 ❷ (鳥の) 綿毛

E

earl grey［アールグレイ］英名 商品名. アールグレイ. 香り茶. 燻製していない中国産の紅茶にベルガモットの香りをつけた紅茶. 19世紀にイギリスのグレイ伯爵が考案したとされている

Easter［イースター］(仏Pâques, 独Ostern) 英名 復活祭, イースター

eau［オ］(独Wasser, 英water) 仏女 ❶水→囲み［eau］／～ de pluie 雨水／～ de mer 海水 ❷(汗, 唾などの) 分泌物／avoir l'～ à la bouche よだれが出るほどおいしい, ほしくてたまらない ❸(果物などの) 汁気, 水気／un fruit gorgé d'～ 水気の多い果物 ❹水状の液体／～ de riz 重湯, 米のゆで汁 ❺(～ de＋果実名, 植物名ほか) アルコール水などに香りを抽出した液体. リキュール, スピリッツ⇒eau de Barbades, eau de Danzig, eau de fleur d'oranger, eau de noyau, eau de Seltz, eau-de-vie

eau de Barbades［オドバルバッド］仏女 シトロネル⇒citronnelle

eau de Danzig［オドダンツィグ］仏女 セドラの皮, レモンバームの葉, メースを漬けたアルコールを濾過して, 砂糖と, 金箔か銀箔を加えたリキュール. スフレ・ロトシルトの香りづけに伝統的に使用される. 1598年, 現ポーランドのグダニスク (ドイツ語名ダンツィヒDanzig) で創作, 19世紀に広く知られるようになった. ドイツ語名はゴールドヴァッサー (Goldwasser)

eau de fleur d'oranger［オドフルールドランジェ］仏女 オレンジの花水. オレンジの花の芳香性蒸留水⇒fleur d'oranger

eau de lait［オドレ］仏女 乳清. 凝乳を脱水した時に出る水分⇒lactosérum

eau de noyau［オドヌワイヨ］仏女 桃仁(とうにん)酒, 杏仁(きょうにん)酒⇒noyau

eau de Seltz［オドセルツ］仏女 ❶専用のサイフォンに水と二酸化炭素を入れてつくったソーダ水. カクテルをつくる時に使用 ❷セルツァー水. ドイツ, セルツァーの発泡性ミネラルウォーター

eau de source［オドスルス］仏女 深井戸水, 湧水, 源泉採取水. 健康によいとされるミネラルは含まれていない. 通気, デカンテ, 濾過, 炭酸添加は許可されているが, 市販するには厳しい規制がある⇒eau minérale naturelle

eau-de-vie［オドヴィ］(独Brandy, Spirituose, 英brandy, spirits) 仏女 蒸留酒, オドヴィ, ブランデー. かつてはアルコール度数70度以下のワインの蒸留酒を指した. 現在は蒸留して得られたアルコール全般を指す. 味を和らげ香りを増すため, 多くは数年寝かす. ジン, ウォッカ, ウィスキーなど工業的に蒸留されるものは, カクテル, 食前酒として用いられる. 果実酒から手工業的に蒸留されるものは香りが高く, 食後酒として供される. その他, 料理や菓子に香りをつけたり, こくを出すため, フランベ, マリネに使用される. 果実酒のオドヴィは無色透明. キルシュ, ミラベル, ポワール・ウィリアムスなどがある. ワインのオドヴィには, コニャック, アルマニャックが, シードル酒のオドヴィには, カルヴァドスが, その他, マール (ワインを醸造のため絞ったぶどうかす), ラム酒, テキーラ (茎に含まれる液), ウィスキー, バーボン, ジン, アクアヴィット, ウォッカ, シュナプス (穀物) がある⇒alcool

eau gazeuse［オガズーズ］仏女 発泡性ミネラルウォーター ❶スパークリング・ナチュラルミネラルウォーター. 天然の炭酸水. 湧水に炭酸が含まれている発泡性の水. 水を移し替えたりすると発泡は弱くなる＝eau minéral gazeuse naturelle ❷スパークリング・ナチュラルミネラルウォーター（天然の炭酸水）の炭酸を強めた水＝eau minérale regazéfiée

eau minérale naturelle［オ ミネラル ナテュレル］⚀⚁ ナチュラルミネラルウォーター．健康によいとされる炭酸，塩分などのミネラルを含み，採取が認可された湧水，源泉採取．含有ミネラルの修正・変更は禁止されているが，濾過，デカンテ，通気，酸素添加は許可されている．医療用として用いられるため規制があるが，食卓用としてボトル詰めされて市販されているものもある．無炭酸のものと発泡性のもの(炭酸を添加した場合はその旨を明記する義務がある)とがある．ミネラルウォーターとして認可されていても含有物によっては飲料水として不適格なものもある→ eau gazeuse

ébarber［エバルベ］（⚫beschneiden, ⚫trim)⚀⚂ ❶(菓子の縁から，あるいはチョコレートやシュクル・マセなどを型取りする時に型から）はみ出している部分を取り去る，切り落す ❷（魚のひれ，平目などの周囲のひれを）取り除く ❸（ポーチドエッグの

---

eau

eau bouillante［オ ブイヤント］ 熱湯
eau bouillie［オ ブイイ］ 湯ざまし
eau chaude［オ ショード］ 湯
eau crue［オ クリュ］ 硬水．カルシウムやマグネシウムイオンが多く含まれている．野菜類の調理には適さない＝eau lourde
eau de table［オ ド ターブル］ 食卓用飲料水．国の基準に達した処理済み飲料水
eau de ville［オ ド ヴィル］＝eau robinet
eau douce［オ ドゥース］ 軟水．石灰塩，マグネシウム，りん酸カルシウム，炭酸塩，酸素をバランスよく適量に含んだ水
eau en bouteille［オ アン ブテイユ］ ペットボトルや瓶詰めの飲料水．ミネラルウォーター，深井戸水，飲料可能な水の3種類がある
eau (froide) courante［オ (フルワッド) クラント］ 流水
eau frémissante［オ フレミサント］ かすかに沸き立っている湯
eau froide［オ フルワッド］ （常温の）水
eau gazéifiée［オ ガゼイフィエ］ 炭酸水．無炭酸水（＝eau plate）に二酸化炭素を添加した水
eau glacée［オ グラセ］ 冷水
eau lourde［オ ルルド］＝eau crue
eau potable［オ ポターブル］ 水道水．上水道水＝〔俗〕château la pompe「（冗談で）シャトー井戸水」という意味
eau plate［オ プラット］ 炭酸が含まれていないミネラルウォーターあるいは深井戸水．無炭酸水→ eau gazeuse
eau robinet［オ ロビネ］ 水道水＝eau de ville
eau tiède［オ ティエード］ ぬるま湯，温水

卵白部分を）切りとる

ébauchoir ［エボシュワール］仏男 パート・ダマンドの細工用のへら

ébouillanter ［エブイヤンテ］仏他 （アーモンドやトマトの皮をむきやすくしたり、繊維質を引き締めたり、灰汁(*あく*)抜きや瓶の消毒などのために）沸騰した熱湯に浸す、湯通しする、蒸気を当てる→échauder

ébullition ［エビュリスィヨン］（独Sieden, 英ebullition）仏女 沸騰／point d'～ 沸点

écale ［エカール］仏女 ❶（胡桃、アーモンドなどの）殻、（栗の）いが（独Hülse, Schale, 英husk） ❷（豆類の）莢(*さや*)（独Hülse, Schale, 英shuck）

écaler ［エカレ］（独schälen, 英husk）仏他 ❶（胡桃、ヘーゼルナッツ、アーモンド、ある種の果物の）固い殻をとる ❷ゆで卵の殻をむく

écalure ［エカリュール］（独Haut, 英peel）仏女 （実・種子の）固い薄皮、種子のもみがら

écarter ［エカルテ］仏他 ❶離す、隔てる ❷取り除く ‖ s'～ 代動 ❶間隔が開く、離れる ❷遠ざかる

Eccles cake ［エクルズ ケイク］英名 フイユタージュを薄い円形にのばし、りんごの薄切り、レーズン（カランツ種）、ピール、バター、スパイスなどを混ぜたもの（～ filling）を中央に置き、2つ折りにして閉じ、円形になるように平らにのばして上部に水で薄めた卵白を塗り、切れ目を3つ入れて焼く、13世紀頃からつくられているランカシャー州エクルズの銘菓→Banbury cake

échancrure ［エシャンクリュール］仏女 （V状の）切れ込み

échapper ［エシャペ］仏他 （～ à...）…から逃れる、漏れる ‖ s'～ 代動 de... …から逃げる、（気体や液体が）漏れる

échaudé ［エショデ］仏男 ［パティスリー］軽くて、かりかりとした菓子、水、小麦粉、卵、バターを合わせた生地を、四角か、長方形に切り、熱湯でゆで、その後オーヴンで乾燥焼きする、起源は13世紀に遡る、フランスでは、19世紀までは大道で売られ、大変ポピュラーなものであった、四旬節の時は、卵を省き、バターの代わりに油を使ってつくった、現在は伝統菓子として地方に残る→gimblette

échauder ［エショデ］（独brühen, 英scald）仏他 ❶熱湯で洗う、熱湯を通す→ébouillanter ❷（鶏の羽毛を抜くため、あるいは腸などを洗うため）熱湯につける→ébouillanter ❸熱湯で火傷をさせる

échelle ［エシェル］仏女 ❶段階 ❷目盛り ❸梯子

Echiré ［エシレ］仏固 ❶エシレバター、シャラント特産地AOPバター、1894年、エシレ酪業協同組合が設立されて以来、伝統的技法で製造している、無塩バター（beurre doux）はブルーラベル、有塩バター（beurre demi-sel）はグリーンラベルが張ってある→beurre ❷ポワトゥー＝シャラント地方ドゥ＝セーヴル県の村名

éclair ［エクレール］仏男 ❶［パティスリー］エクレール、エクレア、シュー生地を細長く絞って焼き、チョコレートあるいはコーヒー風味のクレームパティシエールを詰め、フォンダン（クリームと同じ香り）をグラスがけしたもの、シャンティイ、マロンクリームなどを詰めてもよい、大きさは用途に応じて自由（独Blitzkuchen, Liebesknochen, 英éclair） ❷稲妻、閃光

éclaircir ［エクレルスィール］仏他 ❶明るくする ❷薄める ❸解明する ‖ s'～ 代動 ❶明るくなる ❷明らかになる

éclater ［エクラテ］仏自 破裂する

éclisse ［エクリス］仏女 ❶（アーモンドなど）細く切ったもの ❷（くさび形をした）木片、薄板

économie ［エコノミ］仏女 ❶経済（学） ❷節約、倹約

économique ［エコノミック］仏形 ❶経済上 ❷倹約になる

écorce ［エコルス］（独Rinde, Schale, 英peel, rind）仏女 （果実、木の）外皮、皮／～ d'orange オレンジの皮／～ d'orange confit オレンジピール

écorcer［エコルセ］(独schälen, 英peel) 仏他 (木・果物・穀物などの)皮をむく

écouler［エクレ］仏他 売りさばく ‖ s'〜 代動 (液体が)流れる, 流出する

écouvillon［エクヴィヨン］仏男 ❶(瓶などを洗う)棒ブラシ ❷パン焼き窯用の掃除用モップ

écraser［エクラゼ］(独brechen, 英crush) 仏他 砕く, 圧しつぶす, 砕いて粉末状にする

écrémage［エクレマージュ］(独Entfettung, 英creaming) 仏男 牛乳からクリームを分離すること, 脱脂

écrémé, e［エクレメ］仏形 牛乳からクリームを分離した / lait 〜 脱脂乳, スキムミルク

écrémer［エクレメ］(独Fett entfernen, 英cream, skim) 仏他 (牛乳の)クリーム分を取り除く, 脱脂する

écrémeuse［エクレムーズ］(独Separator, 英separator) 仏女 クリームセパレーター

écroûter［エクルテ］仏他 (パンなどの)固い外皮をはぐ, むく, とる

écuelle［エキュエル］(独Napf, 英porringer) 仏女 陶製, 木製, 金属製の小どんぶり, 椀, 鉢. 田舎風のスープ, 料理などを供する個人食器 / 〜 d'un chien 犬の餌用容器

écumant, e［エキュマン, マント］仏形 泡立つ, 泡におおわれた

écume［エキューム］仏女 ❶エスプーマ. サイフォンで泡状にしたソース, クリーム, ピュレ, 水などの液体にゼラチンを少量入れてサイフォンで泡状にする. 軽く香り高い, 温製または冷製料理やデザートに使用する. 1994年, カタロニアのレストラン「エル・ブリ」のシェフ, フェラン・アドリアによる創案. 卵白, 澱粉, 生クリームなども使う ❷泡, 浮き泡(独Schaum, 英scum)

écumer［エキュメ］(独abschöpfen, 英skim, scum) 仏他 泡をとる, (糖液, ジャム, ゼリーなどを火にかけている時)表面に浮いてきた灰汁(ぁく)をすくう

écumoire［エキュモワール］(独Schaumlöffel, Siebkelle, 英skimmer) 仏女 網杓子, 穴杓子, スキンマー

écurer［エキュレ］仏他 (鍋を)磨く

écusson［エキュソン］仏男 ❶(アントルメなどの上に張る店のマーク, 名をつけた)シール ❷盾形の標識

écuyer tranchant［エキュイエ トランシャン］仏男 革命前の王の食卓における肉の切り分けおよびサーヴィス係

édulcorant, e［エデュルコラン, コラント］仏形 (飲み物, 食料, 薬の不快な味を和らげる)甘味をつけた, 甘味を加えた, 甘味料の ‖ édulcorant (独Süßstoffe, 英sweeteners) 男 甘味料

édulcorer［エデュルコレ］(独süßen 英sweeten, edulcorate) 仏他 砂糖, シロップ, 蜂蜜などを加えて甘味をつける

effectuer［エフェクテュエ］仏他 (技術的なことを)行なう, 実現する, つくる ‖ s'〜 代動 行なわれる

effervescence［エフェルヴェサンス］仏女 沸騰, 泡立ち, 発泡

effet［エフェ］仏男 ❶結果, 効果, 影響 / à cet 〜 そのために, その目的で ❷印象

effeuiller［エフイエ］仏他 葉をとる, 花びらをむしる

effilé, e［エフィレ］仏形 縦に刻んだ, 先細の / amandes 〜es 薄切りアーモンド, スライスアーモンド

effiler［エフィレ］仏他 ❶(アーモンド, ピスタチオを)縦に薄切りにする ❷(いんげんの両端を折って)筋をとる

effriter［エフリテ］仏他 ぼろぼろに崩れさせる, 細かく砕く ‖ s'〜 代動 細かく崩れる

égal, ale［男複 〜aux］［エガル, ゴー］(独gleich, 英equal) 仏形 ❶等しい ❷平等の ❸一様な

également［エガルマン］仏副 ❶均等に, 一様に, 規則正しく ❷やはり, また

égaliser［エガリゼ］仏他 ❶等しくする, 一様にする ❷平らにする

egg［エッグ］([仏] œuf, [独] Ei) [英] [名] 卵／～ white 卵白／～ yolk 卵黄

egg custard sauce［エッグ カスタード ソース］([仏] sauce anglaise, [独] Englische Creme, Vanillesauce) [英] [名] 卵黄, 砂糖, 牛乳でつくったヴァニラの香りのデザート用ソース ⇒custard

eggnog［エッグナッグ］[英] [名] エッグノック. 卵に牛乳または生クリーム, 砂糖を混ぜてワインなどを加えた温かい飲み物. 冬期, 特にクリスマスに飲まれる

egg wash［エッグ ウォッシュ］([仏] dorure, [独] Eistreiche) [英] [名] (パン, 菓子の上に艶を出すために塗る)溶き卵

églantier［エグランティエ］[仏] [男]〔植〕バラ科. 野ばら. 楕円形の赤い実はグラトキュと呼ばれ, ジャムや, 蒸留酒になる⇒gratte-cul

égouttage［エグタージュ］[仏] [男] ❶ (砂糖漬け果物の製作過程で)糖液につかった果物の水分を切るため, 網の上に置くこと ❷水分を切ること

égoutté, *e*［エグテ］[仏] [形] 水気を切った

égoutter［エグテ］([独] abtropfen lassen, [英] drain) [仏] [他] ❶ (シロップ, 果汁などに浸したもの, 洗ったもの, ゆでたものを) 水切り器, ふるい, シノワなどで水気を切る ❷ (ベニェなどの揚げ物を紙の上などにのせて)油を切る ‖ **s'～** [代動] ❶水が切れる ❷ぽたぽたたれる

égouttoir［エグトワール］([独] Abtropfgestell, [英] draining-board, plate-rack) [仏] [男] 洗った食器類, 器具類を立てかけて水気を切る籠, 水切り籠(台)

égrapper［エグラペ］[仏] [他] (ぶどうなどの粒を)房から切り離す

égrener［エグルネ］[仏] [他] (穂, 莢(さや), 房から) 実 (種子) を摘みとる ‖ **s'～** [代動] (穂, 莢, 房から)実が落ちる

égrugeoir［エグリュジュワール］[仏] [男] 塩, 胡椒を粉末状につぶす乳鉢

égruger［エグリュジェ］[仏] [他] (塩, 胡椒などを)すりつぶす, 粉末にする

Ei ([複] ～*er*)［アイ, アイアー］([仏] œuf, [英] egg) [独] [中] 卵, 卵形のもの

Eidotter［アイドッター］([仏] jaune d'œuf, [英] egg yolk) [独] [男] [中] 卵黄＝Dotter, Eigelb

Eierguss［アイアーグス］[独] [男] クリームソース

Eierkückas［アイアーキュカス］[独] [男] 卵で生地をつなぎ, 牛乳の代わりに生クリームを使ったアルザス地方のクレープ. フランス語ではガトー・オ・ウ(gâteau aux œufs)といい, ドイツ語同様「卵を使った菓子」という意味

Eierschecke［アイアーシェッケ］[独] [男] ドレスデンの銘菓. 天パンに発酵生地を敷き込み, カテージチーズ入りの種を塗る. 生クリーム, バター, 卵, 少量の牛乳でつくったソースをかけて焼く. 焼きあがったら表面にバターを塗り, ヴァニラシュガーを振りかける

Eiertrüffelmasse［アイアートリュッフェルマッセ］[独] [女] トリュフ用の卵黄入りガナッシュ

Eigelb［アイゲルプ］([仏] jaune 〈d'œuf〉, [英] egg yolk, yellow of an egg) [独] [中] 卵黄＝Dotter, Eidotter

Eigelbmakrone［アイゲルプマクローネ］([仏] four poche) [独] [女] マルツィパンローマッセ(⇒Marzipanrohmasse)を卵白でもんで, いろいろな形に絞り, 乾かしてから焼く菓子. フールポッシュ

Eiklar［アイクラール］([仏] blanc 〈d'œuf〉, [英] egg white, white of an egg) [独] [中] 卵白

Einback［アインバック］[独] [男] 細長い棒状に焼きあげた発酵生地を, しばらくおいてから薄くスライスしたもの. これを2度焼きするとツヴィーバック (Zwieback, ラスク) になる

Einfacheiskrem［アインファッハアイスクレーム］[独] [男] 3％以上の乳脂肪分が含まれているアイスクリーム

einfetten［アインフェッテン］([仏] graisser, [英] grease) [独] [他] 油を塗る

einfrieren [アインフリーレン] ([仏] congeler, [英]congeal, freeze) [独] [他] 冷凍する ‖ [自] 凍る

einkochen [アインコッヘン] ([仏] réduire, [英] reduce) [独] [他] 煮詰める

eingelegtes Teegebäck [アインゲレークテス テーゲベック] [独] [中] 白と黒の生地を組み合わせてつくるクッキー

einlegen [アインレーゲン] [独] [他] ❶いっぱいにする, 詰める ❷(酢などに)漬ける

einräumen [アインロイメン] [独] [他] 片づける ⇒ aufraümen

Einrichtungen [アインリヒトゥンゲン] [独] [女] [複] 設備

einrollen [アインロレン] ([仏] enrouler, [英] roll up) [独] [他] 巻く

Einschieben [アインシーベン] [独] [中] 窯入れ ⇒ Beschiken, Beschickung

eintauchen [アインタオヘン] ([仏] détremper, tremper, [英] dip, moisten) [独] [他] 浸す ⇒ einweichen

Einteiler [アインタイラー] ([仏] découpage, [英] cake divider) [独] [男] [中] 分割器, 等分器, デバイダー. タルトやアントルメを等分に切るために, 押し当てて筋をつける道具

einweichen [アインヴァイヒェン] [独] [他] 浸す ⇒ eintauchen

Eipulver [アイプルファー] ([仏] poudre d'œuf, [英] powder egg) [独] [中] 粉末卵

Eis [アイス] ([仏] glacé, [英] ice cream) [独] [中] ❶アイスクリーム ⇒ Eiskrem, Kremeis, Speiseeis ❷氷

Eisauflauf [アイスアオフラオフ] ([仏] soufflé glacé, [英] iced soufflé) [独] [男] スフレグラセ

Eisbecher [アイスベッヒャー] ([仏] coupe glacée, [英] iced coup) [独] [男] クープグラセ. 果物, マカロン, 果物のピュレや果汁, リキュールなどを添えて器に盛りつけたアイスクリーム. 生クリーム, アイスゲベック(⇒ Eisgebäck) を添えたり, チョコレートなどの飾りをつける

Eisbombe [アイスボンベ] ([仏] bombe glacée, [英] iced bombe) [独] [女] ボンブグラセ. 砲弾形に成形したアイスクリーム. 各種のアイスクリームを組み合わせる. マカロン, 果物などにリキュールを染み込ませ, 混ぜ込むこともある

eiserne Kochplatte [アイゼルネ コッホプラッテ] [独] [女] 天パン ⇒ Backblech

Eisgebäck [アイスゲベック] [独] [中] アイスゲベック. 氷菓に添える菓子. 主にヒッペンマッセ(⇒ Hippenmasse)で紙のように薄く焼く. ワッフル, ムラング, 練り込み生地のものもある

Eiskaffee [アイスカフェー] [独] [男] ヴァニラアイスクリームをカップに入れ, 冷やしたコーヒーを注ぎ, 泡立てた生クリームで飾ったもの

Eiskrem [アイスクレーム] [独] [女] アイスクリーム. 果実なしなら10%以上, 果実入りなら8%以上の乳脂肪分を含む ⇒ Eis, Eiskremspeise, Kremeis, Speiseeis

Eiskremspeise [アイスクレームシュパイゼ] [独] [女] アイスクリーム ⇒ Eis, Eiskrem, Kremeis, Speiseeis

Eistorte [アイストルテ] [独] [女] 凍結して供するアントルメ. ビスキュイに香味づけをした生クリームを塗り, アイスクリーム, 生クリームなどを間に塗る. その中にリキュールに浸した果物, マカロンなどを混ぜ込んだりもする

Eiweiß [アイヴァイス] ([仏] blanc 〈d'œuf〉, [英] egg white, white of an egg) [独] [中] ❶卵白 ❷たんぱく(質) = Eiklar

Eiweißglasur [アイヴァイスグラズーア] ([仏] glace royale, [英] royal icing) [独] [女] グラスロワイヤル ⇒ Spritzglasur

élaboré, *e* [エラボレ] [仏] [形] 入念につくりあげられた, 手がこんでいる

élaborer [エラボレ] [仏] [他] 入念につくりあげる ‖ **s'～** [代動] 入念につくりあげられる

élargir [エラルジール] [仏] [他] 広くする, 広げる

élasticité [エラスティスィテ] [仏] [女] 弾性, 弾

力性

elasticity [イラスティスティ] ([仏] élasticité, [独] Elastizität, Dehnbarkeit) [英] [名] (手でこねることによって出る生地の) 弾力, しなやかさ

élastique [エラスティック] [仏] [形] 弾性のある

électricité [エレクトリスィテ] [仏] [女] 電気, 電気設備

élément [エレマン] ([独] Element, [英] element) [仏] [男] ❶ (料理や菓子を構成している)各素材, 材料 ❷要素, 成分, 部品

élémentaire [エレマンテール] [仏] [形] ❶基本の, 基礎の ❷初歩的な

éléocharis [エレオカリス] [仏] [女] 〔植〕カヤツリグサ科. 針藺(はり い). アジア原産の水生植物. 塊茎を煮てココナッツミルク, トロピカルフルーツ, シャーベットと供される＝châtaigne d'eau

élever [エルヴェ] [仏] [他] ❶上げる, 高くする, 高く保つ ❷増大させる, (程度などを)高める ‖ **s'～** [代動] ❶上がる, 高くなる ❷増大する

éliminer [エリミネ] ([独] beseitigen, eliminieren, [英] eliminate) [仏] [他] 取り除く, 除去する ‖ **s'～** [代動] 取り除かれる

Elisenlebkuchen [エリーゼンレープクーヘン] [独] [男] 蜂蜜を使わず, その場で仕込んで焼くレープクーヘン(⇒Lebkuchen)の代表的なもの. ウエハースかワッフルの上に種を塗って焼く. 種はアーモンドまたはヘーゼルナッツを25%以上含み, 小麦粉は10%以下でなければならない. ドイツ全土のクリスマス菓子. ニュルンベルクの銘菓

élixir [エリクスィール] [仏] [男] エリクシール, エリクサー ❶芳香成分を溶かしたアルコール. 種々の香草を蒸留酒に漬けたリキュール類. 製造は中世に遡り, 霊薬として用いられた. 僧院でつくられてきたものが多い / ～ d'Anvers 種々の香草, 薬草を漬け込んだ黄金色のブランデー ❷エリキシル剤. 主薬と香料などを溶かした薬剤 ❸媚薬

Ellipse [エリプセ] ([仏] [英] ellipse) [独] [女] 楕円

éloigner [エルワニェ] [仏] [他] ❶遠ざける, しりぞける ❷延期する ‖ **s'～** [代動] 遠ざかる, 離れる

émaillé, *e* [エマイエ] ([独] emailliert, [英] enamelled) [仏] [形] ほうろうびきの

emballage [アンバラージュ] [仏] [男] ❶包装 ❷荷造り用品

emballer [アンバレ] ([独] einwickeln, [英] wrap) [仏] [他] 包む, 包装する, 荷造りする

embarrasser [アンバラセ] [仏] [他] ❶邪魔する, 場所をふさぐ, 行動を妨げる ❷困らせる, 邪魔する

embout [アンブー] [仏] [男] ❶ (絞り袋につける)口金⇒douille ❷(傘や杖などの)石突き

embrocher [アンブロシェ] ([独] aufspießen, [英] spit) [仏] [他] 串に刺す

émietter [エミエテ] ([独] zerkrümeln, [英] crumble) [仏] [他] (パンなどを) 細かく砕く, 粉々にする, 粉砕する

émincé, *e* [エマンセ] [仏] [形] 薄切りにした, スライスした ‖ émincé [男] ❶薄切り ❷ロースト肉などを薄切りにし, ソースをかけて温めた料理

émincer [エマンセ] ([独] fein schneiden, in Scheiben schneiden, [英] slice) [仏] [他] 肉や果実, 野菜の厚さを均等に薄く切る, ごく薄切りにする

emment(h)al [エマンタル] [仏] [男] エメンタルチーズ. スイスのベルン北東部エメン渓谷近郊エメンタル地方が原産. 牛乳使用. 硬質チーズ. 直径70㎝～1m, 厚さ13～25㎝, 60～130kg. 乳脂肪分45%. さくらんぼ大から胡桃大の気孔がある ❶スイスの原産地表示に登録されたAOCチーズ. エメンタル地方以外のものは生産地を明記する ❷フランス産エメンタルチーズ 1) (＝～ de savoie) サヴォワ地方のエメンタルチーズ 約75kg. 直径75㎝. 熟成期間が75日以上. IGP認定⇒I.G.P. 2) (＝～ français est-central "Grand Cru") ヴォージュやジュラ

の山地, 北アルプス東中央山地部のエメンタルチーズ. 熟成期間12週間以上. 赤ラベルとIGP認定⇒I.G.P., label rouge

émonder [エモンデ] (独 schälen, 英 skin by blanching) 仏 他 ❶ (アーモンド, ヘーゼルナッツ, ピスタチオ, 桃などの) 薄皮を湯むきする, 沸騰した湯に数秒つける⇒monder ❷余計な部分を除く

émondeuse [エモンドゥーズ] 仏 女 アーモンドの皮を除去する機械

émouleur [エムールール] 仏 男 研ぎ師

empâté, e [アンパテ] 仏 形 ❶べたついた, ねばねばした ❷太った

empâter [アンパテ] 仏 他 ❶ペースト状のものを詰める, 塗る ❷〔稀〕型に生地を敷く ❸べたつかせる, (口などを)ねばねばさせる, (舌を)もつれさせる / des bonbons qui empâtent la bouche 舌がべたつくボンボン / l'alcool empâte la langue アルコールを飲んでろれつがまわらなくなる ❹太らせる

empêcher [アンペシェ] 仏 他 妨げる, 邪魔をする, 防ぐ

emplacement [アンプラスマン] 仏 男 (特定の用途のための)場所

emplir [アンプリール] (独 füllen, 英 fill) 仏 他 埋め尽くす, 満たす ‖ s'~ 代動 ~ de… (…で)一杯になる

emploi [アンプロワ] 仏 男 ❶使用, 用法, 用途 ❷仕事

employé, e [アンプロワイエ] 仏 名 勤め人, 従業員, 事務員, サラリーマン

employer [アンプロワイエ] 仏 他 ❶使う, 用いる, 使用する (独 benutzen, 英 use) ❷雇う (独 anstellen, 英 employ)

empois [アンプワ] (独 Stärke, 英 starch) 仏 男 糊

emporte-pièce [アンポルト ピエス] (独 Ausstecher, 英 pastry cutter) 仏 男 抜き型. 生地を切り抜くための型. 丸型, 菊型, 円, 半円, 楕円, 三角などいろいろあり, 大きさも各種ある＝découpoir

emporte-pièce cannelé [アンポルト ピエス カヌレ] 仏 男 刻みのついた抜き型, 菊形の抜き型

emporter [アンポルテ] 仏 他 ❶ (抜き型で)抜く ❷持ち去る, 運び出す, 持っていく

empotage [アンポタージュ] 仏 男 (ジャムなどを)瓶に詰めること

empoter [アンポテ] 仏 他 (ジャム, 野菜などを瓶詰めにするため)瓶に詰める

empreinte [アンプラント] 仏 女 ❶ (押しつけた)跡 ❷押し型, 刻印

empreinte à feuille [アンプラント ア フィユ] 仏 女 葉の押し型. パート・ダマンド, アメを型に押しつけて葉脈をつけるもの＝moule à feuille

Emulgator [エムルガトーア] (仏 émulsifiant, 英 emulsifier) 独 男 乳化剤

emulgieren [エムルギーレン] (仏 émulsifier, 英 emulsify) 独 他 乳化する

Emulgierung [エムルギールング] (仏 émulsionnement, émulsification, 英 emulsification) 独 男 乳化

émulsifiant [エミュルスィフィアン] 仏 男 食用乳化剤. 乳化状態を促進または安定させる添加物. 乳化分散性, 起泡性, 保水性, 澱粉の劣化防止などに使用効果がある / ～s naturels 天然乳化剤. レシチン(アーモンドや大豆, 卵黄から抽出したもの)など

emulsion [イマルシュン] 英 名 〔化〕乳化. (水と油のように本来混じり合わない液体が密接に)混じり合うこと / ～ method 牛乳, 油, 砂糖をよくかき混ぜ, 粉とベーキングパウダーに注いで生地をつくる方法

émulsion [エミュルスィヨン] (独 Emulsion, 英 emulsion) 仏 女 〔化〕乳濁液, エマルジョン. 互いに相容れない水と油を強く攪拌(かくはん)して, 水の中に油を分散(水中油滴型), あるいは, 油の中に水滴が分散(油中水滴型)して乳化の状態になった液. 水中油滴型にはアイスクリーム, マヨネーズなどが, 油中水滴型にはマーガリンなどがある

émulsionner [エミュルスィヨネ] 仏 他 乳

化する. バター, 油などと酢など水分を泡立て器で激しくかき立て, 乳化させる

encaquer［アンカケ］仏他 （にしんなどを）樽詰めにする

en-cas［アンカ］（独Snack, 英snack）仏男 （食事時間外にいつでも食べられるように用意された）軽食, 常備食／～ de nuit 夜の軽食⇒repas

encastrer［アンカストレ］仏他 はめこむ ‖ s'～ 代動 はまる

endaubage［アンドバージュ］仏男 蒸し煮に使う材料全体（ベーコン, ワイン, 玉ねぎ, ブーケガルニ, ローリエ, にんにくなど）

endroit［アンドルワ］仏男 ❶場所 ❷個所, 部分／～ tempéré （少し）温かい所

enduire［アンデュイール］（独bestreichen, verstreichen, 英coat）仏他 （～ de...）（…を）塗る

énergiquement［エネルジックマン］仏副 力強く, 激しく

enfariné, e［アンファリネ］仏形 粉をまぶした

enfariner［アンファリネ］仏他 粉をつける, まぶす⇒fariner

enfermer［アンフェルメ］仏他 ❶閉じ込める, 包み込む（独einschließen, 英enclose）❷しまいこむ

enfoncer［アンフォンセ］仏他 ❶埋め込む, 沈める ❷差し込む, 突っ込む

enfournement［アンフルヌマン］仏男 パンの窯入れ（作業）

enfourner［アンフルネ］仏他 窯に入れる, オーブンに入れる⇒défourner

Engadiner-Nusstorte［エンガディーナーヌッストルテ］独女 ［地方菓子］スイスのエンガディーン地方の胡桃の菓子. 胡桃をカラメルで煮詰め, サブレ生地で包んで焼きあげる

Englischer Fruchtkuchen［エングリッシャー フルフトクーヘン］（cake, 英fruit cake）独男 英国風フルーツケーキ⇒Fruchtkuchen, Obstkuchen

Englischer Hochzeitskuchen［エングリッシャー ホッホツァイツクーヘン］独男 英国風ウェディングケーキ. フルーツケーキにラム酒を染み込ませ, これにパート・ダマンドを被せて段重ねにし, グラスロワイヤルを塗り, デコレーションをする

Englischer Kuchen［エングリッシャー クーヘン］独男 パウンドケーキ⇒Sandkuchen

engraissement［アングレスマン］仏男 肥育

enjolivement［アンジョリヴマン］仏男 装飾, 美しくすること

enjoliver［アンジョリヴェ］仏他 飾る, 美しくする

enlever［アンルヴェ］仏他 取り除く, 取りのける ‖ s'～ 代動 取りはずせる

énoyauté, e［エヌワイヨテ］仏他 核（種）をとった

énoyauter［エヌワイヨテ］（独entsteinen, entkernen, 英stone）仏他 核（種）をとる＝dénoyauter

énoyauteur［エヌワイヨトゥール］仏男 種抜き器＝dénoyauteur

enrichir［アンリシール］仏他 ❶（味や外観を）豊かにする, より充実させる ❷飾る ❸金持ちにする ‖ s'～ 代動 豊富になる

enrichment［インリッチメント］英名 油脂, 砂糖, 卵など, 味を豊かにする材料を加えること

enrobage［アンロバージュ］仏男 （ボンボン・ショコラ製作時に）センターを薄いチョコレート膜でおおうこと. チョコレートフォークを使って温度調整をしたクーヴェルテュールの中をくぐらすコーティング装置（マシン）を使う⇒enrobeuse

enrobe［インロウブ］（仏enrober, 独überziehen）英他 （菓子をチョコレート, クリームなどで）すっかりおおう

enrober[1]［アンロベ］仏他 ❶菓子全体をチョコレートやフォンダンなどですっかりおおう（独bedecken, 英cover）❷ （レード

ルを使って)ソースやゼリーを全体にかける ❸(ベニェなど)揚げ物用生地にくぐらせて衣をつける ❹(～ de...)(…で)包む,おおう,被膜する(独überziehen,英coat) / ～ d'un peu de pâte ほんの少しの生地で包み込む

enrober² [インロウバー]英名(チョコレートやフォンダンなどで)菓子を被膜する機械,コーティング装置

enrobeuse [アンロブーズ]仏女 チョコレート被膜機,コーティング装置.ボンボン・ショコラのセンターをチョコレートで被覆する

enrouler [アンルレ](独einrollen, 英roll 〈up〉)仏他 ❶巻きつける ❷巻く,丸める ❸～ dans...(…の中に)くるむ ‖ s'～ 代動 ❶巻きつく ❷巻いている ❸くるまる

enseignement culinaire [アンセニュマン キュリネール]仏男 調理教育.栄養学,食品に関する衛生学,あるいは調理法などを理論的,実技的に行なう教育

ensemble [アンサンブル]仏副 ❶一緒に,共に ❷同時に ‖ ensemble 男 全体,統一,一揃い

entaille [アンタイユ]仏女 切れ込み,溝

entailler [アンタイエ]仏他 ❶切れ込みを入れる,溝をつける ❷傷をつける

entamer [アンタメ]仏他 ❶最初の1切れを切りとる(独anschneiden, 英cut the first slice of) ❷使いはじめる ❸切れ目をつける,切り傷をつける

entendre [アンタンドル]仏他 ❶聞く,聞こえる ❷理解する ❸欲する

enti*er, ère* [アンティエ,ティエール]仏形 ❶全部の,全体の ❷完全な ❸無傷の

entièrement [アンティエールマン]仏副 全く,完全に,全体に

entkeimen [エントカイメン]独他 殺菌する→keimfrei machen, sterilisieren

entkernen [エントケルネン]独他 種(芯)を抜く→entsteinen

Entkerner [エントケルナー](仏 dénoyauteur, 英 nut corer)独男 種抜き器(さくらんぼ,オリーヴなどの)

entonner [アントネ](独füllen, 英fill)仏他 ❶(酒などを)樽に詰める,注ぎ入れる→encaquer ❷(ソーセージの材料を)腸に詰める

entonnoir [アントヌワール](独Trichter, 英funnel)仏男 漏斗(じょうご)

entourer [アントゥレ](独umgeben, 英surround)仏他 ❶～ de...(…で)囲む,包む ❷取り囲む ‖ s'～ 代動 囲まれる

entraîner [アントレネ]仏他 ❶連れていく,引き立てる ❷引きずり込む ❸(結果を)もたらす

entrée¹ [アントレ]仏女 ❶最初に供される料理.現代の献立では料理数が減少傾向にあり,オードヴル(またはスープ)あるいはアントレ,次いで主菜,サラダ,チーズ,デザートと組み合わせることが多い.この場合アントレには魚料理,生鮮魚介,キャヴィアやフォワグラ,パスタ類,卵料理,キッシュ,スフレ,野菜,サラダ,マリネした魚などが用意される ❷3番目に供される料理.オードヴル(またはスープ),魚料理に続くもの.つまりローストの前に供される料理.宴席ではソースを伴う温または冷菜.アントレが数種出される場合は,各々がまったく別種でなければならない

entrée² [アントレイ]米名 主菜,メインディッシュ

entrelacer [アントルラセ](独verflechten, 英interlace)仏他 組み合わせる,からめる

entremêler [アントルメレ](独mischen, 英intermix)仏他 混ぜる,混合する

entremétier [アントルメティエ](独Beilagenkoch, Germüsekoch, 英vegetable-cook)仏他 (レストラン,ホテルなど大規模の調理場における)アントルメ部門の料理人.スープ類,卵料理,生地を使った料理,野菜料理を担当.パティシエがいない場合は,デザート類も製作→entremets

entremets [アントルメ]仏男 ❶(=～ de

cuisine) 食後のチーズに続いて出される甘いもの, デザート. レストラン, ホテルの調理場の, パティスリー部門でつくられるもの. ❸との関連で, 特に区別する場合はアントルメ・シュクレ(〜sucré)という. カスタードプディング, スフレ, バヴァロワ, ムース, 氷菓など. アントルメ・ショ(→entremets chaud), アントルメ・フロワ(→entremets froid), アントルメ・グラセ(→entremets glacé)に分類される(独Dessert, Süßspeise, 英dessert, sweet cours) ❷(切り分けて供する)大型菓子. アントルメ, ホールケーキ. 特にムース, バヴァロワなどと組み合わせたもの ❸スープ類, 卵料理, 生地を使った料理, 米・野菜料理を含む料理全般, 即ち揚げ物, グリルを除く料理全般. (レストランなどで)アントルメ部門が担当する ❹〔古〕1)ロースト料理の後に供される料理全般, 即ち野菜料理から甘味まで 2)(中世の宮廷)宴会で演じられるショー(音楽, ダンス, 曲芸など)

entremets chaud [アントルメ ショ] 仏男 温かいデザート. ベニェ, クレープ, 甘味のスフレやオムレツ, アルコールをかけてフランベした果物など

entremets froid [アントルメ フルワ] 仏男 冷たいデザート. バヴァロワ, ブランマンジェ, シャルロット, コンポート, クレメ, フラン, ウ・ア・ラ・ネージュ, プディング, 冷たい果物など

entremets glacé [アントルメ グラセ] 仏男 ❶アイスクリームやシャーベットを使ったデザート. 果物入りアイスクリーム, シャルロット・グラセ, オムレット・ノルヴェジエーヌ, ヴァシュラン・グラセ, プロフィトロールなど ❷〔氷菓〕(=〜 moderne) セルクル型(高さ6〜8cm)を使って, ジェノワーズやムラングなどを台にし, アイスクリームやシャーベットを交互に重ねて組み立て, 最後に型をはずした後, シャンティイ, アイスクリームなどを絞って飾りつけしたもの

entremettier [アントルメティエ] 仏男 →

entremétier

entreposer [アントルポゼ] 仏他 冷蔵庫, 倉庫に入れる

entrer [アントレ] (独eintreten, 英enter) 仏他 入る

entrevoir [アントルヴワール] 仏他 垣間見る, ちらりと見る

entrouvert, e [アントルヴェール, ヴェルト] 仏形 少し開いた, 半開きにした / porte 〜e 半開きにした(オーヴンの)戸

entr(')ouvrir [アントルヴリール] 仏他 少し開ける, 半開きにする

entsteinen [エントシュタイネン] (dénoyauter, 英stone, 米pit) 独他 種を抜く→entkernen

enveloppe [アンヴロップ] 仏女 ❶包装(独Verpackung, 英envelope) ❷封筒(独Umschlag, 英envelope)

envelopper [アンヴロペ] 仏他 ❶(フイユタージュやクロワッサン生地をつくるために)油脂をデトランプに包む ❷包む

envers [アンヴェール] 仏男 ❶裏, 裏面 ❷逆, 反対 / à l' 〜 裏返しに

Enzym [エンツューム] (仏enzyme, 英enzyme, ferment) 独中〔化〕酵素→Ferment

épais, se [エペ, エペス] (独dick, stark, 英thick) 仏形 ❶厚い ❷(液体が)濃い, どろっとした, 粘度が高い ❸密な

épaisseur [エペスール] 仏女 ❶厚さ, 厚み / trois 〜s de meringue (円盤状などに焼いた)ムラング3枚 / un peu d' 〜 de... 少し厚めの… ❷濃さ

épaissir [エペスィール] (独verdicken, 英thicken) 仏他 ❶厚くする ❷濃くする, 密にする ❸(クリームにつなぎを加えて)濃度をつける ‖ s'〜 代動 厚くなる, 濃くなる, 密になる

épaississant [エペスィサン] 仏男 濃化剤. とろみをつけたり, 粘度を高めるために添加される物質. カラギーナン, 澱粉, いなご豆の粉末など

épeautre[エポートル]⚖︎ 男 スペルト小麦. 小麦の一種. 栽培は古く, 既に旧約聖書に記載されている. 滋養に富み, やせ地で栽培が可能. 20世紀までドイツ, スイス, フランス(特にアルプス, 中央山塊)で栽培された. 現在, 脱穀した種子は米と同じように調理して肉類の付け合わせ, また田舎風のスープの具にする. 製粉したものはパン, パスタ, ビスケットなどをつくる

épépiner[エペピネ](独entkernen, entsteinen, 英seed)⚖︎ 他 果物の種子, 芯をとる

épi [エピ] ⚖︎ 男 ❶エピ. 麦の穂先の形をした棒パン ❷穂／ ～ de blé 麦の穂／ ～ de maïs とうもろこしの穂(雌花)

épice [エピス] (独Gewürz, Würze, 英spice)⚖︎ 女 香辛料, スパイス, 香料. 植物の葉, 種子などで, 料理や菓子に香りや辛味をつけるために用いる. 塩, 胡椒, クローヴ, ヴァニラビーンズ, ナツメグ, シナモン, サフラン, アニス, クミン, ねずの実, コリアンダー, パプリカ, 唐辛子など／～ fine 上質の香辛料

épicé, e [エピセ](独gewürzt, 英spiced)⚖︎ 形 香辛料を入れた

épice de chambre [エピス ド シャンブル] ⚖︎ 女 糖菓. ういきょう, またはアニス入りのドラジェ, ヌガー, マジパン, ジャム, 果物の砂糖漬けなど.「エピス」には糖菓と香辛料の意味があったので, 料理用香辛料(= épices de cuisine)と区別した語

épicerie [エピスリ] ⚖︎ 女 ❶食料品, 乾物(塩, 砂糖, 粉, 缶詰, パスタ, コーヒーなど)(独Lebensmittel, 英groceries) ❷乾物商, 食料品店, グロッサリー(独Glossar, 英grocer's shop, 米grocery)

épicier, ère [エピスィエ, スィエンヌ](独Lebensmittelhändler, 英grocer)⚖︎ 名 食料品を商う人

épicurien, ne [エピキュリヤン, リエンヌ]⚖︎ 形 快楽主義の ‖ épicurien 名 快楽主義者

épinard [エピナール] (独Spinat, 英spinach)⚖︎ 男 ほうれん草

épine [エピーヌ] (独Dorn, 英thorn, prickle)⚖︎ 女 棘(とげ)／～ d'hiver 冬のエピーヌ種洋梨

épine-vinette [エピーヌ ヴィネット]⚖︎ 女 〔植〕メギ科. 西洋目木(めぎ), バーベリー. 棘(とげ)のある低木. 果実は小さな楕円形で, 酸味が強い. 青い実は酢漬けに, 熟した赤い実はジュレ, シロップにする

Épiphanie[エピファニ](独Dreikönigsfest, Epiphanias, 英Twelfth Night)⚖︎ 女 〔カトリック〕御公現の祝日. 公現節. 語源はギリシア語で「現われ」という意味. 1月6日, 東方の3王がイエスを礼拝に訪れた日. またこの日から日が長くなると感じられるため, 光の祭典でもあり, 空豆や陶器の人形を入れた円形のガレットは太陽をかたどっている. フランスやベルギーはクリスマスより数えた第2日曜日に祝う= jour des Rois → fête, galette des Rois

épluche-légume [エプリュシュ レギューム] (独Schäler, 英vegetable peeler) ⚖︎ 男 ピーラー. 野菜用皮むき器= couteau économe

éplucher [エプリュシェ] (独schälen, 英pare, peel) ⚖︎ 他 ❶ (サラダ菜, ほうれん草, いんげんなどの) 不用部分を取り除く ❷ (果物などの)皮をむく

épluchure[エプリュシュール](独Schale, 英paring, peeling)⚖︎ 女 (果実や野菜の)切り屑, むいた皮

éponge [エポンジュ] ⚖︎ 女 ❶スポンジ, 海綿 (独Schwamm, 英sponge) ❷タオル地, テリークロス (独Frottee, 英terry cloth) = tissu-éponge

éponger [エポンジェ] ⚖︎ 他 ❶ (シロップ, ジャムなどを煮詰める時, 鍋の内側についたはね, こびりつきを)水でぬらした刷毛で洗う ❷ (水気のあるものや揚げ物を)布や紙の上に置いて, 完全に水切りや油切りをする ❸(海綿などで)吸いとる, ぬぐう, ふく

époque [エポック] ⚖︎ 女 ❶時期, 時節／à l'～ des fraises 苺の時期に ❷ (歴史上の)

時代

éprouvette [エプルヴェット] (仏)(女) 試験管／～ pèse-sirop シロップカプセル. シロップの糖度を計る時に使用する⇒pèse-sirop

épuration [エピュラスィヨン] (仏)(女) 浄化, 精製

épurer [エピュレ] (独läutern, 英purify) (仏)(他) 精製する, 浄化する

équerre [エケール] (仏)(女) ❶直角定規 ❷直角

équeuter [エクテ] (独entstielen, 英stem) (仏)(他) (果物の)軸(果柄)をとる

équiper [エキペ] (仏)(他) ❶装備する, 支度をさせる ❷設備を整える, 取りつける

érable [エラーブル] (独Ahorn, 英maple) (仏)(男) 〔植〕かえで／～ à sucre 砂糖かえで／sirop d'～ メープルシロップ

Erdapfel [エールトアップフェル] ((仏)pomme de terre, 英potato) (独)(男) じゃがいも＝Kartoffel

Erdbeere [エールトベーレ] ((仏)fraise, 英strawberry) (独)(女) 苺

Erdbeer-Sahnetorte [エールトベーアザーネトルテ] (独)(女) 苺とザーネクレーム (⇒Sahnekrem)でつくったショートケーキの一種

Erdnuss [エールトヌス] ((仏)arachide, cacahuète, 英peanut) (独)(女) ピーナッツ, 南京豆

Erdnussbutter [エールトヌスブッター] ((仏)pâte d'arachide, 英peanut butter) (独)(女) ピーナッツバター

Erfrieren [エアフリーレン] (独)(中) 凍結⇒Dickwerden, Steifwerden

erhitzen [エアヒッツェン] (独)(他) 温める⇒anwärmen, erwärmen

erkalten [エアカルテン] (独)(自) 冷たくなる⇒abkühlen (lassen)

Ernährung [エアネールング] (独)(女) 食物(栄養上の)

Erntedankfest [エルンテダンクフェスト] ((仏)fête de la vendange, 英Harvest Festival) (独)(中) (ぶどうの)収穫祭

erstarren [エアシュタレン] ((仏)se solidifier, 英become solid, solidify) (独)(自) 凝固する

Erstarrung [エアシュタルング] ((仏)congélation, 英congelation) (独)(女) 凝固

erwärmen [エアヴェルメン] (独)(他) 温める⇒anwärmen, erhitzen

Erzeugnis [エアツォイクニス] (独)(中) 製品

escaloper [エスカロペ] (仏)(他) (肉, 魚の3枚おろし, オマールの身, 野菜などを)斜めに薄切りにする

Escoffier, Auguste [エスコフィエ, オーギュスト] (仏)(固)(男) オーギュスト・エスコフィエ (1846-1935). フランスの名料理人. 主にイギリス (カールトンホテル, サヴォイホテル), フランスで活躍. 世界にフランス料理を広めた料理人の1人. レジオン・ドヌール勲章を受けた. 『調理ガイド Guide Culinaire』(1903)などの著書がある

E. S. D. L. [ウエスデエル] (仏)(男) extrait sec dégraissé du laitの略. 無脂乳固形分. カゼイン, 乳糖, ミネラル分

espace [エスパス] (仏)(男) ❶空間, 場所 ❷隔たり

espacé, e [エスパセ] (仏)(形) 間隔をあけた

espacer [エスパセ] (仏)(他) 間隔をあける ‖ s'～ (代動) 隔たる

espagnol, e [エスパニョル] (仏)(形) スペインの ‖ espagnol (女) エスパニョールソース. 伝統的フランス料理の基本のソース. 仔牛のフォンをベースに, 大量の野菜, 茶色のルウ, マッシュルーム, トマトを加えたもの. ドミグラスはこれをペースト状になるまで煮詰めたもの

espèce [エスペス] (仏)(女) 種類／ une ～ de 一種の

esprit [エスプリ] (仏)(男) ❶〔化〕アルコール製剤. 芳香物をアルコールに漬けて蒸留して得たもの. アルコラの古い言い方／～ de cassis カシスのアルコール製剤⇒alcoolat ❷精神, 心, 思考, 知性, 気風

esprit de vin [エスプリ ド ヴァン] (仏)(男) 酒

精, エチルアルコール. アルコール含有量80%以上の蒸留酒（3倍蒸留してできたもの）. リキュールの製造に用いる

essai［エセ］([独]Probe, Versuch, [英] test, try) [仏] [男] ❶実験, テスト, 試み ❷〔古〕毒見

esse［エス］[仏] [男] S字形をしたもの

Essen［エッセン］([仏] plat, nourriture, repas, [英] food, meal, dish) [独] [中] 料理, 食事, 食物

essen［エッセン］([仏] manger, prendre un repas, [英] eat) [独] [他] 食べる, 食事をする

essence［エサンス］([独]Essenz, [英]essence) [仏] [女] ❶エキス, エッセンス. ソース, クリーム, アパレーユなどに風味をつけるために用いる 1) エッセンス, 揮発性芳香油. 苦アーモンド, オレンジ, ばらなどの, 果物や芳香植物に含まれる精油を蒸留したもの⇒huile essentielle ／〜 de citron レモンのエッセンス／〜 de menthe ミントのエッセンス 2) エキス. 猟鳥や野禽のガラ, 茸, タラゴン, チャービルなどを煮出して煮詰めたもの／〜 de champignon 茸をバター, レモン, 水で煮てから煮汁を煮詰めたもの 3) ワインや酢にトリュフ, にんにくなどを漬けて抽出した調味料 ❷本質, 本性

essence naturelle［エサンス ナテュレル］[仏] [女] 揮発性芳香油⇒huile essentielle

essentiel, *le*［エサンスィエル］[仏] [形] 本質的な, 重要な ‖ essentiel [男] 要点

essentiellement［エサンスィエルマン］[仏] [副] ❶本質的に ❷何よりも, 特に, 主として ❸絶対に

Essenz［エッセンツ］[独] [女] 着香料, エッセンス⇒Aroma

Essig［エッスィヒ］([仏] vinaigre, [英] vinegar) [独] [男] 酢

Essigsäure［エッスィヒゾイレ］([仏] acide acétique, [英] acetic acid) [独] [女] 酢酸

essorer［エソレ］[仏] [他] 水気を切る（とる）, 水分を絞りとる

Essstäbchen［エスシュテープヒェン］([仏] baguettes, [英] chopsticks) [独] [中] 箸

essuie-mains［エスュイ マン］([独]Badetuch [英] hand towel) [仏] [男] 手拭き, ハンドタオル. 手を拭く紙製品やリネン類＝sèche-mains ／〜 en papier ペーパータオル／〜 en rouleau ロールタオル／〜 en éponge タオル地の手拭き⇒serviette, torchon

essuie-verre［エスュイ ヴェール］([独]Glastuch, [英] glass wiping cloth) [仏] [男] ワイングラスなどのガラス製品の食器を拭くリネン／〜 anti-peluche 毛羽立ちを残さないグラス用リネン

E. S. T.［ウ エス テ］[仏] [男] extrait sec total の略. アイスクリーム中の全固形成分. 一定量のアイスクリームをつくる材料から水分を除いて残留した物質

estaminet［エスタミネ］[仏] [男] ❶カフェの喫煙者専用室, または通りに面したコーナー. 北フランス, ベルギーではビストロを指す ❷(18世紀以前)喫煙酒場

estime［エスティム］[仏] [女] ❶尊敬, 敬意 ❷評価

estimer［エスティメ］[仏] [他] ❶尊敬する ❷…と思う ❸評価する

estomac［エストマ］([独] Magen, [英] stomach) [仏] [男] ❶胃 ❷上腹部

Estragon［エストラゴン］([仏]estragon, [英] tarragon) [独] [男]〔植〕エストラゴン

estragon［エストラゴン］([独]Estragon, [英] tarragon) [仏] [男]〔植〕キク科ヨモギ属. エストラゴン. 原産は中央アジア. ハーブの一種. サラダ, ソース, マスタード, 酢などに, 香味をつけるために用いられる

étage［エタージュ］[仏] [男] ❶段, 層 ([英] level) ❷（家屋の2階以上の）階 ([独]Geschoss, [英] floor)

étain［エタン］([独]Zinn, [英] tin) [仏] [男] 錫(すず)

étalement［エタルマン］[仏] [男] ❶広げ（が）ること ❷時間(時期)をずらすこと

étaler［エタレ］[仏] [他] ❶広げる, 並べる ❷〜 sur… (…に)塗る, (…を)かける ❸(皿に)(…を)あける ❹薄くのばす ‖ s'〜 [代動] ❶広がる, 広がっている ❷塗られる

étamage［エタマージュ］[仏][男] 錫(すず)メッキ
étamé, *e*［エタメ］[仏][形] 錫(すず)メッキした
étamer［エタメ］([独]verzinnen, [英]tin)[仏][他] 錫(すず)メッキする
étamine［エタミーヌ］[仏][女] ❶（麻, 綿, ナイロン製などの）漉し布. クリ, ゼリー, ソースなどを漉すのに用いる（[独]Filtertuch, [英]cloth strainer） ❷〔古〕（ふるいとして用いた）剛毛, 粗毛, 針金などの布
étanchéité［エタンシェイテ］[仏][女] 液体や気体をもらさない性質, 防水性, 気密性
étape［エタップ］[仏][女] ❶段階, 期間, 時期 ❷行程
état［エタ］[仏][男] ❶状態 ❷身分
éteindre［エタンドル］（[独]löschen, [英]extinguish）[仏][他]（火やガスなどを）消す
éteint, *e*［エタン, タント］[仏][形] 消えた,（火などを）止めた
étendre［エタンドル］[仏][他] ❶広げる ❷薄くのばす, 薄める ❸(体の一部を)のばす
Etikette［エティケッテ］（[仏]étiquette, [英]label)[独][女] ラベル, レッテル
étiqueter［エティクテ］[仏][他] ラベルを張る
étiquette［エティケット］[仏][女] ❶ラベル,（名・値・荷）札, 商標（[独] Etikette, [英] label, tag） ❷礼儀作法, エチケット（[独]Etikette, [英] etiquette）
étirable［エティラーブル］[仏][形] 伸張性のある
étirage［エティラージュ］[仏][男] ❶引きのばすこと ❷（アメに光沢をつけるため）引きのばすこと. 折りたたみ, 引きのばしを数回くり返す作業
étirer［エティレ］[仏][他]（アメに光沢をつけるために, あるいは生地などを）引きのばす, のばす ‖ **s'〜** [代動] のびる
étoile［エトワール］([独]Stern, [英] star) [仏][女] ❶星 ❷星形, 放射状 ❸（レストラン, ホテルなどの格づけに用いる）星印
étrang*er*, *ère*［エトランジェ, ジェール］[仏][形] ❶外国の, 他国の（[独]ausländisch, [英]foreign） ❷未知の, なじみのない ❸無縁の ‖ étrang*er*, *ère*[名] 外国人（[独]Ausländer, [英]stranger）
étroit, *e*［エトロワ, ワット］[仏][形] ❶狭い, 窮屈な ❷固く結んだ, 緊密な ❸厳格な
étroitement［エトロワットマン］[仏][副] ❶狭く ❷ぴったりと, しっかりと, 緊密に ❸厳重に
étui［エテュィ］[仏][男] 容器, ケース, カバー
étuve［エテューヴ］([独]Gärschrank, [英] drier, toaster) [仏][女] ホイロ（焙炉）. オーヴンの下部に設置され, 30〜100℃に保温が可能. ボンボン, プティフール, ムラング, アメがけの果物などの乾燥や保存に, あるいはブリオッシュ, サヴァラン, クロワッサンなどの発酵生地製品の発酵に使用する
étuvée［エテュヴェ］[仏][女] 蒸し煮
étuver［エテュヴェ］[仏][他] ❶（パート・ド・フリュイ, リキュールボンボンを乾燥させたり, 発酵生地製品を発酵させたりするために）ホイロに入れる ❷（細く小さく切った野菜, りんご, 洋梨を）弱火で, 油を使わず蒸し煮にする⇒braiser
etwas［エトヴァス］[独] 少しの, いくらかの／〜 Salz 塩少々
evaporate［イヴァプレイト］（[仏] déshydrater, dessécher, [独]verdampfen lassen)[英][他]（加熱などによって)水分をとる, 蒸発させる
évaporation［エヴァポラスィヨン］[仏][女] ❶蒸発, 発散 ❷蒸発濃縮(乾燥)
évaporer［エヴァポレ］[仏] ‖ **s'〜** [代動] ❶（水分が)蒸発する ❷消える, 消滅する
événement［エヴェヌマン］[仏][男] 出来事,（重要な)事件
évent［エヴァン］[仏][男]（空気に触れて生じる, 飲食物, 特にワインの)気抜け, 変質
éventail［エヴァンタイユ］[仏][男] ❶扇子, うちわ ❷扇形
éventé, *e*［エヴァンテ］[仏][形] ❶外気にさらされた ❷(酒などの)気が抜けた
éventer［エヴァンテ］[仏][他] ❶風に当てる ❷（酒などを風に当て）気抜けさせる ❸風を送る ‖ **s'〜** [代動]（酒などの）気が抜ける, 変

質する

éventuellement［エヴァンテュエルマン］(仏)副 場合によっては, 必要があれば

Evian［エヴィアン］(仏)固 (女)〔商標〕エヴィアン. フランス, ダノン社のミネラルウォーターのブランド. 採水地はオート＝サヴォア県エヴィアン・レ・バン. 硬水（硬質304）→ eau minérale naturelle

évidage［エヴィダージュ］(仏)男 ❶くり抜くこと ❷果核を取り去ること

évider［エヴィデ］(独 aushöhlen, 英 hollow out, scoop out)(仏)他 ❶ (果物, 野菜の皮を傷つけないで) 果肉を取り出す ❷ (芯抜き, スプーンなどで) りんごの芯(種子)をくり抜く, 取り除く ❸ くり抜く, 穴をあける, 透かし彫りにする

évier［エヴィエ］(独 Spülbecken, 英 sink)(仏)男 流し, シンク

éviter［エヴィテ］(仏)他 ❶避ける ❷ (〜 de ...)…しないようにする

Exal［エグザル］(仏)固〔商標〕マトファ社が開発した型用素材の1つ. 厚さ1mmのアルミで, 型の内側に多層の剥離性加工をし, 外側にラッカーが塗ってある. 熱伝導がよい. 皿洗い機, 冷凍庫などでも使用可. 製品にはタルト型などがある

examen［エグザマン］(仏)男 ❶調査, 検討 ❷試験

excédent［エクセダン］(仏)男 超過(分)

excéder［エクセデ］(仏)他 ❶越える, 超過する ❷手に余る ❸いらだたせる

excellemment［エクセラマン］(仏)副 すばらしく, 見事に

excellence［エクセランス］(仏)女 優秀, 卓越

excellent, e［エクセラン, ラント］(仏)形 すばらしい, すぐれた

exceller［エクセレ］(仏)自 (〜 dans..., / en .../ à...) …に秀でる, 卓越する

exception［エクセプスィヨン］(仏)女 ❶例外, 除外 ❷稀な例

exceptionnel, le［エクセプスィヨネル］(仏)形 例外の, 異例の

exceptionnellement［エクセプスィヨネルマン］(仏)副 例外的に, 特別に, 稀に

excès［エクセ］(仏)男 ❶超過, 過剰, 余分 ❷過度, 行きすぎ

excessif, ve［エクセスィフ, スィーヴ］(仏)形 過度の, 法外な

excitant, e［エクスィタン, タント］(独 aufregend, spannend, 英 exciting)(仏)形 興奮させる, 刺激的な, 刺激性の ‖ excitant 男 興奮剤, 刺激物

exécuter［エグゼキュテ］(仏)他 ❶実行する ❷仕上げる, 制作する ❸演ずる ‖ s'〜 代動 実行する, 実行される

exécution［エグゼキュスィヨン］(仏)女 ❶実行, 実現 ❷制作, 仕上げ

exhaler［エグザレ］(仏)他 ❶ (香り, 蒸気などを) 発散する, 漂わす ❷ (ため息などを) 吐き出す, もらす

exiger［エグズィジェ］(独 verlangen, 英 demand)(仏)他 ❶強く要求する ❷必要とする, 求められる

Exoglass［エグゾグラス］(仏)固〔商標〕マトファ社が開発した型用素材の1つ. -20℃から250℃の耐寒耐熱性があり, 用途は広い. 洗浄可. 製品には, タルト型, パウンドケーキ型, マンケ型, ダリオール型, クグロフ型, 抜き型などがある

Exopan［エグゾパン］(仏)固〔商標〕マトファ社が開発した型用素材の1つ. 薄鋼製で型の内側にフッ素加工をし, 外側は保護用ラッカーが塗ってある. 簡単に拭うだけで洗わなくてよい. 製品には, マドレーヌ型, タルト型, タルトレット型, ダリオール型などがある

Exopat［エグゾパット］(仏)固〔商標〕マトファ社が開発したシリコン製ベーキングシート. -40℃から300℃までの使用に耐える. シルパットに似る → Silpat

exotique［エグゾティック］(仏)形 ❶外国産の, 異国の / fruit 〜 異国, 熱帯の果実 ❷異国的な, エキゾチックな

expédier［エクスペディエ］(仏)他 ❶早く片づ

けit ❷送る, 発送する(独senden, 英send)

expéditif, ve [エクスペディティフ, ティーヴ] 仏形 迅速な, 手早く片づける

expliquer [エクスプリケ] (独erklären, 英explicate) 仏他 説明する ‖ s'〜 代動 ❶説明がつく ❷(自分の考えを)説明する

exploser [エクスプロゼ] 仏自 ❶爆発する ❷急激に広がる

exposer [エクスポゼ] 仏他 ❶陳列する, 展示する, 出品する ❷説明する, 述べる ‖ s'〜 代動 ❶展示される ❷身をさらす

exposition [エクスポズィスィョン] 仏女 ❶展示, 陳列 ❷博覧会, 展覧会, 展示会, 品評会

exprimer [エクスプリメ] 仏他 ❶(レモン, オレンジなどの果汁を) 絞り出す (独abpressen, 英squeeze) ❷(言語で) 表現する, 述べる ❸(表情などで) 表わす, 示す (独ausdrücken, 英express) ‖ s'〜 代動 ❶自分の考えを述べる ❷表現される

exquis, e [エクスキ, キーズ] 仏形 ❶おいしい (独köstlich, 英exquisite) ❷洗練された, 上品な, 心地よい (独exquisit, 英exquisite)

extérieur, e [エクステリュール] 仏形 外部の, 外側の, うわべの ‖ extérieur 男 外部, 外側, 外観

extra [エクストラ] 仏形 ❶(規制上) 特記する品質をもつ／œufs 〜 産卵後3日以内に出荷, 7日間の新鮮さを保証した卵 ❷上等の, 極上の ‖ extra 男 特別なもの

extract [イクストラクト] (仏essence, extrait, 独Essenz, Extrakt) 英名 抽出物, エキス／vanilla 〜 ヴァニラエッセンス

Extrahieren [エクストラヒーレン] (仏 英 extraction) 独中 抽出＝Extraktion

extrahieren [エクストラヒーレン] (仏extraire, 英extract) 独他 抽出する

extraire [エクストレール] 仏他 ❶抽出する ❷引き抜く, 抜き出す ❸(文章の一部を)抜粋する

extrait [エクストレ] 仏男 ❶エキス, 抽出物. 魚の出汁(だし)や肉汁を煮詰めて濃縮したもの. ソースなどの調味に用いる／〜 de viande スープの素, 固形スープ ❷エッセンス ❸抜き書き, 要約

extrait de café [エクストレ ド カフェ] 仏男 濃く煮出したコーヒー, コーヒーエッセンス

extrait sec [エクストレ セック] 仏男 固形成分. 製品を完全に乾燥させた後に残った成分. アイスクリームをつくる材料の水分を蒸発させた後に残るものも指す(→E.S.T.). ワインとビールの色, 香り, 味はこの成分によって左右される

Extrakt [エクストラクト] (仏extrait, 英extract) 独男 エキス→Auszug

Extraktion [エクストラクツィオーン] 独女 抽出＝Extrahieren

extra-sec [エクストラ セック] 仏形 (シャンパンが)やや辛口な (1ℓ中12〜20gの糖分) →brut

extrême [エクストレーム] 仏形 ❶(名詞の前で) 最も端の ❷(時間が) ぎりぎりの ❸極端な ‖ extrême 男 極端

extrêmement [エクストレームマン] 仏副 極めて, 非常に

extrémité [エクストレミテ] 仏女 端, 末端, 先端

F

fabrication［ファブリカスィション］(仏)[女] 製作, 製造

Fabrik［ファブリーク］((仏)usine, (英)factory)(独)[女] (大)工場

Fabrikation［ファブリカツィオーン］((仏)fabrication, (英)manufacture, produce)(独)[女] 製造⇒ Fertigung

fabriquer［ファブリケ］((独)fabrizieren, herstellen, (英)make)(仏)[他] つくる, 製作する, 製造する

face［ファス］(仏)[女] ❶面, 表面, 切り口 ((独)Seit, (英)side) ❷顔／～ à ～ 向かい合って

Facharbeiter, Facharbeiterin［ファッハアルバイター, ファッハアルバイテリン］((仏)ouvrier, ouvrière, (英)skilled worker, specialist)(独)[男][女] 職人

Fächer［フェッヒャー］(独)[男] 扇, 扇形に削りとったチョコレート

facilement［ファスィルマン］(仏)[副] ❶簡単に, 容易に ❷少なくとも

facilité［ファスィリテ］(仏)[女] 易しさ, 簡単

faciliter［ファスィリテ］((独)einleichtern, (英)make easy)(仏)[他] 容易にする, 楽にする

façon［ファソン］(仏)[女] ❶ 仕方, やり方 ((独)Weg, Weise, (英)way) ／ de ～ à ce que + subj …するようなやり方で ❷製作, 加工 ((独)Herstellung, (英)making) ❸ (砂糖漬け果物製作過程で) 糖度を上げるために, 果物を漬けるシロップを火にかけ沸騰させること

façonnage［ファソナージュ］(仏)[男] ❶加工, 製作 ((独)Bearbeitung, Formen, (英)making) ❷ (砂糖漬け果物製作過程で) 下準備した果物を次第に糖度の高いシロップに漬けていく一連の作業. 果物にシロップを注ぐ, 沸騰させる, そのまま置く, 糖液だけを煮詰める, 果物に注ぐ. これを数回繰り返す

façonner［ファソネ］(仏)[他] ❶ (生地類を指先である形に) こしらえる, 細工する ((独)ausarbeiten, formen, (英)mo⟨u⟩ld, shape) ❷ (砂糖漬け果物製作過程で) 糖度を上げるために, 果物を漬けるシロップを火にかける ❸ (氷塊, パスティヤージュを) 刻む, 細工する

factice［ファクティス］((独)unecht, (英)artificial)(仏)[形] 作り物の, 模造の／ gâteau ～ 模造菓子

facultatif, ve［ファキュルタティフ, ティーヴ］((独)freiwillig, (英)optional)(仏)[形] 任意の, 随意の

facultativement［ファキュルタティヴマン］((独)freiwillig, (英)optionally)(仏)[副] 任意に, 随意に

fade［ファド］((独)fad, (英)flavourless)(仏)[形] 味のない, 風味のない

Fadenprobe［ファーデンプローベ］(独)[女] 105℃〜109℃に煮詰めた糖液

Fahrenheit［ファレナイト］(仏)[形][男] カ氏(の). 略号 F. 氷点32℃, 沸点212℃とし, その間を180等分する温度表計法. ドイツの物理学者ガブリエル・ダニエル・ファーレンハイト Gabriel Daniel Fahrenheit (1686-1736) が考案, イギリス, アメリカで採用⇒ Celsius, Réaumur

faible［フェーブル］(仏)[形] ❶弱い, 脆い ((独)schwach, (英)weak) ❷品質の劣った ((独)minderwertig, (英)low) ❸ わずかな, 微少の, 少量の ((独)klein, (英)slight) ／ 3g ～ 3g 弱／ une ～ quantité 少量 ❹ 薄い((独)dünn, schwach, (英)thin) ／ café ～ 薄いコーヒー

faïence［ファイアンス］((独)Porzellan, Töpferware, (英)earthenware)(仏)[女] 陶器

faîne, faine［フェーヌ］(仏)[女]〔植〕ぶなの

実. 味は油脂分に富み, ヘーゼルナッツに似る. 生食もするが, かなり渋味があるので乾燥焼きが好まれる. 食用油も採取する

faire [フェール] ([独]machen, [英]do, make) [仏] [他] ❶つくる ❷する, 行なう ❸生じる, 生じさせる ❹ (〜+inf) …させる ❺ (〜+名詞+de+名詞) …を…にする ‖ se 〜 [代動] ❶つくられる, 出来あがる ❷熟成する, 成長する ❸行なわれる

fairy cake [フェアリ ケイク] [英] [名] フェアリーケーキ. バターを豊富に使ったビスキュイ生地を紙製の型に流し込んで焼きあげ, 粗熱をとってから, 種々の香りをつけたバタークリームなどを使って装飾を凝らした小型菓子. ティータイム用⇒afternoon tea, cup cake

faisselle [フェセル] [仏] [女] ❶ (フレッシュチーズの水分を切るための) 穴のあいた容器, ざる. 形状は正方形, 円形, ハート形などで, 素材は陶器, 柳などを編んだ籠, 木, プラスティックなど ❷生乳からつくるフレッシュチーズ. 容器の中に水気を切るざるが入っている. デザートには砂糖や蜂蜜をかける

fait(-)tout [フェトゥ] [仏] [男] (両手と蓋のついた) 深鍋⇒marmite

falculelle [ファルキュレル] [仏] [女] 〔地方菓子〕ブロッチョ (⇒broccio), 卵黄, 砂糖を混ぜた生地を栗の葉の上にのせてオーヴンで焼いたコルシカ島のデザート

falten [ファルテン] ([仏]plier, [英]fold) [独] [他] 折る

fal(l)ue [ファリュ] [仏] [女] 〔地方菓子〕細長くつくったノルマンディ地方のブリオッシュ. 御公現の祝日につくられた. トゥルグール (⇒teurgoule) と共に食す＝brioche coulante, gâche améliorée

fanchette [ファンシェット] [仏] [女] ⇒fanchonnette

fanchonnette [ファンショネット] [仏] [女] 〔パティスリー〕❶フイユタージュを底に敷き, クレームパティシエールを詰めて焼き, 表面をムラングでおおったタルトレット. 大型のタルトはガトー・ファンシェット (gâteau fanchette) という ❷〔プティフール〕舟形のヌガーにクレームパティシエールを詰め, コーヒー・フォンダンをグラセしたものや, マカロンに苺風味のバタークリームを挟み, ピンクのフォンダンをグラセしたものなど, 数種類ある＝fanchette ❸〔糖菓〕(〜 bordelaise) ボルドーの楕円形のボンボン. アーモンド, チョコレート, コーヒー, 果肉が詰ったアメ. 18世紀に「ファンション婆さん」の名で親しまれ, 小説, オペレッタ, 演劇の題材となった大道女歌手にちなみ, 1904年ボルドーのバディ姉妹 (1826年設立のチョコレート店を買いとり経営) が考案した. 現在, カディオ=バディ (Cadiot-Badi) の店名で営業, このボンボンを販売している

fancy [ファンスィ] [英] [形] ❶高級な, 極上の ([仏]de luxe, [独]luxuriös) ❷装飾の多い, (意匠を) 凝らした ([仏]fantaisie) ‖ fancy [名] ❶材料, デザイン, 形など普通以上に手をかけた菓子 ❷[複] 装飾を施した小さな菓子 ([仏]petit four, [独]Feingebäck) ⇒ afternoon tea fancies

fancy tube [ファンスィ テューブ] [英] [名] 星口金＝star pipe

fanning [ファニング] [仏] [男] 紅茶の品質の1つ. 砕茶. 茶の葉が砕けたもの, よれのない葉など篩下 (ふるいした) に出た小さい形状の茶葉. もっと細かいものはダストという⇒thé noir

fantaisie [ファンテズィ] [仏] [女] ❶ (規範にとらわれない) 独創性, おもしろ味, 変わったもの / de 〜 空想の, 変わって面白い, 模造の / pain de 〜 (規定外の形, 重さの) パン / moule 〜 変わり型 ❷自由な発想による作品

Färben [フェルベン] ([仏]coloriage, [英]colouring) [独] [中] 着色

far breton [ファール ブルトン] [仏] [男] 〔地方菓子〕❶ファー(ル) ブルトン. 小麦粉, 砂糖, 卵, 牛乳, プルーンを混ぜて焼いたブルター

ニュ地方のフラン. 温かいうちに, あるいは冷たくして食す ❷〔古〕ドライフルーツを入れた塩味あるいは甘味の粥

Farbstoff [ファルプシュトッフ] (⚜colorant, ⚓edible colo⟨u⟩r, food colo⟨u⟩r) ⓓ男 色素→Lebensmittelfarbe, Lebensmittelfarbstoff

Farbton [ファルプトーン] (⚜teinte, ⚓colo⟨u⟩r) ⓓ男 色調, 色合い

Färbung [フェルブング] (⚜coloration, ⚓colo⟨u⟩ring) ⓓ女 着色

Farce [ファルセ] ⓓ女 (パテ用)肉を使った詰め物, ファルス

farce [ファルス] (ⓓFarce, ⚓filling, forcemeat, stuffing) ⚜女 ファルス, 詰め物. 肉類, 魚類, 野菜類, ドライフルーツなどを細かく刻んで調味したもの. パテやミートパイなどの詰め物として, あるいはカナッペなどの上に塗る

farcement [ファルスマン] ⚜男 ❶ おろしたじゃがいも, プルーン, レーズンを基本としたサヴォワ地方の料理やデザート ❷〔地方菓子〕サヴォワ地方の祭日用アントルメ. おろしたじゃがいも, プルーン, 干した洋梨, レーズン, 卵, 小麦粉, 塩, 胡椒を混ぜ, シャルロット型で蒸し焼きにする

farcir [ファルスィール] (ⓓfüllen, ⚓stuff) ⚜他 ❶ファルスを詰める, 詰め物をする ❷(フリュイ・デギゼなどの製作で) パート・ダマンドをプルーンなどに詰める

farçon [ファルソン] ⚜男 サヴォワ地方のじゃがいもの料理. じゃがいものピュレ, 卵, 牛乳を基本とした材料をグラタン皿に入れ, オーヴンで焼く. 塩味と甘味がある. 甘味のものはレーズン, オレンジの皮, 砂糖を混ぜる. じゃがいもは使わず固くなったパンを水で柔らかくし, ナツメグ, サフラン, シナモンなどの香辛料, レーズン, 砂糖を混ぜたファルソンもある

farçou [ファルスー] ⚜男 ❶〔地方菓子〕オーヴェルニュ地方カンタルのわずかに塩味のある田舎風ベニエ. 鶏肉の残り, 卵, 小麦粉, 不断草, プルーンでつくる ❷アヴェロン県の厚めの野菜入りクレープ. 不断草, 玉ねぎ, にんにく, エシャロット, パセリ, レーズン, プルーンをミキサーにかけて生地に混ぜて焼く

farder [ファルデ] (ⓓschminken, ⚓make up) ⚜他 (パート・ダマンドやアメでつくる細工物に, 刷毛などを使って)彩色をする

farina [ファリーナ] ⚓名 ❶ (穀類などの)粉 (⚜farine, ⓓMehl, Pulver) ❷ (じゃがいもの)澱粉 (⚜fécule, ⓓKartoffelstärke, Stärkemehe)

farinade [ファリナード] ⚜女 ❶オーヴェルニュ地方の中身が詰まった田舎風厚めのクレープ. 1880年頃からつくられている. 伝統的なものはライ麦粉をベースに生地をつくり, じゃがいも, エシャロット, 地元産のチーズでつくった詰め物を入れて焼く. 2つ折りにして焼く場合もある／～ aux pommes　りんご入りファリナード→farinette ❷コルシカ島の栗の粉とオリーヴ油を混ぜて煮あげたブイイ(粥). 栗の粉でつくるポレンタ. 煮あがったら布にあけて球状につくり, 糸で切り分けて, そのまま食すか, ブロッチョまたは山羊のチーズと共に供す. 油で揚げることもある

farinage [ファリナージュ] ⚜男 粉をベースにした料理またはアントルメ

farine [ファリーヌ] ⚜女 ❶穀粉. 小麦, 大麦, 燕麦, ライ麦, 米, そば, とうもろこしなどの穀物を挽いてつくった粉→farine d'avoine, farine de maïs, farine de méteil, farine de riz, farine de sarrazin, farine de seigle, farine d'orge ❷小麦粉 = farine de blé, froment →囲み [farine] ❸大豆, いも類, 根菜を挽いた粉末→farine de châtaignes, farine de pommes de terre, farine de soja

fariné, e [ファリネ] ⚜形 粉を振った／plaque ～e　粉を振った天パン

farine à gâteaux [ファリーヌ ア ガトー] (ⓓSelbst-Mehl, Weizenmehl, ⚓self raising flour) ⚜女 ケーキ用小麦粉. ベーキングパ

ウダー入り

farine d'avoine [ファリーヌ ダヴワーヌ] [仏] [女] 燕麦粉, オート麦の挽き割り, オートミール. フレーク状のまま小型菓子などに使用＝gruau

farine de blé [ファリーヌ ド ブレ] [仏] [女] 小麦粉. 小麦粒（⇒blé）を挽き砕き, ふるいにかけ, 熟成させたもの. 成分は, 澱粉, 水分, グルテンを形成するたんぱく質, 糖分, 脂肪, 無機質（灰分）, ビタミン. 色相が白いほど不

farine

farine biologique [ファリーヌ ビオロジック] 最低2年間, 殺虫剤, 化学肥料, 化学物質を使用していない土壌に作付けした小麦の粉

farine complète [ファリーヌ コンプレット] 全粒粉, 麬(ふすま), 胚芽を含む＝farine de type 150

farine de blés durs [ファリーヌ ド ブレ デュール] 硬質小麦粉, セモリナ(デュラム)粉. 硬質小麦(ガラス小麦ともいう)からとった粉

farine de blés mitadins [ファリーヌ ド ブレ ミタダン] 軟質小麦と硬質小麦の中間的性質をもった小麦からとった粉

farine de blés tendres [ファリーヌ ド ブレ タンドル] 軟質小麦粉. 軟質小麦からとった粉, パン用小麦粉

farine de force [ファリーヌ ド フォルス] 強力粉

farine de gruau [ファリーヌ ド グリュオ] 特等粉. 主にアメリカ産の, たんぱく質を多く含んだ硬質小麦の胚乳部分のみからつくる. グルテンに富み, ブリオッシュのような菓子に使われる. T.45とT.55がある. こしの強い生地向き. 特にブリオッシュ＝fleur de froment⇒gruau

farine de type 45 [ファリーヌ ド ティプ カラント サンク] 灰分0.50%以下, たんぱく質を多く含む小麦粉. T.45 製菓, 特にブリオッシュ, サヴァランなどのような発酵生地用やフイユタージュに向く

farine de type 55 [ファリーヌ ド ティプ サンカント サンク] 灰分0.50〜0.60%の小麦粉. T.55. たんぱく質が少ない. 敷き込み生地やサブレ生地, その他, 一般製パン用. T.55以上は繊細さがなく一般菓子には適さない. 蜂蜜や粗糖や香辛料の入った素朴な（田舎風）菓子, 保存の効く菓子に適している

farine de type 150 [ファリーヌ ド ティプ サン サンカント] 全粒粉. 灰分1.40. ＝farine complète

farine d'extra [ファリーヌ デクストラ] 強力粉

farine fluide [ファリーヌ フリュイッド] 上質小麦粉. さらさらしている. ソースのつなぎ, ゴーフル, クレープに適する＝farine tamisée

farine ordinaire [ファリーヌ オルディネール] 普通の小麦粉. 色相はやや灰色を帯びる. たんぱく質が少ない. ほとんど膨らまない

farine pâtissière [ファリーヌ パティスィエール] 製菓用の粉. たんぱく質が豊富

farine supérieure [ファリーヌ スュペリユール] 上質小麦粉. 純度が高く, 湿り気がなく, さらさらしている. farine à gâteau, farine de gruau, farine fluide, farine tamiséeが該当する

farine tamisée [ファリーヌ タミゼ] 上質小麦粉＝farine fluide

純物は少なく,灰分(小麦粉を挽いた後に残る皮部,埃,土などの無機質分)の割合は少ない.フランスでは,小麦粉100 g 中の灰分の含有量によって,数等級(type)に区別される.パン,生地,クリーム類など菓子全般に使用⇒囲み[farine]

farine de châtaignes［ファリーヌ ド シャテーニュ］仏 女 栗の粉

farine de froment［ファリーヌ ド フロマン］仏 女 ⇒ froment

farine de gluten［ファリーヌ ド グリュタン］仏 女 グルテン粉.小麦粉から工業的に抽出.小麦粉の改善,改良に使用する

farine de maïs［ファリーヌ ド マイス］仏 女 とうもろこし粉.とうもろこしの実(65〜75%が澱粉)を挽いたもの.コーンスターチ(マイゼナ)と同様,ソースやクリームなどのつなぎ,ビスキュイ,ジェノワーズを軽く仕上げたり,保存性をよくするために使用

farine de méteil［ファリーヌ ド メテイユ］仏 女 ライ麦と小麦の混合麦の粉.ライ麦パン,パンデピスなどをつくる

farine de pommes de terre［ファリーヌ ド ポム ド テール］仏 女 じゃがいも澱粉.ビスキュイ,ジェノワーズ,クリーム,ソースなどの製作に使用=fécule de pommes de terre

farine de riz［ファリーヌ ド リ］仏 女 米の粉.クリームやソースなどのつなぎとして,またポタージュ粥をつくる⇒crème de riz

farine de sarrazin［ファリーヌ ド サラザン］仏 女 そば粉.クレープ,ガレット製作に使用

farine de seigle［ファリーヌ ド セーグル］仏 女 ライ麦粉.パンデピス,ゴーフレット,ビスケットの製作に使用

farine de soja［ファリーヌ ド ソジャ］仏 女 大豆粉.ダイエット用菓子に使用

farine d'orge［ファリーヌ ドルジュ］仏 女 大麦粉.小麦粉の代用.消化は悪い.粥,ポタージュなどに使用

fariner［ファリネ］(独 bemehlen, 英 flour) 仏 他 ❶ (型,天パン,麺棒,作業台に生地などが付着しないように)粉を振る ❷前もってバターを塗った型,台に粉を振る.表面に膜ができ,アパレーユが付着したり,流れるのを防ぐ

farinette［ファリネット］女〔地方菓子〕卵,小麦粉でつくる甘味あるいは塩味の,オーヴェルニュ地方のクレープ.多くのヴァリエーションがある⇒farinade, omelette enfarinée, pachade

farineux, se［ファリヌー, ヌーズ］仏 形 ❶ 粉っぽい,粉のような / poire 〜se 果肉に水分がなく,こしのない洋梨 ❷粉を含んだ,澱粉質の / pomme de terre 〜se 澱粉質の多い,ほくほくしたじゃがいも ❸粉をふいた / une grosse miche 〜se 表面に粉をたっぷりまぶした大型の丸パン ‖ farineux 男 澱粉質を多く含んだマメ科の野菜

farinière［ファリニエール］仏 女 ❶粉を入れる箱.引き戸式の蓋がついたもので,かつて,プロヴァンス地方では魚に粉をまぶすのに使われていた ❷粉受け瓶.挽き臼から出てくる粉を入れたり,粉を保存するのに用いた

farl［ファール］英 名 (= Irish soda 〜) ファール.アイルランドのホットプレートで焼く扇形の即席パン.小麦粉,またはオートミールに炭酸水素ナトリウム(重曹),バターミルクを入れ,円形(直径25cm)にのばしてから4つに切り,ホットプレートで焼く ⇒ bannock, soda bread / treacle 〜 糖蜜を入れた甘いファール / indian 〜 とうもろこし粉を加えたファール

farmhouse cake［ファームハウス ケイク］英 名 農家風ケーキ.小麦粉とベーキングパウダーにバターを混ぜ込み,菓子屑,砂糖,卵,レーズン,ピールを加え,パウンドケーキ型で焼く

farmhouse treacle biscuit［ファームハウス トリークル ビスキット］英 名 農家風糖蜜入りビスケット.バター,砂糖,重曹,生姜(しょうが),クローヴ,シナモン,小麦粉,糖蜜でつくった生地を細長く丸め,小口切りにし,切

り口を下にしてオーヴンで焼いたビスケット

Fasching ［ファシング］（仏 carnaval, 英 carnival）独 男 カーニヴァル, 謝肉祭⇒Karneval

Faschingskrapfen ［ファシングスクラップフェン］独 男 発酵生地に杏(あん)ジャムを詰めた円形の揚げ菓子. ファシング(Fasching)は「謝肉祭」のことで, その折には欠かせない菓子

fast food ［ファスト フード］英 名 ファストフード. 注文するとすぐ供されるか持ち帰り可能な食べ物. ハンバーガーなど

fat ［ファット］（仏 gras, 独 fettig）英 形 (料理などが)油っこい ‖ fat (仏 graisse, 独 Fett) 名 (動植物の)脂, 油／ hard ～ 固形の脂

fat bloom ［ファット ブルーム］英 名 ⇒bloom

faux-anis ［フォ ザニス］（独 Dill, 英 dill）仏 男 ❶ 〔植〕ディル⇒aneth, anis ❷ アニスの香りのする植物⇒carvi, cumin, cumin des prés

faux-bois ［フォ ブワ］仏 男 木目模様

faux poivre ［フォ ブワーヴル］仏 男 〔植〕ピンクペッパー⇒baie rose

faveur ［ファヴール］仏 女 ❶ (細い)リボン, 花のように結んだリボン ❷ 好意のしるし, 親切

favoriser ［ファヴォリゼ］仏 他 ❶ 有利に作用する, 幸いする ❷ 促進する, 助ける

fecula ［フェキュラ］（仏 fécule, 独 Kartoffelstärke, Stärkemehl）英 名 澱粉

fécule ［フェキュール］（独 Kartoffelstärke, Stärkemehl, 英 fecula, starch）仏 女 澱粉, スターチ. 植物の塊根, 塊茎 (いも類) などに含まれている澱粉を分離・精製したもの. タピオカ, アロールート, 片栗粉など／～ de amidon ～ de pommes de terre (じゃがいも)澱粉／～ de maïs コーンスターチ

fécule de pommes de terre ［フェキュール ド ポム ド テール］仏 女 ⇒farine de pommes de terre, fécule

féculent, e ［フェキュラン, ラント］仏 形 澱粉を含んだ, 澱粉質の ‖ féculent 男 (じゃがいも, 栗, バナナ, キャッサバなど) 澱粉質の野菜や果物

Feiertag ［ファイアーターク］（仏 jour de fête, 英 festival day, public holiday）独 男 祝日, 祭日

Feige ［ファイゲ］（仏 figue, 英 fig）独 女 いちじく

feijoa ［フェジョア］仏 女 〔植〕フトモモ科. 果樹. フェイジョア. 原産は南米. 実は長さ2～8㎝, 緑色の薄皮におおわれ, 秋の終わりになる. バナナとパイナップルの香りがする. 熟したものを生食するかシャーベット, ジャム, ゼリーにしたり, ポシェしてフルーツサラダに入れる

fein ［ファイン］独 形 細い, 繊細な, 素敵な, 洗練された

Feinarbeit ［ファインアルバイト］（仏 finition, présentation, 英 completion, finish, finishing）独 女 仕上げ

Feingebäck ［ファインゲベック］（仏 petit four, 英 fancies）独 中 プティフール＝Petit-Four⇒Kleinkuchen

fêlé, e ［フェレ］仏 形 ひびの入った／œuf cassé ou ～ 割れた, またはひびの入った卵

Felsenzucker ［フェルゼンツッカー］（仏 sucre rocher, 英 rock sugar）独 男 岩状に固めた, 粗い気孔のあるアメ. かつてはピエスモンテによく使われた. 作り方は砂糖を132～148℃まで煮つめ, しばらく休ませる. 砂糖500ｇに対し, 大さじ2杯のグラスロワイヤル(有機酸の入らないもの)を加え, かき混ぜる. 急激に膨れてくるので, これを型に流し込んで固まらせる

Fenchel ［フェンヒェル］（仏 fenouil, 英 fennel）独 男 〔植〕ういきょう, フェンネル

fendiller ［ファンディエ］仏 他 ひびを入れる, 亀裂を生じさせる

fendre ［ファンドル］（独 spalten, teilen, 英 crack, split）仏 他 切り裂く, 切る, 割る ‖ se ～ 代動 割れる, ひび割れる, 裂ける

fendu, e [ファンデュ] (仏)形 裂けた,割れた / une gousse de vanille 〜e 切り裂いたヴァニラビーンズ

fenouil [フヌイユ] (独Fenchel, 英fennel) (仏)男 〔植〕セリ科.フェンネル,ういきょう,フヌイユ.原産はイタリア.アニスに似た芳香がある.セロリのように肉厚の茎が重なり合うが,根元が球状をなしている.この部分を生,あるいは加熱して食する.葉,茎は香りづけに,種子は乾燥させてスパイスとして用いる=anis doux→anis

fenouil bâtard [フヌイユ バタール] (仏)男 〔植〕ディル→aneth

fer [フェール] (仏)男 ❶鉄 ❷アイロン,こて / 〜 rouge 焼きごて

fer-blanc [フェール ブラン] (仏)男 ブリキ

ferme [フェルム] (仏)形 固い,引き締まった,しっかりした / pomme 〜 身の締まったりんご / blancs 〜s 固く泡立てた卵白

Ferment [フェルメント] (独)中 酵素→Enzym

ferment [ファ(ー)メント] (英)名 ❶発酵,発酵種 (仏levain, 独Ferment) ❷酵母 ‖ ferment (仏fermenter, gären) 自他 発酵する(させる)

fermentation [フェルマンタスィヨン] (仏)女 発酵.酵母,バクテリアの作用によって食物の成分に起こる変化.主な発酵食品としては,発酵生地製品,ヨーグルト,チーズ,生ハム,ビール,ワイン,シードルなどがある

fermented pastry [ファメンテッド ペイストリ] (英)名 クリスマスパイ用生地.発酵生地を薄くのばし,バターとラード(同量比)を混ぜ合わせたものを中央に置いて折り込む→Christmas Pie

fermenter [フェルマンテ] (独gären, 英ferment) (仏)自 発酵する

fermer [フェルメ] (独schließen, 英close, shut) (仏)他 閉める,閉じる

fermeté [フェルムテ] (仏)女 固さ

fermeture [フェルムテュール] (独Schließung, 英closing) (仏)女 閉めること,封鎖

ferré, e [フェレ] (仏)形 (パン,パティスリーの)底が焦げた,天パンに焦げて張りついた

ferrer [フェレ] (仏)他 (型の底,天パンの上,オーヴンの下段で生地などの)底を焦がす

fertig machen [フェルティヒ マッヘン] ((仏)accomplir, achever, finir, terminer, 英complete, finish) (独)他 仕上げる

Fertigung [フェルティグング] (独)女 製造→Fabrikation

Fest [フェスト] ((仏)fête, gala, 英festival, gala) (独)中 祭り

fest drücken [フェスト ドリュッケン] ((仏)durcir, 英flatten) (独)他 押し固める

feston [フェストン] (独Feston, 英festoon) (仏)男 スカラップ(花綱形の縁取り),花,葉,リボンを綱状に編んだ飾り

festonné, e [フェストネ] (仏)形 (縁を)スカラップ状にした

festonner [フェストネ] (独festonieren, schmücken, 英festoon, scallop) (仏)他 ❶(タルトレット,ピティヴィエなどの縁まわりを)スカラップ状にする ❷波形模様にする,花,葉,リボンを綱状に飾る

fest werden lassen [フェスト ヴェーアデン ラッセン] ((仏)durcir, 英let harden) (独)他 固める

fête [フェット] (仏)女 ❶ (=jour de 〜) 祝(祭)日,(宗教上の)祭り / 〜 des Rois 御公現の祝日 ❷ (守護)聖人の祝日 (独Fest, 英feast) ❸祝宴 (独Feier, 英celebration) ❹パーティ.楽しいこと,お祭り騒ぎ (独Party, 英party)

fêter [フェテ] (仏)他 祝う

Fett [フェット] ((仏)graisse, 英fat) (独)中 油脂,脂肪,ヘット

Fettgebäck [フェットゲベック] ((仏)beignet 英fritter) (独)中 揚げ菓子,揚げもの→Krapfen

Fettreif [フェットライフ] ((仏)givre de gras, 英fat bloom) (独)男 ファットブルーム.チョコレートの劣化現象.油脂分が結晶化し,白っぽくなる

feu (複~*x*)[フー](仏)(男) 火, ストーブ / ~ doux 弱火 / porcelaine à ~ 耐熱性磁器

Feuchtigkeit[フォイヒティヒカイト](humidité, (英) humidity, moisture)(独)(女) 湿気

Feuchtigkeitsmesser[フォイヒティヒカイツメッサー]((仏)hygromètre, (英)hygrometer)(独)(男) 湿度計=Hygrometer

feuille［フイユ](仏)(女) ❶葉／~ en sucre tiré アメ細工の葉 ❷ 薄片／~ d'or 金箔／~ d'aluminium アルミ箔, アルミホイル／biscuit sur ~ 紙の上に塗るようにして焼いた薄いビスキュイ. ロールに巻いたり数段重ねる場合に使用 ❸（電動ミキサーの付属器）ビーター=palette ❹葉の押し型→empreinte à feuille ❺1枚／une ~ de plastique ビニール1枚 ❻紙片

feuillet[フイエ](仏)(男) 薄板

feuilletage［フイュタージュ](仏)(男) ❶生地を層状にする方法. 小麦粉, 塩, 水でつくった生地（デトランプ）と油脂が交互に薄い層になるように数回折りたたんでいく. 数通りの方法がある→囲み[feuilletage] ❷フイユタージュ, 折り込み生地, パート・フイユテ. 焼成により油脂層がデトランプ層に吸収され薄片の層状になる（(独)Blätterteig, (英) puff paste, (米) flaky pastry）→ demi-feuilletage, pâte feuilletée, ［付録] les pâtes ❸折り込み生地でつくった菓子

feuilleté, e［フイユテ](仏)(形) ❶（生地を）数回折りたたんだ／pâte ~e パート・フイユテ, フイユタージュ, 折り込み生地 ❷薄層からなる, 薄層の（(独)laminiert, (英) laminated） ‖ feuilleté(男) ❶折り込み生地でつくった菓子 ❷〔糖菓〕(=~ praliné) アメとプラリネを交互に重ねたボンボン ❸三角形や長方形に切ったフイユタージュの生地に, チーズ, ハム, 貝類を詰めて焼いた料理

feuilleter［フイユテ](仏)(形) （フイユタージュ, クロワッサン生地をつくるために生地を薄い層になるように）折りたたむ

---

feuilletage

feuilletage écossais［フイユタージュ エコセ] スコットランド風フイユタージュ=feuilletage rapide

feuilletage hollandais［フイユタージュ オランデ] オランダ風フイユタージュ=feuilletage inversé

feuilletage inversé［フイユタージュ アンヴェルセ] 逆法フイユタージュ. バターに少量の小麦粉を混ぜて平らにのばし, デトランプを包んで数回折りたたむ=feuilletage hollandais

feuilletage rapide［フイユタージュ ラピッド] 速成法フイユタージュ. 小麦粉に小さく切ったバターを混ぜ込み, これに水と塩を加えてつくった生地を数回折りたたむ=feuilletage écossais

feuilletage simple［フイユタージュ サンプル] 標準的フイユタージュ. デトランプを薄くのばし, バターを包んで数回折りたたむ

feuilletage viennois［フイユタージュ ヴィエヌワ] ウィーン風フイユタージュ. 小麦粉に, 塩, 砂糖, 卵黄, 牛乳, 水, サイコロ状のバターを混ぜ込んで生地をつくり, これを数回折りたたむ

---

feutrage［フトラージュ](仏)(男) （卵型などの）型取りチョコレートの表面に流動状のチョコレートを吹きつけ, 表面をフェルトのような質感にすること

fève［フェーヴ](仏)(女) ❶そら豆（(独)Puffbohne, (英) broad bean, (米) fava bean) ❷（そら豆に類似した）豆, 実（(独)Bohne, (英) bean） ❸（=~ des Rois) 御公現の祝日のそら豆. 御公現の祝日の祝い菓子の中に隠し入れるもので, 今日では陶製の小さな人形などで代用される→Épiphanie

fiadone［フィアドーヌ](仏)(女) 〔パティス

リー〕ブロッチョ（→broccio）を使ったコルシカのタルトレット．卵，砂糖，ブロッチョ，レモンの皮を混ぜ合わせたものを詰める．作り方は種々ある

fiasque［フィアスク］仏 女 首が細長く，胴体が膨らんだ，編みあげた藁(ᴗ)に包まれた瓶．イタリア語で「瓶fiasco」という意味．主にキャンティに使われる

fibre［フィブル］仏 女 繊維

ficeler［フィスレ］仏 他 ひもでくくる，ひもをかける

ficelle［フィセル］仏 女 ❶フィセル．小さく細長いパン．バゲットの半分の重さ（125 g）❷ひも

fiche［フィシュ］（独 Karteikarte, 英 index card）仏 女 インデックスカード，料理などの作り方を書いたカード

fig［フィッグ］英 名〔植〕いちじく

figer［フィジェ］（英 congeal）仏 他 固まらせる ‖ se 〜 代動 凝固する，固まる

figgy pudding［フィギー プディング］英 名 いちじく入りクリスマスプディング．原形は16世紀に遡る．クリスマスキャロルの中で歌われている→Christmas pudding

figue［フィグ］仏 女 ❶〔植〕クワ科．いちじくの実．地中海地方や中央アジアの広い範囲で自生．品種は多いが，果皮が緑色と紫色の2種に大別できる．栄養価は高い．生のままか乾燥させて，デザート，料理，ジャム，飲料に用いる ❷〔パティスリー〕フィグ．いちじくの形につくったシュー菓子．シュー生地を丸く絞り，焼成後，キルシュの香りをつけたクレームパティシエールを詰め，緑色のパート・ダマンドで包み，いちじく形に整える

figue caque［フィグ カーク］仏 女〔植〕柿の実→kaki

figue de Barbarie［フィグ ド バルバリ］仏 女〔植〕うちわサボテンの実．原産は中央アメリカ．皮は厚く濃いオレンジ色．楕円形，棘(ᴗ)でおおわれている．果肉は薄いオレンジ色で酸味がある．生食するかコンポート，シャーベット，ジャムにする

figuette［フィゲット］仏 女 干しいちじくとねずの実を1週間水に浸してつくる自家製の飲み物

fil［フィル］仏 男 ❶糸，糸状のもの ❷(肉などの)繊維，(野菜などの)筋

filament［フィラマン］仏 男 細い繊維状のもの，筋，細糸

filandreux, *se*［フィランドルー，ドルーズ］形 繊維質の，筋の多い

filé, *e*［フィレ］仏 形 糸状の，引きのばした／ sucre 〜 糸状アメ ‖ filée 女 糸状のもの

filer［フィレ］仏 自 ❶(液体が)糸のように流れる (英 pour out) ❷ (ワインが変質して)糸を引く，ねっとりする ❸ 糸を紡ぐ

filet［フィレ］仏 男 ❶ (液状の) 細い流れ，筋，少量／ un 〜 de citron 少量のレモン果汁 ❷網 ❸ 110℃ (1.3834) に煮詰めた糖液→〔付録〕le sirop et le sucre cuit ❹ヒレ(肉) ❺(魚の3枚におろした)身

fill［フィル］(仏 fourrer, remplir, 独 füllen) 英 他 (容器などを…で)いっぱいにする，詰める

filling［フィリング］(仏 garniture, 独 Füllen, Füllung) 英 名 (タルト，パイなどに詰める)中身，詰め物．ミンスミート，クリーム類，カスタード，ジャム，果物など

film［フィルム］仏 男 ❶薄膜，皮膜／〜 nylon ビニール ❷映画(作品)

film étirable［フィルム エティラーブル］仏 男 ラップ／〜 spécial micro-ondes 電子レンジ用ラップ

film plastique［フィルム プラスティック］仏 男 →film étirable

filo［フィロ］仏 女 (= pâte à 〜) フィロ生地．小麦粉，水，コーンスターチでつくったごく薄い生地．絹のようにしなやかで，伝統的にバクラバ (→baklava) などのパティスリーの製作用生地．その他，トルコ，ギリシア料理にもよく用いられる．既製品を外国食品店で購入可＝phyllo

Filter［フィルター］(仏 filtre, 英 filter,

strainer)独男中 濾過(ろか)器, フィルター

filtern [フィルターン] (仏passer, 英percolate)独他 漉す, 濾過(ろか)する

filtre [フィルトル] (独Filter, 英filter) 仏男 濾過(ろか)器, フィルター

filtrer [フィルトレ] 仏他 (シロップ, クリームなどから粒状のものを除くために)フィルターや漉し器に通す, 漉す

fin [ファン] 仏女 終わり / en ～ de cuisson 焼きあがる頃(に)

fin, e [ファン, フィーヌ] 仏形 ❶目の細かい, きめの細かな ❷繊細な ❸純粋な, 上等な

final proof [ファイナル プルーフ] 英名 最終発酵. 成形した発酵生地を焼成する前に(ホイロで)発酵させること

financier [フィナンスィエ] 仏男 ❶〔パティスリー〕フィナンシエ 1) 粉末アーモンド, 卵白, バター, 砂糖を混ぜて, バルケット形または長方形の型で焼いたもの→friand ❷ ❶と同じ材料でつくるが, 細切りアーモンド, 砂糖漬け果物で飾りつけをした大型菓子 ❸財界人, 金持ち

fine [フィヌ] 仏女 上質の, 限定された地方で産出される蒸留酒 /～ calvados ノルマンディのシードルからつくられた上質のカルヴァドス /～ champagne 最高級のコニャック. コニャックの二大特産地区(グランド・シャンパーニュとプティ・シャンパーニュ)でつくられたもの

fine Bretagne [フィーヌ ブルターニュ] 仏女 →lambig

finement [フィヌマン] 仏副 薄く, 細かく, 繊細に

fines herbes [フィヌ ゼルブ] (独frisch gehackte Kräuter, 英mixed herbs) 仏女複 フィーヌゼルブ. パセリ, セルフィーユ, エストラゴン, シブレットなど新鮮な香草の取り合わせ. 通常, 細かく刻んで混ぜ合わせて使う

finesse [フィネス] 仏女 薄さ, 細かさ, 繊細さ

finger [フィンガー] 英名 ❶(指くらいの長さの) 細長い菓子. ショートブレッド, マカロン, ケーキなど / almond ～ マカロン生地を細長く絞り出して焼いたビスケット ❷指

finir [フィニール] (独beenden, 英finish) 仏他 ❶終える, やめる ❷仕上げる

finition [フィニスィヨン] 仏女 仕上げ, 仕上がり

fion [フィオン] 仏男 〔地方菓子〕ヴァンデ地方のフラン. 伝統的には復活祭, 聖体拝領の時につくられる→flan maraîchin

fiounaï [フィウナイ] 仏女 →fiounée

fiounée [フィウネ] 仏女 ヴァンデの沼地地方のフラン菓子のフランの種. 卵, 牛乳, 砂糖を混ぜ合わせたもの = fiounaï →flan maraîchin

fixer [フィクセ] 仏他 固定する‖ se ～ 代動 固定する, 決める

Flächeninhalt [フレッヒェンインハルト] (仏superficie, 英area)独男 面積

flacon [フラコン] 仏男 (栓のついた)小瓶, フラスコ

Fladen [フラーデン] ((英flan)独男 フラン. クリーム種でつくる丸型のタルト

Fladenteig [フラーデンタイク] 独男 蜂蜜, シナモン, 種々のスパイスなどを使ってつくるフラン用生地

flaky pastry [フレイキ ペイストリ] (独Blätterteig, 仏pâte feuilletée, 英puff paste) 米名 パート・フイユテ, 折り込み生地

flambage [フランバージュ] 仏男 フランベすること→flamber

flambé, e [フランベ] 仏形 フランベした, (アルコールなどを振りかけ)燃やした‖ flambée 女 ❶(火力と持続力のある)薪の炎, 火. 野禽類をローストするための火 ❷(炎をあげて燃える)火

flambée réchaud [フランベ レショ] 仏女 フランベ用の卓上コンロ

flamber [フランベ] 仏他 フランベする. (デザート, ソース, 果物などに香りをつけるため) リキュールなどのアルコールを振りか

け, 火をつけてアルコール分をとばす

flame［フレイム］(仏 flamber, 独 flambieren) 英 他自 フランベする. 食物にブランデーなどをかけて火をつける ‖ flame 名 炎

flamery［フラムリ］仏 男〔パティスリー〕フランの一種→flamri

flamiche［フラミッシュ］仏 女〔地方菓子〕北フランスおよびフランドル地方の塩味と甘味のタルト. フラマン語で「菓子」という意味＝framique ❶果物を型の底に並べ, 卵, 牛乳, 小麦粉, シナモン, バターを混ぜたアパレーユを流し入れてオーヴンで焼く／〜 aux pommes りんご入りフラミッシュ／〜 sucrée aux œufs de chauve-souris プラム入りフラミッシュ（直訳「コウモリの卵のフラミッシュ」ハロウィーンの菓子）❷野菜やチーズを卵と混ぜたタルト／〜 aux poireaux ポロねぎのフラミッシュ／〜 à porions ピカルディ地方のかぼちゃや玉ねぎ入りフラミッシュ／〜 au maroilles マロワルチーズ入りフラミッシュ ❸ (=〜 à l'ancienne) マロワルチーズ(→Maroilles)とバターでつくった3回折りのフイユタージュによるガレット. 熱いうちにビールと共に供する ❹〔古〕パン生地でつくったガレット. 熱いうちにバターをたっぷり染み込ませて供した

flamique［フラミック］仏 女→flamiche

flamme［フラム］仏 女 炎

flamri［フラムリ］仏 男〔アントルメ〕フランの一種. 牛乳ではなく白ワインでつくり, 冷たくして, 赤い果物のピュレを添えて供する＝flamery

flamusse［フラミュス］仏 女〔地方菓子〕ブルゴーニュ地方, ニヴェルネ地方のりんごを入れたクラフティの一種

flan¹［フラン］(独 Fladen, 英 flan) 男〔パティスリー〕❶タルトの一種. 甘味のデザート用と塩味のアントレ用がある 1) 果物などを型に並べ, 卵, 牛乳をベースにしたアパレーユを流し入れて焼いたもの. 型に練り込み生地を敷く場合もある／〜 de cerises さくらんぼのフラン. 練り込み生地を敷いた型に種をとったさくらんぼを並べ, 砂糖, バター, 粉末アーモンド, 卵でつくったアパレーユでおおって焼く 2)／〜 parisien 練り込み生地を敷き込んだ型に牛乳, 砂糖, 卵, プードル・ア・クレームでつくったクリームを詰めて焼いたもの→crème à flan, poudre à crème 3) アントレ用. 敷き込み生地を敷き込んだ型にレバー, 魚介類などを入れて焼いたもの ❷カスタードプディング

flan²［フラン］(仏 flan, tarte 独 Fladen) 英 (= fruit 〜) セルクル型に生地を敷き込み, 果物を詰めて焼いたタルト. 果物によっては空焼きしてから詰める. 現在では円形に薄く切ったビスキュイを台に使うこともある／strawberry 〜 生地を空焼きし, 苺を並べて上部にジャムをかけたタルト ‖ flan 米 型に生地を敷き込み, 各種の詰め物をして焼いたタルト／apple custard 〜 りんご, レーズン, ピールを詰め, カスタードを注いで焼いたタルト／blueberry 〜 ブルーベリーと, 卵黄, 粉末アーモンド, 砂糖, 泡立てた卵白でつくったアパレーユを詰めて焼いたもの

flan catalan［フラン カタラン］仏 男〔地方菓子〕カタロニア地方のフラン→pa d'ou(s)

flan maraîchin［フラン マレシャン］仏 男〔地方菓子〕ヴァンデ県の沼地地方のスフレ型で焼いたフラン. サブレ生地をスフレ型に敷き込むが, 上部の縁はすり切りに切らないで縁に垂らして, 空焼きする. シナモン, バニラの香りをつけた卵, 牛乳, 砂糖, を混ぜたフラン種 (= fiounée, fiounaï) を型に流し入れて, 湯煎でオーヴンで焼く. 伝統的に復活祭, 聖体拝領に食す＝fion

flan ring［フラン リング］(仏 cercle, Kreis, Ring, 米 flan circle) 英 名 輪型, セルクル型, リング型

Flandre［フランドル］仏 固 女 フランドル地方. 北海に面し, 現在のベルギー西部, フランス北部にまたがる. 甜菜糖の産地. 市町

村ごとに, ヴェルジョワーズ (→vergeoise) を使った田舎風のパティスリーや糖菓がみられる→bêtise, couque, gâteau flamand

flap jack [フラップ ジャック] 英 名 ❶パンケーキ→pancake ❷オート麦粉, 小麦粉, 砂糖, バターを混ぜたものを薄くのばし, オーヴンで焼き, 小さな長方形に切り分けたもの

Flasche [フラッシェ] (仏 bouteille, 英 bottle) 独 女 瓶

Flaschenöffner [フラッシェンエフナー] (仏 débouchoir, 英 bottle opener) 独 男 栓抜き (瓶用)

flash [フラッシュ] 英 他 (焦げ目をつけるために強火のオーヴンに入れて) 短時間火に当てる

flatten [フラットゥン] (仏 aplatir, 独 glatt streichen) 英 他 平らにする

flaugnarde [フロニャルド] 仏 女 →flognarde

flaune [フローヌ] 仏 女 →flône

flaveur [フラヴール] 仏 女 (食品の) 味と香り. 英語の flavour に由来する新語で, saveur と同義. 見映え, 香り, 味の3点が揃った料理を表現する

flavour [フレイヴァ] (仏 parfum, 独 Duft, 米 flavor) 英 名 香り ‖ (仏 parfumer, 独 parfümieren) 他 香りをつける

Fleisch [フライシュ] 独 中 ❶食用の肉 ❷果肉

fleur [フルール] 仏 女 ❶花. 花種によっては, 古くからパティスリーや糖菓に, また装飾として使われる→acacia, camomille, jasmin, lavande, monarde, paquerette, pissenlit, rose[1], souci, sureau, trèfle, violette ❷花模様 ❸精髄, 精選品 ❹ (カマンベール, ブリなどのチーズの) 白かび

fleurage [フルラージュ] 仏 男 ❶パンをオーヴンに入れる時, パンがつかないようにパンべらに振りかける粉末 ❷ (パンを成形する) パン籠に小麦粉を振ること ❸数 (⅟₈)

fleur de farine [フルール ド ファリーヌ] (英 pure wheaten flour) 仏 女 (小麦の) 特等粉. 製粉の最初に出てくる, 目の細かい真白な粉

fleur de sel [フルール ド セル] 仏 女 フルール・ド・セル, 塩の花, 結晶塩. 塩田の水面で最初に結晶した最高品質の塩. フランス西部のゲランド産が有名

fleur d'oranger [フルール ドランジェ] 女 ❶ (= eau de ～) オレンジの花水, オレンジの花の芳香性蒸留水. ミカン属ダイダイ種のオレンジの花を浸し, 蒸留したもの. 菓子, 糖菓の香りづけに広く使われる→eau de fleur d'oranger ❷オレンジの花

fleurer [フルレ] 仏 他 ごく薄く打ち粉をする→fariner

fleuron [フルロン] 仏 男 ❶フィユタージュを小さな三日月形, 葉形などに切って焼いたもの. 料理の飾りに使う, あるいはパイの上部に張りつけて焼く ❷花形装飾

flexible [フレクスィブル] 仏 形 しなやかな, 曲がる / couteau ～ しなやかな包丁

Flexipan [フレクスィパン] 仏 固 男 〔商標〕フレキシパン. フランス, ドゥマール社の開発製品 ❶グラスファイバーとシリコンを組み合わせた素材. −40℃から+250℃での使用に耐えるため, 冷凍から焼成まで可能. しなやかで, 型離れがよい. 型に油を塗る必要がない. 直火は厳禁. 欠点は傷つきやすいこと ❷ (= moules F ～) プレート形の型. 生地, ムース, クレーム類, 流動性のアントルメ用

Flexipat [フレクスパット] 仏 固 男 〔商標〕フレキシパット. フランス, ドゥマール社の開発製品. フレキシパン素材の高さ1〜5cmの縁がついた天パン形ベーキングシート. サイズは何種類かある. パート・ド・フリュイ, 平らに焼くビスキュイ生地などに使用→Exopat

fließen lassen [フリーセン ラッセン] (仏 couler, 英 flow) 独 他 流す

flip [フリップ] 仏 男 ❶ 〔古〕ビール, ラム酒, 卵からつくる温かいアルコール飲料 ❷フリップ. ワインなどのアルコールに卵, 砂糖,

ナツメグ, その他の香料を加えた, 温かいまたは冷たいカクテル

floc de Gascogne ［フロックド ガスコーニュ］⒧男 南西地方のAOPミステル, リキュールワイン. 16世紀から伝わる. ぶどう果汁(2/3)と若いアルマニャック(1/3)を合わせたもの. ガスコーニュ語で「ガスコーニュの花束」という意味. 白とロゼがあり, 食前酒やデザートとして飲まれる. アルコール含有量は16～18％→mistelle, vin de liqueur

Flocken-Sahnetorte ［フロッケン ザーネトルテ］独女 シュー生地を薄く焼いて, サワーチェリーと加糖して泡立てた生クリームを間に挟み, 3層に重ねてつくるトルテ. 下地にはサブレ生地を敷く

flocon ［フロコン］(⒧)(Flocke, 英flake)⒧男 (穀物の)挽き割り, フレーク／～s d'avoine オートミール

flognarde ［フロニャルド］⒧女 〔地方菓子〕オーヴェルニュ, ペリゴール, リムーザン地方のクラフティの一種. プラム, りんご, 洋梨を使う. 外観は膨れあがったクレープ状. 上面に粉糖をかける. 冬は果物の代わりにジャムが入っている = flaugnarde, flougnarde→clafouti(s), flamusse

flône ［フローヌ］⒧女 〔地方菓子〕❶フランス南部ルエルグ地方の羊のチーズか乳清を使ったタルト. 生地を型に敷き込み, 卵, 乳清を混ぜ, オレンジの花水を混ぜたものを入れて焼く ❷ラングドック地方のロテーヴ村の菓子. 小麦粉, 羊のチーズ, オレンジの花水でつくった生地をスプーンで天パンに小さく置いて焼く→flaune

florentin ［フロランタン］⒧男 〔糖菓〕フロランタン. 生クリーム, 砂糖, 蜂蜜, バター, 水アメ, 薄切りアーモンド, オレンジピール, 砂糖漬け果物を煮詰めて, 天パン上で丸く薄く焼いたもの. 冷めたら片面にチョコレートを塗る

Florentiner ［フロレンティーナー］(⒧florentin, 英florentine)独男 フロランタン

flougnarde ［フルーニャルド］⒧女→flognarde

flour ［フラワー］(⒧farine, 独Mehl)英名 ❶(一般に穀物の)粉 ❷小麦粉／strong ～ 強力粉／soft ～ 薄力粉‖flour (⒧fariner, 独mehlen)他 粉を振りかける, まぶす

Flowery Orange Pekoe ［フラワリ オレンジ ピーコウ］⒧女 葉茶の品質等級の1つ(略F.O.P). 最上等級茶. 茎の先端の芽(チップ)とその下の2枚の茶葉のみを使った紅茶. 葉茶(5～8mm)／Golden ～ (G.F.O.P.)白毛が黄色に光る芽先(チップ)を含んだFOP／Tip Golden ～ (T.G.F.O.P.) ゴールデンチップのみの紅茶→pekoe

fluide ［フリュイッド］⒧形 流動性の, とろりとした

fluidifier ［フリュイディフィエ］⒧他 液化する, 液体状にする

fluidité ［フリュイディテ］⒧女 流れやすいこと, とろりと滑らかなこと

flummery ［フラマリ］英名 オート麦に水, 砂糖, オレンジジュースを加え, 柔らかくなるまで煮た粥状のもの. 冷たくし, 蜂蜜, 生クリームを添えて供する

flush ［フラッシュ］(⒧égaliser, 独einebnen)英他 平らにする, (表面を)ならす

flüssig ［フリュッシッヒ］独形 溶かした, 溶けた

flute ［フルート］(⒧canneler, 独rippen)英他 (縦に)溝をつける

flûte ［フリュート］⒧女 ❶フルート. 細長い約200gのパン. バゲットとフィセルの中間の大きさ. 通常バゲットとは異なる特別な生地で焼く = pain à café ❷細長いシャンパングラス ❸肩のない細身のワインの瓶. アルザス, モーゼルの白ワイン. 近年はライン地方のヴァン・ロゼにも使われている ❹フルート, 笛

fluted brioche mo(u)ld ［フルーテッド ブリオッシュ モウルド］(⒧moule à brioche, 独Briocheform, 米ribbed brioche mold)

英名 ひだのついた大型のブリオッシュ型

focaccia [フォカチャ] 仏女 フォカッチャ. イタリアのパン. フガスに似た平らな丸型 (直径約35cm). サイコロ状に切ったハムが入り, オリーヴ油, にんにく, セージの風味. 軽食またはサンドウィッチにして食す

foil [フォイル] 仏feuille d'aluminium, 独Aluminiumfolie) 英名 (＝aluminium〜)(食物包装用の)金属の薄片. アルミホイル

fois [フワ] 仏女 度, 回／à la 〜 同時に／en une 〜 一度に

foisonnement [フワゾヌマン] (英overrun) 仏男 ❶(アイスクリーム製造過程で)アイスクリームのアパレーユを回転凍結した後にみられる量の膨張. 急速な回転凍結により空気が気泡としてアイスクリーム内に取り込まれて量が膨張する. 適切なオーバーラン(空気含有率)がアイスクリームの質を左右する ❷増加, 膨張

foisonner [フワゾネ] 仏男 ❶(アイスクリーム製造過程で)アイスクリームのアパレーユを回転凍結して量を増やす ❷卵白, クリームなどの量が増す, 強く泡立てる →fouetter ❸増殖する, 増加する, 膨張する, 膨らむ

fold [フォウルド] 英他 ❶折る, 折り重ねる, たたむ (仏plier, 独falten) ❷ (＝〜 in) (木杓子などで切るようにざっくりと)混ぜ合わせる (仏mélanger, 独mischen)

fonçage [フォンサージュ] 仏男 型の内側と底に生地を敷き込むこと. 方法は, あらかじめ型の大きさに合わせて抜き型で抜いた生地を敷き込む, あるいは, のばした生地を型に敷き込んでから, 縁の余分な生地を麺棒で切り落とす

foncé, e [フォンセ] 仏形 ❶(色が)濃い, 暗い (独dunkel, 英dark) ❷底のついた, 底の ❸(型に生地を)敷き込んだ (独legt, 英lined)

foncer [フォンセ] 仏他 ❶(型やセルクル型の内側に)生地を敷き込む. 詰め物をしてから, 型の周囲の余分な生地は麺棒を使って切り落とす (独legen, 英line) ❷(鍋などの底に)豚皮, 脂身, 香辛料, 野菜の薄切りなどを敷く (独legen, 英line) ❸色を濃くする (英darken)

fonceuse [フォンスーズ] 仏女 敷き込み機. 型に生地などを敷き込む機械

fonction [フォンクスィヨン] 仏女 作製, 機能／en 〜 de... …に応じて

Fond [フォン] 仏男 卵黄と砂糖またはシロップを温めながら泡立てたもの. パルフェなどをつくるのに用いる

fond [フォン] 仏男 ❶(型の)底 (独Boden, 英bottom) ❷ (＝〜 de pâtisserie) (フュタージュ, ジェノワーズ, ムラングなどでつくった菓子の)台. 重層にするために薄切りにしたり薄焼きにする (独Basis, 英base)→囲み [fond de pâtisserie]／〜s de génoise 台にするために薄切りにしたジェノワーズ／〜s de succès (＝〜s de meringue) (渦巻き状に絞り出して)薄く焼いたシュクセ, ムラングの台 ❸ (＝〜 de tarte) (フュタージュでつくった)容器, (タルト型に敷き込まれた生地の)台 ❹水, 骨, 香辛料を煮てつくったブイヨン(出し汁) (独Brühe, 英stock)／〜 de gelée (＝〜 collé à la gélatine)ゼラチンを水に溶かした液→gelée ❺底, 奥底 (独Boden, 英bottom) ❻基本 (独Basis, 英base)／à 〜 徹底的に, 完全に

Fondant [フォンダーン] (仏英fondant) 独男中 フォンダン

fondant [フォンダン] (独Fondant, 英fondant) 仏男 ❶フォンダン. 砂糖, 水, 水アメを121℃ (プティブレ) まで煮詰め, 白いペースト状に練り合わせたもの. 種々の色や香りをつけ, 糖菓のセンターに使ったり, 水やアルコールを加えて蒸留酒漬けの果物などを被膜する. またジェノワーズ, エクレール, ミルフイユのグラスがけなどに使用する／〜 nature (＝〜 neutre) 香りのついていないフォンダン ❷溶けるような舌触りのアントレ→fondant au chocolat ❸〔糖

fond de pâtisserie（菓子の台）

fond à succès［フォン ア シュクセ］ 同量の粉末アーモンドと砂糖を混ぜ，固く泡立てた卵白を加え，天パンに絞り袋で好みの大きさに渦巻き状に絞る．蒸気口を開けて150℃のオーヴンで焼く＝fond de succès

fond napolitain［フォン ナポリタン］ 同量のバター，小麦粉，砂糖，粉末アーモンドと，卵黄をよく混ぜて生地をつくる．5㎜の厚さにのばして円形に切り，200℃のオーヴンで焼く

fond noix［フォン ヌワ］ 胡桃を砕き，同量の砂糖と混ぜる．卵黄を加えてコーンスターチを混ぜてから，固く泡立てた卵白を混ぜ込む．天パン上に絞り出し，蒸気を逃がすためオーヴンの通気口，蒸気口を開けて180℃のオーヴンで焼く．ヘーゼルナッツでつくったものはfond noisetteとなる

fond perlé［フォン ペルレ］ 同量の粉末アーモンドと砂糖を混ぜ，固く泡立てた卵白を加える．天パンに置いたセルクル型の内側に生地を平らに敷き込み，粉糖を振りかけてから，セルクル型を外してオーヴンの蒸気口を開けて180℃で焼く

fond sablé［フォン サブレ］ サブレ生地を4～5㎜の厚さにのばして，タルトレット型かバルケット型に敷き込んで焼く

菓〕(＝bonbon ～)フォンダンで被膜したボンボンなど

fondant au chocolat［フォンダン オ ショコラ］[仏][男] フォンダン・オ・ショコラ．とろけるような舌触りの滑らかなチョコレート菓子につける名称 ❶〔アントルメ〕卵黄，溶かしたチョコレート，バターをよく混ぜ，泡立てた卵白や生クリームを加えて冷やし固める ❷〔パティスリー〕砂糖と卵をよく混ぜたら，バター，溶かしたチョコレート，小麦粉を混ぜ合わせて，型に入れてオーヴンで焼く

fondant, *e*［フォンダン，ダント］([独]schmelzend，[英] melting) [仏][形] 口の中で溶ける，とろけるような／chocolat ～ フォンダンチョコレート，スイートチョコレート．カカオ48％，カカオバター26％以上を含む上質なチョコレート

Fondantkrem［フォンダーンクレーム］[独][女] 糖液，生クリームを煮詰めて，フォンダン状になるまで練り返したもの＝Sahnefondant

Fondanttrichter［フォンダーントリヒター］([仏] entonnoir à fondant，[英] syrup funnel) [独][男] ドロッパー(フォンダンやシロップなど，液状のものを上から流す器具) ⇒ Gießtrichter

fondre［フォンドル］([独]auflösen, schmelzen，[英] melt) [仏][他] (熱によって砂糖，チョコレート，油脂を流動状に) 溶かす ‖ [自] (野菜などを)蒸し煮にする

fondu, *e*［フォンデュ］[仏][形] 溶けた／beurre ～ 溶かしバター

fondue au chocolat［フォンデュ オ ショコラ］[仏][女] チョコレートフォンデュ．溶かしたチョコレートの中に一口大のジェノワーズ，ブリオッシュ，生や砂糖漬けの果物を浸しながら食べるデザート

fontaine［フォンテーヌ］[仏][女] ❶フォンテーヌ．生地をつくるため，小麦粉を台上または容器に王冠状に置いた中心の凹み．この凹みに卵，砂糖，バター，水などを置き，まわりの小麦粉を徐々に混ぜ合わせて生地をつくる([独]Brunnen，[英] well) ❷泉

fontainebleau［フォンテーヌブロー］[仏][男] ❶イル＝ド＝フランス地方の泡立てた生クリームを加えた無塩のフレッシュチーズ．乳脂肪分60～70％．非常に軽く，デリケートな味わい．ガーゼに包まれている．果物(生，砂糖漬け)を添えて甘いデザートとして供する ❷[固] F～フォンテーヌブロー．パリ南東のセーヌ＝エ＝マルヌ県の町．フランソワ1世の城と広大な森がある

fontaine mousse［フォンテーヌ ムース］⒧囡〔地方菓子〕プロヴァンス地方の菓子．1981年に売り出されたボンボン・ショコラ．センターにヘーゼルナッツのプラリネまたはウィスキー，キルシュ，洋梨などのリキュールが入っている．サロン=ド=プロヴァンスにある池の形から連想してつくられた

Fontäne［フォンテーネ］（⒧fontaine, 英fountain）独囡 泉状

fonte［フォント］⒧囡 ❶溶かす(溶ける)こと，溶解 ❷鋳鉄，鋳物／ émaillée ほうろうびきした鋳鉄．ココット，フライパン，グラタン皿などになる

fool［フール］英名 フール．果物のピュレにカスタード，泡立てた生クリームをたっぷり加えて冷やしたデザート／ Gooseberry ～ すぐりのピュレを使ったフール

force［フォルス］⒧囡 ❶パン生地の発酵活力 ❷（= farine de ～）強力粉．たんぱく質を多く含んだ小麦粉 ❸力，腕力／ en ～ 力を込めて，力一杯に

forcemeat［フォースミート］（⒧farce, 独Farce）英名 調味した挽き肉．詰め物にする = farcemeat

forestine de Bourges［フォレスティーヌ ド ブルジュ］⒧囡〔糖菓〕ベリー地方のブルジュのチョコレート入りプラリネが詰まったサテン状のアメ．1879年にジョルジュ・フォレストが考案．絹のような光沢があり，様々な色がある

forêt noire［フォレ ヌワール］⒧囡 →gâteau de la forêt noire

Form［フォルム］（⒧forme, moule, 英mo⟨u⟩ld⟨form⟩）独囡 型，抜き型

formage［フォルマージュ］⒧男 ボンボンの型取り，成形

forme［フォルム］⒧囡 ❶クッキーの抜き型 ❷形 ❸形態，様式

Formen［フォルメン］（⒧façonnage, 英forming, mo⟨u⟩lding, shaping）独中 加工，（チョコレートなどの）型取り，型抜き→ Bearbeitung

formen［フォルメン］（⒧former, 英form, mo⟨u⟩ld, shape）独他 成形する

former［フォルメ］（独formen, 英form, shape）⒧他 形づくる，つくりあげる ‖ se ～ 代動 ❶形づくられる，生じる，できる ❷成長する，成熟する

formieren［フォルミーレン］独他 形成する，形づくる

formule［フォルミュール］⒧囡 やり方，方法

fort, e［フォール，フォルト］⒧形 ❶（味・臭いが）強い，濃い，辛い，きつい（独würzig, 英strong） ❷多量の，多くの，たっぷりの ❸（物が）強い，激しい ❹いきすぎの

fortement［フォルトマン］⒧副 強く，たっぷりと，力をこめて

fouace［フワス］⒧囡〔パティスリー〕フアス（= fouasse）．ルエルグ地方とオーヴェルニュ地方南部のガレット❶〔古〕フランスのもっとも古い菓子の1つ．原形は上等な小麦粉を使い，発酵させないで炉(foyer)の灰の下で焼いた．それが名称の由来となっている．プロヴァンス地方ではフガスという → fougasse ／～ de Lerné レルネ村のフワス．16世紀の作家フランソワ・ラブレーの『ガルガンチュワ物語』に登場する．当時の店は現存していないが，名称は残っている ❷ブリオッシュ生地のガレット．伝統的に王冠形に焼く．主にクリスマスや御公現の祝日に焼く．現代では南部の地方で多く見られる．ルエルグ地方のナジャク村では毎年「フワス祭」を開催．フランス中央部オーヴェルニュ地方のものは，砂糖漬け果物がたくさん入っている．プロヴァンス地方では，クリスマスの「13種のクリスマスのデザート」の1つ

fouace nantaise［フワス ナンテーズ］⒧囡〔地方菓子〕ロワール=アトランティック県ナントの星形のフワス．小麦粉，バター，牛乳，砂糖でつくる．ぶどうの収穫の時にミュスカデ(ロワールの白ワイン)と食す

fouet［フエ］（独Schneebesen, 英whisk）⒧

[男] 泡立て器. 用途別に形が異なり, サイズも大中小がある

fouet à blancs [フエ ア ブラン] [仏] [男] 卵白用泡立て器. かき立てる針金部分の丈が短く, 丸みがあり, しなやか. 柄は木製. 卵白や生クリームを固く泡立てたり, 卵黄と砂糖をかき立てたりするのに使用

fouet à sauces [フエ ア ソース] [仏] [男] ソース用泡立て器. かき立てる部分の丈が長く, 各線は固い. 柄は金属製. バターソースをふんわり泡立てたり, クリームやアパレーユにだまができないように混ぜ合わせたりするのに使用

fouettage [フエタージュ] [仏] [男] 泡立て器を使って空気を混ぜ込むように強く泡立てること

fouetter [フエテ] ([独]aufschlagen, schlagen, [英] whip, whisk) [仏] [他] ❶ (卵白や生クリームなどを) 泡立て器を使って泡立てる ⇒battre, foisonner ❷ (アパレーユなどを) 泡立て器を使って均質に混ぜ合わせたり, 空気を入れて軽い状態にする

fougasse [フガス] [仏] [女] フガス. プロヴァンス地方のガレット ❶平たく柔らかいパン. パン生地かブリオッシュ生地にオリーヴ油を使って平たくし, 焼く前に飾り模様のように数か所切れ目を入れる. オリーヴ油の香りがしてほのかに甘い. 中身にベーコン, オリーヴ, 山羊のチーズ, アンチョヴィなどを入れることもある／～ aux herbes de Provence プロヴァンス地方のハーブ入りフガス／～ aux lardons ベーコンやエメンタルチーズ入りフガス⇒fougasse provençale ❷甘味のフガス(＝pompe). オレンジの花水を使い, オリーヴ油が十分染み込んでいて香り高い. 砂糖漬け果物入りもある.「13種のクリスマスのデザート」の1つ ⇒pompe à l'huile ❸ルエルグ地方のフアスのプロヴァンス地方の呼び名⇒fouace

fougassette [フガセット] [仏] [女] フガセット ❶ニース近郊グラス, 南仏オランジュのブリオッシュ生地の小さいフガス. オレンジの花水の香りをつける. 縦15㎝横10㎝くらいの平たい楕円形でキリストの顔を表わし, 7つの穴 (目, 鼻, 耳, 口) がある. ニースでは円形につくる. オランジュのフガセットはオリーヴ油の代わりにバターを使うが, 今ではグラス, ニースでもバターを使っている.「13種のクリスマスのデザート」の1つ ❷ニースの三つ編みのブリオッシュ. オレンジの花水とサフランの香りをつけ, 砂糖漬けセドラが入ることもある

fougasse provençale [フガス プロヴァンサル] [仏] [女] 南仏プロヴァンス地方のパン, フガス. パン種, 小麦粉 (T.55), 細かく切ったベーコンを使用. 形は独特で, 生地を丸めてから麺棒で平らにし, 数か所に切れ目を入れる. クラスト (皮) は厚くぱりぱりしていて, クラム (身) はほとんどない. クラストが湿らないうちに食す. 朝食, おやつに, また好みでどんな料理にも添えられる

fouler [フレ] ([独]abpressen, zerdrücken, [英] press ⟨down⟩) [仏] [他] ❶ソースやピュレを木杓子やレードルで押しながらシノワで漉す ❷押しつぶす, 圧搾する

four [フール] ([独]Backofen, Ofen, [英] oven) [仏] [男] ❶オーヴン, 天火. 60℃～280℃に対応／～ électrique 電気オーヴン／～ à gaz ガスオーヴン／～ à micro-ondes 電子レンジ／～ vif 高温のオーヴン(220～300℃) ／～ moyen 中温のオーヴン(180～220℃) ／～ doux 低温のオーヴン (120～180℃) ❷パン焼き窯

fourchette [フルシェット] ([独]Gabel, [英] fork) [仏] [女] フォーク／～ à dessert デザート用フォーク

fourchette à tremper [フルシェット ア トランペ] [仏] [女] トランペ用フォーク, 被膜用チョコレートフォーク. 2～3本の長い串歯がついている. ボンボン・ショコラのセンターをのせ, 溶かしたチョコレートに浸して被膜したり, 模様をつける＝broche à tremper⇒bague

fourneau ([複] ～*x*) [フルノー] ([独]Herd, [英]

furnace, stove) 仏男 ❶ (= ～ de cuisine) レンジ. 特にレストランなど大規模な厨房に備えているもの→cuisinière ❷かまど

fournée [フルネ] (英 batch, ovenful) 仏女 ❶1日につくる菓子の総量, 店に出す1日の菓子量 ❷パン一窯分の

fourrage [フラージュ] 仏男 ボンボンや菓子にジャムやクリームなどの中身を詰めること

fourré, e [フレ] 仏形 中身を詰めた ‖ fourré男〔糖菓〕(= bonbon ～) 果物, リキュール, カラメル, 蜂蜜, プラリネなどが詰ったアメ / ～ praliné 丸く固めたプラリネを中身にしたアメ

fourrer [フレ] (独 füllen, 英 fill) 仏他 (ジェノワーズ, シュクセ, ムラングの各層の間や, タルト, シューなどの中に) クリーム類, ムース, 果物, アパレーユなどを詰める

four sec [フール セック] 仏男 一口か二口で食べられる, オーヴンで焼いて乾いた, または半生の軽くデリケートな小菓子. デザート類 (カスタードプディング, アイスクリーム, フルーツサラダなど) や飲み物 (温・冷) に添える. アパレーユの製法により4種に分けられる→petit four sec

製法	例
(小麦粉, 粉末アーモンド, 砂糖を混ぜ, 卵, 溶かしバターを加え) 均一に混ぜ合わせる. 天パンに絞り出すか, 冷蔵してから切り分ける	絞り出しクッキー類, ディアマン, テュイールなど
油脂と砂糖をクリーム状にし, 卵白 (全卵), 粉類を加える	シガレット, ラング・ド・シャ, パレ・オ・レザンなど
卵白を泡立てた中に粉類を混ぜる	ロシェ, ミロワール, ムラングなど
卵白, 砂糖, 粉類をペースト状に混ぜて, 泡立てた卵白に混ぜ込む	マカロン, デュシェスなど

fraction [フラクスィヨン] 仏女 部分

fragile [フラジール] 仏形 壊れやすい, 脆い

fragilité [フラジリテ] 仏女 壊れやすさ, 脆さ, 弱さ

fragment [フラグマン] 仏男 破片, かけら, 一部分

fraîcheur [フレシュール] 仏女 ❶涼しさ, 冷たさ ❷新鮮さ, 新しさ ❸さわやかさ

frais, fraîche [フレ, フレッシュ] 仏形 ❶新鮮な, 生の, 保存加工していない (独frisch, 英fresh) ❷冷たい, 涼しい (独kühl, 英cool) ❸新しい, 最新の ‖ frais男 涼しい場所, 冷所, 冷蔵庫

fraise [フレーズ] (独Erdbeere, 英strawberry) 仏女 苺 (→fraisier) の実. 丸または円錐形の赤い実で, 種類は多数ある. デザートとして, 生のままや砂糖や生クリームをかけたり, アルコールに浸したりして食する. またタルト, スフレ, バヴァロワ, ムース, アイスクリームに使ったり, ジャム, コンポートにする / ～ au pécharmant ペシャルマン漬け苺. ペリゴール地方の特産苺と赤ワインを取り合わせたデザート→péchармant

fraise des bois [フレーズ デ ブワ] 仏女 野苺. 森や雑木林に生える. 野生種は深紅で艶がなく, 長さ12mm以下の小粒. 栽培種は形が大きく (20mm), 深紅で艶があるが, 香りは野生種のものより乏しい

fraiser [フレゼ] 仏他 生地に粘りを出さずに均質に混ぜるために, 掌で前方に押し出す (再び1つにまとめ, 同様の動作を繰り返す) = fraser

fraisier [フレズィエ] 仏男 ❶〔アントルメ, パティスリー〕数段に切ったジェノワーズの各層にキルシュ入りシロップを含ませ, キルシュ入りバタークリームと苺を挟み, 表面全体にピンク色のバタークリームを塗って苺を飾ったもの. 数種のヴァリエーションがある ❷〔植〕苺→fraise

fraissage [フレサージュ] 仏男 生地を掌で前方に押しながら均質にまとめること

framboise [フランブワーズ] (独Himbeere, 英raspberry) 仏女 ❶木苺, ラズベリー, フランボワーズの実. 赤色の核果の寄り集った, 小さな卵形または円錐形の実. 甘く酸味があり, 香りが高い. 痛みやすく水洗いは適

さない．デザートとして，そのまま，または砂糖，生クリームをかけたりして食す．タルト，アントルメ、コンポート，ジャム，ゼリーに使用する ❷フランボワーズの蒸留酒 ❸フランボワーズのリキュール

framboiser [フランブワゼ]（⚜️他）フランボワーズの香りをつける，フランボワーズで飾る

frame [フレイム]（⚜️cadre）英名 型枠，枠．長方形の底のない型

franc, che [フラン，フランシュ]⚜️形 すっきりした，混り気のない，純粋な

Franche-Comté [フランシュ コンテ] ⚜️固女 フランシュ＝コンテ地方．フランス東部の広域行政地域圏（中心都市ブザンソン）．スイス国境に接し，とうひの森，川，湖のある山岳地帯．赤，白に加え，この地方独特の黄ワイン（→ vin jaune），藁（わら）ワイン（→ vin de paille）を産出する．甘味類は祝祭日に作るゴーフルや揚げ菓子（アカシヤの花やとうもろこしの粥（→ gaude）のベニエ，ペドノーヌ，メルヴェーユ）．ガレット・ド・グモー（→ galette de goumeau），こけももなど野生の果実のジャムなどが有名 → épinevinette

Franchipan [フランチパン] 独男 → Franchipan-Krem

Franchipan-Krem [フランチパン クレーム]（⚜️frangipane, 英 frangipane) 独女 フランジパーヌ = Franchipan

frangipane [フランジパーヌ]（独 Franchipan-Krem, 英 frangipane) ⚜️女 フランジパーヌ．クレームダマンドとクレームパティシエールを合わせたクリーム（= crème frangipane）．17世紀のイタリアの香料師フランジパーニ Frangipani が調合した苦アーモンドベースの革手袋用の香料からパティシエがヒントを得た

Frankfurter Kranz [フランクフルター クランツ] 独男 フランクフルタークランツ．フランクフルト風王冠菓子．リング状に焼いたスポンジにクリームを挟み，全体に同じクリームを塗って仕上げる．クリーム以外にジャムなども用いられる

Französelei [フランツェーゼライ] 独女 フランス風模倣

Französischer Blätterteig [フランツェーズィッシャー ブレッタータイク] 独男 ドイツ菓子でいうフランス式フイユタージュ．油脂で生地を包んで折る方法でつくるが，フランスではほとんどこの方法をとらず，生地で油脂を包んで折る

Französischer Butterkrem [フランツェーズィッシャー ブッタークレーム] 独女 バタークリーム．全卵と砂糖を温めながら泡立て，冷めてから泡立てたバターと混ぜ合わせてつくる．使い切り用．温め直したり練り直すとボリュームがなくなり重たくなる

Frappe [フラッペ] 独女 フラッペ

frappé [フラペイ]（⚜️granité, 独 gekühlt, kalt）英形 （氷で）冷やした ‖ frappé 名 フラッペ ❶果汁や果物などの風味をつけたシロップを半ば凍らせたデザート ❷細かく砕いた氷にリキュールを注いだ食後の飲み物

frappé coffee [フラッペ コフィ]（⚜️café frappé）英名 上部が細かな泡でおおわれたアイスコーヒー．インスタントコーヒー，砂糖，水をシェイクする．ギリシアの代表的アイスコーヒー．1957年，ギリシアのテッサロニキ国際見本市で出展．当初はネスレ社が子供向け飲み物としてココアと牛乳で創案した = Greek frappé

frappé glacé [フラペ グラセ] ⚜️男〔氷菓〕半流動状の冷たい飲み物．アイスクリームまたはシャーベット，牛乳，生クリームをミキサーにかけたもの．ワイン用グラスかクープに注いで供する → 〔付録〕la glacerie

frapper [フラペ]（英 chill, put on ice）⚜️他 急速に0℃近くまで冷やす ❶（クリームなどを冷やし固めるために）砕いた氷の中に浸す，あるいは冷凍庫に入れる / ~ une crème クリームを冷やし固める ❷氷水の中に浸す / ~ du Champagne シャンパン

を氷水入りのクーラーで冷やす ❸ / ～ un cocktail カクテルを氷と共にシェイクする ❹（氷などを）低温で保存する

fraser [フラゼ] 仏他 →fraiser

freeze [フリーズ]（仏 congeler, geler, 独 enfrieren）英自 凍る, 凍結する ‖ 他 凍らせる, 冷やして固まらせる

freezer [フリーザー]（仏 congélateur, 独 Gefrierschrank）英名（アイスクリームなどをつくる）冷凍装置（機）（= ice cream ～）. 冷凍庫（室）／ rotary type ～（= turbine type ～）（アイスクリームをつくるための）回転式冷凍機

frémir [フレミール]（英 simmer）仏自 ❶（液体が）かすかに沸騰する, 沸騰直前の状態にある →frissonner ❷震える

frémissant, e [フレミサン, サント] 仏形 静かに煮立った, 軽く沸騰した

frémissement [フレミスマン] 仏男 沸騰直前の軽い泡立ち, 軽い沸騰

French toast [フレンチトウスト] 英名 → golden bread

fréquemment [フレカマン] 仏副 頻繁に, しばしば

friabilité [フリアビリテ] 仏女 脆さ, 粉末になりやすいこと

friable [フリアーブル] 仏形 砕けやすい, 粉末になりやすい

friand, e [フリヤン, フリヤンド] 仏形（～ de …）（…が）大好きな ‖ friand 男〔パティスリー〕フリアン. 卵白, バター, 砂糖, 粉末アーモンドでつくった生地をバルケット型または長方形の型で焼いたもの →financier

friandise [フリヤンディーズ]（独 Naschwerk, 英 small sweet delicacy）仏女 ❶（小さなパティスリー, 糖菓など）しゃれていて可愛らしい甘いもの. ティータイムに, またはデザートの後に, コーヒー, 紅茶と共に供する. 数種を取り合わせてお盆に盛り, 手でつまんで食べる →mignardise ❷おいしいもの, 甘いもの →confiserie

Friedrichsdorfer Zwieback [フリードリッヒスドルファー ツヴィーバック] 独男 フリードリッヒ村でつくられるラスク. はじめはフランスの新教徒ユグノー派の手によってつくられたという

frigorie [フリゴリ] 仏女 冷凍に用いられる熱の除去速度の単位

frigorifique [フリゴリフィック] 仏形 冷凍（冷蔵, 冷却）する／ machine ～ 冷却機

frigorigène [フリゴリジェーヌ] 仏形 冷気を生じる／ fluide ～ 冷却剤 ‖ frigorigène 男 冷却剤(液)

friper [フリペ] 仏他 くしゃくしゃにする, 皺をつける, でこぼこにする

frire [フリール]（独 fritieren, 英 fry）仏他 ❶（多めの油を使って）焼く, いためる ❷（小麦粉やベニエ, シュー, クレープなどの生地を衣にして）油で揚げる

frisch [フリッシュ]（仏 frais, fraîche, 英 fresh）独形 新鮮な

frissonnant, e [フリソナン, ナント] 仏形 かすかに沸騰している

frissonner [フリソネ]（英 simmer gently）仏他（沸騰直前の）かすかに揺れる →frémir

fritelle [フリテル] 仏女〔揚げ菓子〕コルシカ島のベニエ 1）卵と油の入った発酵生地に, 小さく切ったブロッチョ（→broccio）を包んで揚げ, 最後に砂糖を振りかける（= beignet au broccio） 2）小麦粉, 砂糖, バター, 卵, イースト, レモンの皮を合わせた生地をのばして, 正方形, ひし形などの形に切りとって揚げ, 最後に砂糖を振りかける

Friteuse [フリテーゼ]（仏 friteuse, 英 fryer）独女 フライヤー

friteuse [フリトゥーズ] 仏女（= ～ élec- trique）フライヤー,（油切り用金網, 籠, 蓋付き）揚げ鍋 →bassine à friture ／ ～ domestique 家庭用フライヤー

fritieren [フリティーレン]（仏 frire, 英 fry）独他 揚げる

fritter [フリッター]（仏 beignet, 独 Fettgebäck, Krapfen）英名 果物などに衣

をつけて油で揚げたもの, ベニェ / banana 〜 バナナのベニェ

friture [フリテュール] 仏 女 ❶揚げ油（独 Ausbackfett, 英 frying-fat) ❷揚げ物（独 Fettgebäck, 英 fryed food)

frivolité [フリヴォリテ] 仏 女 ❶ [パティスリー] 一口サイズの軽い菓子 ❷（= 〜 viennoise / 〜 danoise) パン菓子, デニッシュ→viennoiserie ❸移り気, くだらない物 ❹ 複 (婦人用)装身具, 小間物

froid, e [フルワ, フルワッド] (独kalt, 英 cold) 仏 形 冷たい, 冷えた / à 〜 冷たいままで, 熱を加えずに ‖ froid 男 ❶冷所, 冷蔵庫 ❷冷気

fromage [フロマージュ] (独 Käse, 英 cheese) 仏 男 ❶チーズ. 乳, クリーム, 脱脂乳, あるいはこれらの混合物を凝固させ, 型に入れて水気を切ったもの. フレッシュチーズ (→fromage frais), 発酵チーズ, プロセスチーズ (→fromage fondu) に分類される ❷ [古] 18〜19世紀に, 乳, クリーム, 砂糖をベースにした種を型に入れて固めたもの / 〜 bavarois バヴァロワ ❸チーズのように固めたもの

fromage blanc [フロマージュ ブラン] 仏 男 →fromage frais

fromage fondu [フロマージュ フォンデュ] 仏 男 プロセスチーズ, 加工チーズ. 原料となるチーズに, 牛乳, 生クリーム, バター, カゼインなどを加え, 加熱溶解してつくったチーズ. 主に, グリュイエール, エメンタル, チェスターからつくられる. 各種香辛料, レーズン, 香草, 木の実などを加えることもある. 三角形, 立方形にしてアルミ箔に包むか, 薄切りにして包装. 主となるチーズを25%以上含むものはcrème de ＋チーズ名と呼ばれる→crème de gruyère

fromage fort [フロマージュ フォール] 仏 男 漬け込みチーズ. 数種の砕いたチーズを油, ワイン, アルコール, ブイヨン, 香りと共に壺に入れて数週間漬け込んだもの. 味, 香りが非常に強い

fromage frais [フロマージュ フレ] 仏 男 フレッシュチーズ, フロマージュブラン. 熟成させず, 乳酸または酵素発酵のみのチーズ. 60〜80％が水分, 脂肪分は20％以下の低脂肪から72％までの高脂肪のものがある. 滑らかで, 柔らかなクリーム状. デザートとして, 種々の香り, 果物, コンポートを加え食される. またタルト, ガレット, スフレ, アイスクリームの製作にも使われる＝fromage blanc

fromage glacé [フロマージュ グラセ] 仏 男 [氷菓] 18世紀後半から19世紀初期, 円錐形につくられた種々の香りのアイスクリーム. ボンブ・グラセの原形→bombe

fromagère [フロマジェール] 仏 女 ❶フレッシュチーズ家庭用電気製造器. 牛乳と凝乳酵素を混ぜ, サーモスタットによる定温でフレッシュチーズをつくる ❷チーズおろし器

froment [フロマン] (独Weizen, 英 wheat) 仏 男 ❶小麦の総称→blé ❷ (= farine de 〜) 小麦粉 / fine fleur de 〜 製菓用上質小麦粉

frontignan [フロンティニャン] 仏 男 ❶ラングドック地方エロー県の天然甘口AOPワイン→V.D.N. ❷ラングドック地方の甘口酒精強化ワイン→vin de liqueur

frottement [フロトマン] 仏 男 こすること, 摩擦

frotter [フロテ] (独reiben, 英rub) 仏 他 こする, すり合う, こすりつける

frozen cream cake [フロウズン クリーム ケイク] 英 名 薄切りにした2枚のジェノワーズの間に, 泡立てた生クリームに果物を混ぜたものを厚く塗り, 冷凍庫で5〜10時間凍らせたケーキ. 冷凍庫から出したら, シャンティイで飾りをしてすぐに供する

Frucht [フルフト] (仏 英fruit) 独 女 果物＝Obst

Früchtebrot [フリュヒテブロート] ＝Kletzenbrot→Birnenbrot, Hutzelbrot

Fruchteis [フルフトアイス] (仏 glace aux

fruits, [英] fruit ice cream) [独] [中] 20%以上の果実または果物のピュレ入りアイスクリーム

Früchtesauce［フリュヒテゾーセ］([仏] sauce au fruit, [英] fruit sauce) [独] [女] フルーツソース

Früchtetörtchen ［フリュヒテテルトヒェン］([仏] tartelette aux fruits, [英] fruit tartlet) [独] [中] フルーツのタルトレット⇒Obsttörtchen

Fruchtfleisch ［フルフトフライシュ］([仏] pulpe de fruit, [英] fruit pulp) [独] [中] 果肉＝Fruchtmark

Fruchtgelee ［フルフトジェレー］([仏] gelée aux fruits, [英] fruit jelly) [独] [中] フルーツゼリー

Fruchtkuchen ［フルフトクーヘン］([仏] cake, [英] fruit cake) [独] [男] フルーツケーキ

Fruchtmark ［フルフトマルク］ [独] [中] 果実のピュレ, 果実の裏漉し, 果肉⇒Fruchtfleisch

Fruchtpaste ［フルフトパステ］([仏] pâte de fruit, [英] fruit paste) [独] [女] パート・ド・フリュイ

Fruchtpresse［フルフトプレッセ］([仏] presse fruit, centrifugeuse, [英] juice squeezer) [独] [女] ❶ 果汁絞り器 ❷ジューサー

Fruchtsaft ［フルフトザフト］([仏] jus de fruit, [英] fruit juice) [独] [男] 果汁

Fruchtsalat ［フルフトザラート］([仏] salade de fruit, [英] fruit salad) [独] [男] フルーツサラダ. 生またはシロップ煮の各種の果実をリキュールで香りをつけたシロップで和えたもの

Fruchtsorbett ［フルフトゾルベット］([仏] glace au fruit, [英] fruit sherbet) [独] [男] [中] フルーツシャーベット

Fruchtzucker［フルフトツッカー］([仏] sucre de fruit, [英] fruit sugar, fructose) [独] [男] 果糖

Frühstück［フリューシュテュック］([仏] petit déjeuner, [英] breakfast) [独] [中] 朝食

fruit[1] ［フリュイ］ [仏] [男] 果物, 果実, 実. 植物の種子を包んでいる部分. 野菜（メロン, トマト, なすなど）についてもいうが, 一般には生または加工してデザートとして食したり, 菓子, 糖菓に使ったりするものを指す. 多肉果(⇒fruit charnu)と乾果(⇒fruit sec)に大別できる. 水分とビタミンCの多いもの（柑橘類, 苺, 桃, りんごなど), 糖質の多いもの（栗, なつめなど), 水分が少なく脂質とカルシウム, ビタミンBの多いもの(アーモンド, ヘーゼルナッツ, 胡桃など)がある⇒quatre-fruits, ［付録］ les fruits

fruit[2] ［フルート］ [英] [名] 果物, 果実／tinned ([米]canned) ～ 缶詰の果物／crystallized ～ 砂糖漬けの果物

fruit à coque［フリュイ ア コック］([独]Nuss, [英] nut) [仏] [男] 固い殻でおおわれた実あるいは種子, ナッツ. ヘーゼルナッツ, 栗, アーモンドなど⇒akène, drupe, gousse

fruit à l'alcool ［フリュイ ア ラルコール］ [仏] [男] 糖分を加えていない蒸留酒に漬けた果物. フルーツサラダ, 糖菓の製作, 食後

fruit à l'alcool

bigarreaux au marasquin［ビガロー オ マラスカン］ マラスキーノ漬けのさくらんぼ

grains de raisin au cognac ［グラン ド レザン オ コニャック］ コニャック漬けのぶどう

griottes à l'eau de vie de marc ［グリヨット ザ ロー ド ヴィ ド マール］ マール漬けのさくらんぼ

mandarines à la liqueur d'orange［マンダリーヌ ザ ラ リクール ドランジュ］ オレンジリキュール漬けのマンダリン

pruneaux à l'armagnac［プリュノー ザ ラルマニャック］ アルマニャック漬けのプルーン

petites poires au calvados ［プティト プワール オ カルヴァドス］ カルヴァドス漬けの小さな洋梨

のコーヒーと共に供される⇒囲み［fruit à l'alcool］，［付録］les fruits

fruit au naturel［フリュイ オ ナテュレル］（仏）［男］水煮の果物⇒［付録］les fruits

fruit au sirop［フリュイ オ スィロ］（仏）［男］シロップ煮の果物⇒［付録］les fruits

fruit band［フルート バンド］（（仏）bande aux fruits）（英）［名］帯状のフイユタージュにクレームパティシエールを敷き，果物を並べたもの．切り分けて1人用菓子にする

fruit butter［フルート バター］（英）［名］りんご，桃，プラムなど，果肉の多い果物を裏漉ししたジャム

fruit cake［フルート ケイク］（（仏）cake，（独）Englischer Fruchtkuchen）（英）［名］❶フルーツケーキ．多量のレーズン（サルタナ種，カランツ種），ピール，ドレンチェリー，スパイス，粗糖，黒い糖蜜，カラメル，ベーキングパウダー，多量のバター，ブランデー，ラム酒を使って焼きあげた褐色地のケーキ．これを台にクリスマス，結婚式などの菓子をつくる＝fruited cake ❷レーズン，ピールなどの入ったパウンドケーキ⇒cake², pound cake ❸［古］ぶどうパン．レーズンなどの多量の果物，砂糖，油脂，スパイス入りの，発酵生地を焼いたもの⇒plum cake

fruit charnu［フリュイ シャルニュ］（仏）［男］多肉果．粒は大きく，水分がある．石果（⇒drupe）と漿果（しょうか）（⇒baie）に分けられる．桃，さくらんぼ，オレンジ，りんご，洋梨など⇒［付録］les fruits

fruit confit［フリュイ コンフィ］（（独）kandierte Frücht，（英）candied fruit）（仏）［男］砂糖漬け果物．果物（丸ごとまたはスライス）を，少しずつ濃度を高めたシロップに漬け，果物に含まれている水分をシロップにかえたもの（⇒façonnage）．杏（あん），さくらんぼ，パイナップル，アンゼリカ，柑橘類の皮などを用いてつくる．長期保存に耐える．南仏のものが有名で，フリアンディーズとして供される．また，製菓に欠かせない材料として，ケーキ，ブリオッシュ，アイスクリームなど菓子やアントルメに刻んで加えられたり，飾りに使用される⇒［付録］les fruits

fruit confit d'Apt［フリュイ コンフィ ダプト］（仏）［男］［糖菓］プロヴァンス＝アルプ＝コート・ダジュール地方アプトの果物の砂糖漬け．アヴィニョンの法王や14世紀の頃より法王に献上したという記録がある．起源はローマ時代に蜂蜜でつくった，といわれている．現在では糖液管理をしながら（果物を何度も）糖液につけて乾燥させて水分を糖分に変えている．クレマンティーヌ，ナポレオン種のさくらんぼ，杏（あん），いちじく，プラム，洋梨などがあり，フランスの外来種の果物ではパイナップル，オレンジ，セドラなどがある

fruit congelé［フリュイ コンジュレ］（仏）［男］冷凍した果物．フローズンフルーツ＝fruit surgelé⇒［付録］les fruits

fruit crumble［フルート クランブル］（英）［名］オーヴン用の容器に果物を詰め，上部を小麦粉，ベーキングパウダー，バター，砂糖を混ぜそぼろ状にしたもの（⇒crumble）でおおい，焼いたデザート

fruit déguisé［フリュイ デギゼ］（仏）［男］❶［糖菓］フリュイ・デギゼ．グラスがけあるいは糖衣した果物．カラメル，フォンダンあるいはカンディに煮詰めた糖液を使う．パート・ダマンドを果物に詰めたり，飾ったりもする（（英）caramel candied fruit，caramel fruit）⇒fruit déguisé au fondant，fruits glacés au caramel ❷パート・ド・マロンを栗の形につくったもの⇒marron déguisé

fruit déguisé au fondant［フリュイ デギゼ オ フォンダン］（仏）［男］［プティフール］フォンダンに浸した果物．オドヴィ漬けの果物全般と生果の一部（苺，薄切りマンダリン，パイナップル，レーヌ・クロード，ミラベルなど）を，香りをつけた液状のフォンダンに浸す．香りはアルコール（コニャック，キルシュなど）やヴァニラなどを使用する．彩色することもある

fruit de la passion［フリュイ ド ラ パスィ

ヨン] 仏男〔植〕トケイソウ属. パッションフルーツ. 果物時計草. 原産は中央アメリカ. 果実は鶏卵大. 濃黄で酸味があり, 香りは強い. 砂糖, キルシュなどを振り, スプーンですくって生食する. シャーベット, 飲み物, ゼリーにも使われる. 花の中心部をキリスト受難 (いばらの冠, 釘, ハンマー) に見立てた命名 → grenadille

fruited cake ［フルーテッド ケイク］英名
→ fruit cake

fruit en conserve ［フリュイ アン コンセルヴ］仏男 (瓶詰や缶詰にした) 水煮またはシロップ煮の果物. 桃, 杏 (あん), パイナップル, カクテルなど

fruit exotique ［フリュイ エグゾティック］仏男 外来種の果物. フランスでは, パイナップル, アヴォカド, バナナ, パッションフルーツ, マンゴスチン, マンゴー, ココナッツ, パパイヤ, ドラゴンフルーツ, 柿, 梨などが該当する → [付録] les fruits

fruit frais ［フリュイ フレ］仏男 果物. 生で食用できる果実. さくらんぼ, 苺, りんご, ぶどうなど → [付録] les fruits

fruit givré ［フリュイ ジヴレ］仏男〔氷菓〕果物の中身をくり抜き, そのピュレでつくったシャーベットを元の果物に詰め直して冷凍したもの. 果皮の表面が霧氷でおおわれ白色になる. オレンジ, レモン, マンダリン, パイナップル, メロンなどが使われる → givré, [付録] la glacerie

fruit glacé au caramel ［フリュイ グラセ オ カラメル］仏男〔プティフール〕カラメルがけした果物. 砂糖漬け果物, 生果, オドヴィ漬けの果物をグランカセの糖液に浸してから大理石上に置いて固める. 三角に切ったパイナップル, アーモンド, デーツ, さくらんぼ, プルーン, いちじく, 胡桃, ぶどう, オレンジ, ミラベル, パート・ダマンドを詰めたアンゼリカなど → aboukir, fruit déguisé

fruitier, ère ［フリュイティエ, ティエール］仏形 果物の ‖ fruitier 男 ❶果物貯蔵所, 果物貯蔵棚 ❷果樹園

fruit loaf ［フルート ロウフ］米名 レーズン, 薄切りアーモンド, レモンピール, 油脂, 砂糖を混ぜた発酵生地をパウンドケーキ型で焼いたもの

fruit pie ［フルート パイ］(米 deep-dish pie) 英名 パイ皿に果物を詰め, フイユタージュを皿の大きさにのばしてかぶせ, 中央に空気孔を開けてオーヴンで焼いたパイ → pie

fruit pudding ［フルート プディング］英名 スコットランドの伝統的料理. ソーセージ類の製造者が製作する. 小麦, 牛脂, 赤砂糖サルタナ種とカランツ種のレーズン, ドレンチェリー, オレンジの皮, シナモンを混ぜ合わせて, 大きなソーセージ形につくり, スライスして油脂で焼く. ダンプリングに類する. 伝統的なスコットランドの朝食に供される. スコットランド食品店で販売している「スコットランド風朝食パック」内に含まれる. パックの中身はソーセージ, ブーダン (黒プディング), フルーツプディング

fruit rafraîchi ［フリュイ ラフレシ］仏男 フルーツサラダ. 数種の果物を食べやすい大きさに切り, 砂糖とワイン, リキュール類やアルコールに漬け, 漬け汁と共にタンバルやクープに盛りつけ, 砂糖漬け果物などで飾った冷たいデザート

fruit rouge ［フリュイ ルージュ］仏男 赤色の液果. 特に野生の実. さくらんぼ, 木苺 (フランボワーズ, 黒苺), 苺, カシスなど → airelle, airelle myrtille, arbouse, aubépine, canneberge, cassis[1], cerise, cornouille, cynorrhodon, églantier, épinevinette, fraise de bois, framboise, grattecul, griotte, groseille, groseille à maquereau, mûre, mûroise, myrtille, prunelle, sureau

fruit sec ［フリュイ セック］仏男 ❶木の実, ナッツ. アーモンド, 胡桃, ピスタチオ, 松の実, ピーナッツなど. 生のとれたてのものは, 焼きたてのパンと共に食される. 乾燥させ, 塩味をつけたものは, 食前酒と共に供される. その他, 粉末, ペースト状にしてヌガー, プラリネなど菓子や料理によく使用される

→fruit à coque ❷乾果. 固い殻におおわれた果肉がなく, 水分の乏しい, 脂質に富む果実→[付録] les fruits ❸ドライフルーツ. 天日にさらすかオーヴンで乾燥させた果物 = fruit séché

fruit séché [フリュイ セシェ] 仏男 ドライフルーツ. 天日にさらすか, オーヴン, ホイロで乾燥させた果実. いちじく, りんご, 洋梨, プルーン, レーズン, 杏(あん), なつめ, バナナ, パイナップル, パパイア, さくらんぼ, ネクタリン, 桃など. カロリーが高い. フリアンディーズとして供される. あるいはアルコールや温湯に漬けて柔らかくし, コンポートなどのデザートとして, あるいはフルーツケーキ, プディングなどパティスリーに使用される = fruit sec

fruit surgelé [フリュイ スュルジュレ] 仏男 冷凍した果物. フローズンフルーツ = fruit congelé→[付録] les fruits

fruit tige [フリュイ ティジュ] 仏男 (製菓上) 茎を用いる植物. アンゼリカ, ルバーブなど

fruit voilé [フリュイ ヴワレ] 仏男 〔氷菓〕糸状アメをかけたフリュイ・ジヴレ

fry [フライ] (仏〈faire〉frire, 独 fritieren) 英他 (油脂を用いて)揚げる, 焼く

fryer [フライアー] (仏 friteuse, 独 Friteuse) 英名 (= deep ~) 揚げ物用鍋, フライヤー

fudge [ファッジ] 英名 ❶ファッジ. 砂糖, 生クリーム, 水アメを煮詰め, 平らに流し, 冷えてから小さい四角形に切り分けたアメ, 柔らかいキャラメル. 砂糖の結晶が大きいので, 粘着性はなくさくさくとした質感 / vanilla ~ ヴァニラ入りファッジ / chocolate ~ チョコレート入りファッジ→caramel ❷フォンダン, 同量の粉糖, 牛乳, 油脂を混ぜ合わせたもの. グラセ用

Füllen [フュレン] 独中 詰め物, 具, フィリング→Füllung

füllen [フュレン] (仏 farcir, fourrer, 英 fill, stuff) 独他 詰める, 詰め込む

Füllgewicht [フュルゲヴィヒト] (仏 poids net, 英 net weight) 独中 正味重量 = Nettogewicht

Füllgut [フュルグート] (仏 contenu, 英 filling material) 独中 中身, 内容

Füllkrem [フュルクレーム] 独女 クリームパウダー, 澱粉, 卵などでつくったクリーム. カスタードクリームはその代表的なもの

full proof [フル プルーフ] 英名 発酵生地が最大限に膨らんだ時点

Füllung [フュルング] (仏 fourrage, garnissage, garniture, 英 filling, garnish) 独女 詰め物, 具, フィリング→Füllen

fumant, e [フュマン, マント] 仏形 煙を出している, くすぶっている

fumer [フュメ] (独 rauchen, 英 fumer) 独自 ❶煙を出す, くすぶる ❷湯気を立てる ‖他 いぶす

fur [フュール] 仏男 / au ~ et à mesure 次々に, だんだんと, …に応じて

Fürst [フュルスト] 独男 君主, 国王, 領主, 侯爵

Fürstenschnitte [フュルステンシュニッテ] 独女 侯爵風の切り菓子. 練り込み生地にマンデルマッセ (→Mandelmasse) を塗って焼く切り菓子

Fürst-Pückler-Eis [フュルスト ピュックラー アイス] 独中 泡立てた生クリームをベースとしてつくるアイスクリーム. ピュックラー侯爵にちなんで命名されている. チョコレート入りのクリーム, マカロンを混ぜたマラスキーノ入りのクリーム, 苺のクリーム (すべてホイップクリーム) を3色に組み合わせて凍結したもの. 苺, ヴァニラ, チョコレートの3色, 3味のものを3層に型に詰めて固める

gabarit [ガバリ]（独Muster, 英former, pattern）仏男 型枠

gâche [ガーシュ] 仏女 〔地方菓子〕❶ノルマンディ地方の, 発酵生地の柔らかい小型ガレット ❷ブルターニュ地方の, 砂糖, バター, りんごの薄切りが入った発酵生地のガレット ❸ポワトゥー地方ヴァンデ県の, 半発酵の復活祭のブリオッシュ＝gâche vendéenne→alize pâcaude

gâche améliorée [ガーシュ アメリオレ] 仏女 〔地方菓子〕ノルマンディ地方のブリオッシュ→fal(l)ue

gâche vendéenne [ガーシュ ヴァンデエンヌ]→gâche, gâtais

galanga [ガランガ] 仏男 〔植〕ショウガ科. ガランガ. 原産は中国. 根茎を使う. 小ガランガと大ガランガがある. 小ガランガはユーカリのような香りと強い香りがある. 大ガランガはジャンジャンブル・シノワ (gingembre chinois「中国の生姜(ショウガ)」という意味）とも呼ばれ, 甘く, 松や赤い果実の香りがする. すりおろしたり, ガナッシュの香りづけに用いる

galbe [ガルブ] 仏男 膨らみ, 曲線

galbé, e [ガルベ] 仏形 中央が膨らんだ

galet(t)oire [ガルトワール] 仏女 （クレープ用の, 縁のほとんどない円形の鉄製）フライパン

galeton [ガルトン] 仏男 〔地方菓子〕主にリムーザン地方の厚く焼いたそば粉のクレープ. ガルトワール (→galet⟨t⟩oire) でつくられる

galette [ガレット] 仏女 ❶〔パティスリー〕1）円形で平たい菓子. 発酵生地, フイユタージュ, サブレ生地などを用いる. 最も古い（新石器時代）菓子の形態で, 熱した石の上で穀物の粥を焼いたのがはじまりといわれる. 次いで蜂蜜が加えられ, 中世にはフワス (→fouace) となり, 各地で特有のガレットがつくられるようになった 2）フイユタージュを円形につくり, 上面に卵黄を塗り, 筋目模様をつけたもの. 御公現の祝日の菓子として用いられる→galette des Rois, galette feuilletée 3) ブルターニュ地方の銘菓 (→galette bretonne). バターを豊富に使い, よく焼き込んだ円形のきめの粗いビスケット 4）（円形で周囲がぎざぎざになった）ビスケット類 ❷ブルターニュ, ノルマンディおよび隣接地方でつくられる, 塩味のそば粉のクレープ. チーズ, ハムなどを包んで食す→sarrasin ❸ （おろした）じゃがいも, とうもろこしなどを平たい円形に焼いた料理 ❹（北フランスやベルギーの）ゴーフレット / ～ fourrée 蜂蜜やチョコレートを挟んだゴーフレット→gaufrette ❺平たい円形のもの. お金, CD など

galette bordelaise [ガレット ボルドレーズ] 仏女 〔地方菓子〕ボルドー地方のブリオッシュ生地のガレット. ガルフ (→garfou) を王冠形に焼く

galette bretonne [ガレット ブルトンヌ] 仏女 〔地方菓子〕ブルターニュ地方の有塩バターを使った銘菓. 上面に卵黄を塗り, ひし形に筋目をつけて飾りとする ❶小さな円形のビスケット. 有塩バターを豊富に使い, 十分に焼き込んであり, 香ばしく, そぼろ状に砕けやすい. 刻んだ砂糖漬け果物を入れるものもある ❷ブルターニュ地方の有塩バター, 卵, 砂糖でつくった生地にアンゼリカなどの砂糖漬け果物を刻んで入れ, ラム酒などで香りをつけて円形に（一般にタルト型などで）焼きあげたもの. 内部にフェーヴ (→fève) を入れればガレット・デ・ロワとなる→galette des Rois, gâteau breton

galette charentaise［ガレット シャランテーズ］[仏][女]〔地方菓子〕シャラント地方の良質なバターを使った中身が柔らかいガレット

galette de goumeau［ガレット ド グモー］[仏][女]〔地方菓子〕フランシュ=コンテ地方の祝日の菓子. 発酵生地（砂糖, 卵, 生クリーム入り）をタルト型に敷き込み発酵させ, 上面にグモー（生クリーム, 卵黄, 砂糖を混ぜたもの）を塗って焼く. ジャムなどを添えて供す

galette des Rois［ガレット デルワ］[仏][女]御公現の祝日（1月6日）のガレット. 主にロワール川以北で焼かれる円形のものを指す. 菓子の内部にその日の王（女王）を決めるフェーヴ（⇒fève）を入れる. パリでは, 特にガレット・フイユテ（⇒galette feuilletée）を指す＝gâteau des Rois

galette feuilletée［ガレット フイユテ］[仏][女]〔パティスリー〕フイユタージュを円形や四角形などにして, 表面に卵黄を塗り, 筋目模様をつけて焼いたもの. 内部にフランジパーヌ, クレーム・ド・マロンなどを詰めることもある

galette flamande［ガレット フラマンド］[仏][女]〔地方菓子〕フランドル地方のフェーブ（⇒fève）を入れた伝統的ガレット・デ・ロワ.（バター, 卵, 砂糖の入った）発酵生地にレーズンを入れ, タルト型に敷き込んで発酵させ, グラニュー糖を振りかけ, 焼きあげる

galette lyonnaise à la frangipane［ガレット リヨネーズ ア ラ フランジパヌ］[仏][女]〔地方菓子〕リヨンのガレット・デ・ロワ. 円形にした2枚のフイユタージュの間にフランジパーヌを塗り, フェーヴ（⇒fève）を入れる. 上面に卵黄を塗り, 筋目模様をつけて焼きあげる

galette parisienne aux amandes［ガレット パリズィエンヌ オ ザマンド］[仏][女]〔地方菓子〕（パリ周辺の）北フランスのガレット・デ・ロワ. 小麦粉, 粉末アーモンド, 卵黄, 砂糖, バターで生地をつくり, 円形にする. フェーヴ（⇒fève）を入れ, 上面に卵黄を塗り, 筋目模様をつけて焼きあげる

galette pérougienne［ガレット ペルジエンヌ］[仏][女]〔地方菓子〕ローヌ=アルプ地方北部ペルージュのブリオッシュ生地のガレット. 伝統的にはまだ温かいうちに生クリームを添えて供する

galette sèche［ガレット セッシュ］[仏][女] 中にクリームが詰まっていないガレット

galettoire［ガレトワール］[仏][女]⇒gale-t(t)oire

gallien de Bordeaux［ガリイアン ド ボルドー］[仏][男]〔糖菓〕ヌガティーヌで包まれたボルドーのプラリネ. 1939年につくられ, ガリアン宮の名がつけられた

galfe palois［ガルフ パルワ］[仏][男]⇒garfou

galfou［ガルフー］[仏][男]⇒garfou

galopin［ガロパン］[仏][男]〔地方菓子〕ピカルディ地方のフレンチトースト. 固くなったブリオッシュを卵と牛乳に浸してフライパンで焼き, 砂糖を振りかける⇒pain perdu

gamme［ガム］[仏][女] ❶（あらゆる種類, 段階を備えた）一揃い, 全範囲（[独]Satz, [英] series）❷音階（[独]Tonleiter, [英] scale）

Ganache［ガナッシュ］（[仏][英] ganache）[独][女] ガナッシュ＝Pariser Krem

ganache［ガナッシュ］（[独]Ganache, Pariser Krem, [英] ganache）[仏][女] ガナッシュ. チョコレートをベースに, 生クリーム, バター, 牛乳などの液状物を混ぜ合わせたクリームの一種. 熱した液体にチョコレートを混ぜ入れて柔らかくし, 泡立て器で攪拌（かくはん）する. スパイス, 果物, 花, コーヒーなどで香りをつけることも可能. アントルメ, 小型菓子, プティフールの詰め物, グラサージュ, ボンボン・ショコラのセンターに用いる. 砂糖漬け果物, 木の実などを刻んで入れることもある. 1850年頃, パリの菓子屋シロダンが考案したともいわれる. ガナッシュ誕生の俗説では, ガナッシュに「能なし」という意味があることから, チョコレートに熱いクリームをひっくり返した弟子を「ガナッシュ！」と叱ったことから名づけられたという説やフ

ランス南西部の方言ganacher（「ぬかるみを難儀して歩く」という意味）から当地方生まれとするのもある／～ blanche　ホワイトチョコレートを使ったガナッシュ／～ blonde　ミルクチョコレートを使ったガナッシュ／～ brune　スイートチョコレートを使ったガナッシュ／～ montée　完全に冷えたガナッシュを高速度で攪拌(かくはん)，空気を入れ白っぽくしたガナッシュ／～ vanille　ヴァニラの香りをつけたガナッシュ
⇒［付録］les crèmes

gant［ガン］(独Handschuh，英glove)仏男 手袋／～ protecteur　手袋形鍋つかみ

Ganzeseis［ガンツェスアイス］独中 回転凍結してつくるアイスクリーム

garde［ガルド］(独Bewachung，英guard)仏女 保存，用心，管理／prendre ～ de ne pas + inf …しないように気をつける

garder［ガルデ］(独aufbewahren, konservieren，英keep, preserve)仏他 保存する，残しておく，保つ‖ se ～ 代動 保存がきく

gären［ゲーレン］((独fermenter，英ferment))独他 発酵する

garfou［ガルフー］仏男〔地方菓子〕フランス南西部のランド県，ピレネー＝アトランティック県ポーなどでつくられる，アニスの香りをつけたブリオッシュ．中世から存在し，アニスはサラセン（アラブ）人から伝わった，といわれる．製法は失われていたが，アニスの香りをベースに再現された．形は様々だが，近年ベアルヌ地方のプロモーション用にベレー帽の形が主流になってきた．アンリ4世の好物だったため，彼を象徴する帽子の白い羽根飾り(panache blanc)をかたどった形のガルフもある．ランド地方では復活祭のブリオッシュとして供される．より膨らませるために2, 3日生地を寝かせることが特徴である＝galfe palois, galfou

gargouillau［ガルグイヨ］仏男〔地方菓子〕リムーザン地方やブルボネ地方のアントルメ．フラン型に洋梨とクレープ生地を入れて焼く

garnieren［ガルニーレン］独他 飾りをつける，最終仕上げをする

garnir［ガルニール］((独garnieren，英garnish))仏他 ❶（型やシューなどに中身を）詰める／～ chaque chou　各シューに詰め物をする ❷クリームなどをジェノワーズ，ビスキュイなどの全面に塗り広げる／～…de (avec) A ～ …をAでおおう／～ le biscuit à l'aide de la palette avec la crème choisie en une couche bien uniforme　パレットナイフを使い，準備したクリームをビスキュイに均等に塗り広げる／～ l'intérieur d'un moule de papier d'alminium　型の内側にアルミ箔を敷き込む ❸飾る，添える／～… de A　…をAで飾る／Garnissez les babas de crème Chantilly　ババをクレームシャンティイで飾りなさい‖ se ～ 代動 詰め込む，満たす／se ～ de... …でいっぱいになる

garnish［ガーニッシュ］(仏garnir，独garnieren)英他 ❶（中身を）詰める，入れる ❷飾る‖ garnish ((仏garniture，独Garnierung))名 飾り，付け合わせ

garnissage［ガルニサージュ］仏男 （型などに）詰めること，塗り広げること

garniture［ガルニテュール］仏女 ❶（タルトなどに）詰める物 ((独Füllen, Füllung，英filling)) ❷（料理の）付け合わせ ((独garnieren，英garnish)) ❸ (＝～ aromatique) 味，香りをつけるために加えるもの．香草，香味野菜，香辛料など ❹飾り

garrife［ガリフ］仏女 ⇒bunyète

Gasbrenner［ガスブレンナー］独男 ガスバーナー

Gascogne［ガスコーニュ］仏固女 ガスコーニュ地方．フランス南西部の地方名．パスティス・ガスコン（⇒pastis gascon），アルマニャック漬けのプラムや果物，アルマニャック入りパート・ド・フリュイなどが名産

gastronome［ガストロノム］仏男 食通，美食家，おいしいものに関して目が利く人

gastronomie［ガストロノミ］仏女 美食

法, 料理法

gastronomique [ガストロノミック] [仏][形] ❶美食法の, 料理法の ❷おいしいものがたっぷりとある

gâtais (de la mariée) [ガテ（ド ラ マリエ）] [仏][男] 結婚式で供される大型ブリオッシュ. ヴァンデ地方のは重さが約20kg. アンジュ地方では少なくとも直径1.30m. 長方形ものは約2.50m×80cmの大きさである⇒gâche vendéenne

gâteau[1] ([複] ～*x*) [ガトー] ([独]Kuchen, [英]cake, gâteau) [仏][男] ❶菓子. パティスリーの一般呼称. 原形は穀類の粉と水を混ぜて焼いたガレットで, 次第に蜂蜜などの甘味, 木の実, 卵, スパイス, バター, クリームなどが加えられていった. 地方菓子はパン生地が使われ, ブリオッシュ系, 揚げ菓子が多い. ルネッサンス期にイタリアの影響を受け, フイユタージュ, ビスキュイ, ムラングが加わり, 18世紀にピエスモンテがつくられるようになる. 伝統菓子は宗教行事, 人生の節目, 農作業, 定期市などの日常生活上の行事に象徴的存在として供されてきた⇒casse-museau, couque, cramique, crêpe, dariole, échaudé, fouace, galette, gâteau de circonstances, nieule, oublie, pogne, talmouse, tarte 1) ケーキ. 焼きあげた各種の生地と, 様々なクリーム, 材料を組み合わせてつくったパティスリー a) (＝petit ～) 小型菓子. エクレール, コンヴェルサシオンなど b) (＝gros ～) 大型菓子. クロカンブッシュ, ヴァシュランなど 2) (＝～x secs) プティフールセック, ビスケット, クッキー類 ❷型に入れて固まったもの. 菓子状の塊 1) 野菜などのピュレ, 刻んだ肉類を型に入れ, 湯煎にして固めた料理. アントレや付け合わせとして供する 2) 塊状のもの／～ de miel ガトー・ド・ミエル, 蜂の巣／～ de plomb ガトー・ド・プロン／～ de marc de raisin ワイン醸造のため圧搾したぶどうの絞りかすの塊

gâteau[2] [ガトゥ] [英][名] デコレーションケーキ

gâteau à la broche [ガトー ア ラ ブロッシュ] ([独]Baumkuchen) [仏][男] 〔地方菓子〕フランス南部ミディ＝ピレネー地方のアヴェロン県やアリエージュ県の, 円錐形の層状の菓子（直径約45cm, 重さ3kg以上）. 特別の串に据えた円錐形の木型に紙を巻きつけて, 小麦粉, 卵, 砂糖, バターにレモン, ラム酒, オレンジの花水で香りをつけた流動状の生地を少量ずつ掛け回し, 強火に当てながら焼く. 生地が滴り落ちて, 棘（とげ）状の突起が周囲にできてもみの木に似た形になる. 伝統的には祝祭日用に炉床で焼きあげる. プロシア王のパティシエの考案といわれ, ナポレオン軍隊がコーカサスからのフランス帰還に作り方を持ち帰ったという. ヨーロッパ各地にあるが, 特に山岳地帯で焼かれる.「ピレネーの菓子（gâteau des pyrénées）」「ピレネーの岩（⇒rocher des pyrénées）」とも呼ばれる

gâteau à la Manon [ガトー ア ラ マノン] [仏][男] ダルトワ⇒dartois

gâteau à la pièce [ガトー ア ラ ピエス] [仏][男] ⇒petit gâteau

gâteau Alexandra [ガトー アレクサンドラ] [仏][男] 〔パティスリー〕非常に濃厚なチョコレートケーキ. チョコレート入りのビスキュイの全体に杏（あんず）ジャムを塗ってから溶かしたチョコレートでおおう

gâteau au chocolat [ガトー オ ショコラ] [仏][男] 〔パティスリー〕ガトー・オ・ショコラ. チョコレートを使った菓子. 卵黄と砂糖をよく合わせた中にバター, 溶かしたチョコレート, 小麦粉を加えて, 最後に泡立てた卵白を混ぜ入れ, 型に入れてオーヴンで焼く

gâteau au chocolat de Nancy [ガトー オ ショコラ ド ナンスィ] [仏][男] 〔地方菓子, パティスリー〕フランス東部ロレーヌ地方の中心都市ナンシーのチョコレート菓子. ロレーヌ地方はチョコレートを使った菓子が多い. チョコレート, バター, 卵, 砂糖, 粉末アーモンド, 小麦粉を混ぜて型に入れ, 表面にスラ

イスアーモンドを散らしてオーヴンで焼く

gâteau aux noix［ガトー オ ヌワ］⚲男〔パティスリー〕ガトー・オ・ノワ．胡桃を使った菓子 ❶卵黄，砂糖，蜂蜜，刻んだ胡桃を混ぜて，最後にコーンスターチと泡立てた卵白を加えて，パート・ブリゼを敷き込んだ型の中に入れてオーヴンで焼く ❷卵黄と砂糖をよく混ぜたら，溶かしバターと粉末の胡桃を入れ，最後に泡立てた卵白を加えて，型に流し入れてオーヴンで焼く

gâteau aux noix de Grenoble［ガトー オ ヌワ ド グルノーブル］⚲男〔地方菓子，パティスリー〕胡桃の産地グルノーブルの胡桃（AOP）入り菓子⇒grenoblois, tarte grenobloise

gâteau-base tin［ガートウ バース ティン］（⚲ moule à manqué, 独Tortenform）英名 マンケ型

gâteau basque［ガトー バスク］⚲男〔地方菓子〕バスク地方の菓子．バター，砂糖，卵，粉を合わせた生地の半量をまず型に入れ，種を抜いたさくらんぼを並べるか，クレームパティシエールを絞り入れ，残った半量の生地でおおって焼く．バスク地方では黒さくらんぼの産地イグザス村の名前をとって「ガトー・ディグザス（gâteau d'Itxassou）」と呼んでいる

gâteau breton［ガトー ブルトン］⚲男〔地方菓子〕ブルターニュ地方の銘菓．同地方のバター（beurre demi-sel）を豊富に使い，卵，砂糖，粉末アーモンドでつくった生地をタルト型などに詰め，上面に卵黄を塗り，ひし形の筋目模様をつけて焼きあげる．刻んだ砂糖漬け果物を中に入れることもある＝galette bretonne

gâteau de circonstances［ガトー ド スィルコンスタンス］⚲男 行事菓子．宗教上の祝日，個人・家族の祝いのためにつくられる菓子．その日を象徴するものを飾り（⇒sujet）に使う⇒囲み［gâteau de circonstances］

gâteau de conserve［ガトー ド コンセルヴ］⚲男 保存可能なケーキ類⇒gâteau de

---

gâteau de circonstances

gâteau d'anniversaire［ガトー ダニヴェルセール］誕生日の菓子

gâteau de baptême［ガトー ド バテーム］洗礼式の菓子

gâteau de la Chandeleur［ガトー ド ラ シャンドルール］2月2日の菓子

gâteau de mariage［ガトー ド マリアージュ］結婚式の菓子

gâteau de Noël［ガトー ド ノエル］クリスマスの菓子

gâteau de Pâques［ガトー ド パーク］復活祭の菓子

gâteau d'Épiphanie［ガトー デピファニ］御公現の祝日の菓子

gâteau du dimanche［ガトー デュ ディマンシュ］日曜日の菓子

---

voyage

gâteau de courge［ガトー ド クルジュ］⚲男〔地方菓子〕リヨン地方のかぼちゃのグラタン．ゆでたかぼちゃの水気をしっかりととった後，砂糖，牛乳，卵を混ぜ，グラタン皿に流し入れてオーヴンで焼く

gâteau de la Forêt-Noire［ガトー ド ラ フォレ ヌワール］（独Schwazwälder-Kirschtorte, 英Black Forest cake）⚲男〔パティスリー〕「黒い森の菓子」という意味．数段に切り分けたココア入りビスキュイをキルシュ風味のシロップで湿らせ，間にシャンティイ，さくらんぼを挟み，菓子全体をシャンティイでおおい，チョコレートコポー，さくらんぼで飾る．ドイツ南西部のシュヴァルツヴァルト（黒い森）特産のさくらんぼとキルシュヴァッサーをつかったシュバルトヴァルダ・キルシュトルテ（黒い森のさくらんぼの菓子）が原形．ドイツではキルシュヴァッサーを使用していないケーキにシュヴァルトヴァルト（黒い森）の名をつけることは禁

止されている. 1915年, パティシエ, ジョゼフ・ケラーの創作といわれる

gâteau de lunch ［ガトー ド ランチ］[仏][男] プティフールと小型菓子の中間の大きさの菓子

gâteau de patate douce ［ガトー ド パタット ドゥース］[仏][男] さつまいもの菓子. さつまいもをゆでて裏漉しし, 砂糖, 卵黄, ラム酒に漬けたマラガ種のレーズンを加えてよく混ぜてから, 固く泡立てた卵白を加えてシャルロット型に詰め, オーヴンで焼く. クレームアングレーズを添える

gâteau de riz ［ガトー ド リ］[仏][男]〔冷アントルメ〕ライスケーキ. リオレ（⇒riz au lait）に砂糖, 卵を加え, カラメルを敷いた型に詰めて, 湯煎しながらオーヴンで焼く. 果物（生, 乾燥, 砂糖漬け）を入れてもよい. クレームアングレーズか赤い果物のピュレを添える⇒riz à l'Impératrice, riz Condé

gâteau de Savoie ［ガトー ド サヴワ］[仏][男]〔地方菓子〕サヴォワ地方の小さな町サン=ジュニ=シュール=ギエールの銘菓. ブリオッシュ生地にプラリネを混ぜ合わせ, 上面に卵黄を塗って十字に深く（約3cm）切れ目を入れ, 数個のローズ色のプラリネを刺し込んで焼く. かつては祭日に焼かれたが現在は日常的につくられる. ドーフィネ地方のポーニュ（⇒pogne）とよく似ている＝brioche de Saint-Genix

gâteau des Deux-Sèvres ［ガトー デ ドゥセーヴル］[仏][男]〔地方菓子〕ポワトゥー=シャラント地方のパン生地の祝日用菓子. 卵, 砂糖, バターの入った発酵生地にアンゼリカの砂糖漬けを加えて型に入れ, 卵黄を塗ってひし形の筋目模様をつけ, アンゼリカを散らして焼く. フェーヴ（⇒fève）を入れ, 御公現の祝日の菓子にも用いられる. ドゥ=セーブル県ニオールはアンゼリカの特産地⇒angélique

gâteau des pyrénées ［ガトー デ ピレネ］[仏][男]⇒gâteau à la broche

gâteau des Rois de Bordeaux ［ガトー デルワ ド ボルドー］[仏][男]〔地方菓子〕ボルドー地方の御公現の祝日の菓子. 砂糖, 卵, オレンジの花水, レモンの皮の入った発酵生地を王冠形にして, 卵黄を塗り, 砂糖漬けのセドラの薄切り, グラニュー糖で飾りをつけ, 焼きあげたもの⇒galette des Rois

gâteau de voyage ［ガトー ド ヴワヤージュ］[仏][男] 保存がきき, 持ち運びのしやすい菓子. フルーツケーキ, クグロフ, ガトー・バスク, ブリオッシュ, フリアンなど＝gâteau de conserve

gâteau d'imitation ［ガトー ディミタスィヨン］[仏][男] ある形に似せてつくった菓子. シュー生地でつくったねずみ, いちじく, ビスキュイでつくるじゃがいもなど⇒figue, gland, grenouille, pomme de terre, souris

gâteau flamand ［ガトー フラマン］[仏][男] フランドル風菓子. パート・シュクレを敷き込んだタルト型に, 粉末アーモンド, 砂糖, 澱粉, 卵黄を混ぜ, 泡立てた卵白を加えたアパレーユを詰めて焼く

gâteau individuel ［ガトー アンディヴィデュエル］[仏][男]⇒petit gâteau

gâteau marbré［ガトー マルブレ］[仏][男]〔パティスリー〕マーブルケーキ. 卵黄, バター, ベーキングパウダー, 小麦粉, 最後に泡立てた卵白を加えた生地を2分し, 一方にココアを混ぜ, パウンドケーキ型に2つの生地を交互に詰めて焼く. 2色のマーブル模様に焼きあがる⇒pâte à gâteau marbré

gâteau-portion ［ガトー ポルスィヨン］[仏][男]⇒petit gâteau

gâteau sec ［ガトー セック］[仏][男] ビスケット, クッキー類. 乾いた歯ごたえのある菓子

gâterie ［ガトリ］[仏][女] ❶甘いもの（[独]Bonbon, [英]goody）❷ささやかな贈り物

gâtis ［ガティ］[仏][男] フランス南部ルエルグ地方サン=タフリクの溶けたチーズ入りブリオッシュ. ブリオッシュ生地に, 角切りのライオルチーズとロックフォールチーズ, またはロックフォールチーズとカンタルチーズを入れてボール状にして表面に卵黄を塗

ってオーヴンで焼く. 熱いうちにサラダと共に食す

gaude [ゴード] [仏][女] とうもろこしの粉の黄色の粥(かゆ). かつてはフランシュ=コンテ地方, ブルゴーニュ地方, ブレス地方の伝統的な夕食であった. 牛乳と生クリーム, あるいはワインを注いで食す. 脂身を加えることもある. また, 濃く煮詰めた粥を冷やして固め, 小さく切り分け, バターで焼いて, 砂糖, ジャム, 蜂蜜を添えてアントルメとしても供する⇒ Franche-Conté / farine de ～ du Jura 煎ったとうもろこしの粉

gaufre [ゴーフル] ([独]Waffel, [英]waffle) [仏][女] 〔パティスリー〕ワッフル. ゴーフル型で焼いた, 平たく, 蜂の巣状のくぼみが押された軽い菓子. 温いうちに砂糖を振りかけ, 泡立てた生クリーム, ジャムなどを添えて供する. ハム, チーズ入りの塩味のものもつくられる (⇒pâte à gaufres). 形態的にも厚めのもの, 薄く焼くもの, 果物やクリームを挟み2枚組にするものなど多種ある. 起源はギリシア時代に熱した鉄板の間で焼いた薄い菓子オブリオ (oblios) に遡る. 13世紀にウブリ (⇒oublie) に凸凹模様をつけて焼くことが考案され, それをゴーフルと呼ぶようになった. ベニェ, クレープと並ぶ最も庶民的, 農民的な食べ物の1つであり, 定期市, 村祭りなどには必ず露店売りされた. フランドル地方, 北部にまだその風習が残る. 各地方に特有の作り方が現存している

gaufre américaine [ゴーフル アメリケーヌ] ([英]American waffle) [仏][男] アメリカンワッフル. ベーキングパウダーを使用. 円, 四角, 長方形. 朝食用は甘く, バター, メープルシロップ, 蜂蜜をかけ, 果物を取り合わせたりする. デザートとしても供される. 塩味のものはチキンと取り合わせた一皿となる

gaufre de Bruxelles [ゴーフル ド ブリュセル] ([英]Bruxelles waffle) [仏][女] (=～ belge / ～ aux États-Unis) ベルギーワッフル, ブルッセルワッフル. イーストを使う. 薄くぱりぱりしている. 長方形, 20の凹み. 粉糖を振りかける. 街頭売りされる

gaufre de Hongkong [ゴーフル ド オンコン] ([英]Hongkong style waffle) [仏][女] 香港風ワッフル. 焼いてからピーナッツバターを塗り, 2つ折りにして食す

gaufre de Liège [ゴーフル ド リエージュ] ([英]Liège waffle) [仏][女] (=～ de sucre) リエージュワッフル. イーストを使った生地. 目がつまり粘性がある. 角(かど)が丸みを帯びた長方形で24の凹みがあり, 上面にあられ糖を振りかけカラメリゼする⇒sucre perlé

gaufre scandinave [ゴーフル スカンディナーヴ] ([英]Scandinavian style waffle) [仏][女] 北欧風ワッフル. ハート型で薄い. 甘味あるいは塩味につくる

gaufrette [ゴフレット] ([英]wafer biscuit) [仏][女] ❶非常に薄く, 軽い乾いた菓子 (工場製品). ゴーフル生地より水分の少ない生地で焼き, 4つ折りにして扇形, 巻形(シガレット)にする. ジャム, プラリネ入りクリームなどを詰めることもある. アイスクリーム用のコーンにもする ❷小型のゴーフル

gaufrier [ゴフリエ] ([独]Waffeleisen, Waffelpresse, [英]waffle-iron) [仏][男] ゴーフル用焼き型. 内側に蜂の巣状の凸凹のある2枚の鉄板部分を上下に蝶つがいで止めたもの. 間に生地を流し, 2つを合わせて焼く. 現在は電気製品. 同じ原理を利用したホットサンド用もある

gaulthérie [ゴルテリ] [仏][女] 〔植〕ツツジ科シラタマノキ属. 赤物(あかもの), 岩はぜ. 赤色の漿果(しょうか). 特にカナダで好まれ, タルト, プディング, 鴨のローストのソースなどに使われる

gaz [ガーズ] ([独]Gas, [英]gas) [仏][男] ❶気体, ガス / ～ carbonique 炭酸ガス ❷ (燃料, 照明用) ガス, 都市ガス ❸ (自動車などの) 排気ガス ❹有毒ガス ❺体内ガス

gaze [ガーズ] [仏][女] ❶薄布, 紗 ❷ガーゼ

gazéification [ガゼイフィカスイヨン] [仏][女] ❶気化, ガス化 ❷炭酸水製造. 飲み物に炭酸ガスを溶けこますこと

gazéifier [ガゼイフィエ] (仏)(他) ❶気化させる (独verdampfen, 英 aerate ⟨liquid⟩) ❷ (飲み物に)炭酸ガスを溶けこます (独mit Kohlensäure sättigen, 英 aerate)

gazeux, **se** [ガズー, ズーズ] (仏)(形) ❶気体の, ガス状の ❷炭酸ガス入りの / eau 〜se 炭酸水

Gebäck [ゲベック] (独)(中) クッキー

Gebackenes Eis [ゲバックネス アイス] ((仏) omelette norvégienne, 米 baked Alaska) (独)(中) ベイクド・アラスカ, オムレット・ノルヴェジエーヌ, びっくりオムレツ. ビスキュイに盛りつけたアイスクリームに, ムラングを厚く塗り, 表面をガスバーナーで焼いたもの

Gebäckschere [ゲベックシェーレ] ((仏) pince à gâteau, 英 cake tong) (独)(女) ケーキばさみ, ケーキトング

Gebildbrot [ゲビルトブロート] (独)(形) いろいろな物の形につくった菓子やパン

Geburt [ゲブールト] (独)(女) 誕生

Gefrierschrank [ゲフリーアシュランク] ((仏) congélateur, 英 freezer) (独)(男) 冷凍庫

Gefrorene [ゲフローレネ] (独)(中)(複) 氷菓子, アイスクリーム

gefüllt [ゲフュルト] (独)(形) 詰まった, いっぱいの. 製菓では, 菓子に詰め物などをしたものに使用する表現. 詰め物をしないものはウンゲフュルト (ungefüllt) という

Geist [ガイスト] (独)(男) アルコール, スピリッツ

Gekochterkrem [ゲコホタークレーム] ((仏) crème cuite, crème pâtissière, 英 confectionner's cream) (独)(女) 煮あげてつくるクリーム, カスタードクリーム

gekochte Schaummasse [ゲコホテ シャオムマッセ] ((仏) meringue italienne, 英 boiled meringue, Italian meringue) (独)(女) ムラングイタリエンヌ

gelatin(e) [ジェルティン] ((仏) gélatine, 独 Gelatine) 英(名) ゼラチン / leaf 〜 板ゼラチン

gélatine [ジェラティーヌ] (独Gelatine, 英 gelatin⟨e⟩) (仏)(女) ❶ゼラチン. 動物の皮, 骨, 軟骨あるいは海草から抽出した無色透明無臭のゲル化剤. 粉末または板状 (1枚=約2 g). 冷たいアントルメ類, パスティヤージュ, 冷製料理 (ゼリー寄せ, アスピック) 類に使用する / une feuille de 〜 板ゼラチン1枚 ❷膠(にかわ) ❸こしがなく, ぷりぷり (ぷよぷよ) したもの

gélatiner [ジェラティネ] (仏)(他) (アパレーユなどが冷えた時に固まるように, 熱いうちに) ゼラチンを加える

gélatineux, **se** [ジェラティヌー, ヌーズ] (仏)(形) ❶ゼラチン質の ❷ゼリー状の

Gelee [ジェレー] ((仏) gelée, 英jelly) (独)(中) ゼリー. 果汁と砂糖を煮詰め, 果実中のペクチンの働きによりゼリー化した菓子. 寒天などの凝固剤を添加してつくることもある

Gelée, Claude [ジュレ クロード] (仏)(固)(男) クロード・ジュレ (1600-1682). 17世紀のフランスの画家. フイユタージュの発明者といわれている

gelée [ジュレ] (独Gallert, Gelee, 英 jelly) (仏)(女) ❶ゼリー, ジュレ 1)ペクチンの多い果実を漉した透明な果汁を砂糖で煮てゲル化したジャムの一種. ペクチンの少ない果汁にはゲル化剤を添加する→gelée de fruits, [付録] les fruits 2)鳥, 魚, 獣肉から得た透明な漉し汁を, 冷やして凝固させたもの→gelée de cuisine ❷ (= fond de 〜) ゼラチンを溶かした液, ストックゼリー. これをベースに, 果汁やワイン, リキュールなどを加えてデザートをつくる. 水, 砂糖, レモン (皮と果汁) を火にかけてゼラチンを加えて煮溶かし, 最後に卵白で不純物を取り除いた透明な液 ❸ゼリー状物質 ❹霜, 氷点下の気温

gelée bavaroise [ジュレ バヴァルワーズ] (仏)(女) →gelée dessert

gelée de cuisine [ジュレ ド キュイズィーヌ] (仏)(女) ゼラチン質の多い肉, 鳥, 魚の部分 (仔牛の脛(すね), 豚の生皮, 魚の骨など) を煮出し

て得た, 無色あるいは茶色の漉し汁. 冷めると凝固する. アスピック, ゼリー寄せなどの冷製料理, 付け合わせ (細かく切ったゼリー), 冷製スープ, 艶出しなどに使用する

gelée de fruits [ジュレ ド フリュイ] [仏] [女] 果汁のジャム, ゼリー状のジャム. ペクチンの多い果実 (漿果(しょうか)など) の漉し汁と砂糖を煮て水分を蒸発させる. 冷めると凝固する. 長期保存可. 漉し汁の作り方は, 漿果の場合は果汁を, りんごまたはマルメロなどは適当な大きさに切って種子や芯と共に袋に入れ, 少量の水で煮てから漉す. 適した果実には, すぐり, マルメロ, ブラックベリー, りんご, ミルティーユ (以上はペクチンが多く単独で固まる) がある. カシス, フランボワーズなどはペクチンが少ないため, りんご, すぐりを加えるかジャム用砂糖を使用する. 用途としては, パティスリーやチョコレートの詰め物にしたり, 氷菓やパティスリーの表面に塗ったり, グラセする⇒confiture ／〜 de groseille すぐりのゼリー状ジャム

gelée d'entremets [ジュレ ダントルメ] [仏] [女] ❶ワイン, リキュールや果汁, 砂糖にゼラチンを加えて固めたゼリー状の冷たいデザート. 赤い果実, 柑橘類, ぶどう, 杏 (あんず), 桃, プラムなどの果汁が使われる. 果肉を入れることもある. パイナップル, キウイ, ライチはゼラチンを壊す酵素を含むため, 煮てから用いる ／〜 de fruits rouges 赤い果物 (さくらんぼ, 苺, フランボワーズ, 西洋すぐりなど) の果汁をベースにした赤色のゼリー ❷野菜のゼリー. 豆類や, 穀物をジュレで固めた塩味のアントレ. ダイエット用

gelée dessert [ジュレ デセール] [仏] [女] 粉末状のゲル化製品. バヴァロワ, ムースなどのアパレーユの安定に, ゼラチンの代りに使われる＝gelée bavaroise

gélifiant [ジェリフィアン] [仏] [男] ゲル化剤, 凝固剤. 冷えると粘性が出て, ゼリー状に凝固させる添加物. ゼラチン, ペクチン, カラギーナン, 寒天など. バヴァロワ類, パート・ド・フリュイなどに使用する

gélification [ジェリフィカスィヨン] [仏] [女] ゲル化, ゼリー化

gélifier [ジェリフィエ] [仏] [他] (ゲル化剤で) ゲル化する, 凝固させる

gélose [ジェローズ] [仏] [女] ❶寒天＝agar-agar ❷〔化〕ゲロース. 寒天の主成分⇒carraghenate

Gemüsekuchen [ゲミューゼクーヘン] [独] [男] 野菜のケーキ. トマトやほうれん草, いんげん, 芽キャベツなどを生クリームや卵と合わせて, 砂糖抜きの生地を敷いたパイ皿に流し, 焼きあげる

génépi [ジェネピ] [仏] [男] 〔植〕ヨモギ属. アルプスよもぎ. 高山に生育するよもぎの俗称. フランス, シャモニー山系に生育する. ハーブティーや薬草系リキュールに使われる ／ G〜 des Alpes ジェネピリキュール. フランス, サヴォワ地方特産. アフタースキーに愛飲される

génér*al, ale* ([男] [複] 〜***aux***) [ジェネラル, ロー] [仏] [形] 一般的な, 全般的な ／ en 〜 普通, 通例, 一般に ❷全体の

généralement [ジェネラルマン] [仏] [副] 一般的に, たいていの場合

Genfer Zungen [ゲンファー ツンゲン] [独] [女] [複] 「ジュネーヴの味覚」という意味. 粉末アーモンドを入れたムラングを楕円形状のステンシルボードに流し込み, 弱火で焼き, ヌガー入りのガナッシュなどを間に塗って2枚張り合わせたクッキーの一種

genièvre [ジュニエーヴル] ([独]Wacholderbeere, [英] gin, juniper-berry) [仏] [男] ❶〔植〕ビャクシン属. ねずの実. 黒っぽい漿果(しょうか). 樹脂と胡椒のような独特な香りがする. リキュールや料理の香りづけに用いられる ❷ねずの実の香りをつけた蒸留酒. 北ヨーロッパで特に好まれる⇒gin

Genoa cake [ジェノア ケイク] [英] [名] サルタナ種のレーズンの入った丸型のパウンドケーキ

Genoese [ジェノウィーズ] [英] [名] (＝〜 sponge) ❶バター (またはほかの油脂) の

入ったスポンジ. 着色してファンシーケーキ, デコレーションケーキ, レイヤーケーキ, バーテンバーグなどをつくる. 軽いものと重いものがあり3通りの製法がある　1) (= light 〜) 卵と砂糖をよくかき混ぜ, 小麦粉と溶かしバターを加える. ベーキングパウダーを使うこともある. 軽くやわらかなスポンジ. ファンシーケーキ用 (仏 génoise) = butter sponge　2) (= heavy 〜) ヘビースポンジ. 多量のバターと砂糖を混ぜ, 卵を加えてから小麦粉を混ぜる. こしが強くきめが細かい (仏 pâte à cake)　3) (= high-sugar 〜) ケーキ用特製粉とケーキ用油脂, 多量の砂糖, ベーキングパウダーを混ぜてから, 水と卵を加える. ミキサーでつくる. チョコレートケーキなどに向く　❷オレンジの花水で香りをつけたスポンジケーキ

Genoese fancy [ジェノウィーズ ファンスィ] 英 名　プティフールフレの一種, パート・ダマンドでおおった小菓子. 2, 3段に切り分けたバタースポンジ (着色可) の間にジャムまたはクリームを挟み, 上面にパート・ダマンドをかぶせ, チョコレートあるいはフォンダンを塗り, 小さく切り分ける. 各々にクリーム, ゼリー, 果物, 木の実などで飾る → afternoon tea fancies

Genoese glacé [ジェノウィーズ グラセ] 英 名　プティフールフレの一種. グラサージュした小菓子. 2, 3段に切り, ジャムなどを挟んだヘビースポンジを好みの形 (ハート, 円形, 三角形など) に切り分ける. 杏 (あん) のピュレに浸して, 側面に薄切り (または粒状) アーモンドをまぶし, 上面をクリームで飾るか, チョコレートまたはフォンダンでグラセし, 線描き模様を同じくチョコレートかフォンダンで施し, 砂糖漬け果物, クリーム, 木の実などを飾る → afternoon tea fancies

génois, e [ジェヌワ, ワーズ] 仏 形　ジェノヴァ (Gênes) の‖ Génois 名　ジェノヴァ人

génoise [ジェヌワーズ] (英 Genoese sponge) 仏 女　[パティスリー] ジェノワーズ. 共立法でつくるスポンジの一種. 全卵と砂糖を湯煎にかけて泡立て, その中に小麦粉を入れて焼く. バターや粉末アーモンド, ヘーゼルナッツ, チョコレートを加えることもある (→ pâte à génoise). アントルメの台として用いたり, そのままジャム, クリーム類を添えて供してもよい. 全卵に空気が入るため出来あがりのきめはビスキュイと比べやや粗い. 絞り出して使うには適さない → biscuit¹

genre [ジャンル] 仏 男　❶種類　❷ (表現の) 様式, スタイル　❸行儀, マナー

Genuakuchen [ゲーヌアクーヘン] (仏 pain de Gênes, 英 almond genoese) 独 男　パン・ド・ジェーヌ

Georgette [ジョルジェット] 仏 固 女　19世紀末の人気ヴォードビル (軽喜劇) 作家ヴィクトリアン・サルドゥ Victorian Sardou (1831-1908) の作品『ジョルジェット』にちなんでその名を冠した料理／crêpe 〜　ジョルジェット風クレープ. ラム酒に浸したさいの目切りのパイナップルを杏 (あん) ジャムでからめて包んだクレープ. 上部に砂糖をまぶし, オーヴンでグラセする

Geriebenerteig [ゲリーベナータイク] 独 男　パート・ブリゼ. 小麦粉とバターをそぼろ状にし, 食塩水を加えてこねてつくる. 冷やした後のばして使う

germe [ジェルム] (独 Keim, 英 germ) 仏 男　❶芽, (卵などの) 胚　❷ (病) 菌, 微生物　❸根源, 原因

Germknödel [ゲルムクネーデル] 独 男　オーストリアの菓子. 発酵生地を50 g くらいずつに分け, 中央に杏 (あん) ジャムまたはピュレを絞る. しっかり包んで約25分間発酵させ, 煮立った塩水でゆでる. 湯から取り出し, 芥子の実, 粉糖, 溶かしバターを添えて供する

Gerührter Hefeteig [ゲリュールターヘーフェタイク] 独 男　ナップフクーヘン (→ Napfkuchen) に使う生地. 使用する小麦粉の3分の1, イースト, 牛乳で柔らかな中種をつくる. バター, 砂糖, 卵黄, 塩を泡立ててから中種と一緒にする. 残りの3分の2の小

麦粉を加え，柔らかく滑らかな生地にする

Geschäft［ゲシェフト］[独][中] 店

Gestank ［ゲシュタンク］（[仏] puanteur, [英] bad smell）[独][男] 悪臭

Get 27, Get 31 ［ジェット ヴァンセット／ジェット トランテアン］[仏][固][男]〔商標〕ペパーミントリキュール．グリーンペッパーを使い，高濃度に加糖した甘いリキュール（＝crème de menthe）．1796年，トゥールーズ市近郊ルヴェルのジャン・ジェットJean Getによってつくられた．名前の数字は，当初のアルコール含有量．Get 27は緑色で，アルコール含有量21％．Get 31は白色で，アルコール含有量24％⇒crème

Gewürz ［ゲヴュルツ］[独][中] 香料，薬味，調味料，スパイス

gewürztraminer ［ゲヴェルツトラミネール］[仏][男] ❶アルザス地方の白ワイン用ぶどう品種 ❷（＝vin de ～）ゲヴェルツトラミネール種のぶどうによるアルザス地方のAOP白ワイン．甘口，芳醇でエレガント．果実（マンゴーやライチなど），花（ばらなど），スパイス（ゲヴェルツは「スパイス」という意味）のアロマが豊かである／ marc de ～ ゲヴェルツトラミネールのマール

Gezogener Zucker ［ゲツォーゲナー ツッカー］[独][男] 引きアメ．煮詰めた糖液を引いて光沢を出し，いろいろな形に細工をする

gianduja ［ジャンデュジャ］[仏][男] ジャンドゥヤ．乾燥焼きしたヘーゼルナッツまたはアーモンド（または両方），砂糖，カカオバター，チョコレート，ヴァニラをローラーにかけてつくる柔らかい，きめの細かい生地．ボンボン・ショコラのセンターなどに使用

Giandujamasse ［ジャンドゥヤマッセ］[独][中] 軽く焼いた皮むきアーモンドに砂糖を加え，ローラーですりつぶし，さらにチョコレートを加え，ローラーにかけた種．香料としてヴァニラを加える．用途により，ヘーゼルナッツを使ったり，アーモンドと併用することがある

gibassié［ジバスィエ］[仏][男] ⇒gibassier

gibassier ［ジバスィエ］[仏][男]〔地方菓子〕プロヴァンス地方の古い行事菓子ジバシエ．特にクリスマス，御公現の祝日につくられる．王冠形の大型ブリオッシュ．杏（あんず），レモンまたはオレンジの皮，あるいはオレンジの花水で香りをつける．プロヴァンス語gibo（「こぶ」の意）に基づく名．ブリオッシュの表面が何か所か膨らむところから名づけられた．ポンプ・ア・リュイル（⇒pompe à l'huile）とも呼ばれるが，ジバシエのほうが膨らみが少なく乾燥している

gil ［ジル］[仏][男] 無水バター＝beurre déshydraté⇒囲み［beurre］

Gilliers ［ジリエ］[仏][固][男] ジリエ．ポーランド国王，ロレーヌ公国王スタニスラス（スタニスワフ1世レシチンスキ）の料理長．その著書『フランス菓子Cannaméliste française』（1751）は，菓子の歴史および18世紀の食器類に関する貴重な本⇒Leszczynski

gimblette ［ジャンブレット］[仏][女]〔地方菓子〕タルヌ県アルビの銘菓．王冠形の小さな菓子．小麦粉に薄切りアーモンド，砂糖，卵黄，イースト，オレンジ（またはレモン）とセドラの皮を混ぜた生地を王冠形に成形し，熱湯に浸し，乾燥させてからオーヴンで焼く．この作り方はエショデ（⇒échaudé）と同じ．15世紀にナンテールの修道士からアルビの修道士に伝えられたという

gin ［ジン］[英][名] 穀類（大麦，ライ麦，とうもろこしなど）から得た蒸留酒．主にねずの実で香りづけされる．アングロサクソン系諸国，特にイギリスでつくられている

gingembre ［ジャンジャンブル］（[独]Ingwer, [英] ginger）[仏][男] 生姜（しょうが），ジンジャー．原産は熱帯アジア．塊茎に香りと辛味があり，生，粉末，砂糖漬けの状態で，料理や菓子に香りをつけるのに使用される．ヨーロッパでは中世に非常に好まれたが，18世紀以後は，フランスのアルザス地方，イギリス，オランダでパティスリーおよび糖菓，飲料の風味づけの限られた使用となる．近年ではインド，

中国や日本の料理の影響により,香辛料として見直され,菓子の分野では砂糖漬けをオランジェットのようにチョコレートでコーティングしたり,生のものはすりおろしてミルクチョコレート・ムースやガナッシュに用いられるようになった→galanga / ～ chinois 大ガランガ

ginger ale［ジンジャー エイル］英 名 ジンジャーエール.生姜(しょうが)のエッセンスで香りをつけた炭酸飲料

ginger beer［ジンジャー ビア］英 名 ジンジャービール.生姜(しょうが)入りの発泡性アルコール飲料.水,砂糖,生姜,クリームタータ(→cream of tarta)を混ぜて発酵させたもの.イギリスで愛飲される

gingerbread［ジンジャーブレッド］(仏 pain d'épices, 独 Lebkuchen) 英 名 ❶ ジンジャーブレッド.小麦粉,重曹,バター,砂糖,ゴールデンシロップでつくった生地に生姜(しょうが)やほかのスパイスを加えて焼いた褐色のケーキ.正方形,長方形に切り分けて供する.地方によりレーズン,ピールなどを混ぜることもある.かつては,型に入れたり,物や人をかたどった形につくられた ❷ ジンジャークッキー,ビスケット.ジンジャーブレッドと同じ生地で焼く → Aberdeen gingerbread, Ashbourne gingerbread, Grantham gingerbread, Grasmere gingerbread, Kirriemuir gingerbread, Nottingham gingerbread, Wrexham gingerbread

ginger cake［ジンジャー ケイク］英 名 ジンジャーケーキ.油脂(バター,ラード)の多い,生姜(しょうが)入りの生地をパウンド型で焼いた菓子

ginger pudding［ジンジャー プディング］英 名 ジンジャープディング.小麦粉,ベーキングパウダー,すりおろした生姜(しょうが),パン粉,砂糖,糖蜜,刻んだ腎臓の脂を混ぜ,牛乳を加えてプディング型に入れ,蒸したもの

ginger snap［ジンジャー スナップ］英 名 ジンジャースナップ,生姜(しょうが)入りクッキー.小麦粉,ゴールデンシロップ,砂糖,おろし生姜,バター,卵で生地をつくり,鉄板に間隔を置いて丸い形に落として焼く.焼成中に円形に薄く広がる.焼成後,温かいうちにスプーンなどで少しくぼみをつける.ぼろっとくずれやすい

Gipfel［ギプフェル］(仏 英 croissant) 独 男 クロワッサン.イーストを入れて仕込み,折ってから薄くのばして三角に成形して焼く

girdle［ガードル］英 名 (菓子などを焼く)スコットランド,北イングランドで使われている鉄板→bake stone, griddle

girdle scone［ガードル スコン］英 名 小麦粉,ベーキングパウダー,卵,ラード,砂糖,牛乳でつくった生地を円形にのばして4つに切り,ホットプレート上で焼いた扇形のスコーン→farl, scone

girofle［ジロフル］(独 Gewürznelk, clove) 仏 男 [植]フトモモ科,丁字,クローヴ.丁字の木の花のつぼみ.原産はインドネシア,モルッカ諸島.天日干しにして香辛料に用いる.強い香りがする.ヨーロッパでは中世に広く愛好された.現在はかなり限定的に用いられ,蜂蜜,ドライフルーツ入りパティスリー(パンデピスなど),蒸留酒漬けの果物,またココア入りのソース,シャーベットの香りづけに利用されている = clou de girofle

Gitter［ギッター］(仏 grille, 英 dipping wire) 独 中 金網,パイクーラー

givrage［ジヴラージュ］仏 男 (湿気を防ぐため)アメやボンボンの表面に細かい砂糖をまぶすこと

givré, e［ジヴレ］仏 形 ❶霧氷(霜)でおおわれた ❷白い粉をかけた / orange ～e オレンジの果肉をくりぬいた皮の容器に入ったオレンジのシャーベットで,外皮が霧氷でおおわれている→fruit givré

givrer［ジヴレ］(英 frost) 仏 他 ❶霧氷でおおう 1) (カクテルなどのコップに氷を入れ,あるいは冷蔵庫に入れて急激に冷やし)霧氷を付着させる 2) (冷凍庫に入れてフリ

ュイジヴレ, アントルメグラセの) 表面を霧氷でおおう⇒fruit givré ❷ (砂糖など白い粉を)薄く全体に振りかける

glaçage [グラサージュ] (仏)(男) ❶ (=～ au sucre) (菓子の表面に) 糖衣を着せること, 糖膜をつけること. 菓子の風味, 光沢, 装飾, 乾燥防止を目的にした仕上げ法の1つ. フォンダン, グラス・ア・ロー, グラスロワイヤル, 糖液, チョコレート, ジャム, ゼリー, クリなどを被膜する, あるいは振りかけた粉糖をカラメル化して行なう ((独)Glasieren, (英)coating, glazing) ❷ ❶の目的に使用する製品の総称 ❸凍らせること/～ au froid 砕いた氷で冷やすこと

glace [グラス] (仏)(女) ❶氷菓の総称. 必要な材料を混ぜ合わせ, アイスクリームフリーザーで回転凍結, あるいは型詰めにして冷凍庫で固めたもの ((独)Gefrorene, Speiseeis, (英)ice)⇒[付録] la glacerie 1) crème glacée 生クリーム, 卵黄, あるいはシロップをベースにした材料を混ぜ合わせ回転凍結したもの, アイスクリーム (⇒glace à la crème, glace au sirop, glace aux fruits, glace aux œufs. 一般にココア, コーヒー, プラリネ, ヴァニラなどの天然香料または果物のエキスを加える. 製品名称は「glace à+天然香料」となる/～ à la fraise 苺のアイスクリーム/～ au citron レモンのアイスクリーム 2) ⇒sorbet¹ 3) ⇒bombe ❷ 1) 糖衣, アイシング. 粉糖に卵白, 水, アルコールなどを混ぜ, 菓子に塗ったり, 飾りつけに使う/～ au rhum ラム酒の香りをつけたグラス・ア・ロー⇒glace à l'eau, glace royale 2) 糖膜. 砂糖漬け果物の表面に生じる ❸ (獣肉, 鳥肉の出し汁を煮詰めた) ゼリー状肉汁⇒glace de cuisine ❹氷 ((独)Eis, (英)ice) /～ sculptée 氷彫刻/～ vive 氷(塊) / à la ～ 冷たくして ❺板ガラス, 鏡

glacé, e [グラセ] (仏)(形) ❶糖衣(膜)をつけた, グラサージュをかけた / marron ～ マロングラッセ ❷光沢のある ❸凍った, (非常に)冷たい / crème ～e アイスクリーム / eau ～e 冷水

glace à la crème [グラス ア ラ クレーム] (仏)(女) 〔氷菓〕生クリームをベースにしたアイスクリーム (乳脂肪分7%以上, 無脂固形分31%). 生クリーム, 牛乳, 砂糖を基本にし, 天然香料 (チョコレート, コーヒー, ヴァニラ, カラメルなど)や果物または果汁を混ぜ, 回転凍結したもの = crème glacée

glace à l'eau [グラス ア ロ] ((独)Staubzuckerglasur, Wasserglasur, (英)glacé icing, water icing) (仏)(女) グラス・ア・ロー, アイシング. 粉糖またはフォンダンを湯で溶いた半流動状のもの. アルコール, リキュールなどで香りをつける. クロワッサンアマンド, サブレ, プティフールなどのグラサージュに用いる

glace au sirop [グラス オ スィロ] (仏)(女) 〔氷菓〕シロップをベースにしたアイスクリーム (=glace standard). 砂糖, 水 (または牛乳)を混ぜ, 回転凍結させる. 生クリーム, バターを加えてもよい⇒[付録] la glacerie

glace aux fruits [グラス オ フリュイ] (仏)(女) 〔氷菓〕(クレームグラセ, グラス・オ・ズ, あるいはシャーベットをベースに) 果肉, 果汁を10～15%混ぜたアイスクリームまたはシャーベット⇒sorbet¹, [付録] la glacerie

glace aux œufs [グラス オズ] (仏)(女) 〔氷菓〕グラス・オ・ズ. 卵をベースにしたアイスクリーム (乳脂肪分2%). 卵黄, 砂糖, 牛乳, 生クリーム, バター, 天然香料を混ぜ, 回転凍結させる⇒[付録] la glacerie

glace carbonique [グラス カルボニック] (仏)(女) ドライアイス, 固形状二酸化炭素 = glace sèche, neige carbonique

glacé cherry [グラセ チェリ] ((仏)cerise confite, (独)kandierte Kirsche) (英)(名) ドレンチェリー, 砂糖漬けのさくらんぼ

glace de cuisine [グラス ド キュイズィーヌ] (仏)(女) (獣肉, 鳥肉などの出し汁を煮詰めた) ゼリー状肉汁. 濃度, 風味の強化, 着色, 艶出しのためにソースなどに加える

glacé icing [グラセ アイスィング] ((仏)glace à

l'eau, (独)Staubzuckerglasur, Wasserglasur) (英)(名) グラス・ア・ロー

glacer［グラセ］((独)glasieren, (英)glaze)(仏)(他) ❶(菓子の表面に)光沢をつける,艶出しをする,グラセする

方法	菓子の種類
表面をカラメル化する.焼成の最終段階で菓子上面に粉糖をかけ再びオーヴンに入れる	フイュタージュの菓子,スフレなど
焼成後表面にシロップを塗る	フイュタージュの菓子など
フォンダン,グラス・ア・ロー,チョコレート,ゼリー,ナパージュを薄くかける→éclair, fruit déguisé, gland, miroir, petit four glacé	プティフール,シュー菓子,アントルメなど
溶かしたゴムを加えた糖液を全体にかける	プラリーヌ
糖液やチョコレートに浸して全体に薄膜をつける→fruit déguisé	リキュールボンボン,さくらんぼなど

❷凍らせる,急速に冷やす.方法として(アイスクリーム,シャーベットなどのアパレーユを)フリーザー,冷凍庫に入れるか,氷の上にのせて急激に冷やす→frapper

glace royale［グラス ルワイヤル］((独)Eiweißglasur, Spritzglasur, (英)royal icing)(仏)(女) グラスロワイヤル.粉糖,卵白,レモン果汁や酢をしっかりかき混ぜる.かなり粘性があり,密度が高い.香りづけはしないが,着色は容易である.菓子のグラサージュ(アリュメット,コンヴェルサシオンなど)および装飾(コルネによる線描きなど)に用いる

glace sèche［グラス セッシュ］(仏)(女) ドライアイス→glace carbonique

glace standard［グラス スタンダール］(仏)(女) 並製のアイスクリーム→glace au sirop,［付録］la glacerie

glacerie［グラスリ］(仏)(女) ❶氷菓・冷菓類 ❷氷菓・冷菓製造(販売)業

glacier［グラスィエ］(仏)(男) ❶(アイスクリームやシャーベットを売る)氷菓子屋／～ industriel 工場製品を売る氷菓子屋／artisan ～ 手作り製品を売る氷菓子屋 ❷氷菓,冷菓をつくる人

glacière［グラスィエール］(仏)(女) ❶粉糖を振りかける器具((独)Staubzuckerbüchse, (英)dredger) = saupoudreuse ❷アイスボックス,冷凍庫,冷蔵庫((独)Kühlschrank,(英)icebox, freezer, refrigerator)

glaçon［グラソン］((独)Eiswürfel, (英)ice cube)(仏)(男) 氷塊,氷片

gland［グラン］(仏)(男) ❶〔プティフール〕グラン.どんぐりに見立てたシュー菓子.洋梨形のシューをつくり,キルシュ入りクレームパティシエールを詰め,上部に緑色のフォンダンをかけ,その一部にスプレーチョコレートをつける ❷どんぐり((独)Eichel,(英)acorn)

Glasbecher［グラースベッヒャー］((仏)verre,(英)glass)(独)(男) グラス,ガラスのコップ

glasieren［グラズィーレン］((仏)glaçage, (英)icing)(独)(他) 焼き菓子などに糖膜をかける,あるいは果実に薄く糖膜をかける.アイシング,グラセする

Glasur［グラズール］((仏)glace royale, (英)icing)(独)(女) アイシング,グラスロワイヤル

glaze［グレイズ］((仏)abricotage, dorage, glaçage, gommage, nappage,(独)Glasieren)(英)(名) (菓子,パン,クッキーの表面に塗る)艶出し.シロップ,溶き卵,ゼリー,杏(ﾟ)ジャム,アラビアゴム,フォンダンなどを用いる／bun ～ バンの表面に塗る,水で割った卵,あるいはシロップにゼラチンを混ぜたもの ‖ glaze(他) (菓子にシロップ,溶き卵,ゼリーなどを塗って)艶を出す((仏)abricoter, dorer, glacer, gommer,(独)glasieren)

glazed［グレイズド］((仏)glacé,(独)glasiert)(英)(形) ❶糖衣した,アメがけした／～ chestnuts マロングラッセ ❷チョコレートソースをかけた

Gleichschwer［グライヒシュヴェール］(独)(中)

パウンドケーキ

glisser [グリセ] ([独]abgleiten, abrutschen, [英]slide, slip) [仏] [自] ❶すべる ❷静かに移動する ‖ [他] そっと入れる, 差し込む

gloss [グロス] ([仏]brillant, [独]Glanz) [英] [名] 光沢, 艶. 正確に調温したクーヴェルテュール. フォンダンの滑らかで輝くような光沢

glu [グリュ] [仏] [女] ❶115℃に煮詰めた糖液 ＝grand soufflé, morve⇒ [付録] le sirop et le sucre cuit ❷とりもち, 膠(にかわ)

glucide [グリュスィッド] [仏] [男] 糖質, 炭水化物＝hydrates de carbone

Glückschwein [グリュックシュヴァイン] [独] [中] 幸福の仔豚. ドイツの正月の菓子でパート・ダマンド細工の豚に一番小さな硬貨である1ペーニッヒ (Pfennig) をくわえさせた形につくる. 豚は多産であり, 年の初めに豊饒を願う気持ちと重なり, お金をくわえてくる幸福の使者となっていったとの説がある. コインは本物を金紙で包むかチョコレートでつくられ, マジパン細工と組み合わされる

glucose [グリュコーズ] [仏] [男] ❶グルコース, ぶどう糖 ([独]Glykose, [英]glucose) ❷ (＝sirop de ～) 水アメ, 澱粉糖. コーンスターチやじゃがいもの澱粉からつくる. 糖液の結晶化を防ぐために糖液やナパージュなどに加える ([独]Stärkesirup, [英]glucose)＝sirop de fécule ／～ atomisé 粉アメ ⇒[付録] les matières édulcorantes

glucosé, *e* [グリュコゼ] [仏] [形] 水アメを加えた

glucoser [グリュコゼ] [仏] [他] シロップ, ジャムなどに水アメを加える

gluten [グリュテーヌ] ([独]Gluten, Kleber, [英] gluten) [仏] [男] グルテン ❶穀類の胚乳から生成されるたんぱく質. たんぱく質の含有量で強力粉, 中力粉, 薄力粉に分けられる ❷水を加えてこねると, 穀類 (大麦, ライ麦, 小麦など) に含まれるたんぱく質から生じるもの. パンの骨格をなす繊維状の網目構造で, 弾性に富み, パン製造時のガスによる生地の膨張に耐える

glycerin(e) [グリスリン] ([仏]glycérine, [独]Glyzerin) [英] [名] 〔化〕グリセリン. 油脂類の鹼化の副産物として得られる食品の甘味添加・保存液. 無色無臭, 吸湿性が非常に強い

gobelet [ゴブレ] ([独]Becher, [英]paper cup, tumbler) [仏] [男] (脚も取っ手もない) 心持ち口広がりのコップ, (紙またはプラスチックの) コップ

Gobet, Philippe [ゴベ, フィリップ] [仏] [固] [男] フィリップ・ゴベ (1960–). フランスのパティシエ, 料理人. ジョエル・ロブションの「ジャマン」で13年間パティシエ・パン部門のシェフを務める. 1993年, MOF獲得. ルノートル製菓・料理学校教授を経て, 2004年, 校長に就任. 当学校の教科書執筆のほか, パティスリーに関する著作が数冊ある⇒ Lenôtre, Robûchon

god cake [ゴッド ケイク] [英] [名] 三角形の, ミンスミートを詰めたパート・フイユテの菓子. 復活祭に名付け親が名付け子に贈ったもの⇒Coventry God cake

golden bread [ゴウルデン ブレッド] ([仏] pain perdu, [独]Armer Ritter) [英] [名] フレンチトースト. スライスしたパンを牛乳, 砂糖, 卵を混ぜたものに十分浸し, バターで焼く

golden syrup [ゴウルデン スィラップ] [英] [名] ゴールデンシロップ. 砂糖精製の副産物. 何度も煮詰め, 結晶しなくなった糖液を漉して濃縮したもの, 薄茶色, 製菓用⇒treacle

Goldwasser [ゴルドヴァッサー] ([仏]eau de Danzig, [英]goldwasser) [独] [中] ゴールドヴァッサー

goldwasser [ゴールドヴァサー] ([仏]eau de Danzig, [独]Goldwasser) [英] [名] ゴールドヴァッサー

gommage [ゴマージュ] [仏] [男] ❶ (プティフールセックなどの表面の光沢と保存上のために) アラビアゴム溶液を塗布すること ❷ (ドラジェ製作過程で) 乾燥させたアーモンドにアラビアゴムの溶液, あるいは粉糖が入ったシロップをかけていくこと

gomme [ゴム] ([独]Gummi, [英] gum) [仏] [女]

ゴム ❶粘りのある透明な物質で, ある種の樹木から自然に流れる樹液 ❷〔糖菓〕(= boule de 〜) ガムドロップ. 柔らかな粘性のあるアメ. アラビアゴム, 砂糖, 水アメを煮詰め, 香料, 着色料を加えて流し込んで成形し, 砂糖などをまぶす／〜 à la réglisse 甘草入りガムドロップ

gomme adragante [ゴム アドラガント] (独Tragant, 英gum-tragacanth) 仏女 トラガカントゴム, トラガントゴム. アジア, シリア, イラン, ギリシア原産のマメ科トラガカントから採取する. 粘着力が強い. 工場製食品の安定剤, 乳化剤, 増量剤として, またアイスクリーム, ジャムの糖化を避けるために用いる. パスティヤージュ, ドロップに使われる

gomme à mâcher [ゴム ア マシェ] 仏女 〔糖菓〕チューインガム

gomme arabique [ゴム アラビック] (独Gummiarabikum, 英gum-arabic) 仏女 アラビアゴム. マメ科アカシャ属の幹より溢出する粘液を凝固・乾燥させたもの. チューインガム, ギモーヴ, ガムドロップの製作やプティフールなどの艶出しに使われる／sirop de 〜 ガムシロップ. アラビアゴムと糖度の高いシロップを合わせたもの

gommer [ゴメ] 仏他 ❶ (プティフールに艶を与えるためオーヴンから取り出した時)アラビアゴムの溶液を刷毛で薄く塗る ❷ (プラリーヌ, ドラジェを被膜する前に)アラビアゴムの溶液で薄くおおう ❸クレームアングレーズ, パスティヤージュ, パート・ド・フリュイなどの生地の状態をしっかりさせるためにゲル化剤(ゼラチン, ペクチン)を入れる

gonfler [ゴンフレ] (独aufquellen, 英inflate) 仏自 (発酵生地が発酵して)膨らむ ‖ 他 膨らます ‖ se 〜 代動 膨れる

gooseberry [グースベリ] (仏groseille à maquereau, 独Stachelbeere) 英名 〔植〕グースベリー, グロゼイユ, 西洋すぐり, 西洋すぐりの実

gorenflot [ゴランフロ] 仏男 ❶ピエスモンテ用10段重ねの六角形の型 ❷〔パティスリー〕六角形の大型ババ. アレクサンドル・デュマ作『モンソローの奥方』に出てくる豪快な修道僧の名にちなむ. 19世紀中頃, パリの菓子屋ブルボヌーが創作⇒baba

gorgé, e [ゴルジェ] (独gefüllt, 英stuffed) 仏形 …に満ちた, …を含んだ／le linge 〜 d'eau d'humidité 湿った布巾

gouch [グシュ] 仏男 中近東の菓子クナファの一種. 糸状の生地を巻いて大きな切り株のようにつくり, シロップを振りかけ, 空焼きした胡桃で表面をおおったもの⇒kounafa

gouère [グエール] 仏男 ⇒gouéron

gouéron [グエロン] 仏男 〔地方菓子〕フランス中部地方でつくられる種々の田舎の菓子 = gouerre, gouère ❶ロワール地方とポワトゥー=シャラント地方のりんご入り菓子. 細かく切ったりんごをキャラメル状にソテーして, 小麦粉, イースト, 卵, 砂糖, ヨーグルトでつくった生地に混ぜて型に入れて焼く ❷ベリー地方のりんごの菓子. コニャックに漬けた薄切りのりんごを, 小麦粉, 砂糖, 卵, 牛乳でつくった生地に混ぜ込み, 型に入れて焼く. りんごのかわりに山羊のチーズ入りもある

gouerre [グエール] 仏男 ⇒gouéron

Gouffé, Jules [グフェ, ジュール] 仏固男 ジュール・グフェ (1807-1877). フランスの料理人アントナン・カレーム (⇒Carême) に師事. 『料理の本 Livre de Cuisine』(1872), 『菓子の本 Livre de Pâtisserie』(1872), その他の著作がある. 装飾料理の布教者と呼ばれた

Gougelhof [グーゲルホフ] 独男 ⇒Gugelhupf

gougère [グージェール] 仏女 〔プティフールサレ〕シュー生地にグリュイエール, コンテ, エメンタールのチーズを混ぜて焼いたもの. ブルゴーニュ地方ではカーヴのワイン試飲時に供される

goumi [グミ] (仏)(男) 〔植〕グミ属. ぐみ. 赤色の漿果(ﾅﾞ). 原産は極東. 生では酸味があるのでコンポートにしたり, タルトに詰めて用いる

gourmand, e [グルマン, マンド] (仏)(形) よく食べる, 食いしん坊の, 美食家の ‖ gourmand(名) 健啖家, 食いしん坊, 美食家

gourmet [グルメ] (仏)(男) 食通, 美食家

gousse [グス] (独Hülse, Schote, 英pod) (仏)(女) 豆などの莢(ᡖ). マメ科植物の実. ヴァニラ, 落花生／〜 de vanille ヴァニラの実(莢), ヴァニラビーンズ→〔付録〕les fruits

goût [グー] (独Geschmack, 英taste) (仏)(男) ❶味, 風味 ❷味覚 ❸食欲 ❹ (よい) 趣味, 美的感覚 ❺好み, 嗜好

goûter [グテ] (独genießen, 英taste) (仏)(他) (食物の) 味をみる, (楽しんで) 味わう ‖ (自) 試食する, おやつを食べる ‖ goûter (独Zwischenmahlzeit, 英snack)(男) おやつ

goutte [グット] (独Tropfen, 英drop 〈of liquid〉) (仏)(女) 滴, 少量／pastilles à la 〜 糖液に粉糖と着色料を混ぜ, 鉄板の上に1滴ずつ垂らしてつくるドロップ／〜 à 〜 1滴ずつ, 少しずつ

gouttelette [グトレット] (独Tröpfchen, 英droplet)(女) 小さい水滴, ごく少量

gouttière [グティエール] (仏)(女) ❶樋形の型 ❷(屋根の) 樋

goyave [ゴヤーヴ] (独Guava, 英guava) (仏)(女) 〔植〕グアヴァ (ばんじろう) の実. 原産は中央アメリカ, アンティル諸島. 果形は洋梨に似て, 直径3〜10cm, 内部に固い種が多数ある. ビタミンCが豊富. 生食するか, ジャム, ゼリーなどにする

goyère [ゴイエール] (仏)(女) 〔地方菓子〕北フランス, 特にヴァランシエーヌの中世に遡るチーズのタルト. かつてはフレッシュチーズと, 卵, 粗糖か蜂蜜, オレンジの花水でつくった. 現在はマロワルチーズに卵を混ぜてパート・ブリゼを敷き込んだ型に入れて焼く. 熱いものを, ビール, 赤ワインと共に供する

gozette [ゴゼット] (仏)(女) 〔パティスリー〕小さなショソン. パート・フイユテ, 敷き込み生地または発酵生地にりんご (薄切りにしてシナモンとカソナードと共にバターで焼く) を詰めてオーヴンで焼く→chausson

graduation [グラデュアスィヨン] (仏)(女) 目盛り／〜s d'un thermomètre 温度計の目盛り

gradué, e [グラデュエ] (仏)(形) 目盛りのある／verre 〜 計量カップ

graduellement [グラデュエルマン] (独allmählich, 英gradually) (仏)(副) 少しずつ, 徐々に

Graham, Sylvester [グレイアム, スィルヴェスター] (米)(固) シルヴェスター・グラハム (1794-1851). アメリカの栄養学者. 全粒粉 (グラハム粉. グルテンの分離を行なわずに, 粒のまま粉にしたもの) の推奨者

grain [グラン] (仏)(男) ❶穀粒 (独Korn, 英grain) ❷豆粒／〜 de café コーヒー豆 ❸粒状のもの／〜s de praliné 砕いたプラリネの粒／praliné en 〜s (粒状に) 砕いたプラリネ ❹微量, かけら

grainage [グレナージュ] (独Körnung, 英graining) (仏)(男) 糖液が再結晶化して粒状になること = grenage

graine [グレーヌ] (仏)(女) (植物の) 種, 種子, シード／〜s de sésame ごま

grainer [グレネ] (独körnen, 英grain) (仏)(他) 均質で滑らかな状態でなくなる, 粒々にする. 製菓では次のような状態を指す = grener

状態	原因
糖液が粒状になる	再結晶化
泡立てた卵白が分離して粒状になる	脂っぽい道具を使ったため
クレームアングレーズやフォンダンが分離して粒状になる	火にかけすぎたため

graining [グレイニング] (英)(名) 糖液の再結

晶化

graissage [グレサージュ] 仏男 ❶(結晶化を防ぐために)糖液に水アメやクリームタータを加えること ❷(型や天パンに)油類を塗ること

graisse [グレース] (独Fett, 英fat, grease) 仏女 ❶脂, 油脂／～ animale 動物性油脂. ラード, 牛脂, 鶏鳥(ﾁｮｳﾙｲ)脂, 腎臓脂などが該当／～ végétale 植物性油脂. コプラ, アブラヤシより抽出, 固形. 融点は動物性油脂より低い→huile ❷脂肪

graisser [グレセ] 仏他 ❶(結晶化を防ぐために)糖液に水アメやクリームタータを入れる／～ le sucre ❷(型や台などに)刷毛や布で油を塗る(独einfetten, 英grease, oil)

gramme [グラム] 仏男 グラム. 質量の単位. 略号 g

gramolate [グラモラート] 仏女 グラニテの一種＝granit→granité

Grancher, Marcel-Etienne [グランシェ, マルセル エチエンヌ] 仏固男 マルセル・エチエンヌ・グランシェ (1897-1976). 作家, 料理編年史家. アカデミー・ラブレー Académie Rabelais, アカデミー・デ・ガストロノム・リヨネ Académie des gastronomes lyonnais の設立者. 料理に関する著作多数

grand, e [グラン, グラーンド] 仏形 ❶大きい ❷たっぷりの／à ～e eau たっぷりの水で／～e quantité 多量 ❸上等の／～s vins 銘酒

grand cassé [グラン カセ] 仏男 146～155℃に煮詰めた糖液→ [付録] le sirop et le sucre cuit

grand mandarin [グラン マンダラン] 仏男 中国産茶の一品種. ジャスミン入り

Grand Marnier [グラン マルニエ] 仏固男 ❶[商標] グラン・マルニエ. オレンジの皮を浸したアルコラとコニャックをベースにしたオレンジ系リキュール. マルニエ・ラポストル社の製品. コニャックとブレンドしたもの(赤帯)とワインの蒸留酒とブレンドしたもの(黄帯)がある ❷[アントルメ] ビスキュイの間にグラン・マルニエの香りをつけたバタークリームやガナッシュを挟んだもの

grand soufflé [グラン スフレ] 仏男 113～115℃に煮詰めた糖液＝glu, grand perlé, morve→[付録] le sirop et le sucre cuit

granit(e) [グラニット] 仏男 ❶グラニテの一種＝gramolate ❷花崗岩, 御影石／plaque en ～ 石製のまな板, 調理台. 多くは大理石→marbre

granité, e [グラニテ] (独Graniteis, 英glanit) 仏形 (花崗岩のように)粒々のある ‖ granité 男 [氷菓] グラニテ. イタリア風シャーベット. 19世紀にパリのカフェ・トルトーニに流行した. 糖度の低いシロップあるいは果汁, コーヒー, リキュールなどを半凍結させた細かい粒状のもの. 規制外品→Tortoni, [付録] la glacerie／～ de thé 紅茶のグラニテ／～ de cidre シードルのグラニテ

Granite-Eis [グラニット アイス] (仏granité, 英glanit) 独中 グラニテ, かき氷

graniteux, se [グラニトゥー, トゥーズ] 仏形 ❶粒状の ❷花崗岩の

granny smith [グラニ スミス] 仏女 グラニースミス. りんごの一品種. 青りんご系, 酸味が強い→pomme

Grantham gingerbread [グランサム ジンジャーブレッド] 英名 イギリス東部リンカンシャー州グランサムの, ムラングに似た生姜(ｼｮｳｶﾞ)入りビスケット. 重曹入り粉に生姜砂糖を混ぜ, 泡立てた卵を加えて小さなボール状につくり, 色づかないように焼く. 1740年, 当地の菓子屋が創作

granulate [グラニュレイト] (仏granuler, 独körnen) 英他 粒(状)になる, ざらざらになる

granulated sugar [グラニュレイテッド シュガー] (仏sucre cristallisé, 独granulierter Zucker) 英名 グラニュー糖

granulé, e [グラニュレ] 仏形 細粒状にされた, 細かく砕かれた ‖ granulé 男 細粒, 顆

粒状のもの／chocolat en ～s　細粒のスプレーチョコレート

granuler［グラニュレ］([独]körnen, [英]grain, granulate)[仏][他]　細かく砕く，細粒にする

granuleux, se［グラニュルー，ルーズ］([独]körnig, [英]granular) [仏][形] (完全にすりつぶさないで)粒状の，ざらざらした

grappe［グラプ］[仏][女]　(花や果実の)房，束

gras, se［グラ，グラース］([独]fetthaltig, [英]fat, fatty) [仏][形]　脂肪性の，脂肪の多い／matière ～se　脂肪性物質，油脂／fromage ～ à 50%　脂肪分50%のチーズ／matière ～se butyrique　乳脂肪

Grasmere gingerbread［グラスミア ジンジャーブレッド］[英][名]　イギリス北部カンブリア州グラスミアの生姜(しょうが)入りビスケット．小麦粉，おろし生姜，メース，粗糖，バターをそぼろ状になるように混ぜ，厚さ8㎜ほどにしてベーキングシート上に広げて焼き，長方形に切り分けてから再びオーヴンに入れる．茶褐色，やや固い

grassement［グラスマン］([独]reichlich, [英]thickly)[仏][副]　たっぷりと

grate［グレイト］([仏]râper, [独]raspeln, reiben) [英][他] (おろし金で)おろす

gratin［グラタン］[仏][男]　グラタン．表面をチーズ，パン粉などでおおい，焦げ目のついた薄い膜ができるようにオーヴンで焼くデザート，料理．皿ごと直接食卓に出す／plat à ～　グラタン皿(耐熱皿)

gratin ariégeois［グラタン アリエジュワ］[仏][男]〔地方菓子〕ミディ＝ピレネー地方アリエージュのりんごのアントルメ(冷たいグラタン)．グラタン皿にりんごのコンポート，バターと砂糖で焼いたりんごの薄切りを交互に詰め，最後にクレームパティシエールをかけ，上面をムラングでおおい，軽く焦げ目をつける．温かいものもある．18世紀の城主の料理書に記載がある

gratiné, e［グラティネ］[仏][形]　グラタンにした，(表面に焼き色をつけるように) 焼いた ‖ gratinée [女]　グラティネ．グラタンにした料理，デザート

gratiner［グラティネ］([独]gratinieren, überbacken, [英]gratinate) [仏][他] (オーヴンやサラマンドルで)菓子などの表面に焦げ目のついた薄い膜ができるように焼く，グラタンにする

gratte-cul［グラットキュ］([独]Hagebutte, [英]rose hip) [仏][男]　野ばらの実，ローズヒップ．ハーブティーとして使われるほか，薬用，食用油，ジャムに用いられる⇒cynorrhodon

gratter［グラテ］([独]glatt streichen, [英]scrape) [仏][他] ❶菓子の表面にかけた粉糖やチョコレートなどをパレットナイフなどできれいに平らにする ❷(ヴァニラビーンズを)かき削る

grease［グリース］([仏]graisse, graisser, [独]Fett, Talg) [英][名]動物性油脂，潤滑油，皮膚から分泌される脂 ‖ grease [他] ❶脂を(型などに) 塗る ❷／～ boiled sugar (結晶を防ぐため) 糖液に水アメ，クリームタータなどを加える

greaseproof［グリースプルーフ］([仏]imperméable à la graisse, [独]fettdicht) [英][形]　脂をはじく，脂を通さない

greengage［グリーンゲイジ］([仏]reine-claude, [独]Reineclaude) [英][名]〔植〕淡緑色の西洋すもも

grenade［グルナード］([独]Granatapfel, [英]pomegranate)[仏][女]〔植〕ミソハギ科．ざくろ，ざくろの実．原産はアジア．果皮は固く，内部に真紅の種子が詰まっている．リンとペクチンを多く含む

grenadille［グルナディーユ］([独]Passionsfrucht, [英]passion fruit) [仏][女]〔植〕果物時計草，パッションフルーツ⇒fruit de la passion

grenadine［グルナディーヌ］([独]Grenadine, [英]grenadine) [仏][女] ❶グレナディンシロップ．ざくろの実のシロップ．現在はクエン酸，数種の赤色果実，天然香料による合成／sirop de ～　グレナディンシロップ ❷グレナディンシロップと水を混ぜた赤色の清涼

飲料

grener［グルネ］⑪他 粒状にする⇒grainer

grenoblois［グルノブルワ］⑪男〔パティスリー〕胡桃（AOP）の名産地グルノーブルのタルト．サブレ生地に胡桃入りキャラメルを詰めて焼き，最後に表面をチョコレートでおおう＝tarte grenobloise

grenouille［グルヌユ］⑪女 ❶〔プティフール〕グルヌユ．フランジパーヌを詰めて焼いたタルトレットにバタークリームを塗り，表面に青いフォンダンをかけ，蛙の形に整えたもの ❷蛙

griddle［グリドル］英名 ❶オーヴンで用いる鉄板，天パン（⑪plaque du four, 独Backblech）❷鉄板，焼き板．特にイングランドとアイルランドで使う呼称（⑪plaque en fonte, 独Gusseisenplatte）＝girdle, hoteplate ‖ griddle他（焼き板で）焼く

griddle cake［グリドル ケイク］英名 小麦粉，卵，牛乳，砂糖を混ぜ合わせフライパンや鉄板で焼いた薄い菓子，パンケーキ

Grieß［グリース］（⑪semoule, 英grit, semolina）独男 挽き割り麦，粗挽きの穀粉

gril［グリ(ル)］（独Grill, 英grill）⑪男 ❶魚・肉などを直火で焼く道具 1)焼き網 2)(平らなあるいは波形のついた)鉄板 3)グリル／～ du four（オーヴンに付属する）グリル ❷グリルで焼いた料理

grill(-room)［グリル］（独Grillrestaurant 英grill-room）⑪男 ❶グリル料理を供するレストラン ❷（大ホテルの）調理に時間を使わない料理を供するレストラン

grillade［グリヤード］⑪女 ❶グリルで焼いた肉（400～500ｇ）特に牛肉 ❷グリル調理法

Grillage［グリラージュ］独女 クロカントの別名⇒Grillagemasse, Krokant

grillage［グリヤージュ］⑪男 ❶格子模様にすること ❷グリルで焼くこと（独grillen, 英grilling）❸（窓・戸などの）格子，鉄格子

Grillagemasse［グリラージュマッセ］独女 砕いたクロカントを加えたトルテやシート用のスポンジ生地

grillager［グリヤジェ］⑪他（タルトなどの表面に）格子模様をつける

grille［グリーユ］（独Gitter, Grill, 英cake rack, cooling wire, dipping wire）⑪女（小さな足のついた）金網，パイクーラー，ケーキクーラー．成後のケーキが熱による蒸気で損なわれないよう粗熱をとったり，ボンボン・ショコラの余分な液体を切ったりするのに使用／～ à pâtisserie ケーキクーラー

grillé, e［グリエ］⑪形 ❶（オーヴンで少し色づく程度に）乾燥焼きした／amandes ～es 乾燥焼きしたアーモンド ❷（直火あるいは熱線に当てて）焼いた（独geröstet, 英grilled, toasted）／pain ～ トーストしたパン

grillé aux pommes［グリエ オ ポム］〔パティスリー〕長方形のフイユタージュの上にヴァニラの香りをつけたりんごのコンポートを敷き，同じ生地で上部を桟状におおい，オーヴンの上火をきかせて焼いたパイ菓子

grille-pain［グリーユ パン］（独Toaster, 英bread-toaster）⑪男 トースター／～ électrique 電気トースター

griller［グリエ］⑪他 ❶（アーモンドやヘーゼルナッツなどを）オーヴンで軽い焼き色がつくまで乾燥焼きをする ❷（火，熱線を直接あてて）焼く，炒る（独abrösten, grillen, rösten, 英grill, toast）❸（タルトの上に）細いひも状にした生地で格子模様をつける

grillieren［グリリーレン］独他（アーモンドやヘーゼルナッツを鍋に入れ，砂糖を加え，強火で熱し，砂糖を溶かして）ナッツの表面に薄いアメの膜をつける

Grimod de la Reynière［グリモ ド ラ レニエール］⑪固男 本名アレクサンドル・バルタザル・ローラン Alexandre Balthasar Laurent (1758-1837)．作家，弁護士，美食家として著名．『食通年鑑 Almanach des Gourmands』(1804-1812)，『主人役必携 Manuel des Amphitryons』(1808)，その他

を出版

grimolle［グリモル］[仏][女]〔地方菓子〕クレープ生地にりんごを入れて焼いたポワトゥー=シャラント地方のクラフティの一種．伝統的にはキャベツの葉の上にのせて焼くが，現代では型にりんごか洋梨の薄切りを並べて生地を流し入れて焼く

grimollée［グリモレ］[仏][女]〔地方菓子〕ポワトゥー地方のオーヴンで焼く果物入りクレープ／～ poitevine クレープ生地を型に流し，りんごか洋梨を並べてオーヴンで焼く

grind［グラインド］（[仏]broyer, [独]brechen）[英][他] 粉砕する，すり砕く，すりつぶす

grinder［グラインダー］（[仏] broyeuse, [独] Zerkleinerer）[英][名] 粉砕機，ミキサー．プラリネなどを粉末状にする機械

griotte［グリヨット］[仏][女] ❶〔植〕グリオットチェリー．さくらんぼ（酸果桜桃）の品種．シロップやアルコール漬けに使う（[独] Sauerkirsche, Weichselkirsche, [英] bitter cherry, morello）⇒cerise ❷〔糖菓〕アルコール漬けの柄（え）付きのグリオットチェリーにフォンダンをかけ，チョコレートをくぐらせたもの

Griottines［グリヨティヌ］[仏][固]〔商標〕グリオッティーヌ．フランス，ブルー社のキルシュ漬け種抜きさくらんぼ（バルカン半島の野生グリオット種）

Grittibänz［グリッティベンツ］[独][男] クリスマスから正月にかけて欠かせない，人の形をしたスイスの発酵菓子．聖クラウスの伝説にまつわるさまざまな民話，迷信とのつながりが秘められている．ほかの地方ではこれに似た菓子を魔除けとして吊るしたり，正月に，火災や雷除けのまじないとして馬屋や戸口に下げる風習もある

grober Zucker［グローバー ツッカー］（[仏] sucre cristallisé, [英] crystal sugar）[独][男] ざらめ糖＝Kristallzucker

gros, *se*［グロ，グロース］[仏][形] ❶太い，大きい，厚い（[独]dick, [英] big, large, thick）／～ grains 大きい粒／～se épaisseur たっぷりとした厚さ／～ sel 粗塩 ❷粗野な ❸大量の

gros boulé［グロ ブレ］[仏][男] 125～130℃に煮詰めた糖液⇒［付録］le sirop et le sucre cuit

groseille［グロゼイユ］（[独]Johannisbeere, [英] red currant, white currant）[仏][女]〔植〕（＝～ blanche ／～ rouge）グロゼイユ．房すぐりの実．白または赤い房状．原産はスカンジナヴィア．酸味が強い．ジャム，ゼリー，タルトなどにする／～ de Bar-le-Duc バル=ル=デュック産のグロゼイユ（のジャム）．鵞鳥（がちょう）の羽先で種子を取り除く，この地方独特の方法でつくられたジャム⇒confiture de Bar-le-Duc

groseille à maquereau［グロゼイユ ア マクロー］（[独]Stachelbeere, [英] gooseberry）[仏][女]〔植〕グースベリー，西洋すぐり．有棘のすぐりの木の実．大粒で卵形，紫色を帯び，産毛が生えているもの（～ rouge）と，球形で淡緑色を帯びた白色ですべすべしているもの（～ blanche）の2種類がある．甘味がなく，カリウム，ビタミンCが豊富．ナパージュ用ジュレやシロップ，タルト，フルーツサラダ，シャーベット，フール，プディングに利用．料理の付け合わせに用いる．イギリス，オランダでは伝統的に鯖（さば），小羊，野獣肉の甘酸っぱいソースをつくる．（マクローは「鯖」という意味で，名の由来）

groseille de chine［グロゼイユ ド シーヌ］[仏][女]〔植〕キウイ⇒kiwi

groseille noire［グロゼイユ ヌワール］[仏][女] カシス⇒cassis[1]

groß［グロース］（[仏] grand, [英] big, large）[独][形] 大きい

grosseur［グロスール］（[独] Dimension, Größe, [英] size）[仏][女] 大きさ，太さ，厚み，サイズ

grossièrement［グロスィエールマン］（[独] grob, [英]roughly）[仏][副] 大まかに

grossir［グロスィール］（[独]verdicken, [英] thicken）[仏][他] 増やす，（プラリーヌやドラ

ジェに砂糖がけを繰り返して)厚みのある層をつくる‖自❶太る❷増す

grossissage［グロスィサージュ］(仏)(男)（ドラジェの製作過程で)糖衣を何層にもかけていくこと

gruau（複〜x)［グリュオ］（英 fine wheat flour）(仏)(男)❶小麦粒（特にオート麦）のうち最もグルテンに富みたんぱく質を多く含んだ硬質な部分,胚乳の中心部❷穀物全般の粗挽きの粉．籾殻を除いた穀物を挽いて,ふるいにかけ,麩($ふすま$)を除いたもの→semoule❸(= farine de 〜) 特等粉．上質の硬質小麦から得た粉で,粗挽き粉をさらに挽いて滑らかにする / pain de 〜 特等粉でつくったパン．ヘーゼルナッツの香りがする=pain de viennois❹オート麦の挽き割り（独 Hafergrütze, 英 oatmeal）=farine d'avoine →囲み[farine]

grué de cacao［グリュエ ド カカオ］(仏)(男) 焙煎し,殻をとり,砕いたカカオ豆．香りとかりっとした歯ごたえがあるため,パティスリー,糖菓に混ぜて用いる

grumeau（複〜x)［グリュモー］（独 Klumpen, 英 clot）(仏)(男) だま,(小さな)塊

Grundarbeit［グルントアルバイト](独)(女)基本作業

Grundkrem［グルントクレーム](独)(女) 基本のクリーム

Grundteig［グルントタイク](独)(男) 基本生地

grüner Tee［グリューナー テー］(仏 thé vert, 英 green tea)(独)(男) 緑茶

gruyère［グリュイエール]（独 Greyerzer, 英 gruyère cheese)(仏)(男) グリュイエールチーズ．牛乳の硬質チーズ．大型円盤状．AOP基準値では直径55〜65cm, 高さ9.5〜12cm, 重さ25〜45g❶スイスのグリュイエール原産のAOPチーズ．内部に気泡の穴はあいていない❷（フランス）硬質チーズ（エメンタル,コンテ,ボーフォールなど）の通称名❸/ 〜 de comté フランス産AOPコンテの旧名称→comté

Guava［グァーヴァ］(仏 goyave, 英 guava）(独)(女)〔植〕グアヴァ

Gugelhupf［グーゲルフップフ](独 kouglof, kougloff, kougelhof, kougeloff, 英 rig cake）(独)(男) クグロフ．ナップフクーヘンともいう．表記はさまざまある=Gougelhof, Kugelhopf, Napfkuchen

guigne［ギーニュ］（独 Herzkirsche, 英 heart-cherry）(仏)(女) さくらんぼ（甘果桜桃）の品種．野生種（→merise）の改良種．小粒または中粒．深紅色で身が柔らかく甘い．キルシュをつくるのに使われる→cerise

guignolet［ギニョレ］(仏)(男) さくらんぼ（ギーニュ種またはグリオット種）からつくるリキュール→griotte, guigne

guignolette［ギニョレット］(仏)(女)〔地方菓子〕(=〜 d'Auvergne) オーヴェルニュ地方のキルシュ漬けのさくらんぼを包み込んだ,さくらんぼのパート・ド・フリュイ

guimauve［ギモーヴ］(独 Marshmallow, 英 marshmallow)(仏)(女)❶〔植〕アオイ科タチアオイ属．薄紅立葵．薬用植物．甘い香りがある．根が粘液質．咳止めボンボンの成分❷〔糖菓〕ギモーヴ．もとは薄紅立葵の根を原料に使っていたが,現在はゴムなどを使う

種類	製法
ギモーヴ pâte de guimauve	卵白と砂糖をゲル化剤と共に泡立て,香りと色をつけてひも状につける
ギモーヴ・モル guimauve molle	型取りギモーヴ．糖液に泡立てた卵白を混ぜ,型取りし,乾燥させてチョコレートで被覆する→meringage
マシュマロ	型取りギモーヴの一種．押し出して成形．粉糖と澱粉を混ぜたものをまぶす

guirlande［ギルランド］(独 Feston, Girlande, 英festoon) 仏女 花綱. 絞り出し袋で絞り出したり, 果物を使って菓子の縁まわりにつくった, 花や葉のつながった飾り模様

guitare ［ギタール］仏女 鋼線を張った枠と台からなる器具. 生地, カラメルなどを均等に切る

gum arabic ［ガム アルビック］(仏 gomme arabique, 独Gummiarabikum) 英名 アラビアゴム

gum paste ［ガム ペイスト］(仏 pastillage, 独Gummiteig) 英名 ガムペースト, パスティヤージュ. 粉糖, コーンスターチ, トラガカントゴムでつくった細工用生地. イギリス風ウェディングケーキの装飾に使う

Gummiarabikum ［グミアラービクム］(仏 gomme arabique, 英 gum Arabic) 独中 アラビアゴム

Gummiteig［グミタイク］(仏 pastillage, 英 gum paste) 独男 ガムペースト, パスティヤージュ

gum tragacanth ［ガム トラガカンス］(仏 gomme adragante, 独Tragant) 英名 トラガカントゴム. 通称トラガント

Guss［グッス］独男 ❶抽出, 流出. 菓子にかける砂糖やチョコレートなどの衣 ❷卵, 生クリーム, 砂糖, 小麦粉でできたソース状の種. 生地類を敷いたトルテ型や天パンに果実を詰めた後, この種を注ぎかけて焼く

gut ［グート］(仏 bon, délicieux, 英 good, delicious, tasty) 独形 おいしい

gustati*f*, *ve* ［ギュスタティフ, ティーヴ］(独 geschmacklich, 英 gustatory) 仏形 味に関する, 味覚の

H

habileté [アビルテ] ([独]Können, [英]ability, skill)[仏][女] 手際のよさ, 熟練, 巧妙さ

habiller [アビエ] [仏][他] (家禽, 野鳥, 魚) の下ごしらえをする

habituel, *le* [アビテュエル] ([独]gewohnt, [英]usual) [仏][形] いつもの, 習慣的な / procédé ～ いつもの方法で

†haché, *e* [アシェ] ([独]gehackt, [英]chopped) [仏][形] 細かく刻んだ, みじん切りにした / amandes ～es 細かく刻んだアーモンド

†hacher [アシェ] ([独]hacken, zerhauen, [英]chop, cut up) [仏][他] (砂糖漬け果物, アーモンド, ピスタチオ, パセリ, 玉ねぎなどを) 細かく刻む, みじん切りにする

†hachis [アシ][仏][男] ❶みじん切り, 細かく切ったもの ([独]Kleingehacktes, [英]mince) ❷挽き肉 ([独]Gehacktes, Hackfleisch, [英]mince-meat)

†hachoir[アシュワール]([独]Hackmaschine, Zerhacker, [英]mincer, chopping-knife) [仏][男] (アーモンド, 胡桃, ヘーゼルナッツなどを)細かく切る器具, 刻み包丁, カッター

†hachurer [アシュレ] ([英]hatch) [仏][他] 筋をつける

Hackbrett [ハックブレット] [独][中] まな板 ⇒Küchenbrett

hacken [ハッケン] ([仏]hacher, tailler, [英]chop, mince)[独][他] 刻む⇒zerhauen

Hafer [ハーファー] ([仏]avoine, [英]oat) [独][男] 燕麦, カラス麦

Hafermehl [ハーファーメール] ([仏] farine d'avoine, [英]oatmeal) [独][中] 燕麦粉, カラス麦粉, オートミール

hail sugar [ヘイル シュガー] [英][名] ⇒nib sugar

Halbeis [ハルプアイス] ([仏] mousse glacée, [英]iced mousse) [独][中] あらかじめ種を泡立てておき, 型詰めして凍結させたアイスクリーム＝Halbgefrorene

Halbgefrorene [ハルプゲフローレネス] [独][中][複] ⇒Halbeis

Halloween [ハロウィーン] ([仏]Halloween, [英]Halloween)[独][中] ハロウィーン

Haltbarkeitsdauer [ハルトバールカイツダオアー] ([仏]date limite, [英]open-date) [独][女] 賞味期限

†halva [アルヴァ][仏][男] 〔糖菓〕ハルヴァ. ヌガーの一種. アラビア語で「甘い, 砂糖」という意味. 中近東, 北アフリカ, バルカン半島, インド半島, 中央アジア, ロシア, 東欧にかけて広く分布する菓子. 特にイスタンブールでは17世紀の宴会にその名が見られる. ベースはスムール, 豆類, かぼちゃ, ひまわりの種など, 地域によって特色がある. トルコやバルカン半島では, 煎ったごまに糖液を混ぜてペースト状にし, 塊にして切り分けたり, 小さな板状につくる. 甘味が強く, 少し苦味があり, 油脂分が多い. スムールまたは小麦粉に松の実, 砂糖, 牛乳, 水を加えたものもトルコではよくみられる＝chalwa, halwa

halwa [アルヴァ][仏][男] ⇒halva

†hanap [アナプ][仏][男] 中世初期に使われていた脚付きの大きな酒杯

handing-up [ハンディング アップ] [英][名] (発酵生地やスコーンなどを) 重さを計って取り分け, 球状に丸めること

handle [ハンドル] ([仏]manier, [独]behandeln)[英][他] (手で)扱う

haricot de Soisson [アリコ ド スワソン][仏][男][複] ❶〔糖菓〕大粒のいんげん豆の形をした, チョコレートで被膜したドラジェ. ピカルディ地方ソワッソンの銘菓⇒dragée ❷ソワッソン豆. 大粒の白いんげん豆の一種.

ソワッソンの特産

†haricot sec [アリコ セック] [仏] [男] [複] 乾燥したいんげん豆. 敷き込んだタルト生地を空焼きする時, 底が膨らまないように一面に置く. 杏(あんず)の乾燥した核(noyaux d'abricots secs)でも代用可⇒lentille

Harlekin [ハルレキーン] [独] [男] スイスのクッキー.「道化師」「おどけ者」という意味. 多量のアーモンド入りの生地をのばし, 丸く抜いて焼く. 上面の半分に杏(あんず)ジャム, もう半分にラズベリージャムを塗り, 杏ジャムだけを塗ったものと2枚1組にして, 上からフォンダンで被覆する

Harlekintorte [ハルレキーントルテ] [独] [女] チョコレートと生クリームのトルテ. Harlekinは「道化師」という意味

harlequin [ハーリクイン] [英] [形] 多彩で変化に富んだ ‖ Harlequin ([仏]arlequin, [独]Harlekin) [名] アルルカン. 仮面をつけ, 種々の色のひし形模様の衣装をつけた道化役

hart [ハルト] ([仏]dur, [英]hard, solid, tough) [独] [形] (食べ口が)固い

Hartfett [ハルトフェット] ([仏]matière végétale, produit blanc, [英]compound fat, shortning, vegetable fat) [独] [中] ショートニング

harvest loaf [ハーヴェスト ロウフ] [英] [名] 収穫祭のパン, 特別な型でつくる大きなパンや編み模様のついたパン. 装飾用

Harzer [ハールツァー] [独] [形] ハルツの／～ Sahnekuchen ハルツァーザーネクーヘン. ハルツ地方の銘菓 ‖ Harzer [男] ❶ハルツ山地の住民 ❷ハルツ産チーズ

Haselnuss [ハーゼルヌッス] ([仏]aveline, noisette, [英]filbert-nut, hazelnut) [独] [女] ヘーゼルナッツ, ノワゼット

hasty pudding [ヘイスティ プディング] [英] [名] 即席プディング. 小麦粉と牛乳あるいは水をとろみがつくまで煮た粥(かゆ)で, 16世紀に遡る ‖ [米] トウモロコシ粉をベースに, オート麦, 小麦粉を使った粥⇒indian pudding

Haus [ハオス] [独] [中] 家, わが家, 家庭, 小屋

†haut, *e* [オ, オート] ([独]hoch, [英]high) [仏] [形] 高い ‖ haut ([独]Höhe, [英]height, top) [男] 高さ, 上部

†hauteur [オトゥール] ([独]Höhe, [英]height) [仏] [女] 高さ／moule à soufflé 6cm de ～ 高さ6cmのスフレ型

†havir [アヴィール] [仏] [他] 〔古〕強火で表面だけ焦がす. 強火でさっと焼き, 内部は生の状態

hazelnut [ヘイズルナット] ([仏]noisette, [独]Haselnuss) [英] [名] ヘーゼルナッツ, はしばみの実, ノワゼット

heap [ヒープ] ([仏]tas, [独]Haufen) [英] [名] 塊, 山, 堆積物

heat [ヒート] ([仏] chauffer, [独]erwärmen) [英] [他] 温める, 熱する

heavy cream [ヘヴィ クリーム] [英] [名] 濃度のある生クリーム⇒double cream

Hédiard, Ferdinand [エディアール, フェルディナン] [仏] [固] [男] フェルディナン・エディアール (1832-1898). 19世紀末, パリのマドレーヌ広場に香辛料の店を開店し, セイロンのカルダモン, インド洋ブールボン島のサフランなど珍しい香辛料や果物を最初に売った人物. またパイナップルを定期的に輸入した. 店は現在も, 高級食品店エディアールとして存在する

Hefe [ヘーフェ] ([仏] levure, [英]yeast) [独] [女] 酵母, イースト

Hefegebäck [ヘーフェゲベック] [独] [中] 発酵生地でつくる菓子⇒Hefekuchen

Hefekuchen [ヘーフェクーヘン] [独] [男] 発酵菓子⇒Hefegebäck

Hefemürbeteig [ヘーフェミュルベタイク] [独] [男] イースト入りのばし生地

Hefestück [ヘーフェシュテュック] [独] [中] ⇒Ansatz

Hefeteig [ヘーフェタイク] ([仏]pâte levée, [英]yeast dough) [独] [男] 発酵生地. イースト菌の発酵を利用して膨らませてつくる

Heidelbeere [ハイデルベーレ] ([仏]airelle,

myrtille, 英bilberry）独女 ビルベリー，ミルティーユ

heiß［ハイス］（仏chaud, 英hot）独形 熱い，暑い

heißes Wasser［ハイセス ヴァッサー］（仏eau chaude, 英hot water）独中 温水，湯，熱湯

hélice［エリス］仏女 ❶らせん（独Spirale, 英spiral）❷プロペラ，スクリュー（独Schiffspropeller, 英screw-propeller, screw）

hell［ヘル］（仏clair, 英light, pale）独形 （色が）薄い，明るい

herausnehmen［ヘラオスネーメン］（仏démouler, 英turn out〈from ～〉）独他 （…から）取り出す

Herausnehmen aus dem Ofen［ヘラオスネーメン アオス デム オーフェン］（仏défournement, 英drawing from the oven）独中 窯出し

herbe［エルブ］仏女 ❶複（＝～s aromatiques）香草，香味野菜，ハーブ．野生または栽培された，葉が青く香りのある，料理に用いる植物の総称．生または乾燥させて用いる（独Gewürzkräuter, 英herb）→囲み[herbes aromatiques] ❷（主に複数）草 ❸［古］野菜

herbes potagères［エルブ ポタジェール］仏女複 栽培香味野菜．浜あかざ，ほうれん草，レタス，オゼイユ，不断草，たちすべりひゆ，つるな，クレソンなどを指す．スープ，ポタージュ，サラダ，付け合わせに用いる

†herissé, e［エリセ］仏形 ❶（毛，羽が）逆立った，（クリームなどが）角（?）を立てた（独sträubte, 英bristled）❷（果物，茎が）棘のある（独stachelig, 英prickly）

†herisser［エリセ］（独sträuben, 英bristle up）仏他 （菓子の表面に塗ったクリームなどをパレットナイフを使い）逆立てる，角（?）を立てる，凹凸をつける

Hermé, Pierre［エルメ, ピエール］仏固男 ピエール・エルメ．フランスのパティシエ（1961年，コルマール生）．アルザスのパン・菓子店の4代目として生まれ，14歳の時，

---

herbes aromatiques

herbes à soupe［エルブ アスプ］［古］スープ用香味野菜．セロリやにんじんの茎葉，ラディッシュの葉，パセリの茎など

herbes à tortue［エルブ ア トルテュ］バジル，マジョラム，セルフィーユ，サリエット，フェンネルの香草を混ぜ合わせたもの．海亀のスープ用

herbes d'assaisonnement［エルブ ダセゾヌマン］風味づけ香草．フィーヌゼルブおよびほかの香りのある草本植物（ロケット，セルフィーユ，セロリ，コリアンダー，パセリ，エストラゴンなど）．サラダに入れるものを指す

herbes de Provence［エルブ ド プロヴァンス］プロヴァンス地方の香草類．タイム，ローズマリー，ローリエ，バジル，サリエットなど，数種類を細かく刻んで混ぜ合わせ，南仏料理，特にグリル料理によく使う．乾燥させたものも用いる

herbes vénitiennes［エルブ ヴェニスィエーヌ］ヴェネツィア風香草．細かく刻んだ香草（エストラゴン，パセリ，セルフィーユ）とオゼイユ．バターに混ぜ込んで使用

ガストン・ルノートル（→Lenôtre）の元で修業．24歳から10年間シェフ・パティシエとしてパリのフォション，続いてロワイヤル通りの菓子店ラデュレで手腕を発揮．東京に「ピエール・エルメ・パリ」を出店した後，パリにも店を出す．自由自在で斬新な発想，洗練された味覚，見事な技術により数々のオリジナル作品を生み出し「パティスリー界のピカソ」「マカロンの王」「パティスリーのデザイナー」と，称賛と敬意を集めている．主な作品として，ばらのマカロン（→Ispahan），胡桃，ピスタチオのミルフイユ状のショコラなどが挙げられる．『10年間の作品コレクション

集 ph10:pâtisserie Pierre Hermé』(2007),『ラルースデザートの本 Le Larousse des desserts』(1997)など多数の著書がある.

hermétique［エルメティック］(独hermetisch, luftdicht, 英 airtight, tight-closed)仏形 密封した / récipient ~ 密封容器

hermétiquement［エルメティックマン］(独hermetisch, 英hermetically) 仏副 密封して, きっちりと / récipient fermé ~ きっちりと閉められた容器

Herren［ヘレン］独男複 ❶赤すぐりの渋み, チョコレートの苦みなどをきかせた菓子 ❷紳士, 殿方

herstellen［ヘーアシュテレン］(仏fabriquer, 英manufacture)独他 製造する

Herstellungsstufe［ヘーアシュテルングスシュトゥーフェ］(仏 stade de fabrication, 英 production stage)独女 製造工程

hésiter［エズィテ］(独zögern, 英hesitate)仏自 ためらう / ~ à ... …するのをためらう

Hexenhaus［ヘクセンハオス］独中 蜂蜜入りのレープクーヘン (→Lebekucken) でつくる魔女の家. クリスマス用

high grown［ハイグロウン］英名 スリランカ産茶の一品種. こくがあり, 香り高い

high-ratio cake［ハイ レイシオウ ケイク］英名 (ケーキ用特製粉とケーキ用油脂を使い) 砂糖や液体の割合が小麦粉の重量と比較して高比率なケーキ. ミキサーを使用して製作. スラブケーキなどをつくる→Genoese

high tea［ハイティー］英名 夕方5〜7時に供される軽い夕食. 紅茶と共にコールドミート, 卵または魚, 菓子, サンドウィッチなどを食す. 名の由来は背の高い食卓で供されるところから. 一方, アフタヌーンティーは居間のコーヒーテーブル, ローテーブルで供される = meat tea→afternoon tea

Himbeere［ヒンベーレ］(仏framboise, 英raspberry)独女〔植〕木苺, ラズベリー, フランボワーズ

hinzufügen［ヒンツゥーフューゲン］(仏ajouter, 英add)独他 加える / B zu A ~ AにBを加える

Hippenmasse［ヒッペンマッセ］独女 アイスゲベック (→Eisgebäck) 用の種. 小麦粉, 砂糖, 卵白, シナモン, 粉末ナッツなどを混ぜ, 緩い種をつくる. 薄く流して焼く. 熱いうちにロール状に丸めたものはヒッペンローレン (Hippenrollen) という

Hirse［ヒルゼ］(仏 英 millet)独女〔植〕粟

historier［イストリエ］仏他 ❶(皿に飾るために, オレンジやレモンを) 飾り切りにする. ナイフを外皮より中心まで入れ, 周囲をぎざぎざに花形に2つに切ったり, 籠の形にする ❷(種々の小物で皿を) 美しく飾る ❸(聖人像などで) 装飾する

Hobelspäne［ホーベルシュペーネ］独男 ヒッペンマッセ (→Hippenmasse) を細長く, バンド状に焼きあげた後, 鉋屑(かんなくず)のように巻いた菓子. アイスゲベック (→Eisgebäck) として利用される

Hochzeit［ホッホツァイト］(仏 mariage, noces, 英 bridal, wedding)独女 結婚式

Hochzeitstorte［ホッホツァイツトルテ］(仏 gâteau de noce, 英 wedding cake)独女 ウェディングケーキ

Hohlkugel［ホールクーゲル］独女 チョコレートでできたケース. 一口チョコレート菓子のセンターとなるクリームを詰める

Holländischer Blätterteig［ホレンディッシャー ブレッタータイク］(仏feuilletage écossais, feuilletage rapide, 英 flaky puff paste)独男 即席法でつくるフイユタージュ. 小麦粉とバターを混ぜ込み, 折ってつくる→Blitzblätterteig

homogène［オモジェーヌ］(独homogen, 英 homogeneous)仏形 均質の

homogénéisation［オモジェネイザスィョン］(独Homogenisierung, 英homogenization)仏女 均質化, (牛乳, アイスクリームミックスなどの) 脂肪球を遠心力などで微粒子化し, 均質化すること

homogenisieren［ホモゲニズィーレン］(仏

homogénéiser, (英)homogenize) (独)(他) 同質化する,均質化する

Homogenisierung [ホモゲニズィールング] ((仏)homogénéisateur, (英)homogenizer) (独)(女) ホモジナイザー

honey [ハニ] ((仏)miel, (独)Honig) (英)(名) 蜂蜜

honey cake [ハニ ケイク] ((仏)pain d'épices, (独)Honigkuchen)(英)(名) シナモン,コリアンダー,ナツメグ,クローヴ,生姜(しょうが)などのスパイス,蜂蜜を生地に加えて焼いたケーキ (→gingerbread) / Aberdeen ～ スコットランド,アバディーンのハニーケーキ.バター,砂糖,卵黄をよく混ぜ,蜂蜜と小麦粉,スパイス,シナモン,ナツメグを加え,円形のパウンドケーキ型で焼いたもの

Hongkong style waffle [ホンコン スタイル ウォフル] (英)(名) 香港風ワッフル.格子餅.円形で4つに割る.ピーナッツバターを片面に塗り,2つ折りにして食す.街頭売り = grid biscuit, grid cake

Honig [ホーニッヒ] ((仏)miel, (英)honey) (独)(男) 蜂蜜

Honigkuchen [ホーニッヒクーヘン] (独)(男) 蜂蜜入りの生地でつくった焼き菓子.使用する甘味料の50%以上を天然の蜂蜜でつくる.膨張剤としてアンモニウムと炭酸カリウムを添加.厚く焼く場合には,アンモニウムを使ってはならない→Lebkuchen

Honigkuchenteig [ホーニッヒクーヘンタイク](独)(男) →Honigteig

Honigteig [ホーニッヒタイク](独)(男) 蜂蜜入りのホーニッヒクーヘン(→Honigkuchen)の生地= Honigkuchenteig

hopje [オプジュ] (仏)(男) 〔糖菓〕生クリームが入った,オランダのコーヒー風味の固いキャラメル.オランダの男爵の名に由来→caramel

horizontal, ale [(男)(複) ～aux] [オリゾンタル,トー] (仏)(形) 水平の,横の / découper en trois parties ～es (ビスキュイを)3段に切り分ける

horizontalement [オリゾンタルマン] ((仏)horizontal, (英)horizontally) (仏)(副) 水平に,横に

Horn [ホルン] ((仏)corne, grattoir à pâte, (英)scraper, dough spatula) (独)(中) 〔製菓用具〕スケッパー,カード→Teigschaber

horn [ホーン] ((仏)cornet, (独)Schillerlocken) (英)(名) 円錐形(角(つの)状)をした菓子.角の中にクリームなどを詰める / cream ～ クリームホーン

Hörnchen [ヘルンヒェン] (独)(中) クロワッサン,三日月形,角笛形の菓子→Gipfel

hors [オール] (仏)(前) ～ de... …の外に,…を越えて / ～ du feu 火からおろして / ～ (de) saison 季節外

hors d'œuvre [オールドゥーヴル] (仏)(男) オードヴル.前菜.最初に供される料理.原義は献立を構成する料理とは別の料理.食欲を刺激し,軽い料理 / ～ chaud 温かなオードヴル (= entrée chaud-froid) 魚介類のマリネや薫製,ハム,ソーセージ (→charcuterie) の取り合わせ,生野菜の盛り合わせ(→crudité)など→amuse-gueule

horten [ホルテン](独)(他) 貯蔵する→lagern, stapeln, speichern

Hose [ホーゼ] ((仏)pantalon, (英)trousers) (独)(女) ズボン

Hosenknäpfen [ホーゼンクネップフェン] (独)(中) 東スイスやバーゼル地方のクッキー.小麦粉,砂糖,バター,卵,ローズウォーター,レモン表皮でつくる.「ズボンのボタン」という意味.クリスマスのゲドゥルツツェルトリーという菓子から派生したものといわれる

hostie [オスティ] (仏)(女) ❶ライスペーパー.極薄のシート状で,形状はウエハースに似ている.カリソンの底などに使われる ((独)Reispapier, (英)rice paper) →azyme ❷〔カトリック〕ミサで拝領する聖体の無酵母パン,ホスチャ ((独)Hostie, (英)Host)→azyme ❸(神への)いけにえの動物,犠牲

hot cake [ホット ケイク] (米)(名) ホットケー

キ. 主に朝食用→pancake

hot cross bun [ホット クロス バン] 英 名 ホットクロスバン. 上部に十字の印をつけた甘い小型パン. 小麦粉, バター, 砂糖, イーストによるパン生地にパン用スパイスオイル, レーズン, ピールを混ぜ, 1個60gの丸形に成形, 上部に十字の印をつけて焼く. 熱いうちに糖液を塗り, 艶を出す. かつては宗教的意義を込めてつくられた. 聖金曜日 (復活祭の前の金曜日) に食される→bun

hot diplomat [ホット ディプロマット] 英 名 →cabinet pudding

hotplate [ホットプレート] 英 名 ❶ホットプレート. ヒーターを熱源にした鉄板状の調理器具 ❷〔古〕マフィン, パンケーキ, クランペットなどを焼く, 平たい金属板, 鉄板

houx [ウ] (独 Stechpalme, 英 holly) 仏 男 〔植〕ひいらぎ

huche [ユシュ] 仏 女 生地をこねたり, パンを保存するのにかつて使われていた大きな木箱

huckleberry [ハックルベリ] 英 名 〔植〕❶ツツジ科スノキ属. ハックルベリー. 原産は北米. こけももに似た低木 ❷ハックルベリーの実. 紫黒色, 食用. ブルーベリーに似るが, 10個の大きな種子がある. アメリカ, アイダホ州の州果 ❸〔俗称〕ブルーベリー

huffkin [ハフキン] 英 名 ラードを練り込んだ, クッションのように柔らかく, 艶のよい小型の丸パン

huile [ユイル] (独 Öl, 英 oil) 仏 女 ❶食用油. 常温で流動状の, 主に植物 (種, 実, 根) から採取される油. 落花生油, なたね油, オリーヴ油, 大豆油, ひまわり油, 綿実油など→囲み [huile], graisse, matière grasse ❷植物油 (~s concrètes). 融点が高く, 15℃では固体状. やし油, パーム油, パーム核油など ❸動物油. 動物から採取する流動状の油. 鯨油, あざらし油など ❹鉱物油

huile de beurre [ユイル ド ブール] 仏 女 無水バター, バターオイル. バター, クリーム中に含まれる非脂肪固形分と水分を除いたもの. 乳脂肪分は99.3%. 淡黄色, 無味無臭＝beurre déshydraté→囲み [beurre]

huile

huile blanche [ユイル ブランシュ] 芥子油. 融点-18℃. オリーヴ油と同じように使われる. パリやフランス北部での呼称→œillette

huile d'arachide [ユイル ダラシッド] 落花生油. 融点3℃～8℃, 最高温度220℃. 数回使用可

huile de colza [ユイル ド コルザ] なたね油. 軽く, こしが弱い. 融点-10～2℃, 最高温度285℃

huile de coton [ユイル ド コトン] 綿実油. 無臭

huile (de germes) de maïs [ユイル (ド ジェルム) ド マイス] コーンオイル. 最高温度170℃. ひまわり油に似る

huile de noix de coco [ユイル ド ヌワ ド ココ] ココナッツ油. 融点20～28℃, 最高温度180℃

huile de soja [ユイル ド ソジャ] 大豆油. 無味, 用途範囲大. 融点-16℃, 最高温度220℃

huile de tournesol [ユイル ド トゥルヌソル] ひまわり油. 軽く, 風味がある. 何にでもよく合う. 融点-15℃, 最高温度210℃

huile d'olive [ユイル ド リーヴ] オリーヴ油. 融点-6～0℃, 最高温度210℃

huile essentielle ［ユイル エサンスィエル］ 仏 女 エッセンスオイル, 揮発性芳香油. 天然香料の一種. 植物の中の精油（揮発性油状物質中の香気成分）を水蒸気蒸留や圧搾によって収集したもの. 柑橘類, アーモンド, ミントがよく使われる = essence naturelle

huiler ［ユイレ］ 仏 自 油分がにじみ出る. 製菓の分野では原因として, 次の3点が挙げられる. ローラーのかけすぎ（パート・ダマンドやプラリネ）, 高温（発酵生地）, シュー生地の水分が十分に蒸発しなかった ‖ 他 （主に型, 天パン, 大理石や, 乾燥防止のため肉, 魚の表面に）油を薄く塗る

huileux, se ［ユイルー, ルーズ］（独 ölig, 英 oily）仏 形 油性の, 油を含んだ

humecter ［ユメクテ］（独 anfeuchten, 英 moisten）仏 他 湿らせる

humide ［ユミッド］（feucht, 英 moist）仏 形 湿っぽい, 湿った, 濡れた ／ par temps 〜 湿度が高い時に

humidifier ［ユミディフィエ］（独 anfeuchten, 英 dampen）仏 他 湿り気を与える, 湿らす

hundreds-and-thousands ［ハンドレッズ アンド サウザンズ］英 名 複 （飾りのために菓子などに振りかける）色とりどりの微粒子状砂糖製品

Hunger haben ［フンガー ハーベン］独 中 空腹

Hutzelbrot ［フッツェルブロート］独 中 多量のライ麦粉に果実, スパイスを加えた発酵生地でつくる, 南ドイツのクリスマス菓子の1つ = Birnenbrot, Früchtebrot, Kletzenbrot

hydrate de carbone ［イドラト ド カルボーヌ］仏 男 炭水化物 → glucide

hydrater ［イドラテ］仏 他 （固い状態の混ぜ物に）水分を入れる

hydrie ［イドリ］仏 女 （水を汲むために用いられた）3つの取っ手のついた古代ギリシアの壺

hydrolyse ［イドロリーズ］（独 Hydrolyse, 英 hydrolysis）仏 女 〔化〕複合物を水の作用によって分解させること. 加水分解

hydromel ［イドロメル］（独 Honigwasser, 英 hydromel）仏 男 蜂蜜と水をベースにした飲み物. 古代ギリシア人（蜂は不滅の象徴であった）やローマ時代から愛飲され, 中世ではケルト, ガリア, サクソン, スカンディヴィア人にビールと同じくらい飲まれた. 人類が最初に愛飲したアルコール飲料の1つ. イギリスのミード（mead）も同種 ❶（= 〜 simple）蜂蜜水. 蜂蜜と水を混ぜた甘い飲み物. 滋養薬 ❷イドロメル（法定名称）. 蜂蜜酒 1）蜂蜜と水を混ぜ発酵させたもの. アルコール含有量は 10 〜 16 ％ 2）（= 〜 vineux）アルコール度数の高い蜂蜜酒. 麝香（じゃこう）の香りがする. 蜂蜜と水を加熱し, 澄ませてから数週間発酵させる. ビール酵母, 白ワインを加える ❸りんごやぶどうなどの果汁, 薬草などを加えた蜂蜜酒. 地域, 国により多種ある → chouchen

hydrometer ［ハイドロムター］（仏 hydromètre, 独 Hydrometer）英 名 比重計, 浮き秤（ばかり）, ハイドロメーター. ある温度における液体のおよその比重を計る器具

hygiène ［イジエーヌ］（独 Hygiene, 英 hygiene）仏 女 衛生

Hygrometer ［ヒュグロメーター］独 男 湿度計 → Feuchtigkeitsmesser

hygromètre ［イグロメートル］（独 Hygrometer, 英 hygrometer）仏 男 湿度計

hygrométrie ［イグロメトリ］（独 Feuchtigkeit, Feuchtigkeitsmessung, 英 hygrometry）仏 女 湿度, 湿度測定

hygroscopic ［ハイグルスコピック］（仏 hygroscopique, 独 hygroskopisch）英 形 吸湿性の, 湿りやすい

hypocras ［イポクラス］仏 男 ワインをベースにした香りのよいアペリティフ. 白または赤ワインにスパイス, 果物を漬け込んだ後, 砂糖を加えて漉したもの. 中世, 17世紀まで愛飲された

hysope ［イゾブ］仏 女 〔植〕柳薄荷（やなぎはっか）, ヒ

ソップ．原産は地中海地方沿岸．シソ科．古代，中世にスープなどに多用された．苦味があり，刺激のある香りがする．リキュールの製造（シャルトルーズなど）や，若葉はサラダや果物のコンポートなどに使われる

icaque [イカック] ⟨仏⟩⟨女⟩〔植〕ココプラムの実. すももの一種. 皮は黄, 白, 赤, 紫で, 果肉は白く柔らかい. 生食したり, 砂糖漬けにする. アンティル諸島, 中央アメリカで栽培. 種も食べられる = prune de coco, prune de coton, prune des anses

ice [アイス] (⟨仏⟩glace, ⟨独⟩Eis) ⟨英⟩⟨名⟩ ❶氷 ❷⟨複⟩ 氷菓. 大きく3種類に分類される 1) (= plain 〜s) 卵黄, 砂糖, 牛乳または生クリーム, 香料を回転凍結させたアイスクリームや生果のピュレとシロップ, または生果のピュレ, 砂糖, 生クリームを回転凍結させたシャーベット 2) (= light 〜s) 型に入れて冷やし固めたもの→iced biscuit, iced bombe 3) アイスクリーム, シャーベットなどを使ったデザート. クープ, サンデー, パンチ, スプームなど ❸糖衣 = icing ‖ **ice** ⟨米⟩ 果汁とシロップを混ぜて凍らせたもの. シャーベット, フラッペなど

ice cream [アイス クリーム] (⟨仏⟩crème glacée, ⟨独⟩Gefrorenes, Speiseeis) ⟨英⟩⟨名⟩ アイスクリーム. 牛乳 (生クリーム), 卵黄, 砂糖などを混ぜ回転凍結させる→ice

ice cream powder [アイス クリーム パウダー] ⟨英⟩⟨名⟩ アイスクリームの添加物. 濃度を増すため, ゼラチン, トラガカントゴム, ペクチンなどの混合物が使用される

ice cream server [アイス クリーム サーヴァー] (⟨仏⟩cuillère à glace, ⟨独⟩Portionier, ⟨米⟩ice cream scoop) ⟨名⟩ アイスクリームディッシャー. アイスクリーム類を球型にすくいとる器具

ice cream soda [アイス クリーム ソウダ] (⟨仏⟩crème à la glace, ⟨英⟩flaot) ⟨米⟩⟨男⟩ アイスクリームソーダ. 炭酸ソーダまたは様々な香りのシロップを混ぜた炭酸水にアイスクリームを浮かべた冷たい飲み物. 炭酸から出る泡で, アイスクリームが上部に浮くことからイギリスではフロートと呼ばれる. 1870年頃, アメリカでつくられる. 何人かの名が創始者として挙げられるが, ロバート・M・グリーンが最も有名

iced biscuit [アイスト ビスキット] (⟨仏⟩biscuit glacé, ⟨独⟩Biskuiteis) ⟨名⟩ (種々の香りと色をつけた) ボンブ生地に泡立てた卵白を加え, ブロック状に冷やし固めた氷菓. 切り分けて供する

iced bombe [アイスト ボンブ] (⟨仏⟩bombe glacée, ⟨独⟩Eisbombe) ⟨英⟩⟨名⟩ ボンブ型にアイスクリームを敷きつめ, 内部にボンブ用種を詰めて, 冷やし固めた氷菓. 敷きつめるアイスクリームと詰め物にする種用に2種以上の香りと色が使われる

iced coffee [アイスト コフィ] (⟨仏⟩café glacé viennois, ⟨独⟩Eiskaffee) ⟨英⟩⟨名⟩ ❶冷やしたコーヒーに, ヴァニラアイスクリームと泡立てた生クリームを取り合わせた飲み物 ❷アイスコーヒー. 水出しでつくる (ダッチコーヒー) か, 氷にホットコーヒーを注いでつくる = cold coffee →iced mocha

iced latte [アイスト ラテ] ⟨英⟩⟨名⟩ → iced mocha

iced mocha [アイスト モウカ] ⟨英⟩⟨名⟩ アイスミルクコーヒー. 非常に濃く抽出したコーヒーに砂糖, 香料を加え, 冷やした牛乳と氷の入ったカップに直接注ぐ = iced latte

ice milk [アイス ミルク] ⟨英⟩⟨名⟩ スキムミルクを用いたアイスクリーム. 乳脂肪分が3〜6%と少ない

ice pudding [アイス プディング] ⟨英⟩⟨名⟩ (回転凍結または型詰めの) アイスクリーム → pudding[1]

icing [アイスィング] ⟨英⟩⟨名⟩ ❶糖衣. 粉糖に卵白や水を混ぜ菓子の表面にかけるもの (⟨仏⟩

glace, 独 Zuckerglasur) / water 〜 グラス・ア・ロー 粉糖を水またはシロップで溶く / royal 〜 グラスロワイヤル / fondant 〜 フォンダン / chocolate 〜 溶かしたチョコレートに粉糖と水を混ぜたもの ❷グラス・ア・ロー, グラスロワイヤル, あるいはフォンダンを菓子に塗ること (仏 glaçage, 独 Glasur)

icing sugar [アイシング シュガー] (仏 sucre glace, 独 Puderzucker) 英 名 粉糖＝confectioner's sugar

idéal [イデアル] 仏 男 ❶生食用白色ぶどう品種. イタリアの別名→italia ❷理想

identique [イダンティック] (独 identisch, 英 identical) 仏 形 同一の, 同様の／〜 à... (…と, …に)全く同一(物)の

igname [イニャム(イグナム)] 仏 女〔植〕山芋, 自然薯. つる性植物の根茎で細長い. 原産は中国. アフリカ, アメリカ, アジアで栽培. 身は, 白, 薄黄, 黒褐色があり, ざらざらしている. 食用で澱粉もとる

ignite [イグナイト] (仏 flamber, 独 anzünden, entzünden) 英 他 火をつける, 点火する

I.G.P. [イジェペ] 仏 女 indication géographique protégéeの略. 特産地産表示. 農産物や食品が特産地で生産・製造されたことを証明する表示. 1992年, EUで制定→bergamote de Nancy, pruneaux Agent

Ile-de-France [イルド フランス] 仏 固 女 イル＝ド＝フランス. パリ盆地を中心とする地方名. この地方起源の銘菓は多数. パリ＝ブレスト, サントノレ, ピュイ・ダムール, ポン＝ヌフなど

île flottante [イル フロタント] 仏 女〔冷アントルメ〕❶ムラングを型に入れて湯煎にかけ, クレームアングレーズを敷いた皿の上にあけてカラメルをかけたもの. 乾燥焼きした細切りアーモンド, 砕いたプラリーヌ, レモンの皮の細切りで飾りつけてもよい →œufs à la neige ❷〔古〕ビスキュイ・ド・サヴォワまたは少し固くなったブリオッシュの薄切りをリキュールに浸し, 刻んだアーモンドやレーズンと混ぜた杏(あん)ジャムを挟んで冷やし, クレームアングレーズまたは赤色の果物のピュレを添えたもの

imbiber [アンビベ] (独 nass machen, tränken, 英 soak) 仏 他 (菓子に香りをつけたり, 湿らすためにシロップ, アルコールなどの液体を) 浸す→siroper ‖ s'〜 代動 染み込む

imbriquer [アンブリケ] 仏 他 (果物の薄切り, 小さい板状のチョコレートなどを半分ずつ重ねながら)瓦状に並べる

imbrucciata [アンブリュチャータ] 仏 女〔パティスリー〕ブロッチョ (→broccio) を使ったコルシカの菓子. 特に塩味のタルト, ベニエを指す

imiter [イミテ] (独 imitieren, 英 imitate) 仏 他 …に似せる, …らしい感じにする, 模倣する

immédiatement [イメディアットマン] (独 sofort, 英 immediately) 仏 副 すぐに, 時間をおかずに

immerger [イメルジェ] (独 eintauchen, 英 immerse, dip) 仏 他 (果物などをシロップに)浸す, 沈める

immerse [イマース] (仏 immerger, plonger, 独 eintauchen) 英 他 (液体に) 浸す, 漬ける, 沈める

impalpable [アンパルパーブル] 仏 形 手に感じないほど細かい／poudre 〜 (手に感じられないほど)細かい粉

impératrice [アンペラトリス] 仏 女 ❶皇后, 女帝／à l'〜 皇后風. 豪華な材料を使った料理によくつけられる ❷〔氷菓〕リオレ (riz au lait) に砂糖漬け果物, バヴァロワ生地を混ぜて冷やし固め, 上面を果物(杏(あん), パイナップル, 苺など)で飾ったもの→riz à l'Impératrice

imprégner [アンプレニェ] (独 einflößen, einimpfen, 英 permeate) 仏 他 …に染み込ませる ‖ s'〜 代動 …が染み込む

imprimer [アンプリメ] 仏 他 ❶ (リキュー

ル・ボンボン, パート・ド・フリュイを流し込むためにスターチボックスの)澱粉に凹みをつける ❷印をつける

impureté [アンピュルテ] ([独]Verunreinigung, [英] impurity) [仏][女] 不純物, 混じり物

I.N.A.O. [イナオ] [仏][男] Institut national des appellations d'origineの略. フランス国立品質・原産地名称監視機構. 1935年設立. フランス農業省管轄で, 原産地に加え, 2007年より品質も審査, 総合的に指導, 管理の権限を持つ. 公式識別マークAOC, AOP, IGP, STG, agriculture biologique (AB), label rougeを管理する⇒agriculture biologique, A.O.C., A.O.P., I.G.P., label rouge, S.T.G.

inciser [アンスィゼ] ([独]einschneiden, [英] incise, make an incision in) [仏][他] ❶(出来あがり時に周辺が反らないように, フイユタージュやパンの縁にナイフやはさみで)切れ込みを入れる ❷ (ナイフの先で生地に)切り口をあける, (フェーヴなどを)刺し入れる ❸ (皮をむいたり切り分けやすくするために果物に)刃を入れる

incision [アンスィズィヨン] [仏][女] 切れ込みを入れること, 切り口, 刻み目

incliner [アンクリネ] ([独]neigen, [英] incline) [仏][他] (液体を注いだり捨てたりするために瓶や皿などを)傾ける, 斜めにする

incollable [アンコラーブル] [仏][形] 焦げつかない, くっつかない / moule ～ téfal テフロン加工の型 / papier ～ シリコンペーパー, クッキングシート

inconvénient [アンコンヴェニヤン] ([独] Nachteil, Unannehmlichkeit, [英] disadvantage, inconvenience) [仏][男] 不都合, 不便, 欠点

incorporate [インコープレイト] ([仏] incorporer, [独]verrühren) [英][他] (材料などを1つに)混ぜる, 混ぜ合わせる

incorporer [アンコルポレ] ([独]verrühren, [英] incorporate) [仏][他] 入れる, 混ぜ合わせる

incruster [アンクリュステ] ([独]verzieren, [英] encrust) [仏][他] (菓子, 糖菓の表面に, ナイフ, 抜き型, パート・ダマンド細工用へらなどを使って)装飾的模様をつける

incurver [アンキュルヴェ] ([独]beugen, [英] incurvate) [仏][他] カーブをつける, 曲げる

Indianer [インディアーナー] [独][男] オーストリアのプティフール. モーレンコップフマッセ (Mohrenkopfmasse) をいろいろな形に絞って焼き, 中の詰め物を変え, さまざまなプティフールに仕上げる. フォンダンでグラセする. こうした小型菓子をオーストリアではフランス語でデセール・ジュール (desserts jours「今日のデザート」) といっている＝othello

indian pudding [インディアン プディング] [米][名] ニューイングランドの伝統的デザート. とうもろこし粉, 牛乳, 糖蜜かメープルシロップ, 蜂蜜か砂糖, 香辛料 (シナモン, 生姜(しょうが)) バター, レーズン, ナッツを混ぜ, オーヴンで長時間かけて焼く＝corn hasty pudding

indifféremment [アンディフェラマン] [仏][副] 手当り次第に, 無差別に

indigeste [アンディジェスト] ([独]unverdaulich, [英] indigestible) [仏][形] 消化が悪い, 不消化な

indigotine [アンディゴティーヌ] [仏][女] 〔化〕インディゴチン, 藍精. 石油からできる青色食用色素. 主に菓子, 豚肉加工品, チーズ製造, 緑茶に使われる

indiquer [アンディケ] ([独]angeben, [英] indicate) [仏][他] 示す, 表示する

indispensable [アンディスパンサーブル] [仏][形] ぜひとも必要な

individuel, *le* [アンディヴィデュエル] ([独] individuell, [英] individual) [仏][形] 1人前用の, 個人の

individuellement [アンディヴィデュエルマン] [仏][副] 1個ずつ, 別々に

indivisible [アンディヴィズィーブル] [仏][形]

分割できない

industriel, le［アンデュストリエル］仏形 産業(工業)の / produit 〜 工業製品

industriellement［アンデュストリエルマン］(独 industriell, 英 industrially) 仏副 工業技術によって

inférieur, e［アンフェリユール］仏形 ❶下にある, 底の / partie 〜e 底の部分 ❷少ない ❸劣った (独 unterlegen , 英 inferior, lower) / qualité 〜e 劣った品質

infini, e［アンフィニ］(独 infinit, unendlich, 英 infinite) 仏形 無限の ‖ infini 男 無限 / à l' 〜 無限に, 果てしなく

Infrarotlampe［インフラロートランペ］(仏 lampe à infrarouge, 英 infrared lamp) 独女 赤外線ランプ

infrarouge［アンフラ ルージュ］仏形 赤外線の ‖ infrarouge (独 Infrarot, 英 infrared) 男 赤外線 / lampe spéciale à 〜 (アメ細工用)赤外線白色ランプ

infuser［アンフュゼ］(独 durchsickern, 英 infuse) 仏他 (紅茶の葉, ヴァニラなどを煮立った液体にしばらく浸し, 香り, 味などを)抽出する

infusion［アンフュズィヨン］仏女 ❶(薬草, 茶などを)煎じること ❷煎じたもの, ハーブティー (独 Kräutertee, 英 herbal tea)

ingrédient［アングレディヤン］(独 Zutaten, 英 ingredient) 仏男 原料, 材料

Ingwer［イングヴァ］(仏 gingembre, 英 ginger) 独男 生姜(しょうが)

Ingwerzungen［イングヴァツンゲン］(独女複) 粉末アーモンド, 生姜(しょうが)を入れて細長く絞り出して焼いたスイスのクッキー

injecter［アンジェクテ］仏他 注入する

injecteur［アンジェクトゥール］(独 Injektor, 英 injector) 仏男 注入器具 / 〜 à crème 自動クリーム注入機

inox［イノクス］(独 Edelstahl, 英 stainless steel) 仏男 ステンレス金属

inoxydable［イノクスィダーブル］仏形 酸化しない, 錆びない / en acier 〜 ステンレス製

in Scheiben schneiden［イン シャイベン シュナイデン］(仏 émincer, trancher, 英 slice) 独他 薄切りにする

inscription［アンスクリプスィヨン］仏女 文字の書き入れ, 記載

inscrire［アンスクリール］仏他 (コルネなどを使って菓子の表面に)文字を絞り出す, 書き込む

insertion［アンセルスィヨン］仏女 混ぜ込み, 加えて入れること

instant［アンスタン］(独 Augenblick, 英 moment) 仏男 瞬間 / quelques 〜s しばらくの間 / un 〜 わずかな間

intact, e［アンタクト］仏形 (果物など)無傷の, 完全な形の

intensité［アンタンスィテ］(独 Intensität, 英 intensity) 仏女 強さ, 強度 / 〜 de chauffe 火力の調節 / 〜 de feu 火加減

intercaler［アンテルカレ］(独 einfügen, 英 intercalate) 仏他 (〜の間に) 挟む, 差し込む

intérieur, e［アンテリユール］(独 inner, 英 interior) 仏形 内側の, 内部の ‖ intérieur 男 ❶内側 (独 Innenseite, 英 inside) ❷チョコレート, ドラジェなどのセンター (英 centre)

intermédiaire［アンテルメディエール］仏形 中間の ‖ intermédiaire 男 中間物, 中間 (状態)

interstice［アンテルスティス］仏男 すき間

intervalle［アンテルヴァル］(独 Intervall, 英 space) 仏男 間隔, 間 / à 〜 régulier 等間隔に / dans l' 〜 de... …の間に

intervertir［アンテルヴェルティール］仏他 ❶ (位置・順序を) 入れ替える ❷蔗糖を加水分解によってぶどう糖と果糖に分解する →囲み[sucre]

intimement［アンティムマン］仏副 しっかりと, 緊密に, 隅々まで

intoxication［アントクスィカスィヨン］(独 Vergiftung, 英 poisoning) 仏女 中毒

introduire ［アントロデュイール］（独 einfügen, 英 insert）仏他 差し込む, 差し入れる

invalide ［アンヴァリッド］（独 invalide, 英 invalid）仏形 傷のある／noix 〜 砕けた胡桃の屑

invendu, e ［アンヴァンデュ］（独 unverkauft, 英 unsold）仏形 売れ残った‖invendu 男 売れ残り品

inverser ［アンヴェルセ］（独 umkehren, 英 reverse）仏他 逆にする

inverti, e ［アンヴェルティ］仏形 転化した／sucre 〜 転化糖

invert sugar ［インヴァート シュガー］（仏 sucre inverti, 独 Invertzucker）英名 転化糖

Invertzucker ［インヴェルトツッカー］（仏 sucre inverti, 英 invert sugar）独男 転化糖

in Würfel schneiden ［イン ヴュルフェル シュナイデン］（仏 couper en petits cubes, 英 cut into cubes）独他 さいの目に切る

iode ［イヨド］仏男 ヨウ素, ヨード. 海産物, 玉ねぎ, にんにく, 牛乳, パンに多く含まれる

Irish coffee glacé ［アイリッシュ コフィ グラセ］仏男〔氷菓〕濃く入れた熱いコーヒー, 砂糖, ウィスキーを混ぜてグラスに注ぎ, ヴァニラアイスクリームを入れ, シャンティイで表面をおおったもの. 1942年, アイルランド, フォインズ空港のバーテンダー, ジョー・シェリダンの創作→boisson glacée

Irish cream ［アイリッシュ クリーム］英名 アイリッシュ・ウィスキーとクリームをブレンドしたアイルランドのクリームリキュール. コーヒーを加えることもある. アルコール含有量15〜20％. ストレート, オン・ザ・ロック, ウィスキーベースのカクテルにして飲む→Bailey's

irradiation ［イラディアスィヨン］仏女 （じゃがいも, にんにく, エシャロット, 玉ねぎの発芽を防ぐため）ガンマ線を照射すること, 放射, 発光

irrégulier, ère ［イレギュリエ, エール］（独 unregelmäßig, 英 irregular）仏形 不規則な, 不揃いな, むらのある

irréprochable ［イレプロシャーブル］（独 einwandfrei, 英 irreproachable）仏形 完璧な, 申し分のない

isothermique ［イゾテルミック］（独 isothermisch, 英 isothermal）仏形 等温（線）に関する

Ispahan ［イスパハン］仏固〔アントルメ〕イスパハン ❶ばらのシロップを使ったピエール・エルメの創作菓子. 主にライチ, フランボワーズを組み合わせ, ガレット, マカロン, アントルメ, ケーキ, アイスクリームなどに広く応用する／macaron 〜 マカロン. ばら色に焼いた2個のマカロンの間に, ライチのピュレとばらのシロップ（→sirop de rose）, ゼラチンでつくったムースを挟む／entremets 〜 アントルメ. ばら色のマカロン生地の台を2枚焼き, 1枚目にばらの香りをつけたバタークリームを絞り, 縁まわりに新鮮なフランボワーズ, 中心にシロップ煮のライチを置いて, 2枚目を置く. 上部に赤いばらの花びらを置き, 水アメを露のように落とす／galette des rois 〜 ガレット・デ・ロワ. ばらの香りをつけたアーモンドクリームを挟んだフイユタージュのガレット／cake 〜 ローズ色のケーキ（赤い色粉とばらのエッセンスで香りをつける）に杏（あん）ジャムを塗り, 全体にローズ色のフォンダンをかける. 上部にローズ色のプラリーヌと砂糖をうっすらと振りかけた花びらを飾る／glace 〜 アイスクリーム. フランボワーズのシャーベットとばらの香りをつけたライチのシャーベットをマーブル模様ができるように混ぜる ❷オールドローズ系のダマスク種のばら. 花色はローズピンク, 八重咲き. 別名ポンポン・デ・プランス（pompon des Princes）❸古代ペルシアに大繁栄したイラン中部の都市

issue ［イスュ］仏女 ❶複 製粉かす, 籾(もみ), 麬(ふすま) ❷〔古〕複（＝〜s de table）中世の宴会の最後に供されたもの. ボンボン, ドラジ

ェ, パート・ド・フリュイなどを指し, 別室で供された ❸[複] 畜殺した動物の廃物 ❹出口 ❺結果, 結末

italia [イタリア] ⓛ [女] 生食用白色ぶどう. 大粒, 楕円形, 青味を帯びた黄色, 皮はやや厚め. 麝香(じゃこう)の香りがする = idéal → raisin blanc

italienischer Butterkrem [イタリエーニッシャー ブッタークレーム] ⓘ [女] イタリア風バタークリーム, 卵白に砂糖を加えて泡立て, 攪拌(かくはん)したバターと混ぜてつくる

italienische Windmasse [イタリエーニッシャー ヴィントマッセ] (ⓛmeringue italienne, 英 Italian meringue, boiled meringue) ⓘ [女] ムラングイタリエンヌ

Izarra [イザラ] ⓛ 固 [女] イザラ. 数種の香草を浸出してつくったフランス南西部バイヨンヌ発祥のリキュール. バスク地方でつくられている. 48種の香草を使用したアルコール含有量48%の緑色のイザラ・ヴェルト(Izarra verte)と32種の香草を使用したアルコール含有量40%の黄色のイザラ・ジョーヌ(Izarra jaune)がある. イザラはバスク語で「星」という意味

jaggery［ジャガリ］㋳名 砂糖きびまたは各種の椰子（⁽ʸ⁾）の樹液からとる粗糖の総称

jalousie［ジャルーズィー］（㋸女 ❶〔パティスリー〕帯状のフイユタージュにフランジパーヌやコンポート，ジャムなどを置き，同じく帯状のフイユタージュに窓のブラインドのような桟状の切れ目を入れてこれをかぶせて焼いた菓子．1人前に切り分ける→grillé aux pommes ❷鎧戸（⁽ᵃ⁾）

jam［ジャム］（㋸confiture, ㋱Konfitüre）㋳名 果実全体（果肉と果汁）を同量比の砂糖で煮たもの．含まれるペクチンの作用で凝固する．一般に一種類の果実でつくる．長期保存可 = preserves → conserve², jelly, marmalade, preserve, spread ／ freezer ～ 冷凍してつくるジャム．まったく加熱しないか，加熱しても短時間

japonais, e［ジャポネ，ネーズ］（㋱japanisch, ㋳Japanese）（㋸形 日本の／à la ～e 日本風‖japonais 男（＝pâte à ～）ジャポネ生地．固く泡立てた卵白に粉末ヘーゼルナッツ（または粉末アーモンドと粉末ヘーゼルナッツ），砂糖，澱粉を混ぜ合わせる．プログレとの区別はほとんどない．小型菓子やアントルメの台などに使う→progrès, succès‖japonaise 女〔氷菓〕桃のアイスクリームを敷き込み，抹茶のムースを詰めたボンブ

Japonaismasse［ジャポネマッセ］（㋸japonais, ㋳Japanese）㋱女 ジャポネ生地

jaque［ジャック］（㋸男〔植〕クワ科パンノキ属．ぱらみつの実．ジャックフルーツ．原産はインド．幹生果．世界最大の果実．楕円形で，大きなものは長さ70cm，幅40cm，重さ50kgに達する．果実表面に有稜．熟すと強烈な甘い匂いを放つ．種子は，栗のように焼いたり，ピュレにして使う

jasmin［ジャスマン］（㋸男〔植〕モクセイ科．ジャスミン，まつりか．花は白色で芳香があり，主に香水に使われる．中近東では古くから茶，菓子，料理の香りづけに使用．リキュール，ワイン，ジャム，クレーム類，ジュレ，ソルベの香りづけにも使う／thé au ～ ジャスミン茶

jatte［ジャット］（㋱Schüssel, ㋳bowl）（㋸女（牛乳やクリームを入れる）丸いボウル．耐熱ガラスまたは陶製．材料を混ぜ合わせたり，クリームの泡立てに使用するときはあらかじめ冷やしておく

jaune［ジョーヌ］（㋸形 黄色の‖jaune 男 ❶卵黄（㋱Eidotter, Eigelb, ㋳yolk）❷黄色

jelling agent［ジェリング エイジェント］（㋸agent gélifiant, ㋱Geliermittel）㋳名 ゲル化剤．（ゼラチン，寒天，ペクチン，トラガカントゴムなど）凝固させるための物質

jelly［ジェリ］（㋸gelée, pâte de fruit, ㋱Gallert, Gelee）㋳名 ❶ゼリー．果物のピュレ，果汁，水，フォンなどをゼラチン，ペクチン，寒天，コーンスターチなどで固めたもので，以下のものがある 1)〔冷たいデザート〕シェリー，マデイラ，ポルト，キルシュあるいは果汁などにゼラチン，砂糖を加え，型に流し入れて冷やし固める／basic ～ 透明の簡素なゼリー．水，白ワイン，砂糖，ゼラチンでつくったもの／～ mould 波状のひだがついたゼリー型．ブラマンジュ型／cold set ～ ペクチン，水，砂糖，クエン酸，香料でつくったシロップ．加熱せずそのまま使用できる．工場製品に多い 2) アスピック．（魚のフィレ，鳥獣肉などを中身にして）フォンにゼラチンを入れて冷やし固めたもの 3)〔糖果〕裏漉しした果肉に寒天，砂糖を加えて加熱し，クエン酸を加えてバットに平らに流し入れ固めたもの 4) パイピング・ゼ

リー, 装飾用ゼリー. 水, 寒天またはペクチン, 甘味を加え, 着色をし, 絞り出して大・小型菓子を飾る ❷ゼリー状ジャム. 果汁でつくり透明. ペクチンの少ない果実の場合はペクチンを加える⇒conserve, jam ／～ bag ゼリーをつくるために果肉を漉す袋 ❸ゼリー状のもの

jelly roll [ジェリロウル] (仏biscuit roulé, 独Biskuitrolle, Roulade) 英名 ロールケーキ. 薄く焼いたビスキュイにジャムを塗って巻きあげた菓子⇒Swiss roll

jésuite [ジェズイット] 仏男 ❶〔パティスリー〕帯状に切ったフイユタージュの真中にクレームパティシエールまたはフランジパーヌを置き, 縦方向に2つに折り, 表面にグラスロワイヤルを塗り, 三角形に切って焼いたもの. かつて, チョコレートなど暗色のグラサージュを塗った. 修道僧の帽子を連想したところから命名 ❷イエズス会士

jet [ジェ] 仏男 ❶投げること (独Werfen, 英throwing) ❷噴出, 噴射 (独Strahl, 英jet) ／ un ～ de Grand Marnier 少量の (一噴射程度の) グランマルニエ ❸鋳込み, 注入

jeter [ジュテ] 仏他 ❶捨てる ❷振り入れる

jigger [ジガー] (仏roulette à pâte, 独Teigschneider, Rädchen) 英名 パイ車. 生地の端を波状に切り取る鋸車のついた道具

Jod [ヨート] (仏iode, 英iodine) 独中 ヨード

Joghurt [ヨーグルト] (仏yaourt, yog⟨h⟩ourt, 英yog⟨h⟩urt) 独男 ヨーグルト

Johannisbeere [ヨハニスベーレ] (仏groseille, groseille à grappe, groseille rouge, 英red currant) 独女〔植〕赤すぐり ／ Weißen ～ ヴァイセンヨハニスベーレ. 白すぐり, 房すぐり, グロゼイユ, カラント

joint [ジュワン] 仏男 ❶継ぎ目 (独Fuge, 英joint) ❷パッキング (独Packung, 英packing) ／ ～ de caoutchouc ゴムのパッキング

jointoyer [ジュワントワイエ] (英joint) 仏他 (菓子の表面や合わせ目を) クリームなどで塗りつぶしてきれいに滑らかにする

Joinville [ジュワンヴィル] 仏固男 ❶フランス国王ルイ・フィリップの第3皇子 (1818-1900) ジョワンヴィル公に捧げたソースおよび付け合わせ ❷〔パティスリー〕四角形に焼いた2枚のフイユタージュの間に, フランボワーズのジャムを挟んだもの

jour [ジュール] (独Tag, 英day) 仏男 日, 一日 ／ ～ même 当日

jour des Rois [ジュールデルワ] 仏男 王様の日, 御公現の祝日⇒Épiphanie

journalier, ère [ジュルナリエ, エール] (独täglich, 英daily, everyday) 仏形 日々の, 毎日の ／ travail ～ 毎日の仕事

jubilee [ジュービリー] 英形 フランベした

jubilee cherries [ジュービリーチェリズ] 英名複 さくらんぼをすぐりのゼリーで軽く煮て, 熱いうちにアイスクリームにかけフランベしたデザート ＝ cherries jubilee

jujube [ジュジュブ] (独Jujube, 英jujube) 仏男〔植〕クロウメモドキ科. なつめの実. 原産は中国. 南フランスでも栽培. 生食または乾燥させ, パティスリーに使ったりする ＝ datte rouge

julienne [ジュリエンヌ] 仏女 (果物や野菜, 肉の) 千切り, ジュリエーヌ

junket [ジャンキット] 英名 温めた砂糖入り牛乳にレネットを加え凝固させたデザート

jus [ジュ] 仏男 ❶ (果物を絞ったり, 砂糖をかけて休ませてにじみ出た) 果汁, (野菜, 肉などの) 絞り汁 (独Saft, 英juice) ／ ～ d'orange オレンジジュース ／ ～ en boîte 果物の缶詰のシロップ ❷ (ソテーあるいはローストした後, 水や酒類で鍋などの底についた焦げをかきとるようにして得た) 焼き汁, 肉汁, グレービーソース, 肉類, 野菜の (特に蓋をしっかり閉めた) 調理中に染み出てくる風味のある焼き汁, 煮汁 (独Bratensaft, 英gravy) ❸出し汁, フォン

jusque [ジュスク] (独bis, 英till) 仏前 (ある状態に達する) まで

juste［ジュスト］(独 英just) 仏 副 まさに, ちょうど, ぎりぎりに／〜 avant de... …する直前に

juteux, *se*［ジュトゥ, トゥーズ］(独saftig, 英juicy) 仏 形（果実などが）汁気の多い, 果汁の豊かな, ジューシーな

K

kacha[1]［カーシャ］[仏][女] カーシャ ❶ソバの粗挽き粉や米, 麦をベースにした東欧の粥(かゆ). 料理. ロシアでは水や牛乳などで柔らかく煮てから, バターを混ぜ入れて, 小さな円形や球状にしてポタージュに入れたり, 両面を焼いて煮込みの付け合わせにする ❷大麦など雑穀を牛乳で煮た甘いプディング. ポーランドのデザート ❸煎ったそばの実

kacha[2]［カーシャ／カーチャ］[英][名] そばの粗挽き粉

kache［カシュ］[仏][女] ⇒kacha[1]

kadaif［カダイフ］[仏][男] トルコの菓子. そうめんのように細い生地と砕いた胡桃を濃いシロップでからめたもの

Kafé-Konditorei［カフェ コンディトライ］[独][女] ⇒Café-Konditorei

Kaffee［カフェ］([仏]café, [英]coffee) [独][男] コーヒー／Schwarzer ～ シュヴァルツァーカフェ, ミルクを入れないコーヒー

Kaffeegebäck［カフェゲベック］[独][中] 甘い発酵生地ジュースタイク (⇒Süßteig) を使ってつくる朝食用, お茶受け用の菓子

Kaffeehaus［カフェハオス］[独][中] 喫茶室のある菓子店＝Café (Kafé) -Konditorei

Kaffein［カフェイーン］([仏]caféine, [英]coffeine)[独][中] カフェイン

Kaiserkuchen［カイザークーヘン］[独][男] ミュルベタイク (⇒Mürbeteig) を天パンに敷き込み, その上に, マジパン, 砂糖, 全卵, 小麦粉, レモンからつくった種を塗り, 表面にミュルベタイクを網の目状にかけて焼く. 上面に杏(あんず)ジャムを塗り, フォンダンでグラセする

Kaiserschmarren［カイザーシュマレン］[独][男] ドイツやオーストリアのデザート. パラチンケン (⇒Palatschinken) より濃い種をつくって厚く焼いたパンケーキ. 生地にレーズンなどを加えてフライパンで焼き, 細かく切ってしばらく炒める. これを皿に盛り, 粉糖を振りかけ, シロップ煮の果物などを添えて供する

Kakao［カカオ］([仏]cacao, chocolat, [英]cocoa)[独][男] カカオ, チョコレート, ココア

Kakaobohne［カカオボーネ］([仏]fève de cacao, [英]cocoa bean)[独][女] カカオ豆

Kakaobutter［カカオブッター］([仏]beurre de cacao, [英]cocoa butter) [独][女] カカオバター

Kakaofett［カカオフェット］([仏]beurre de cacao, [英]cocoa fat)[独][中] カカオ油脂

Kakaopulver［カカオプルファー］([仏]poudre à cacao, [英]cocoa powder)[独][中] ココアパウダー

kaki［カキ］[仏][男]〔植〕カキノキ科. 柿. 原産は東アジア. ヨーロッパには19世紀に紹介される. カロリーが高く, カリウム, ビタミンC, タンニンを多く含む. 生食, あるいはコンポート, ジャム, シャーベットなどにつくる＝abricot du Japon, figue caque, plaquemine

Kalium［カーリウム］([仏][英]potassium) [独][中]〔化〕カリウム

Kalorie［カロリー］([仏][英]calorie) [独][女] カロリー

kalt［カルト］([仏]froid, [英]cold)[独][形] 冷たい

kalte Fruchtdesserts［カルテ フルフトデセール］([仏]entremets aux fruits froids, [英]cold fruit desserts) [独][中][複] 冷製フルーツデザート

kalte Schaummasse［カルテ シャオムマッセ］([仏]meringue ordinaire, [英]cold meringue)[独][女] ムラングオルディネール, コールドメレンゲ

kalte Süßspeise［カルテ ズュースシュパイ

ゼ］（仏entremets froid, 英cold sweet）独女 冷菓, 冷製アントルメ

kaltes Wasser ［カルテス ヴァッサー］（仏 eau froide, 英cold water）独中 冷水

kaltschale ［カルシャル］仏女〔冷アントルメ〕ロシアのデザート．ワインに漬けた果物に, 赤色の果物のピュレをかけたもの．パンチ用の大きなボウルなどに入れ, 伝統的に砕いた氷の上にのせて供する．ドイツ語が起源で「冷たいスープ」という意味

Kalzium ［カルツィウム］（仏 英calcium）独中〔化〕カルシウム

Kameruner ［カメルーナー］独中 発酵生地とベーキングパウダー入りミュルベタイク（→Mürbeteig）を好みの割合で重ねて発酵させ, 油で揚げる菓子．シナモンシュガーをまぶして供する．四角に切った生地の中央に小さな切れ込みをつけ, くぐらせて揚げたものはシュルツクーヘン（→Schürzkuchen）と呼ばれる

Kammschaber ［カムシャーバー］（仏 grattoir peigne, 英comb spatula）独男 波歯カード

kandieren ［カンディーレン］独他 ❶フォンダンなどをスターチ・ボックスに流して固める ❷果実に, 砂糖の結晶膜をつける

kandierte Angelika ［カンディールテ アンゲーリカ］独女 砂糖漬けアンゼリカ

kandierte Blüten ［カンディールテ ブリューテン］独女 すみれ, ばらの花などに特殊な方法で砂糖を結晶化させたもの

kandierte Früchte ［カンディールテ フリュヒテ］（仏fruits confits, 英candied fruit）独女複 砂糖漬け果実

kandierte Kirsch ［カンディールテ キルシュ］（仏bigarreau confits, bigarreau rouge, 英candied cherry）独女 ドレンチェリー

kandierte Orange ［カンディールテ オラーンジェ］（仏écorce d'orange〈confit〉, orangeat, 英 candied orange peel, orange peel）独女 オレンジピール→Orangeat

kandierte Zitrone ［カンディールテ ツィトローネ］（仏écorce de citron〈confit〉, citronat, 英 candied lemon peel, lemon peel）独女 レモンピール→Zitronat

Kandis ［カンディス］（仏candi, 英candy）独男 ❶キャンディ ❷氷砂糖

Kandiszucker ［カンディスツッカー］（仏 sucre candi, 英sugar candy, rock candy）独男 氷砂糖＝Kandis

Kaper ［カーパー］（仏câpre, 英caper）独女 ケッパー

Kapseln ［カプセルン］独女複 ❶薄く焼いたビスケット, ヴィーナーマッセ（→Wienermasse）などの総称 ❷シート状の生地のこと

Kapsel-Pralinen ［カプセル プラリーネン］独女複 アルミケースに流し込んでつくるボンボン・ショコラ

Kapuziner ［カプツィーナー］独男 ❶ミルクの少ない濃いコーヒー ❷カプツィン派の修道士

Karamel ［カラメル］（仏 英caramel）独男 カラメル→Bruchprobe

karamelieren ［カラメーリレン］独他 プティフール, マジパン, 果実などの全体にアメをかける

Karamelkrem ［カラメルクレーム］（仏 crème caramel, 英caramel cream, custard pudding）独女 カスタードプディング

Karamelprobe ［カラメルプローベ］独女 141.2〜147.5℃に煮詰めた糖液→Bruch

Karamelsauce ［カラメルゾーセ］（仏sauce au caramel, 英caramel sauce）独女 カラメルソース

Kardamom ［カルダモン］（仏cardamome, 英cardamom）独男中〔植〕カルダモン, 小荳蔲（しょう）

Kardinalschnitte ［カルディナールシュニッテ］独女 オーストリアの菓子の生地．「枢機卿風の切り菓子」という意味．ビスキュイ・ア・ラ・キュイエールとムラングを組み合わせ, 細長く焼きあげる．コーヒー入り（またはキルシュ入り）の泡立てたクリームを挟ん

で仕上げる．適宜な大きさに切り分ける

Karlsbader Zwieback［カルルスバーダーツヴィーバック］独 男　糖尿病の人のためのラスク．糖分が少なく，バターを多く含んでいる

Karneval［カルネヴァル］独 男 →Fasching

Karotin［カロティーン］（仏 carotine, 英 carotin, carotene）独 中　カロチン

Kartoffel［カルトッフェル］（仏 pomme de terre, 英 potato）独 女　じゃがいも＝Erdapfel

Kartoffelkuchen［カルトッフェルクーヘン］独 男〔地方菓子〕ザクセン地方の銘菓．発酵生地の中へ，じゃがいものピュレ，卵，バターを練り込んで，天パンに敷き込んだ後，バターを塗り，グリュイエールチーズを振りかけ，強火で焼く．熱いうちに食す

Kartoffelmehl［カルトッフェルメール］（仏 farine de pomme de terre, 英 potato flour）独 中　じゃがいも粉

Kartoffelteig［カルトッフェルタイク］独 男　じゃがいも入りの生地，クネーデル（→Knödel）に使われる

Käse［ケーゼ］（仏 fromage, 英 cheese）独 男　チーズ

Käse-Bäckerei［ケーゼ ベッケライ］独 女　フイユタージュを薄くのばし，チーズを振りかけて焼いた菓子．芥子の実，ごまなどを振りかけてもよい

Käseblätterteig［ケーゼブレッタータイク］独 男　エメンタール，チェスター，パルメザンなどのチーズを折り込んでつくるフイユタージュ．ケーゼシュタンゲン，ケーゼフールなどをつくる→Käse-Fours, Käsestangen

Käsebrühmasse［ケーゼブリューマッセ］独 女　ケーゼクラップヘン（→Käsekrapfen）用生地．シュー生地に小さく切ったエメンタールチーズを混ぜ込む

Käse-Fours［ケーゼ フール］独 男 複　チーズを使ったプティフール．ブレッタータイク（→Blätterteig），ミュルベタイク

（→Mürbeteig 無糖），シュー生地，黒パンなどにケーゼクレーム（→Käsekrem）をあしらう

Käsegebäck［ケーゼゲベック］独 中　チーズクッキー

Käsekrapfen［ケーゼクラップフェン］独 男　チーズの入ったシュー生地を油で揚げた菓子

Käsekrem［ケーゼクレーム］（仏 crème au fromage, 英 cheese cream）独 女　チーズクリーム．バタークリームにチーズを加えたり，クレームパティシエールにチーズを混ぜてつくるもので，温冷両方がある．ケーゼフール（→Käse-Fours）の仕上げや詰め物に利用するクリーム

Käsekuchen［ケーゼクーヘン］（仏 gâteau au fromage, 英 cheese cake）独 男　チーズケーキ．天パンで焼いたり，トルテにしたりする．底にのばした生地か発酵生地を敷き込み，クヴァルクマッセ（Quarkmasse カテージチーズ入りの種）を詰めて焼く

Käsemürbeteig［ケーゼミュルベタイク］独 男　チーズ入りの生地

Käse-Sahnekrem-Torte［ケーゼ ザーネクレーム トルテ］独 女　冷製チーズケーキ＝Quark-Sahnekrem-Torte

Käsestangen［ケーゼシュタンゲン］独 女 複　棒状のチーズ風味のクッキー

Käsetorte［ケーゼトルテ］独 女　チーズケーキ

kasha［カーシャ］仏 女, 英 名 →kacha¹, kacha²

Kasserolle［カッセロレ］（仏 casserole, 英 saucepan）独 女　片手鍋

Kassonade［カッソナーデ］（仏 cassonade, sucre roux, 英 brownsuger, moist sugar）独 女　赤砂糖＝brauner Zucker

Kastanie［カスターニエ］（仏 marron, châtaigne, 英 chestnut, chesnut）独 女　栗

Katzenzungen［カッツェンツンゲン］（仏 langue de chat）独 女 複　❶ラング・ド・シャ　❷ラング・ド・シャの形に流した薄

いチョコレート板 ❸レープクーヘン(⇒Lebkuchen)の一種

kaufen [カオフェン] ([仏]acheter, [英]buy) [独] [他] 買う

keemun [キーマン] [仏] [男] 中国産茶の一品種. 祁門茶, キーマン茶. 世界三大紅茶 (ダージリン, ウバ) の1つ. らん, ばらの香りがあり, 消化を助ける作用がある

kéfir [ケフィール] [仏] [男] ⇒képhir

keimfrei machen [カイムフライ マッヘン] ([仏]stériliser, [英]sterilize, sterilise) [独] [他] 殺菌する

Keksform [ケークスフォルム] ([仏]moule à cake, [英]cake mo⟨u⟩ld) [独] [女] パウンドケーキ型, ローフ型

kemmen [ケンメン] [独] [他] くし目を入れる

képhir [ケフィール] [仏] [男] ケフィール, ケフィア. コーカサス地方を起源とする中央アジアの乳酸飲料の一種. 牛乳(羊乳, 山羊乳), にケフィールの種 (酵母) を加えて発酵させたもの. ヨーグルトに似る. もとはロバやラクダの乳からつくった中央アジアの飲料＝kéfir, képhyr

képhyr [ケフィール] [仏] [男] ⇒képhir

Kern [ケルン] ([仏]noyau, [英]kernel, pip) [独] [男] 核, 仁, 種⇒Stein

kernel [ケルネル] [仏] [男] 殻をとったカシューナッツの仁. アーモンドの代用

Kerze [ケルツェ] ([仏]bougie, [英]candle) [独] [女] ろうそく, キャンドル

Kessel [ケッセル] ([仏]bol, cuve, [英]bowl, container, kettle, pot, tank, vat) [独] [男] ボウル, 器⇒Trog

Kettenflug [ケッテンフルーク] [独] [男] 117.5〜118.8℃に煮詰めた糖液. シュタルカー・フルーク (starker Flug), あるいは単にシュタルカーとも呼ぶ

Kiefernuss [キーファーヌッス] ([仏]pignon, [英]pine nut, pignon) [独] [女] 松の実

kilogramme [キログラム] ([独]Kilogramm, [英]kilogram) [仏] [男] キログラム. 質量の単位. 略号kg. 1kg＝1000 g

Kindernährzwieback [キンダーネールツヴィーバック] [独] [男] 小麦粉, バター, 卵を加えてつくるラスク

Kipfelkoch [キプフェルコッホ] [独] [男] オーストリアの菓子. オーストリア方言でキプフェルはブリオッシュ, コッホは料理人のこと. プディング風のデザートの総称

kir [キール] [仏] [男] キール. ブルゴーニュ産白ワイン (特にアリゴテ種) にカシスのリキュール(⇒crème de cassis)を加えた食前酒, カクテルの一種. ブルゴーニュ地方の伝統的飲料だったが, 1960年代, 当時のディジョン市長のキール氏が, 自分の名を冠して市庁の特別な飲み物として広めた／〜 royal キール・ロワイヤル. 白ワインの代わりにシャンパンを使った食前酒

Kirriemuir gingerbread [キリミュア ジンジャーブレッド] [英] [名] スコットランド, キリミュアのジンジャーブレッド. 小麦粉, ゴールデンシロップ, スパイス類, 生姜(しょうが), 重曹でつくった生地を大きな四角形, または円形のパウンドケーキ型で焼く. 砂糖漬け果物を入れることもある

kirsch [キルシュ] ([独]Kirschwasser, [英]kirsch) [仏] [男] キルシュ. 野生の小さなさくらんぼを発酵させてつくる香りの強い蒸留酒. アルザス地方, 西ドイツ南西部, スイス, オーストリアでつくられる／soufflé au 〜 キルシュの香りづけをしたスフレ／〜 suisse フォンデュに使用するキルシュ. 登録商標

Kirschbranntwein [キルシュブラントヴァイン] ([仏]eau de vie de cerise, [英]cherry brandy) [独] [男] チェリーブランデー

kirsch de Fougerolles [キルシュ ド フジュロル] [仏] [男] ヴォージュ地方フジュロルのAOPキルシュ. 野生のさくらんぼを種子と一緒に発酵させる

Kirsche [キルシェ] ([仏]cerise, [英]cherry) [独] [女] さくらんぼ

Kirschenkuchen [キルシェンクーヘン] [独] [男] バターケーキ種にサワーチェリーを並

べて焼く素朴な菓子．焼きあがった後，上から粉糖を振りかけ，切り分けて供する

kirscher [キルシェ] (仏)(他) キルシュを入れる

Kirschwasser [キルシュヴァッサー] (仏(英) kirsch) (独)(中) キルシュヴァッサー．さくらんぼからつくったブランデー

kis(s)el [キセル] (仏)(男) 〔温冷アントルメ〕北東ヨーロッパの伝統的デザートで，甘味をつけた果汁（赤い果実，漿果（しょうか））にアロールート，コーンスターチなどでとろみをつけたフルーツスープ．赤ワインやドライフルーツを加えることもある．フレッシュチーズ，スムールのプディング，クレープ，アイスクリームに添えたりする．ロシアでは濃度の薄いものはそのまま飲む．スウェーデンにはビルベリーでつくる類似のものがある．スラブ語で「酸っぱい」という意味

Kiwi [キーヴィ] (仏)(英) kiwi) (独)(女) 〔植〕キウイフルーツ

kiwi [キウィ] (独 Kiwi, 英 kiwi) (仏)(男) 〔植〕キウイ．原産は中国．果肉は薄緑色．2つ割りにしてスプーンですくって生食する．タルト，料理にも使用 = groseille de chine

klären [クレーレン] (clarifier, 英 clarify) (独)(他) 澄ます

kleines Messer [クライネス メッサー] (仏 petit couteau, 英 little knife, small knife) (独)(中) 小型ナイフ

Klein-Gebäck [クライン ゲベック] (独)(中) 小麦粉を使ったドイツの小型パンの一種

Kleinkuchen [クラインクーヘン] (独)(男) プティフール ⇒ Feingebäck, Petit-Four

Kletzenbrot [クレッツェンブロート] (独)(中) = Birnenbrot, Früchtebrot, Hutzelbrot

Knäckebrot [クネッケブロート] (独)(中) （北欧の）黒パン．ライ麦，麩（ふすま）入りのクラッカー

knäckebrot [クネッケブロート] (仏)(男) クネッケブロート．ライ麦のガレット．長方形，薄く，かりかりしている．ごま，麻の実あるいはクミンの風味のものもある．スウェーデンの農村で古くからつくられていた．現在は北欧，ドイツ，イギリスで工場生産され，世界中に輸出されている．主にダイエット食として，またチーズ，燻製製品とともに食される．ドイツ語で「かりかりしたパン」という意味 = pain croquant suédois

knead [ニード] (仏 malaxer, pétrir, travailler, 独 kneten) (英)(他) こねる

kneifen [クナイフェン] (独)(他) つまむ，挟む

kneten [クネーテン] (仏 fraiser, pétrir, 英 knead) (独)(他) ❶練る，こねる ❷（生地を）打ちつける

Knoblauch [クノープラオホ] (仏 ail, 英 garlic) (独)(男) にんにく，ガーリック

knock-back [ノックバック] (英)(名) （2次発酵の前に）ガス抜きをすること

Knödel [クネーデル] (独)(男) クネーデル．（肉，じゃがいも，パンなどの）団子

knödel [クネーデル] (仏)(男) クネーデル．東ヨーロッパ（アルザス地方から南ドイツ，オーストリア，チェコスロヴァキアにいたる）で広く食される団子の一種．塩味と甘味のものがある．地方により食材，作り方が異なる ❶塩味のクネーデル．アルザス地方，ドイツでは小麦粉に生クリーム，溶かしバターを加える．チェコスロヴァキアでは，牛乳に浸したパンのクラム（身），じゃがいものピュレ，発酵生地などが使われる．大きさはさまざまであるが，団子状につくってゆでる ❷甘味のクネーデル．種抜きのプラムをベニェ用の生地で包んでゆでるか，さくらんぼまたは杏（あんず）のコンポートを生地に包んで丸めてゆでる = knœdel

knœdel [クネーデル] (仏)(男) ⇒ knödel

Knusperchen [クヌスペルヒェン] (独)(中) 〔パティスリー〕オーストリアの，シナモン風味のかためのサブレ．上面に薄切りアーモンドとグラニュー糖をまぶし，正方形あるいは長方形に切り分ける．「かりかりしたもの」という意味

Koch, Köchin [コッホ，ケッヒン] (仏 cuisinier, cuisinière, 英 cook) (独)(男)(女) 料理

人

Kochen ［コッヘン］（⒡cuisine, ⒠cookery, cooking）⒢⒩ 料理⇒Küche

kochen ［コッヘン］（⒡cuire, faire bouillir, ⒠boil）⒢⒯ 煮る, 沸騰させる

Kochjacke ［コッホヤッケ］（⒡blouse, cook's coat）⒢⒡ コックコート, コック服, 白衣

Kochmütze ［コッホミュッツェ］（⒡bonnet, toque, ⒠cook's cap, cook's hat）⒢⒡ コック帽

Kœck-botteram ［クック ボトラム］⒡⒨〔地方菓子〕フランス最北端の町ダンケルクの小型のクク.「バター入り菓子」という意味⇒brioche, couque

Kohl ［コール］（⒡chou, ⒠cabbage）⒢⒨ キャベツ

Kohlensaüre ［コーレンゾイレ］（⒡acide carbonique, ⒠carbonic acid）⒢⒡ 炭酸

koka basque ［コカ バスク］⒡⒨〔地方菓子〕バスク地方のカスタードプディング. 香りにヴァニラを使わず, 表面に厚い層のカラメルがかかってる. スペインから伝わった⇒caramel

Kokos ［コーコス］（⒡coco, noix de coco, ⒠coconut）⒢⒡ ココナッツ, ココやしの実⇒Kokosnuss

Kokosflocke ［コーコスフロッケ］⒢⒡ 乾燥した細切りココナッツ

Kokosmakrone ［コーコスマクローネ］⒢⒡ ココナッツマカロン

Kokosnuss ［コーコスヌッス］⒢⒡ ココナッツ, ココやしの実⇒Kokos

Kokosnussöl ［コーコスヌッスエール］（⒡huile de coco, ⒠coconut oil）⒢⒩ ココナッツ油

kola ［コラ］⒡⒨ ⇒cola

Kommunion ［コムニオーン］（⒡ ⒠communion）⒢⒡ 聖体拝領

Kompott ［コンポット］（⒡compote de fruit, ⒠compote）⒢⒩ コンポート. シロップ煮の果物

Kondensmilch ［コンデンスミルヒ］（⒡lait condensé, lait concentré, ⒠condensed milk, evaporated milk）⒢⒡ 練乳, コンデンスミルク

Konditor, Konditorin ［コンディートル, コンディートリン］（⒡pâtissier, pâtissière, ⒠confectioner, cook）⒢⒨⒡ パティシエ, 製菓人, 菓子製造人

Konditorei ［コンディトライ］（⒡pâtisserie, ⒠cake shop）⒢⒡ 製菓業（工場）, 菓子屋, 喫茶を兼ねた菓子店

Konditoreikrem ［コンディトライクレーム］⒢⒡ カスタードクリーム⇒Crème Pâtissière, Gekochterkrem

Konditoreiware ［コンディトライヴァーレ］（⒡pâtisserie, ⒠pastry shop）⒢⒡ パティスリー

Konditor-waren ［コンディートル ヴァーレン］⒢⒡⒫ コンディトール・ヴァーレン. 菓子類⇒Bäcker, Bäckerin

Konfekt ［コンフェクト］（⒡confiserie, ⒠sweet）⒢⒩ ❶ドイツ菓子では糖菓類を指す ❷スイス菓子ではクッキー, プティフールセックを指す

Konfitüre ［コンフィテューレ］（⒡confiture, ⒠jam, fruit preserve）⒢⒡ 砂糖を加えて煮詰めた果実類, ジャム

Königsberger Konfekt ［ケーニッヒスベルガー コンフェクト］⒢⒩ 小さなマジパン菓子. 形はさまざまだが, 必ず表面には細かな凹凸模様をつけ, 凸面を焦がすのが特徴

Königskuchen ［ケーニッヒスクーヘン］⒢⒨ クリスマスから新年にかけてつくられる菓子. バター, 卵黄をたっぷり使ったスポンジケーキの一種. Königとは王のこと, すなわちキリスト生誕に際して訪れてきた東方の3博士（王様）になぞらえて命名した

Können ［ケネン］（⒡habileté, capacité, ⒠skill）⒢⒩ 熟練, 技量

Konservezucker ［コンゼルヴェツッカー］⒢⒨ 動物などの形をつくるための糖液. シュタルカー・フルーク (starker Flug 118

〜119℃）まで煮詰めた糖液を熱いうちに練り，場合によっては少量のフォンダンを加えて，濡らした石膏型に流す．糖液が再結晶して，すりガラス状の薄い膜ができ，さまざまな形ができる

konservieren［コンゼルヴィーレン］(仏 conserver, 英 preserve) 独 他 保存する

Konservierung［コンゼルヴィールング］(仏 conservation, 英 canning, preservation, storing) 独 女 保存

Konsistenz［コンズィステンツ］(仏 consistance, 英 consistency) 独 女 固さ

Kopenhagener［コペンハーゲナー］独 男 折りたたむ発酵生地＝dänischer Plunder

Kopenhagener Plunder［コペンハーゲナー プルンダー］独 男 →dänischer Plunder

Koriander［コリアンダー］(仏 coriandre, 英 coriander〈seed〉) 独 男 コリアンダー，コリアンダーシード，香菜

Korinthe［コリンテ］(仏 raisin de Corinthe, 英 currant) 独 女 カランツ（レーズンの一種）

Korkenzieher［コルケンツィーアー］(仏 tire-bouchon, 英 corkscrew) 独 男 （コルク用の）栓抜き

Korkzieher［コルクツィーアー］独 男 →Korkenzieher

Korn［コルン］(仏 英 grain) 独 中 穀粒

Korpus［コルプス］独 男 プラリネのセンター

kosten［コステン］(仏 déguster, 英 taste) 独 他 試食する →schmecken

Kottbuser Baumkuchen［コットブーザー バオムクーヘン］独 男 粉末アーモンド，ヘーゼルナッツ，粉末プラリネ，スパイス類を加えたバウムクーヘン

kougelhof［クーゲルホフ］仏 男 →koug(e)lof(f)

koug(e)lof(f)［クーグロフ］(仏) 仏 男 〔地方菓子〕クグロフ．アルザス地方の銘菓．斜めにうねりのあるクグロフ型で焼いたレーズン入りブリオッシュ生地の菓子．日曜日の朝食に食す．アルザスのワインとよく合う．ドイツ語では Kugelhopf と綴る．Kugel はボール，Hopf はホップ（ビール酵母）の意．18世紀にオーストリアから伝わり，マリー・アントワネットが広めた，といわれる ＝ kougelhof, kougeloff, kouglopf

kouglopf［クグロフ］仏 男 →koug(e)lof(f)

kouign-aman［クーイニャマン］仏 男 →kouing-aman

kouing-aman［クーイニャマン］仏 男 〔地方菓子〕クイニーアマン．ブルターニュ地方ドゥアルヌネの町一帯でつくられる菓子．ブルトン語で「バター入りパン」という意味．1860年当地のパン屋イヴ=ルネ・スコルディアの創作．発酵生地をのばし，バターと砂糖を包み，数回折ってつくる直径25〜30cmのガレット．強火のオーヴンで上部を十分にカラメリゼする ＝ kouign-aman, kuign amann

koulitch［クーリーチ］仏 男 ロシアの復活祭の菓子．円筒形のブリオッシュで，レーズン，砂糖漬け果物，サフラン，カルダモン，メース，ヴァニラ入り．糖衣をかける．水平に切り分け，伝統に従ったやり方で固ゆで卵と共に食す

kounafa［クナファ］仏 女 クナファ．アラブの菓子．細い糸状の生地を，アメをからませ砕いたアーモンドまたはヘーゼルナッツと交互に重ねてバターまたはごま油で焦げ色をつけ，レモン風味の濃いシロップを振りかける．多くの変種がある →basma, gouch, lakhana

Krachkonfekt［クラッハコンフェクト］(仏 croque-en-bouche, croquembouche, 英 crisp cake) 独 中 クロカンブッシュ

Kranz［クランツ］独 男 王冠形（リング状）に焼きあげた菓子の総称

Krapfen［クラップフェン］独 男 発酵生地に，ジャムなどを詰めて丸くして揚げたもの

krapfen[1]［クラプフェン］(独 Krapfen, 英 jam doughnut) 仏 男 〔揚げ菓子〕クラプフェン．ドイツ，オーストリアの菓子．発酵生地．中

身に杏(あん)やフランボワーズのジャム，あるいはパート・ダマンドが入っている．クレームアングレーズや杏ソースを添える ⇒ beignet viennois, berline, boule de Berlin

krapfen[2] [クラプフェン] 英 名 ドーナッツ

Kräuterextrakt [クロイターエクストラクト] (仏 extrait d'herbes aromatiques, 英 herb extract) 独 男 ハーブエキス

Kreis [クライス] 独 男 ❶セルクル，リング型 (仏 cercle, 英 cake hoop) = Ring, Ringform ❷円 (仏 cercle, 英 circle, ring)

Krem [クレーム] (仏 crème, 英 cream) 独 女 クリーム

Kremeis [クレームアイス] (仏 glace à la crème, 英 ice cream) 独 中 アイアークレームアイス（= Eierkremeis). 卵入りのアイスクリーム．50％以上の牛乳が含まれていて，牛乳1ℓに対し最小限270ｇの全卵または卵黄100ｇを加えなければならない ⇒ Eis, Eiskrem

Kremschnitte [クレームシュニッテ] (仏 millefeuille, 英 cream slice, millefeuille) 独 女 ミルフイユ．フイユタージュとクレームパティシエールを層状に重ねた菓子

Kremspeise [クレームシュパイゼ] 独 女 クリーム菓子，冷たいデザート．アイスシュパイゼ（⇒Eisspeise）と同じような配合でつくるが，凍結させる代わりにゼラチンで固める

Krepp [クレップ] (仏 crêpe, 英 crêpe, crepe) 独 男 クレープ = Crêpe

Kristallisation [クリスタリザツィオーン] 独 女 結晶 ⇒ Kristallisierung

kristallisieren [クリスタリズィーレン] (仏 se cristalliser, 英 crystallize) 独 自 結晶化する

Kristallisierung [クリスタリズィールング] (仏 cristallisation, 英 crystalization, crystallisation, crystallising, crystallizing) 独 女 結晶 ⇒ Kristallisation

Kristallzucker [クリスタルツッカー] (仏 sucre cristallisé, 英 crystal sugar) 独 男 ざらめ糖 = grober Zucker

Krokant [クロカント] (仏 nougatine, 英 crocant, croquant, nut brittle, nut crunch) 独 男 〔糖菓〕ヌガティーヌ．ハードタイプのヌガーを砕いたもの．水を加えずに火にかけ，溶かした砂糖に，アーモンドまたはほかのナッツを加え，アメがけする

krumme Linie [クルメ リーニエ] (仏 courbe, 英 curve) 独 女 曲線

Kübel [キューベル] 独 男 桶，たらい

Küche [キュッヒェ] 独 女 ❶台所，調理場 (仏 atelier, laboratoire, 英 kitchen) ❷料理 ⇒ Kochen, Labor

Kuchen [クーヘン] (仏 gâteau, pâtisserie, 英 cake) 独 男 菓子．上にクリームなどをのせない菓子

Küchenbrett [キュッヒェンブレット] (仏 tranchoir, planche 〈à découper〉, 英 cutting boad) 独 中 まな板 ⇒ Hackbrett

Küchentisch [キュッヒェンティッシュ] (仏 table de travail, 英 worktable) 独 男 作業台

Küchentuch [キュッヒェントゥーフ] (仏 torchon, 英 dish cloth, duster) 独 中 布巾，タオル

Kugelausstecher [クーゲルアオスシュテッヒャー] (仏 moule à pomme rond, 英 fruit ball spoon) 独 男 くり抜き器

Kugelform [クーゲルフォルム] (仏 sphéricité, 英 globular form) 独 女 球状

kugelhof [クーゲルホフ] 独 男 ⇒ kouglof

Kugelhopf [クーゲルホップフ] (仏 koug〈e〉lof〈f〉, 英 ring cake) 独 男 クグロフ．土地，時代によりさまざまな綴りがある．オーストリアが発祥の地とされる．王冠をねじったような形の発酵菓子

Kühlhaus [キュールハオス] (仏 entrepôt frigorifique, 英 cold store, cool store) 独 中 冷蔵室 = Kühlraum

Kühlplatte [キュールプラッテ] (仏 table froide, 英 cold table) 独 女 コールドテーブル

Kühlraum [キュールラオム] 独 男 冷蔵室

= Kühlhaus

Kühlschrank［キュールシュランク］(㊐ armoire frigorifique, frigidaire, réfrigérateur, ㊧refrigerator)㊙㊚ 冷蔵庫

Kühlung［キュールング］(㊐refroidissement, ㊧cooling)㊙㊛ 冷却

kuign aman(n)［クーイニャマン］㊙㊚ ⇒ kouing-aman

kulinarisch［クリナーリシュ］(㊐culinaire, ㊧culinary)㊙㊙ 料理の

Kulör［クレール］㊙㊛ ⇒ Couleur

Kümmel［キュンメル］(㊐carvi, ㊧caraway〈seed〉)㊙㊚ キャラウェイ, キャラウェイシード, 姫ういきょう

kummel［キュメル］(㊙Kümmellikör, ㊧kümmel)㊙㊚ キュンメル酒. キャラウェイ, クミン, アニス風味の無色透明な甘い薬草系リキュール. 主にオランダ産

kumquat［クムクワト］(㊙Kumquat, Zwergorange, ㊧kumquat)㊙㊚〔植〕ミカン科. 金柑の実. 原産は中国. 生食するか砂糖漬け, ジャムなどにして菓子に用いる

Kunde［クンデ］(㊐client, ㊧customer)㊙㊚ 客

künstliche Essenz［キュンストリッヒェ エセンツ］(㊐arome artificiel, parfum artificiel)㊙㊛ 人工香料

Kunstspeiseeis［クンストシュパイゼアイス］(㊐glace artificielle, ㊧lactic ice)㊙㊥ 卵, 生鮮果実や果実加工品, 生クリーム, 牛乳などを使わない氷菓

Kupferkessel［クップファーケッセル］(㊐bassine hémisphérique, ㊧cooper bowl, mixing bowl)㊙㊚ 大鍋

Kürbis［キュルビス］(㊐citrouille, potiron, ㊧pumpkin, squash)㊙㊚〔植〕かぼちゃ

L

label ［ラベル］[仏][男] 品質保証票（産地，生産条件など）

label rouge ［ラベル ルージュ］[仏][男] 赤ラベル．フランス農業省による農産物食品の保護法に基づく（1960年設定）優良品質保証票．小麦粉，パン，野菜，果物，プロヴァンス地方の香草，蜂蜜，卵，家禽，海産物，乳製品，肉類，ハム類，加工食品を対象とする．INAOが管理⇒I.N.A.O.

Labor ［ラボール］[独][中] 工場（小），作業場，調理場⇒Küche

laboratoire ［ラボラトワール］（[独]Labor，[英]laboratory）[仏][男] ❶物事を入念に準備，仕上げる場．工房，調理場 ❷実験室，研究室

Lacam, Pierre ［ラカン，ピエール］[仏][固][男] ピエール・ラカン（1836-1902）．パティシエ．料理技術史家．数多くのプティフールや菓子，特にムラングイタリエンヌを使ったアントルメを製作し，マセナ（⇒masséna）は特に有名．著書に『新しいフランスおよび外国の菓子・氷菓Nouveau pâtissier-glacier français et étranger』（1865），『菓子の歴史地理的覚書Mémorial historique et géographique de la pâtisserie』（1890）などがある

lacté, *e* ［ラクテ］（[独]milchig，[英]milky）[仏][形] 乳の，乳を含んだ／chocolat 〜 ミルクチョコレート／blanc 〜 乳白色

lactose ［ラクトーズ］（[独]Laktose，[英]lactose）[仏][男] 乳糖．ラクトース．乳汁に含まれている糖⇒［付録］les matières édulcorantes

lactosérum ［ラクトセロム］[仏][男] 乳清．凝乳の脱水時に出る水分＝eau de lait

lady finger ［レイディ フィンガー］（[仏]biscuit à la cuillère，[独]Biskotte, Löffelbiskuit）[英][名] ビスキュイ・ア・ラ・キュイエール，レディ・フィンガービスケット＝lady's finger

lady's finger ［レイディズ フィンガー］[英][名] ⇒lady finger

Lager ［ラーガー］（[仏]provision, réserve，[英]preservation, storing）[独][中] 貯蔵⇒Stapel

lagern ［ラーゲルン］（[仏]entreposer, stocker，[英]store, warehouse）[独][他] 貯蔵する⇒horten, speichern, stapeln

Lagerung ［ラーゲルング］（[仏]entreposage, magasinage, stockage，[英]storage, storing, warehousing）[独][女] 貯蔵，在庫

laguiole ［ライヨール］[仏][男] ルエルグ地方の牛乳のAOPチーズ．セミハードタイプ．円筒状．直径約40㎝，高さ30〜40㎝，重さ30〜50kg．生産方法，型・大きさはカンタルチーズとほぼ同じ⇒gâtis

laisser ［レセ］[仏][他] ❶させておく ❷（ある状態の）ままにしておく／〜 reposer（生地などを）休ませておく ❸残しておく

lait ［レ］（[独]Milch，[英]milk）[仏][男] ❶牛乳，ミルク．（1ℓにつき）水分（約900g），脂質（約35g），乳糖（約50g），たんぱく質類（約35g），ミネラル（約9g），各種ビタミンを含む．100g当たり約65㎉⇒囲み［lait］ ❷哺乳動物の搾乳，乳／〜 de chèvre 山羊乳 ❸（乳のような）白さ，乳白色 ❹乳状の液体⇒lait battu, lait caillé, lait d'amandes, lait de beurre, lait de coco, lait fermenté

laitage ［レタージュ］[仏][男] 乳類，乳製品（バター，生クリームなど）（[独]Milcherzeugnisse, Molkereiprodukt，[英]dairy product）

lait battu ［レ バテュ］[仏][男] ❶バターミルク．少し酸味がある白い液体⇒babeurre ❷フランス北部のデザート．大麦を牛乳で煮たもの⇒botermelk

lait caillé ［レ カイエ］[仏][男] 凝乳．地方料理に使用される⇒caillé

lait

lait allégé［レ アレジェ］(⑨fettarme Milch, ⑧low fat milk)　ローファット牛乳, 低脂肪牛乳. 乳脂肪分1ℓ当たり18〜20g＝lait demi-écrémé

lait concentré［レ コンサントレ］(⑨Kondensmilch, ⑧evaporated milk)　練乳（無糖), エバミルク. 牛乳を加熱殺菌し, 煮詰めて濃縮してから缶に詰め, さらに加熱殺菌する

lait concentré sucré［レ コンサントレ スュクレ］(⑨Kondensmilch, ⑧condensed milk)　加糖練乳, コンデンスミルク. 牛乳に70％の砂糖を加えて煮詰め, 冷却後に缶やチューブに詰める

lait cru［レ クリュ］　生乳, 原乳. 乳脂肪分は1ℓ当たり30〜50g. 殺菌処理をしていない

lait cuit［レ キュイ］(⑧clotted cream)　クロテッドクリーム. 室温で凝固させ, ゆっくり煮詰めた牛乳. そば粉のクレープ, スコーンなどに添える＝crème caillée

lait demi-écrémé［レ ドゥミ エクレメ］　低脂肪牛乳＝lait allégé

lait écrémé［レ エクレメ］(⑨Margermilch, ⑧separated milk, skimmed milk)　脱脂乳, スキムミルク. 牛乳から乳脂肪分を取り除いた液状のものと, さらに水分を除去し粉末状にしたものがある／〜 en poudre　脱脂粉乳

lait en poudre［レ アン プードル］(⑨Milchpuder, Trockenmilch, ⑧dry milk, powdered milk)　粉乳, 粉ミルク＝poudre de lait　／〜 sucré　加糖粉乳

lait entier［レ アンティエ］(⑨Vollmilch, ⑧whole milk)　全脂乳／〜 en poudre　全脂粉乳

lait frais pasteurisé［レ フレ パストゥリゼ］　低温殺菌牛乳. 72℃で20秒間殺菌

lait pasteurisé［レ パストゥリゼ］(⑨pasteurisierte Milch, Pastmilch, ⑧pasteurized milk)　低温殺菌牛乳＝lait frais pasteurisé, lait pasteurisé conditionné, lait pasteurisé de haute qualité

lait pasteurisé conditionné［レ パストゥリゼ コンディスィヨネ］　低温殺菌調整牛乳. 販売期限付き. 瓶またはカートン入り→pasteurisation

lait pasteurisé de haute qualité［レ パストゥリゼ ド オート カリテ］(⑨pasteurisierte Milch, ⑧pasteurized milk)　高品質低温殺菌牛乳. 高品質の生乳からつくり, 生乳に近い風味を維持

lait pasteurisé en vrac［レ パストゥリゼ アン ヴラック］　量り売り低温殺菌牛乳

lait sec［レ セック］(⑨Milchpuder, Trockenmilch, ⑧powdered milk)　粉乳＝lait en poudre

lait stérilisé aromatisé［レ ステリリゼ アロマティゼ］　香料入り滅菌牛乳. 滅菌前に香料（コーヒー, チョコレート, ヴァニラなど）を加えた加糖乳

lait stérilisé homogénéisé［レ ステリリゼ オモジェネイゼ］　調整ホモ牛乳. 均質化し, 調整して瓶詰めされた後, 120℃で20分間殺菌し完全滅菌. 開封前は, 常温, 暗所で数か月保存可→homogénéisation, stérilisation

lait U.H.T.［レ ユ アシュテ］(＝lait ultra haute température)　高温滅菌牛乳, ロングライフ牛乳. 140〜150℃で殺菌. 開封前は, 常温, 暗所で数か月保存可＝lait upérisé→U.H.T.

lait upérisé［レ ユペリゼ］　ロングライフ牛乳＝lait U.H.T.

lait d'amandes [レダマンド] (仏)(男) ❶アーモンドミルク. すりつぶしたアーモンドから絞りとった白乳色の液体. 香ばしく美味なため, ブランマンジェをはじめいろいろな菓子に使われる ❷ 〔パティスリー〕アーモンド入り生地, 卵, 砂糖でつくった円形の菓子. 焼成後, 杏(あん)ジャムを塗り, パート・ダマンドでおおい, グラセして, 薄切りアーモンドを周囲につける

lait de beurre [レドブール] (独Molkereimilch, 英butter milk) (仏)(男) 酪漿(らくしょう), バターミルク → babeurre

lait de coco [レドココ] (独Kokosmilch, 英coconut milk) (仏)(男) ココナッツミルク. ココナッツの核内部の固形胚乳を削り, 水と一緒に煮て裏漉しした液体. 缶詰で販売. タイ料理をはじめ東南アジア料理に多用 → noix de coco

lait de poule [レドプール] (独Eierflip, 英eggnog) (仏)(男) エッグノッグ. 卵黄, 砂糖, 牛乳, 生クリームをよくかき立てて混ぜ合わせた, 温かい強壮飲料. ナツメグ, シナモンで香りをつけ, 伝統的にブランデー, ウィスキーなどを加える. 冬期, 特にクリスマスに飲用する. オレンジの花水で香りをつけることもある. 冷やしてもよい

laiterie [レトリ] (仏)(女) ❶乳製品加工場, バター製造所 ❷乳製品販売店 (独Milchladen, 英dairy) → crémerie ❸酪農業, 乳製品加工業 (独Molkerei, 英dairy)

laiteux, se [レトゥ, トゥーズ] (独milchartig, 英milky) (仏)(形) 乳のような, 乳白色の

lait fermenté [レフェルマンテ] (仏)(男) 発酵乳. ケフィールなど → képhir

lait glacé [レグラセ] (仏)(男) 〔氷菓〕牛乳, ヴァニラ, 砂糖, 生クリームを混ぜ, 回転凍結させて半凍結状態にし, コップに入れて上部をシャンティイでおおった飲み物

laiton [レトン] (独Messing, 英brass) (仏)(男) 真鍮

lakhana [ラカナ] (仏)(男) 中近東の菓子. クナファの一種. フレッシュチーズと糸状の生地を交互に重ね, 渦巻き状にしたもの → kounafa

Lakritze [ラクリッツェ] (仏 réglisse, 英 liquorice) (独)(女) 甘草

Laktose [ラクトーゼ] (独)(女) → Milchzucker

lambig [ランビグ] (仏)(男) ブルターニュ地方のシードルの蒸留酒. ノルマンディ地方産はカルヴァドス = fine Bretagne → calvados

lame [ラム] (仏)(女) ❶ (包丁の) 刃 (独Klinge, 英blade) ❷ (ビスキュイやパンなどの) 薄切り, スライス (独Scheibe, Slice, 英fine slice)

lamelle [ラメル] (独Lamelle, 英lamella) (仏)(女) 小さい薄切り / 6 ～s de zeste 薄く切った(レモンなどの)表皮6片

laminage [ラミナージュ] (仏)(男) (生地を)薄くのばすこと

lamination [ラミネイション] (独Laminierung, 仏tourage) 英(名) フイユタージュをつくる際の, 生地にバターを数回包み折りたたむ作業

laminer [ラミネ] (独ausrollen, 英roll out) (仏)(他) (上から押して)薄くのばす, 圧延機で生地をのばす

laminoir [ラミヌワール] (独Teigausrollmaschine, 英roller, rolling-mill) (仏)(男) 圧延機, パイローラー. 生地をのばす機械

lampe [ランプ] (独Lampe, 英lamp) (仏)(女) ランプ /～ à alcool アルコールランプ /～ infrarouge 赤外線白色ランプ /～ à sucre アメ細工用ランプ付きスタンド

lancer [ランセ] (仏)(他) (ボウルの中に) …を入れる

landimolle [ランディモール] (仏)(女) 〔地方菓子〕ピカルディ地方のクレープ. バター, クリームをたっぷり使い, アルコールで風味づけする. シャンパーニュ地方ではタンティモル (→ tantimolle) という. 聖燭祭, カーニヴァルに焼かれる

lang [ラング] ((仏) 英long) (独)(形) 長い

langue de chat [ラング ド シャ] (仏)(女) 〔プティフールセック〕ラング・ド・シャ. バター,

砂糖, 小麦粉, ヴァニラを合わせた種 (シガレット生地) を薄く平らに, 丸みを帯びた長方形 (舌の形) に焼いたもの. 繊細でくずれやすい. アイスクリーム, アントルメ, シャンパンなどに添える.「猫の舌」という意味 → petit four sec

Languedoc [ラングドック] (仏)(固)(男) ラングドック地方. フランス南西部の地方名. 肥沃で産物が多い. 菓子では, 柑橘類の香りがついたブリオッシュ, ビスキュイ, オリーヴ油で揚げたオレイエット, 豚の油脂を使ったレモン風味の, ベジィエールのフガスなどがあり, 中でも糖菓ではレグリス, さまざまな香りのアメ, トゥールーズのすみれの砂糖漬け, ニームやユゼスのクロカン, カステルノダリのアレリュイア, ペズナのベルランゴ, アルビのジャンブレット, モンペリエのマロングラッセなどが銘菓

lanière [ラニエール] ((英)strap) (仏)(女) 細長いひも / découper en 〜 細長いひも状に切る

laps de temps [ラプス ド タン] ((独)Zeitspann, (英)space of time)(男) 期間

lardon [ラルドン] (仏)(男) ❶赤身の肉に刺し込む小さく細長く切った脂身 ❷細切りのベーコン

lardy cake [ラーディ ケイク] (英)(名) ラード, スパイス, 各種のドライフルーツを, のばした生地の上に広げ, 数回折って焼いた菓子. プラムケーキ. ジンジャーブレッドとともに定期市の主要製品であった / Oxford 〜 生地を長方形にのばし, ラード, 粗糖, スパイスを塗り, 2つ折りにし, 再び同じ作業を繰り返し, 30×15cmに切り分けて卵を塗って焼く / Gloucester 〜 長方形にのばした生地にラード, スパイス, 粗糖, レーズン (サルタナ種とカランツ種) を混ぜて塗り, 2つ折りを2度繰り返して巻きあげ, 小口から切り, 切り口を下にして焼いたもの → Wiltshire lardy cake

large [ラルジュ] ((独)breit, (英)broad, wide)(仏)(形) 幅の広い, 大きい ‖ large ((独)Breite, (英)breadth)(男) 幅, 横

largeur [ラルジュール] ((独)Breite, (英)breadth, width)(仏)(女) 幅, 横

larme [ラルム](仏)(女) ❶(液体の)少量, ほんの少し ❷涙

latte [ラット](仏)(男) カフェラテ. イタリアのエスプレッソ風味の熱い牛乳飲料. 2タイプの牛乳 (熱したもの, 泡立てたもの) を使いグラスで供す. 作り方は明確に規定されている. 厚手のグラスにまず熱い牛乳, 次に泡立てた牛乳, 最後にエスプレッソを注ぎ, 泡立てた牛乳でおおい, チョコレートの小片を散らし, カラメルがけをし, ココアを振りかけ, シナモンなどスパイスを振る → café viennois, cappuccino

Lauch [ラオホ](独)(男) ねぎ → Porree

laurel (英)(名) → bay leaf

laurier [ロリエ] ((独)Lorbeer, (英)bay, laurel)(男) ❶(植)クスノキ科, ローリエ, 月桂樹. 原産は地中海沿岸. 葉は香り高くブーケガルニに必ず束ねられる / feuille de 〜 月桂樹の葉, ベイリーフ ❷(複) 栄誉, 名誉

Läuterzucker [ロイターツッカー](独)(男) 水に溶いて灰汁(あく)を取り除いた糖液. 28〜30°B (ボーメ) の濃度に保つことが大切で, 水分が蒸発しないようにしておけば保存しておいても糖化することがない

lauwarm [ラオヴァルム] ((仏)tiède, (英)lukewarm, tepid)(独)(形) ぬるい

lavande [ラヴァンド] ((独)Lavendel, (英)lavender)(仏)(女) 〔植〕シソ科. ラヴェンダー. 地中海地方の香草. 花は青紫で非常に香りが強い. 生花または乾燥させて, ジャム, ジュレ, シャーベット, リキュール, ワイン, お茶, チョコレートの香りづけに使われるが, 香りが強いため, 使用量に注意が必要. 鎮痛, 精神安定, 防虫効果もある

laver [ラヴェ](仏)(他) ❶(水で汚れを)洗い落とす, 洗う ((独)waschen, (英)wash) ❷(糖液を煮詰める時) 鍋の周囲についた砂糖を, 刷毛に水を含ませて洗い落としたり, レードルで泡をすくいとる

lay［レイ］(［仏］coucher, poser, ［独］legen) ［英］［他］ 置く, 並べる, 横にする／～ out 広げる, 整える

layer［レイヤー］(［仏］couche, ［独］Schicht) ［英］［名］(いくつか重なっている層の) 1段, 1つの層

layer cake［レイヤー ケイク］［英］［名］ レイヤーケーキ. ビスキュイなどを2～3段に切り, 間にクリーム類を挟んだケーキ

layer gâteau［レイヤー ガトウ］［米］［名］ ビスキュイ, ジェノワーズを数段に切り分け, あるいは香りの違う薄切りを重ね, 間にクリーム類を挟んだデコレーションケーキ

leaven［レヴン］［英］［名］ ❶パン種 (［仏］levain, ［独］Backhefe) ❷ (パン種として用いるために取り分けておいた) 発酵生地 (［仏］levain-chef, ［独］Hafeteig) ❸ベーキングパウダー (［仏］levure chimique, ［独］Backpulver) ‖ leaven［他］ (パン種を入れて) 発酵させる, 膨らませる

Lebensmittel［レーベンスミッテル］(［仏］denrée alimentaire, produit alimentaire, ［英］articles of food, food 〈products〉) ［独］［複］ 食料品⇒Nahrungsmittel

Lebensmittelfarbe［レーベンスミッテルファルベ］［独］［女］ (食品用の) 色素⇒Farbstoff, Lebensmittelfarbstoff

Lebensmittelfarbstoff［レーベンスミッテルファルプシュトッフ］［独］［男］ (食品用) 色素⇒Farbstoff, Lebensmittelfarbe

Lebkuchen［レープクーヘン］［独］［男］ 蜂蜜, 小麦粉, ライ麦などを混ぜ合わせてつくる古典的なフールセック. 生地は, 蜂蜜だけでつくるホーニッヒクーヘンタイク (Honigkuchenteig) と, 砂糖, 水アメ, 人工蜜などを使ってつくるレープクーヘンタイク (Lebkuchenteig) がある. レープクーヘンやホーニッヒクーヘンはドイツのクリスマスの菓子で, 各種スパイスを入れて3～4か月位前から生地を仕込んでつくる. Lebkuchen という名は, ラテン語のリーブム (Libum) に由来するとも, レーベンスクーヘン (Lebenskuchen「生命の菓子」という意味) から転じたともいわれている

lebkuchen［レープクーヘン］［仏］［男］〔地方菓子〕レープクーヘン. クリスマスの時期に焼くアルザス地方のパンデピスの一種. 小麦粉, 蜂蜜, 砂糖, オレンジやレモンの皮や砂糖漬け果物, 卵, シナモン, イーストを均質に混ぜ, 1㎝厚さにのばして焼く. 焼きあがったら切り分けて, 粉糖をキルシュと少量の水で溶いたもので表面をグラサージュして棒状に切り分ける. 12月6日の聖ニコラの日には聖ニコラの像, 塩樽に入った3人の子どもたちをかたどったパンデピスが代父や代母から子どもたちに与えられる. または, パンデピスに紙製の聖ニコラの像をアラビアゴムで張りつける

lèche［レーシュ］(［独］dünn Schneiden, ［英］thin slice) ［仏］［女］ (パンやハムの) 非常に薄い薄切り

lécithine［レスィティヌ］(［独］Lezithin, ［英］lecithin) ［仏］［女］ レシチン. 脳髄, 卵黄, 植物種子に含まれるリン脂質. チョコレートの粘度の調節, 酸化防止剤に使われる

Leckerei［レッケライ］［独］［女］ 美味, 甘いもの

Leckerli¹［レケルリ］［仏］［男］〔地方菓子〕レケルリ, バーゼラー・レッカリー. スイス, バーゼル市の銘菓, パンデピスの一種. 上面を砂糖がけした, 茶褐色で厚みがない四角形. 蜂蜜, 砂糖, 粒状のアーモンド, スパイス (シナモン, ナツメグ, 丁字), セドラとオレンジピール, 小麦粉, 重曹でつくった生地を0.5～1㎝の厚さにのばして焼き, 上面に粉糖と, キルシュやレモン果汁で溶いたグラス・ア・ローまたはグラスロワイヤル, 糖液を塗って四角形に切り分ける＝lecrelet

Leckerli²［レッカーリ］［独］［中］⇒Baseler Leckerli

lecrelet［レクルレ］［仏］［男］⇒Leckerli¹

leeren［レーレン］(［仏］vider, ［英］empty) ［独］［他］ 空にする

Leergewicht［レールゲヴィヒト］(［仏］［英］

tare)[独][中] 風袋

legen ［レーゲン］（[仏]foncer, ranger, [英]arrange, line）[独][他] ❶（天パンに）並べる ❷（生地を）敷く

lég*er*, *ère* ［レジェ，ジェール］[仏][形] ❶（生地の状態が）軽い，ふんわりした（[独]leicht, [英]light） ❷（シロップの濃度が）低い，薄い（[独]dünn, schwach, [英]weak） ❸（厚さが）薄い（[独]dünn, [英]slight） ❹わずかな

légèrement ［レジェールマン］（[独]leicht, [英]lightly, slightly）[仏][副] 軽く，少し，わずかばかり

légèreté ［レジェルテ］（[独]Leichtigkeit, [英]lightness）[仏][女] 軽さ

légume ［レギュム］[仏][男] 野菜．古くからパティスリーやデザートに使われる野菜としてにんじん，不断草，かぼちゃ，さつまいも，トマト，ルバーブなどがある⇒bette, carotte, courge, patate douce, rhubarbe, tomate

légumier ［レギュミエ］[仏][男] レギュミエ．付け合わせの野菜料理を入れる蓋付きの金属製の深皿⇒timbale

Lehrjunge, Lehrmädchen ［レールユンゲ，レーアメートヒェン］（[仏]apprenti, stagiaire, [英]apprentice student）[独][男][女] 見習生，実習生

Lehrling ［レールリング］（[仏]apprentissage, stage, [英]apprentice）[独][男] 実習，研修，見習い

leicht ［ライヒト］（[仏]léger, [英]light）[独][形] 軽い

Leichtmasse ［ライヒトマッセ］[独][女] 軽い生地，軽いスポンジ生地

Leipziger Lerchen ［ライプツィガー レルヒェン］[独][女][複] フイユタージュを敷き込んだ小さな型に，フランボワーズかすぐりのジャムを少量絞り，マカロン種を盛りつけて焼いた菓子

lemon cake ［レムン ケイク］[英][名] レモンケーキ．ケーク生地に刻んだレモンの皮を入れて焼いたもの．パウンドケーキの一種⇒cake²

lemon curd ［レムン カード］[英][名] レモンカード．レモン果汁に砂糖，卵黄，バターを混ぜ火を通したもの．瓶に入れて保存可．タルトレットなどの詰め物に用いる．オレンジ，ライムの果汁を使ったものもある⇒curd

lendemain ［ランドマン］[仏][男] 翌日

Le Négus ［ル ネギュス］[仏][男]⇒Négus

Lenôtre, Gaston ［ルノートル，ガストン］[仏][固][男] ガストン・ルノートル（1920-2009）．フランスのパティシエ，トレトゥール，レストラン経営者．1945年，パティシエとして出発，1960年，パリでケータリングを始め，パリの大がかりなパーティを手がけ，この分野の改革を行なう．パティスリー分野では菓子をより軽くすることに努め，特にミロワール，バヴァロワ，季節の菓子の領域を広げた．事業家として，多くのブティック「ルノートル」，製菓学校，高級レストラン「プレ・カトラン」，「パヴィヨン・エリゼ」を経営．多くの人材を育てる．著作としては『ルノートル 新しいフランス菓子 Faites votre pâtisserie comme Lenôtre』（1975），『フランスの伝統的なデザート Desserts traditionnels de France』（1992）ほか多数ある⇒miroir, traiteur

lentil ［レンティル］（[仏]lentille, [独]Hülsenfrucht, Linsen）[英][名] ひら豆，レンズ豆．敷き込んだ生地を空焼きする時，生地が持ちあがらないようにこれを入れて焼く

lentille ［ランティーユ］（[独]Linsen, [英]lentil）[仏][女] ❶レンズ豆／～s pour le moule 敷き込んだ生地を空焼きする時，生地が浮きあがらないように重しとして型に入れる豆．乾燥いんげん豆，杏（あんず），桃の種も同様に使う⇒haricot sec ❷レンズ

Leszczynski, Stanislas ［レシチンスキ，スタニスラス］[仏][固][男] 仏名通称スタニスラス．ポーランド王スタニスラス1世（1677-1766）．1704年，追放された後，1733年，再び王位に就く．後にフランス東部ロレーヌ公国王（1737-1766）となる．ルイ15世妃の父．

美食家で知られ, ババなどを着想し, またナンシーを美化した⇒baba, bouchée à la reine, madeleine[1]

letchée [レトシェ] [仏] [男] ⇒litchi

letchi [レトシ] [仏] [男] ⇒litchi

levain [ルヴァン] ([独]Ansatz, [英]ferment, leaven, sourdough) [仏] [男] ルヴァン種 ❶パン種, 発酵種, 種酵母, 中種. 粉と水を混ぜ合わせ発酵させたもの. 酸味がある. 発酵生地製作時に, 生地の発酵をうながすために入れる／～ chef スターター, 初種. 次回のパン製作のパン種として発酵生地から一部取り分けたもの. 冷凍, 乾燥保存可／pain au ～ 自然発酵パン

種類	形状
levain naturel ルヴァンナチュレル	自然発酵パン種, サワードゥ. サワー種. 発酵生物を一切加えずに, 小麦粉またはライ麦粉と水を混ぜ, 自然発酵させたたパン種. 適度な酸味がある
levain levure ルヴァンルヴュール	イーストに適量の水を加えて3～5時間発酵させた種
levain mixte ルヴァンミクスト	発酵させた生地から一部取り分けたものに, さらにイーストを加えて用いる
poolis(c)h ポーリッシュ	小麦粉, 水, イーストを混ぜ, 発酵させた半流動状. 液種, 水種⇒poolis(c)h

❷野生(自然)酵母, 酵母菌 ❸(＝～ de bière) ビール酵母, 酒母 ❹(憎しみ, 不和などの)種

lever [ルヴェ] ([独]aufgehen, [英]raise) [仏] [自] (発酵生地が) 発酵して膨らむ ‖ [他] ❶(全体から)一部をとる ❷上げる, 起こす

levure [ルヴュール] [仏] [女] ❶イースト, 酵母, 酵母菌([独]Hafe, [英]yeast)／～ de boulanger 生イースト, パン酵母／～ de bière ビール酵母／～ sèche de boulanger ドライイースト／～ sauvage 空気中に存在する発酵微生物, 自然発酵母 ❷(＝～ alsacienne／～ chimique／～ en poudre) ベーキングパウダー([独]Backpulver, [英]baking powder)＝poudre à lever, poudre levante

Lezithin [レツィティーン] ([仏]lécithine, [英]lecithin) [独] [中] レシチン

liaison [リエゾン] [仏] [女] ❶(ソースなどに, 卵黄, 生クリーム, 小麦粉, 澱粉などで) とろみをつけること ❷つなぎ. 小麦粉, 卵黄, ルーなど

liant, *e* [リアン, リアント] ([独]elastisch, flexibel, [英]flexible) [仏] [形] 弾力性のある ‖ liant [男] ❶弾力性 ([独]Flexibilität, [英]flexibility) ❷つなぎ

libre-service [リーブル セルヴィス] ([独]Selbstbedienung, [英]self-service) [仏] [男] セルフサーヴィス. 目前に並んだ料理, 飲み物の中から各自が選んで盆にのせる方式／demi-～ 冷菜 (オードヴル, チーズ, デザート, 飲み物)は各自が選び, 温菜は注文する方式

lichtdurchlässig [リヒトドゥルヒレッスィヒ] [独] [形] 半透明の

Liebesknochen [リーベスクノッヘン] [独] [男] エクレール, エクレア⇒Blitzkuchen

liège [リエージュ] ([独]Kork, [英]cork) [仏] [男] コルク

Liège waffle [リエージュ ウォフル] [英] [名] リエージュワッフル

liegen [リーゲン] [独] [自] 横たわっている, ある, 位置している

liégeois, *e* [リエジュワ, ジュワーズ] [仏] [形] ベルギー, リエージュの, リエージュ風の ⇒café liégeois

Liegnitzer Bombe [リーグニッツァー ボンベ] [独] [女] レープクーヘンタイク (Lebkuchenteig) を薄くのばし, マジパンローマッセ (⇒Marzipanrohmasse), フランボワーズ, クリーム, 卵白を混ぜたものを塗って細い棒状に巻く. これを適当な幅に切って焼き, 冷ましてからチョコレートで被覆する

lier [リエ] [仏] [他] ❶(クリーム, ソース, アパレーユに, 小麦粉, 澱粉, 卵黄などで) とろみ

をつける（独binden, 英thicken）❷（細ひもで）結ぶ, 束ねる ‖ se ～ 代動 （ソース, アパレーユに）とろみがつく

lierre [リエール]（独Efeu, 英ivy）仏男〔植〕木蔦(きづた)

lieu [リュー]（独Platz, 英place）仏男 場所／ en dernier ～ 最後に

Likör [リケール]（仏liqueur, 英liqueur, liquor）独男 リキュール

Likörpralinen [リケールプラリーネン] 独女複 リキュールボンボン→Weinbrandbohnen

lime [リム]（独Limette, Limonette, lime）仏女〔植〕ミカン科. ライムの実. 原産はインド. 柑橘類. 緑色の球形で, 香りが高く酸味が強い = citron vert→limette

Limette [リメッテ]（仏lime）独女 ライム→Limonette

limette [リメット]（独Limette, 英sweet lime）仏女 ミカン科. スイートライム. 実は熟すと青味がかった黄色になる. 内皮は厚さ5mm, 果肉は緑色を帯び甘い. インドでジュースとしてよく飲まれる. ライムと混同されるが別種である = citron doux, lime douce, lime méditerranéenne→lime

limonade [リモナード]仏女 ❶柑橘類のエキスが入った炭酸飲料, レモンスカッシュ ❷〔古〕レモネード. レモン果汁, 水, 砂糖でつくった飲み物

limonadier, ère [リモナディエ, ディエール]仏名 ❶清涼飲料水製造・販売業者 ❷カフェバー（cafetier）の経営者

Limonette [リモネッテ]独女 ライム→Limette

Limousin [リムーザン]仏固男 リムーザン地方. フランス中央の地方名. さくらんぼ, りんご, ミルティーユ, 栗, 胡桃, ヘーゼルナッツ, プラムなど, 果物の産地. この特産品を活かして, クラフティ, フロニャルド, ミルティーユのジャムと蜂蜜入り部厚いクレープのブレーグ（boulaigou）などがある

limpide [ランピッド]（独klar, 英clear）仏形 透明な, 澄んだ

limpidité [ランピディテ]（独Klarheit, 英clarity）仏女 透明, 清澄

line [ライン]（仏chemiser, foncer, 独auslegen, legen）英他 （型などの内側を生地などで）おおう, 敷き込む

Lineal [リネアール]（仏règle, 英scale）独中 物差し

linge [ランジュ]（独Küchentuch, 英linen）仏男 布巾

Linie [リーニエ]（仏ligne, 英line）独女 線

link [リンク]（仏gauche, 英left）独形 左の

Linzertorte [リンツァートルテ]独女 リンツァートルテ. オーストリアの銘菓. ウィーンとザルツブルグの中間の小さな町リンツ（Linz）に由来. クリーム状のリンツァー用生地（粉末アーモンド, 小麦粉, シナモン, レモンの皮, バター, 砂糖, 卵）を型の底に平らに絞り込み, フランボワーズのジャムを詰め, その上に同じリンツァー用の生地を格子状に絞って焼く

liquéfaction [リケファクスィヨン]仏女 （ガス, ガス状物質の）液化

liquéfier [リケフィエ]（独verflüssigen, 英liquefy）仏他 （固体, 気体を）溶かす, 液状にする

liqueur [リクール]（独Likör, 英liquor）仏女 ❶リキュール. 甘味, 芳香物をアルコールに混ぜ, 浸出させてつくった発酵させない混成酒. アルコール含有量は16～60％で, 平均は40％. 主に食後酒として, また菓子の香りづけに用いる→anisette, bénédictine, chartreuse, curaçao, Izarra, kummel, marasquin ❷果実酒, 自家製リキュール. 果実などを蒸留酒に漬け, 漉す→ratafia／～ de fraise いちご酒

liqueur de cacao [リクール ド カカオ]仏女 カカオリキュール. 透明な琥珀(こはく)色. カカオ豆を加糖したアルコール（アルコール含有量22～25％）に漬けてつくる. 軽い苦みとカカオと焙煎香が特徴→crème de cacao

liquide [リキッド]（独flüssig, 英liquid）仏

形 液状の, 流動状の ‖ liquide 男 液体, 液状のもの

liquoreux, se [リコルー, ルーズ] 仏 形 リキュールに似た味の, 甘口の／vin 〜 甘口ぶどう酒

lisse [リス] (独glatt, 英smooth) 仏 形 滑らかな, すべすべした, 平らな

lissé [リセ] 仏 男 104℃に煮詰めた糖液→ [付録] le sirop et le sucre cuit／petit 〜 103℃に煮詰めた糖液／grand 〜 107℃に煮詰めた糖液. 親指と人指し指にとると糸を引く (2〜3cm)

lisser [リセ] (独glatt streichen, 英smooth) 仏 他 ❶ (ソースやクリームを) 滑らかにする ❷ (クリームなどを塗った菓子の表面などをパレットナイフなどで) 平らに滑らかにする ❸ (リキュールボンボン, ゼリーなどの形をつける) スターチボックスのコーンスターチを平らにならす ❹ (パスティヤージュやパート・ダマンドでつくったものの表面を) 滑らかにする, 磨く

litchi [リトシ] (独Litschi, 英litchi, lychee) 仏 男 〔植〕れいし, ライチ. 原産は中国. 赤色の殻におおわれ, 身は透明で白色, 種子1つ, ビタミンCを多く含む. 生食. 缶詰もある = cerise de chine, letchée, letchi, lychee

litre [リットル] (独Liter, 英litre, liter) 仏 男 ❶リットル. 容量の単位. 略号ℓ. 1ℓ = 1000cc ❷1ℓの容器, 瓶

lival [リヴァル] 仏 男 リヴァル. 生食用黒ぶどう品種名. 丸形大粒, 黒色, 厚皮. 固い肉質. 産地はプロヴァンス地方→raisin noir

livre [リーヴル] 仏 女 リーヴル. 質量単位. 500g. 略号1

loaf [ロウフ] 英 名 ❶ (型に入れるか, ひとまとめにして焼いた) パン. 山形や丸形がある (仏pain, 独Brot) ❷パウンド型で焼いた (フルーツ, パウンド) ケーキ ‖ loaf 米 なまこ形に焼いたフルーツケーキ, パン

loaf cake [ロウフ ケイク] 米 名 (パウンド型で焼いた) パウンドケーキ／frosted orange 〜 オレンジやレモンのピール, 粉末アーモンド, オレンジジュースを加えたパウンドケーキに, オレンジジュースと粉糖でつくったグラサージュをかけたもの

loaf pan [ロウフ パン] (仏moule à cake, 独Kastenform) 米 名 パウンド型, ローフ型→bread tin

loaf tin [ロウフ ティン] (仏moule à cake, 独Kastenform) 英 名 パウンド型, ローフ型 1, 2または4ポンドの定量

local, ale [男 複 〜aux) [ロカル, コー] (独lokal, 英local, locale) 仏 形 地方の ‖ local 男 (建物内の特定の) 場所, 部屋

Locher [ロッハー] (仏rouleau pic-vite, 英docker, picker) 独 男 ピケローラー

Löcher stechen [レッヒャー シュテッヒェン] (仏piquer, 英make holes) 独 穴をあける. 生地などの浮き止めのために穴をあける

Lochtülle [ロッホテュレ] (仏douille ronde, 英hole nozzle) 独 女 丸形口金

Löffel [レッフェル] (仏cuiller, cuillère, 英spoon) 独 男 スプーン, さじ

Löffelbiskuit [レッフェルビスクヴィート] (仏biscuit à la cuiller, 英finger biscuit) 独 男 レディ・フィンガービスケット, ビスキュイ・ア・ラ・キュイエール→Biskotten

lollipop [ロリポップ] 英 名 棒の先についたキャンディ, ロリポップ

lolly [ロリ] 英 名 ロリポップ／iced 〜 棒についたアイスクリーム

long, ue [ロン, ロング] (独lang, 英long) 仏 形 長い

longane [ロンガーヌ] (独Longanbaum, 英longan) 仏 男 〔植〕竜眼. 原産はインド, 中国. 果皮は赤色, 果肉は透明で白色. 種子は黒色で, 眼球のような白点があることから中国名がついた. ライチに似るが, 香りが少し劣る

longuet [ロンゲ] 仏 男 樋型で焼く棒状の乾いたプティパン. 油脂, 砂糖が少なく, 低温で焼くため, 日持ちがよい

longueur [ロングール] (独Länge, 英

length)[仏][女] 長さ, 縦

loquat［ロカ］[仏][男]〔植〕枇杷(びわ)⇒nèfle du Japon

Lorbeer［ロルベール］([仏]laurier, [英]laurel, bay leaf) [独][男] 月桂樹, ローリエ, ベイリーフ

Lorraine［ロレーヌ］[仏][固][女] ロレーヌ地方. フランス東部の地方名. スタニスラス・レシチンスキーがナンシーを統治した頃からパティスリーが評判となる. 伝統菓子には果物のタルト（ミラベル, すもも, ぶどうやミルティーユ）が多い. 各町の銘菓としてステネのビスキュイ, ナンシーのマカロン, コメルシのマドレーヌ, その他ヴィジタンディーヌ, ノネット, アニス入りのパンなどもある. 糖菓ではベルガモット, ドラジェ, シュクル・ドルジュ, バル=ル=デュックのすぐりのジャム, ルミルモンのミルティーユのジャム, シャルムのキルシュ入りボンボン・ショコラなどが有名

losange［ロザンジュ］([独]Rhombus, [英]lozenge)[仏][男] ひし形

losanger［ロザンジェ］[仏][他] ひし形に（切り）分ける, ひし形模様をつける

löslich［レースリッヒ］([仏]dissoudre, [英]soluble)[独][形] 溶解する, 可溶性の

Lösung［レーズング］([仏][英]solution) [独][女] 溶解, 溶液

lotus［ロテュス］([独]Lotos, [英]lotus) [仏][男]〔植〕スイレン科. 蓮. 原産はインド. 種子, 根茎, 葉を食す

louche［ルーシュ］([独]Schöpflöffel, [英]ladle) [仏][女] レードル. ソースやクリームを取り分ける柄(え)の長い杓子

loukoum［ルークーム］([独]Lokum, [英]Turkish delight) [仏][男] トルコの糖菓, ルクム, ターキッシュ・ディライト. 水に砂糖, 水アメ, コーンスターチを加え熱し, 型に流し入れ, 2〜3日放置して固める. アーモンド, ピスタチオ, 松の実, ヘーゼルナッツなどを入れることもある. 柔軟性があり大変甘い. 大きな方形に切って粉糖をまぶす.「喉の休息」という意味

low tea［ロウ ティー］[英][名]⇒afternoon tea, high tea

Lübecker［リューベッカー］[独][形] リューベック風. リューベックはマジパン（パート・ダマンド）発祥の地ともいわれ, マジパンを使った菓子にこの語が冠せられる

Lübecker Marzipan［リューベッカー マルツィパーン］[独][男] レリーフ状の型で押して模様をつけたマジパン(パート・ダマンド)菓子. ケーニッヒスベルガー・コンフェクト(⇒Königsberger Konfekt) とは対照的に, 表面は焦がさない. 円形やハートの形に仕上げることが多いが, その場合は, 縁まわりをピンセットでつまんで模様をつける

luire［リュイール］([独]glänzen, [英]shine) [仏][自] 光る, 輝く

Lukullkrem［ルクルクレーム］[独][女] バタークリームの一種. フレッシュバター以外の油脂が使われている

lumière［リュミエール］([独]Licht, [英]light) [仏][女] 光, 昼光, 日光／à l'abri de la 〜 日光の当らないところで

lump sugar［ランプ シュガー］([仏]sucre en morceau, [独]Würfelzucker) [英][名] 角砂糖

lumpy［ランピ］([仏]grumeleux, [独]klumpig) [英][形] だまのある, ざらざらした

lunch¹［ランチ／ランシュ］[仏][男] 冷製ビュッフェを供する大規模の立食パーティ. カナッペ, プティフール, チーズ類, ハム料理, 冷製の魚・鳥料理, 果物などが供される⇒buffet, cocktail

lunch²［ランチ］[英][名] 昼食

lunette［リュネット］[仏][女] ❶〔プティフールセック〕2枚のパート・シュクレの間にすぐりのジャムを挟んだもの. 上部の生地には2か所穴をあけてあり, この穴に入らないように粉糖をかける. この2つの穴を眼鏡に見立てている⇒sablé à la confiture ❷[複] 眼鏡

lustrage［リュストラージュ］([独]Glasieren, [英]glazing)[仏][男] 艶出し, 艶を出すこと

lustré, *e*［リュストレ］([独]glasiert, [英]glazed)

(仏)(形) 艶のある, 艶出しをした
lustrer [リュストレ] ((独)glasieren, (英)glaze) (仏)(他) (ゼリーやナパージュを塗って) 艶を出す. (温かな料理に) 澄ましバターを刷毛で塗ったり, (冷たいアントルメやパティスリーに) 果物のジュレやナパージュを塗る

luxembourgeois [リュクサンブルジュワ] (仏)(男) (＝macaron〜) ルクセンブルゲルリ. クリーム, ジャム, ガナッシュなどを詰めたマカロン・リス. チューリッヒの有名な菓子店シュプリングリの特製→macaron

luxorange [リュクゾランジュ] (仏)(男) オレンジ系リキュール

Luzerner Birnenweggen [ルッツェルナー ビルネンヴェッゲン] (独)(女) ルッツェルンのクリスマス菓子. フイユタージュに, ドライフルーツ, 砂糖, シナモン, 杏(あん)などを混ぜたものを包んで焼き, 適当な大きさに切り分ける. ベッケンは今日ではパンの一種とされているが, ブロートと同様に食べ物一般を指す意味で使われている

Luzerner Pfötli [ルッツェルナー プフェトリ] (独)(中) スイスのルッツェルン市の銘菓. クッキーの一種. 粉末アーモンドを使って星口金で絞り, キルシュ入りのガナッシュを挟んだもの

lychee [リシ] (仏)(男) →litchi

Lyonnais [リヨネ] (仏)(固)(男) リヨネ地方. フランス中央部の地方名. 洗練された料理がある一方, 田舎風なものも多く, 非常に豊かな食生活がある. カーニヴァルのビューニュ, 厚いクレープのマタファン, 横長の大きなブリオッシュのラディス (radisse), 苺と生クリームが詰まったヴァシュラン, アーモンド入りリヨン風タルト, ブシェ・(オ・)ショコラ, マロングラッセ, アカシアのベニエなどが銘菓. その他, 名店も多い

lyophilisation [リョフィリザスィヨン] ((独)Gefriertrocknen, (英)freeze-drying, lyophilization) (仏)(女) (真空) 凍結乾燥法, フリーズドライ. 低温・低圧で水分を昇華させる方法. 食料品などの保存に利用する. コーヒー, 苺, フランボワーズ, 卵などで用いられる

lyophiliser [リオフィリゼ] ((独)gefriertrocknen, (英)freeze-dry) (仏)(女) 果物, 野菜などを凍結乾燥する

macaron[マカロン](独Makrone, 英macaroon)(仏)[男]〔プティフールセック〕マカロン．粉末アーモンド，砂糖，卵白を混ぜ（→ pâte à macarons），紙の上に小さく丸く絞り出してオーヴンで焼く．表面はかりっとして，中心は湿り気がある．原形は8世紀に遡り，ヴェネツィアの修道院の「修道僧のへそ」（輪状）の形をした「マカローネ」（「上質な生地」という意味）で，フランスにはルネッサンス時代に伝わるといわれているが，781年にはロワール地方の修道院でも同様のものが既につくられていた ❶伝統的な地方のマカロン．フランス各地方の銘菓となっているものが多い．コルメリ，ナンシー，モンマリオン，ニオール，アミアンのものが名高い ❷パリのマカロン（＝～ gerbet ／ ～ lisse）．マカロン・ジェルベ，マカロン・リス．表面は薄皮が張ったようにぱりっとし艶やかで，底辺の周囲にはピエ（足）と呼ばれる縁取りがある．内部は柔らかくしっとりとして，非常にデリケート．2個を張り合わせて1組とする．マカロン種の卵白は泡立てて加え，ヴァニラ，チョコレート，コーヒー，ピスタチオ，苺などの風味をつける．2個の間にはガナッシュ，ジャム，ゼリー，バタークリームなどを挟む．ジェルベは19世紀に考案したというパティシエの名前．当初はばらばらであったが，後に2個を張り合わせるようになる．20世紀初頭，パリの有名な菓子店ラ・デュレがガナッシュで張り合わせたマカロンを考案，販売した／ petit ～ 直径2cmの小型マカロン／ gros ～ 直径7cmの大型マカロン ❸（＝～ hollandais）オランダ風マカロン．焼成前にホイロで乾燥させてからナイフで表面を切り，ひび割れさせたマカロン →囲み[macaron]

macaronade[マカロナード](仏)[女] パート・ダマンド・クリュに卵白を混ぜ込んで柔らかくした生地．（飾りとして）菓子の上面などに絞り出し，オーヴンで軽く焼く

macaronnage[マカロナージュ](仏)[男] マカロン製作時に，粉末アーモンドとムラングを混ぜ合わせること

macaronner[マカロネ](仏)[他] 粉末アーモンドとムラングを木杓子からゆっくりと下に落ちる程度の固さに混ぜ合わせる

macaroon[マクルーン](仏macaron, 独Makrone)英[名] マカロン．卵白，砂糖，粉末アーモンドを混ぜ合わせて焼いたプティフールセック

macédoine[マセドワーヌ](仏)[女] マセドワーヌ ❶規則正しく細かなさいの目に切った野菜や果物 ❷種々の果物を細かく切って，ソースなどであえた料理，デザート／ ～ de fruits 細かく切った数種の果物をシロップであえ，キルシュ，ラム酒などのアルコールで香りをつけた冷たいデザート→ salade de fruits

macerate[マスレイト](仏macérer, 独einweichen)英[他] 漬ける，浸して柔らかくする，（果物などに）リキュール，アルコールなどを振りかけて風味を強める

macération[マセラスィヨン](独Mazeration, 英maceration)(仏)[女] ❶果物（乾燥，砂糖漬け，生）に香りをつけたり，柔らかくするためにアルコール（蒸留酒）などの液体に漬けること ❷漬け込んだ液体

macérer[マセレ](独einweichen, 英macerate)(仏)[他] 液体に漬ける，浸す，果物（乾燥，砂糖漬け，生）に風味や香りをつけたり，柔らかくするために，アルコール，リキュール，シロップ，ワイン，茶などにしばらく漬けておく ‖[自]（しばらく）漬かる，浸る

mâché, e ［マシェ］⟨仏⟩形 押しつぶされた／fruit 〜 押し跡のある果物

machen ［マッヘン］(⟨仏⟩faire, ⟨英⟩make) ⟨独⟩他 つくる

machine ［マシーヌ］⟨仏⟩⟨女⟩ 機械／〜 à chantilly 生クリーム攪拌(かくはん)機／〜 à foncer 敷き込み機

machine à café ［マシーヌ ア カフェ］⟨仏⟩⟨女⟩ コーヒーメーカー＝cafetière à filtre→cafetière

macis ［マスィ］(⟨独⟩Macis, ⟨英⟩mace) ⟨仏⟩⟨男⟩〔植〕メース．ナツメグの仮種皮を乾燥させ，粉末にしたもの→muscade

macquée ［マケ］⟨仏⟩⟨女⟩ 北フランス，ベルギーの脱脂牛乳からつくるフレッシュチーズ．チーズタルトによく使われる

mâcre ［マクル］(⟨独⟩Wassernuss, ⟨英⟩water caltrop) ⟨仏⟩⟨女⟩〔植〕ヒシ科．ひし，ひしの実．東南アジア原産の水生植物．実は澱粉が多く，栗のような味がある．栗のよう

macaron

【伝統的な地方のマカロン】

macaron d'Amiens ［マカロン ダミヤン］ ピカルディ地方アミアンの小さなガレット状のマカロン．粉末アーモンド，粉糖，卵白，蜂蜜を混ぜ合わせ，杏(あんず)のジャム，またはりんごかマルメロのジュレを加えた種を直径4cmの棒状にまとめ，厚さ1cmの小口切りにして焼く．起源は16〜17世紀といわれている

macaron de Bouray ［マカロン ド ブーレイ］ ロレーヌ地方ブーレイのマカロン．卵白，アーモンド，105℃に煮詰めた糖液を混ぜ，スプーンでかたどるのが特徴．表皮は固く，中は柔らかい

macaron de Cormery ［マカロン ド コルメリ］ 輪形のマカロンで，「世界の中心，へそ」とあだ名されている．ロワール地方コルメリの修道院で781年につくられたといわれる

macaron de Grenoble ［マカロン ド グルノーブル］ グルノーブル地方の胡桃入りマカロン

macaron de Montmarillon ［マカロン ド モンマリョン］ ポワトゥー＝シャラント地方モンマリョンのマカロン．17世紀にマリー・ド・メディシスの聴罪司祭がもたらしたといわれる．19世紀に作り方が伝えられた．オーヴンで乾燥焼きした粉末アーモンドと砂糖を卵白と混ぜて星口金のついた絞り袋で絞り出してオーヴンで焼く

macaron de Nancy ［マカロン ド ナンスィ］ ロレーヌ地方ナンシーのマカロン．別名スール・マカロン（「修道女のマカロン」という意味）．フランス革命後の1792年，2人の修道女が広めたといわれ，マカロンの底の紙に修道女の顔が印刷してある．アーモンドを砂糖と共に粉砕し，卵白を少しずつ入れる．少し休ませてから，プティブレ（117℃）の糖液を加えてよく混ぜ合わせた種を紙の上に丸く絞り出し，160〜180℃のオーヴンで焼く．表面にひび割れが入っている

macaron de Nior ［マカロン ド ニョール］ ポワトゥー＝シャラント地方のアンゼリカの産地ニオールのアンゼリカ入りのマカロン．卵白と粉末アーモンドに刻んだ砂糖漬けアンゼリカを混

に, ピュレにするか, 煮てからソテして食す = châtaigne d'eau, cornes du diable → éléocharis

Madeira cake [マディアラケイク] (英)(名) 円形のケーキ型あるいはパウンド型で焼いたレモンピール入りのパウンドケーキ

Madeirawein [マデーラヴァイン] ((仏) Madère, (英)Madeira) (独)(男) マデイラワイン

madeleine[1] [マドレーヌ] (仏)(女) ❶ [パティスリー] マドレーヌ. 楕円形の貝殻の形に焼く. 卵, バター, 砂糖, 小麦粉でつくったビスキュイで, 中心部がぷっくりと膨れているのが特徴. 製法はロレーヌ地方コメルシーで長いこと秘密にされていた／～ de Commercy 名前の由来は, スタニスラス・レシチンスキーが当地に滞在中, 小間使いが即興でつくった菓子のおいしさに彼女の名を冠したとも, 1755年, 村娘がつくったこの菓子をたいそう気に入り, その名をつけた

ぜて焼く

macaron de Saint-Emilion [マカロン ド サンテミリヨン] アキテーヌ地方サンテミリオン地区のマカロン. 表面にひび割れがある. 18世紀にウルスラ会修道女がつくっていたが, 革命で追われ, 作り方を村の一家 (ブランシェ家) に託した. その手法はその家族によって守られ, 現在, 当地区の「マダム・ブランシェ」菓子店に引き継がれている

macaron de Saint-Jean-de-Luz [マカロン ド サンジャン ド リュツ] バスク地方サン=ジャン=ド=リュツのマカロン. 1660年, ルイ14世とマリー・テレーズの婚礼の時に, 地元のアダム菓子店が秘伝のマカロンを王妃に贈り大層気に入られた. マカロンを届けた女性は後日アダムの甥と結婚, アダム菓子店と秘伝の手法は現在も健在

【パリのマカロン】

macaron au chocolat [マカロン オ ショコラ] 粉末アーモンド, ココア, 粉糖の混合物と泡立てた卵白を混ぜ合わせた種を丸く絞り出して焼く. 2枚を1組とし, 間にヘーゼルナッツのガナッシュを挟む

macaron fraise [マカロン フレーズ] 苺風味のマカロン. 粉末アーモンドと粉糖の混合物に着色料 (果物のエッセンス) と泡立てた卵白を混ぜ合わせ, 丸く絞り出す. 焼き方はマカロン・ヴァニーユと同じ. 内部は柔らかい. 2枚を1組とし, 間に苺のジャムを挟む. フランボワーズのジャムを使うと, マカロン・フランボワーズ macaron framboise, カシスならマカロン・カシス macaron cassis, すぐりならマカロン・グロゼイユ macaron groseille となる

macaron glacé [マカロン グラセ] 2つのマカロンの間にシャーベットまたはアイスクリームを挟み, 冷やし固めたもの

macaron noisette [マカロン ヌワゼット] 粉末ヘーゼルナッツ, 粉糖, 泡立てた卵白を混ぜ合わせ, 丸く絞り出す. 焼き方はマカロン・ヴァニーユと同じ

macaron vanille [マカロン ヴァニーユ] マカロン・ヴァニーユ. 粉末アーモンド, 粉糖, ヴァニラと泡立てた卵白かムラングを混ぜ合わせ, 丸く絞り出す. 表面はかりっと艶やかな薄膜が張り, 内部は柔らかくもろい. 2個を1組とし, 間に好みのジャム, バタークリーム, ガナッシュなどを挟む

ともいわれている. まもなくヴェルサイユ宮廷からパリに広まった⇒Leszczynski ❷(= moule à 〜) マドレーヌ型. 貝殻型 ❸聖マドレーヌ (7月22日) の頃に熟す早生のいろいろな果樹 (実). 桃, 梨, りんご, プラムなど, 特に早生のぶどうを指す

madeleine² [マドレーヌ] 英 名 (= English-type 〜) ジェノワーズをダリオル型 (プリン型) で焼き, ジャム, またはレモンカードを塗り, ココナッツをまぶしたもの

madère [マデール] (独 Madeirawein, 英 Madeira 〈wine〉) 仏 男 マデイラワイン. 蒸留酒を添加したポルトガル領のマデール島の酒精強化ワイン. 辛口から甘口があり, アルコール含有量は17〜20% ⇒ vin viné / verre à 〜 リキュール用小型グラス

madi [マディ] 仏 男 〔植〕ひし⇒mâcre

Magermilch [マーガーミルヒ] (仏 lait écrémé, 英 skim milk) 独 女 脱脂乳, スキムミルク

Magermilchpulver [マーガーミルヒプルファー] (仏 lait écrémé en poudre, 英 skim milk powder) 独 中 脱脂粉乳, スキムミルクパウダー = Trockenmagermilch

magnolia [マニョリア] 仏 男 〔植〕木蓮. メキシコでは花または実をすりおろして, 熱いココアに飲む直前に加える

Magyfleur [マジフルール] 仏 固 男 〔商標〕マジフルール. アメ細工やチョコレート細工で使う花や葉の形をした, 型抜き用の道具

maidenhair fern [メイドンヘア ファーン] 英 名 〔植〕アジアンタム, 唐草ほうらいしだ. 原産はブラジル. 乾燥させて押し葉にして, 菓子の装飾に使用する

maid of honour [メイド オヴ オナー] 英 名 チーズのタルトレット. リッチモンドのチーズケーキに, ヘンリー8世が名付けたといわれる. 当時宮廷には, 魅力的な侍女 (maid of honour) アン・ブーリン (後にエリザベス1世の生母となる) がいた. タルトレット型にフイユタージュの2番生地を敷き, レンネット, クリーム, バター, 砂糖, 粉末アーモンド, 卵, レモン果汁を混ぜたものを詰めて焼く

Maifeier [マイファイアー] (仏 fête de Travail, 英 May Day) 独 女 メーデー

maigre [メーグル] (独 mager, 英 lean) 仏 形 ❶ (食物が) 脂肪分の少ない, 糖分の少ない ❷ やせた, ぱさぱさした

Mai-Käfer [マイ ケーファー] 独 男 マイケーファー. 黄金虫を摸したチョコレート菓子. ドイツでは5月になるとこのチョコレート菓子が店頭を飾る. Mai は「5月」, Käfer は「黄金虫」という意味

maillechort [マユショール] (独 Neusilber, 英 nickel-silver) 仏 男 洋白, 洋銀. 亜鉛, 銅, ニッケルの合金. カトラリー素材の1つ

main [マン] (独 Hand, 英 hand) 仏 女 手 / paume de la 〜 手のひら / sous la 〜 手持ちの, 手元にある (材料)

maingaux [マンゴー] 仏 男 ⇒mingaux

maintenir [マントニール] (独 erhalten, 英 hold, maintain) 仏 他 ❶保持する, 維持する ❷ (同じ位置で) 支える

Mais [マイス] (仏 maïs, 英 maize) 独 男 とうもろこし

maïs [マイス] (独 Mais, 英 Indian corn, maize, 米 corn) 仏 男 〔植〕イネ科. とうもろこし. 粒が白, 黄, 褐色と数種あり, 澱粉が多く含まれている. 原産国はメキシコ. 澱粉の質によって種別される. 新大陸 (1492年発見) からトルコ経由でヨーロッパに伝わったため, 昔は「トルコの麦」(⇒blé turc) と呼ばれていた⇒blé, maïs à grains, maïs doux, maïs pop-corn / flocons de 〜 コーンフレーク / farine de 〜 とうもろこし粉, コーンフラワー / fécule de 〜 コーンスターチ / 〜 en grain とうもろこしの粒

maïs à grains [マイス ア グラン] 仏 男 とうもろこしの一品種. 粒は濃黄色で硬質, 穂先は小さい. 主に飼料となる. 粉末にして, 粥 (かゆ), パン, クレープ, ガレットなど種々の菓子をつくったり, コーンフレークに製造される. 澱粉 (コーンスターチ), さらにウィスキー (バーボン), ビール, 食用油の原料とな

る

Maisbrot [マイスブロート] [独] [中] スイスパンの一種. とうもろこしの粉を混ぜた, 甘く, わずかに酸味のあるパン

maïs doux [マイス ドゥ] ([独]Zuckermais, [英]sweet corn) [仏] [男] とうもろこしの一品種 (甘味種). スイートコーン. 粒の色は乳白色, 穂先は大きい. 糖分がほかの品種より多い. 澱粉質になる前の未熟のうちに収穫してゆでるか焼いて食する. 穂軸から実をほぐしてサラダに混ぜたり, 肉類のつけ合せに用いる＝blé turc, maïs sucré⇒blé

maïs éclaté [マイス エクラテ] [仏] [男] ⇒maïs pop-corn

Maismehl [マイスメール] [独] [中] ⇒Maïzena[2]

maison [メゾン] ([独]hausgemacht, [英]home-made) [仏] [形] その店独特の, 自家製の, 特製の / tarte ～ 自家製タルト ‖ maison [女] 家, 会社

maïs pop-corn [マイス ポップ コーン] [仏] [男] とうもろこしの一品種 (爆裂種), ポップコーン. 粒表面は硬質だが, 内部は水分を含んだ軟質部分があるので, 煎ると急激に内部が膨張して破裂する＝maïs éclaté, maïs soufflé

maïs soufflé [マイス スフレ] [仏] [男] ⇒maïs pop-corn

Maisstärke [マイスシュテルケ] ([仏]amidon de maïs, maïzena, [英] cornstarch, maize starch) [独] [女] コーンスターチ

maïs sucré [マイス スュクレ] [仏] [男] ⇒maïs doux

Maïzena[1] [マイゼナ] [仏] [固] [女] 〔商標〕マイゼナ. クノール社の製品. コーンスターチ, とうもろこし澱粉

Maïzena[2] [マイツェナ] ([仏]farine de maïs, [英]corn flour, maize flour) [独] [女] とうもろこし粉＝Maismehl

Makadamie [マカダミエ] ([仏]〈noix de〉 macadamia, [英]macadamia〈nut〉) [独] [女] マカダミアナッツ

Makrone [マクローネ] ([仏]macaron, [英]macaroon) [独] [女] マカロン

Makronengebäck [マクローネンゲベック] [独] [中] マクローネンマッセを使ってつくるクッキー

Makronenmasse [マクローネンマッセ] [独] [女] 皮むきアーモンド1に対して砂糖2の割合いで挽きつぶし, 卵白を加えた種

malaga [マラガ] ([独]Malaga, [英]malaga) [仏] [男] ❶マラガ. スペイン産のデザートワイン ❷ (＝raisin de M～) マラガ産レーズン. マスカット種. 大粒で, 色は赤紫⇒囲み [raisin sec]

malakoff [マラコフ] [仏] [男] ❶〔アントルメ〕マラコフ 1) 2枚の丸いダコワーズの間にコーヒームースを挟み, 上面に粉糖をかけ, 側面に薄切りアーモンドをつけた菓子 2) 固く泡立てた卵白とカラメルと刻みアーモンドを組み合わせたもの 3) シャンティイとコーヒー風味のフォンダンを詰めたシャルロット. クリミア戦争の勝利を祝ってナポレオン3世のためにつくられた ❷〔氷菓〕フイユタージュまたはビスキュイの周囲にシュー生地を絞り, 中央にアイスクリーム, 生クリーム, ムースを詰めたもの ❸ (＝chocolat M～) ヘーゼルナッツのプラリネ入りチョコレートバー. 1855年7月8日, チョコレート職人ステファニーが創作. 以後広く愛好される ❹チーズ入りベニェ. スイス名物 ❺ウクライナのクリミア半島にあった要塞の塔の名前. クリミア戦争 (1855-1856) の勝利を祝って数々の菓子が創作された

Malakofftorte [マラコフトルテ] [独] [女] マラコフトルテ. オーストリア菓子. ビスキュイに, クレームパティシエールと泡立てた生クリームを混ぜて粉末の胡桃を入れたものを塗り, 上面にビスキュイ・ア・ラ・キュイエールを飾る

malaxer [マラクセ] ([独]kneten, [英]knead, work) [仏] [他] 練る, こねる. バターなどの脂質食品, 生地, フォンダン, パート・ダマンドなどを均質に柔らかくするために行なう

malibu ［マリビュ］ 仏 男 マリブ．カリブ海のラム酒をベースにしたココナッツのリキュール．オン・ザ・ロックか, フルーツジュースや炭酸水で割って飲む

malléabilité ［マレアビリテ］ 仏 女 （生地などの）のびのよさ

malléable ［マレアブル］ （独 schmiedbar, 英 malleable）仏 形 展性のある, のびのよい

malsain, e ［マルサン, セーヌ］ （独 krank, 英 unhealthy）仏 形 有害な, 異常な, 体に悪い／œuf 〜 腐った卵

malt ［マルト］（独 Malz, 英 malt）仏 男 麦芽, モルト．大麦を発芽させ, 乾燥焙煎し, 粉末にしたもの．ビール, ウィスキーの原料／〜 extrait 麦芽エキス

maltais ［マルテ］仏 男 〔プティフールフレ〕粉末アーモンドに砂糖漬けオレンジを混ぜて小さな円形などにし, 表面をフォンダンでグラセした柔らかい小菓子

maltais, e ［マルテ, テーズ］ 仏 形 マルタ（島）の／à la 〜e マルタ風．オレンジを使ったものに使われる名称‖ maltaise 女 （= orange 〜）ブラッドオレンジの品種．マルチーズブラッド種．チュニジア産は果汁が多く, 酸味があり, 香り高い→ sanguine

Maltose ［マルトーゼ］（仏 maltose, sucre de malt, 英 maltose, malt sugar）独 女 麦芽糖, マルトーズ＝ Malzzucker

malt sugar ［モールト シュガー］ 英 名 麦芽糖

Malz ［マルツ］（仏 英 malt）独 中 麦芽

Malzzucker ［マルツツッカー］ 独 男 → Maltose

manche¹ ［マンシュ］（独 Griff, 英 handle）仏 男 （道具などの）柄, 取っ手／spatule à long 〜 柄の長い木杓子

manche² ［マンシュ］（独 Ärmel, 英 sleeve, hose）仏 女 袖, 筒, ホース

manchon ［マンション］ 仏 男 ❶〔プティフール〕ビスキュイ生地やパート・ダマンドを小型の円筒につくり, その中にバタークリーム, あるいはクレームシブストを詰め, 両端に色付き粉末アーモンドや刻んだピスタチオを付着させたもの　❷円筒, 円筒形のもの

Mandarine ［マンダリーネ］（仏 mandarine, 英 mandarine orange, tangerine）独 女 〔植〕みかん, マンダリンオレンジ

mandarine ［マンダリーヌ］ 仏 女 ❶〔植〕ミカン属．マンダリンオレンジの実．原産はインド, アッサム地方．みかんに似た芳香のある柑橘類．種子が多い．オレンジと同様にデザートとして生食したり, 砂糖漬けにして菓子に使われる．市場では次第にクレマンティーヌにとってかわられつつある（独 Mandarine, 英 mandarin orange）→ clémentine, tangerine　❷マンダリン酒．マンダリンの皮からつくるリキュール

Mandarinenecken ［マンダリーネンエッケン］ 独 女 複 マンダリンの果汁入りガナッシュを平らにのばして丸形に抜き, 半分に切って半月形にしたボンボン・ショコラ

Mandel ［マンデル］（仏 amande, 英 almond）独 女 アーモンド

Mandelbaiser ［マンデルベゼー］ 独 中 粉末アーモンド入りのムラング生地

Mandelberg ［マンデルベルク］ 独 男 マカロンを大小の輪に絞って焼き, 積みあげた飾り菓子

Mandelbiskuitmasse ［マンデルビスクヴィートマッセ］（仏 biscuit aux amandes, 英 almond sponge mixture）独 女 アーモンド入りスポンジ生地

Mandel-Eiweißmasse ［マンデル アイヴァイスマッセ］（仏 japonais, succée）独 女 ムラングに粉末アーモンドを入れた生地．シュクセまたはジャポネ

Mandelgebäck ［マンデルゲベック］ 独 中 アーモンド入りのプティフールセック, マカロン

Mandel-Honigschnitte ［マンデル ホーニッヒシュニッテ］ 独 女 蜂蜜入りのアーモンドの切り菓子．ミュルベタイク（→ Mürbeteig）に蜂蜜と生クリームで煮詰めたアーモ

ンドを塗り,切り分ける.下側と側面にチョコレートを塗ってもよい

Mandelkrem［マンデルクレーム］(仏 crème d'amandes, 英almond cream) 独 女 クレームダマンド, アーモンドクリーム

Mandel-Krokantmasse［マンデル クロカントマッセ］独 女 プラリネ入りのマルツィパンローマッセの生地

Mandelkuchen［マンデルクーヘン］(仏 amandine, gâteau aux amandes, 英almond cake) 独 男 アーモンドを使った焼き菓子

Mandelmakrone［マンデルマクローネ］(仏 macaron aux amandes, 英 almond macaroon) 独 女 アーモンドマカロン

Mandelmasse［マンデルマッセ］(仏 pâte d'amandes, 英 almond paste) 独 女 パート・ダマンド. アーモンドをすりつぶしてつくった生地

Mandelmilch［マンデルミルヒ］(仏 lait d'amandes, 英almond milk) 独 女 アーモンドミルク

Mandelmürbeteig［マンデルミュルベタイク］独 男 粉末アーモンド入りのサブレ生地

Mandelnugat［マンデルヌガート］独 男 砂糖を火にかけて溶かし,砂糖と同量のアーモンドを混ぜ,細かくすりつぶした後,クーヴェルチュールかカカオバターを加えて,切り分けられるくらいの固さにしたもの. ボンボン・ショコラのセンター, タルトの詰め物, クリーム, アイスクリームなどの香味づけなどに用いられる

Mandel-Nussmasse［マンデル ヌッスマッセ］独 女 アーモンドまたはパート・ダマンドにほかの木の実を組み合わせた生地

Mandelplätzchen［マンデルプレッツヒェン］独 中 テュイール→Ziegel

Mandelpulver［マンデルプルファー］(仏 amande〈en〉poudre, 英 powdered almond) 独 中 粉末アーモンド

Mandelsplitter［マンデルシュプリッター］独 男 ❶細切りアーモンドにチョコレートをからめたボンボン・ショコラ ❷〔プティフールセック〕薄切りアーモンド,粉糖,オレンジピール,チェリー,小麦粉,卵白などを全部一緒に混ぜ,鍋に入れてローストする.これをスプーンで天パンに盛り,オーヴンで焼きあげる

Mandelstollen［マンデルシュトレン］独 男 13〜14世紀頃からつくられているドイツの代表的なクリスマス菓子. ドレスデンやライプチヒのものが名高いが, このマンデルシュトーレンは,中にマルツィパンローマッセ (→Marzipanrohmasse)を包み込んでつくられ, とりわけ風味が高い

Mandelsulze［マンデルズルツェ］(仏 blanc-manger, 英blancmange) 独 女 ブランマンジェ

mandoline［マンドリーヌ］仏 女 ❶平刃と鋸刃の2種の替え刃のついている野菜切り ❷〔楽器〕マンドリン

mandrin fond et ovale［マンドラン フォン エ オヴァール］仏 男 籠を編む型→moule à panier

manger［マンジェ］(独essen, 英eat) 仏 他 食べる‖自 食事をする‖se〜 代動 食べられる, …で食べる

Mango［マンゴ］(仏 mangue, 英 mango) 独 女 〔植〕マンゴー

Mangostane［マンゴスターネ］(仏 mangoustan, 英mangosteen) 独 女 〔植〕マンゴスチン

mangoustan［マングスタン］(独 Mangostane, 英mangosteen) 仏 男 〔植〕マンゴスチンの実. 原産はマレーシア. 皮は濃い赤で固く, 果肉は白く香り高い. 生食したり, ジャム, シャーベットにしたり, フルーツサラダに入れたりする＝mangouste

mangouste［マングースト］仏 女 〔植〕マンゴスチン→mangoustan

mangue［マング］(独 Mango, 英 mango) 仏 女 〔植〕ウルシ科マンゴー属. マンゴーの実. 原産はマレーシア. 果皮は緑色か黄色, 赤や紫色が混じるものもある. 品種は多い. 果肉はオレンジ色で, 汁気が多く, 香り, 甘味

がある．中央に身離れの悪い大きな扁平の種がある．生食するほか，フルーツサラダに入れたり，ジャム，シャーベット，ゼリーをつくるなどする．核からとれるバター（beurre du noyau de mangue）は植物性油脂として使われる

manier ［マニエ］(仏)(他) ❶一種あるいは数種の材料を容器の中でへらを使って均一になるようよく混ぜ合わせる．バターと小麦粉を均一に混ぜ合わせる ❷手で扱う，操作する

manioc ［マニオック］(独 Maniok, 英 cassava)(仏)(男)〔植〕キャッサヴァ．原産はブラジル．熱帯産の低木で，葉と根を食用とする．その根の澱粉からタピオカをつくる．粉末はパン，菓子に使われる

manipulation ［マニピュラスィヨン］(独 Manipulation, 英 manipulation)(仏)(女) 取り扱い，手による操作．（手または機械を使って）こねる，切り分ける，型をとる，折りたたむ，のばす，かたどる，編む作業のこと → canneler, détailler, éplucher, fraiser, habiller, lever, manier, pétrir

manipuler ［マニピュレ］(独 behandeln, 英 handle)(仏)(他) 扱う，手で操作する

maniveau ［複〜x］［マニヴォー］(仏)(男) 柳製の小さな籠．この中に食品（きのこなど）を入れて店に並べる

manon ［マノン］(仏)(女) ❶〔パティスリー〕(= gâteau à la M〜) ダルトワ→dartois ❷ ベルギーの銘菓．生クリームまたはコーヒー風味のバタークリームをセンターにして，ホワイトチョコレートで被膜したやや大きめの殻形のボンボン・ショコラ．上部にピスタチオ，胡桃を飾ることもある

manque ［マンク］(独 Mangel, 英 lack)(仏)(男) 不足，欠乏

manqué, e ［マンケ］(仏)(形) 失敗した ∥ manqué(男) ❶ (= moule à 〜) マンケ型．ジェノワーズ，ビスキュイを焼く型．やや口広がりで，丸，角，楕円形，周囲に刻みのあるものとないものとがある（独 Tortenform, 英 cake tin, sponge tin） ❷〔パティスリー〕ビスキュイにプラリネをかけたパリの典型的な菓子．19世紀のパティシエ，フェリクスの失敗によって考案された．ビスキュイ・ド・サヴォワをつくる時，卵白の泡立てに失敗．これを修復するため，バターとアーモンドを混ぜて焼き，仕上げにプラリネをかけた．非常に好まれ，特別な型（マンケ型）を生むにいたる．作り方は当時とほとんど変わらない → pâte à manqué

maple sugar ［メイプル シュガー］(仏 sucre d'érable, 独 Ahornzucker)(英)(名) メープルシュガー，かえで糖

maragnan ［マラニャン］(仏)(男) ブラジル産カカオ．適度な苦みとすっきりした味わいがある → cacao

Maraschino ［マラスキーノ］(仏 maraskin, 英 maraschino)(独)(男) マラスキーノ

marasquin ［マラスカン］(独 Maraschino, 英 maraschino)(仏)(男) マラスキーノ．クロアチアのダルマチア地方で，酸味のあるマラスカ種のさくらんぼからつくるリキュール．アルコール含有量24％以上．糖菓，パティスリー，氷菓の香りづけに使う

marble ［マーブル］(英)(他) マーブル模様をつける ∥ marble (名) 大理石（仏 marbre, 独 Marmor） ／〜 slab 大理石の厚板

marble icing ［マーブル アイスィング］(仏 marbrage, 独 Marmorierung)(英)(名) マーブル模様をつけること．菓子の表面をグラスがけし，グラスロワイヤルなどをその上に線描きして，鋭利なものでひっかくようにしてつくり出す

marbrage ［マルブラージュ］(独 Marmorierung, 英 marble icing)(仏)(男)（菓子の表面に）フォンダンをマーブル模様にグラサージュすること

marbre ［マルブル］(仏)(男) ❶大理石（独 Marmor, 英 marble） ❷ (=〜 à patisserie) 大理石の仕事台．チョコレート，アメ細工，フイユタージュなど，熱伝導をさける仕事に使う．近年はステンレス，御影石なども好ま

れる ❸マーブル模様 ([独]Marmormuster, [英]marbling)

marbrer [マルブレ] [仏] [他] (菓子の表面を)マーブル模様にする. グラスがけをした上に, コルネを使いグラスがけとは別の色のフォンダン, ゼリーなどで並列の線を絞り, ナイフの先で規則正しく筋を引いて, 石目を描く

marc [マール] [仏] [男] ❶マール (＝eau de vie de ～) (ワイン醸造時に出る) ぶどうの絞りかす (marc) を発酵させ, 蒸留し, 樽熟成を数年行なう. アルコール度数が高く, 独特の香りがある. ワイン産地にそれぞれ特徴的なマールがある／～ du Bugey サヴォワ地方東側ビュジェ地区のマール. 土着の黒ぶどう品種モンドゥーズでつくる／～ de Franche-Comté フランシュ=コンテ地方のマール ❷ (果実の) 絞りかす ❸ (コーヒー, 茶などの)出しがら

marcelin [マルスラン] [仏] [男] 〔パティスリー〕タルト型に生地を敷き, 底にフランボワーズのジャムを塗って, 粉末アーモンドと卵を混ぜたアパレーユを流し込み, 表面に粉糖をかけて焼いたタルト

marché [マルシェ] ([独]Markt, [英]market) [仏] [男] 市場

marchpane [マーチペイン] [英] [名] 〔古〕パート・ダマンド⇒marzipan

mardi gras [マルディ グラ] ([独]Faschingsdienstag, [英]Shrove Tuesday) [仏] [男] 〔カトリック〕マルディグラ, 謝肉の火曜日. カーニヴァルの最終日

Margarethenkuchen [マルガレーテンクーヘン] [独] [男] オーストリアの菓子. アーモンド入りビスキュイ. まわりに薄切りアーモンドをまぶして焼き, 表面に杏(あんず)ジャムを塗って仕上げる. 上面中央にアーモンドを花模様に並べて飾る

Margarin [マルガリーン] [独] [女]⇒Margarine

Margarine [マルガリーネ] ([仏]margarine, [英]margarine, oleomargarine) [独] [女] マーガリン＝Margarin

margarine [マルガリーヌ] ([独]Margarine, [英]margarine, oleomargarine) [仏] [女] マーガリン. 植物性または動物性油脂, 水または脱脂乳, 食塩や色素など種々の補助物を混ぜ, 乳化させたもの. 現在は主に植物性油脂を使用. バターの代用品として1869年, フランスの化学者アンリ・メージュ=ムリエス Henri Mège-Mouriès が開発した. 生食用と調理用がある.

margarine à tartiner [マルガリーヌ ア タルティネ] [仏] [女] ソフトマーガリン. 味, 構成がバターに最も類似するようにつくった植物性油脂. 生食用

margarine de cuisson [マルガリーヌ ド キュイソン] [仏] [女] 調理用マーガリン. 揚げ物以外の調理に適用

mariage [マリアージュ] [仏] [男] ❶組み合わせ ([独]Zusammenfügung, [英]joining) ❷結婚 ([独]Hochzeit, [英] marriage)

Mariä Himmelfahrt [マリーエ ヒンメルファールト] ([仏]Assomption, [英]Assumption) [独] [女] 聖母マリア被昇天の祝日

Marie-Brizard [マリ ブリザール] [仏] [固] マリー・ブリザール社. アニスリキュールやキュラソーを製造しているリキュール・メーカー. 1755年, ボルドーに設立

marier [マリエ] [仏] ‖ **se** ～ [代動] ❶調和する, 混じる, 組み合わされる ([独]harmonisieren, [英]harmonize with) ❷結婚する

marignan [マリニャン] [仏] [男] 〔パティスリー〕マリニャン ❶バルケット (舟) 形のサヴァラン. サヴァラン生地をバルケット型で焼きあげ, シロップをたっぷり含ませてから横に切れ目を入れ, 星口金付きの絞り袋でクレームパティシエールかムラングイタリエンヌを詰め, 表面に杏 (あんず) ジャムを塗る ❷サヴァラン生地の菓子. 杏ジャムを全体に塗り, 細切りのアンゼリカを飾る. アニゼットで香りをつけることが多い

Marillen Knödel [マリレン クネーデル] [独] [男] 芯を抜いた杏 (あんず) を包み込んだクネーデル (団子状の菓子)

marinade [マリナード] (独Marinade, 英marinade) 仏女 香辛料の入った漬け汁. 果物, 野菜, 肉などに香りをつけたり, 材料を柔らかくしたり, 保存するために漬け込む液体

marinate [マルネイト] (仏mariner, 独marinieren) 英他 (漬け汁, アルコール類に) 漬ける

mariner [マリネ] (独marinieren, 英marinate) 仏他 (果物, 野菜, 肉, 魚に) 香りや味をつけたり, 保存したり, 繊維を柔らかくするために漬け汁に漬ける ‖ 自 アルコールなどの漬け汁に漬かる

marinette [マリネット] 仏女 〔パティスリー〕練り込み生地でつくったタルトレット. 中身にレーズン入りりんごのピュレを詰め, 表面にラム酒の香りをつけたローズ色か緑色のフォンダンをかけたもの

Marion [マリオン] 独 固 テーゲベック (→Teegebäck) やアイスゲベック (→Eisgebäck) の一種. 生クリーム, 卵白, 砂糖, 小麦粉からつくる

marmalade [マームレイド] 英名 マーマレード. オレンジの薄切りか, 刻んだ果皮を含んだ, 苦みのあるジャム. レモン, グレープフルーツからもつくる. アメリカンスタイルは苦みがない→jam, preserve

Marmelade [マルメラーデ] (仏 英marmalade) 独 女 マーマレード. 砂糖を加えて煮詰め, 日持ちをよくした柑橘類のピュレ. より凝固性を高め, 煮詰める時間を短縮するために, 今日ではかなりの量のペクチンを添加する

marmelade [マルムラード] 仏女 ❶マルムラード. 果肉を砂糖 (同量比) に一晩漬けたのち, ピュレ状に煮詰めたもの (独Kompott, 英compote〈of fruit〉) / en ～ 煮くずれした / ～ de pomme りんごのマルムラード. りんごを裏漉ししてピュレ状に煮詰める→confiture, 〔付録〕les fruits ❷マーマレード. 柑橘類 (オレンジ, レモン, グレープフルーツなど) を砂糖と共に煮詰めたジャムの一種. この呼称は1981年, ヨーロッパ基準として柑橘類の製品に限定された (独Marmelade, 英marmalade)

marmite [マルミット] (独Topf, 英cooking pot) 仏女 ❶寸胴鍋. 両側に取っ手があり, 高さのある蓋のついた円筒型鍋→fait-tout / ～ à pression 圧力鍋 ❷鍋の中身

Marmor [マルモル] (仏marbre, 英marble〈slab〉) 独男 マーブル台, 大理石の仕事台

maroilles [マルワル] 仏男 マロワル. 牛乳のAOPチーズ. ティエラシェ地方 (フランスとベルギーの国境) 産. ウォッシュタイプ. 四角形. 塩水で繰り返し洗って熟成させた中身は柔らかく, 皮は赤味を帯びた薄茶色. 強い香りがある. 962年にマロワル修道院で創作されたといわれている. ゴイエール (チーズのタルト) にも使われる→goyère

Maronenpüree [マローネン ピュレー] 独 女 中 栗のピュレ. 皮を除いて柔らかく煮た栗を裏漉ししたもの. 通常砂糖を加える (マロングラッセをつくる過程でできる屑物の栗を裏漉ししたものも含まれる). クリームやアイスクリームに加えたり, あるいは各種ケーキのフィリングなどに利用される. ラム酒かマラスキーノを加えることが多い

marquer [マルケ] 仏他 ❶印をつける (独kennzeichnen, 英mark) ❷必要な材料全部を鍋に入れて火にかける ❸強調する

marquise [マルキーズ] 仏女 ❶〔アントルメ〕チョコレート入りダコワーズかジェノワーズ (またはアーモンドのビスキュイ) に, チョコレート入りのクレームパティシエールを挟み, チョコレートのフォンダンをグラスがけした菓子 ❷〔冷アントルメ〕/ ～ au chocolat チョコレートをベースにして冷やし固めた, ムースとパルフェの中間的なもの. クレームアングレーズまたはシャンティイを添えて供す ❸〔氷菓〕グラニテの一種. 苺, パイナップル, キルシュなど. 生クリームを添える ❹〔古〕シャンパンや白ワインに砂糖やソーダ水を加え, レモンの輪切りを浮かべた冷たい飲み物 ❺侯爵夫人

marron [マロン] (独Esskastanie, 英chestnut）⓶男❶いがの中に実が1粒だけ入った栗．シャテーニュの改良種．丸粒の形のまま使う料理，パティスリー，糖菓（マロングラッセ）に使用→châtaigne ❷広義の栗の実．シャテーニュも含まれる／〜 grillé 焼き栗／pâte de 〜 sucrée 砂糖入りマロンペースト／〜 de Lyon リヨン栗（特産）／crème de 〜s マロンクリーム ❸栗色

marron déguisé［マロン デギゼ］⓶男〔糖菓〕パート・ド・マロンを栗の形に丸め，チョコレートにくぐらせたもの→fruit déguisé

marron glacé［マロン グラセ］⓶男❶〔糖菓〕マロングラッセ．砂糖漬けの栗．渋皮をむいた栗に次第に濃いヴァニラ風味のシロップを染み込ませてグラセする．しっとりと滑らかにつくる．上質の栗を使い，細心の注意と長時間を要する．クリスマス，新年に食される．ルイ14世時代，アルデシュ地方でつくられるようになった／brisures de 〜 マロングラッセの壊れ屑 ❷〔氷菓〕栗のピュレ，牛乳，生クリームを混ぜ半凍結させた飲み物→boisson glacée

marsala［マルサラ］（⓶Marsalawein, 英 marsala）⓶男 マルサーラ．シチリア島の町マルサラ産のデザート用甘口ワイン．ぶどうの絞り汁の発酵後にアルコールを加えた酒精強化ワイン．アルコール含有量は16〜20％．ナッツとオレンジの香りがする．菓子では特に，イタリア菓子ティラミス（tiramisu）に使用される→vin viné

marshmallow［マーシュマロウ］英名❶〔植〕アオイ科．薄紅立葵．薬用植物 ❷マシュマロ．薄紅立葵の根，砂糖，アラビアゴムを煮詰め，泡立てた卵白を加えて成形した，柔らかな糖菓，ギモーヴの一種．薄紅立葵に代わり，現在ではゼラチン，寒天などを使用する

maryse［マリーズ］⓶女 ゴムべら．片側は丸みがあり，他方は平らで，しなやか．ボウルの縁や丸い底などについた材料をかきとるのに適する→spatule en caoutchouc

Marzipan［マルツィパーン］（⓶pâte d'amande, 英marchpane, marzipan）⓶中男 マジパン．アーモンドと砂糖の割合が1:2から1:1.5までのものをいう＝Mandelmasse

marzipan［マーズパン］英名 マジパン❶（＝raw 〜）ローマジパン，パート・ダマンド．粉末アーモンドと砂糖（比率は2:1）をローラーにかけペースト状にする．卵，香料を混ぜて焼成したり，そのまま細工する（⓶pâte d'amandes, ⓶Marzipan）→almond paste ❷ローマジパンでつくった小さな果物，野菜，動物など（⓶massepain, ⓶Marzipan）

Marzipankonfekt［マルツィパーンコンフェクト］⓶中 マジパンを使ってつくるプティフールの一種．表面をガスバーナーで焼き，艶出しにアラビアゴムを塗る

Marzipanmasse［マルツィパーンマッセ］⓶女 アーモンド2に対し砂糖1の割合でつくるマジパン＝Marzipanrohmasse

Marzipanrohmasse［マルツィパーン ローマッセ］（⓶pâte d'amandes crues, 英raw marzipan）⓶女 マルツィパンローマッセ．基本的にはアーモンド2に対し砂糖1の割合でつくるペースト状の生地．単にローマッセ，日本ではローマジパンともいう→Rohmasse

Marzipanstollen［マルツィパーンシュトレン］⓶男 果物なしのシュトーレン生地と，キルシュでゆるくしておいたマルツィパンローマッセを等比に使う．それぞれを7.5㎜の厚さにのばして重ね，ロール状に巻く．この後はレーズン入りの普通のシュトーレンと同じ作り方でよい

mascarpone［マスカルポネ］⓶男 マスカルポーネ．イタリア産のフレッシュチーズ．果物，蜂蜜，チョコレート，ビスキュイと相性がよく，タルト，ムース，アイスクリームなどデザートに使われる．イタリア菓子ティラミス（tiramisu）の主材料

mascotte［マスコット］⓶女〔アントルメ〕キルシュかラム酒で香りをつけたジェノワーズとアーモンドのメレンゲの間にプラ

ラン入りのバタークリームを挟み、菓子全体を同じくバタークリームでおおい、プラランまたは薄切りアーモンドをつけたもの

mask［マスク］(仏 masquer, 独 bedecken) 英 他 (バタークリーム、クーヴェルテュールなどで)おおう

masquage［マスカージュ］仏 男 (アントルメなどを)薄くのばしたパート・ダマンドなどですっかりおおうこと

masquer［マスケ］(独 bedecken, 英 coat, mask) 仏 他 (クリーム、溶かしたチョコレート、パート・ダマンド、ジャムなどで、菓子の上部、側面全体を均一の厚さで仕上げを兼ねて)すっかりおおう

massage［マサージュ］(独 Kristallisierung, 英 crystallizing) 仏 男 シロップ、糖液を煮詰める段階で結晶を起こすこと

Masse［マッセ］(仏 composition, pâte, 英 mixture) 独 女 流動的な生地、種

masse［マス］仏 女 ❶材料を均質に密度高くペースト状に混ぜ合わせたもの。パティスリー、アントルメ、糖菓やアイスクリームの製作に使われる準備品。プラリネ、ジャンドゥヤ、ガナッシュ、パート・ダマンド、フォンダンなどがこれに当たる ❷数種の材料を混ぜ合わせたもの。アパレーユと同義／～ meringue (ヴァシュランなどをつくる時の)卵白と砂糖を固く泡立てたもの＝ appareil meringue／～s à biscuit ビスキュイ(冷やして別立て)の種 ❸塊／～ de sucre 砂糖の塊

massé, e［マセ］仏 形 (糖液をかき回しながら煮詰めている時、または煮詰め終った時に)結晶を起こした、糖化した

masse de cacao［マスド カカオ］(独 Kakaomasse, 英 chocolate liquor, cocoa mass) 仏 女 カカオマス。カカオニブをローラーにかけたもの＝ liqueur de cacao→囲み［cacao］／masses de cacao 複数の産地のカカオを混合してローラーにかけたカカオマス

masséna［マセナ］仏 男 ［パティスリー］ピエール・ラカン(→ Lacam)の創案。後にリヴォリ公になったフランス軍人マセナ(1758-1817)に捧げられた菓子。楕円形のパート・シュクレとジェノワーズの台の間に、栗のピュレを塗り、ムラングイタリエンヌで全体をおおい、チョコレートとコーヒーのグラサージュで半分ずつグラセしたもの

massepain［マスパン］(独 Marzipan, 英 marzipan) 仏 男 ［糖菓］❶粉末アーモンド、卵白、砂糖をペースト状にして色と香りをつけ、小さな果物、野菜、動物などの形につくったもの。南仏のエクサン＝プロヴァンス、シチリア島、スペインのカスティリア、ドイツの銘菓 ❷マジパン細工の小さな菓子。粉末アーモンド、砂糖、卵白でつくった生地に色と香りをつけて、さまざまな形につくる。通常は糖衣するか、プラランをまぶす(→ massepain d'Issoudun)。非常に古い糖菓で、11世紀にはすでにアラブでつくられていた。また伝説ではヴェネツィアの飢饉時に粉末アーモンド、砂糖、蜂蜜で生地をつくり、小さなパンの形につくって焼き、守護聖人マルクに捧げたといわれる

massepain d'Issoudun［マスパン ディスダン］仏 男 ［地方菓子］中央フランス、アンドル県の町イスダンの銘菓。パート・ダマンドを厚さ2cmの円形または四角に切り、各上部にグラスロワイヤルを塗って弱火で乾燥焼きしたもの。17世紀にこの地の聖ウルスラ会の修道女がつくったといわれる

masser［マセ］仏 他 ❶シロップ、糖液を煮詰めている時、その一部または全体を結晶化させる、糖化させる ❷(フォンダン製作時に)道具や機械を使うか手作業で、糖液を大理石の台の上で白濁したペースト状にする ‖ se ～ 代動 糖液が結晶する (独 kristallisieren, 英 crystallize)

Massialot, François［マスィヤロ, フランスワ］仏 固 男 フランソワ・マスィヤロ(1660-1733)。フランスの料理人。王侯付き食卓史で、匿名で『国王およびブルジョワの料理人 Cuisinier royal et bourgeois』(1691)、そ

の他の料理書を刊行し，18世紀の料理人，料理に大きな影響を与えた

massillon［マスィヨン］[仏][男]〔地方菓子〕プロヴァンス地方イエールのプティフール．パート・シュクレを敷き込んだバルケット（舟）型に，フランジパーヌを詰め，表面をグラセする

mat, *e*［マット］[仏][形] 艶のない，不透明な

matafan［マタファン］[仏][男] マタファン．大きな厚いクレープ，パンケーキ．甘味のものと塩味のものがある．ブルゴーニュ，ブレス，リヨン，フランシュ=コンテ，サヴォワ，ドーフィネ地方でつくられている．語源は，フォレやサヴォワ地方の方言，またはスペイン語で，「空腹殺し」という意味．起源はじゃがいものガレットで，農夫が早朝畑に行く前に空腹をおさえるためであった，といわれる．現代では通常の食卓で食される．甘味のものにはりんごが入っている／～ aux pommes りんご入りマタファン＝matefaim

matcha［マッチャ］[仏][男] 抹茶．粉末状の茶⇒thé vert

matefaim［マトファン］[仏][男]⇒matafan

Material［マテリアール］（[仏]matière, [英]ingredient, material）[独][中] 材料＝Stoff, Zutaten

matériel［マテリエル］（[独]Material, [英]material）[仏][男] 用具，素材，設備

matière［マティエール］（[独]Material, [英]material）[仏][女] 材質，素材／～ première 原料

matière grasse［マティエール グラース］（[独]Öle und Fette, [英]fats and oils, fat⟨ty⟩ content）[仏][女] 油脂，油脂分．液状油（常温で液状のもの）と固体油（常温で固形のもの）があり，原材料によって，植物性と動物性に分類される．また天然油脂を原料としてつくられる加工油脂がある⇒M.G.V.

matière grasse d'origine animale［マティエール グラース ドリジーヌ アニマル］[仏][女] 動物性固形油脂．バター，ラード，牛脂，鯨油など

matière grasse d'origine végétale［マティエール グラース ドリジーヌ ヴェジェタル］[仏][女] 植物性油脂．常温で液体と固形があり，前者には，落花生油，なたね油，コーン油，オリーヴ油，大豆油，綿実油，ひまわり油などがあり，後者には，やし油，パーム油，パーム核油，カカオバターなどがある⇒huile, M.G.V.

matière grasse mixte［マティエール グラース ミクスト］[仏][女] 加工油脂（マーガリン，ショートニングなど）．大豆油，綿実油，パーム油などの植物性油脂や魚油，鯨油，ラードなどの動物性油脂など，天然油脂を原料にしてつくる配合油

mato［マト］[仏][男] カタロニア地方の山羊乳のフレッシュチーズ．蜂蜜や胡桃，アーモンドなどをかけてデザートとして食す

matrice［マトリス］（[独]Ausstecher, [英]matrix）[仏][女] 型，抜き型

maturation［マテュラスィヨン］[仏][女] ❶〔アイスクリーム製造用語〕熟成．殺菌したミックスを低温で最高24時間休ませて熟成させること．回転凍結の前に行なう ❷成熟

maturer［マテュレ］（[英]mature）[仏][他]〔アイスクリーム製造用語〕ミックスを熟成させる

maturité［マテュリテ］（[独]Reife, [英]maturity）[仏][女]（果実などの）成熟

Maulbeere［マオルベーレ］[独][男]〔植〕野生の桑の実

mauve［モーヴ］（[独]Malve, [英]mallow）[仏][女]〔植〕アオイ科．銭葵（ぜにあおい）．花と葉には咳を緩和する粘性物質が含まれるため，4種の花（ひなげし，銭葵，立葵，すみれ）のハーブティーに使われる⇒tisane ‖[男] 薄紫

mawseeds［モースィーズ］（[仏]pavot, [独]Mohnkörnchen）[英][名][複] 芥子の実．菓子パンや小型パンに振りかける

maximum［マクスィモム］（[独]maximal, [英]maximum）[仏][男] 最高，最大限，最大量

Mayonnaise［マヨネーゼ］（[仏][英]mayonnaise）[独][女] マヨネーズ

mazagran［マザグラン］(仏)(男) 円錐形の背の高いカップ．コーヒー，冷たいアントルメを供する容器として使用．本来はブランデーまたはラム酒を入れ，氷を浮かべてストローで飲むアイスコーヒー用

mazarin［マザラン］(仏)(男)〔アントルメ〕❶ 2枚のダコワーズの間にプラリネのムースを挟んだもの ❷〔古〕厚く焼いたジェノワーズの中心をくり抜き，その中にシロップに浸した砂糖漬け果物を詰め，くり抜いたジェノワーズで蓋をしフォンダンをかけたもの ❸ 19世紀のジュール・グッフェ（→ Gouffé）の創作菓子．細かく切ったセドラの砂糖漬けを混ぜたバタークリームを挟んだ発酵生地の菓子

mazipan pincer［マジパン ピンサー］(英)(名) = tweezers → patterned pastry

mead［ミード］(英)(名) 蜂蜜酒．蜂蜜と水にぶどう果汁を加え発酵させた酒 = honey wine

Médicis, Catherine de［メディスィス，カトリーヌ ド］(仏)(固)(女) カトリーヌ・ド・メディチ（1519-1589）．フィレンツェのメディチ家の娘，フランス王アンリ2世の妃．興入れと共に，当時フランスより洗練されていたイタリアから，シャーベットをはじめとする菓子および製菓技術をフランスへもたらした

Médoc［メドック］(仏)(男) メドック．ボルドー，メドック地区のAOP赤ワイン

méfier［メフィエ］((仏)misstrauen, (英)mistrust)(仏)‖ se ~ (代動) 用心する，気をつける

Mehl［メール］((仏)farine〈de froment〉,(英)〈wheat〉flour)(独)(中) 穀粉（特に小麦粉）→ Puder, Weizenmehl

Mehlschaufel［メールシャオフェル］((仏)pelle,(英)scoop)(独)(女) （小麦粉や砂糖をすくう）シャベル，スコップ

Mehlspeise［メールシュパイゼ］(独)(女) アントルメ，場合によってはパティスリー全般を指すオーストリアでの用語

meilleur, e［メイユール］(仏)(形) ❶ よりよい（(独)besser,(英)better）❷（定冠詞，所有形容詞をつけて）最上の（(独)(英)best）

mélange［メランジュ］((独)Gemisch, Mix, Vermischung,(英)blend, mixing, mixture)(仏)(男) 混ぜ合わせたもの，混合

mélanger［メランジェ］((独)mengen, mischen,(英)blend, mix)(仏)(他) 混ぜる

Melasse［メラッセ］((仏)mélasse,(英)treacle,(米)molasses)(独)(女) 糖蜜

mélasse［メラース］((独)Melasse,(英)treacle,(米)molasses)(仏)(女) 糖蜜．甘蔗糖や甜菜糖の粗糖製作time後に，結晶を回収した後に残る非結晶性の茶褐色，粘性の液体．廃糖蜜，モラセス．結晶回収を重ねるにつれ，甘味が薄れ，褐色となり，酸味がでる／ ~ de betterave 甜菜糖の糖蜜．アルコール原料，イースト，家畜飼料に使われる→〔付録〕le sucre

mélasse noire［メラース ヌワール］(仏)(女) （= ~ de canne）モラセス．甘蔗糖の糖蜜．家庭でつくられるタルト・ア・ラ・メラス（tarte à la mélasse）や甘酸っぱい料理用に小売りされる．ラム酒製造においてアルコール発酵の原料として使われる

Melba［メルバ］(仏)(固)(女)〔冷アントルメ〕／ pêche ~ ペーシュ・メルバ．1892年，ロンドンのホテル・サヴォイのシェフ，オーギュスト・エスコフィエ（→ Escoffier）がオーストラリア出身のオペラ歌手ネリー・メルバ（1861-1931）のために考案したデザート．銀製のタンブルにヴァニラアイスクリームを敷き，ポシェした桃をのせて，フランボワーズのクリをかけたもの．氷彫刻の白鳥の翼の間に置き，シュクル・フィレでおおって供した．現在は，ヴァニラアイスクリームの上にシロップ煮の半割りの桃をのせ，フランボワーズかすぐりのクリを上からかけて供す

melieren［メリーレン］(独)(他) さまざまな原材料を混ぜ合わせる．この作業は必ず木杓子で行なう

méli-mélo［メリメロ］(仏)(男) ごたまぜ，ごちゃごちゃ

melimelum［ムリメロム］(男) 古代ギリシア・ローマ時代の，蜂蜜とりんごのジャム，あ

るいはかりんに似た甘いりんご．マーマレードの語源といわれる

mélisse [メリス]（独Zitronenmelisse, 英lemon balm）仏女〔植〕シソ科．西洋山薄荷（はっか）, レモンバーム，メリッサ．レモンのような香りがあり，製菓ではオレンジ，レモンを基本にしたもの，フルーツサラダに，またハーブティーとして使われる→citronnelle

melon [ムロン]（独Melone, 英melon）仏男〔植〕ウリ科．メロン．つる性植物で，果皮は黄緑色，果肉はオレンジ色で，汁気，甘味，香りがあり，食前，食後に生食したり，フルーツサラダ，ジャムや酢漬けにする．フランスでは主に，ネットメロン，ウィンターメロン，カンタロープの3種類が流通している→cantaloup, melon brodé, melon d'hiver

melon brodé [ムロン ブロデ]（独Zuckermelone, 英muskmelon）仏男 ネットメロン．表皮に網目があり，トゥールのシュクラン種（sucrin甘いのでこの名がある）が有名

melon d'Anjou aux fruits rouges [ムロン ダンジュ オ フリュイ ルージュ]仏男〔冷アントルメ〕アンジュ産のシュクラン種（sucrin）のメロンの中身をビー玉状にくり抜き，フランボワーズ，苺と共にロワール産の白甘口ワインに漬け込んだ後，くり抜いたメロンに再び詰めたもの

melon d'eau [ムロン ド ー]（独Wassermelone, 英watermelon）仏男 すいか→pastèque

melon d'hiver [ムロン ディヴェール]（独Wintermelone, 英winter melon）仏男 ウィンターメロン．横長で，皮の筋はほとんどない．果肉は黄色または緑がかっている．長期保存可

Melone [メローネ]（仏 英melon）独女〔植〕メロン

melt [メルト]（仏fondre, 独schmelzen）英自 溶ける‖他 溶かす

même [メーム]仏形 ❶（名詞の前に置いて）同じ，同一の／en ～ temps 同時に ❷（名詞の後ろに置いて）まさにその，…そのもの‖même副 ❶…さえ，…までも ❷まさに，ちょうど／le jour ～ 当日／de ～ 同様に

menacer [ムナセ]仏他 危うく…しそうである

ménager, ère [メナジェ, ジェール]仏形 家事の，家庭の／à la ～ère 安い材料を使い，簡単で特別な技術を必要としない料理．家庭的な料理に付される名称‖ménagère女 ❶食卓の薬味台．油と酢の小瓶，塩入れ，胡椒入れ，香辛料の小瓶を寄せ集めた台＝service à condiments ❷（販売用に最少6人分セットが入っている）ケースに入ったスプーン，フォーク，ナイフ，ティースプーンのセット ❸中央の金属製の支柱に，陶製の小皿を数枚間隔をあけて重ねた台，重ね皿．オードヴル，プティフールをのせる ❹主婦

mendiant [マンディヤン]仏男 ❶複 4種のドライフルーツ（アーモンド，いちじく，ヘーゼルナッツ，マラガ種のレーズン）の取り合わせ．四托鉢修道会（ordres mendiants）修道士の服装の色（ドミニコ＝白，フランシスコ＝グレー，カルメル＝茶，アウグスチノ＝濃い紫）に由来．クリスマスに供される ❷りんごなどが入ったアルザス地方のパン・ペルデュ

mener [ムネ]（独führen, 英lead）仏他（ある状態へ）導く，いたらせる／～ ... à feu vif …を強火にする

mentchikoff [メンチコフ]仏男〔地方菓子〕フランス，シャルトルの銘菓．空豆形の糖菓．当地の菓子屋が，1893年に仏露友好にちなんで創作した．ジャンドゥヤ，チョコレート，プラリネを混ぜたものをセンターにしてムラングスイスでおおわれている

menthe [マント]（独Pfefferminze, 英mint）仏女〔植〕シソ科．薄荷（はっか）, ミント．芳香性がある．リキュール，シロップ，ドロップなどの香りづけや，サラダに入れるなど，用途は広い．種類は多くある

menthe à l'eau [マント ロー]仏女 ミント

水, マンタロー. 清涼飲料, ミントのシロップを水で薄めたもの

menthe bergamote [マント ベルガモット] ⟨仏⟩⟨女⟩ → menthe citronnée

menthe citronnée [マント スィトロネ] ⟨仏⟩⟨女⟩ ベルガモットミント. 稀な品種であるが果物の香りがし, 飲料, マリネ液の香りづけに使う = menthe bergamote

menthe douce [マント ドゥース] ⟨仏⟩⟨女⟩ → menthe verte

menthe poivrée [マント プワーヴレ] (⟨独⟩Pfefferminze, ⟨英⟩peppermint)⟨仏⟩⟨女⟩ 〔植〕シソ科. ペパーミント, 西洋薄荷(はっか). メントールの強い香りがある. 糖菓 (ゼリー, チョコレート, シロップ, ボンボン, ドロップ), リキュール製造に使われる

menthe verte [マント ヴェルト] (⟨独⟩grüne Minze, ⟨英⟩spearmint)⟨仏⟩⟨女⟩ スペアミント. 緑薄荷(はっか). 葉は生でソースの香りづけ, きゅうりのサラダなどに使用 = menthe douce

mentionner [マンスィヨネ] (⟨独⟩erwähnen, ⟨英⟩mention)⟨仏⟩⟨他⟩ 特筆する, (…の)名をあげる

menu¹ [ムニュ] ⟨仏⟩⟨男⟩ ❶定食 (⟨独⟩Menü, ⟨英⟩combination meal) ❷ (食事の)メニュー, 献立, 献立表(⟨独⟩Menü, ⟨英⟩menu)

menu² [メニュー] (⟨仏⟩carte, menu, ⟨独⟩Menü)⟨英⟩⟨名⟩ (食事の)メニュー, 献立, 献立表

meringage [ムランガージュ] ⟨仏⟩⟨女⟩ ❶ムラングでおおうこと. ムラングでおおい, 焼き色をつけること ❷〔糖菓〕チョコレートを被膜したギモーヴ・モルの一種 → guimauve

Meringenmasse [メリンゲンマッセ] ⟨独⟩⟨女⟩ ムラング, メレンゲ, 卵白生地. ベゼーマッセの南ドイツ地方の呼び方 → Baisermasse, Schaummasse

meringue [ムラング] (⟨独⟩Baiser, Meringe, ⟨英⟩meringue) ⟨仏⟩⟨女⟩ ムラング, メレンゲ ❶卵白に砂糖を加えて固く泡立てたもの. 作り方には, ムラングオルディネール (ムラングフランセーズ), ムラングイタリエンヌ, ムラングスイスの3通りがある → meringue française, meringue italienne, meringue ordinaire, meringue suisse ❷ムラング生地を軽く乾燥焼きするか, 焼いたもの. 種々の菓子の台, 飾りに用いる ❸〔プティフールセック〕ムラング生地を軽く焼きあげた菓子. 1720年頃, スイスの町マイリンゲンでガスパリーニという菓子屋が売り出したという. 19世紀初めまでスプーンでかたどったが, その後, アントナン・カレーム (→ Carême) の考案で絞り出し袋を使うようになった

meringue à la chantilly [ムラング ア ラ シャンティイ] ⟨仏⟩⟨女⟩ 〔パティスリー〕横長に焼いた2つのムラングの間にシャンティイを挟んだもの

meringue d'automne [ムラング ドトーヌ] ⟨仏⟩⟨女⟩ 〔アントルメ〕円形に焼いた3枚のムラングの間にムース・オ・ショコラを挟んで積み重ね, 周囲全体をチョコレートで飾ったもの

meringue française [ムラング フランセーズ] ⟨仏⟩⟨女⟩ → meringue ordinaire

meringue glacée [ムラング グラセ] ⟨仏⟩⟨女⟩ 〔氷菓〕ムラングでつくった殻にアイスクリームやシャーベットを組み合わせ, シャンティイ, 果物で飾ったもの → 〔付録〕la glacerie

meringue italienne [ムラング イタリエンヌ] (⟨独⟩gekochte Schaummasse, italienische Windmasse, ⟨英⟩boiled meringue, Italian meringue) ⟨仏⟩⟨女⟩ ムラングイタリエンヌ. 固く泡立てた卵白に117～120℃に煮詰めた熱い糖液を流し入れ, さらに固く泡立てる. 熱い糖液が入るため, 殺菌され, 生食できる. 単独では使わない. クリーム, 氷菓用のアパレーユ, シャーベットなどの構成要素として, またアントルメの飾りつけや仕上げに使われる

meringue ordinaire [ムラング オルディネール] (⟨独⟩kalte Schaummasse, ⟨英⟩cold meringue) ⓛ 囡 ムラングオルディネール. 常用のムラング. 泡立てた卵白に, 砂糖を使用量のおよそ3分の1の量を加えてさらに固く泡立て, 最後に残りの3分の2の量をそっと軽く混ぜ合わせる. 非常にデリケートで軽い. 砂糖は伝統的に粉糖と微粒グラニュー糖の2種を同量混ぜる. 粉末アーモンド, ヘーゼルナッツを加えることも可能. 絞り出してごく弱火で焼成, ヴァシュランやプティフール, ウ・ア・ラ・ネージュの製作, あるいはオムレット・ノルヴェジエーヌやタルトの全体の被覆, シュクセやダコワーズの台に使う = meringue française

meringue pie［ムラング パイ］(ⓛ tarte aux fruits meringuée, ⓓ Obsttorte mit Baiserhaube) 英 名 メレンゲパイ. 果物を詰め, 上面にムラングを絞り, 焼き色をつける / blackberry 〜 カシスのメレンゲパイ. ルバーブやすぐりを使ったものは各々 rhubarb 〜, gooseberry 〜 となる

meringuer［ムラング ェ］ⓛ 他 ❶（アントルメや菓子の表面を）ムラングでおおう, 飾る. 普通はムラングでおおった後, オーヴンに入れ, 表面に焼き色をつける ❷ムラングを加える ❸卵白を泡立てている途中で少量の砂糖を加える

meringue shell［ムラング シェル］(ⓛ coquille de meringue) 英 名 メレンゲシェル. 楕円形（半割り卵大）に絞って焼成したムラング, ムラングの殻

meringue suisse［ムラング スュイス］(ⓓ Schweizer Meringue, warme Schaummasse, 英 Swiss meringue) ⓛ 囡 ムラングスュイス. 卵白と砂糖を湯煎にかけ, 約50℃まで温度を上げながら泡立て, 次に火から下ろして固くしっかりするまで泡立てる. きめが細かく, 固い, 着色, 香りづけが可能. 絞り出して弱火で焼成したり, ロシェ, プティフール, 装飾用のシャンピニオンや鳥の製作, アントルメやプティフールの飾りつけや表面に塗るのに使用する = meringue sur le feu

meringue sur le feu［ムラング スュル ルフ］ⓛ 囡 火にかけてつくるムラング⇒meringue suisse

meringuette［ムラングェット］囡 〔プティフールセック〕ムラングを細い棒状に焼いたもの

merise［ムリーズ］(ⓓ Vogelkirsche, wilde Stammform, 英 wild cherry) ⓛ 囡（野生の）さくらんぼ. 香りがよく, 果汁が多い. 酸味がある. ジャム, シロップ, リキュール（キルシュ）の製造に使用⇒cerise, merisier

merisier［ムリズィエ］ⓛ 男〔植〕バラ科. 甘果桜桃（西洋みざくらの一種）, ビガロー, ギニュの2大品種の原種. 主に生食用 = cerisier doux ⇒ bigarreau, guigne

merveille［メルヴェイュ］ⓛ 囡〔揚げ菓子〕発酵生地を厚めにのばし, ハート, 動物, 円などの形に抜いたり, 帯状に切って結んだりして油で揚げ, 粉糖をかけた小さなベニェ. 南仏地方のカーニヴァルの時に供される. プロヴァンス地方ではオリーヴ油で揚げる. オレイエット, ルセットと同種⇒oreillette, roussette

Messbecher［メスベッヒャー］(ⓛ verre gradué, 英 measuring cup) ⓓ 男 計量カップ

messen［メッセン］(ⓛ mesurer, 英 measure) ⓓ 他（長さ, 大きさを）計る

Messer［メッサー］(ⓛ couteau, 英〈kitchen〉knife) ⓓ 中 包丁

Messerschleifer［メッサーシュライファー］(ⓛ fusil de cuisine, 英 knife sharpner) ⓓ 男 包丁とぎ⇒Metzgerstahl

Messlöffel［メスレッフェル］(ⓛ cuiller pour mesurer, 英 measuring spoon) ⓓ 男 計量スプーン

Messzylinder［メスツィリンダー］(ⓛ éprouvette graduée, 英 measuring cylinder) ⓓ 男 メスシリンダー, 目盛りをつけた試験管

mesure［ムズュール］(ⓓ Mass, 英 measure) ⓛ 囡 ❶計量, 測定 ❷計量用の升 ❸程度,

範囲／à ～ 順次に，それに応じて

mesurer ［ムズュレ］（仏）他（独 messen, 英 measure）仏他 測る，計る ‖ se ～ 代動 …で測られる

métal ［メタル］仏男 金属

métallique ［メタリック］仏形 ❶金属製の ❷金属性の，金属のような

métallisé, e ［メタリゼ］仏形 金属被覆（金属光沢）を施した／assiette ～ 金属メッキをした皿

méteil ［メテイュ］仏男 ❶ライ麦と小麦を混ぜたもの．小麦とライ麦の種を一緒にまき，同時に収穫して脱穀する．法律上はライ麦が少なくとも50％含まれていなければならない．食料として伝統的に両穀物は混合して使用されてきた．粉は地方のパンに使われる→ méture ❷穀類を混ぜたもの

méthode ［メトッド］（独 Methode, 英 method）仏女 方法，手順／～ rapide 即席のやり方

mets ［メ］仏男 （皿に盛った）料理．食卓に出す，出来あがった料理．温，冷，塩味，甘味のものを含む

mettre ［メットル］（独 legen, 英 put）仏他 入れる，置く／～ … à … …を…に入れる／～ au point 温度調整をする→ tabler

méture ［メテュール］仏女 ❶フランス南西部，大西洋沿岸地帯ランド地方のパン．とうもろこし粉でつくる．非常に重く黄色．パン種で発酵させ，伝統的に高さのある円形の型で焼く ❷バスク地方，フランス南西部ベアルヌ地方の，卵，ハムが入ったとうもろこし粉の粥（ゆ）❸ノルマンディ地方ではライ麦と小麦の混合物を指す＝ méteil

Metzgerstahl ［メッツガーシュタール］独男 包丁とぎ

meuble ［ムーブル］仏男 家具，備品，冷蔵庫

M.G. ［エム ジェ］仏女 matière grasse の略．油脂／25％ ～ 脂肪分25％

M.G.L.A. ［エム ジェ エル ア］仏女 matière grasse du lait anhydre の略．無水バター ＝ beurre déshydraté, gil, huile de beurre

M.G.V. ［エム ジェ ヴェ］仏女 matières grasses végétales の略．植物性油脂．2000年6月23日のヨーロッパ基準により，カカオが5％以下のチョコレート製品にカカオバターの代用として6種のMGVの使用が許可された→囲み［nouvelles M.G.V.］

---

nouvelles M.G.V.
（カカオバター代替新植物性油脂）

beurre de karité ［ブール ド カリテ］ シアバター，シア油．シアバターノキの種子の胚から得られる

beurre de kokum gurgi ［ブール ド コカム ギュルジ］ コカムバター，コカム油．インドのコカムの木の種子より採取

beurre de mangue ［ブール ド マング］ マンゴーバター，マンゴー油．マンゴーの種子から採取

beurre de sal ［ブール ド サル］ サルバター．サルの木，別名沙羅双樹の核（仁）より採取

beurre d'illipé ［ブール ディリペ］ イリペ油．ボルネオのイリペの木の堅果より採取

huile de palme ［ユイル ド パルム］ パーム油．油やしの果肉から採取

---

mi- ［ミ］仏 接頭 半分の，半ばの／～ parcours 途中で／～ cuisson 加熱の途中で，中程で／～ hauteur 高さ半分に

miche ［ミッシュ］仏女 （500ｇ～3kgの大型の）丸型パン／～ briochée 600～1kgのブリオッシュ生地を丸形に焼いたもの．スイス（フランス語圏）では約1kgの半白のコッペパン形のものを指す

mie ［ミ］（独 Krume, 英 crumb ⟨as distinct from crust⟩）仏女 パンの身，クラム，内相．パンの中身の柔らかい部分／～ de génoise ジェノワーズの身／pain de ～ 白パン（食

パン)

miel [ミエル] (独Honig, 英honey) 仏男 蜂蜜．天然の転化糖．蜜蜂が集めた花の蜜を蜂の代謝熱で約35℃の熱い巣房に薄くのばして貯蔵し，水分を蒸発させ濃縮した甘味．蜂の唾液中の転化酵素と蜜が混ざり，貯蔵している間に，蔗糖(花蜜の成分はほとんど蔗糖)がぶどう糖と果糖に転化する．蜂が対象とする植物によって風味，性質が変わる．パンデピス，中近東の菓子，ヌガー，ボンボン，パート・ド・フリュイなどの製菓に使われる→[付録] les matières édulcorantes

miel de garrigue [ミエル ド ガリーグ] 仏男 ガリーグ蜂蜜．地中海地方の石灰質の乾燥地帯(ガリーグ)に自生するタイム，ローズマリー，ラヴェンダーなどからとれた蜂蜜→miel de romarin

miel de Narbonne [ミエル ド ナルボンヌ] 仏男 ローズマリーの蜂蜜→miel de romarin

miel de romarin [ミエル ド ロマラン] 仏男 ローズマリーの蜂蜜．白色に近く，香りが長く口内に残る．単花蜜はまれで，タイムや，地中海沿岸産の蜂蜜 (→miel de garrigue) と混じっている．産地はラングドック=ルシヨン地方，特にナルボンヌに近いコルビエールが名高い．古代ローマ時代の市場に既にナルボンヌの蜂蜜があり，評価されていたという→[付録] les matières édulcorantes

miel des Vosges [ミエル デ ヴォージュ] 仏男 ❶ヴォージュのAOP蜂蜜．特にもみの木のものが名高い ❷〔糖果〕ヴォージュ産蜂蜜入りアメ

miel rosat [ミエル ロザ] 仏男 ばらのつぼみを蜂蜜で煮たもの．漉して飲料とする．喉によい→rose¹

miette [ミエット] (独Krume, 英crumb) 仏女 (菓子，パンの)屑，かけら，破片／ une ～ de 少量の／～s de biscuits ビスキュイの屑

migliacci [ミグリアッチ] 仏男 〔地方菓子〕コルシカ島のブロッチョ (→broccio) を使った菓子．小麦粉か栗の粉，バター，卵黄，水でつくった生地にブロッチョを包んで栗の葉の上にのせてオーヴンで焼く

mignardise [ミニャルディーズ] 仏女 食後のコーヒーと共に供されるプティフール類／ plateau de ～s au chocolat チョコレートの盛り合わせ→friandise, petit four

mignonnette [ミニョネット] (独grob gemahlener Pfeffer, 英coarse-ground pepper) 仏女 粗挽き胡椒

mijoter [ミジョテ] 仏他 (ソースなどを)弱火でゆっくりと煮る

mil [ミル] (独Hirse, 英millet) 仏男〔古〕粟の類／ petits ～s 粟／ gros ~s もろこし= sorgho→millet

milanais [ミラネ] 仏男 ミラネ．種々の菓子につけられる名称 ❶〔パティスリー〕1) 2枚の楕円形のサブレの間にジャムを挟み，上面に粉糖をかけたもの．上部のサブレに2つの穴があいているので，別名リュネット(「眼鏡」の意)ともいう→lunette 2) ビスキュイまたはジェノワーズ(レーズン入りのラム酒風味，またはアニゼット風味)の小さいガレット．上面は杏(あん)ジャムを塗ってフォンダンでグラスがけされている ❷〔プティフール〕レモンかオレンジの香りをつけたパート・ダマンドを，型で抜き，アーモンドまたは砂糖漬け果物で飾ったもの，あるいは，小型パンのように小さく丸めたり，編んだり，オリーヴの実大にかたどって薄切りアーモンドを飾ったもの

Milch [ミルヒ] (仏lait, 英milk) 独女 ミルク，牛乳

Milcheier Überguss [ミルヒアイアー ユーバーグッス] 独男 牛乳，砂糖，ヴァニラでつくった流し込み用の溶液

Milcherzeugnisse [ミルヒエアツォイクニッセ] 独中複 乳製品→Molkereiprodukt

Milchfett [ミルヒフェット] (仏matière du lait, matière graisse du lait, 英milk fat) 独中 乳脂肪

Milchkaffee [ミルヒカフェー] (仏café au

lait, 英 milk coffee）独 男 ミルクコーヒー

Milchkrem［ミルヒクレーム］（仏 crème pâtissière, 英 confectioner's custard）独 女 クレームパティシエール．牛乳を主体とし卵黄，砂糖を入れてつくるクリーム＝Gekochterkrem, Vanillekrem

Milchkuvertüre［ミルヒクヴェルテューレ］（仏 chocolat au lait, couverture au lait, 英 milk chocolate）独 女 粉乳を添加した被覆用のチョコレート．ミルクチョコレート＝Milchschokolade

Milch-Mischgetränke［ミルヒミッシュゲトレンケ］独 中 牛乳を使った飲み物

Milchpuder［ミルヒプーダー］（仏 lait en poudre, lait sec, 英 powdered milk, dried milk, milk powder）独 男 粉乳＝Trockenmilch

Milchrahmstrudel［ミルヒラームシュトルーデル］独 男 オーストリア菓子．生クリーム，卵黄，砂糖，牛乳に浸したパンなどを薄くのばした生地で包み，アルミケースの中に詰める．表面に溶かしバターを塗って焼きあげ，ユーバーグス（→Überguss）を流し込み，全体が固まるまで再び焼く

Milchschokolade［ミルヒショコラーデ］（仏 chocolat au lait, couverture au lait, 英 milk chocolate）独 女 ミルクチョコレート＝Milchkuvertüre

Milchspeiseeis［ミルヒシュパイゼアイス］（仏 glace au lait, 英 ice milk）独 中 70％以上の牛乳を含有しているアイスクリーム．アイスミルク

Milchzucker［ミルヒツッカー］（仏 sucre du lait, lactose, 英 milk sugar, lactose）独 男 乳糖，ラクトース→Laktose

milhassou［ミラスー］仏 男 〔地方菓子〕ミディ＝ピレネー地方のミヤス／〜 de potiron　とうもろこし粉と牛乳の粥（かゆ）に甘いかぼちゃのピュレ，バター，卵を加え，レモンの皮，アルマニャックあるいはラム酒で香りづけしたタルト型に流し，オーヴンで焼いたもの．プルーンを加えることもある．ミヤスの一種＝millassou→millas(se)

milieu［ミリュー］（独Mitte, 英 middle）男 真ん中，中央／au 〜 de … …の真ん中に（で）

milk pudding［ミルクプディング］英 名 米（またはパン屑）を砂糖と牛乳で煮て，型に入れ，オーヴンで湯煎にして焼いたもの→pudding[1]

milk roll［ミルクロウル］（仏 pain au lait, 独Milchbrötchen）英 名 丸形の小型パン

milk shake［ミルクシェイク］英 名 ミルクセーキ．牛乳に香りづけしたシロップ，時にはアイスクリームを加え，かき混ぜて泡立てた冷たい飲み物

mill［ミル］（仏 broyeuse, moulin, 独 Mühle, Walze）英 名 ❶ムーラン，粉砕機／food 〜 ロボクープ，フードプロセッサー　❷ミル，粉挽き器／coffee 〜 コーヒーミル

millard［ミヤール］仏 男 オーヴェルニュ地方のクラフティ→clafouti(s)

millas(se)［ミヤス］仏 男 〔地方菓子〕ミヤス．とうもろこしの粉を使った南西地方のデザート　❶ラングドック地方などのとうもろこしの粉またはイネ科の穀物（→millet）を砂糖，水，鵞鳥（がちょう）の脂で粥（かゆ）状に煮詰めたもの．冷めてから切り分けて，グリルかフライパンで焼くか揚げて砂糖を振りかけて食す．アンジュー地方では米でもつくる（→millière）milhassou／〜 en bouillie　とうもろこし粉の粥．レモンの皮とオレンジの花水で香りをつけた粥に砂糖を振りかけ，熱いうちに供する．冷めてから切り分け，バターで焼いて砂糖を振りかける場合もある　❷シャラント地方のとうもろこしの粉を使ってフランのように焼いた菓子．卵，砂糖，レモンの皮，とうもろこしの粉，牛乳を混ぜて型に入れて焼く

millas périgourdin［ミヤス ペリグールダン］仏 男 〔地方菓子〕ペリゴール地方のミヤス．とうもろこし粉の菓子．空焼きしたパート・ブリゼに，オレンジの香りをつけたとうもろこし粉のクレームパティシエール

を入れ, オーヴンで焼く

millasson [ミヤソン] 仏男 円形のタルトレット型. 直径6〜10cm. 縁まわりに刻みがない

millassou [ミヤスー] 仏男 → milhassou

mille-feuille [ミルフイユ] 仏男 ❶ [パティスリー] ミルフイユ. 薄い層に焼いたフイユタージュを3段に重ね, その間にクレームパティシエール (キルシュ, ラム酒, ヴァニラなどの風味をつける) を挟み, 上面に粉糖あるいはフォンダンをかけたもの ❷塩味のフイユタージュの間に魚, 甲殻類ベースのアパレーユを挟んだもの. 温かいアントレとして供する

millésime [ミレズィム] 仏男 ❶ (ワインなどの) 製造年号 ❷ (年代表記の) 千の数字

millésimé, e [ミレズィメ] 仏形 製造年号入りの (秀作年の) 〜 champagne 年号入り (秀作年の) シャンパン. 通常シャンパンには製造年は記さない

millet [ミエ] (独Hirse, 英millet) 仏男 〔植〕きび, 粟. マグネシウム, 鉄分, マンガン, ビタミンBが豊富. 種, 挽き割り, スムール, 粉末の状態で市販される. ゆでてから, スープ, オムレツ, 詰め物, 付け合わせなどに使用する = petit mil → mil

millière [ミリエール] 仏女 〔地方菓子〕アンジュー地方の粥 (㋕). 米またはとうもろこし粉でつくる → millas(se)

millimètre [ミリメートル] 仏男 ミリメートル. 長さの単位. 略号 mm

mimosa [ミモザ] 仏男 ❶ 〔植〕ネムノキ科アカシア属. ミモザ, 房アカシア. 花はポンポン状で黄色 ❷ 〔糖菓〕ミモザの種子 (微粒子状) に黄色い糖衣をかけた小さな球状. ミモザの花に似せる, 菓子の飾りに使う → perle ❸ 固ゆで卵を縦に半割りにして, 黄身を裏漉ししてマヨネーズとあえ, 白身に詰めたオードヴル. または固ゆで卵のみじん切りを振りかけたミックスサラダ

mince [マンス] (独dünn, 英slight, thin) 仏形 薄い, 乏しい

mincemeat [ミンスミート] 英名 ❶ ミンスミート. ミンスパイの詰め物. 細かく刻んだ各種のレーズン, オレンジ, レモンピール, りんご, 腎臓の脂, 香辛料, 砂糖などを混ぜブランデーやラム酒を注いで寝かせる. 発酵を防ぐため冷所に保存. ❷〔古〕細かく刻んだ肉, 砂糖, 果物類, スパイスを混ぜ合わせたもの

mincemeat tart [ミンスミート タート] 英名 ミンスミートを詰めたタルト

mince pie [ミンスパイ] 英名 ミンスパイ. クリスマスに食べる小型の丸いパイ. 丸く切り抜いた2枚のフイユタージュまたはパート・シュクレの間にミンスミートを詰めて張り合わせ, 粉糖を振って真ん中に切れ目を入れて焼く

Mineral [ミネラール] (仏minéral, 英mineral) 独中 ミネラル

minér*al*, *ale* 男複 〜*aux*) [ミネラル, ロー] 仏形 鉱物の, 鉱物を含有する / eau 〜 鉱水, ミネラルウォーター / sels 〜aux 無機塩 → eau minérale naturelle

Mineralwasser [ミネラールヴァッサー] (仏eau minérale naturelle, 英mineral water) 独中 ミネラルウォーター

mingaux [マンゴー] 仏男複 ブルターニュ地方レンヌの特産品. 泡立てた生クリームの一種で, 2種類のクリーム (3〜4日冷所に放置したものと, 当日製造したもの) よりつくられる. デザートとして, 苺, フランボワーズ, ミュール, 砂糖と共に食される. 昔はエシヨデ, ガレットに供された = maingaux (rennais), mingots

mingots [マンゴ] 仏男複 → mingaux

minimum [ミニモム] 仏男 最小限, 最低, 極小 / 1h 〜 最低1時間 / en un 〜 de temps 短時間に

mint cake [ミント ケイク] 英名 (= Kendal 〜) ケンダルミントケーキ. イギリス北部ケンダルの銘菓. 砂糖, グルコース, 水, ペパーミントオイルを煮詰め, 厚さ0.5cmくらいの型に流し入れ, 固めてから1人用に

切り分ける．白砂糖を使った白色のもの，粗糖を使った薄茶のもの，チョコレートを被膜したものの3種がある．1869年につくられる．登山家の行動食として知られる

mint julep ［ミントジューレップ］英 名 ミントジュレップ．南部アメリカのミントの入ったアルコール飲料またはカクテルの一種．julepは古いペルシャ語で「ばらの水」という意味．材料はミントの葉，バーボンウィスキー，砂糖，水．作り方は諸説ある．かつては銀または錫(ｽｽﾞ)のカップで供した．現在はハイボールグラス，高さのあるオールドファッションにストローを添える

minute ［ミニュット］仏 女 分．時間の単位．略号mn

minuteur ［ミニュトゥール］(独Zeitschaltuhr, 英timer) 仏 男 タイマー

mique ［ミック］仏 女 ペリゴール地方の，小麦粉または小麦粉ととうもろこし粉でつくった丸いパンの一種．ラードか鷲鳥(ｶﾞﾁｮｳ)の脂またはバター，イースト，牛乳，卵を加えて丸めて発酵させる．ポトフに入れて一緒にゆでたり，またはスープでゆでて煮込み料理に添えたりする．平たくしたものは一度ゆでて，冷めてからフライパンで焼いてジャムをつけ，デザートとして食す

Mirabelle ［ミラベル］(仏mirabelle, 英mirabelle plum) 独 女 ミラベル．プラムの一種

mirabelle ［ミラベル］(独Mirabelle, 英mirabelle plum) 仏 女 ❶ミラベルの実．プラムの一種．小粒で丸く，果皮は濃い黄色．果肉は固く，甘く香り高い．収穫期は8月半ばから9月．主にアルザス，ロレーヌ地方で栽培される．ロレーヌ産はI.G.P.（産地名称保証）および赤ラベル（優良品質保証）．シロップ煮，ジャム，蒸留酒にするほか，タルト，フランに使われる→prune[1] ❷ミラベルのオドヴィ．ロレーヌ製のものは法定名称

mirliton[1] ［ミルリトン］仏 男 ［パティスリー］ミルリトン ❶フイユタージュをタルトレット型に敷き，中身にクレームダマンドを詰め，上部に半切りのアーモンドを3個のせて焼いたタルトレット．パリでは杏(ｱﾝｽﾞ)ジャムとアーモンドを加え，オレンジの花水で香りづけをし，ニースでは胡桃を入れている．ルバーブやミルティーユの入ったものもある ❷オレンジの花水を加えたプティフールセック

mirliton[2] ［ミルリトン］英 名 卵，砂糖を泡立てた中に粉末アーモンドを加え，タルトレット型に詰めて焼いた菓子．昔はフイユタージュを敷き込んだ

mirliton de Rouen ［ミルリトン ド ルーアン］仏 男 ［地方菓子］ノルマンディ地方ルーアンのミルリトン．パート・フイユテをタルトレット型に敷き込み，卵，砂糖，クレームダマンド，生クリームのアパレーユを詰める．表面に粉糖を振ってオーヴンで焼く

miroir ［ミルワール］仏 男 ❶［アントルメ］上面を果物のナパージュやチョコレートで均等に薄くグラサージュしたパティスリー／～ cassis 薄く焼いた数枚のビスキュイの間にカシスのムースを塗って積み重ね，上部にカシスのゼリーを一面に流して固めたもの ❷［プティフールセック］中央にジャムを円形に絞り入れたクッキー ❸（冷・温製のアントルメの表面にグラスがけした）果物のナパージュやチョコレートの，鏡のように艶やかで均等に薄い平らな面→glacer ❹鏡

mischbrot ［ミシュブロート］独 男 ミッシュブロート．セーグル70%，小麦粉30%のパン．ミックスパン．クラム（身）は非常に緻密で酸味がある．日持ちがよい．ドイツで最も食される

Mischen ［ミッシェン］(仏brassage, 英mixing, stirring) 独 中 攪拌(ｺｳﾊﾝ)

mischen ［ミッシェン］(仏mélanger, 英mix) 独 他 混ぜる，攪拌(ｺｳﾊﾝ)する

Mischung ［ミッシュング］独 女 詰め物，フィリング，混合物，製法

mise ［ミーズ］仏 女 （ある状態に）置くこと／～ au point (de la couverture) （クーヴェルテュールの）調整，テンパリング

Mispel [ミスペル] ([仏]nèfle du Japon, [英] Japanese medlar, loquat) [独] [女] 〔植〕枇杷(びわ)＝Woll-Mispel

mistelle [ミステル] [仏] [女] ミステル. アルコールを加え発酵をおさえたリキュールワイン. 自然の甘みが残る. 食前酒として飲まれる. ベルモットなどのリキュールの原料となる. ワインの蒸留酒を加えたものが地方に名産品としてある⇒floc de Gascogne, pineau des Charentes, ratafia, vin de liqueur

mitonner [ミトネ] [仏] [他] とろ火でゆっくりと煮る

Mittagessen [ミッタークエッセン] ([仏] déjeuner, [英] lunch) [独] [中] 昼食

mix[1] [ミクス] [仏] [男] ❶〔氷菓〕アイスクリーム, シャーベットの全材料を混ぜ合わせたもの ❷アパレーユ, 種⇒appareil

mix[2] [ミクス] [英] [名] インスタント食品, ミックス. 既に数種の材料が混ぜ合わせてあり, 液体を加えれば即席にクリーム, ケーキなどのアパレーユが出来あがるもの／cake ～ ケーキの素 ‖ mix [他] 混ぜる

mixage [ミクサージュ] [仏] [男] ミキサーにかけること

Mixer [ミクサー] ([仏] batteur ⟨mélangeur⟩, mixer, mixeur, [英]blender, mixer) [独] [男] ミキサー

mixer [ミクセ] ([独]mixen, vermischen, [英] blend) [仏] [他] ミキサーにかけ, 果物類を粉砕したり, 混ぜ合わせる

mixeur [ミクスール] [仏] [男] ミキサー⇒batteur, blender[1]

mixing bowl [ミクスィング ボウル] ([仏]bassine à blancs, cul-de-poule, [独] Schüssel) [英] [名] (底の丸い, 卵白, 生クリームなどの) 泡立て用ボウル, ミキシングボウル

mixture[1] [ミクステュール] [仏] [女] ❶混合物 ❷(飲食物で)えたいの知れないもの, 奇妙な混ぜ物

mixture[2] [ミクスチャー] [英] [名] 混合したもの, 種

Mocca [モッカ] ([仏] moka, [英] mocha) [独] [男] モカコーヒー＝Mokka

mocha [モウカ] ([仏] moka, [独] Mokka) [英] [名] ❶モカコーヒー ❷モカ香料. コーヒーとココアまたはチョコレートを混ぜてつくったもの, 菓子に用いる ❸ジェノワーズに, コーヒー風味のバタークリームを挟んだ菓子

modelage [モドラージュ] ([独]Formgebung, [英] mo⟨u⟩lding) [仏] [男] 形づくり, 成形／～ de la pâte d'amandes パート・ダマンド(マジパン) 細工. 果物, 野菜, 動物などの形につくる⇒massepain

modèle [モデール] ([独]Model, Muster, [英] model, pattern) [仏] [男] ❶手本, 模範, 見本 ❷型, 原型, 模型

modeler [モドレ] ([独] modellieren, [英] model) [仏] [他] (パート・ダマンドなど) 柔らかく粘性のあるものを指先や道具を使ってある形につくる／～ des fruits en pâte d'amandes パート・ダマンドで果物をつくる

modellieren [モデリーレン] [独] [他] 模型をつくる, 細工物をつくる

Modellierholz [モデリールホルツ] [独] [中] マジパンスティック⇒Modellierstab, Modellierstäbchen

Modellierstab [モデリールシュタープ] [独] [男] マジパンスティック⇒Modellierholz, Modellierstäbchen

Modellierstäbchen [モデリールシュテープヒェン] ([仏] ébauchoir, [英] marzipan stick) [独] [中] マジパンスティック. マジパン細工用のスティック状の器具⇒Modellierholz, Modellierstab

modelling chocolate [モドリング チョコレット] ([仏] chocolat plastique, [独]Plastikschokolade) [英] [名] プラスティックチョコレート. 細工用チョコレート. クーヴェルテュールに水アメなどを混ぜたもの

modelling paste [モドリング ペイスト] [英] [名] 細工用生地. 菓子の装飾にする花, 動物

などをつくるアーモンド, チョコレート, アメなどの生地

modéré, e [モデレ]（独bescheiden, mäßig, 英moderate）仏形 節度のある, 適度な, 手ごろな／cuire à four 〜 中温で焼く

modérer [モデレ]（独mäßigen, 英moderate）仏他 ❶和らげる, 控え目にする ❷温度を下げる

modern [モデルン]独形 近代的な

modifier [モディフィエ]（独modifizieren, 英modify）仏他 変える, 修整する, 調整する

moelleux, se [ムワルー, ルーズ]（独weich, 英soft）仏形 柔らかい, まろやかな

moelleux du Limousin [ムワルー デュ リムーザン]仏男 → creusois

M.O.F. [モフ] 仏男 meilleur ouvrier de France, un des meilleurs ouvriers de Franceの略. フランス国家最高職人に授与される称号. フランス政府が行なう厳格な技術試験の合格者

Mohn [モーン]（仏pavot, 英poppy seed）独男 芥子の実→Mohnsamen

Mohnbeugel [モーンボイゲル]独中女 発酵生地を小切りにし, 平らにのばし, 中に芥子の実を入れた種を包む. これをクロワッサン形, あるいは「く」の字に成形し, 卵黄を塗って, 焼く

Mohngugelhupf [モーングーゲルフップフ]独男 芥子の実の入ったクグロフ

Mohnkuchen [モーンクーヘン]独男 底に発酵生地またはミュルベタイク（→Mürbeteig）を敷き込み, 芥子の実をたっぷり使った種を盛りつけて焼いた菓子

Mohnsamen [モーンザーメン]独男 → Mohn

Mohnstollen [モーンシュトレン]独男 シュトレン生地を四角形にのばし, 芥子の実入りの種を塗り, 両側からロール状に巻き, 長方形の焼き型に入れて焼いた菓子

Mohnstrudel [モーンシュトルーデル]独男 芥子の実の入ったオーストリアのシュトゥルーデル. 生地をのばし, 芥子の実, バター, レーズン, シナモンなどを入れた種を塗って巻く. 型に入れ, 発酵させて焼く

Mohrenkopf [モーレンコップフ]（仏othello）独男 プティフールの一種. ビスキュイ生地を小さなドーム状に絞って焼き, 中をくり抜いてクリームを詰める. 上からチョコレートやクリームをかけて仕上げる. また薄くのばしたパート・ダマンドでこれを包み, いろいろな形につくることもある.「ムーア人の頭」という意味

Mohr im Hemd [モール イム ヘムト]独男 温かいアントルメ. バターと砂糖を泡立て, 牛乳に浸したパン, 溶かしチョコレート, 卵黄, ムラングなどを加え, プディング型に絞り込んで湯煎で焼く. 軽く泡立てた生クリームをかけて供する.「シャツを着たムーア人」という意味

Mohrrübe [モールリューベ]（仏carotte, 英carrot）独女 にんじん

moindre [ムワンドル]仏形 ❶（petitの比較級, 多く抽象的・比喩的意味）より小さい, 少ない, 劣った（独weniger, 英lesser）❷（定冠詞, 所有形容詞を伴い）最も小さい（独wenigst, 英least）

moiner [ムワネ]仏自 （プラリーヌの製作時に）プラリーヌが互いにくっついてしまう

moins [ムワン]（独wenig, 英less）仏副 ❶より少なく ❷（定冠詞を伴い）最も少なく ‖ moins男 最小限のこと／au 〜 少なくとも ‖ moins 前 マイナスの, 零下の ‖ moins形 より少ない／de 〜 （数量表現のあとで）…より少なく, 不足して

moisir [ムワズィール]（独schimmeln, 英get moldy）仏自 かびが生える ‖ 他 かびさせる

moist [モイスト]（仏humide, mouillé, 独feucht）英形 湿った, 水気のある

moisten [モイスン]（仏mouiller, 独anfeuchten）英他 湿らす

moitié [ムワティエ]（独Halb, 英half）仏女 半分／partager en deux 〜s 2等分に

する／à～　半ば, 半分／crème fraîche fouettée à～　半立て生クリーム

moka ［モカ］（独Mokka, 英mocha）仏女 ❶モカコーヒー. イエメン産, エチオピア産コーヒー豆の総称. アラビア半島南西部, イエメン共和国のモカ港からかつて輸出されたことに由来する名称. 香り高く, 苦みがある. 濃く抽出し, デミタスカップ（小さなカップ）で供される　❷〔アントルメ〕ジェノワーズを数段に切ってコーヒー風味のシロップを染み込ませ, 間にコーヒー（またはチョコレート）の香りをつけたバタークリームを挟んだもの

moka des thés ［モカ デテ］仏男　雲南茶 →yunnan

moka du thé ［モカ デュテ］仏男＝moka des thés, yunnan

Mokka ［モッカ］独男　モカコーヒー

Mokka-Kuvertüre ［モッカ クヴェルテューレ］独女　コーヒーの香りをつけたクーヴェルテュール

molasses ［ムラシーズ］英名　モラセス, 廃糖蜜. 製糖時の副産物で, 粘性のある黒褐色の液体∥米糖蜜（＝treacle）

mo(u)ld ［モウルド］英名　❶型, 菓子を焼く型. 次のような菓子製作に用いる. クグロフ, サヴァラン, シャルロット, スフレ, ダリオール, タルトレット, パイ, ババロワ, パテ, バルケット, ブリオッシュなど（仏moule, 独Form）❷型に入れてつくったもの. ゼリー, ブランマンジェなど∥mo(u)ld他　形づける,（型に入れて）つくる, かたどる

Molkereiprodukt ［モルケライプロドゥクト］（仏laitage, produits laitiers, 英dairy products）独中　乳製品＝Milcherzeugnisse

mombin ［モンバン］仏男〔植〕ウルシ科. モンビン. 卵形の果物. 色は黄, または濃い赤. メキシコ, フィリピン, アンティル諸島で栽培. 果肉は黄色で, 果汁が豊富で甘く, オレンジに似ている. 生食するか, コンポート, ジャム, ドライフルーツにする＝spondias →prune d'Espagne

moment ［モマン］（独Moment, 英moment）仏男　一瞬, 時間, 時機／au～de(l'utilisation)（使用）する時に

monarde ［モナルド］（独Goldmelisse, 英monarda didyma）仏女〔植〕シソ科ヤグルマハッカ属. 松明花(たいまつばな), ベルガモット. 花と葉は香辛料として使用. 乾燥させてハーブティーとしての飲用は, 鼻詰まり, ストレス, 不眠緩和に効果があるといわれている

monbazillac ［モンバズィヤック］仏男　モンバズィヤック. フランス南西部地方産の甘口AOP白ワイン

mondé, e ［モンデ］仏形　（熱湯に浸して）薄皮をむいた／amande～e　薄皮をむいたアーモンド

monder ［モンデ］仏他　湯むきする. アーモンド, ヘーゼルナッツ, ピスタチオ, 桃などを数秒間熱湯に浸して薄皮をむく→émonder

montage ［モンタージュ］（独Montage, 英assembling）仏男　（菓子の）組み立て, 仕上げ

Montagné, Prosper ［モンタニエ, プロスペール］仏固男　プロスペール・モンタニエ（1864-1948）. フランスの料理人. 料理コンクールを初めて開催したり, 多数の展示会を主催.『挿絵入り高級料理Grande cuisine illustrée』（1900）をはじめ, 著書多数.『ラルース美食事典Larousse gastronomique』初版(1938)の著者

mont-blanc ［モン ブラン］仏男　モンブラン　❶〔冷アントルメ〕円形のサブレかメレンゲの上に栗のピュレを絞り出し, 頂きをシャンティイで飾る. アルザス地方ドイツ語圏ではトルシュ・オ・マロン（torche aux marrons）ともいう　❷M～-B～　アルプス山脈中の最高峰

monté, e ［モンテ］仏形　❶泡立てた／blancs d'œufs～s　泡立てた卵白　❷組み立てられた／pièce～e　数段に積みあげてつくった行事菓子

monter [モンテ] 仏他 ❶（泡立て器で）卵白, 生クリーム, アパレユなどをより軽く, ふんわりと量が増すように泡立てる（独 aufschlagen, schlagen, 英 whisk）／〜 des blancs d'œufs en neige 卵白を固く泡立てる ❷別々につくった菓子を1つの大きな菓子に組み立てる／〜 une pièce montée ピエスモンテを組み立てる ❸ソースにバターを少しずつ加え, 滑らかで艶のあるものに仕上げる

montmorency [モンモランスィ] 仏女 ❶〔植〕（= cerise de 〜）さくらんぼ（酸果桜桃）の一品種. 中粒→cerise ❷〔アントルメ〕数段に切ったジェノワーズの間にシロップ煮のさくらんぼを挟み, ムランイタリエンヌで全体をおおい, 上部にさくらんぼの砂糖漬けを飾ったもの ❸さくらんぼを使ったアイスクリーム, ボンブ, タルト, タルトレットにつけられる名称

montpensier [モンパンスィエ] 仏男 〔パティスリー〕ジェノワーズ生地に, 粉末アーモンド, レーズン, 砂糖漬け果物を混ぜて焼いたもの

Moppen [モッペン] 独男 たっぷりスパイスをきかせたホーニッヒタイク（→Honigteig）を円形につくって焼き, グラセした菓子

moque¹ [モック] 仏女 陶製のカップの一種. シードル酒用. 計量カップとしても使う

moque² [モック] 仏女 〔地方菓子〕（= 〜 gantoise）ベルギーのゲントの銘菓. 粗糖とクローヴを入れた発酵生地を横長に太めに丸め, グラニュー糖の中に転がして, 厚目の輪切りにし, 弱火で焼いたもの

morceau [複 〜x][モルソー] 仏男 ❶（食物の）1片, 1切れ（独 eine Scheibe, ein Stück, 英 piece）❷（角砂糖）1個（独 ein Stück Würfelzucker, 英 lump sugar）

moro [モロ] 仏女 ブラッドオレンジの一品種→sanguine

mortier [モルティエ]（独 Mörser, 英 mortar）仏男 （食物をすりつぶし, 粉末状やペースト状にする）乳鉢, すり鉢. 木, 石, 陶, 大理石製, 内側に刻み目はない

morve [モルヴ] 仏女 ❶ 113〜115℃に煮詰めた糖液→〔付録〕le sirop et le sucre cuit ❷洟（はな）, 鼻汁

mosaic cake [モゼイク ケイク] 英名 2色のショートブレッド生地を張り合わせ, 小口切りにして焼いたクッキー

mosaïque [モザイク]（独 Mosaik, 英 mosaic）仏女 ❶〔パティスリー〕円形のジェノワーズの間に, 杏（あん）ジャムとバタークリームを挟み, 表面に白いフォンダンをかける. その上に杏とすぐりのジャムを交互に平行に線状に絞り出し, 次にナイフの先で縦方向で交差するように筋を引いてモザイク模様にしたもの ❷モザイク模様, 寄せ木細工 ❸寄せ集め

moscovite [モスコヴィット] 仏形 モスクワの ‖ moscovite 男 ❶〔冷アントルメ〕バヴァロワ生地に類した生地を型に入れて冷やし固めたアントルメに付される名称. 果物入りバヴァロワ, グラスプロンビエール（→plombière）, 上部をアイスクリームまたは果物を混ぜたクレームでドーム状にしたキルシュ風味のビスキュイグラセ（→biscuit glacé）などがある ❷〔古〕六角形のドーム型（moule à moscovite）に詰めてつくったアイスクリーム

motif [モティフ] 仏男 モチーフ, 主題, 模様, 絵柄／évider les 〜s avec un emporte-pièce 抜き型でモチーフを抜く

motte [モット] 仏女 塊／〜 de beurre バターの塊

mou, molle [ムー, モル]（独 weich, zart, 英 soft, feeble）《母音または無音のhで始まる男性単数の前では mol [モル]》仏形 柔らかい, 弱い／beurre 〜 柔らかいバター

moucheter [ムシュテ] 仏他 ❶（パート・ダマンドでつくった小物に色粉やチョコレートを吹きつけて）斑点をつける／〜 des fruits （パート・ダマンドでつくった果物に）色粉を吹きつける ❷チョコレートの小

mouillage [ムイヤージュ] (独Benetzung, 英wetting) 仏男 ❶アメなどが湿り気を帯びること ❷(材料に)水分を加えること

mouillé, e [ムイエ] 仏形 湿った, 濡れた, 水で薄めた／pinceau 〜 濡らした刷毛

mouillement [ムイユマン]仏男 加熱したり, エキスを染み出させたり, ソースをつくるために加える液体. 水, 牛乳, ワイン, フォンなど

mouiller [ムイエ] (独anfeuchten, verdünnen, 英moisten) 仏他 ❶刷毛やブラシを使って台や型の表面を水で湿らす, 濡らす ❷ (調理材料を柔らかくしたり, 加熱するために)液体(牛乳, 水, 卵など)を加える／〜 à hauteur 加熱するために材料全体が隠れる程度に液体を入れる ❸シロップをつくる時, 砂糖を湿らす ❹ (ジュースをつくるのに)液体を加える

mouillette [ムイエット] 仏女 細長く小さく切った生またはトーストしたパン. 半熟卵の卵黄部分をこれですくって食する

mouillure [ムイユール] 仏女 ❶台や型を湿らす水を入れておく容器 ❷濡らした刷毛や, 筋書きをするフォークを入れておく水の入った容器

moulage [ムーラージュ] (独Formen, 英molding) 仏男 ❶チョコレートなどの小物を型に流し込んでつくること ❷型取り, 型詰め

mould [モウルド]英他 →mo(u)ld

moule [ムール] (独Form, 英mo⟨u⟩ld) 仏男 型, 押し型. パティスリー, パン, アントルメ, アイスクリーム, ゼリー, パテ, 糖菓など菓子をかたどったり, 焼いたりするための深さのある容器. 素材はブリキ, シリコン, アルミ, ほうろう, 陶器, 耐熱ガラス, 耐火性の土器→囲い[moule à glaces]

moule à brioche [ムール ア ブリオシュ] (独Briocheform, 英ribbed brioche mo⟨u⟩ld) 仏男 ブリオッシュ型. 口広がりの縁高で, 14のひだがある菊型. ほかにムスリーヌ, ナンテール用がある

moule à brioche mousseline [ムール ア ブリオシュ ムスリーヌ] 仏男 ムスリーヌ型. 縦長のブリオッシュ型

moule à brioche Nanterre [ムール ア ブリオシュ ナンテール] 仏男 →moule à brioche rectangulaire

moule à brioche rectangulaire [ムール ア ブリオシュ レクタンギュレール] 仏男 長方形のブリオッシュ型, ナンテール型＝moule à brioche Nanterre

moule à cake [ムール ア ケーク] (独Keksform, 英bread tin, cake tin) 仏男 パウンドケーキ型. パウンドケーキ, ブリオッシュ・ナンテールを焼く. 縁高で, やや口広の長方形

moule à charlotte [ムール ア シャルロット] (独Charlottenform, Charlott-Russe-Form, 英charlotte mould) 仏男 シャルロット型. シャルロットをつくるのに使われる. バケツ形で両側に取っ手がついている

moule à chocolat [ムール ア ショコラ] 仏男 チョコレート用の型. チョコレートをかたどるもので, 2つ1組で合わせて用いる. イースター用の卵, うさぎ, 鶏, 鐘やクリスマス用の薪, 木靴, その他, 祝祭日用の聖人像, 魚などがある

moule à colonne [ムール ア コロンヌ] (独Entkerner, 英peeler) 仏男 芯取り器. 果物の芯をとったり, 野菜を円形に切るための道具→colonne

moule à décor [ムール ア デコール] 仏男 飾り物やピエスモンテの組み立てに用いる小物をかたどる型. 柱, 白鳥, 豊饒の角(3), クープなどをヌガティーヌ, パスティヤージュ, シュクルマッセなどでかたどる

moule à feuille [ムール ア フイユ] 仏男 葉の押し型. 葉脈がついていて, 材料を上から押しあて, 葉の形をつくる. パート・ダマンド, アメ細工などに使う

moule à glaces [ムール ア グラス] (独Eisform, Glaceform, 英ice-cream mo⟨u⟩ld)

(仏)(男) 氷菓用の型→囲み[moule à glaces]
moule à kouglof [ムール ア クグロフ] (仏)(男) クグロフ型. クグロフを焼く特別の型. サヴァラン型を深く, 縁高にし, 斜めにうねりが入る. 陶製あるいはブリキ製
moule à madeleine [ムール ア マドレーヌ] (仏)(男) マドレーヌ型. 細長いほたて貝の形をしている
moule à manqué [ムール ア マンケ] ((独) Tortenform, (英) sponge mould, gâteau-base tin) (仏)(男) マンケ型. ビスキュイ, ジェノワーズを焼く. 円形, 四角形, 楕円形(コロンビエ用)がある
moule à pain de mie [ムール ア パン ド ミ] (仏)(男) 白パン型. 長方形の型で蓋がついていてクリップで留める. 長方形のパンを焼く. またカナッペ用は樋型で, クリップで上下を合わせて円形に焼くことができる
moule à panier [ムール ア パニエ] (仏)(男) 籠をつくる型. 平らな厚みのある板に数個の穴があり, その中に棒を差し込み, 円形, 楕円形の籠を編む. アメ細工(引きアメ)用= mandrin fond et ovale
moule à petits fours [ムール ア プティ

---

moule à glaces

moule à bombe [ムール ア ボンブ] ((独) Bombeform, (英) conical bombe mo⟨u⟩ld) ボンブ型. 高さのある円錐形で先は平らで少し丸みがある. ボンブ, パルフェ, シャーベットを詰める
moule à boule de neige [ムール ア ブール ド ネージュ] ブール・ド・ネージュ型. 半球形で, クリップで留め, 2つ1組の球体になる
moule à brique [ムール ア ブリック] ブリック(煉瓦)型. 長方形で上下に蓋がついていて取りはずせる. 上部の蓋に10〜12に切り分けられるように印がついている. 切り分け用のビスキュイ・グラセ, トランシュ・ナポリテーヌに使用
moule à bûche glacée [ムール ア ビュッシュ グラセ] ビュッシュ・ド・ノエル用型. 長方形で底は丸い樋型
moule à cassate [ムール ア カサート] カサート用型. 円筒形で, 先は平らで丸みを帯びている. カサート, プロンビエール用= moule à plombière
moule à parfait [ムール ア パルフェ] パルフェ用型. 円錐形. 頂きは平らで心持ち丸みを帯びている. 小型のパルフェやシャーベット用
moule à plombière [ムール ア プロンビエール] = moule à cassate
moule bloc sucette [ムール ブロック スュセット] シュセット型. 長方形で, 12のブロックに分かれている. 12個のシュセットができる
moule carré à rosace [ムール カレ ア ロザース] ばら模様付きの正方形の型
moule comtesse marie [ムール コンテス マリー] ((英) Comtesse Marie ice-cream mo⟨u⟩ld) マルキーズ(侯爵夫人)型. スカートの部分をつくる型で, 陶製やプラスチックの貴婦人の上体をのせて人形をつくる
moule melon [ムール ムロン] メロン型. 刻み模様がついた半球形で, 2つ1組(クリップで留める)

moule à pièces montées［ムール ア ピエス モンテ］(仏)(男) ピエスモンテ用型→breton, gorenflot, Savoie

moule à revêtement antiadhésif［ムール ア ルヴェットマン アンティアデジフ］(男) テフロン加工の型

moule à savarin［ムール ア サヴァラン］(仏)(男) サヴァラン型, リング型. 王冠形をしている

moule à soufflé［ムール ア スフレ］(独)Auflaufform, (英)soufflé mo⟨u⟩ld)(男) スフレ型. 円筒形, 縁高

moule à tarte［ムール ア タルト］(男) タルト型. 円形で縁が浅い. 刻みのあるもの, ないもの, また底がはずれるものなどがある ＝tourtière

moule à trois frères［ムール ア トロワ フレール］(仏)(男) トロワ・フレール型. クグロフ型に似ているが, 高さがあまりない. サヴァラン型の一種

moule gouttière à bûche［ムール グティエール ア ビュッシュ］(仏)(男) 樋型. 長方形で底が丸い. ビスキュイ, ジェノワーズ生地をビュッシュ・ド・ノエル(クリスマスケーキ用の薪形)に焼く. あるいはビュッシュグラセをつくる

mouler［ムレ］((独)formen, (英)mo⟨u⟩ld)(仏)(他)（流動状, またはペースト状のものを型に流し, 加熱, 冷却あるいは冷凍して）型取りをする

moule transparent en verre à feu［ムール トランスパラン アン ヴェール ア フ］(仏)(男) 耐熱ガラス製の型

moulin［ムーラン］((独)Mühle, (英)food mill)(仏)(男)（食物を）挽く器具, ムーラン, ミル／〜 à café コーヒーミル／〜 à légumes 野菜ミル, ムーラン. 野菜, 果物などを挽く要領でつぶし, ピュレ状にする器具＝moulin-râpe

mouliner［ムリネ］(仏)(他) 果物・野菜を野菜ミルにかけて押しつぶす／〜 des carottes にんじんをミルにかけてつぶす

moulinette［ムリネット］(仏)(女) ムリネット. 家庭用小型野菜ミル／〜 électrique 電動ムリネット

moulin-râpe［ムーラン ラップ］(仏)(男) →moulin

moulu, e［ムリュ］((独)gerebelt, (英)ground)(仏)(形) 砕いて粉末状にした／café 〜 挽いたコーヒー

mousse［ムース］(仏)(女) ❶ムース. 滑らかに裏漉ししたもの, 溶かしたものなどを泡立てたもの（生クリーム, 卵白, ムラングイタリエンヌなど）をよく混ぜ合わせ, 軽くとろけるように仕上げた菓子や料理. ゼラチンなどのゲル化剤を加えて成形することもある. 一般に冷製だが温製もある. アントルメには, 果物のピュレやコーヒー, チョコレートなどが使われる→［付録］les crèmes／〜 au chocolat チョコレートムース. 溶かしたチョコレート. 卵黄, 生クリームを均一に混ぜ, 泡立てた卵白を加えたもの ❷泡, 気泡

mousse du Japon［ムース デュ ジャポン］(仏)(女) 寒天＝agar-agar

mousse glacée［ムース グラセ］(仏)(女)〔氷菓〕ムースグラセ. 氷菓用のムース. 卵黄または果物を使い, 非常に軽く滑らか. ボンブ, ヴァシュラン, スフレグラセやアントルメグラセの内部に用いる. 卵黄を使う場合, クレームアングレーズにゼラチンを加え, 香りをつけ, 冷めてから泡立てた生クリームを混ぜ, 冷凍庫で冷やし固めるか, クレームアングレーズを回転凍結させてから泡立てた生クリームを加える. 果物を使う場合, 果肉またはピュレに, 比重度(1.3574)のシロップと泡立てた生クリームを混ぜ, 冷凍庫で固める→［付録］la glacerie

mousseline［ムスリーヌ］(仏)(女) ❶軽く繊細な食感を表現する呼称. パティスリー, クリーム, 料理名につけられる／brioche

～ 通常よりバターを多く含むブリオッシュ生地を円柱形に焼いたもの / biscuit ～ à l'orange　2段に切り分けたビスキュイの間にオレンジのマルムラードを塗り、キュラソーで湿らせ、菓子全体をキュラソー入りのフォンダンでグラスがけしたパティスリー / crème ～　バタークリームとクレームパティシエールを混ぜ合わせたもの / sauce ～　ソース・ムスリーヌ→［付録］les crèmes ❷ムースの一種　❸ムスリーヌ，モスリン．ごく薄く軽い布

mousser [ムセ]（独schäumen, 英whip）仏自 ❶アパレーユが軽くふんわりと膨らむように泡立つ　❷泡立つ

mousseux, se [ムスー, スーズ]（独schaumig, 英foamy, frothy）仏形　泡立つ，ふっくらもした / vin ～　発泡性ワイン‖mousseux 男　（シャンパーニュ地方産以外の）発泡性ワイン，スパークリングワイン

mouvement [ムーヴマン]（独 英男）移動，運動

mouvette [ムヴェット]仏女　木杓子．平たく，円形の柄の長い木匙．ソース，クリームの攪拌(かくはん)に使う

moyen [ムワイヤン]（独Weg, 英way）仏男　手段 / au ～ de rognures de feuilletage　フイユタージュの断ち屑を使って

moyen, ne [ムワイヤン, ムワイエンヌ]（独 mittel-, 英middle）仏形　中間の，中位の，普通の，一般の / four ～　中温のオーヴン

Mozarttorte [モーツァルトトルテ]独女　モーツァルトの名をとったチョコレートのアントルメ．ザッハトルテよりやや軽い生地で焼く．仕上げはまわりをチョコレートで包み、上にチョコレートコポーを振りかけたり、ヴァイオリンをかたどったパート・ダマンドやチョコレートの細工物をあしらったりする．ハプスブルク家の夏の宮殿として有名なシェーンブルン宮殿から名前をとって、シェーンブルントルテとも呼ばれている

mucilagineux, se [ミュスィラジヌー, ヌーズ]（独schleimig, 英mucilaginous）仏形　ペクチンを含んだ粘着性のある，粘着質の / fruit ～　ペクチンを含んだ果実

muesli [ミュズリ]仏男　ミューズリー．主にオート麦をベースに複数の穀類やドライフルーツなどを混ぜたシリアル．朝食用．ドイツ語圏スイスで発案された→céréale

muffin [マフィン]英名 ❶マフィン．イギリスの軽食用パン．柔らかい発酵生地を丸め、米の粉を振って焼いた小型パン．水平に2つ割りにしてトーストし、バター，ジャムを添えて供する　❷こけもも、バナナ、ブルーベリーなどを入れて焼いたカップケーキ．主にアメリカで食される

mulberry [マルベリ]（仏mûre, 独Maulbeerbaum）英名 ［植］クワ科．桑の木，桑の実

Mulde [ムルデ]（仏bassine, 英casserole pan）独女　口広がりの両手鍋

multiple [ミュルティープル]仏形　数多くの、多種多様な、複雑な

multiplier [ミュルティプリエ]（独vermehren, 英multiply）仏他（数，量を）増やす

muni, e [ミュニ]仏形　…をつけた，…を備えた / une poche ～e d'une douille ronde　丸口金をつけた絞り袋

munir [ミュニール]仏他　…を備えさせる，…を取りつける

mûr, e [ミュール]（独reif, 英ripe）仏形　（果物などが）熟した / poire ～e　熟れた梨

Mürbegebäck [ミュルベゲベック]（仏petits fours secs, 英biscuit, cookie）独中　プティフールセック，ビスケット，クッキー→Gebäck, Konfekt（スイス独語），Plätzchen, Teegebäck

Mürbeteig [ミュルベタイク]（仏pâte sucrée, 英sweet short paste）独男　甘みのあるサブレ生地，パート・シュクレ生地＝Mürbteig, Zuckerteig

Mürbteig [ミュルブタイク]独男 →Mürbeteig

mûre ［ミュール］⓵ 囡 ❶〔植〕(=～ sauvage) バラ科キイチゴ属. ブラックベリー. 黒に近い赤色の実で, 9〜10月に熟す. ビタミンC, Bが豊富. ジャム, コンポート, ゼリー, タルト, パイ, 氷菓, 糖菓, ラタフィア, リキュールなどにする (⓸Brombeere, ⓹blackberry) ❷〔植〕クワ科クワ属. 桑の実. 用途は❶と同じ. 植物繊維が多い. ビタミンが少ない (⓸Maulbeere, ⓹mulberry) ❸〔地方菓子〕/ ～ du Dauphiné ドーフィネ地方のブラックベリーの形につくったパート・ド・フリュイ

mûroise ［ミュルワーズ］(⓸Loganbeere, ⓹loganberry) ⓵ 囡 木苺の一種. フランボワーズとほかの木苺の交配種

mûron ［ミュロン］⓵ 男 黒苺. ブラックベリーともいう→mûre, ronce

Mus ［ムース］(⓵⓹ mousse) ⓸ 中 ムース→Schaum

muscade ［ミュスカッド］(⓸Muskatnuss, ⓹nutmeg) ⓵ 囡 〔植〕ニクズク科. ナツメグ, 肉荳蔲(にくずく). 原産はインドネシア, モルッカ島. 香辛料の一種 / noix ～ ナツメグの種子. 表面をナツメグおろしでおろして使用する. 製菓では, 蜂蜜やレモンを使ったもの, コンポート, 果物を使ったタルト, フルーツケーキ, チョコレートムースやソースなどの香りづけに使う. ナツメグの仮種皮はメースという→macis

muscadine ［ミュスカディーヌ］⓵ 囡 〔糖菓〕ボンボン・ショコラ. オレンジ系リキュールで香りをつけたガナッシュを楕円形に丸め, クーヴェルテュールで被膜してから, 粉糖を付着させたもの. トリュフの変種→truffe

muscat ［ミュスカ］⓵ 男 ❶マスカット. 麝香(じゃこう)の香り高いぶどうの品種の総称. 白系, 黒系, 生食用, 醸造用と多数の変種がある. 小粒で, 白系の固く締まっているマスカット種からは天然甘口のワインをつくる / ～ d'Alexandrie アレキサンドリア・マスカット. コートダジュールで栽培される品種 ❷ミュスカ 1) 黒系または白系の品種からつくられる天然甘口ワイン. ほとんどがラングドック地方とルシヨン地方産 / ～ de Flotignan ミュスカ・ド・フロンティニャン. ラングドック地方フロンティニャンのAOPリキュールワイン 2) アルザス・ミュスカ. アルザス地方のマスカット種唯一の辛口AOP白ワイン

muscat de Hambourg ［ミュスカ ド アンブール］⓵ 男 生食用の黒ぶどう. 実はやや楕円形. 中粒, 薄皮. 麝香(じゃこう)の香りがする. 産地はプロヴァンス, ラングドック, ミディ=ピレネー地方→raisin¹, raisin noir

muscat du Ventoux ［ミュスカ デュ ヴァントゥー］⓵ 男 生食用のAOP黒ぶどう. やや楕円形. 青味を帯びた黒色. 薄皮. 麝香(じゃこう)の香りがする. 産地はプロヴァンス地方ヴォクリューズ

muscovado ［ミュスコヴァド］⓵ 男 マスコヴァド. 砂糖きびからとる黒(砂)糖. 黒褐色. 19世紀以来, フィリピンの重要な輸出品で, マスコヴァド(mascovado)と呼ばれていた

Muskat ［ムスカート］⓸ 男 ❶ナツメグ, 肉荳蔲(にくずく) ❷マスカット

Muskateller ［ムスカテラー］(⓵⓹ muscat) ⓸ 男 マスカット

Muskatnuss ［ムスカートヌッス］(⓵〈noix de〉 muscade, ⓹nutmeg) ⓸ 囡 ナツメグ, 肉荳蔲(にくずく)

muskmelon ［マスクメロン］⓹ 名 マスクメロン. 芳香の強いネットメロン

musqué ［ミュスケ］⓵ 形 ムスクの, 麝香(じゃこう)の香りがする. かつては麝香鹿の匂いを連想させる形容であったが, 現在は, 干し杏(あんず), 白桃, 干しいちじく, 蜂蜜の香りを喚起させる植物性の匂いを表現する

Muster ［ムスター］(⓵gaufrure, ⓹stamp, embossment) ⓸ 中 模様

musty ［マスティ］(⓵moisi, ⓸dumpf, schimmlig) ⓹ 形 (貯蔵状態が悪いために) 小麦粉や卵の鮮度が落ちた, 腐った, かびた

Muttertag ［ムッタータ－ク］(⓵fête des

mères, 英Mother's Day)独男 母の日

Mutzen ［ムッツェン］独女 ライン地方の揚げ菓子. 生地を薄くのばし, ひし形に切ってから油で揚げる. カーニヴァルの頃食べる

Mutzenmandeln ［ムッツェンマンデルン］独女複 ライン地方の銘菓. アーモンドのような形をした特殊な抜き型で生地を抜きとり, 油で揚げたもの

myrte ［ミルト］(独Myrte, 英myrtle) 仏男 〔植〕フトモモ科. 銀梅花（ぎんばいか）. 地中海沿岸に生える常緑の低木. ねずの実とローズマリーを合わせたような芳香がある. コルシカ料理やリキュールの香りづけに用いられる. 花は小さく, 白色, 古くはヴィーナスの神木とされ, 愛の象徴として結婚式の花輪に用いる

myrtille ［ミルティーユ］(独Heidelbeere, 英bilberry) 仏女 ツツジ科スノキ属. ビルベリー, ミルティーユ. ヨーロッパ原産. 野生の小低木で, 実は豆粒大で酸味があり, 暗紫色. 園芸種は粒が大きく, 風味に欠ける. ビタミンC, Eに富み, アントシアニンを多く含む. 野生のものは野生動物の寄生虫を避けるためよく洗浄して食す. タルト, アイスクリーム, シャーベットおよびコンポート, ジャム, ゼリー, シロップ, リキュールに使われる = airelle bleue, brimbelle ／ ～ d'Amérique ブルーベリー→airelle

nachdunkeln ［ナーハドゥンケルン］（㊛ foncer, ㊛darken）㊄ 自 濃くする

Nachspeise ［ナーハシュパイゼ］㊄ 女 ⇒ Dessert, Nachtisch

Nachtisch ［ナーハティッシュ］（㊛ ㊛dessert）㊄ 男 デザート⇒ Dessert, Nachspeise

Nahrhaftigkeit ［ナールハフティヒカイト］（㊛alimentation, nourriture, ㊛ nourishment, nutrition）㊄ 女 栄養

Nahrung［ナールング］（㊛aliment, alimentation,㊛sustenance）㊄ 女 （栄養上の）食物, 食べ物⇒Ernährung

Nahrungsmittel［ナールングスミッテル］㊄ 中 複 食料品⇒Lebensmittel

nantais［ナンテ］㊛ 男 ❶［地方菓子］（= gâteau 〜）ナンテ地方の銘菓. 粉末アーモンド, バター, 砂糖をベースにしたラム酒風味の柔らかい菓子. 全体を杏（㊂）ジャムを混ぜた粉糖でグラサージュする ❷［フールセック］（= sablé 〜）菊型のサブレ 1）サブレ生地を菊型で抜き, 卵黄を塗った表面に格子の筋模様を引いて焼く 2）粉末アーモンド, または砂糖漬け果物が入る

Nanterre［ナンテール］㊛ 女 ❶（= brioche 〜）ブリオッシュ生地を長方形の型（ナンテール型）で焼いたもの⇒brioche ❷パリの西に位置する都市名

Napfkuchen ［ナップフクーヘン］㊄ 男 ❶クグロフ型で焼いた, 発酵生地の重たい菓子 ❷アルトドイチェマッセ（⇒Altdeutschemasse）をクグロフ型で焼いた菓子 = Gugelhupf, Kouglof, Kugelhopf, Rodonkuchen, Topfkuchen

napolitain, e ［ナポリタン, テーヌ］㊛ 形 ナポリの ‖ napolitain 男 ❶［古］［アントルメ］円筒形または六角形の大型菓子. アントナン・カレーム（⇒Carême）考案. 数枚のアーモンド入りビスキュイの薄切りにジャムを塗って重ね, 中をくり抜き, 杏（㊂）などのジャムを全体に塗り, パート・ダマンドや砂糖漬け果物で飾る ❷（= fond 〜）粉末アーモンド入りパート・シュクレを円形に焼いたものに, バタークリームまたはジャムを挟む ❸［パティスリー］（= chausson 〜）ショソン・ナポリタン, ナポリ風ショソン. 薄くのばしたフイユタージュ生地を巻いて, 厚さ1cmの小口切りにして楕円形にのばす. そこにクレームパティシエールとシュー生地, レーズンを混ぜたものをのせてショソン形に2つに折ってオーヴンで焼く / gâteau 〜 形はショソン・ナポリタンと同じだが, 中身は羊乳のリコッタチーズ, クレームパティシエール, それに糖菓を混ぜたものが入る ❹ごく小さな上質板チョコレート. 苦味がありコーヒーと共に味わう

nappage ［ナパージュ］（㊄Bestreichen, Überzug, ㊛glaze）㊛ 男 ナパージュ. 杏（㊂）などのジャムの裏漉し, またはすぐりなどのゼリーにゲル化剤（ペクチンなど）を加えたもの. タルト, ババ, サヴァランや菓子の表面の艶出しに使う / 〜 blond 黄金色のナパージュ. 杏をベースにしたもの / 〜 rouge 赤色のナパージュ. 赤色の果物をベースにしたもの / passer au 〜 ナパージュをかける

nappe ［ナップ］㊛ 女 ❶ナップ. 卵黄, 砂糖, 牛乳を沸騰させずに加熱し, 木杓子の上に筋が引けるまで煮詰めた状態（85℃）/ faire cuire à la 〜 ナップの状態まで煮詰める ❷テーブルクロス（㊄Tischdecke, ㊛tablecloth）

nappé［ナペ］㊛ 男 ナペ. 105℃に煮詰めた糖液⇒［付録］le sirop et le sucre cuit

napper［ナペ］㊄bestreichen, verstreichen,

英coat) 仏他 ❶ナペする. ソース, ゼリー, クリーム, ナパージュなどを菓子の表面全体に均一にかける ❷卵黄, 砂糖, 牛乳を沸騰させずに加熱し, 木杓子の上に筋が引けるまで(83℃)煮詰める ❸テーブルにテーブルクロスをかける

napperon [ナプロン] (独Spitzendeckchen, 英doily, tray-cloth) 仏女 菓子や花瓶の下に敷く小型マット, ドイリー／〜 en dentelle de papier レースペーパー

nass machen [ナッス マッヘン] (独imbiber, 英soak, wet) 独他 湿らす, 浸す→tränken

Natrium [ナートリウム] (仏英sodium) 独中 [化]ナトリウム

Natriumbikarbonat [ナートリウムビカルボナート] 独中 重曹, 重炭酸ソーダ→doppelkohlensaures Natrium

natte [ナット] 仏女 ❶編みパン, 4つ編み以上のパン (独Zopfbrot, 英plait, 米braid) →tresse ❷むしろ, ござ ❸編んだもの

nature [ナテュール] 仏形 (独rein, roh, 英plain, pure, raw) 生の, そのままの, 何も混ぜない／poire 〜 生の洋梨‖ nature 女 ❶自然 ❷性質, 本性 ❸実物

naturel, le [ナテュレル] (独natürlich, 英natural, nature) 仏形 天然の, 自然の／arômes 〜s 天然香料‖ naturel 男 生来の性格／au 〜 生のままの, 加工(味つけ)していない, 添加物のない／abricots au 〜 生の杏(ﾅﾝ)／conserve au 〜 水煮缶詰／fraise au 〜 砂糖も生クリームも添えていない生の苺

natürliche Essenz [ナテューアリヒェ エセンツ] (仏arôme naturel, essence naturelle, parfum naturel, 英natural essence) 独女 天然香料

navel [ナヴェル] 仏女 (= blonde 〜) オレンジの一品種, ネーヴルオレンジ. 果実の頂きが「へそ」に似ていることに由来. 種がなく早生(10月末)と遅生がある

navette [ナヴェット] 仏女 ❶[地方菓子]ナヴェット 1) マルセイユの1781年以来の銘菓. バター, 小麦粉, 砂糖, オレンジの花水でつくるバルケット形の乾いて固いビスキュイ. 当地の2月2日(聖母お潔めの日)の伝統的菓子 2) (=〜 tarnaise) トゥールーズ圏タルヌ地区のサブレ生地のアーモンド入り小型ビスケット ❷杼(ﾋ) (英shuttle) ❸杼に似た形のもの, 舟形, バルケット形／allonger en forme de 〜 舟形(横長)にのばす

N. B. [エヌ ベ] 独男 nota beneの略→nota

nécessaire [ネセセール] (独erforderlich, notwendig, 英necessary) 仏形 必要な

nectar [ネクタール] (独Nektar, 英nectar) 仏男 ❶[ギリシア・ローマ神話]神酒. 不死の生命を与えられる飲み物 ❷美酒→ambroisie ❸花蜜. 花が分泌する糖分のある液体. 蜜蜂によって蜂蜜になる ❹ネクター. (nectar de + 果物名) 砂糖, 水, 食品添加物を加えた加工果汁またはピュレ(果実分25〜50%). 杏(ｱﾝ), 桃, 洋梨, カシス, グリオット, グアヴァなどからつくる／〜 de pommes リンゴのネクター

nectarine [ネクタリーヌ] (独Nektarine, 英nectarine) 仏女 [植]バラ科. ネクタリン. 桃の一種. 原産は中国. 果皮は光沢があり, 赤色(黄色が混じっているものもある). 果肉は固めでプラムに似ている. 種子は身離れがよい. 桃と同じように利用する →brugnon, pêche

néfaste [ネファスト] (独schädlich, 英baneful) 仏形 有害な, …に不利な

nèfle [ネーフル] (独Mispel, 英medlar) 仏女 [植]バラ科. 西洋かりんの実. 原産はヨーロッパ. 3〜4cmの洋梨の形をし, 茶色. 果肉は灰色がかり, 種は5つ含有. 熟れすぎの状態になってから食する. 甘味, 酸味あり. コンポートにする

nèfle du Japon [ネーフル デュ ジャポン] (独Japanische Mispel, 英loquat) 仏女 [植]バラ科. 枇杷(ﾋﾜ)の実. 原産は中国南西部. 皮はオレンジ色で産毛がある. 生食するかジャム, ゼリー, シロップ, リキュールにする=

bibace, bibasse, loquat

nègre en chemise［ネーグル アン シュミーズ］仏男〔冷アントルメ〕チョコレート, バター, 砂糖, 卵黄, 泡立てた卵白でつくった生地をボンブ型で冷やし固め, シャンティイで飾ったもの

négresse［ネグレス］仏女 籠のついた揚げ鍋, フライヤー→bassine à friture

(Le)Négus［(ル)ネギュス］仏男〔糖菓〕エチオピア皇帝の尊称の名がついた, ブルゴーニュ地方ヌヴェルの銘菓. チョコレート入りの柔らかいキャラメルを, 煮詰めた砂糖でくるんであるべっ甲色のボンボン. 1902年当時の皇帝が訪れた時に, メゾン・グルリエ菓子店が考案し, 捧げた

neige［ネージュ］仏女 ❶泡立てた卵白→œufs à la neige／en 〜（卵白を）泡雪状に泡立てた／blancs en 〜 ferme 固く泡雪状に泡立てた卵白／boule de 〜 雪のボールのように丸く, 真白につくった菓子 ❷〔氷菓〕赤い果物でつくったシャーベットの一種 ❸雪のような白さ ❹雪

neige carbonique［ネージュ カルボニック］(独Trockeneis, 英dry ice) 仏女 ドライアイス→glace carbonique, glace sèche

Nektarine［ネクタリーネ］(仏英nectarine) 独女 ネクタリン

Nelkenpfeffer［ネルケンプフェッファー］(仏piment de Jamaïque, 英allspice, pimento) 独男 オールスパイス, 百味胡椒→Piment

nélusko［ネリュスコ］仏男 ❶〔プティフールフレ〕種子と柄(ᵉ)をとったブランデー漬けのさくらんぼにバール=ル=デューック産のすぐりのジャムを詰め, フォンダンでグラスがけしたもの ❷〔氷菓〕チョコレートのアイスクリームと, キュラソーで香りづけしたプララン入りのアイスクリームを組み合わせたボンブグラセ. ジャコモ・マイアベアー (1791-1864)作曲のオペラの主人公の名に由来するという

néroli［ネロリ］(独Orangenblütenöl, 英neroli oil) 仏男 ネロリ油, 橙花油. オレンジの花水を蒸留して得る芳香油. 菓子にはラム酒と混ぜて使われることが多い

Nesselrode［ネッセルロード］仏男 栗のピュレを使った菓子によくつけられる名称／pudding glacée 〜〔冷菓〕クレームアングレーズに栗のピュレ, 砂糖漬け果物, レーズン, 泡立てた生クリームを混ぜて冷やし固めたもの／bombe glacée 〜〔氷菓〕栗のピュレが入ったキルシュ風味のボンブ生地とヴァニラアイスクリームを組み合わせたボンブグラセ→bombe

net, te［ネット］仏形 ❶清潔な（独rein, 英clean) ❷はっきりした, きっちりした ❸混ぜもののない, 正味の（独netto, unverfälscht, 英 net〈weight〉, unadulterated)

nettement［ネットマン］仏副 はっきりと, 明瞭に

Nettogewicht［ネットゲヴィヒト］独中→Füllgewicht

nettoyer［ネトワイエ］(独reinigen, 英clean) 仏他（調理をする前に, 材料などを）洗ってきれいにする,（器具, 仕事台, 調理室などを）清潔にし, 片づける

Neuheit［ノイハイト］(仏fraîcheur, 英freshness) 独女 新鮮

Neujahr［ノイヤール］(仏Nouvelle Année, 英New Year) 独中 新年

Neujahrgruß［ノイヤールグルース］(仏Nouvelle Année, 英New Year) 独女 年賀

neutre［ヌートル］(独neutral, 英neuter, neutral) 仏形 ❶特徴のない, 平凡な／fondant 〜 香り, 色をつけてないフォンダン ❷中立の, 公平な

nib［ニブ］英名 ❶小さなさいの目の形をしたかけら／almond 〜s 刻み（ダイス）アーモンド／〜 sugar あられ糖, 粒砂糖, パールシュガー ❷複（殻をとった）カカオ, コーヒー豆 ❸ペンの先

nib sugar［ニブ シュガー］(仏sucre en grains, 独Hagelzucker) 英名 あられ糖,

粒砂糖, パールシュガー＝hail sugar, pearl sugar

nicci［ニチ］仏男〔地方菓子〕栗の粉を使ったコルシカ島のクレープ

Nice［ニース］仏固 ニース．プロヴァンス地方の都市．花や果物（かりん，いちじく，苺など）が豊富で，良質な蜂蜜がとれる．これらを使った菓子が多い．果物の砂糖漬け，ポンプ・ア・リュイルが名物

nid d'abeille［ニダベイユ］仏男〔地方菓子〕アルザス地方，ドイツのポピュラーな伝統菓子．厚さ5cmの丸いブリオッシュ．焼成前に，バターと砂糖，蜂蜜とアーモンドを混ぜたものを塗り，焼きあがってから上下に切り分け，間にクレームパティシエールを詰める

nieule［ニウール］仏女〔地方菓子〕ニウル．フランドル地方の直径5cmのガレット．小麦粉，牛乳，バター，卵，砂糖を混ぜてつくった生地を，菊型で抜いて焼く．スペイン語の「菓子の屑」が語源．1938年，アルマンティエール市で「ニウル祭」が復活し，以後，パティシエたちがカーニヴァルに大量のニウルを焼き，無料で配っている

niflette［ニフレット］仏女〔地方菓子〕パリ東方ブリー地方の，11月1日，万聖節の伝統的菓子．タルトレット型のフィユタージュの中にクレームパティシエールが詰まっている

nigelle［ニジェル］仏女〔植〕黒種草，ニゲラ．キンポウゲ科の数種の植物の種子（かつては香辛料として使われた）に付される名称．刺激がある種類は胡椒の代用として使われた．近東諸国では，パン，菓子の上面に振りかける

niniche［ニニシュ］仏女〔地方菓子〕ブルターニュ地方キブロンの，小さい棒に巻きつけたアメ，シュセット．加塩バター入りキャラメルをはじめ，様々な果物などの香りと色をつけたアメなど，種類は50種以上ある

nitre［ニトル］（独 Nitrum, Salpeter, 英 nitre）仏男〔化〕硝石＝salpêtre

niveau（複 ～x）［ニヴォ］（独 Niveau, level）仏男 ❶水平(面)，（ある基準点からの）高さ／au ～ de ... …の高さまで ❷水準 ❸階層，層

Nivernais［ニヴェルネ］仏固男 ニヴェルネ地方．フランス中央部の旧地方名．現在のブルゴーニュ地方西部にあたる．菓子はフラミュス（洋梨入りクラフティ），クラピオ（クレープの一種），カイエ（凝乳）入りペニェ，アーモンドのクロケが有名．その他，ヌヴェールのヌガティーヌ，トシーズのマジパン，モルヴァンの大麦糖（→cerisette）が名高い

Noël［ノエル］（独 Weihnachten, 英 Christmas）仏男 クリスマス，キリスト降誕祭．この日のため，各国，フランス各地方で伝統的につくる菓子がある→bireweck, bûche de Noël, lebkuchen, pudding, strenna, treize desserts de Noël

nœud［ヌー］仏男 ❶3つ編みにしたメルヴェイユの俗称→merveille ❷結び

noircir［ヌワルスィール］（独 schwärzen, blacken）仏女 黒くする，汚す‖自 黒くなる，黒ずむ

noisette［ヌワゼット］（独 Haselnuss, 英 hazelnut）仏女 ❶〔植〕カバノキ科．西洋はしばみの実，ヘーゼルナッツ，ノワゼット．殻は固く，内部に丸粒の風味のある実が1つ入っている．収穫は8～9月．生食もするが，乾燥させて，製菓，糖菓に使用する→aveline／～ en poudre 粉末ノワゼット ❷（＝beurre ～）香りがするまで，ノワゼット色(褐色)に焦がしたバター，焦がしバター／goût ～ 焦がしバターの香り，味 ❸ノワゼットの実1つの大きさ／～ de beurre 約10gのバター

noisettine［ヌワゼティーヌ］仏女 ノワゼティーヌ．ヘーゼルナッツ入りアーモンドクリームを挟んだクッキー

noix［ヌワ］（独 Nuss, Walnuss, 英 nut, walnut）仏女 ❶〔植〕クルミ科．胡桃の実．緑の果皮におおわれ，殻(核)は固く内部に仁

が1つある.仁は2つの大脳半球形に分かれ(セルノーと呼ばれる.かつては,頭の病気を直すと考えられていた),黄色の薄皮におおわれている.製菓には,粉末,刻んだものを材料に混ぜ込んだり,完全な形のセルノーを飾りに使ったりするなど,用途は広い.油もとれる(胡桃油)／ cerneau de 〜 セルノー.完熟する前に取り出した胡桃の仁で完璧な形をしたもの.胡桃の殻の中にある大脳半球形の仁.グルノーブルとペリゴール産のものはAOP ❷(胡桃に似た)木の実,堅果 ❸胡桃大の塊／ une 〜 de beurre 胡桃大のバター ❹(= brou de 〜)胡桃酒.果皮とセルノーでつくる

noix d'acajou[ヌワ ダカジュ]⚨ 女 ⇒ noix de cajou

noix de cajou [ヌワ ドカジュー](独Cashwnuss, 英cashew-nut)⚨ 女〔植〕ウルシ科.カシューナッツノキの実,仁,カシューナッツ.原産はブラジル北西部.果柄の底部に張り出した殻の中に腎臓形の白く艶のある仁が1つある.菓子,クッキーに使われる= noix d'acajou ⇒ pomme de cajou

noix de coco [ヌワ ドココ](独Kokosnuss, 英coconut)⚨ 女〔植〕ヤシ科.ココヤシの実,ココナッツ.原産はマレーシア.実は大きく楕円形で,殻は赤茶色の繊維状で肉厚.核は固い.内部の周縁部は白色の果肉層(固形胚乳)におおわれ,中心に乳白色の甘い液(液状胚乳)がある.熟するにつれて,液状胚乳は濃縮されて油脂分のある固形胚乳となる.製菓では,この果肉部分をすりおろして使う.ビスケット,菓子の飾り,ジャム,アイスクリームの製作,ホワイトチョコレートやミルクチョコレートと合わせる.この層が乾燥したものをコプラ(⇒ coprah)といい,ココヤシ油を採取する ⇒ coco

noix de ginkgo [ヌワ ドジャンコ]⚨ 女〔植〕イチョウ科.いちょうの実,銀杏.原産は中国.アジアにある木で,実は楕円形,薄緑色で小さいオリーヴほどの大きさ

noix de macadam [ヌワ ドマカダム](独Macadamianuss, 英macadamia)⚨ 女〔植〕ヤマモガシ科.マカダミアナッツ.原産はオーストラリア.実は緑色で,核は薄茶色で固く,食用となる仁を含む.アメリカではアイスクリーム,製菓に使われ,また,蜂蜜やチョコレートをかけてフリアンディーズのように食される= noix de Queensland

noix de pacane [ヌワド パカーヌ]⚨ 女 ⇒ noix de pécan

noix de pécan [ヌワド ペカン](独Pekannuss, 英pecan)⚨ 女〔植〕クルミ科.ペカンの実,ペカン,ピーカンナッツ.原産はアメリカ中西部,メキシコ東部.アメリカ中・南部に多くみられる.長楕円形,胡桃大.殻(核)は茶色で艶があり,内部に食用となる,2つに分かれる茶色の仁が1つある.胡桃に似ている.ブラウニー,タルトショコラなどに使用

noix de Queensland [ヌワド クイーンズランド]⚨ 女 ⇒ noix de macadam

noix déguisée[ヌワ デギゼ]⚨ 女〔プティフール〕小さく丸めたコーヒー入りパート・ダマンドの両端に胡桃をつけたもの ⇒ fruit déguisé

noix du Brésil [ヌワ デュ ブレジル](独Paranuss, 英Brazil nut)⚨ 女〔植〕サガリバナ科.ブラジルナッツ.原産はブラジル,パラグアイ.殻(核)は茶色で固く,細長い(約4cm)半月形.黄白色の仁を食す.風味は良く,油脂分が豊富で,ココナッツに似ている.使用法も同じ

nonnette [ノネット]⚨ 女 ❶〔パティスリー〕柔らかく小型の丸い(または楕円形の)パンデピスにグラスがけしたもの.かつては修道院の尼僧たちがつくっていた.良質な蜂蜜の産地ソローニュ地方ラ・フェレ=サントーバンの銘菓.現在は工場製.ランスとディジョン製が有名 ❷若い修道女

nonpareil[ノンパレル]⚨ 男 ❶飾りに使う着色した砂糖 ❷白い小粒の砂糖で飾った平たく,丸いボンボン・ショコラ

nonpareille [ノンパレイユ] 仏 女 ❶ ノンパレーユ. 菓子やプティフールの飾りに使う粟粒状の着色した糖衣粒 (独Liebesperlen, 英hundreds and thousands, 米nonpareil) ❷酢漬けにした小さなケッパー (独Essigkaper, 英capers)

noque à la viennoise [ノック ア ラ ヴィエヌワーズ] 仏 女 [地方菓子] アルザス地方の菓子. 卵, 生クリーム, バター, 小麦粉を混ぜ合わせた生地を小さな球状に丸め, ヴァニラ入り牛乳でゆで, クレームアングレーズを添える. noqueは, 小麦粉, 卵, 牛乳でつくる小さなゆでた団子のこと

normal, ale (男複 ~aux) [ノルマル, モー] 仏 形 普通の, 正常な, 標準の / feuilletage ~ 標準のフイユタージュ

normalement [ノルマルマン] 仏 副 普通に

normand, e [ノルマン, マンド] 仏 形 ❶ (= à la ~e) ノルマンディ風の. ノルマンディ地方風の料理や, ノルマンディの名産 (バター, 生クリーム, りんご, シードル, カルヴァドス) を使用したものに付される名称 ❷ ノルマンディの

Normandie [ノルマンディ] 仏 固 女 ノルマンディ地方. フランス北西部の地方名. 乳製品 (バター, クリーム, 牛乳), りんごを使った菓子 (ドゥイヨン, ブルドロ, ショソン・オ・ポム) や料理, 酒類 (シードル, カルヴァドス) が特産品. 糖菓としてキャラメル, ルーアンのりんごアメ, 純粋なバターを使用したブリオッシュ, フイユタージュ, サブレ, 生クリームを添えたタルト類なども美味. 各市町村の名物も豊富で, リジューやカーンのビスキュイ, ヴェクサンのガレット, バイユーのガレットとファリュ, エヴルーのコシュラン, ルーアンのルレットが有名 →囲み [beurre], bourdelot, calvados, cidre, chausson, cochelin, fallue, roulette, sucre de pomme

norme de produit [ノルム ド プロデュイ] (独Produktionsstandards, 英production standards) 仏 女 製品規格. 生産者, 流通業, 購入者, 消費者, 技術研究組織, 公的権利の保護のため設けられている. フランスではAfnor (Association française de normalisationの略. フランス製品規格化協会) の責任管轄下にある. ベルギー, スイス, カナダにも同様の組織があり, 製品の国内外の流通に役立てている

norvégien, ne [ノルヴェジアン, ジエンヌ] 仏 形 ノルウェーの / omelette ~ne ノルウェー風オムレツ, オムレット・ノルヴェジエーヌ, ベイクド・アラスカ. アイスクリームの表面をムラングでおおい, オーヴンで焼き色をつけた氷菓 → omelette norvégienne

Nostradamus [ノストラダミュス] 仏 固 男 ノストラダムス (1503-1566). 医師, 占星術師. 本名ミシェル・ド・ノートル=ダム Michel de Nostre Dame. ジャムの配合などを著した本がある

nota [ノタ] (独Anmerkung, 英footnote) 仏 男 注意, 注意書き. ラテン語からの借用語 / ~ bene よく注意せよ, 注 (略. N.B.)

Nottingham gingerbread [ナティンガム ジンジャーブレッド] 英 名 イギリス中部ノッティンガムシャーの州都ノッティンガムのジンジャーブレッド. バター, 小麦粉, ゴールデンシロップ, 粗糖, 生姜(5/3), 重曹でつくった生地を円形のパウンドケーキ型で焼く. 焼成後ラップに包み, 湿り気を与える

nouet [ヌエ] 仏 男 香料や香草を包むガーゼなどの布袋

nougat¹ [ヌガ] (独Nougat, 英nougat) 仏 男 [糖菓] ヌガー. 砂糖, 水アメ, 蜂蜜などでつくった生地に, ドライフルーツ, 砂糖漬け果物を入れた糖菓. 空気を含ませた白色のヌガー (→ nougat blanc), 空気を含ませない褐色のヌガー (→ nougat brun), 柔らかいヌガー (→ nougat tendre) がある. 中近東に起源をもつアーモンドの糖菓で, ギリシアで胡桃を使っていたことから, 語源はラテン語で「胡桃の菓子」という意味となった. 17世紀にプロヴァンスに伝わり, モンテリ

マールの農学者オリヴィエ・ド・セレがこの地にアーモンドの木を植え，昔からあった胡桃の菓子にアーモンドを使い大成功．18世紀には蜂蜜，砂糖に卵白を加え，現在のヌガーが生まれたという．またプロヴァンス地方のクリスマスの「13のデザート」の1つ ⇒囲み[nougat]

nougat²［ヌガ］英 名 薄切り，または刻み

nougat

- **nougat au miel**［ヌガ オ ミエル］ 空気を含んだ白色の蜂蜜入りヌガー．蜂蜜を20％含む
- **nougat blanc**［ヌガ ブラン］ 白色のヌガー．果物・木の実を15％以上混ぜたもの．水アメ，蜂蜜，転化糖を加えた砂糖の生地に卵白やゼラチンを入れて空気を含ませ，果物・木の実を混ぜ，薄いウエハースを敷いた木枠内で固め，冷めてから切り分ける．粉糖の量により固いものと柔らかなものがある
- **nougat brun**［ヌガ ブラン］ 褐色のヌガー．カラメル状に煮詰めた糖液とアーモンドを混ぜたもので，空気は含ませない．のばして，パティスリー，糖菓，チョコレートなどに，また型取りして飾りとしても使う＝croquante, nougatine
- **nougat de Montélimar**［ヌガ ド モンテリマール］〔地方菓子〕南仏ラングドック地方モンテリマールの白色ヌガー．非常に厳格に配合内容が規定されている．木の実類は30％以上，乾燥焼きしたアーモンド28％，ピスタチオ2％を含有する．固いもの（nougat dur）と，粉糖が入っているため柔らかいもの（nougat tendre）がある
- **nougat de Paris**［ヌガ ド パリ］ 濃褐色のヌガー＝nougat noir, nougat parisien, nougat rouge
- **nougat de Provence**［ヌガ ド プロヴァンス］ プロヴァンス地方の褐色のヌガー．空気を含ませない．糖液と蜂蜜（25％）を濃いカラメル状にし，その中に，アーモンド，ヘーゼルナッツ，コリアンダー，アニス（30％）を混ぜ入れ，オレンジの花水で香りをつける
- **nougat dur**［ヌガ デュール］ 固い白色ヌガー
- **nougat en grain**［ヌガ アン グラン］ 褐色のヌガー（nougat brun）を砕いたもの⇒craquelin
- **nougat liquide**［ヌガ リキッド］ ペースト状のヌガー．1992年に開発された半製品．氷菓とデザート製作に使用する
- **nougat noir**［ヌガ ヌワール］ 濃褐色のヌガー．空気を含んでおらず，木の実の含有量は15％のみ＝nougat de Paris, nougat parisien, nougat rouge
- **nougat parisien**［ヌガ パリズィヤン］＝nougat de Paris, nougat noir, nougat rouge
- **nougat rouge**［ヌガ ルージュ］＝nougat noir, nougat Paris, nougat parisien
- **nougat tendre**［ヌガ タンドル］ 柔らかい白色ヌガー．生地の中に粉糖を入れて出来あがりを柔らかくしたもの
- **nougat vietnamien**［ヌガ ヴィエトナミヤン］ ごま，ピーナッツと砂糖をベースにした糖菓．柔らかいものと固いものがある

アーモンドに，カラメル状に煮詰めた糖液をからめた糖菓．褐色のヌガー

nougat de Tours ［ヌガ ド トゥール］(仏)(男)〔地方菓子〕ヌガー・ド・トゥール．トゥーレーヌ地方トゥールの銘菓．パート・シュクレ生地に杏(あん)ジャムを塗り，砂糖漬け果物を詰めた上にアーモンドのマカロナードを詰める．ヌガー・ド・トゥールのコンテスト (Concours du Meilleur Nougat de Tours) もある

nougat glacé［ヌガ グラセ］(仏)(男)〔氷菓〕カラメルをからめたアーモンドなどの木の実を砕いたものとドライフルーツを，ムラングイタリエンヌと生クリームに混ぜて，型に入れて冷やし固めたデザート

nougatine[1] ［ヌガティーヌ］(仏)(女) ヌガティーヌ 〔糖菓〕褐色のヌガー．水アメ，砂糖をカラメル色になるまで煮詰め，薄切りアーモンド，ヘーゼルナッツを加え，大理石上に流し，薄くのばす．砕いて使用したり，のばしたものをヌガー細工に使う．チョコレートのセンターにも使用する＝croquante, nougat brun→craquelin ❷〔アントルメ〕3段に切ったジェノワーズの間にプラリネを塗り，全体に杏(あん)ジャムを塗って薄切りアーモンドあるいはヘーゼルナッツの空焼きをまぶす

nougatine[2] ［ヌガティン］(英)(名) ヌガティーヌをセンターにしたチョコレート

nougatine au fondant ［ヌガティーヌ オ フォンダン］(仏)(女) フォンダン入りヌガティーヌ．水飴，フォンダン，アーモンドでつくり，湿気を帯びない

nougatine confiseur ［ヌガティーヌ コンフィズール］(仏)(女) 飾り用細工物に適した配合のヌガティーヌ．水飴，フォンダン，刻みアーモンドか，フォンダンの代わりに砂糖を用いてつくる

nougatine de Nevers［ヌガティーヌ ド ヌヴェル］(仏)(女)〔地方菓子〕❶オレンジ色のフォンダンでおおった小石の形をしたヌガティーヌ．1850年，ニヴェルネ地方ヌヴェルのパティシエが考案．1862年，この地方にウージェニー皇后が訪れた時，大量に所望され，一気に有名になったという ❷ジェノワーズの間にプラリン入りクリームを挟み，表面にチョコレートのフォンダンをかけたもの

nougatine de Poitiers ［ヌガティーヌ ド プワティエ］(仏)(女)〔地方菓子〕砕いたアーモンドを使用したヌガティーヌを，薄いローズ色のムラングでおおった直径3cmの少し平たい丸形ボンボン．ポワトゥー地方の中心地ポワティエに1894年より伝えられている

nougatine de Saint-Pourçain ［ヌガティーヌ ド サン プールサン］(仏)(女)〔地方菓子〕オーヴェルニュ地方の糖菓．ヌガティーヌを敷石状に小さな四角に切ったもの

nourrir ［ヌリール］(仏)(他) ❶(生地の状態を)…を加えて充実させる，維持する，強くする／〜 avec 100g de sucre glace pour raffermir à point ちょうどよい固さにするために100 gの粉糖を加える ❷滋養になる ❸食物を与える

nourrissant, e ［ヌリサン, サント］(仏) nährend, (英)nourishing) (仏)(女) 栄養価の高い，滋養のある

nouveau, *nouvelle* ((男)(複)〜x) ［ヌヴォ, ヌヴェル］《母音字または無音のhで始まる男性単数の前では nouvel ［ヌヴェル］》((独) frisch, neu, (英)fresh, new) (仏)(形) 新しい，別の ‖ nouveau (男) 新しいもの，新事実／à 〜 改めて，再び／ de 〜 再び，もう一度

noyau ((複)〜x) ［ヌワヨー］(仏)(男) ❶核，種子．桃，さくらんぼのような果物の中心にある木質の部分．中に1個の仁が入っている ((独)Kern, Stein, (英)kernel, stone) →pépin ❷桃仁酒，杏仁酒．桃，杏(あん)，さくらんぼなどの仁をアルコールに抽出して香りをつけた酒（リキュール，蒸留酒，ラタフィア）→crème de noyau, eau de noyau ❸ドラジェ，ボンボンのセンター．アーモンド，ヘーゼルナッツなど固いものと，リキュールなど液状のものを使う場合がある

noyau d'abricot sec［ヌワイヨ ダブリコ セック］仏男 杏（あん）の核を乾燥させたもの → haricot sec

noyau de Poissy［ヌワイヨード ポワスィ］仏男 イル＝ド＝フランス，イヴリーヌ県ポワシーの杏（あん）の種の仁をアルコールに抽出してつくった酒／〜 ambré 杏の種の仁をアルマニャックのオドヴィで抽出．アルコール含有量25%．琥珀（こはく）色．アマレットに似ている／〜 blanc 杏の種の仁をコニャックと上質なアルコールで蒸留した酒．アルコール含有量40%

noyau de Vernon［ヌワイヨード ヴェルノン］仏男 ノルマンディ地方ヴェルノンのさくらんぼの種をアルコールに抽出したリキュール

nozzle［ノズル］米名（仏douille, 独Tülle）口金 → piping tube／star 〜 星口金／round 〜 丸口金

nu, e［ニュ］(独entblößt, unbedeckt, 英bare, unclothed) 仏形 裸の，むき出しの，おおいのかけていない‖ nu 男 裸, むき出し／à 〜 ありのままに，裸に

nuageux, se［ニュアジュー, ジューズ］(独bewölkt, unklar, 英cloudy, hazy) 仏形 曇った，濁った，不明瞭な

Nudelholz［ヌーデルホルツ］独中 麺棒 → Rollholz

Nugat［ヌーガト］(仏英nougat) 独男 ヌガー

nulle［ニュル］仏女〔アントルメ〕卵黄，砂糖，生クリームに麝香（じゃこう）や竜涎香（りゅうぜんこう）で香りをつけて煮詰めたクリーム．ルイ14世時代にたいへん流行した．現在のクレームブリュレの原形

Nuss［ヌッス］(仏noix, 英nut) 独女 胡桃，木の実，堅果

Nussbeugel［ヌッスボイゲル］独中女 発酵生地に木の実入りの種を詰めて，クロワッサン形に包んで焼くオーストリア菓子

Nusskrokant［ヌッスクロカント］独男 火にかけ，溶かした砂糖に，ヘーゼルナッツか胡桃を加えたもの．砂糖とナッツの割合は1：1を基本とする

Nusskuchen［ヌッスクーヘン］独男 胡桃入りケーキ

Nussmasse［ヌッスマッセ］(仏pâte de noix, 英nut paste) 独女 ナッツペースト

Nussstollen［ヌッスシュトレン］独男 ナッツ入りのシュトーレン．作り方はモーンシュトーレン（→Mohnstollen）と同じ．芥子の実の代わりにアーモンドやヘーゼルナッツなどを用いる

Nusstorte［ヌッストルテ］独女 木の実入りのトルテ．胡桃入りトルテ

nut［ナット］(仏fruit à coque, fruit sec, 独Nuss) 英名 ❶ナッツ．乾燥させた種子や実，木の実．アーモンド，ピスタチオ，胡桃，ピーナッツ，ココナッツ，すいかの種など ❷固い外皮でおおわれた実あるいは種子．堅果

nut cake［ナット ケイク］英名 ❶木の実入りケーキ ❷（ニューイングランド）ドーナッツ

nut cherry shortcake［ナット チェリー ショートケイク］英名 小麦粉，砂糖，ナツメグ，油脂でつくった生地をマンケ型で焼き，上部に刻んだヘーゼルナッツ，4つ割りのドレンチェリーを蜂蜜でからめたものを塗った菓子

nut cracker［ナット クラッカー］(仏casse-noisette, casse-noix, 独Nussknacker) 英名 胡桃割り器

Nutella［ニュテラ］仏固〔商標〕ヌテラ．イタリア生まれのヘーゼルナッツチョコレート・スプレッド．砂糖，植物油，ヘーゼルナッツ，低脂肪ココア，脱脂乳，香料からつくる．パンなどに塗って食す → pâte à tartiner

nutmeg［ナットメグ］(仏〈noix〉muscade, 独Muskatnuss) 英名〔植〕ナツメグ

nutty［ナッティ］英形 木の実のような，木の実のような味，香りがする

nylon［ニロン］(独Nylon, 英nylon) 仏男 ナイロン

oat bread [オウトブレッド] 英名 オート麦入りのティーブレッド．小麦粉，赤砂糖，バター，牛乳でつくった発酵生地に押しオート麦を混ぜ，ローフ型で焼く→tea bread

oatcake [オウト ケイク] 英名 (= scotch〜) オートケーキ．バター，オート麦と小麦粉の混合，重曹，水でつくった生地を厚さ3mmの円形にのばして，4つに切り，鉄板(→girdle)で焼いた即席パン，クラッカー．焼きあがってからオーヴンなどに入れて十分乾燥させる．オート麦の挽き状態により，きめの粗いものから細かいものができる．中世の頃からスープなどと一緒に食した．現在は，朝食時にパン代わりにトーストする．多くの市販品メーカーがある→bannock

oatmeal biscuit [オウトミール ビスキット] 英名 オートミール・ビスキット．油脂，砂糖，卵をクリーム状にしてオートミール，小麦粉，ベーキングパウダーを混ぜ，のばして円形に型抜きして焼いたもの

Oberfläche [オーバーフレッヒェ] (仏surface, 英face, surface) 独女 表面

Oberharzer-Hexenbrot [オバーハールツァー ヘクセンブロート] 独中 ハルツ高原風の蜂蜜入り菓子．ホーニッヒクーヘンタイク(→Honigkuchenteig)を薄くのばし，マルツィパンローマッセ，フランボワーズのジャム，卵白を混ぜたものを塗り，上に同じ生地をのせる．これを焼いてフォンダンを塗り，切り分ける

Oberhitze [オーバーヒッツェ] (仏thermostat de voûte, 英upper flame) 独女 上火

Oblate [オブラーテ] 独男 小麦粉と水をこねてごく薄く焼いたもので，マカロンやレープクーヘン(→Lebkuchen)の底に使われる

obligatoirement [オブリガトワールマン] (独pflichtgemäß, 英obligatorily) 仏副 義務的に，必ず

oblong [オブローング] (仏oblong, réctangulaire, 独rechteckig) 英形 長方形の，楕円の

oblong, ue [オブロン, ロング] 仏形 縦長の，横長の

Obst [オープスト] 独中 果実→Frucht

Obstblechkuchen [オープストブレッヒクーヘン] 独男 発酵生地の上に果実を並べて焼いた菓子

Obstdessert [オープストデセール] 独中 果物を使ったデザートや小菓子

Obstkuchen [オープストクーヘン] 独男 生の果物を使ったケーキ

Obstmark [オープストマルク] 独中 果実のピュレ→Püree

Obststreifen [オープストシュトライフェン] 独男 果実をのせた細長いバンド状の菓子

Obsttörtchen [オープストテルトヒェン] 独中 フルーツのタルトレット

Obsttorte [オープストトルテ] (仏tarte aux fruits, 英fruit tart) 独女 フルーツのタルト

Obsttortenform [オープストトルテンフォルム] (仏moule à tarte, 英tart mo⟨u⟩ld) 独女 タルト型

obtenir [オブトゥニール] (独erhalten, 英obtain) 仏他 ❶得る，入手する ❷つくりだす

obtention [オプタンスィヨン] 仏女 ❶手に入れること ❷(必要な，希望する状態を)つくりだすこと

obturer [オプテュレ] 仏他 (菓子や型取りチョコレートの穴などをクリームやクーヴェルテュールで)ふさぐ，詰める

Ochsenaugen [オクセンアオゲン] 独中複

❶サブレ生地を王冠状に絞り,中にマルツィパンローマッセと砂糖を混ぜたものを絞って焼きあげ,上面にジャムを塗って仕上げた菓子 ❷落し卵 ❸丸窓,雄牛の目

odeur [オドゥール] (独Geruch, 英smell) 仏女 香り,匂い

œillette [ウイエット] 仏女 芥子の一品種.小粒状の灰色がかった種子には油とたんぱく質が多量に含まれている.種子は菓子に使用され,また圧搾して得た油(→huile blanche)は無色で,香りがよい

œuf [ウフ]《複数形œufsの発音は[ウ]》仏男 ❶鶏卵.卵1個50〜60gにつき,卵白約30g,卵黄約20g,卵白1ℓ分は約30〜32個分.卵黄1ℓ分は約52〜55個分/〜 battu 溶き卵 ❷鶏以外の鳥,魚,爬虫類,両生類に生じる卵.殻,膜で保護されている ❸卵形のもの

œufs à la liqueur [ウ ア ラ リクール] 仏男 リキュールが入った卵形のドラジェ

œufs à la neige [ウ ア ラ ネージュ] 仏男複 〔冷アントルメ〕ウ・ア・ラ・ネージュ.淡雪たまご.卵白を固く泡立てたものを湯または牛乳でポシェし,クレームアングレーズの上に浮かせて,カラメルソースとプラランを上部にかけたもの→île flottante

œufs au lait [ウ オ レ] 仏男複 〔冷アントルメ〕牛乳,砂糖,ヴァニラ,溶きほぐした卵を滑らかに混ぜ,ラムカンに入れ,湯煎しながらオーヴンで焼いたもの.容器に入れたまま冷やして供する

Ofen [オーフェン] 独男 オーヴン→Backofen

Offenbacher-Pfeffernuss [オッフェンバッハー プフェッファーヌッス] 独女 フランクフルト郊外のオッフェンバッハの町の銘菓.シナモン,メース,クローヴなどを入れた生地を厚めにのばし,丸口金で抜いて焼き,裏にチョコレートを塗る

office [オフィス] 仏男 ❶任務,役目 ❷事務所‖女 ❶厨房に付属する配膳室 ❷〔糖菓製造業〕チョコレートや糖菓類のセンターを製作したり,ボンボン用の澱粉床を設置してある部屋,作業場

Oktoberfest [オクトーバーフェスト] 独中 オクトーバーフェスト.10月祭.ドイツの最も大きな祭りで,街ではビールが飲まれ,プレッツェルやゼンメル(→Semmel)が屋台で売られる

Öl [エール] (仏huile, 英oil) 独中 油,オイル

oléagineux, se [オレアジヌー, ヌーズ] 仏形 油性の,油を含んだ‖oléagineux男 油質分とたんぱく質を多く含む果物や種子,植物の総称.胡桃,ヘーゼルナッツ,アーモンド,ピスタチオ,落花生,オリーヴ,ごま,大豆,ひまわり,西洋あぶらななど

Olive [オリーヴェ] (英olive) 独女 オリーヴ

olive [オリーヴ] 仏女 ❶オリーヴの実.楕円形の小さな実で,緑色.熟しているのは紫色,黒色.果肉から油がとれるが,実はオードヴルなどに使われる/huile d'〜 オリーヴ油 ❷オリーヴの実の形/〜s de Provence オリーヴの形をしたドラジェ.プロヴァンス地方の銘菓

Olivenöl [オリーヴェンエール] (仏huile d'olive, 英olive oil) 独中 オリーヴ油

olivette [オリヴェット] 仏女 芥子油=petite huile→囲み[huile], œillette

omelette [オムレット] (独Eierkuchen, Omelett, 英omelette) 仏女 オムレツ.全卵をかき混ぜ,フライパンで焼く.塩味と甘味のものがあり,卵だけのプレーンなものと,種々のものを間に詰めたり,一緒に混ぜ込んだり,上部にのせたものがある/œufs battus en〜 よくかき混ぜた全卵

omelette à la confiture [オムレット ア ラ コンフィチュール] 仏女 〔温アントルメ〕中にジャムが入っているオムレツ

omelette à l'alcool [オムレット ア ラルコール] 仏女 〔温アントルメ〕ラム酒,コワントローなどで香りをつけたオムレツ

omelette à la liqueur [オムレット ア ラ

リクール]⓶[女]→omelette à l'alcool

omelette aux fruits［オムレット オ フリュイ］⓶[女]〔温アントルメ〕果物入りオムレツ．果物はシロップで軽く煮たり，ラム酒などを振りかけて香りづけをしておく

omelette d'entremets［オムレット ダントルメ］⓶[女] 砂糖で調味した甘いオムレツ．ジャム，シロップ煮の果物を中に挟む．ラム酒，キルシュなどのリキュールで香りをつけ，上面に砂糖を振り，オーヴンで焼き色をつける．フランベして供することもある

omelette enfarinée［オムレット アンファリネ］⓶[女] オーヴェルニュ地方の厚いクレープ→farinette, pachade

omelette norvégienne［オムレット ノルヴェジエンヌ］(独gebackenes Eis, 米英 baked Alaska)⓶[女]〔温冷アントルメ〕オムレット・ノルヴェジエーヌ，ベイクド・アラスカ．ビスキュイかジェノワーズの台に，アイスクリームをのせ，全体をムラングでおおい，オーヴンで焼き色をつけたもの．食卓でフランベする→[付録] la glacerie

omelette soufflée［オムレット スフレ］⓶[女]〔温アントルメ〕スフレオムレツ．オムレツ自体が膨らんだもので，スフレ型で焼いたものではない．卵黄と砂糖を混ぜ，その中に固く泡立てた卵白を加え，楕円形の皿に入れオーヴンで焼く．リキュール，果物，コーヒー入りなどがある／～ à la Bénédictine ノルマンディ地方のアントルメ．ベネディクティンで香りづけしたスフレオムレツ →bénédictine

omelette suédoise［オムレット スュエドワーズ］⓶[女]→omelette norvégienne

omelette surprise［オムレット スュルプリーズ］⓶[女] ❶〔温冷アントルメ〕砂糖漬け果物を使ったリキュール風味のオムレット・ノルヴェジエーヌ．リキュールを湿らしたビスキュイの台に，砂糖漬け果物の入ったボンブ生地，アイスクリームあるいはパルフェをのせ，全体をムラングでおおってオーヴンで焼く．周囲には砂糖煮の果物，オドヴィ漬けのさくらんぼを添える→omelette norvégienne ❷アイスクリームを詰めたスフレオムレツ

onctueux, se［オンクテュウー，テュウーズ］(独fettig, ölig, 英oily)⓶[形] 滑らかな，とろりとした

oolong［ウーロン］⓶[男] 台湾または中国福建省産の茶，ウーロン茶．葉を半発酵させてつくる．紅茶に似るが，緑茶の風味を残し，香り高い→thé

opaque［オパック］⓶[形] 不透明な

opéra［オペラ］⓶[男] ❶〔アントルメ〕O～ 1) コーヒー風味のシロップを含ませた粉末アーモンドと小麦粉で焼いた長方形のビスキュイジョコンド (→biscuit Joconde) を3段に重ね，その間に，コーヒー風味のバタークリームとチョコレートのガナッシュを挟む．上面は溶かしたショコラノワールを薄く平らにかけ，固まったらサイドを切りそろえる．チョコレートで，"opéra" と線書きして，金箔をちらす．1955年，菓子店ダロワイヨのシリアック・カヴィロンの創作．ダロワイヨにやってくるオペラ座のエトワールや練習生たちに捧げた命名 2) 冠形につくったカスタードプディング．中央部に生クリーム，砕いたムラング，キルシュを振りかけた苺を詰める ❷オペラ，歌劇 ❸O～ パリオペラ座

opération［オペラスィヨン］(独Arbeit, 英working)⓶[女] 操作，作業

opérer［オペレ］(独arbeiten, 英operate)⓶[他] (操作，作業を) 行なう

opposé, e［オポゼ］(独gegensätzlich, 英opposite)⓶[形] 対照的な，正反対の

or［オール］(独Gold, 英gold)⓶[男] ❶金箔．チョコレートの飾りなどに使用．また着色料 (E175) として認可 ❷金，金色

oranais［オラネ］⓶[男] 2つ割りの杏(あん)をクレームパティシエール上に対角に置いたフイユタージュのヴィエノワズリ

Orange［オラーンジェ］(⓶英orange)独[女] オレンジ

orange［オランジュ］([独]Orange, [英]orange) [仏][女] オレンジ. 橙(だいだい)色をした丸い実で, 果肉は果汁が豊富で, 酸味がある. 原産は中国だが, スペイン, モロッコ, イスラエル, イタリア, アルジェリア, チュニジア(収穫期は11〜5月)および南アフリカ, 南アメリカ(収穫期は7月〜10月)でとれる. 多種類あるが, 大別すると, コモンオレンジ(⇒blonde), ネーヴルオレンジ(⇒navel), ブラッドオレンジ(⇒sanguine)の3種に分けられる. 製菓, 糖菓, 飲料に使用される. 果皮は, 砂糖煮にして菓子の中に混ぜ込んだり, 飾りつけに使われる

orangé, *e*［オランジェ］([独]orange, [英]orange-coloured) [仏][形] オレンジ色の

orangeade［オランジャド］([独]Orangeade, [英]orangeade) [仏][女] オレンジエード. オレンジの果汁に砂糖, 水または炭酸水を混ぜた飲み物. レモン果汁, キュラソー, ラム酒が加わることもある

orange amère［オランジュ アメール］[仏][女] オレンジの一品種. 苦オレンジ, 橙(だいだい)⇒bigarade

orange and spice cake［オレンジ アンド スパイス ケイク］[英][名] ケーク生地におろしたオレンジの皮とミックススパイスを加えて焼いたもの

Orangeat［オラーンジャート］[独][中] オレンジピール⇒kandierte Orange

orangeat［オランジャ］[仏][男] ❶オレンジピール. 砂糖漬けオレンジの外皮([独]Orangenschale, [英]candied orange peel) ❷〔プティフール〕オランジャ. パート・ダマンドに細かく切ったオレンジピールを混ぜて小さく平らな形にし, 白いフォンダンをかけて, オレンジピールで飾ったもの

orangeat perlé［オランジャ ペルレ］[仏][男]〔糖菓〕オレンジピールを薄切りにして乾かし, ペルレに煮詰めた糖液を数回かけてつくったボンボン. レモンの皮でも同様にできる(＝citronnat perlé)

orange chocolate cake［オレンジ チョコレット ケイク］[英][名] チョコレート入りのケーク生地に, オレンジピール, オレンジ果汁を加えて焼き, 間にオレンジ風味のバタークリームを挟んだもの

orange-flower water［オレンジ フラワー ウォーター］[英][名] ([仏]eau de fleur d'oranger, [独]Orangenblütenwasser)オレンジの花水

Orangenschale［オラーンジェンシャーレ］([仏]zeste d'orange, [英]orange peel) [独][女] オレンジの削り表皮

orange pekoe［オランジュ ペコ］[仏][男] オレンジペコ ❶葉茶(リーフティー)の等級の1つ(略O.P.). 開きかけた若い葉(8〜15㎜)／broken 〜 (B.O.P.) OPの砕茶, 完全な葉はほとんどなく, 小さい. OPと品質は変わりない⇒Flowery Orange Pekoe, thé noir ❷葉茶による中級品紅茶の総称 ❸紅茶の商品名. セイロンティーをブレンドしたもの

orangette［オランジェット］[仏][女] ❶〔糖菓〕オレンジピールを細長く切り, クーヴェルテュールをかけたもの＝écorce d'orange⇒zest ❷糖菓に使う小型の苦オレンジ

oreillette［オレイエット］[仏][女]〔揚げ菓子〕オレイエット. ラングドック地方のカーニヴァルの伝統菓子. パート・シュクレを長方形に切り, 中央に切れ目を入れ, 片端をくぐらせてねじって揚げたベニェ. モンペリエ地方では, ラム酒, オレンジ(またはレモン)の皮を入れる. メルヴェイユと同種⇒merveille

oreillon［オレイヨン］[仏][男] (＝〜 d'abricots)種をとってシロップ煮にした2つ割りの杏(あんず) ❷種をとった2つ割りの果物／〜 de pêche 桃の半割り

orge［オルジュ］([独]Gerste, [英]barley) [仏][女] 大麦. 最も古くから栽培されている穀物の一品種. グルテンが少なく, パンには向いていない. ビール, ウィスキーの原料／farine d'〜 大麦粉／sucre d'〜 大麦糖. 大麦の煮汁に砂糖を混ぜて煮詰めた棒状の黄色いア

メ

orgeat [オルジャ] ([独]Mandelmilch, [英]orgeat) [仏][男] (＝sirop d'～) アーモンドシロップ. アーモンドミルク, 砂糖, オレンジの花水を混ぜ, 水で薄めた清涼飲料. 名の由来は当初大麦を飾りに使ったため⇒sirop d'orgeat

orifice [オリフィス][仏][男] 穴, 孔

origin*al*, *ale* ([男][複] ～***aux***) [オリジナル, ノー] [仏][形] ❶もとの, オリジナルの ❷独創的な

originalité [オリジナリテ] ([独]Originalität, [英]originality) [仏][女] 独創性, 新鮮味

origine [オリジーヌ] [仏][女] ❶始まり, 起源 ❷原産地, 出所

Orléanais [オルレアネ] [仏][固][男] オルレアネ地方. フランス中北部の地方名. 果物の産地 (特に苺, さくらんぼ, 洋梨). 菓子にピティビエ, タルトタタン, フィナンシエ, クロケ, パート・ド・フリュイ, 蜂蜜のボンボン, パンデピス, オルレアンのコティニャック, モンタルジのプラリーヌがある

Ornament [オルナメント] [独][中] ケーキやアイスクリーム, プティフールなどに使う飾り. (クーヴェルテュール, ヒッペンマッセ〔⇒Hippenmasse〕, あるいはシュー生地を) 細く線絞りにして飾りつける

ornementer [オルヌマンテ] ([独]schmücken, [英]ornament) [仏][他] 飾りつける

Osterei [オースターアイ] ([仏]œuf de Pâques, [英]Easter egg) [独][中] イースターエッグ. 復活祭の, 彩色した飾り卵

Osterlamm [オースターラム] [独][中] 復活祭の仔羊. ビスキュイ生地を仔羊の型に入れて焼き, 粉糖を振りかける

Ostern [オースターン] ([仏]Pâques, [英]Easter) [独][中][複] 復活祭

Osternest [オースターネスト] ([仏]nid de Pâques, [英]Easter nest) [独][中] 復活祭の鳥の巣. 発酵生地で鳥の巣をかたどって器を編み, 発酵させて焼く. 中に復活祭の卵や小鳥の形の菓子を詰める

ôter [オテ] [仏][他] (火, 台から) 下す, 外す

othello [オウセロウ] [英][名] オセロ. ビスキュイを小さな丸形に焼き, 間にチョコレート風味のクリームを挟み, 上部に杏(あんず)のジャムを塗ってから溶かしたチョコレートをかけ, コルネで渦巻き模様を描いた小菓子. ほかにも, 『オセロ』の劇中人物の性格から, 同じ台を使い, 詰め物と色を変えた, デスデモーナ (Desdemona ヴァニラ風味の生クリーム, 白色), ロザリンド (Rosalind ばらの風味の生クリーム, ピンク), イアーゴー (Iago コーヒー風味のカスタード, 茶色) がある

Othellomasse [オテロマッセ] [独][女] 軽いビスキュイ生地, モーレンコップフ生地 (Mohrenkopfmasse) と同じ

oublie [ウブリ] [仏][女] ウーブリ. ゴーフルの種を円形の彫りのある鉄板の間で焼き, 平らなままか円錐形に巻いて仕上げた中世の菓子. ゴーフルの原形で菓子史上, 最初のものといわれる⇒plaisir

oublier [ウブリエ] ([独]vergessen, [英]forget) [仏][他] 忘れる

ourler [ウルレ] [仏][他] (心持ち丸みをつけて) 縁を反らせる

ouverture [ウヴェルテュール] [仏][女] ❶穴, 切れ目 ❷(口金の) 口径 ❸開くこと

ouvrir [ウヴリール] ([独]öffnen, [英]open) [仏][他] ❶開く ❷切り開く

ouzo [ウゾ] [仏][男] ウーゾ. ギリシアとキプロス島のリキュール. アニス, 蒸留酒, 砂糖からつくる. 水で割ると白濁する⇒anisette

Oval [オヴァール] ([仏]ovale, [英]oval) [独][中] 卵形

ovale [オヴァル] ([独][英]oval) [仏][形] 卵形の, 楕円形の ‖ ovale[男] 楕円形

Ovalform [オヴァールフォルム] ([仏]moule ovale, [英]oval mo⟨u⟩ld) [独][女] オヴァール型

ovaliser [オヴァリゼ] [仏][他] 卵形にする, 楕円形にする

oven [アヴン] ([仏]four, [独]Backofen, Ofen)

[英] [名] (料理用の) オーヴン, 天火

oven-decorated [アヴン デコレイテッド] [英] [形] (飾りのために) オーヴンに入れる前に砂糖, ナッツ類を振りかけた

ovenproof [アヴンプルーフ] [英] [形] (オーヴンに入れられる) 耐熱の／～ dish 耐熱 (パイ) 皿

oven ware [アヴン ウェア] ([仏]porcelaine à feu, [独]hitzefestes Geschirr) [英] [名] (集合的) (オーヴンに入れられる) 耐熱食器 (皿)

over run [オウヴァー ラン] ([仏]foisonnement) [英] [名] オーバーラン. 空気を含むことにより量が膨張すること. イーストなどによるパン生地製作や, 生クリームを泡立てたり, アイスクリームのアパレーユを回転凍結した後にみられる

ovoïde [オヴォイド] ([独]eiförmig, [英]ovoid) [仏] [形] 卵形 (状) の

Oxidation [オクスィダツィオーン] ([仏]oxydation, oxygénation, [英]oxidation) [独] [女] 酸化

oxidieren [オクスィディーレン] ([仏]s'oxyder, [英]oxidize) [独] [他] 酸化する

oxyde [オクスィド] ([独]Oxid, [英]oxide) [仏] [男] 酸化物／～ de cuivre 酸化銅

oyster [オイスター] [英] [名] ❶二枚貝 (牡蠣) の形をした小さな菓子. 練り込み生地を敷き込んだ小さなタルトレット型に油脂, 砂糖, 粉末アーモンド, 卵でつくったアパレーユを詰め, 焼きあがったらその部分をすくいとり, 泡立てた生クリームを絞り入れてから, 再びそれを貝の蓋のように上部にのせる ❷牡蠣

pachade［パシャード］⚜女〔地方菓子〕オーヴェルニュ地方の分厚いクレープ．小麦粉と水または牛乳でつくった生地の両面をフライパンで焼く．塩味と甘味のものがあり，塩味のものには，チーズ，エシャロット，ハーブ，おろしたじゃがいもなどを，甘味のものには，りんご，プラムなどの果物を混ぜる．深皿に入れてオーヴンで焼く方法もある→farinade, farinette, omelette enfarinée

packen［パッケン］（⚜empraqueter, enballer, envelopper, 英pack, wrap）独他 包装する→verpacken

paddle［パードル］（⚜feuille, palette, 独Rührbesen）英名 ビーター．電動ミキサーのアタッチメント，攪拌(かくはん)用→beater

pa d'ou(s)［パドゥ］⚜男〔地方菓子〕ルシヨン地方のフラン．アニゼットの香りをつけた牛乳，砂糖，卵のアパレーユを，カラメルを底に敷いた型に流し入れ，湯煎にする．「卵のパン (pain d'œuf)」という意味＝flan catalan

P. A. I.［ペアイ］⚜男 複→produits alimentaires intermédiaires

pailleté, e［パイユテ］⚜形 箔片(状)の，薄片状

pailleté fin chocolat［パイユテ ファン ショコラ］⚜男 細粒状のフレークチョコレート→囲み[chocolat]

pailleté super fin chocolat［パイユテ スュペール ファン ショコラ］⚜男 極細粒状のフレークチョコレート，おが屑状のチョコレートコポー＝copeaux de chocolat→囲み[chocolat]

paillette［パイエット］⚜女〔プティフールセック〕フイユタージュを棒状に切り，香辛料，あるいはパルメザンチーズを振りかけ焼いたもの．アペリティフなどに供する

paillon［パイヨン］（英straw-case）⚜男（酒瓶などに着せた）こも

pain［パン］（独Brot, 英bread, brick, cake, loaf）⚜男 ❶パン．穀類の粉に，イースト（またはパン種），塩，水を加えてこね，発酵させ，成形してオーヴンで焼く．発酵の方法に，イーストを直接加える直接法，イーストによって発酵した生地を加える半直接法，パン種を加えるパン種法がある　1) 通常のパン．直接法により小麦粉 (T. 55)，イースト，塩，その他でつくるパンで，一般に日持ちはしない．形は，棒形（→baguette, bâtard, ficelle, parisien），丸形（→boule, miche, pain polka），変わり形（350～500 g，王冠形，茸形ほか）（→auvergnat, pain croissant, pain (en) épis, pain fantaisie, pain plié, pain spirale, tabatière)　2) 通常のパン生地を使用しないパン，外国に起源のあるパン，創作されたパンなど　a) 伝統的なもの→pain complet, pain de campagne, pain de seigleb)　b) その他→fougasse provençale, pain à huîtres, pain à l'oignon, pain au chorizo, pain au cumin, pain au gluten, pain au lard, pain au maïs, pain au soja, pain au son, pain aux abricots, pain aux algues, pain aux carottes, pain aux céréales, pain aux fines herbes, pain aux fruits secs, pain aux germes de blé, pain aux graines de sésame, pain aux noix, pain aux olives, pain bis, pain brié, pain de gluten, pain de gruau, pain de méteil, pain de mie, pain d'orge, pain italien, pain normand au cidre, pain surprise, pain viennois　3) ヴィエノワズリ（→viennoiserie）．クロワッサン生地，ブリオッシュ生地を使った小型パン→pain au chocolat, pain au lait, pain brioché, pain aux raisins　4) パン状の菓

子→pain de Gênes, pain de Nantes, pain d'épices／petit ～　1人用に焼いたパン／～ de ménage　（自家製）量り売りのパン／～ court　なまこ形のパン／～ long　棒パン／～ saucisson　棒状で横または斜めに規則正しく，浅く切り目が入っているパン／～ chemin de fer　縦の方向に切れ目を入れたパン　❷食糧　❸塊，固めたもの／～ de sucre　円錐形に固めた砂糖（の塊）／～ de cuisine　鳥獣肉，魚介・甲殻類のすり身，野菜のピュレなどを型に入れ湯煎にして固めた料理　❹（＝machine à ～）家庭用パン製造器

pain à café［パン ア カフェ］⒇ 男 → flûte

pain à huîtres［パン ア ユイトル］⒇ 男　牡蠣用パン．発酵方法はパン種法または半直接法．ライ麦と灰褐色小麦粉（T. 80）または全粒粉を使用．350〜400ｇの球形，なまこ形，円筒形に焼く．クラム（身）は茶色，きめが細かい．牡蠣，海の幸の盛り合わせ，魚料理に添える．蜂蜜と共におやつにも食す

pain à la reine［パン ア ラ レーヌ］⒇ 男〔古〕非常に軽い牛乳入りのプティパン

pain à l'oignon［パン ア ロニョン］⒇ 男　玉ねぎ入りパン．発酵方法はパン種法または半直接法．小麦粉（T. 55），薄切り玉ねぎを使用．形は300〜400ｇの球形，なまこ形．クラスト（皮）はきめ細かく，クラム（身）は弾力，気孔があり，玉ねぎの味がする．ソースのある料理，家禽，ジビエ，オムレツなどに合う．同種にベーコン入りパン（＝pain au lard）がある

pain au chocolat［パン オ ショコラ］⒇ 男　パン・オ・ショコラ．棒状のチョコレートを2本入れて焼いたヴィエノワズリ．長方形のクロワッサン生地にチョコレートを置き，3つ折りにして焼く

pain au chorizo［パン オ ショリゾ］⒇ 男　チョリソ（唐辛子入りの豚の腸詰）入りパン．創作パンの1つ．発酵方法はパン種法または半直接法．小麦粉（T. 55）を使用．形は丸形，なまこ形，山形パン形．クスクス，パエリヤなどに供するか，そのまま食す

pain au cumin［パン オ キュマン］⒇ 男　クミンシード入りパン．発酵方法はパン種法または半直接法．全粒小麦粉とライ麦の混合粉を使用．形は250〜400ｇの球形またはなまこ形．クラム（身）は弾力があり茶色，香りの強いチーズ（マンステール，リヴァロなど）に供す

pain au gluten［パン オ グリュテヌ］⒇ 男　最低20％のグルテンを含んだパン→pain de gluten

pain au lait［パン オ レ］（独Milchbrötchen, 英milk bread）⒇ 男　パン・オ・レ．起源は中世に遡るフワス．パン・ヴィエノワよりリッチで軽い．小麦粉，生イースト，砂糖，卵，牛乳，油脂を用いる．円形または細長い小型パン．上面に砂糖粒を振る場合もある．朝食あるいはティータイムに食す．この製法は小型のサンドウィッチ用に変わり形のパンにしたり，製菓にも使用される→fouace, pain viennois, viennoiserie

pain au lard［パン オ ラール］⒇ 男　ベーコン入りのパン→pain à l'oignon

pain au maïs［パン オ マイス］（独Maisbrot, 英corn bread）⒇ 男　とうもろこし粉パン．発酵方法は半直接法．とうもろこし粉，小麦粉（T. 55）を使用．形は300〜500ｇのなまこ形，球形．クラスト（皮）は滑らかで艶があり，とうもろこし色．クラム（身）は黄色でしまっている．豚肉加工品に添える．トーストして，ジャムや蜂蜜と共に朝食，おやつにも食す

pain au seigle［パン オ セーグル］⒇ 男　ライ麦入りパン．ライ麦の含有量が10％以下であってはならない．ライ麦パンより茶褐色が薄く，艶もよい．製法，その他はライ麦パンと同じ→pain de seigle

pain au soja［パン オ ソジャ］⒇ 男　大豆入りパン．パンの歴史上比較的近年のパン．たんぱく質を多く含む．発酵方法はパン種法または半直接法．小麦粉（T. 55），ライ麦，大豆粉，油脂を使用．形は丸形，食パン形など

pain au son［パン オ ソン］(独Kleiebrot, 英brown bread) 仏男 麬（ふすま）入りパン. 発酵方法は半直接法. 小麦粉（T. 55), 麬を使用. 形は300〜400gの球形, なまこ形, 食パン形など. クラスト（皮）は茶色, 麬が出現している. クラム（身）は目が規則正しく, 弾力がある. ダイエット, 食餌療法用だが, たんぱく質, ミネラル, 繊維質に富むため, 通常のパンに代わり健康志向の人々に一般化しはじめている

pain aux abricots［パン オ ザブリコ］仏男 杏（あん）入りパン. パン・コンプレの生地に, 干し杏を包み込んで焼いた, 半円形の小型パン. 杏の代わりにりんごの薄切りを使うとりんご入りパン（pain aux pommes), プルーンを使うとプルーン入りパン（pain aux pruneaux）となる. 朝食, おやつなどに食す

pain aux algues［パン オ ザルグ］仏男 海藻（海苔）入りパン. 発酵方法は半直接法. 小麦粉(T.55). 形は丸形またはなまこ形. ダイエット, 健康用パン. 魚・甲殻類の料理と共に食す

pain aux carottes［パン オ キャロット］仏男 にんじん入りパン. 発酵方法は半直接法. 小麦粉（T.55), 油脂, 粉乳を使用. 球形, 丸形, なまこ形, その他にんじんの形などにつくる. クラスト（皮）もクラム（身）も赤味を帯びたオレンジ色. 弾力に富み, 気孔がある. にんじんの甘みがある. 生野菜のサラダ, ソースのある料理, ジビエ料理に供する

pain aux céréales［パン オ セレアル］仏男 穀類入りパン. パン種法または半直接法. 4種（小麦, ライ麦, 大麦, オート麦）の粉を均等に使用したパン. 形は丸形, なまこ形, 食パン形. 茶色で艶がなく, クラム（身）は発酵が抑えられるので膨らみが少ない. 湿り気がある. 特有の香気があり, ソースのある料理, 家禽, ジビエ, チーズに合う

pain aux fines herbes［パン オ フィーヌ ゼルブ］仏男 香草入りパン. 発酵方法は半直接法. 小麦粉（T. 55), 全粒小麦粉を混ぜて使用. 香草は生のものを用いるので, 季節やつくる人により種類が異なる. オリーヴ油, 粉乳を入れる. 形は球形, なまこ形, 山形パン形. クラム（身）は弾力があり, 気孔がある. 豚肉加工品, 生野菜料理, 冷製の魚料理, オムレツ, チーズなどと食す

pain aux fruits secs［パン オ フリュイ セック］仏男 ❶ドライフルーツ入りパン. 発酵方法はパン種法. 全粒小麦粉を使用. 形は食パン形あるいはジェノワーズ形. 使用する果物は4つ割りのプルーン, 杏（あん）, 砕いたヘーゼルナッツ, レーズン（サルタナ種). 朝食, おやつにそのまま食す. 24時間以上おいたほうがおいしい. ❷〔地方菓子〕アルザス地方のクリスマス菓子, ベラヴェック（→birewerk）と呼ばれる. 刻んだドライフルーツ（杏, ケッチ, レーズン), 胡桃, アーモンド, シナモン, 砂糖にシュナップスを振りかけ, のばした発酵生地に巻き込んで焼く

pain aux germes de blé［パン オ ジェルム ド ブレ］仏男 胚芽入りパン. 起源はイギリス, アメリカ. 発酵方法は半直接法. 小麦粉（T. 45）に5〜20%の胚芽を混ぜたものを使用. 形は200〜500gの球形, なまこ形, バタール形. クラスト（皮）は赤茶色, クラム（身）は黄味を帯び, 気泡, 気孔がある. 滋味に富む

pain aux graines de sésame［パン オ グレーヌ ド セザム］仏男 ごま入りパン. 発酵方法はパン種法または半直接法. 小麦粉（T. 80）または全粒小麦粉, 粉乳, 砂糖, ごまを使用. 形は250〜350gの球形, なまこ形. クラスト（皮）は色艶がよく, 多くは表面にごまをまぶしてある. クラム（身）は弾力があり, 滑らかで規則正しい目をしている. 味がよく, 通常のパンとして食される

pain aux noix［パン オ ヌワ］仏男 胡桃入りパン. 発酵方法はパン種法または半直接法. ライ麦と全粒小麦粉を使用. 形は球形, なまこ形, 食パン形. クラスト（皮）は茶色,

クラム（身）は弾力があり、木の実（重量の25～30％）が入っている。生野菜、テリーヌ、魚料理、チーズなど、また利き酒に適する。変種にヘーゼルナッツ入りパン（pain aux noisettes）やアーモンド入りパン（pain aux amandes）がある

pain aux olives［パン オ ゾリーヴ］仏 男 オリーヴの実入りパン。発酵方法は半直接法。小麦粉（T.55）、全粒小麦粉、ライ麦粉、オリーヴ油、黒オリーヴの実を使用。形は球形、なまこ形。クラスト（皮）は全体に焦げ目がつき、クラム（身）は弾力がある。田舎風の軽食、ニース風サラダ、カナッペ、チーズなどに合う

pain aux pommes［パン オ ポム］仏 男 りんご入りパン → pain aux abricots

pain aux pruneaux［パン オ プリュノー］仏 男 プルーン入りパン → pain aux abricots

pain aux raisins［パン オ レザン］仏 男 パン・オ・レザン。ヴィエノワズリ。ブリオッシュ生地にクレームパティシエールまたはクレームダマンドを塗り、レーズンを全体に散らして生地を巻き、厚さ1.5cmの小口切りにし、上面に卵黄を塗ってオーヴンで焼く。エスカルゴともいう → brioche roulée aux fruits confits

pain azyme［パン アズィム］仏 男 無酵母パン → azyme

pain bis［パン ビ］（独 Braunes Brot, 英 brown bread）仏 男 ブラウンブレッド。発酵方法はパン種法、または半直接法。全粒粉と小麦粉（T.55）を混合したものを使用。形は350g～1kgの丸形またはなまこ形。クラスト（皮）は茶色、クラム（身）は目が詰まり、灰褐色。すべての種類の料理にも合う。トーストして朝食に、おやつにも食す

pain brié［パン ブリエ］仏 男 ノルマンディ地方のパン。発酵方法はパン種法。小麦粉（T.55）を使用。水分を極度に控えるので生地は固く、こね方（briéという）に特徴がある。形は300～600gの丸形またはなまこ形。クラスト（皮）は薄茶色、クラム（身）はクリーム色、非常に目が詰まり、発酵が少ないため重い。すべての料理に供するほか、トーストやカナッペにしたり、ごく薄切りにしてバター、ジャムなどをつけておやつに食す

pain brioché［パン ブリオシェ］仏 男 ブリオッシュ生地のパン。ヴィエノワズリ → brioche (de) Nanterre

pain complet［パン コンプレ］（独 Vollkornbrot, 英 wholemeal loaf）仏 男 全粒粉パン。発酵方法はパン種法。全粒小麦粉に、特等強力粉、粉乳（または油脂）を混合して使用。形は300～400gの丸形、なまこ形、食パン形。クラスト（皮）は全体に色よく焦げ、滑らかで、艶はない。クラム（身）は目が細かい。日持ちがよい。ダイエット、健康によいとされている。どんな料理にも合い、トーストしてバター、ジャムなどをつけて食す

pain cordon［パン コルドン］仏 男 球形のパンに生地でつくったひもを十字にかけて焼く変わり形パン。通常のパンのほか、パン・ド・カンパーニュなどの生地でつくる

pain croissant［パン クルワッサン］仏 男 クロワッサンのように巻いて成形した変わり形パン。三角形の生地を底辺部から巻きあげてつくる

pain de campagne［パン ド カンパーニュ］仏 男 パン・ド・カンパーニュ、田舎パン。発酵方法はパン種法。小麦粉（T.55）または灰褐色の小麦粉とライ麦の混合粉を用いる。パン種（→ levain）の種類により風味が異なる。形は、多くは0.7～1.5kgの丸形。そのほか王冠形、コッペパン形、変わり形もある。クラスト（皮）は厚く、艶がなく、粉が振ってあって焦げ目があり、香ばしい。クラム（身）は繊維が長く、気孔があり、白色か、灰褐色。日持ちがよい。すべての料理、チーズに合い、またトーストして朝食にも食す

pain de Gênes［パン ド ジェーヌ］仏 男
❶［パティスリー］パート・ダマンド・クリュ（または粉末アーモンド）、澱粉、卵、バターを混ぜ、菊型で焼きあげた非常に軽いビスキ

ュイ．19世紀初頭，ジェノヴァ（Gênes）でフランス軍が敵軍に包囲され籠城した際の指揮官マセナ将軍に捧げられた．籠城軍の兵糧がアーモンドと米だったところから，この菓子には必ずアーモンドを使用する＝biscuit génois⇒pâte à pain de Gênes ❷菊型，パン・ド・ジェーヌ型

pain de gluten［パン ド グリュテヌ］[仏][男] グルテンパン．発酵方法は直接法．小麦粉（T. 55）使用．60%以上のグルテンを含む．形はなまこ形，バタール形．クラスト（皮）は少し焦げ目がつき，きめ細かい．よく発酵して軽い．クラム（身）は白色または黄色．気孔がある．滋養のあるダイエット用パン．朝食，おやつに，そのままかトーストして食す

pain de gruau［パン ド グリュオ］[仏][男] 極上パン．発酵方法は直接法．特等強力粉を使用．粉乳（2%），麦芽（1%）を含む．焼きたてを食す．バゲット，バタール，その他，変わり形パンにする．クラスト（皮）は軽く焦げ目がつき，きめ細かく，乾燥し，クラム（身）は弾力があり，気孔がある．通常のパンに代わる．特に朝食，おやつに食す

pain de Jésus［パン ド ジェズュ］[仏][男] ⇒quignon

pain de la Mecque［パン ド ラ メック］[仏][男]〔パティスリー〕シュー生地を細長く絞り，卵黄を上面に塗り，グラニュー糖を振り，薄切りアーモンドを散らして焼いたもの．詰め物はしない

pain de méteil［パン ド メテイユ］[仏][男] メテイユ粉パン．フランスの田舎に伝わるパン．小麦粉に混ぜる穀類とその割合は地方により異なる．ブルターニュ地方では小麦粉とそば粉，中央部では小麦粉とライ麦（1:1）など．発酵方法はパン種法または半直接法．形は球形または楕円形．クラスト（皮）は茶色で粉が振ってある．クラム（身）は灰色を帯び，目は詰まっている．田舎風料理，ピクニックなどに適す

pain de mie［パン ド ミ］[仏][男] 食パン．イギリスから20世紀初頭に伝わる．発酵方法は直接法．小麦粉（T. 45またはT. 55とT. 45の混合粉），粉乳を使用．形は角，山，円筒形．クラスト（皮）はきつね色，クラム（身）は白色できめ細かい．トーストして朝食，バターをつけて昼食や夕食に添えたりするほか，サンドウィッチ，カナッペ，クロックムシューにしたり，シャルロットの周囲に用いたりする⇒pâte à pain de mie

pain de Nantes［パン ド ナント］[仏][男]〔パティスリー〕レモンかオレンジの香りをつけ，薄切りアーモンドを敷いた小さな丸い型で焼いた小さなビスキュイ．杏（あんず）ジャムを塗ってから，フォンダンをかけ，粒状の砂糖を振って仕上げる

pain de Noël aux fruits［パン ド ノエル オ フリュイ］[仏][男] アルザス地方のクリスマスの菓子⇒bireweck, pain aux fruits secs

pain d'épices［パン デピス］（[独]Lebkuchen, [英]gingerbread, ginger cake）[仏][男]〔パティスリー〕小麦粉（またはライ麦を混ぜる），蜂蜜，香辛料（アニス，クローヴ，シナモン，オレンジの皮など），重曹などの膨張剤でつくる茶褐色のパン状の菓子またはクッキー，ビスケット．四角形や丸形のほかに小豚やかたつむり，神話，伝説の人物像などいろいろな形につくる．非常に古い菓子で，11世紀に十字軍によってヨーロッパに伝わった．1596年には，ランスでパンデピスの同業組合がアンリ4世に認可された．かつては定期市の主要製品だった．香辛料と蜂蜜がこの菓子の特徴．ドイツでは胡椒入り菓子（Pfefferkuchen），イギリスではジンジャーブレッド（gingerbread）と呼ばれる．以下のものがある　1）ディジョンのパンデピス．小麦粉と卵使用⇒pâte à pain d'épices　2）クク．ライ麦粉のみ使用，または小麦粉を混ぜる（demi-couque），小麦粉を混ぜた場合は大きな正方形にする⇒couque　3）大量生産製品．製法は伝統を遵守しているが，蜂蜜はほとんど使われず，香料はエッセンスで代用

pain de poires［パン ド プワール］[仏][男] ス

イスのパティスリー．干した洋梨を煮てピュレ状にしたものをバター入りパート・ブリゼで包んで焼いたもの

pain de seigle ［パン ド セーグル］（独Roggenbrot, 英rye bread）⚤男 ライ麦パン．山岳地帯，ブルターニュ地方が起源．発酵方法はパン種法．ライ麦に小麦粉（T. 55）をグルテン補給のため規定量（35％以下）混ぜて使用．形は1.5～4kgの丸形，なまこ形など．パリでは300～500ｇの丸形もある．クラスト（皮）は茶掲色，艶があり滑らか．クラム（身）はしまって目が細かく，湿り気がある．日持ちがよい．焼きたては食さない．一般に牡蠣，魚介類，生ハム，チーズなどに供する／～ aux raisins ライ麦パンの変種．1kgにつき250ｇのカランツ種のレーズンを入れて焼いたライ麦パン．小さな球形に焼いたものはブノワトン（→bennoiton）という

pain de sucre ［パン ド スュクル］（独Zuckerhut, 英sugar loaf）⚤男 棒砂糖．円錐形に固めた砂糖→［付録］le sucre

pain d'orge ［パン ドルジュ］⚤男 大麦パン．北欧から伝わる．発酵方法は半直接法．同量比の小麦粉（T. 55）と大麦粉を使用．球形，なまこ形．クラスト（皮）に弾力があり，クラム（身）はきめ細かく詰まっている．味がよく，どんな場合にも合う

pain (en) épis ［パン(アン)エピ］⚤男 麦の穂を模したパリジャン，バタール，バゲットの変わり形パン．形は棒状かリング状

pain fantaisie ［パン ファンテジィ］⚤男 ❶ 変わり形パン．直接法による発酵方法で，通常のパン，あるいはパン・ド・カンパーニュなどを星，王冠，3つ編みなどさまざまな形に成形した主に小型のパン→pain cordon, pain croissant, pain (en) épis, pain plié, pain spirale, tabatière, tricorne ❷ 1)（＝～ de luxe）上質粉パン 2)（丸形パンに対して）棒パン

pain italien ［パン イタリアン］⚤男 イタリアパン．イタリアから伝わり，フランス南東部でつくられる．発酵方法は半直接法．小麦粉（T. 55）を使用．クラスト（皮）はきめ細かくきつね色，クラム（身）は非常に目が詰まっている．生野菜のサラダ，パスタ料理に添える．オリーヴ油を使うため独特の香りがある

pain normand au cidre ［パン ノルマン オ スィードル］⚤男 シードル入りノルマンディ地方のパン．発酵方法はパン種法．同量比のライ麦，全粒小麦粉，小麦粉（T. 55），シードルを使用．1kg以上の大型の球形，なまこ形など．クラスト（皮）は厚く艶はなく，粉が振ってある．クラム（身）は灰色を帯び，弾力があり，目は不規則．酸味がある．地方料理に適する

pain perdu ［パン ペルデュ］⚤男〔温アントルメ〕フレンチトースト．古くなったパン，ブリオッシュ，パン・オ・レなどを薄切りにして牛乳，卵，砂糖を混ぜ合わせた中に十分に浸し，フライパンで焼く．クレームアングレーズ，ジャム，コンポートなどを添えて供する→galopin

pain plié ［パン プリエ］⚤男 3つ折りにして成形した変わり形パン（350～500ｇ）

pain polka ［パン ポルカ］⚤男 上面に規則正しくひし形の切れ目を入れたパン．形は大きな丸形またはなまこ形→polka

pain spirale ［パン スピラル］⚤男 球形のパン上に細いひも状のパン生地でらせん模様を施した変わり形パン．通常のパン，パン・ド・カンパーニュなど

pain surprise ［パン スュルプリーズ］⚤男 パン・シュルプリーズ．大型の丸いパンの中身をくりぬき，そのくりぬいたパンでサンドウィッチをつくり，また元のパンに戻して元通りの形にする．サンドウィッチはソーセージなど豚肉加工品，冷製肉，魚，チーズ，各種の変わりバターなどでつくる．パン生地はライ麦，メテイユ，パン・ド・ミ用が使われる．一般に丸く，各種の焼き型（ジェノワーズ，四角型など）も用いるが，形は自由．レセプション，カクテルなどのビュッフェ用

pain viennois ［パン ヴィエヌワ］⚤男 パ

ン・ヴィエノワ，ウィーン風パン．発酵方法は直接法．小麦粉（T.55または特等強力粉またはその同量比），粉乳，砂糖，バターを用いる．棒状で，横（やや斜め）に規則正しく切れ目を入れた形に特徴がある．食パン形などにつくられることも多い．日持ちがよい．クラスト（皮）はきつね色，柔らかで，艶がある．クラム（身）はパン・ド・ミに似てパン・オ・レほどリッチではないが，弾力があり，きめ細かく味がよい．朝食，子供のおやつ用．1840年頃，ウィーンからフランスにもたらされた．当時は，元来のパン種を使ったものと比較して，柔らかい生地が画期的であった → pain au lait

pair, e [ペール]（独gerade, 英even 〈number〉）仏形 偶数の／nombre ～ 偶数

paire [ペール]（独Paar, 英pair）仏女 1対（？）／une ～ de ciseaux 1丁のはさみ

palais or [パレ オール]仏男〔糖菓〕→ palet d'or

Palatschinken [パラチンケン]独女 パラチンケン．フライパンで焼くオーストリアの代表的な菓子．パンケーキ，クレープ．クリームを添えたり，いろいろな具を巻き込んで供する

palet [パレ]仏男 ❶〔プティフールセック〕パレ．砂糖，卵，小麦粉にバターをたっぷり使ったシガレット生地を薄く小さな円形に焼いたもの．刻んだレーズン，ピールを混ぜることもある．ラム酒，ヴァニラで香りづけする／～ aux raisins レーズン入りパレ／～ de dames カランツ種のレーズン入りのヴァニラ風味のパレ／～ fondant 焼きあがってから，杏(あんず)のジャムを塗り，グラス・ア・ローをかけたパレ ❷〔糖菓〕片面が平らですべすべした円形または正方形のボンボン・ショコラ／～ au café コーヒー風味のパレ＝ palet d'or ❸（的に投げて遊ぶ）丸くて平たい石

palet breton [パレ ブルトン]仏男〔地方菓子〕ブルターニュ地方のビスケット．厚みは1.5cm．有塩バター20％とヴァニラシュガーを含む．名称はアイスホッケーのパックの形に似ていることからつけられた

palet d'or [パレ ドール]仏男〔糖菓〕表面が平らですべすべし，金箔の小片を飾った円形または正方形のボンボン・ショコラ．センターはガナッシュで，ブラックチョコレートで被膜し，厚さは6mm＝ palais or

Palette [パレッテ]（仏amassette, palette métallique, spatule en fer, 英palette knife, 米blade-spatula）独女 パレットナイフ

palette [パレット]仏女 パレットナイフ．菓子にクリームを塗ったり，焼成中のものを裏返したり，皿に移す時などに用いる

palette knife [パレット ナイフ]（仏palette, spature 〈métallique〉, 独Palette, 米blade spatula）英名 パレットナイフ

palm [パルム]英名 パルミエパイ＝ pig's ear

palmier [パルミエ]仏男 ❶〔プティフールセック〕パルミエパイ．砂糖を振ったフイユタージュの両端を中央に向けて巻き，小口切りにしてハート（棕櫚(しゅろ)の葉）形につくり，焼きあげる ❷〔植〕ヤシ科．やし．熱帯樹．実と葉芽を食す．幹からは澱粉を採取．種類により，砂糖，油脂（パーム油huile de palme, パーム核油beurre de noyau）をつくる → huile, M.G.V.

Palmöl [パルムエール]（仏huile de palme, 英palm oil）独中 パーム油

palois [パルワ]仏男 ❶〔アントルメ〕ダコワーズの台にクリーム類を挟んだもの．ポーでつくられるものをパロワという → dacquois ❷ピレネー山脈北麓の都市ポー（Pau）の住人

pamplemousse [パンプルムス]仏男（女）〔植〕❶ミカン科．ざぼん，ぶんたん．原産はアジア．直径11〜17cmの大型の柑橘類．皮は緑がかった黄色，酸味が強い，砂糖漬け，マーマレード，ジュースにする（独Pampelmuse, 英shaddock）❷〔俗称〕ミカン科．グレープフルーツ（独Grapefruit, Pampelmuse, 英grapefruit）／～ rose 果肉がルビー色のグ

レープフルーツ→pomelo

pan[1][パン] (独Seite, 英face, side) 仏男 (多角形の)一辺, (多面体の)面

pan[2][パン] 英名 ❶片手鍋 (仏casserole, 独Kasserole) ❷(菓子の)焼き型 (仏moule, 独Form) / jelly roll 〜 薄く焼くロール用の浅い型／cake 〜 ㋺ マンケ型／tartlet 〜 タルトレット型 ❸天板, 天パン (仏plaque, 独Backblech)

panaché[パナシェ] 仏男 ❶2種の飲料をほぼ同量混ぜた飲み物. レモネードを混ぜた生ビールを指すことが多い. コーヒーとアルコールを混ぜた場合にもいう (独Alsterwasser, Radler, 英shandy) ❷パティスリー, 料理において, 2種以上の異なった色, 香り, 形が組み合わされたもの

panaché, e[パナシェ] 仏形 (異なった色, 香りを)組み合わせた, 混ぜ合わせた

panacher[パナシェ] (独verrühren, 英mix, variegate) 仏他 (2種以上の異なった色, 香, 形を)組み合わせる. 混ぜる

panary fermentation [パナリ ファーメンテイシュン] 英名 発酵生地の発酵

pan-bagnat[パン バニャ] 仏男 ニースのサンドウィッチ. 丸パンに南仏の食品 (アンチョヴィ, セロリ, 黒オリーヴ, 玉ねぎ) を挟んだもの

pancake[パンケイク] (仏crêpe, 独Pfannkuchen) 英名 パンケーキ. (小麦粉, ベーキングパウダー, 砂糖, 卵, 牛乳を混ぜたものを)フライパンで平たく焼く. 鉄板上で焼く最も古い菓子の形態. 懺悔の火曜日 (灰の水曜日前日) に焼かれた‖ pancake㋺ 厚みのあるクレープ. 小麦粉, 牛乳, 卵に, バターをたっぷり混ぜてフライパンで焼き, メープルシロップ, ジャム, バナナ, バターミルク, 苺などを挟んで食す. とうもろこしの粉でつくることもある

panellet[パネレ] 仏男 〔地方菓子〕粉末アーモンド, 砂糖, 卵白を小球形に丸めて, 表面に松の実をかけてオーヴンで焼いたカタロニア地方の菓子. 11月1日(諸聖人の祝日)に食す

paner[パネ] (独panieren, 英breadcrumb) 仏他 パン粉をつける／〜 à l'anglaise イギリス式にパン粉をつける. 材料に粉をまぶしてから, パニュル・アングレーズ (→panure 油, 塩, 胡椒を混ぜた溶き卵) に浸し, 余分な卵を拭ってパン粉をつける／〜 à la milanaise ミラノ風にパン粉をつける. パニュル・アングレーズ (→panure) に浸した後に, おろしたチーズを混ぜたパン粉をつける

paneton[パヌトン] 仏男 パン製作に用いる柄(え)のない籠→banneton

panettone [パネトーヌ] 仏男 パネットーネ. イタリアのクリスマスの菓子. ミラノの銘菓だが, 各地方に変種が多数ある. 天然酵母を使用して発酵させたブリオッシュ生地にレーズン, 砂糖漬け果物, 柑橘類の皮, ドライフルーツを混ぜてドーム形に焼く. 高さは約12〜15cm. ドライフルーツが入らないものにヴェローナの銘菓パンドーロ (pandoro) がある

panier[パニエ] (独Korb, 英basket) 仏男 ❶バスケット, 籠 ❷籠の形をした菓子

panification[パニフィカスィヨン] 仏女 パンづくり, パン製作

panini[パニーニ] 仏男 イタリアのホットサンドウィッチ. 使用するパンは白く, オリーヴ油の香りがする. 生野菜, ハム, ソーセージ, タプナド (オリーヴ, アンチョヴィ, ニンニクなどをペースト状にしたもの), 小タマネギを挟み, 軽くトーストして熱いうちに食す

panissa[パニサ] 仏女 →panisse

panisse[パニス] 仏女 〔地方菓子〕プロヴァンス地方ニースの揚げ物. ひよこ豆またはとうもろこしの粉の粥(かゆ)を冷めてから小さな棒状か四角い形に切り分け, オリーヴ油で揚げる. 甘いものもある. コルシカ島では栗の粉でもつくる＝panissa

pannequet[パヌケ] 仏男 パヌケ. クリーム, ピュレなどを包んだクレープ. 中身を包

んだクレープを容器に並べ, 粉糖, チーズなどふりかけ, オーヴンで焼いて供する. 塩味のものはオードヴル, アントレとして供する. 甘味のものは砂糖漬け果物の入ったクレームパティシエール, クレーム・ド・マロン, ジャムなどを挟み, フランベするなどしてアントルメとして供する. 英語のパンケーキ (pancake) の訛った言い方／〜 aux abricots クレームパティシエールと杏 (あん) を巻き込み, 粉糖をかけてオーヴンで焼いたパヌケ

panperdy [パンパーディ] 英 名 フレンチトースト. スライスしたパンを, 牛乳, 卵, 砂糖を混ぜたものに浸し, バターで焼く ← golden bread

panure [パニュール] 仏 女 ❶ (生のパンからつくった) パン粉 ⇒ chapelure ❷ (= 〜 anglaise) パニュール・アングレーズ. 油, 塩, 胡椒を混ぜた溶き卵

panzarotti [パンツァロティ] 仏 男 ❶ [地方菓子] ／〜 au riz コルシカ島の宗教的祝祭日や結婚式につくられる米の揚げ菓子. リオレに蒸留酒, イースト, 泡立てた卵白を加えて揚げ, 砂糖を振りかける = panzerotti ❷ パンチェロッティ. ピザ生地に詰め物をして2つ折りにし, 半月形にして揚げる

panzerotti [パンツェロティ] 仏 男 ⇒ panzarotti

Papageno Torte [パパゲーノトルテ] 独 女 ジャポネ生地をベースにしてつくったオーストリアのチョコレートケーキ

Papaya [パパヤ] (仏 papaye, 英 papaya) 独 女 [植] パパイヤ

papaye [パパユ] (独 Papaya, 英 papaya) 仏 女 [植] パパイヤ科. パパイヤの実. 原産はマレーシア. 紡錘形または丸形. 果皮は熟すと黄色. 果肉はオレンジ色. 中央に黒色の粒状の種子を有する. カロリーが低く, ビタミン類が豊富. 未熟のものは野菜として用い, 熟したものは果物として生食. ジャム, ジュース, フルーツサラダにするほか, オードヴルとして供する

papier [パピエ] (独 Papier, 英 paper) 仏 男 紙, シート／〜 siliconé シリコンペーパー. 紙にバターを塗らなくても, 生地が付着しない／〜 d'aluminium アルミ箔, アルミホイル／〜 absorbant 吸取紙／〜 sulfurisé 硫酸紙, パーチメントペーパー. 水を通さず熱に強く, 断熱に適する. 焼き色を調節したり, 紙包み料理, ジャムのおおいに用いる／〜 dentelle レースペーパー／〜 cristal グラシンペーパー. 透明または半透明の紙, 紙のコルネなどに使用／〜 paraffiné パラフィン紙

papillon [パピヨン] 仏 男 ❶ [プティフールセック] 砂糖を振ったフイユタージュを長方形に切り, ひとひねりして焼きあげたもの ❷ 蝶 (独 Schmetterling, 英 butterfly)

papillote [パピヨット] (英 curl paper) 仏 女 ❶ (蝶のように) ひとねじりした紙 ❷ (ボンボンなどの) 包み紙 ❸ 紙に包んだ糖菓類, パピヨット. チョコレート, プラリネ, パート・ド・フリュイ, ヌガーなどを, 両端に短冊状の切れ込みを入れたきれいな色紙にねじって包む／〜 lyonnaise キャンディ類と共に判じ絵, 格言, マンガなどの描かれた紙が包み込まれたパピヨット. リヨンはパピヨット発祥の地 ❹ 紙包み料理

Paprika [パプリカ] (仏 paprika, 英 paprica, paprika, red pepper) 独 男 パプリカ

paquerette [パクレット] (独 Gänseblümchen, 英 daisy) 仏 女 [植] キク科ヒナギク属. デイジー, ひな菊. 植物療法では花と葉は動脈硬化, 高血圧に効果があるといわれている. 花と葉をハーブティーにして飲用する ⇒ tisane

Pâques [パック] (独 Ostern, 英 Easter) 仏 女 復活祭, イースター. キリストの復活を祝うキリスト教の移動祝祭日 (3月22日〜4月22日). 卵, 鶏, 鐘, うさぎ, 鳥の巣をかたどった菓子 (チョコレート, ヌガティーヌなど) がつくられ, 菓子店のウインドーを飾る

paquet [パケ] 仏 男 ❶ 包み ❷ 包みの形をした菓子／〜 surprise 思いがけない贈り物

の包みの意味. フルーツケーキなどをラング・ド・シャの生地で包んだアントルメ

parallèle [パラレル] (仏)(形) (〜 à...) (…に)平行な ‖ parallèle (女) 平行線 ‖ parallèle (男) 対比

parcelle [パルセル] (仏)(女) ❶少量, 微量 ❷小部分, 小片

parchment paper [パーチメント ペイパー] ((仏)papier sulfurisé, (独)Backpapier, Pergamentpapier) (英)(名) パーチメントペーパー. 防水, 防湿用の硫酸紙

pareillement [パレイユマン] (仏)(副) 同様に, 同じ仕方で

parer [パレ] (仏)(他) ❶飾る, 飾り立てる. アーモンド, スプレーチョコレートなどを菓子の側面や上部に付着させる ❷整える 1)(菓子の仕上げの際, 余分なものを) 除く, 切り整える ((独)abschneiden, (英)trim) / 〜 une tarte 型に敷き込んだ生地のはみでた余分な部分を切り落とし, 形を整える 2)(焦げた部分などを)除く 3)(ビスキュイ, ジェノワーズ, フイユタージュの表面を, クリームなどを塗る前に)平らにする, (形などを)整える 4)アイスクリームで果物, 人形などをかたどる際の仕上げに修正を施す 5)果物, 野菜, 肉などの不必要な部分を取り除く

Parfait [パルフェイ] ((仏)parfait, (英) parfait glacé) (独)(中) パルフェグラセ⇒Rahmeis, Sahneeis

parfait [パルフェ] (仏)(男) ❶〔氷菓〕パルフェ. ボンブ生地に生クリームを泡立て冷やし固めた, 滑らかで非常に軽いアントルメグラセ. コーヒー, チョコレート, プラリネ, 果肉などを混ぜて香りをつけ, パルフェ型（円錐形）を使い, 一般に1人前ずつつくる. / 〜 à l'alcool グランマルニエ, キルシュ, ラム酒などで香りをつけたパルフェ / 〜 au chocolat (café) チョコレート（またはコーヒー抽出液）を加えたパルフェ 2)パルフェ型以外の型を使い, アイスクリームを敷いてから, 香りをつけたパルフェ用生地を詰めるか, 直接生地を詰めたもの. 切り分けて供することもできる⇒〔付録〕la glacerie ❷パルフェ用生地. 生クリーム入りボンブ種. 生クリームの量が生地の濃厚さや滑らかさを左右する. 生地は比較的溶けにくい. パルフェ, ボンブグラセのセンター, アントルメグラセやヴァシュランの詰め物などに使う ⇒appareil à bombe

parfaitement [パルフェットマン] ((独)perfekt, (英)perfectly) (仏)(副) 完全に

parfait glacé [パルフェイ グラセ] ((仏)parfait, (独)Parfait) (英)(名) ❶パルフェグラセ. 型にアイスクリームを敷き込み, パルフェ用生地を流し入れ, 凍らせた氷菓 ❷〔古〕ボンブ型にスフレグラセ用生地を流し入れて凍らせたもの

parfum [パルファン] ((独)Duft, Geruch, (英)flavo⟨u⟩r, parfume) (仏)(男) 芳香, 香り ⇒arôme

香りの種類	
植物性	アーモンド, アニス, ベルガモット, カカオ, コーヒー, シナモン, レモン, クローヴ, ミント, ナツメグ, カラメル, ヴァニラなど
アルコール類	蒸留酒（アルマニャック, カルヴァドス, コニャック, キルシュ, ラム酒, ウィスキー, キュンメル, ミラベル, ポワール), リキュール（フランボワーズ, コアントロー, グランマルニエ, イザラ, シャルトルーズ, キュラソーなど), 醸造酒（シャンパーニュ, ポルト, マラガ, フロンティニャン, ゼレスなど）
人工香料, 合成香料	ヴァニリン

parfum chocolat [パルファン ショコラ] (仏)(男) チョコレート風味. チョコレートの含有量が20％以下⇒chocolaté

parfumé, e [パルフュメ] (仏)(女) 香りをつけた

parfumer [パルフュメ] ((独)Parfümieren, (英)flavo⟨u⟩r) (仏)(他) （天然香料, ワイン, アル

コールなどを加えて) 香りをつける, 香料を入れる ‖ se ~ 代動 香りをつける

paris-brest ［パリ ブレスト］仏 男〔アントルメ〕パリ＝ブレスト. シュー生地を王冠形に焼いて, 水平に2つに切った間に星口金付き絞り袋でプラランを加えたクレームムスリーヌを詰め, 上部に薄切りアーモンドを散らしたもの. 1891年, パリ・ブレスト間の自転車競技を記念して創作された. 変種にパリ＝ニースがある⇒paris-nice,〔付録〕les crèmes

Pariser Krem ［パリザー クレーム］独 女 クーヴェルチュールと煮上げた生クリームを合わせたもの, ガナッシュ⇒Canache, Ganache,

Pariser Würfel ［パリザー ヴュルフェル］独 男 ガナッシュ (=パリザークレーム Pariser Krem) を使ってつくるチョコレートケーキ. 四角に切り分けて供する. Würfel は「さいころ」という意味

parisien, ne ［パリズィヤン, ズィエンヌ］仏 形 パリの, パリ風の ‖ Parisien, ne 名 パリの人 ‖ parisien 男 ❶〔アントルメ〕パリジャン. 焼き色をつけたムラングでおおわれた, 砂糖漬け果物入りの菓子. レモンの香りをつけたビスキュイを数段に切り, その間に砂糖漬け果物入りフランジパーヌを挟み, 表面をムラングイタリエンヌでおおって, オーヴンで焼き色をつける. 伝統的な菓子の1つ ❷パリジャン. 棒パン (400〜500 g)

paris-nice ［パリ ニース］仏 男〔アントルメ〕パリ＝ブレストの変種. アーモンドを使わず, クリームはシブーストを使用⇒paris-brest

parkin ［パーキン］英 名 ❶ジンジャーブレッドから派生した生姜 (1/8 oz) 入り菓子. 2形態ある 1) オートミール, 小麦粉, 重曹, 砂糖, バター, ゴールデンシロップ, 生姜, 牛乳でつくった生地を平たく丸めて焼くビスケット. 茶褐色で上面にひび割れがある／Yorkshire ~ イギリス, ヨークシャー州ウエストライディングの菓子. 11月5日のガイ・フォークスデイ (Guy Fawkes Day) の菓子として有名 2) (=~ slab) バターと粗糖をクリーム状にし, 小麦粉, ベーキングパウダー, 生姜, オートミールを混ぜ込み, 正方形の焼き型で焼いた茶色のケーキ ❷ (=~ biscuit) オートミール入りのビスケット

park pie ［パーク パイ］英 名 小麦粉, 押し麦, ベーキングパウダー, 油脂, 粗糖でつくった生地を型に敷き, 刻んだなつめ, レモンの皮, 粗糖でつくったピュレを詰め, 生地で蓋をして焼いた菓子

parmesan ［パルムザン］仏 男 パルメザンチーズ. 牛乳のチーズ. イタリア原産. おろしてグラタン, スフレなどに使用. イタリア語ではパルミジャーノ・レッジャーノ (parmigiano reggiano) という

paroi ［パルワ］(独 Innenwand, 英 side) 仏 女 (鍋, 型, ボウルなどの) 内側, 内壁

parsemer ［パルスメ］(独 bestreuen, 英 sprinkle) 仏 他 (~ de...) (…を) 振りかける, 散らし入れる

part ［パール］(独 Anteil, 英 part, share) 仏 女 ❶分け前, 取り分けた部分 ❷分担

partager ［パルタジェ］仏 他 ❶分割する, 切り分ける (独 teilen, 英 divide) ❷共にする, 共有する

partie ［パルティ］(独 Teil, 英 part) 仏 女 部分／en ~ ou en totalité 部分的あるいは全体に

partisan, e (まれに~te) ［パルティザン, ザーヌ (ザント)］仏 形 (~ de...) (…に) 賛成する

Party ［パーァティ］(仏 partie, 英 party) 独 女 パーティ

parure ［パリュール］(独 Abschnitt, 英 trimmings) 仏 女 複 (生地, ビスキュイの) 断ち落とし

paskha ［パスカ］仏 女 ロシアの復活祭の菓子. フレッシュチーズ, バター, サワークリーム, 砂糖を混ぜ合わせ, レーズン, 砂糖漬け果物, 胡桃を加えて, ピラミッド形につくる. 表面に, 砂糖漬け果物で, XとBの文字 (キ

リストの復活を意味する)を描く

pass ［パス］（⒧passer, ⒟passieren）⒠⒣（裏漉し，ふるいに）通す，かける

passarelle ［パサレル］⒧⒡ レーズンの一品種．ラングドック地方のフロンティニャンやスミルナ（トルコ）やダマス（シリア）でつくられる白色種のマスカットを天日に干したもの＝passerelle→囲み［raisin sec］

passarillage ［パサリヤージュ］⒧⒨ ぶどうの実の甘さを増すために乾燥させること＝passerillage

passe-crassane ［パスクラサーヌ］⒧⒡ パスクラサン．梨とマルメロを交配した丸く大きな冬期産の洋梨の一種．果肉はとろりとして香り高い

passer ［パセ］⒧⒣ ❶入れる，移す／～ au four オーヴンに入れる／～ au froid 冷所に移す ❷ふるう，漉す，裏漉しする（⒟passieren, ⒠pass, strain）／～ de la farine au tamis 粉をふるいにかける ❸移動させる，通す／～ le peigne ou le couteau-scie 櫛へらか波刃のナイフを使ってくし目をつける／élever la bordure, ～ la pince à tarte 縁を起こし，飾りをつけるためパイ挟みで周囲を摘まんでいく ❹（～ à...)（ゼリー，チョコレートなどを）一面にかける，流す，塗る／～ à la gelée ゼリーを流す ❺吹きつける／～ au pistolet 噴霧器で吹きつける ❻（材料の）水気を切る（⒟abtropfen lassen, ⒠strain）

passerelle ［パスレル］⒧⒡→passarelle

passerillage ［パスリヤージュ］⒧⒨→passarillage

passe-sauce ［パス ソース］⒧⒨ 漉し器，シノワ→chinois

passieren ［パッスィーレン］⒟⒣（果物，クリームなどを）目の細かいふるいで漉す

passiflore ［パスィフロール］（⒟Passionsblume, ⒠passion flower）⒧⒡〔植〕トケイソウ科．時計草，パッションフルーツ．語源はラテン語passiflora（キリスト受難の花）＝fruit de la passion, grenadille

passoire ［パスワール］（⒟Durchschlag, ⒠strainer）⒧⒡ 水切り．果物，野菜の水気を切ったり，種子を取り除くために細かい穴があいた，または網状の容器．用途により形態が異なる／～ à thé 茶漉し

paste ［ペイスト］（⒧pâte, ⒟Paste, Teig）⒠⒩ ❶（小麦粉，水，卵などでつくった）生地，パート，ペースト ❷生地状のもの，練りもの ❸糊

pastèque ［パステーク］（⒟Wassermelone, ⒠watermelon）⒧⒡〔植〕ウリ科．すいか．球，または楕円形．3～5kgの重さで，果皮は濃緑・黒色の縞模様．果肉は赤色または黄色．わずかに甘い．非常に水分が多い．カロリーは少ない．ビタミンC，ビタミンBを含有．生食するかフルーツサラダ，ジャムにする＝melon d'eau

Pastete ［パステーテ］（⒧bouchée, vol-au-vent, ⒠vol-au-vent）⒟⒡ ヴォロヴァン．フイユタージュでつくった器に詰め物をした菓子や料理

Pastetenhaus ［パステーテンハオス］⒟⒩ 大型の，半球形をしたヴォロヴァン

Pastetenteig ［パステーテンタイク］（⒧pâte à pâtés, ⒠pie pastry）⒟⒨ パテ用の生地

Pasteur, Louis ［パストゥール, ルイ］⒧⒢⒨ ルイ・パストゥール（1822-1895）．化学者，生物学者．牛乳，ワイン，ビール，シードルの低温殺菌法を生み出した

pasteurisateur ［パストゥリザトゥール］（⒠pasteurizer）⒧⒨ パストゥール殺菌器，低温殺菌器

pasteurisation ［パストゥリザスィヨン］（⒟Pasteurisierung, ⒠pasteurization）⒧⒡（100℃以下の）低温殺菌法，パストゥール殺菌法．65～85℃で数秒から1時間加熱するか，60～65℃で約30分熱して4～6℃に急冷する．（牛乳，チーズ，ジュース，フォワグラなどの）風味や栄養価の劣化を最小限にとどめる殺菌法

pasteuriser ［パストゥリゼ］（⒟pasteurisieren, ⒠pasteurize）⒧⒣ 低温殺菌する

pasteurize [パストュアライズ] 英 他 低温殺菌する

pastilla [パスティヤ] 仏 女 パスティーヤ．モロッコの菓子，料理．円形の型に，薄くのばした生地と家禽，魚介，野菜など，スパイスをきかせた詰め物を交互に重ね，炭火で焼く．途中で裏返す．デザート用は，クレームパティシエールまたは，牛乳，砂糖，シナモンで煮たヴァーミセリ（細いパスタ）とアーモンドを混ぜたものを詰め物にする

pastillage [パスティヤージュ] 仏 男 粉糖，水で溶かしたトラガカントゴムやアラビアゴム，またはゼラチンを入れてよく練った白色の生地．色粉で彩色も可．装飾菓子に使う（楽器，教会，花瓶などの型取り）．16世紀イタリアの糖菓職人ジャン・パスティーリャがこの生地を考案したという．これを使って19世紀末頃より建築物的ピエスモンテがつくられるようになった→［付録］les sucres d'art

Pastille [パスティリェ] ((仏pastille, 英drop)) 独 女 ドロップ

pastille¹ [パスティーユ] 仏 女 パスティーユ ❶丸くて平たいアメ．ドロップ（砂糖と粉糖と香料を煮詰め，漏斗(ろうと)で1滴ずつ落として成形したもの）やトローチ（トラガカントゴムかアラビアゴムに粉糖，薄荷(はっか)，レモンなどの香りを混ぜて，型押しで成形したもの），シロップ錠（シロップを冷却して固形状にしたもの）がある／〜 au miel de Saint-Benoît-sur-Loire 若い修道僧の形をした蜂蜜入りの麦芽糖．サン＝ブノワ＝シュル＝ロワールの銘菓．❷薬用ドロップ，トローチ ❸円盤，水玉模様／tissu à 〜 s 水玉模様の布

pastille² [パスティール] 英 名 ❶トローチ．糖液に粉糖を混ぜ，薄荷(はっか)，オレンジなどの香りを加えて煮詰め，口金で絞って乾かしたのどアメ ❷錠剤

pastille de Vichy [パスティーユ ド ヴィシー] 仏 女〔糖菓〕オーヴェルニュ地方のヴィシーのパスティーユ．消化用錠剤．白色の八角形で2.5g．ヴィシーの鉱水から抽出した塩を含む．薄荷(はっか)，レモン，アニスの香りのものがある．原形はヴィシーの修道院で消化剤として重炭酸ソーダのみでつくられていたもので，1825年，ヴィシーの薬剤師バルティヤが現在のパスティーユを考案，1875年，重炭酸ソーダが鉱水からの抽出塩に変わった

pastille du mineur [パスティーユ デュ ミヌール] 仏 女〔糖菓〕北フランスのノール＝パ＝ド＝カレの植物のエキスを使ったトローチ．黒色で楕円形．1957年に糖菓店のジョルジュ・ヴェルカンがこの地方の炭坑夫たちのために考案した

pastis [パスティス] 仏 男 パスティス ❶スターアニス，甘草，フェンネルなどで風味づけした酒．アルコール含有量は40〜45％．琥珀(こはく)色．水で割って飲むが，白濁する ❷フランス南西部地方の各種菓子の名．パテ（pâté）より派生

pastis béarnais [パスティス ベアルネ] 仏 男〔地方菓子〕アニスの香りをつけ，ブリオッシュ型で焼いたベアルネ地方のブリオッシュ →brioche

pastis bourrit [パスティス ブリ] 仏 男〔地方菓子〕フランス南西部ランド地方のブリオッシュ．発酵生地でつくり，きめが細かい．オレンジの花水，ラム酒で香りづけする．祝祭日にクレームカラメルまたはコカ・バスクと共に食す＝pastis landais→koka basque

pastis gascon [パスティス ガスコン] 仏 男〔地方菓子〕ガスコーニュ地方のアルマニャック風味のりんごの焼き菓子．小麦粉，卵，鵞鳥(がちょう)の脂，塩，水，オレンジの花水でつくった生地を薄くのばしてテーブル上で1時間休ませ，割れない程度に乾かし円形に6枚に切り分けて，鵞鳥の脂を塗る．まず4枚の円形の生地を重ねたら，その上にアルマニャックに漬けたりんごの薄切りを敷きつめ，さらに残りの円形の生地を重ねてオーヴンで焼いてアルマニャックを振りかける

pastis landais [パスティス ランデ] 仏 男 →

pastis bourrit

pastis quercynois ［パスティス ケルスィヌワ］[仏] [男] 〔地方菓子〕フランス南西部ケルシー地方の銘菓クルスタード. 小麦粉, 水, 油, 卵でつくった生地を透ける位に薄くのばし, 円形に数枚切り取り, 型の底に4枚重ね入れる. その上にバターで焼いたりんごの薄切りをのせ, 溶かしバターと砂糖, アルマニャックを振りかけ, 最後に蛇腹状にたたんだ生地をのせてオーヴンで焼く. セルパン・ケルシノワーズ「ケルシーの蛇 (serpent quercynois)」ともいう⇒croustade

pastizz(i) ［パスティッチ］[仏] [男] 〔地方菓子〕 ❶スムールでつくるコルシカ島の菓子. オレンジの花水の香りをつけた牛乳にスムール, 砂糖, 塩, 卵を加えて煮立てたら, カラメルを敷いた小さな型に流し入れてオーヴンで焼く ❷マルタ島の典型的, 大衆的な軽食, 菓子. フイユタージュ生地にチーズ, 肉, りんごなどを三角形に包んで焼く

pastry ［ペイストリ］([仏]feuilletage, pâte, pâtisserie, [独] Backwaren, Gebäck, Kuchen) [英] [名] ❶ (小麦粉, 水, 卵などでつくった) 生地, パート. 練り込み生地 (⇒short pastry), 甘い練り込み生地 (⇒sweet pastry), 折り込み生地 (⇒puff pastry), デニッシュ用生地 (⇒danish pastry), シュー生地 (⇒pâte à choux) ❷ [複] (❶を使って焼いた) 菓子およびショートブレッドを含めた菓子の総称 (タルト, ミンスパイ, シュー菓子など), およびフイユタージュ製品 (バンベリーケーキ, パルミエパイ, サクリスタン, アリュメットなど) ‖ pastry [米] 小型の (ミート) パイ

pastry brush ［ペイストリ ブラッシュ］([仏] pinceau, [独]Pinsel) [英] [名] (製菓用) 刷毛

pastry cream ［ペイストリ クリーム］([仏] crème pâtissière, [独] Crème Pâtissière, Konditorkrem) [英] [名] クレームパティシエール＝confectioner's custard

pastry shell ［ペイストリ シェル］([仏]fond de tarte, fond de tartelette, [独]Tortenboden) [米] [名] (タルトをつくる時の) 型に敷き込まれた生地／tartlet ～ タルトレット型に敷き込んだ生地

pasty ［ペイスティ］[英] [形] ペースト状の ‖ pasty [名] 肉, 野菜を詰めた小型のパイ

patate douce ［パタート ドゥース］[仏] [女] 〔植〕ヒルガオ科. さつまいも. 原産は南米. 身の色は白, 黄色, オレンジ, ピンク, 赤, 紫. カロリー, 栄養価 (塩素, 鉄, カリウム, ビタミンB, ビタミンC, ビタミンPP) が高い. 特にオレンジ系はプロビタミンAが豊富. 栗に似た味わいがあり, 菓子に用いられる

pâte ［パート］([独]Backwaren, Gebäck, Kuchen, [英]paste, pastry, [米]dough) [仏] [女] ❶菓子や料理に使われる生地. 小麦粉と水分を基本に, 砂糖 (塩), 卵, バターなどを混ぜ, 使用目的によって固さを調整した生地⇒pâte de pâtisserie ❷[複] (＝～s alimentaires) パスタ. 硬質小麦の挽き割りと水を基本に, 卵あるいは野菜を混ぜ, のばして, ひも状などにかたどったもの. 乾燥したものと生のものがある ❸固さや外観が生地の状態に似たもの, 練り合わせたもの⇒pâte à bombe, pâte à cigarettes, pâte à crumble, pâte à filo, pâte à glacer, pâte à mâcher, pâte à meringues, pâte à pudding, pâte à pâté, pâte à streusel, pâte à tartiner, pâte d'amandes, pâte de cacao, pâte de fruits, pâte de jujube, pâte de marron, pâte de pruneaux, pâte de réglisse, pâte pectorale, pâte pistache

pâté ［パテ］([独]Pastete, [英]paste, pie) [仏] [男] パテ. 豚, 家禽, ジビエ (肉と内臓), 魚介類, 野菜類を細かく挽いて, 卵, 牛乳, ゼリーでつないだ料理 (温製または冷製), シャルキュトリ. 直接, 型に詰めて焼くか, 詰め物として料理の一部に使う. 各地方に特有のパテがある. ローマ時代に遡る古い料理. テリーヌ型でつくったものはテリーヌと呼ばれる⇒terrine ／～ en croûte パイ皮包みのパテ. 料理用生地, 発酵生地などを敷き込んだ型にパテを詰めて同じ生地でぴっちりおお

い, オーヴンで焼きあげる. 生地を型に敷き込まないで, 生地に直接包み込むパテもある

pâte à babas［パータ ババ］([独]Baba Masse, [英]baba dough, baba paste) [仏] [女] ババ生地, パータ・ババ. 材料は小麦粉 (T.45), 塩, 砂糖, イースト, 卵, バター, 水, レーズン. 製法はブリオッシュ生地に準ずる⇒［付録］les pâtes

pâte à beignets［パータ ベニェ］[仏] [女] ベニェ生地. 材料はイースト, 小麦粉, 砂糖, 塩, ビール, 油脂, 卵, 水. 製法は材料を混ぜ, 発酵したら水と泡立てた卵白を加える

pâte à biscuit［パータ ビスキュイ］[仏] [女] ビスキュイ生地, スポンジ生地 (別立法). 材料は卵黄, 砂糖, 卵白, 小麦粉. 製法は卵黄と砂糖をよく泡立て, 小麦粉を加え, 固く泡立てた卵白を混ぜ込む. ビスキュイ・ド・サヴォワ, 各種のアントルメ, 小型菓子, ビスキュイ・ア・ラ・キュイエール, ロールケーキをつくる⇒［付録］les pâtes

pâte à bombe［パータ ボンブ］[仏] [女] ボンブグラセのセンター用生地. ボンブ種 (⇒appareil à bombe) に各種の香り, 泡立てた生クリーム, ムラングイタリエンヌを加えたもの. 非常に軽く, 滑らかできめが細かい

pâte à brioches［パータ ブリオシュ］([独]Briocheteig, [英] brioche dough, brioche paste) [仏] [女] ブリオッシュ生地. 材料は小麦粉 (T. 45), 塩, 砂糖, イースト, 卵, 牛乳, バター. 製法は牛乳で溶いた生イーストを小麦粉に混ぜ込み, 砂糖, 塩, 次に卵を加えてこね, 溶かしバターを混ぜて発酵させる. 付加水分65〜70% (うち卵50%). ブリオッシュ, ナンテール, ムスリーヌをつくる⇒［付録］les pâtes

pâte à brioches feuilletées［パータ ブリオシュ フイユテ］[仏] [女] 折り込みブリオッシュ生地. 材料は小麦粉 (T. 45), 塩, 砂糖, イースト, 卵, バター (折り込み用). ブリオッシュ・スイスなどをつくる⇒pâte à fougasses feuilletées, ［付録］les pâtes

pâte à bugnes［パータ ビュニュ］[仏] [女] ビュニュ用生地. 材料は小麦粉, ベーキングパウダー, 砂糖, 塩, 卵, バター, ラム酒, ヴァニラ. 製法は小麦粉以外の材料をすべて混ぜてクリーム状にし, 小麦粉を加えてこね, 休ませてから薄くのばす⇒［付録］les pâtes

pâte à cake［パータ ケーク］[仏] [女] ケーク生地. 材料はバター(油脂), 砂糖, 卵, 小麦粉(以上ほぼ同量比), ベーキングパウダー, 砂糖漬け果物, レーズン. 製法はバター, 砂糖, 卵をクリーム状にし, 小麦粉, ベーキングパウダー, アルコールに漬けた果物を加える. パウンドケーキをつくる＝appareil à cakes⇒［付録］les pâtes

pâte à choux［パータ シュー］([独]Brandmasse, geschlagener Teig, [英]choux pastry, [米]cream puff paste) [仏] [女] シュー生地, パータ・シュー. 加熱してつくる生地. 材料は小麦粉, バター, 水または牛乳, 塩, 砂糖, 卵. 製法は水または牛乳, バター, 塩, 砂糖を火にかけ溶かし, 小麦粉を加え, 水分をとばす(⇒dessécher). 火から下して卵を加える. ベニェ, スフレ, シュー, エクレール, サントノレ, プロフィトロール, ペドノーヌなどをつくる⇒［付録］les pâtes

pâte à choux d'office［パータ シュードフィス］[仏] [女] 砂糖抜きの塩味のシュー生地. オードヴル用に使う

pâte à cigarettes［パータ スィガレット］[仏] [女] シガレット生地. 材料はバター (油脂), 砂糖, 卵白 (または全卵), 牛乳, 小麦粉. 製法は油脂と砂糖をクリーム状に混ぜ, 液体を少しずつ加え, 小麦粉を混ぜ込む. 天パンに絞り出す. シガレット, ラング・ド・シャ, パレをつくる

pâte à couque［パータ クーク］([独]Plundergebäck, [英]danish pastry) [仏] [女] クク用生地. デニッシュ生地＝pâte levée feuilletée Danoise

pâte à crêpes［パータ クレープ］[仏] [女] クレープ生地. 材料は小麦粉, 卵, バター, 砂糖, 牛乳, 塩. 製法は塩, 砂糖, 油, 牛乳, 次に卵を加え, 小麦粉を混ぜ込む. 焦がしバターを加

えてもよい．クレープ，パヌケなどをつくる⇒［付録］les pâtes

pâte à croissants［パータ クルワサン］⓳ 囡 クロワッサン生地．材料は小麦粉，塩，イースト，砂糖，牛乳，バター（折り込み用）．製法はイースト入りデトランプを発酵させてのばし，バターを包み，折りたたむ．クロワッサン，パン・オ・ショコラなどをつくる⇒［付録］les pâtes

pâte à crumble［パータ クランブル］⓳ 囡 （= pâte à streusel）クランブル生地．材料はバター，砂糖，塩，小麦粉，粉末アーモンド．製法はバター，砂糖，塩，小麦粉，粉末アーモンドを混ぜ合わせ，顆粒状にする = pâte à streusel

pâte à dacquoises［パータ ダクワーズ］⓳ 囡 ダコワーズ用生地．材料はTPT，小麦粉，卵白．製法はTPTと小麦粉を混ぜ，固く泡立てた卵白に混ぜ入れる．ダコワーズをつくる⇒［付録］les pâtes

pâte à Dijonnais［パータ ディジョネ］⓳ 囡 ディジョネ生地．材料は卵白，TPT，砂糖，牛乳．製法はTPT，牛乳，砂糖を混ぜ，固く泡立てた卵白に混ぜ入れる⇒［付録］les pâtes

pâte à filo［パータ フィロ］⓳ 囡 フィロ生地．小麦粉，水，コーンスターチでつくるごく薄い紙状の生地．ギリシア，中近東が発祥地．何かを包んで，揚げたり，蒸したりするのに使用⇒filo

pâte à foncer［パータ フォンセ］⓳ 囡 敷き込み用生地．小麦粉，バター，塩，砂糖（任意）をすり混ぜ，水(卵を加えてもよい)を加えてこねてのばす．砂糖入りは，タルト，タルトレット，サントノレ，ピュイダムール，ポルカなどの台に，砂糖抜きの塩味のものは野菜，チーズのタルト，キッシュなどの台になる = pâte brisée⇒［付録］les pâtes

pâte à fonds de Russe［パータ フォンデュリュス］⓳ 囡 リュス用生地．材料は粉末ヘーゼルナッツ（またはココナッツ），粉末アーモンド，砂糖，卵白，牛乳．製法は空焼きした粉末ヘーゼルナッツと粉末アーモンド，砂糖，卵白，牛乳を混ぜ合わせ，固く泡立てた卵白に混ぜ入れる．大小の菓子の台をつくる⇒［付録］les pâtes

pâte à fougasses feuilletées［パータ フガス フイユテ］⓳ 囡 折り込みブリオッシュ生地の変種で，使用する折り込み用バターが少ない = pâte à brioches feuilletées，［付録］les pâtes

pâte à frire［パータ フリール］(独Backteig，英batter) ⓳ 囡 揚げ物用生地．材料は小麦粉，卵，油脂，ビールまたはイースト，牛乳，塩．製法は牛乳，小麦粉，塩，イースト，卵，小麦粉を混ぜ，溶かしバターを加える．ベニエをつくる = pâte à beignets⇒［付録］les pâtes

pâte à gâteau marbré［パータ ガトー マルブレ］⓳ 囡 マーブルケーキ用生地．材料は小麦粉，ベーキングパウダー，砂糖，バター，卵，ココア．製法はカトルカール用生地に準ずる．生地の3分の1の量にココアを混ぜ入れる．マーブルケーキをつくる⇒［付録］les pâtes

pâte à gaufres［パータ ゴーフル］⓳ 囡 ゴーフル（ワッフル）用生地．材料は小麦粉，牛乳，砂糖，塩，バター，卵．製法は牛乳，砂糖，塩，卵を混ぜて小麦粉，次に溶かしバターを加える．はじめに卵黄のみ，最後に泡立てた卵白を混ぜ入れる方法もある．ゴーフル（ワッフル）をつくる⇒［付録］les pâtes

pâte à génoise［パータ ジェヌワーズ］⓳ 囡 ジェノワーズ生地，スポンジ生地（共立法）．材料は卵，砂糖，小麦粉，バター（任意）．製法は卵と砂糖を温めながら泡立て，小麦粉を加える．アントルメの台をつくる⇒［付録］les pâtes

pâte à glacer［パータ グラセ］(独Glasurmasse，英baker's chocolate) ⓳ 囡 パータグラセ．コーティング用チョコレート．外観はチョコレートに似ているが，チョコレートのもつ微妙な味わいと芳香がない．カカオとカカオバターの含有量が少なく，油脂（やし油）分が非常に多いので，艶がよく，安定度

が高い．チョコレートの代用品として使用する／～ blanc　コーティング用ホワイトチョコレート

pâte à kouglof［パータ クグロフ］⒧ 囡　クグロフ用生地．材料は小麦粉（T. 45），塩，砂糖，卵，イースト，牛乳，バター，レーズン．製法はブリオッシュ生地に準ずる．油脂を混ぜ入れた後，ラム酒に漬けたレーズンを加える．ブリオッシュ生地より柔らかい．付加水分75〜85％⇒ pâte à brioches, ［付録］ les pâtes

pâte à Lintzer［パータ リンツェル］⒧ 囡　リンツァー生地．パート・シュクレに似ているが，より軽く，香りが強い．バター，砂糖，卵をクリーム状にし，小麦粉，粉末アーモンド，ベーキングパウダー，シナモンと混ぜ合わせ，ひとかたまりにしてのばす．リンツァ・トルテ，サブレなどをつくる⇒［付録］ les pâtes

pâte à macarons［パータ マカロン］⒧ 囡　マカロン用生地．材料は砂糖，アーモンド，卵白．製法には2通りあり，砂糖と皮むきアーモンドを粉砕し，半量ずつ卵白を加え，休ませてから117℃に煮詰めた糖液を注ぐか，砂糖，粉末アーモンド，卵白の一部，転化糖のシロップを混ぜ合わせ，さらに卵白を加えて固さを調整する⇒ macaron

pâte à mâcher［パータ マシェ］⒧ 囡　〔糖菓〕アメの一種．砂糖と水アメを煮詰め，油脂，含気剤（卵白など），香料（ミント，甘草，アニス，果物），着色料を加えて冷やし，引きのばして切断したアメ⇒ confiserie

pâte à madeleines［パータ マドレーヌ］⒧ 囡　マドレーヌ用生地．材料は小麦粉，砂糖，卵，ベーキングパウダー，バター．製法は砂糖と卵をよく泡立て，レモンの香りをつけ，小麦粉とベーキングパウダー，溶かしバターを混ぜ込む．牛乳を加える場合もある．マドレーヌなどをつくる⇒［付録］ les pâtes

pâte à manqué［パータ マンケ］⒧ 囡　マンケ用生地．材料は小麦粉，バター，砂糖，卵，ラム酒．製法は，卵黄と砂糖を白っぽくなるまでよく攪拌（かくはん）し，小麦粉，溶かしバター，ラム酒を加え，均一状態にする．固く泡立てた卵白を混ぜ込み，好みの香りをつける⇒［付録］ les pâtes

pâte à meringues［パータ ムラング］⒧ 囡　卵白と砂糖を泡立てたもの．製法の違いにより，ムラングイタリエンヌ，ムラングフランセーズ，ムラングスイスがある．ヴァシュラン，ムラング，オムレット・ノルヴェジエーヌ，ウ・ア・ラ・ネージュなどをつくる⇒ meringue française, meringue italienne, meringue suisse

pâte à pain au lait［パータ パン オ レ］⒧ 囡　パン・オ・レ生地．材料は小麦粉（T. 45），塩，砂糖，生イースト，卵，牛乳，バター．製法は牛乳で溶いた生イースト，塩，砂糖，卵，小麦粉，牛乳，バターを混ぜてこね，発酵させる．付加水分65〜70％．小型，変わり形パン，サンドウィッチ用パンなどをつくる⇒［付録］ les pâtes

pâte à pain de Gênes［パータ パン ド ジェーヌ］（⒢ Genuakuchen Masse, ⒠ almond sponge）⒧ 囡　パン・ド・ジェーヌ用生地．材料は小麦粉（または澱粉），砂糖，卵，バター，粉末アーモンド．製法は粉末アーモンド，砂糖，卵黄，全卵を混ぜて，小麦粉，溶かしバターを加え，泡立てた卵白を混ぜ込む．パン・ド・ジェーヌ，アントルメの台をつくる⇒［付録］ les pâtes

pâte à pain de mie［パータ パン ド ミ］（⒢ Brotteig, ⒠ bread dough）⒧ 囡　白パン用生地．材料は小麦粉（T. 45, T. 55），塩，砂糖，イースト，水と粉乳（または牛乳），バター．製法はパン・オ・レ生地に準ず．食パンをつくる⇒ pâte à pain au lait

pâte à pain d'épices［パータ パン デピス］⒧ 囡　パンデピス用生地．材料は小麦粉とライ麦粉，卵，砂糖，蜂蜜，膨張剤，各種香料（アニス，シナモン，ナツメグ，レモン類の皮など）．製法は蜂蜜，砂糖，卵を混ぜ，粉，次にスパイスを加える⇒ pain d'épices, ［付録］ les pâtes

pâte à pâté ［パータ パテ］（[独]Pastetenteig, [英]pie pastry）[仏] [女] パテ用生地. 材料は小麦粉, 塩, バターまたはラード, 卵. 製法は敷き込み用生地に準ずる. パテ（パイ）の外皮をつくる⇒ pâte à foncer

pâte à progrès ［パータ プログレ］[仏] [女] プログレ用生地＝pâte à succès

pâte à pudding ［パータ プディング］[仏] [女] プディング用生地. 材料は小麦粉, 塩, 水, 砂糖, 腎臓脂. 製法は小麦粉と腎臓脂をすり混ぜ, その後はパート・ブリゼに準ずる. ローリー・プディング, 果物などを混ぜ込んだ蒸しプディングをつくる⇒pâte brisée

pâte à quatre-quarts ［パータ カトル カール］[仏] [女] カトルカール生地. 材料はバター, 砂糖, 卵, 小麦粉(以上同量比), ベーキングパウダー. 製法はバター, 砂糖, 卵をクリーム状にして, 小麦粉とベーキングパウダーを混ぜるか, 卵黄と砂糖をよく泡立て, 溶かしバター, 次に小麦粉を加え, 泡立てた卵白を混ぜ込む. カトルカール, パウンドケーキをつくる⇒［付録］les pâtes

pâte à sec ［パータ セック］[仏] [女] ＝pâte d'amandes à sec⇒tant pour tant（T.P.T.）

pâte à soufflé ［パータ スフレ］[仏] [女] 温製スフレ用種. 材料は牛乳, 卵, 砂糖, 小麦粉, 香料（アルコール類, 果物）. 製法は使用する半量の牛乳と砂糖を煮立て, 残りの牛乳で溶いた小麦粉を混ぜ入れ, クリーム状にする. 次に, 卵黄, 香料, 固く泡立てた卵白を混ぜるか, 卵黄, 糖液, 果肉の裏漉し, 固く泡立てた卵白を混ぜる. アルコールやリキュール風味のスフレ, 各種果物のスフレをつくる⇒［付録］les pâtes

pâte à streusel ［パータ ストルーゼル］[仏] [女] シュトロイゼル生地＝pâte à crumble

pâte à succès ［パータ スュクセ］[仏] [女] シュクセ用生地. 材料はムラングフランセーズ, TPT, 小麦粉か澱粉, 砂糖(任意), バター(任意). 製法は小麦粉, TPT, 砂糖を混ぜ, ムラングに混ぜ入れ, 溶かしバターを加える. 大小菓子や氷菓の台などに使われる＝pâte à progrès,［付録］les pâtes

pâte à tartiner ［パータ タルティネ］（[独]Aufstrich, Brotaufstrich, [英]spread）[仏] [女] スプレッド. 主に瓶詰め, チューブ, パック入り. 朝食時にパンや, ビスコットなどに塗る. 甘味(ジャム類, 蜂蜜, メープルシロップ, チョコレートをベースにしたものなど)と塩味（バターやチーズの加工品, ピーナッツバター, パテなど)がある⇒nutella

pâté aux prunes ［パテ オ プリュヌ］[仏] [女] 〔地方菓子〕アンジュ, トゥーレーヌ, メーヌ地方のプラムのパテ. プラムはレーヌ・クロード（⇒reine-claude）を使う. パート・ブリゼをタルト型に敷き込み, 砕いたビスキュイを入れ, 種を抜いたプラムを並べて砂糖を振りかける. その上をもう1枚のパート・ブリゼでおおい, ぴっちりと周囲を閉じる. 中央に穴を開け, 中の蒸気が逃げるように丸めた紙を煙突状に差し込んでオーヴンで焼く. ブリオッシュ生地を使う方法もある

pâte battue ［パート バテュ］（[独]Biscuitteig, Rührteig, [英]batters, sponge mixture）[仏] [女] 卵, 砂糖, 小麦粉, バター（任意）でつくる生地／～ légère 卵と砂糖をよく泡立ててから小麦粉を加えた生地／～ lourde 多量のバターを入れた生地⇒pâte battue-poussée

pâte battue-poussée ［パート バテュ プセ］[仏] [女] 菓子用生地, 空気を含ませ膨らむ生地. 卵と砂糖, 小麦粉, 澱粉, 油脂などを混ぜ合わせてつくる半流動状の生地（種）の総称. 焼成により膨らむ. クリーム状の生地（⇒pâte à cake, pâte à choux, pâte à choux d'office, pâte à gâteau marbré, pâte à macarons, pâte à madeleines, pâte à manqué, pâte à pain d'épices, pâte à quatre-quarts), 泡立てた卵白, ベーキングパウダーなどを混ぜて空気を入れる生地（⇒pâte à biscuits, pâte à dacquoises, pâte à Dijonnais, pâte à fonds de Russe, pâte à génoises, pâte à meringues, pâte à pain de Gênes, pâte à progrès, pâte à soufflé, pâte à succès), 流動状の生地（⇒pâte à bugnes, pâte à crêpes, pâte à frire, pâte à gaufres) など⇒[付録] les pâtes

pâte brisée [パート ブリゼ] ([独]Mürbeteig, [英]short pastry) [仏] [女] ❶パート・ブリゼ. 敷き込み用生地. 脆く, 粉末になりやすい. 小麦粉, バター, (砂糖) をすり混ぜ, 卵と水を加えて粘りを出さないように全体をなじませ, ひとかたまりにしてから必要な厚さにのばす. タルト, タルトレットの台をつくる＝pâte à foncer ❷ (焼成後) 脆く, 粉末になりやすい生地の総称. 練り込み生地. 多種の菓子の基本となる⇒pâte à foncer, pâte à Lintzer, pâte friable, pâte sablée, pâte sucrée

pâte d'amandes [パート ダマンド] ([独]Mandelmasse, Marzipan, [英]almond paste, 〈raw〉 marzipan) [仏] [女] パート・ダマンド, マジパン, ローマジパン. アーモンド, 砂糖を混ぜ, ローラーにかけ, ペースト状にしたものの総称. 2種に大別できる ❶パート・ダマンド. 製法は粗挽きのアーモンドに120℃に煮詰めた糖液を注いで混ぜ, 大理石上にあけて冷ましてからローラーにかけ, ペースト状にする. 糖液を用いるため粘性があり, 結晶化しにくい. 彩色, 香りづけ, 型取りが容易. カリソン, アブキール, トゥーロン, マジパン (細工) の原材料, チョコレートのセンター, フリュイ・デギゼなどの詰め物, アントルメの被膜などに使う. アーモンドと砂糖の比率により数種ある⇒pâte d'amandes supérieure, pâte d'amandes extra, pâte d'amandes confiseur, pâte d'amandes fondante, pâte d'amandes commune, pâte d'amandes d'office ❷パート・ダマンド・クリュ. 糖液を使わず, アーモンド, 砂糖, 水アメ, 卵白を混ぜ, ローラーにかけてペースト状にしたもの⇒pâte d'amandes crue

pâte d'amandes à sec [パート ダマンド アセック] [仏] [女] タンプールタン, T.P.T.. 同量比のアーモンドと砂糖を粉砕機にかけ粉末にしたもの＝pâte à sec⇒tant pour tant (T.P.T.)

pâte d'amandes blanches [パート ダマンド ブランシュ] [仏] [女] 皮むきアーモンドを使ったパート・ダマンド・クリュ

pâte d'amandes commune [パート ダマンド コミューヌ] [仏] [女] アーモンドと砂糖の割合が1:3のパート・ダマンド. 長期保存可＝pâte d'amandes d'office

pâte d'amandes confiseur [パート ダマンド コンフィズール] [仏] [女] コンフィズリー用パート・ダマンド. アーモンドと砂糖の割合が1:2. 保存可＝pâte d'amandes fondante

pâte d'amandes crue [パート ダマンド クリュ] [仏] [女] パート・ダマンド・クリュ. 生のパート・ダマンド. 製法は, 皮付き, または皮むきアーモンドと砂糖 (同量比), 水アメをローラーにかけ, 粗挽きしてから卵白 (13%) を加え, さらにペースト状にする. 加熱しないため保存不可. 焼成に適する. マカロン, パン・ド・ジェーヌ, オーヴンで焼くアントルメの飾りなどに使用⇒pâte d'amandes blanches, pâte d'amandes noires

pâte d'amandes d'office [パート ダマンド ドフィス] [仏] [女] ⇒pâte d'amandes commune

pâte d'amandes extra [パート ダマンド エクストラ] [仏] [女] アーモンドと砂糖の割合が同量比のパート・ダマンド. 短期保存可＝pâte d'amandes tant pour tant

pâte d'amandes fondante [パート ダマンド フォンダント] [仏] [女] ⇒pâte d'amandes confiseur

pâte d'amandes noires [パート ダマンド ヌワール] [仏] [女] 皮付きアーモンドのパート・ダマンド・クリュ

pâte d'amandes supérieure [パート ダマンド スュペリウール] [仏] [女] アーモンドと砂糖の割合が2:1のパート・ダマンド. 保存はあまりできない

pâte d'amandes tant pour tant [パート ダマンド タン プール タン] [仏] [女] ⇒pâte d'amandes extra

pâte de cacao ［パート ド カカオ］⒩ 囡 カカオマス⇒囲み[cacao]

pâte de fruits ［パート ド フリュイ］⒩ 囡 〔糖菓〕パート・ド・フリュイ，フルーツゼリー．果肉を砂糖，ペクチンと共に煮詰めてから型に入れて固め，砂糖をまぶしたもの．果肉の使用量に応じ，表示名が異なる．以下，苺 (fraise) を例にとると，／ pâte de fraise 苺 (果肉だけ) のパート・ド・フリュイ／～ à la fraise 苺入りのパート・ド・フリュイ／～, arôme fraise 苺風味のパート・ド・フリュイ，となる．ほかの果物 (coing, framboise, groseille, orange など) も同様に表示する／～ de Provence プロヴァンス地方のパート・ド・フリュイ．種類が豊富で，古くからの当地の銘菓として名高い

pâte de fruits d'Auvergne ［パート ド フリュイ ドーヴェルニュ］⒩ 囡 〔糖菓〕オーヴェルニュ地方ピュイ=ド=ドームのパート・ド・フリュイ．果肉と砂糖だけを使用し，保存料，香料は一切使わない．りんご以外のメインとなる果物が果肉の3分の2以上を占め，あとはりんごの果肉を使う．杏 (ᴀɴ) に加え，赤色の果物，プラムが特に名高い．起源は10世紀に遡り，第2帝政時代，ナポレオン3世の異父兄弟のモルニ公が広めたといわれる

pâte de jujube ［パート ド ジュジュブ］⒩ 囡 〔糖菓〕咳止めボンボン．昔はなつめの果汁でつくっていたが，現在はアラビアゴム，砂糖，オレンジの花水でつくる⇒confiserie

pâte de marron(s) ［パート ド マロン］(⒢ Kastaniepaste, ⒠ marron paste) ⒩ 囡 栗の実を裏漉しして，砂糖，水アメでペースト状にしたもの．缶詰で市販．モン=ブラン，バルケット・オ・マロンなどに使用⇒crème de marrons

pâte de pâtisserie ［パート ド パティスリ］菓子用生地．空気を含ませ膨らむ生地 (⇒pâte battue-poussée)，砕けやすく脆い生地 (⇒pâte friable)，折り込み生地 (⇒pâte feuilletée)，発酵生地 (⇒pâte levée)，折り込み発酵生地 (⇒pâte levée feuilletée) がある

pâte de pruneaux ［パート ド プリュノー］⒩ 囡 プルーンを裏漉ししてペースト状にしたもの

pâte de réglisse ［パート ド レグリス］⒩ 囡 ❶〔糖菓〕咳止めボンボン．甘草使用⇒confiserie ❷甘草，水アメなどを練り合わせたもの．ソース，アイスクリーム，菓子に甘草の風味をつけるため少量を使用する．チョコレートや洋梨によく合う ❸〔糖菓〕モンペリエの，甘草を使用した四角形のアメ．甘草のエキス，アラビアゴム，砂糖でつくる

pâte feuilletée ［パート フイユテ］(⒢ Blätterteig, ⒠ puff paste, ⒜ flaky pastry) ⒩ 囡 ❶パート・フイユテ，折り込み生地，層になる生地．製法は小麦粉，水，塩をこねたデトランプにバターを包み込んでのばす．この作業を数回繰り返す．ミルフイユ，ピティヴィエ，アリュメット，ショソン，ガレット，パルミエパイなどをつくる ❷複 折り込み生地の総称
⇒feuilletage

pâte friable ［パート フリアーブル］⒩ 囡 複 (焼成後) 脆く，粉末になりやすい生地の総称＝pâte brisée⇒pâte à foncer, pâte à Lintzer, pâte sablée, pâte sucrée

pâte levée ［パート ルヴェ］(⒢ Hefeteig, ⒠ fermented dough) ⒩ 囡 発酵生地．イーストまたはパン種を入れて発酵させた生地の総称⇒pâte à babas, pâte à brioches, pâte à kouglof, pâte à pain au lait, pâte à pain de mie

pâte levée feuilletée ［パート ルヴェ フイユテ］⒩ 囡 折り込み発酵生地．発酵生地にバターを折り込んだ生地の総称⇒pâte à brioches feuilletées, pâte à croissants, pâte à couque, pâte à fougasses feuilletées, pâte levée feuilletée Danoise

pâte levée feuilletée Danoise ［パート ルヴェ フイユテ ダヌワーズ］(⒢ Plundergebäck, ⒠ Danish pastry) ⒩ 囡 デニッシュ用生地．製法はクロワッサン生地に準ずるが，デトランプがやや固く，折り込み用油脂

が少ない. デニッシュペストリーをつくる＝pâte à couque⇒pâte à croissants

paté mo⟨u⟩ld [パテ モウルド] [英] [名] ⇒pie

pâte pectorale [パート ペクトラル] [仏] [女] ❶〔糖菓〕ひも状, 正方形, ひし形の粘性の強いゼリー. アラビアゴム, 砂糖, 水アメ, 果汁, 着色料を煮詰め, 卵白を加えてよくかき混ぜ, 空気を含ませて成形⇒gomme ❷〔古〕咳止めボンボン（ゼリー）. 古い薬局方の処方で製作されたアメ（[独]Hustenbonbon, [英]cough drop）⇒pâte de jujube, pâte de réglisse

pâte pistache [パート ピスタシュ]（[独]Pistaziepaste, [英]pistachio paste）[仏] [女] ピスタチオと砂糖をペースト状にしたもの

pâte poussée [パート プセ] [仏] [女] ベーキングパウダーを入れた生地

pâte sablée [パート サブレ] [仏] [女] サブレ生地. 練り込み生地の一種. パート・シュクレとほとんど同じだが, よりさくさくとして脆い, 小麦粉とバターをすり混ぜる方法（⇒sablage）でつくる. 小麦粉, ベーキングパウダー, 砂糖, バターをすり混ぜてそぼろ状にし, 卵, 水を加え, すばやくこねてひとまとめにし, 休ませてからのばす. ガレット, サブレ, タルトレットの台をつくる⇒[付録] les pâtes

pâte sucrée [パート スュクレ]（[独]Mürbeteig, Mürbteig, Zuckerteig, [英]sweet short pastry）[仏] [女] パート・シュクレ. 練り込み生地の一種. 焼きあがりは非常に脆く, 製作時の扱いも難しい. 製法はバター, 砂糖, 卵をクリーム状にして, 小麦粉に混ぜ, ひとかたまりにして, 休ませてからのばす. 空焼きにするタルト類の台, クリーム類を使用するプティフール, 小型菓子のための台, ガレットなどをつくる

pâteu*x*, *se* [パトゥー, トゥーズ]（[独]klebrig, [英]pasty）[仏] [形] ねっとりした, べたべたした. ペースト状の

pathogène [パトジェーヌ] [仏] [形] 病因となる

pâtisserie [パティスリ] [仏] [女] ❶パティスリー. 菓子のジャンルの1つ. 生地（pâte）を基礎にしてオーヴンで焼きあげた甘味または塩味の菓子. 氷菓, 糖菓, クリーム類, 菓子用ソースも組み合わせる⇒confiserie ❷製菓 ❸菓子製作業, 菓子店(自家製菓子)

pâtissi*er*, *ère* [パティスィエ, スィエール] [仏] [形] 菓子屋の／crème ～ère クレームパティシエール⇒crème patissière ‖ pâtissi*er*, *ère*（[独]Bäcker, Konditor, [英]pastry-cook）[名] ❶菓子職人, パティシエ. 製作範囲は生地を基礎にしたパティスリー, アントルメ（温製, 冷製, 氷菓） ❷自家製ケーキ（菓子）店を営む人

pâton [パトン] [仏] [男] ❶デトランプにバターを折り込んだ生地, 裁断する前のフイユタージュ ❷菓子をつくるのに必要な量（重さ）に分けた生地 ❸（1個の）パンをつくるのに必要な量(重さ)のパン生地

patranque [パトランク] [仏] [男]〔地方菓子〕オーヴェルニュ地方の田舎風ガレット. 固くなったパンを牛乳に浸してから水気を切ってカンタルチーズを加え, フライパンで両面をこんがり焼く. サラダなどと食す

patron, *ne* [パトロン, ロンヌ] [仏] [名] ❶主人, 雇主（[独]Arbeitgeber, [英]employer） ❷守護聖人 ‖（[独]Muster, [英]pattern）[男] 型紙

patterned pastry [パターンド ペイストリ]（[仏]pince⟨à pâte ／ à tarte⟩, [独]Pinzette）[英] [名] パイ挟み＝mazipan pincer, tweezers

patty [パティ] [英] [名] ❶小型パイ. パテをパイ皮に詰めて焼いたもの, ミートパイ ❷／～ shell フイユタージュでつくった小さなケース⇒shell ❸小粒で扁平なキャンディ ‖ patty[米] パテ

patty pan [パティ パン]（[仏]moule à tartelettes, [独]Backförmchen, Tortelette-Form, [米]tartlet pan）[英] [名]（円形の）タルトレット型

pauvre [ポーヴル]（[独]knapp, [英]poor）[仏] [形]（～ en...）（…に）乏しい／une nougatine ～ en amandes アーモンドの少ないヌガテ

ィーヌ

pavé [パヴェ] (仏)(男) ❶〔アントルメ〕正方形に焼いたビスキュイまたはジェノワーズを2〜3段に切り分け、間にクリームを詰めたもの ❷正方形の菓子につける名前 ❸(1枚1枚の)舗石、敷石

pavot [パヴォ] (独Mohn, 英poppy) (仏)(男)〔植〕芥子. ケシ属の植物の総称. 種類により阿片を含む. 種子は香辛料になるか、油を絞る. 種子にはヘーゼルナッツに似た香りがあり、トルコ、中央ヨーロッパ、エジプトではパンを焼く前に生地の上に振りかけたり、菓子類に香りをつけるために多用される/ graines de 〜 芥子の実

paysan, *ne* [ペイザン、ザンヌ] (仏)(形) 田舎風の、ひなびた、農民の ‖ paysan, *ne* (独Bauer, 英farmer)(名) 農民

peach [ピーチ] (仏pêche, 独Pfirsich) 英(名)〔植〕桃

peach brandy [ピーチ ブランディ] 英(名) 桃をブランデーに浸し、香りと味をつけたリキュール

pear [ペア] (仏poire, 独Birne)英(名) ❶西洋梨 ❷洋梨を使ったデザート / 〜 marquise 洋梨のババロワ

pearl sugar [パール シュガー] 英(名) ⇒ nib sugar

peau (複 〜*x*) [ポー] (仏)(女) ❶(果物の)皮、樹皮 (独Rinde, 英bark, skin) ❷(液体の表面に生じる)薄皮、皮膜 (独Haut, 英skin)

pecan [ピカン] 英(名)〔植〕クルミ科、ペカン、胡桃の一種、原産はミシシッピ川下流域、米国南部で栽培、テキサス州木 ⇒ noix de pécan

pécharmant [ペシャルマン] (仏)(女) フランス南西地方ベルジュラック地区でつくられるAOP赤ワイン

pêche [ペーシュ] (独Pfirsich, 英peach) (仏)(女)〔植〕バラ科サクラ属、桃の実、原産は中国、果皮は薄く、うぶ毛があり、ビロード状、果肉は水分が多く、香りがある、核がある。ビタミン(C, B_1, B_2, PP)、プロビタミンA、カリウムを豊富に含む、白桃(デザート、ジャム、コンポート、シャーベットなどに使用)と黄桃(タルト、ベニエ、料理用)のほか、赤・ピンク系(〜 sanguine / 〜 de vigne)、扁平な種類もある / 〜 blanche 白桃 / 〜 jaune 黄桃

pêche au fromage blanc [ペーシュ オ フロマージュ ブラン](仏)(女)〔地方菓子、冷アントルメ〕フランス中東部ブレス地方の夏の伝統的デザート、フレッシュチーズと泡立てた生クリーム、サイコロ状に切ったシロップ煮の桃を混ぜて、皿かクープに盛り、あらかじめグロゼイユのシロップに漬けた半割りのシロップ煮の桃をのせたデザート

pêche de vigne [ペーシュ ド ヴィーニュ](仏)(女) 桃の赤系統の品種、香りが高い、ワインの澱(おり)に似た赤紫色、vigneは「ぶどう畑」という意味、ぶどう畑の脇に植えられたことから命名された ＝pêche sanguine

pêche Melba [ペーシュ メルバ] (英peach Melba) (仏)(女)〔冷アントルメ〕ピーチメルバ、クープにヴァニラアイスクリームを敷き、シロップで煮た半割りの桃を置いて、その上からフランボワーズ(またはグロゼイユ)のピュレを注いだもの、1892年、オーギュスト・エスコフィエ(⇒Escoffier) によってオペラ歌手ネリー・メルバに捧げられたデザート ⇒ Melba

pectine [ペクティーヌ] (独Pectin, 英pectin) (仏)(女) ペクチン、植物や果物の細胞間に含まれる多糖類の一種でゲル化作用がある、特に、りんご、かりん、レモン、オレンジ、グロゼイユの果汁、果皮、種子に多く含まれている、りんごから工業的に抽出された粉末状のものがある

pédoncule [ペドンキュル] (独Stiel, 英peduncle) (仏)(男)(植物の) 花梗、花柄、苺のへた

peel [ピール] (仏épluche, 独Schälen) 英(他)(果物などの)皮をむく ‖ peel (仏écorce, peau, 独Schale)(名) ❶(果物の)皮 / candied 〜 オレンジやレモンの皮の砂糖

漬け, ピール ❷窯入れ用へら ([仏]pelle, [独]Backschaufel)

peeler [ピーラー] ([仏]épluche-légume [独]Schäler, Sparschäler)[英][名] 皮むき

peigne [ペーニュ] ([独]Kamm, [英]comb) [仏][男] 櫛, 櫛べら. 櫛のようにギザギザのついたへら

peine [ペーヌ] ([独]Schmerz, [英]pain) [仏][女] 苦しみ／à ～ ほとんど…ない, かろうじて(やっと) …だ

Pekannuss [ペーカンヌッス] ([仏]noix de pécan, pécan, [英] pecan 〈nut〉) [独][女] ペカン(ナッツ)

pekoe, pékoe [ピーコウ][英][名] ペコ. 葉の大きさと形状による紅茶の仕上茶の等級の1つ (略P.). 全葉を太目 (球状) に揉んだ葉茶 (⇒orange pekoe) ／ flowery ～ (F.P.) ペコよりも若い葉を採んだ葉茶／ broken ～ (B.P.) ペコの砕茶

Pektin [ペクティーン] ([仏] pectine, [英]pectin)[独][中] ペクチン

pelé, *e* [プレ][仏][形] (果物, 野菜など)皮をむかれた

pèle-pomme [ペール ポム] ([独]Obstschäler, [英]fruit peeler)[仏][男] (手動や電動の) りんご, 梨などの皮むき器

peler [プレ] ([独]enthäuten, scälen, [英]peel) [仏][他] (果物などの)皮をむく

pelle[ペル]([独]Schaufel, [英]scoop, spatulated spoon) [仏][女] スコップ, フライ返し, 大きなへら, オール／～ à farine (小麦粉や砂糖をすくいとる) スコップ／～ à four 天パンや型をオーヴンに入れたり, 出したりする大きな木製のオール状のへら, 窯べら／～ à tarte パイサーバー

pellicule [ペリキュル] ([独]Häutchen, [英]film) [仏][女] ❶ (液体, 固体の表面に張る) 膜 ❷薄皮

Peltier, Lucien [ペルティエ, リュスィヤン] [仏][固][男] フランスのパティシエ (1941-1991). 父親の元で修行後, ルノートル製菓学校で学ぶ. プランセス (球形のアーモンドのムラング. 内部がクレームパティシエール), ローズノワール (チョコレートのダコワーズ) を創作する. 1982年, ルレ=デセール (Relais-Desserts) の会長に就任. 教育者としてもすぐれ, ジャン=ポール・エヴァン, ミシェル・フサールほかを世界的知名度の高いパティシエに育てた. 日本との関わりも深い

peluche[プリュシュ][仏][女] ⇒pluches

pénétrer [ペネトレ] [仏][自] (～ dans...) (…に)浸透する, 染み込む

Pentecôte [パントコート] ([独]Pfingsten, [英]Pentecost) [仏][女] ペンテコステ, 五旬祭. キリスト教で復活祭後の第7日曜日

pépin [ペパン] [仏][男] (りんご, ぶどう, 柑橘類など1つの果物に複数の種がある場合の) 種子⇒noyau

pepino[ペピーノ][仏][男] 〔植〕ナス科. ペピーノ. 味, 香りがメロン, きゅうりに似たトロピカルフルーツ. 原産は中央・南アメリカ. 多汁. 糖分が少なく, ビタミンCが豊富. メロンのように食す

peppermint[ペペールマント][仏][男] ミントのリキュール. 何種類かのミントの葉をアルコールに浸し, 漉して甘味をつけたもの

perat de Vicdessos [ペラ ド ヴィクデソ] [仏][男] 〔地方菓子〕ミディ=ピレネー地方ヴィクデソ地区の洋梨, プルーン, 干しいちじくを赤ワインで煮たデザート

percer[ペルセ][仏][他] 突き刺す, 穴をあける

percolateur [ペルコラトゥール] ([独]Perkolator, [英]percolator) [仏][男] パーコレーター. 1827年, フランスで考案されたコーヒー沸し⇒cafetière

perforé, *e* [ペルフォレ] [仏][形] 穿孔した, パンチされた

péricarpe[ペリカルプ][仏][男] (果実や, トマト, じゃがいもなど野菜の)皮, 果皮

Périgord [ペリゴール][仏][固][男] ペリゴール地方. フランス南西部の地方名. 栗の名産地. パート・ダマンド, マジパン, ベルジュラックのマカロン, 胡桃やアニス入りクロカン, フ

ロニャルド，栗を使った菓子・デザートなどが有名

période［ペリヨッド］(仏)[女] 時期，期間，時代

perlage［ペルラージュ］(仏)[男] ❶(振りかけた粉糖に熱を加えて)カラメル状の小粒にすること ❷微粒状の種子(セロリ，アニスなど)を核にして糖液をからめ小粒状にしていく作業

perle［ペルル］(独Perle, 英pearl)(仏)[女] ❶真珠 ❷(真珠球に似た)しずく，水玉，玉／〜 au cointreau コワントローの小さなリキュール・ボンボン／〜s argentées (＝〜 d'argent) 銀の玉，アラザン(→dragée)／〜 mimosa ミモザの種子に糖衣した黄色い小球／〜s du Japon 小粒のタピオカ

perlé［ペルレ］(仏)[男] ペルレ．糖液の煮詰めの段階の1つ／petit 〜 プティペルレ，110〜112℃／grand 〜 グランペルレ，113〜115℃ (＝soufflé)

perler［ペルレ］(仏)[他] (振りかけた粉糖上に急激に熱を当てて)カラメル化した粒にする

permettre［ペルメートル］(仏)[他] 可能にする

perpendiculaire［ペルパンディキュレール］(仏)[形] (〜 à...) (…に対して)垂直な，(…と)直角に交わる ‖ perpendiculaire[女] 垂線

perpendicular［パーペンディキュラー］(仏perpendiculaire, 独senkrecht) (英)[形] 垂直な ‖ perpendicular[名] 垂線

perpétuer［ペルペチュエ］(独verewigen, 英perpetuate)(仏)[他] 永続させる，永久に伝える

Perrier［ペリエ］(仏)[固][男] 〔商標〕ペリエ．南フランスのヴェルジェーズ源泉の炭酸ガス入りミネラルウォーター

persicot［ペルスィコ］(仏)[男] 加糖したアルコールに桃の核仁と香草類を漬けてつくる自家製リキュール．アントルメの香りづけに用いる

persil［ペルスィ］(仏)[男] 〔植〕セリ科．パセリ．原産は地中海沿岸／〜 chinois コリアンダー

Persipan［ペルジパン］(独)[男] →Backmasse

persipan［パースィパン］(英)[名] 杏(あん)または桃の仁を挽き，苦みをとってから砂糖と混ぜ合わせたもの．パート・ダマンドの代用品

Persipanmasse［ペルジパンマッセ］(独)[女] →Backmasse

personne［ペルソンヌ］(独Person, 英person)(仏)[女] 人，人間／par 〜 1人につき

perte［ペルト］(独Verlust, 英loss)(仏)[女] 失うこと，減少

pescajoune［ペスカジューヌ］(仏)[女] 〔地方菓子〕ケルシー地方の，小麦粉あるいはそば粉の厚めのクレープ／〜 aux pommes (pruneaux) りんごまたはプルーンを混ぜ込んで焼いた厚めのクレープ

peser［プゼ］(独wiegen, 英weigh)(仏)[自] 目方がある，重さがある ‖ [他] (糖度を)計る，(重さ)を計る

pèse-sirop［ペーズ スィロ］(独Saccharometer, Zuckerwaage, 英saccharometer, syrup hydrometer)(仏)[男] 糖度計．シロップの比重を計る器具＝densimètre

pétale［ペタル］(独Blütenblatt, 英petal)(仏)[男] 花弁，花びら

pet-de-nonne［ペドノンヌ］(仏)[男] 〔揚げ菓子〕ペドノーヌ．シュー生地を油の中に小さく絞り入れて揚げたもの．「尼さんの屁」という意味

petit, e［プティ，プティット］(独klein, 英small)(仏)[形] 小さな，小型の／〜 à 〜 少しずつ，徐々に／à 〜e vitesse 低速で

petit-beurre［プティ ブール］(仏)[男] (四角あるいは長方形の，周囲に刻みのある)ビスケット．ナントの銘菓．バター，砂糖，小麦粉が原料(卵は入らない)．工場製品

petit boulé［プティ ブレ］(仏)[男] プティブレ．116〜125℃に煮詰めた糖液→〔付録〕le sirop et le sucre cuit

petit cassé［プティ カセ］(仏)[男] プティカセ．136〜140℃に煮詰めた糖液→〔付録〕le sirop et le sucre cuit

petite huile［プティット ユイル］(仏)[女] 芥子油→囲み［huile］, olivett, œillette

Petit-Four [プティフール] 独 中 = Kleinkuchen → Feingebäck

petit four [プティフール] 仏 男 プティフール. 一口で食べられる小さくデリケートな (甘い, あるいは塩味の) パティスリーと糖菓の総称 → petit four frais, petit four glacé, petit four moelleux, petit four salé, petit four sec

petit four frais [プティフールフレ] 仏 男 プティフールフレ. 一口で食べられる大きさにつくったパティスリー. 手間をかけ, 変化に富んだ美しい小菓子で, 供し方にも工夫を凝らす. パーティ, レセプションで供されることが多い (→ frivolité, mignardise) バルケット, タルトレット, エクレール, ババなどの小型菓子のミニチュアや表面をグラサージュでおおったプティフール (→ petit four glacé)

petit four glacé [プティフールグラセ] 仏 男 プティフールグラセ. グラセしたプティフール. 表面に口金を使って線書き模様を施したり, アーモンド, ココナッツ, 砂糖漬け果物などで装飾する ❶ ジェノワーズまたはビスキュイを台に使ったもの. バタークリーム, ジャム, クレームパティシエールあるいはガナッシュを台に塗り, 四角形, ひし形, 円形に小さく切り分け, カラメル, フォンダン, クーヴェルテュールなどでグラセする ❷ パート・ダマンド, チョコレート, ヌガティーヌ, ムラング, ダコワーズなどでつくった台に詰め物を置き, 表面をグラセして, 装飾を施したもの. 詰め物は, リキュールで湿らせたジェノワーズ, ガナッシュ, バタークリーム, パート・ド・マロン, 砂糖漬け果物, 木の実など. フォンダン, クーヴェルテュール, ナパージュ, 糖液などでグラセする

petit four moelleux [プティフールムワルー] 仏 男 アーモンド, ヘーゼルナッツの粉末をベースにした菓子, ビスキュイのミニチュア版. 日持ちはしない. マドレーヌ, ビスキュイ, パン・ド・ジェーヌ, ベニェ, フィナンシエ, マカロンなどが対象

petit four salé [プティフールサレ] 仏 男 プティフールサレ. カクテルや食前酒と共に供する塩味のプティフール. シュー生地, ブリオッシュ, パート・ブリゼ, パート・フイユテを台に, チーズ, 香辛料などで味つけし, ハム, アンチョヴィ, オリーヴの実などを詰める

petit four sec [プティフールセック] 仏 男 乾いたデリケートな小菓子, クッキー. アントルメ, アイスクリーム, シャーベットに添えたり, 紅茶, リキュール, デザートワインと共に供する. サブレ生地, フイユタージュ, パート・ダマンド・クリュなどを使ったクッキーやバトネ, ビスキュイ・ア・ラ・キュイエール, クロケ, ガレット, ラング・ド・シャ, マカロン, ムラング, ミラネ, パレ, ロシェ, テュイールなど → four sec

petit gâteau [プティガトー] 仏 男 ❶ (1人用の) 小型菓子 = gâteau à la pièce, gâteau individuel, gâteau-portion ❷ (=~ sec) ビスケット. 工場生産品のサブレ, ガレットなど

petit-lait [プティレ] (独 Molke, 英 whey) 仏 男 乳漿(にゅうしょう), 乳清, ホエー. 乳が凝固した時に出る液体. プロテイン, ラクトース, ビタミン, カルシウムが豊富, かつては家畜の飼料であったが, 近年, 健康飲料として商品化されている → babeurre, eau de lait, lactosérum

petit pot [プティポ] 仏 男 カップ入りアイスクリーム

petit pot de crème [プティポドクレーム] 仏 男 小さな容器 (1人用) でつくったクリーム状アントルメ, プディング → ramequin

pétri, e [ペトリ] 仏 形 こねられた

pétrin [ペトラン] 仏 男 パン生地をこねる桶／~ mécanique 混捏(こんねつ)機

pétrir [ペトリール] (独 kneten, 英 knead) 仏 他 ❶ (小麦粉などに液体を加えて) こねる ❷ (生地をつくるために) 生地をなじませるようにこねる, もむ ‖ se ~ 代動 こねられる

pétrissage [ペトリサージュ] 仏 男 こねるこ

と

Pfanne［プファンネ］（[仏]poêle, [英]frying pan）[独][女] フライパン

Pfannkuchen［プファンクーヘン］[独][男] ❶クレープのようにフライパンで薄く焼いた菓子. クラップフェンともいう（[仏]pannequet, [英]pancake） ⇒Krapfen ❷揚げ菓子. 普通より多量の卵やバターを配合し, 柔らかくしかもこしのしっかりとした発酵生地を分割して丸め, 発酵させてから油で揚げる. 中にマーマレードを注入し, 粉糖を振るかフォンダンでグラセする. ベルリーナ（・バレン）, ベルリーナ・プファンクーヘンともいう ⇒Berliner Ballen, Berliner Pfannkuchen

Pfeffer［プフェッファー］（[仏]poivre, [英]pepper）[独][男] 胡椒

Pfefferkuchen［プフェッファークーヘン］[独][男] 人工蜜や水アメを利用してつくるホーニッヒクーヘン（＝パンデピス）の総称. 天然の蜂蜜を使用したものはホーニッヒクーヘンという⇒Honigkuchen

Pfefferminz［プフェッファーミンツ］（[仏]menthe, [英]mint, peppermint）[独][男] 薄荷（はっか）, ミント

Pfeffernuss［プフェッファーヌッス］[独][女] 胡椒, 香辛料, いろいろなスパイスや膨張剤を入れてつくるクッキーの一種

Pfingsten［プフィングステン］（[仏]Pentecôte, [英]Pentecost）[独][中] 精霊降臨祭

Pfirsich［プフィルズィヒ］（[仏]pêche, [英]peach）[独][男]〔植〕桃

Pflasterstein［プフラスターシュタイン］[独][男] ホーニッヒクーヘン（⇒Honigkuchen）かレープクーヘン（⇒Lebkuchen）の生地でつくり, フォンダンでグラセする. 四角形の焼き菓子.「舗道の敷き石」という意味

Pflaume［プフラオメ］（[仏]prune, [英]plum）[独][女]〔植〕プラム, 西洋すもも

phase［ファズ］（[独]Phase, [英]stage, period）[仏][女] 段階, 経過

phyllo［フィロ］[仏][女] ⇒filo

physalis［フィザリス］[仏][男]〔植〕ホオズキ属. ほおずき. 原産はペルー. 甘酸っぱい食用ほおずきと, 苦い観賞用ほおずきがある. 黄色または赤色の実をつける酸味のある小低木の果実. シロップ, ジャム, フルーツサラダ, シャーベット, アイスクリームに使用する ＝ alkékenge, amour-en-cage, cerise d'hiver, coqueret

picanchâgne［ピカンシャーニュ］[仏][男]〔地方菓子〕ブルボネ地方の, 洋梨入りトゥルト, 洋梨入りパン. 発酵生地の上面に大きく切った洋梨と砂糖を置く. その重みで生地が押されて, 生地に果物が沈み込む. 王冠形に成形して焼く. りんご, かりんなどでもつくる＝piquenchâgne⇒tourte

Picardie［ピカルディ］[仏][固][女] ピカルディ地方. フランス北部の地方名. バター, 卵, 砂糖を豊富に使った菓子, じゃがいものベニェ, プルーンやルバーブのタルト, タリビュル, ランディモル, アミアンのマカロン, その他, 古くからの菓子が多数ある

pichet［ピシェ］（[独]Pitcher, [英]jug, [米]pitcher）[仏][男] 注ぎ口と取っ手が1つついた水差し. 素材は保冷性のある炻器（せっき）またはファイアンス（施釉多孔性陶器）. 円筒または壺形で, 水, ジュース, シードル, ワインを供するのに用いる／vin au ～ 中級品の量り売りのワイン⇒ carafe

picoussel［ピクーセル］[仏][男]〔地方菓子〕オーヴェルニュ地方のそば粉のフラン. 香草で香りをつけ, プラムを詰める. デザートとして供する

pic-vite［ピクヴィット］[仏][男] ピケローラー ⇒pique-vite

pie［パイ］[英][名] ❶ 1）果物, 肉, 野菜などをパイ皿に詰め, パイ生地で蓋をして焼いたもの 2）型に生地を敷き, 果物, 肉類を詰めて生地で蓋をして焼いたもの（[仏]pâté, tourte, [独]Kuchen, Tarte） ⇒ apple pie, fruit pie, mince pie, park pie ❷水平に2段に切り分けたビスキュイに, クレームパティシエール, ジャムなどを挟んだケーキ ⇒Washington pie ❸（＝～ mo⟨u⟩ld）パイ

用型＝paté mould

pièce［ピエス］[仏][女] ❶（品物の）1個，1つのもの／fruit vendu à la ～ 1個売りの果物 ❷（全体の中の）1つ，部品 ❸断片，かけら／en ～s 粉々に，ばらばらに ❹作品 ❺部屋

pièce à portiques［ピエス ア ポルティック］[仏][女] 階層式に中心軸のある数段の受け皿がついたピエスモンテ用器具．各皿にプティフールグラセ，フリュイ・デギゼ，小型菓子，アントルメなどをのせ，ピエスモンテをつくる＝présentoir à pièces montées

pièce artistique［ピエス アルティスティック］[仏][女] アメ細工，パスティヤージュなどを駆使し，1つのテーマを表現した装飾菓子

pièce d'apparat［ピエス ダパラ］[仏][女] 宴席用菓子．ピエスモンテなど

pièce de circonstance［ピエス ド スィルコンスタンス］[仏][女] 行事菓子⇒gâteau

pièce d'exposition［ピエス デクスポズィスィヨン］[仏][女] 展示会，品評会，コンクール用菓子，作品

pièce de vitrine［ピエス ド ヴィトリーヌ］[仏][女] ウインドーディスプレイ用菓子

pièce montée［ピエス モンテ］[仏][女]〔パティスリー〕ピエスモンテ ❶テーマに沿って装飾され，高く積み重ねてつくられた大型の菓子．宴会，祝事用

フランス式	中心軸に何層か取りつけられた皿に，装飾を施したビスキュイ，ジェノワーズを置いていく
スペイン式	アントルメを置いた皿を何本かの円柱で支えて重層に仕上げる

❷小さなシューを円錐形やその他の形に積み重ね，上部にその日を象徴する人形などを置いたもの．結婚，受洗などのパーティ用⇒croquembouche

pièce montée glacée［ピエス モンテ グラセ］[仏][女] 氷菓を高く積みあげた菓子

pie-collar［パイ コラー］[英][名]（＝paper ～）パイカーラー．パイの周囲に巻く，折りひだのついた紙製品

pie crust［パイ クラスト］[英][名] ❶パイ生地（＝pie pastry）❷パイ皮（[仏]croûte，[独]Haut）

pie dish［パイ ディッシュ］（[仏]tourtière，[独]Backform）[英][名] パイ皿．外側に開いたかなり深めの皿の形をしたパイ用の焼き型＝pie tin

pie pastry［パイ ペイストリ］（[仏]pâte à pâtés）[英][名]（ミート）パイ生地．詰め物に魚，肉類を用い，生地で上部をおおって焼く場合の生地．材料は，小麦粉，ラード，塩，水．製法は，湯に小麦粉，次に溶かしたラードを混ぜ込む方法と水とラードを温めて，小麦粉に注いで混ぜる方法とがある ‖ pie pastry[米]（＝basic ～）敷き込み用生地／sweet ～ 加糖した敷き込み用生地／savory ～ 塩味の敷き込み用生地
⇒short pastry

pie tin［パイ ティン］[英][名] パイ皿⇒pie dish

pignon［ピニョン］（[独]Kiefernuss，[英]pine-seed）[仏][男]〔植〕松の実．松かさの中にある．脂質，糖質が豊富でカロリーが高い．アーモンドに似た風味があるが，樹脂の強い香りがする．生食するか煎って食すほか，菓子（特にマカロン，ガトーセック）や料理に用いる

pignoulat［ピヌーラ］[仏][男]〔地方菓子〕プロヴァンス地方の松の実入りの菓子．粉末アーモンド，砂糖，ジャム，泡立てた卵白でつくった生地をボール状に丸め，周囲に卵黄をつけて松の実をまぶして焼いたもの

pig's ear［ピッグズ イア］（[仏]palmier，[独]Schweineohren）[英][名] パルミエパイ⇒palm

pikelet［パイクレット］[英][名] スコットランドのパンケーキ．クランペットの一種⇒crumpet

piler［ピレ］（[独]zerdrücken，[英]crush）[仏][他]（アーモンド，胡桃，ピスタチオなどを）砕く，砕いて粉々にする．すりつぶす

pilon ［ピロン］（[独]Stampfe, Stössel, [英]pestle）[仏][男] すりこぎ, 乳棒. 乳鉢の中で突き砕いたり, 練ったり, ふるいを通す時, 押しつぶしてピュレをつくったりする木製や陶製の先の丸い棒

Piment ［ピメント］[独][男][中] オールスパイス, 百味胡椒⇒Nelkenpfeffer

piment ［ピマン］（[独]Cayennepfeffer, [英]pimento）[仏][男]〔植〕唐辛子. 原産は南・中央アメリカ. 生のまま, または乾燥させたり, 粉末にして市販される. アンティル諸島, メキシコで最も種類が多い／～ doux ピーマン／～ de Cayenne カイエンヌペッパー. 長さ8㎝, 赤色, 辛く, 苦味がある. 南アメリカ, 南仏で栽培, 生のままで市販／～ oiseau（＝～ enragé） 長さ2㎝, 黄緑色または赤褐色. 非常に辛い. 生のままや, 乾燥させたり粉末にして市販される. チリコンカンやタバスコソースの原料となる. メキシコで栽培

piment (quatre-épices) de la Jamaïque ［ピマン（カトル エピス）ド ラ ジャマイック］（[独]Nelkenpfeffer, Piment, [英]allspice, Jamaicapepper）[仏][男]〔植〕フトモモ科. ジャマイカ胡椒, オールスパイス. 胡椒, クローヴ, シナモン, ナツメグの4種の香りがあり, 実が胡椒の形に似る

piment d'Espelette ［ピマン デスプレット］[仏][男] エスプレット唐辛子. バスク産のAOP唐辛子. 赤黄色で香り高い. 当地方では家々の白い漆喰（しっくい）の外壁に花綱にして乾燥させる. バスク料理に使用するほか, チョコレートとの相性もよい

pimprenelle ［パンプルネル］[仏][女]〔植〕バラ科ワレモコウ属. サラダバーネット, 別名オランダわれもこう. ハーブの一種. 葉はきゅうりの香りがする

pin ［ピン］（[仏]abaisser, [独]aufstreichen, ausrollen）[英][他]（～ out into…）（生地を麺棒で）…にのばす／～ out into cercles 円形にのばす ‖ pin [名] ❶（＝rolling ～）麺棒 ❷ピン, 留め針

pince ［パンス］（[独]Pinzette, Zange, [英]pincers）[仏][女] 挟む道具, ピンセット, クリップ

pince à pâte ［パンス ア パート］[仏][女] ⇒ pince à tarte

pince à tarte ［パンス ア タルト］（[独]Pinzette, [英]pincers）[仏][女] パイ挟み. タルトの縁をつまんで刻み飾りをつける道具＝pince à pâte

pinceau ［パンソー］（[複] ～*x*）（[独]Pensel, [英]brush）[仏][男] 刷毛, 筆／～ plat（面が平らな）刷毛. 絹製が望ましい. 型にバターを塗ったり, 生地に卵黄を塗ったり, ジェノワーズ, ビスキュイ・ア・ラ・キュイエールにシロップを含ませたりするのに使用

pincée ［パンセ］（[独]Prise, [英]pinch）[仏][女] ひとつまみ（の量）. 約3～5 g ＝pointe⇒filet, goutte

pincer ［パンセ］（[独]kneifen, [英]pinch）[仏][他] ❶つまむ, 挟む ❷（パイ挟み, あるいは指で生地を）つまんで, タルトの周囲に飾りをつける

pincers ［ピンサーズ］（[仏]pince à tarte, [独]Pinzette）[英][名][複] パイ挟み

pinch ［ピンチ］（[仏]pincée, [独]Prise）[英][名] ひとつまみ, 少量 ‖ pinch [他] つまむ, 挟む

pinched ［ピンチト］[英][名] ショートブレッドの縁飾り. 昔, 親指と人さし指でつまんで縁飾りをつけたことに由来

pineau des Charentes ［ピノー デ シャラント］[仏][男] AOPミステル.（リキュールワイン）ぶどう果汁にコニャックを加えたもの. アルコール含有量16～22％⇒mistelle, vin de liqueur

pinning ［ピニング］[英][名] 生地を麺棒で平らに薄くのばす作業

Pinsel ［ピンゼル］（[仏]pinceau, [英]brush）[独][男] 刷毛, ブラシ

pint ［パイント］[英][名] ❶ 1）液量の単位. アメリカでは0.473 ℓ, イギリスでは0.568 ℓ に相当する 2)乾量の単位. アメリカでは0.55 ℓ, イギリスでは0.568 ℓ に相当する ❷1パ

イント入り容器 ❸1パイントのビール（牛乳，飲料）

Pinzette［ピンツェッテ］（[仏]pince 〈à pâte〉，[英]pincette）[独] [女] ピンセット，パイ挟み

pipe［パイプ］（[仏]dresser，[独]spritzen）[英] [他]（菓子などに）クリームやグラスロワイヤルを絞り出す ‖ pipe [名] 口金／star～ 星口金

piping［パイピング］[英] [名] ❶クリームやグラスロワイヤルを絞り袋で絞り出す作業 ❷コルネで細かな装飾を描くこと

piping bag［パイピング バッグ］（[仏]poche，[独]Spritzbeutel，[米]pastry bag）[英] [名] 絞り袋⇒savoy bag

piping tube［パイピング テューブ］（[仏]douille，[独]Dekortülle, Tülle，[米]nozzle）[英] [名] 口金＝nozzle, pipe

piquenchâgne［ピカンシャーニュ］[仏] [男]〔地方菓子〕洋梨のトゥルト⇒picanchâgne

piquer［ピケ］（[独]einstechen，[英] stick）[仏] [他] ❶（とがったもので）突く，刺す ❷（敷き込んだ生地が焼いている間に浮きあがらないように）突いて小さい穴をあける

pique-vite［ピク ヴィット］（[独]Locher，[英]pricker）[仏] [男] ピケローラー＝pic-vite

piquoir［ピクワール］[仏] [男] 柄（え）付きの刺し針

pissaladière［ピサラディエール］[仏] [女] フランス南部ニース地方のタルト．パン生地または練り込み生地に玉ねぎをたっぷり敷き，ピサラ（pissalat クローヴ，タイムなどのスパイスとアンチョヴィをオリーヴ油で練った調味料）を一面に塗って，アンチョヴィ，黒オリーヴで飾って焼いたもの

pissenlit［ピサンリ］（[独]Löwenzahn，[英]dandelion）[仏] [男]〔植〕キク科タンポポ属．たんぽぽ．葉はビタミンEが豊富．生またはゆでてサラダにする

pistache［ピスタシュ］（[独]Pistazie，[英]pistachio）[仏] [女]〔植〕ウルシ科．ピスタチオの実．原産はシリア．イラン，チュニジアで栽培．果肉は茶色，実の核仁を食す．仁は楕円形，薄緑色．茶色い薄皮に包まれている．甘いデリケートな風味があり，緑色が美しいので料理，パティスリー，糖菓（ヌガー），氷菓・冷菓に用いられる

pistachio［ピスタショウ］（[仏]pistache，[独]Pistazie）[英] [名]〔植〕ピスタチオ⇒pistache

Pistazie［ピスターツィエ］（[仏]pistache，[英]pistachio）[独] [女]〔植〕ピスタチオ

pistole［ピストル］[仏] [女] 明るい黄色の小粒の干しプラム．南仏ブリニョル特産．種なしで，扁平⇒prune perdrigon

pistolet［ピストレ］[仏] [男] ❶吹きつけ器，スプレー（ガン）（[独]Spritzpistole，[英]air-brush, spray-gun）❷ミルク入り小型パン

pit［ピット］（[仏]dénoyauter, noyau，[独]Kern，[英]stone）[米] [名]（桃，すもも，杏（あんず）などの）核 ‖ pit [他]（果物の）核を除く

pita［ピタ］[仏] [女] ピタ．パン種を使わない，平たい円形の中近東のパン

pitaya［ピタヤ］[仏] [女]〔植〕サボテン科．ピタハヤ，ドラゴンフルーツ．原産は南米．赤，ピンクまたは黄色の皮はごつごつとし，果肉は白，ピンクで細かなごま状の種が散在．酸味のある甘さがあり，生食する．ピタヤともいう＝pitahaya

Pitcaithly bannock［ピトケイスリ バノック］[英] [名] スコットランド中部ピトケイスリーのショートブレッドの一種．小麦粉とバター（2:1），砂糖，パート・ダマンドでつくった生地にレモンピール，薄切りアーモンドを加え，直径23cmの円形にのばし，小孔をあけ，周囲を指でつまんで飾りを施して焼きあげ，グラニュー糖を振りかけたもの⇒bannock

pithiviers［ピティヴィエ］[仏] [男]《単複同形》〔パティスリー〕ピティヴィエ．フランス中央部ロワレ県ピティヴィエのクレームフランジパーヌが入った菓子 ❶（＝～ feuilleté）ピティヴィエ・フイユテ．クレームフランジパーヌを2枚のフイユタージュの間に詰めて焼く大型の菓子．菓子の周縁は大きくスカラップ状にし，上面は風車のように切れ目

模様をつける．この町の御公現の祝日（1月第1日曜）の菓子=galette des Rois ❷（=～ fondant /～ glacé）ピティヴィエ・フォンダン，ピティヴィエ・グラセ．クレームフランジパーヌを型に詰めて焼き，表面を白いフォンダンでおおって砂糖漬け果物で飾った菓子

pivoter［ピヴォテ］(独sich drehen, 英revolve)仏自（軸を中心に）回る，回転する

place¹［プレイス］英名 ❶場所，スペース ❷（=～ mat）1人分の食器を置くテーブル敷き

place²［プラス］仏女 場所，スペース／ de ～（= en ～／ par ～）ところどころに

placer［プラセ］(独legen, 英put, set) 仏他 置く，配置する

plaie［プレ］(独Wunde, 英wound) 仏女 傷，傷口

plain tube［プレインチューブ］英名 丸口金

plaisir［プレズィール］仏男 ❶〔パティスリー〕コルネ形に巻いたウーブリ（→oublie）の俗名 ❷楽しみ，喜び

plait［プラット］(仏tresse, 独Striezel, Zopfbrot, 米braid)英名 編んで成形したパン／ Six ～ 6つ編みパン（→tresse）

plaiting［プラティング］英名 （ひも状にした生地などを）編むこと

plan［プラン］仏男 ❶面，平面 ❷計画，プラン ❸地図，図面

planche［プランシュ］仏女 ❶（四角，円，楕円形の）板，台，まな板(独brett, 英board) → planche à découper, planche à pain, planche à pâtisserie ❷（長方形の）野菜畑，花壇

planche à découper［プランシュ ア デクペ］仏女 ❶まな板．厚さ4～6cmの木製かポリエチレン製のもの= planche à hacher ❷ロースト用まな板．ローストした肉などを切る時，流れ出る肉汁を集める溝がついている

planche à hacher［プランシュ ア アシェ］仏女 → planche à découper

planche à pain［プランシュ ア パン］仏女 パン切り用まな板．パン屑が散らかるのを防ぐために，縁がついているものもある

planche à pâtisserie［プランシュ ア パティスリ］仏女 製菓用の台．生地をこねたり，のばしたりするのに使用

plancher［プランシェ］仏男 床

plan de travail［プランド トラヴァイユ］仏男 仕事台／～ en marbre 大理石製の仕事台→marbre

planter［プランテ］(独aufstellen, 英set up)仏他 しっかりとすえる

plaque［プラック］仏女 ❶（加熱したり，平らで幅のあるものをつくるための）底の平らな，やや深さのある大きめの容器，バット(独Tabllett, Teller, 英plate)→plaque à débarrasser, plaque à pâtisserie, plaque à rôtir ❷天パン，オーヴンプレート(独Backblech, Platte, 英baking sheet) ／～ doublée（火の当たりをやわらげるために）2枚重ねにした天パン ❸（～ de cuisson）レンジ ❹（金属，木，ガラスなどの）板

plaque à débarrasser［プラック ア デバラセ］仏女 バット．長方形，やや広がった縁付き．底辺部に穿孔してあるものや同じ大きさの金網が装備してあるものもある．準備品を取り分けたり，保存したりするのに使用

plaque à dent de loup［プラック ア ダンドルー］仏女 蛇腹状の波形鉄板．チョコレート，ビスキュイ，クロカント，アルザス地方の櫛形のビスケット（→dents de loup）を山形に成形する

plaque à four［プラック ア フール］仏女 天パン= plaque à pâtisserie, plaque de four

plaque à induction［プラック ア アンデュクスィョン］仏女 → table à induction

plaque à pâtisserie［プラック ア パティスリ］仏女 天パン，天板，オーヴンプレート．オーヴンの付属品，鉄製．普通は長方形で縁なしだが，円形，縁付きもある．生地をこの上に絞り出したり，抜き型で抜いたものを並べて，オーヴンに入れて焼くのに使用=

plaque à four, plaque de four

plaque à rebord [プラック アルボール] 仏 女 縁のある天パン

plaque à rôtir [プラック アロティール] (英 bain-marie baking container) 仏 女 ロティール, 湯煎鍋. 垂直の縁がある浅い容器. 2つの取っ手付きで, 長方形. 肉をローストする時, 内側に金網を入れることができる. また, 中に水を入れ, プディングなどを湯煎しながらオーヴンで焼くのに使用

plaque à tuiles [プラック アテュイル] 仏 女 テュイール型. テュイールを瓦形に成形するために, 樋形が並列している鉄板. チョコレート, クロカントなどにも用いる

plaque de four [プラック ド フール] 仏 女 = plaque à four → plaque à pâtisserie

plaquemine [プラクミーヌ] 仏 女 〔植〕柿の実 → kaki

plaquer [プラケ] 仏 他 ❶張る, 張りつける ❷天パンの上に生地を絞り出す ❸（肉をローストする時）鍋の底に玉ねぎ, にんじんなどの薄切りを並べて入れる

plaquette [プラケット] 仏 女 ❶菓子の上に飾りとしておく小さなプレート板, 表面に文字などを絞る. パート・ダマンド, ヌガティーヌ, チョコレートなどでつくる ❷小さな板

plaster mo(u)ld [プラスター モウルド] 英 名 石膏でつくった型. パスティヤージュなどの型取りに用いる

plastic [プラスティック] 英 名 ❶プラスチック, プラスチック製品（仏plastique, 独Kunststoff, Plastik）❷ラップ

plastifié, e [プラスティフィエ] 仏 形 プラスチック加工をした

Plastikmasse [プラスティックマッセ] 独 卵白, 粉糖, コーンスターチ, 水アメ, グリセリンを原料としてつくる細工用の生地. アイスクリームや菓子のイミテーション（ショーウインドーに飾る）をつくるのに利用される

Plastikschokolade [プラスティックショコラーデ] (仏chocolat plastique, 英 modeling chocolate) 独 女 プラスティックチョコレート. 水アメ, シロップを入れて細工しやすく調製したチョコレート

plastique [プラスティック] (独 aus Kunststoff, aus Plastik, 英plastic) 仏 形 ❶プラスチック（製）の / film 〜 ビニール, ラップ ❷細工しやすい, 柔軟な ‖ plastique 男 プラスチック, 合成樹脂, ビニール / sac en 〜 ビニール袋, ポリ袋

plat [プラ] 仏 男 ❶大きな皿. 陶器, ガラス, アルミ, 銀などあらゆる素材でつくられ, 形も楕円, 円形, 四角, 長方形などさまざまである. 蓋と取っ手はない (独flach, platt, 英 dish) 1) (= 〜 allant au four) 天火に入れられる耐熱性の調理用皿 → plat à gratin, plat à rôtir 2) 食卓サーヴィス用皿 → plat à pâtisserie, plat à poisson ❷（皿またはその他の容器に盛った）料理 → plat du jour, plat principal ❸特別料理. 地方料理など

plat, e [プラ, プラット] 仏 形 ❶平らな (独 flach, 英flat) ❷平板な, 面白味のない, 特徴のない, 味のない

plat à gratin [プラタ グラタン] 仏 男 グラタン用皿. 楕円または長方形で耐熱性

plat à œufs [プラタ ウ] 仏 男 ❶卵料理用皿 ❷〔アントルメ〕プラタウー. ヌガティーヌでつくった鍋に, バタークリームを敷き, 半割りの杏(あんず)を置いたもの. それぞれを, 卵黄, 卵白にみたてた

plat à pâtisserie [プラタ パティスリ] 仏 男 菓子皿

plat à poisson [プラタ プワソン] 仏 男 魚料理用皿. 細長い, または楕円形の皿

plat à rôtir [プラタ ロティール] 仏 男 ロースト用の容量の大きい焼き皿

plat creux [プラ クルー] 仏 男 深皿

plat de résistance [プラ ド レズィスタンス] 仏 男 メインディッシュ, （献立の）中心になる料理. 食べごたえのある主菜. 付け合わせのついた魚や肉料理 = plat principal

plat du jour [プラ デュ ジュール] 仏 男 本日のおすすめ料理（メインディッシュとし

plateau (複 〜*x*)[プラトー](独Platte, Scheibe, 英tray)仏男 ❶盆. 縁が少しある大きな皿で、両側に取っ手がつくこともある. 人にすすめる物をのせたり、物を運ぶのに用いる ❷皿, 台 ❸同種のものを数種類大皿に盛り合わせてすすめる料理, デザート, チーズ／〜 de fromages 盆(大理石, オリーヴの木製, 籠製など)にのせた各種のチーズの盛り合わせ／〜 de fruits de mer 甲殻類・貝類の盛り合わせ／〜 de pâtisseries 菓子の盛り合わせ ❹ (= repas-〜) 1つの盆または皿上にオードヴル, メインディシュ, デザートがおかれた食事方式

plateau tournant[プラトー トゥルナン]仏男 回転台

platerie[プラトゥリ]仏女 ❶皿・食器類／〜 jetable 使い捨て食器 ❷(天パン, 網台など)オーヴンのプレート類

plat garni[プラ ガルニ]仏男 → plat du jour

plat principal[プラ プランスィパル]仏男 → plat de résistance

plat régional[プラ レジオナル]仏男 地方料理, 郷土料理

plat sabot[プラ サボ]仏男 クラフティ, フラン用の楕円形の焼き皿

platt[プラット]独形 薄い, 平たい

platter[プラター](仏plateau, 独Servierplatte)米名 (= serving 〜)(通常, 楕円形をした)大皿, サーヴィス皿

Plattkuchen[プラットクーヘン]独男 → Blechkuchen

plat unique[プラ ユニック]仏男 地方料理に特徴的な料理形態(地元の食材を豊富に使ったボリュームのある料理. 単独で食事を構成)で、メインディシュにもなる料理. シュクルート・ガルニ(酢キャベツ〔ザワークラウト〕に大小ソーセージ、塩豚などの取り合わせ), グランアイオリ(ゆでた鱈, 肉類, 根菜, 卵などをアイオリ〈ニンニクとオリーヴ油でつくったマヨネーズ〉で食す), クスクス料理(羊肉と野菜の煮込みをクスクスと食す)など

Plätzchen[プレッツヒェン]独中 ❶丸く平らな菓子. クッキー→Gebäck, Konfekt (スイス独語), Mürbegebäck, Teegebäck ❷錠剤 ❸小さな広場, 快適な場所

plein, e[プラン, プレーヌ](独voll, 英full)仏形 いっぱいの, 満ちた, 中身が詰まった／verre 〜 de vin ワインがなみなみと注がれたグラス

Plexiglas[プレクスィグラス]仏固男〔商標〕プレキシガラス. 透明度が高く軽いアクリル樹脂

pli[プリ](独Falte, 英fold)仏男 折り目, 折り返し

pliage[プリアージュ]仏男 折りたたみ, たたみ方

plier[プリエ](独zusammenfalten, 英fold)仏他 折る, 折りたたむ

plissé, e[プリセ]仏形 ひだのある

plisson[プリソン]仏男〔地方菓子〕ポワトゥー地方の濃厚な甘いクリームのデザート. 牛乳をゆっくりと沸騰させずに煮詰めてつくる

plombière[プロンビエール]仏女〔氷菓〕アーモンドミルク入りクレームアングレーズにリキュールに漬けた砂糖漬け果物と泡立てた生クリームを加え, 凍らせたアントルメ. カサート型(=囲み[moule à glaces])で円筒形につくる

plonge[プロンジュ](独Spülküche, 英dishwashing)仏女 ❶(調理場の)流し, 皿洗い場 ❷皿洗いの仕事

plonger[プロンジェ]仏他 ❶(液体に)漬ける, 沈める (独eintauchen, 英plunge) ❷突き刺す, 突っ込む (独durchstechen, 英plunge)

pluches[プリュシュ]仏女複 ❶ハーブ, 香草(パセリ, エストラゴン, セルフィーユなど)の葉先 = peluche ❷野菜のむいた皮

pluie[プリュイ](独Regen, 英rain)仏女 雨／en 〜 雨のようにばらばらと

plum [プラム] 英 名 ❶すもも(仏prune, 独 Pflaume) ❷(パウンドケーキ, プディングに入れる)レーズン(仏raisin sec, 独Rosine)

plum cake [プラム ケイク] 英 名 ❶〔古〕(= English 〜) プラムケーキ. 油脂, 砂糖, スパイス, レーズンの入った発酵生地でつくった丸形のケーキ. 現在のフルーツケーキの原型. 英国生まれの菓子→fruit cake ❷パウンドケーキ→pound cake

plum-cake [プリュム ケーク] 仏 男 〔パティスリー〕プラムケーキ, ケーク. ケーク生地(→pâte à cake)にオレンジとレモンのピール, 3種のレーズン(マラガ, サルタナ, カランツ)を混ぜ, ラム酒で香りをつけ, パウンドケーキ型で焼きあげたもの. 小型菓子にもつくるイギリス発祥の長期保存可能な菓子→cake¹

plumet [プリュメ] 仏 男 (帽子の)羽根飾り／〜s des ananas パイナップルの葉の部分

plum pudding [プラム プディング] 英 名 イギリスの典型的な甘いアントルメ. クリスマスプディング. 牛の腎臓脂, レーズン, プルーン, アーモンド, 香辛料を混ぜドーム型に詰めて4〜6時間湯煎にかける. 伝統的にブランデーまたはウィスキー風味のカスタードソースとバターを添え, フランベして供する→Christmas pudding

Plunder [プルンダー] 独 男 折り込み発酵生地, デニッシュ生地

plunder [プランダー] (仏pâte levée feuilletée, 独Plunder) 英 名 デニッシュ用生地

Plundergebäck [プルンダーゲベック] (仏viennoiserie, 英Danish pastry) 独 中 デニッシュペストリー→dänischer Plunder

Plunderteig [プルンダータイク] (仏pâte levée feuilletée, 英Danish paste) 独 男 デニッシュ用生地, 折り込み発酵生地. イースト菌で発酵させ, さらに折りたたんでつくる生地. クロワッサン生地, デニッシュペストリー生地など

plunge [プランジ] (仏plonger, 独durchstechen) 英 他 (…の中)に(ぐっと)突き刺す, 突っ込む

poach [ポウチ] (仏pocher, 独blau dünsten, pochieren) 英 他 (沸騰直前の温度で)静かに煮る

pochage [ポシャージュ] 仏 男 (果物などを水, シロップで)沸騰直前の温度で煮ること

poche [ポッシュ] (独Spritzbeutel 英savoy bag) 仏 女 絞り袋. 布またはビニール製の三角形の袋で, 先端に小さな穴があり, そこに口金をつけて使用する. 生地, クリームを絞り出すのに使用

poche à douille [ポッシュ ア ドゥイユ] (独Spritzbeutel, 英piping bag) 仏 女 口金付き絞り袋. 絞り出し袋の先に口金をつけたもの, 生地, クリームなどを絞り出すのに使うが, 口金の形(星, 丸など), 直径(25〜60㎜)によって, 絞り出てくる形が種々できる

pocher [ポシェ] 仏 他 ❶沸騰直前の温度(80〜95℃)で煮る／〜 une crème anglaise (クレームアングレーズをつくるために)80℃くらいまで徐々に温度を上げながら, 沸騰させずにたえず木杓子でかき混ぜ, ナップの状態(85℃)まで煮る／〜 au bain-marie 湯煎にする. プディングなどのアントルメをつくる時, アパレユを入れた型を深めの容器に並べ, 型の縁まで水を入れてオーヴンに入れる ❷果物などを沸騰直前のシロップに浸してゆっくりと煮る

pochoir [ポショワール] (独Drehsheibe, Schablone, 英stencil) 仏 男 ステンシル, 型紙. 模様を切り抜いた板で, 上からチョコレート, 粉糖などをかけ, 模様などを刷り抜く道具

pochon [ポション] 仏 男 料理用の長い柄(え)のついたレードル. 焼いているものに香りをつけるためにソース, 汁をかけたり, 液体をすくいとるのに使う

poêle [ポワール] (独Bratpfanne, 英frying pan) 仏 女 フライパン

poêle à blinis [ポワール ア ブリニ] 仏 女 ブリニ(→blini)を焼く小型のフライパン. 縁

はクレープ用フライパンよりいくらか高め
poêle à crêpes [プワール ア クレープ] (仏)(女) クレープ用フライパン. 円形. 縁はクレープを返しやすいように浅い＝crêpière, tuile
poêle à flamber [プワール ア フランベ] (仏)(女) フランベ用フライパン. 食卓でアントルメをフランベするのに用いる, 優美な形をした銅製のフライパン＝poêle flambage
poêle à marrons [プワール ア マロン] (仏)(女) マロン用フライパン. 栗を炭火で煎るためのもので, 底に丸い小さな穴がいくつか開いている. 長い柄(え)がついている
poêle à omelette [プワール ア オムレット] (仏)(女) オムレツ用フライパン. 錫(すず)めっきした銅製. 縁は高め
poêle flambage [プワール フランバージュ] (仏)(女) → poêle à flamber
poêle-four [プワール フール] (仏)(女) ドーム形で空気孔のある耐熱ガラスの蓋がついたフライパン. オーヴンなしでロースト, タルトなどを焼く場合に使用する
poêler [プワレ] (仏)(他) ❶蒸し焼きにする. 肉などを脂身, 香味料, 少量の液体(水, ワイン, フォンなど)と共に鍋に入れ, きっちりと蓋をしてゆっくりと蒸し焼きにする(独 schmoren, 英 braise lightly) ❷(油, バターなどで)フライパンで焼く
poêlon [プワロン] (仏)(男) 小型の片手鍋. 垂直のやや高い縁がある. 多くは蓋付き
poêlon à sucre [プワロン ア スュクル] (仏)(男) 注ぎ口のついた銅製の鍋. シロップや, 砂糖を煮詰めるのに用いる
pogne [ポーニュ] (仏)(女) 〔地方菓子〕ポーニュ. フランス南東地方のブリオッシュ. かつてはイースターの時だけつくられた. 小麦粉, 卵, バター, 砂糖, イーストが基本で, オレンジの花水, オレンジ果皮の砂糖漬けが入っていることもあり, グロゼイユのゼリーを添える. ポーニュ(方言で「手」の意)の名は, 女性たちがバター, 卵を加えた生地を手でこねていたことに由来→ brioche de Saint-Genix / ～ en Drôme ドーフィネ地方ドロームのポーニュ / ～ aux pralines roses サン＝ジュニのローズ色のプラリーヌ入りポーニュ
pogne de Romans [ポーニュ ド ロマン] (仏)(女) 〔地方菓子〕ドローム県ロマンの, 王冠形で上部にナイフで切れ目のついたブリオッシュ. オレンジの花水で香りをつける. 中世に始まる. 同県のクレスト, ディー, ヴァランスをはじめ, リヨネ地方やフランシュ＝コンテ地方の町でも同じものがつくられている. イースターにつくられたが, 現在は, 一年を通じてつくられる
poids [プワ] (独 Gewicht, 英 weight) (仏)(男) 重さ, 重量
Poilâne, Lionel [プワラーヌ, リオネル] (仏)(固)(男) リオネル・ポワラーヌ (1946-2002). フランスのパン職人, パン製造販売業者. 16歳から父のもとで修行し, 事業を拡大. 「ポワラーヌのパン(丸形)」は世界中にその名声が広まり, 彼の名はパン屋のシンボルともなる. パンとフランスの職人による高品質の物づくりの伝統を愛し, その保持と喧伝に限りない情熱を注いだ. ヘリコプター事故により死亡
poignée [プワニェ] (仏)(女) ❶一握り(の分量)(独 Handvoll, 英 handful) ❷取っ手, 柄(え)(独 Griff, Heft, 英 handle, haft)
point [プワン] (仏)(男) ❶斑点, 点 ❷箇所 / ～ de chaleur 熱源 / à ～ ちょうどよい時(状態)に, ほどよく, 適に / mettre au ～ 温度調整をする→ tabler
pointage [プワンタージュ] (仏)(男) こねおわって成形した発酵生地を発酵させること. 1次発酵
pointe [プワント] (仏)(女) ❶(とがった)先, 先端(独 Spitze, 英 point) ❷とがった形 ❸少量, 微量 ❹三角巾
pointer [プワンテ] (仏)(他) ❶(発酵生地をこねおわってから2倍の量に膨らむように)発酵させる ❷ぴんと立てる ❸印をつける
pointiller [プワンティエ] (独 punktieren, 英 dot) (仏)(他) 点をたくさん打つ

pointu, *e*［プワンテュ］[仏][形] とがった

poirat［プワラ］[仏][女]〔地方菓子〕(＝～ du Berry) ベリー地方, ブルボネ地方のトゥルト. パート・ブリゼを敷いたタルト型に, 蒸留酒漬けの薄切りの洋梨を詰め, 上部に生地をかぶせ, 中央に空気穴をあけて焼く. 焼きあがったら, この穴から生クリームを注ぐ⇒ tourte

poire［プワール］[仏][形] 洋梨形の ‖ poire ([独] Birne, [英] pear) [女] ❶洋梨. 縦長で花柄の反対側が膨らんでいる. 果皮は, 黄, 茶, 赤, 緑とあり, 果肉は白色で柔らかく, 少し粒々がある. 中心に種子がある. 生食するほか, ムース, シャルロット, スフレ, タルト, フロニャルド, アイスクリーム, シャーベット, ジャム, コンポート, リキュールなどに使われる⇒ williams ❷洋梨の形 ❸(洋梨形の) 握り, 取っ手, 小瓶／～ en caouchouc ゴム製の握り ❹(＝eau-de-vie de ～) 洋梨の蒸留酒⇒ williamine, williams

poiré［プワレ］[仏][男] 洋梨酒. 洋梨の果汁を発酵させたもの. フランス西部 (ノルマンディ, ブルターニュ, メーヌ地方) で古くから醸造される. 製法はシードルと同じ. 軽い白ワインに似る. 発泡酒もある. ドムフロン産は2002年, AOCに認定される

poire à la savoyarde［プワール ア ラ サヴワヤルド］[仏][女]〔地方菓子〕サヴォワ地方の洋梨のデザート. グラタン皿にビスキュイ・ド・サヴォワを敷き, その上に洋梨のオドヴィで香りづけした洋梨をのせ, 砂糖を振りかけてオーヴンで焼いたもの. この地方ではプワール・ブロッソン (poires blossons) という, 煮るのに適した品種が栽培される

poire à souffler［プワール ア スフレ］[仏][女] (アメ細工に使用する) 送風用ポンプのゴム製の握り

poire au vin［プワール オ ヴァン］[仏][女]〔地方菓子, 冷アントルメ〕リヨン地方やブルゴーニュ地方の赤ワイン煮の洋梨. リヨンではボージョレワイン, ブルゴーニュではブルゴーニュワインを使い, クレーム・ド・カシスを加えることもある

poire Belle-Hélène［プワール ベレレーヌ］[仏][女]〔冷アントルメ〕クープにヴァニラアイスクリームをのせ, その上にシロップで柔らかく煮た洋梨を1個置いて, 上に熱いチョコレートソースをかけたもの⇒ Belle-Hélène

poire Savoie［プワール サヴワ］[仏][女] ⇒ poire touronde

poire touronde［プワール トゥロンド］[仏][女]〔地方菓子〕サヴォワ地方の, クリスマスから謝肉祭までの冬期のデザート. クリーム入りの洋梨のグラティネ (⇒ gratinée). グラタン皿に洋梨の4つ割りを並べ, 表面にバター, 砂糖を振りかけて焼く. 最後に生クリームを流し入れて再びオーヴンで焼く＝ poire Savoie

pois［プワ］([独] Erbse, [英] pea) [仏][男] えんどう (豆) ／～ chiche ひよこ豆, エジプト豆

poisser［プワセ］([独] klebrig sein, [英] be sticky) [仏][自] べとつく

poisson d'avril［プワソン ダヴリル］[仏][男] エープリルフール, 4月馬鹿. 4月1日に人をかつぐこと. 菓子屋では, 魚の形をしたチョコレート, パート・ダマンド, アメなどの製品をつくる

Poitou［プワトゥ］[仏][固][男] ポワトゥー地方. フランス西部の地方名. 酪農品ではエシレのAOPバター, フレッシュチーズ, 山羊のチーズ, アントルメとしては山羊のチーズ入りトゥルトと果物入りのクラフティ, オーヴンで焼いた果物入りクレープのグリモレ (grimollée), ブロワイエ (⇒ broyé du Poitou) などが挙げられる. 各地の銘菓としては, モンモリヨン, リュジニャンのマカロン, ポワティエのヌガティーヌ, ニオールの砂糖漬けアンゼリカなどが有名

poivre［プワーヴル］([独] Pfeffer, [英] pepper) [仏][男]〔植〕コショウ科コショウ属. ❶胡椒. つる植物の胡椒の木の房状の実で, 香辛料となる. 原産は東南アジア. 初めは緑色, 熟するにしたがい赤, 茶と変色する. 収穫時期と

処理法により色分け分類され,それぞれ,香りに変化がある／～ noir 黒胡椒.熟す直前に収穫して乾燥させる／～ blanc 白胡椒.完熟後,乾燥させ,塩水につけて皮をむく／～ vert グリーンペッパー.完熟前に収穫／～ gris グレーペッパー.白胡椒と黒胡椒の混合物／～ de Sarawak サラワク産（ボルネオ島）胡椒 ❷コショウ属の実.胡椒もどき,代用胡椒.黒胡椒に似た香りがある／～ Bétel ベテル胡椒,キンマ／～ du Kissi ギニア胡椒／～ long 長胡椒,ロングペッパー.ローマ時代より知られている／～ à queue クベバ胡椒,ジャワ長胡椒 ❸香辛料となる植物→poivre de Cayenne, poivre rose

poivré [プワヴレ] (仏)(形) 胡椒を思わせる香りとぴりっとした風味の

poivre de Cayenne [プワーヴル ド カイエンヌ] (独cayennepfeffer, 英Cayenne pepper) (仏)(男) カイエンヌペッパー,唐辛子粉→cayenne, piment

poivre de Pérou [プワーヴル ド ペルー] (仏)(男) ピンクペッパー→baie-rose

poivre de Sichuan [プワーヴル ド スィシュアン] (仏)(男) →poivre-fleur

poivre-fleur [プワーヴル フルール] (仏)(男)〔植〕ミカン科サンショウ属.花椒.原産は中国.果皮を香辛料として使用＝poivre de Sichuan

poivre rose [プワーヴル ローズ] (仏)(男) →baie-rose

poivron [プワヴロン] (仏)(男)〔植〕ナス科.ピーマン

polenta [ポランタ] (仏)(女) ❶（北イタリア）ポレンタ.とうもろこしの粉を使った粥(かゆ).大きな鍋で水でつくるが,アントルメ用には,牛乳,ブイヨン,または白ワインと水を合わせたものを使い,米や生地のように,ベニェ,クロケット,タンバルなどをつくる ❷（コルシカ島）栗を使った粥

polka [ポルカ] (仏)(女) ❶〔パティスリー〕円形のパート・ブリゼまたはシュクセの周囲にシュー生地を絞って焼きあげ,中心部にクレームパティシエールを詰め,上面に粉砂糖を振り,焼きごてを使ってカラメル化した小型菓子またはアントルメ.本来は格子模様を焼きつける ❷（＝pain ～）ロワール地方の典型的パン.丸形のパン（2kg）で,焦げ目がよくついている.上部はポルカ（ダンス）のステップの形のような格子模様の深い切れ込みがあり,簡単に小片に割れる

polonaise [ポロネーズ] (仏)(女)〔パティスリー〕ラム酒に浸したブリオッシュに,砂糖漬け果物とクレームパティシエールを詰め,全体をムラングでおおい,薄切りアーモンドを散らして焼いた小型菓子,またはアントルメ

polyéthylène [ポリエティレーヌ] (仏)(独Polyäthylen, 英polythene, 米polyethylene) (仏)(男)〔化〕ポリエチレン／～ expansé 発泡スチロール

polyol [ポリヨル] (仏)(男)〔食品添加物〕甘味料.砂糖より甘さが少ない.チューインガムなど糖菓に添加.消化障害を引き起こしたり,緩下作用があるので,摂取の際の注意を包装紙に明記することが義務づけられている

pomelo [ポメロ] (独Grapefruit, Pampelmuse, 英grapefruit) (仏)(男)〔植〕グレープフルーツ.ぶんたんと中国産の柑橘類の交配種.19世紀にアメリカで交配,カロリーが少なく,ビタミン（A, B, C, PP）,カリウムが豊富.果皮は黄色,果肉は薄黄色,赤色がある.オードヴルやサラダ,デザートとして,氷菓,フルーツサラダ,アントルメに使われるほか,ジュースにする＝pamplemousse, poméló

poméló [ポメロ] (仏)(男) →pomelo

Pomeranze [ポメランツェ] (仏orange sauvage, 英 bigarade, bitter orange, sour orange) (仏)(女) ビターオレンジ,橙(だいだい),回青橙(かいせいとう)

pommade [ポマード] (仏)(女) ❶軟膏,ポマード ❷油脂,アパレーユ,クリームをのびの

よい柔らかい状態にしたもの．ポマード状／beurre en ～　ポマード状に柔らかくしたバター

pomme ［ポム］（独Apfel, 英apple）仏女〔植〕❶りんご．最もポピュラーな果実で，種類も多い．糖質，鉄分，ビタミン，カリウムを多く含む．生食するほか，保存法として乾燥させたり，ジャム，ゼリー，コンポート，シードル，ジュースなどに加工するが，料理，菓子にもよく使われる．ベニエ，ショソン，シャルロット，フラン，タルト，プディングなどのほか，オーストリアのシュトゥルーデル，イギリスのアップルパイになる／～ acidulée 酸味のあるりんご　❷（りんご以外の）実　❸ りんごの形をしたもの

pommé ［ポメ］仏男　りんごを長時間煮たパート・ド・ポムの一種→ pâte de fruits

pommeau de Bretagne ［ポモー ド ブルターニュ］仏男　ブルターニュ地方のポモー．りんご果汁にブルターニュ産のシードルの蒸留酒（→ lambig）を混ぜて熟成させる

pommeau de Normandie ［ポモー ド ノルマンディー］仏男　ポモー．ノルマンディ地方の伝統的アルコール飲料．1991年，AOCに認定される．シードル用の上質なりんごの果汁とカルヴァドスを14か月以上樫の樽で熟成させる．アルコール含有量は17％．食前酒

pomme au four ［ポム オ フール］仏女〔地方菓子，アントルメ〕ノルマンディ地方の焼きりんご．りんごの中身をくり抜き，その中にりんごのコンポートを詰め，蜂蜜を全体にかけてグラタン皿に並べてオーヴンで焼く

pomme-cannelle ［ポム カネル］仏女 → anone

pomme cythère ［ポム スィテール］仏女 → prune de Cythère

pomme de cajou ［ポム ド カジュー］仏女〔植〕ウルシ科．カシューアップル．カシューナッツノキの果実．実際は果実ではなく果柄が肥大したもの．肉厚で洋梨の形をしている．底部に殻（カシューナッツ）が張り出している．熟してから食するが，酸味があるので砂糖と供する．ジャム，ゼリー，コンポート，飲み物になる → noix de cajou

pomme de terre ［ポム ド テール］仏女 ❶ じゃがいも　❷〔パティスリー〕じゃがいもの形をした菓子．キュラソーに浸したビスキュイの屑，杏（𣏾）ジャム，溶かしたチョコレートを混ぜ，それを薄く焼いたココア入りビスキュイ，またはパート・ダマンドで包み，ココアの中で転がし，ところどころにバタークリームで「芽」をつけたもの

pomme en l'air ［ポム アン レール］仏女 りんご．じゃがいも（pomme de terre「地中のりんご」）に対して使われる呼称

pomme Granny Smith ［ポム グラニースミス］仏女　グラニースミス．りんごの品種の1つ．果肉の固い青りんご

pomme tapée ［ポム タペ］仏女　乾燥させたりんご．種を抜いたりんごを水平に薄切りにし，棒でたたいて平らにして弱火のオーヴンで乾燥させたもの．ソローニュ地方で食される

pompe ［ポンプ］仏女 ❶〔地方菓子〕ポンプ．オーヴェルニュ地方，プロヴァンス地方，リヨネ地方の，クリスマス，御公現の祝日，復活祭などの祝い菓子．甘味と塩味のものがある．詰め物をしたトゥルト，パテ，ブリオッシュ → pompe à l'huile, pompe aux grattons, pompe aux pommes　❷（儀式，行列などの）盛大さ，華麗さ，荘重さ

pompe à l'huile ［ポンプ ア リュイル］仏女〔地方菓子〕ポンプ・ア・リュイル．プロヴァンス地方のポンプ．オリーヴ油入りの発酵生地でつくるクリスマス用の大型ガレットで，オレンジの花水かレモンの皮で香りづけをする．プロヴァンス地方のクリスマスの13のデザートの1つ．食べ方は，キリストが千切って食べたように，決してナイフは使わず千切って食べる．ナイフで切ると，次年は没落する恐れがある，といわれている．ほかに多くの呼称がある．アルルのフガス（→ fougasse）やジバシエ（→ gibassié）も同

様→Noël

pompe à souffler［ポンプ ア スフレ］仏女〔アメ細工〕吹きアメ送風用ポンプ

pompe aux grattons［ポンプ オ グラトン］仏女 ブルボネ地方のポンプ. 豚の背脂またはグラトン(豚や鵞鳥(<ruby>鵞鳥<rt>がちょう</rt></ruby>)の脂身を溶かした後のかすに細かく切った肉を混ぜ, リエットのようにしたもの)入りのブリオッシュ生地を円形か王冠形に焼いたもの. アントレやアペリティフに食する

pompe aux pommes［ポンプ オ ポム］仏女〔地方菓子〕オーヴェルニュ地方のりんご入りポンプ. 家族の祝い事, 復活祭, クリスマスにつくられる. フイユタージュを円形または長方形にのばし, その上にりんごの薄切りを並べてから, 再びフイユタージュをかぶせて焼く. プラムのジャムやフレッシュチーズを詰めることもある. ショソンの一種= pompo aux pommes

pompe aveyronnaise［ポンプ アヴェイロネーズ］仏女 ミディ=ピレネー地方アヴェロンのポンプ・ア・リュイル

pomper［ポンペ］仏他 ❶(液体を) 吸い込む, 吸収する ❷(ポンプで空気を) 送る

pompo aux pommes［ポンポ オ ポム］仏仏女 → pompe aux pommes

pomponnette［ポンポネット］仏女〔パティスリー〕レーズン入りババ生地を小さな王冠型で丸く焼き, ラム酒入りシロップに浸して中央のくぼみにドレンチェリーを飾った小型菓子. 「小さなポンポン(玉房)」という意味

pont-neuf［ポン ヌフ］仏男〔パティスリー〕ポン=ヌフ. パート・フイユテ(またはパート・ブリゼ)を使ったパリのタルトレット. フイユタージュを敷き込んだ型に, シュー生地とラム酒風味のクレームパティシエールを混ぜて詰め, ひも状にした生地を十字にかけて焼いた小型菓子. 粉糖と, 杏(<ruby>杏<rt>あん</rt></ruby>)ジャムかすぐりのゼリーで上面を飾る

poolis(c)h［ポーリッシュ］独Hefegebäck, Hefeteig, 英sponge) 仏女 小麦粉と水(同量比)とイーストを混ぜて発酵させた半流動状のパン種, スターター. 水(液)種法→levain

Popsicle［パプスィクル］英固名〔商標〕ポプシクル. 棒に刺したアイスキャンディ

porcelaine［ポルスレーヌ］(独Porzellan, 英porcelain) 仏女 磁器, 磁器製品／〜 à feu 耐熱性磁器

Porree［ポレ］(仏poireau, 英spring onion, welsh onion) 独男 ねぎ→Lauch

porridge［ポーリジ］(仏porridge, 独Haferbrei, Porridge) 英名 ポリッジ. オート麦の挽き割りまたは粉の粥. オートミール, 牛乳, クリーム, ジャムなどを加えて食す. アングロサクソン系の国の伝統的朝食

portefeuille［ポルトフイユ］仏男 札入れ, 財布／en 〜 3つ折りに(した), (詰め物を) 3重に積み重ねた, (オムレツなど)詰め物を入れて3つ折りにした

portion［ポルスィヨン］仏女 ❶(1人分の)分け前, 割り当て ❷一部, 部分

Portionier［ポルツィオニーア］(仏cuiller à glace, 英ice cream scoop, ice cream server) 独中 アイスクリーム・ディッシャー

portique［ポルティック］仏男 階層式に数段の受け皿があるピエスモンテ用器具→pièce à portiques

porto［ポルト］(独Portwein, 英port wine) 仏男 ポートワイン. ポルトガル産の甘口デザートワイン. 酒精強化ワイン. ぶどう果汁の発酵中に蒸留酒を入れ, 発酵を止めてつくる→vin muté

Portwein［ポルトヴァイン］(仏porto, vin de Port, 英port wine) 独男 ポートワイン

poser［ポゼ］(独legen, 英put) 仏他 (ある場所に) 置く

positif, ve［ポズィティフ, ティーヴ］(独positiv, 英positive) 仏形 ❶〔数〕正の, プラスの／température 〜ve プラス温度 ❷肯定的な

possible［ポスィーブル］仏形 ❶可能な ❷できるだけの／si 〜 できれば／le moins longtemps 〜 できるだけ時間をかけずに

pot [ポ]⟨仏⟩⟨男⟩ ❶壺,下部が少し膨らんでいる容器 (独Kanne, Krug, Topf, 英jar, pot)／〜 à glace アイスクリーム,シャーベットを貯蔵する容器／〜 à confiture ジャム入れ／〜 de confiture ジャムが入った容器／〜 à vis ねじ巻き式の蓋の瓶(保存瓶)／〜 en verre trempé 硬(強)化ガラス製の瓶 ❷容器の中味／un 〜 de confiture ジャム1瓶 ❸〔古〕鍋

potable [ポタブル]⟨独trinkbar, 英drinkable⟩⟨仏⟩⟨形⟩ 飲用に適する／eau (non) 〜 飲料(に適さない)水

pot de crème [ポ ド クレーム]⟨仏⟩⟨男⟩ ❶カスタードプディングをつくるための耐熱性の小さな壺状容器 ❷〔温または冷アントルメ〕小さな容器に入ったカスタードプディング

potimarron [ポティマロン]⟨仏⟩⟨男⟩〔植〕ウリ科,かぼちゃの一種.栗に似た味がするかぼちゃ⇒courge

potiron [ポティロン]⟨仏⟩⟨男⟩〔植〕ウリ科.西洋かぼちゃ.丸く,少し平たく,ひだがある.皮は黄色,オレンジ色,緑色など.身はオレンジ色で,すじが少なく甘い.スープ,グラタン,ピュレ,タルトなどにする.料理用語上ではシトルイユ(⇒citrouille)とも呼ばれる

Potitze [ポティツェ]⟨独⟩⟨固⟩ ポティツェ.ウィーンのデメル菓子店の銘菓の1つ.発酵生地を薄くのばしてクリームを塗り,胡桃とココアを振って巻き,クグロフ型に入れて焼く.ぶどう,チョコレート,フレッシュチーズなどのポティツェもある

pouding [プディング]⟨仏⟩⟨男⟩ プディング.イギリスが起源の甘いアントルメ⇒pudding²

poudre [プードル]⟨独Pulver, 英powder⟩⟨仏⟩⟨女⟩ 粉末,粉／〜 de lait 粉ミルク／〜 d'or 金粉／〜 amandes en 〜 粉末アーモンド／sucre en 〜 グラニュー糖

poudre à crème [プードラ クレーム]⟨仏⟩⟨女⟩ プードラ・クレーム.ヴァニラの香りをつけたコーンスターチ.クレームパティシエール,フランなどをつくる時のつなぎとして使う=poudre à flan

poudre à flan [プードラ フラン]⟨仏⟩⟨女⟩⇒poudre à crème

poudre à lever [プードラ ルヴェ]⟨独Backpulver, 英baking powder⟩⟨仏⟩⟨女⟩ ベーキングパウダー⇒levure

poudre de cacao [プードル ド カカオ]⟨仏⟩⟨女⟩ ココア⇒囲み[cacao]

poudre de caroube [プードル ド カルーブ]⟨仏⟩⟨女⟩ いなご豆の粉.気泡性,粘性があり,ジャムなどのゲル化剤,アイスクリームなどの安定剤に使用

poudre de lait [プードル ド レ]⟨仏⟩⟨女⟩ 粉乳=lait en poudre

poudrer [プドレ]⟨独bestreuen, 英powder⟩⟨仏⟩⟨他⟩ ❶(粉末状のものを)均等に振りかける ❷型や台に小麦粉を振りかける

poudrette [プドレット]⟨独zuckerstreuer, 英sugar dredger⟩⟨仏⟩⟨女⟩ 粉糖かけ=glacière, saupoudreuse

pound cake [パウンド ケイク]⟨仏quatre-quarts, 独Sandkuchen⟩⟨英⟩⟨名⟩ ❶〔古〕各々1ポンド(454g)の,バター,砂糖,卵,小麦粉に,ベーキングパウダーを加えセルクル型で焼いた円形のケーキ.果物(レーズン,ピール)を加える場合も1ポンドの量 ❷パウンドケーキ.同量比の砂糖,卵,油脂,小麦粉にベーキングパウダーを加えて焼いた円形または長方形のケーキ.(多量でない)砂糖漬けの果物などを加えることもある⇒cherry cake, Genoa cake, Madeira cake, raisin cake

poupelin [プープラン]⟨仏⟩⟨男⟩ シュー生地を大きく丸く焼いた昔の菓子.シャンティイ,アイスクリーム,ムースを詰めて供する

pour [ポア]⟨仏verser, 独gießen⟩⟨英⟩⟨他⟩ (液体などを)注ぐ,流し込む

poured sugar [ポアド シュガー]⟨仏sucre coulé, 独Gegossener Zucker⟩⟨英⟩⟨名⟩ 流しアメ(細工用)

poursuivre [プルスュイーヴル]⟨仏⟩⟨他⟩ ❶続

行する, 続ける ❷追いかける

pourtour[プルトゥール]⓪男 周囲, まわり

pousse[プス]仏女 (発酵生地の)膨張, (フイユタージュがオーヴンの中で)膨らんでいる様子

poussé, e[プセ](独geschoben, 英pushed)仏形 押し出された, 押し進められた

pousse-café[プス カフェ]仏男 ❶〔俗〕食後酒. 食後のコーヒーの後で飲む蒸留酒, アルコール, リキュールなど. 小さなグラス, または飲み干したばかりのまだ温かいコーヒーカップに入れる→rincette ❷小さなグラスの中に色と濃度の違うアルコールとリキュールを交互に入れたカクテル(混ぜ合わせない)

pousser[プセ](独schieben, 英push)仏他 押す‖自 (イーストの作用で生地が)発酵する, (ベーキングパウダーなどで生地が)膨張する

poussière[プスィエール](独Staub, 英dust)仏女 粉末, 粉, 微粒子／〜 de café コーヒーの粉

pouvoir[プヴワール]仏‖se 〜 代動 …かもしれない

Powidltaschern[ポヴィドルタッシェルン]独中 じゃがいも入りの生地(→Kartoffelteig)を30〜50gずつ分割して楕円にのばし, 中央にプラムのジャムを絞り, 2つ折りにりして, 塩水でゆでるデザート菓子. Powidlはプラムのジャムまたはピュレのこと

Prägung[プレーグング](仏gaufrer, 英emboss, stamp)独女 模様を浮き彫りにすること, 模様の刻印

pralin[プララン](独Pralinemasse, 英crushed praline)仏男 プララン. 煮詰めた糖液に刻んだアーモンドかヘーゼルナッツ(または両方)を入れてから, 大理石台にあけ, 冷めてから細かく砕く. クリーム類や氷菓に香ばしい風味をつけたり, ボンボン・ショコラやブュシェに加える. チョコレートかカカオバターを混ぜ, 砕いてプラリネをつくる→praliné

Praline[プラリーネ](仏bonbons au chocolat, 英chocolate bonbon)独女 ガナッシュや木の実, 果物などを主原料とするセンターにチョコレートをかけたもの. ボンボン・ショコラ. 一口(粒)チョコレート菓子. 砕いたものもさす

praline[プラリーヌ]仏女 〔糖菓〕プラリーヌ ❶丸粒アーモンドに糖液をからめたもの. 糖液を結晶化させるサブラージュ(→sablage)により表面が凸凹している. 最後の被膜時に色と香りをつける. 通常赤褐色だが, 赤, ピンク, ベージュ色もある. ブリオッシュ, タルト, スフレ, 氷菓に飾りとしても使われる(→pogne, tarte aux pralines roses). フランス各地に銘菓があり, 特にモンタルジのプラリーヌが有名(→praline de Montargis)／〜 d'Aigueperse フランス中央山地ピュイ＝ド＝ドーム県エグペルスの銘菓. アーモンドにカラメルをからめたプラリーヌ／〜 fondant de Vabres-l'Abbaye フランス中央山地アヴェロン県ヴァブル＝ラベイの白色のプラリーヌ. コルネ(三角形の袋)入りで販売される ❷ヘーゼルナッツなどのナッツ類を糖液にからめたもの→praluline ❸中身に詰め物をしたボンボン・ショコラ. ベルギー, スイス, ドイツでの呼称. プラリーヌを粉砕したプラランを使う. 1912年にベルギーのブリュッセルのノイハウスが考案＝praline berge ❹市(定期市, 祭り)などで路上で糖液をからめて販売しているピーナッツ

praline[プラリーン]米名 糖菓. アーモンド, 砂糖, バター, クリームまたはバターミルクを煮詰め, アルミ箔などの上に落として成形したもの. ファッジに似る→fudge

praliné[プラリネ](独Praline, 英praline paste)仏男 ❶プラリネ. 煮詰めた糖液に刻んだアーモンドかヘーゼルナッツ(または両方)を入れてから, 大理石台にあけ, 冷めてからチョコレートかカカオバターを混ぜながら細かく砕いたもの. 主にボンボン・ショコラやブュシェのセンターにする ❷〔パティ

praline berge [プラリーヌ ベルジュ] 仏女 スリー〕ジェノワーズにプラランを入りバタークリームを挟んだもの
→ praline

praline de Montargis [プラリーヌ ド モンタルジ] 仏女 〔地方菓子〕ロワレ県モンタルジの町の1630年以来の銘菓. 粒アーモンドに煮詰めた糖液をからめたボンボン. 赤褐色で, 表面が凸凹している. 17世紀, ルイ13世に仕えていたプレシス=プララン公爵 Duc de Plessis-Praslin の料理人ラサーニュが考案したといわれる

Pralinemasse [プラリーネマッセ] (仏〈masse〉praline, 英 praline paste) 独女 アーモンドと砂糖を焦がし, ローラーを使ってペースト状にしたもの. プラリネペースト

Pralinen-Gabel [プラリーネン ガーベル] (仏 broche à tremper, fourchette pour chocolat, 英 chocolate fork, dipping fork) 独女 プラリネフォーク. チョコレート用のフォーク

praline paste [プラリーン ペイスト] 英名 プラリネペースト

praliner [プラリネ] 仏他 ❶プラランを加えたり, まぶして風味をつける／~ une crème pâtissière クレームパティシエールにプラランを入れる ❷〔糖菓〕(木の実に)煮詰めた糖液をからめた後, 全体を混ぜて糖液を砂状にする(プララン製作の初回階)／~ des amandes アーモンドに糖液をからめる

praluline [プラリュリーヌ] 仏女 ローヌ=アルプ地方ロアンヌのアーモンドとヘーゼルナッツのプラリーヌ入りローズ色ブリオッシュ. 1955年, ロアンヌのプラリュスの考案

Präparation [プレパラツィオーン] (仏 préparation, 英 preparation) 独女 準備

präparieren [プレパリーレン] (仏 equipper, préparer, 英 equip, fit, prepare) 独他 準備する

pratique [プラティック] 仏形 実用的な, 便利な ‖ pratique 女 ❶実行, 実施 ❷やり方

pratiquer [プラティケ] 仏他 つくる

pré- [プレ] 仏 接頭 前, 先の意

préalable [プレアラーブル] (独 vorläufig, 英 preliminary) 仏形 あらかじめの, 前もってすべき ‖ préalable 男 前提条件／ au ~ 前もって

préalablement [プレアラーブルマン] 仏副 あらかじめ

précaution [プレコスィヨン] 仏女 用心, 予防, 慎重

précédemment [プレセダマン] 仏副 先に, あらかじめ

précédent, e [プレセダン, ダント] (独 vorangegangen, 英 preceding) 仏形 前の, 先の

precipitate [プリスィピテイト] (仏 précipiter, 独 ausfällen, niederschlagen) 英自他 沈澱する(させる)

précipitation [プレスィピタスィヨン] (独 Hast, 英 hurry) 仏女 大急ぎ, 急ぐこと

précipiter [プレスィピテ] 仏他 ❶(高い所から)投げ落す, 投下する (独 hinunterwerfen, 英 hurl) ❷早める, 急がせる (独 beschleunigen, 英 hurry)

précuit, e [プレキュイ, キュイット] (独 vorgekocht, 英 precooked) 仏形 半調理加工された, 調理済みの

prédécouper [プレデクペ] 仏他 あらかじめ切り分ける

préférable [プレフェラーブル] 仏形 …する方がよい, 好ましい

préférence [プレフェランス] (独 Präferenz, 英 preference) 仏女 好み, 選択／ de ~ 特に, とくに

pre-ferment [プリファーメント] (仏 poolish, 独 Treibmittel) 英名 発酵スターター, 半流動状のパン種. 水, 少量の砂糖, 酵母, 小麦などを液状に混ぜ合わせ発酵させたもの. 発酵生地をつくるためにあらかじめ準備する. イーストを使ったものと天然酵母による2種類がある = mother dough → sourdough, sponge

Preiselbeere［プライゼルベーレ］([仏]canneberge, [英]cranberry) [独] [女]〔植〕つるこけもも, クランベリー

Preiszettel［プライスツェッテル］([仏]étiquette, [英]price card) [独] [男] プライスカード, 値札

prélever［プレルヴェ］[仏] [他]（…から）取り出す, あらかじめ一部をとっておく

premi*er*, *ère*［プルミエ, ミエール］([独]erst, [英]first) [仏] [形] 最初の, 第一の, 一級の／matière ～ère 原料, 素材／fruits de ～ère qualité 一級品の果物

prendre［プランドル］[仏] [他] ❶（手に）とる, つかむ ❷（食物, 飲み物を）選びとる ❸用いる, 必要とする ❹（色彩を）帯びる／～ une couleur 色づく‖[自] ❶固まる, 凝固する／faire ～ au frais 冷やして固める ❷焦げつく

préoccuper［プレオキュペ］([独]sich sorgen, [英]get worried) [仏]‖**se** ～ [代動] …を心配する, 気遣う

préparation［プレパラスィヨン］[仏] [女] ❶準備, 準備するもの ❷（ある段階まで材料, 素材を）調合, 調理したもの, 準備したもの, 準備品, 加工品 ❸菓子を構成するために準備される各部. 台（ジェノワーズ, ムラングなど), クリーム, ジャム, フォンダン, ピュレ, ソースなど／La crème pâtissière est une ～ réalisée à partir d'un mélange de lait, de sucre, d'œufs et de farine. クレームアングレーズは, 牛乳, 砂糖, 卵, 小麦粉を混ぜ合わせてつくられたものである

préparer［プレパレ］([独]vorbereiten, [英]prepare) [仏] [他] ❶準備する ❷料理(調理)する

présentation［プレザンタスィヨン］([独]Aufmachung, Präsentation, [英]presentation) [仏] [女] ❶（菓子, 料理を）人前に見せること, 展示, 陳列(の仕方) ❷外観, 仕上りの様子

présenter［プレザンテ］[仏]‖**se** ～ [代動] …の様子をしている, 印象を与える

présentoir［プレザントワール］([独]Aufstellpackung, [英]display rack) [仏] [男]（菓子などを展示するためにのせる)台, 陳列ケース

présentoir à pièces montées［プレザントワール ア ピエス モンテ］[仏] [男] ⇨pièce à portiques

preserve［プリザーヴ］[英] [他] ❶保存する([仏]conserver, [独]aufbewahren, konservieren) ❷（果物・野菜を保存のために）砂糖煮にする([仏]confire, [独]kandieren)‖preserves [名] [複] ❶（＝fruit ～）果物などを砂糖や蜂蜜で煮たものの総称. ゼリー, マーマレードなど ⇨ conserve, jam, jelly, marmalade, spread ❷ジャム([仏]confiture, [独]Konfitüre)

préserver［プレゼルヴェ］([独]schützen, [英]preserve) [仏] [他]（～ de...)（…から）保護する, 守る

presse［プレス］([独]Presse, [英]press) [仏] [女] 圧搾機, 圧縮機, プレス.（圧力を加えて）固い物を液状, ピュレ状にしたり, 成形する器具

pressé, *e*［プレセ］([独]gepresst, [英]pressed) [仏] [形] 圧搾した, 絞った, 押し出した

presse-agrume［プレス アグリューム］[仏] [男] レモン絞り器. オレンジ, レモンなどを絞るガラス, またはプラスティックの器具⇨centrifugeuse／～ électrique 電動柑橘類用ジューサー

presse à nougat［プレス ア ヌガー］[仏] [女] ヌガー用プレス. 上からヌガーを押して成形する器具

presse-citron［プレス スィトロン］([独]Zitronenpresse, [英]lemon squeezer) [仏] [男] レモン絞り器

presse-demi-tranche［プレス ドミ トランシュ］[仏] [男] レモン絞り器. 半円形に薄切りにしたレモンを絞る. 金属製. レモンティーに使われる

presse-fruits［プレス フリュイ］([独]Fruchtpresse, Saftpresse, [英]fruit squeezer) [仏] [男] 果汁絞り器

presser［プレセ］([独]abpressen, [英] press,

squeeze)〔仏〕〔他〕❶力を入れて押しつける ❷絞る

prévoir［プレヴワール］〔仏〕〔他〕❶予測する（独vorausehen, 英foresee）❷（あらかじめ）準備する（独vorbereiten, 英prepare, provide）

prévu, e［プレヴュ］〔仏〕〔形〕❶予測された ❷あらかじめ準備された

prick［プリック］（仏piquer, 独einstechen）英〔他〕突く

pricker［プリッカー］（仏pic-vite, rouleau à piquer, 独Locher）英〔名〕ピケローラー, ドッカー

primeurs［プリムール］〔仏〕〔女〕〔複〕はしりの果物, 野菜. 促成栽培などによって季節に先がけて市場に出されるもの

principe［プランスィップ］〔仏〕〔男〕❶原理, 原則（独Prinzip, 英principle）❷成分, 要素

Printen［プリンテン］独〔女〕〔複〕レープクーヘン（→Lebkuchen）の生地でつくる扁平な焼き菓子（切り菓子もある）. スパイスをきかせ, 粗いざらめか氷砂糖あるいは赤砂糖を用いる

prise［プリーズ］（独Erstarrung, 英setting）〔仏〕〔女〕固まること, 凝固

probieren［プロビーレン］独〔他〕試す

procédé［プロセデ］（独Prozeß, 英process, method）〔仏〕〔男〕（仕事などの）方法, 手順, 製作過程

procéder［プロセデ］（独verfahren, 英proceed）〔仏〕〔自〕行動する, （〜 à...）(…を)する, 行なう

proceed［プロスィード］（仏procéder, 独verfahren）英〔自〕❶（事が）行なわれる ❷（…し）始める, 着手する ❸続行する

Procope［プロコープ］〔仏〕〔固〕〔男〕（= le 〜）1686年創設のパリ最古のカフェ. 現所在地はランシエンヌ゠コメディ通り rue de l'Ancienne-Comédie. 現在はレストラン →Procopio dei Coltelli

Procopio dei Coltelli, Francesco［プロコピオ デイ コルテリ, フランチェスコ］〔仏〕〔固〕〔男〕フランチェスコ・プロコピオ・ディ・コルテリ. シチリア人, パリのオデオン座の近くにカフェ・プロコープを開き, アイスクリームを初めて売り出した →Procope

produire［プロデュイール］〔仏〕‖ se 〜〔代動〕生じる, 現われる, (非人称)…が起きる

produit［プロデュイ］（独Produkt, 英product）〔仏〕〔男〕製品, つくりだしたもの

produit blanc［プロデュイ ブラン］（独Hartfett, Ziehfett, 英compound fat）〔仏〕〔男〕ショートニング. 植物油脂と硬化油よりつくる

produits alimentaires intermédiaires［プロデュイ アリマンテール アンテルメディエール］〔仏〕〔男〕〔複〕略語P.A.I.. 半既製食品. 半調理済みの食品. おろしチーズ, 角切り野菜, 粉末スープ, ケーキミックスなど

professionnel, le［プロフェスィヨネル］〔仏〕〔形〕職業の(に関する), プロの ‖ professionnel, le（独Fachmann, Profi, 英professional）〔名〕本職(の人), 専門家, プロ

profiter［プロフィテ］（独profitieren, 英profit）〔仏〕〔他〕❶（〜 de...）(…を)利用する ❷（〜 à...）(…の)利益になる

profiterole［プロフィトロール］〔仏〕〔女〕❶プロフィトロール. 小球形のシュー. シュー生地を直径2cmほどに絞り, 焼きあげ, 内部にクリームなどを詰める. 数個を積み重ね, クロカンブッシュ, サントノレなどをつくる／〜s salées チーズなどを中身に詰めた塩味のプロフィトロール／〜s sucrées クレームパティシエール, アイスクリーム, 生クリームを詰めた甘いプロフィトロール ❷〔複〕〔温または冷アントルメ〕（=〜s glacées）ヴァニラアイスクリームを詰めたプロフィトロールを数個積み重ね, 上から熱いチョコレートソースをかけたアントルメグラセ →〔付録〕la glacerie

progrès［プログレ］〔仏〕〔男〕❶プログレ. 軽くかりっとした菓子の台. 固く泡立てた卵白, 砂糖, 粉末ヘーゼルナッツ, 小麦粉(または澱粉)を混ぜた生地を円盤状に絞り出し, 低温

で焼きあげる. 粉末アーモンドを混ぜ入れる場合もあり, シュクセ, ジャポネとの区別はほとんどない⇒japonais, pâte à progrès, pâte à succès, succès ❷〔アントルメ〕2枚の円盤形のプログレを重ね, 間(と周囲)にプラランス入りバタークリームを塗り, 上面に粉砂糖を振りかけたもの

progressivement [プログレスィヴマン] [仏] [副] 徐々に, 次第に

projection [プロジェクスィヨン] [仏] [女] (液体などの)沸出, 噴出, はね

prolonger [プロロンジェ] ([独]verlängern, [英]prolong) [仏] [他] ❶ (時間的に) のばす ❷ (空間的に)のばす

proof [プルーフ] [英] [名] ❶ (アルコール飲料の) 標準強度. アルコール含有量の単位. アルコール標準強度を100proofとした目盛りで測ったアルコール強度. イギリスでは100proof＝57.1%. アメリカでは100proof＝50%となる ❷証明, 証拠 ([仏]preuve, [独]Beweis)

proportion [プロポルスィヨン] [仏] [女] 比率, 割合

propre [プロプル] [仏] [形] ❶ (名詞の後で) 固有の ([独]eigen, [英]proper) ❷ (名詞の後で, または属詞で) 清潔な, きちんとした ([独]rein, [英]clean)

protec*teur, trice* [プロテクトゥール, トリス] ([独]beschützend, [英]protecting) [仏] [形] 保護する / gant ～ 鍋つかみ(用手袋)

protégé, *e* [プロテジェ] ([独]geschützt, [英]protected) [仏] [形] 保護された

protéger [プロテジェ] ([独]beschützen, [英]protect) [仏] [他] 守る, 保護する

Proust, Charles [プルースト, シャルル] [仏] [固] [男] シャルル・プルースト (1877-1952). フランスのパティシエ. 1868年, 創設されたサン=ミシェル製菓協会会長を務める. 1928年, 専門雑誌『近代製菓』(Pâtissier Moderne) を発刊. 彼の功績を称え, 同協会はフランスを代表する菓子のコンクール「シャルル・プルースト杯」(Prix Charles Proust)を創設し, 毎年開催している

prove [プルーヴ] ([仏]pousser, [独]gehen lassen) [英] [自] (発酵生地のガスが充満して) 柔らかく膨らむ

provenance [プロヴナンス] ([独]Herkunft, [英]origin) [仏] [女] 産地

Provence [プロヴァンス] [仏] [固] [女] プロヴァンス地方. フランス南東部の地中海に臨む地方. エックスのビスコタン, アルルのビューニュ, ドラギニャンのエショデ, マルセイユのナヴェット, フガス, グラースのフガセット (fougassette), 松の実入りの菓子ピヌラ (pignoulat), ベニェ (オレイエット, ビューニュ, シシ=フルジ), ポンプ (オリーヴ油とオレンジの香りの大きなブリオッシュ), 糖菓としてはエックスのカリソン, サン=トロペのヌガー, アプトの砂糖漬け果物, カルパントラのベルランゴなどがあり, クリスマスの「13種のデザート」が有名⇒treize desserts de Nöel

prover [プルーヴァー] ([仏]étuve, [独]Gärschrank) [英] [名] (発酵させるための) 保温器, ホイロ

provoquer [プロヴォケ] ([独]verursachen, [英]cause) [仏] [他] 生じさせる, (…の) 原因となる

proximité [プロクスィミテ] ([独]Nähe, [英]proximity) [仏] [女] 近いこと, 近接 / à ～ (de …) (…の)すぐ近くに

prüfen [プリューフェン] ([仏]vérifier, [英]examine, test) [独] [他] 吟味する, 検査する, 検討する

Prügel [プリューゲル] [独] [男] 17世紀の菓子. 芯棒に生地をかけて焼いたもので, バウムクーヘンの原形

prune[1] [プリュンヌ] ([独]Pflaume, [英]plum) [仏] [女] ❶〔植〕バラ科. プラムの木の実. プラム, 西洋すもも. 原産はアジア. 形は丸か楕円形. 色は黄, 緑, 紫がある. 7～9月に実る. 生食するかタルトやベニェなどの菓子, ジャム, コンポート, 糖菓, ドライフルーツ (⇒pruneau) にしたり, 蒸留酒にも

使う. カリウム, カルシウム, 糖分, ビタミン類を豊富に含む. 品種は多い（レーヌ・クロード, ミラベル, クエッチ, サンタローザなど）⇒mirabelle, prune d'ente, quetsche, reine-claude ❷プラム酒

prune²［プルーン］（[仏]pruneau, [独]Pflaume）[英][名] プルーン, 干しプラム,（乾燥用）西洋すもも

pruneau（[複] ～*x*）［プリュノー］（[独]Pflaume, [英]prune）[仏][男] 干しプラム, プルーン. プリュヌ・ダント種（prune d'ente）や, トゥールのグロ・ダマ種（gros damas）などのプラムを乾燥または脱水させたもので, 含有水分は35％以下. 使用前に紅茶に浸してもどすか, 直接, 水, 赤ワインで調理する. ファール, タルト, プディングなどの菓子, アイスクリーム, コンポート, パート・ダマンドで包む糖菓, あるいはアルマニャックに漬け込むなど, 用途は広い

pruneau au Sauternes［プリュノー オ ソテルヌ］[仏][男] ボルドー地方のデザート. ボルドー地方の甘口白ワインにアジャン産プルーンを漬けたもの⇒sauternes

pruneau d'Agen［プリュノー ダジャン］[仏][男] フランス南西部ロ＝エ＝ガロンヌ県ギュイエンヌ地方アジャン産の干しプラム, プルーン. 2002年に, IGPに認定される. 十字軍がシリアからもたらしたプラムの改良種（⇒prune d'ente）を乾燥させたもの. 外観, 風味にすぐれ, 種子を抜いた後に詰め物をし, 糖菓として贈答に用いられる⇒pruneau fourré

pruneau fourré［プリュノー フレ］[仏][男]〔地方菓子〕アジャン産プルーンの種を抜き, そこにプルーンのピュレ, 砂糖, アルマニャック, りんご（ペクチンのため）を混ぜ合わせてクリーム状にしたものを詰め, 元の球形にした糖菓

prune d'Agen［プリュンヌ ダジャン］[仏][女]⇒prune d'ente

prune de coco［プリュンヌ ド ココ］[仏][女]〔植〕ココプラム＝prune de coton, prune des anses⇒icaque

prune de coton［プリュンヌ ド コトン］[仏][女]⇒prune de coco

prune de Cythère［プリンュヌ ド スィテール］[仏][女]〔植〕ウルシ科. タヒチモンビン. 原産はポリネシア. 果実は楕円形で黄色に熟す. 甘く酸味のある香りがあり, 果肉は滑らかで桃に似る＝pomme cythère

prune d'ente［プリュンヌ ダント］[仏][女]〔植〕プラムの一品種. 8〜9月に実る. 楕円形で紫がかった赤色. 果汁は乏しいが, 甘味がある. プルーンにする＝prune d'Agen

prune des anses［プリュンヌ デ ザンス］[仏][女]⇒prune de coco

prune d'Espagne［プリュンヌ デスパーニュ］（[独]Rote Mombinpflaume, [英]red mombin）[仏][女]〔植〕ウルシ科. モンビンの木の果実. 原産は熱帯アメリカ. 核果で, 形状は小さいレモンほどの大きさで楕円形. 果皮は青味がかった赤色. 果実は酸味が強い. 生食またはジャムなどにする＝mombin rouge⇒mombin

prunelle［プリュネル］[仏][女] ❶〔植〕バラ科. りんぼくの実, スロープラム. とげのある小低木の実で, プラムに似ている. 小粒で, 果皮は青色. 果肉は固く, 緑色. 果汁は酸味がある. フランス各地に見られる. ジャム, ゼリー, リキュール（アンジュ地方）, 蒸留酒（アルザス, フランシュ＝コンテ, ブルゴーニュ地方）にする ❷りんぼく酒

prune perdrigon［プリュンヌ ペルドリゴン］[仏][女]〔植〕プラムの一品種, 青紫色. 南仏ブリニョルの名産なのでブリニョルとも呼ばれる. プルーンにするには2通りの製法がある. 熱湯処理をした後, 種と（皮）を除去, 天日干しにする. 小粒で明るい黄色の干しプラム（⇒pistole）になる. 皮と種はそのままにし, 熱湯処理をした後, 暗い所で干す. 青紫色の干しプラム（⇒brignoles）になる

P. T. F. E.［ペ テ エフ ウ］[仏][男]〔化〕polytétrafluoréthylèneの略. ポリテトラフルオロエチレン. 耐薬品・耐熱・耐水性にす

ぐれ，鍋，ゴーフル型，クレープ用フライパンなどに被覆加工する．材料が焦げつかないのが利点だが，傷がつきやすい．テフロンは商標名の1つ→téflon

pudding[1] ［プディング］英名 ❶澱粉または乳製品をベースにした，滑らかで，均一状態の柔らかい食べもの．調理法は多様で，ゆでる，蒸す，オーヴンで焼く，冷やし固める．塩味と甘味がある．多数の種類がある　1) パンやビスケットの屑，米，さごやし，タピオカ，その他の澱粉に，牛乳，卵，砂糖，バターを混ぜ合わせて，とろ火で煮るか，オーヴンで蒸し焼きにしたもの　2) 腎臓脂，小麦粉，卵，砂糖でつくったプディング用生地に，レモンの皮，砂糖漬け果実，スパイスを加え，布巾に包んでゆでるか，容器に詰めて蒸したもの　3)（=suet～）プディング用生地に果物，その他の詰め物を包んで蒸したもの　4)〔氷菓〕卵，クリーム，砂糖などを混ぜ合わせ，凍らせたもの→ice pudding　5) 乳製品と卵をベースにしたクリーム状のデザート類　6)〔古〕豚，羊，その他の動物の胃，内臓の一部に，細かく刻んだ肉，腎臓の脂，オートミール，調味料を混ぜて詰め，ゆでたもの．ソーセージの一種→apple dumpling, apple pudding, bread and butter pudding, bread pudding, cabinet pudding, chocolate pudding, Christmas pudding, clootie dumpling, custard pudding, diplomat pudding, figgy pudding, fruit pudding, ginger pudding, hasty pudding, indian pudding, milk pudding, plum pudding, pudding pie, rice pudding, roly-poly pudding, spotted Dick, sticky toffee pudding, summer pudding, surprise pudding, Sussex pond pudding, tapioca pudding　❷デザート．食事の最後に供する甘いもの．アイスクリーム，タルト，タルトレット，シャルロット，パイ，プディングなど

pudding[2] ［プディング］仏男 ❶〔温または冷アントルメ〕プディング．イギリスが発祥＝pouding　1) パン，ビスキュイ，米，スムールなどを，卵や牛乳でつなぎ，型に入れオーヴンで湯煎にするか，または蒸したもの．果物（生，乾燥，砂糖漬け）や香辛料を加えることが多い．クレームアングレーズまたは果物のソースが添えられる→pudding au pain, pudding de biscuit, pudding de cabinet　2) 卵，牛乳，生クリームなどを型に入れて湯煎にし，蒸して固めたデザート→pudding à la crème, pudding au chocolat, pudding aux féculents, pudding de semoule, pudding de riz, pudding de tapioca, pudding (soufflé) saxon　❷プディング型

pudding à la crème ［プディング アラクレーム］仏男 クレームランベルセを使ったプディング→crème renversée, pudding de cabinet

pudding au chocolat ［プディング オショコラ］仏男 〔アントルメ〕バターと砂糖をよく混ぜ，卵黄，溶かしたチョコレート，少量の小麦粉と澱粉を混ぜ込み，型に流し入れてオーヴンで湯煎にしたもの．クレームアングレーズを添えて供する

pudding au pain ［プディング オ パン］仏男（=～à la française）フランス風パンプディング．パンのクラム（身）を，砂糖，ヴァニラ，全卵を混ぜた牛乳に浸し，レーズン，砂糖漬け果物，杏(あんず)ジャムを加え，半量を型に入れてからシロップ漬けの洋梨の薄切りを敷き，残りの種を入れ，オーヴンで湯煎にする．カシスのソースを添える

pudding aux féculents ［プディング オフェキュラン］仏男 澱粉類（米，スムール，タピオカ）と牛乳，卵黄などを加え，湯煎にして固めたプディング→pudding de semoule

pudding de biscuit ［プディング ド ビスキュイ］仏男 粉末にしたビスキュイを砂糖と牛乳で煮，レーズンと卵黄を加え，泡立てた卵白を混ぜ込んでオーヴンで湯煎にしたもの

pudding de cabinet ［プディング ド カビネ］(英cabinet pudding)仏男 ラム酒に浸

して刻んだ砂糖漬けの果物や同じくラム酒に浸したレーズンと,小片に切ったビスキュイとを交互に重ね,クレームランベルセを注ぎ,オーヴンで湯煎にしたもの⇒diplomate

pudding de riz [プディング ド リ] [仏] [男] ⇒pudding aux féculents, pudding de semoule

pudding de semoule [プディング ド スムール] [仏] [男] 牛乳,砂糖を煮立てた中にスムールを入れてよく煮てから,卵黄を加え泡立てた卵白を混ぜ,オーヴンで湯煎にしたもの.タピオカでつくったプディングはpudding de tapioca, 米を使うとpudding de rizとなる⇒pudding aux féculents

pudding de tapioca [プディング ド タピオカ] [仏] [男] ⇒pudding aux féculents, pudding de semoule

pudding mixes [プディング ミクスィズ] [英] [名] プディングミックス.加熱の必要がない

pudding pie [プディング パイ] [英] [名] プディングパイ.四旬節にミートパイに代わってつくられる.敷き込み生地を敷いた型に,米粉,牛乳,砂糖,卵を混ぜ合わせたものを詰め,レーズンを散らしてオーヴンで焼く

pudding (soufflé) saxon [プディング(スフレ)サクソン] [仏] [男] バター,砂糖,小麦粉,牛乳でつくったアパレーユをシュー生地のように水分を蒸発させてから,卵黄,泡立てた卵白を加え,サヴァラン型に入れオーヴンで湯煎にしたもの

pudding sleeve [プディング スリーヴ] [英] [名] プディング用樋型.ロールにつくる蒸しプディング用

Puder [プーダー] [独] [男] 粉末,粉

Puderzucker [プーダーツッカー] ([仏]sucre en poudre, sucre glace, [英] icing sugar, powder sugar) [独] [男] 粉糖⇒Staubzucker

puff [パフ] [英] [名] フイユタージュを2枚,円形,四角形などに抜き,間にレーズン,ジャムなどを挟み,周囲を閉じて焼いた菓子,あるいはあらかじめ焼いた2枚のフイユタージュの間にクリームを挟んだもの ‖ [米] (=cream ～) シュークリーム

puff case [パフ ケイス] ([仏]croûte de bouchées, [独]Hülsenpastete) [英] [名] (ブシェ,ヴォロヴァンなどのための) フイユタージュでつくった円筒形のケース

puff paste [パフ ペイスト] [英] [名] ⇒puff pastry

puff pastry [パフ ペイストリ] ([仏]pâte feuilletée, [独] Blätterteig, [米] flaky pastry) [英] [名] フイユタージュ,折り込み生地＝puff paste ／～ trimming (フイユタージュの) 2番生地

puits [ピュイ] ([独]Brunnen, [英]well) [仏] [男] 井戸,くぼみ

puits d'amour [ピュイ ダムール] [仏] [男] 〔パティスリー〕 ピュイ・ダムール.フイユタージュを円形に切りとり,シュー生地を周囲に縁高く絞って円筒形につくり,焼きあがってから内部にクレームパティシエールを詰め,上面をカラメリゼするかジャムを詰めた小型菓子

pulled sugar [プルド シュガー] ([仏]sucre tiré, [独]Gezogener Zucker, Zucker ziehen) [英] [名] 引きアメ

pulpe [ピュルプ] [仏] [女] ❶果肉 ([独]Fruchtfleisch, Fruchtmark, [英]pulp) ❷果肉をつぶしてから裏漉ししたもの.砂糖などを加えず無添加のままで,加熱消毒 (⇒appertisation), または冷凍で保存可 ([独]Fruchtpülpe, [英]pulp) ⇒purée, [付録] les fruits

pulpeu*x*, *se* [ピュルプー,プーズ] [仏] [形] ❶果肉の ❷果肉を裏漉しした, (状態が) どろどろした

Pulver [プルファー] ([仏]poudre, [英] powder) [独] [中] 粉

pulvérisateur [ピュルヴェリザトゥール] ([独] Spray, Zerstäuber, [英]sprayer) [仏] [男] スプレー,噴霧器

pulvériser [ピュルヴェリゼ] [仏] [他] ❶ (粉末を) 撒く ([独]ausstreuen, [英] sprinkle) ❷ (液体を) 霧吹きする,吹きつける ([独]sprühen, [英] spray) ❸粉末にする ([独]zermalmen, [英]

pulverize)

pulverisieren ［プルヴェリズィーレン］独 他 粉末にする→zermahlen

Pulverkaffee ［プルファーカフェー］独 男 インスタントコーヒー

Pumpernickel ［プンパーニッケル］独 男 ライ麦パンの一種. 粗挽きにしたライ麦とパン種でつくられ, 目が詰まって黒色. ドイツ全土, アルザス地方に見られる

pumpkin pie ［パンプキン パイ］米 名 パンプキンパイ. フラン型にフイユタージュを敷き, 砂糖, 小麦粉, 生姜(しょうが), シナモン, ナツメグ, 粉末のクローヴ, 黒胡椒, 泡立てた全卵, 裏漉ししたかぼちゃでつくったアパレーユを詰めて焼く

punch[1] ［ポンシュ］仏 男 ❶アルコールの入ったアントルメ用シロップ ❷ポンチ, パンチ. 紅茶, 砂糖, スパイス, ラム酒またはブランデーを混ぜた飲み物. ラム酒とシロップでつくるものもある. 冷たいものと熱いものがあり, フランベすることもある

punch[2] ［パンチ］英 名 ポンチ, パンチ. 果汁をベースにほかの飲料を複数混ぜ合わせた飲み物. アルコールを加えることもある. 17世紀初めにインドからイギリスにもたらされた. 名の由来はヒンディー語 (panch「5」を意味する)で, 5種類の材料 (アルコール, 砂糖, 紅茶, レモン, 水) に香辛料を混ぜた飲み物だった. パーティで, 大きな容器, パンチボールで供される. ソフトドリンクとして瓶詰め商品もある / fruit 〜 フルーツパンチ. 果物入りのパンチ

punchage ［ポンシャージュ］仏 男 アルコールの入ったシロップをビスキュイなどに染み込ませること

punch à la romaine ［ポンシュ ア ラ ロメーヌ］仏 男 ローマ風パンチ. 辛口白ワインまたはシャンパンに, オレンジかレモン, ムラングイタリエンヌを加えたシャーベット. ラム酒を振りかけて供する

punch anglais ［ポンシュ アングレ］仏 男 英国風パンチ. レモンの輪切り, シナモン, ラム酒, 砂糖に熱い紅茶を注ぐ

puncher ［ポンシェ］(独 aufsaugen, naß machen, tränken, 英 soak) 仏 他 (ビスキュイなどに湿り気を加え, 香りをつけるために) アルコールの入ったシロップに沈める, 刷毛などで含ませる / 〜 un fond de génoise 台になるジェノワーズに香りをつけるためにシロップを含ませる

punch français ［ポンシュ フランセ］仏 男 フランス風パンチ. 紅茶にレモンの輪切り, シナモン, 砂糖, 蒸留酒を注ぎ, 火にかけて温める

punch glacé ［ポンシュ グラセ］仏 男 白ワイン, あるいはシャンパン, ラム酒にレモンとオレンジのジュースとその皮を加え, 香りを抽出し, 漉してから半凍結し, ムラングを加えた飲み物

punch marquise ［ポンシュ マルキーズ］仏 男 マルキーズ風パンチ. ソーテルヌの甘口ワインに砂糖, レモンの輪切り, クローヴを加える. フランベすることもある

Punkt ［プンクト］(仏 英 point) 独 男 点

pur, e ［ピュール］(独 rein, 英 pure) 仏 形 ❶混じりけのない, 純粋な ❷澄んだ / 〜 fruit 食品の規制表示で, ジュースでは生の果汁のみ使用, ジャムは生または保存した果物を使用していることを表わす

purée ［ピュレ］(独 Brei, Mus, Obstmark, Püree, 英 purée) 仏 女 ピュレ. 野菜, 果物などを (一般に) 煮てから裏漉しし, ミキサーなどにかけ, 滑らかで濃度のある状態にしたもの / 〜 de fruits 果物のピュレ. 果肉をつぶし, 裏漉ししたもの. 砂糖を加えてもよい (10%). 加熱消毒 (→appertisation), または冷凍して保存可. 氷菓類, クリーム類, デザート用ソースに使う→pulpe, [付録] les fruits

Püree ［ピュレー］(仏 purée, 英 puree, purée) 独 中 ピュレ＝Obstmark

purée de marron ［ピュレ ド マロン］仏 女 栗を裏漉しにしたもの, 栗のピュレ

putrefier ［ピュトレフィエ］(独 verfaulen

lassen, 英putrefy）仏 他 腐らせる ‖ se 〜 代動 腐る

putty knife ［パティ ナイフ］（仏triangle, 独 Kittmesser, Spachtel）米 名 三角パレット

putzen［プッツェン］独 他 磨く, 掃除する

Pyrex［パイレックス］英 固 名〔商標〕パイレックス. 耐熱ガラス

Q.S. [キュエス] (仏)(女) quantité suffisante の略. 適量. 材料の数量を示す時, 好みや必要性による分量 / 〜 de sucre glace　粉糖は適量

quadrillage [カドリヤージュ] (独Karomuster, 英checker) (仏)(男) 碁盤縞, 格子, 市松模様

quadriller [カドリエ] (仏)(他) ❶ (タルト, コンヴェルサシオンなどの) 菓子の上にひも状の生地を格子模様に置く　❷砂糖をかけたクリームやムラングなどの表面に, 熱した焼串を押しあてて, 格子模様をつける　❸碁盤目(格子)状にする

Qualität [クヴァリテート] ((仏qualité, 英quality)(独)(女) 品質

Qualitätsbestimmung [クヴァリテーツベシュティムング] ((仏norme de qualité, 英quality specification)(独)(女) 品質規格

qualité [カリテ] ((独Qualität, 英quality) (仏)(女) ❶質, 品質　❷質のよさ

Quantität [クヴァンティテート] ((仏quantité, 英quantity)(独)(女) 量

quantité [カンティテ] ((独Quantität, 英quantity, amount)(仏)(女) 分量, 数量

Quark [クヴァルク] ((仏fromage blanc, 英cream cheese)(独)(男) クリームチーズ

Quarkkuchen [クヴァルククーヘン] (独)(男) のばした生地の上にチーズ入りの種を塗って焼きあげた菓子

Quark-Sahnekrem-Torte [クヴァルクザーネクレームトルテ] (独)(女) 冷製チーズケーキ

quart [カール] ((独Viertel, 英quarter)(仏)(男) ❶4分の1 / un 〜 de litre　4分の1リットル　❷15分

quartier [カルティエ] (仏)(男) ❶4分の1 ((独Viertel, 英quarter) / deux tranches d'ananas en 〜s　輪切りにしたパイナップルの薄切り2枚を4つ切りにしたもの　❷塊, 部分, 一片, (みかんなどの) 袋, 房 / un 〜 d'orange　オレンジのひと袋

quassia [クワスィヤ] (仏)(男) 〔植〕ニガキ科. クワッシア. 南米の低木. 樹液には苦味があり, アペリティフに使われる

quatre-épices [カトル エピス] (仏)(男)(女) ❶カトルエピス. 胡椒, ナツメグ, クローヴ, シナモンの粉末を混ぜ合わせたスパイス. パンデピスやアントルメに用いる　❷オールスパイス, ジャマイカ胡椒→piment de la Jamaïque

quatre-fruits [カトル フリュイ] (仏)(男)(複) (コンポート, ジャムをつくるための) 4種類の果物の取り合わせ. 普通は夏の赤色の4種類の果物を指すが黄色の取り合わせもある→quatre fruits jaunes, quatre-fruits rouges d'été

quatre-fruits jaunes [カトル フリュイ ジョーヌ] (仏)(男) 黄色の4種類の果物　オレンジ, レモン, 苦オレンジ (ビガラード), セドラ

quatre-fruits rouges d'été [カトル フリュイ ルージュ デテ] (仏)(男)(複) 夏の赤色の4種類の果物. 苺, さくらんぼ, すぐり, フランボワーズ

quatre-quarts [カトル カール] ((独Quatre-Quars, 英pound cake)(仏)(男) 〔パティスリー〕カトルカール. 粉, 砂糖, バター, 卵を同量比で焼きあげた家庭的な菓子. ヴァニラ, レモン, オレンジなどで香りづけをする→pâte à quatre-quarts

queen cake [クウィーン ケイク] (英)(名) レーズン (カランツ種) 入りのパウンドケーキ. バター, 砂糖 (ほぼ同量) をクリーム状にし, 生クリーム, 卵を加え, 小麦粉とベーキングパウダー, レーズンを混ぜ込み, 1人用の型

で焼きあげる

queen of puddings ［クウィーン オヴ プディングズ］圏 名 イギリスの伝統的デザート．砂糖，バター加えた牛乳でパンのクラム（身）を煮て，冷めてから溶き卵を混ぜ込み，深めのパイ皿に詰め，オーヴンで蒸し焼きにする．上面にジャムを塗り，メレンゲでおおってオーヴンで軽く焼き色をつける

quenelle ［クネル］仏 女 ❶小麦粉，水，油脂に卵，肉類や魚のすり身を均質になるように混ぜて，紡錘形に整えたもの ❷紡錘形，クネル形／〜 de sorbet クネル形のシャーベット

Quercy ［ケルシー］仏 固 男 ケルシー地方．フランス南西部の地方名．果樹に適した気候と土壌．プラム，桃，苺，メロン，ぶどう，胡桃の特産地．菓子はリソール，ミヤス（揚げ菓子），ペスカジューヌ（厚めのクレープ），スフレ，フロニャルド（フラン），胡桃入りの菓子などが有名．アジュネ地方と共通する→flaugnarde, millas(se), pescajoune, rissole

quetsche ［クエッチ］仏 女 ❶〔植〕クエッチ，クエッチの実（プラムの一種）．楕円形で，果皮は紫色，果肉は黄色，甘味と香りがある．主にアルザス地方でとれる．タルト，コンポート，ジャム，蒸留酒にする（独 Zwetsch⟨g⟩e, 英 damson） ❷クエッチ酒（独 Zwetschenwasser, 英 damson gin）

quetsche d'Alsace ［クエッチ ダルザス］仏 女 クエッチ（プラムの一種）の一品種．ロレーヌやアルザス地方の特産．8〜9月に実る．小粒で楕円形．果皮は濃紫色で，果肉は黄色で甘みがあり，身がしまっている

queue ［クー］仏 女 ❶尾（独 Schwanz, 英 tail） ❷（植物の）葉柄，果柄（独 Blattstiel, 英 stalk）

quiche ［キシュ］仏 女 キッシュ．卵，生クリーム，ベーコンを混ぜ合わせたものを詰めて焼きあげた塩味のタルト．発祥はロレーヌ地方．ロレーヌ地方の一部では卵と生クリームに，玉ねぎ，フレッシュチーズまたはかぼちゃを加えたものを詰める．今日では卵と生クリームの中に，チーズ，ハム，玉ねぎなどを混ぜ合わせて焼いた種々のキッシュがつくられている

quiché ［キシェ］仏 男 マルセイユの料理．薄切りのパンの上に，数本のアンチョヴィを並べ，オリーヴ油をかけて，きつね色に焼く

quicklime ［クイックライム］（仏 chaux vive, 独 Ätzkalk）英 名 〔化〕生石灰．吸湿剤，乾燥剤に使用する

quignon ［キニョン］仏 男 ❶（田舎パンなどのクラスト（皮）の多い端の部分を切りとった）パンの大きな一切れ，パンの端の一切れ ❷〔地方菓子〕フランドル地方の小さなブリオッシュ．産着にくるまれた赤ん坊（イエス・キリスト）の形につくる．レーズン，棒状のチョコレートを入れたものもある．聖ニコラの日（12月6日）からクリスマスの間につくられ，クリスマスの朝，子供たちに与える．プロヴァンス地方ではキニョ（cuignot）と呼ばれている = cougnou, pain de Jésus

Quillet ［キエ］仏 固 キエ．パリのパティシエ．1865年にバタークリームを開発したといわれている／crème 〜 泡立てた卵黄の中にシロップを注ぎ，次にバターを混ぜ込んだクリーム

quillet ［キエ］仏 男 〔パティスリー〕ビスキュイにアーモンドシロップとヴァニラで香りをつけたバタークリームを挟んだ円形の小型菓子．表面もバタークリームで飾る．コーヒーの香りでつくるとモカとなる→moka

quince ［クウィンス］（仏 coing, 独 Quitte）英 名 〔植〕マルメロ，マルメロの実

quinconce ［カンコンス］（独 Fünfpunktanordnung, 英 quincunx）仏 男 5点形 ❶さいころの目の5の形．正方形の四隅の4点とその中心の1点に目をもつ形 ❷天パンの上にフールセックのアパレーユを順序よく絞り出したり，生地を置く方法．1列目を置き終わったら2列目は半分ずらしていく．3列目は1列目と揃える

quinquina ［カンキナ］（独 Chinarinde, 英

quinquina) 仏 男 ❶〔植〕アカネ科．キナの木．原産はペルー．樹皮にはキニーネが含まれ，アペリティフやアルコール飲料をつくる　❷キナ酒．アペリティフに飲まれる　1) キナの木の樹皮，苦オレンジの皮，りんどうの根を白ワインまたは蒸留酒に浸したもの．苦味がある　2) キナの木の樹皮，苦オレンジの果皮と樹皮，レーズンを，アルコール含有量90％の酒，赤ワイン，カシスのリキュールを混ぜ合わせた中に浸したもの

Quitte ［クヴィッテ］(英quince, 仏coing) 独 女 マルメロ

Quittung ［クヴィットゥング］(仏reçu, 英receipt) 独 女 領収書，レシート

rabattre [ラバートル] 仏他 ❶折り返す, たたむ ❷発酵した生地を折り曲げてガスを抜く

rabot(t)e [ラボット] 仏女 りんご, または洋梨を丸ごと生地で包み, オーヴンで焼いたもの. 地方によって名称が変わり, ピカルディ地方ではタリビュール, シャンパーニュ地方やアルデシュ地方ではブロー, ノルマンディ地方ではブルドロやドゥイヨンと呼ばれる ⇒ boulaud, bourdelot, douillon, talibur

racahout [ラカウー] 仏男 中近東, アラブで使われる灰色がかった澱粉. サレップ (ラン科の植物の根からとった澱粉), カカオ, じゃがいも澱粉, 米粉, 砂糖, ヴァニラ, どんぐりを混ぜ合わせたもので, 水や牛乳で溶いて粥やポタージュをつくる

raccourcir [ラクルスィール] (独schrumpfen, verkürzen, 英shorten) 仏自 短くなる, 縮む ‖ 他 短くする, 切り詰める

racler [ラクレ] (独abspachteln, abstreifen, 英scrape) 仏他 表面を削りとる, かき落す, 拭いとる / ~ les gousses de vanille　ヴァニラビーンズを縦に裂き, 種子をかきとる

raclette [ラクレット] (独Teigschaber, 英scraper) 仏女 スケッパー. 用途に応じ, 様々な種類がある. 容器の周囲に残った生地, クリーム, ソースを寄せ集めるのに用いる = corne ⇒ coupe-pâte / ~ caoutchouc　ゴムべら

raclette à crêpe [ラクレット ア クレープ] 仏女 熱したクレープ用鉄板に流した生地を平らに広げる木製のへら

racorni, e [ラコルニ] (独ausgetrocknet und verschrumpelt, 英hardened) 仏形 固くなった, 干からびた

racornir [ラコルニール] 仏他 (砂糖漬けの果物などを)固くする, 干からびさせる

Rädchen [レートヒェン] 独中 パイ切り車, ルーレット = Teigschneider

radiateur [ラディアトゥール] (独Radiator, 英radiator) 仏男 (輻射) 暖房器, 放熱器 / ~ électrique parabolique　反射鏡式電気ストーヴ

radisse [ラディス] 仏女〔地方菓子〕リヨンの大きな楕円形のブリオッシュ. ポーニュ ⇒ pogne

raffermir [ラフェルミール] 仏他 (冷所に一定時間置くか, あるいは粉などを加えて, 果肉, 生地などを) 引き締める, 固める, 固くする / ~ des petits gâteaux avant de les glacer　小型菓子をグラスがけする前に (冷蔵庫に入れ) 引き締める / ~ une glace royale en lui ajoutant du sucre glace　粉糖を加えてグラスロワイヤルをもっと固くする ‖ se ~ 代動 固くなる, (身が)締まる

raffinage [ラフィナージュ] 仏男 精製すること. 特に, 砂糖, 小麦粉, 油の精製の最終段階

raffiné, e [ラフィネ] 仏形 ❶精製された / sucre ~ en morceaux　精製糖の角砂糖 ❷洗練された, 凝った

raffoler [ラフォレ] 仏他 (~ de...) (…に)夢中になる

rafraîchir [ラフレシール] 仏他 ❶ (アントルメ, サラダ, クリームなどを冷蔵庫などに入れ) 冷やす (独abkühlen lassen, 英cool) ❷ゆでたり, 水で煮たものをすぐに水にさらして冷やす ❸一度使ったフォンダンに新しいフォンダンを加えて再使用する ❹再活性化する, (古くなったものなどを)再利用する

rafraîchissant, e [ラフレシサン, サント] 仏形 さわやかな

rafraîchisseur [ラフレシスール] 仏男

→ rafraîchissoir

rafraîchissoir [ラフレシスワール] (独Kühlbox, 英cooler) 仏男 冷却用容器, アイスバスケット. 2重層になった容器で, 外側層に砕いた氷を塩とともに入れる＝rafraîchisseur

Ragueneau, Cyprien [ラグノー, スィプリアン] 仏固男 シプリアン・ラグノー (1608-1654). タルトレット・アマンディーヌを創作したパティシエ. パリ, サントノレ通りにあった菓子屋を経営. 貧乏詩人やボヘミアンたちに気前よく菓子を与えたため, 最後は困窮のうちに死ぬ

Rahm [ラーム] (仏crème 〈fleurette〉, 英cream, dairy cream, fresh cream) 独男 生クリーム→Vollrahm

Rahmeis [ラームアイス] 独中 60%以上の生クリームを含有しているアイスクリーム, または泡立てたクリームを凍結させてつくるアイスクリーム→Sahneeis

Rahmfladen [ラームフラーデン] 独男 生クリームをたっぷり使ったフラン

raie [レ] (独Furche, Streif, 英stripe) 仏女 筋目, 溝／dorer deux fois et tracer des 〜s à la fourchette 卵黄を2度塗り, フォークで筋目をつける

rainure [レニュール] (独Rille, 英groove) 仏女 (彫った) 溝, 線, 筋目／tracer des 〜s avec le dos du couteau ナイフの背で筋目をつける

raisin¹ [レザン] (独Traube, 英grape) 仏男 ぶどうの木の実. 実は丸形か楕円形をして房状に実る. 果皮は明るい黄・緑色, 濃い紫, 紺色があり, 果肉は甘味があり, 種子が1〜4粒入っている. 白色種または黒色種は主にワインにするが, 生食したり, レーズンにもする. 種子からは食卓用油がとれる. 生食用は白色種と黒色種がある. 種なしの品種も増加している. フルーツサラダ, タルト, フラン, ジャム, ジュース, 米をベースにしたアントルメなどに使われる

raisin² [レイズン] (仏raisin sec, 独Rosine) 英名 干しぶどう, レーズン

raisin blanc [レザン ブラン] 仏男 生食用の白色種のぶどう品種の総称. 品種には, シャスラ (→chasselas), イタリア (大粒でミュスカの香り), ダンラス (大粒で楕円形), トムプソンシードレス (小粒で楕円形, 種なし) などがある

raisin blond [レザン ブロン] 仏男 黄金色のレーズン. スミルナ・レーズン→囲み [raisin sec]

raisin cake [レイズン ケイク] 英名 2種のレーズンの入ったパウンドケーキ. 油脂と小麦粉をすり混ぜ, レーズン, レモンの皮, 砂糖, ベーキングパウダー, 次に卵, 牛乳を加えて生地をつくり, 型に入れてオーブンで焼く

raisin de table [レザン ド ターブル] 仏男 生食用ぶどう／〜 de cuve ワイン醸造用ぶどう

raisiné [レズィネ] 仏男 ぶどう液で煮た, 砂糖が入っていない果物のジャム. ぶどう果汁または甘口ワインに, 種々の果物 (洋梨, カリン, りんご, 桃, メロンなど) を薄切りにして入れ, 煮詰める. コンポートとして食す. 普通のジャムより日持ちが悪い. ブルゴーニュ地方の名産

raisinée [レズィネ] 仏女 フランス語圏スイスで使用される語. りんごまたは洋梨の果汁を煮詰めたジュース／gâteau à la 〜 レジネ入りタルト. レジネ, クレーム, 砂糖, 粉を混ぜたアパレーユをパート・ブリゼまたはフイユタージュ生地を敷いた型に流してオーブンで焼く

raisin noir [レザン ヌワール] 仏男 生食用の黒色種のぶどう品種の総称. 品種にはカルディナル, リヴァル, ハンブルグ・マスカット, アルフォンス・ラヴァレなどがある→alphonse lavallée, cardinal, lival, muscat de Hambourg, muscat du Ventoux

raisin sec [レザン セック] (独Rosine, 英raisin) 仏男 干しぶどう, レーズン. 種子の少ない甘味のあるぶどうを干したもの. カロリーが高い. 主にスペイン, ギリシア, ト

ルコ,アジア,カリフォルニアでつくられる.アルカリ性または炭酸カリウム添加溶液に浸したあと天日干しにするか熱風をあてて乾燥させる.製菓では,温湯やアルコールに浸してから使われる⇒囲み[raisin sec]

raisin violet [レザン ヴィオレ] (仏)(男) ⇒ raisin noir

raison [レゾン] ((独)Gehalt, Satz, (英)ratio) (仏)(女) 割合,比率

rajouter [ラジュテ] (仏)(他) (さらに)つけくわえる = ajouter

rajuster [ラジュステ] ((独)nachjustieren, (英)readjust) (仏)(他) 直す,調整する

raki [ラキ] (仏)(男) ラキ.アニスの香りがするトルコのアペリティフ

ramage [ラマージュ] (仏)(男) パイナップルの表皮の模様,枝葉模様

ramasse-miettes [ラマス ミエット] (仏)(男) (デザートの前に)食卓のパン屑を集めるための柔らかい毛がついたブラシとちりとりのセット

ramasser [ラマセ] ((独)sammeln, (英)gather) (仏)(他) (一か所に)寄せ集める‖ **se ~** (代動) 寄せ集められる / Lorsque la pâte se ramasse sur le pivot central, elle est pétrie 生地が捏(こ)ねられてくると,(ミキサーの)

---

raisin sec

raisins de caisse [レザン ド ケス] プロヴァンス産の干しぶどう,箱詰めレーズン.主に,小粒で黄金色の種なしサルタナ・レーズンと,白色種のマスカットを天日干ししたパスレルを指す.呼び名のいわれは,かつて,ぶどうを保存し,運搬するのに天日干しして木箱に詰めたことによる⇒ passerelle

raisins de Californie [レザン ド カリフォルニ] カリフォルニア・レーズン.主にトムプソンシードレス(thompson seedless)を乾燥.小粒,種なし,黄色で柔らかい.香りに乏しい.カリフォルニアが産地

raisins de Corinthe [レザン ド コラント] ((独)Korinthen, (英)currant) コリント・レーズン,カランツ,カレンズ.ギリシアのペロポネソス産,極小粒で黒色,種なし.独特の風味がある

raisins de Malaga [レザン ド マラガ] ((独)Málagarosinen, (英)Malaga raisin) マラガ・レーズン.スペイン産.粒は大きい.濃い赤紫色.香りはあるが,甘味が少ない⇒ malaga

raisins de Smyrne [レザン ド スミルヌ] ((独)Sultaninen, (英)sultana) スミルナ・レーズン.サルタナ・レーズンともいう.トルコ産,その他,クレタ島,イラン産もある.黄金色,少々透明,種なし,小粒.香りは高いが甘味に欠ける.粒はカランツより大きい.房のまま乾燥させたものもある.スミルナはトルコ西部の港湾都市の旧名(現イズミル)⇒ sultanine

raisins de Sultana [レザン ド スュルタナ] サルタナ・レーズン.スミルナ・レーズンともいう.トルコ産.現在ではオーストラリア,カリフォルニア,クレタ,南アフリカで栽培されている.サルタナはサルタンの側室の意⇒ raisins de Smyrne, sultanine

thompson seedless [トンプスン スィードレス] 白ぶどうの一品種トムプソンシードレス(小粒,種なし,果肉はしまって固い.サルタナ種⇒ sultanine)のレーズン.

中心棒に集ってくる

ramboutan [ランブータン] (仏)(男)〔植〕ムクロジ科. ランブータン. れいしの一種. 原産はマレーシア. 殻は赤く厚く鉤形の毛でおおわれている. 果肉は半透明で, 甘味があり, 香りはれいしよりは乏しい. シロップ煮の缶詰がある. フルーツサラダに利用される

ramekin [ラムキン] (仏 ramequin, 独 Auflaufförmchen)(英)(名) ❶ ラムカン. (陶製の)小型容器 ❷ (ラムカンに入れて焼いた)デザート, 料理

ramener [ラムネ] (仏)(他) (生地などを手前へあるいは中心に向けて)巻き戻す, 折り返す

ramequin [ラムカン] (独 Auflaufförmchen, 英 ramekin)(仏)(男) ラムカン. (ムース, プディングなどに用いる)耐熱性陶器で直径8〜10cmの垂直のやや高い縁をした, 円形の小さな容器. 容器のまま, あるいは容器から取り出して供する / crème au 〜 ラムカン入りのクリーム状アントルメ ❷ グリュイエールチーズを加えたシュー生地をベースにした熱いオードヴル

ramolli, e [ラモリ](仏)(形) 柔らかくなった

ramollir [ラモリール] (独 aufweichen, 英 soften)(仏)(他) (バター, アメなどを)柔らかくする ‖ se 〜 (代動) 柔らかくなる

ramollissement [ラモリスマン] (独 Aufweichung, 英 softening) (仏)(男) 柔らかくなること, 軟化

rampe [ランプ](仏)(女) ❶ / 〜 à gaz オーヴン内のガスバーナー ❷ 斜面, 勾配

rancir [ランスィール] (独 ranzig werden, 英 go rancid)(仏)(自) (バター, 酒などが)酸敗し, 悪臭や嫌な味がするようになる

rangée [ランジェ] (独 Reihe, 英 row)(仏)(女) 列

ranger [ランジェ](仏)(他) 整理する, きれいに並べる

raout [ラウト] (仏)(男) カクテルパーティ, 大夜会. 1920年代によく用いられた語

rapadura [ラバデュラ](仏)(男) ラバデュラ糖 (顆粒黒砂糖). メキシコや南アメリカの砂糖きびの精製していない砂糖. 色は濃く, 味は甘草に似る

râpe [ラープ](仏)(女) ❶ おろし器, チーズおろし. グリュイエールチーズ, にんじん, 胡桃, 柑橘類の皮などを糸状にしたり, 粉末状にするのに用いる (独 Raspel, Reibe, 英 grater) / 〜 à gros trous 穴の大きいチーズおろし ❷ (実をもいだあとの乾燥した)ぶどうの花梗

râpé, e [ラペ] (独 geraspelt, gerieben, 英 grated)(仏)(形) (おろし器で)おろした, 削った

râper [ラペ] (独 raspeln, reiben, 英 grate)(仏)(他) (柑橘類の皮などをおろし器で)すりおろす, 削る

rapide [ラピッド] (独 geschwind, schnell, 英 quick, rapid)(仏)(形) ❶ 速い ❷ 即席の

rapidement [ラピッドマン] (独 geschwind, schnell, 英 quickly, rapidly)(仏)(副) 速く, 手早く

rapidité [ラピディテ] (独 Geschwindigkeit, Schnelligkeit, 英 speed)(仏)(女) 速さ, 迅速さ

rapport [ラポール] (仏)(男) ❶ 関係 (独 Beziehung, Verhältnis, 英 relation) / par 〜 à... …との関連で, …と比べて ❷ 比率, 割合(独 Gehalt, Satz, 英 ratio)

ras, e [ラ, ラーズ](仏)(形) ❶ (物の表面が)何もない, 表面すれすれの / à 〜 bord 縁すれすれ / au 〜 de ちょうど…の高さで, すれすれに / une cuillerée à café 〜e de sel 小さじ(茶さじ)すりきり1杯の塩 / une tasse 〜e de graisse すりきりカップ1杯の油脂 ❷ 短く刈った

raser [ラゼ](仏)(他) ❶ 均らす ❷ かすめる

raspberry [ラズベリ] (仏 framboise, 独 Himbeere)(英)(名)〔植〕木苺, ラズベリー, フランボワーズ

raspeln [ラスペルン] (仏 râper, tailler, 英 rasp, scrape, strip off) (独)(他) 削る = abspachteln, abstreifen

rassembler [ラサンブレ] (独 wieder zusammenbauen, 英 reassemble)(仏)(他) 寄せ集め

rassir [ラスィール]仏自（パンなどが）少し古くなり固くなる, 老化する ‖ **se 〜** 代動（パンなどが）固くなる

rassis, e [ラスィ, スィーズ]独altbacken, 英stale)仏形（パン, ビスキュイなどが少し古くなり, 固くはないが）ぱさぱさになった, 少し古くなった

rasteau [ラストー]仏男 コート・デュ・ローヌの天然甘口AOPワイン. グルナッシュ種からつくられ, 赤, ロゼ, 白(黄金色)がある

ratafia [ラタフィア]仏男 ラタフィア ❶果実酒. 加糖した蒸留酒に薬草や果物を漬け込んでつくる自家製リキュール. 地中海沿岸地方でつくられる. さくらんぼ, かりん, 苺, オレンジなどの果物を漬け込んでつくる ❷フランスの地方でつくられる甘口食前酒. ぶどう果汁と, オドヴィ2:1の割合で混ぜたもの. アルコール含有量18% ／ **〜 de champagne** シャンパーニュ地方のぶどうとオドヴィを使ってつくった甘口の食前酒, ミステル(→mistelle)

ratafia cake [ラタフィーア ケイク]英名 粉末アーモンドでつくったビスケット. 泡立てた卵白に粉末アーモンド, 砂糖を混ぜ込み, 平たい円形に成形して焼いたもの. トライフル(→trifle)に用いたり, ジャム, クリームを添えて供する

ratio [レイシォウ]（仏proportion, rapport, 独Gehalt, Satz)英名 比率, 割合

raton [ラトン]仏男〔古〕加糖したフレッシュチーズか, クレームパティシエールを詰めたタルトレット

ravier [ラヴィエ]仏男 陶, ガラス, 金属製の四角形または楕円形の小型の皿. 数種類の冷オードヴルを取り合わせて供するために使われる. 少なくとも2つ1組で用いるが, 4皿, 6皿を, 王冠状や市松模様状に組み合せる

raw [ロー]（仏cru, 独roh)英形 生の, 料理してない, 未加工の／**〜 apple** 生のりんご

raw mazipan [ロー マズィパン]（仏pâte d'amandes, 独Marzipanmasse, Marzipanrohmasse, Rohmasse)英名 ローマジパン, パート・ダマンド. 未加工のマジパン →marzipan

rayer [レイエ]仏他（焼成前, 溶き卵を塗った菓子の表面上にナイフの先, フォークで飾りになる)線を引く, 筋をつける

rayon [レイヨン]仏男 ❶光線, (光の)筋(独Lichtstrahl, 英ray) ❷複 輻射線, 放射線(独Röntgen, 英ray) ／ **en 〜s** 放射線状に

rayure [レイユール]（独Streifen, 英stripe)仏女 ❶縞模様, ストライプ ❷（浅くえぐられた)溝, 筋目

réalisation [レアリザスィオン]（独Realisierung, 英realization)仏女 ❶実現, 実行 ❷出来あがったもの, 製品

réaliser [レアリゼ]（独realisieren, 英realize)仏他 実現する, つくる

Réaumur [レオミュル]仏形男 (= thermomètre 〜) レ氏(の), 列氏(の). 1気圧のもとで, 水の氷点を0°, 沸点を80°とし, その間を80等分する温度表示法. フランスの自然科学者ルネ・アントワーヌ・レオミュル René Antoine Réaumur (1683-1757)が1730年に考案→Celsius, Fahrenheit

rebondi, e [ルボンディ]仏形 丸く膨れた

rebord [ルボール]仏男 ❶（折り返しのある)縁, へり ❷(盛りあがった)縁

recette [ルセット]（独Rezept, 英recipe)仏女 ❶調理法, 料理法, レシピ ❷（調理に必要な)材料を書き出したもの

réchaud [レショ]（独Wärmepfanne, Warmhalteplatte, 英chafing-lamp, 〈sideboard〉hot-plate)仏男（アルコール, ガス, 電気を用いた持ち運び可能な)こんろ

réchaud à alcool [レショ アアルコール]仏男 アルコールこんろ. 食卓で(フォンデュなどに)使ったり, 料理の保温, 料理の仕上げにフランベをする時などに使われる

réchaud d'appoint [レショ ダプワン]仏男 (補助の)ガスコンロあるいは電熱器

réchauffé, e [レショフェ]仏形 温め直した

réchauffer ［レショフェ］（[独]aufwärmen, regenerieren, [英]reheat）[仏][他] 温め直す

recht ［レヒト］（[仏]droite, [英]right）[独][形] 右の

Rechteck ［レヒトエック］（[仏]rectangle, [英]rectangle）[独][中] 長方形

recipe ［レスィピー］（[仏] recette, [独]Rezept）[英][名]（材料の分量を記した）調理法, レシピ

récipient ［レスィピヤン］（[独]Behälter, [英]container）[仏][男] 容器, 入れ物／～ hermétique 密封容器／～ couvert 蓋付き容器

recommander ［ルコマンデ］（[独]empfehlen, [英]recommend）[仏][他] 推薦する, 推める

recongelé, *e*［ルコンジュレ］[仏][形] 再び冷凍にされた

reconstituer ［ルコンスティテュエ］（[独]rekonstruieren, [英]reconstitute）[仏][他] 再構成する, 再び（ある形を）つくる, つくり直す

reconstruire ［ルコンストリュイール］（[独]rekonstruieren, [英]reconstruct）[仏][他] 復元する, つくり直す

recouvrir ［ルクヴリール］（[独]bedecken, [英]recover）[仏][他] ❶再びおおう ❷すっかりおおう

recovery time ［リカヴリ タイム］[英][名]（よくこねることにより）発酵生地が均質に滑らかになるのに要する時間

rectangle ［レクタングル］（[独]Rechteck, [英]rectangle）[仏][男] 長方形

rectangulaire ［レクタンギュレール］[仏][形] 長方形の

rectifier ［レクティフィエ］（[独]abschmecken, [英]correct）[仏][他] ❶まっすぐにする ❷修正する,（味見をして）味を整える

recueillir ［ルクイール］（[独]sammeln, [英]get together）[仏][他] 寄せ集める, 収集する

recuire ［ルキュイール］[仏][他] ❶煮直す（[独]wieder aufkochen, [英]cook again）❷（ジャム, ゼリー, マルムラードをつくる時）糖液に果物を加えると, その水分で糖度が低くなるためちょうどよい状態まで煮詰める

récupération ［レキュペラスィヨン］（[独]Rückgewinnung, [英]recovery）[仏][女] ❶回収 ❷（元の状態を）取り戻すこと, 再び使用できる状態にすること

récupérer ［レキュペレ］（[独]zurückbekommen, [英]recover）[仏][他] 回収する, 取り戻す, 取り出す

récurer ［レキュレ］（[独]polieren, putzen, [英]scour）[仏][他]（台所道具を）磨く

red currant ［レッド カラント］（[仏] groseille rouge, [独]rote Johannisbeere）[英][名] 赤房すぐり, レッドカランツ, グロゼイユ

réduction［レデュクスィヨン］[仏][女] ❶（ソース, アパレーユ, 果物などの水分を蒸発させ, 味と濃度を増すために）煮詰めること ❷減少（[独]Reduzierung, [英]reduction）

réduire ［レデュイール］[仏][他] ❶（ソースなどを味と濃度を増すために）煮詰める（[独]einkochen, [英]boil down）❷（火の強さを）落とす, 下げる（[独]schwächen, [英]turn down）❸（数や量を）減らす（[独]reduzieren, [英]reduce）

réduit, *e*［レデュイ, デュイット］[仏][形] 煮詰めた

reflet［ルフレ］（[独]Glanz, [英]glaze）[仏][男] 光沢, 艶

Reformationsbrot ［レフォルマツィオーンスブロート］[独][中] 宗教改革の記念日の菓子. 果物の多い, 豪華なシュトーレン生地を球形に丸め, 表面にはさみで十文字に切れ目を入れてから焼く

reformer ［ルフォルメ］（[独]reformieren, [英]reform）[仏][他]（一度形が崩れたものを）つくり直す

réfractomètre ［レフラクトメートル］（[独]Refraktometer, [英]refractometer）[仏][男] 屈折計

refrigerate ［リフリジャレイト］（[仏]réfrigérer, refroidir, [独]kühlen）[英][他] 冷ます, 冷やす

réfrigérateur ［レフリジェラトゥール］（[独]Kühlschrank, [英]refrigerator）[仏][男] 冷蔵庫

réfrigération ［レフリジェラスィヨン］（独Kühlung, 英refrigeration）仏女 冷却, 冷凍

refroidir ［ルフロワディール］（独abkühlen, erkalten, 英cool）仏他 （冷蔵庫などで）冷やす, 冷ます ‖自 冷える, 冷める／laisser ～ 冷ましておく, 粗熱をとる

refroidissement ［ルフロワディスマン］（独Abkühlen, 英cooling）仏男 冷ますこと, 冷えること

Regal ［レガール］（仏étagère pour plaque, 英rack）独中 ラック, 柵

régence ［レジャンス］仏女 ❶ R～ 摂政時代（1715-1723）に流行した, 凝った料理にあやかってつけられる菓子や料理の名称 ❷ 摂政

régime ［レジーム］仏男 ❶ 食餌療法, ダイエット（独Doät, 英diet） ❷ 制度, 規則 ❸ 体制, 政体（独Regime, 英regime） ❹ （バナナ, なつめやしなどの）房

région ［レジヨン］（独Region, 英region）仏女 地方, 地域

régional, ale ［男複～aux］［レジョナル, ジョノー］仏形 地方特有の

Registrierkasse ［レギストリールカッセ］独女 レジスター

réglable ［レグラーブル］（独einstellbar, 英adjustable）仏形 調節できる

règle ［レーグル］仏女 ❶ 物差し, 定規（Lineal, 英ruler）／～ à fondant フォンダン用細い角棒（煮詰めた糖液が流れ出さないよう囲いをつくるのに使う） ❷ 規則（Regel, 英rule）

réglé, e ［レグレ］（独angepasst, 英adjusted）仏形 調整された

régler ［レグレ］（独anpassen, 英adjust, set）仏他 調節する

réglisse ［レグリース］（独Lakritze, 英liquorice）仏女 ❶ ［植］マメ科. 甘草, リコリス. 1～1.5 mの低木で, 根茎にはグリチルリチンが含まれ, 甘味がある. そのまま食したり, 根液を抽出してアペリティフの香りづけ, 糖菓などに使う. シリア, イラン, トルコでとれるが, フランスでは, ガール県のユゼスのものが名高い ❷ ［糖菓］リコリス菓子. 抽出した真っ黒いスペイン甘草（甘草の一種）の根液を種々の形（らせん状, 棒, 顔など）をした型に流し入れてかたどったボンボン. 固いものと柔らかいものの2種類ある→réglisse dure, réglisse souple／グリチルリチンの含有量により呼称が規定されている→confiserie à la réglisse, réglisse féculée, suc de réglisse ❸ 男 局方甘草, 甘草エキス. 生薬.

réglisse dure ［レグリース デュール］仏女 ［糖菓］甘草の純粋な根液に甘味（砂糖, シロップなど）とアラビアゴムを混ぜたもので, 香りづけにミント, アニス, すみれを使用. 顔, 棒, しずく, 扁平な円形, 粒子状などにつくる固めのボンボン. グリチルリチンは6%以上含有→suc de réglisse

réglisse féculée ［レグリース フェキュレ］仏女 甘草の純粋な根液に砂糖, 小麦粉または澱粉を混ぜ合わせたもの. グリチルリチン1%以上含有→réglisse souple

réglisse souple ［レグリース スープル］仏女 ［糖菓］甘草の純粋な根液に甘味（砂糖, シロップなど）と小麦粉, 澱粉, 粉糖を混ぜて加熱し, 香料を合わせた弾力性のある柔らかいボンボン. ひも状やらせん状にする→réglisse féculée

régularité ［レギュラリテ］（独Regelmäßigkeit, 英regularity）仏女 ❶ 規則正しさ. 同じ形, 大きさ, 間隔, 速さ, リズムなどを保っていること ❷ 均整のとれていること

régulier, ère ［レギュリエ, エール］（独regelmäßig, ständig, 英regular, steady）仏形 規則正しい, むらがない, いつも安定した

régulièrement ［レギュリエールマン］（独regulär, 英regularly）仏副 規則正しく, 一様に, 正確なペースで

rehausser ［ルオセ］（独hochbringen, 英raise, set off）仏他 ❶ さらに高くする, 嵩上げする ❷ 引き立てる

reheat ［リヒート］（仏réchauffer, 独nacher-

Rehrücken [レーリュッケン] 独男「のろ鹿の背」という意味. 波形のついた薪状の焼き菓子 ❶波の形のついた樋型 ❷ザントマッセ生地 (→Sandmasse) の一種. ビスキュイに似てきめが細かい

Reibeisen [ライブアイゼン] (仏 râpe à fromage, 英 grater) 独中 おろし金

Reif [ライフ] (仏 blanchiment grass, givre, 英 bloom) 独男 ブルーム

reine [レーヌ] (独 Königin, 英 queen) 仏女 王妃, 女王／à la 〜 女王風. 非常に軽く, デリケートな風味をもつ料理につけられる呼称

reine-claude [レーヌ クロード] (独 Reineclaude, Reneklode, Ringlotten, 英 greengage) 仏女 レーヌ・クロード. プラムの一品種. フランス南西部, 南東部が産地. 生食, ジャム, シロップ煮にする. 果皮が緑色と紫色のものがある. 前者 (=〜 verte／〜 dorée) の果皮は黄金色を帯び, 果肉は緑色を帯びた黄色で, しまっている. 果汁, 甘味, 香りに恵まれ, 美味である. 赤ラベル (農林水産省保証) に推奨される唯一の品種である. 後者は, 大粒で果皮が紫色, 赤色に光る. 果肉は緑がかった黄色. 果皮が緑色のものと同じように美味. 正式名はプリュヌ・ド・ラ・レーヌ・クロード (prune de la reine Claude) といい, フランソワ1世の妃クロードに捧げられた

reine de Saba [レーヌド サバ] 仏女〔パティスリー〕チョコレート入りの軽いビスキュイ生地 (泡立てて卵白を混入) をシャルロット型で焼いたもので, クレームアングレーズを添えて供する. 小麦粉の代わりにコーンスターチが粉末アーモンドまたは両方を混ぜてつくることもある.「シバの女王」という意味

reine des reinettes [レーヌ デレネット] 仏女 レネット種のりんご. 果皮は黄金色で赤い筋が入っている. 果肉はしまり, やや酸味がある. 8月に収穫. 菓子によく使われる

reinette [レネット] (独 Pippinapfel, Renette, 英 pippin) 仏女 りんごの品種, レネット種. 香り高く酸味がある／〜 blanche du Canada 果皮は緑色. 酸味が少しある／〜 grise du Canada 中型から大型のサイズで, 皮が厚い. 果皮は薄茶色または緑がかった黄色. 酸味がある／〜 clochard 小型から中型のサイズで, 果皮は緑がかった黄色. 甘酸っぱく香り高い／〜 du Mans 小型から中型のサイズで, 果皮は黄色

Reis [ライス] (仏 riz, 英 rice) 独男 米

Reismehl [ライスメール] (仏 farine de riz, 英 rice flour) 独中 米粉

rejoindre [ルジュワンドル] (独 vereinigen, 英 rejoin) 仏他 接合する, 再び結ぶ

relâcher [ルラシェ] (独 lockern, lösen, 英 loosen) 仏他 ❶生地や種, ソース, ピュレなどを牛乳や水のような液体を加えて柔らかくする, 溶けのばす, 薄める→détendre ❷緩める, たるませる‖se 〜 代動 (製作した生地や種, クリームが) 柔らかくなる, だれる

relever [ルルヴェ] 仏他 ❶タルト型に敷き込んだ生地を指で押しつけながら型の周囲に沿って起こし, 縁 (壁) をつくる ❷ (調味料で) 風味をきかす, 引き立てる ❸ (倒れた人・物を) 起す ❹再建する ❺引きあげる

Relief [レリーフ] 独中 浮き彫り, レリーフ. レープクーヘン (→Lebkuchen) やビーベル (→Biber) に押し当ててつける模様

religieuse [ルリジューズ] 仏女〔パティスリー〕ルリジューズ ❶クレームパティシエールなどを詰めた大小2つのシューを重ね, フォンダンをかけ, バタークリームで飾りつけした小型菓子 ❷円形に焼いたパート・ブリゼの台上に, コーヒーとチョコレートのクリームを詰めた種々の形のシュー菓子をピラミット状に重ねたアントルメ. まずパート・ブリゼの台の縁まわりにエクレールを縦に並べ, その上に大中小のリング形のシューを重ねてのせる. 最上部にシュークリームをのせてピラミッド状に形を整え, バタークリームで飾りつける ❸〔稀〕フイユ

タージュを使ったタルト. 中にレーズンを混ぜ込んだりんごと杏(ｱﾝｽﾞ)のマルムラードを詰め, その上に修道院の格子窓を想像させるようなひし形模様をつける

remettre ［ルメートル］(独zurücklegen, put back, replace) 仏他 (元の場所に)戻す, 再び置く

remonter ［ルモンテ］仏自 ❶浮きあがる, (より大きな粒子が)上に集まる(独auftauchen, 英rise) ❷ (分離したマヨネーズ, オランデーズソースなどを)修正する, 再び乳化させる ❸ソースに調味料を加えて, 風味を出す

remouiller ［ルムイエ］仏他 ❶(ボンボン, カラメルなどの表面が)湿る ❷再び湿らす

remove ［リムーヴ］(仏 enlever, retirer, 独 entfernen) 英他 ❶移す ❷取り除く, 取り去る

remplacer ［ランプラセ］(独ersetzen, 英take place of) 仏他 (…に)代わる, 代わりになる

remplir ［ランプリール］(独füllen, 英fill) 仏他 (~ de...)(…で)満たす, いっぱいにする

remuer ［ルミュエ］(独rühren, 英stir) 仏他 (沈澱したり, だまができないように絶えず)静かにかき混ぜる, かき回す, 揺り動かす／~ la salade サラダボウル内のサラダ菜がソースになじむよう, 上下に何度も返す

rendement ［ランドマン］(独 Ausbeute, Leistung, Wirkungsgrad, 英 efficiency, productivity) 仏男 効率, 生産性

renforcer ［ランフォルセ］(独stärken, 英strengthen) 仏他 強める, 補強する

rennet ［レネット］(仏 présure, 独Lab) 英名 凝乳酵素, レンネット. 仔牛などの第4胃の内膜で, レニンを含んでいる. この酵素により牛乳の中のカゼインを凝固させてチーズをつくる

renouveler ［ルヌヴレ］(独erneuern, 英renew) 仏他 繰り返す, やりなおす

rentable ［ランタブル］(独kosteneffizient, 英cost-effective) 仏形 収益性のある

renverser ［ランヴェルセ］(独umkehren, 英turn upside down) 仏他 (上下, 左右を)ひっくり返す, 逆さにする

répandre ［レパンドル］仏他 ❶(液体を)一面に流す ❷刷毛などを使って塗り広げる (独bestreichen, verstreichen, 英spread)

réparer ［レパレ］(独reparieren, 英repair) 仏他 修理する

répartir ［レパルティール］(独austeilen, 英be divided, share out) 仏他 割り振る, 配分する, (色素などを均等に)混ぜる ‖ se ~ 代動 配分される, (…の中に均等に)混ざる

répartition ［レパルティスィヨン］(独 Verteilung, 英distribution) 仏女 配分

repas ［ルパ］(独 Essen, Mahl〈zeit〉, 英 meal) 仏男 食事. 決まった時間にとる食べ物と飲み物の組み合わせ. 形態として, 以下のものがある ❶1日の主となる3回の食事. 朝食, 昼食, 夕食／~-plateau 機内食. 1つの盆(または皿)上に, オードヴル, メインディッシュ, デザートが置かれた食事方式／chèques-~ (ひとつづりになった)食事券 ❷特別な行事(結婚, クリスマス, イースター, 開会式など)の宴, 会食／~ de noces 結婚披露宴／~ d'affaires 仕事上の会食 → banquet, lunch¹ ❸ (1日の3度の食事以外の)軽食／~ sans façon 有り合わせの食事 → casse-croûte, en-cas, goûter, souper, thé ❹ピクニック, 野外の食事

repère ［ルペール］仏男 ❶(菓子の切り分け, 組み立て, 装飾のためにあらかじめつける)目印(独Markierung, 英mark) ❷(料理やパンのディスプレイに使う小物を接着するための)小麦粉と水あるいは卵白を溶いたもの ❸小麦と水を練ったもの. 煮込み用の鍋の蓋の縁を密封するのに用いる

repérer ［ルペレ］(独makieren, 英mark with) 仏他 目印をつける

replace ［リプレイス］(仏remplacer, replacer, 独ersetzen) 英他 ❶元の場所に置く ❷…に取って代わる

repliage ［ルプリアージュ］仏男 (のばした

り，引いたりした生地，アメを）折りたたむこと

replier［ルプリエ］（独Zusammenfalten, 英fold again）仏他 折りたたむ

repos［ルポ］（独Teigruhe, 英rest）男（生地などを）休ませること

reposé, e［ルポゼ］仏形 （生地などを）十分休ませた

reposer［ルポゼ］（独ruhen lassen, 英rest）仏他 生地，アパレーユなどをしばらく休ませる，寝かせる／laisser 〜 une heure au froid 冷所で1時間休ませる ‖ se 〜 代動 休む，休養する

repousse［ルプス］仏女（糖菓製作において完成品に現われた）しみ，汚点．アーモンドの乾燥が不十分だったために現われるドラジェのしみなど

reprendre［ルプランドル］仏自 再び固まる，再凝固する

reprise［ルプリーズ］仏女 ❶繰り返し／à plusieurs 〜s 幾度も ❷固まること，凝固

réserve［レゼルヴ］（独Reserve, 英reserve）仏女 ❶（ほかに使用するための）取り置き，貯え／garder...en 〜 …を一時取り置きをする ❷特別取り置きワイン．醸造者，卸売商による品質保証ワイン（VDQS, AOPワインに限る）．ラベルに記載

réserver［レゼルヴェ］（独英reserve）仏他 （他日，あるいはほかの使用のために）ある分量を取り分けておく

résidu［レズィデュ］（独Rückstand, 英residue）仏男 残滓，かす

résiduaire［レズィデュエール］仏形 残りかすの，廃物の

resistance［リズィスタンス］（仏résistance, 独Zerreißfestigkeit, Zugfestigkeit）英名 （物理的）抵抗，強力

résistance［レズィスタンス］（独Zerreißfestigkeit, Zugfestigkeit, 英resistance）仏女 ❶（パン生地，ジェノワーズなどの）弾力性 ❷抵抗，抵抗力，耐久性／plat de 〜 メインディッシュ（食べごたえのある主菜）

résister［レズィステ］（独standhalten, 英resist）仏自 （作用，圧力に）変質，変形しない

respecter［レスペクテ］（独befolgen, 英respect）仏他 （規則，分量を）守る，遵守する

ressortir［ルソルティール］（独heraustreten, 英go out again）仏自 再び出る，すぐ出てくる

ressuer［ルスュエ］（独durchsickern, schwitzen, 英sweat）仏自 内部の水分がにじみでる，汗をかく

rest［レスト］（仏reposer, 独ruhen lassen）英他 （生地などを）休ませる，寝かせる

restant, e［レスタン, タント］（独verbleibend, 英remaining）仏形 残りの

restaurant［レストラン］仏男 レストラン，料理店／〜 gastronomique étoilé 星付きレストラン

restauration［レストラスィヨン］仏女 レストラン業，飲食業／〜 rapide ファストフード店，ファストフード業

reste［レスト］（独Rest, 英rest）仏男 残り／〜 de... …の残り／manger des 〜s 残り物を食べる

résultat［レズュルタ］（独Ergebnis, 英result）仏男 結果，出来あがり

retailler［ルタイエ］仏他 再び切る，再び裁つ，再び裁断する

retardation［リターデイシュン］英名 （発酵生地をひとまとめにするか，小さく取り分け，温度1〜3℃の場所に置き）発酵を停止させること

rétès［レテス］仏男〔パティスリー〕オーストリアのシュトゥルーデルに似たハンガリー菓子．グルテンの多い小麦粉でつくった生地を透けるぐらい薄くのばし，その上に種々の詰め物（レーズンと固く泡立てた卵白とフレッシュチーズを混ぜたもの，シナモンの香りをつけたりんごのマルムラードとさくらんぼの煮たものを混ぜたものなど）をのせて巻き込んでオーヴンで焼く．砂糖を振

って供する

retirer [ルティレ] ⒡他 ❶取り出す ❷(~ de...) 下ろす／~ du feu 火から下ろす ❸取り去る, はずす／Seules les noisettes sont retirées de la liste des ingrédients ヘーゼルナッツだけを材料表からはずす

retomber [ルトンベ] (⒢herunterhängen, ⒠hang down) ⒡自 ❶(膨らんでいたもの, 泡立ったものが)しぼむ, 落ち込む／La génoise retombe ジェノワーズがしぼむ ❷落ちかかる, 垂れ下がる

retourner [ルトゥルネ] ⒡他 ❶(上下を返すように)かき混ぜる (⒢mischen, ⒠mix) ❷(表裏, 上下を)逆さにする, 裏返す (⒢umkehren, ⒠turn upside down)

rétracter [レトラクテ] (⒢aufschrumpfen, ⒠shrink) ⒡他 収縮させる‖ **se ~** 代動 収縮する, 縮む

rétraction [レトラクスィヨン] ⒡女 (⒢Kontraktion, ⒠contraction) 収縮, 縮み

retrait [ルトレ] ⒡男 ❶収縮, 縮み (⒢Schrumpfung, ⒠shrinkage) ❷退去／en ~ (de...)(…から)引っ込んだ, 奥まった

rétrécir [レトレスィール] ⒡他 狭くする‖ 自 ❶狭くなる (⒢enger werden, ⒠narrow) ❷縮む (⒢schrumpfen, ⒠shrink)

réunir [レユニール] ⒡他 ❶(一緒に, 1つに)集める (⒢sammeln, ⒠join) ❷合わせる, 混ぜる (⒢verknüpfen, ⒠combine)

réussir [レユスィール] (⒢glücken, ⒠succeed) ⒡自 うまくいく, よくできる

réveillon [レヴェイヨン] ⒡男 クリスマスイヴおよび大晦日の真夜中の夜食. 特別の伝統料理, 菓子を家族, 友人たちと共に食す る. パンデピス, マジパン, クリスマスプディングなど→Noël

revenir [ルヴニール] ⒡自 ❶強火でさっと炒め, 焦げ色をつける (⒢überbacken, ⒠brown) / faire ~... …をさっと炒める ❷(~ à...)(…に)戻る

Rezept [レツェプト] ((⒡assortiment, recette, ⒠combination, recipe) ⒢中 製法, 配合, 調合, 調理法, レシピ→Mischung

Rheinischer Königskuchen [ラインニッシャー ケーニッヒスクーヘン] ⒢男 「ライン地方の王様の菓子」という意味. 別立ての生地を薄くのばしたフイユタージュの上に流し, その上に同じフイユタージュを細く切って網目状にかけて焼く. アーモンドを振り, 上面に杏(あん)ジャムを塗ってもよい

Rhodoïde [ロドイド] ⒡固男〔商標〕ロドイド. 不燃性合成樹脂の一種／feuilles de ~ alimentaire 食品用ロドイド紙. しっかりとした透明なフィルム. 大きさは40cm×60cm, 30cm×40cmの2種類. 温度調整をしたチョコレートに形をつけ, 固めるのに使用する. はがしやすく表面に光沢が得られる

rhubarbe [リュバルブ] ⒡女〔植〕タデ科. ルバーブ, 大黄. 酸味が強い. リン, カリウム, マグネシウム, 鉄, ビタミンを含む. 茎をジャム, コンポートにする→légume

rhum [ロム] (⒢Rum, ⒠rum) ⒡男 ラム, ラム酒. さとうきびからつくる蒸留酒. さとうきびの絞り汁か糖蜜(砂糖製造過程でできる粘度の高い黒い液体)を発酵させて, 蒸留したもの. 熟成後, 出荷前にアルコール濃度, 色などを調整する. アンティル諸島, ハイチ, キューバ, ガイアナなどで生産されている. パティスリーでは風味づけ, フランベなどに多用される→囲み[rhum]

rhumé, e [ロメ] ⒡形 ラム酒入りの, ラム酒で風味をつけた

rhumer [ロメ] ⒡他 ラム酒を加える, ラム酒で香りをつける

ribbon [リブン] (⒡ruban, ⒢Schleife) ⒠名 リボン

ribier [リビエ] ⒡男 生食用の黒ぶどう種の品種名→alphonse lavallée

rice [ライス] (⒡riz, ⒢Reis) ⒠名 ❶米 ❷(牛乳, 砂糖などで煮てつくった)米の菓子

rice biscuit [ライス ビスキット] ⒠名 米粉入りビスケット. 小麦粉, 米粉, 砂糖, 油脂でつくった生地をのばして, 型抜きで抜いて焼く

rhum

rhum agricole［ロム アグリコル］ 農業ラム，アグリコールラム．さとうきびの絞り汁からつくる白色のラム．最も香り高く，高価なラム．絞り汁を濾過し，18〜48時間自然発酵させ，蒸留する．その後，樽に詰めて12か月以上，あるいは3年以上熟成させる＝rhum blanc. アンティル諸島，特にマルチニック島でつくられるもの（〜 de la Martinique）はAOP．透明で，果実味とスパイス味があり，バランスのよい風味．パンチ，カクテルに最適．

rhum blanc［ロム ブラン］ アグリコールラム．樫樽で3か月熟成．無色

rhum de sucrerie［ロム ド スュクルリ］ 工業ラム，インダストリアルラム．グロッグ，パンチ，製菓に使われる一般的なラム酒．（製糖過程で出る）廃糖蜜からつくる．糖蜜に水を加えて薄め，そこに酵母を入れて25〜40時間発酵させて，アルコール含有量5〜10％の酒をつくる．これを蒸留し，アルコール含有量65〜75％にまで高める．商品化する時に蒸留水で調整する．カラメルまたは，自然の熟成により着色．種類は香りの強さで分けられる＝rhum industriel, rhum traditionnel

rhum double arôme［ロム ドゥブル アローム］ 香りを濃縮したラム．インダストリアルラム．パティシエ用．製菓などで，水気を少なく，少量で香りを利かせるために用いる

rhum grand arôme［ロム グラン アローム］ ヘビーラム．インダストリアルラム．（アルコール以外の芳香要素を強めるため）糖蜜，水，蒸留廃液をゆっくりと発酵させ蒸留した，芳香の強いラム．糖蜜の香りが強い複雑な風味と酸味があり，菓子，料理または熱い飲み物に使用

rhum industriel［ロム アンデュストリエル］＝rhum de sucrerie

rhum léger［ロム レジェ］ ライトラム．インダストリアルラム．糖蜜を発酵させ，連続式蒸留器で蒸留し，短期熟成させたもの．非アルコール成分がほとんどなく，色は薄く香りも乏しい

rhum paille［ロム パイユ］ 18か月熟成させたアグリコールラム

rhum traditionnel［ロム トラディシヨネル］ インダストリアルラム．熟成色，またはカラメルにより着色＝rhum de sucrerie

rhum vieux［ロム ヴィユー］ オールドラム．樫樽に詰めて3年以上熟成させたアグリコールラム

rice bun［ライス バン］英名 ライスケーキの生地を1人用の小さな型で焼いたケーキ

rice cake［ライス ケイク］英名 米粉を加えて焼いたケーキ．小麦粉と米粉に，バターと砂糖をクリーム状にして混ぜ，卵，牛乳を加えてパウンド型で焼く

rice Condé［ライス コンデ］英名〔冷アントルメ〕コンデ公風ライスケーキ．王冠形につくる

rice flour［ライス フラワー］（仏farine de riz, 独Reismehl）英名 米粉，上新粉＝ground rice

rice paper［ライス ペイパー］（仏azyme, 独Reispapier）英名 ライスペーパー→wafer

rice pudding［ライス プディング］英名 ライスプディング．米を牛乳または水で煮たもので，食事，デザートとして食される．デザートの場合は砂糖など甘味料を加える．世界中に同類のものがあり，種類も非常に多い．イギリスではポピュラーな伝統的デザー

ト.牛乳,生クリーム,砂糖,香料(ナツメグ,ヴァニラ,シナモンなど)を使い,オーヴンまたは鍋でゆっくりと煮る.冷製,温製がある.ポット入り,缶詰の既製品も一般的

riche [リシュ] (独reich, 英rich) 仏形 (菓子やアントルメにバター, クリーム, チョコレートが豊富に含まれて) 滋味豊かな, 味の濃厚な

richelieu [リシュリュー] 仏男 〔パティスリー〕粉末アーモンド入りビスキュイ数枚に,マラスカンで香りをつけて杏(あんず)ジャムとフランジパーヌを交互に挟み,全体をフォンダンでおおい,砂糖漬け果物で飾った大型菓子.リシュリュー(1585-1642.枢機卿,ルイ13世の宰相)の甥,リシュリュー大公の料理人が創作

ricotta [リコッタ] 仏女 リコッタチーズ,イタリアのフレッシュチーズ.牛,羊,山羊の脱脂乳からつくる.わずかに酸味がある

riechen [リーヒェン] (仏sentir, 英smell) 独自 匂う

riefen [リーフェン] 独他 筋目をつける

rigodon [リゴドン] 仏男 〔地方菓子〕ブルゴーニュ地方のプディング.ブリオッシュを牛乳に浸し,刻んだ胡桃,ヘーゼルナッツを混ぜ,シナモンで香りをつける.果物のソースを添え,温かいうちに供する

rigueur [リゲール] (独Strenge, 英rigor) 仏女 厳格,厳しさ / à la ～ やむを得なければ

rimotte [リモット] 仏女 ペリゴール地方のとうもろこし粉でつくる粥(かゆ).砂糖をかけて,アントルメとしても食される.多くの場合冷ましてから四角に切り,パンの代用にする.また四角に切って粉をまぶし,バターなどで焼き,熱いうちに砂糖を振って供することもある

rinceau (複 ～x) [ランソー] (独Arabeske, 英arabesque) 仏男 唐草模様

rincer [ランセ] (独spülen, 英rinse out) 仏他 (容器などを洗った後) 水ですすぐ, (使用したヴァニラビーンズ, ゆでた米などを) 水で洗う / ～ le riz à l'eau froide courante ゆでた米を流水で洗う

rincette [ランセット] 仏女 コーヒーを飲み終えたばかりの温かいカップに注いだ少量の蒸留酒→pousse-café

rind [ラインド] (仏écorce, 独Rinde) 英名 (すいかなどの固い)皮, 外皮

Ring [リング] 独男 →Kreis

ring [リング] (仏cercle, couronne, 独Ring) 英名 ❶セルクル型=flan ring, torten ring ❷王冠形の菓子 ❸輪

Ringform [リングフォルム] 独女 →Kreis

rioler [リオレ] 仏他 (タルト,菓子などの上に)生地でつくったひもや,ジャムを詰めたコルネで格子模様やひし形模様をつける

rioute [リウート] 仏女 〔地方菓子〕サヴォワ地方のアニスの香りをつけた小さな輪形のビスケット

ripaille [リパイユ] 仏女 (山ほどの)ごちそう, 大宴会

ripening [ライプニング] 英名 (発酵生地の発酵, 捏和(ねっか), グルテンの作用を含めた)熟成作業

ripopée [リポペ] 仏女 ❶〔俗〕液状のものを混ぜ合わせたもの ❷〔古〕数種のワインを混ぜ合わせたもの=vin ripopé

rise [ライズ] (仏lever, monter, pousser, 独anschwellen) 英他 (発酵して)膨らむ

risotto [リゾット] 仏男 リゾット.イタリア発祥の米料理.ロンバルディア,ポー平野産のインディカ米を使用→囲み[riz] / ～ sucré アントルメとして供される甘味のリゾット

risquer [リスケ] 仏他 (～ de...) (…の) 恐れがある

rissole [リソール] 仏女 〔揚げ菓子〕リソール.敷き込み生地,フイユタージュあるいはブリオッシュ生地を丸くのばし,ジャム,クレームパティシエールなどを詰めて2つ折りにして揚げる.あるいは卵黄を塗り,オーヴンで焼く.砂糖を振り,果物のソースを添えて食す.塩味のものは熱いうちにオード

ヴルなどとして供される

rissole aux pruneaux ［リソール オ プリュノー］(仏)(女)〔地方菓子〕ケルシー地方のリソール. 種を抜いたプルーンをつぶしてりんごのコンポート少量と混ぜ, ブリオッシュ生地を丸めて揚げた内部に口金を使って注入する

rissoler ［リソレ］(仏)(他) (バター, 油を引いたフライパンなどで)強火で焼き色をつける

riviera ［リヴィエラ］(仏)(女) リシュアン・ペルティエ (→Peltier) によって創作された美しい夏の菓子. アーモンド入りのビスキュイを基部にライムとフランボワーズのムースをジェノワーズを間にして挟み, ライムとフランボワーズで飾る

riz ［リ］(仏)(独Reis, 英rice)(仏)(男) ❶〔植〕稲 ❷ (= grain de 〜) 米, 穀粒. 必ず火を通す. 料理, 製菓に使われる. 長粒種のインディカ米 (= riz à grains longs) と短粒種のジャポニカ米 (= riz à grains ronds) がある→囲み [riz] ／〜 courant 通常米, 普通米／〜 de luxe 高級米, 銘柄米 ❸飯, 調理した米

riz à l'Impératrice ［リ ア ランペラトリス］(仏)(男)〔冷アントルメ〕皇后風ライスケーキ. リオレにクレームアングレーズと泡立てた生クリーム, 刻んだ砂糖漬け果物を混ぜ, 型に入れ冷やし固めたもの→gâteau de riz

riz au lait ［リ オ レ］(独Milchreis〈pudding〉, 英milk rice)(仏)(男) リオレ. (アントルメをつくるために)ゆがいた米にヴァニラで香りをつけて, 砂糖を加え, 牛乳で煮たもの

riz Condé ［リ コンデ］(仏)(男)〔冷アントルメ〕コンデ公風ライスケーキ. リオレを王冠形につくり, 周囲に果物のシロップ煮を飾り, キルシュ入りの果物のソースをかけ, 砂糖漬けのさくらんぼを飾る. 正式には杏(あん)のシロップ煮を用いるが, パイナップル, 桃, 苺など様々な果物を用いることもできる→Condé, couronne

riz salés ［リ サレ］(仏)(男)(複) 塩味で調理した米, 米料理. リゾット, ピラフなど

riz sucrés ［リ スュクレ］(仏)(男)(複) 甘味で調理した米, 米を使ったアントルメ. リオレ, プディング, ライスケーキなど

robot ［ロボ］(仏)(男) ❶電動調理器→robot ménager ❷ (人間に代わり仕事をする) ロボット

robot-coupe ［ロボクプ］(仏)(男) 切る (輪切り, 千切り, 拍子木切りなど), おろす (チーズ, 野菜など), みじん切り, 混ぜる, 押しつぶす(搾汁)の機能をもつプロ仕様の電動器具.

robot ménager ［ロボ メナジェ］(独Stephan, 英food processor)(仏)(男) 家庭用電動調理器. 以下のものがある ❶ ハンドミキサー, ハンディフードプロセッサー. 攪拌(かくはん)とミキサー機能のある調理器. 本体を手に持って使用. 弱電力で動く = batteur ❷据え置き型フードプロセッサー. 刻む, 攪拌, ミキサー用, 泡立て用アタッチメント, おろし, 各種千切り用の替刃付き = robots-compacts ❸1つのモーターに, 各種の器具 (刻み, 攪拌, ミキサー用, ミンチ, 缶切り, コーヒーミル, 製麺機など) を接続し, 使用するもの = multi-robots

Robuchon, Joël ［ロビュション, ジョエル］(仏)(固)(男) フランスの料理人 (ポワティエ生まれ. 1945–2018). 神学校卒業. 1960〜1973年, パリで徒弟修行, コンパニオン・ド・トゥールドフランス, MOF (1976). コンコルドラファイエット, ホテルニッコーのシェフを経て, 1981〜1993年, ジャマン (ミシュラン3ツ星) を経営. 高級フランス料理を現代に再生した最高峰と評され, 「世紀の料理人」と讃えられる (1990年, ゴー・ミヨー賞受賞). 50歳を期して引退. 以後顧問として活動, ロブション・シャトー (東京), ガルリア (マカオ), アトリエ (新しいコンセプトによるレストラン) をパリ, 東京, ニューヨークで展開. TVの料理番組に出演. 著作としては『ジョエル・ロブションのフランス料理—優美・繊細なルセット・オリジナル Ma cuisine pour vous』(1986), 『ロブションのシンプルフレンチ Le Meilleur et le plus

riz

riz à grains longs［リ ア グラン ロン］ インディカ米. 長粒種. 粘りがなくさらさらしている
riz à grains ronds［リ ア グラン ロン］ ジャポニカ米. 短粒種. 粘りがあり, 粥(ゆ)状になる. 牛乳の吸収がよいのでリオレなどパティスリーに使われる
riz arborio［リ アルボリオ］ アルボリオ米. 短粒種. イタリア, ロンバルディア地方ポー平野で栽培された米. やや丸みを帯びる. 高級品種米の1つ. リゾット用
riz basmati［リ バスマティ］ バスマティ米. 長粒種. 香り米（＝ riz parfumé）. インド原産で, パキスタンでも栽培. 長粒で細く平ら. 色はクリーム. 味は繊細で芳香がある. インドやアジアの料理に使われる
riz blanc［リ ブラン］ 白米. 精米, 精白米. 玄米から種子皮, 胚芽を取り除いた米＝ riz blanchi
riz blanchi［リ ブランシ］＝ riz blanc
riz bomba［リ ボンバ］ ボンバ米. スペインで栽培されている半長粒種. 水分の吸収がよい. パエリヤ用. カラスパラ（Calasparra）産が最も評価されている. アロッス・ボンバはスペインの銘柄米
riz brun［リ ブラン］玄米＝ riz cargo, riz complet
riz camolino［リ カモリノ］ 精白米に軽く油をまぶしたもの
riz cargo［リ カルゴ］ 玄米. 外皮の籾殻を除去した米だが, まだ糠(ぬか)がついている. 色はベージュ. アジアからヨーロッパの港に貨物船（cargo）で運ばれたことからこの名がつく. ビタミンB, リン, 澱粉が豊富＝ riz brun, riz complet
riz carnaroli［リ カルナロリ］ カルナローリ米. イタリアの品種. パヴィア地方産. リゾット用
riz caroline［リ カロリヌ］ カロリーヌ米. アメリカの品種. 品質はよい
riz complet［リ コンプレ］ 玄米＝ riz brun, riz cargo
riz de Camargue［リ ド カマルグ］ カマルグ米（I.G.P.）. 地中海に面したフランス南部のローヌ川の三角州地帯カマルグの米. 白米と赤褐色の玄米または精米. 有機栽培, 自然乾燥のみ
riz étuvé［リ エテュヴェ］ パーボイルドライス. 塵を除いた籾米を蒸してから籾殻を取り除いたもの. 少し透明で黄色味を帯びている. 玄米より風味がある＝ riz prétraité

Simple de Robuchon』(1992) など多数ある
→ Compagnon du Tour de France
rocher［ロシェ］（仏）男 ❶ロシェ. 砂糖とムラングをベースにアーモンド, ココナッツ, チョコレート, レーズンを混ぜた, 菓子または糖菓. ブッシェ, 1人用菓子の大きさにつくる. 外観, 歯触り共にごつごつとして岩を連想させる　1)〔プティフール〕／〜 aux amandes　ムラングに, 刻みアーモンドを混ぜ合わせ, スプーンですくいとって小さな山形につくり焼きあげたもの／〜 à la noix de coco　削ったココナッツを混ぜたロシェ → congolais　2)〔糖菓〕細切りアーモンドをクーヴェルチュールと混ぜ, 小さな山形に固

riz glacé［リ グラセ］ 精白米をグルコースで被膜した米. 使用する前に洗わないと粘る

riz gluant［リ グリュアン］ もち米. 長粒種. 澱粉が豊富. 料理や中国菓子に使われる= riz glutineux

riz glutineux［リ グリュティヌー］= riz gluant

riz gonflé［リ ゴンフレ］ パフドライス (puffed rice). インドの加工米. 膨張米. 高圧力にかけて米の水分を膨張させて, 空気に触れてはじけて膨らんだ米. 軽くさくさく感がある. スナックや朝食用. インドでは熱い砂の上にさらして煎る= riz soufflé

riz japonais［リ ジャポネ］ 日本米. 短粒種. 少し幅広. 寿司などに使用

riz noir complet "vénéré"［リ ヌワール コンプレ ヴェネレ］ 黒米. 中国の品種をポー平野で栽培することによって誕生. 玄米またはリ・エテュヴェ (riz étuvé). 魚料理の添え物, サラダまたはリゾットに使われる

riz paddy［リ パディ］ 籾米, 籾. 脱穀後の種子

riz parfumé［リ パルフュメ］ 香り米. 長粒種. 高級米. ヴェトナムやタイで栽培. 祝日の料理に使われる. ジャスミン米, インド産のバスマティ米など

riz poli［リ ポリ］ 無洗米. 白米からさらに糠(ぬか)を取り除いたもの

riz pour risotto［リ プール リゾット］ リゾット用米. イタリアのロンバルディア地方ポー平野で栽培. 長粒だが中央が膨れている. アルボリオ米 (riz arborio), カルナローリ米 (riz carnaroli) は料理中にとろみが出てきて, 最もよく使われている

riz précuit［リ プレキュィ］ 精白米を1〜2分ゆで200℃で乾燥させたもの. フランスで一番流通している= riz vitesse

riz prétraité［リ プレトゥレテ］= riz étuvé

riz sauvage［リ ソヴァージュ］ イネ科マコモ属アメリカまこもの実. ワイルドライス. 原産は北アメリカ. 黒色で長粒. 針のように細いがヘーゼルナッツの香りがする. 単独または種々の色の米と合わせて使う

riz soufflé［リ スフレ］= riz gonflé

riz surinam［リ スリナム］ スリナム米. 長粒種. 旧オランダ領ギアナのスリナム産

riz thaï［リ タイ］ タイ米. 長粒で芳香があり, ジャスミンの香りが漂う

riz vitesse［リ ヴィテス］= riz précuit

めたもの ❷岩山

rocher des pyrénées［ロシェ デ ピレネ］ⓕ 男［地方菓子］ミディ=ピレネー地方の菓子の名.「ピレネーの岩」という意味⇒gâteau à la broche

rock［ロック］(英rock) ⓕ 男［糖菓］スイスのアメ. 各切口に同一の模様 (花, 果物, 文字など) が現われるように様々な色の棒状, 帯状のアメを組み合わせて1つの円筒をつくり, 切り分けたもの

rock cake［ロック ケイク］英 名 レーズン入りの生地をスプーンなどですくって焼きあげた, ごつごつした岩のような外観のクッキー

rock candy [ロック キャンディ] [米] [名] 氷砂糖 ([仏]sucre candi, [英]rock) ＝sugar candy ‖ rock candy [英] 固い棒状のアメ

rock sugar [ロック シュガー] [英] [名] 岩アメ, 岩状のアメ (細工用). 含気させた装飾用アメ

rocou [ロクー] [仏] [男] アナトー. 原産は熱帯アメリカ. ベニノキ科の紅の木 (rocouyer) の種からとる赤・オレンジ・黄色の食品用色素. チーズ (エダム, ミモレットなど), バターなどの着色に使う＝roucou

Rodonkuchen [ロドーンクーヘン] [独] [男] クグロフ⇒Gugelhupf, Napfkuchen, Topfkuchen

Roggen [ロッゲン] ([仏]seigle, [英]rye) [独] [男] ライ麦

Roggenbackschrot [ロッゲンバックシュロート] ([仏] farine complète de seigle, [英] caked rye, rough ground rye) [独] [男] [中] 挽き割りライ麦

Roggenmehl [ロッゲンメール] ([仏]farine de seigle, [英] rye flour) [独] [男] ライ麦粉

rogner [ロニェ] ([独]beschneiden, [英]trim) [仏] [他] 端を切る

rognon [ロニョン] ([独]Niere, [英]kidney) [仏] [男] ❶ (牛, 羊, 豚の) 腎臓 ❷腎臓の形, まが玉形

rognure [ロニュール] ([独] Schnitzel, [英] trimming) [仏] [女] (菓子, 生地の) 裁ち屑／〜s de feuilletage (＝〜s doubles) フイユタージュの2番生地. フイユタージュの断ち屑をまとめてのばしたもの⇒demi-feuilletage

rohe Mandel [ローエ マンデル] ([仏]amande brute, [英]shelled almond) [独] [女] 皮付きアーモンド

Rohmasse [ローマッセ] [独] [女] ローマジパン, マルツィパンローマッセ＝Marzipanrohmasse

Rohstoffe [ローシュトッフェ] ([仏]matière, [英]materials) [独] [男] [複] 原材料⇒Material, Stoff, Zutaten

Rollholz [ロールホルツ] ([仏]rouleau, [英] rolling pin) [独] [中] 麺棒⇒Nudelholz

roll [ロウル] [英] [他] ❶ (〜 out) (麺棒などで生地を) のばす ([仏]abaisser, [独]ausrollen) ❷ (〜 up) 巻く ([仏] rouler, [独]einrollen) ‖ roll [名] ❶ロールケーキ, スイスロール. 薄く焼いたビスキュイにジャムやクリームを塗って巻きあげる ([仏]biscuit roulé, [独]Roulade) ＝swiss roll ❷ロールパン. 卵, 牛乳, バターなどが入った発酵生地で焼いた, 様々な形をした小型パン ([仏]petit pain, [独]Brötchen, Semmel) ⇒bread roll, bridge roll, chocolate roll, coffee roll, milk roll ❸ロール状のプディング／steamed fruit 〜 粉, 塩, 砂糖, ベーキングパウダー, バター, 水で固めの生地をつくり, それをのばし, 砂糖と果物を散らして巻きあげ, 樋型に入れて, 蒸しあげる ❹ロール状のもの／sausage 〜 フイユタージュでソーセージを包んだもの

Röllchen [レルヒェン] ([仏] [英] cigarette) [独] [中] シガレット. ロール状の菓子. 柔らかい生地をすり込み板を使って丸くすり込んで焼き, 温かいうちに巻く. その中にプラリネマッセを詰め, 両側にチョコレートを塗る.

roller [ロウラー] ([仏]rouleau, [独]Rolle, Walze) [英] [名] ローラー, 麺棒. パスティヤージュ, パート・ダマンドなどをのばす, 両端に握りのついたもの

rolling pin [ロウリング ピン] ([仏]rouleau à pâtisserie, [独] Nudelholz, Teigrolle, Wallholz) [英] [名] 麺棒, のし棒

roly-poly pudding [ロウリ ポウリ プディング] [英] [名] (＝jam 〜) ジャムを巻き込んだ渦巻き模様のプディング. 強力粉に細かく切った牛腎臓の脂, ベーキングパウダー, 水, 砂糖を混ぜた生地を長方形にのばして, ジャムを塗り広げて端から巻きあげ, 布巾に包んでゆでる. 約1cmの厚さに切り, 温かいジャムを添える⇒pudding

romarin [ロマラン] [仏] [男] 〔植〕シソ科. ローズマリー. 地中海沿岸地方の香草. 細い茎は香りが高く, プディング, フランをつくる際

の牛乳の香りづけなどに用いる. 花はサラダにしたり, すみれのように砂糖漬けにし, 飾りつけに使う→miel de romarin

rompre ［ロンプル］（英knock〈back〉, 米punch〈down〉）仏他（1次発酵を止め2次発酵を促進させるために）発酵して膨らんだ生地を押えてガス抜きをする

ronce ［ロンス］（独Brombeerstrauch, 英blackberry-bush, bramble）仏女〔植〕キイチゴ属のとげのある低木. 果実はブラックベリーと呼ばれ, ジャム, コンポート, シロップにする→mûre

roncin ［ロンサン］仏男〔地方菓子〕ロンサン. フランシュ=コンテ地方のアントルメ. 牛乳に浸したパン, 卵, さくらんぼを平皿に入れて焼く／〜 de Montbéliard モンベリアールのロンサン. さくらんぼ入りのプディング ❷ロレーヌ地方のチーズ料理. フレッシュチーズに小麦粉と卵を混ぜて焼く. 皮付きじゃがいもと共に供する

rond, e ［ロン, ロンド］（独rund, 英round）仏形 丸い, 円形の, 球形の

rondeau (複 〜x) ［ロンドー］仏男 ❶鍋. 円形で縁は垂直で, 低い. 2つの取っ手があり, 蓋がついている. 蒸し煮などに使用. 製菓では特にマロングラッセをつくるのに用いられる ❷（かまどにパンを入れる時に用いる）木べら

rondelle ［ロンデル］仏女 ❶（バナナなどの）輪切り（独in runde Scheiben, 英slice）❷丸く平たいもの

rosace ［ロザース］（独Rosette, 英rosette）仏女 ❶内から外に向けて放射状に並べた円形模様, ばら模様／Disposer les bananes en 〜 à l'intérieur du moule 型の内部にバナナを放射状に並べる ❷ばら形のもの ❸星口金でひと絞りした形, 花絞り, ロゼット

rosace aux bigarreaux ［ロザース オビガロー］仏女〔プティフール〕サブレ生地, パート・ダマンドなどを花絞りにし, 中心にドレンチェリーの半割りを置いて焼いたもの

Rosé ［ロゼ］（仏英rosé）独男 ロゼワイン

rose¹ ［ローズ］仏形 ばら色の ‖ rose女 ❶〔植〕バラ科. ばらの花. 芳香のある美しい色の花弁は, よく製菓, 糖菓に使われる. フランスでは, パリから南西50kmにあるプロヴァンがばらをベースにした糖菓の中心地である. 花びらはジャム, 砂糖漬け, ボンボン, ゼリーなどにする. 花弁を蒸留したばら水やエッセンスは, クリーム類や氷菓, パート・ド・フリュイ, リキュールやルクムのような中近東の菓子の香りづけに使う. つぼみは蜂蜜と共に煮たり（→miel rosat）, また乾燥後, 粉末にしてスパイスにする. エルメの創作菓子「イスパハン」にはばらのシロップが使われている（→Hermé, Ispahan）❷ばら窓（rosace）‖ rose男 ばら色, ローズ色

rose² ［ロウズ］英名 ❶ばらの花（仏rose, 独Rose）❷ばら窓（仏rosace, 独Fensterrose）❸ロゼット（仏rosace, 独Rosette）→rosette

rosé, e ［ロゼ］（独rosa, 英pink）仏形 ばら色の, 薄赤色の ‖ rosé男（= vin 〜）ロゼワイン. 薄赤色のワインで, 若いものを冷たくして飲む. 黒色種のぶどう（グルナッシュ, ピノ・ノワール, カベルネ・フラン, ガメイ種）を果皮と種子ごと数時間発酵させ, 適当な色になった時, 澱（おり）引きしてつくる. 黒色種のぶどうに白色種のぶどうを混ぜてつくる場合もある. 赤と白のワインを混ぜたものではない

rose oil ［ロウズ オイル］英名 ばらの花びらからとった芳香油, ローズオイル

roser ［ロゼ］仏他 ばら色にする

rosette ［ロウゼット］（仏rosace, 独Rosette）英名 ロゼット. （星口金で絞り出した）クリームなどの花絞り, 花飾り

rose water ［ロウズ ウォーター］英名 ローズウォーター, ばら水. ローズオイルを蒸留してつくる時の副産物. クリスマス用の菓子, 氷菓などの香りづけに用いる

Rosine ［ロズィーネ］（仏raisin sec, 英raisin）独女 干しぶどう, レーズン

rosquille ［ロスキーユ］仏女〔地方菓子〕❶

ピレネー＝アトランティック県オロロン＝サント＝マリの町の銘菓．アニスの香りのするビスケットの一種 ❷フランスのルシヨン地方，スペインのカタロニア地方の銘菓＝rousquille

rösten ［レーステン］(独)(他) 焼く（網で）⇒abrösten

rote Johannisbeere ［ローテ ヨハニスベーレ］((仏)groseille rouge, (英)red currant)(独)(女) 赤房すぐり，レッドカラント，グロゼイユ

Rothschild ［ロトシルド］(仏)(固) ❶ロスチャイルド家．有名な銀行家一族 ❷(男)〔温アントルメ〕(＝soufflé 〜)ダンチグ(⇒eau de Dantzig)またはグランマルニエに漬けた砂糖漬けの果物の入ったクレームパティシエールをベースにしたスフレ．苺を周囲に飾る

Rothschild-Biskotten ［ロートシルト ビスコッテン］(独)(複) ロスチャイルド風ビスキュイ・ア・ラ・キュイエール．ビスコッテンマッセ（ビスキュイ生地）を絞り，上から刻みアーモンドを振りかけて焼く．裏側にチョコレートを塗る

rotie ［ロティ］(仏)(女) ❶オーヴンまたはグリルで焼いた薄切りパン，トースト．バター，ジャム，蜂蜜と共に，朝食またはティータイムに供する ❷トーストしたパンにフォワグラなどを塗り，野鳥料理に添える温製のカナッペ⇒canapé

rôtir ［ロティール］((独)rösten, (英)roast)(仏)(他) オーヴンで空焼きする，ローストする／faire 〜 des marrons 栗をオーヴンで焼く／plat à 〜 ロースト用耐熱皿

Rotwein ［ロートヴァイン］((仏)vin rouge, (英)red wine)(独)(男) 赤ワイン

roucou ［ルクー］(仏)(男)⇒rocou

roudoudou ［ルドゥドゥ］(仏)(女)〔糖菓〕ルドゥドゥ．砂糖，水アメ，グリセリンを混ぜ，小さな貝殻に流し込んだ駄菓子．緑，オレンジ，赤などに着色

rouelle ［ルウェル］((独)in runde Scheiben, (英)roundel)(仏)(女)（果物，ゆで卵などの）輪切り，（魚，肉の）筒切り／une 〜 de citron レモンの輪切り1枚

rouge ［ルージュ］((独)rot, (英)red)(仏)(形) ❶赤い ❷赤熱した ‖ rouge(男) ❶赤い色 ❷(＝vin 〜) 赤ワイン．醸造法は黒色種のぶどうを破砕，果皮と種子と共に発酵させて圧搾し，搾汁したものを桶で寝かせて熟成させる．赤い色は果皮による着色

roulade ［ルラード］((独)Roulade, (英)roll, rolled)(仏)(女) （クリーム，ジャムなどを挟んで）ロール巻きにしてあるもの／〜 de brioche aux fruits 果物入りブリオッシュを巻いたもの ‖ roulade(形) ロール状の／biscuit 〜 ビスキュイのロール巻き

Roulade ［ルラーデ］((仏)roulé, (英)roll cake)(独)(女) 巻いた菓子，ロール状の菓子，ロールケーキ

roulé, e ［ルレ］(仏)(形) ❶（砂糖や小麦粉の中に転がして）まぶした ❷（円筒形に）巻かれた，巻かれる ((独)gerollt, (英)rolled)／biscuit 〜 ロール巻き用ビスキュイ ‖ roulé(男) ❶〔パティスリー〕薄く焼いたビスキュイをクリーム類を塗って巻いたもの，ロールケーキ ((独)Roulade, (英)〈Swiss〉roll)／〜 marron マロンクリームを巻き込んだロールケーキ ❷巻いてつくった菓子につけられる呼称

rouleau (複 〜x) ［ルロー］(仏)(男) ❶ ((独)Rolle, Walze, (英)roller) ／〜 à pâtisserie 麺棒．長さ20〜50cm．直径5〜6cmの細長く円筒状の棒で，両端に取っ手がついているものもある．転がしながら生地などをのばすのに使う⇒rouleau à pâte ❷ローラー．転がして使う⇒rouleau à décor de vannerie, rouleau à disques, rouleau à pâtisserie, rouleau coupe-croissant, rouleau de bois cannelé, rouleau laminoir universel, rouleau métallique cannelé, rouleau "pic vite" ❸（円筒状に）巻いたもの，ロール

rouleau à décor de vannerie ［ルローア デコール ド ヴァヌリ］(仏)(男) 生地の上に編み籠模様をつけるための麺棒

rouleau à disques [ルロー ア ディスク] [仏] [男] 細ひもカッター. 薄くのばした生地を一定幅の細帯に切れるように, 数枚の円形刃がついている. 両端に取っ手のついたローラー式＝rouleau à lame

rouleau à pâte [ルロー ア パート] ([独] Nudelholz, Teigrolle, Wallholz, [英] rolling pin) [仏] [男] 麺棒⇒rouleau à pâtisserie

rouleau à pâtisserie [ルロー ア パティスリ] [仏] [男] 麺棒. 生地をのばすために使う. 伝統的に木製. テフロン加工製, プラスティック製もある＝rouleau à pâte

rouleau coupe-croissant [ルロー クープクルワサン] [仏] [男] クロワッサン用カッター. 両端に取っ手のついたローラー式で, クロワッサン用の生地を薄く平らにのばした後, 生地の上を転がしながら, 等分の三角形に切ることができる

rouleau de bois cannelé [ルロー ド ブワ カヌレ] [仏] [男] 刻みのついた木製麺棒. パート・フイユテをのばすために使用

rouleau laminoir universel [ルロー ラミヌワール ユニヴェルセル] [仏] [男] 厚さ調節機能付き麺棒. 生地をのばす時, 厚みが調整できる. 長さ52㎝の棒で, 両端にとりはずし可能な数種の直径のキャスターが装備されていて, 厚さ (2, 2.5, 3, 3.5, 4, 5, 6, 8, 9, 10㎜) を調整する

rouleau métallique cannelé [ルロー メタリック カヌレ] [仏] [男] 刻みのついた金属製麺棒. 縦に細かく溝がついている. 薄くのばしたパート・ダマンド, カラメルの表面全体に一定の筋模様をつけるために用いる

rouleau "pic vite" [ルロー ピク ヴィット] [仏] [男] ピケローラー. ローラーの表面の突起があり, 薄くのばした生地の表面全体に小さい穴をあける＝pic-vite

rouler [ルレ] [仏] [他] ❶ (砂糖や小麦粉の中に転がして) まぶす ❷巻く ([独] einrollen, [英] roll) ❸包む ❹ (麺棒で生地などを) のばす, 平らにする ([独] ausrollen, [英] roll, roll out) ❺転がす

roulette [ルレット] [仏] [女] ❶ (＝～ cannelée à pâtisserie) パイカッター, ルーレット ([独] Rädchen, Teigschneider, [英] wheeled pastry-cutter) ⇒roulette cannelée ❷クロワッサン生地の丸い小型パン. ノルマンディ地方ルーアンの特製パン⇒Normandie ❸ (テーブルの脚などにつける) キャスター, 足車 ([独] Rädchen, [英] caster)

roulette à pâte [ルレット ア パート] [仏] [女] パイカッター⇒roulette cannelée

roulette cannelée [ルレット カヌレ] [仏] [女] 波形パイカッター. 刻みのついた歯車状の円形刃に取っ手がついている. 薄くのばした生地の上を転がして縁に刻みのついた細帯などに切り分ける＝roulette à pâte

roulette multicoupe [ルレット ミュルティクープ] [仏] [女] 伸縮パイカッター. 帯状の生地が一度に数本切れるパイカッター. 帯の幅は調整できる

rousquille [ルスキーユ] [仏] [女] 〔地方菓子〕フランス, ルシヨン地方, スペイン, カタロニア地方の銘菓. 直径6～8㎝, 厚さ2～3㎝の, 白くグラスがけをした小さく柔らかいビスキュイ. 王冠形または8の字形. 軽く, ヴァニラとレモンの香り, あるいはオレンジの花の香りがする＝rosquille

roussette [ルセット] [仏] [女] 〔揚げ菓子〕パリの南西に広がる穀倉地帯ボースのカーニヴァル伝統のベニェ. オレンジの花水と蒸留酒で香りをつけた固めの生地を円形に抜き, きつね色にぱりぱりに揚げ, たっぷり粉糖をまぶす＝tourtisseau ／～ de Strasbourg ストラスブールの町のベニェ. 粉, 卵, クリーム, キルシュでつくった生地を薄くのばし, 間にバターを塗りながら数回折りたたんでのばし, 円形, 動物の形, ハート形などに切り抜き, 揚げる

roussir [ルスィール] ([独] anbraten, bräunen, [英] brown) [仏] [他] 軽く焦がす／ La meringue ne doit pas ～ ムラングは焼き色をつけてはいけない

route biscuit [ルート ビスキット] [英] [名] 〔プ

ティフール](= English 〜)パート・ダマンドに、卵白、または全卵を加えて柔らかくし、円形、四角形など様々な形にしてオーヴンで焼いたもの

Roux [ルー] (仏)(固)(男) アルベールAlbert (1935-)とミシェルMichel (1941-)のルー兄弟．共にフランスの料理人．パティシエとして修業し、ロンドンを拠点にレストラン（ミシュラン3ツ星）を開く．1995年、ミシェル・アルベール著『特選デザート集 Desserts, le passion d'une vie』刊行

roux [ルー] (独Einbrenne, Mehlschwitze, 英roux)(仏)(男) ルウ．小麦粉とバター（同量比）を混ぜたものを火にかけ、ゆっくりと好みの色になるまで炒めたもの．ソースのつなぎに用いる／〜 blanc 白いルウ．小麦粉の匂いが完全になくなった段階のもの／〜 blond ルウブロン．白いルウがわずかに色づくまで炒めたもの／〜 brun ルウブラン．白いルウが明るい茶色になるまで炒めたもの

royal, ale (複 〜*aux*) [ルワイヤル, ワイヨー] (仏)(形)(男) (独königlich, 英royal) 王にふさわしい、豪華な ‖ royale (女) (= glace 〜e) グラスロワイヤル．粉糖を卵白で溶いたもの．グラサージュや絞り袋を使った線描きに用いる→glace royale / à la 〜 ロワイヤル風．繊細で洗練された付け合わせを伴った料理

royal icing [ロイヤル アイシング] ((仏) glace royale, (独)Eiweißglasur, Spritzglasur) (英)(名) 卵白と粉糖を混ぜ、角(つの)が立つ程度に固く練ったもの．菓子の表面に塗ったり、線描き模様を描くのに用いる

rub [ラブ]((仏)frotter, (独)einreiben)(英)(他) こする、すり合わせる

ruban [リュバン] (仏)(男) ❶卵黄と砂糖を泡立て器で混ぜたアパレーユが滑らかで、ゆっくりと切れ目なくリボンのように折り重なって流れ落ちていく濃度．リボン状／La génoise fait le 〜 ジェノワーズ（のアパレーユ）がリボン状になる ❷リボン（独Schleife, 英ribbon）

rub-in method [ラブ イン メソッド] (英)(名) [ケーキ製作] すり混ぜ法．小麦粉または小麦粉にベーキングパウダーを加えて油脂をすり混ぜ、砂糖、水分を加えていく．出来あがりのきめはクリーミング法より粗く、上面に亀裂が入ることがある = rubbed in method→creaming method

rugueu*x, se* [リュグー, ーズ] (独rauh, 英rough)(仏)(形) ざらざらした／la pâte rugueuse ざらつく生地

Rührkuchen [リュールクーヘン] (独)(男) アルトドイチェマッセ（= Altdeutschemasse）または発酵生地（中種）を加えてつくったケーキ生地を、クグロフの型に詰めて焼いたもの

ruifard [リュイファール] (仏)(男) [地方菓子] ／〜 de Valbonnais ドーフィネ地方ヴァルボネの町の名物菓子．発酵生地でつくった大きなトゥルト．バターと砂糖で煮て、シャルトリューズで香りをつけた赤いりんごの薄切りを詰める．洋梨やかりんを詰めたものもある．「赤い菓子」という意味

Rum [ルム]((仏)rhum, 英rum)(独)(男) ラム酒

rum baba [ラム ババ] (英)(名) ダリオール型で焼いたブリオッシュをラム酒入りシロップに浸した菓子

Rund [ルント] ((仏) rond, 英round) (独)(中) 丸, 円(形), 球(形)

rund [ルント] ((仏) rond, 英round) (独)(形) 丸い

runden [ルンデン] ((仏)bouler, faire une boule, 英roll into a ball)(独)(他) 丸める

run-out [ラン ナウト] (英)(名) グラスロワイヤルであらかじめつくっておく装飾用の小物

russe [リュス] (仏)(形) ロシアの ‖ russe(男) ❶リュス．粉末アーモンド、ヘーゼルナッツ、砂糖を牛乳で溶き、砂糖を加えて泡立てた卵白と混ぜ、薄く焼きあげたもの→pâte à fonds de Russe ❷〔アントルメ・小型菓子〕リュスを2〜3枚重ね、間にクリーム類を挟んだもの ❸〔料理人用語〕円形のキャセ

ロール(鍋). 縁がまっすぐで, 長い柄(ぇ)が1つと蓋がついている [語]ロシア語

Russische-Pastete[ルッシッシェ パステーテ][独][女] ヘーゼルナッツを使ったプディングで, 赤ワインソースと共に供す.「ロシア風のパテ」という意味

rye bread[ライ ブレッド]([仏]pain de seigle, [独]Roggenbrot)[英][名] ライ麦入りの黒パン. 通常キャラウェイシードが入っている

sabayon [サバイヨン] (仏)(男) ❶ サバイヨン. イタリア発祥のクリーム. 卵黄と砂糖を温めながら泡立て, アルコール類でゆるめて風味をつけた滑らかなクリーム. プディング, シロップ煮の果物, 氷菓などに添える. 使用するアルコール類は, 辛口白ワイン(シャンパン), 甘口ワイン(アスティ, ソーテルヌ, マルサラ), リキュール(フロンティニャン, バニュルス), ポルト, 白ワインとリキュール(シャルトルーズ, クメル)を合わせたもの, 白ワインとアルコール(アルマニャック, コニャック, キルシュ, ラム酒, ウィスキー)を合わせたもの= zabaione, [付録] les crèmes ❷ 〔アントルメ〕 サバイヨンを美しいガラス器やクープなどに入れ, まだ温かいうちに供す る. ローマのカフェ・グレコの特製アントルメ ❸ (= sauce 〜) サバイヨンソース. 卵黄とシャンパン, 白ワインでつくる軽いソース. 魚や甲殻類の料理に添える

sabayon glacé [サバイヨン グラセ] (仏)(男) 〔氷菓〕 サバイヨンに泡立てた生クリームを加えて凍らせたもの → [付録] la glacerie

Sabayonsauce [サバイヨーンゾーセ] (仏 sauce sabayon, 英 sabayon sauce) (独)(女) サバイヨンソース

sablage [サブラージュ] (仏)(男) ❶ 小麦粉と油脂を手ですり合わせて細かい粒子(砂)状にすること. 小麦粉を油脂で包むことで小麦粉を砂糖や卵などの水分から守り, グルテン化を防ぎ, さくさくとした生地ができる ❷ 糖液を, 空気を含ませるように木杓子でかき混ぜ, 結晶化させて粒子状にすること ❸ (プララン製作の第1段階)アーモンドに糖液をからめて木杓子でかき混ぜ, 結晶化させること

sablé, e [サブレ] (仏)(形) 砂をまいた ‖ sablé (独 Gebäck, Mürbegebäck, Plätzchen, 英 shortbread, 米 cookie) (男) 〔フールセック〕 ❶ (円形で周囲に刻みのある)バターが豊富に入った, さくさくしたクッキー (→ pâte sablée) ❷ 〔フールセック〕サブレ生地でつくったクッキーの総称. 製法は様々ある. 生地をのばして型抜きしたり, 絞り出したり (→ sablé à la poche), (2種類以上の生地を)張り合わせたり (→ sablé hollandais), 円筒状にして冷蔵した後, 切り分けて (→ sablé roulé) 焼成する. 粉末アーモンドを加えたり, レーズン, 薄切りアーモンド, 粉糖, グラニュー糖を振りかけたものもある. 各地に特有のサブレがある

sablé à la confiture [サブレ ア ラ コンフィテュール] (仏)(男) 同じ直径の2枚のサブレ(1枚は中央に穴が空いている)にジャムを塗って張り合わせ, 中央の穴にジャムを詰め, 周囲に粉糖を振りかけたもの

sablé à la poche [サブレ ア ラ ポッシュ] (仏)(男) サブレ生地を口金のついた絞り袋で絞って成形したクッキー → rosace aux bigarreaux

sablé florentin [サブレ フロランタン] (仏)(男) 〔フールセック〕上面がフロランタンで, 部分的にチョコレートをつけたサブレ. サブレ生地の上面に, 生クリーム, 蜂蜜, バター, オレンジの皮の砂糖煮をキャラメル状にして, アーモンドと混ぜたものを塗り, オーヴンで軽く焼いて切り分ける. 冷めてから一部をチョコレートに浸す → florentin

sablé hollandais [サブレ オランデ] (仏)(男) 2種のサブレ生地(通常, チョコレートとヴァニラ入り)を張り合わせて1本にして, のばした生地で包み, 冷蔵してから, 小口切りにして焼くクッキー. 渦巻き模様, 市松模様などにすることができる

sablé nantais [サブレ ナンテ] (仏)(男) 菊型で

抜いたサブレ→nantais

sabler [サブレ] (仏)(他) ❶(パート・ブリゼやサブレ生地の材料である)小麦粉と油脂を指で混ぜ合わせ, 少量ずつ手の平ですり合わせ, 砂のような粒子の状態にする ❷煮詰めたシロップを木杓子でかき混ぜながら, 結晶させて粒子状にする→masser

sablé roulé [サブレ ルレ] (仏)(男) サブレ生地を棒状につくり, グラニュー糖, あるいは乾燥焼きした薄切りアーモンドを(転がして)周囲に付着させ, 冷蔵してから小口切りにするクッキー→diamant

sablier [サブリエ] (独Eieruhr, Sanduhr, 英hourglass, sandglass) (仏)(男) 砂時計. 3分計が多い. 卵をゆでる時間などを計る

sabot [サボ] (独Holzschuh, 英sabot) (仏)(男) 木靴, サボ／～ plat 楕円形の深皿. クラフティ, フランなどのアントルメ製作に使う

sabot de Noël [サボ ド ノエル] (仏)(男)〔アントルメ〕木靴の形につくったクリスマスの菓子

saccharimeter [サクリミター] (仏pèse-sirop, saccharimètre, 独Saccharometer, Zuckermesser) (英)(名) 糖度計

Saccharin [ザハリーン] (仏saccharine, 英saccharine) (独)(中)〔化〕サッカリン

saccharose [サッカローズ] (独Rohrzucker, Saccharose, 英saccharose) (仏)(男) 蔗糖, スクロース, サッカロース. ブドウ糖(グルコース)と果糖(フルクトース)が結合した糖で, 主に甘蔗, 甜菜から抽出する. 砂糖の主成分= sucre blanc, sucre de table→〔付録〕les matières édulcorantes

Sacher [ザッハー] (独)(固) Sachertorte「ザッハトルテ」の略

Sachertorte [ザッハートルテ] (独)(女) ザッハトルテ. ウィーンの銘菓. チョコレート入りビスキュイにチョコレートフォンダンをかけ, 泡立てた生クリームを添えて供する. 1832年にフランツ・ザッハーが創作した. 1876年に息子のエドヴァルト・ザッハーがザッハーホテルを開業し, この菓子を名物とした. 後に, 同市内のデメル菓子店に伝わり, 同店のスペシャリテともなっている

sachet [サシェ] (独Beutel, Säckchen, 英bag) (仏)(男) 小型の袋／～ de thé ティーバッグ

sack [サック] (英)(名) 小麦粉の袋の呼び名. 127kg(280ポンド)入り

sacristain [サクリスタン] (独Sakristan, 英sacristain) (仏)(男)〔プティフール〕サクリスタン. 6回折りのフイユタージュの両面に砂糖, 刻みアーモンドを振り, 細長く切ってねじったもの. 伝統的にクッキー類と取り合わせて紅茶と供する

saffron [サフルン] (仏safran, 独Safran) (英)(名) サフラン. サフランの花の雌しべを乾燥させたスパイス. 着色(黄色)料の一種

saffron cake [サフラン ケイク] (英)(名) 発酵生地に, レーズン, サフランを入れた黄色のパン. サフランが初めてイギリスにもたらされたコーンウォール州の銘菓= saffron loaf

saffron loaf [サフロン ロウフ] (英)(名) →saffron cake

Safran [ザフラーン] (仏safran, 英saffron) (独)(男) サフラン

safran [サフラン] (独Safran, 英saffron) (仏)(男) ❶〔植〕アヤメ科. サフラン. 球根植物. 俗称クロッカス. 原産地は地中海沿岸, シリア ❷香辛料の一種. サフランの雌しべの柱頭を乾燥させたもの. 茶色の繊維状のものやオレンジがかった黄色の粉末状のものがあり, 鮮烈な香りと苦味がある. 料理に使用されるほか, アントルメとしては, リオレ, ある種のブリオッシュなどの香りづけに使われる ❸サフラン色

Saft [ザフト] (仏jus, 英juice) (独)(男) ジュース

Sägemesser [ゼーゲメッサー] (仏couteau à pain, couteau scie, 英bread knife, serrated knife) (独)(中) 波刃包丁

sago [セイゴウ] (仏sagou, 独Sago) (英)(名) サゴ澱粉. プディング用

sagou [サグー]（独Sago, 英sago）仏男 サゴ. サゴやしの幹の髄(ずい)からとった澱粉. 半透明の固い小球状. 白, ピンクあるいは茶色がかった色をしている. 17世紀にはヨーロッパで最も一般的な澱粉であったが, 現在はプディングやある種のつなぎに用いられるだけである

Sahne [ザーネ]（仏crème chantilly, crème fouettée, 英whipped cream）独女 泡立てた生クリーム, ホイップクリーム＝Schlag-Obers, Schlagsahne

Sahnedessert [ザーネデセール]独中 泡立てた生クリームに溶かしたゼラチンを加えてつくるデザート

Sahneeis [ザーネアイス]独中 60％以上の生クリーム, 天然の香料または風味料を使用してつくる氷菓→Rahmeis

Sahnefondant [ザーネフォンダーン]独男 砂糖, 生クリームを煮詰め, 練り返してつくるフォンダン

Sahnekrem [ザーネクレーム]独女 ザーネクレーム. 泡立てた生クリームにゼラチンを加えたもの

Sahnerollenform [ザーネロレンフォルム]（仏moule à cylindre, 英cream roll mo⟨u⟩ld）独女 （クリームなどを詰める）筒型

Sahnesturzkrem [ザーネシュツルツクレーム]独女 好みの味つけをし, 型詰め用としてつくられるザーネクレーム

Sahnetorte [ザーネトルテ]独女 ザーネクレームトルテ. 泡立てた生クリームにゼラチンを入れ, これを詰め物にしてつくったアントルメの総称. 果物などを併用することも多い

sain, e [サン, セーヌ]（独gesund, 英healthy）仏形 ❶（果物などが）腐っていない, 傷んでいない ❷健康によい ❸健康な, 健全な

saint-émilion [サンテミリョン]仏男 ❶ボルドー, サンテミリオン地区のAOP赤ワイン ❷〔地方菓子, アントルメ〕／〜 au chocolat サンテミリオン地区のマカロンとチョコレートムースを組み合わせたもの. チョコレートムースにコニャックを染み込ませたマカロンを沈め, 上面に溶かしたチョコレートでグラスがけする. 地理的条件のおかげで, 同地区にはパリよりも早くスペインからチョコレートが伝わった→囲み[macaron]

saint-florentin [サン フロランタン]仏男〔パティスリー〕四角に焼いたジェノワーズを水平に半分に切り, 間に, ムラングイタリエンヌにバター, キルシュを加えたクリームと, ドレンチェリーまたは生の苺を適当に配分して挟んだもの. 上面にローズ色のフォンダンをかけ, 中の果物がみえるように周囲をきれいに切る

saint-honoré [サントノレ]仏男 ❶〔アントルメ, 小型菓子〕サントノレ. パリの菓子. 円形のフイユタージュかパート・ブリゼの周囲にシュー生地を絞って焼き, その上にクリームを詰めて, カラメルがけした小型のシューを並べる. 中央部に, クレームシブストと, クレームパティシエールにシャンティイを混ぜたもの（またはシャンティイのみ）を絞り込む. 名前の由来は, クレームシブストを考案したパティシエ, シブストの店がサントノレ通りにあったことによる→crème à St-Honoré ❷S〜-H〜 パン屋・菓子屋の守護聖人名. 祝祭日は5月16日

Saint-Michel [サン ミシェル]仏男 ❶サン＝ミシェル, 聖ミカエル. 熱いかまどを使う職人, 菓子・パン職人の守護聖人. 祝祭日は9月29日 ❷フランス製菓者協会. La Saint-Michel（ラ・サン＝ミッシェル）. 1868年創設

Saint-Nicolas [サン ニコラ]仏男 聖ニコラ, 子供の守護聖人. 祝祭日は12月6日. 3人の子供が肉屋に塩漬けにされ, サン＝ニコラに救われたという伝説がある. 北フランス, オランダ, ドイツ, スイスでは, この日, サン＝ニコラがロバに贈り物を積んでやってくるとされ, 子供たちはロバのために干し草, 燕麦, パンを詰めた靴下を暖炉に吊り

下げる.またサン=ニコラをかたどったアニス入りパンデピス,チョコレートで祝う ⇒ lebkuchen

saisir [セズィール] (仏) 他 ❶ (瞬時に表面を固めたり,水分を蒸発させるため) 調理の初めに数分間材料を高温のオーヴンに入れたり,強火にかけたり,あるいは熱湯に当てる / 〜 à feu vif 強火で焼く ❷ (手で) つかむ

Sakristan [ザクリスターン] (仏 英 sacristain) 独 男 サクリスタン

salade [サラド] (独 Salat, 英 salad) 仏 女 サラダ.生のままか調理して冷たくした野菜,肉類,魚介類,果物を冷たいソースであえたもの / 〜 verte グリーンサラダ.レタス,チコリ,アンディーヴ,クレソンなど葉類のサラダ / 〜 simple シンプルサラダ.一種類の材料 (野菜,肉類,甲殻類) で構成したサラダ / 〜 composée サラダコンポゼ,コンビネーションサラダ.複数の材料を味の調和と彩りを考えて組み合わせたサラダ.オードヴル,アントレとして供する ❷ サラダに使用する葉類の総称.特にサラダ菜,レタス,チコリなど ❸ ごたまぜ,支離滅裂

salade de fruits [サラド ド フリュイ] (独 Fruchtsalat, Obstsalat, 英 fruits salad) 仏 女 〔冷アントルメ〕 フルーツサラダ.種々の果物をさいの目切りにするか粒のまま (さくらんぼなど),蒸留酒,リキュール,オレンジなどで香りをつけたシロップであえる.その他,冷やした種々の果物を食べやすく切って盛り合わせたものも指す.生のままやシロップ煮にしたもの,水で戻したドライフルーツが使われる ⇒ cocktail, macédoine, salpicon

saladier [サラディエ] (独 Salatschüssel, 英 salad bowl) 仏 男 サラダボウル.サラダ用の取っ手のない深めの器

salamander [サルマンダー] (仏 salamandre, 独 Salamander) 英 サラマンダー.上から加熱するガスオーヴン

salamandre [サラマンドル] (独 Salamander, 英 salamander) 仏 女 サラマンダー.上部に熱源のあるオーヴンの一種.菓子などの表面に焦げ目をつけたり,表面に振りかけた砂糖をグラセするために用いる

salambô [サランボ] 仏 男 ⇒ salammbô

salammbô [サランボ] 仏 男 〔パティスリー〕楕円形に焼いたシューに,キルシュ (またはラム酒) 風味のクレームパティシエールを詰め,カラメル状に煮詰めた糖液を流した台に逆さに置き,上面に平らにカラメルをかけたシュー菓子.あるいはカラメルに代わり上面に緑色のフォンダンをかけ,チョコレートスプレーを振りかける.本来はピスタチオで飾った.19世紀末につくられ,現在に至る

Salatöl [ザラトエール] (仏 huile de salade, 英 salad oil) 独 中 サラダ油

Salbei [ザルバイ] (仏 sauge, 英 sage) 独 男 女 〔植〕薬用サルビア,セージ

salé, e [サレ] (独 salzig, 英 salty) 仏 形 塩分を含んだ,塩味の / tarte 〜e タルトサレ.塩味のタルト

salée [サレ] 仏 女 スイスの菓子.発酵生地を,円形で平たいガレットの形につくり,中心にクリームとたっぷりの砂糖を詰めて焼いたもの = salée à la crème, tourte salée au sucre, salée sucre

salep [サレプ] 仏 男 サレップ.澱粉の一種.ラン科植物の球根から抽出したもの.タピオカ,サゴと使い方は同じ

saler [サレ] (独 salzen, 英 salt) 仏 他 塩味をつける,塩を振る

Sally Lunn [サリ ラン] 英 名 〔パティスリー〕サリーラン.8世紀頃にまで遡る,イギリス,バースの銘菓.サリー・ランが考案したといわれる.バター,卵,レモンの皮,砂糖を入れた発酵生地を直径13cmの円型で焼いたティーケーキ.水平に薄く切り分け,バター,ジャム,蜂蜜などを添えて供する.トーストしてもよい ⇒ solilemme

salmonelle [サルモネル] (独 Salmonelle, 英 salmonella) 仏 女 サルモネラ菌.腸チフス,パラチフスや多くの食中毒の病原菌を含む

salon de thé [サロン ド テ] 仏男 サロン・ド・テ．紅茶，チョコレート（ココア），ソフトドリンク，自家製菓子，ランチタイムの軽食（サンドウィッチ，クロックムシュー，卵料理，サラダなど）を供する店．多くは菓子店に，またデパートに付属している→café

salpêtre [サルペートル] 仏男 →nitre

salpicon [サルピコン] （英salpicon）仏男 サルピコン．果物，野菜，肉類，魚類を小さなさいの目に切ったもの．ソースやクリームであえたり，プディングなどに使用する／~ de fruits（生，シロップ煮，砂糖漬けの）果物をさいの目に切り，リキュールであえたもの．菓子やアントルメ（ブリオッシュ，クレープ，ジェノワーズ，ガトー・ド・リ，氷菓など）に用いる→salade de fruits

salustiana [サリュスティアナ] 仏女 サリュスティアナ種のオレンジ．旬は12月〜3月．モロッコ，スペイン産．皮に艶があり，ぶつぶつしているが，種子がなく果汁が豊富 →blond

Salz [ザルツ] （仏sel, 英salt）独中 塩

Salzburger Nockerl [ザルツブルガー ノッカール] 独中 オーストリアの代表的な温かいデザート．卵白を使っているのでスフレと同じように温かいうちに供さないとしぼんでしまう．甘味はソース類で補う

Salzburger Torte [ザルツブルガー トルテ] 独女 ザルツブルグ風トルテ．ホワイトチョコレートケーキ．ホワイトチョコレートのガナッシュを間と全体に塗ってホワイトチョコレートコポーを振りかける

salzen [ザルツェン] （仏saler, 英salt）独他 塩味にする

salzig [ザルツィヒ] （仏salé, saumâtre, 英salty）独形 塩辛い

Salzstangen [ザルツシュタンゲン] 独女複 発酵生地またはフイユタージュを棒状に成形し，焼く前に卵を塗って塩をまぶした菓子

Salzteig [ザルツタイク] 独男 塩入りの発酵生地

Salzwedler Baumkuchen [ザルツヴェードラー バオムクーヘン] 独男 コーンスターチのみでつくるバウムクーヘン．乾きやすいが，中はソフトに仕上がる

sambuca [サンブカ] 伊女 サンブーカ．イタリアのアニゼット（アニスのリキュール）の一種．透明．コーヒー豆1〜2粒をグラスに浮かべ，フランベし，冷やして飲む．非常にアルコール成分が強く甘い．コーヒー豆をかじりながら味わう→anisette

samovar [サモヴァル] 仏男 ❶サモワール．ロシアの家庭で使われる卓上の湯沸かし器．銅製．現在ではアルミやステンレス製で，電気で温める．結婚の伝統的な贈り物．お茶のサーヴィスなどに使われる ❷（紅茶を薄める熱湯を入れる）銀製の容器．下部にアルコールランプを備えており，保温できる

sanciau [サンスィヨ] (複 ~x) 仏男 ❶（パティスリー）厚みのある田舎風のクレープ．甘味と塩味のものがある．フランス北部やブレス地方ではマタファンと呼ばれている→matafan ❷〔地方菓子〕フランス，ベリー地方のりんご入りの厚みのあるクレープ．りんごをフライパンでソテーし，その上にクレープ生地を流し入れ，焼けたら裏返す＝chanciau

Sandkuchen [ザントクーヘン] （仏cake, 英pound cake）独男 ザントクーヘン．パウンドケーキ，バターケーキ→Englischer Kuchen

Sandmasse [ザントマッセ] 独女 バター入りジェノワーズ．生地の軽重により2種類ある．軽い生地は，卵と砂糖をよく泡立て，粉を加えてから熱い溶かしバターを加える．重い生地は，バター，砂糖，卵をよく泡立て，粉を混ぜてつくる

sandwich [サンドウィッジ] （仏sandwich, 独Sandwich) 英名 ❶サンドウィッチ．2枚の薄切りのパンの間に薄く切ったチーズや冷肉などを挟んだもの ❷サンドウィッチ状のもの ❸円形に焼いたスポンジ→sponge sandwich ‖ sandwich 他（2つの物の）間に挟む

sandwich plate [サンドウィッジ プレイト]

英 名 金属製の円形の焼き型，マンケ型＝sponge tin

sandy [サンディ] (仏 sableux, sablé, 独 knusprig) 英 形 (砂のように)さくさくした

sanglage [サングラージュ] 仏 男 アイスクリームやシャーベットの種を氷菓製造器などにかけること＝turbinage

sangler [サングレ] 仏 他 ❶アイスクリームやシャーベットの種を凍らせるために型の周囲に塩を混ぜた氷を詰める ❷(アイスクリームやシャーベットを敷き込む前に)型などを冷凍庫の中に置く ❸アイスクリームやシャーベットの種を氷菓製造器にかける ❹型に詰めたアイスクリームを氷菓製造器にかけてから冷凍庫に入れて保存する

sangria [サングリア] 仏 女 サングリア．スペインの食前酒．赤ワインに，柑橘類の輪切り，桃，杏(あん)，苺など果物を漬けたもの．冷やして飲む．さらにアルコールを加えたり炭酸水を加えることもある

sanguine [サンギーヌ] (独 Blutorange, 英 blood orange) 仏 女 ブラッドオレンジ．「血のオレンジ」という意味．果皮と果肉は濃い赤．12～4月に市場に出回る．イタリア産が多い．マルチーズ種，モロ種，サンギネロ種，タロッコ種などがある→maltaise, moro, sanguinello, tarocco

sanguinello [サンギネロ] 仏 女 (=orange ～)ブラッドオレンジの品種．サンギネロ種．1929年，スペインで発見された．11月～4月に収穫．イタリア産．球形で皮はざらついて赤斑がある．果肉は血色で柔らかく，種が少ない→sanguine

sarrasin [サラザン] 仏 男 〔植〕タデ科．そば．19世紀末まで，ブルターニュ地方，ノルマンディ地方，北西ヨーロッパの主要な食物であった．グルテンがないため小麦粉と混ぜてパン，伝統的な塩味のクレープ(→galette)，ファール，粥にする→kacha¹ / farine de ～ そば粉 / graines de ～ そばの実

satinage [サティナージュ] (英 satining, satin finish) 仏 男 (引きアメに)サテンのような光沢を与えること，繻子(しゅす)仕上げ

satiné, e [サティネ] (独 seidig, 英 satiny) 仏 形 (アメが)サテンのような光沢をした

saturated solution [サテュレイティッド ソリューシュン] 英 名 飽和溶液．例えば最大限の砂糖を溶かしたある量の冷水に，さらに砂糖を加え熱すると，冷水の場合より約1.5倍の砂糖が溶ける．この状態を飽和溶液という / super ～ 飽和溶液を結晶させないように冷やしたもの

Satz [サッツ] (仏 taux, 英 proportion, rat) 独 男 割合，比率

sauber [ザオバー] 独 形 きれいな，清潔な

Saubermachen [ザオバーマッヘン] 独 中 掃除

sauce¹ [ソース] (独 Soße, 英 sauce) 仏 女 ソース．液体または半流動状で，冷たいものと温かいものがある．あらかじめ料理にかけたり，別添えにして食する直前にかけ，風味，味をひき立てる．調理にも用いる

sauce² [ソース] (仏 sauce, 独 Soße) 英 名 ソース / compote cramberry ～ クランベリーソース．シロップで煮たつるこけもも．家禽料理(感謝祭，クリスマスの七面鳥など)に付け合わせる / apple ～ アップルソース．薄切りにし，シロップで煮たりんご．豚肉，ハム，じゃがいものパンケーキに添える ‖ sauce 他 ソースをかける，(ソースで)味をつける ‖ sauce 米 名 果物のシロップ煮→stewed fruit

sauce à la vanille [ソース ア ラ ヴァニーユ] 仏 女 ヴァニラ風味のデザート用ソース→sauce anglaise

sauce anglaise [ソース アングレーズ] (独 Englische Creme, Vanillesauce, 英 egg custard sauce) 仏 女 卵黄，砂糖，牛乳，香料を混ぜて火にかけ，濃度をつけたデザート用ソース．コーヒー，オレンジ，トゥロンなどの風味をつけることもある→crème anglaise

sauce au caramel [ソース オ カラメル] 仏

[女] カラメルソース．煮詰めた糖液からつくるデザート用ソース．砂糖に少量の水，レモン果汁を加え，褐色になるまで煮詰めて，むらなく色づいたら，バターと牛乳または生クリームを加えてゆるめるか水で煮溶かす．アイスクリーム，シャルロットなどにかけて使用

sauce au chocolat［ソース オ ショコラ］(仏)[女] チョコレートソース．刻んだチョコレート（ブラックまたはホワイト）にヴァニラと砂糖を加え，温めた牛乳（または生クリーム）で滑らかになるまで弱火にかけてよく混ぜたデザート用ソース．プロフィトロールやヴァニラアイスクリームに使用

sauce au touron［ソース オ トゥロン］(仏)[女] トゥーロン風味のデザート用ソース．細かく砕いたトゥーロンを牛乳で煮溶かす．卵黄，砂糖，トゥーロン入り牛乳を沸騰直前まで火にかけ濃度をつける

sauce boat［ソース ボゥト］(仏 saucière, 独 Sauciere)(英)[名] ソースボート，ソースポット．ソースを入れる容器

sauce de dessert［ソース ド デセール］(仏)[女] デザートやアントルメ，氷菓，シロップ煮の果物などに添えるソース．やや温かいものと冷たいものがある．表面全体にかけるか，あるいは別添えにする．果物，クレームアングレーズ，サバイヨン，チョコレート，カラメルが使われる

sauce fruits［ソース フリュイ］(仏)[女] 果物のピュレ，ゼリー，果汁などにシロップを加え，ヴァニラやアルコール類で香りをつけたもの

saucer［ソセ］(仏)[他] ❶ソースをかける (独 soßen, 英 sauce) ❷（皿に残った）ソースをぬぐいとる

saucière［ソスィエール］(仏)[女] ソースポット，ソースボート，ソース入れ

sauer［ザオアー］((仏 acide, 英 sour)(独)[形] 酸っぱい

Sauersahne［ザオアーザーネ］((仏 crème aigre, 英 sour cream)(独)[女] サワークリーム

sauge［ソージュ］((独 Salbei, 英 sage)(仏)[女]〔植〕シソ科．セージ．原産は地中海．葉は苦味と芳香性があり，香辛料に使われる

saumure［ソミュール］((独 Salzlake, 英 brine)(仏)[女]（塩漬けや冷媒用の）塩水

saupoudrer［ソプドレ］((独 streuen, 英 powder, sprinkle)(仏)[他]（菓子などの上に）振りかけ器を使って粉糖，ココアなどを均等に振りかける，（生地をのばす時などに）作業台や生地に小麦粉を振りかける

saupoudreuse［ソプドルーズ］((独 Stubzuckerbüchse, 英 dredger)(仏)[女]（粉糖，塩，胡椒などの）振りかけ器＝glacière (à sucre)

Säure［ゾイレ］((仏 acide, 英 acid)(独)[女] 酸

sauté［ソゥテイ］(英)[形]（油脂で）焼いた，ソテした ‖ sauté [他]（油脂で）焼く，ソテする ‖ sauté [名] ソテ．油脂で焼いた料理

sauté, e［ソテ］(仏)[形]（油脂で）焼いた，ソテした ‖ sauté [男] ソテ

sauter［ソテ］((独 braten, sautieren, 英 sauté)(仏)[自]（= faire ～）❶（バターなどの油脂を使い，水分を加えず，蓋をせず，強火でまんべんなくフライパンをゆすり，焦げ色をつけるように）炒める，ソテする ❷（クレープ，オムレツなどを）フライパンからほうり上げて裏返す (英 toss) ❸飛びあがる

sauternes［ソテルヌ］(仏)[男] ボルドー，ソーテルヌ地区の貴腐甘口AOP白ワイン．世界的名声のあるデザートワイン．蜂蜜，杏(ﾟ^)，パンデピスの香りがする→cru

sauteuse［ソトゥーズ］((独 Bratpfanne, 英 shallow stewpan)(仏)[女] ソテ用フライパン，ソテ鍋．縁が少し広がった長柄付きの鍋

sautoir［ソトワール］(仏)[男] ソテ用片手鍋．縁が垂直で浅い，長柄，蓋付き

savarin［サヴァラン］((英 savarin, 独 Savarin)(仏)[男] ❶〔アントルメ〕サヴァラン．レーズンを入れないババ生地をサヴァラン型で焼きあげ，ラム酒入りシロップに浸し，シャンティイまたはクレームパティシエールと果物（生のままか砂糖漬け）で飾ったもの．1850

年頃のパリで，ババより着想．当初ブリヤ=サヴァラン（brillat-savarin）と名づけられた．小型菓子にもする⇒baba ❷（＝moule à 〜)サヴァラン型

Savarinteig［サヴァレーンタイク］（[仏] pâte à savarin, [英]savarin dough） [独] [男] サヴァラン生地

saveur［サヴール］([独]Duft, Geschmack, [英] flavour) [仏] [女] 味（酸味，苦味，塩味，甘味，渋味，辛味，脂(油)味，えぐ味など)，風味

Savoie［サヴワ］[仏] [女] ❶ [固] サヴォワ地方．フランス南東部の地方名．果物（さくらんぼ，洋梨，胡桃，苺，フランボワーズ）の産地．ビスキュイ・ド・サヴォワ，ブリオッシュ，タルトなどがこの地方の菓子 ❷s〜 ピエスモンテ用型．直径の異なる型を6段重ねたもの．そのうち5段までに中心軸用の穴がある＝breton

savo(u)ry［セイヴリ］[英] [形] ❶味のよい，食欲をそそる（[仏] appétissant, savoureux, [独] appetitlich, schmackhaft） ❷塩味のきいた，辛口の（[仏]salé, [独]salzig） ‖ savo(u)ry [名] セイボリー，温製または冷製の小料理．カクテルパーティ，立食パーティ，あるいは食事の一部，観劇の前の食事，デザート後のつまみなどで供される．菓子用生地（シュー，フイユタージュ，練り込み生地など）やパンを台にチーズ，肉類，魚類，野菜などを組み合わせる（ダルトワ，パイエット，タルトレット，サンドウィッチ，カナッペ，キッシュ，ピザ，パテ，ブロシェット，ゆで卵，チーズトーストなど）（[仏]cuisine de pâtissier-traiteur, [独]Appetithappen, Cocktailbissen）

savo(u)ry pancake［セイヴリ パンケイク］[英] [名] クレープの上に，肉類，チーズ，野菜を置いて巻いたもの．温めて供する

savo(u)ry pie pastry［セイヴリ パイ ペイストリ］（[仏] pâte à foncer non sucrée, [独] Mürbteig, ungesüßter Teig, [英] short pastry)[米] [名] 敷き込み生地（無糖）

savoureux, *se*［サヴルー，ルーズ］（[独]köstlich, schmackhaft, [英] tasty, savo⟨u⟩ry） [仏] [形] 味のよい，風味のある

savoy bag［サヴォイ バッグ］（[仏]poche, [独] Dressiersack） [英] [名] 三角形をした，布製などの絞り袋．口金をつけて使用する⇒piping bag

savoy pipe［サヴォイ パイプ］（[仏]douille, [独] Dekortülle, Tülle)[英] [名] 口金

scaling［スケイリング］[英] [名] 生地やパウンドケーキなどを焼く前に重さを計ること

scallop［スカルップ］[英] [名] ❶ほたて貝，ほたて貝の貝柱（[仏]coquille Saint-Jacques, [独] Kammmuschel） ❷スカラップ（[仏]dentelure, feston, [独]Feston） ‖ scallop [他] 縁を波形に切る，スカラップ形にする（[仏]denteler, [独]zacken）

Scandinavian style waffle［スキャンディネイヴィアン スタイル ウォフル］（[仏]gaufre scandinave） [英] [名] 北欧風ワッフル．円形で6つのハート形に分割できる．薄く，サワークリーム，苺やラズベリーのジャム，ベリー類と共に食す．砂糖を振って食すこともある

Schablone［シャブローネ］[独] [女] ❶ヒッペンマッセ（⇒Hippenmasse）などのゆるい生地を薄く天パンに流すための型．ゴム製，金属製などがある ❷デコレーション用のすり込み型紙

Schaffhauser Rossiseli［シャッフハオザー ロッシセリ］[独] [中] スイス，シャフハオゼン地方に古くから伝わるクッキーの一種．パート・ブリゼに似た生地を棒状に切って焼く

Schaffhauser Zungen［シャッフハオザー ツンゲン］[独] [女] [複] スイス，シャフハオゼン地方のクッキー．ムラングにヘーゼルナッツの粉末を入れて焼き，プラリネなどを間に挟む

Schale［シャーレ］（[仏]écorce, [英]peel, skin） [独] [女] 果皮，表皮

schälen［シェーレン］（[仏]éplucher, peler, [英] pare, peel)[独] [他] （皮を）むく

Schäler［シェーラー］（[仏]éplucheur économe, économe, 英peeler) 独男 皮むき器, ピーラー

Schaum [シャオム] (仏英mousse) 独男 ムース

Schaumkrem [シャオムクレーム] (仏 crème mousseline, 英 mousseline cream) 独女 クレームムスリーヌ

Schaumlöffel [シャオムレッフェル] (仏 écumoire, 英skimmer) 独男 穴あきお玉, スキマー⇒Siebkelle

Schaummasse [シャオムマッセ] (仏meringue, 英meringue) 独女 ムラング＝Baisermasse, Meringenmasse

Schecke [シェッケ] 独男 ❶（焼きあげた時にできる自然の）まだら模様 ❷斑（ぶち）の雌馬（牛）

scheiden [シャイデン] 独他 分ける

Scheider [シャイダー] (仏separateur, 英separator) 独男 分割機⇒Sichtmaschine

schenkele [シャンクル] 仏男 [地方菓子] アルザス地方の棒状の揚げ菓子. クリスマス, カーニヴァルにつくる. 小麦粉, 砂糖, バター, 卵, 粉末アーモンド, キルシュを混ぜた固めの生地をソーセージ状に丸めて揚げ, 粉糖をたっぷりと振りかける

schenkla [シャンクラ] 仏男 ⇒schenkele

Schere [シェーレ] (仏ciseaux, 英scissors) 独女 はさみ

schichten [シヒテン] (仏 empiler, superposer, 英layer) 独他 重ねる

Schillerlocken [シラーロッケン] (仏 cornet à la crème, 英 cream horn) 独男 フイユタージュを角（つの）状に巻いて焼き, 中にクリームを詰めた菓子. 詩人シラーの髪型の連想から命名されたという

Schimmel [シンメル] (仏moisissure, 英 mo〈u〉ld) 独男 かび

schimmeln [シンメルン] (仏moisir, 英get musty, get mo〈u〉ld) 独自 かびが生える

Schinken [シンケン] 独男 ハム

Schinkenhörnchen [シンケンヘルンヒェン] 独中 ハムを巻いて焼いたフイユタージュ製品. オードヴル用

schlagen [シュラーゲン] 独自他 ⇒aufschlagen

Schlag-Obers [シュラーク オーバース] 独中 泡立てた生クリーム, ホイップクリーム⇒Sahne, Schlagsahne

Schlagsahne [シュラークザーネ] (仏crème fouettée, 英whipped cream) 独女 泡立てた生クリーム, ホイップクリーム⇒Sahne, Schlag-Obers

schlecht werden [シュレヒト ヴェールデン] (仏s'altérer, 英deteriorate) 独自 腐敗する, 腐る

Schleife [シュライフェ] (仏ruban, 英ribbon) 独女 リボン

Schmalz [シュマルツ] (仏graisse de porc, saindoux, 英lard) 独中 ラード＝Schweinefett

schmecken [シュメッケン] 独他 試食する ⇒kosten

Schmelzbrötchen [シュメルツブレートヒェン] (仏英madeleine) 独中 貝殻形に焼いた菓子, マドレーヌ

schmelzen [シュメルツェン] 独他 溶かす ⇒auflösen

Schmelzzucker [シュメルツツッカー] 独男 水を加えずに火にかけて溶かした砂糖

schmutzig [シュムツィヒ] 独形 不潔な

schnaps [シュナップス] 仏男 ❶シュナップス. ドイツのアルコール. 穀類, 果実の蒸留酒. 透明で, アルコール含有量は32～40％. 小さなコップでビールと共に飲む ❷〔俗〕蒸留酒

schneck [シュネーク] 仏男 アルザス地方のヴィエノワズリ, パン菓子. ブリオッシュ生地に, 砂糖漬けの果物を加えたキルシュ風味のクレームパティシエールを巻き込み, 小口切りにして焼いたもの＝schnek

Schneeballen [シュネーバレン] (仏boule de neige, 英snow ball) 独男 ❶生地を薄くのばしてひも状に切り, 球状の型に丸めて収め, 油で揚げ, 上から粉糖をかけて供する揚

げ菓子 ❷ホワイトチョコレートでつくるトリュフ ❸雪のボール, 白い玉, 白い丸い形の菓子の名称

Schneebesen [シュネーベーゼン] ([仏]fouet, [英]whisk)[独] [男] 泡立て器, ホイッパー

Schneekrem [シュネークレーム] [独] [女] 淡雪状のクリーム. カスタードクリームなどに泡立てた卵白を混ぜて軽くしたもの. 果汁を混ぜたものもある

Schneidemaschine [シュナイデマシーネ] ([仏]coupeuse, découpeuse, [英]carver, cutter, cutting machine)[独] [女] 裁断器, カッター

Schneiden [シュナイデン] ([仏]coupage, [英] cutting)[独] [中] 切ること, 裁断

schnek [シュネク] [仏] [男] ⇒schneck

Schnitte ([複] ~*n*) [シュニッテ, テン] ([仏] tranche, [英] cake slice, sliced cake)[独] [女] 切り菓子, 切り分ける菓子

Schnitzbrot [シュニッツブロート] [独] [中] 〔地方菓子〕シュバーベン地方やチロル地方の銘菓. 主にクリスマスの頃つくられる. 柔らかく煮たドライペア (干し洋梨), プラム, イースト, ライ麦, 小麦粉を加えてつくった生地を混ぜ合わせ, さらにいちじく, アーモンド, 胡桃, 砂糖漬け果物, 果物の煮汁を加える. 長くかたどって焼き, 杏 (あんず) ジャムを塗って艶を出す. その後, 砂糖漬け果物やアーモンド類を飾る. 長期間寝かせると風味が出てくる

Schoggi-Leckerli [ショッギ レッカーリ] [独] [中] 〔地方菓子〕小型のレープクーヘン. 粉末アーモンド, キルシュ, 粉糖, チョコレート, レモン, ヴァニラなどを混ぜた生地をのばして, レープクーヘンの木型に押し当て, 焼きあげてからグラスロワイヤルを塗る. スイスの一部地域の銘菓⇒Lebkuchen

Schokolade [ショコラーデ] ([仏]chacolat, [英]chocolate)[独] [女] チョコレート

schokoladen [ショコラーデン] [独] [形] チョコレートの, チョコレート製の, チョコレート色の

Schokoladen-Fächertorte [ショコラーデン フェッヒャートルテ] [独] [女] 波形に削りとったチョコレートを花形に盛った華麗なチョコレート菓子

Schokoladen-Glasur [ショコラーデング ラズール] ([仏] chocolat de couverture, [英]dip chocolate) [独] [女] クーヴェルテュール＝Kuvertüre

Schokoladenkuchen [ショコラーデンクーヘン] [独] [男] チョコレートケーキ⇒Schokoladentorte

Schokoladensauce [ショコラーデンゾーセ] ([仏] sauce au chacolat, [英] chocolate sauce)[独] [女] チョコレートソース

Schokoladensirup [ショコラーデンズィールップ] ([仏]sauce au chacolat, [英]chocolate syrup)[独] [男] チョコレートシロップ

Schokoladenspäne [ショコラーデンシュペーネ] ([仏]copeaux, [英] chocolate shaving) [独] [男] [複] チョコレートコポー

Schokoladen Spritzguss [ショコラーデン シュプリッツグッス] [独] [男] 絞り出し用チョコレート. ビターチョコレートにシロップを加えるか, クーヴェルテュールにごく少量の水かアルコールを加え, 絞れる程度の固さに練り合わせたもの

Schokoladenstreusel [ショコラーデンシュトロイゼル] ([仏]vermicelles au chacolat, [英] chocolate vermicelli) [独] [男] スプレーチョコレート

Schokoladentorte [ショコラーデントルテ] ([仏]gâteau au chacolat, [英]chocolate cake) [独] [女] チョコレートケーキ⇒Schokoladenkuchen

schön [シェーン] ([仏]beau, [英]beautiful) [独] [形] 美しい

Schöpflöffel [シェプフレッフェル] ([仏] louche, [英] ladle)[独] [男] レードル, お玉

Schrot [シュロート] ([仏]farine complète, [英] whole flour)[独] [中] 全粒粉＝Vollkornmehl

Schürze [シュルツェ] ([仏] tablier, [英]apron) [独] [女] 前掛け, エプロン

Schürzkuchen [シュルツクーヘン] [独] [男]

⇒Kameruner

Schüssel [シュッセル] ([仏]bassin, bassine, bol, cul-de-poule, cuve, terrine, [英]pot) [独] [女] ボウル, 鉢, テリーヌ

schwacher Faden [シュヴァッハー ファーデン] [独] [男] 103.7〜105℃に煮詰めた糖液. 親指と人差し指の間にとって指を広げた時, 弱い糸ができる

schwacher Flug [シュヴァッハー フルーク] [独] [男] 113.7〜115℃まで煮詰めた糖液. 針金の先を10円硬貨くらいの輪にした道具ですくいとって, 息を吹きつけると, シャボン玉のようなものができる

Schwan [シュヴァーン] ([仏]cygne, [英]swan) [独] [男] 白鳥の形につくったシュークリームや菓子

schwarze Johannisbeere [シュヴァルツェ ヨハニスベーレ] ([仏]cassis, [英]black currant) [独] [女] 〔植〕カシス, 黒房すぐり

schwarzer Tee [シュヴァルツァー テー] ([仏]thé noir, [英] black tea) [独] [男] 紅茶

Schwarzwälder-Kirschtorte [シュヴァルツヴェルダー キルシュトルテ] [独] [女] 〔地方菓子〕さくらんぼを使った, ドイツ, シュヴァルツヴァルト地方風のトルテ. 2〜3段に切り分けてキルシュで風味をつけたチョコレートスポンジの台の間に, サワーチェリー, 泡立てた生クリームを挟み, 上面にチョコレートコポーをまぶしてチェリーを飾る

Schweinefett [シュヴァイネフェット] [独] [中] ラード⇒Schmalz

Schweineohren [シュヴァイネオーレン] ([仏]palmier, [英]palmier, pig's ear) [独] [中] パルミエ. フイユタージュでつくったハート形のフールセック.「豚の耳」という意味

schwer [シュヴェール] ([仏]lourd, [英]heavy) [独] [形] 重い

Schweremasse [シュヴェーレマッセ] [独] [女] 重い生地, 種. シュベーレザントマッセ (Schweresandmasse), テークーヘンマッセ (Teekuchenmasse), エングリッシャ・フルフツクーヘン (Englischer Fruchtkuchen), バウムクーヘン (Baumkuchen), ドボスマッセ (Dobosmasse) などがある

scinder [サンデ] ([独]abteilen, [英]divide) [仏] [他] 分割する, 分ける

scone [スコン] [英] [名] スコーン ❶(本来スコットランドの)オート麦の生地を平たい円形や三角形にフライパンで焼いたパンケーキ⇒bannock ❷ベーキングパウダー, 油脂, 小麦粉, 場合により卵, レーズンを加えてつくった生地を平らにのばし, 円形に切り抜くか扇形などにして焼いた小型のパンの一種. 温めて水平に2つ割りにし, バターなどを塗って朝食, ティータイムに供する. ジャム, クロテッドクリームを添える⇒afternoon tea, high tea, Victoria scone

scone cutter [スコン カッター] [英] [名] スコーンカッター. 刻みのついた円形の型抜き

scone flour [スコン フラワー] [英] [名] あらかじめベーキングパウダーが混ぜてある小麦粉. 主にスコーン用

scone round [スコーン ラウンド] [英] [名] 小さな円筒形のプレーンまたはレーズン入りのスコーン. 上部に卵黄を塗る

scoop [スクープ] ([仏]pelle, [独]Schaufel) [英] [名] (小麦粉, 砂糖など乾いた材料をすくいとる)小さなスコップ

Scotch bap [スコッチ バップ] [英] [名] スコットランドで非常に古くからつくられているティーブレッド. 発酵生地を少量取り分け, 楕円または円形にのばし, 発酵させてオーヴンで焼いたもの. 蜂蜜, マーマレードと共に供される

Scotch black bun [スコッチ ブラック バン] [英] [名] スコッチブラックバン. 大量のレーズンが入っているため, 切り口が黒々としたスコッチバン. 1つが約500g. ラム酒に漬けたレーズン, アーモンド, スパイス, 生姜(しょうが), 糖蜜, バターなどを発酵生地に混ぜたものを, のばした別の発酵生地で包んで, 型(ローフ型か円形の型)に入れ, 上面を同じ

生地でおおって上面に卵を塗り,小さい穴をあけてオーヴンで焼く →bun

Scotch bun [スコッチ バン] 英 名 スコッチバン. 多量のレーズン,アルコールを加えてつくるので日持ちがよい. 祝いの席,新年,来客時などに,薄切りにしてウィスキーと共に供される. かつては12日節(御公現の祝日,1月6日)のお菓子として豆を入れて焼いた → bun, Épiphanie

Scotch mist [スコッチ ミスト] 英 名 セイロン茶に,ウィスキー,蜂蜜を加えた温かい飲み物. 泡立てた生クリームで表面をおおって供する.「ぬか雨まじりのスコットランドの濃霧」という意味

Scottish bap [スコティシュ バップ] 英 名 →Scotch bap

Scottish drop scone [スコティシュ ドロップ スコン] 英 名 スコッチパンケーキ,ドロップスコーン. 小麦粉,ベーキングパウダー,砂糖に卵,温かい牛乳を加えてつくった生地を,油をひいた鉄板上に,大さじ1杯分をのせ,途中で裏返して焼いたもの. 温かいうちに供する

Scottish shortbread [スコティシュ ショートブレッド] 英 名 →shortbread

scrape [スクレイプ] (仏 gratter, racler, 独 kratzen, schaben) 英 他 ❶ (=~ down) こする,かきとる ❷削りとる,こそげとる

scraper [スクレイパー] (仏 corne, 独 Horn, Teigschaber) 英 名 ❶スケッパー,カード / plastic ~ クリームなどをぬぐいとるためのプラスチック製の道具 ❷スクレイパー. 木の柄のついた金属製の刃,作業台についたものをはがすのに用いる

scuffle [スカフル] 英 名 オーヴンの底を掃除する時に使うひも付きのモップ

seal [シール] 英 他 ❶固く閉じる,密封する (仏 souder, 独 versiegeln) ❷判を押す ‖ seal 名 ❶判 ❷密封

season [スィーズン] 英 他 ❶新しい鍋,焼き型をオーヴンなどに入れて空焼きする. 表面の輝きを曇らせ,放熱をふせいで火の通りをよくするために行なう ❷味をつける,調味する ❸ (木材を使用に適するように) 乾燥させる

seasoning [スィーズニング] (仏 assaisonnement, 独 Würzen) 英 名 ❶塩,胡椒,香草で調味すること ❷調味料,香辛料

seau [複 ~x] [ソー] 仏 男 バケツ,手桶

seau à champagne [ソー ア シャンパーニュ] 仏 男 シャンパン用ワインクーラー

sec, sèche [セック, セッシュ] (独 trocken, 英 dry) 仏 形 乾いた,乾燥した / raisins ~s 干しぶどう,レーズン / petits fours ~s マカロン,クッキー類など乾いた小菓子の総称 → petit four ‖ sec 男 乾燥,乾燥した場所 / se conserver au ~ 乾燥した場所に保存する / à ~ 乾いた状態の,水を加えないで / sucre fondu à ~ 水を加えないで火にかけ溶かした砂糖

séchage [セシャージュ] (独 Trockenheit, 英 drying) 仏 男 乾かすこと,乾燥,水切り

sèche [セーシュ] 仏 女 ❶ [地方菓子] フランシュ=コンテ地方のクッキー. 小麦粉,バター,生クリーム,砂糖,オレンジの花水を混ぜた生地を薄くのばして表面に砂糖を振って焼く ❷フランス語圏スイスの菓子. 折り込み生地にラルドン(細切りの豚の背脂),クミン,砂糖を挟み込んだもの. 薄くて砕けやすい

sécher [セシェ] (独 trocknen, 英 dry) 仏 自 乾く ‖ 他 乾燥させる,乾かす

secouer [スクエ] (独 schütteln, 英 shake) 仏 他 揺り動かす

seed cake [スィード ケイク] 英 名 キャラウェイ(姫ういきょう)の入ったパウンドケーキ. 油脂,砂糖,卵,ベーキングパウダー,小麦粉,温かい牛乳でつくった生地にキャラウェイ,シナモンを加え,パウンド型で焼いたもの

segment [セグメント] 英 名 ❶ (自然にできている) 分節,区切り ❷ (オレンジ,みかんなどの) ひと房

seigle [セーグル] (独 Roggen, 英 rye) 仏 男

〔植〕ライ麦. ライ麦粉はグルテンが微量なため, パンにする時は一般に小麦粉を混ぜる. 茶色の目が詰まった, 少し酸味のある日持ちのよいパンができる. その他, パンデピスや菓子類に使われる→pain de seigle

seihen［ザイエン］独他 裏漉しする, 漉す

Seite［ザイテ］(仏côté, 英side)独女 側面

séjourner［セジュルネ］(独verweilen, 英stay)仏自 (ある場所に)留まる／Une pâte doit ～ au réfrigérateur 生地によっては冷蔵庫にしばらく置かねばならない

sel［セル］(独Salz, 英salt)仏男 塩, 食塩. 調味料, 保存剤として使われる. 海水から抽出する海塩と地中で結晶した岩塩がある. 粒子の大きさにより, 数種類に分けられる. グロ・セル(粗塩gros sel)は, 大粒で工業用や料理の下準備に使用する. セル・ド・キュイジーヌ (sel de cuisine) は粒子が細かく, 料理の過程で使用する. セル・ファン (食卓用精製塩sel fin＝セル・ド・ターブルsel de table)は, 料理の最後の仕上げや, サラダ, 菓子などに使用する

self-raising flour［セルフ レイズィング フラワー］英名 一定量の膨張剤を混入した小麦粉. オーヴンで焼く発酵生地, フイユタージュ以外の菓子類に使用

Selkirk bannock［セルカーク バノック］英名 1859年以来, スコットランド南部の旧州セルカークでつくられてきたバノック. サルタナ種のレーズン, ピールの入った発酵生地を454g (1ポンド)に取り分け, 丸くかたどって焼いたパン→bannock

Seltz［セルス］仏女 (＝eau de ～)ゼルテル(セルツァ)水. 発泡性ミネラルウォーター. 人工的圧力によって炭酸を注入する場合もある. 主にカクテルに使用. ドイツの鉱泉水産地の名前

semer［スメ］(独verstreuen, 英sprinkle)仏他 まき散らす, ばらまく

semi-［スミ］仏接頭 「半ば, 部分的, ほとんど」の意を表わす複合語をつくる

semi-confit, e［スミ コンフィ, フィート］仏形 果物の砂糖漬けが半生の

semi-cuit, e［スミ キュイ, キュイート］仏形 半焼けの, 途中まで焼いた

semi-élaboré, e［スミ エラボレ］仏形 半製品の／pâtisserie ～-～e 半製品菓子

semi-fini, e［スミ フィニ］(独Halbzeug, semifinished)仏形 半製品の

semis［スミ］仏男 散らし模様

semi-sphérique［スミ スフェリック］仏形 半球形の

Semmel［ゼンメル］独女 ドイツの小麦粉パンの一種

semolina［セモリーナ］(仏semoule, Grieß)英名 セモリナ. パスタ類の製造に用いられる硬質小麦の粗挽き粉

semoule［スムール］(独Grieß, 英semolina)仏女 ❶穀物の粗挽き粉. 穀粒を湿らせて籾殻を除いた後, 挽いてふるいにかけ麩(ふすま)を除いたもの(→farine). 特に硬質小麦(→blé dur)のものを指すが, 米, とうもろこし(→polenta), そば(→kacha)のものもある. 小麦粉と同じように使われる. プディング, クリーム類, スフレなどのアントルメに使われる／～ supérieure 硬質小麦粒の胚乳部だけを粗挽きにしたもの. 粒子の大きさは, クスクス用の粗挽き (grosse), 菓子, ニョッキ用の中挽き (moyenne), ポタージュ, 粥(かゆ)用の細挽き (fine) の3段階に分けられる ❷ (＝sucre ～) 微粒グラニュー糖／～ courante 胚乳部外部も一緒に粗挽きにしたもの. ミネラル分が多い

semoule blanche［スムール ブランシュ］仏女 硬質小麦の粗挽き粉

semoule de riz［スムール ドリ］仏女 米粒を砕いて粗挽きしたもの. 製菓, ソースのつなぎに用いる＝crème de riz, farine de riz

semoule jaune［スムール ジョーヌ］仏女 小麦粉をサフランで着色したもの. とうもろこしの粗挽きと混同される

sens［サンス］(独Richtung, 英direction)仏男 方向, 向き／la gousse de vanille fendue dans le ～ de la longueur 縦方向に切

り開いたヴァニラビーンズ

sentir［サンティール］(仏)他 （卵の新鮮度などを使用する前に）判断する, 感じとる, 見極める

séparer［セパレ］((独)trennen, (英)separate) (仏)他 （～ de...) 分ける, 分離させる／～ les blancs des jaunes 卵白と卵黄を分ける ‖ se ～ 代動 分離する／ La crème au beurre se sépare バタークリームが分離する

série［セリ］((独)Serie, (英)series) (仏)女 ❶ひと続き, シリーズ ❷一揃い, セット／ une ～ de moules （大中小）型の1セット ❸（規格品の）量産／ faire en grande ～ 大量生産する

seringue［スラング］((独)Spritze, (英)syringe) (仏)女 （注射器型の）絞り出し器, シリンジ

serpentin［セルパンタン］((独)Spuler, (英)coil) (仏)男 ／～ frigorigène 冷却らせん（蛇）管

serpent quercynois［セルパン ケルスィヌワ］(仏)男 → pastis quercynois

serrated knife［セレイティッド ナイフ］((仏)couteau scie, (独)Sägemesser) (英)名 波刃ナイフ

serrer［セレ］(仏)他 ❶間隔を詰めて並べる ❷卵白や生クリームを泡立てる際, 分離しないように（砂糖を入れて）強く打ちながら均質にきめ細かくする ❸（ソースの）水分をとばしながら, 濃度を増す ❹発酵生地に滑らかさとこしを出すために, 内部のガスを抜くように押し, 転がす（ガス抜き）／～ des boules de pâte à brioches 丸めたブリオッシュ生地を押してガスを抜く

service［セルヴィス］(仏)男 ❶料理を客に勧めること, 出すこと → libre-service, service à la française, service à l'anglaise, service à la russe, service simplifié ❷ティータイムやフォンデュなどの限定された料理, デザートなどに使われる道具一式（皿を含むこともある） → service à café, service à condiments, service à fondue, service à gâteau ❸食卓で使用する道具一式. テーブルクロ ス, 食器のセット → service de table

service à café［セルヴィス ア カフェ］(仏)男 コーヒーセット. 盆, カップ, ソーサー, スプーン, ポット, シュガーポット, ミルクポットで一式

service à condiments［セルヴィス ア コンディマン］(仏)男 食卓の薬味台 ＝ ménagère → ménager

service à fondue［セルヴィス ア フォンデュ］(仏)男 フォンデュセット. コンロ, 鍋, 長柄のフォークで一式. その他, 銘々皿, ソース用ポットがついているものもある → service fondue à chocolat

service à gâteau［セルヴィス ア ガトー］(仏)男 ティータイムまたはデザート用の一式. 菓子を盛る大皿, ケーキサーヴァー, 銘々皿のセット, またはデザートフォークとケーキサーヴァーのセット

service à la française［セルヴィス ア ラ フランセーズ］(仏)男 ❶フランス式サーヴィス. 料理を盛った大皿をボーイが持ち, 各自が取り分け用サーヴァーで自分の皿にとる ❷ルイ14世時代の儀式的大宴会方式で, 第2帝政時代まで行なわれた 1）ポタージュ, オードヴル, アントレ, 魚, ロースト 2）ロースト（2回目）, 冷肉, 野菜, 甘いアントルメ 3）ピエスモンテ, 菓子, 果物の3部門に分かれ, 各部門ごとに多種の料理を食卓に並べる方法. 会食者が選択して各皿に取り分ける. 今日の立食パーティのビュッフェにその名残りがみられる

service à l'anglaise［セルヴィス アラングレーズ］(仏)男 イギリス式サーヴィス. 大皿に盛った料理を, ボーイが各人の皿の上に取り分ける方法

service à l'anglaise avec guéridon［セルヴィス ア ラングレーズ アヴェック ゲリドン］(仏)男 小型円卓を使ったイギリス式サーヴィス. 大皿に盛った料理を脇の小テーブルで各皿に取り分けるサーヴィス方法 → service à la russe

service à la russe［セルヴィス ア ラ リュス］

(仏)[男] ❶ロシア式サーヴィス．大皿に盛った料理をまず客に見せてから，ボーイが脇の小テーブルで各皿に取り分ける→service à l'anglaise avec guéridon, service au guéridon ❷会食者が前もって料理を決めて注文，出来あがったら順次に会食者にサーヴィスをする方法．第2帝政時代パリ駐在ロシア大使が，フランスに紹介，次第にそれまでの豪華絢爛なフランス式サーヴィスに取って替わった→service à la française

service à l'assiette［セルヴィス ア ラ スィエット］(仏)[男]→service simplifié

service à thé［セルヴィス ア テ］(仏)[男] 紅茶セット→service à café

service au guéridon［セルヴィス オ ゲリドン］(仏)[男] 小卓を使ったサーヴィス→service à la russe

service de table［セルヴィス ド ターブル］(仏)[男] ❶テーブルクロスとナプキンのセット ❷(同じ柄の)食器一式→service

service fondue à chocolat［セルヴィス フォンデュ ア ショコラ］(仏)[男] チョコレートフォンデュセット．陶器製フォンデュ鍋，フォーク，コンロで一式→service à fondue

service simplifié［セルヴィス サンプリフィエ］(仏)[男] 簡略化した給仕法．調理場で1人用の各皿に料理を盛りつけて，テーブルに運ぶ方法．調理場で美しく盛りつけができるので，レストランでは徐々にこの方法を取り入れている．また，大皿に盛りつけてテーブル上に置き，各人が取り分ける方法も指す＝service à l'assiette

serviette［セルヴィエット］(仏)[女] ❶各自のテーブルナプキン．食事中衣服が汚れないようにしたり，口をぬぐうのに使用（(独)Serviette, (英)serviette, (米)table napkin） ❷（＝〜 de toilette）（洗面用）タオル，手拭い（(独)Handtuch, (英)towel）→essuie-mains, torchon ❸書類かばん

servir［セルヴィール］(仏)[他] ❶（料理，菓子などを食べてもらうために）テーブルに出す，供する（(独)servieren, (英)serve） ❷（〜 à ...）…に役立つ／ce couteau sert à couper les légumes. このナイフは野菜(切り)用です ‖ se 〜 [代動] ❶（〜 de...）…を使う（(独)benutzen, (英)use） ❷（飲み物や食べ物を）〜の状態で出す／〜 chaud 熱い状態で出す ❸（料理や飲み物を）自分で取り分ける，注ぐ／servez-vous 自分でお取りになって下さい

Sesam［ゼーザム］((仏)sésame, (英)sesame）(独)[男] ごま

sésame［セザム］((独)Sesam, (英)sesame）(仏)[男]〔植〕ゴマ科．ごま．原産はアフリカまたはインド．採油植物．煎って使用．パン，ブリオッシュ，アジアやアフリカの菓子に使われる／graines de 〜 ごま粒

Sesamkuchen［ゼーザムクーヘン］(独)[男] ごまを混ぜた発酵生地の菓子

set［セット］(仏)[他] ❶固める（(独)fixer, (独)festlegen） ❷置く ‖[自] 固まる，凝固する（(仏)prendre, (独)fest werden） ‖ set [名]（道具・食器などの）セット，一揃い（(仏)série, service, (独)Serie）

setting［セッティング］(英)[名] ❶1人分の食器類一式（(仏)couvert, (独)Satz） ❷オーヴンに菓子やパンを入れること ❸据えつけること，セッティング ❹（太陽・月の）沈むこと

setzen［ゼッツェン］((仏)mettre, placer, poser, (英)put on）(独)[他] のせる

shaker［シェイカー］((仏)shaker, (独)Shaker）(英)[名] シェイカー．蓋がきっちりと閉まるゴブレット形のカクテル用の器具．中に氷とカクテルの材料を入れてよく混ぜ合せる（シェイクする）ために用いる

shamouti［シャムティ］(仏)[女] シャムティ種のオレンジ．旬は1月〜3月，イスラエル産．皮に厚みがあり大きい．種子があり，果肉はさくさくしていて果汁は少ないが，香り高い→blonde

shaving［シェイヴィング］((仏)copeau, (独)Holzspan）(英)[名]（しばしば複数）削り屑

sheet cake［シート ケイク］(米)[名] シートケーキ．大きく平らな，長方形のケーキ．間

にクリームなどを挟み，全体をグラスがけして，上面にメッセージや飾りつけをする．主にチョコレートやヴァニラ風味．ココナッツやナッツ類を全体にまぶしたものなどもある．アメリカでは食料品店で購入できる手軽な祝い菓子

shell［シェル］英名 ❶（卵の）殻（仏 coque, coquille, 独 Schale） ❷（ムラング，フイユタージュでつくった）殻，ケース（仏 croûte, 独 Haut）／ meringue 〜 ムラングでつくったケース／ patty 〜 フイユタージュでつくった殻，ケース．肉，魚介類，果物などをくぼみに詰める→ pastry shell

sherbet［シャーベット］英名 ❶果汁に水，砂糖を加えた冷たい飲み物 ❷重炭酸ソーダ，クリームタータ，砂糖，香料などでつくった発泡性の飲み物，または，その発泡性飲料をつくる元となる粉末→ sherbet powder ‖ sherbet 米 シャーベット，果汁に，牛乳，卵白，あるいはゼラチンを加えて凍らせた氷菓（仏 sorbet, 独 Sorbet）→ sorbet², water ice

sherbet powder［シャーベット パウダー］英名 重炭酸ソーダ，クリームタータ，砂糖，香料を混ぜた粉末．水を加え，発泡性の清涼飲料水をつくる

sherry［シェリー］英名 シェリー酒．ゼレスの英語名

short［ショート］（仏 sablé, 独 knackig, knusprig）英形（クッキーなどが）さくさくする，ぼろぼろする

shortbread［ショートブレッド］（仏 sablé, 独 Butterkeks）英名（= Scottish 〜）ショートブレッド．ぼろぼろした歯応えのスコットランドのクッキー，サブレ．多量のバター，砂糖，小麦粉で生地をつくり，1〜2cmくらいの厚さにのばし，大小円形またはシート状に成形し，上部にフォークなどで小さい穴をあけ，焼きあげる．大きな円形のものはオーブンから取り出したらすぐに三角に切り分ける．シート状のものはスティックになるよう切れ目を入れ，冷めてから切り離す（→ shortbread finger）．日常的に紅茶と食す．クリスマス，新年の伝統菓子でもあり，その場合，オレンジやレモンの皮で飾る．パート・ダマンド，粉末アーモンドを加えることもある = Scottish shortbread → sablé

shortbread biscuit［ショートブレッド ビスキット］英名 抜き型を使って成形したショートブレッド．バター，砂糖，卵，薄力粉でつくった生地を使い，ナッツや砂糖漬け果物を混ぜたりもする．ナッツ類を上面に飾ってもよい→ shortbread

shortbread finger［ショートブレッド フィンガー］英名 棒状に切り分けた長方形のショートブレッド→ shortbread

shortcake［ショートケイク］英名 小麦粉，油脂，砂糖，卵，牛乳，ベーキングパウダーでつくった生地を天パン上にスプーン1杯を落として焼いた菓子．さくさくしてくずれやすいティーケーキ（→ tea cake）／〜 biscuit 油脂と砂糖をクリーム状に混ぜた生地を星口金で天パン上に絞り出し，焼きあがったら粉糖を振りかけた小さい柔らかな菓子 ‖ shortcake 米 ベーキングパウダーで焼いた甘い小さなパン．外皮はしっかり固い（→ bisucuit²）= sweet biscuit ／ strawberry 〜 ショートケーキを2段に切り，薄切りにして砂糖に漬けておいた生の果物（苺，桃）と泡立てた生クリームを挟み，上部にも同様に果物とクリームで飾ったアメリカのデザート．日本式はスポンジを使い，誕生日などの祝い菓子にもつくる

short crust pastry［ショート クラスト ペイストリ］英名 練り込み生地→ short pastry

shorten［ショートン］（仏 briser, sabler, 独 mürbe machen）英他（小麦粉に油脂をすり混ぜて）さくさくさせる，ぼろぼろにする

shortening［ショートニング］英名 ❶（小麦粉を使った焼き菓子の総称）油脂の総称．バター，ラード，植物性油脂など（仏 matière grasse, 独 Fett） ❷ショートニング．代用ラードとして開発された植物性油

脂→compound fat ‖ shortening 他（クッキーなどを油脂を加え）さくさくさせる

short pastry [ショート ペイストリ]（仏pâte brisée, 独Mürbeteig）英名 焼くともろく、くずれやすい生地、練り込み生地の総称．小麦粉と油脂をすり混ぜ、卵を加えたもの＝short crust pastry, short paste

Shrewsbury cake [シュルーズベリ ケイク] 英名 イギリス西部シュルーズベリーの銘菓．砂糖, シナモン, 卵, バター, 小麦粉でつくった生地を4mmの厚さにのばし, 菊形の直径10cmの抜き型で抜いたビスケット／〜biscuit 直径5cmの丸抜き型で抜いたビスケット

shrinkage [シュリンキッジ]（仏raccourcissement, 独Verkürzung）英名 収縮, 縮み

Sichter [ズィヒター]（仏tamiseuse, tamiseur, 英sieving machine）独男 ふるい, ふるい機→Sichtmaschine, Siebmaschine

Sichtmaschine [ズィヒトマシーネ] 独女 ふるい機→Sichter, Siebmaschine

Sieb [ズィープ]（仏chinois, tamis, 英sieve, strainer）独中 ふるい, 漉し器, シノワ

sieben [ズィーベン]（仏cribber, tamiser, 英sieve, sift）独他 ふるう, ふるいにかける, 漉す

Siebkelle [ズィープケッレ] 独女 スキマー, 穴あきお玉→Schaumlöffel

Siebmaschine [ズィープマシーネ] 独女 ふるい機→Sichter, Sichtmaschine

sieve [スィヴ]（仏tamis, tamiser, 独Sieb）英名 ふるい／hair 〜 馬の毛でつくったふるい ‖ sieve 他 ふるいにかける, 裏漉しする

sift [スィフト]（仏tamiser, 独sieben）英他 ふるう, ふるいにかける

sigle [スィーグル] 仏男 頭文字による略号／chablonner le 〜 de la maison 店の頭文字（の略号）を（型紙を使って）刷り込む

Silber [ズィルバー]（仏argent, 英silver）独中 銀色

Silberperlen [ズィルバーペルレン]（仏perle argentée, 英dragée）独女複 アラザン

Silform [スィルフォルム] 仏固〔商標〕シルフォルム．ドゥマルル社開発製品．シリコンとグラスファイバーを編目状に加工した型．シュー生地の絞り出し, タルトレットの空焼き（重しやピケの必要がない）などに用いるほか, 冷凍, 発酵, 焼成にと, 使用範囲は広い

silicone [スィリコヌ] 仏女 シリコン．柔軟性, 堅牢性, 耐熱性にすぐれ, 洗浄しやすく, 付着しないため, 容器, 各種型, 刷毛, 調理皿, 水切りなどの調理用具の素材として使われる．シリコン樹脂をコーティングしたシートは天パンに敷いて, ムラング, ヴィエノワズリ, 生地の台などを焼くのに使用する．-40℃から300℃に対応→Flexipan

sillon [スィロン] 仏男 筋, 線, 畝溝

Silpain [スィルパン] 仏固〔商標〕シルパン．ドゥマルル社開発製品．シリコンとグラスファイバーでできたメッシュ状のベーキングシート．メッシュ状なので油などは天パンに落ち, 火の通りがよい．小型パン, サブレなどに使用する

Silpat [スィルパット] 仏固〔商標〕シルパット．ドゥマルル社開発製品．シリコンにグラスファイバーが組み込まれたシリコン製耐熱ベーキングシート→Exopat

simmer [スィマー]（仏frémir, 独köcheln）英他自 （沸騰しない程度に）ぐつぐつ煮る（煮える）

Simnel cake [スィムヌル ケイク] 英名 シムネルケーキ．中段にパート・ダマンドを敷いて焼いた円形のフルーツケーキ．仕上げはケーキが冷めてから上面をパート・ダマンドでおおい, 周囲に11個のパート・ダマンドのボール（ユダを除くキリストの11人の弟子を表わす）を飾りつけて, 再びオーヴンで焼き, 菓子の側面にリボンなどを巻きつける．復活祭用に焼かれる

simple [サンプル]（独einfach, 英simple）仏形 ❶単純な ❷単なる ❸素朴な, 簡素な

simplement [サンプルマン] 仏副 ❶簡単

に ❷ただ単に ❸簡素に

simplifier［サンプリフィエ］（独vereinfachen, 英simplify）仏他 単純化する, 簡単にする, 簡略にする

simuler［スィミュレ］（独simulieren, 英simulate）仏他 見せかける,（物に）見立てる

singapour［サンガプール］仏男 ❶〔アントルメ〕ジェノワーズを2段に切り, 杏(ᅟᅠ)ジャムとシロップ煮のパイナップル（または杏）を挟み, 全体に杏ジャムを塗り, 砂糖漬けの果物で飾ったもの ❷固 S〜 シンガポール

singer［サンジェ］仏他 ❶（水, ワインなどの液体を加える前に）油で炒めている材料に小麦粉を振りかける. だまができずに小麦粉が液体に混じり, とろみが出る ❷〔古〕カラメルで着色する／〜 une sauce ソースをカラメルで着色する

siphon［スィフォン］仏男 ❶サイフォン, 吸い上げ管 ❷炭酸水を入れるアルミニウム製の1ℓ瓶. 口元に内部につながった曲った管がついている

siphon à crème chantilly［スィフォン ア クレーム シャンティ］仏男 生クリーム用サイフォン. 炭酸ガスにより, 瞬間的に生クリームを白く泡立てる⇒écume

sirop［スィロ］（独Sirup, 英syrup）仏男 ❶シロップ. 砂糖を水で溶かした液, あるいは果汁で溶かした液. 保存するには, 比重度が沸点で1.2624（ボーメ30度）から1.2850（ボーメ32度）でなければならない. 煮詰めすぎると結晶化が起こり, 煮詰め足りないと発酵が起こる. ジャム, シャーベットの製作, サヴァランなどの菓子などに染み込ませたり, フォンダンの製作に使用／〜 léger 薄いシロップ／〜 épais (lourd) 濃い（糖度の高い）シロップ／〜 à entremet アントルメ用シロップ（ジェノワーズ, ババなどに含ませたり, フォンダンをゆるめるのに使う）／〜 au café コーヒー風味のシロップ ❷（＝〜 de fruits）果汁に砂糖を加え, 火にかけて溶かしたもの ❸糖度の高い糖液にエッセンス, 芳香性蒸留水を加えたもの. 薄めて, 飲み物またはカクテルに使う⇒sirop de grenadine, sirop de menthe, sirop d'orgeat ❹シロップ状のもの⇒sirop de fécule, sirop d'érable

siropage［スィロパージュ］仏男 シロップに浸すこと, ジェノワーズやビスキュイなどにシロップを染み込ませること

sirop à 30°B［スィロ ア トラント ドゥ グレ ボーメ］仏男 ボーメ30度のシロップ（比重度1.2624）. 砂糖1.2kgを1ℓの水で煮溶かした液. フォンダンを柔らかくしたり, サヴァランなどの菓子へ染み込ませたり, フィユタージュ菓子の表面のグラスがけ, またシャーベットの製作などに使用する

sirop de cassis［スィロ ド カスィス］仏男 カシスシロップ. 皮を除いたカシスの果汁に砂糖を加えて火にかけ溶かしたシロップ

sirop de fécule［スィロ ド フェキュル］仏男 水アメ⇒glucose

sirop de fruits［スィロ ド フリュイ］仏男 果物のシロップ. 果汁に砂糖を溶かしたもの. 例として果汁500gに砂糖750g〜1kg. 比重度は1.2624（ボーメ度30度）から1.2850（ボーメ度32度）. 一般には赤色果物（カシス, フランボワーズ, 苺）を使う

sirop de gomme［スィロ ド ゴム］（独Zuckersirup, 英gum syrup）仏男 ガムシロップ. アラビアゴムと糖度の高いシロップを混ぜたもの

sirop de grenadine［スィロ ド グルナディヌ］仏男 グレナデンシロップ, ざくろのシロップ

sirop de Liège［スィロ ド リエージュ］仏男 リエージュシロップ. ベルギーの洋梨のシロップ. 茶褐色, 濃度が高い. 朝食でパンに塗って食す

sirop de menthe［スィロ ド マント］仏男 ミントのシロップ. 糖液にミントのエッセンスを加えたもの

sirop d'érable［スィロ デラーブル］（独

Ahornsirup, 英maple syrup）仏男 メープルシロップ. 砂糖かえでの樹液を煮詰めたもの. 樹液は寒暖の差が最も大きくなる1月から4月に採取される. 主な産地はカナダのケベック州. クレープ, アイスクリーム, スコーンにかけたり, スフレ, ムースなどの香りづけに使用する

sirop de rose ［スィロ ドローズ］仏男 ばらのシロップ. ローズシロップ. 砂糖と水を弱火で20分煮たシロップにばらの花びらを入れ, 一晩おく. フィルターで漉してから沸点まで火にかけて瓶詰めにする. 水や炭酸水で割った飲み物, ミルクシェイク, カクテル, アイスクリームやシャーベットに利用する →Ispahan

sirop de sucre ［シロ ド スュクル］仏男 糖液. グランフィレ（106〜110℃）に煮詰めたシロップ. グラサージュや菓子製作に幅広く使う＝sucre liquide →囲み［sucre］, sirop

sirop d'orgeat ［スィロ ドルジャ］仏男 アーモンドシロップ. アーモンドミルクと糖度の高い糖液を混ぜたもの

siroper ［スィロペ］仏他 ❶（ビスキュイ, 特に発酵生地でつくった菓子の台や底を）シロップに浸す＝siroter ❷（生地, フォンダンを柔らかくするために）シロップを加える →imbiber

siroter ［スィロテ］仏他 →siroper

Sirup ［ズィールップ］（仏sirop, 英syrup）独男 シロップ

Sirupteig ［ズィールップタイク］独男 水アメと小麦粉でつくったレープクーヘン（→Lebkuchen）の生地

skewer ［スキューア］（仏brochette, 独Schaschlik）英名（木製または金属製の料理用の）串

skillet ［スキリット］（仏casserole, 独Kasserolle）英名 ❶シチュー鍋 ❷足, 長柄付きの鍋 ‖ skillet（仏poêle, 独Bratpfanne）米 フライパン＝frying pan

skimmer ［スキマー］（仏écumoire, 独Schaumlöffel, Siebkelle）英名（灰汁（あく）と

り用の）網杓子, スキマー

skin ［スキン］（仏peau, pellicule, 独Film, Haut）英名 外皮, 薄い膜

skining ［スキニング］英名（生地の表面が乾燥して）薄い膜が張ること

slab ［スラッブ］英名 ❶厚板（仏plaque, tablette, 独Tafel) ❷（食べ物などの）厚切り（仏grosse tranche, 独Schneiden in dicke Scheiben）／〜 chocolate 厚い板チョコ ❸（＝〜 cake）スラブケーキ →slab cake

slab cake ［スラッブ ケイク］英名 ❶スラブケーキ. パウンドケーキ（プレーンまたはレーズン入り）を30×20cmくらいの1枚の大きさに焼いたもの ❷スラブケーキを同じ大きさに切り分け, 透明な包装紙に包んだもの

sleeve ［スリーヴ］英名（＝pudding 〜）蒸しプディング用の樋形の型

slice ［スライス］英名 ❶薄く切った1片（仏tranche, 独Scheibe）❷帯状につくり, 小口から長方形に切り分けた菓子

smooth ［スムーズ］（仏lisser, 独glätten）英他 平らにする, 滑らかにする ‖ smooth（仏homogène, lissé, 独glatt）形 滑らかな, （ソースなどが）よく混ざった, むらのない

smoothy （複 〜ies）［スムーズィ, ズィーズ］英名 スムージー. ムース状のとろりとした飲み物. フルーツジュースか野菜ジュースに, 水分（牛乳, ハーブティー, ブイヨン）またはクリーム状のもの（ヨーグルト, アイスクリーム, シャーベット）をジューサー, ミキサーなどを使って混ぜ合わせたもの. 瓶詰めや紙パック詰めの市販品もある

snack(-bar) ［スナック（バー）］仏男 ファストフード店, 軽食堂. 軽食（ハンバーガー, ホットドッグ, ローストチキンなど）をソフトドリンクと共に, スタンドで時間制限なしに供する

snap ［スナップ］英名 バター, 小麦粉, ゴールデンシロップ, 生姜（しょうが）などのスパイスをすり混ぜた生地を焼いたクッキー／ brandy 〜 ブランデースナップ. 生地を薄く円形に焼き, 筒状に巻いて生クリームを詰めたも

の．イギリス，アイルランドの日常的デザート菓子／brandy 〜 basket ラムカンのように成形したブランデースナップ．アイスクリーム，クリームなどを詰める／ginger 〜 円形の生姜入りクッキー

snow［スノウ］英 名 ❶泡立てた卵白（仏〈blanc en〉neige, 独 Eischnee）❷雪

snow egg［スノウエッグ］英 名〔冷アントルメ〕泡雪たまご，ウ・ア・ラ・ネージュ

soak［ソウク］（仏 puncher, tremper, 独 einlagen, tränken）英 他 浸す，漬ける

sobre［ソーブル］（独 schlicht, 英 moderate）仏 形（菓子の装飾などが）あっさりした，節度のある，控え目な

Soda［ゾーダ］（仏 soude, 英 soda）独 中 ソーダ

soda［ソーダ］（独 Soda, 英 soda water）仏 男 ❶炭酸水．レモン，オレンジなどの果汁に加えて用いる ❷炭酸ソーダ

soda bread［ソウダ ブレッド］英 名 北アイルランドの即席パン．ソーダブレッド ❶ (= Irish 〜) 炭酸水素ナトリウム，重曹，バターミルク，塩，小麦粉，全粒粉でつくった生地を1ポンド（454 g）に分けて丸め，上部に十字の切れ目を入れて焼く．薄切りにしてバター，ジャムをつけ，紅茶と共に午後のお茶に供する ❷ (= wheaten 〜) 全粒粉を使い，甘くしたもの．アイルランドに重曹がもたらされた1850年頃からつくられはじめた → farl, griddle cake

sodium bicarbonate［ソウディアム バイカーブニット］（仏 sodium bicarbonate, 独 Natriumhydrogenkarbonat）英 名〔化〕重炭酸ナトリウム．ベーキングパウダーの成分

soft［ソフト］（仏 mou, doux, 独 weich, zart）英 形 柔らかな

soft flour［ソフト フラワー］英 名 薄力粉．グルテン質が弱い小麦粉

soggy［ソギー］（仏 mouillé, 独 feucht, nass）英 形 水を含んだ，湿った

soigneusement［スワニューズマン］（独 sorgfältig, 英 carefully）仏 副 注意深く，丁寧に

soil［ソイル］（仏 salier, 独 schmutzig machen）英 他 汚す，汚くする

soin［スワン］（独 Aufmerksamkeit, Sorgfalt, 英 attention, care）仏 男 細心，注意，心配り／apporter du 〜 à... …を注意深く行なう／avoir 〜 de + inf 気をつけて…する／avec 〜 注意深く，注意を払って

soit［スワ］（独 oder, 英 or）仏 接 二者択一を示す接続詞／〜..., 〜... …か，あるいは…か／aplatir les choux légèrement au doit humide, 〜 à l'aide d'une cuillère mouillée（絞り出した）シューを湿らせた指で，あるいは濡らしたスプーンを使って（上部を）軽く平らにする

Sojabohnen［ゾーヤボーネン］（仏 soja, 英 soya beans, soybeans）独 女 複 大豆

Sojamehl［ゾーヤメール］（仏 farine de soja, 英 soya bean flour）独 中 大豆粉

Sojaöl［ゾーヤエール］（仏 huile de soja, 英 soy oil）独 中 大豆油

sole［ソル］仏 女（= 〜 du four）炉床，オーヴンの下段

solide［ソリッド］（独 stabil, 英 firm, solid）仏 形 丈夫な，堅固な，しっかりした

solidification［ソリディフィカスィヨン］仏 女 凝固

solidifier［ソリディフィエ］仏 ‖ se 〜（独 einfrieren, erstarren, 英 solidify）代動 凝固する

solidité［ソリディテ］（独 Stabilität, 英 solidity）仏 女 丈夫さ，強固さ

solilem［ソリレム］仏 男 → solilemme

solilemme［ソリレム］仏 男 ソリレム．アルザス地方発祥．卵，バター，生クリームがたっぷりと入り，しっとりしたブリオッシュの一種．熱いうちに2つに割り，溶かしバター（有塩）をたっぷり染み込ませる．ティータイムあるいは，薄切りにして燻製魚に添えて供される．イギリス，バースの銘菓，サリーラン (Sally Lunn) の原形といわれている＝

solilem, solilème

soluble [ソリューブル] 仏形 溶ける / café 〜 インスタントコーヒー

sommet [ソメ] (独Gipfel, 英top) 仏男 頂き

son [ソン] (独Kleie, 英bran) 仏男 麬(ふすま), 糠(ぬか). 穀物の粒を包んでいるもの. ビタミンBを多く含む / pain de 〜 麬入りパン

Sonnenblumenöl [ゾンネンブルーメンエール] (仏huile de tournesol, 英 sunflower oil) 独中 ひまわり油, サンフラワー油

sorbet[1] [ソルベ] (独Sorbett, 英sorbet, 米sherbet) 仏男〔氷菓〕シャーベット, ソルベ. 果物のピュレや果汁 (→ sorbet aux fruits), ワイン, リキュール, アルコール類 (→ sorbet à l'alcool, sorbet à la liqueur, sorbet au vin), その他, 茶, ハーブティーなどに, シロップを混ぜて回転凍結したもの. 泡立てた卵白を加えることもあるが, 乳脂肪分, 卵黄は入らない. デザート, または食事の間に口直しとして出される→glace, 〔付録〕la glacerie

sorbet[2] [ソーベット] 米名 発泡性の甘いインスタントのソフトドリンク

sorbet à l'alcool [ソルベ ア ラルコール] 仏男〔氷菓〕アルコール, 水, 砂糖を混ぜて回転凍結したもの→〔付録〕la glacerie

sorbet à la liqueur [ソルベ ア ラ リキュール] 仏男〔氷菓〕リキュール, 水, 砂糖を混ぜて回転凍結したもの→〔付録〕la glacerie

sorbet au vin [ソルベ オ ヴァン] 仏男〔氷菓〕ワイン, 水, 砂糖を混ぜて回転凍結したもの→〔付録〕la glacerie

sorbet aux fruits [ソルベ オ フリュイ] 仏男〔氷菓〕フルーツシャーベット. 果物のピュレ, 果汁, 水, 砂糖を混ぜて回転凍結したもの

sorbetière, sorbétière [ソルブティエール, ソルベティエール] (独Eismaschine, 英ice cream freezer) 仏女 アイスクリームフリーザー, 氷菓製造器

Sorbett [ゾルベット] (仏 英sorbet, 米sherbet) 独中〔氷菓〕シャーベット

sorbex [ソルベックス] 仏男 ソルビット, ソルビトール. 1872年に, フランスでななかまど (ソルビエ) の果実から抽出された顆粒状の転化糖. 現在は工業的に合成した人工甘味料を指す. 吸湿性があり, 保湿効果にすぐれる→alise, sorbitol

sorbier [ソルビエ] 仏男〔植〕バラ科, ななかまどの一品種

Sorbitt [ゾルビット] (仏 英sorbitol) 独男 ソルビット. 甘味料, 保湿剤などとして使用される

sorbitol [ソルビトール] 仏男 ソルビット, ソルビトール＝sorbex

sorgho [ソルゴ] 仏男〔植〕イネ科. もろこし, 高黍(こうきび). 原産はアフリカ. 熱帯でとれる穀物の一種. 大麦, 小麦, 米, とうもろこしに次いで世界で最も栽培されている. 粥(かゆ), ガレットに用いられる

sortie [ソルティ] 仏女 / à la 〜 de ... …から出して / à la 〜 du four オーヴンから出して

sortir [ソルティール] 仏自 (〜 de...) (ある場所から) 出る / au 〜 de... …から出る時に ‖ 他 (物を) 出す ‖ sortir 男 出ること

Soße [ゾーセ] (仏 英sauce) 独女 ソース

sottise [ソティーズ] 仏女 ❶〔糖類〕→bêtise ❷愚かな言動, (子供の) いたずら

souchet [スシェ] 仏男〔植〕カヤツリグサ科. 食用がやつり草. 木の実のような塊茎があり, 食用になる. 色は茶色, ヘーゼルナッツくらいの大きさ. 中身は白く, 甘い. 栗のように乾燥させたり, 生のままか焼いて食する. 別名アマンド・ド・テール「地中のアーモンド amandes de terre」. 油をとったり粉末にして菓子にも使う

souchong [スーション] 英名 ❶紅茶の葉茶 (リーフティー) の品質等級の1つ (略S). 十分成長したやや固い葉で, 幅広く大きい (5番目の葉). 中国の薫製紅茶に使われる / broken Pekoe 〜 (B.P.S.) 品質の劣る大きな葉の砕茶→pekoe ❷中国紅茶の一品

種. 松の木を薫製した香りがついている／lapsang～ ラプサンスーション. 中国福建省の半発酵茶／imperial lapsang～ インペリアル・ラプサンスーション. 最高級品のラプサンスーション. 長さも揃った若い美葉を使用. 貴木を伝統的製法で薫製／tarry～ タリースーション. 成葉（大葉）使用. 薫製の香りが強い

souci［ススィ］([独]Ringelblum, [英]pot marigold) [仏][男]〔植〕キク科. きんせんか. 食用花, 染料植物で, バターの着色に使用した. ある種の伝統料理, サラダや酢の香りづけに使う. 民間療法として, 乾燥花弁を煎じたものは血圧, コレステロールを下げるといわれる

souder［スデ］([独]schweißen, [英]seal) [仏][他]（タルト, ショソン, リソールなどの製作時に, 2枚の重ねた生地, あるいは1枚の生地を折り入れて縁まわりが離れないように水, 溶き卵で）指を使ってしっかりとくっつける, 接合する

soufflage［スフラージュ］([独]Blasen, [英]blowing) [仏][男]〔アメ細工〕吹き込み成形. アメにノズルをしっかりつけ, 送風しながら成形すること. 吹きアメをつくる技術

soufflé, *e*［スフレ］[仏][形] 膨らんだ ‖ soufflé [男] ❶スフレ. スフレ型にスフレ用アパレーユ（⇒pâte à soufflé）を入れ, オーヴンで焼く. アパレーユが膨らんで型から持ちあがった, 非常に軽く滑らかなもの. 料理とデザートの2種がある. オーヴンから出して, ただちに供する. 冷たい空気に当るとしぼんでしまう([独]Auflauf, [英]soufflé)⇒soufflé d'entremets ❷スフレ状のもの. スフレ型を用い, 中味を型の縁より持ちあげて仕上げたもの. 軽く滑らか⇒soufflé glacé ❸(＝moule à ～) スフレ型. 縁が垂直で高く丸い型 ❹113～115℃に煮詰めた糖液. 煮立った糖液に指を入れ, すぐに水に浸すと, 糖液が指の間で2cm程糸を引く状態⇒［付録］le sirop et le sucre cuit

soufflé d'entremets［スフレ ダントルメ］[仏][男]〔温アントルメ〕デザート用スフレ. アパレーユは, 牛乳, 小麦粉, 砂糖, 卵黄でクレームパティシエール状にしたものと, 果物のピュレに煮詰めた糖液を加えたものの2種がある. いずれも泡立てた卵白を加え, スフレ型で焼きあげる⇒pâte à soufflé

soufflé dish［スフレ ディシュ］([仏]moule à soufflé, [独]Auflaufform, Souffles-Form, [英]soufflé bowl, soufflé mo⟨u⟩ld) [米][名] スフレ型

soufflé glacé［スフレ グラセ］([独]Eisauflauf, [英]iced soufflé) [仏][男]〔氷菓〕型より高く紙を巻いたスフレ型に氷菓用アパレーユを注いで凍らせたもの. 中身には2種類あり, ボンブ種にムラングイタリンヌ（任意）と泡立てた生クリームを混ぜるか, 果物のピュレにムラングイタリエンヌと泡立てた生クリームを混ぜる. 作り方は, ムース, アイスクリーム, パルフェまたはボンブ種を重ね, それぞれの間にはリキュールを染み込ませた薄切りのビスキュイ, シュクセ, ダコワーズ, またはジャム, シロップ漬けか砂糖漬けにした果物などを挟む⇒［付録］le glacerie

souffler［スフレ］([独]anhauchen, [英]blow) [仏][他] ❶息を吹きかける ❷送風する ❸(熱の作用によって)膨らませる

soufflé Rothschild［スフレ ロトシルド］[仏][男]〔アントルメ〕クレームパティシエールを基本にした, オ・ド・ダンチグかグランマルニエに漬けた砂糖漬け果物を入れたスフレ. 有名な銀行家一族の名を冠している⇒eau de Dantzig

soufrage［スフラージュ］[仏][男] 硫黄成分を当てること.（砂糖漬けにする果物に, 熟化停止, 消毒, 脱色などの目的で）硫黄を含む蒸気を当てる

soufre［スフル］([独]Schwefel, [英]sulphur) [仏][男]〔化〕硫黄

soufrer［スフレ］[仏][他]（砂糖漬けにする果物の脱色などのために）硫黄を含む蒸気を当てる

soulever［スルヴェ］([独]heben, [英]lift, raise)

(仏)他 少し持ちあげる

soupçon［スプソン］(仏)[男] ごく少量

soupe［スープ］(仏)[女] ❶スープ．肉, 野菜, 魚などを具にし, パン, 米, パスタなどと共にブイヨンで煮た液状の家庭的, 田舎風の温かい料理．具を裏漉ししたり, とろみをつけたりしない ❷〔古〕パンに, 液状のもの（ワイン, ブイヨン, ソースなど）を浸した料理 ❸スープに似た形態のもの → soupe aux fruits

soupe aux fruits［スープ オ フリュイ］(仏)[女] 生のままかシロップ煮にした果物をスープ皿に並べ, シロップなどをかけて供する冷たいデザート

soupe dorée［スープ ドレ］(仏)[女]〔温アントルメ〕牛乳, 砂糖, 卵を混ぜ合わせた中にパンを浸し, オーヴンで焼いたもの → pain perdu

soupe dorée aux pommes［スープ ドレ オ ポム］(仏)[女]〔地方菓子〕ノルマンディ地方, ペルシュ地方のアントルメ．グラタン皿にバターで焼いたりんごの薄切りと, ヴェルジョワーズを混ぜたバターを塗ってグリルしたパンを交互に重ねるように並べ, 卵, 砂糖, 牛乳のアパレーユを流し入れてオーヴンで焼く

souper［スペ］(仏)[男] 夜食．観劇の帰り, あるいは友人同士でとる深夜の食事 → repas

souple［スープル］((独)biegsam, geschmeidig, (英)supple)(仏)[形] しなやかな, 柔らかな

source［スルス］((独)Quelle, (英)origin, source, spring)(仏)[女] 泉, 源／〜 de chaleur 熱源

sour cream［サワークリーム］((仏)crème-aigre, (独)Sauersahne)(英)[名] サワークリーム．生クリームを乳酸発酵させたもの．酸味が強い → crème fraîche²

sourdough［サワードウ］((仏)levain, (独)Sauerteig)(英)[名] 天然酵母のパン種, サワードウ

souris［スリ］(仏)[男] ❶〔プティフール〕スリ 1) シュー生地を先のとがった洋梨の形につくり, キルシュ風味のクレームパティシエールを詰めて, 全体に白色のフォンダンをかけ, とがったほうに目とパート・ダマンドの小さな耳をつけ, チョコレートで背に尾を描く 2) シュクレ生地を敷いたバルケット型にフランジパーヌを詰めて焼き, その上に薄切りのビスキュイをのせる．ガナッシュで頭部をつくり, 耳は半割りのアーモンドで形づけて全体をグラスがけして, グラスロワイヤルで目などをつけて飾りつける ❷二十日鼠

sous-chef［ス シェフ］((独)Der zweite Rang in der Küche, (英)deputy head of the kitchen)(仏)[男] 副長, 次長／〜 de cuisine 料理次長

soutenir［ストゥニール］((独)unterstützen, (英)support, keep)(仏)他 支える, 保つ, 耐える

Spachtel［シュパッヘテル］((仏)spatule〈en bois〉, (英)〈wooden〉spatula)(独)[男] しゃもじ, 木杓子, スパテュール

Späne［シュペーネ］(独)[男] チョコレートコポー, 巻きチョコレート

Spanische Vanilletorte［シュパーニッシェ ヴァニッレトルテ］(独)[女] スペイン風ヴァニラ風味のトルテ．フィリングを用いず粉末アーモンド入りの重い生地でつくる

Spargel［シュパルゲル］((仏)asperge, (英)asparagus)(独)[男] アスパラガス

spatula［スパテュラ］((仏)spatule, (独)Spachtel)(英)[名] 木杓子, へら, スパテラ, スパテュール, へら状の道具

spatule［スパテュール］((独)Spachtel, (英)spatula)(仏)[女] ❶（＝〜 de bois）木杓子．アパレーユを混ぜ合わせるために使用する ❷スパテュール．三角形, 台形, 刃形があり, 菓子にクリームやジャムを塗ったり, 表面をならしたり, またはチョコレートを大理石の台でテンパリングするのに使用する ❸へら, へら状の器具

spatule en bois［スパテュール アン ブワ］(仏)[女] 木製へら．かきとるのに使用

spatule en caoutchouc［スパテュール アン カウチュ］(仏)(女) ゴム製またはシリコン製のへら. マリーズ(maryse)ともいう. しなやかさとその形状 (片側は丸みがあり, 他方は直線) はボウルの縁や丸い底などについた材料をかきとるのに適している ＝ spatule en silicone

spatule en fer［スパテュール アン フェール］(仏)(女) パレットナイフ

spatule en silicone［スパテュール アン スィリコヌ］(仏)(女) → spatule en caoutchouc

spécialité［スペスィアリテ］(仏)(女) ❶特産物, 名産, 銘菓 ❷製菓(料理)人(店)が特別に開発あるいは創作し, その人(店)によってのみ, あるいはその人の名をつけてつくられる菓子製品, 料理や得意・自慢の菓子製品, 料理, スペシャリテ

spécialités laitières à tartiner［スペスィアリテ レティエール ア タルティネ］(仏)(男) パンなどに塗りやすくするため柔らかくしたバター製品. 製造者によって添加内容は違うが必ず牛乳からつくり, 乳脂肪分は20〜40％, 成分表を明記することが義務づけられている. 加熱はできない ＝ beurre allégé → 囲み[beurre]

specialty［スペシャルティ］((仏)spécialité, (独)Spezialität) (英)(名) 名産, 特製品, 自慢の品, スペシャリテ

spéculos［スペキュロス］(仏)(男) ベルギーの茶褐色の平たいビスケット. パンデピスに伝説や民話の人物を型押ししてつくる. 伝統的市に欠かせない菓子. よく似たものに南ドイツのスペクラティウス(Spekulatius)がある

speichern［シュパイヒャーン］(独)(他) 貯蔵する → horten, lagern, stapeln

Speise［シュパイゼ］(独)(女) 調理した食物, ごちそう, デザート

Speiseeis［シュパイゼアイス］(独)(中) アイスクリーム類の総称. 氷菓類 → Gefrorene

Speisekarte［シュパイゼカルテ］((仏)(英)menu) (独)(女) メニュー

Spekulatius［シュペクラーツィウス］(独)(男) 風味の強い固焼きクッキー. 生地を木型に押し当て, いろいろな形や模様につくる. 宗教的デザインが多い

spezial［シュペツィアール］(独)(形) スペシャル, 特別な

Spezialgericht［シュペツィアールゲリヒト］((仏)spécialité, (英)specialty) (独)(中) 特製品, 銘品, 名物料理, スペシャリテ

sphérique［スフェリック］((独)kugelförmig, (英)spherical) (仏)(形) 球形の

spice［スパイス］((仏)épice, (独)Gewürz, Würze) (英)(名) スパイス, 香辛料 ／〜 oil 油状のスパイス ／ ground 〜 粉末にしたスパイス

Spießkrapfen［シュピースクラップフェン］(独)(男) 17世紀の菓子で, 芯棒に流動状の生地をかけて, 回しながら焼いた菓子. バウムクーヘンの原形といわれている

Spießkuchen［シュピースクーヘン］(独)(男) 15世紀半ばの菓子. Spieß とは槍を意味する. 焼き串を用いて, ぐるぐる回しながら生地をかけ, 芯棒に巻きつけて焼いていたものでバウムクーヘンの原形といわれている

Spinat［シュピナート］((仏)épinard, (英)spinach) (独)(男) ほうれん草

Spinnzucker［シュピンツッカー］((仏)sucre filé, (英)spun sugar) (独)(男) 〔細工用〕糸状アメ

Spirale［シュピラーレ］(独)(女) 渦巻き, らせん. 渦巻き状の型を使ってつくる揚げ菓子. 種に型を入れ, 熱した油の中にさしいれて揚げる. 型からはずし, 粉糖をかけて供する

spirale［スピラル］((独)Spirale, (英)spiral) (仏)(女) らせん, らせん状のもの, 渦巻き

spirit［スピリット］((仏)alcool, (独)Alkohol) (英)(名) ❶(複) 蒸留酒 ❷アルコール

spirit lamp［スピリット ランプ］((仏)lampe à alcool, (独)Spirituslampe) (英)(名) アルコールランプ

Spirituslampe［シュピーリトゥスランペ］((仏)lampe à alcool, (英)alcohol lamp) (独)(女) アルコールランプ

Spitzkuchen［シュピッツクーヘン］独男 上質のホーニッヒクーヘン（→Honigkuchen）やレープクーヘン（→Lebkuchen）の生地を三角に切り，棒状または板状に焼き，チョコレートでコーティングしたもの．フィリングを使うものと使わないものがある

splash［スプラッシュ］英他（フイユタージュを焼く天パンに）刷毛で水を振りかける．（菓子の台に）リキュールなどを軽く振りかける

split［スプリット］英他 ❶（縦に）割る，裂く（仏fendre，独spalten）❷（ビスキュイなどを水平に）切り分ける（仏couper horizontalement，独schneiden）‖ split 名 ❶バナナを縦に2つ割りにし，アイスクリーム，シャンティイなどを上に飾ったクープ ❷裂け目，割れ目

split tin［スプリット ティン］英名 上面に縦に一筋切れ目を入れた食パン

spondias［スポンディヤス］仏男 →mombin, prune d'Espagne

sponge［スポンジ］英名 ❶スポンジ．卵と砂糖をよく泡立て，小麦粉を加えて焼いた菓子の台 1）ビスキュイ．別立て法によるスポンジ．卵黄と卵白を別々に泡立てる．原則として油脂，膨張剤は使わない（仏biscuit, 独Sandmasse, Wienermasse）／ butter 〜 溶かしバターを加えた別立て法のスポンジ 2）ジェノワーズ．共立て法によるスポンジ．全卵と砂糖をよく泡立てる（仏génoise, 独Sandmasse, Wienermasse）→Genoese, sponge mixture ‖ sponge 米 ショートニング，ベーキングパウダーまたはベーキングソーダーを使い，生地をクリーム状にしてつくるスポンジ．パウンドケーキ→sponge cake ❸流動状のパン種．イースト，水，小麦粉を混ぜて発酵させたスターター（仏poolish, 独Treibmittel）→pre-ferment ❹スポンジ状態のもの

sponge bar［スポンジ バー］（仏bande）英名 帯状に焼いたスポンジを2〜3段重ね，クリーム，ジャムなどを挟み，チョコレート，フォンダン，クリームなどでおおって1人用に長方形に切り分けた菓子

sponge brick［スポンジ ブリック］英名 昔風なスポンジケーキ．6個に仕切られた長方形の型枠で焼く．枠をはずした6個のスポンジの表面はすべすべしている

sponge cake［スポンジ ケイク］（仏biscuit, génoise, 独Sandmasse, Wienermasse）英名 スポンジケーキ．スポンジの生地でつくったケーキの総称．気泡がある柔らかなケーキ＝foam cakes→angel food cake ‖ sponge cake 米 きめがしっかり詰まった重いスポンジケーキ＝batter cake →pound cake

sponge drop［スポンジ ドロップ］英名 スポンジの種を丸口金で絞り出し，小さな丸形に焼いたもの．オセロなどの台に使用

sponge gâteau［スポンジ ガートウ］（仏entremets, 独Torte mit viel Dekoration）英名 デコレーションケーキ．円形のスポンジを2〜3段に切り分け，クリームなどを挟み，フォンダン，クリームなどで飾った菓子．大型ケーキ

sponge mixture［スポンジ ミクスチャー］英名 スポンジ生地．材料は，卵，砂糖，小麦粉．配合によって，ライト・スポンジ，ミディアム・スポンジ，ヘビー・スポンジに分けられる．卵，砂糖，小麦粉の割合がロールケーキ用のライト・スポンジは50％，25％，25％，大型ケーキ，ファンシー用のミディアム・スポンジは40％，30％，30％，同じく大型ケーキ，ファンシー用のヘビー・スポンジは同量比となる．製法には，卵と砂糖を温めながら泡立て，小麦粉を混ぜる共立法と，卵黄と卵白を各々砂糖を加えて泡立ててから混ぜ合わせ小麦粉を加える別立法がある．両者ともバターを加える場合は溶かしてから小麦粉と共に混ぜ込む

sponge pudding［スポンジ プディング］英名 小麦粉，ベーキングパウダー，砂糖，牛乳を混ぜて容器に入れて蒸したもの．カスタードソースを添える→pudding

sponge sandwich ［スポンジ サンドウィッジ］英 名 円形に焼いたスポンジ2枚の間にジャムと生クリームを挟み，上面に粉糖をかけたケーキ

sponge sandwich tin ［スポンジ サンドウィッジ ティン］英 名 →sponge tin

sponge tin ［スポンジ ティン］(仏moule à manqué, 独Tortenform) 英 名 深めのマンケ型＝sandwich plate, sponge sandwich tin

spoom ［スプーム］仏 男 〔氷菓〕果汁，ワインなどをシロップと混ぜ，泡立てた卵白を加えて凍らせたもの．シャーベットより軽くて柔らかい

spoon ［スプーン］(仏cuiller, cuillère, 独Löffel) 英 名 スプーン ‖ spoon 他 ❶ (スプーンで) 振りかける (仏arroser, begießen, beträufeln) ❷ (＝〜out) (スプーンで) すくいとる

spot ［スポット］(仏goutte, 独Tropfen) 英 名 (＝a 〜 of ...) 1滴

spotted Dick ［スポティッド ディク］英 名 プディングの一種．小麦粉，腎臓の脂，レーズンに牛乳を注いで固い種をつくり，布に包んで，ゆでたもの→pudding¹

spotted pudding ［スポティッド プディング］英 名 腎臓脂を使いカランツを入れた蒸しプディング．カスタードを添えて食す．典型的イギリス料理

spread ［スプレッド］英 名 スプレッド．パンやビスケットに塗るジャム，バターなど／fruit 〜 砂糖の入らないジャム，プリザーブ→preserve ‖ spread 他 ❶料理を食卓に並べる ❷薄く塗る ❸広げる，のばす

Springerle ［シュプリンゲルレ］独 中 シュプリンゲルレ．全卵，砂糖，小麦粉，アニスでつくる菓子．生地を木型に押しつけ，型押しした後，表面を乾燥させる．焼く時，表面に焦げ目がつかず，白いまま残るようにする．また焼いた菓子の側面が充分に持ちあがり，いわゆる足ができないといけない．和菓子の打ちものを思わせるこの菓子は，アニス風味のきいたひなびたクリスマス菓子で，ドイツ，スイス，オーストリアなどでつくられており，起源は16〜17世紀に遡る．アニスシュプリンゲルレ (Anissspringerle) の場合は，天パンに並べた後，表面にアニスシードを振りかけておく

Springform ［シュプリングフォルム］(仏cercle, 英cake hoop) 独 女 セルクル型

sprinkle ［スプリンクル］(仏arroser, parsemer, saupoudrer, 独ablöschen, bestreuen) 英 他 (液体，粉末などを) 振りかける

Spritzbeutel ［シュプリッツボイテル］(仏poche, 英savoy bag) 独 男 絞り袋→Dressierbeutel, Dressiersack

spritzen ［シュプリッツェン］(仏exprimer, presser, répartir, 英press, squeeze) 独 自 (果汁などを) 絞る→abpressen, dressieren, drücken

Spritzgebäck ［シュプリッツゲベック］独 中 絞りクッキー→Spritzmürbeteig, Spritz-Sandgebäck

Spritzglasur ［シュプリッツグラズール］独 女 グラスロワイヤル，ロイヤルアイシング →Eiweißglasur

Spritzkonfitüre ［シュプリッツコンフィテューレ］独 女 絞りジャム

Spritzkuchen ［シュプリッツクーヘン］(仏beignet, pet de nonne, 英fritter, soufflé) 独 男 揚げシュー→Auflaufkrapfen

Spritzmarzipan ［シュプリッツマルツィパーン］独 男 絞り用マジパン

Spritzmürbeteig ［シュプリッツミュルベタイク］独 男 絞りクッキーなどをつくる生地．バターと砂糖を泡立て，小麦粉，ものによっては小麦澱粉を卵と共に少しずつ加える．全量の粉を入れ終わったらまとめ，のばして使う→Spritzgebäck, Spritz-Sandgebäck

Spritzpistole ［シュプリッツピストーレ］(仏pistolet à chocolat, 英spray, sprayer) 独 女 (チョコレート吹きつけ用) スプレーガン

Spritz-Sandgebäck ［シュプリッツ ザン

トゲベック］（[仏]sablée à la poche, [英]biscuit, cookie）[独] [中] 絞ってつくったクッキー⇒Spritzgebäck, Spritzmürbeteig

sprühen［シュプリューエン］（[仏]pulvériseré vaporizer, [英]spray, atomize）[独] [他] スプレーする，霧を吹きかける⇒zerstäuben

Spülbecken［シュピュールベッケン］（[仏]évier, [英] sink）[独] [中] 流し台，シンク⇒Abwaschbecken

spülen［シュピューレン］（[仏]rincer, [英]rinse）[独] [他] すすぐ，洗う

spunchade［スパンシャド］[仏] [女]〔氷菓〕果物のピュレ，ジュースをベースにした，アイスクリームとシャーベットの中間のアパレーユを冷やし固め，ムラングイタリエンヌを加えたもの

spun sugar［スパン シュガー］（[仏]sucre filé, [独]Spinnzucker）[英] [名]〔アメ細工〕糸状アメ，シュクル・フィレ（sucre filé）．細い糸状にした装飾用アメ

square［スクウェア］[英] [名] ❶（フイユタージュの菓子，ジンジャーブレッドなど）正方形に切り分けた菓子 ❷正方形（[仏]carré, [独]Quadrat）

squeeze［スクウィーズ］（[仏]presser, dresser, [独]dressieren, drücken）[英] [他] ❶（ジュースなどを）絞る ❷（～ out）（クリームなどを）絞り出す

stabilisant, *e*［スタビリザン，ザント］[仏] [形] 安定させる ‖ stabilisant[男] 安定剤⇒stabilisateur

stabilisateur［スタビリザトゥール］（[独]Stabilisator, [英]stabilizer）[仏] [男] 安定剤．均質化，粘性，泡立ちの保形にすぐれ，結晶化や溶解を防ぐ食品添加物．アイスクリームやシャーベットに使用．いなごまめの粉末，ゼラチン，ペクチン，卵白，寒天，アルギン酸（海藻から抽出），カラギーナン（北海の海藻から抽出）が認可されている＝stabilisant

stabilisation［スタビリザスィヨン］（[独]Stabilisierung, [英]stabilization）[仏] [女] 安定，安定化

stabiliser［スタビリゼ］[仏] [他] ❶安定させる（[独]stabilisieren, [英] stabilize）❷（認可されている）安定剤を加える．安定剤を加えることで水分が減り，材料が均等にいきわたる

stabilisieren［シュタビリズィーレン］（[仏]stabiliser, [英]stabilize）[独] [他] 安定させる

Stachelbeere［シュタッヘルベーレ］（[仏]groseille à maquereau, [英]gooseberry）[独] [女]〔植〕西洋すぐり，グースベリー

stade［スタード］（[独]Stufe, [英]degree）[仏] [男] 段階

stage［ステイジ］（[仏] couche, [独]Stufe）[英] [名] 階，層

stale［ステイル］（[仏] rassis, [独]alt）[英] [形] 新鮮でない，（パンなどが）古くなった，固くなった

stalk［ストーク］（[仏] tige, [独]Stängel）[英] [名]（植物の）茎

stand［スタンド］（[仏]reposer, rester, [独]ruhen lassen）[英] [自] そのままでいる，（生地などを）寝かせる

Stangenbohne［シュタンゲンボーネ］（[仏]haricot〈vert〉, [英]kidney bean, string bean）[独] [女]〔植〕いんげん豆

Stanislas Leszczynski［スタニスラス レシチンスキ］[仏] [固] [男] ⇒Leszczynski

Stapel［シュターペル］（[仏]réserve, [英]preservation）[独] [男] 貯蔵

stapeln［シュターペルン］（[仏]stocker, entreposer, [英] store, warehouse）[独] [他] 貯蔵する⇒horten, lagern, speichern

staphylocoque［スタフィロコーク］（[英]staphylococcus, [独] Staphylokokkus）[仏] [男] ぶどう状球菌

starch［スターチ］[英] [名] ❶澱粉（[仏]amidon, fécule, [独]Stärke, Stärkemehl）❷ [複] コーンスターチ，片栗粉などの澱粉製品

stark［シュタルク］[独] [形] 強い

Stärke［シュテルケ］（[仏]amidon, fécule, [英]starch）[独] [女] 澱粉⇒Stärkemehl

Stärkemehl［シュテルケメール］（[仏]amidon, fécule, [英]starch）[独] [中] 澱粉＝Kartoffelmehl, Stärke

starker Faden [シュタルカー ファーデン] [独] [男] 107.5～108.7℃まで煮詰めた糖液. 指先にとって, 親指と人差し指を広げた時, 長い糸ができる状態のシロップ

starker Flug [シュタルカー フルーク] [独] [男] ⇒Kettenflug

Stärkesirup [シュテルケズィールップ] ([仏] [英]glucose) [独] [男] 水アメ

Staubzucker [シュタオプツッカー] ([仏]sucre en poudre, sucre glace, [英]icing sugar, powdered sugar) [独] [男] 粉糖⇒Puderzucker

Staubzuckerglasur [シュタオプツッカーグラズール] ([仏]glace à l'eau, [英]icing) [独] [女] グラス・ア・ロー, アイシング. 粉糖に水を加えて, どろっとする状態に溶いたもの. 焼き菓子のグラセに使う⇒Wasserglasur

steam [スティーム] ([仏]vapeur, [独]Dampf) [英] [名] 蒸気 ‖ steam ([仏]étuver, [独]dämpfen, dünsten) [他] 蒸す

Steifwerden [シュタイフヴェールデン] [独] [中] 凍結⇒Dickwerden, Erfrieren

Stein [シュタイン] [独] [男] 核, 仁, 種⇒Kern

stencil [ステンスル] ([仏]pochoir, [独]Drehschei, Schablone) [英] [名] ステンシル, 刷り込み型. 金属板などに模様を抜いたもの

Stephan [シュテファン] ([仏]robocoupe, stéphan, [英]food processor, mixer) [独] [男] フードプロセッサー, ステファン

stéphan [ステファン] ([独]Stephan, [英]food processor, mixer) [仏] [男] ドイツのステファン社の製品. ミキサー, 業務用フードプロセッサー. ミキサーの一種であるユニバーサルマシン. 固形物の粉砕, 生地を混ぜる, チョコレートやソースの乳化などの機能をもつ

stérilisateur [ステリリザトゥール] ([英]sterilizer, [独]Sterilisiergeät) [仏] [男] 殺菌器, 消毒器

stérilisation [ステリリザスィヨン] ([独]Desinfizierung, Sterilisation, [英]sterilization) [仏] [女] 殺菌, 滅菌, 消毒⇒appertisation, pasteurisation, U.H.T.

sterilisé, *e* [ステリリゼ] [仏] [形] 消毒された, 殺菌された

stériliser [ステリリゼ] ([独]desinfizieren, sterilisieren, [英]sterilize) [仏] [他] 殺菌する, 消毒する

sterilisieren [シュテリリズィーレン] [独] [他] 殺菌する⇒entkeimen, keimfrei machen

Sternausstecher [シュテルンアオスシュテッヒャー] ([仏]découpeur étoilé, [英]star cutter) [独] [男] 星形の抜き型

Sterntülle [シュテルンテュッレ] [独] [女] 星形口金

Stettiner Baumkuchen [シュテッティナー バオムクーヘン] [独] [男] バターの分量が多く, 卵の量の少ないバウムクーヘン. 小麦粉やコーンスターチ1に対してバター1.5でつくられる

stew [ステュー] [英] [他] ❶とろ火で煮る([仏]mijoter, [独]schmoren) ❷果物を(シロップで)煮る ‖ stew [名] ❶(果物の)コンポート ❷シチュー

stewed fruit [ステュード フルート] ([仏]compote de fruit, [独]Kompott) [英] [名] 果物のコンポート / stewed cherries さくらんぼのコンポート

S.T.G. [エステジェ] [仏] [女] Spécialité Traditionnelle Garantieの略. 1992年, ヨーロッパで制定された伝統的特産品の認証マーク ❶伝統的原材料製品. 生乳のエメンタールチーズなど ❷伝統的配合による製品. 昔風なジャムなど ❸伝統的製法の製品. 自家製パン, ナポリタンピザ, ハモンセラーノ(スペインの生ハム), モッツァレラチーズなどの保護を目的とする

St. Gallener Biberli [ザンクト ガレナー ビーベルリ] [独] [中] スイス東部のザンクト・ガレンのクリスマス菓子. 白いパート・ダマンドを黒っぽい蜂蜜入りの生地で巻き, 三角形に小切りにして焼く

sticky toffee pudding [スティキー タフィ

プディング］[英][名] 湿らしたスポンジと刻んだデーツやプルーンでつくったプディングにトフィソースをかけたデザート

stiff［スティフ］([仏]dur, [独]hart)[英][形] 固い

stir［スター］([仏]remuer, [独]umrühren)[英][他] かき回す, かき混ぜる

stockage［ストカージュ］([独]Lagerung, [英]storing)[仏][男] 貯蔵, ストック

stocker［ストケ］([独]lagern, speichern, [英]stock) [仏][他] ストックする, 貯蔵する, とっておく

stock syrup［ストック スィルップ］[英][名] 砂糖と水を溶かし(標準比は砂糖1.36kgに対し水1.134ℓ), 107℃に煮詰めたシロップ. フォンダンの固さの調節, グラス・ア・ローの製作に用いる

Stoff［シュトッフ］([仏]matière, [英]ingredients, materials) [独][男] ❶材料, 原料 ❷物質 ❸〔俗〕酒

Stohrer［ストレール］[仏][固] パリ, レ・アールの一隅のモントルグーユ通り51番地の菓子店ストレール. 1730年創業の老舗. 創業者はロレーヌ地方ナンシー時代にババの製法を確立させ, パリにババを広めて有名になった⇒baba

Stollen［シュトレン］[独][男] シュトーレン. クリスマスによく食される, 太く細長い棒状の菓子. レーズンや各種の果実, ナッツ, マジパンなどを混ぜ込んで焼く. 焼成後, 上面に溶かしバターをぬり, 粉糖をふりかける

Stollenteig［シュトレンタイク］[独][男] シュトーレン生地. 薄くのばして使う

stone［ストウン］([仏]noyau, [独]Kern, Stein, Zellkern)[英][名] (桃などの)種子, 核 ‖ stone ([仏] dénoyauter, [独] entkernen)[他] (果物の)種子をとる

stoner［ストウナー］([仏] dénoyauteur, [独]Entsteiner)[英][名] (果物の)芯(種子)取り器 ／ cherry ～ さくらんぼの種取り器

stopper［ストペ］([独]anhalten, [英] stop) [仏][他] 停止する, 止める

Storchennester［シュトルヒェンネスター］[独][中][複]「こうのとりの巣」という意味の揚げ菓子. 粉糖またはシナモンシュガーを振りかけて供する＝Schneeballen

store［ストア］([仏]provision, réserve, [独]Lager, Stapel) [英][名] 貯え ‖ store [他] ❶貯える, とっておく ([仏]réserver, [独]lagern, stapeln) ❷備える

stout［スタウト］([仏]stout, [独]Stout) [英][名] スタウト. イギリス, アイルランドの苦みの強い黒ビール

stove［ストウヴ］[英][名] ❶(調理用)レンジ([仏]fourneau [独]Herd, Ofen) ❷(暖房用)ストーブ([仏] poêle, [独]Ofen)

strain［ストレイン］([仏]passer 〈au chinois〉, [独]filtern)[英][他] (シノワなどに)通す, 漉す

strainer［ストレイナー］[英][名] ❶ざる, 水切り籠, 漉し器 ([仏]chinois, passoire, [独]Sieb) ／ conical ～ シノワ ／ tea ～ 茶漉し ❷ふるい([仏]tamis, [独]Sieb)

Streifen［シュトライフェン］([仏]ruban, [英]ribbon)[独][男] リボン

strenna［ストレナ］[仏][女]〔地方菓子〕コルシカ島のクリスマスの菓子. 山羊のチーズ (生のブロッチョ⇒broccio)入りトゥルト

stretch［ストレッチ］([仏]tirer, [独]ziehen) [英][他] (生地などを)のばす, 引っ張る

streuen［シュトロイエン］([仏]saupoudrer, [英]powder, sprinkle)[独][他] 振りかける

Streusel［シュトロイゼル］[独][男] シュトロイゼル. クッキーなどの焼き菓子の上に振りかけるために小麦粉とバターを混ぜ合わせてつくったそぼろ状のもの＝Butterstreusel

streusel¹［ストルーゼル］[仏][男] ❶シュトロイゼル, クランブル. バター, 砂糖, 小麦粉などを顆粒状にしたもの ❷〔地方菓子〕アルザス地方の丸形ブリオッシュ. シュトロイゼル (クランブル) を表面にかけて焼く. 水平に切り, クリームを挟んで食すこともある⇒crumble¹

streusel²［ストルーゼル］[英][名] (＝butter ～) シュトロイゼル. ドイツ経由のトッピングの1つ⇒crumb

streusel flan［ストルーゼル フラン］英名 生地を敷き込んだ型にシュトロイゼルを詰めて焼いたタルト

Streuselkuchen［シュトロイゼルクーヘン］独男 シュトロイゼル（→Streusel）を振りかけて焼いた菓子

strie［ストリ］仏女（細くて平行な）筋, 細縞

strier［ストリエ］（英 streak）仏他（菓子の表面に, フォーク, 櫛, 刷毛を使って2本あるいは数条のまっすぐな, あるいは波形の）筋目をつける／〜 un sablé　サブレの表面に筋をつける

strip［ストリップ］（仏bande, 独Band, Streifen）英名 細長く切ったもの, 帯状のもの

strong flour［ストロング フラワー］英名 強力粉. グルテン質が安定して強い小麦粉

stroopwafel［ストループウォッフェル］英名 →syrup waffle

Strudel［シュトルーデル］独男 シュトゥルーデル. オーストリアの銘菓. 強力粉, 少量のバター, 塩をぬるま湯でこね, 柔らかくすべすべした生地をつくる. しばらく休ませた後, 布の上で紙のように薄くのばし広げる. カテージチーズ, りんご, さくらんぼなどを主とする材料を一面に散らし, 布を使ってロール状に巻く. 強火のオーヴンで焼き, 熱いバターを刷毛で塗り, 粉糖を振りかける. 熱いうちに食すと美味 →Apfelstrudel, Milchrahmstrudel

strudel［シュトルーデル］仏男 シュトゥルーデル. もっとも有名なウィーン菓子の1つ.「渦巻き」という意味. ごく薄くのばした生地に, パン粉, 刻みアーモンド, りんご, レーズン, シナモン, レモンの皮を混ぜた詰め物を包んで焼いたもの. 詰め物にはほかに, さくらんぼをベースにしたもの, フレッシュチーズに卵, 生クリームなどを混ぜたものなどがある. トルコの菓子にヒントを得て, あるハンガリー人が創作したといわれている →rétès

Stubzuckerbüchse［シュトゥーブツッカービュクセ］（仏glacière, saupoudreuse, 英 sifter）独女 粉糖かけ

Stück［シュテュック］独中（単位としての）個

Studium［シュトゥーディウム］（仏étude, 英study）独中 修業

stürzen［シュテュルツェン］独他 ボンブグラセやクリーム菓子を型から抜きとる

styliser［スティリゼ］（独stilisieren, 英stylize）仏他 様式化する, 図案化する

submerger［スュブメルジェ］仏他（水中に全体を）浸す, 沈める

subric［スュブリック］仏男 ❶材料（ほうれん草, じゃがいもなど）をベシャメルソース, 卵, 小麦粉, おろしチーズなどでつなぎ, バターで焼いたもの. 付け合わせ, オードヴルなどとして供される ❷／〜 d'entremets　米やスムールでつくるアントルメ. ジャムやシロップ煮の果物を添えて供する／〜 au riz　ゆでた米に刻んだ砂糖漬けの果物を混ぜて平らに広げ, 冷めて固まったら円形, 正方形などに切り分けてバターで両面を焼く. すぐり, 杏(あんず)などのジャム, 杏のシロップ煮を添える

subtil, e［スュブティル］（英subtil, 英subtle, fine）仏形 繊細な, 微妙な

suc［スュク］（独Saft, 英juice）仏男（植物または食肉から抽出された）液, 汁／〜 d'un fruit　果汁. 特に糖果製作に使用する

succéder［スュクセデ］（独aufeinanderfolgen, 英follow one another）仏自 続いて起こる ‖ se 〜 代動（次々に）行なう, 起こる

succès［スュクセ］仏男 ❶固く泡立てた卵白に砂糖, 粉末アーモンド（TPT）を混ぜ, 焼きあげたもの. 大小菓子, 氷菓の台に使用. 詰め物はバタークリームかムース（共にプラリネまたはチョコレート入り）が合うとされる. プログレ, ジャポネとほぼ同義 →japonais, progrès ❷〔アントルメ, 小型菓子〕円形に焼いた2枚のシュクセの台の間にプラリネ入りバタークリームを挟んで, 全体に同じクリームを塗って上面に粉糖またはビスキュイを砕いたものをかける

suc de réglisse ［スュク ド レグリス］(仏)(男)〔糖菓〕甘草の根茎から抽出した純粋な根液, 砂糖, ゴム, 香料を合わせたもの. グリチルリチンは6%以上含有→réglisse

sucette ［スュセット］(独Stielbonbon, 英lolly)(仏)(女)〔糖菓〕平たい形, あるいは丸い形をした, 棒のついたアメ

sucette glacée ［スュセット グラセ］(独Eis am Stiel, 英iced lolly)(仏)(女)〔氷菓〕棒付きアイスクリーム, アイスキャンデー

sucrant, e ［スュクラン, ラント］(仏)(形) 甘くした／matières 〜es 甘味材料

sucre ［スュクル］(独Zucker, 英sugar)(仏)(男) ❶砂糖. 植物の葉, 茎, 根に含有されている糖質. 主成分の蔗糖を人為的・効率的・工業的に抽出して結晶させたもの→囲み [sucre], [付録] le sucre ❷(=〜 cuit)糖液→sucre cuit ❸アメ. ペースト状に煮詰めた糖液→sucre cuit ❹〔アメ細工〕細工用のアメ→囲み [sucre d'art], [付録] les sucres d'art ❺〔複〕単糖類. ぶどう糖, 果糖, ガラクトースなど→glucide, glucose, [付録] les matières édulcorantes ❻甘味 ❼商品化されたアメ→sucre de pomme, sucre d'orge, sucre tors

sucré, e ［スュクレ］(独gesüßt, gezuckert, süss, 英sugared)(仏)(形) 甘い, 砂糖入りの／fruit 〜 甘い果物

sucre à la crème ［スュクル ア ラ クレーム］(仏)(男) 生クリーム, 砂糖, 粗糖からつくった小さいさいころ状の糖菓. カナダのケベック州ではクリスマス前後につくられる→tablet

sucre cuit ［スュクル キュイ］(仏)(男) 糖液. 砂糖と水を合わせて煮詰めたもの. 煮詰める状態には数段階あり, シロップからカラメルまでそれぞれ呼称があり, 用途が異なる→[付録] le sirop et le sucre cuit

sucre cuit plein ［スュクル キュイ プラン］(仏)(男) →bonbon dur

sucre d'art ［スュクル ダール］(仏)(男) アメ細工. 細工用アメ. 煮詰めた糖液を引いたり型に流したりして, 台座, 花, 装飾小物などをつくる→[付録] les sucres d'art

sucre de pomme ［スュクル ド ポム］(仏)(男)〔糖菓〕ノルマンディ地方ルーアンの銘菓. 煮詰めた糖液にりんごの天然エッセンスを加えてつくった棒状のアメ. 製造は16世紀半ばまで遡れる. 当初はりんごの果汁と糖液でつくっていたが, 保存がきかないため, 現在は, りんごのエッセンスに代えてグルコース, レモン果汁を加えて全面的に改良した結果, 保存性のある透明なアメになった. 1865年以来, 糖液を長さ約10cmの円筒状の型に流し入れて冷却した後, 白地にブルーと金色の, ルーアンの大時計塔をあしらったケースに入れる

sucre de Tours ［スュクル ド トゥール］(仏)(男)〔地方菓子〕アンドル＝エ＝ロワール県トゥールの大麦糖. りんごやさくらんぼの香りづけがしてある

sucre d'orge ［スュクル ドルジュ］(仏)(男) ❶大麦糖(独Gerstenzucker, 英barley sugar) ❷〔糖菓〕1)〔古〕大麦のエキスの入った古い起源をもつアメ. 熱い糖液に大麦のエキスを混ぜて, サテン状の艶をつけ, 色セロファンを巻いて棒状にしたり, 小口切りにして扁平にしたりした. 1850年以降, ナポレオン3世が好んだところから再流行し, いくつかの鉱泉の町(ヴィシー, エヴィアン, プロンビエール, コトルレなど)の銘菓となる 2)(大麦のエキスが入っていない)種々の香りをつけた棒状または丸いアメ ❸〔地方菓子〕モレ(→sucre d'orge de Moret), トゥール(→sucre de Tours)の大麦糖, ナンシーのベルガモット(bergamote de Nancy), ヴォージュ山地のグラニ(granit des Vosges), サントル・ヴァル・ド・ロワール地方サン＝ブノワ＝シュル＝ロワールの修道士の形をした蜂蜜アメ(pastille au miel de Saint-Benoît-sur-Loire) など ❹紅白のステッキの形をしたアメ. クリスマス用／〜 de Noël クリスマスキャンディ ❺160℃に煮詰めた糖液→[付録] le sirop et le sucre cuit

sucre d'orge de Moret［スュクル ドルジュ ド モレ］⟨仏⟩⟨男⟩〔地方菓子〕(正式名は sucre d'orge des religieuses de Moret) セーヌ＝エ＝マルヌ県モレの大麦糖. べっ甲色で心臓の形(三角形)をしており, 中心に十字架模様とR.M.のイニシャルがある. 1638年, 当地の修道院で創作. 革命後に製法が町の菓子屋に売られた

sucre d'orge de Vichy［スュクル ドルジュ ド ヴィシー］⟨仏⟩⟨男⟩〔地方菓子〕オーヴェルニュ地方ヴィシーの丸い大麦糖. 16世紀よりつくられ, 砂糖を煮詰めて果物の香りをつけてある

sucre interverti［スュクル アンテルヴェルティ］⟨仏⟩⟨男⟩ = sucre inverti

sucre inverti［スュクル アンヴェルティ］⟨仏⟩⟨男⟩ 転化糖. 蔗糖の加水分解でできたぶどう糖と果糖の等量の混合物. 甘味が強く体内に吸収されやすい = sucre interverti → [付録] les matières édulcorantes ╱ sirop de ～ 転化糖液. 液状またはペースト状. 専門家が扱う ╱ sucre liquide inverti 転化液糖. 工場製品(製菓, 糖菓, 飲料)に使用される

sucrer［スュクレ］(⟨独⟩süßen, zuckern, ⟨英⟩sugar) ⟨仏⟩⟨他⟩ ❶砂糖を加える, 甘くする ❷砂糖を振りかける

sucre retours［スュクル ルトゥール］⟨仏⟩⟨男⟩ → sucre tors

sucrerie［スュクルリ］⟨仏⟩⟨女⟩ ❶製糖業, 製糖工場 ❷⟨複⟩甘いもの, 砂糖菓子(⟨独⟩Bonbon, Konfect, ⟨英⟩sweatmeat)

sucre tors［スュクル トール］⟨仏⟩⟨男⟩〔糖菓〕大麦糖をサテン状の艶が出るまで引いたアメ. 祭りの時に売られる

sucrier, ère［スュクリエ, リエール］⟨仏⟩⟨形⟩ 製糖の, 砂糖を生じる ‖ sucrier ⟨男⟩ 砂糖入れ, シュガーポット

sucrin［スュクラン］⟨仏⟩⟨男⟩ マスクメロンの品種. トゥールの名産 → melon brodé, melon d'Anjou aux fruits rouges

suédoise［スュエドワーズ］⟨仏⟩⟨女⟩〔冷アントルメ〕シロップ煮の果物を型の中に並べ, ワインやリキュールの香りをつけたゼリーを流し入れて固めたもの. 型から取り出し, シャンティイ, ソースをかけて供する

suet［スーイト］(⟨仏⟩graisse de rognon, ⟨独⟩Nierenfett) ⟨英⟩⟨名⟩ スエット. 牛(羊)の腎臓や腰のあたりの固い脂肪

suet pudding［スーイト プディング］⟨英⟩⟨名⟩ ❶(牛, 羊の) 腎臓のまわりの脂肪を使ったプディング → Christmas pudding, ginger pudding, roly poly-pudding ❷╱ plain ～ 小麦粉, パン屑, 刻んだ腎臓脂, 水でつくった生地を布巾に包んでゆでたもの. バターと粗糖, またはジャムを添えて供する

suffisamment［スュフィザマン］(⟨独⟩ausreichend, ⟨英⟩sufficiently)⟨仏⟩⟨副⟩ 充分に, たっぷり

suffisant, e［スュフィザン, ザント］(⟨独⟩ausreichend, ⟨英⟩enough, sufficient) ⟨仏⟩⟨形⟩ 十分な, 足りる

sugar［シュガー］⟨英⟩⟨他⟩ ❶砂糖を振りかける ❷砂糖を入れる, 甘くする ‖ ⟨自⟩ 砂糖になる ‖ sugar ⟨名⟩ ❶砂糖 (⟨仏⟩sucre, ⟨独⟩Zucker) → Barbados sugar, beet sugar, brown sugar, browning sugar, burnt sugar, cane sugar, castor sugar, confectioners' sugar, cube sugar, granulated sugar, icing sugar, invert sugar, lump sugar, malt sugar, maple sugar, nib sugar, sugar candy, sugar loaf, Trinidad sugar, vanilla sugar, white sugar ❷〔細工用〕アメ → blown sugar, poured sugar, pulled sugar, rock sugar, spun sugar

sugar boiler［シュガー ボイラー］⟨英⟩⟨名⟩ ポワロン. シロップ専用の赤銅製の注ぎ口付き片手鍋

sugar bun［シュガー バン］⟨英⟩⟨名⟩ 卵, バター入りの発酵生地をゴルフボール大に取り分け, 帯状にのばし, レーズンを散らして巻き, 上部に溶かしバター, 砂糖を振りかけて焼いたロールパン

sugar candy［シュガー キャンディ］(⟨仏⟩sucre candi, ⟨独⟩Kandis, Kandiszucker) ⟨英⟩⟨名⟩ 氷砂糖 ‖ sugar candy ⟨米⟩ (精製糖でつくった)

sucre

sucre Adant ［スュクル アダン］ アダン糖. 純度の高いシロップを型に流し, ゆっくり結晶させ, 長方形などに切り分けた角砂糖の一種で, 粒は大きめ. 希少で高価. 大きさの表示番号はNo.1とNo.2（通常の角砂糖の大きさはNo.3かNo.4）で売られている. 1900年頃に角砂糖を工業的につくる方法を考えたテオフィール・アダン（ベルギー, 1852-1938）の名を冠してある＝sucre de luxe

sucre blanc ［スュクル ブラン］ 精製糖（白色）. 甘蔗糖あるいは甜菜糖. 蔗糖99.7％以上, 含水率0.06％以下, 転化糖含有率0.04％以下. あられ糖, 角砂糖, 棒砂糖になる＝sucre raffiné

sucre brut ［スュクル ブリュット］ 原料糖, 精製前の粗糖. 甘蔗糖の場合, 消費地に運ばれ精製, 加工が行なわれる

sucre candi ［スュクル カンディ］（独Kandis, Kandiszucker, 英sugar candy） ❶氷砂糖. 甜菜糖. 大きな結晶で, 白色（sucre candi blanc）と茶色（sucre candi brun）がある. 白色のものは精製糖を濃縮した熱い糖液を麻または綿の糸を張った容器の中で冷却して約10日かけ結晶させる. 形は不揃い. シャンパン, リキュール, 蒸留酒漬けの果物の加糖に使用. 茶色のものは白色の氷砂糖をとった後, 容器に残ったシロップからつくる＝sucre à la ficelle ❷カンディに煮詰めたシロップ→candi

sucre casson ［スュクル カソン］ カソン糖. あられ状の粒の不揃いな砂糖. パールシュガー＝sucre en grains, sucre perlé

sucre cristal ［スュクル クリスタル］ グラニュー糖, 白ざらめ＝sucre cristallisé

sucre cristallisé ［スュクル クリスタリゼ］ 白双（ｻﾞﾗﾒ）糖,（上）ざらめ糖, 白ざらめ, グラニュー糖. 結晶糖. 結晶体の大きさは目ではっきり確認できる平らな直方体. 精製糖を溶かして, 漂白, 濾過, 結晶, 遠心器にかけ, 最後に乾燥させる. 純度が高いため, ジャム, パート・ド・フリュイ, リキュールなどに用いる＝sucre cristal

sucre de betterave ［スュクル ド ベトラヴ］（独Rübenzucker, 英beet sugar） 甜菜糖. 甜菜（砂糖大根）からつくる砂糖→betterave

sucre de canne ［スュクル ド カンヌ］（独Rohrzucker, 英cane sugar） 甘蔗（砂糖きび）からつくる砂糖

sucre de luxe ［スュクル ド リュクス］（独Würfelzucker, 英cube sugar）→sucre Adant

sucre d'érable ［スュクル デラーブル］（独Ahornzucker, 英maple sugar） メープルシュガー, かえで糖. かえでの樹液を煮詰めて結晶したもの→érable

sucre en cubes ［スュクル アン キューブ］（独Stückzucker, Würfelzucker, 英lump sugar） 不揃いな形をした角砂糖. 精製糖（白色）や粗糖（茶色）でつくる＝sucre en morceau

sucre en grains ［スュクル アン グラン］（独Hagelzucker, 英nib sugar） あられ糖（粒状）, パールシュガー, ワッフルシュガー. 純度の高い精製糖の塊を砕き, ふるいに通して選別した丸みがある粒状砂糖. 菓子の飾り, リエージュワッフルなどに使用

sucre en morceau［スュクル アン モルソー］（独Stückzucker, Würfelzucker, 英 lump sugar）角砂糖．湿り気の残る熱いグラニュー糖を白色の直方体や立方体あるいは白色か茶色の不規則形（sucre en cube）に成形して乾燥させる．大きさにより1～4の番号がついている．大粒ほど番号の数字は小さい．よく使われるのは，No.3（7ｇ）とNo.4（5ｇ）．熱い飲み物の加糖のほか，シロップ，カラメル製作に用いる

sucre en poudre［スュクル アン プードル］　グラニュー糖（結晶糖）を粉末状に砕き，ふるいにかけたもの．500ｇまたは1kgの袋詰めで市販されている＝sucre semoule

sucre farine［スュクル ファリーヌ］＝sucre glace, sucre impalpable

sucre glace［スュクル グラス］（独Puderzucker, Staubzucker, 英 icing sugar）　粉糖．グラニュー糖を粉砕し，防湿剤として2～3％のスターチを加える．菓子の飾り，グラサージュ，クレープやゴーフルなどの甘味に使う＝sucre farine, sucre impalpable

sucre impalpable［スュクル アンパルパーブル］＝sucre farine, sucre glace

sucre inverti［スュクル アンヴェルティ］（独Invertzucker, 英invert sugar）　転化糖．蔗糖の加水分解でできたぶどう糖と果糖の等量の混合物．甘味が強く体内に吸収されやすい．液糖またはペースト状．プロ，専門家が扱う製菓，糖菓，飲料または工場製品に使用される＝sucre interverti→［付録］les matières édulcorantes

sucre liquide［スュクル リキッド］　液糖　❶砂糖を溶かしたもの　❷蔗糖を主成分とした液．無色または淡黄色，62％が蔗糖で，その内転化糖は3％以下．工場製食品，飲料に使用．大さじ1杯が砂糖10ｇに相当＝sirop de sucre

sucre perlé［スュクル ペルレ］＝sucre casson, sucre en grains

sucre raffiné［スュクル ラフィネ］（独Raffinade, Raffinierter Zucker, 英white sugar）　精製糖，白砂糖．原料糖を精製したもの．蔗糖99.9％以上，水分0.06％以下，転化糖0.04％以下，グラニュー糖，あられ糖，角砂糖，棒砂糖をつくる＝sucre blanc

sucre roux［スュクル ルー］（独Farinzucker, Kassonade, 英brown suger）　赤褐色の砂糖の総称．甘蔗糖あるいは甜菜糖の赤砂糖．含有成分によるものと，人工的に着色したものがある．前者は蔗糖を85～99.5％含有し，不純分が多いため赤褐色で，独特の風味がある（→cassonade）．後者は精製糖にメラス（糖蜜）または色素で色づけしたもの

sucre semoule［スュクル スムール］（独Grießzucker, Hagelzucker, Sandzucker, 英 castor sugar）＝sucre en poudre

sucre spécial confitures［スュクル スペスィヤル コンフィチュール］　ジャム用砂糖．グラニュー糖にペクチン0.4％とクエン酸0.6～0.7％を含む．凝固しやすい．自家製ジャムやシャーベットに使用．包装容器に使い方の明示が義務づけられている＝sucre gélifiant

sucre vanillé［スュクル ヴァニエ］（独Vanillezucker, 英vanilla sugar）　ヴァニラシュガー．微粒グラニュー糖にヴァニラの粉末（10％以上含有）またはエッセンスを混ぜたもの．小袋（7ｇ）で市販されている．アントルメ，菓子用生地に使用される＝vanille sucrée

sucre vanilliné［スュクル ヴァニリネ］　ヴァニリン（合成ヴァニラ）を添加した砂糖．用途はヴァニラシュガーと同じ

sucre d'art

sucre appliqué［シュクル アプリケ］ ムラングイタリエンヌにゼラチンを混ぜたもの．ピエスモンテ用の木製，発泡スチロール製の台座などを塗装する

sucre bullé［シュクル ビュレ］ 気泡入りアメ．クッキングシートまたはシリコンペーパーの上に90℃のアルコールを数滴落とし，その上に糖液を流し，スパテュールで薄く平らにのばす．アルコールがシート上で泡立ちを始める．糖液がまだ熱く柔らかいうちに希望の形にととのえてシートをはがす

sucre conserve［シュクル コンセルヴ］= sucre massé, sucre tourné

sucre coulé［シュクル クレ］（独Gegossenerzucker, 英poured sugar） 流しアメ．煮詰めた糖液を，様々な形の枠の中に流し入れて，そのまま固めて台座などの形につくる．表面は平らにできる

sucre filé［シュクル フィレ］（独Spinnzucker, 英spun sugar） 糸状アメ．煮詰めた糖液（約155℃）を数本のフォークや泡立て器にからませ，左右に振って糸状にする．糸を束ねて花の芯，鳥の巣などをつくる．またデザート類，アイスクリームなどの氷菓の表面にかけたりする．天使の髪(cheveux d'ange)ともいう= sucre voilé

sucre massé［シュクル マセ］ 糖化アメ．117℃に煮詰めた糖液を木杓子を使って白濁させる．石膏やステンレスの型に流し込み，そのまま固める．ろうそく，柱，動物などの形にする= sucre conserve, sucre tourné

sucre moulé［シュクル ムレ］ 型取りアメ．煮詰めた糖液に，花弁や葉の形をしたブロンズまたはゴム製の型を押しつけてかたどる

sucre rocher［シュクル ロシェ］（独Felsenzucker, Zuckermasse, 英rock sugar） 岩状アメ．煮詰めた糖液（約145℃）にグラスロワイヤルを混ぜ，気泡のある岩状の塊にしたもの．岩石，パン，古びた石壁などを模作する

sucre soufflé［シュクル スフレ］（独Zuckerblasen, 英blown sugar） 吹きアメ．煮詰めた糖液（約145〜150℃）を球状にし，ポンプで内部に空気を送り込んで膨らませながら，鳥，果物などの形にする

sucre tiré［シュクル ティレ］（独Gezogener Zucker, Zuckerziehen, 英pulled sugar） 引きアメ．煮詰めた糖液（146〜155℃）を，70℃に冷ましてから数回引いて，サテンのような光沢をつける．花，リボン，籠などをつくる→［付録］les sucres d'art

sucre tourné［シュクル トゥルネ］ 糖化アメ．シュクルマセと同じだが，糖液を117℃に煮詰めたら平らな台に薄く流し，小さな四角に切り分けて缶に保存できる．必要な時に取り出し，アルコールランプの炎を利用して，温めながら指先で花弁などに成形しながら次第にアメを糖化させる．主に，白濁した花をつくる= sucre conserve, sucre massé

sucre voilé［シュクル ヴワレ］= sucre filé

上質キャンディ

sugared almond［シュガード アーモンド］(仏 pralin, 独 gebrannte Mundel, Praline) 米 名 プララン= crushed praline

sugar loaf［シュガー ロウフ］(仏 pain de sucre, 独 Zuckerhut) 英 名 棒砂糖. 精製糖を大きな円錐形に固めたもの

sugar of milk［シュガー オヴ ミルク］(仏 lactose, 独 Laktose, Milchzucker) 英 名 ラクトース, 乳糖

sugar paste［シュガー ペイスト］(仏 pastillage, 独 Gummiteig) 英 名 粉糖, 卵白, トラガカントまたはアラビアゴム, カカオバター, 水アメ, 水を混ぜてつくった生地⇒gum paste

sugar plum［シュガー プラム］米 名 (いろいろな味, 色のついた) 円盤あるいは球形の小さな糖菓, キャンディ

sugar thermometer［シュガー サーモミター］(仏 pèse-sirop, 独 Zuckerwaage) 英 名 糖度計

sugar wash［シュガー ウオシュ］(仏 glace à l'eau, 独 Staubzuckerglasur, Wasserglasur) 英 名 グラス・ア・ロー. 粉糖を水で溶いたもの. パンなどの艶出しに用いる

suintement［スュアントマン］(仏 男 (生地, ヌガティーヌなどに含まれる水分が) 滲出すること, 滲出

suinter［スュアンテ］(独 durchsickern, 英 ooze) (仏 自 (水分が) 染み出す, にじみ出す

suisse［スュイス］(仏 ❶ 男 〔地方菓子〕ドローム県ヴァランスの銘菓. オレンジの香りをつけたサブレ生地を人の形につくったもの. かつては枝の主日 (復活祭直前の日曜日) の菓子であった. 現在は1年中つくられる. 総裁政府時代 (1795-1799) にピオ6世法王が当地に亡命したのを機に市の菓子屋がミケランジェロがデザインしたといわれているスイスの衛兵の服装の菓子をつくった ❷ 固 女 S〜 スイス. 銘菓として, バーゼルにはパンデピスのレッカリー (Leckerli), アーモンド, ヘーゼルナッツ, チョコレート入りクリスマスのビスケットがある. ベルンでは, ヘーゼルナッツ, 蜂蜜, シナモン入りレッカリー, ムラング類, トレス (編みパン Zopf) などが名高い

sujet［スュジェ］(仏 男 ❶ (装飾の) モチーフ ❷ (ガレット・デ・ロワにあらかじめ入れる) 陶製, プラスチック製の小さな像やシンボル⇒fève ❸ (=〜 cérémonie) (ピエスモンテの頂きに置く) 祝い事のシンボル. 新郎新婦, (洗礼式, 聖体拝受の) 幼児, 少年少女など ❹ 主題, テーマ

sulfurisé, e［スュルフュリゼ］(仏 形 硫酸処理を行なった/ papier 〜 硫酸紙

sultan［スュルタン］(仏 男 (オスマントルコの) 皇帝, (イスラム教国の) 君主, スルタン ‖ sultane［スュルターヌ］女 トルコ皇帝妃/ à la 〜e スルタン風. ピスタチオの香りをつけた杏(ぁん), 桃, 梨などをベースにした氷菓, アントルメにつけられる名称

sultana［サルタナ］(仏 raisin de Smyrne, 独 Sultanin) 英 名 トルコ, イズミル (旧スミルナ) 産の小粒の種なしレーズン, サルタナ・レーズン

Sultanine［ズルタニーネ］(独 女 サルタナ・レーズン

sultanine［スュルタニーヌ］(仏 女 ❶ サルタナ. 生食用, レーズン用白色ぶどう品種名. 世界中で栽培され, 別名も多い. トンプソンシードレスも別名の1つ ❷ スミルナ (サルタナ)・レーズン, 種なし⇒囲み [raisin sec], thompson seedless

summer fruit pudding［サマー フルート プディング］英 名 ⇒ summer pudding

summer pudding［サマー プディング］英 名 サマープディング. フランボワーズ, 赤すぐりを使った冷たいプディング. 耳を落とした白パンの薄切りをプディング型に敷き, 砂糖を混ぜてつぶした果実の半量を詰め, 再び薄切りのパン, 半量の果実を詰め, パンで蓋をして冷やす. クロテッドクリームを添えて供する= Summer fruit pudding

sundae［サンデイ］(仏 sundae, 独 Eisbecher) 英名〔氷菓〕サンデー. 発祥はアメリカ. アイスクリーム, 果物, シャンティイを取り合わせ, ジャムやジュースを全体にかけたもの

superflu, _e_ [スュペルフリュ] 仏形 不必要な ‖ superflu (独Überfluss, 英superfluity) 男 余分なもの, 余剰

superposer [スュペルポゼ] (独schichten, 英layer) 仏他 重ねる, 積み重ねる

superposition [スュペルポズィスィヨン] 仏女 重ねること, 重なり

Suppe [ズッペ] (仏soupe, 英soup) 独女 スープ

Suppenmakrone [ズッペンマクローネ] 独女 1円玉くらいの大きさに焼いたマカロン

supplémentaire [スュプレマンテール] (独ergänzend, 英supplementary) 仏形 追加の, 補足の

support [スュポール] 仏男 台／ sur un ~ en chocolat plastique ショコラ・プラスティック(製の)台上に

supporter [スュポルテ] 仏他 ❶ (高温, 重量に)耐える (独ertragen, 英support) ❷ (重さのあるものを)支える (独unterstützen, 英support)

supprimer [スュプリメ] (独beseitigen, 英omit) 仏他 (材料の中であるものを)除く, はずす

sureau (複~x) [スュロー] 仏男〔植〕スイカズラ科. にわとこ. 花には芳香があり, ベニエをつくったり, ジャムや酢の香りづけに使われる. にわとこ酒やシロップなどにもする. 実には少量ながら毒性があるので生食は避ける

surélever [スュレルヴェ] (独erhöhen, 英raise) 仏他 (縁まわりなどを)さらに高くする

surface [スュルファス] 仏女 (菓子などの)表面, 上面

surgélation [スュルジェラスィヨン] (独Tiefgefrieren, 英deep-freeze) 仏女 低温 (-40℃)急速冷凍

surgelé, _e_ [スュルジュレ] (独tiefgefriert, tiefgekühlt, 英deep-freeze) 仏形 急速冷凍の／ framboises ~s 冷凍のフランボワーズ ‖ surgelé (独Gefroren, 英frozen food) 男 冷凍食品

surmonter [スュルモンテ] 仏他 (スフレをつくる際など中身が型よりも)上に乗る, 乗り越える

surnager [スュルナジェ] 仏自 表面に浮かぶ

surplus [スュルプリュ] (独Überschuss, 英excess) 仏男 余分, 過剰

surprise [スュルプリーズ] 仏女 (菓子の中味, 味が)意表をつくこと, 思いがけないもの／ omelette (en) ~ びっくりオムレツ →omelette norvégienne

surprise pudding [サプライズ プディング] 英名 →baked Alaska

sursaturé, _e_ [スュルサテュレ] 仏形 (シロップの砂糖の量が)過飽和状態の

sursaturer [スュルサテュレ] (独übersättigen, 英supersaturate) 仏他 過飽和にする

surtout [スュルトゥ] 仏男 (豪華な晩餐会の)食卓の中央に飾る置き物. 多くの場合, 鏡を張った台, 枝付き大燭台, 籠盛りの果物, 花瓶などが置かれる. 17〜19世紀に特に用いられた

surveiller [スュルヴェイエ] (独überwachen, 英watch over) 仏他 そばについて(焼き加減, 色などを)見守る

süß [ズュース] (仏doux, sucré, 英sweet) 独形 甘い

süßen [ズューセン] 独他 甘くする →zuckern

süßer Geschmack [ズューサー ゲシュマック] (仏douceur, 英sweet flavor, sweet taste, sweetness) 独男 甘味, 甘さ

Sussex pond pudding [サセックス ポンド プディング] 英名 イギリス南部のサセックスを起源とする伝統的プディング. 腎臓脂を使ったプディング生地にバターと砂糖と共にレモン1個を包み, 長時間ゆでるか蒸

す．中身のレモンはマーマレード状になり，切り分けると果汁が流れ出て皿にポンド「池(pond)」をつくる

Süßkartoffel ［ズュースカルトッフェル］（[仏]patate douce, [英]sweet potato） [独] [女] さつまいも

Süßspeise ［ズュースシュパイゼ］（[仏] [英]entremets）[独] [女] アントルメ

Süßstoff （[複] ～*e*）［ズュースシュトッフ，シュトッフェ］（[仏]édulcorant, [英]sweetners）[独] [男] 甘味料

Süßteig ［ジュースタイク］[独] [男] 甘い生地

Suzette ［スュゼット］ [仏] [女] （＝crêpe ～） マンダリンの果汁とキュラソーで香りをつけた甘いクレープにつけられる名称．現在はオレンジも使うがマンダリンが本格派．創案者オーギュスト・エスコフィエ(⇒Escoffier) の配合は，クレープ生地にも，クレープに塗るバターにもマンダリンとキュラソーだけを使い，バターには刻んだ果皮を加え，風味を強める．後にアンリ・シャルパンティエHenri Charpentier（ロックフェラーの料理人）がフランベし，アメリカで流行させた

sweet ［スウィート］（[仏]doux, [独]süß） [英] [形] （砂糖，蜜のように）甘い，甘口の ‖ sweet [名] ❶甘味 ❷[複] アメ，キャンディ（[仏]bonbon, [独] Bonbon, Konfekt） ⇒boiled sweets ❸（プディング，タルトなどの）甘いデザート（[仏]entremets, [独]Dessert）⇒dessert[2] ‖ sweets [米] [複] 砂糖をふんだんに使ったケーキ，パイ，キャンディ，糖菓

sweeten ［スウィートン］（[仏]sucrer, [独]süßen, zuckern）[英] [他] 甘くする

sweeties ［スウィーティズ］ [英] [名] [複] （幼児語）キャンディ，甘いもの⇒candy

sweetmeat ［スウィートミート］（[仏]douceurs, friandises, [独]Bonbon） [英] [名] ❶（糖菓，パティスリーなど）甘い菓子 ❷[複]（キャンディ，砂糖漬け果物など）糖菓

sweet⟨short⟩pastry ［スウィート（ショート）ペイストリ］（[仏]pâte sucrée, [独]Mürbeteig） [英] [名] パート・シュクレ，甘い練り込み生地

sweet pie pastry ［スウィート パイ ペイストリー］（[仏]pâte sucrée, [独]Mürbeteig, [英]sweet⟨short⟩pastry） [米] [名] パート・シュクレ

swell ［スウェル］（[仏]gonfler, se gonfler, [独]quellen）[英] [自] 膨れる，大きくなる

Swiss roll ［スウィス ロウル］（[仏]biscuit roulé, [独]Roulade） [英] [名] ロールケーキ＝jelly roll, roll

syllabub ［スィラバブ］ [英] [名] 伝統的なイギリスのデザート．濃い牛乳または生クリームに砂糖を加え，ワインで軽く凝固させる．エリザベス1世の時代にまで遡る．19世紀までは人気のデザートだった

synthetic ［スィンセティック］（[仏]synthétique, [独]synthetisch）[英] [形] 合成（人造）の

synthétique ［サンテティック］（[独]synthetisch, [英]synthetic） [仏] [形] 合成の，人工の／parfums ～s 合成香料

syringe ［スィリンジ］（[仏]seringue, [独]Spritze）[英] [名] 注入器，シリンジ

syrup ［スィルップ］（[仏] sirop, [独]Sirup）[英] [名] シロップ ❶ 1）水と砂糖を煮詰めたもの．フォンダン，グラス・ア・ローをつくる時に用いる⇒stock syrup 2）果汁，植物性エキス，コーヒーなどに砂糖を加えて煮詰めたもの／grenadine～ グレナディンシロップ．ざくろの果汁と砂糖を煮詰める／gum ～（＝arabic ～） ガムシロップ．アラビアゴム，オレンジの花水，砂糖を煮詰めて漉す／maidenhair～ アジアンタムの葉を煮出し，砂糖を加えて煮詰めたシロップ／raspberry ～ ラズベリーのシロップ／coffee ～ コーヒー風味のシロップ／dessert ～ アントルメ用シロップ ❷糖蜜⇒golden syrup ❸シロップ剤

syrup waffle ［スィルップ ウォフル］[英] [名] ストループワッフル．オランダ，ゴーダ生まれ(1784) の粘性のあるシロップを間に塗った薄い円形のワッフル．赤砂糖，イースト，バター，卵，牛乳でつくった固い生地で焼いた，

2枚のワッフルの間にシロップ，バター，赤砂糖，シナモンでつくったキャラメル状のものを温かいうちに塗り，2枚合わせる．ベルギー，オランダでよくつくられ，パッケージされてスーパーマーケットなどで売られる
＝stroopwafel

T° ⒧ 囡 Température の略

tabasco [タバスコ] ⒧ 固 男 〔商標〕タバスコ / sauce ～ 赤唐辛子, 塩, 酢をベースにした刺激性のあるソース. 香辛料の香りがチョコレートに合う

tabatière [タバティエール] ⒧ 囡 タバティエール ❶変形パンの1つ. 嗅ぎたばこ入れの形につくったパン. 通常のパン, パン・ド・カンパーニュ, パン・コンプレなどの生地を使用 ❷嗅ぎたばこ入れ. 半円形で折り返し蓋付きの袋

tablage [タブラージュ] (独Temperieren, 英tempering) ⒧ 男 クーヴェルテュールの温度調整, テンパリング. 中温で溶かしたクーヴェルテュールの全体の3分の2の量を大理石のテーブルに流し, パレットを使って中心に数回寄せて温度を下げ, 残した3分の1のクーヴェルテュールに戻して温度調整をする ⇒tabler

table [タブル] ⒧ 囡 ❶テーブル, 台. 表面は平らで, 数本の脚がついている家具, 備品 ❷食卓, 食事 / raisin de ～　生食するぶどう ❸表, 一覧表

table à flamber [タ ー ブ ル ア フランベ] ⒧ 囡 フランベ用ワゴン. 台上に1～2個のバーナーがついている. クレープなどを客の前でフランベするのに用いる

table à induction [タ ー ブ ル ア アンデュクスィョン] 電磁調理器＝plaque à induction

tableau [複～x] [タブロー] ⒧ 男 ❶リスト, 一覧表 (独Liste, Tabelle, 英list, table) ❷絵画

table de cuisson [タ ー ブ ル ド キュイソン] ⒧ 囡 ガステーブル, 電気コンロ. ガスまたは電気のバーナー(またはその両方)が2～4個ついた独立型のコンロ台 / ～ en vitrocéramique　グラスセラミック製のコンロ. 表面は平らで滑らか. 熱源が見えない

table de travail [タ ー ブ ル ド トラヴァイユ] ⒧ 囡 仕事台, 作業台. 上面は目的により木製(パン用), 大理石(生地, チョコレート用), ステンレス製(ヌガー, 糖菓用), 下部は道具類, 材料を入れる引き出しがついている＝tour, tour ordinaire, tour pâtissier

tabler [タブレ] (独temperieren, 英temper) ⒧ 自 温度調整をする. 溶かしたクーヴェルテュールの約⅔の分量を大理石か冷やした作業台に流し, へらを使って温度を下げる＝mettre au point, tempérer

tablet [タブレット] 英 名 (＝Scots ～) 17世紀に遡る糖菓. ファッジの原形と考えられている. 砂糖, コンデンスミルク, バターを煮詰めて(116℃)糖化させたもの. ヴァニラの香りをつけたり, 木の実を加えることが多い. ファッジより壊れやすく, 粒状で, アメより柔らかだが, トフィより固い ⇒candy, caramel, fudge, toffee

Tablett [タブレット] (⒧plaque⟨à débarrasser⟩, 英pan, plate sheet) 独 中 盆, トレイ ⇒Teller

tablette [タブレット] ⒧ 囡 ❶板状のもの (独Tafel, 英slab) ❷棚板 (独Tafel, 英shelf) ❸(＝～ de chocolat) 板チョコレート (独Schokoladentafel, 英⟨chocolate⟩ bar)

tablier [タブリエ] ⒧ 男 エプロン, スモック

tablieren [タブリーレン] 独 他 ❶煮詰めた糖液を木杓子で一定の固さになるまでこすって練り返す ❷砂糖, 生クリームを煮詰めて, フォンダン状になるまで練り返す

tache [タ ー シュ] (独Fleck, 英stain, spot) ⒧ 囡 斑点, しみ, きず / ～ d'un fruit　果物のきず

taché, e [タシェ] ⒧ 形 斑点のある, きずの

ある

taffy［タフィ］[米] [名] ⇒toffee

tafia［タフィア］([英]tafia rum) [仏] [男] 糖蜜, 濃いシロップ, 砂糖きびのかすからつくる蒸留酒. 純度の低いラム酒

taillader［タイヤデ］([独]einen Einschnitt machen, [英]slash) [仏] [他] (ナイフ, はさみで)切れ目を入れる

taillaule［タイヨル］[仏] [男]〔地方菓子〕スイス西部ヌシャテルのブリオッシュ. 砂糖漬けオレンジとラム酒を加えた発酵生地を長方形の型で焼く. 焼きあがってから切り分ける

taille［タイユ］([独]Größe, [英]size) [仏] [女] サイズ, 大きさ

taillé［タイエ］[仏] [男] フランス語圏スイスの塩味の菓子. ラードをとった後の豚の脂身を混ぜ込んで軽く層状にしたもの. 伝統的に弁当にする

tailler［タイエ］([独]schneiden, [英]cut) [仏] [他] (のばした生地などをナイフなどで)切る, 裁つ

Taillevent［タイユヴァン］[仏] [固] [男] タイユヴァン (1310-1395?). フランスの料理人, 本名ギョーム・ティレル Guillaume Tirel. フランスの最も古い料理書の1つ『ヴィアンディエ Viandier』の著者. シャルル5世の要請で書かれた中世料理の集大成. 複雑で重い料理のほとんどは19世紀に倦まれる一方, 菓子の分野では, ピティヴィエ, ワイン漬けの洋梨が今日に残る⇒pithiviers

talibur［タリビュール］[仏] [男]〔地方菓子〕ピカルディ地方のりんごの菓子. 芯をとったりんごを丸ごと生地で包んで焼く⇒rabot(t)e

talmouse［タルムーズ］[仏] [女]〔パティスリー〕タルムーズ ❶フレッシュチーズをフイユタージュで包んだ塩味の菓子. 起源は中世に遡る. 18世紀にフイユタージュが使われ, フレッシュチーズにベシャメルソースが加わり, 三角帽の形にかたどられた. また膨らんだベニェにもする⇒talmouse en tricorne, talmouse pont-neuf ❷甘味のタルムーズ. クレームパティシエールやクレームフランジパーヌを詰める⇒talmouse à la frangipane

talmouse à la frangipane［タルムーズ ア ラ フランジパーヌ］[仏] [女] フランジパーヌ入りタルムーズ. タルトレットやバルケットの形に仕上げる. フイユタージュを敷いた型にクレームパティシエールとクレームフランジパーヌを混ぜたものを詰める. 上部をざらめ糖または薄切りアーモンドでおおって焼き, 最後に粉糖をかける

talmouse en tricorne［タルムーズ アン トリコルヌ］[仏] [女] 三角帽形のタルムーズ. 形, 内容ともに昔風なつくりだが, 茸やほうれん草を加えたものもつくられる. 正方形のフイユタージュで, チーズ, 卵黄を加えたベシャメルソースを包み, 縁まわりを折り込むように接着させて三角帽の形 (四角錐形) にするか, 円形のフイユタージュに詰めて王冠状の形にして卵黄を塗って焼く. 温かいオードヴルとして供する

talmouse pont-neuf［タルムーズ ポン ヌフ］[仏] [女] タルムーズ・ポン=ヌフ. 塩味のタルトレット. フイユタージュを敷き込んだタルトレット型にチーズ入りの濃厚なベシャメルソースを混ぜたシュー生地を詰め, 上部にひも状にした生地を2本十字にかけて焼く

tamarin［タマラン］[仏] [男]〔植〕マメ科. タマリンドの果実. 原産は東アフリカ. 長さ10〜15cm, 幅2cmの莢 (さや) で, 果肉は酸味があり, 固い種子がびっしり詰まっている. ジャム, シャーベット, チャツネなどに用いる

tamis［タミ］([独]Sichter, Sieb, [英]sieve) [仏] [男] ふるい／〜 à farine 粉末用の目の細かなふるい. 小麦粉, イースト, ココアなどのだまやゴミを除く／〜 de crin 馬の尾の毛でつくったふるい／〜 de soie 絹の糸を使ったふるい／〜 à mailles pas trop serrées 目の粗いふるい

tamisage［タミザージュ］([独]Sieben, [英]

sieving) 仏男 (小麦粉, 砂糖などを)ふるいにかけること

tamisé, e [タミゼ] 仏形 ❶ふるいにかけた ❷(果肉などの)裏漉しにした

tamiser [タミゼ] (独sichten, sieben, 英sieve) 仏他 (だまや不純物を取り除くために)ふるいにかける

tampon [タンポン] 仏男 ❶丸めたもの, 球 (独Ballen, 英ball, pad) /～ de glace vanille ヴァニラアイスクリームの球/～ métallique 金属製たわし/～ d'ouate 脱脂綿の球 ❷ばれん/ aplatir à la main ou au ～ 手のひらで平たくする

tamponner [タンポネ] 仏他 ❶(敷き込んだ生地を型によくなじませるために)球状に丸めた生地で軽くたたく (独klopfen, 英dab) ❷(クレームパティシエールやソース類の上面に膜ができないように)溶かしバターを薄く一面に流す

tangelo [タンジェロ] 米名〔植〕タンジェロ. ミカン属. マンダリン(タンジェリン)とグレープフルーツの交配種. オレンジよりも大玉で, 皮はむきやすく酸味がある. 果汁が多く, ジュースに加工される

tangerine [タンジュリーヌ] (独Tangerine, 英tangerine) 仏女〔植〕ミカン属(マンダリン種). タンジェリン. マンダリンと植物学上は同一分類. 成熟した果実の果皮の色が黄色から橙(だいだい)色はマンダリン, 赤味を帯びたオレンジ色がタンジェリン. オレンジよりも小さく, 甘味があり, 皮がむきやすい → mandarine

tangor [タンゴール] 仏男〔植〕タンゴール. タンジェリンとオレンジの交配種. 種, 果汁が多い. 大きさ(大小), 色合い(オレンジ, 赤)が変化に富む

Tannenzapfen [タンネンツァプフェン] 独男〔植〕もみの木の実

Tannin [タンニン] (仏 英 tanin, tannin) 独中〔化〕タンニン

tantimolle [タンティモール] 仏女〔地方菓子〕シャンパーニュ地方のクレープ. 伝統的に手首をぽんと叩いてフライパンのクレープを裏返す. 塩味と甘味がある. シャンパンと食す = chialade, vaute → landimolle

tant pour tant (T.P.T.) [タン プール タン] 仏男 ❶粉末アーモンドを砂糖と同量比で混ぜ合わせたもの/～ blanc 皮をむいたアーモンドの粉末と砂糖を混ぜ合わせたもの/～ brut 皮付きアーモンドの粉末と砂糖を混ぜ合わせたもの = pâte à sec ❷同量比

taper [タペ] (独klopfen, 英dab, pad) 仏他 (バターなどを均質の柔らかさにするために)手平でたたく, 打つ

tapioca [タピオカ] (独Tapioka, 英tapioca) 仏男 タピオカ. マニオクの根から抽出してつくった球形の澱粉. ポタージュ, アントルメ, つなぎなどに使われる

tapioca pudding [タピオウカ プディング] 英名 タピオカをココナッツミルク, 牛乳, 砂糖で煮たもの. 同様なものは様々な文化の中でつくられ, 方法も多様である. 流動的なものから固いものまで幅広い

Tapioka [タピオーカ] (仏 英tapioca) 独女 タピオカ

tapisser [タピセ] (独eine Form auslegen, 英line) 仏他 (型の内側に, 紙やオレンジの薄切りなどを)張りめぐらす, 一面に敷く

tapis siliconé [タピスィリコネ] 仏男 シリコン製のベーキングシート, シリコンパッド. 耐熱性, 剥離性にすぐれ, スポンジで洗浄可. オーヴン, 電子レンジ, 冷凍庫で使用できる → Silpain, Silpat

tapoter [タポテ] (独klopfen, 英pat) 仏他 (手, 指で)軽くたたく

tardive [タルディーヴ] 仏女〔植〕(= orange ～) 晩生のオレンジの品種. ヴァレンシア種. 果皮の色は明るく艶があり, 種子が少しある. 果汁が豊富で酸味がある. 収穫期は, スペインで4月～7月, イスラエルで3月～6月, 南半球産のものは6月～10月 → blonde

tarocco [タロッコ] 仏男〔植〕(= orange ～) ブラッドオレンジの品種, タロッコ種. シチ

リア産で, 11月〜4月が収穫期. 洋梨形で中型. 果皮は滑らか. 果肉は肉厚で多汁, 美味. ビタミンCが豊富→sanguine

tart [タート]〔英〕〔形〕酸っぱい ‖ tart (〔仏〕tarte, 〔独〕Tarte)〔名〕タルト. 練り込み生地, フイユタージュでつくった台に, 果物, ジャム, クレームパティシエール, フランジパーヌを詰めて焼いたもの. 通常パイのように生地でおおいをしない→ pie ‖ tart〔米〕果物のタルト

tartaric acid [タータリック アスィッド] (〔仏〕acide tartarique, 〔独〕Weinsäure)〔英〕〔名〕〔化〕酒石酸. ベーキングパウダーに用いる

Tarte [タルト] (〔仏〕tarte, 〔英〕tart, 〔独〕pie)〔独〕〔女〕タルト

tarte [タルト] (〔独〕Kuchen, Tarte, 〔英〕tart, 〔米〕flan, pie)〔仏〕〔女〕〔パティスリー〕タルト. (一般に)円形の生地の台に, 果物, クリーム類を敷き詰めた甘い, あるいは塩味のもの. 使われる生地の種類は, パート・シュクレ (サブレ), 敷き込み生地, フイユタージュ. 詰め物は, 果物, クリーム, チーズ, 米, チョコレートなどをベースにしたアパレーユ. 生地の敷き込み方法には2通りあり, セルクル型, タルト型などに敷き込み, 型に沿って縁を立てるか, 円形(時に四角形)に生地を切って直接天パンの上に置いてから縁を立てる. 焼き方は, 生地を空焼きしてから詰め物をするか, 詰め物をしてから焼く. 仕上げに杏(ぁん)ジャムを塗るか, カラメリゼするか, ムラングでおおう

tarte à l'anglaise [タルト ア ラングレーズ]〔仏〕〔女〕〔パティスリー〕イギリス風タルト. 深めのパイ皿に生地を敷き, 詰め物をして, 上部を生地でおおって焼く

tarte alsacienne [タルト アルザスィエンヌ]〔仏〕〔女〕〔パティスリー〕アルザス風タルト ❶詰め物の上にひも状の生地を格子がけにしたもの ❷〔地方菓子〕生地を敷き込んだタルト型に, 果物 (りんご, ルバーブなど) を敷き詰め, 卵, 牛乳, 砂糖でつくったアパレーユを流し入れてオーヴンに入れて焼く. 最後にクランブルをのせて焼くものもある

tarte au fromage frais [タルト オ フロマージュ フレ]〔仏〕〔女〕〔地方菓子〕フレッシュチーズを詰めたタルト. フランス北東部のアルザス地方やロレーヌ地方, コルシカ島の菓子. 生地を敷き込んだタルト型に卵, 砂糖, フレッシュチーズを混ぜたものを流し入れて焼く

tarte au goumeau [タルト オ グモー]〔仏〕〔女〕〔地方菓子〕フランシュ=コンテ地方のタルト. 生地を敷き込んだタルト型に卵, 砂糖, 牛乳, 生クリームでつくった種を詰めて焼く

tarte au riz [タルト オ リ]〔仏〕〔女〕〔パティスリー〕北フランス, スイス, ベルギーの米のタルト. 砂糖を加えたリオレ (→ riz au lait) に, ラム酒に漬けた砂糖漬けの果物, 卵, 生クリームを混ぜて, パート・シュクレを敷き込んだタルト型に詰め, オーヴンで焼く

tarte au sucre [タルト オ スュクル]〔仏〕〔女〕〔地方菓子〕北フランスの最もポピュラーな粗糖を使ったブリオッシュのタルト. 小麦粉, イースト, 卵, 塩, バター入り生地を円形にのばして発酵させ, 表面に粗糖を振りかけて焼く

tarte aux cerises de Duclair [タルト オ スリーズ ド デュクレール]〔仏〕〔女〕〔地方菓子〕ノルマンディ地方デュクレール産さくらんぼのタルト. デュクレールは, フランボワーズ, すぐり, カシス, さくらんぼなど赤い果実の産地. タルト型にパート・ブリゼを敷き込んで空焼きをし, フレッシュチーズと生クリームを混ぜたものを詰め, バターで炒めてカルヴァドスで香りづけをしたさくらんぼを一面に並べる

tarte aux fraises [タルト オ フレーズ]〔仏〕〔女〕〔パティスリー〕苺のタルト. 生地を空焼きしてから, 底にクレームパティシエールを敷き, 苺を並べ, すぐりなどのゼリー, ナパージュをかける

tarte aux noix de Grenoble [タルト オ ヌワ ド グルノーブル]〔仏〕〔女〕→ grenoblois, tarte grenobloise

tarte aux poires Bourdaloue［タルト オ プワール ブルダルー］⑭ 囡〔パティスリー〕ブルダルー風洋梨のタルト．パート・シュクレを敷き込み、クレームフランジパーヌを詰め、その上に横方向にスライスしたシロップ煮の洋梨を放射状に並べて焼く

tarte aux pommes［タルト オ ポム］⑭ 囡〔パティスリー〕りんごのタルト．タルト型に生地を敷き込み、りんごを詰めて焼いたもの．地方独自のものや伝統的なものなど作り方は多種ある→ tarte normande

tarte aux pralines roses［タルト オ プラリーヌ ロズ］⑭ 囡〔地方菓子〕リヨンの赤いタルト．サブレ生地をタルト型に敷いて空焼きした中に、砕いたローズ色のプラリーヌと生クリーム、砂糖を混ぜて110℃まで煮詰めたものを型に流し入れる

tarte bourbonnaise［タルト ブルボネーズ］⑭ 囡〔地方菓子〕ブルボネ地方のタルト．グーエロン（gouéron「小さいタルト」という意味）と呼ばれる．タイユヴァン（→Taillevent）著『ヴィアンディエ Viandier』によれば、生地を敷き込んだタルト型にフレッシュチーズ、生クリーム、卵、砂糖、オレンジ果汁を混ぜたものを入れて焼く．現在もこの中世の作り方が伝わっている

tarte briochée aux cerises［タルト ブリオシェ オ スリーズ］⑭ 囡〔パティスリー〕タルト型にブリオッシュ生地を敷き込んで発酵させ、さくらんぼを詰めて焼いたタルト

tarte grenobloise［タルト グルノブルワーズ］⑭ 囡 グルノーブル産の胡桃（AOP）入りのタルト．サブレ生地を敷き込んだ型に胡桃入りカラメルを詰めて焼く．チョコレートを表面にかけることもある＝grenoblois, tarte aux noix de Grenoble

tarte meringuée au citron［タルト ムランゲオスィトロン］⑭ 囡〔パティスリー〕タルト型にパート・シュクレを敷き込み、レモン果汁、バター、卵、砂糖でつくったアパレーユを詰めて焼き、さらにムラングで上をおおって再びオーヴンに入れて焦げ目をつけたタルト

tartelette［タルトレット］⑭ 囡〔パティスリー〕❶タルトレット．1人前用の小型のタルト．一般に円形またはバルケット形 ❷タルトレット．一口で食べられる大きさのタルト→ amuse-gueule, petit four frais ❸タルトレット型．タルト型の小さいもの→ moule à tarte

tarte Linzer［タルト リンゼル］⑭ 囡 リンツァートルテ

tarte normande［タルト ノルマンド］⑭ 囡〔地方菓子〕ノルマンディ地方のりんごのタルト．生地を敷いたタルト型にくし形に切ったりんごを並べて、小麦粉、生クリーム、卵、砂糖、カルヴァドスを混ぜたものを流し入れ焼く→ tarte aux pommes

tarte renversée［タルト ランヴェルセ］⑭ 囡〔パティスリー〕型の底に砂糖を敷いて果物を詰め、その上にフイユタージュをかぶせて焼く．焼きあがったら上下をひっくり返して供するタルト．ソローニュ地方に古くから伝わるタルト→ tarte Tatin, tarte Tatin solognote

tarte salée［タルト サレ］⑭ 囡 塩味のタルト．温かいアントレとして供する．キッシュ、玉ねぎあるいはチーズのタルト、フラミッシュ、ゴイエールなど

tarte sucrée［タルト スュクレ］⑭ 囡 甘いタルト．果物やクリーム類を詰めたパティスリー

tarte Tatin［タルト タタン］⑭ 囡〔パティスリー〕タルトタタン．型に砂糖を一面に振り、4～8つ割りに切ったりんごを並べ、溶かしバターを注ぎ、フイユタージュで蓋をして焼いたタルト．焼けたら上下を返して取り出す→ tarte renversée, tarte Tatin solognote

tarte Tatin solognote［タルト タタン ソロニョート］⑭ 囡〔地方菓子〕タルトタタン．りんごまたは洋梨の、ソローニュ地方に古くから伝わる銘菓．20世紀初頭に、タタン姉妹の経営のホテルレストランで評判となり、

次いでパリのマキシムのメニューにものる ⇒ tarte renversée, tarte Tatin

tartine [タルティーヌ] (仏)(女) ジャム, バター, その他リエットなどを表面に塗ったパンの1切れ. 朝食, 子供のおやつ, 夕食時にはアントレとして, あるいはチーズと共に供する

tartiner [タルティネ] (仏)(他) ❶(クリーム状のものを平均に)パンの上に塗る ❷平らな面や型の内側に詰め物などを平均に塗り広げる

tartlet [タートレット] ((仏)tartelette, (独)Törtchen, Tortelett) (英)(名) タルトレット. 1人前用小型タルト

tartouillat [タルトゥイヤ] (仏)(男) [地方菓子] キャベツの葉で包んで焼いた, ニヴェルネ地方, モルヴァン地方の1人分のクラフティ. 濃いめのクレープ生地に細かく刻んだりんごを混ぜ, よく洗ったキャベツの葉に包んでオーヴンで焼く. ブルゴーニュ地方ではりんごの代わりにさくらんぼを使用

tas [タ] ((独)Haufen, (英)heap) (仏)(男) 山のようにこんもりと置いた状態, 堆積

Tasse [タッセ] ((仏)tasse, (英)cup) (独)(女) 茶碗, (コーヒーや紅茶用の)カップ

tasse [タス] ((独)Tasse, (英)cup) (仏)(女) ❶(取っ手付きの)カップ／～ à café コーヒーカップ／petite～ デミタス(カップ)で供される(濃い)コーヒー, エスプレッソ ❷カップ1杯の分量

tasser [タセ] ((独)komprimieren, stopfen, (英)compress) (仏)(他) ❶詰め込む, 押し込む ❷圧縮する

Taufe [タオフェ] ((仏)baptême, (英)baptism) (独)(女) 洗礼式

taux d'extraction [ト デクストラクスィヨン] (仏)(男) 採取, 抽出の割合／～ d'une farine 無選別の小麦からとれる小麦粉の割合

tea bread [ティー ブレッド] ((仏)pain fantaisie) (英)(名) ティーブレッド. バター, 卵などを豊富に使った発酵生地でつくる小型菓子パンで, フォンダン, グラス・ア・ロー, 芥子の実, ナッツ類などで表面を飾る. ティータイムに食す ⇒ Bara brith, tea loaf

tea cake [ティー ケイク] (英)(名) ❶ティーケーキ. レーズン, ピールの入った丸形の小型パン. 午後のティータイムの際, 焼きたての温かいものか, 上下に切り分け, トーストしてからバターなどをつけて食べる ((仏)couque, petit pain, (独)Brötchen, Semmel) ⇒ tea bread ❷クッキー ‖ tea cake (米)(ティータイムの際に食べる)クッキー ((仏)petit four sec, (独)Teegebäck)

tea loaf [ティー ロウフ] (英)(名) ベーキングパウダー, 小麦粉, 砂糖, 糖蜜を混ぜ合わせ, 角形か円形のパウンド型で焼いた菓子パン. レーズン, 胡桃などを加えることが多い. 発酵生地を使うこともある. ティータイムにスライスし, バター, ジャムなどを塗って食す ＝ tea bread

Tee [テー] ((仏)thé, (英)tea) (独)(男) 茶, 紅茶

Tee-Fours [テー フール] (独)(中) プティフールセック, クッキー

Teegebäck [テーゲベック] ((仏)petits fours secs, (英)biscuit, cookies, (米)tea cake) (独)(中) 型抜きまたは絞ってつくるクッキー. 間にヌガーやジャムを挟むものもある. お茶と共に供する ⇒ Gebäck, Konfekt, Mürbegebäck, Plätzchen(スイス独語)

Teekessel [テーケッセル] ((仏)théière, (英)tea kettle) (独)(男) やかん

Teekuchen [テークーヘン] (独)(男) ケーニッヒスクーヘン(Kenigskuchen), イギリス風バタースポンジ, フルーツケーキなどを指す. お茶と共に供する菓子

Teesieb [テーズィープ] ((仏)passoire à thé, (英)tea strainer) (独)(中) 茶漉し

Tefal [テファル] (仏)(固)(男) [商標] ティファール社, テフロン加工の製品

téflon [テフロン] (仏)(男) テフロン. フッ素樹脂のポリテトラフルオロエチレン／T～ アメリカ, デュポン社の商品 ⇒ P.T.F.E.

Teig [タイク] ((仏)pâte, (英)dough, paste) (独)

男 生地(形状を保つもの), パート

Teigausrollmaschine ［タイクアオスロールマシーネ］(仏laminoire, 英roller sheeter, rolling mill)独女 パイローラー, のばし機

Teigbereitung ［タイクベライトゥング］独女 生地の仕込み, 準備

Teiglockerung ［タイクロッケルング］独女 (生地の)膨張, 緩み

Teigschaber ［タイクシャーバー］(仏corne, coup-pâte, grattoir à pâte, racle, raclette, 英〈dough〉scraper)独男 スケッパー, カード

Teigschneider ［タイクシュナイダー］(仏roulette à pâte, roulette multicoupe, 英jigger, roulette) 独男 パイカッター, パイ車, ルーレット

Teilen ［タイレン］独中 分割⇒Verteilen

teinte ［タント］(独Farben, 英tint)仏女 色合, 色調

teinter ［タンテ］(独färben, 英tint)仏他 薄く着色する, 色をつける

Teller ［テラー］(仏 assiette, plat, plateau, soucoupe, 英 dish, plate, saucer, tray)独男 バット, 皿, 受け皿, 盆⇒Tablett

tel quel, *tell quelle* ［テル ケル］仏形 あるがまま, もとのまま

temper ［テンパー］(仏tabler, 独temperieren) 英他 (クーヴェルチュールの)温度調整をする

tempérage ［タンペラージュ］(独Temperieren, 英tempering)仏男 クーヴェルチュールを適温にすること, (クーヴェルチュールの)温度調整

température ［タンペラテュール］(独Temperatur, 英temperature)仏女 温度／~ ambiante 室温／~ négative マイナス温度／~ positive プラス温度

tempéré, e ［タンペレ］仏形 ❶温暖な, (冷たさ, 熱さを)やわらげた (独mäßigen, 英 moderate) ❷(生地などを温めて)柔らかくした ❸(チョコレートを)温度調整した

tempérer ［タンペレ］(独temperieren, 英 temper) 仏他 ❶ (熱すぎる, 冷たすぎるものを)中温にする, (チョコレート, 生地などを温めて)柔らかくする, (冷たさ, 熱さを)やわらげる=tiédir ❷(チョコレートの)温度調整をする=tabler

tempéreuse ［タンペルーズ］仏女 (ボンボンのセンターにクーヴェルチュールを被覆する時)クーヴェルチュールの温度を一定に保つ電気器具. 内鍋付き, 内部に熱源があり, サーモスタットで温度調整する

temperieren ［テンペリーレン］(仏tempérer, 英temper) 独他 (チョコレートなどの)温度調節する ‖ T~ (仏tempérage, 英tempering) 名 (チョコレートなどの)温度調節. クーヴェルチュールを一定の温度(29〜32℃)に整え, カカオ成分とカカオバターを均一に結合させる

temps ［タン］(独Zeit, 英time) 仏男 時間／~ de pousse 発酵時間

tendre ［タンドル］(独weich, zart, 英soft, tender)仏形 柔らかい, (色が)淡い

tenir ［トゥニール］仏他 ❶持つ ❷つなぎとめる ❸保持する ❹容量がある ❺…のままにしておく ‖ 自 くっつく (独haften, 英 adhere) / Le sucre ne tiendra pas アメがくっつかない

tenue ［トゥニュ］仏女 ❶姿, 形 ❷(固さ, 滑らかさ, 粘りなどの)生地, クリームなどの質

terminer ［テルミネ］(独fertigmachen, 英 finish) 仏他 終わらせる, 仕上げる／~ par … …で終わりにする ‖ se ~ 代動 (…で)終わる

terne ［テルヌ］(独matt, stumpf, 英dull) 仏形 輝きのない, くすんだ

ternir ［テルニール］(独matt werden, 英 tarnish) 仏他 輝きを失わせる, くすむ ‖ se ~ 代動 輝きをなくす, くもる

terre ［テール］(独Boden, Erde, 英 clay) 仏女 (原料としての)土／~ à feu vernissée (テリーヌ型, スフレ型, ラムカンなど) 茶色の釉薬(ゆうやく)のかかった, 耐火性の柔らかな陶器

terre cuite [テール キュイット] (仏)(女) 素焼きの陶器, テラコッタ. 熱伝導は悪いが, オーヴン, 熾(お)き火で調理するものに適する

terrine [テリーヌ] (仏)(女) ❶陶製の円錐台形のボウル, 容器. 材料を準備のため取り分けたり, 混ぜ合わせたりするのに使う (独Napf, Schüssel, 英bowl) ❷テリーヌ型. パテなどを焼く陶製, 四角型, 長方型の蓋付き容器 (独Terrinenform, 英terrine) ❸テリーヌ型で焼いたもの. パテなど (独Terrine, 英terrine)

terrinée [テリネ] (仏)(女) ❶〔地方菓子〕ノルマンディ地方のデザート. 村祭り, 家族の祝い事の際につくられる. 陶製の容器に, 米, 牛乳, 砂糖, シナモン (またはナツメグ) を混ぜたものを詰め, 上部に黄金色の厚い外皮ができるまで約5時間, パン窯で焼く. かつては熱いうちに供した. 現在は冷やして供する = teurgoule ❷陶製のテリーヌ (円錐台形) 1杯の量

tête à tête [テット ア テット] (仏)(男) (茶器, 朝食用の食器の) ペアセット → service à café

tête de nègre [テット ド ネーグル] (仏)(女) 〔パティスリー〕半球形のムラング2個を, チョコレート入りバタークリームで張り合わせ球形にし, 全体に同じクリームを塗ってスプレーチョコレートを振りかけた小型菓子

Teufelkuchen [トイフェルクーヘン] (仏)(gâteau du diable, 英devil's food cake) (独)(男) デヴィルズフードケーキ. チョコレートケーキの一種

teurgoule [トゥルグール] (仏)(女) 〔地方菓子〕ノルマンディ地方の米のデザート. リオレにシナモンなどの香辛料を加え, 椀形の容器に入れてゆっくりとオーヴンで煮る. ファリュ (→ fal⟨l⟩ue. ノルマンディ地方のブリオッシュ) と共に食す = bourgoule, torgoule → terrinée

texture [テクステュール] (仏)(女) ❶ (小麦粉, バター, 砂糖, 卵などでつくった) 生地. (アイスクリームなどの) 組成 ❷ (生地, 組成の) きめ, 感触, 手触り

thaw [ソー] (仏dégeler, 独Schmelzen) (英)(自) (凍結していたものが) 溶ける

thé [テ] (独Tee, 英tea) (仏)(男) ❶茶. 茶の木 (ツバキ科の常緑低木) の葉を乾燥させたもの. 原産は中国, インド ❷ (飲み物としての) 茶, 紅茶. 製法により, 緑茶 (発酵させない → thé vert), 紅茶 (発酵茶 → thé noir), ウーロン茶 (半発酵茶 → oolong), 香り茶 (→ thé parfumé), 白茶 (→ thé blanc) に分けられる ❸ (午後の) お茶, ティータイム. お菓子と紅茶による軽食 → repas ❹茶会, ティーパーティ

thé blanc [テ ブラン] (仏)(男) 中国産茶. 自然乾燥のみでいかなる処置もしない. 貴重品

thé de Ceylan [テ ド セイラン] (仏)(男) セイロンティー. スリランカ産紅茶の総称. 香りは単純でくせがない. 抽出色はかなり濃い. 産地により香りが異なる → dimbula, uva highlands

thé de Chine [テ ド シーヌ] (仏)(男) 中国産紅茶. 薫製したものと薫製しないものがある → caravane, grand mandarin, keemun, yunnan

thé des Indes [テ デ ザンド] (仏)(男) インド産紅茶. 独特の香りがある

théière [ティエール] (仏)(女) 紅茶ポット

thé noir [テ ヌワール] (仏)(男) 紅茶. 茶葉を発酵させ (27℃で2〜3時間), 乾燥 (90℃で20分) させたもの. 産地は, スリランカ, インド, 中国, ネパールなど. 葉茶と砕茶 (dust, fanning) があり, 使用される茶葉の形態によって品質分類されている. 主要な等級は, 上級茶よりF.O.P. (flowery orange pekoe), O.P. (orange pekoe), P. (pekoe), S. (souchong) に分けられる → thé de Ceylan, thé de Chine, thé des Indes

thé parfumé [テ パルフュメ] (仏)(男) 香り茶. 茶に果物や花の香りをつけたもの. 杏(あん), シナモン, ラズベリー, ココナッツ, 生姜(しょうが)などを使う

Thermometer [テルモメーター] (仏)(英)

thermometer)[独][中] 温度計

thermometer [サーモミター] ([仏]thermomètre, [独]Thermometer)[英][名] 温度計

thermomètre [テルモメートル] ([独]Thermometer, [英]thermometer) [仏][男] 温度計. 調理用は0〜120℃, 糖菓用は80〜200℃, チョコレート用は0〜70℃／〜 boulanger パン用温度計（発酵生地の内部の温度を計る）／〜 à sucre 糖菓用温度計／〜 centigrade セ氏温度計（⇒Celsius）／〜 Fahrenheit カ氏温度計（⇒Fahrenheit）／〜 Réaumur レ氏温度計（⇒Réaumur）

thermostat [テルモスタ][仏][男] サーモスタット／〜 des fours オーヴンのサーモスタット

表示	温度
thermostat 1-2	約150℃以下
thermostat 3-4	約150℃
thermostat 5	約170℃
thermostat 6	約200℃
thermostat 7	約220℃
thermostat 8	約240℃
thermostat 9-10	約250℃

thé vert [テ ヴェール] [仏][男] 茶, 緑茶. 葉に熱を加え, 発酵作用をなくし, これを冷やしてさらにあぶって乾燥させたもの. 中国, 日本で飲まれている

Tholoniat, Etienne [トロニア, エティエーヌ] [仏][固][男] エチエンヌ・トロニア（1909-1987）. フランスのパティシエ, アメ細工の名人, パリのシャトー=ドーに店を構える. 1952年, MOF取得, リールの国際コンクールをはじめとして50個の金賞を獲得し, フランス菓子業界の中心的存在となる. アイゼンハワー, トルーマン, エリザベス女王, ローマ法王などのために働き, また日本のテレビに取りあげられるなど, 国際的に活躍するフランス初のパティシエとなる

thomson [トンソン][仏][女] オレンジの一種. 果皮は薄く, 果肉は香り高く果汁が豊富. 12月から4月にかけて南仏で収穫⇒navel

thompson seedless [タンプスン スィードレス] [英][名]〔植〕白色ぶどうの品種名. 生食するかレーズンに加工される. カリフォルニア, チリ産. 種なし, 楕円形, 小粒. 果皮は黄色味を帯びた緑色で, 香りはあまりない. レーズンは小粒で, 金色を帯びた黄色, 柔らかい. 香りに欠ける

thumb up [サム アップ][英][他]（生地の敷き込みの際）親指を型の側面に押し当てながら, 縁まわりをつくる

Thuriès, Yves [テュリエス, イヴ] [仏][固][男] イヴ・チュリエス（1938- ）. フランスのパティシエ, フランス巡歴職人. パティシエ・トレトゥール（製菓・仕出し料理）とコンフィズール・グラシエ（糖菓・氷菓）の2部門のMOFをもつ.『料理百科全書 Le Livre de Recettes d'un Compagnon du Tour de France』（1977年より12巻を刊行）の著者. 第1〜3巻, 第8巻は菓子編（邦訳は『フランス菓子百科』）で, ほかは料理編, 仕出し編. 菓子関係雑誌主宰. コルドを根拠地とし, ホテル, レストラン, ブティックを経営, また砂糖細工（アートシュガー）の美術館を開設. パティシエとしての誇りと愛情を精力的に披瀝する

Thüringerbrot [チューリンガーブロート] [独][中]「ドイツ, チューリンゲン地方のパン」という意味だが, ミュルベタイク（⇒Mürbeteig）にシナモンやレーズンをあしらって焼いた切り菓子

thym [タン] ([独]Thymian, [英]thyme) [仏][男]〔植〕シソ科. タイム, たちじゃこう草. 香草. 葉は灰色がかった緑色で細い. チモール（thymol）という芳香油が含まれ, 防腐, 殺菌作用がある. 葉は（乾燥または生で）料理, ハーブティーに使われる

Thymian [テューミアーン] ([仏]thym, [英]thyme)[独][男]〔植〕タイム, たちじゃこう草

tian [ティヤン][仏][男] プロヴァンス地方の耐熱性陶器の大きな皿. 正方形または長方形

で縁は垂直よりやや広がっている．グラタンなどに使われる．テラコッタを意味するプロヴァンス語

tiède [ティエード] (独lauwarm, warm, 英warm) 仏形 温かい, ぬるい, 温かさが感じられる程度の

tiédir [ティエディール] 仏他 わずかに温かくする→tempérer

tierisches Fett [ティーリッシェス フェット] (仏graisse animale, 英animal fat) 独中 動物性油脂

tiers [ティエール] (独Drittel, 英third) 仏男 3分の1

tige [ティージュ] (独Stiel, 英stalk, stem) 仏女 ❶茎 ❷軸, 棒

tilleul [ティユール] (独Linde, Lindenbaum, 英lime-tree) 仏男 〔植〕アオイ科. 菩提樹. 花と葉は乾燥させ, ハーブティーとして, あるいはクリーム類やアントルメの香りづけに用いる, 鎮静作用がある／miel de ～ 菩提樹の花の蜂蜜

timbale [タンバル] 仏女 ❶（脚のない）金属製または銀製の杯, コップ. 現在は祝い品としてのみ使用 (独Trinkbecher, 英metal tumbler)／～ en argent 銀杯 ❷タンバル型. 口広がりの円筒形→dariole ❸タンバル皿. 付け合わせの野菜, 煮込みなどを食卓にサーヴィスするために入れる金属製の容器→légumier ❹（ダリオル型で生地, クーヴェルチュールなどを型取りし, その中にさいの目状の野菜や果物の詰め物をした）タンバル形のアントルメ, 菓子, 小さな料理 ❺〔パティスリー〕フイユタージュ, 練り込み生地などでつくった容器を空焼きし, シロップ煮の果物, クリーム類, あるいはアイスクリームなどを詰めたもの

timbre [タンブル] 仏男 ❶（サブレなどに型押し模様をつける）スタンプ (独Stempel, 英stamp) ❷切手 (独Briefmarke, 英stamp)

tin [ティン] 英名 ❶（パン, パイ, スポンジなどを焼く）型→cake tin, gâteau-base tin, pie tin, sponge tin ❷上記の型で焼いたパン／wheat-meal ～ 長方形の山形パン

tipsy-cake [ティプスィ ケイク] 英名 スポンジの間にカスタードやジャムを挟み, たっぷりと酒を含ませ, 泡立てた生クリームなどで飾ったもの.「酒をたっぷり含んだ（ほろ酔いの）菓子」という意味

tiramisu [ティラミスー] 仏男 ティラミス. イタリアのデザート. 1970年代に創作. マルサーラまたはアマレットと濃いコーヒーで湿らせたビスキュイ・ア・ラ・キュイエールと, マスカルポーネと卵でつくったクリームを交互に重ね, 最後にココアを振りかけて仕上げる

tire [ティール] 仏男 〔糖菓〕カナダ, ケベック州のボンボン. 糖蜜のシロップを煮詰めて冷やし, 引きのばして小口切りにするか, 固めた雪の中に垂らして冷やし, 棒に巻きつけて食す. 17世紀, カナダで初めて学校を開く際に, フランス, トロワ出身のマルグリット・ブルジョワが現地の子供たちのために創作. 当時は初雪の中で冷却した. 11月25日のサント=カトリーヌ祝日の菓子として存続

tire-bouchon [ティール ブション] (独Korkenzieher, 英corkscrew) 仏男 コルク栓抜き

tire-larigot [ティール ラリゴ] 仏副 ／ à ～ たくさん, たっぷり, 大量に

tirer [ティレ] (独ziehen, 英pull out) 仏他 ❶〔アメ細工〕適温（グランカセ）まで煮詰めた糖液を, 光沢が出るまで引きのばし, 次に2つ折りにし, 再び引きのばす（この作業を繰り返し行なう）❷引く, 引っぱる

Tirggeli [ティルゲリ] 独中 〔地方菓子〕スイス, チロル地方の代表的なクリスマス菓子. 現在はクリスマスに限らないレープクーヘン（→Lebkuchen）の1つ. 蜂蜜, 粉糖, ローズウォーター, 小麦粉を混ぜたものに, 生姜（しょうが）, アニス, コリアンダー, クローヴ, ナツメグ, ヴァニラなどを一緒にして香りづけをする. 型に押し込み, 模様づけと型取りをして焼く

Tirsain, Gérard ［ティルサン, ジェラール］ ⟨仏⟩ 固 男 ジェラール・ティルサン（生没年不明）. フランスの料理人. イギリス国王チャールズ1世に仕え, 1644年, 牛乳と生クリームとでアイスクリームをつくることを考案した. 1649年パリに戻り, グラスナポリテーヌを創作

tisane ［ティザーヌ］（⟨独⟩Kräutertee, ⟨英⟩herb tea, infusion）⟨仏⟩ 女 ハーブティー, 煎じ薬. 乾燥させるか, 生のままの植物や花に熱湯を注いで, 風味を抽出したお茶の一種. 何種類かミックスしたり, 単独でも使用する. 主に薬用植物が用いられ, 消化, 安眠, 解熱などの様々な効用が付与されている. 主なものに, アニス, カモミール, マジョレーヌ, ミント, タイム, すみれ, 菩提樹など／〜 des quatre-fleurs ひなげし, 銭葵, すみれ, 立葵のミックスハーブティー. 咳緩和の効果がある →mauve

tisane de Champagne ［ティザーヌ ド シャンパーニュ］⟨仏⟩ 女 甘口の軽いシャンパン

tisane de Richelieu ［ティザーヌ ド リシュリュー］⟨仏⟩ 女 〔古〕ボルドー産赤ワイン. ギィエンヌ地方総督であったリシュリュー公が, 便秘に悩まされていたルイ15世に, 自園産の赤ワインを毎食飲用することをすすめ, 体調が回復したことが命名の由来.「リシュリューのティザーヌ（煎じ薬）」という意味

tisanière ［ティザニエール］⟨仏⟩ 女 ハーブティーを飲む大きいカップ. カップの内側に漉し器が備えられ, 蓋付き. 漉し器の中にハーブを入れ, 熱湯を注ぎ, 蓋をして蒸らす

Tisch ［ティッシュ］（⟨仏⟩gradin, ⟨英⟩bench）⟨独⟩ 男 麺台

titrage ［ティトラージュ］（⟨独⟩Titration, ⟨英⟩titration）⟨仏⟩ 男 （シロップの比重度・ボーメ度の）滴定

titrer ［ティトレ］（⟨独⟩titrieren, ⟨英⟩titrate）⟨仏⟩ 他 （糖液の比重度・ボーメ度を）糖度計で計り, 滴定する

Toast ［トースト］（⟨仏⟩ ⟨英⟩toast）⟨独⟩ 男 トースト

toast ［トウスト］（⟨仏⟩pain grillé, ⟨独⟩Röstschnitte, Toast）⟨英⟩ 名 トースト, トーストパン. バター, ジャム, その他, 燻製の魚などをのせて食す ‖ toast（⟨仏⟩griller, ⟨独⟩rösten, toasten）他 （パンなどを）焼く, あぶる

toffee ［トッフィ］⟨英⟩ 名 （⟨仏⟩caramel, ⟨独⟩Butterkaramel, ⟨米⟩taffy）トフィ. 砂糖, 水アメ, 牛乳を煮詰め, しばしばバター, 木の実など加えたアメ→caramel candy, fudge, tablet

toffee apple ［トッフィ アプル］（⟨仏⟩sucette à la pomme, ⟨独⟩kandierter Apfel）⟨英⟩ 名 棒に刺してトフィ用シロップをかけたりんご

toile ［トワール］（⟨独⟩Tuch, ⟨英⟩cloth）⟨仏⟩ 女 布／〜 cirée 油を塗って防水加工した綿布

tôle ［トール］（⟨独⟩Blakblech, ⟨英⟩pan）⟨仏⟩ 女 オーヴンで使う黒い鉄板／〜 à pâtisserie 天パン

tolérance ［トレランス］⟨仏⟩ 女 ❶ （発酵過剰, 不足に対応する）発酵生地の耐性, 許容能力 ❷ 寛大さ

Tomate ［トマーテ］（⟨仏⟩tomate, ⟨英⟩tomato）⟨独⟩ 女 〔植〕トマト

tomate ［トマト］⟨仏⟩ 女 ❶〔植〕ナス科. トマト. 原産は南アメリカ, ペルー. ビタミンC, リコピン（赤色色素）を多く含む. 円形, 楕円形, 房状, チェリー状, 赤色, 緑色など種類が多い. 野菜として食されるほか, ジャムやシャーベットにする→légume ❷ アニス酒にグレナデンシロップを加えて赤くしたアペリティフ

tomber ［トンベ］（⟨独⟩fallen, ⟨英⟩fall down）⟨仏⟩ 自 ❶ （泡立てたもの, 膨らんだものが）しぼむ, 落ち込む ❷ （ゆでたりして葉物野菜などの）嵩が減る

tomber à glace ［トンベ ア グラス］⟨仏⟩ 自 煮汁やデグラセした液体が煮詰められてシロップ状の濃度になる

tom-pouce ［トム プス］⟨仏⟩ 男 ❶〔パティスリー〕焼いた2枚の四角いパート・シュクレの間に, ヘーゼルナッツを混ぜ込んだコー

ヒー風味のバタークリームを挟み,表面にコーヒー風味のフォンダンをかけ,ヘーゼルナッツ1粒を飾った小型菓子 ❷ちび,小人

tonic［トニック］仏男 トニックウォーター.炭酸ソーダ,果物・植物のエキス,砂糖でつくる飲み物.エキスにはキニーネが入っている場合が多い.ジンなどを使ったカクテルにも用いる

tonkinois［トンキヌワ］仏男 ❶〔アントルメ〕粉末アーモンドを使って焼いた円形のビスキュイを2段に切り,プラリネ入りバタークリームを,その間と周囲に塗り,上面にオレンジのフォンダンをかけ,ココナッツを振りかけたもの ❷〔プティフールグラセ〕立方体のヌガティーヌの小型菓子.四角形のヌガティーヌの間にプラリネ入りフランジパーヌを詰め,上面にチョコレートをかけ,細かく刻んだピスタチオを1つまみ置いて飾る

Tonne［トンネ］独女 大きな桶,大樽

top［トップ］(仏terminer, 独fertigmachen)英他 終わりとする,仕上げをする / Cake may be topped with almond paste ケーキは最後にアーモンドペーストでおおってもよい

Topf［トプフ］(仏marmitte, rondeau, 英pot)独男 垂直縁の浅い両手鍋

Topfen［トプフェン］独男 牛乳のたんぱく分だけを集めて絞り,脂肪分を加えて練り合わせたチーズ.カテージチーズに近い

Topfenknödel［トプフェンクネーデル］独男 トプフェン(→Topfen)を使ったクネーデル

Topfenoberstorte［トプフェンオーバーストルテ］独女 ウィーンのチーズケーキ.トプフェン(→Topfen)を使ってつくる

Topfenpalatschinken［トプフェンパラチンケン］独女複 トプフェンパラチンケン.トプフェン(→Topfen)を用いてつくるクレープ.パラチンケン(palatschinken)はウィーン風クレープのこと

Topfkuchen［トプフクーヘン］独男 クグロフ →Gugelhupf, Napfkuchen, Rodonkuchen

topping［トピング］英名 トッピング ❶(菓子,パンの仕上げに上面に)塗ったり,振りかけたりするもの.刻みアーモンド,ココナッツと砂糖(あられ糖,粉糖など),あるいはバター,小麦粉と砂糖,あるいはジャムとパート・ダマンドを混ぜ合わせたもの,チョコレートフレークなど →crumb, streusel² ❷(菓子の)飾り ❸(セイヴォリー製品)パン,生地などでつくった台の上にのせる,ハム,チーズ,野菜類など

torche aux marrons［トルシュ オ マロン］仏女〔冷アントルメ〕モンブラン.「マロンのかがり火」という意味 →mont-blanc

torchon［トルション］(独Geschirrtuch, Küchentuch, 英dish-towel)仏男 布巾(essuie-verre).テーブルを拭く布を指すこともある →essuie-mains

tordre［トルドゥル］(独drehen, 英twist)仏他 ねじる,絞る

torgoule［トルグール］仏女 →teurgoule

torréfié, e［トレフィエ］(独geröstet, 英roasted)仏形 焙(ほう)じた,焙煎した / grains de café 〜s 焙煎したコーヒー豆

torsade［トルサード］仏女 ❶らせん状によじれたもの,よりあわせ ❷〔プティフールセック〕レーズンと砂糖を折り込んだフイユタージュに砂糖とアーモンドを振りかけて細長く切ってねじって焼いたもの

torsader［トルサデ］(独verwinden, zusammendrehen, 英twist)仏他 よりあわせる

Törtchen［テルトヒェン］(仏petit gâteau, 英little cake, small cake)独女 小型菓子

Torte［トルテ］(仏entremets, grand gâteau, 英cake)独女 トルテ,大型菓子.ビスキュイを主体とした,厚みのある丸いアントルメ

torte(複 〜n)［トルト, テンヌ］英名 トルテ,円形の大型ケーキ.小麦粉,卵,砂糖,刻んだ木の実を入れてつくった生地をセルクル型で2枚焼き,間にジャム,バタークリーム

などを塗って重ね,上面をチョコレート,バタークリーム,フォンダンなどでおおったケーキ

Tortelett [トルテレット] (⇔tartelette, 英 tartelette, tartlet) 独 女 タルトレット➡Törtchen

tortell [トルテル] 仏 男〔地方菓子〕カタロニア地方の典型的菓子. 王冠形のブリオッシュ. ピレネー＝オリアンタル県ヴィルフランシュ＝ド＝コンフランとアルル＝シュル＝テクの町の銘菓はアニスの香りがし, 御公現の祝日につくられる. オード県リムーの銘菓は, 砂糖漬けのセドラ, レーズン, 松の実が入り, オレンジ, レモン, ラム酒の香りがついている

Tortenböden [トルテンベーデン] 独 男 複 トルテ台

Tortenform [トルテンフォルム] 独 女 マンケ型

tortillon [トルティヨン] 仏 男 ❶ねじったもの, よりあわせたもの (独Verdrehung, 英twist) ❷〔プティフールセック〕フイユタージュをサクリスタンのようにねじり, 砂糖漬けの果物, または薄切りアーモンドを飾りに散らしたもの. またはシュー生地をじぐざぐの形に焼いたもの ❸〔地方菓子〕アニスの香りをつけた, ブラサドの別名. ペリゴール地方でつくられる➡brassadeau

Tortoni [トルトーニ] 仏 固 男 ナポリの人ヴェローニがパリに開店したカフェ・トルトーニ(1798-1893). アイスクリーム, シャーベット, グラニテなど氷菓が有名で, 特に, ナポリタン・トルトーニと名づけたビスキュイグラセが名高い

tôt fait [トフェ] 仏 男 家庭で焼かれる素朴な菓子 ❶レモン風味のカトルカール ❷砂糖, 小麦粉, 牛乳, 卵, バターを混ぜたものを深皿で焼いたもの. よく膨らんでおり, しぼまないうちに熱いまま供する

toucher [トゥシェ] (独berühren, 英touch) 仏 他 さわる, 触れる ‖ **se ～** 代動 互いに触れ合う, 接する

touiller [トゥイエ] 仏 他 (木杓子などで)かき混ぜる

tour [トゥール] 仏 男 ❶1周, ひと巡り ❷周囲, 縁 ❸技(ぎ) / **～ de main** 熟練した手さばき, 仕事のこつ ❹順番 ❺ (フイユタージュをつくる際, 平らにのばしたパトンの)(3つ)折り➡tour double, tour simple, tour triple / **donner un ～ à une pâte feuilletée** パート・フイユテを折りたたむ ❻ (下部が道具, 材料入れになった, パン, 菓子などを製作するための)木または大理石の作業台. パティシエの仲間内の言葉＝table de travail / **～ réfrigéré** (＝～ pâtissier) (上部にある大理石の台を冷やす)冷却装置付き作業台

tourage [トゥラージュ] (独Laminierung, 英rolling and folding) 仏 男 (フイユタージュをつくる際)3つ折り. 4分の1回転を6回繰り返す作業. フイユタージュ生地をつくる作業

Touraine [トゥレーヌ] 仏 固 女 トゥーレーヌ地方. パリ盆地南西の地方名. 果物の産地. ロワール川丘陵のシャスラ種の白ぶどう, ウィリアムス種やパスクラサン種の洋梨, レネット種とゴールデン種のりんご, その他, レーヌ・クロード種のプラムが名高い. 菓子はパン生地, ブリオッシュ生地を使った素朴なものが多い. 砂糖漬け果物, アーモンドクリームを使ったパティスリーも豊富. フワス, カスミュゾ, プリュノ・フレ, 麦芽糖, コルメリのマカロン, トゥールのヌガーなどが銘菓

tour double [トゥール ドゥーブル] 仏 男 (フイユタージュの折りたたみ)4つ折り. のばしたパトンの中央線に向い, 両端を2つ折りにし, 次に中心線を折って両端を合わせる

tourer [トゥレ] 仏 他 ❶ (フイユタージュ, クロワッサン生地などのパトンを)麺棒でのばす, 3つ折り, 4分の1回転の作業をする ❷フイユタージュ, クロワッサン生地のパトンを3つ折りをする前に, 麺棒, 圧延機を使って幅の3〜4倍の長方形にのばす

tourné, e [トゥルネ] 仏 形 ❶ (ソース, ク

リームなどが）分離した ❷（牛乳やワインなどが）酸敗した ❸（糖液が）糖化した ❹（果物，野菜などがナイフで）形と大きさを整えられた，面取りした

tourner［トゥルネ］⑫他 ❶回す，回転させる（独drehen, 英turn）❷裏返しにする（独umdrehen, 英turn）❸丸める ❹（木杓子などでクリーム，ソースなどを）攪拌（かくはん）する ❺（果物や野菜をナイフで）皮をむき，形を整え，大きさを揃える（独formen, 英shape）❻パン生地を成形する／〜 les croissants（三角形に切った）クロワッサン生地を手前に巻いて成形する‖自（成分などが分解あるいは発酵して）変質する／Le sucre tourne（糖液またはアメが）糖化する／vanner la sauce pour qu'elle ne tourne pas ソースが分離しないように攪拌する

tournette［トゥルネット］⑫女（クレープを焼く時に上下を返す細長い）へら

touron［トゥロン］⑫男〔糖菓〕トゥーロン ❶原形はスペインのトゥーロン（turrón）．アーモンドに卵白，蜂蜜，砂糖を加えてつくったもの．種々の香りをつけ，着色する．ピスタチオ，胡桃，砂糖漬け果物を混ぜることもある．アラブの糖菓経由のイベリア半島のヌガー．ピレネー＝オリアンタル県一帯，カタロニア地方，バスク地方，および南東部のガップの町の銘菓となっている（→touron au miel de Gap, touron catalan, touron d'Alacant, touron de Bayonne, touron de Perpignan, touron de Xixona）．糖菓として食されるほか，溶かしたり，細かく砕いてソースやスフレなどの風味づけに用いられる／carpaccio de fruits au〜 砕いたトゥーロンを振りかけたフルーツサラダ→sauce anglaise au touron, tulipa ❷〔プティフールフレ〕のばしたパート・ダマンド上に，グラスロワイヤル，砕いたピスタチオ，オレンジの皮を混ぜ合わせたものを塗り，丸く（tout rond）切り分け，弱火のオーブンで乾燥させたもの

touron au miel de Gap［トゥロン オ ミエル ド ガップ］⑫男〔地方菓子〕フランス南東部オート＝アルプ県グルノーブル南東ガップの町の蜂蜜入りトゥーロン．砂糖，蜂蜜をベースにアーモンド，ヘーゼルナッツを混ぜ込んだもの

touron catalan［トゥロン カタラン］⑫男〔地方菓子〕カタロニアトゥーロン．17世紀に中世の医学書をもとにつくられた．褐色で歯応えがある．カラメルに煮詰めた糖液を煎ったアーモンドやヘーゼルナッツに絡めたもの．ほかにドライフルーツ40％と蜂蜜15％が入ったもの（〜 aux noisettes〈amandes〉）や，松の実とオレンジピール16％が入った柔らかいもの（〜 aux pignons）がある

touron d'Alacant(e)［トゥロン ダラカント］⑫男〔地方菓子〕アラカント（またはアリカント）トゥーロン．AOP．スペインのアリカントの町の銘菓．固いトゥーロン．明るい茶色．組成は丸粒アーモンド42％，蜂蜜10％．底部にアジムを敷き，全体を包んである．スペインのクリスマスの伝統的糖菓

touron d'Alicant(e)［トゥロン ダリカント］⑫男→touron d'Alacant(e)

touron de Bayonne［トゥロン ド バイヨンヌ］⑫男〔地方菓子〕バイヨンヌの町の銘菓．色と香りを違えたパート・ダマンドを市松模様に仕上げたトゥーロン→touron du Pays basque

touron de Jijona［トゥロン ド ヒホナ］⑫男→touron de Xixona

touron de Perpignan［トゥロン ド ペルピニャン］⑫男〔地方菓子〕ピレネー＝オリアンタル県ペルピニャンの町の銘菓．17世紀当時の作り方を忠実に再現している．アーモンド，松の実，ヘーゼルナッツ入りの柔らかいヌガーの一種．県一帯で製作されている．特に年末の行事，クリスマスのほかのデザートと共に食す．家族がおもちゃと共に木の株や小枝に隠したりする

touron de Xixona［トゥロン ド ヒホナ］⑫男〔地方菓子〕ヒホナトゥーロン．AOP．

ヒホナの町の銘菓. 柔らかいトゥーロン, 茶色, 油脂分が多い. 組成は細かい粉状のアーモンド52％, 蜂蜜10％, 砂糖で, 卵白は加えない. これをベースに胡桃, ヘーゼルナッツ, 松の実でつくったもの, あるいはコリアンダー, シナモン入りのものもある. 正方形につくり, 切り分けて食す→ touron de Jijona

touron du Pays basque [トゥロン デュ ペイ バスク] (仏)(男)〔地方菓子〕バスク地方のパート・ダマンドでつくるトゥーロン. 赤色に染めて, パン状の塊が岩梨の実に似せて小さい球状につくる. 様々な香り, 色を組み合わせて市松模様にした四角形もある → touron de Bayonne

tour ordinaire [トゥール オルディネール] (仏)(男) → table de travail

tour pâtissier [トゥール パティスィエ](仏)(男) フイユタージュなどをのばす作業台→ table de travail

tourron [トゥロン](仏)(男) → touron

tour simple [トゥール サンプル](仏)(男)(フイユタージュの折りたたみ) 3つ折り. のばしたパトンを3つ折りにする

tourte [トゥルト](仏)(女) トゥルト. 練り込み生地, フイユタージュなどを敷き込んで詰め物をして焼いた円形のもので, 料理とパティスリーがある. 同じ生地で蓋をするか, または蓋なし. 焼き型を使う場合も使わない場合もある. パティスリーとしては, 果物やクリームを詰める. イギリスのパイに似る. 田舎風, 郷土的なものを指すことが多い → picanchâgne, poirat, ruifard

tourteau à l'anis [トゥルトー アラニス](仏)(男)〔地方菓子〕カタロニアの町ヴィルフランシュ＝ド＝コンフランの, アニスの香りをつけたブリオッシュ. 発酵生地にアニスの粒とレモンの皮を混ぜ込み, 直径約30cmのリング状にして焼く. 使用するバター, 卵の量によりパンに近くなる. 祭日用パンとして焼かれた. 現在は, 朝食あるいはおやつ用. クリスマスには特別にパン屋に並ぶ

tourteau fromagé [トゥルトー フロマジェ](仏)(男)〔地方菓子〕ポワトゥー地方, ヴァンデ地方の少し塩味のきいた山羊の生チーズを使ったケーキ. ドーム形で表面は真っ黒に焦げている. 内部は滑らかで, きめの細かいビスキュイ. アンゼリカとコニャックを加えたものなど変形の種類は多い

tourteau fromager [トゥルトー フロマジェ](仏)(男) → tourteau fromagé

tourteau pruneau [トゥルトー プリュノー](仏)(男)〔地方菓子〕ポワトゥー地方, ヴァンデ地方の, プラムのピュレを詰めたフイユタージュのタルト. 上部は, 同じ生地でひし形に格子がけしておおう

tourtière [トゥルティエール](仏)(女) ❶縁が心持ち外側に開いたタルト型. 底が取りはずし可能なものもある (独Backform, 英baking tin) → moule à tarte ❷縁のある円形の天パン ❸(焼き型に入れたまま供する場合の)白色の磁器, 耐熱ガラス, 土色の陶器などのタルト型

tourtisseau [トゥルティソー](仏)(男)〔揚げ菓子〕アンジュ地方, ポワトゥー＝シャラント地方のひし形のベニエ→ bugne, merveille, roussette

tourtou [トゥルトゥ](仏)(男)〔地方菓子〕リムーザン地方のそば粉のガレット (→ galette bretonne). ペリゴール地方, その他の地方では, とうもろこし粉を使った小さなクレープを指す

tour triple [トゥール トリプル](仏)(男)(フイユタージュの折りたたみ) 5つ折り. のばしたパトンの中心線を3分の1のところに定め, 片方は2つ折り他方は3つ折りにし, 次に中心線を折って両端を合わせる

T.P.T. [テペテ](仏)(男) → tant pour tant

trablit [トラブリ](仏)(男) コーヒーの抽出(濃縮)液

tracer [トラセ](英trace)(仏)(他) 線を引く, 筋目をつける

traditionnel, le [トラディスィヨネル] (独traditionell, 英traditional)(仏)(形) 伝統的な, 昔からの

traité, *e* [トレテ] ([独]behandelt, [英] treated) [仏] [形] 処理（加工）された／citron non-～ 化学処理されてないレモン

traiteur [トレトゥール] [仏] [男] トレトゥール．仕出し屋，ケータリング業者．特別注文の，あるいはテイクアウト用の料理をつくる，宴会，カクテル，立食パーティの専門家を指す．パティシエ，糖菓職人，氷菓職人，シャルキュティエ（ハム，ソーセージ業者），レストランなどの店を持たない料理人などが携る．扱う料理はレストランで提供する料理とは異なり，持ち運び，温め直しができ，一度に大人数の供給に応じられるものが要求される．クルスタード，ブシェ，カナッペ，サンドウィッチ，ガランティーヌ（galentine 家禽の1羽分の皮に詰め物をしてゆでたもの），ピエスモンテ，アントルメ，アイスクリーム，プティフールなどである

tranchant, *e* [トランシャン，シャント] [仏] [形] よく切れる，鋭利な（[独]scharf, [英]keen, sharp）‖ tranchant [男] 刃（[独]Schneidkante, [英]cutting edge）／～ de la main 手のひらの小指側の縁

tranche [トランシュ] [仏] [女] ❶（パン，レモン，ジェノワーズなどの）薄切り，1切れ（[独] Scheibe, [英]slice）／les ～s de poires 洋梨の薄切り ❷〔パティスリー〕帯状あるいは四角形につくった菓子を切り分けて，小型菓子にしたもの⇒accolé, bande

tranche napolitaine [トランシュ ナポリテーヌ] [仏] [女] ❶〔パティスリー〕トランシュ・ナポリテーヌ数種の香りと色をつけて薄く焼いたビスキュイを各々の間にバタークリームを塗りながら重ね（あるいは巻いて）周囲をパート・ダマンドでくるみ，小型菓子に切り分けたもの ❷〔氷菓〕ブリック型を使う 1）3種のアイスクリームを重ね，1人用の分量に切り分けたもの 2）アイスクリームで敷き込みをし，内部にボンブ種を詰めて凍結し，1人用の分量に切り分けたもの

trancheuse [トランシューズ]（[独] Abschiedemaschine, [英] cutter）[仏] [女] 裁断機，スライサー／～ à grilles パート・ダマンド，カラメル，フォンダン，プラランなどを同寸法に裁断する器具／～ à gâteaux ジェノワーズ，ビスキュイを横2～3段，同じ厚さに切る器具／～ à nougat ヌガー，カラメルなどの固い塊を裁断する器具

Tränke [トレンケ] [独] [女] シロップにアルコールや果汁などを混ぜたもの．トルテや薄くのばしたビスキュイ生地などに染み込ませる

tränken [トレンケン] [独] [他] 湿らす，浸す⇒nass machen

transformer [トランスフォルメ]（[独]sich verwandeln, [英]transform）[仏] ‖ **se** ～ [代動]（…に）変化する

translucide [トランスリュスィード]（[独] licht-durchlässig, [英] translucent）[仏] [形] 半透明の

transparent, *e* [トランスパラン，ラント]（[独] durchsichtig, [英] transparent）[仏] [形] 透明な

Transparenz [トランスパレンツ]（[仏]transparence, [英]transparency）[独] [女] 透明

transvaser [トランスヴァゼ]（[独]dekantieren, [英]decant）[仏] [他]（液体をほかの容器に）移し替える

transvers*al*, *ale* （[男] [複] ～***aux***）[トランスヴェルサル，ソー]（[独]quer, [英] transverse）[仏] [形]（長さ，高さの最長線に対して水平に）横断する

transversalement [トランスヴェルサルマン]（[独]quer, [英]transversely）[仏] [副] 横に，水平に

trapèze [トラペーズ]（[独]Trapez, [英]trapezium）[仏] [男] 台形

trapézoïd*al*, *ale* （[複] ～***aux***）[トラペゾイダル，ドー]（[独]trapezförmig, [英]trapezoidal）[仏] [形] 台形の

Traube [トラオベ]（[仏]〈grappe de〉raisin, [英] grape）[独] [女] ぶどう

trav*ail* （[複] ～***aux***）[トラヴァイユ，ヴォー] [仏] [男] ❶仕事 ❷仕事のやり方，作業 ❸仕上が

り

travailler ［トラヴァイエ］（[独] rühren, schlagen, verarbeiten, [英] knead 〈dough〉）[仏] [他] （アパレーユ, 生地, クリーム, 卵などを場合に応じ, 木杓子や泡立て器を使って均質になるように）混ぜ合わせる, かき混ぜる, こねる ‖ [自] ❶（発酵生地が）膨れる ❷（アルコールが）発酵する

treacle ［トリークル］（[仏] mélasse, [独] Melasse）[英] [名] 糖蜜. 製糖の時に生じる黒褐色, 非結晶, 粘性の残液（モラセス）を漉して煮詰めたもの. 2種あり, 琥珀（こはく）色のものはゴールデンシロップと呼ばれる. 褐色のものは香りがある／lighter ～ 生姜（しょうが）入り菓子に使用／darker ～ クリスマスプディング, フルーツケーキに使用
⇒golden syrup, ［付録］le sucre

trèfle ［トレーフル］[仏] [男] ❶三つ葉飾り（[独] Dreipass, [英] trefoil）❷〔植〕マメ科シャジクソウ属. クローバー. 蜜源植物. 蜂蜜を採取するほか, 葉はゆでてサラダにする. 花には強壮, 解熱, 鎮痛効果があるといわれている

treillage ［トレヤージュ］（[独] Gitter, [英] trellis）[仏] [男] 格子組み, 格子模様, 金網

treillis ［トレイイ］[仏] [男] 金網, 格子

treize desserts de Noël ［トレーズ デセール ド ノエル］[仏] [女] [複] プロヴァンス地方のクリスマスに食べる13種類の（キリスト最後の晩餐の会食者の数）デザート. テーブルの上にたっぷりの量を並べる. 必ず揃えるものは7種類. 四修道会のシンボルである干しいちじく, 胡桃かヘーゼルナッツ, アーモンド, レーズンの4種類, ポンプ・ア・リュイルかジバシエかフガス, 白と褐色の2種類のヌガーを基本にして, 残りは以下の中から補い, 13の数とする. なつめやし, カリソン, カリンのパート・ド・フリュイかジャム, メロンかほかの果物の砂糖漬け, メロン, オレンジ, りんご, 洋梨, プラム⇒mendiant, Noël

trellis ［トレリス］（[仏] treillage, [独] Gitter, Gitterwerk）[英] [名] 格子, 格子模様

trempage ［トランパージュ］（[独] Eintauchen, [英] dipping, soaking）[仏] [男] ❶（ババやサヴァランなどを）香りをつけたシロップに浸すこと ❷（ボンボンやチョコレートのセンターを）被膜のためにクーヴェルテュールやフォンダンに浸すこと

trempe ［トランプ］[仏] [女] ⇒trempage

trempé, *e* ［トランペ］[仏] [形] ❶浸した, 湿らした（[独] eingetaucht, [英] dipped, soaked）❷焼き入れした（[独] härten, [英] toughened）／pot en verre ～ 硬化ガラス製の壺（容器）

tremper ［トランペ］（[独] eintunken, tauchen, tränken, [英] dip, soak）[仏] [他] ❶（液体に）浸す, 漬ける ❷（シロップ, あるいは被膜のためにクーヴェルテュールなどに）浸す, くぐらす

trennen ［トレネン］（[仏] séparer, [英] separate）[独] [他] 分割する⇒scheiden

tresse ［トレス］[仏] [女] ❶編みひも, 3つ編み（[独] Flechtband, Zopf, [英] plait, [米] braid）❷（3つ）編みパン. 250 g ～1kg. 発酵生地を同じ太さのひも状にして編んで成形する（[独] Striezel, Zopfbrot, [英] three plait, [米] braid）⇒natte

tressé, *e* ［トレセ］（[独] geflochten, [英] braided）[仏] [形] （生地などを）編んだ

tresser ［トレセ］[仏] [他] 編む, 編んでつくる

triangle ［トリヤーングル］[仏] [男] ❶三角パレット, パテナイフ（[独] Kittmesser, [英] putty knife）❷三角形（[独] Dreieck, [英] triangle）

Trichter ［トリヒター］（[仏] entonnoir, [英] funnel）[独] [男] 漏斗（じょうご）

tricorne ［トリコルヌ］[仏] [男] ❶変形パンの1つ. 船形帽の形につくったパン. 通常のパン, パン・ド・カンパーニュ, パン・コンプレの生地を使用 ❷船形帽, 17～18世紀の三角帽

trier ［トリエ］（[独] auslesen, teilen, verlesen, [英] pick out）[仏] [他] 選別する, より分ける／～ des grains de café コーヒー豆を選別する

trifle ［トライフル］[英] [名] トライフル. 苺ジャムを挟んだスポンジをさいころ状に切っ

てガラスのボウルに入れ, シェリーで香りをつけたシロップを振りかけ, たっぷりとカスタードで上部をおおい, 泡立てた生クリームで飾りつけをした冷たいデザート／chocolate 〜 ラム酒風味のチョコレート入りのカスタードでおおったトライフル

tri(m)mings [トリミングズ] 英 名 **❶**切り屑 **❷**2番生地 (仏rognure, 独abschnitt) = puff paste

trimming knife [トリミング ナイフ] (仏couteau d'office, 独Officemesser, 米paring knife) 英 名 皮むき用の小さい包丁

Trimoline [トリモリーヌ] 仏 固 女 〔商標〕トリモリーヌ. 転化糖の商標. 甘味が強い

Trinidad sugar [トリニダッド シュガー] 英 名 粗糖の一種

trinken [トリンケン] (仏boire, 英drink) 独 他 自 飲む

triple-sec [トリプル セック] 仏 男 オレンジの甘いリキュール. アルコール含有量は40%. コワントロー (Cointreau), グランマルニエ (Grand marnier) など ⇒ curaçao

trocken [トロッケン] 独 形 **❶**辛口の, 辛い **❷**乾燥した

Trockenei [トロッケンアイ] (仏œuf séché, 英dried egg) 独 中 乾燥卵

Trockeneigelb [トロッケンアイゲルプ] (仏jaune d'œuf séché, 英dried egg yolk, egg yolk powder) 独 中 乾燥卵黄

Trockeneis [トロッケンアイス] (仏glace carbonique, 英dry ice) 独 中 ドライアイス

Trockeneiweiß [トロッケンアイヴァイス] (仏blanc d'œuf séché, 英dried egg white, egg white powder) 独 中 乾燥卵白

Trockenfrucht [トロッケンフルフト] (仏fruit sec, 英dried fruit) 独 女 乾燥果実, ドライフルーツ

Trockenhefe [トロッケンヘーフェ] (仏levure sèche, 英dried yeast) 独 女 ドライイースト

Trockenmagermilch [トロッケンマーガーミルヒ] 独 女 脱脂粉乳 ⇒ Magermilchpulver

Trockenmilch [トロッケンミルヒ] 独 女 粉乳 ⇒ Milchpuder

Trockenschrank [トロッケンシュランク] 独 男 乾ホイロ

trocknen [トロックネン] (仏dessécher, sécher, 英desiccate, dry 〈out〉) 独 他 乾かす

Trog [トローク] 独 男 桶 ⇒ Kessel

trois-frères [トロワ フレール] 仏 男 **❶**上部に斜めの波形模様がついたリング形のサヴァラン型 **❷**〔アントルメ〕全卵と砂糖を泡立て, その中に米粉とバターを入れ, ヴァニラかマラスキーノで香りをつける. ❶の特別の型で焼き, 円形に焼いたサブレ生地の上にのせる. 杏(あん)ジャムを全体に塗り, 薄切りアーモンドを散らし, アンゼリカで飾りけをする. 19世紀パリの有名な菓子屋ジュリアン3兄弟が考案 **❸**〔糖菓〕ガナッシュあるいはジャンドゥヤの上にカラメルがけしたヘーゼルナッツ3粒を置き, クーヴェルテュールで被膜したボンボン・ショコラ

tronçon [トロンソン] (独dicken Scheibe, 英thick slice) 仏 男 (輪切り, 筒切りにされた) 1片

tronçonner [トロンソネ] 仏 他 (円筒状のものを) 輪切りにする, 筒切りにする

trop [トロ] 仏 副 あまりに, 過度に, …すぎる／〜 cuit 焼きすぎた

tropézienne [トロペズィエンヌ] 仏 女 〔地方菓子〕コートダジュール, サントロペのブリオッシュのタルト. 円形に焼いたブリオッシュの間にキルシュ, オレンジの花水で香りをつけたクレームムスリーヌを挟み, 表面にあられ糖を振りかける. 現在ではフランス全土に広まっている

trou [トルー] (独Loch, 英hole) 仏 男 穴, 孔, くぼみ

trouble [トルーブル] (独trübe, 英cloudy, turbid) 仏 形 濁った, くもった

troubler [トルブレ] (独trüben, 英become turbid) 仏 ‖ se 〜 代動 濁る, くもる

trouer [トルエ] (独ein Loch machen, 英

make a hole)⟨仏⟩⟨他⟩ 穴をあける

trou normand [トルーノルマン]⟨仏⟩⟨男⟩ たっぷりした食事の途中で,消化促進とさらなる食欲増進のために飲む小さいグラスに入れたアルコール(カルヴァドス,コニャック,キルシュ,果物の蒸留酒). 現在では,アルコールを振りかけた果物のシャーベットが使われる

trouver [トルヴェ]⟨仏⟩‖ se 〜⟨代動⟩(ある場所に)いる,ある

truc [トリュク](⟨独⟩Dreh,⟨英⟩knack)⟨仏⟩⟨男⟩ こつ,要領

truffe [トリュフ](⟨独⟩Trüffel,⟨英⟩truffle)⟨仏⟩⟨女⟩ トリュフ ❶〔植〕主に黒,褐色,灰色などの丸粒のきのこ. 多くはかしわの根元, 30cm内の地中に生える ❷〔糖菓〕コニャックなどの香りをつけたガナッシュを親指大に丸め,クーヴェルチュールあるいはココアを被膜したボンボン・ショコラ. 日持ちはしない. 伝統的にクリスマス時につくられ,コーヒーに添えられる. 香りにはコーヒー,ラム酒,ヴァニラ,ウィスキーなども使われる. 粉糖で白くした楕円形のものはミュスカディーヌと呼ばれる→muscadine

Trüffel [トリュッフェル](⟨仏⟩truffe,⟨英⟩truffle)⟨独⟩⟨女⟩ ❶〔植〕トリュフ. きのこの一種. 世界三大珍味の1つ ❷〔糖菓〕トリュフ. 一口チョコレート

truffle [トラッフル]⟨英⟩⟨名⟩ トリュフ

tuile [テュィル]⟨仏⟩⟨女⟩ ❶〔プティフールセック〕テュイール. 小麦粉,(粉末,または薄切り)アーモンド,砂糖,卵白を混ぜ,天パンで薄い円形に焼き,熱いうちに湾曲させ瓦状にかたどったもの ❷クレープ用フライパン→poêle à crêpes ❸瓦

tulipa [テュリッパ]⟨仏⟩⟨女⟩ トゥーロン(→touron)のムースとトロピカルフルーツ(キウイ,マンゴー,パパイヤなど)のクリを混ぜ合わせたデザート

tulipe [テュリップ](⟨独⟩Tulip,⟨英⟩tulip)⟨仏⟩⟨女⟩ ❶〔植〕ユリ科.チューリップ ❷チューリップ形のもの ❸ラング・ド・シャでつくった花形容器. シャンティイやアイスクリームをベースにしたデザートを入れる

Tülle [テュッレ](⟨仏⟩douille〈à décorer〉, embout,⟨英⟩decorating nozzle, piping tube, savoy tube, tube)⟨独⟩⟨女⟩ 口金→Dekortülle

Tunkmasse [トゥンクマッセ]⟨独⟩⟨女⟩ クーヴェルチュール

turbinage [テュルビナージュ]⟨仏⟩⟨男⟩ ❶(アイスクリーム,シャーベットの種を凍らして固めるために)アイスクリームフリーザーにかけること, 回転凍結=sanglage ❷(砂糖の)分蜜

turbine [テュルビーヌ]⟨仏⟩⟨女⟩ ❶アイスクリームフリーザー,回転凍結機(⟨独⟩Eismaschine,⟨英⟩ice-cream freezer) ❷(精糖用)分蜜機

turbiner [テュルビネ]⟨仏⟩⟨他⟩ ❶(アイスクリームなどの種を冷やし固めるために)アイスクリームフリーザーにかける(⟨独⟩einfrieren,⟨英⟩freeze) ❷遠心分離機にかける

turin [テュラン]⟨仏⟩⟨男⟩→turinois

turinois [テュリノワ]⟨仏⟩⟨男⟩ 栗のピュレを使った,加熱していない菓子 ❶栗のピュレに砂糖,バター,チョコレートを混ぜ,キルシュで香りをつけ,四角い型に入れ,冷やして固めたもの. 型から取り出したら切り分けて供する ❷〔プティフール〕キルシュで香りをつけた栗のピュレを小さな四角形のパート・シュクレでつくった台に詰め,杏(あん)ジャムを塗り,ピスタチオを飾ったもの=turin

Turkish delight [ターキッシュ ディライト](⟨仏⟩loukoum,⟨独⟩Lokum)⟨英⟩⟨名⟩ ターキッシュ・ディライト,ルクム. ゼラチン,コーンスターチあるいは寒天に砂糖を混ぜ,香料や木の実を加え,ゼリー状に固めて四角形に切り分け,粉糖をまぶしたもの

turn [ターン]⟨英⟩⟨名⟩ (フィユタージュの1回の)折, 折りたたみ‖ turm⟨他⟩ ❶向きを変える,1回転させる ❷裏返しにする ❸折り返す,たたむ ❹(牛乳,バターなどを)

変質させる

turner [ターナー] 英名 フライ返し，ターナー＝ spatula

turnover [ターノウヴァー] (仏 chausson, 独 Taschen) 英名 ショソン．円形か四角形のフイユタージュにりんご，杏（あん），桃などのシロップ煮，ジャムなどを詰め，2つ折りにして焼いた菓子 → apple turnover

turnover scone [ターノウヴァー スコン] 英名 小麦粉，ベーキングパウダー，砂糖，バター，卵，牛乳でつくった生地を約20cmの円形にのばして4つに切り分ける．ホットプレートまたはオーヴンで焼く → scone

turntable [ターンテイブル] 英名 ターンテーブル，回転台．焼きあがった菓子類をのせ，回転させながら飾りつけるときに用いる台

tutti frutti [テュティ フリュティ] (仏 形) (小さく切った) 数種の果物 (生，砂糖漬け，シロップ煮) を取り合わせた．イタリア語から派生した語で，「果物一杯」という意味／ coupe ～ 果物風味のアイスクリームに，キルシュなどであえた砂糖漬けの果物を散らした冷たいアントルメ ‖ tutti frutti 男 〔パティスリー〕2枚のパート・シュクレの間に小さく切った砂糖漬けあるいはシロップ漬けの果物を挟み，表面に杏（あん）ジャムを塗って薄切りアーモンドを振りかけるか，または，オレンジピールを飾ったもの

tutti-frutti [トゥティ フルティ] 英名 刻んだ砂糖漬け果実を散らしたアイスクリーム

tweezers [トゥイーザーズ] (仏 pince, 独 Pinzette) 英名複 ❶パイ挟み＝ mazipan pincer, patterned pastry，❷ピンセット

Twelfth-Night cake [トゥエルフス ナイト ケイク] (仏 galette des Rois, 独 Dreikönigskuchen) 英名 御公現の祝日 (1月6日) の菓子．イギリスでは1316年まで宮廷で祝われていた

Überguss ［ユーバーグッス］独男 ミルヒラームシュトゥルーデル（→Milchrahmstrudel）などをつくる時，流し込む種．牛乳，砂糖，全卵を混ぜて，容器に流し込み，よくかき混ぜながら80℃くらいまで加熱してつくる

überhitzen ［ユーバーヒッツェン］（仏surchauffer, 英overheat）独他 過熱する

Überziehmaschine ［ユーバーツィーマシーネ］（仏enrobeuse, 英chocolate coating machine, enrober）独女 エンローバー．チョコレートを連続してコーティングする機械

Überzug ［ユーバーツーク］（仏enrobage, glaçage, 英coat, coating, covering, glazing）独男 コーティング，被覆→glasieren

U.H.T. ［ユアシュテ］仏女（＝procédé ～）ultra-haute température の略．超高温度方式．牛乳の殺菌法．調整する前の牛乳を殺菌済容器に詰めて，無菌状態で，2秒間150℃で熱し，急激に真空冷却する→upérisation

uni, e ［ユニ］（独glatt, 英plain, smooth）仏形 ❶均質な，一様な，滑らかな ❷凸凹のない，飾りのない／une douille ～e 丸口金

uniforme ［ユニフォルム］（独einförmig, 英uniform）仏形 一様な，一律の，変化のない ‖ uniforme男 制服

uniformiser ［ユニフォルミゼ］仏他 （色などをむらなく）一律にする，一様にする

unten ［ウンテン］（仏dessous, inférieurement, 英below, down, under）独副 下に

Unterhitze ［ウンターヒッツェ］（仏flamme basse, 英lower flame）独女 （オーヴンの）下火

unzukömmlich ［ウンツーケムリッヒ］（仏désagréable au goût, 英unsavo⟨u⟩ry）独形 まずい

upérisation ［ユペリザスィヨン］仏女 （牛乳，生クリームの）超高温滅菌法→U.H.T.

upériser ［ユペリゼ］仏他 牛乳を超高温度方式（U.H.T.）で滅菌する

Urlaub ［ウーアラオプ］（仏vacances, 英vacation）独男 ヴァカンス

ustensile ［ユスタンスィル］（独Utensil, Werkzeug, 英utensil）仏男 （調理に必要な）用具，器具

utensil ［ユーテンスル］（仏ustensile, 独Utensil, Werkzeug）英名 （調理用）道具，用具

utilisation ［ユティリザスィヨン］（独Ausnützung, Verwertung, 英utilization）仏女 使用，利用，活用

utiliser ［ユティリゼ］（独benutzen, 英utilize, make use of）仏他 利用する，活用する

uva highlands ［ウヴァ ハイランド］独男 スリランカ産紅茶（セイロンティー）の一品種．高地の茶園名だが，ウヴァ茶を生産する地帯を指すこともある．セイロンティーの中で特に高品質，茶葉はBOP（オレンジペコの葉を砕いたもの）→thé noir

vacherin [ヴァシュラン] 仏 男 〔氷菓〕(=～ glacé) ヴァシュラングラセ. 王冠形につくったムラング, あるいは2枚のムラングの間にアイスクリームまたはシャーベットを詰め, シャンティイを絞り出して飾ったアントルメグラセ. 名前の由来は, 創作された19世紀当初, サヴォワ地方とフランシュ=コンテ地方の同名のチーズに, 色, 形が似ていたため→[付録] la glacerie

vague [ヴァーグ] 仏 形 ❶はっきりしない (独unklar, vage, 英vague) ❷空(から)の, 空虚な (独leer, 英vacant) ‖ vague(独Welle, 英wave)女 ❶波 ❷波状のもの, ウェーヴ

vaisselier [ヴェスリエ] 仏 男 食器セットを入れる田舎の伝統的な食器棚. 上段は皿を立てて並べられる. 現在は, 皿, 壺などを飾るのに使われている

vaisselle [ヴェセル] 仏 女 ❶ガラス類, ナイフ, フォーク類を除いた食器セット／～ plate 1枚板の金または銀製の食器 ❷（食後の)後片づけ

valable [ヴァラーブル] (独gültig, 英available, valid) 仏 形 有効な, 役立つ

valencia [ヴァランスィア] 仏 女 〔植〕ヴァレンシア種のオレンジ. 晩生. 収穫期は, イスラエルが3～6月, スペイン, モロッコが4～7月, 南米が7～10月. 主にジュース用→blonde, tardive

Valentinstag [ヴァーレンティーンスターク] (仏fête de la Saint-Valentin, 英St. Valentine's Day) 独 男 ヴァレンタインデー

vanilla [ヴァニラ] (仏vanille, 独Vanille) 英 名 ❶〔植〕ヴァニラ ❷ヴァニラエッセンス／～ bean (pod) ヴァニラの莢(さや)状の果実. またはそれを乾燥させたヴァニラ棒, ヴァニラビーンズ

vanilla cream [ヴァニラ クリーム] (仏crème à la vanille, 独Vanillecreme) 英 名 ヴァニラ風味のクレームパティシエール

vanilla fragrans [ヴァニラ フレイグランス] (仏vanille Bourbon) 英 名 バーボンヴァニラ

vanilla sugar [ヴァニラ シュガー] (仏sucre vanillé, 独Vanillezucker) 英 名 砂糖にヴァニラの粉末を混ぜたもの, その香りを移したもの

Vanille [ヴァニリェ] (仏vanille, 英vanilla) 独 女 ヴァニラ

vanille [ヴァニーユ] (独Vanille, 英vanilla) 仏 女 ❶〔植〕ラン科. 常緑つる性ヴァニラの木の実, ヴァニラビーンズ. 原産はメキシコ. 細長い莢(さや)状(15～25cm)で, 内部に微粒子状の黒色の種子を含む. 現在は熱帯の各地で栽培されている. 未熟状態で収穫し発酵させる. 莢状のままや, エッセンスを抽出したり, 乾燥後粉末にして利用する. バーボンヴァニラとタヒチアンヴァニラの2種ある→vanille Bourbon, vanille de Tahiti ❷ヴァニラ, ヴァニラ棒, ヴァニラビーンズ. 熟しはじめのヴァニラビーンズを熱湯に浸した後, 黒色になるまでおおいをして天日に干したもの. 表面に香気と風味のあるヴァニリンの結晶が出てくる／gousse de ～ ヴァニラビーンズ, ヴァニラ棒 ❸ (=～ liquide) ヴァニラエッセンス. 熟成したヴァニラをアルコールに浸すか, シロップに漬けて香味成分を抽出したもの

vanillé, e [ヴァニエ] (独mit echter Vanille aromatisiert, 英flavo⟨u⟩red with vanilla) 仏 形 ヴァニラの香りをつけた

vanille Bourbon [ヴァニーユ ブルボン] 仏 女 バーボンヴァニラ. レユニオン島, マダガスカル島, コモレス諸島産ヴァニラ. ヴァニラの香りが強く一般的. バーボンの名の

由来は,かつてレユニオン島がバーボン島と呼ばれていたことによる⇒vanille

vanille de Tahiti［ヴァニーユ ド タイチ］[仏][女] タヒチアンヴァニラ. タヒチ島産. バーボンヴァニラに比べて,平たく太い莢(さや)と,アニスや花の香りがするのが特徴. 生産量が少なく高価

Vanilleeis［ヴァニリェアイス］[独][中] ヴァニラの香りをつけたアイスクリーム

vanille fine［ヴァニーユ フィーヌ］[仏][女] 上質ヴァニラ. 莢(さや)の長さは20〜30㎝. 黒色. ヴァニリンの結晶があり,香りが非常に高い

Vanillekrem［ヴァニリェクレーム］[独][女] カスタードクリーム＝Milchkrem

vanille ligneuse［ヴァニーユ リニューズ］[仏][女] 木質ヴァニラ. 莢(さや)の長さは13〜20㎝. 茶褐色. 乾燥して,艶がない. ヴァニリンの結晶は少ない

vanille liquide［ヴァニーユ リキード］[仏][女] ヴァニラエッセンス⇒vanille

vaniller［ヴァニエ］[仏][他] ヴァニラの香りをつける

Vanillesauce［ヴァニリェゾーセ］([仏]sauce à l'anglaise, [英]custard sauce) [独][女] アングレーズソース

Vanilleschote［ヴァニリェショーテ］([仏]gousse de vanille, vanille, [英]vanilla beans) [独][女] ヴァニラビーンズ

vanille sucrée［ヴァニーユ スュクレ］[仏][女] 砂糖と共にヴァニラビーンズを粉砕したもの. 25％以上のヴァニラを含む⇒囲み［sucre］

Vanillezucker［ヴァニリェツッカー］([仏]sucre vanillée, [英] vanilla sugar) [独][男] ヴァニラシュガー

Vanillin［ヴァニリーン］([仏]vanilline, [英]vanillin)[独][中]〔化〕ヴァニリン

vanilline［ヴァニリヌ］[仏][女]〔化〕ヴァニリン ❶甘い香気のある白色または黄色針状結晶. ヴァニラビーンズのもつ香気の主要成分. ヴァニリンが多く含まれているとヴァニラビーンズの表面に白い結晶が生じる ❷人工合成の香料. ヴァニラより30倍香りが強い. 針葉樹, 石灰, タールなどからつくられる 1)オイゲノールヴァニリン. クローヴの精油から得るオイゲノールを原料とする 2)樫樽の内部焼成で樫材に含まれるヴァニリンを抽出. 製菓, 糖菓, チョコレートに使用される

vanilliné, *e*［ヴァニリネ］[仏][形] ヴァニリンで香りをつけた

vanillon［ヴァニヨン］[仏][男]〔植〕ヴァニラの一品種. 莢(さや)の長さは10〜12㎝. 肉厚で平たい. 茶色で柔らかく,裂けている. ヴァニリンの結晶はほとんどない. 香りは強いが,少し刺激がある⇒vanille

vanner［ヴァネ］[仏][他]（温かいクリーム, ソース, アパレーユが分離したり, 表面に薄皮ができないように）絶えずかき混ぜる. こうすることでクリーム類が早く冷める利点もある

vapeur［ヴァプール］([独]Dampt, [英]steam, vapo⟨u⟩r) [仏][女] 蒸気, 湯気

vaporisateur［ヴァポリザトゥール］([独]Spray, Zerstäuber, [英]spray) [仏][男] 霧吹き, スプレー

vaporiser［ヴァポリゼ］[仏][他]（スプレーなどで）吹きかける, 吹きつける

variable［ヴァリヤーブル］[仏][形] ❶変りやすい ❷変化する, さまざまな, 一定でない

variante［ヴァリヤーント］([独]Variante, [英]version) [仏][女]（原形と, あるいは細部を比較して）異なるもの, 変化を施したもの,（同種のものの）変形, 応用作品

varier［ヴァリエ］([独]variieren, [英]vary) [仏][自] 変化する, 異なる

variété［ヴァリエテ］([独]Vielfalt, [英] variety) [仏][女] 多種多様, 変化に富むこと

vaseline［ヴァズリーヌ］[仏][女] ワセリン. 石油からとれる高粘度の無色無臭の油脂. 型や台に塗る

vaseliné, *e*［ヴァズリネ］([独]gefettet, [英]greased) [仏][形]（型に）油脂を塗った

vaseliner［ヴァズリネ］[仏][他] ❶（型などに）

油脂を塗る(独fetten, 英grease) ❷(溶かしたクーヴェルチュールを攪拌(ﾗﾊﾞｰﾙ)しながら)濃度をつける

Vatel [ヴァテル] 仏固男 ヴァテール(1635-1671). 本名フリッツ・カール・ヴァテル Fritz Karl Watel. パリ生まれ, スイス出身の給仕長. ルイ14世の財務卿フーケ, コンデ公に仕える. 自殺の原因を語る逸話で有名. 1671年4月, コンデ公主催のシャンティイ城における3日間にわたる大祝宴で, 招待客が予定を超え, 肉類が不足. その翌日も魚介類が不足すると思い込み, 給仕長として責任を感じて明け方, 自室で剣で自殺, それと同時に魚介類が到着する. 出席者のセヴィニエ侯爵夫人の書簡集(4月26日付)で語られている

Vatertag [ファータータク] (仏fête des pères, 英Father's Day)独男 父の日

vatrouchka [ヴァトルシュカ]仏女 ロシアのフレッシュチーズの菓子. 上面を生地のひもで十字がけし, 焼成後, 砂糖を振りかける

vaute [ヴォート]仏女 [地方菓子]アルザス地方やシャンパーニュ地方の厚めに焼いたクレープ／～ alsacienne アルザス地方の塩味のクレープ. グリーンサラダと共に食す→ tantimolle

vaute lorraine aux cerises [ヴォートロレーヌ オ スリーズ]仏女 [地方菓子]ロレーヌ地方のさくらんぼを使ったデザート. 型の底に並べたさくらんぼの上に, 牛乳, 生クリーム, 卵黄, 小麦粉, 砂糖, 溶かしバターを混ぜて最後に泡立てた卵白を加えた生地を流し入れてオーブンで焼く

V.D.N. [ヴェ デ エヌ]仏男 vin doux naturelの略. アルコールを加えて発酵を止めた甘口ワイン→vin doux naturel, vin muté

végétaline [ヴェジェタリーヌ](仏Pflanzenöl, 英vegetable oil)仏女 植物性油脂. コヤシ油など

veille [ヴェイユ]仏女 ❶前日／la pâte préparée la ～ 前日に用意した生地 ❷前夜／～ de Noël クリスマスイヴ ❸徹夜

veilleuse [ヴェイユーズ](独Zündbrenner, 英pilot-burner)仏女 (ガス器具などの)種火

velours [ヴルール]仏男 ❶ビロード ❷(ビロードのように)柔らかい感触のもの／～ de cassis (きめ細かく滑らかな)カシスのジャム. デザートのソースなどに最適→ crème de cassis

veloutage [ヴルタージュ]仏男 (チョコレートを吹きつけ)ビロードの感触に仕上げること

velouté, e [ヴルテ]仏形 ❶ビロードのような, 柔らかい／crème ～e 牛乳と砂糖に, 小麦粉か澱粉でとろみをつけたクリーム. 卵は使用しない→ crème d'entremets ❷(スープなどが)とろりとした, 舌触りのよい

velouter [ヴルテ]仏他 ❶(チョコレートを吹きつけ)ビロードのような感触に仕上げる ❷(味を)まろやかにする

Vendée [ヴァンデ]仏固女 ヴァンデ県. フランスの西部, 大西洋を臨む. 復活祭のブリオッシュ (→ alise pâcaude), ボトロー (→ bottereau), フワス, カイユボット, フラン (→ flan maraîchin)などが有名

vendre [ヴァンドル] (独verkaufen, 英sell) 仏他 売る ‖ se ～代動 売れる, 売られる

ventilateur [ヴァンティラトゥール] (独Ventilator, 英fan)仏男 扇風機, 送風機

venue [ヴニュ]仏女 (パティスリー, 糖菓の)ある量の製品をつくるに必要な材料と分量／ une ～ de génoise ジェノワーズをつくるために計った材料

Veränderung [フェアエンデルング] (仏altération, 英adulteraion, falsification)独女 変質, 腐敗

Veranstaltung [フェアアンシュタルトゥング](仏cérémonie, 英ceremony)独女 行事

verarbeiten [フェアアルバイテン]独他 加工する

Verbraucher [フェアブラオハー] (仏client, consommateur, consommatrice, 英client, consumer, customer)独男 客, 消費者

verbrennen ［フェアブレネン］（[仏]flamber, [英]burn, flame）[独][他] 燃やす

verderben ［フェアデルベン］（[仏] se gâter, se pourrir, [英]spoil, deteriorate）[独][自] 腐敗する, いたむ

Verderben［フェアデルベン］（[仏]décomposition, pourriture, putréfaction, [英]decay, putrefaction, rottenness）[独][中] 腐敗

verdi, *e* ［ヴェルディ］（[独]grün, [英] greened）[仏][形] 緑色にした, 緑色の

verdir ［ヴェルディール］[仏][他] 緑色にする ‖[自] 緑色になる

verdünnen ［フェアデュネン］（[仏] diluer, [英] dilute）[独][他] 薄める

Verfahren ［フェアファーレン］（[仏]procédé, [英]process）[独][中] 手順

Verfärben［フェアフェルベン］（[仏]décoloration, [英] discolo⟨u⟩ration）[独][中] 変色, 色あせ, 漂白

vergeoise ［ヴェルジュワーズ］[仏][女] 甜菜糖または甘蔗糖の精製工程中に得られる有色（茶色）精製糖. 三温糖. 素材の成分を含んでいるため湿り気と香りがある. 製品としては2種類ある　1)（＝～ blonde）薄茶色の砂糖. 精製工程中, 最初の脱水の時に排除されたシロップを煮詰めて結晶させたもの　2)（＝～ brune）茶褐色の砂糖. 精製工程中, 2回目の脱水の時に排除されたシロップを煮詰めて結晶させたもの. 1)より独特の香りがする. 北フランス, ベルギーではタルト, クレープ, ゴーフルに広く用いられている⇒［付録］le sucre

vergrößern ［フェアグレーセルン］（[仏] augmenter, [英]increase）[独][他] 増やす＝verstärken

vérifier ［ヴェリフィエ］（[独]nachprüfen, [英] examine, verify）[仏][他] 確かめる, 検査する, 調べる

verjus ［ヴェルジュ］（[独]Saft unreifer Trauben, [英] verjuice）[仏][男] 未成熟の青いぶどうの実からとった酸っぱい果汁. かつては香辛料としてソースの材料に用いられた

verkaufen［フェアカオフェン］（[仏]vendre, [英] sell）[独][他] 売る, 販売する

Verkäufer ［フェアコイファー］（[仏]vendeur, [英]salesman）[独][男] 売り子, 店員（男）

Verkäuferin ［フェアコイフェリン］（[仏]vendeuse, [英]saleswoman）[独][女] 売り子, 店員（女）

Verlobungsfeier ［フェアローブングスファイアー］（[仏]fiançailles, [英]engagement）[独][女] 婚約式

vermeil ［ヴェルメイユ］[仏][男] 金めっきをした銀. 大晩餐会用のナイフ, フォーク, 食器類に使われる. 実用には, デミタススプーン以外にはあまり使われない

vermicelle ［ヴェルミセル］[仏][男] ❶ヴァーミセリ. 極細のパスタ麺（[独]Fadennudeln, [英]vermicelli）❷（＝～ de chocolat）スプレーチョコレート. 菓子の飾りに使う顆粒状のチョコレート（[独]Shokoladenstreusel, [英] chocolate vermicelli）

vermindern ［フェアミンデルン］（[仏] diminuer, [英] decrease）[独][他] 減らす

vermouth ［ベルムース］[仏][男] ベルモット. ワインをベースにした食前酒. 17世紀にイタリアでつくられる. 現在は, イタリアタイプとフランスタイプがあり, 世界中で製造されている. 白ワインをベースに糖液, またはミステル（⇒mistelle）, アルコール, 香草（にがよもぎ, 柳薄荷（はっか）, キナの木, ねずの実, クローヴ, カモミール, オレンジの皮など）でつくる. 色は白かカラメルで着色した赤だが, 透明のドライもある. アルコール含有量は14.5～22%. フランスタイプはイタリアタイプより辛口

vernis［ヴェルニ］[仏][男] ❶ワニス, ニス, エナメル ❷（ワニスの）輝き, 輝いている表面, 表皮

Verordnung ［フェアオルドヌング］（[仏]préparation, [英]mixing, preparation）[独][女] 調合

verpacken ［フェアパッケン］[独][他] 包装する, 荷造りする⇒packen

Verpackung［フェアパックング］(仏emballage, 英packing, wrapping)独女 包装

verre［ヴェール］(独Glas, 英glass)仏男 ❶ガラス ❷グラス, コップ ❸グラス1杯分の量／～ à pied 脚付きグラス／～ à vin de rhum ワイングラス1杯分のラム酒

verre à feu［ヴェール ア フ］仏男 耐熱ガラス

verre gradué［ヴェール グラデュエ］仏男 計量カップ＝verre mesureur

verre mesureur［ヴェール ムズュルール］女 →verre gradué

verrine［ヴェリーヌ］仏女 ❶厚手のガラス製コップ. 二重壁の保温保冷用のものもある ❷コップに入れたデザート, 料理. 小さなスプーンで食す. フルーツゼリー, グラニテ, スムージーなど

verser［ヴェルセ］(独gießen, 英pour)仏他 注ぎ入れる, 注ぐ

verseuse［ヴェルスーズ］仏女 まっすぐ(水平)な柄(ᵃ)のある細く長い注ぎ口と蓋のついた金属または陶製のサーヴィス用ポット. 主にコーヒーに使われる

version［ヴァージュン］(仏variante, 独Variante) 英名 (原形に対する)異形, 元のものに若干の変化を施したもの

verstreichen［フェアシュトライヒェン］(仏enduire, napper, 英coat, cover, frost, paint, spread)独他 塗る→bestreichen

vert, e［ヴェール, ヴェルト］(独grün, 英green)仏形 ❶緑色の ❷生の ❸熟していない

vert-cuit［ヴェール キュイ］仏形 わずかに火の通った, 生焼けの

Verteilen［フェアタイレン］(仏distribution, division, 英deviding, distribution)独中 分割→Teilen

verticalement［ヴェルティカルマン］(独senkrecht, vertikal, 英vertically)仏副 垂直に

verveine［ヴェルヴェース］(独Eisenkraut, 英verbena)仏女〔植〕クマツヅラ科. くまつづら. 葉と花の先端はハーブティーに使われ, 肝臓と腰の病気によいとされる. また香りがあるので香草として料理にも使われる

Verveine du Velay［ヴェルヴェーヌ デュ ヴレ］仏女 1853年以来オーヴェルニュ地方でつくられている薬草リキュール. 33種類の薬草をワインの蒸留酒に20日間漬け, 蒸留後8か月間樽で寝かせてから, 粗糖と蜂蜜を加える. 緑色のものはアルコール含有量が50%, 黄色のものはアルコール含有量が40%

Verwiegung［フェアヴィーグング］(仏pesage, 英weighing)独女 計量

vesou［ヴズー］(独Zuckerrohrsaft, 英canejuice)仏男 砂糖きびの絞り汁

Victoria［ヴィクトーリア］仏女 ヴィクトリア女王に捧げた料理名／bombe ～ 苺のアイスクリームを敷き込んだ円錐形のボンブ

Victoria cake［ヴィクトーリア ケイク］英名 ❶スパイスと砂糖をたっぷり使い, レーズンの代わりに, ドレンチェリーを使ったケーキ ❷ヴィクトリアケーキ＝Victoria sandwich, Victoria sponge

Victoria sandwich［ヴィクトーリア サンドウィッジ］英名 →Victoria sponge

Victoria scone［ヴィクトーリア スコン］英名 小麦粉, 全粒粉, ベーキングパウダー, 砂糖, 全卵, 牛乳で柔らかな生地をつくり, 厚さ1.5cmに平たく丸め, 上面に十文字に深く切れ目をつけたスコーン. 冷めてから, 水平に切り, 間にフランボワーズのジャム, あるいはシャンティイを塗って供する→scone

Victoria sponge［ヴィクトーリア スパンジ］英名 ヴィクトリアケーキ, バターと砂糖をクリーム状にして, 全卵, ベーキングパウダー, レモンの皮, 小麦粉(以上同量比)を加え, 円形の型で焼き, 上下に切り分け, 間にレモンカードあるいはフランボワーズのジャムを挟み, 上面に粉糖を振りかけたケーキ＝Victoria sandwich

videler［ヴィドレ］仏他 (のばした生地に詰

め物を置き，2つ折りまたはほかの生地を被せ，焼成中に中身が出ないように）外側の生地を内側に折るように指を使って閉じながら飾り縁をつくる

vide-pomme［ヴィド ポム］（[独]Apfelausstecher, Apfelkernentferner, [英]applecorer）[仏][男]（りんごの）芯抜き器

vider［ヴィデ］（[独]leeren, [英]empty）[仏][他] ❶（容器などを）空にする，（中身をあける，空にする ❷魚のはらわたを抜く

viel［フィール］（[仏]un grand nombre de, [英]many）[独][形] 多い

Vielzweckschneiderolle［フィールツヴェックシュナイトロレ］（[仏]rouleau extensible, [英]extendable rolling pin）[独][女] 等分器

viennoiserie［ヴィエヌワズリ］（[独]dänischer Plunder, [英]danish pastry）[仏][女] ヴィエノワズリ，デニッシュパン，菓子パン．パン屋で扱う，パン以外の製品（サブレ，ビスキュイ，ガレットは除く）．伝統的にバター，卵，砂糖を使った発酵生地や折り込み発酵生地で製作される朝食，おやつ用製品．クロワッサン，パン・オ・レ，ブリオッシュ，パン・オ・レザン，パン・オ・ショコラなど．19世紀半ばにパリに開店したオーストリア人のパン屋がクロワッサンなどを販売，大評判となり，この種のパン類をヴィエノワズリと名づけた⇒ pain

Viereck［フィールエック］（[仏]carré, [英]square）[独][女] 正方形，四角形

vif, ve［ヴィフ，ヴィーヴ］[仏][形] ❶強烈な／à four ～ 強火のオーヴンで ❷／à ～ むき出しの／orange à ～ 中袋を（ナイフで）取り去ったオレンジ

vigoureusement［ヴィグルーズマン］（[独]kräftig, [英]strongly, vigorously）[仏][副] 強く，勢いよく

vin［ヴァン］（[独]Wein, [英]wine）[仏][男] ❶ワイン，ぶどう酒．ぶどうの実を発酵させ，糖分をアルコールに変えた飲料．赤，白，ロゼ，非発泡性，発泡性のものがある／～ blanc sec 辛口白ワイン／～ blanc doux 甘口白ワイン／～ liquoreux リキュールのように甘くとろりとした甘口ワイン ❷酒，醸造酒／～ de riz 清酒

vinaigre［ヴィネーグル］（[独]Essig, [英]vinegar）[仏][男] 酢，食酢，ヴィネガー／～ de vin ワインヴィネガー／～ vin blanc 白ワインヴィネガー／～ d'alcool（＝～ blanc）アルコール酢（小さな玉ねぎやコルニションを漬け込むのに使う）／～ balsamique バルサミコ酢．濃厚で芳醇なイタリアの酢．よく熟した非常に甘いぶどうからつくられたワインを原料とし，樽で熟成させる．赤い果物の香りを引き立てる

vin blanc［ヴァン ブラン］[仏][男] 白ワイン，白ぶどう酒⇒blanc

vin blanc glacé［ヴァン ブラン グラセ］[仏][男]〔氷菓〕シロップ，白ワイン，オレンジジュース，レモンジュース，生クリームを混ぜ，回転凍結させた半流動状の飲み物，シャンティイを飾って供する．白ワインをシャンパンに替えてもよい．その場合は，シャンパーニュグラセ（⇒champagne glacé）となる⇒ boisson glacée

vin chaud［ヴァン ショ］[仏][男] ヴァンショ．赤ワインをベースに，砂糖，香料（シナモン，クローヴ，ヴァニラ，オレンジの皮など）を混ぜた熱い飲み物．紅茶に入れたり，コニャックやマールを加えたりする．冬の飲み物

vin cuit［ヴァン キュイ］[仏][男] ヴァンキュイ．甘いぶどうの絞り果汁を半量になるまで煮詰め，漉してから蒸留酒とスパイス，香料を加えたアルコール飲料／～ de Palette プロヴァンス地方パレットのヴァンキュイ．クリスマスの13のデザートに供する

vin de carafe［ヴァンド カラフ］[仏][男] 軽く，若い，安価なワイン．瓶のまま供されるのではなく，カラフに入れて供される

vin de cerneau［ヴァンド セルノー］[仏][男] セルノー（生胡桃）を収穫する夏の終わりに飲むロゼワイン⇒cerneau

vin de fruits［ヴァンド フリュイ］[仏][男] 果実酒．果物をつぶし，自然発酵させたアル

コール飲料．水で薄めたり，加糖することもある

vin de glace［ヴァン ド グラス］仏男 アイスワイン．充分に熟した白ぶどう（リースリング種）を冬期，気温 -7℃以下に冷えた夜に収穫し，醸造後ゆっくりと発酵させたワイン．独特の芳香と豊かなリキュールに似た味わいをもつ．アルザス地方，ドイツ，オーストリア，リュクセンブルグ，スロヴェニア，カナダでつくられる

vin de liqueur［ヴァン ド リクール］仏男 リキュールワイン，ミステル．酒精強化ワイン．ぶどう果汁（発酵する前）に同種のぶどうのオドヴィを加える．ピノ・デ・シャラント AOP（→ pineau des Charentes）はコニャック，フロック・ド・ガスコーニュ AOP（→ floc de Gascogne）はアルマニャック，マクヴァン・デュ・ジュラ AOP（macvin du Jura）はマール・ド・フランシュ゠コンテ（marc de Franche-Comté）を使っている．アルコール含有量は 15〜22%．→ mistelle, vin muté

vin de paille［ヴァン ド パイユ］仏男 ジュラ地方のデザート用甘口白ワイン，わらワイン．2〜3か月房状のまま乾燥させたぶどうからつくる．かつては，わらの上で乾燥させた

vin de palme［ヴァン ド パルム］仏男 やしの樹液を自然発酵させた飲み物．アルコール含有量 15〜18%．発泡性があり，味はワインに似ている

vin d'honneur［ヴァン ドヌール］仏男 祝杯，祝杯の集まり．個人や出来事を祝うため，市民，名士，市町村議員が集まり，銘酒ワインで乾杯するパーティ．特に地方，田舎に残る風習

vin doux naturel［ヴァン ドゥ ナテュレル］仏男 天然甘口ワイン（VDN）．酒精強化ワイン．甘味の強いぶどう果汁の発酵中にアルコールを添加し，発酵を止める．アルコール含有量は，最低 15%．自然の甘みが残る．赤，白，ロゼがある→ banyuls, porto, vin muté

vin gris［ヴァン グリ］仏男 黒ぶどうから白ワインの製法でつくった色の薄いロゼワイン．灰色ワイン

vin jaune［ヴァン ジョーヌ］仏男 ジュラ地方の黄色ワイン（AOP）．完熟した白ぶどうからつくり，樫の樽に6年間寝かせて黄色にしたもの

vin muté［ヴァン ミュテ］(独 aufgespriteter Wein, Südwein, 英 fortified wine) 仏男 酒精強化ワイン．ぶどうの絞り果汁にアルコールか無水亜硫酸を添加して，発酵を止めた甘口ワイン．この発酵停止により糖分が確保され，保存性が高まり酢にはならない．アルコール含有量は14%以上．発酵前に同じぶどうのオドヴィを加えるミステルタイプ（またはリキュールワイン）（mistelle, vin de liqueur）か，発酵中にアルコールを加えるタイプ（→ vin doux naturel）の2種類ある

vin ripopé［ヴァン リポペ］仏男 → ripopée

vin rosé［ヴァン ロゼ］仏男 ロゼワイン → rosé

vin rouge［ヴァン ルージュ］仏男 赤ワイン，赤ぶどう酒 → rouge

vin viné［ヴァン ヴィネ］仏男 酒精強化ワイン．ぶどうの絞り果汁の発酵後に蒸留酒を加えてつくる．加える時期により甘口から辛口に仕上がる．イベリア半島など気温の高いぶどう栽培地で，ワインの保存性を高め，風味を増すためにアルコールを添加したワイン → madère, marsala, xérès

violette［ヴィオレット］(独 Veilchen, 英 violet) 仏女 ❶〔植〕スミレ科．すみれ ❷糖化させたすみれ／〜 de Toulouse トゥールーズ名産．糖化させたすみれ／〜 cristallisée（=〜 candie）クリスタルバイオレット．糖化させたすみれ ❸〔糖菓〕すみれのエッセンスで香りをつけ，すみれの形につくったアメ

virgule［ヴィルギュル］(独 Komma, 英 comma, shape of kidney) 仏女 ❶コンマ ❷コンマの形，まが玉形

vis [ヴィス] (独Schraube, 英screw) 仏女 ねじ, ビス／couvercle à ～ ねじり蓋

vis-à-vis [ヴィザヴィ] (独Gegenüberstehen, 英opposite) 仏男 差し向かい ‖ vis-à-vis 副 (～ de...) (…の)向いに

visitandine [ヴィズィタンディーヌ] 仏女 ❶〔パティスリー〕ヴィジタンディーヌ. 粉末アーモンド, 砂糖, 卵白, 溶かしバターを混ぜ, 小さな丸形やバルケット形に焼く. フリアン, フィナンシエは同じ生地を長方形に焼いたもの. 17世紀にロレーヌ地方の修道女が考案したといわれる→financier, friand ❷ヴィジタンディーヌ型. 底に花のようなねじり模様がついた小さな丸い型 ❸聖母訪問修道女会の修道女

visqueux, **se** [ヴィスクー, クーズ] (独dickflüssig, 英viscous) 仏形 粘々した, 粘ついた

Vitamin [ヴィタミーン] (仏vitamine, 英vitamin) 独中 ビタミン

vitamine [ヴィタミーヌ] (独Vitamin, 英vitamin) 仏女 ビタミン

vite [ヴィット] (独schnell, 英fast, quickly, rapidly) 仏副 速く, 素早く

vitesse [ヴィテス] (独Geschwindigkeit, 英speed) 仏女 速さ, (ミキサーなどの攪拌(かくはん))速度／travailler à ～ moyenne 中速度で混ぜ合わせる

vitrifié, *e* [ヴィトリフィエ] 仏形 ガラス化した, 透化された

Vitrine [ヴィトリーネ] (仏vitrine, 英showcase) 独女 ショーケース, ショーウインドー

Vittel [ヴィテル] 仏男〔商標〕ヴィッテル. ミネラルウォーターの銘柄, 鉱泉水／eau de ～ ou d'Evian ヴィッテルかエヴィアンのミネラルウォーター

vivement [ヴィヴマン] (独lebhaft, 英briskly) 仏副 活発に, 激しく, 強く

vodka [ヴォドカ] 仏女 ウォッカ. 穀物, じゃがいも, 甜菜からつくったアルコール. ポーランド原産. ロシア, バルト海諸国でもつくられる. 無味, 無臭. アルコール含有量32.5～49%

voiler [ヴワレ] 仏他 (パティスリー, クロカンブッシュ, アイスクリーム, フリュイ・ジヴレなどに, グランカセ, フィレに煮詰めた糖液を糸状にした)アメを糸がけする

vol-au-vent [ヴォロヴァン] 仏男 ヴォロヴァン. フイユタージュでつくった直径15～20cmの蓋付きの円形の容器, この中に調理済のものなどを詰める

Vollei [フォルアイ] (仏œuf entier, 英whole egg) 独中 全卵

Vollkornmehl [フォルコルンメール] (仏farine complète, 英whole flour) 独中 全粒粉＝Schrot

Vollmilch [フォルミルヒ] 独女 全脂牛乳

Vollmilchpulver [フォルミルヒプルファー] 独中 全脂粉乳

Vollrahm [フォルラーム] 独男 生クリーム →Rahm

volonté [ヴォロンテ] 仏女 意志／à ～ 好きなだけ, 随意に

volume [ヴォリューム] 仏男 容量, かさばり, 大きさ

Volumen [ヴォルーメン] (仏英volume) 独中 容量

volute [ヴォリュート] 仏女 渦巻き模様

Vorteig [フォールタイク] 独男 ホーニッヒクーヘン (→Honigkuchen) などの生地を木製の桶や陶製容器に仕込み, 1～2か月寝かせた生地

Vorratsbehälter [フォールラーツベヘルター] (仏réservoir, 英container) 独男 貯蔵庫

voulu, *e* [ヴリュ] (独erforderlich, 英desired, required) 仏形 要求された, 必要な

vrac [ヴラック] (独lose Waren, 英loose, in bulk) 仏副／en ～ ばらばらに, ばらで

W [ドゥブルヴェ] (仏)(男) アルベオグラフ（水と小麦粉を混ぜた時に生じる粘性を計る機械）を使って測定した, 生地に吹き込んだ空気容積を表わす記号. 小麦粉の可塑性（弾性, 靭性, 膨張力）を表わす. 特等粉（T. 45, T. 55）はW220以上を必要とする⇒ farine gruau

Waage [ヴァーゲ] ((仏)balance, (英)balance, spring balance) (独)(女) 計り

wafer [ウェイファー] (英)(名) **❶** ウエハース. 非常に薄くぱりぱりと乾いた菓子（工場製）. アイスクリームに添える. 間にクリームを挟んだものもある ((仏)gaufrette, (独)Wafer) **❷** （ミサに用いるパン種の入らない）薄焼きパン. ウエハース, ホスチャ ((仏)azyme, hostie, (独)Hostie) ／〜 paper ライスペーパー. ゼラチン状にした澱粉とゴムでつくり, 薄くのばして乾かしたもの. マカロン, ヌガーなどをこの上に絞る = rice paper

Waffel [ヴァッフェル] ((仏)gaufre, (英)waffle) (独)(女) ワッフル, ゴーフル, ウエハース

Waffelteig [ヴァッフェルタイク] ((仏)pâte à oubli, (英)waffle pastry) (独)(男) ワッフルやウーブリの生地. 薄く焼いて丸めて成形する菓子の生地

waffle [ウォフル] ((仏)gaufre, (独)Waffel)(英)(名) ワッフル. 中世のウエハースが起源. 小麦粉, 牛乳, 卵, ベーキングパウダーなどを混ぜ合わせた生地をワッフル焼き型で焼く. ベルギー, アメリカでよく食べられる. 様々なタイプがある⇒ american waffle, Hongkong style waffle, Liège waffle, Scandinavian style waffle, stroopwafel, syrup waffle

waffle iron [ウォフル アイアン] ((仏)gaufrier, (独)Waffeleisen) (英)(名) ワッフル焼き型. 格子などの模様のついた上下2枚の鉄板を蝶番でつないだ器具

Waldbeere [ヴァルトベーレ] ((仏)fraise des bois, (英)wild berry) (独)(女) 野苺

Walnuss [ヴァルヌッス] ((仏)noix, (英)walnut) (独)(女) 胡桃

Walnusskrokant [ヴァルヌッスクロカント] (独)(男) 溶かした砂糖に胡桃の粉末を混ぜたクロカント

walnut and banana bread [ウォールナット アンド バナナ ブレッド] (米)(名) 粗糖, 油脂, 卵, 全粒粉, ベーキングパウダーでつくった生地に, つぶしたバナナ, 胡桃を混ぜ, パウンド型で焼いたもの

Walze [ヴァルツェ] ((仏)broyeuse, (英)roller) (独)(女) ローラー, 粉砕機

Ware [ヴァーレ] ((仏)marchandise, (英)goods) (独)(女) 商品

warm [ヴァルム] ((仏)tiède, (英)warm) (独)(形) 温かい

warme Fruchtdesserts [ヴァルメ フルフトデセール] ((仏)entremets aux fruits chauds, (英)hot fruits) (独)(中)(複) 温製フルーツデザート

Warmemasse [ヴァルメマッセ] (独)(女) 加熱生地（種）

Wärmeregler [ヴェルメレーグラー] ((仏)thermorégulateur, thermostat, (英)thermoregulator, thermostat) (独)(中)(複) サーモスタット, 温度調節器

warme Süßspeise [ヴァルメ ズュースシュパイゼ] ((仏)entremets chaud, (英)hot sweet) (独)(女) 温菓, アントルメ・ショ, 温製アントルメ

waschen [ヴァッシェン] ((仏)laver, (英)wash) (独)(他) 洗う

Waschung [ヴァッシュング] ((仏)lavage, (英)washing) (独)(女) 洗浄

wash [ウォッシュ] ((仏)abricoter, dorer, (独)

bestreichen) 英名 （焼く前あるいはあとに）卵, 牛乳, 杏 (あん) ジャムなどを刷毛で塗る

wash brush ［ウォッシュ ブラシ］（仏pinceau, 独Pinsel）英名 （菓子に卵, 杏 (あん) ジャムを塗る）刷毛

washington ［ワシングトヌ, ウォーシュトン］仏女 → navel

Washington pie ［ウォシングトン パイ］米名 ワシントンパイ. スポンジを数段に切り, ジャムやゼリーなどを挟んだレイヤーケーキ

Wasser ［ヴァッサー］（仏eau, 英water）独中 水

Wasserbad ［ヴァッサーバート］（仏bain-marie, tempéreuse, 英bain-marie, tempering machine, water bathing）独中 湯煎器

Wasserglasur ［ヴァッサーグラズール］（仏glace à l'eau, 英sugar icing, water icing）独女 グラス・ア・ロー, アイシング → Staubzuckerglasur

Wasserhahn ［ヴァッサーハーン］独男 水道の蛇口

Wassermelone ［ヴァッサーメローネ］（仏melon d'eau, pastèque, 英watermelon）独女 すいか

water ice ［ウォーター アイス］英名 シャーベットの一種 ❶水, 砂糖, 果汁などを混ぜ合わせ凍らせたもの. やや流動的で溶けやすい（仏sorbet, 独Sorbett）❷アイスキャンディ（仏sorbet, 独Wassereis）→ Popsicle

water icing ［ウォーター アイスィング］（仏glace à l'eau, 独Staubzuckerglasur, Wasserglasur）英名 粉糖に水を混ぜた糖衣. グラス・ア・ロー

wedding cake ［ウェディング ケイク］英名 ウェディングケーキ. レーズン50％にピールなどを含んだパウンドケーキをパート・ダマンドで包み, グラスロワイヤルなどでおおったもの → cake, pound cake ／ golden ～ 金婚式用ケーキ. 装飾に金箔を使う ／ silver ～ 銀婚式用ケーキ. 装飾に銀箔を使う

wedge ［ウェッジ］（仏cale, coin, 独Keil⟨form⟩）英名 くさび, くさび形（V字形）のもの ／ ～ of pineapple 薄切りのパイナップルの輪切りを数片に切り分けたもの

week-end ［ウィケンド］仏男 ❶〔パティスリー〕ウィケンド. 小麦粉に卵, 砂糖, ベーキングパウダー, バター, 刻んだレモンの表皮を混ぜてパウンド型で焼きあげ, 周囲に杏 (あん) ジャムを塗り, グラスがけしたレモン風味の菓子 ❷週末

weich ［ヴァイヒ］独形 柔らかい, しなやかな, 滑らかな, 脆い

Weichkrokant ［ヴァイヒクロカント］独男 柔らかいヌガー

Weihnacht ［ヴァイナハト］独女 → Weihnachten

Weihnachten ［ヴァイナッハテン］独中 クリスマス = Weihnacht

Weihnachts-Plunder ［ヴァイナハツプルンダー］独男 クリスマスに食べるデニッシュペストリー

Wein ［ヴァイン］独男 ワイン

Weinbrand ［ヴァインブラント］独男 ブランデー → Brandy, Branntwein

Weinbrandbohnen ［ヴァインブラントボーネン］（仏bonbon à la liqueur, 英liqueur bonbon）独女複 リキュールボンボン = Likörpralinen

Weinbrandkirschen ［ヴァインブラントキルシェン］独女複 チェリーボンボン. アルコール漬けのさくらんぼをフォンダンで糖衣し, チョコレートで被覆したもの. 中のフォンダンが溶け, シロップ状になる

Weinkrem ［ヴァインクレーム］独男 水分の一部にワインを使用してつくるクリーム. フィリング用や型詰めするクリーム菓子に用いる

Weinsteinsäure ［ヴァインシュタインゾイレ］（仏crème de tartre, 英cream of tartar）独女〔化〕クリームタータ, 重酒石酸カリウム

weiß ［ヴァイス］独形 白い

weiße Johannisbeere ［ヴァイセ ヨハニスベーレ］（[仏]groseille blanche, [英]white currant）[独][女] 白房すぐり，ホワイトカラント

weiße Kuvertüre ［ヴァイセ クヴェルテューレ］（[仏]couverture blanche, [英]white chocolate）[独][女] クーヴェルテュール・ブランシュ，ホワイトチョコレート

weiße Mandel ［ヴァイセ マンデル］[独][女] 皮むきアーモンド＝geschälte Mandel

weißer Nugat ［ヴァイサー ヌーガト］（[仏]nougat blanche, nougat montélimar, [英]white nougat）[独][男] ソフトタイプの白いヌガー．ヌガー・モンテリマールのこと

weiße Schokolade ［ヴァイセ ショコラーデ］（[仏]chocolat blanc, [英]white chocolate）[独][女] ホワイトチョコレート

Weißmehl ［ヴァイスメール］（[仏]farine à gâteau, [英]cake flour）[独][中] 薄力粉

Weißwein ［ヴァイスヴァイン］（[仏]vin blanc, [英]white wine）[独][男] 白ワイン

Weizen ［ヴァイツェン］（[仏]blé, [英]wheat）[独][男] 小麦

Weizengrieß ［ヴァイツェングリース］（[仏]semoule de froment, [英]caked wheat, wheat semolina）[独][男] 挽き割り小麦

Weizenmehl ［ヴァイツェンメール］（[仏]farine〈de froment〉, [英]〈wheat〉 flour）[独][中] 小麦粉

Weizenpuder ［ヴァイツェンプーダ ー］[独][男] 浮き粉

Weizenstärke ［ヴァイツェンシュテルケ］（[仏]farine forte, [英]strong flour）[独][女] 強力粉

well ［ウェル］（[仏]fontaine, puits, [独]Brunnen）[英][名] ❶井戸，泉 ❷（液体をたたえた）くぼみ

Welle ［ヴェッレ］[独][女] 波，波形

Welsh cake ［ウェルシュ ケイク］[英][名] ウェールズの伝統的な，ホットプレート（bake-stone）で焼くケーキ．小麦粉，砂糖，ナツメグ，バター，卵，レーズンでつくった生地を厚さ約2cmにのばし，型抜きで直径7.5cmの円形に抜き，ホットプレートかフライパンで両面を焼く，熱いうちにバターを塗って供する．ティータイム用

Welsh rabbit ［ウェルシュ ラビット］[英][名] ⇒Welsh rarebit

Welsh rarebit ［ウェルシュ レアビット］[英][名] チーズトースト．溶かしたチェダーチーズにエール（ビールの一種），マスタード，パプリカ，カイエンヌペッパー，あるいはベシャメルソースなどを加えて熱いトーストにかけたもの．18世紀に遡る＝rarebit, Welsh rabbit

wenden ［ヴェンデン］（[仏]retourner, [英]turn over）[独][他] 裏返す

wenig ［ヴェーニヒ］[独][形]（数・量）少ない

Werkzeug ［ヴェルクツォイク］（[仏]instrument, outil, ustensile, [英]instrument, kitchen utensil）[独][中] 器具，道具

Wermutwein ［ヴェールムートヴァイン］（[仏]vermout〈h〉, [英]vermouth）[独][男] ベルモット

whey ［ウェイ］（[仏]petit lait, lactosérum, [独]Molke）[英][名] 乳漿（にゅうしょう），乳清，ホエー．乳が凝固する時に出る液体

whip ［ウィップ］（[仏]fouetter, [独]schlagen）[英][他]（卵，生クリームなどを）かき立てる，泡立てる

whipped cream ［ウイップト クリーム］（[仏]crème fouettée, [独]Schlagsahne）[英][名] 生クリームに砂糖を加えて泡立てたクリーム，ホイップクリーム

whipping cream ［ウィッピング クリーム］[英][名] 35〜40％の乳脂肪分を含む生クリーム⇒double cream

whisk ［ウィスク］（[仏]fouet, [独]Schneebesen）[英][名] 泡立て器／balloon 〜 卵白，生クリームなどの泡立て用泡立て器／wire 〜 ソース類，アパレーユなどの攪拌（かくはん）用泡立て器‖whisk [他] 泡立てる

whiskey ［ウィスキー］[米][名] ⇒whisky

whisky ［ウィスキー］（[仏]whisky, [独]Whiskey）[英][名] ウィスキー．大麦などの穀類が

原料. 麦芽(大麦やライ麦を水に漬けて発芽・乾燥させたもの) を発酵, 蒸留, 樽で熟成させた蒸留酒. スコットランド原産 (＝scotch ～). アメリカ, アイルランドではwhiskeyと綴る／malt ～ モルトウィスキー. ピート (スコットランドの泥炭) でいぶした大麦麦芽(モルト)から発酵液を得, これを蒸留して長期熟成させたもの／single malt ～ シングルモルトウィスキー. 大麦の麦芽のみを使い単一蒸溜所でつくったもの. single malt Scotch シングルモルトスコッチ (スコットランドでつくられたシングルモルトウィスキー). blended malt Scotch 複数の蒸留所の原酒を使ったスコッチ／blended ～ 大麦以外の穀物からつくったグレーンウィスキーと大麦のみでつくったモルトウィスキーをブレンドしたウィスキー／Irish ～ アイリッシュウィスキー. 大麦, 燕麦, 小麦, ライ麦を原料とし, 酵母発酵によるもの／Canadian ～ カナディアンウィスキー. カナダ産穀類からつくり, 香りは軽い／corn ～ コーンウィスキー. アメリカ産穀類からつくるが, とうもろこしを80％含む／Bourbon ～ バーボンウィスキー. アメリカのウィスキー, とうもろこしを主に(51％以上), ライ麦, 大麦を混ぜる. 焦がした樫材の樽で, 少なくとも2年間熟成させる／Rye ～ ライウィスキー. アメリカのウィスキー. ライ麦からつくる

white sugar [ワイト シュガー] ([仏]sucre blanc, [独]Weißzucker) [英] [名] 精製糖の総称, 白砂糖⇒castor sugar, cube sugar, granulated sugar

whiz(z) [ウィズ] [英] [他] ❶遠心分離機にかける ❷ピューと鳴る

whortleberry [ワートルベリ] ([仏]〈airelle〉 myrtille, [独]Heidelbeere) [英] [名] ❶〔植〕ツツジ科スノキ属. ブルーベリーの近縁種. ビルベリー, ヨーロッパブルーベリー⇒bilbery ❷ビルベリーの実. 藍黒色

Wibele [ヴィーベレ] [独] [女] 細い丸口金で長さ2cm大に絞ったクッキー. 種の仕込みは共立て, 別立ての両製法がある

wiegen [ヴィーゲン] ([仏]peser, [英]weigh) [独] [他] (重さを)計る

Wienermasse [ヴィーナーマッセ] ([仏]biscuit au beurre, génoise, [英] butter sponge mixture) [独] [女] ジェノワーズ生地, バタースポンジ生地

Wiener Waffeln [ヴィーナー ヴァッフェルン] [独] [女] [複] ウィーン風ワッフル. パート・ダマンドにバターと小麦粉を練り込み薄くのばして焼きあげる. バタークリームを塗って2枚張り合わせ, 焼きあげたワッフルに模して表面にグラスロワイヤルを格子模様に絞る

williamine [ウィリアミーヌ] [仏] [女] ウィリアム種の洋梨でつくったスイス産蒸留酒⇒poire

williams [ウィリアムス] [仏] [女] ❶ウィリアム種. 洋梨の一品種. 大型でずんぐりし, 果皮は黄色味を帯び, 滑らか. 繊細な味わい, 少し酸味があり, 舌触りはとろりとしている ❷洋梨の蒸留酒

Wiltshire lardy cake [ウィルトシャー ラーディ ケイク] [英] [名] イギリス南部ウィルトシャー州のラード入りケーキ. 強力粉, ラード, イースト, 牛乳, レーズンでつくった生地をのばし, ラード, グラニュー糖, スパイスを混ぜたものを表面に塗って, 3回半折りたたみ, 40×60㎝の大きさに平らにのばして上面に卵を塗って焼く. 焼成後, 冷えてから長方形に切り分ける⇒lardy cake

Windbeutel [ヴィントボイテル] [独] [男] ❶シュークリーム ([仏]chou à la crème, [英]cream puff) ⇒Windbeutel mit Krem ❷空気袋, 風船

Windbeutelmasse [ヴィントボイテルマッセ] ([仏]pâte à choux, [英]chou paste, cream puff dough, cream puff paste) [独] [女] シュー生地⇒Brandmasse, Brühmasse

Windbeutel mit Krem [ヴィントボイテル ミット クレーム] ([仏]chou à la crème, [英] cream puff) [独] [男] シュークリーム, シュー・

ア・ラ・クレーム⇒Windbeutel

Windmasse [ヴィントマッセ] 独 女 ムラングイタリエンヌ⇒gekochte Schaummasse

Windsor tea cake [ウィンザー ティー ケイク] 英 名 中央のくぼみにフランボワーズまたはすぐりのジャムを詰めた小型菓子. バターと砂糖をクリーム状にして, 卵, 小麦粉, 粉末アーモンド, レモンの表皮を加えた生地を型に絞り入れ, 中央に親指でくぼみをつくり, ジャムを入れて焼く

wire spider [ワイア スパイダー] (仏 araignée à friture, 独 Schaumlöffel) 英 名 (揚げ物用のレードル形の) 油切り

wischen [ヴィッシェン] (仏 essuyer, 英 wipe) 独 他 ふく, ふき掃除をする

Wodka [ヴォトカ] (仏 英 vodka) 独 男 ウォッカ

Woll-Mispel [ヴォル ミスペル] 独 女 枇杷 (びわ)⇒Mispel

Wrexham gingerbread [レクスハム ジンジャーブレッド] 英 名 ウェールズ, レクスハムのジンジャーブレッド. 糖蜜, 粗糖, バターをアメ状になるまで煮詰め, 冷めてから小麦粉, 生姜 (しょうが) とクローヴを加えてのばし, 焼く. 冷めてから四角または長方形に切り分ける

Würfel [ヴュルフェル] 独 男 さいころ, 立方体

Würfelzucker [ヴュルフェルツッカー] (仏 sucre en morceau, 英 cube sugar, lump sugar) 独 男 角砂糖＝Stückzucker

Wurst [ヴルスト] 独 女 ソーセージ

Wurstbrötchen [ヴルストブレートヒェン] 独 中 ソーセージ入りの小型パン

Würze [ヴュルツェ] (仏 épice, 英 spice) 独 女 香辛料, スパイス⇒Gewürz

würzen [ヴュルツェン] (仏 épiser, 英 spice) 独 他 香料を加える, 香りをつける

x

xérès［グゼレス, クセレス, ケレス］([独]Sherry, [英]sherry) [仏][男] ヘレス (AOP), ゼレス. シェリー酒. スペイン, アンダルシア地方ヘレス産の酒精強化白ワイン. シェリーは英語名. 1935年以降, シェリーは使用不可 ⇒vin viné

ximenia［クスィメニヤ］[仏][女]〔植〕はまなつめもどき. ボロボロノキ科. 熱帯産の常緑低木. 実は食用となり, かなり酸味がある

y

yaourt［ヤウルト］([独]Joghurt, [英]yogh〈o〉urt) [仏][男] ヨーグルト, 発酵乳. 牛, 山羊, 羊, 水牛などの乳を乳酸菌で発酵させたもの. 乳酸菌（スターター）は代表的菌種を純粋培養したもので, 主なものにブルガリア菌とサーモフィラス菌がある. 低カロリー(37〜47㎈. 100 g 中の脂質は乳の種類により 0.2〜3.5 g). 発祥は中央アジア. 語源はトルコ語の「かき混ぜる, とろみをつける」という意味に由来する. フランスでは消化器系統の疾患に悩んでいたフランソワ1世がトルコ人の医者によりヨーグルトを処方されたのが初めてといわれるが, 秘伝として製法はフランスには残されなかった. 実際に広まったのは, 1920年代のギリシア, グルジアからの移民による. 砂糖, 蜂蜜, ジャム, 果物を加えて朝食, デザートに食されたり, アントルメ, 氷菓などに使われる. 市販製品には無添加, 加糖, 果物や香料入りのものがある⇒yaourt aromatisé, yaourt aux fruits, yaourt “goût bulgare”, yaourt maigre, yaourt nature

yaourt aromatisé［ヤウルト アロマティゼ］[仏][男] フレーバードヨーグルト. 果汁, コーヒー, チョコレートなどの香料で香りをつけたもの, 着色したものもある

yaourt aux fruits［ヤウルトー フリュイ］[仏][男] フルーツヨーグルト. 天然果汁, 果実の小片, ジャムを添加したもの

yaourt “goût bulgare”［ヤウルト グー ビュルガル］[仏][男] ブルガリアのヨーグルト ❶市販品名. スターター（種菌）を入れた乳をタンク（サーモスタット付き）で発酵させてから, かき混ぜてクリーム状にする ❷〔古〕名前に反してトルコ発祥のヨーグルト. 古来の製法は, 牛乳などの乳を長時間沸騰させ, 水分を30%蒸発させて革袋か素焼きの壺に移して自然発酵させる. ロシアの生物学者イリチ・メチニコフ（1908年, ノーベル医学賞受賞）がブルガリア訪問の際にヨーグルトの効用を発見した

yaourtière［ヤウルティエール］[仏][女] 家庭用ヨーグルト製造器. サーモスタット付き

yaourt maigre［ヤウルト メーグル］[仏][男] 脱脂ヨーグルト. 脂質は100 g 中0.2 g

yaourt nature［ヤウルト ナテュール］[仏][男] プレーンヨーグルト. 果物, 香料を添加していない. 無加糖だが加糖のものもある. やや固め

yeast［イースト］[英][名] イースト, 酵母（菌）

(㊋ferment, levure, ㊌Beckhefe, Hefe) ／ compressed baker's ～ ⇒ yeast cake ／ ～ powder 顆粒状の乾燥イースト ‖ yeast ㊎ ベーキングパウダー

yeast cake [イースト ケイク] ㊍ 名 生イーストの塊

yeast dough [イースト ドウ] (㊋pâte levée, ㊍dough) ㊎ 名 発酵生地⇒dough

yield [イールド] ㊍ 名 ある分量で焼きあげた菓子の全重量, またはその分量でつくられる個数

yogh(o)urt [ヨウガート] (㊋yaourt, ㊌Joghurt) ㊍ 名 ヨーグルト, 発酵乳／ strained ～ 布巾, 紙などで, 水分 (乳漿(にゅうしょう)) を漉したもの. 主にスキムミルクを使った自家製のヨーグルトの味を濃くするために水分を除く＝yogurt

yolk [ヨウク] (㊋ jaune d'œuf, ㊌Dotter, Eigelb) ㊍ 名 卵黄

Yorkshire curd tart [ヨークシャー カードタート] ㊍ 名 ヨークシャーのチーズタルト. パート・シュクレを口広がりのタルト型に敷き込み, 凝乳またはカテージチーズ, バター, 砂糖, 卵, レーズン, ナツメグでつくったものを詰めて焼きあげる

Yorkshire teacake [ヨークシャー ティーケイク] ㊍ 名 小麦粉か全粒粉, バター, 砂糖, 牛乳でつくった発酵生地を取り分け丸め, 10cmの円形にのばしオーヴンで焼いたもの. 軽い料理と共に供する. かつては携帯用であった. ティータイムに供するものはレーズンを入れる

yule [ユール] ㊍ 名 クリスマスの祝祭, クリスマスシーズン

yule log [ユール ロッグ] ㊍ 名 ❶ビュッシュ・ド・ノエル. 薪の形をしたクリスマスの菓子 (㊋ bûche de Noël, ㊌ Weihnachtskuchen, Weihnachtsscheit) ❷Y～ クリスマスの前夜に暖炉でたく大薪

yunnan [ユナン] (㊍ yünnan) ㊋ 男 中国産紅茶の一品種 ❶(＝thé de ～)雲南茶. テン紅 (dian hong). ゴールデンチップを多く含む葉茶. まろやかで, 口の中で香りが持続する. 中国茶で唯一牛乳を入れることができる. 茶葉の等級はG.F.O.P. (ゴールデン・フラワリー・オレンジペコ), T.G.F.O.P.(ティッピー・ゴールデン・オレンジペコ) ／ broken ～ ゴールデンチップはほとんど含まない. ブレンドに使用する＝moka du thé⇒Flowery Orange Pekoe, thé noir ❷プーアール茶. 緊圧茶で丸くて平らな円盤状. 砕いたりして煮出すが茶の色は深紅. 独特の大地の香りと味がある

yuzu [ユズ] ㊋ 男 〔植〕ゆず. 柑橘類. 原産は中国だが, 栽培は日本. 酸味と香りがある. 果肉には苦みがあり, 種が多い. デザート, ジャムに使う. フランスでは粉末またはペースト状態で市販されている

Z

zabaglione [ザバリヨウネ] (㊋sabayon, ㊌Sabayon) ㊍ 名 サバイヨン. 卵と砂糖を泡立て小麦粉を加えて火にかけ, 白ワイン, 辛口のマルサラを加えたクリーム. 小麦粉を加えない場合もある. デザートあるいはプディングなどのソースとしても用いる

zabaione [ザバイヨーヌ] ㊋ 女 ⇒sabayon

Zackenschaber [ツァッケンシャーバー] (㊋ peigne décor trois cotés, ㊍ triangle scraper) ㊌ 男 三角カード

zart [ツァールト] (㊋mou, tendre, ㊍soft, tender) ㊌ 形 柔らかい＝weich

zébrage ［ゼブラージュ］（[英] streaking, marking with stripes）[仏] [男] 縞模様をつけること

zéphyr ［ゼフィール］[仏] [男] ❶非常に軽く，ムース状のデリケートな内容をもつ料理，菓子につけられる名称 ❷ 1)〔パティスリー〕シュクセまたはプログレの台をプラランまたはコーヒー風味のバタークリームを塗ってから重ね，フォンダンでグラスがけしたもの 2)〔氷菓〕／～ antillais ヴァニラとラム酒風味のアイスクリームを，ムラングの殻で囲み，チョコレートのサバイヨン・ソースを添える．「アンティル諸島の西風」という意味 ❸そよ風 ❹ [固] Z～ ゼフィロス．ギリシア神話の西風の神．春の女神の夫

zerfallen［ツェアファレン］（[仏]se corrompre, se décomposer, [英]break down, decompose, go bad）[独] [自] 腐敗する⇒schlecht werden, verderben

zerhauen ［ツェアハオエン］[独] [他] 刻む⇒hacken

Zerkleinerung［ツェアクライネルング］（[仏] broyage, [英]crushing）[独] [女] 粉砕

zermalmen ［ツェアマルメン］（[仏]pulvériser, [英]pulverize）[独] [他] 粉末にする⇒pulverisieren

zerstäuben ［ツェアシュトイベン］[独] [他] 霧を吹きかける⇒sprühen

Zerstäuber［ツェアシュトイバー］（[仏]poussière d'eau, vaporisateur, [英]spray）[独] [男] 霧吹き，スプレー

zest［ゼスト］（[仏]zeste, [独]Zesten）[英] [名]（香辛料としての）レモン，オレンジの皮，その小片，すりおろしたもの／lemon ～ レモンの皮の小片

zeste［ゼスト］（[独]Zesten, [英]peel）[仏] [男] ❶オレンジ，レモンなどの柑橘類の（色のついている）外皮 1）菓子などの香りづけに使う．ナイフで表皮を白い綿の部分が混じらないように薄く剝ぎとり，せん切りやみじん切りにしてクリームや生地に加える．あるいは表皮部分のみをすりおろして加えたり，角砂糖にこすりつけて香りを移して使う 2）砂糖漬けにしてクーヴェルテュールを薄く被膜する⇒orangette／～ d'orange confite オレンジの皮の砂糖漬け，オレンジピール ❷胡桃の内皮．殻の内部の4つの膜状の仕切り

Zestenschneider ［ツェステンシュナイダー］（[仏]zesteur, [英]peeler, zester）[独] [男] 表皮削り器

zester ［ゼステ］[仏] [他] ❶（おろし金，あるいはナイフで）オレンジなどの柑橘類の色のついた表皮だけ（白い部分をつけずに）を切り（削り）とる ❷角砂糖にオレンジなどの表皮をこすりつけて，香りを移す

zesteur［ゼストゥール］（[独]Zestenschneider, [英]zester）[仏] [男] 皮むきナイフ，ゼスター．柑橘類の外皮を薄く細長くむく器具

Ziegel［ツィーゲル］[独] [男] ❶テュイール（[仏] tuile 〈aux amandes〉, [英]tuile）⇒Mandelplätzchen ❷平たいクッキーなどにつけられる名称 ❸れんが

Zigeunerschnitte ［ツィゴイナーシュニッテ］[独] [女] ジプシー風切り菓子．ザッハトルテと同じチョコレート入りの生地にガナッシュを塗って重ね，上面にチョコレートをかける．これを適当な大きさに切って供する

Zimt ［ツィムト］（[仏]cannelle, cinnamome, [英]canella, cinnamon）[独] [男] シナモン，肉桂，桂皮

Zimtstern ［ツィムトシュテルン］[独] [男] 卵白，アーモンド，シナモンを使ってつくるクリスマス用星形クッキー．上面にグラスロワイヤルを塗る

zinc［ザング］[仏] [男] 亜鉛

zist［ズィスト］[仏] [男] 柑橘類の皮下の白い綿．苦みがあるので多くの場合取り除く⇒zeste

Zitronat ［ツィトロナート］[独] [中] ❶シトロン，セドラ，枸櫞（くえん）（[仏]cédrat, [英]citron）❷レモンピール⇒kandierte Zitrone

Zitrone ［ツィトローネ］（[仏]citron, [英]lemon）[独] [女] レモン

Zitronenkrem ［ツィトローネンクレーム］

([仏]crème au citron, [英] lemon cream)[独] [女] レモンクリーム

Zitronenlimonade [ツィトローネンリモナーデ] ([仏]limonade, [英]lemonade) [独] [女] レモネード

Zitronenrollen [ツィトローネンロレン] [独] [女] [複] レモンのロールケーキ

Zitronensäure [ツィトローネンゾイレ] ([仏] acide citrique, [英]citric acid) [独] [女] 〔化〕クエン酸

Zitronenschale [ツィトローネンシャーレ] ([仏]zeste de citron, [英]lemon peel, lemon rind)[独] [女] レモンの削り表皮

Zitronen-Schaum-Wein [ツィトローネン シャオム ヴァイン][独] [男] ワインを入れたレモンのムース. スイス, チロル地方の銘菓

Zopf [ツォプフ] [独] [男] 3つ編み, 4つ編みなどをした発酵生地の菓子. 普通の発酵生地か折り込み発酵生地でつくる

Zucker [ツッカー] ([仏] sucre, [英]sugar)[独] [男] 砂糖

Zuckerdose [ツッカードーゼ] [独] [女] シュガーポット, 砂糖入れ(壺)

Zuckergehalt [ツッカーゲハルト] ([仏]sucre, [英] sugar)[独] [男] 糖分入り

zuckerglassieren [ツッカーグラスィーレン] ([仏]glacer, [英]coat, glaze, ice)[独] [他] 糖衣する, コーティングする⇒glasieren

Zuckerkochen [ツッカーコッヘン] [独] [中] 砂糖を煮詰めたもの

Zuckermasse [ツッカーマッセ] [独] [女]⇒ Felsenzucker

zuckern [ツッケルン] ([仏]sucrer, [英]sweeten)[独] [他] 甘くする⇒süßen

Zuckerpumpe [ツッカープンペ] ([仏]pompe à sucre, [英] candy pump, sugar pump)[独] [女] (アメ細工用)ポンプ

Zuckerreif [ツッカーライフ] ([仏]givre 〈de sucre〉, [英]〈sugar〉 bloom)[独] [男] シュガーブルーム＝Reif

Zuckerrübe [ツッカーリューベ] ([仏]betterave, [英]sugar beet)[独] [女] 砂糖大根, 甜菜

Zuckerteig [ツッカータイク] [独] [男] 甘味のあるビスケット生地, パート・シュクレ＝Mürbeteig, Mürbteig

Zuckerwaage [ツッカーヴァーゲ] ([仏] densimètre, pèse-sirop, [英] saccharometer, syrup hydrometer)[独] [女] 糖度計

Zuckerware [ツッカーヴァーレ][独] [女] コンフィズリー, 糖菓⇒Konfekt

Zugerkirschtorte [ツーガーキルシュトルテ][独] [女] スイスのツーク(Zug)産のさくらんぼを使ったキルシュ風味の菓子. ジャポネ生地とビスキュイの間にキルシュ入りバタークリームを塗って, 全体を同じクリームで塗る. クリームはピンクに着色し, 上面に粉糖を振りかけてナイフなどで網目模様をつけて飾る

zunehmen [ツーネーメン] ([仏]augmenter, [英]increase)[独] [自] 増える

Züngli [チュングリ][独] [中] チュンクリ. クッキーの一種, すり込み板などを使って薄く焼く. いろいろな形につくることができる

Zünglimasse [チュングリマッセ] [独] [女] チュンクリ(⇒Züngli)用の生地

zuppa inglese [ズッパ インレーゼ] [仏] [女] 〔アントルメ〕ズッパイングレーゼ. 19世紀当時, ヨーロッパの大都市で働いていたナポリ生れのパティシエたちが, 大流行したイギリスのプディングから着想した ❶キルシュで湿らしたビスキュイにクレームパティシエールとキルシュまたはマラスキーノに漬けた砂糖漬け果物を挟み, 周囲をムラングイタリエンヌで被い, オーヴンで焼き色をつけたもの ❷グラタン皿にトーストしたブリオッシュ生地のパンと, ラム酒に浸した砂糖漬け果物を交互に重ね, 砂糖と卵を混ぜた牛乳を注ぎオーヴンで焼いてから, ムラングイタリエンヌでおおって再びオーブンで上面に焼き色をつけたもの

Züri Leckerli [チュリー レッカーリ] [独] [中] チューリッヒの銘菓. パート・ダマンドを薄くのばし, アルプスの高山植物などをかたどった木型に押しつけて模様をつける. 同じ

くのばしたパート・ダマンドを用意し,オレンジや杏(あん)ジャムを塗り,前者と張り合わせる.軽く焼き色をつけ,グラスロワイヤルを塗る

Zusatz[ツーザッツ]((仏)additif, addition, (英)addition, food additive)(独)(男) 添加物

Zutaten[ツーターテン](独)(女)(複) 材料(特に副材料に属するものを指す)

Zwetschkenknödel[ツヴェッチュゲンクネーデル](独)(男) オーストリアの菓子.種子を抜いたプルーンに衣をつけて揚げたもの

Zwieback[ツヴィーバック](独)(男) ラスク →Zwiebackenbrot

Zwiebackenbrot[ツヴィーバッケンブロート]((仏)biscotte, (英)rusk)(独)(中) ラスク＝Zwieback

Zwiebel[ツヴィーベル](独)(女) 玉ねぎ

Zwiebelkuchen[ツヴィーベルクーヘン](独)(男) 玉ねぎやハムを入れた塩味の菓子

逆引き用語集

・本用語集は、「仏英独＝和」収録の見出し語を元に編集した。
・補足説明は〔　〕で，言い換えや追加の語・文字は（　）で記した。
・見出しに相当する語が「仏英独＝和」の囲み内にある場合は，［cacao囲み］のように囲みのタイトルを掲げたので当該箇所を参照されたい。

あ

アーモンド ⓛ amande, ⓔ almond, ⓖ Mandel
アーモンドアイシング →アーモンドペースト
アーモンドいりサブレきじ アーモンド入りサブレ生地 ⓖ Mandelmürbeteig
アーモンドいりスポンジきじ アーモンド入りスポンジ生地 ⓖ Mandelbiskuitmasse
アーモンドいりマカロン アーモンド入りマカロン ⓖ Mandelgebäck
アーモンドいりムラング アーモンド入りムラング ⓖ Mandelbaiser, Mandel-Eiweißmasse
アーモンドクイーンケーキ ⓔ almond queen cake
アーモンドクリーム ⓛ crème d'amandes, ⓔ almond cream, ⓖ Mandelkrem
アーモンドシロップ ⓛ orgeat, sirop d'orgeat
アーモンドパウダー →ふんまつアーモンド
アーモンドペースト ⓛ pâte d'amandes, ⓔ almond paste, marchpane, marzipan, Mandelmasse, Marzipan
アーモンドマカロン ⓖ Mandelmakrone
アーモンドミルク ⓛ lait d'amandes, Mandelmilch
アールグレイ ⓛ earl grey
アイアキュッカス ⓖ Eierkückas
アイアシェッケ ⓖ Eierscheke
アイアトリュッフェルマッセ ⓖ Eiertrüffelmasse
アイゲルプマクローネ ⓖ Eigelbmakrone
アイシング ⓛ glaçage, ⓔ icing, ⓖ Glasur
アイスキャンデー ⓛ sucette glacée, Popsicle, water ice
アイスクリーム ⓛ crème glacée, glace, glace à la crème, glace au sirop, glace aux œufs, glace standard, petit pot, sucette glacée, ⓔ cream ice, ice cream, ice milk, ice pudding, ⓖ Eis, Eiskrem, Eiskremspeise, Fruchteis, Fürst-Pückler-Eis, Ganzeseis, Gefrorene, Kremeis, Milchspeiseeis, Rahmeis, Speiseeis
アイスクリームコーン ⓛ cornet
アイスクリームサーヴァー ⓔ ice cream server
アイスクリームソーダ ⓜ cream soda, ice cream soda
アイスクリームディッシャー ⓔ ice cream server, ⓖ Portionier
アイスクリームパウダー ⓔ ice cream powder
アイスクリームフリーザー ⓛ sorbetière, turbine, ⓔ freezer
アイスクリームフリーザーにかける ⓛ sangler, turbiner
アイスゲベック ⓖ Eisgebäck
アイスコーヒー ⓛ café glacé, ⓔ iced coffee
アイストルテ ⓖ Eistorte
アイスバスケット ⓛ rafraîchissoire
アイスボックス →れいとうこ
アイスミルク ⓖ Milchspeiseeis
アイスミルクコーヒー ⓔ iced mocha
アイスワイン ⓛ vin de glace
アイリッシュクリーム ⓔ Irish cream
アイリッシュコーヒー・グラセ ⓔ Irish coffee glacé
アインゲレークテステーゲベック ⓖ Eingelegtes Teegebäck
アインバック ⓖ Einback
アインファッハアイスクリーム ⓖ einfacheiskrem
アヴォカド ⓛ avocat, ⓔ avocado, ⓖ Avocado
アヴリーヌ ⓛ aveline
アオセ ⓛ A.O.C.
アオペ ⓛ A.O.P.
あかい 赤い ⓛ rouge
あかざとう 赤砂糖 ⓛ cassonade, [sucre 囲み], ⓔ Barbados sugar, browning sugar, brown sugar, burnt sugar, Demerara

sugar, Trinidad sugar, [独] brauner Zucker, Kassonade
あかざらめとう 赤ざらめ糖 ⇒あかざとう
アカシア [仏] acacia
あかふさすぐり 赤房酸塊 ⇒グロゼイユ
あかラベル 赤ラベル [仏] label rouge
あかワイン 赤ワイン [仏] rouge, vin rouge, [独] Rotwein
あくまのケーキ 悪魔のケーキ ⇒デヴィルズフードケーキ
アグリキュルチュール・ビオロジック [仏] A.B., agliculture biologique
アグリコールラム [仏][rhum 囲み]
あくをとる 灰汁をとる [仏] dépouiller, écumer
あげあぶら 揚げ油 [仏] friture
あげがし 揚げ菓子 [仏] beignet, [英] doughnut, [独] Auflaufkrapfen, Fettgebäck, Krapfen
あげシュー 揚げシュー [独] Spritzkuchen
あげなべ 揚げ鍋 ⇒フライヤー
あげものようきじ 揚げ物用生地 [仏] pâte à frire, [英] batter, [独] Backteig
あげる 揚げる [仏] frire, [英] fry, [独] fritieren
あじ 味 [仏] goût, saveur
アジアンタム [仏] capillaire
アシェする [仏] hacher
あじつけ 味つけ [仏] assaisonnement
あじつけする 味つけする [仏] assaisonner, [英] season
あじのない 味のない [仏] fade
あじのよい 味のよい [仏] savoureux
あじをととのえる 味を調える [仏] rectifier
あじをみる 味をみる [仏] déguster, goûter
アスティ [仏] asti
アスパラガス [独] Spargel
アスピック [仏] aspic
アセロラ [仏] acérola, cerise des Antilles, cerise des Barbades
アソート [仏] assortiment
あたたかい 温かい [仏] chaud, [独] warm
あたためなおす 温め直す [仏] réchauffer
あたためる[1] 温める [仏] chauffer, [英] heat, [独] anwärmen, erhitzen, erwärmen
あたためる[2]〔軽く〕 温める [仏] dégourdir
アダンとう アダン糖 [仏] [sucre 囲み], [英] candy
あつい 熱い [仏] chaud, [独] heiß
あつえんき 圧延機 [仏] laminoir
あつがみ 厚紙 [仏] carton
あつぎり 厚切り [英] chunk, slab
あつくする 厚くする [仏] épaissir
あつさ 厚さ [仏] épaisseur, grosseur, [独] Dicke
あっさくき 圧搾機 [仏] press
あつさちょうせつきのうつきめんぼう 厚さ調節機能付き麺棒 [仏] rouleau laminoir universel
アッサム [英] Assam
あっさりした [仏] sobre
アッシュボーン・ジンジャーブレッド [英] Ashbourne gingerbread
アップフェル・イム・シュラーフロック [独] Apfel im Schlafrock
アップフェルヴァイン [仏] cidre, [独] Apfelwein
アップフェルクーヘン [独] Apfelkuchen
アップフェルシュツルーデル [独] Apfelstrudel
アップフェルタッシェン [独] Apfeltaschen, [仏] chausson aux pommes, [英] apple turnover
アップルケーキ [英] apple cake
アップルシュトゥルーデル [英] apple strudel
アップルソース [米] apple sauce
アップルダンプリング [仏] rabot(t)e, [英] apple dumpling
アップルパイ [英] apple pie
アップルプディング [英] apple pudding
アップルブランデー [仏] calvados, [英] apple brandy, [米] apple jack
あつめる 集める [仏] réunir
あつりょくなべ 圧力鍋 [仏] cocotte minute
アドラガントゴム [仏] adragante, gomme adragante, [英] gum tragacanth
あな 穴 [仏] orifice, ouverture

あなあきおたま　穴あきお玉　⇒スキマー
あなじゃくし　穴杓子　⇒スキマー
アナトー　[仏] rocou
アナナ(ス)　[仏] ananas
あなをあける　穴をあける　[仏] percer, piquer, trouer, [英] dock, [独] Löcher stechen
アニシード　[英] aniseed
アニス　[仏] anis, [英] anise, [独] Anis
アニスシード　⇒アニシード
アニスプレッツヒェン　[独] Anisplätzchen
アニゼット　[仏] anisette
アバディーン・ジンジャーブレッド　[英] Aberdeen gingerbread
アパレイユ　⇒アパレーユ
アパレーユ　[仏] appareil, masse, mix, [英] batter, mixture, [独] Masse
アブキール　[仏] aboukir
アブサン　[仏] absinthe
アフタヌーンティー　[英] afternoon tea
あぶら　油　⇒ゆし
あぶらきり[1]　油切り　[仏] araignée à friture
あぶらきり[2]〔レードル形〕　油切り　[英] wire spider, [独] Schaumlöffel
あぶらっこい　脂っこい　[英] fat
あぶらな　油菜　⇒せいようあぶらな
あぶらをきる　油を切る　[仏] égoutter
アプリコーゼンクーヘン　[独] Aprikosenkuchen
アプリコット　⇒あんず
アブリコテする　[仏] abricoter, [独] aprikotieren
あぶりやきする　焙り焼きする　[仏] griller, [米] broil
あぶる　[英] toast
アベ　[仏] A.B.
アペリティフ　[仏] apéritif
あまい　甘い　[仏] doux, sucré, [英] sweet, [独] süß
あまいきじ　甘い生地　[独] Süßteig
あまくする　甘くする　[仏] sucrer, [英] sugar, sweeten, [独] süßen, zuckern
あまくちシードル　甘口シードル　[仏] cidre doux
あまみ　甘み　[英] sweet, [独] süßer Geschmack
アマンディーヌ　[仏] amandine
アマンドプードル　⇒ふんまつアーモンド
あみじゃくし　網杓子　[仏] araignée à friture, écumoire, [英] skimmer, wire spider, [独] Schaumlöffel
あみだな　網棚　[仏] claie
あみパン　編みパン　[仏] natte, tresse, [英] plait, [米] braid, [独] Zopf
あみやきする　網焼きする　[仏] griller, [英] toast, [独] abrösten, rösten
アミューズグール　[仏] amuse-gueule
アミューズブーシュ　[仏] amuse-bouche
あむこと　編むこと　[仏] tresse, [英] plaiting
アメ　飴　[仏] bergamote, berlingot, bêtise, bonbon, bonbon acidulé, bonbon dragéifié, bonbon dur, bonbon fourré, bonbon plein, forestine de Bourges, niniche, pastille, pastille de Vichy, pastille du mineur, rock, sucette, sucre cuit plein, sucre de pomme, sucre d'orge, sucrerie, [confiserie 囲み], [英] boiled sweets, confection, drop, pastille, sugar, sweet, [米] candy, [独] Bonbon, Felsenzucker, Kandis, Konfekt, Pastille, Zuckerware
アメざいく　飴細工　[仏] pièce artistique, sucre d'art
アメざいくようポンプ　飴細工用ポンプ　[独] Zuckerpumpe
アメリカンワッフル　[仏] gaufre américane, [英] American waffle
アメをいとがけする　飴を糸がけする　[仏] voiler
あらう　洗う　[仏] laver, nettoyer, rincer, [独] spülen, waschen
アラカントトゥーロン　[仏] touron d'Alacant(e)
アリカントトゥーロン　⇒アラカントトゥーロン
アラキしゅ　アラキ酒　[仏] arac(k), [独] Arrak

アラザン　Ⓛ dragée, perle argentée, Ⓔ dragée, Ⓖ Silberperlen

アラビアゴム　Ⓛ gomme arabique, Ⓔ gum arabic, Ⓖ Gummiarabikum

あらびきこ　粗挽き粉　Ⓛ gruau, semoule, Ⓔ semolina, Ⓖ Grieß

あらびきこしょう　粗挽き胡椒　Ⓛ mignonnette

あられとう　あられ糖　Ⓛ [sucre 囲み], Ⓔ hail sugar, hundreds-and-thousands, nib sugar, pearl sugar

アリーズ　Ⓛ alise

アリーズパコード　Ⓛ alise pâcaude

アリコ・セック　Ⓛ haricot sec

アリコ・ド・ソワッソン　Ⓛ haricot de Soisson

アリュメット　Ⓛ allumette

アルヴァ　Ⓛ chalwa, halva, halwa

アルカザール　Ⓛ alcazar

アルカリ　Ⓛ alkali, Ⓖ Alkali

アルコール　Ⓛ alcool, Ⓔ spirit, Ⓖ Alkohol

アルコールきょうかワイン　アルコール強化ワイン　Ⓛ vin muté, vin viné

アルコールコンロ　Ⓛ réchaud à alcool

アルコールせいざい　アルコール製剤　Ⓛ esprit

アルコールづけかじつ　アルコール漬け果実　Ⓛ [fruit à l'alcool 囲み]

アルコールランプ　Ⓔ spirit lamp, Ⓖ Spirituslampe

アルコラ　Ⓛ alcoolat, esprit

アルザスふうタルト　アルザス風タルト　Ⓛ tarte alsacienne

アルトドイチェマッセ　Ⓖ Altdeutschemasse

アルブートス　Ⓛ arbouse, arbre à fraises

アルフォンス・ラヴァレ　Ⓛ alphonse lavallée, ribier

アルベルジュ　Ⓛ alberge

アルボリオまい　アルボリオ米　Ⓛ [riz 囲み]

アルマニャック　Ⓛ armagnac

アルマニャックづけのプルーン　アルマニャック漬けのプルーン　Ⓛ [fruit à l'alcool 囲み]

アルミニウム　Ⓛ aluminium

アルミホイル　Ⓛ foil

アルルカン　Ⓛ arlequin, Ⓔ harlequin

アレクサンドラ　Ⓛ alexandra, gâteau Alexandra

アレリュイア　Ⓛ alléluia

アロールート　Ⓔ arrow-root

あわ　粟　Ⓛ mil, millet, Ⓖ Hirse

あわ　泡　Ⓛ bulle, écume

あわだった　泡立った　Ⓛ mousseux

あわだてき[1]　泡立て器　Ⓛ aérobatteur, fouet, Ⓔ whisk, Ⓖ Schneebesen

あわだてき[2]〔クリームの〕　泡立て器　Ⓛ aérobatteur, appareil à crème fouettée, compresseur d'air

あわだてたなまクリーム　泡立てた生クリーム　→ホイップクリーム

あわだてたらんぱく　泡立てた卵白　Ⓔ snow

あわだてる　泡立てる　Ⓛ battre, blanchir, claquer, fouetter, monter, Ⓔ whip, whisk, Ⓖ aufschlagen, schla-gen

あわゆきたまご　泡雪卵　→ウ・ア・ラ・ネージュ

アングレーズ　Ⓛ anglaise

あんず　杏　Ⓛ abricot, alberge, Ⓔ apricot, Ⓖ Aprikose

あんずジャムをぬる　杏ジャムを塗る　Ⓛ abricoter

アンゼリカ　Ⓛ angélique, Ⓔ angelica, Ⓖ Angelika

アンチョヴィ　Ⓛ anchois

あんていざい　安定剤　Ⓛ améliorant, stabilisant, stabilisateur, Ⓖ Bindemittel

あんていざいをくわえる　安定剤を加える　Ⓛ stabiliser

アンティルしょとうふう　アンティル諸島風　Ⓛ antillais

アントルメ　Ⓛ entremets, Ⓖ Mehlspeise, Süßspeise

アントルメ・グラセ　Ⓛ entremets glacé

アントルメ・ショ　Ⓛ entremets chaud, Ⓖ

warme Süßspeise
アントルメ・フロワ ⓛ entremets froid, ⓓ kalte Süßspeise
アントルメティエ ⓛ entremétier, entremettier
アントレ ⓛ entrée
アンナトルテ ⓓ Annatorte
アンビベする ⓛ imbiber
アンフュゼする ⓛ infuser
アンブリュチャータ ⓛ imbrucciata
アンブル ⓛ ambre
アンブロワジ ⓛ ambroisie
アンモニア ⓛ ammoniac

い

イースター ⓛ Pâques, ⓔ Easter, ⓓ Ostern
イースト ⓛ levure, ⓔ yeast, ⓓ Hefe
イーストいりのばしきじ イースト入り伸ばし生地 ⓓ Hefemürbeteig
イーストなかだね イースト中種 ⓓ Ansatz, Dampfel, Hafestück
いが ⓛ écale
イカック →ココプラム
イギリスしきサーヴィス イギリス式サーヴィス ⓛ service à l'anglaise
イギリスふうウェディングケーキ イギリス風ウェディングケーキ ⓓ Englischer Hochzeitskuchen
イギリスふうタルト イギリス風タルト ⓛ tarte à l'anglaise
イザラ ⓛ Izarra
イジェペ ⓛ I.G.P.
イスパハン ⓛ Ispahan
いただき 頂き ⓛ sommet
いたチョコレート 板チョコレート ⓛ tablette
いたむ 傷む →くさる
いためる 炒める ⓛ frire
イタリア〔ぶどう〕→イデアル
イタリアふうバタークリーム イタリア風バタークリーム ⓓ italienischer Butterkrem
イタリアンメレンゲ →ムラングイタリエンヌ
いたんでいない 傷んでいない ⓛ sain
いちご 苺 ⓛ fraise, fraisier, ⓓ Erdbeere
いちごのショートケーキ 苺のショートケーキ ⓓ Erdbeer Sahnetorte
いちごのタルト 苺のタルト ⓛ tarte aux fraises
いちじく 無花果 ⓛ figue, ⓔ fig, ⓓ Feige
いちじはっこう 一次発酵 ⓛ pointage
いちば 市場 ⓛ marché
いちまつもよう 市松模様 →こうしもよう
いつつおり 五つ折り ⓛ tour triple
いっぱいにする →みたす
イデアル ⓛ idéal, italia
いとじょうあめ 糸状飴 ⓛ〔sucre d'art 囲み〕, ⓔ spun sugar, ⓓ Spinnzucker
イナオ ⓛ I.N.A.O.
いなかふうの 田舎風の ⓛ paysan
いなごまめ いなご豆 ⓛ caroube, carouge
イポクラス ⓛ hypocras
イル・フロタント ⓛ ile flottante
いろあい 色合い ⓛ teinte
いろをつける 色をつける ⓛ colorer, farder, teinter
いわじょうあめ 岩状アメ ⓛ〔sucre 囲み〕, ⓔ rock sugar, ⓓ Felsenzucker, Zuckermasse
イングヴァツンゲン ⓓ Ingwerzungen
いんげんまめ 隠元豆 ⓓ Stangenbohne
いんしょくぎょう 飲食業 ⓛ restauration
インスタントコーヒー ⓛ café soluble, ⓓ Pulverkaffee
インスタントココア ⓛ〔cacao 囲み〕
インスタントしょくひん インスタント食品 ⓔ mix
インダストリアルラム ⓛ〔rhum 囲み〕
インディアーナー ⓔ othello, ⓓ Indianer
インディカまい インディカ米 ⓛ〔riz 囲み〕
インディゴチン ⓛ indigotine

インドさんこうちゃ　インド産紅茶　Ⓕ thé des Indes
いんりょう　飲料　Ⓕ boisson
いんりょうすい　飲料水　Ⓕ [eau 囲み]

う

ウ・ア・ラ・ネージュ　Ⓕ œufs à la neige, Ⓔ snow egg
ウ・ア・ラ・リキュール　Ⓕ œufs à la liqueur
ウ・オ・レ　Ⓕ œufs au lait
ヴァーミセリ　Ⓕ vermicelle
ヴァイナハツプルンダー　Ⓓ Weihnachts-Plunder
ヴァイヒクロカント　Ⓓ Weichkrokant
ヴァインクレーム　Ⓓ Weinkrem
ヴァシュラングラセ　Ⓕ vacherin
ヴァトルシュカ　Ⓕ vatrouchka
ヴァニヨン　Ⓕ vanillon
ヴァニラ　Ⓕ vanille, Ⓔ vanilla, Ⓓ Vanille
ヴァニラエッセンス　Ⓕ vanille, vanille liquide, Ⓔ vanilla
ヴァニラクリーム　Ⓕ crème vanille, Ⓔ vanilla cream
ヴァニラシュガー　Ⓕ vanille sucrée, [sucre 囲み], Ⓔ vanilla sugar, Ⓓ Vanillezucker
ヴァニラのかおりをつける　ヴァニラの香りを付ける　Ⓕ vaniller
ヴァニラビーンズ　Ⓕ vanille, Ⓔ vanilla, Ⓓ Vanilleschote
ヴァニラふうみのアイスクリーム　ヴァニラ風味のアイスクリーム　Ⓓ Vanilleeis
ヴァニラぼう　ヴァニラ棒　Ⓕ vanille, Ⓔ vanilla
ヴァニリェアイス　Ⓓ Vanilleeis
ヴァニリン　Ⓕ vanilline, Ⓓ Vanillin
ヴァルヌッスクロカント　Ⓓ Walnusskrokant
ヴァレンシア（オレンジ）　Ⓕ valencia
ヴァン・キュイ　Ⓕ vin cuit
ヴァン・グリ　Ⓕ vin gris
ヴァン・ショ　Ⓕ vin chaud
ヴァン・ジョーヌ　Ⓕ vin jaune
ヴァン・ド・カラフ　Ⓕ vin de carafe
ヴァン・ド・セルノー　Ⓕ vin de cerneau
ヴァン・ド・パイユ　Ⓕ vin de paille
ヴァン・ド・フリュイ　→かじつしゅ
ヴァン・ブラン・グラス　Ⓕ vin blanc glace
ヴィーナーヴァッフェルン　Ⓓ Wiener Waffeln
ヴィーベレ　Ⓓ Wibele
ウィーンふうフイユタージュ　ウィーン風フイユタージュ　Ⓓ [feuilletage 囲み]
ウィーンふうワッフル　ウィーン風ワッフル　Ⓓ Wiener Waffeln
ウイエット　→けし
ヴィエノワズリ　→デニッシュペストリー
ヴィオレット　Ⓕ violette
ういきょう　茴香　Ⓕ fenouil, Ⓓ Fenchel
ヴィクトリアケーキ　Ⓔ Victoria cake, Victoria sandwich, Victoria sponge
ヴィクトリアサンドウィッチ　→ヴィクトリアケーキ
ヴィクトリアスコーン　Ⓔ Victoria scone
ヴィクトリアスポンジ　→ヴィクトリアケーキ
ウィケンド　Ⓕ week-end
ヴィジタンティーヌ　Ⓕ visitandine
ウィスキー　Ⓔ whisky, Ⓐ whiskey
ヴィッテル　Ⓕ Vittel
ヴィネーグル　→す
ヴィネガー　→す
ウィリアミーヌ　Ⓕ williamine
ウィリアムス　Ⓕ williams
ウィルトシャー・ラーディケーキ　Ⓔ Wiltshire lardy cake
ウィンザー・ティーケーキ　Ⓔ Windsor tea cake
ウィンターメロン　Ⓕ melon d'hiver
ウィンナコーヒー　Ⓕ café liégeois, café viennois
ウヴァちゃ　ウヴァ茶　Ⓕ uva highlands
ウーブリ　Ⓕ oublie, plaisir
ウーロンちゃ　ウーロン茶　Ⓕ oolong, yunnan

ウエステ　㋺ E. S. T., extrait sec total
ウエスデエル　㋺ E.S.D.L., extrait sec dégraissé du lait
ウェディングケーキ　㋓ wedding cake, ㋑ Hochzeitstorte
ヴェデエヌ　㋺ V.D.N.
ウエハース　㋺ gaufrette, ㋓ wafer, ㋑ Waffel
ヴェリーヌ　㋺ verrine
ヴェルヴェーヌ　㋺ verveine
ヴェルヴェーヌ・デュ・ヴレエ　㋺ Verveine du Velay
ヴェルジュ　㋺ verjus
ウェルシュケーキ　㋓ Welsh cake
ヴェルジョワーズ　㋺ vergeoise
ヴェルミセル　㋺ vermicelle
ヴォージュさんはちみつ　ヴォージュ産蜂蜜 →ミエル・デ・ヴォージュ
ウォーターアイシング　→グラス・ア・ロー
ヴォート　㋺ vaute
ヴォート・ロレーヌ・オ・スリーズ　㋺ vaute lorraine aux cerises
ウォーマー　㋺ chauffe-plats
ウォッカ　㋺ vodka, ㋑ Wodka
ウオレ　㋺ œufs au lait
ヴォロヴァン　㋺ vol-au-vent, ㋑ Pastete, Pastetenhaus
うきあがる　浮き上がる　㋺ remonter
うきこ　浮き粉　㋑ Weizenpuder
うきぼり　浮き彫り　→レリーフ
うこん　鬱金　→ターメリック
うすい¹（厚さ）　薄い　㋺ léger, mince, ㋑ platt
うすい²（濃度）　薄い　㋺ faible, léger
うすかわ　薄皮　㋺ chemise, écalure
うすかわをむく　薄皮を剥く　㋺ émonder, monder, ㋓ blanch
うすぎり　薄切り　㋺ émincé, lame, lamelle, lèche, tranche, ㋓ slice
うすぎりアーモンド　薄切りアーモンド　㋺ amande effilée
うすぎりにする　薄切りにする　㋺ effiler,

émincer, escaloper, ㋑ in Scheiben schneiden
うずまき　渦巻き　㋑ Spirale
うずまきもよう　渦巻き模様　㋺ volute
うすめる　薄める　㋺ allonger, étendre, décuire, diluer, ㋑ verdünnen
ウソ　㋺ ouzo
うちこ　打ち粉　㋺ fleurage, ㋓ cones
うちこをする　打ち粉をする　㋺ fleurer
うちわサボテン　㋺ figue de Barbarie
うつしかえる　移し替える　㋺ transvaser
ヴュルストブレートヒェン　㋑ Wurstbrötchen
うらがえす　裏返す　㋺ tourner, ㋓ turn, ㋑ wenden
うらごししたもの　裏漉ししたもの　㋺ pulpe, purée
うらごしする　裏漉しする　㋺ passer, ㋓ pass, strain, ㋑ durchseihen, seihen
うる　売る　㋺ vendre, ㋑ verkaufen
うれのこり　売れ残り　㋺ invendu
うわび　上火　㋑ Oberhitze
うんなんちゃ　雲南茶　㋺ yunnan

え

えいこくふうフルーツケーキ　英国風フルーツケーキ　㋑ Englischer Fruchtkuchen
えいせい　衛生　㋺ hygiène
エイプリルフール　㋺ poisson d'avril
えいよう　栄養　㋑ Nahrhaftigkeit
えいりな　鋭利な　㋺ tranchant
エヴィアン　㋺ Evian
エールトベーア・ザーネトルテ　㋑ Erdbeer Sahnetorte
えき　液　㋺ jus, suc, ㋑ Saft
えきじょうにする　液状にする　㋺ fluidifier
えきじょうの　液状の　㋺ liquide, ㋑ flüssig
エキス　㋺ essence, extrait, ㋓ extract, ㋑ Auszug, Extrakt
エキストラセック　㋺ extra-sec
えきたい　液体　㋺ liquide

えきたいひじゅうけい　液体比重計　仏 aréomètre, 独 Aräometer
えきとう　液糖　仏 sirop de sucre, [sucre 囲み]
エキューム　仏 écume
えきりょうけい　液量計　仏 doseur
エグザル　仏 Exal
エグゾグラス　仏 Exoglass
エグゾパット　仏 Exopat
エグゾパン　仏 Exopan
エクルズケーキ　英 Eccles cake
エクレア　→エクレール
エクレール　仏 bâton de Jacob, caroline, éclair, 独 Blitzkuchen, Liebesknochen
エショデ　仏 échaudé
エシレ（バター）　仏 Echiré
エスカルゴ〔パン〕　→パン・オ・レザン
エスカロップする　仏 escaloper
エステージェ　仏 S.T.G.
エストラゴン　仏 estragon, 独 Estragon
エスプーマ　仏 écume
エスプレットとうがらし　エスプレット唐辛子　仏 piment d'Espelette
エッグカスタードソース　英 egg custard sauce
エッグスタンド　仏 coquetier
エッグノッグ　仏 lait de poule, 英 eggnog
エッセンス　仏 essence, extrait, 英 essence, extract, 独 Essenz
エヌベ　仏 N.B.
エバミルク　仏 [lait 囲み]
エピ　仏 épi
エピス　仏 épice, 英 spice
エピファニ　→こうげんせつ
エプロン　仏 tablier, 独 Schürze
エマルジョン　仏 émulsion, 英 emulsion
エムジェ　M.G.
エムジェヴェ　M.G.V.
エムジェエルア　M.G.L.A.
エメンタルチーズ　仏 emment(h)al
エリーゼンレープクーヘン　独 Elisenlebkuchen
エリキシルざい　エリキシル剤　仏 élixir

エリクサー　仏 élixir
エリクシール　→エリクサー
エルブ　→ハーブ
エルブ・ア・スープ　仏 [herbes aromatiques 囲み]
エルブ・ア・トルテュ　仏 [herbes aromatiques 囲み]
エルブ・ヴェニスィエンヌ　仏 [herbes aromatiques 囲み]
エルブ・ダセゾヌマン　仏 [herbes aromatiques 囲み]
エルブ・ド・プロヴァンス　仏 [herbes aromatiques 囲み]
エルブ・ポタジェール　仏 herbes potagères
えん　円　独 Rund
えんかい　宴会　仏 banquet, repas, ripaille
えんかいようかし　宴会用菓子　仏 pièce montée, pièce d'apparat
エンガディーナー・ヌッストルテ　独 Engadiner-Nusstorte
えんけい　円形　独 Rund
えんけいの　円形の　仏 rond
エンジェルケーキ　英 angel cake, angel food cake
えんしんぶんりきにかける　遠心分離器にかける　仏 turbiner, 英 whiz(z)
えんすい（けい）　円錐（形）　仏 cône
えんすい　塩水　→しおみず
えんとう　円筒　仏 cylindre, manchon
えんどうまめ　えんどう豆　仏 pois
えんばく¹　燕麦　仏 avoine, 独 Hafer
えんばく²〔粉〕　燕麦　仏 avoine, farine d'avoine, gruau, 独 Hafermehl
えんばん（じょう）　円盤（状）　仏 disque
エンローバー　独 Überziehmaschine

お

オイスター　英 oyster
オイル　→ゆし
オヴァールがた　オヴァール型　独 Ovalform

おうかん(がた) 王冠(形) ㋺ couronne, ㋙ crown, ring, ㋳ Kranz
おうぎがたチョコレート 扇形チョコレート ㋳ Fächer
おおう 覆う ㋺ couvrir, enrober, masquer, recouvrir, ㋙ coat, cover, enrobe, mask, ㋳ bedecken
オーヴン ㋺ four, ㋙ oven, ㋳ Backofen, Ofen
オーヴンからだす オーヴンから出す ㋺ défourner
オーヴンにいれる オーヴンに入れる ㋺ enfourner
オーヴンのげだん オーヴンの下段 ㋺ sole
オーヴンプレート →てんぱん
おおざら 大皿 ㋺ plat, ㋙ platter
オースターアイ ㋳ Osterei
オースターネスト ㋳ Osternest
オースターラム ㋳ Osterlamm
オードヴル ㋺ hors d'œuvre
オートケーキ ㋙ oatcake
オートブレッド ㋙ oat bread
オートミール ㋺ farine d'avoine, gruau, ㋙ porridge, ㋳ Hafermehl
オートミールビスケット ㋙ oatmeal biscuit, parkin
オートむぎ オート麦 →えんばく[1]
おおなべ 大鍋 ㋳ Kupferkessel
オーナメント ㋳ Ornament
オーバーハルツァー・ヘクセンブロート ㋳ Ober-harzer-Hexenbrot
オーバーラン ㋺ foisonnement, ㋙ over run
おおむぎ 大麦 ㋺ orge
おおむぎこ 大麦粉 ㋺ farine d'orge
おおむぎとう 大麦糖 ㋺ bergamote, sucre d'orge
おおむぎパン 大麦パン ㋺ pain d'orge
オールスパイス ㋺ piment (quatre-épices) de la Jamaïque, quatre-épices, ㋳ Nelkenpfeffer, Piment
オールドラム ㋺[rhum 囲み]
オクセンアオゲン ㋳ Ochsenaugen

オクトーバーフェスト ㋳ Oktoberfest
おけ 桶 ㋺ baquet, seau, ㋳ Kübel, Trog
おしがた 押し型 ㋺ empreinte, empreinte à feuille, moule, moule à feuille
おしつぶす 押し潰す ㋺ fouler
オセロ ㋙ othello, ㋳ Mohrenkopf
おたま お玉 →レードル
オッフェンバッハー・プフェッファーヌッス ㋳ Offenbacher-Pfeffernuss
オテロマッセ ㋳ Othellomasse
オドヴィ ㋺ brûlot, eau-de-vie, ㋙ brandy, spirit
おとしたまご 落とし卵 ㋳ Ochsenaugen
オ・ド・ダンツィグ →ゴールドヴァッサー
オ・ド・ノワイヨ →クレーム・ド・ノワイヨ
おび(じょう) 帯(状) ㋺ bande, ㋙ strip
オプジュ ㋺ hopje
オプストクーヘン →フルーツケーキ
オプストシュトライフェン ㋳ Obststreifen
オプストデセール →フルーツデザート
オプステルトヒェン →フルーツのタルトレット
オプストトルテ →フルーツのタルト
オプストブレッヒクーヘン ㋳ Obstblechkuchen
オプラーテ ㋳ Oblate
オペラ ㋺ opéra
オムツレ →オムレット
オムレット ㋺ omelette
オムレット・ア・ラ・コンフィチュール ㋺ omelette à la confiture
オムレット・ア・ラ・リキュール ㋺ omelette à la liqueur
オムレット・ア・ラルコール ㋺ omelette à l'alcool, omelette à la liqueur
オムレット・アンファリネ ㋺ omelette enfarinée
オムレット・オ・フリュイ ㋺ omelette aux fruits
オムレット・シュルプリーズ ㋺ omelette surprise
オムレット・スフレ →スフレオムレツ

オムレット・ダントルメ 　🇫🇷 omelette d'entremets
オムレット・ノルヴェジエーヌ 　🇫🇷 norvégien, omelette norvégienne, omelette suédoise, omelette surprise, 🇬🇧 baked Alaska, 🇩🇪 Gebackenes Eis
おもいきじ　重い生地　🇩🇪 Schweremasse
おもさ　重さ　🇫🇷 poids
おもしをする　重しをする　🇫🇷 charger
オモニエール　🇫🇷 aumônière
おやつ　🇫🇷 collation
オラネ　🇫🇷 oranais
オランジェット　🇫🇷 orangette
オランジャ　🇫🇷 orangeat
オランジャペルレ　🇫🇷 orangeat perlé
オランジュ　→オレンジ
オランダふうフイユタージュ　オランダ風フイユタージュ　🇫🇷[feuilletage囲み]
オランダわれもこう　オランダ吾亦紅　→サラダバーネット
おり¹〔パトンの〕折り　🇫🇷 tour
おり²〔フイユタージュの〕折り　→おりたたみ
おり³　澱　🇫🇷 dépôt
オリーヴ　🇫🇷 olive, 🇩🇪 Olive
オリーヴオイル　🇫🇷 huile d'olive, 🇩🇪 Olivenöl
おりこみきじ　折り込み生地　→パート・フイユテ
おりこみはっこうきじ　折り込み発酵生地　→デニッシュきじ
おりこみフガスきじ　折り込みフガス生地　🇫🇷 pâte à fougasses feuilletées
おりこみブリオッシュきじ　折り込みブリオッシュ生地　🇫🇷 pâte à brioches feuilletées
おりたたみ〔フイユタージュ〕折り畳み　🇫🇷 feuilletage, pliage, repliage, tour, tour double, tour simple, tour triple, 🇬🇧 turn
おりたたむ　折り畳む　🇫🇷 feuilleter, plier, replier, 🇬🇧 fold, 🇩🇪 falten
おりびきする　澱引きする　🇫🇷 coller
オルジャ　🇫🇷 orgeat

オレイエット　🇫🇷 oreillette
オレイヨン　🇫🇷 oreillon
オレンジ　🇫🇷 maltaise, navel, orange, salustiana, sanguine, tardive, thomson, valencia, 🇬🇧 orange, 🇩🇪 Orange
オレンジエード　🇫🇷 orangeade
オレンジスパイスケーキ　🇬🇧 orange and spice cake
オレンジチョコレートケーキ　🇬🇧 orange chocolate cake
オレンジのかすい　オレンジの花水　🇫🇷 eau de fleur d'oranger, fleur d'oranger, 🇬🇧 orange flower water
オレンジのかわ　オレンジの皮　🇫🇷 citronnat perlé, orangeat perlé, 🇩🇪 Orangenschale
オレンジピール　🇫🇷 orangeat, 🇬🇧 candied orange, candied peel, peel, 🇩🇪 kandierte Orange, Orangeat
オレンジペコ　🇫🇷 orange pekoe
オレンジリキュールづけのマンダリン　オレンジリキュール漬けのマンダリン　🇫🇷[fruit à l'alcool囲み]
おろしがね　卸し金　🇩🇪 Reibeisen
おろしき　卸し器　🇫🇷 râpe
おんせいアントルメ　温製アントルメ　🇫🇷 entremets chaud, 🇩🇪 warme Süßspeise
おんせいフルーツデザート　温製フルーツデザート　🇩🇪 warme Fruchtdesserts, Wärmeregler
おんど　温度　🇫🇷 température
おんどけい　温度計　🇫🇷 thermomètre, 🇬🇧 thermometer, 🇩🇪 Thermometer
おんどちょうせい　温度調整　🇫🇷 conchage, tablage, tempérage
おんどちょうせいをする　温度調整をする　🇫🇷 concher, tabler, tempérer, 🇬🇧 temper, 🇩🇪 temperieren

か

カーヴ　🇫🇷 cave
カーシャ¹〔粥, デザート〕　🇫🇷 kacha, kache,

kasha
カーシャ² 〔粗挽き粉〕 ⓁⒻ kacha, kasha
カーシュ →カーシャ¹
ガーシュ ⓁⒻ gâche
ガーゼ ⓁⒻ gaze
カーディナル ⓁⒻ cardinal
カード¹ 〔凝乳〕 ⓁⒻ caillé, 英 curd
カード² 〔用具〕 ⓁⒻ corne, coupe-pâte, raclette, 英 scraper, 独 Horn, Teigschaber
カードル ⓁⒻ cadre
ガードルスコーン ⓁⒻ girdle scone
カーニヴァル ⓁⒻ carnaval, 独 Fasching, Karneval
カーミン →コチニール
ガーリック →にんにく
カイエンヌペッパー ⓁⒻ cayenne, piment oiseau, poivre de Cayenne, 独 Cayennepfeffer
カイザークーヘン 独 Kaiserkuchen
カイザーシュマレン 独 Kaiserschmarren
かいしょく 会食 ⓁⒻ repas
がいそう 外相 →クラスト
かいてんさせる 回転させる ⓁⒻ tourner
かいてんだい 回転台 ⓁⒻ plateau tournant, 英 turntable, 独 Drehplatt
かいてんとうけつ 回転凍結 ⓁⒻ turbinage, sanglage
かいとう 解凍 ⓁⒻ décongélation, 独 Auftauen
かいとうする 解凍する ⓁⒻ décongeler, 英 defrost
カイユボット ⓁⒻ caillebotte
がいらいかじつ 外来果実 ⓁⒻ fruit exotique
かえで 楓 ⓁⒻ érable
かえでとう 楓糖 →メープルシュガー
かおり 香り ⓁⒻ arôme, odeur, parfum, flaveur, 英 flavour, 独 Aroma, Duft, Gewürz
かおりちゃ 香り茶 ⓁⒻ thé farfumé
かおりまい 香り米 ⓁⒻ [riz 囲み]
かおりをつける 香りをつける ⓁⒻ aromatiser, parfumer, 英 flavour, 独 aromatisieren

カカオ ⓁⒻ cacao, caraque, maragnan, 英 cocoa, 独 Kakao
カカオバター ⓁⒻ beurre de cacao, 英 cocoa butter, 独 Kakaobutter
カカオマス ⓁⒻ masse de cacao, pâte de cacao, [cacao 囲み], 英 chocolate liquor, cocoa liquor, cocoa mass
カカオまめ カカオ豆 独 Kakaobohne
カカオゆし カカオ油脂 独 Kakaofett
カカオリキュール ⓁⒻ liqueur de cacao
かき(のみ) 柿(の実) ⓁⒻ abricot du Japon, kaki, plaquemine
かきたてる 掻き立てる ⓁⒻ fouetter, whip, 独 aufschlagen, schlagen
かきとる 掻きとる ⓁⒻ racler
かきまぜる 掻き混ぜる ⓁⒻ agiter, brasser, brouiller, remuer, retourner, touiller, tourner, travailler, vanner, 英 beat, stir, 独 mischen
かくざとう 角砂糖 ⓁⒻ sucre en cube, [sucre 囲み], 英 cube sugar, lump sugar, 独 Würfelzucker
カクテル ⓁⒻ cocktail
カクテルパーティ ⓁⒻ raout
かくはん 攪拌 独 Mischen
かくはんする 攪拌する →かきまぜる
かけら 欠片 ⓁⒻ fragment
かご 籠 ⓁⒻ corbeille, panier
かこうされた 加工された ⓁⒻ traité
かこうする 加工する ⓁⒻ déguiser, behandeln, verarbeiten
かこうゆし 加工油脂 ⓁⒻ matière grasse mixte
かごをつくるかた 籠をつくる型 ⓁⒻ mandrin fond et ovale, moule à panier
カサート ⓁⒻ cassate
カサートようかた カサート用型 ⓁⒻ [moule à glaces 囲み]
かさなり 重なり ⓁⒻ superposition
かさねてならべる 重ねて並べる ⓁⒻ chevaler, imbriquer
かさねる 重ねる ⓁⒻ superposer, 独 schich-

ten
かざり 飾り ⓕ aigrette, colifichet, collerette, décor, décoration, enjolivement, fleuron, garniture, plaquette, rosace, sujet, ⓔ centrepiece, rosette, run-out, topping, ⓖ Dekor, Dekoration
かざりがし 飾り菓子 ⓕ croquante, pièce de vitrine
かざりぎりにする 飾り切りにする ⓕ historier
かざりぐし 飾り串 ⓕ attelet
かざりつけをする 飾りつけをする ⓕ agrémenter, décorer, enjoliver, enrichir, garnir, historier, ornementer, parer, ⓔ decorate, garnish, ⓖ belegen, dekorieren, garnieren
かざる 飾る ⓕ parer
かし 菓子 ⓕ douceurs, friandise, gâteau, pâtisserie, ⓔ cake, confectionery, gâteau, pastry, ⓐ sweets, ⓖ Kuchen, Leckerei
カし 力氏 ⓕ Fahrenheit
カシ ⓕ cassis
カシア ⓕ quassia
かしざら 菓子皿 ⓕ plat à pâtisserie
カシシーヌ ⓕ cassissine
かししょくにん 菓子職人 →パティシエ
カシス ⓕ cassis, groseille noire, ⓔ black currant, ⓖ schwarze Johannisbeere
カシスシロップ ⓕ sirop de cassis
カシスリキュール →クレーム・ド・カシス
かじつしゅ 果実酒 ⓕ ratafia, vin de fruits
かじつバター 果実バター →フルーツバター
かしてん¹ 菓子店 ⓕ pâtisserie, ⓔ confectioner, confectioners'shop, confectionery, ⓖ Bäcker, Konditor
かしてん² 〔喫茶室のある〕菓子店 ⓖ Café-Konditorei, Kafé-Konditorei, Kaffeehaus
カシャ ⓕ cachat
カジャス ⓕ cajasse
カシュ ⓕ cachou
かじゅう 果汁 ⓕ jus, ⓖ Fruchtsaft
カシューアップル ⓕ pomme de cajou

かじゅうしぼりき 果汁絞り器 ⓕ presse-fruits, ⓖ Fruchtpresse
カシューナッツ ⓕ cajou, noix d'acajou, noix de cajou, ⓖ Cashewnuss
かじゅえん 果樹園 ⓕ fruitier
かしょう 花椒 ⓕ poivre de Sichuan, poivre-fleur
かしようきじ 菓子用生地 ⓕ pâte battue-poussée, pâte de pâtisserie
かす 滓 ⓕ résidu
ガス ⓕ gaz
カスクルート ⓕ casse-croûte
ガスコンロ ⓕ réchaud d'appoint
カスタード ⓕ crème anglaise, ⓔ custard
カスタードクリーム ⓕ crème pâtissière, ⓔ confectioner's custard, custard cream, pastry cream, ⓖ Crème Pâtissière, Konditoreikrem, Gekochtekrem, Milchkrem, Vanillekrem
カスタードソース ⓕ sauce anglaise, ⓔ custard sauce, egg custard sauce, ⓖ Vanillesauce
カスタードパウダー ⓔ custard powder
カスタードプディング ⓕ crème caramel, crème renversée, pot de crème, ⓔ caramel custard, custard pudding, ⓖ Karamelkrem
カスタニャッチ ⓕ castagnacci
ガステーブル ⓕ table de cuisson
ガストロノミ ⓕ gastronomie
ガスぬきをする ガス抜きをする ⓕ rabattre, rompre, serrer
ガスバーナー ⓕ chalumeau, ⓖ Gasbrenner
カスミュソ ⓕ casse-museau
カセ ⓕ cassé
カゼイン ⓕ caséine
カセロール →かたてなべ
カソナード →あかざとう
カソンとう カソン糖 ⓕ casson, [sucre 囲み]
かた 型 ⓕ moule, caisse, ⓔ mold, mould, pan, tin, ⓖ Form

かたい 固い Ⓕ ferme, 英 stiff, 独 hart
カダイフ Ⓕ kadaif
かたがみ 型紙 Ⓕ patron, pochoir, 英 stencil, 独 Drehsheibe, Schablone
かたくする(かたくなる) 固くする(固くなる) Ⓕ croûter, durcir, racornir, raffermir, rassir
かたくなった 固くなった Ⓕ racorni, 英 stale
かたさ 固さ Ⓕ consistance, fermeté, 英 consistency, 独 Konsistenz
かたちづくる 形づくる Ⓕ former, 独 formieren
かたづける 片づける Ⓕ nettoyer
かたてなべ 片手鍋 Ⓕ casserole, poêlon, 英 pan, 独 Kasserolle
かたどり 型取り Ⓕ moulage
かたどりあめ 型取り飴 Ⓕ [sucre 囲み]
かたどりする 型取りする Ⓕ mouler
かたどりようクーヴェルテュール 型取り用クーヴェルテュール Ⓕ couverture à mouler
かたぬきクッキー 型抜きクッキー 独 ausgestochenes Teegebäck
かたぬきする 型抜きする 独 ausstechen
かたまり 塊 Ⓕ gâteau, masse, motte, 英 cake, heap
かたまる(かためる) 固まる(固める) Ⓕ raffermir, solidifier, 英 set, 独 fest werden lassen
カタルーニャトゥーロン Ⓕ touron catalan
カッター Ⓕ hachoir
カップ Ⓕ cup, moque, tasse, 独 Tasse
カップいりアイスクリーム カップ入りアイスクリーム Ⓕ petit pot
カップケーキ 英 cup cake
ガティ Ⓕ gâtis
かとう 果糖 独 Fruchtzucker
かとうココア 加糖ココア [chocolat 囲み]
ガトー Ⓕ gâteau, 英 cake, 独 Kuchen
ガトー・ア・ラ・ピエス →プティガトー
ガトー・ア・ラ・ブロシュ Ⓕ gâteau à la broche, gâteau des pyrénées, 独 Baumkuchen
ガトー・ア・ラ・マノン →ダルトワ
ガトー・アレクサンドラ Ⓕ gâteau Alexandra
ガトー・アンディヴィデュアル →プティガトー
ガトー・オ・ショコラ Ⓕ gâteau au chocolat
ガトー・オ・ショコラ・ド・ナンシー Ⓕ gâteau au chocolat de Nancy
ガトー・オ・ノワ Ⓕ gâteau au noix
ガトー・オ・ノワ・ド・グルノーブル Ⓕ gâteau aux noix de Grenoble
ガトーセック Ⓕ gâteau sec
ガトー・ディミタシヨン Ⓕ gâteau d'imitation
ガトー・デ・ドゥ・セーヴル Ⓕ gâteau des Deux-Sèvres
ガトー・デ・ピレネー →ガトー・ア・ラ・ブロシュ
ガトー・デ・ロワ・ド・ボルドー Ⓕ gâteau des Rois de Bordeaux
ガトー・ド・ヴォワヤージュ Ⓕ gâteau de conserve, gâteau de voyage
ガトー・ド・コンセルヴ →ガトー・ド・ヴォワヤージュ
ガトー・ド・サヴォワ Ⓕ brioche de Saint-Genix, gâteau de Savoie
ガトー・ド・パタート・ドゥース Ⓕ gâteau de patate douce
ガトー・ド・ラ・フォレ・ノワール Ⓕ gâteau de la Forêt-Noire, 独 Schwarzwälder-Kirschtorte
ガトー・ド・ランチ Ⓕ gâteau de lunch
ガトー・ド・リ →ライスケーキ
ガトー・バスク Ⓕ gâteau basque
ガトー・フラマン Ⓕ gâteau flamand
ガトー・ブルトン Ⓕ galette bretonne, gâteau breton
ガトー・ポルション →プティガトー
カトラリー Ⓕ couvert
カトルエピス Ⓕ quatre-épices
カトルカール Ⓕ quatre-quarts, 英 pound cake

カトルカールきじ　カトルカール生地　Ⓕ pâte à quatre-quarts
カトルフリュイ　Ⓕ quatre-fruits
カトルフリュイ・ジョーヌ　Ⓕ quatre-fruits jaunes
カトルフリュイ・ルージュ・テテ　Ⓕ quatre-furuits rouges d'été
かなあみ　金網　Ⓕ claie, grille, treillage, treillis, 英 cooling wire, dipping wire, trellis, 米 cake rack, Ⓖ Gitter
カナダ〔りんご〕　Ⓕ Canada
ガナッシュ　Ⓕ ganache, Ⓖ Canache, Ganache, Pariser Krem
ガナッシュようクーヴェルテュール　ガナッシュ用クーヴェルテュール　Ⓕ [couverture 囲み]
カナッペ　Ⓕ canapé
かにく　果肉　Ⓕ chair, pulpe, Ⓖ Fruchtfleisch, Fruchtmark
カニストレリ　Ⓕ canistrelli
カヌレ　Ⓕ cannelé, cannelet
カヌレナイフ　Ⓕ canneleur
かねつ　加熱　Ⓕ chauffe, cuisson
かねつきじ　加熱生地　Ⓖ Warmemasse
かねつじかん　加熱時間　Ⓕ cuisson
かねつする　加熱する　Ⓕ chauffer, 英 heat, Ⓖ überhitzen
カバー　Ⓕ étui
かひ　果皮　→かわ²
かび　黴　Ⓖ Schimmel
かびがはえる　黴が生える　Ⓕ moisir, 英 musty, Ⓖ schimmeln
カプ　Ⓕ cup
カフェ　Ⓕ café, estaminet, 英 coffee
カフェイン　Ⓕ caféine, Ⓖ Caffein, Kaffein
カフェオレ　Ⓕ café au lait, Ⓖ Milchkaffe
カフェグラセ　Ⓕ café glace, 英 iced coffee
カフェクレーム　Ⓕ café crème
カフェコンディトライ　Ⓖ Café-Konditorei, Kafé-Konditorei, Kaffeehaus
カフェビスラン　Ⓕ café bicerin
カフェブリュロ　Ⓕ brûlot, café brûlot
カフェラテ　Ⓕ café latté, latte
カフェリエジョワ　Ⓕ café liégeois
カプセルプラリーネン　Ⓖ Kapsel-Pralinen
カプセルン　Ⓖ Kapseln
カプチーノ　Ⓕ cappuccino
カプツィーナ　Ⓖ Kapuziner
かへい　果柄　Ⓕ queue, 英 stalk
カベルネ　Ⓕ cabernet
かべん　花弁　Ⓕ pétale
かほうわじょうたいの　過飽和状態の　Ⓕ sursaturé
かほうわにする　過飽和にする　Ⓕ sursaturer
かぼちゃ　Ⓕ citrouille, courge, potiron, Ⓖ Kürbis
かまいれ　窯入れ　Ⓕ enfournement, Ⓖ Beschicken, Beschickung, Einschieben
かまだし　窯出し　Ⓕ défournement, Ⓖ Herausnehmen aus dem Ofen
かまべら　窯箆　Ⓕ peel, Ⓖ Backschaufel
カマルグまい　カマルグ米　Ⓕ [riz 囲み]
カマンベール　Ⓕ camembert
かみ　紙　Ⓕ papier, papillote
カミツレ〔ちゃ〕　カミツレ〔茶〕　Ⓕ camomille
ガムシロップ　Ⓕ sirop de gomme
ガムペースト　→パスティヤージュ
カメルーナー　Ⓖ Kameruner
カモミール　Ⓕ camomille
かゆ　粥　Ⓕ bouillie
から　殻　Ⓕ coque, coquille, écale, 英 shell
カラーチョコレート　Ⓕ [chocolat 囲み]
からい　辛い　Ⓕ fort, Ⓖ trocken
カラギーナン　Ⓕ carraghenate, Ⓖ Carrageen
カラク　Ⓕ caraque
からくさもよう　唐草模様　Ⓕ rinceau
からくちの　辛口の　Ⓕ dry, Ⓖ trocken
ガラス　Ⓕ carreau, glace, verre
カラスむぎ　カラス麦　→えんばく¹
カラスむぎこ　カラス麦粉　→えんばく²
からにする　空にする　Ⓕ vider

カラバヌ　仏 caravane
カラフ　仏 carafe
カラメル　仏 caramel, 英 toffee, 独 Karamel
カラメル・オ・ブール・サレ　仏 caramel au beurre salé
カラメルか　カラメル化　仏 caramélisage, caramélisation
カラメル・カラー　仏 caramel brun, 英 black jack, caramel colour
カラメル・キュイ・ア・セック　仏［caramel 囲み］
カラメル・クレール　仏［caramel 囲み］
カラメルじょうにする　カラメル状にする　仏 caraméliser, 英 caramelize, 独 karamelieren
カラメルソース　仏 sauce au caramel, [caramel 囲み], 独 Karamelsauce
カラメル・プール・ムース　仏［caramel 囲み］
カラメル・フォンセ　→カラメル・ブラン
カラメル・ブラン　仏［caramel 囲み］
カラメルプローベ　独 Karamelprobe
カラメル・ブロン　仏［caramel 囲み］
カラメル・リキッド　→カラメルソース
からやきした　空焼きした　仏 blanc, 英 blind
からやきする　空焼きする　英 bake blind
からをとる　殻をとる　仏 cerner, décortiquer, écaler
ガランガ　仏 galanga
カランツ　仏［raisin sec 囲み］, 英 currant, 独 Korinthe
カランドリエ　仏 calendrier
ガリアン・ド・ボルドー　仏 gallien de Bordeaux
カリソン　仏 calisson
カリフォルニアレーズン　仏［raisin sec 囲み］
かりゅうくろざとう　顆粒黒砂糖　仏 rapadura
かりん　花梨　→マルメロ
かるい〔生地〕　軽い　仏 léger, 独 leicht
カルヴァドス　仏 calvados, 英 apple brandy, 米 apple jack
カルヴァドスづけのちいさなようなし　カルヴァドス漬けの小さな洋梨　仏［fruit à l'alcool 囲み］
カルヴィル　仏 calville
ガルグイヨ　仏 gargouillau
カルシウム　仏 calcium, 独 Kalzium
カルシャル　仏 kaltschale
カルダモン　仏 cardamome, 独 Kardamom
カルディナル　仏 cardinal
カルディナルシュニッテ　独 Kardinalschnitte
カルトッフェルクーヘン　独 Kartoffelkuchen
カルトッフェルタイク　独 Kartoffelteig
ガルトン　仏 galeton
カルナローりまい　カルナローリ米　仏［riz 囲み］
ガルニテュール　仏 garniture
ガルバンソー　→ひよこまめ
ガルフ　仏 galfe, galfou, garfou
カルボナート　仏 carbonate
カルミンさん　カルミン酸　仏 acide carminique
カルルスバーダー・ツヴィーバック　独 Karlsbader Zwieback
カレ　仏 carré, 英 square
カレーこ　カレー粉　仏 curry
ガレット　仏 galette, tourtou
ガレット・シャラントーズ　仏 galette charentaise
ガレット・セッシュ　仏 galette sèche
ガレット・デ・ロワ　仏 galette des Rois, 英 Twelfth-Night cake, 独 Dreikönigskuchen
ガレット・ド・グモー　仏 galette de goumeau
ガレット・パリジェンヌ・オ・ザマンド　仏 galette parisienne aux amandes
ガレット・フイユテ　仏 galette feuilletée
ガレット・フラマンド　仏 galette flamande
ガレット・ブルトンヌ　仏 galette bretonne
ガレット・ペルジェンヌ　仏 galette pérougienne
ガレット・ボルドレーズ　仏 galette bordelaise
ガレット・リヨネーズ・ア・ラ・フランジパーヌ　仏 galette lyonnaise à la frangipane

カレレザン ⒧ carré raisins
カレンダー ⒧ calendrier
カロチン ⒧ carotène, ⓓ Karotin
ガロパン ⒧ galopin
カロリー ⒧ calorie, ⓓ Kalorie
カロリーナまい　カロリーナ米　⒧ [riz 囲み]
カロリーヌ ⒧ caroline
かわ¹〔パン，パイ〕　皮　⒧ croûte, ⓔ crust, pie crust
かわ²〔果物，種子，野菜〕　皮　⒧ carapace, chemise, écorce, peau, péricarpe, zeste, ⓔ peel, rind, zest, ⓓ Schale
かわ³〔膜〕　皮　⒧ croûte, film, peau, pellicule, ⓔ skin
かわかす　乾かす　→かんそうさせる
かわつきアーモンド　皮付きアーモンド　⒧ amande brute, amande entière, ⓓ rohe Mandel, weiße Mandel
かわむきき　皮剝き器　→ピーラー
かわむきようナイフ　皮剝き用ナイフ　ⓔ trimming knife
かわをつくる　皮〔皮膜〕をつくる　⒧ croûter
かわをむいたアーモンド　皮を剝いたアーモンド　⒧ amande blanche, amande mondée
かわをむく　皮を剝く　⒧ dérober, écorcer, écroûter, éplucher, peler, ⓔ peel, ⓓ schälen
かん　缶　⒧ boîte
かんか　乾果　→ドライフルーツ
かんきつるい　柑橘類　⒧ agrume
かんきり　缶切り　ⓓ Büchsenöffner
かんしょ　甘蔗　→さとうきび
かんしょとう　甘蔗糖　⒧ [sucre 囲み], ⓔ cane sugar
かんぞう　甘草　⒧ réglisse, ⓓ Lakritze
かんそういんげんまめ　乾燥隠元豆　⒧ haricot sec
かんそうくだもの　乾燥果物　→ドライフルーツ
かんそうさせる　乾燥させる　⒧ dessécher, sécher, ⓔ desiccate, ⓓ trocknen
かんそうした　乾燥した　⒧ sec, ⓓ trocken
かんそうしょくひん　乾燥食品　⒧ déshydraté
かんそうたまご　乾燥卵　ⓓ Trockenei
かんそうやきする　乾燥焼きする　⒧ griller
かんそうらんおう　乾燥卵黄　ⓓ Trockeneigelb
かんそうらんぱく　乾燥卵白　ⓓ Trockeneiweiß
カンタル ⒧ cantal
カンタロープ ⒧ cantaloup
かんづめ　缶詰　⒧ boîte, conserve
カンディ ⒧ candi
かんてん　寒天　⒧ agar-agar, gélose, mousse du Japon, ⓔ agar-agar, ⓓ Agar-Agar
カンパニーリコルス ⒧ campanili corse
かんぶつ　乾物　⒧ épicerie
かんほいろ　乾ホイロ　ⓓ Trockenschrank
かんみ　甘味　ⓔ sweet, sweeties, ⓓ süßer Geschmack
かんみりょう　甘味料　⒧ édulcorant, ⓓ Süßstoff
かんりゃくかサーヴィス　簡略化サーヴィス　⒧ service à l'assiette, service simplifié

き

きいちご　木苺　→フランボワーズ
ギーニュ ⒧ guigne
キーマンちゃ　キーマン茶　keemun
キール ⒧ kir
きいろワイン　黄色ワイン　→ヴァン・ジョーヌ
キウイ ⒧ groseille de chine, kiwi, ⓓ Kiwi
キエ ⒧ quillet
きがぬける　気が抜ける　⒧ éventer
きざみめ　刻み目　→きれめ
きざみめつきめんぼう　刻み目付き麺棒　⒧ rouleau de bois cannelé, rouleau métallique cannelé

きざみめをつける 刻み目をつける Ⓛchiqueter, déchiqueter, 英crimp, 独auszacken
きざむ 刻む Ⓛhacher, 英chop, 独hacken, zerhauen
きざんだアーモンド 刻んだアーモンド Ⓛamande hachée
きじ 生地 Ⓛpâte, texture, 英dough, paste, pastry, 独Teig
キシェ Ⓛquiché
きじのしこみ 生地の仕込み 独Teigbereitung
きじゃくし 木杓子 Ⓛmouvette, spatule, spatule en bois, 英spatula, 独Spachtel
キシュ Ⓛquiche
きずのある 傷のある Ⓛtaché
キセル Ⓛkis(s)el
ギタール Ⓛguitare
きつい〔匂〕 Ⓛfort
きつねいろにする 狐色にする Ⓛblondir, brunir, 独bräunen
キナ Ⓛquinquina
ギニョレ Ⓛguignolet
ギニョレット Ⓛguignolette
キニョン〔菓子〕 Ⓛcougnou, pain de Jésus, quignon
きぬけ〔酒〕 気抜け Ⓛévent
きのこ 茸 Ⓛchampignon
きのこがたのパン 茸形のパン Ⓛauvergnat
きのみ 木の実 Ⓛcerneau, fruit sec
きはつせいほうこうゆ 揮発性芳香油 Ⓛessence naturelle, huile essentielle
きび 黍 Ⓛmillet
キプフェルコッホ 独Kipfelkoch
きほういりアメ 気泡入り飴 Ⓛ〔sucre d'art 囲み〕
きほんきじ 基本生地 独Grundteig
きほんクリーム 基本クリーム 独Grundkrem
きほんさぎょう 基本作業 独Grundarbeit
きみつせい 気密性 Ⓛétanchéité
きめがあらい 肌理が粗い 英coarse
きめがこまかい 肌理が細かい Ⓛfin
ギモーヴ Ⓛguimauve, meringage, 〔confiserie 囲み〕, 英marshmallow
キャヴィア Ⓛcaviar
ぎゃくにする 逆にする Ⓛinverser
ぎゃくほうフイユタージュ 逆法フイユタージュ →オランダふうフイユタージュ
キャスターシュガー Ⓛ〔sucre 囲み〕, 英castor sugar
キャッサヴァ Ⓛmanioc
キャビネットプディング Ⓛpudding de cabinet, 英cabinet pudding, chancellor's, hot diplomat
キャベツ 独Kohl
キャラウェイ Ⓛanis des Vosges, anis des prés, carvi, cumin des prés, 独Kümmel
キャラメル Ⓛcaramel, caramel au beurre salé, 〔confiserie 囲み〕, 英caramel candy, 独Butterkaramel
キャラメルせつだんき キャラメル切断機 Ⓛdécoupoir à caramel
キャンディ Ⓛbonbon, confetti, confiserie, sucreries, 英confection, confetti, patty, sweet, sweeties, sweetmeat, ㊎candy, sugar candy, sugar plum, 独Bonbon, Kandis
キュイスダム Ⓛcuisse-dames
きゅう(じょう) 球(状) Ⓛboule
きゅうけい 球形 独Rund
きゅうけいの 球形の Ⓛrond, sphérique, 独rund
きゅうそくれいとうの 急速冷凍の Ⓛsurgelé
ぎゅうにゅう 牛乳 Ⓛlait, 独Milch
キューブ Ⓛcube
きゅうり 胡瓜 Ⓛconcombre
キュエス Ⓛ Q.S.
キュ・ド・プール Ⓛcul de poule
キュラソー Ⓛcuraçao
キュンメル Ⓛkummel
ぎょうこ 凝固 Ⓛprise, solidification, 独Erstarrung

ぎょうこざい 凝固剤 ⇒ゲルかざい

ぎょうこする(ぎょうこさせる) 凝固する(凝固させる) [仏] cailler, coaguler, figer, gélifier, prendre, reprendre, solidifier, [英] coagulate, curdle, freeze, set, [独] erstarren

ぎょうこにゅう 凝固乳 ⇒クロテッドクリーム

ぎょうじがし 行事菓子 [仏] gâteau de circonstances, pièce de circonstance

きょうする 供する [仏] servir

きょうどりょうり 郷土料理 ⇒ちほうりょうり

ぎょうにゅう 凝乳 [仏] caillé, caillebotte, lait caillé, [英] curd

ぎょうにゅうこうそ(ざい) 凝乳酵素(剤) [仏] caille-lait, [英] rennet

きょうにんしゅ 杏仁酒 ⇒クレーム・ド・ノワイヨ

きょうりきこ 強力粉 [仏] farine de force, farine de gruau, farine d'extra, gruau, [英] strong flour, [独] Weizenstärke

きりがし 切り菓子 [仏] tranche, [英] slice, [独] Schnitte

きりくち 切り口 [仏] coupe, face

きりふき 霧吹き [仏] atomiseur, pistolet, pulvérisateur, vaporisateur, [独] Zerstäuber

キリミュア・ジンジャーブレッド [英] Kirriemuir gingerbread

きりわける 切り分ける [仏] découper, partager, [英] split

きる 切る [仏] couper, débiter, découper, détailler, entamer, tailler, [英] split

キルシェンクーヘン [独] Kirschenkuchen

キルシュ(ヴァッサー) [仏] kirsch, [英] cherry brandy, [独] Kirschwasser

キルシュ・ド・フージュロル [仏] kirsch de Fougerolles

きれこみ 切れ込み [仏] échancrure, entaille, incision

きれこみをいれる 切れ込みを入れる [仏] cerner, ciseler, entailler, entamer, inciser, taillader

きれめ 切れ目 [仏] ouverture

きれめをいれる〔生地などの飾り切り〕 切れ目を入れる [仏] chiqueter, déchiqueter, [英] crimp, [独] auszacken

きん(ぱく) 金(箔) [仏] or

きんかん(のみ) 金柑(の実) [仏] kumquat

きんしつか 均質化 [仏] homogénéisation

きんしつかする 均質化する [独] homogenisieren

きんせんか 金盞花 [仏] souci

きんぞく 金属 [仏] métal

キンダーネールツヴィーバック [独] Kindernährzwieback

ぎんなん 銀杏 [仏] noix de ginkgo

ぎんばいか 銀梅花 ⇒ミルト

きんメッキをしたぎん 金メッキをした銀 [仏] vermeil

きんれんか 金蓮花 ⇒ナスタチウム

く

グァヴァ [仏] goyave, [独] Guava

クァッシア ⇒カシア

クイーンケーキ [英] queen cake

クイニーアマン [仏] kouign-aman, kouing-aman, kuign amann

クヴァルク [独] Quark

クヴァルククーヘン [独] Quarkkuchen

クヴァルク・ザーネクレーム・トルテ [独] Quark-Sahnekrem-Torte

クーヴ [仏] couve

クーヴェルテュール [仏] chocolat de couverture, couverture, [独] Schokoladen-Glasur, Tunkmasse

クーヴェルテュール・ア・ムーレ [仏] [couverture 囲み]

クーヴェルテュール・アロマティゼ [仏] [couverture 囲み]

クーヴェルテュール・エクストラ・フリュイド [仏][couverture 囲み]

クーヴェルテュール・エクストラ・リキッド [仏] [couverture 囲み]

クーヴェルテュール・オ・レ　Ⓛ［couverture 囲み］
クーヴェルテュール・ガナッシュ　Ⓛ［couverture 囲み］
クーヴェルテュール・ノワール　Ⓛ［couverture 囲み］
クーヴェルテュール・フォンセ　Ⓛ［couverture 囲み］
クーヴェルテュール・ブランシュ　Ⓛ［couverture 囲み］
クークきじ　クーク生地　→デニッシュきじ
グースベリー　Ⓛ groseille à maquereau, 英 gooseberry, 独 Stachelbeere
クーニュ　→キニョン
クープ　Ⓛ coupe
クープグラセ　Ⓛ coupe, coupe glacée, 独 Eisbecher
クープパート　Ⓛ coupe-pâte
クーヘン　Ⓛ gâteau, 英 cake, 独 Kuchen
クール・ド・サント・カトリーヌ　Ⓛ cœur de Sainte-Catherine
クール・ド・ブレ　Ⓛ cœur de Bray
クールブイヨン　Ⓛ blanc
グエール　→グエロン
クエッチ　Ⓛ quetsche
クエッチ・ダルザス　Ⓛ quetsche d'Alsace
グエロン　Ⓛ gouère, gouéron, gouerre
クエンさん　クエン酸　英 citric acid, 独 Zitronensäure
くき　茎　Ⓛ tige, 英 stalk
クク　Ⓛ couque
ククポテラム　Ⓛ Kœck-botteram
ククルリ　Ⓛ coucoulelli
クグロフ　Ⓛ kougelhof, kougeloff, kouglopf, kouglof, kugelhof, 独 Gougelhof, Gugelhupf, Kugelhopf, Napkuchen, Rodonkuchen, Topfkuchen
クグロフがた　クグロフ型　Ⓛ moule à kouglof
クグロフようきじ　クグロフ用生地　Ⓛ pâte à kouglofs
くさる　腐る　Ⓛ décomposer, putrifier, rancir, 英 musty, 独 schlecht werden, verderben, zerfallen
くし　串　Ⓛ attelet, broche, brochette, 英 skewer
くし　櫛　Ⓛ peigne
グジェール　Ⓛ gougère
グシュ　Ⓛ gouch
くず　屑　Ⓛ casse, chute, déchet, épluchure, miette, parure, rognure, 英 crumb, trimming, 独 Ausschuss, Brösel
グス　独 Guss
クスクス　Ⓛ couscous
くすむ　Ⓛ ternir
くすんだ　Ⓛ terne
くだいたヌガティーヌ　砕いたヌガティーヌ　Ⓛ craquelin, pralin, praliné, 独 Praline
くだく　砕く　Ⓛ briser, broyer, casser, concasser, écraser, effriter, émietter, piler, 英 crush, dash, 独 brechen
くだもの　果物　Ⓛ fruit, fruit frais, 英 fruit, 独 Frucht, Obst
くだものいりオムレツ　果物入りオムレツ　Ⓛ omelette aux fruits
くだものとけいそう　果物時計草　→パッションフルーツ
くだもののシロップに　果物のシロップ煮　Ⓛ fruit au sirop, fruit en conserve, 米 sauce
くだもののピュレ　果物のピュレ　独 Fruchtmark, Obstmark
くだもののみずに　果物の水煮　Ⓛ fruit au naturel, fruit en conserve
くちがね　口金　Ⓛ douille, embout, 英 piping tube, savoy pipe, 独 Dekortülle, Tülle
くちがねつきしぼりぶくろ　口金付き絞り袋　Ⓛ poche à douille
クッキー　Ⓛ gâteau sec, petit four sec, petit gâteau, 英 biscuit, cookie, cooky, 米 cookie, cooky, 独 Gebäck, Konfekt, Mürbegebäck, Tee-Fours, Teegebäck
クッキングシート　独 Backpapier

くっせつけい　屈折計　Ⓕ réfractomètre
くっつく　Ⓕ tenir
くっつける　Ⓕ souder
グティエール　Ⓕ gouttière
クトー　→ナイフ
クトーシ　Ⓕ couteau-scie
クナファ　Ⓕ kounafa
クヌスペルヒェン　Ⓖ Knusperchen
クネーデル　Ⓕ knödel, knœdel, Ⓖ Knödel
クネッケブロート　Ⓕ knäckebrot, Ⓖ Knäckebrot
クネル　Ⓕ quenelle
くぼみ　窪み　Ⓕ puits, trou, Ⓔ well
くまつづら　熊葛　Ⓕ verveine
ぐみ　茱萸　Ⓕ cornouille, goumi
くみあわせる　組み合わせる　Ⓕ panacher
クミン　Ⓕ cumin
くもった　曇った　Ⓕ trouble
くもる　曇る　Ⓕ troubler
クライン・ゲベック　Ⓖ Klein-Gebäck
クラクラン　Ⓕ craquelin, [nougat 囲み]
グラサージュ　Ⓕ glaçage, Ⓔ bun glaze, icing, glaze
グラス¹　→アイスクリーム
グラス²　→コップ
グラス・ア・ロー　Ⓕ glace à l'eau, Ⓔ glacé icing, sugar wash, water icing, Ⓖ Staubzuckerglasur, Wasserglasur
グラス・オ・ズ　Ⓕ glace aux œufs
クラスト　Ⓕ croûte, Ⓔ crust
グラスミア・ジンジャーブレッド　Ⓔ Grasmere gingergread
グラスロワイヤル　Ⓕ glace royale, Ⓔ royal icing, Ⓖ Eiweißglasur, Glasur, Spritzglasur
グラセする　Ⓕ glacer, Ⓔ glaze, Ⓖ glasieren
グラタン　Ⓕ gratin
グラタン・アリエジョワ　Ⓕ gratin ariégeois
グラタンざら　グラタン皿　Ⓕ plat à gratin
クラッカー　Ⓔ cracker, Ⓔ cookie, cooky
クラップフェン　Ⓖ Pfannkuchen
グラティネする　Ⓕ gratiner

グラニースミス　Ⓕ pomme Granny Smith, Ⓔ granny smith
グラニテ　Ⓕ gramolate, granit(e), granité, Ⓖ Granite-Eis
グラニューとう　グラニュー糖　Ⓕ semoule, sucre cristal, sucre cristallisé, sucre en poudre, [sucre 囲み], Ⓔ castor sugar, granulated sugar
クラピオ　Ⓕ crapiau
クラフティ　Ⓕ clafouti(e)
クラプフェン　Ⓕ Ⓔ krapfen, Ⓖ Krapfen
クラミク　Ⓕ cramique
クラム〔パンの身〕　Ⓕ mie, Ⓔ breadcrumb, crumb, Ⓖ Brösel
クラムきじ　クラム生地　→クランブル
クラムケーキ　Ⓔ crumb cake
クラムペストリー　→クランブル
グラモラート　Ⓕ gramolate, granit(e)
クラルケ　Ⓕ clarequet
グラン　Ⓕ gland
グランカセ　Ⓕ grand cassé
グランサム・ジンジャーブレッド　Ⓔ Grantham gingerbread
グランスフレ　Ⓕ glu, grand soufflé, morve
クランツ　Ⓖ Kranz
グランフィレ　Ⓕ sirop de sucre
クランブル　Ⓕ crumble, pâte à crumble, streusel, Ⓔ crumb, crumble, crumb pastry, streusel, Ⓖ Butterstreusel, Streusel
クランブルきじ　クランブル生地　→クランブル
クランブルケーキ　Ⓔ crumble cake
クランペット　Ⓔ crumpet
クランベリー　Ⓕ airelle, canneberge, Ⓔ cranberry, Ⓖ Preiselbeere
グランマルニエ　Ⓕ Grand Marnier
くり(のみ)　栗(の実)　Ⓕ châtaigne, marron, Ⓔ chestnut, Ⓖ Kastanie
クリ　Ⓕ coulis
クリーチ　Ⓕ koulitch
クリーミングほう　クリーミング法　Ⓔ creaming method, rub-in method

クリーム ⒻcrÃ¨me, Ⓔcream, Ⓖ Krem
クリーム・オブ・タータ →クリームタータ
クリームがし　クリーム菓子　Ⓖ Kremspeise
クリームじょうにする　クリーム状にする　Ⓕcrémer, Ⓔcream
クリームスライス →ミルフイユ
クリームセパレーター　Ⓕécrémeuse
クリームソース　Ⓖ Eierguss
クリームソーダ　Ⓔcream soda, ice cream soda
クリームタータ　Ⓕcrème de tartre, Ⓔcream of tartar, Ⓖ Weinsteinsäure
クリームチーズ　Ⓖ Quark
クリームティー　Ⓔcream tea
クリームパウダー　Ⓔcream powder, Ⓖ Füllkrem
クリームパフ →シュークリーム
クリームパフ・ペースト→シューきじ
クリームロール　Ⓔcream roll
クリームをくわえる　クリームを加える　Ⓕcrémer, Ⓔcream
グリーンゲイジ　Ⓔgreengage
グリエ・オ・ポム　Ⓕgrillé aux pommes
グリエする　Ⓕgriller
グリオッティーヌ　ⒻGriottines
グリオット　Ⓕgriotte
くりかえし　繰り返し　Ⓕreprise
クリスマス　ⒻNoël, Ⓖ Weihnacht, Weihnachten
クリスマスケーキ　ⒺChristmas cake
クリスマスシーズン　Ⓔyule
クリスマスパイ　ⒺChristmas Pie
クリスマスパイようじ　クリスマスパイ用生地　Ⓔfermented pastry
クリスマスプディング　ⒺChristmas pudding
グリセリン　Ⓔglycerin
グリッティベンツ　ⒼGrittibänz
クリップ　Ⓕpince
グリドルケーキ　Ⓔgriddle cake
くりぬきき　くり抜き器　Ⓖ Kugelausstecher
くりぬく　くり抜く　Ⓕcreuser, évider
くりのこな　栗の粉　Ⓕfarine de châtaignes
くりのピュレ　栗のピュレ　Ⓕcrème de marron(s), pâte de marron(s), purée de marron, Ⓖ Maronenpüree
クリマ →クリュ
グリモール　Ⓕgrimolle
グリモーレ　Ⓕgrimollée
クリュ　Ⓕcru
グリュ　Ⓕglu, grand soufflé, morve
グリュイエール　Ⓕgruyère
グリュエ・ド・カカオ　Ⓕgrué de cacao
グリュオ　Ⓕgruau
グリュックシュヴァイン　Ⓖ Glückschwein
クリュディテ　Ⓕcrudité
グリラージュ　ⒼGrillage
グリラージュマッセ　ⒼGrillagemasse
グリル　Ⓕgril, grill, Ⓐbroiler
クルート　Ⓕcroûte, Ⓔcrust
クルート・ド・シュクル　Ⓕcroûte de sucre
グルコース　Ⓕglucose
クルスタード　Ⓕcroustade
クルズワ　Ⓕcreusois, mœlleux du Limousin
グルテン　Ⓕgluten
グルテンこ　グルテン粉　Ⓕfarine de gluten
グルテンパン　Ⓕpain de gluten
クルトン　Ⓕcroûton, dent de loup
グルヌイユ　Ⓕgrenouille
グルノブロワ　Ⓕgrenoblois
クルボアジェ　ⒻCourvoisier
グルマン　Ⓕgourmand
くるみ(のみ)　胡桃（の実）　Ⓕnoix, Ⓖ Nuss, Walnuss
くるみいりパン　胡桃入りパン　Ⓕpain aux noix
くるみのじん　胡桃の仁　Ⓕcerneau
くるみわりき　胡桃割り器　Ⓕcasse-noix, Ⓔnut cracker
グルメ　Ⓕgourmet

グルントクレーム [独] Grundkrem
グルントタイク [独] Grundteig
クレープ [仏] crêpe, farinette, galeton, galette, pannequet, [英] crepe, [米] pancake, [独] Krepp
クレープきじ(クレープだね) クレープ生地（クレープ種） [仏] pâte à crêpes
クレープグラセ [仏] crêpe glacée
クレープシュゼット [仏] crêpe Suzette, Suzette
クレープダンテル [仏] crêpe dentelle
クレープフリゼ・デ・ピレネ [仏] crèpe frisée des Pyrénées
グレープフルーツ [仏] pamplemousse, pomelo, pomélo
クレープや クレープ屋 [仏] crêperie
クレープようフライパン クレープ用フライパン [仏] crêpière, poêle à crêpes, tuile
クレーム [仏] crème, [英] cream, [独] Krepp
クレーム・ア・カフェ ⇒クレームレジェール
クレーム・ア・ディプロマット [仏] crème à diplomate
クレーム・ア・バヴァロワ [仏] crème à bavarois
クレーム・ア・フラン [仏] crème à flans
クレームアングレーズ [仏] crème anglaise, [英] custard
クレームヴァニーユ [仏] crème vanille
クレームエーグル [仏][crème fraîche 囲み]
クレーム・オ・コニャック [仏] crème au cognac
クレーム・オ・ブール ⇒バタークリーム
クレームカタラヌ [仏] crème catalane
クレームカラメリゼ [仏] crème caramérisée
クレームカラメル ⇒カスタードプディング
クレームキュイット [仏] crème cuite
クレームグラセ ⇒アイスクリーム
クレームクリュ [仏] crème crue
クレームサバイヨン [仏] crème sabayon, sabayon, zabaione, [英] zabaglione
クレームサントノレ [仏] crème à St-Honoré
クレームシブスト [仏] crème Chiboust, crème (à) St-Honoré
クレームシャンティイ [仏] crème chantilly, Chantilly, [英] chantilly cream
クレームシュパイゼ [独] Kremspeise
クレームダマンド [仏] crème d'amandes, [英] almond cream, [独] Mandelkrem
クレームダントルメ [仏] crème d'entremets
クレームディズィニ [仏][crème fraîche 囲み]
クレームディプロマット [仏] crème diplomate
クレーム・ド・カカオ [仏] crème de cacao
クレーム・ド・カシス [仏] crème de cassis
クレーム・ド・グリュイエール [仏] crème de gruyère
クレーム・ド・ノワイヨ [仏] crème de noyau, eau de noyau
クレーム・ド・パティスリー [仏] crème de pâtisserie
クレーム・ド・マロン [仏] crème de marrons
クレーム・ド・レ [仏][crème fraîche 囲み]
クレームバヴァロワ [仏] crème bavarois
クレームパティシエール [仏] crème pâtissière, [英] confectioner's custard, custard cream, pastry cream, [独] Crème Pâtissière, Konditoreikrem, Gekochterkrem, Milchkrem, Vanillekrem
クレームフエテ ⇒ホイップクリーム
クレームフォンダント [仏] crème fondante
クレームフランジパーヌ [仏] crème frangipane, frangipane
クレームフリット [仏] crème frite
クレームブリュレ [仏] crème brûlée, crème caramélisée
クレームフルレット [仏][crème fraîche 囲み]
クレームフレッシュ・ド・ブレス [仏] [crème fraîche 囲み]
クレームフレッシュ・リキッド [仏][crème fraîche 囲み]
クレームムスリーヌ [仏] crème mousseline, [独] Schaumkrem
クレームランヴェルセ [仏] crème renversée
クレームランヴェルセ・オペラ [仏] crème renversée Opéra
クレームリキッド・ステリリーゼ [仏] [crème fraîche 囲み]

クレームリキッド・ユーアシュテ [仏][crème fraîche 囲み]
クレームレジェール [仏][crème fraîche 囲み]
クレール [独] Couleur, Kulör
クレオル [仏] créole
クレスペル ⇒ビュニエット
クレッツェンブロート [独] Kletzenbrot
クレッベリー [独] Chräbeli
グレナージュ [仏] grainage, [英] graining
グレナディン・シロップ [仏] grenadine, sirop de grenadine
クレピエール [仏] crêpière
クレマ・クレマダ [仏] crème catalane
クレマ・ド・サン=ジョセフ [仏] crème catalane
クレマンティーヌ [仏] clémentine
クレムリー [仏] crèmerie
クレメ [仏] crémet
クレレット [仏] clairette
くろいちご 黒苺 ⇒ブラックベリー
クローヴ [仏] clou de girofle, girofle, [英] clove
クローヌ [仏] couronne, [英] crown, ring
クロカン [仏] croquant
クロカント [仏] croquante, nougatine, [独] Blätterkrokant, Grillage, Krokant
クロカンブッシュ [仏] croquembouche, [独] Krachkonfekt
クロキニョル [仏] croquignole
クロケ [仏] croquet
クロケット [仏] croquette
グロゼイユ [仏] groseille, [英] red currant, [独] Johannisbeere
くろたねそう 黒種草 [仏] nigelle
クロックマダム [仏] croque-madame
クロックムシュー [仏] croque-monsieur
グロッサリー [仏] épicerie
クロテッドクリーム [仏] crème caillée, [lait 囲み], [英] clotted cream
くろふさすぐり 黒房酸塊 ⇒カシス
くろぶどう 黒葡萄 [仏] raisin noir, raisin violet
グロブレ [仏] gros boulé
くろまい 黒米 [仏][riz 囲み]
クロワッサン [仏] croissant, [英] crescent, [独] Gipfel, Hörnchen
クロワッサンようカッター クロワッサン用カッター [仏] rouleau coupe-croissant
クロワッサンようきじ クロワッサン用生地 [仏] pâte à croissants
くわえる 加える [仏] additionner
くわのみ 桑の実 [仏] mûre, [英] mulberry, [独] Maulbeere

け

けいしょく 軽食 [仏] en-cas
けいりょうカップ 計量カップ [仏] mesure, verre gradué, verre mesureur, [独] Messbecher
けいりょうスプーン 計量スプーン [独] Messlöffel
ゲヴュルツトラミネール [仏] gewürztraminer
ケーキ [仏] friandise, gâteau, pâtisserie, [英] cake, fancy, gâteau, pastry, [独] Kuchen, Torte
ケーキクーラー [仏] grille, [英] dipping wire, [米] cake rack
ケーキばさみ ケーキ挟み [独] Gebäckschere
ケーキようこむぎこ ケーキ用小麦粉 [仏] farine à gâteaux
ケーク [仏] cake, plum-cake, [英] cake, fruited cake, plum cake, pound cake
ケークがた ケーク型 [仏] moule à cake, [英] cake tin, bread tin
ケークようきじ ケーク用生地 [仏] pâte à cake
ケース[1]〔パイなどの〕 [仏] caisse, croûte, [英] crust, shell
ケース[2]〔容器〕 [仏] étui
ケーゼクラップフェン [独] Käsekrapfen
ケーゼザーネクレームトルテ [独] Käse-Sahnekrem-Torte
ケーゼシュタンゲン [独] Käsestangen

ケーゼフール [独] Käse-Fours
ケーゼブリューマッセ [独] Käsebrühmasse
ケーゼブレッタータイク [独] Käseblätterteig
ケーゼベッケライ [独] Käse-Bäckerei
ケーゼミュルベタイク [独] Käsemürbeteig
ケータリング [仏] traiteur
ケーニッヒスクーヘン [独] Königskuchen
ケーニッヒスベルガー・コンフェクト [独] Königsberger Konfekt
けし(のみ) 芥子(の実) [仏] œillette, pavot, [英] mawseeds, [独] Mohn, Mohnsamen
けしあぶら 芥子油 [仏] olivette, petite huile, [huile 囲み]
ケス・ド・ヴァシー [仏] caisse de Wassy
けずりくず 削り屑 [仏] copeau, [英] shaving
けずりとる 削りとる [仏] racler, [英] scrape
けずる 削る [仏] araser, gratter, racler, râper, [英] scrape, [独] abspachteln, abstreifen, raspeln
げっけいじゅ 月桂樹 ⇒ローリエ
けっしょう 結晶 [独] Kristallisation, Kristallisierung
けっしょうか 結晶化 [仏] candisation, cristallisation, [英] crystallization
けっしょうする(けっしょうさせる) 結晶する(結晶させる) [仏] candir, cristalliser, grainer, masser, [独] kristallisieren
ケッテンフルーク [独] Kettenflug, starker Flug
ケッパー [仏] câpre, nonpareille, [独] Kaper
ゲビルトブロート [独] Gebildbrot
ケフィア ⇒ケフィール
ケフィール [仏] kéfir, képhir
ゲリーベナータイク [独] Geriebenerteig
ゲリュールター・ヘーフェタイク [独] Gerührter Hefeteig
ゲルか ゲル化 [仏] gélification
ゲルかざい ゲル化剤 [仏] gélifiant, [英] jelling agent
ゲルムクネーデル [独] Germknödel
げんえんバター 減塩バター [仏] [beurre 囲み]
ケンダルミントケーキ ⇒ミントケーキ
げんにゅう 原乳 ⇒せいにゅう
ゲンファーツンゲン [独] Genfer Zungen
げんまい 玄米 [仏][riz 囲み]
げんりょう 原料 [独] Rohstoffe, Stoff
げんりょうとう 原料糖 [仏][sucre 囲み]

こ

こ〔1個, 2個…〕 個 [仏] pièce, [独] Stück
こあなをあける 小穴を開ける [仏] piquer, [英] dock
コアントロー [仏] Cointreau
こい〔味〕 濃い [仏] fort
ゴイエール [仏] goyère
コヴェントリー・パフ [英] Coventry puff
こうおんさっきん 高温殺菌 [仏] stérilisation, U.H.T., upérisation
こうおんめっきんぎゅうにゅう 高温滅菌牛乳 ⇒ロングライフぎゅうにゅう
こうぎょうラム 工業ラム ⇒インダストリアルラム
こうげんせつ 公現節 [仏] Épiphanie, jour des Rois, [独] Dreikönigstag
こうごうふうライスケーキ 皇后風ライスケーキ [仏] riz à l'Impératrice
こうしつこむぎ(こ) 硬質小麦(粉) [仏] blé dur, [farine 囲み], [英] semolina
こうしつこむぎのあらびきこ 硬質小麦の粗挽き粉 [仏] semoule blanche
こうしもよう 格子模様 [仏] carreau, damier, grillage, quadrillage, treillage, [英] treillis
こうしもようをつける 格子模様をつける [仏] grillager, griller, quadriller, rioler
こうしゃくふじんがた 侯爵夫人型 ⇒マルキーズがた
こうしんりょう 香辛料 [仏] aromate, épice, [英] spice, [独] Würze
こうすい 硬水 [仏][eau 囲み]
こうせい 構成 [仏] composition
ごうせいの 合成の [仏] synthétique, [英]

synthetic
こうそ　酵素　[独] Enzym, Ferment
こうそう　香草　[仏] fines herbes, herbe, pluches
こうたく　光沢　⇒つや
こうちゃ　紅茶　[仏] thé, thé noir, [独] schwarzer Tee, Tee
こうちゃセット　紅茶セット　[仏] service à thé
こうちゃポット　紅茶ポット　[仏] théière
こうぼ　酵母　[仏] levain, levure, [英] ferment, yeast, [独] Hefe
こうりつ　効率　[仏] rendement
こうりょう　香料　[仏] arôme, épice, essence, extrait, [独] Aroma, Essenz, Gewürz
こうりょうをくわえる　香料を加える　[独] würzen
ゴーダワッフル　⇒ストループワッフル
コーティング　[仏] enrobage, nappage, [英] coating, [独] Überzug
コーティングする　[独] zuckerglassieren
コーティングようチョコレート　コーティング用チョコレート　[仏] pâte à glacer
ゴード　[仏] gaude
コーニッシュパスティ　⇒コーニッシュ・ペストリー
コーニッシュ・フェアリング　[英] Cornish fairing
コーニッシュ・ペストリー　[英] Cornish pastry
コーヒー　[仏] café, [英] coffee, [独] Kaffee
コーヒーエッセンス　[仏] extrait de café, trablit
コーヒークリーム　[英] coffee cream, light cream, table cream
コーヒーケーキ　[米] coffee cake
コーヒーセット　[仏] service à café
コーヒーふうみのクーヴェルテュール　コーヒー風味のクーヴェルテュール　[独] Mokka-Kuvertüre
コーヒーメーカー　[仏] machine à café
コーヒーロール　[英] coffee roll
コーヒーわかし　コーヒー沸し　[仏] cafetière, percolateur
ゴーフル　[仏] gaufre, [英] waffle, [独] Waffel
ゴーフル・アメリケーヌ　⇒アメリカンワッフル
ゴーフル・スカンディナーヴ　⇒ほくおうふうワッフル
ゴーフル・ド・オンコン　⇒ほんこんふうワッフル
ゴーフル・ド・ブリュッセル　⇒ベルギーワッフル
ゴーフル・ド・リエージュ　⇒リエージュワッフル
ゴーフルやき　ゴーフル焼き　[仏] gaufrier, [英] waffle iron
ゴーフルようきじ　ゴーフル用生地　[仏] pâte à gaufres
ゴーフルようやきがた　ゴーフル用焼き型　[仏] gaufrier
ゴーフレット　[仏] gaufrette, [英] wafer
コーラ　[仏] cola, kola
こおらせる　凍らせる　[仏] congeler, glacer, sangler, [英] freeze, [独] einfrieren
こおり　氷　[仏] glace, [英] ice, [独] Eis
こおりざとう　氷砂糖　[仏] [sucre 囲み], [英] candy, sugar candy, [米] rock candy, [独] Kandis, Kandiszucker
ゴールデンシロップ　[仏] mélasse, [英] golden syrup
ゴールデンブレッド　[仏] pain perdu, [英] golden bread
ゴールドヴァッサー　[仏] eau de Dantzig, [英] gold wasser, [独] Goldwasser
コールドテーブル　[独] Kühlplatte
コールドメレンゲ　⇒ムラングイタリエンヌ
コーン　⇒とうもろこし
コーンオイル　[仏][huile 囲み]
コーンシロップ　[英] corn syrup
コーンスターチ　[仏] amidon de maïs, Maïzena, [英] cornstarch, starch, [独] Maisstärke
コーンフラワー　[仏] farine de maïs, [英] corn flour
こがしバター　焦がしバター　[仏] [beurre 囲

こがす 焦がす ⓕ attacher, brûler, culotter, ferrer, gratiner, havir, revenir, rissoler, roussir, ⓔ flash, ⓖ anbrennen lassen

こがたがし 小型菓子 ⓕ gâteau à la pièce, gâteau individuel, gâteau-portion, petit gâteau, ⓖ Törtchen

こがたナイフ 小型ナイフ ⓖ kleines Messer

ごがつのこがねむし 5月の黄金虫 ⓖ Mai-Käfer

コカ・バスク ⓕ koka basque

コキーユ ⓕ coquille

こくする 濃くする ⓕ corser, épaissir, foncer, serrer, ⓖ nachdunkeln

こくふん 穀粉 ⓕ farine, ⓖ Mehl

こくもつ 穀物 ⓕ céréale, ⓔ corn

コクリコ ⓕ coquelicot

こくりゅう 穀粒 ⓕ grain, ⓖ Korn

こけいせいぶん 固形成分 ⓕ extrait sec

こげつき 焦げつき ⓕ culottage

こげつく 焦げつく ⓕ prendre

こげめをつける 焦げ目をつける ⓕ revenir, ⓖ abflämmen

こけもも(のみ) 苔桃(の実) ⓕ airelle, airelle rouge, myrtille, ⓔ bilberry, blueberry, cranberry, huckleberry, whortleberry, ⓖ Heidelbeere

ココア ⓕ chocolat, cocoa, poudre de cacao, [cacao 囲み], ⓔ chocolate, cocoa, ⓖ Kakao

ココアパウダー ⓕ cacao en poudre, poudre de cacao, ⓔ cocoa powder, ⓖ Kakaopulver

ココアポット ⓕ chocolatière

ごこうげんのしゅくじつ 御公現の祝日 → こうげんせつ

ココットなべ ココット鍋 ⓕ cocotte

ココナッツ ⓕ coco, noix de coco, ⓔ coconut, ⓖ Kokosnuss, Kokos

ココナッツオイル → ココナッツゆ

ココナッツバター ⓕ beurre de coco

ココナッツマカロン ⓖ Kokosmakrone

ココナッツミルク ⓕ lait de coco

ココナッツゆ ココナッツ油 ⓕ cocose, [huile 囲み], ⓖ Kokosnussöl

ココプラム ⓕ icaque, prune de coco, prune de coton, prune des anses

ココン・ド・リヨン ⓕ cocon de Lyon

ござ 茣蓙 ⓕ claie, clayon, natte

こしき 漉し器 ⓕ chinois, passoire, ⓔ conical strainer, strainer

こしぬの 漉し布 ⓕ blanchet, chausse, étamine

コシュラン ⓕ cochelin

ごじゅんさい 五旬祭 ⓕ Pentecôte

こしょう 胡椒 ⓕ mignonnette, poivre, ⓖ Pfeffer

こしょうぼく 胡椒木 → ピンクペッパー

こしをだす こしを出す ⓕ corser

こす 漉す ⓕ chinoiser, filtrer, fouler, passer, ⓔ strain, ⓖ filtern, passieren

こする 擦る ⓕ frotter, ⓔ rub

ゴゼット ⓕ gozette

ごちそう 御馳走 ⓕ ripaille, ⓖ Speise

コチニール ⓕ acide carminique, carmin, cochenille, ⓔ cochineal

こつ ⓕ tour, truc

コック¹〔殻〕 ⓕ coque

コック² → りょうりにん

コック³〔地方菓子〕 ⓕ coque

コックふく コック服 ⓖ Kochjacke

コックぼう コック帽 ⓖ Kochmütze

ゴッドケーキ ⓔ Coventry God cake, Coventry puff, god cake

コットブーザーバウムクーヘン ⓖ Kottbuser Baumkuchen

コップ ⓕ gobelet, timbale, verre, ⓖ Becher, Glasbecher, Tasse

こて 鏝 ⓕ fer

コティニャック・ドルレアン ⓕ cotignac d'Orléans

ごてんがた 五点型 ⓕ quinconce

こな 粉 ⓕ farine, ⓔ farina, flour, ⓖ

Mehl, Puder, Pulver
こなざとう 粉砂糖 →ふんとう
こなっぽい 粉っぽい ⓛfarineux
こなみるく 粉ミルク →ふんにゅう
こなをふる 粉を振る ⓛfariner, fleurer, givrer, poudrer, pulvériser, saupoudrer, singer, 英dust, flour, 独bemehlen, besieben, bestreuen
こなをまぶす 粉をまぶす ⓛenfariner, rouler, 英flour
コニャック ⓛcognac
コニャックづけぶどう コニャック漬け葡萄 ⓛ[fruit à l'alcool 囲み]
こねる 捏ねる ⓛbassiner, boulanger, corser, fraiser, fraser, malaxer, manier, pétrir, travailler, 英develop, knead, 独kneten
こねること 捏ねること ⓛpétrissage
このみ 好み ⓛgoût, préférence
こばち 小鉢 ⓛécuelle
ごばんじま 碁盤縞 →こうしもよう
こぶねがた 小舟型 →バルケットがた
こぶねがたのタルトレット 小舟形のタルトレット ⓛbarquette, 英boat
コプラ ⓛcoprah
コフレ ⓛcoffret
ゴブレット ⓛgobelet
コペンハーゲナー 独Kopenhagener
コポー →チョコレートコポー
ごま 胡麻 ⓛsésame, 独Sesam
ゴマージュ ⓛgommage
コミ ⓛcommis
コミス ⓛcomice
ゴム ⓛcaoutchouc, gomme
こむぎ 小麦 ⓛblé, blé dur, blé tendre, épeautre, froment, méteil, 英corn, 独Weizen
こむぎこ 小麦粉 ⓛboulange, farine, farine à gâteaux, farine de blé, farine de froment, force, froment, [farine 囲み], 英flour, self-raising flour, 独Mehl, Weizenmehl

こむぎこのくぼみ 小麦粉の窪み ⓛfontaine, 英bay, well
こむぎこをくわえる 小麦粉を加える ⓛcontre-fraser
ゴムべら ⓛmaryse
こめ 米 ⓛriz, [riz 囲み], 英rice, 独Reis
こめこ 米粉 ⓛcrème de riz, farine de riz, semoule de riz, 英rice flour, 独Reismehl
こめのぎゅうにゅうに 米の牛乳煮 ⓛriz au lait
ゴランフロ ⓛgorenflot
コリアンダー ⓛcoriandre, 独Koriander
コリントレーズン ⓛ[raisin sec 囲み], 英currant
コルク ⓛliège
コルニション ⓛcornichon
コルニット ⓛcornitte
コルニュエル ⓛcornuelle
コルヌ ⓛcorne, 英scraper
コルヌイユ ⓛcornouille
コルネ ⓛcornet, 英bag, horn
ごれんし(のみ) 五歛子(の実) ⓛcarambole
コロンビエ ⓛcolombier
コロンボ ⓛcolombo
コワン ⓛcoing
コワントロー ⓛCointreau
コンヴェルサシオン ⓛconversation
コンクールようがし コンクール用菓子 ⓛpièce d'exposition
コンコルド〔デザート〕 ⓛconcorde
コンゴレ ⓛcongolais
コンゼルヴェツッカー 独Konservezucker
こんだて 献立 ⓛmenu
コンテ ⓛcomté
コンデこうふうライスケーキ コンデ公風ライスケーキ ⓛriz Condé, 英rice Condé
コンデンスミルク ⓛlait concentré sucré, 独Kondensmilch
コンパウンドバター 独Butter mit Margarine

コンパニョン・デュ・トゥール・ドゥ・フランス ⒧ Compagnon du Tour de France
コンフィズール ⒧ confiseur
コンフィズリー ⒧ confiserie, 英 confectionery, 独 Konfekt
コンフィズリー・ア・ラ・レグリス ⒧ confiserie à la réglisse, confiserie au réglisse
コンフィット 英 comfit
コンフィテュール ⒧ confiture, 独 Konfitüre
コンフィテュール・ド・バール・ル・デュック ⒧ confiture de Bar-le-Duc
コンフィテュール・ド・レ ⒧ confiture de lait
コンポート ⒧ compote, 英 preserve, stew, stewed fruit, 独 Kompott
コンポートざら コンポート皿 ⒧ compotier
コンロ ⒧ réchaud, réchaud à alcool, réchaud d'appoint

さ

サーヴィス ⒧ service
ザーネアイス 独 Sahneeis
ザーネクレーム 独 Sahnekrem
ザーネシュツルツクレーム 独 Sahnesturzkrem
ザーネデセール 独 Sahnedessert
ザーネトルテ 独 Sahnetorte
ザーネフォンダント 独 Sahnefondant
ザーネロレンフォルム 独 Sahnerollenform
サーモスタット ⒧ thermostat
さいかねつする 再加熱する 英 reheat
さいぎょうこする 再凝固する ⒧ reprendre
さいくする 細工する ⒧ façonner
さいくものをつくる 細工物をつくる 独 modellieren
さいくようきじ 細工用生地 英 modelling paste
さいくようチョコレート 細工用チョコレート ⒧ chocolat plastique, 英 modelling chocolate, 独 Plastikschokolade
さいこう 最高 ⒧ maximum
さいころ 賽子 ⒧ cube, 独 Würfel
さいしゅうはっこう 最終発酵 英 final proof
さいしょくする 彩色する ⒧ farder
サイズ ⒧ dimention, grosseur, taille
さいだん 裁断 独 Schneiden
さいだんき 裁断機 独 Schneidemaschine
さいてい 最低 ⒧ minimum
さいにゅうかさせる 再乳化させる ⒧ remonter
さいのめぎり 賽の目切り ⒧ dé
さいのめにきる 賽の目に切る 独 in Würfel schneiden
サイフォン ⒧ siphon
ざいりょう 材料 ⒧ constituant, élément, endaubage, ingrédient, venue, 英 constituent, 独 Material, Stoff, Zutaten
サヴァラン ⒧ savarin
サヴァランがた サヴァラン型 ⒧ moule à savarin, savarin, trois-frères
サヴァランきじ サヴァラン生地 独 Savarinteig
さかさにする 逆さにする ⒧ renverser, retourner
さぎょうだい 作業台 →しごとだい
さく 裂く ⒧ déchiqueter, déchirer, fendre, 英 split
さくか 朔果 ⒧ capsule
さくさくさせる 英 shorten, shortening
さくさくした 英 sandy, short
さくひん 作品 ⒧ composition, pièce
さくらんぼ 桜桃 ⒧ bigarreau, cerise, griotte, guigne, merise, merisier, montmorency, 英 cherry, 独 Kirsche
サクリスタン ⒧ sacristain, 独 Sakristan
ざくろ(のみ) 柘榴(の実) ⒧ grenade
サゴでんぷん サゴ澱粉 ⒧ sagou, sago
さじ 匙 →スプーン
さしこむ 差し込む ⒧ enfoncer, glisser, intercaler, introduire
さしばり 刺し針 ⒧ piquoir
さす 刺す →ピケする

サセックスポンド・プディング 英Sussex pond pudding
サッカリン 独Saccharin
サッカロース →スクロース
さっきん(ほう) 殺菌(法) 仏appertisation, désinfection, pasteurisation, stérilisation, U.H.T., upérisation
さっきんき 殺菌器 仏stérilisateur
さっきんする 殺菌する 仏stériliser, 独entkeimen, keimfrei machen, sterilisieren
ザッハトルテ 独Sacher, Sachertorte
さつまいも 薩摩芋 仏patate douce, 独Süßkartoffel
サティナージュ 仏satinage
さとう 砂糖 仏sucre, [sucre 囲み], 英sugar, 独Zucker
さとういれ 砂糖入れ 独Zuckerdose
さとうがし 砂糖菓子 仏sucrerie
さとうきび 砂糖黍 仏canne à sucre
さとうきびのしぼりじる 砂糖黍の絞り汁 仏vesou
さとうだいこん 砂糖大根 →ビート
さとうづけアンゼリカ 砂糖漬けアンゼリカ 独kandierte Angelika
さとうづけくだもの 砂糖漬け果物 仏fruit confit, 英candied fruits, confection, 独kandierte Früchte
さとうづけにする 砂糖漬けにする 仏candir, confire, 英candy, confect, 独kandieren
さとうづけのかわ〔オレンジなどの〕 砂糖漬けの皮 仏orangeat, 英peel
さとうににする 砂糖煮にする 英preserve
さとうをふる 砂糖を振る 仏sucrer, 英sugar
サバイヨン 仏crème sabayon, zabaione, 独zabaglione
サバイヨングラセ 仏sabayon glacé
サバイヨンソース 独Sabayonsauce
サブラージュ 仏sablage
サプライズプディング →オムレット・ノルヴェジエーヌ

サフラン 仏safran, 英saffron, 独Safran
サフランケーキ 英saffron cake, saffron loaf
サフランローフ 英saffron cake, saffron loaf
サブレ 仏sablé, 英shortbread
サブレ・ア・ラ・コンフィテュール 仏sablé à la confiture
サブレ・ア・ラ・ポッシュ 仏sablé à la poche
サブレ・オランデ 仏sablé hollandais
サブレじょうにする サブレ状にする 仏sabler, 英shorten
サブレ・ナンテ 仏sablé nantais
サブレ・フロランタン 仏sablé florentin
サブレ・ルレ 仏sablé roulé
サボ 仏sabot
サボ・ド・ノエル 仏sabot de Noël
ざぼん 朱欒 仏pamplemousse
サマープディング 英summer fruit pudding, summer pudding
サマーフルーツプディング →サマープディング
さます 冷ます 仏refroidir, 英refrigerate, 独abkühlen (lassen)
さめる 冷める 仏refroidir, 英refrigerate, 独erkalten
サモワール 仏samovar
さや 莢 仏écale, gousse
さら 皿 仏assiette, compotier, coupelle, plat, plateau, ravier, tian, 英tray, 米platter, 独Teller
ざらざらした 仏rugueux, 英lumpy
サラダ 仏salade
サラダバーネット 仏pimprenelle
サラダボウル 仏saladier
サラダゆ サラダ油 独Salatöl
サラド・ド・フリュイ →フルーツサラダ
サラマンダー 仏salamandre, 英salamander
サラマンドル →サラマンダー
ざらめとう ざらめ糖 独Kristallzucker, grober Zucker
サランボ 仏salambô, salammbô
サリーラン 英Sally Lunn
サリュスティアナ 仏salustiana

サルタナ(・レーズン) ⇒スミルナ(・レーズン)
ザルツヴェドラーバウムクーヘン　独 Salzwedler Baumkuchen
ザルツシュタンゲン　独 Salzstangen
ザルツタイク　独 Salzteig
ザルツブルガートルテ　独 Salzburger Torte
ザルツブルガーノッカール　独 Salzburger Nockerl
サルバター　仏[nouvelles M.G.V. 囲み]
サルピコン　仏 salpicon
サルモネラきん　サルモネラ菌　仏 salmonelle
サレ　仏 salée
サレップ　仏 salep
サロン・ド・テ　仏 salon de thé
サワークリーム　仏 crème aigre, 英 sour cream, 独 Sauersahne
サワードゥ　英 sourdough
さんおんとう　三温糖　仏 vergeoise
さんかくカード　三角カード　独 Zackenschaber
さんかくコーム　三角コーム　英 comb scraper
さんかくパレット　三角パレット　仏 triangle, 英 putty knife
さんかする　酸化する　独 oxidieren
サンガプール　仏 singapour
サンギーヌ　仏 sanguine
サンギネロ　仏 sanguinello
ザンクト・ガレナー・ビベルリ　独 St. Gallener Biberli
サングリア　仏 sangria
サンシオ　仏 chanciau, sanciau
さんしゅゆ　山茱萸　仏 cornouille
さんち　産地　仏 cru, origine, provenance
サンデー　英 sundae
サンテミリオン　仏 saint-émilion
サンドウィッチ　英 sandwich
サンドウィッチプレート　英 sandwich plate
ザントクーヘン　独 Sandkuchen
サントノレ　仏 saint-honoré
サントノレようクリーム　サントノレ用クリーム　仏 crème (à) St-Honoré
ザントマッセ　独 Sandmasse
さんねつばん　散熱板　仏 diffuseur
さんぱいする　酸敗する　仏 rancir
サンブカ　sambuca
サンフラワーゆ　サンフラワー油　⇒ひまわりゆ
サンフロランタン　仏 saint-florentin
さんみ　酸味　仏 acidité
さんみをつける　酸味をつける　仏 aciduler, aiguiser, citronner

し

しあがり　仕上がり　仏 résultat, travail
しあげ　仕上げ　仏 exécution, finition, présentation, 独 Feinarbeit
しあげる　仕上げる　仏 compléter, exécuter, finir, terminer, 英 top, 独 fertig machen
しあげをする　仕上げをする　独 garnieren
ジアスターゼ　仏 diastase
シアバター　仏[nouvelles M.G.V. 囲み]
シーズニング　⇒ちょうみりょう
シートケーキ　英 sheet cake
シードケーキ　英 seed cake
シードル　cidre, 独 Apfelwein
シーニュ　cygne
ジールップタイク　独 Siruptyeig
しいん　試飲　仏 dégustation
シェイカー　英 shaker
シェーンブルントルテ　⇒モーツァルトトルテ
ジェジュイト　仏 jésuite
ジェット27／ジェット31　仏 Get27/Get31
ジェネピ　仏 génépi
ジェノアケーキ　英 Genoa cake
ジェノイーズ　仏 génoise, 英 Genoese
ジェノイーズグラセ　英 Genoese glacé
ジェノワーズ　仏 génoise, 英 Genoese, sponge, 独 Wienermasse
ジェノワーズきじ　ジェノワーズ生地　仏

pâte à génoise, Ⓓ Wienermasse

シェフ Ⓕ chef, Ⓓ Chef, Chefin

シェリーしゅ シェリー酒 Ⓕ xérès, Ⓔ sherry

シェル Ⓕ coque, coquille, Ⓔ shell

しお 塩 Ⓕ sel, Ⓓ Salz

しおあじにする 塩味にする Ⓕ saler, Ⓓ salzen

しおあじのタルト 塩味のタルト Ⓕ tarte salée

しおぬきする 塩抜きする Ⓕ dessaler

しおのはな 塩の花 →フルール・ド・セル

しおバターキャラメル 塩バターキャラメル Ⓕ caramel au beurre salé

しおみず 塩水 Ⓕ saumure

しおもみする 塩揉みする Ⓕ dégorger

じかせいの 自家製の Ⓕ maison

シガレット Ⓕ cigarette, Ⓓ Röllchen

シガレットきじ シガレット生地 Ⓕ pâte à cigarettes

じき 磁器 Ⓕ porcelaine

しきこみきじ 敷き込み生地 Ⓕ pâte brisée, pâte à foncer, Ⓔ pie pastry, savo(u)ry pie pastry〔塩味〕

しきこむ 敷き込む Ⓕ chemiser, foncer, tapisser, Ⓔ clothe, line, Ⓓ legen

しきそ 色素 Ⓕ colo(u)ring, Ⓓ Farbstoff, Lebensmittelfarbe, Lebensmittelfarbstoff

しきちょう 色調 Ⓕ teinte, Ⓓ Farbton

しく 敷く →しきこむ

シク Ⓕ chique

シクテする Ⓕ chiqueter, Ⓔ crimp, Ⓓ auszacken

しげきぶつ 刺激物 Ⓕ excitant

しごとだい 仕事台 Ⓕ planche à pâtisserie, plan de travail, table de travail, tour, tour ordinaire, tour pâtissier, Ⓓ Arbeitstisch, Küchentisch

しこみ〔生地の〕 仕込み Ⓓ Teigbereitung

シシフルジ Ⓕ chichi, chichifregi

ししゅんせつ 四旬節 Ⓕ carême

ししょく 試食 Ⓕ dégustation

ししょくする 試食する Ⓕ kosten, schmecken

シズレ →みじんぎりにする, せんぎりにする

しだしや 仕出し屋 →ケータリング

したたる 滴る Ⓔ drop

したび 下火 Ⓓ Unterhitze

シチュー Ⓔ stew

シチューなべ シチュー鍋 Ⓔ skillet

しつおんにする 室温にする Ⓕ chambrer

しっけ 湿気 Ⓓ Feuchtigkeit

しつど 湿度 Ⓕ hygrométrie

しつどけい 湿度計 Ⓕ hygromètre, Ⓓ Feuchtigkeitsmesser, Hygrometer

シトルイヤ Ⓕ citrouillat

シトルイユ Ⓕ citrouille

シトロネル Ⓕ citronnelle, eau de Barbades

シトロン Ⓕ cédrat, Ⓓ Zitronat

シトロンプレセ Ⓕ citron pressé

シナモン Ⓕ cannelle, Ⓔ cinnamon, Ⓓ Zimt

じねんじょ 自然薯 Ⓕ igname

シノワ Ⓕ chinois, passe-sauce, Ⓔ conical strainer

シノワコンフィ Ⓕ chinois confit

ジバシエ Ⓕ gibassié, gibassier

シブスト Ⓕ Chiboust

しぼむ 萎む Ⓕ affaisser, retomber, tomber

しぼりクッキー 絞りクッキー Ⓕ sablé à la poche, Ⓓ Spritzgebäck, Spritz-Sandgebäck

しぼりクッキーようきじ 絞りクッキー用生地 Ⓓ Spritzmürbeteig

しぼりジャム 絞りジャム Ⓓ Spritzkonfitüre

しぼりだしき 絞り出し器 Ⓕ seringue

しぼりだす〔口金を使って〕 絞り出す Ⓕ coucher, dresser, plaquer, Ⓔ pipe, squeeze, Ⓓ auspressen, dressieren

しぼりぶくろ 絞り袋 Ⓕ cornet, poche, Ⓔ bag, piping bag, savoy bag, Ⓓ Dressierbeutel, Dressiersack, Spritzbeutel

しぼりようチョコレート 絞り用チョコレート [独] Schokoladen Spritzguss
しぼりようマジパン 絞り用マジパン [独] Spritzmarzipan
しぼる〔果汁などを〕 絞る [仏] exprimer, presser, [英] squeeze, [独] abpressen, drücken, spritzen
しまもよう 縞模様 [仏] rayure
しみ 染み [仏] repousse, tache
しみこむ 染み込む [仏] imbiber, imprégner, pénétrer
しみだす 染み出す [仏] suinter
シムネルケーキ [英] Simnel cake
しめった 湿った [仏] mouillé, [英] moist, soggy
しめらす 湿らす [仏] humecter, humidifier, imbiber, mouiller, [英] dampen, moisten, [独] nass machen, tränken
シャーベット [仏] glace, granité, sorbet, [英] [米] sherbet, water ice, [独] Sorbett
シャーベットパウダー [英] sherbet powder
じゃがいも じゃが芋 [仏] pomme de terre, [独] Erdapfel, Kartoffel
じゃがいものでんぷん じゃが芋の澱粉 [仏] farine de pommes de terre, fécule, fécule de pommes de terre, [英] farina, [独] Kartoffelmehl
ジャガリ [英] jaggery
じゃぐち 蛇口 [独] Wasserhahn
ジャスミン [仏] jasmin
シャスラ [仏] chasselas
ジャックフルーツ [仏] jaque
シャッフハオザー・ツンゲン [独] Schaffhauser Zungen
シャッフハオザー・ロシセリ [独] Schaffhauser Rossiseli
シャテーニュ [仏] châtaigne, [英] chestnut
シャトー [仏] château
しゃにくさい 謝肉祭 ⇨カーニヴァル
シャブロンがた シャブロン型 [仏] chablon, [独] Schablone
ジャポニカまい ジャポニカ米 [仏]［riz 囲み］
ジャポネ [仏] japonais
ジャポネーズ [仏] japonaise
ジャポネきじ ジャポネ生地 [仏] japonais, [独] Japonaismasse
ジャポネマッセ ⇨ジャポネきじ
ジャマイカこしょう ジャマイカ胡椒 ⇨オールスパイス
ジャム [仏] confiture, [英] jam, preserves, [独] Konfitüre
ジャムいりオムレツ ジャム入りオムレツ [仏] omelette à la confiture
ジャムいれ ジャム入れ [仏] confiturier
シャムティしゅ シャムティ種 [仏] shamouti
ジャムようさとう ジャム用砂糖 [仏]［sucre 囲み］
しゃもじ 杓文字 ⇨スパテュール[1 2 3]
シャリュモ [仏] chalumeau
シャルヴァ ⇨アルヴァ
シャルキュトリー [仏] charcuterie, [独] Delikatesse
ジャルジー [仏] jalousie
シャルトルーズ [仏] chartreuse
シャルトルーズ・オ・ポム [仏] chartreuse aux pommes
シャルロット [仏] charlotte
シャルロット・オ・ポム [仏] charlotte aux pommes
シャルロット・オ・ポワール [仏] charlotte aux poires
シャルロットがた シャルロット型 [仏] moule à charlotte
シャルロットグラセ [仏] charlotte glacée
シャンクル [仏] schenkele, schenkla
ジャンケット [英] junket
シャンツァイ 香菜 ⇨コリアンダー
シャンティイ [仏] chantilly, crème Chantilly, [英] chantilly cream
シャンティリー ⇨シャンティイ
ジャンドゥヤ [仏] duja, gianduja, [独] Giandujamasse

シャンドルール [仏] chandeleur
シャンパーニュグラセ [仏] champagne glacé
シャンパン [仏] champagne, brut, [独] Champagner
シャンピニ [仏] champigny
シャンピニオン [仏] champignon
ジャンブレット [仏] gimblette
ジャンル [仏] genre
シュー [仏] chou, profiterole
シュヴァーン [独] Schwan
シュヴァッハー・ファーデン [独] schwacher Faden
シュヴァッハー・フルーク [独] schwacher Flug
シュヴァルツヴェルダー・キルシュトルテ [仏] gâteau de la Forêt-Noire, [独] Schwarzwälder-Kirschtorte
シュヴェーレマッセ [独] Schweremasse
しゅうかくさい 収穫祭 [独] Erntedankfest
シューきじ シュー生地 [仏] pâte à choux, pâte à choux d'office〔塩味〕, [米] cream puff paste, [独] Brandmasse, Brühmasse, Windbeutelmasse
シュークリーム [仏] chou à la crème, chou Chantilly, [英] cream bun, cream puff, [米] puff, [独] Windbeutel, Windbeutel mit Krem
シューグリエ [仏] chou grillé
ジューサー [仏] centrifugeuse, [独] Fruchtpresse
ジューシーな [仏] juteux
じゅうしゅせきさんカリウム 重酒石酸カリウム ⇒クリームタータ
ジュース [仏] jus, [独] Saft
ジュースタイク [独] Süßteig
しゅうせいする 修正する [仏] rectifier, remonter, réparer
じゅうそう 重曹 [仏] bicarbonate de soude, [英] bicarbonate, [独] doppelkohlensaures Natrium, Natriumbikarbonat
じゅうたんさんソーダ 重炭酸ソーダ ⇒じゅうそう
じゅうたんさんナトリウム 重炭酸ナトリウム [英] sodium bicarbonate
じゅうてんき 充填機 ⇒デポジッター
ジュービリーチェリーズ [英] jubilee cherries
じゅうぶんな 十分な [仏] bon, suffisant
シュヴリエまめ シュヴリエ豆 [仏] chevrier d'Arpajon
シュエドワーズ [仏] suédoise
シュガー ⇒さとう
シュガーバン [米] sugar bun
シュガープラム [英] sugar plum
シュガーブルーム ⇒ブルーム
シュガーペースト [仏] pastillage, [英] sugar paste
シュガーポット [独] Zuckerdose
しゅぎょう 修業 [独] Studium
しゅくさいじつ 祝祭日 [独] Feiertag
じゅくした 熟した [仏] mûr
シュクセ [仏] succès
じゅくせい 熟成 [仏] maturation, maturité
じゅくせいさぎょう 熟成作業 [英] ripening
じゅくせいさせる 熟成させる [仏] maturer
シュクセきじ シュクセ生地 [仏] pâte à progrès, pâte à succès
シュク・ド・レグリス [仏] suc de réglisse
シュクラン [仏] sucrin
シュクル・アプリケ [仏][sucre d'art 囲み]
シュクル・ア・ラ・クレーム [仏] sucre à la crème
シュクル・ア・ラ・フィセル ⇒こおりざとう
シュクル・ヴァニリネ [仏][sucre 囲み]
シュクル・ヴワレ [仏] [sucre d'art 囲み], [英] spun sugar, [独] Spinnzucker
シュクル・クレ [仏] sucre coulé
シュクル・スフレ [仏] [sucre d'art 囲み], [英] blown sugar
シュクル・ティレ [仏] [sucre d'art 囲み], [英] pulled sugar, [独] Gezogener Zucker
シュクル・トゥルネ [仏][sucre d'art 囲み]
シュクル・トール [仏] sucre tors
シュクル・ド・トゥール [仏] sucre de Tours
シュクル・ド・ポム [仏] sucre de pomme
シュクル・ド・リュクス [仏][sucre 囲み]
シュクル・ドルジュ・ド・ヴィシー [仏] sucre

シュクル・ドルジュ・ド・モレ (仏) sucre d'orge de Moret
シュクル・フィレ (仏)［sucre d'art 囲み］, (英) spun sugar
シュクル・マセ (仏)［sucre d'art 囲み］
シュクル・ムレ (仏)［sucre d'art 囲み］
シュクル・ロシェ (仏)［sucre d'art 囲み］, (英) rock sugar, (独) Felsenzucker
シュケット (仏) chouquette
シュシェン (仏) chouchen
しゅすしあげ　繻子仕上げ　(仏) satinage
しゅせいきょうかワイン　酒精強化ワイン　(仏) vin muté, vin viné
しゅせきさん　酒石酸　(仏) acide tartrique, (英) tartaric acid
しゅせきさんすいそカリウム　酒石酸水素カリウム　→クリームタータ
シュゼット (仏) sucette
シュゼット (仏) Suzette
シュゼットがた　シュゼット型　(仏)［moule à glaces 囲み］
シュゼットグラセ (仏) sucette glacée
シュタオプツッカービュクセ (独) Staubzuckerbüchse
シュタルカーファーデン (独) starker Faden
シュタルカーフルーク (独) starker Flug
シュツルーデル (仏) strudel, (独) Strudel
シュテッティナー・バウムクーヘン (独) Stettiner Baumkuchen
シュトーレン (独) Stollen
シュトーレンきじ　シュトーレン生地　(独) Stollenteig
シュトルヒェンネスター (独) Storchennester
シュトロイゼルきじ　シュトロイゼル生地　→クランブル
シュトロイゼルクーヘン (独) Streuselkuchen
シュトロイゼルフラン (独) streusel flan
シュナップス (仏) schnaps
シュニッツブロート (独) Schnitzbrot
シュネーク (仏) schneck
シュネークレーム (独) Schneekrem
シュネーバレン (独) Schneeballen
シュパニッシェ・ヴァニレトルテ (独) Spanische Vanilletorte
シュピースクーヘン (独) Spießkuchen
シュピースクラップフェン (独) Spießkrapfen
シュピッツクーヘン (独) Spitzkuchen
シュピラーレ (独) Spirale
シュブリック (仏) subric
シュプリッツクーヘン (独) Spritzkuchen
シュプリッツゲベック (独) Spritzgebäck
シュプリッツミュルベタイク (独) Spritzmürbeteig
シュプリンゲルレ (独) Springerle
シュペクラティウス (独) Spekulatius
シュメルツツッカー (独) Schmelzzucker
シュラークザーネ (独) Schlagsahne
ジュリエーヌ (仏) julienne
シュルーズベリーケーキ (英) Shrewsbury cake
シュルツクーヘン (独) Schürzkuchen
ジュレ (仏) gelée, (英) jelly, (独) Gelee
ジュレ・デセール (仏) gelée bavaroise, gelée dessert
ジュレ・ド・フリュイ (仏) gelée de fruits
ジュレ・バヴァロワーズ →ジュレ・デセール
じゅんび　準備　(仏) préparation, (独) Präparation
じゅんびする　準備する　(仏) préparer, prévoir, (独) präparieren
じゅんびひん　準備品　(仏) préparation
しょうか　消化　(仏) digestion
しょうか　漿果　(仏) baie
しょうが　生姜　(仏) gingembre, (独) Ingwer
しょうかがわるい　消化が悪い　(仏) indigeste
しょうかする　消化する　(仏) digérer
じょうき　蒸気　(英) steam, (独) Dampf
じょうきあな　蒸気穴　(仏) cheminée
じょうご　漏斗　(仏) entonnoir, (独) Trichter
じょうしつこむぎこ　上質小麦粉　(仏)［farine 囲み］
しょうせいおんど　焼成温度　(独) Backtemperatur

しょうせき　硝石　Ⓕ nitre
しょうせっかい　生石灰　Ⓕ quicklime
しょうどく　消毒　Ⓕ désinfection, stérilisation, ⒹDesinfektion, Desinfizierung
しょうどくき　消毒器　Ⓕ stérilisateur
しょうどくする　消毒する　Ⓕ désinfecter, stériliser, ⒹDesinfizieren
じょうはつ　蒸発　Ⓕ évaporation
じょうはつする(じょうはつさせる)　蒸発する（蒸発させる）Ⓕ dessécher, évaporer, ⒺEvaporate
しょうひきげん　消費期限　Ⓕ D.L.C. (date limite de conservation, date limite de consommation)
しょうひん　商品　ⒹWare
しょうひんみほん　商品見本　Ⓓ Attrappe
じょうぶな　丈夫な　Ⓕ solide
しょうみきげん　賞味期限　Ⓕ D.L.U.O. (date limite d'utilisation optimale), ⒹHaltbarkeitsdauer
しょうみじゅうりょう　正味重量　ⒹFüllgewicht, Nettogewicht
じょうりゅう　蒸留　Ⓕ distillation
じょうりゅうしゅ　蒸留酒　Ⓕ alcool, eau-de-vie, ⒺBrandy, spirit
じょうりゅうじょ　蒸留所　Ⓕ distillerie
じょうりゅうする　蒸留する　Ⓕ distiller
しょうりょう¹　少量　Ⓕ soupçon
しょうりょう²〔液体〕　少量　Ⓕ larme
ショーウインドー　ⒹVitrine
ショーケース　ⒹVitrine
ショートケーキ　Ⓔ shortcake
ショートニング　Ⓕ produit blanc, Ⓔ compound fat, shortening, ⒹHartfett
ショートブレッド　Ⓕ sablé, Ⓔ Scottish shortbread, shortbread
ショートブレッドビスケット　Ⓔ shortbread biscuit
ショートブレッドフィンガー　Ⓔ shortbread finger
ショートペストリー　Ⓕ pâte brisée, pâte sablée, Ⓔ short pastry

ショカール　Ⓕ chocart
しょくごしゅ　食後酒　Ⓕ digestif, pousse-café
しょくじ　食事　Ⓕ croûte, déjeuner, repas, réveillon, ⒹEssen
しょくじりょうほう　食餌療法　→ダイエット
しょくぜんしゅ　食前酒　Ⓕ apéritif
しょくつう　食通　Ⓕ gourmet
しょくパン　食パン　Ⓕ pain de mie
しょくひん　食品　→しょくりょうひん
しょくひんてんかぶつ　食品添加物　Ⓕ additif alimentaire
しょくぶつせいゆし　植物性油脂　Ⓕ matière grasse d'origine végétale, végétaline, M.G.V.
しょくもつ　食物　Ⓕ aliment, ⒹErnährung, Essen, Nahrung
しょくようあぶら　食用油　Ⓕ huile
しょくようがやつりぐさ　食用がやつり草　Ⓕ souchet
しょくよく　食欲　Ⓕ appétit, goût
しょくりょうひん　食料品　Ⓕ denrée, épicerie, ⒹLebensmittel, Nahrungsmittel
しょくりょうひんてん　食料品店　Ⓕ épicerie
ショコラ　Ⓕ chocolat, Ⓔ chocolatez, ⒹSchokolade
ショコラーデン・フェッヒャートルテ　ⒹSchokoladen-Fächertorte
ショコラ・アメール　Ⓕ[chocolat 囲み]
ショコラ・オ・レ　Ⓕ[chocolat 囲み]
ショコラグラセ　Ⓕ chocolat glacé
ショコラティエ　Ⓕ chocolatier
ショコラトリー　Ⓕ chocolaterie
ショコラフォンダン　→フォンダンチョコレート
ショコラブラン　Ⓕ[chocolat 囲み]
ショソン　Ⓕ chausson, Ⓔturnover
ショソン・オ・ポンム　Ⓕ chausson aux pommes, Ⓔapple turnover, ⒹApfeltaschen
しょっき　食器　Ⓕ platerie
ジョッキ　Ⓕ bock
しょっきぐいっしき　食器具一式　Ⓕcouvert,

service de table, vaisselle, 英 setting
しょっきるい　食器類　仏 vaisselle
ショッギレッカリー　独 Schoggi-Leckerli
しょっぱい　独 salzig
しょとう　蔗糖　仏 saccharose
ショフロワ　仏 chaud-froid
しょりされた　処理された　仏 traité
ジョルジェット　仏 Georgette
ジョワンヴィル　仏 Joinville
シラーロッケン　独 Schillerlocken
シラバブ　英 syllabub
シリコン　仏 silicone
シリコンシート　独 Backpapier
シリンジ　仏 syringe
しる　汁　仏 jus, suc
しるしをつける　印をつける　仏 repérer
シルパット　仏 Silpat
シルパン　仏 Silpan
シルフォーム　仏 Silform
しろかび　白黴　仏 fleur
しろくする　白くする　仏 blanchir, 英 blanch
しろざとう　白砂糖　英 white sugar
しろざらとう　白双糖　→グラニューとう
シロップ　仏 sirop, 英 syrup, 独 Sirup
シロップにひたす　シロップに浸す　仏 siroper, siroter
シロップをくわえる　シロップを加える　仏 siroper, siroter
しろパンがた　白パン型　仏 moule à pain de mie
しろパンようきじ　白パン用生地　仏 pâte à pain de mie
しろふさすぐり　白房酸塊　独 weiße Johannisbeere
しろぶどう　白葡萄　仏 raisin blanc
しろワイン　白ワイン　仏 blanc, vin blanc, 独 Weißwein
しん　芯　仏 cœur, noyau, 英 core
ジン　英 gin
シンク　仏 évier, 独 Abwaschbecken, Spülbecken
シンケンヘルンヒェン　独 Schinkenhörnchen
じんこうこうりょう　人工香料　仏 vanilline, 独 künstliche Essenz
ジンジャー　仏 gingembre, 独 Ingwer
ジンジャーエール　英 ginger ale
ジンジャーケーキ　英 ginger cake
ジンジャースナップ　英 ginger snap
ジンジャービール　英 ginger beer
ジンジャープディング　英 ginger pudding
ジンジャーブレッド　英 gingerbread
しんしゅくパイカッター　伸縮パイカッター　仏 roulette multicoupe
しんしょくぶつせいゆし　新植物性油脂　仏 [nouvelles M.G.V. 囲み]
しんせんな　新鮮な　仏 frais, 独 frisch
じんぞうあぶら　腎臓脂　英 suet
しんとりき　芯取り器　仏 colonne, dénoyauteur, moule à colonne, 英 stoner
しんぬきき　芯抜き器　仏 vide-pomme, 独 Apfelkernentferner
しんをとる　芯をとる　仏 dénoyauter, épépiner, évider, 英 core, 独 entkernen

━━━ す ━━━

す　酢　仏 vinaigre, 独 Essig
スイーツ　→かんみ
スイート　英 米 sweet
スイートアーモンド　仏 amande douce
スイートコーン　仏 blé de Turquie, blé turc, maïs sucré
スイートチョコレート　仏 [chocolat 囲み]
スイートパイペストリー　英 sweet pie pastry
スイートペストリー　仏 pâte sucrée, 英 sweet (short) pastry, 米 sweet pie pastry
スイートライム　仏 limette
スィーニュ　仏 cygne
すいか　西瓜　仏 melon d'eau, pastèque, 独 Wassermelone
スイス〔地方菓子〕　仏 suisse
スイスメレンゲ　仏 meringue suisse, meringue sur le feu

スイスロール ⇒ロールケーキ
すいちょくに 垂直に [仏] verticalement
すいどうすい 水道水 [仏] château la pompe, ［eau 囲み］
すいぶんをくわえる 水分を加える [仏] hydrater, mouiller
すいぶんをとる 水分をとる [仏] dessécher, égoutter, éponger, [英] desiccate, evaporate
すいへいに 水平に [仏] transversalement
スーション [英] souchong
スープ [仏] soupe, [独] Suppe
スープ・オ・フリュイ [仏] soupe aux fruits
スープ・ドレ ⇒フレンチトースト
スープ・ドレ・オ・ポンム [仏] soupe dorée aux pommes
スールマカロン ⇒マカロン・ド・ナンシー
スエット〔脂肪〕 [英] suet
スエットプディング [英] suet pudding
スカラップ [仏] feston, [英] scallop
スカラップじょうにきる スカラップ状に切る [仏] denteler, festonner, [英] scallop
スカンジナヴィアふうワッフル スカンジナヴィア風ワッフル [英] Scandinavian style waffle
スキマー [仏] écumoire [英] skimmer, [独] Schaumlöffel, Siebkelle
スキムミルク ⇒だっしにゅう
スキムミルクパウダー ⇒だっしふんにゅう
スキンマー ⇒スキマー
スクエア [仏] carré, [英] square
すくない 少ない [独] wenig
すぐり 酸塊 [仏] cassis, groseille, groseille à maquereau, [英] black currant, gooseberry, red currant, [独] Johannisbeere, Schwarze Johannisbeere, Stachelbeere, weiß Johannisbeere
スクレイパー ⇒スケッパー
スクロース [仏] saccharose
スケッパー [仏] corne, coupe-pâte, raclette, [英] scraper, [独] Horn, Teigschaber
スコーン [英] scone
スコーンカッター [英] scone cutter
スコッチバップ [英] Scotch bap, Scottish bap
スコッチバン [英] Scotch bun
スコッチパンケーキ [英] Scottish drop scone
スコッチブラックバン [英] Scotch black bun
スコッチミスト [英] Scotch mist
スコットランドふうフイユタージュ スコットランド風フイユタージュ [仏] ［feuilletage 囲み］
スコップ [仏] pelle, [英] scoop
スコティッシュショートブレッド [英] Scottish shortbread
すじ 筋 [仏] cannelure, fil, filament, raie, rainure, rayon, rayure, sillon, strie
スジェ [仏] sujet
すじつけナイフ 筋つけナイフ [仏] canneleur
すじをつける 筋をつける [仏] canneler, hachurer, rayer, strier, tracer, [英] flute, [独] riefen
すすぐ 濯ぐ [仏] rincer, [独] spülen
すずメッキ 錫メッキ [仏] étamage
スターアニス [仏] anis étoilé, badiane
スターター ⇒はっこうスターター
スターチ [仏] amidon, fécule, [英] starch
スターフルーツ ⇒ごれんし
スタウト [英] stout
スタニスラス [仏] Stanislas
すっぱい 酸っぱい [仏] acidulé, aigre, [英] tart, [独] sauer
ズッパイングレーゼ [仏] zuppa inglese
ズッペンマクローネ [独] Suppenmakrone
スティッキートフィプディング [英] sticky toffee pudding
ステファン [仏] stéphan, [独] Stephan
ステンシル [仏] pochoir, [英] stencil
ステンレス [仏] acier inoxydable
ストック ⇒ちょぞう
ストックシロップ [英] stock syrup
ストライプ ⇒しまもよう
ストループワッフル [英] stroopwafel, syrup waffle

ストレナ　仏 strenna
ストロー　仏 chalumeau
スナックバー　仏 snack-bar
スナップ　英 snap
すなどけい　砂時計　仏 sablier
スノー(スタイル)　仏 collerette
すのこ　簀の子　仏 claie
スパークリングワイン　仏 mousseux
スパイス　仏 aromate, épice, 英 spice, 独 Gewürz, Würze
スパテュール¹　仏 spatule, 英 spatula, 独 Spachtel
スパテュール²〔ゴム製，シリコン製〕　仏 spatule en caoutchouc, spatule en silicone
スパテュール³〔木製〕　仏 spatule en bois
スパニッシュヴァニラトルテ　独 Spanische Vanilletorte
スピリット　仏 alcool, 英 spirit, 独 Geist
スプーム　仏 spoom
スプーン　仏 cuiller, cuillère, 英 spoon, 独 Löffel
スプーンいっぱい〔量〕　スプーン1杯　仏 cuillerée
スフラージュ　仏 soufflage, soufrage
スプリット　英 split
スフレ　仏 soufflé, 独 Auflauf
スプレー　仏 atomiseur, pistolet, pulvérisateur, vaporisateur, 独 Zerstäuber
スプレーガン　仏 pistolet, 独 Spritzpistole
スプレーする　仏 pulvériser, vaporiser, 独 sprühen, zerstäuben
スプレーチョコレート　仏 vermicelle (de chocolat), [chocolat囲み], 独 Schokoladenstreusel
スフレオムレツ　仏 omelette soufflée
スフレがた　スフレ型　仏 moule à soufflé, soufflé dish, 米 soufflé dish
スフレグラセ　仏 soufflé glacé, 独 Eisauflauf
スプレッド　仏 pâte à tartiner, 英 spread
スプレットバター　仏[beurre 囲み]
スフレロトシルト　仏 soufflé Rothschild
スフレようたね　スフレ用種　仏 pâte à soufflé

スペアミント　仏 menthe douce, menthe verte
スペインまい　スペイン米　仏[riz 囲み]
スペキュロス　仏 spéculos
スペシャリテ　仏 spécialité, 英 specialty, 独 Spezialgerich
スペルトこむぎ　スペルト小麦　仏 épeautre
スポテッドディック　英 spotted Dick
スポテッドプディング　英 spotted pudding
スポンジ〔製菓〕　仏 biscuit, génoise, 英 Genoese, sponge, 独 Sandmasse, Wienermasse
スポンジガトー　仏 sponge gâteau
スポンジきじ　スポンジ生地　仏 pâte à biscuits, pâte à génoise, 英 sponge mixture, 独 Biskuitmasse, Leichtmasse
スポンジケーキ　仏 génoise, 英 sponge cake, 米 sponge
スポンジサンドウィッチ　英 sponge sandwich
スポンジドロップ　英 sponge drop
スポンジバー　英 sponge bar
スポンジプティング　英 sponge pudding
スポンジブリック　英 sponge brick
すましバター　澄ましバター　仏[beurre 囲み]
すませる　澄ませる　仏 clarifier, 英 clarify, 独 klären
スミルナ(・レーズン)　仏 raisin blond, sultanine, [raisin sec 囲み], 英 sultana, 独 Sultanine
すみれ　菫　仏 violette
スムージー　英 smoothy
スムール　仏 semoule, 英 semolina, 独 Grieß
スムールジョーヌ　仏 semoule jaune
スムールドリ　仏 semoule de riz
スムールブランシュ　仏 semoule blanche
スモック　仏 tablier
すもも　李　仏 icaque, mirabelle, prune, prune d'Agen, prune perdrigon, prune

d'ente, quetsche, quetsche d'Alsace, reine-claude, 英 damson, greengage, plum, 独 Pflaume

スライサー 仏 trancheuse, 独 Abschneidemaschine

スライス 仏 lame, lamelle, tranche, 英 slice

スライスアーモンド 仏 amande effilée

スラブケーキ 英 slab cake

スリ 仏 souris

すりあわせる 擦り合わせる 英 rub

スリーズ 仏 cerise, 英 cherry

スリーズアングレーズ 仏 cerise anglaise

すりおろす 擦り下ろす 仏 râper, 英 grate

すりきりの 仏 ras

すりこぎ 擂り粉木 仏 pilon

すりこみいた 擦り込み板 仏 chablon, pochoir, 英 stencil, 独 Drehsheibe, Schablone

すりこむ〔生地を〕 擦り込む 仏 chablonner, 独 aufstreichen

スリゼット 仏 cerisette

すりつぶす 仏 égruger, piler, 英 grind

スリナムまい スリナム米 仏[riz 囲み]

すりまぜほう 擦り混ぜ法 英 rub-in method

スリランカさんこうちゃ スリランカ産紅茶 仏 uva highlands

すんだ 澄んだ 仏 limpide, pur

ずんどうなべ 寸胴鍋 仏 marmite

せ

セアペ 仏 C.A.P.

せいかこうじょう 製菓工場 独 Konditorei

せいかにん 製菓人 →パティシエ

せいかようこむぎこ 製菓用小麦粉 仏 farine pâtissière

せいかようだい 製菓用台 仏 planche à pâtisserie

せいけい 成形 仏 modelage

せいけいする 成形する 仏 façonner, former, modeler, tourner, 独 aufarbeiten, formen, formieren

せいけつな 清潔な 仏 sauber

せいさく 製作 仏 fabrication, façon, façonnage

せいじゅく 成熟 →じゅくせい

せいしょくようぶどう 生食用葡萄 仏 raisin de table

せいせい 精製 仏 raffinage

せいせいする 精製する 仏 épurer

せいせいとう 精製糖 仏[sucre 囲み]

せいたいはいりょう 聖体拝領 仏 communion, 独 Kommunion

せいちょうする 清澄する 仏 coller

せいとうぎょう 製糖業 仏 sucrerie

せいにゅう 生乳 仏[lait 囲み]

せいはくまい 精白米 仏[riz 囲み]

せいひん 製品 仏 produit, réalisation, 独 Erzeugnis

せいひんきかく 製品規格 仏 norme de produit

せいぶん 成分 仏 principe

せいほうけい 正方形 仏 carré, 英 square, 独 Viereck

せいぼマリアおきよめのしゅくじつ 聖母マリアお清めの祝日 仏 chandeleur

せいぼマリアひしょうてんのしゅくじつ 聖母マリア被昇天の祝日 独 Mariä Himmelfahrt

せいゆ 精油 独 ätherisches Öl

せいようあぶらな 西洋油菜 仏 colza

せいようかぼちゃ 西洋南瓜 仏 citrouille, potiron

せいようかりん 西洋花梨 仏 nèfle

せいようさんざし 西洋山査子 仏 aubépine, azerole

せいようすぐり 西洋酸塊 →グースベリー

せいようはしばみ 西洋榛 仏 aveline

せいようめぎ 西洋目木 仏 épine-vinette

せいれん 精錬 仏 conchage

セイロンティー 仏 thé de Ceylan

セウペ 仏 C.E.P.

ゼーザムクーヘン 独 Sesamkuchen

セージ ⓁⒶ sauge, ⒼⒺ Salbei
セーシュ ⓁⒶ sèche
セーベーエス ⓁⒶ C.B.S.
せきがいせんランプ 赤外線ランプ ⒼⒺ Infrarotlampe
セシ セ氏 ⓁⒶ Celsius, degré Celsius
ゼスター ⓁⒶ épluche-légume, pèle-pomme, zesteur, ⒺⓃ peeler, ⒼⒺ Zestenschneider
ゼスト ⒺⓃ zest
せっか 石果 ⓁⒶ drupe
せっかい 石灰 ⓁⒶ chaux, ⒺⓃ quicklime
せっこうのかた 石膏の型 ⒺⓃ plaster mo(u)ld
セッティング ⓁⒶ enfournement, ⒺⓃ setting
セット ⓁⒶ batterie, série, service, tête à tête, ⒺⓃ set
セドラ ⓁⒶ cédrat, ⒼⒺ Zitronat
ぜにあおい 銭葵 →モーヴ
ゼフィール ⓁⒶ zéphyr
セミ・スイート・チョコレート ⓁⒶ chocolat amer
セモリナ ⓁⒶ semoule, ⒺⓃ semolina, ⒼⒺ Grieß
ゼラチン ⓁⒶ colle, gélatine, ⒺⓃ gelatine
ゼラチンをくわえる ゼラチンを加える ⓁⒶ gélatiner, coller
ゼリー ⓁⒶ gelée, pâte de fruits, ⒺⓃ jelly, ⒼⒺ Gelee
セルヴィス ⓁⒶ service
セルカークバノック ⒺⓃ Selkirk bannock
セルクル ⓁⒶ cercle, ⒺⓃ cake hoop, circle, ring
セルクルがた セルクル型 ⓁⒶ cercle, ⒺⓃ cake hoop, circle, flan ring, ring, ⓐ circle, ⒼⒺ Kreis, Ring, Ringform, Springform
セルクルフルール ⓁⒶ cercle-fleur
セルツァすい セルツァ水 →ゼルテル
ゼルテル ⓁⒶ Seltz
セルノー ⓁⒶ cerneau
セルパンケルシノワ →パスティスケルシノワ
セルフサーヴィス ⓁⒶ libre-service
セルロイド ⓁⒶ celluloïd
セルロース ⓁⒶ cellulose

ゼレス ⓁⒶ xérès, ⒺⓃ sherry
セロファン ⓁⒶ cellophane
セロリ ⓁⒶ céleri
せん 栓 ⓁⒶ bouchon
せんい 繊維 ⓁⒶ fibre, fil, filament, ⒼⒺ filament
せんぎり 千切り ⓁⒶ julienne
せんぎりにする 千切りにする ⓁⒶ ciseler
せんさいな 繊細な ⓁⒶ subtil
ぜんしにゅう 全脂乳 ⓁⒶ [lait 囲み], ⒼⒺ Vollmilch
ぜんしふんにゅう 全脂粉乳 ⓁⒶ Vollmilchpulver
センター¹〔中心〕 ⓁⒶ centre, ⒺⓃ centre, ⓐ center
センター²〔チョコレートの〕 ⓁⒶ intérieur, ⒺⓃ centre, ⓐ center
センター³〔プラリネの〕 ⒼⒺ Korpus
センターピース ⒺⓃ centrepiece
せんぬき¹〔コルク用〕 栓抜き ⓁⒶ tire-bouchon, ⒼⒺ Korkenzieher, Korkzieher
せんぬき²〔瓶用〕 栓抜き ⒼⒺ Flaschnöffner
せんぷうき 扇風機 ⓁⒶ ventilateur
ゼンメル ⒼⒺ Semmel
せんもんか 専門家 ⓁⒶ professionnel
ぜんらん 全卵 ⒼⒺ Vollei
ぜんりゅうこ 全粒粉 ⓁⒶ [farine 囲み], ⒼⒺ Schrot, Vollkornmehl
ぜんりゅうこパン 全粒粉パン ⓁⒶ pain complet
ぜんりゅうふん 全粒粉 →ぜんりゅうこ
せんれい 洗礼 ⓁⒶ baptême
せんをする 栓をする ⓁⒶ boucher
せんをぬく 栓を抜く ⓁⒶ déboucher, décalotter

そ

そう 層 ⓁⒶ couche, ⒺⓃ layer
そうか 痩果 ⓁⒶ akène
ソーサー ⒼⒺ Teller
ソース ⓁⒶ sauce, ⒼⒺ Soße

ソース・ア・ラ・ヴァニーユ　⊕sauce à la vanille
ソース・アングレーズ　→カスタードソース
ソースいれ　ソース入れ　→ソースポット
ソース・オ・カラメル　→カラメルソース
ソース・オ・ショコラ　→チョコレートソース
ソース・ド・デセール　→デザートようソース
ソース・フリュイ　→フルーツソース
ソースポット　⊕saucière, 英sauce boat
ソースをかける　⊕saucer, 英sauce
ソーセージ　⊕boudin, 独Wurst
ソーセージいりパン　ソーセージ入りパン　独Wurstbrötchen
ソーダ　⊕soda, 独Soda
ソーダすい　ソーダ水　→たんさんすい
ソーダブレッド　英soda bread
そくせいほうフイユタージュ　速成法フイユタージュ　⊕[feuilletage 囲み], 独Blitzblätterteig, Holländischer Blätterteig
そくせきの　即席の　⊕rapide
そくせきパイきじ　即席パイ生地　⊕[feuilletage 囲み], 独Blitzblätterteig, Holländischer Blätterteig
そくど　速度　⊕vitesse
そくめん　側面　独Seite
そこ¹〔下部〕底　⊕culot
そこ²〔型〕底　⊕fond
そざい　素材　⊕matière
そせいざい　組成剤　⊕agent de texture
そそぐ　注ぐ　⊕couler, verser, 英pour
ソテ　⊕sauté, 英sauté
ソティーズ　⊕sottise
ソテする　⊕sauter, 英sauté
ソテようかたてなべ　ソテ用片手鍋　⊕sautoir
ソテようフライパン　ソテ用フライパン　⊕sauteuse
ソテルヌ　⊕sauternes
そとう　粗糖　⊕cassonade, [sucre 囲み], 英Barbados sugar, browning sugar, brown sugar, burnt sugar, Demarara sugar, jaggery, Trinidad sugar, 独brauner Zucker, Kassonade
そば　蕎麦　⊕sarrasin
そばこ　蕎麦粉　⊕farine de sarrasin, 英buckwheat, kacha, kasha, 独Buchweizenmehl
ソフトタイプのしろいヌガー　ソフトタイプの白いヌガー　独weiße Nugat
ソフトマーガリン　⊕margarine à tartiner
そらまめ　空豆　⊕fève
ソリレム　⊕solilemme
ソルガム　→もろこし
ソルビット　⊕sorbex, sorbitol, 独Sorbitt
ソルビトール　→ソルビット
ソルベ　⊕sorbet, 英sorbet, water ice, 米sherbet, 独Sorbett
ソルベックス　→ソルビット

た

ターキッシュ・ディライト　⊕loukoum, 英Turkish delight
ダークチョコレート　→ブラックチョコレート
ダージリン　⊕Darjeeling
ターナー　→フライがえし
ターノウヴァ　⊕chausson, 英turnover
ターメリック　⊕curcuma
ターンテーブル　⊕plateau tournant, 英turntable
だい〔菓子の〕台　⊕fond
タイエ　⊕taillé
ダイエット　⊕diète, régime
たいきゅうせい　耐久性　⊕durée
ダイキリ　⊕daiquiri
だいけい　台形　⊕trapèze
ダイジェスティヴビスケット　英digestive biscuit
たいしふじんふう　大使夫人風　⊕ambassadeur
だいず　大豆　独Sojabohnen
ダイスアーモンド　⊕amande hachée
だいずこ　大豆粉　⊕farine de soja, 独Sojamehl

だいずゆ　大豆油　Ⓕ huile de soja, Ⓓ Sojaöl

だいだい　橙　→にがオレンジ

たいねつガラス　耐熱ガラス　Ⓕ verre à feu, Ⓔ Pyrex

たいねつガラスせいのかた　耐熱ガラス製の型　Ⓕ moule transparent en verre à feu

たいねつしょっき　耐熱食器　Ⓕ casse, tian, Ⓔ oven ware

タイマー　Ⓕ minuteur

タイまい　タイ米　Ⓕ[riz 囲み]

タイム　Ⓕ thym, Ⓓ Thymian

タイヨル　Ⓕ taillaule

たいらにする¹　平らにする　Ⓕ araser, égaliser, gratter, lisser, paver, raser, rouler, flatten, flush, smooth, Ⓓ ausgleichen

たいらにする²〔叩いて〕平らにする　Ⓕ aplatir, battre, Ⓔ flatten

だいりせき　大理石　Ⓕ marbre, Ⓔ marble, Ⓓ Marmor

タイル　Ⓕ carreau

ダオアーゲベック　Ⓓ Dauergebäck

たかきび　高黍　→もろこし

たくじょうようコンロ　卓上用コンロ　Ⓕ chauffe-plats

ダコワーズ　Ⓕ dacquoise

ダコワーズようきじ　ダコワーズ用生地　Ⓕ pâte à dacquoises

ダスト　Ⓔ dust

たたく　叩く　Ⓕ tamponner, taper, tapoter

たたむ　畳む　Ⓔ turn

たちおとし　断ち落とし　Ⓕ parure

たちくず　断ち屑　Ⓕ rognure

だっし　脱脂　Ⓕ écrémage

だっしにゅう　脱脂乳　Ⓕ[lait 囲み], Ⓓ Magermilch

だっしふんにゅう　脱脂粉乳　Ⓓ Magermilchpulver, Trockenmagermilch

だっしヨーグルト　脱脂ヨーグルト　Ⓕ yaourt maigre

だっすいする　脱水する　Ⓕ déshydrater, Ⓔ desiccate

ダニシェフ　Ⓕ danicheff

たね¹〔生地〕種　Ⓕ appareil, masse, mix, Ⓔ batter, mixture, Ⓓ Masse

たね²〔種子〕種　Ⓕ graine, noyau, pépin, Ⓔ pit, stone, Ⓓ Kern, Stein

たねぬきき　種抜き器　Ⓕ dénoyauteur, énoyauteur, Ⓔ stoner, Ⓓ Entkerner

たねび　種火　Ⓕ veilleuse

たねをとる　種子をとる　Ⓕ dénoyauter, épépiner, Ⓔ pit, stone, Ⓓ entkernen, entsteinen

タバスコ　Ⓕ tabasco

タバティエール　Ⓕ tabatière

タピオカ　Ⓕ tapioca, Ⓓ Tapioka

タピオカプディング　Ⓔ tapioca pudding

タピシリコネ　Ⓕ tapis siliconé

タヒチアンヴァニラ　Ⓕ vanille de Tahiti

タヒチモンビン　Ⓕ pomme cythère, prune de Cythère

タフィ(ー)　→トフィ

タフィア　Ⓕ tafia

タブラージュ　Ⓕ tablage

ダブルクリーム　Ⓕ[crème fraîche 囲み], Ⓔ double cream, heavy cream, Ⓓ Doppelrahm

タブレット　Ⓕ tablette, Ⓔ slab

たべる　食べる　Ⓕ manger

だま　Ⓕ grumeau

たまご　卵　Ⓕ œuf, Ⓔ egg, Ⓓ Ei

たまごがた　卵形　Ⓓ Oval

たまごたて　卵立て　→エッグスタンド

たまごをぬること　卵〔卵黄〕を塗ること　Ⓕ dorage

ダマシーヌ　Ⓕ damassine

たまねぎ　玉葱　Ⓓ Zwiebel

タマリンド　Ⓕ tamarin

タミ　→ふるい

ダミエ　Ⓕ damier

ダムソン　Ⓔ damson

ダムブランシュ　Ⓕ dame blanche

ダリオール　Ⓕ dariole

タリビュール　Ⓕ talibur

タルティーヌ ⓕ tartine
タルト ⓕ tarte, 英 tart, 独 Tarte
タルト・ア・ラングレーズ ⓕ tarte à l'anglaise
タルト・アルザシエンヌ ⓕ tarte alsacienne
タルトゥイヤ ⓕ tartouillat
タルト・オ・グモー ⓕ tarte au goumeau
タルト・オ・シュクル ⓕ tarte au sucre
タルト・オ・スリーズ・ド・デュクレール ⓕ tarte aux cerises des Duclair
タルト・オ・ノワ・ド・グルノーブル →タルト・グルノブロワーズ
タルト・オ・プラリーヌ・ローズ ⓕ tarte aux pralines roses
タルト・オ・フレーズ ⓕ tarte aux fraises
タルト・オ・フロマージュ・フレ ⓕ tarte au fromage frais
タルト・オ・ポム ⓕ tarte aux pommes
タルト・オ・ポワール・ブルダルー ⓕ tarte aux poires Bourdaloue
タルト・オ・リ ⓕ tarte au riz
タルトがた タルト型 ⓕ moule à tarte, tourtière, 独 Obsttortenform
タルト・グルノブロワーズ ⓕ tarte aux noix de Grenoble, tarte grenobloise
タルトサレ ⓕ tarte salée
タルトシュクレ ⓕ tarte sucrée
タルトタタン ⓕ tarte Tatin, tarte Tatin solognote
タルト・ノルマンド ⓕ tarte normande
タルト・ブリオッシェ・オ・スリーズ ⓕ tarte briochée aux cerises
タルト・ブルボネーズ ⓕ tarte bourbonnaise
タルト・ムランゲ・オ・シトロン ⓕ tarte meringuée au citron
タルト・ランヴェルセ ⓕ tarte renversée
タルト・リンゼル →リンツァートルテ
タルトレット ⓕ tartelette, 英 tartlet, 独 Tortlett
タルトレットがた タルトレット型 英 patty pan, 独 Backformchen
ダルトワ ⓕ gâteau à la Manon, dartois, manon

タルムーズ ⓕ talmouse
タルムーズ・ポン=ヌフ ⓕ talmouse pont-neuf
たれさがる 垂れ下がる ⓕ retomber
だれる ⓕ relâcher
タロッコ ⓕ tarocco
タンゴール ⓕ tangor
たんさんアンモニア 炭酸アンモニア ⓕ carbonate d'ammoniac
たんさんアンモニウム 炭酸アンモニウム ⓕ carbonate d'ammonium
たんさんえん 炭酸塩 ⓕ carbonate
たんさんカルシウム 炭酸カルシウム ⓕ carbonate de calcium
たんさんすい 炭酸水 ⓕ eau de Seltz, soda, [eau 囲み]
たんさんすいせいぞう 炭酸水製造 ⓕ gazéification
タンジェリン ⓕ tangerine
タンジェロ ⓕ tangelo
たんすいかぶつ 炭水化物 ⓕ glucide, hydrate de carbone
ダンツィグ →ゴールドヴァッサー
ダンディーケーキ 英 Dundee cake
タンティモル ⓕ tantimolle
タンニン 独 Tannin
だんねつざい 断熱材 ⓕ calorifuge
タンバル ⓕ timbale
タンプールタン ⓕ tant pour tant (T.P.T), pâte à sec, pâte d'amandes à sec
ダンプフヌーデルン 独 Dampfnudeln
ダンフリーズ・ジンジャーブレッド 英 Dumfries gingerbread
ダンプリング 英 dumpling
たんぽぽ 蒲公英 ⓕ pissenlit
タンポン ⓕ tampon
だんりょくせい[1] 弾力性 ⓕ liant
だんりょくせい[2]〔生地〕弾力性 ⓕ corps, élasticité, résistance, 英 elasticity, resistance

ち

チーズ ⓕ fromage, ⓔ cheese, ⓖ Käse
チーズおろしき チーズ卸し器 ⓕ fromagère, râpe, ⓖ Reibeisen
チーズカード ⓔ cheese curd
チーズクッキー ⓖ Käsegebäck
チーズクリーム ⓖ Käsekrem
チーズケーキ ⓕ tourteau fromagé, ⓔ cheese cake, Yorkshire curd tart, ⓖ Käsekuchen, Käsetorte
チーズスティック ⓖ Käsestangen
チーズトースト ⓔ Welsh rabbit, Welsh rarebit
チェリー ⓕ cerise, ⓔ cherry
チェリーケーキ ⓔ cherry cake
チェリーブランデー ⓕ ⓔ cherry brandy, Kirschbranntwein
チェリーボンボン ⓖ Weinbrandkirschen
チェルシーバン ⓔ Chelsea bun
ちぢみ 縮み ⓔ shrinkage
ちぢむ 縮む ⓕ raccourcir, rétracter, rétrécir
ちほうりょうり 地方料理 ⓕ plat régional
ちゃ 茶 ⓕ thé, thé noir, thé parfumé, thé vert, ⓖ Tee
ちゃくしょく 着色 ⓔ coloration, ⓖ Färben, Färbung
ちゃくしょくざい 着色剤 ⓕ colorant, ⓔ colo(u)ring
ちゃくしょくする 着色する ⓕ colorer
ちゃこし 茶漉し ⓖ Teesieb
ちゃっこうりょう 着香料 ⓖ Essenz
チャップはな チャップ花 ⓕ collerette
ちゅうい 注意 ⓕ soin
チューインガム ⓕ gomme à mâcher, ⓔ chewing gum
ちゅうごくさんちゃ 中国産茶 ⓕ thé de Chine
ちゅうしゅつ 抽出 ⓖ Extrahieren
ちゅうしゅつえき 抽出液 ⓕ extrait, ⓔ extract, ⓖ Auszug, Extrakt
ちゅうしゅつする 抽出する ⓕ extraire, infuser
ちゅうしょく 昼食 ⓕ déjeuner, ⓔ lunch, ⓖ Mittagessen
ちゅうしん 中心 ⓕ centre, ⓔ center, centre
ちゅうどく 中毒 ⓕ intoxication
ちゅうにゅうき 注入器 ⓔ syringe
ちゅうにゅうする 注入する ⓕ injecter
ちゅうもん 注文 ⓕ demande, ⓖ Bestellung
チューリップ ⓕ tulipe
チューリンガーブロート ⓖ Thüringerbrot
チュリーレッカリー ⓖ Züri Leckerli
チュロス ⓕ churros
チュングリ ⓖ Züngli
チュングリマッセ ⓖ Zünglimasse
ちょうごう 調合 ⓖ Verordnung
ちょうこうおんめっきんほう 超高温滅菌法 ⓕ U.H.T., upérisation
ちょうじ 丁字 ⓕ clou de girofle, girofle, ⓔ clove
ちょうしょく 朝食 ⓖ Frühstück
ちょうせいホモぎゅうにゅう 調整ホモ牛乳 ⓕ [lait囲み]
ちょうせつする 調節する ⓕ conditionner, corriger, modifier, rajuster, régler
ちょうほうけい 長方形 ⓕ rectangle, ⓖ Rechteck
ちょうみする 調味する ⓕ assaisonner, ⓔ season
ちょうみりょう 調味料 ⓕ assaisonnement, condiment, ⓔ seasoning, ⓖ Gewürz
ちょうり 調理 ⓕ cuisine, ⓖ Bereitung
ちょうりずみの 調理済みの ⓕ précuit
ちょうりする 調理する ⓕ accommoder, apprêter
ちょうりば 調理場 ⓕ cuisine, laboratoire, ⓖ Küche, Labor
ちょうりようぐ 調理用具 ⓕ ustensile, ⓔ

utensil, 独Werkzeug
ちょうりようチョコレート 調理用チョコレート 仏[chocolat 囲み]
ちょうりようマーガリン 調理用マーガリン 仏margarine de cuisson
チョーリーケーキ 英chorley cake
チョコレート →ショコラ
チョコレートウォーマー 仏tempéreuse
チョコレートクリーム 英chocolate cream
チョコレートケーキ 仏gâteau Alexandra, 独Schokoladenkuchen, Schokoladentorte
チョコレートコーティングそうち チョコレートコーティング装置 仏enrobeuse, 英enrober
チョコレートコポー 仏copeau, pailleté super fin chocolat, [chocolat 囲み] 独Schokoladenspäne, Späne
チョコレートシロップ 独Schokoladensirup
チョコレートソース 仏sauce au chocolat, 独Schokoladensauce
チョコレートふうみ チョコレート風味 仏parfum chocolat
チョコレートフォーク 仏bague, broche à tremper, 英dipping fork, 独Pralinen-Gabel
チョコレートフォンデュ 仏fondue au chocolat
チョコレートフォンデュセット 仏service fondue à chocolat
チョコレートようのかた チョコレート用の型 仏moule à chocolat
ちょぞう 貯蔵 仏stockage, 英store, 独Lager, Lagerung, Stapel
ちょぞうこ 貯蔵庫 独Vorratsbehälter
ちょぞうする 貯蔵する 仏stocker, 英store, 独lagern, speichern, stapeln
ちょっけい 直径 仏diamètre, 独Durchmesser
ちらしもよう 散らし模様 仏semis
ちらす 散らす 仏parsemer
ちんれつ 陳列 仏exposition
ちんれつケース 陳列ケース 仏présentoir
ちんれつする 陳列する 仏exposer

つ

ついかの 追加の 仏supplémentaire
ツィゴイナーシュニッテ 独Zigeunerschnitte
ツィムトシュテルン 独Zimtstern
ツヴィーベルクーヘン 独Zwiebelkuchen
ツヴェッチュゲンクネーデル 独Zwetschgenknödel
ツーガーキルシュトルテ 独Zugerkirschtorte
つきさす 突き刺す 仏percer, plonger, 英plunge
つく 突く 仏piquer, 英dock, prick
つくりなおす 作り直す 仏reconstituer, reconstruire, reformer
つくる 作る 仏réaliser
つけあわせ 付け合わせ 仏accompagnement, garniture, 英garnish
つける 漬ける 仏baigner, confire, macérer, mariner, plonger, tremper, 英dip, marinate, soak, 独einlegen
つつぎり 筒切り 仏rouelle
つつぎりにする 筒切りにする 仏tronçonner
つつみ 包み 仏paquet
つつみがみ 包み紙 仏papillote
つつむ 包む 仏enfermer, enrober, entourer, envelopper, rouler
つなぎ 仏liaison, liant
つのをたてる 角を立てる 仏herisser
つぶ(じょうのもの) 粒(状のもの) 仏grain, granulé
つぶじょうにする 粒状にする 仏brûler, grainer, granuler, grener, perler, sabler, 英granulate, shorten
つまむ 摘まむ 仏pincer, 英pinch, 独kneifen
つまようじ 爪楊枝 仏cure-dent
つめあわせ 詰め合わせ 仏assortiment

つめたい 冷たい [仏] frais, froid, [独] kalt
つめたくなる 冷たくなる [独] erkalten
つめもの 詰め物 [仏] farce, garniture, [英] farce, filling, [独] Farce, Füllen, Füllung, Mischung
つめものをする 詰め物をする ⇒つめる
つめる 詰める [仏] empâter, empoter, entonner, farcir, fourrer, garnir, obturer, tasser, [英] fill, garnish, [独] füllen
つや 艶 [仏] reflet, [英] gloss
つやだし 艶出し [仏] brillantage, glaçage, lustrage, nappage, [英] glaze
つやをだす 艶を出す [仏] lustrer, [英] glaze
つよめる 強める [仏] renforcer
つるこけもも 蔓苔桃 [仏] airelle, canneberge, [英] cranberry, [独] Preiselbeere

て

ディアブルなべ ディアブル鍋 [仏] diable
ディアブロタン [仏] diablotin
ディアボロ [仏] diabolo
ディアマン [仏] diamant
ティーケーキ [英] tea cake
ティーブレッド [英] tea bread
ティーポット [仏] théière
ティーローフ [英] tea loaf
ていおんきゅうそくれいとう 低温急速冷凍 [仏] surgélation
ていおんさっきんぎゅうにゅう 低温殺菌牛乳 [仏][lait 囲み]
ていおんさっきんする 低温殺菌する [仏] pasteuriser, [英] pasteurize
ていおんさっきんほう 低温殺菌法 [仏] pasteurisation
ティザーヌ・ド・シャンパーニュ [仏] tisane de Champagne
ティザーヌ・ド・リシュリュー [仏] tisane de Richelieu
ティザニエール [仏] tisanière
デイジー [仏] paquerette
ディジェスティフ [仏] digestif
ていしぼうぎゅうにゅう 低脂肪牛乳 ⇒ローファットぎゅうにゅう
ディジョネきじ ディジョネ生地 [仏] pâte à Dijonnais
ディスク [仏] disque
ディスティラリー ⇒じょうりゅうじょ
ディスプレイようかし ディスプレイ用菓子 [仏] pièce de vitrine
ディップ [米] dip
ティファール [仏] Tefal
ティプシーケーキ [英] tipsy-cake
ディプロマット [仏] diplomate
ディプロマットプディング [英] diplomat pudding
ティラミス [仏] tiramisu
ティル [仏] tire
ディル [仏] aneth, faux-anis, fenouil bâtard
ティルゲリ [独] Tirggeli
ディンブラ [仏] dimbula, thé de Dimbula
デヴィルズフードケーキ [英] devil's food cake, [独] Teufelkuchen
テークーヘン [独] Teekuchen
テーゲベック [独] Teegebäck
デーツ [仏] datte
テーブル [仏] table
テーブルクロス [仏] nappe
テーブルナプキン [仏] serviette
デエルセ [仏] D.L.C.
デエルユオ [仏] D.L.U.O.
デカンテする [仏] décanter
できあがり 出来上がり ⇒しあがり
デギゼ [仏] déguisé
てきてい 滴定 [仏] titrage
てきていする 滴定する [仏] titrer
デグラサージュ [仏] déglaçage
デグラセする [仏] déglacer
デグレセする [仏] dégraisser
デコレーションケーキ [仏] entremets, [英] gâteau, sponge gâteau
デコレーションコーム [英] comb scraper
デザート [仏] dessert, [英] dessert, pudding, sweet, [独] Dessert, Nachspeise, Nachtisch,

Speise
デザートようスフレ　デザート用スフレ　⒧ soufflé d'entremets
デザートようソース　デザート用ソース　⒧ sauce de dessert
デジュネ　→ちゅうしょく
てじゅん　手順　⒧ procédé, ⒟ Verfahren
デシリットル　⒧ décilitre
デセール　⒧ ⒠ dessert
テット・ド・ネーグル　⒧ tête de nègre
デトランプ　⒧ détrempe, ⒠ dough
デニッシュきじ　デニッシュ生地　⒧ pâte à couque, pâte levée feuilletée Danoise, pâte à couque, ⒠ danish paste, danish pastry, plunder, ⒟ Plunder, Plunderteig
デニッシュペストリー　⒧ frivolité, viennoiserie, ⒠ danish pastry, ⒟ dänischer Plunder, Kopenhagener Plunder, Plundergebäck
てぬぐい　手拭い　⒧ essuie-mains
デバイダー　→とうぶんき
テフロン　⒧ téflon
テフロンかこうのかた　テフロン加工の型　⒧ moule à revêtement antiadhésif
テペテ　⒧ tant pour tant, T.P.T.
デポジッター　⒟ Aufsetzapparat, Dressiermachine
デミグラスソース　⒧ demi-glace
デミタス(カップ)　⒧ demi-tasse
テュイール　⒧ tuile, ⒟ Mandelplätzchen, Ziegel
テュイールがた　テュイール型　⒧ plaque à tuiles, ⒟ Dachziegelform
デュシェス　⒧ duchesse
デュシェス・ド・サルラ　⒧ duchesse de Sarlat
デュジャ　→ジャンドゥヤ
テュティフリュティ　⒧ tutti frutti
テュリノワ　⒧ turin, turinois
テラコッタ　⒧ terre cuite
テリーヌ　⒧ terrine, ⒟ Schüssel
テリーヌがた　テリーヌ型　⒧ terrine
デリカテッセン　⒟ Delikatesse

テリス　⒧ délice
テリネ　⒧ terrinée
てんかとう　転化糖　⒧ sucre intervert, sucre inverti, trimoline, [sucre 囲み], ⒠ invert sugar, ⒟ Invertzucker
てんかぶつ　添加物　⒟ Zusatz
でんきコンロ　電気コンロ　⒧ table de cuisson
てんさい　甜菜　⒧ betterave, ⒟ Zuckerrübe
てんさいとう　甜菜糖　⒧ [sucre 囲み], ⒠ beet sugar
てんじする　展示する　⒧ exposer, présenter
でんじちょうりき　電磁調理器　⒧ plaque à induction, table à induction
でんどうちょうりき　電動調理器　⒧ robot, robot-coupe, robot ménager, ⒟ Stephan
でんとうてきな　伝統的な　⒧ traditionnel
でんねつき　電熱器　⒧ réchaud d'appoint
てんねんあまくちワイン　天然甘ロワイン　⒧ vin doux naturel
てんねんこうりょう　天然香料　⒧ huile essentielle, ⒟ natürliche Essenz
テンパリング　⒧ tablage, tempérage, ⒟ Temperieren
テンパリングをする　⒧ tabler, ⒠ temper
てんぱん　天板　⒧ plaque, plaque à four, plaque à pâtisserie, plaque à rebord, plaque de four, platerie, tôle, tourtière, ⒠ baking sheet, girdle, griddle, pan, ⒟ Backblech, Blech
てんぴ　天火　→オーヴン
でんぷん　澱粉　⒧ amidon, fécule, Maïzena, ⒠ arrow-root, farina, fecula, starch, ⒟ Stärke, Stärkemehl
でんぷんしつの　澱粉質の　⒧ farineux, féculent
でんぷんしつのくだもの・やさい　澱粉質の果物・野菜　⒧ féculent

と

と〔単位〕 度 ⓕ degré
といがた¹ 樋型 ⓕ gouttière, moule gouttière à bûche, ⓖ Baumstammform, Rehrücken
といがた²〔蒸しプディング用〕 樋型 ⓔ sleeve
ドイチャー・ブッタークレーム ⓖ Deutscher Butterkrem
ドイチャー・ブレータータイク ⓖ Deutscher Blätterteig
トイフェルクーヘン ⓔ devil's food cake, ⓖ Teufelkuchen
ドイリー 銅 ⓔ napperon, ⓔ doily, doyley
どう 銅 ⓕ cuivre
ドゥ ⓕ pâte, ⓔ dough, ⓖ Teig
とうい 糖衣 ⓕ glaçage, glace, glace à l'eau, glace royale, ⓔ icing, glacé icing, sugar wash, water icing, ⓖ Glasur
とういがけ 糖衣がけ ⓕ charge
とういがけする 糖衣がけする ⓕ dragéifier, glacer, ⓔ glaze, ⓖ glassieren, zuckerglassieren
ドゥイヨン ⓕ douillon
トゥーロン ⓕ touron
トゥーロン・オ・ミエル・ド・ガップ ⓕ touron au miel de Gap
トゥーロン・デュ・ペイ・バスク ⓕ touron du Pays basque
トゥーロン・ド・バイヨンヌ ⓕ touron de Bayonne
トゥーロン・ド・ペルピニャン ⓕ touron de Perpignan
とうえき 糖液 ⓕ sucre, sucre cuit, ⓔ boiling sugar, ⓖ Schmelzzucker
とうえきのにつめ 糖液の煮詰め ⓕ cuisson des sirops de sucre, cuisson du sucre
とうか 糖菓 ⓕ bonbon, confetti, confiserie, confiture de lait, cosaque, épice de chambre, friandise, issue, papillote, [confiserie 囲み], ⓔ confect, confection, confectionery, confetti, sweet, sweeties, sweetmeat, ⓐ candy, ⓖ Konfekt, Zuckerware
とうかアメ 糖化飴 ⓕ[sucre d'art 囲み]
とうかしょくにん 糖菓職人 ⓕ confiseur, ⓔ confectioner
とうかはんばいてん 糖菓販売店 ⓕ confiserie, confiseur, ⓔ confectioner, confectioner's shop, confectionery
とうがらし 唐辛子 ⓕ piment
とうき 陶器 ⓕ faïence
どうぐ 道具 ⓕ matériel, ustensile, ⓔ utensil, ⓖ Werkzeug
とうけつ 凍結 ⓖ Dickwerden, Erfrieren, Steifwerden
とうしつ 糖質 ⓕ glucide
トゥッティ・フルッティ ⓕ tutti frutti, ⓔ tutti-frutti
とうどけい 糖度計 ⓕ pèse-sirop, ⓔ saccharimeter, sugar thermometer, ⓖ Zuckerwaage
どうなべ〔糖液煮詰め用〕 銅鍋 ⓕ poêlon à sucre, ⓔ sugar boiler
とうにんしゅ 桃仁酒 →クレーム・ド・ノワイヨ
ドゥフック ⓕ crochet, ⓔ dough hook
どうぶつせいこけいゆし 動物性固形油脂 ⓕ matière grasse d'origine animale
どうぶつせいゆし 動物性油脂 ⓖ tierisches Fett
ドゥブルフィヌ ⓕ double fine
とうぶんいり 糖分入り ⓖ Zuckergehalt
とうぶんき 等分器 ⓕ diviseur à gâteau, ⓖ Einteiler, Vielzweckschneiderolle
とうまく 糖膜 ⓕ glace
とうみつ 糖蜜 ⓕ mélasse, ⓔ golden syrup, treacle, ⓐ molasses, ⓖ Melasse
ドゥミフイユタージュ ⓕ demi-feuilletage
とうめい 透明 ⓖ Transparenz
とうめいな 透明な ⓕ limpide, transparent

とうもろこし [仏] maïs, [米] corn, [独] Mais
とうもろこしこ とうもろこし粉 [仏] farine de maïs, Maïzena, [英] corn flour, [独] Maismehl, Maïzena
トゥルグール [仏] teurgoule, torgoule
ドゥルセ・デ・レチェ ⇒コンフィテュール・ド・レ
トゥルティソー [仏] tourtisseau
トゥルト [仏] tourte
トゥルトゥ [仏] tourtou
トゥルトー・ア・ラニス [仏] tourteau à l'anis
トゥルトー・プリュノー [仏] tourteau pruneau
トゥルトー・フロマジェ [仏] tourteau fromagé, tourteau fromager
トースター [仏] grille-pain
トースト [英] toast, [独] Toast
ドーナッツ [仏] beignet, krapfen, [英] doughnut, krapfen, [独] Fettgebäck, Krapfen
ドーム(じょう) ドーム(状) [仏] dôme
とかす 溶かす [仏] dégeler, déglacer, délayer, diluer, dissoudre, fondre, liquéfier, [英] dissolve, melt, thaw, [独] auflösen, schmelzen
ときたまご 溶き卵 [仏] dorure, [英] beaten egg, egg wash
ときたまごをぬる 溶き卵を塗る [仏] dorer, [英] glaze
ときのばす 溶きのばす [仏] relâcher
とくさんぶつ 特産物 [仏] spécialité, [英] specialty, [独] Spezialgericht
どくそうてきなもの 独創的なもの [仏] fantaisie, spécialité
とくとうこ 特等粉 [仏] fleur de farine, [farine 囲み]
とげ 棘 [仏] épine
とけた 溶けた [仏] liquide, [独] flüssig
とける 溶ける [仏] soluble
とって 取っ手 [仏] manche, poignée
トッピング [英] topping
ととのえる 整える [仏] arranger, modifier, parer, [英] arrange, [独] arrangieren
トニックウォーター [仏] tonic
トフィ [仏] caramel, [英] toffee, [米] taffy, [独] Butterkaramel
トフィアップル [英] toffee apple
トフェ [仏] tôtfait
トプフェン [独] Topfen
トプフェンオーバーストルテ [独] Topfenoberstorte
トプフェンクネーデル [独] Topfenknödel
トプフェンパラチンケン [独] Topfenpalatschinken
トプフクーヘン ⇒クグロフ
ドボスベーデン [独] Dobosböden
ドボスマッセ [独] Dobosmasse
トマト [仏] tomate, [独] Tomate
ドミグラス [仏] demi-glace
トムプス [仏] tom-pouce
ドライ ⇒からくちの
ドライアイス [仏] glace carbonique, glace sèche, neige carbonique, [独] Trockeneis
ドライイースト [独] Trockenhefe
トライフル [英] trifle
ドライフルーツ [仏] fruit sec, fruit séché, [独] Trockenfrucht
トラガカントゴム ⇒トラガントガム
トラガントガム [仏] adragante, gomme adragante, [英] gum tragacanth
ドラゴンフルーツ [仏] pitaya
ドラジェ [仏] dragée, [confiserie 囲み], [英] dragée, [独] Dragée
トラブリ [仏] trablit
トランシュ [仏] tranche, [英] slice
トランシュ・ナポリテーヌ [仏] tranche napolitaine
ドランブイ [英] drambuie
トランペする [仏] tremper
トランペようフォーク トランペ用フォーク [仏] bague, broche à tremper, fourchette à tremper [英] dipping fork
とりあわせ 取り合わせ [仏] assortiment
ドリアン(のみ) ドリアン(の実) [仏] dourian, durian
ドリーヌ [仏] dorine

トリコルヌ 仏 tricorne
とりだす¹ 取り出す 仏 récupérer, retirer, 独 herausnehmen
とりだす² (型から) 取り出す 仏 démouler, 英 demould, 独 stürzen
トリプルセック 仏 triple-sec
トリミング 英 trim(m)ings
トリモリーヌ 仏 trimoline
トリュフ 仏 truffe, 英 truffle, 独 Trüffel
トリュフフォーク →チョコレートフォーク
とりわける 取り分ける 仏 réserver, servir
トルーノルマン 仏 trou normand
トルサード 仏 torsade
トルテ 仏 torte, 独 Torte
トルティヨン 仏 brassadeau, tortillon
トルテだい トルテ台 独 Tortenböden
トルテル 仏 tortell
トレイ 仏 plateau, 独 Tablett, Teller
トレーズ・デセール・ド・ノエル 仏 treize desserts de Noël
トレス 仏 tresse, 英 plait, 米 braid
ドレスデナークリストシュトレン 独 Dresdener Christstollen
ドレスデナーバウムクーヘン 独 Dresdener Baumkuchen
ドレする 仏 dorer
トレトゥール 仏 traiteur
トレンケ 独 Tränke
ドレンチェリー 英 candied cherry, glacé cherry, 独 kandierte Kirsche
トローチ 英 pastille
とろけるような 仏 fondant
ドロッパー 独 Fondanttrichter
ドロップ 仏 pastille, 英 drop, pastille, 独 Pastille
ドロップスコーン 英 Scottish drop scone
とろびでにる とろ火で煮る 仏 mijoter, mitonner, 英 stew
トロペジエンヌ 仏 tropézienne
とろみをつける 仏 lier, vaseliner, 独 binden
とろりとした 仏 fluide
トロワ・フレール 仏 trois-frères

トロワ・フレールがた トロワ・フレール型 仏 moule à trois-frères
トンキノワ 仏 tonkinois
トンプソンシードレス 仏 sultanine, 英 thompson seedless

な

ないそう 内相 →クラム
ナイフ 仏 couteau, zesteur, 独 Messer
ナヴェット 仏 navette
ながし 流し →シンク
ながしアメ 流し飴 仏 [sucre d'art 囲み], 英 poured sugar
ながしこみ 流し込み 仏 coulage
ながしこむ 流し込む 仏 couler, pour
ながしだい 流し台 →シンク
ながす 流す 仏 couler, verser, 英 pour, 独 fließen lassen
なし 梨 →ようなし
ナスタチウム 仏 capucine
なたねあぶら 菜種油 仏 [huile 囲み]
ナチュラルチーズ →フレッシュチーズ
ナチュラルミネラルウォーター 仏 eau minérale naturelle
ナッツ 仏 fruit à coque, fruit sec, noix, 英 nut, 独 Nuss
ナッツケーキ 英 nut cake
ナッツチェリーショートケーキ 英 nut cherry shortcake
ナッツペースト 独 Nussmasse
ナット 仏 natte, 英 plait, 米 braid
ナップ 仏 nappe
ナップフクーヘン 独 Napfkuchen
ナップまでにる ナップまで煮る 仏 napper, 英 coat
なつめ 棗 仏 datte rouge, jujube
ナツメグ 仏 muscade, 英 nutmeg, 独 Muskat, Muskatnuss
なつめやし(のみ) 棗椰子(の実) 仏 datte, jujube, 独 Dattel
ななかまど 七竈 仏 corme, sorbier

ナパージュ ⓁnaIo nappage
ナフキン Ⓛ serviette
ナプロン Ⓛ napperon, 英 doyley
なべ 鍋 Ⓛ bassine, casserole, chaudron, cocotte, diable, fait(-)tout, marmite, poêlon, pot, rondeau, sautoir, 英 pan, skillet, 独 Kasserolle, Topf
ナペ Ⓛ nappé
ナペする Ⓛ napper, 英 coat, 独 bestreichen
ナポリタン Ⓛ napolitain
なまイーストのかたまり 生イーストの塊 英 yeast cake
なまクリーム 生クリーム Ⓛ crème, crème fraîche, [crème fraîche 囲み], 英 cream, dairy cream, double cream, 独 Rahm, Vollrahm,
なまクリームようサイフォン 生クリーム用サイフォン Ⓛ siphon à crème chantilly
なまチーズ 生チーズ →フレッシュチーズ
なまにゅう 生乳 Ⓛ[lait 囲み]
なまの 生の Ⓛ frais, nature, vert, 英 raw
なまやけの 生焼けの 英 semi-cuit
なみ(がた) 波(形) Ⓛ vague, 独 Welle
なみがたてんばん 波形天板 Ⓛ plaque à dents de loup
なみがたパイカッター 波形パイカッター Ⓛ roulette cannelée
なみばカード 波歯カード 独 Kammschaber
なみばナイフ 波刃ナイフ Ⓛ couteau-scie, 英 serrated knife, 独 Sägemesser
なめらか 滑らかな Ⓛ lisse, onctueux, uni, 英 smooth, 独 weich
なめらかにする 滑らかにする Ⓛ lisser
ならす 均す Ⓛ raser
ならべる 並べる Ⓛ disposer, étaler, ranger, 英 lay, 独 legen
なんきんまめ 南京豆 →ピーナッツ
なんしつこむぎ(こ) 軟質小麦(粉) Ⓛ blé tendre, [farine 囲み]
なんすい 軟水 Ⓛ[eau 囲み]
ナンテ Ⓛ nantais

ナンテール Ⓛ brioche de Nanterre, Nanterre, pain brioché
ナンテールがた ナンテール型 Ⓛ brioche de Nanterre, moule à brioche rectangulaire

---
に

ニウル Ⓛ nieule
におい 匂い →かおり
におう 匂う 独 riechen
にがアーモンド 苦アーモンド Ⓛ amande amère, 独 Bittermandel
にがい 苦い Ⓛ amer, 英 bitter
にがオレンジ 苦オレンジ Ⓛ bigarade, orange amère, 独 Pomeranze
にがみ 苦味 Ⓛ amertume, 独 Bitterkeit
にく 肉 独 Fleisch
にごった 濁った Ⓛ nuageux, trouble
にごる 濁る Ⓛ troubler
にじはっこう 二次発酵 Ⓛ apprêt
にじむ 滲む Ⓛ huiler, ressuer, suinter
にじゅうにする 二重にする Ⓛ doubler
ニダベイユ Ⓛ nid d'abeille
ニチ Ⓛ nicci
につめざとう 煮詰め砂糖 独 Zuckerkochen
につめる 煮詰める Ⓛ concentrer, recuire, réduire, 独 einkochen
になおす 煮直す Ⓛ recuire
ニニッシュ Ⓛ niniche
にばいにする 二倍にする Ⓛ doubler
にばんきじ〔フイユタージュ〕 二番生地 Ⓛ demi-feuilletage, 英 trim(m)ings
ニブ 英 nib
ニフレット Ⓛ niflette
にほんまい 日本米 →ジャポニカまい
にゅうか 乳化 英 emulsion, 独 Emulgierung
にゅうかざい 乳化剤 Ⓛ émulsifiant, 独 Emulgator
にゅうかする 乳化する Ⓛ émulsionner,

[独] emulgieren
にゅうしぼう 乳脂肪 [独] Milchfett
にゅうしょう 乳漿 ⇒にゅうせい
にゅうせい 乳清 [仏] eau de lait, lactosérum, [英] whey
にゅうせいひん 乳製品 [仏] laitage, [独] Milcherzeugnisse, Molkereiprodukt
にゅうだくざい 乳濁剤 ⇒エマルジョン
にゅうとう 乳糖 [仏] lactose, [英] sugar of milk, [独] Milchzucker
にゅうぼう 乳棒 ⇒すりこぎ
にる 煮る [仏] bouillir, compoter, concentrer, cuire, étuver, fondre, frémir, mijoter, mitonner, pocher, recuire, réduire, [英] simmer, stew, [独] kochen
にわとこ 接骨木 [仏] sureau
にんじん 人参 [仏] carotte, [独] Mohrrübe
にんにく 大蒜 [仏] ail, [独] Knoblauch

ぬ

ヌガー [仏] gallien de Bourdeaux, nougat, [nougat 囲み], [英] nougat, [独] Nugat
ヌガー・アン・グラン [仏][nougat 囲み]
ヌガー・ヴェトナミヤン [仏][nougat 囲み]
ヌガー・オ・ミエル [仏][nougat 囲み]
ヌガーグラセ [仏] nougat glacé
ヌガータンドル [仏][nougat 囲み]
ヌガーデュール [仏][nougat 囲み]
ヌガー・ド・トゥール [仏] nougat de Tours
ヌガー・ド・パリ [仏][nougat 囲み]
ヌガー・ド・プロヴァンス [仏][nougat 囲み]
ヌガー・ド・モンテリマール [仏] [nougat 囲み], [独] Weißer Nugat
ヌガーノワール [仏][nougat 囲み]
ヌガーパリジャン [仏][nougat 囲み]
ヌガーブラン [仏][nougat 囲み]
ヌガーようプレス ヌガー用プレス [仏] press à nougat
ヌガーリキッド [仏][nougat 囲み]
ヌガールージュ [仏][nougat 囲み]
ヌガティーヌ [仏] croquante, nougatine, [nougat 囲み], [独] Krokant
ヌガティーヌ・コンフィズール [仏] nougatine confiseur
ヌガティーヌ・ド・サン・プルサン [仏] nougatine de Saint-Pourçain
ヌガティーヌ・ド・ヌヴェール [仏] nougatine de Nevers
ヌガティーヌ・ド・ポワティエ [仏] nougatine de Poitiers
ぬきがた 抜き型 [仏] découpoir, emporte-pièce, forme, matrice, [英] cutter, scone cutter, [独] Ausstecher, Form
ぬく〔型などで生地を〕 抜く [仏] découper, emporter, [独] ausstechen
ぬぐう 拭う [仏] corner, éponger
ヌッスクーヘン [独] Nusskuchen
ヌッスクロカント [独] Nusskrokant
ヌッスシュトーレン [独] Nussstollen
ヌッストルテ [独] Nusstorte
ヌッスボイゲル [独] Nussbeugel
ヌテラ [仏] Nutella
ぬらす 濡らす [仏] arroser, [独] anfeuchten, begießen, beträufeln
ぬりひろげる 塗り広げる [仏] répandre
ぬる 塗る [仏] abricoter, badigeonner, barbouiller, dorer, empâter, enduir, étaler, gommer, huiler, masquer, napper, tartiner, [英] baste, brush, coat, wash, [独] bestreichen, verstreichen
ぬるい [仏] tiède, [独] lauwarm
ぬるまゆ ぬるま湯 [仏][eau 囲み]

ね

ネーヴル・オレンジ [仏] navel, thomson
ネーグル・アン・シュミーズ [仏] nègre en chemise
ねかせる 寝かせる [仏] reposer, [英] rest
ねぎ 葱 [独] Lauch, Porree
ネギュス [仏] Le Négus, Négus
ネクター [仏] nectar
ネクタリン [仏] brugnon, nectarine

ねじる 捩る [仏] tordre
ねずのみ 杜松の実 [仏] genièvre
ねつ 熱 [仏] chaleur
ネッセルロード [仏] Nesselrode
ねっとう 熱湯 [仏][eau 囲み]
ねっとうにつける 熱湯に漬ける [仏] échauder
ネットメロン [仏] melon brodé
ねばついた 粘ついた [仏] visqueux
ねふだ 値札 [独] Preiszettel
ねりかえす 練り返す [独] tablieren
ねりこみきじ 練り込み生地 [仏] pâte brisée, pâte sablée, pâte sucrée, [英] short crust pastry, short pastry
ネリュスコ [仏] nélusko
ねる 練る [仏] malaxer
ネロリゆ ネロリ油 [仏] néroli
ねんちゃくせいの 粘着性の [仏] mucilagineux

の

のいちご 野苺 [仏] fraise des bois, [独] Waldbeere
のうかざい 濃化剤 [仏] épaississant
のうぎょうラム 農業ラム ⇨アグリコールラム
のうこうな〔味〕 濃厚な [仏] riche
のうしゅくする 濃縮する [仏] concentrer
のうしゅくバター 濃縮バター [仏][beurre 囲み]
のうど 濃度 [仏] consistance, corps, [英] consistency
のうどをつける 濃度をつける [仏] vaseliner
ノエル ⇨クリスマス
のこり 残り [仏] reste
のこりの 残りの [仏] restant
のこりもの 残り物 [仏] débris
のぞく 除く [仏] débarrasser, dégager, dégarnir, dégraisser, dépouiller, ébarber, enlever, évider, supprimer
ノック・ア・ラ・ヴィエノワーズ [仏] noque à la viennoise
ノッティンガム・ジンジャーブレッド [英] Nottingham gingerbread
ノネット [仏] nonnette
のばしたきじ 伸ばした生地 [仏] abaisse
のばす〔生地，飴を〕 伸ばす [仏] abaisser, allonger, étendre, étirer, laminer, rouler, tirer, tourer, [英] pin, roll, stretch, [独] ausrollen, auswalzen
のばら 野薔薇 [仏] églantier
のびがよい 伸びがよい [仏] malléable
のみもの 飲み物 [仏] boisson
のむ 飲む [仏] boire, [独] trinken
ノワ [仏] noix, [独] Nuss, Walmuss
ノワイヨ・ダブリコ・セック [仏] noyau d'abricot sec
ノワイヨ・ド・ヴェルノン [仏] noyau de Vernon
ノワイヨ・ド・ポワシ [仏] noyau de Poissy
ノワゼット [仏] noisette, [英] hazelnut, [独] Haselnuss
ノワデギゼ [仏] noix déguisée
ノンパレーユ [仏] nonpareille, [米] nonpareil

は

は 刃 [仏] couperet, lame, tranchant
は 葉 [仏] feuille
ハーヴェストローフ [英] harvest loaf
パーキン [英] parkin
パークパイ [英] park pie
パーコレーター [仏] percolateur
パーシパン [英] persipan, [独] Backmasse, Persipan, Persipanmasse
バースデイケーキ [英] birthday cake
バースバン [英] Bath bun
バーゼラーブラオン [独] Baseler Braun
バーゼラーレッカリー [仏] Leckerli, [独] Baseler Leckerli, Leckerli
パータガトーマルブレ ⇨マーブルケーキようきじ
パータカトルカール ⇨カトルカールきじ
パータクーク ⇨デニッシュきじ

パータクグロフ ⇒クグロフようきじ
パータグラセ ⇒コーティングようチョコレート
パータクランブル ⇒クランブルきじ
パータクレープ ⇒クレープきじ
パータクロワッサン ⇒クロワッサンようきじ
パータケーク ⇒ケークようきじ
パータゴーフル ⇒ゴーフルようきじ
パータジェノワーズ ⇒ジェノワーズきじ
パータシガレット ⇒シガレットきじ
パータシュー ⇒シューきじ
パータシュー・ドフィス ⇒シューきじ
パータシュクセ ⇒シュクセきじ
パータシュトロイゼル ⇒シュトロイゼルきじ
パータスフレ ⇒スフレようたね
パータセック ⇒タンプールタン
パータダコワーズ ⇒ダコワーズようきじ
パータタルティネ ⇒スプレッド
パータディジョネ ⇒ディジョネきじ
パータパテ ⇒パテようきじ
パータババ ⇒ババようきじ
パータパンオレ ⇒ミルクパンきじ
パータパンデピス ⇒パン・デピスようきじ
パータパンドジェーヌ ⇒パン・ド・ジェーヌきじ
パータパンドミ ⇒しろパンようきじ
パータビスキュイ ⇒ビスキュイきじ
パータビュニュ ⇒ビュニュようきじ
パータフィロ ⇒フィロきじ
パータフォンセ ⇒しきこみきじ
パータフォン・デュ・リュス ⇒リュスようきじ
パータフガス・フイユテ ⇒おりこみブリオッシュきじ
パータプディング ⇒プディングようきじ
パータフリール ⇒べニェきじ
パータブリオッシュ ⇒ブリオッシュきじ
パータブリオッシュ・フイユテ ⇒おりこみブリオッシュきじ
パータプログレ ⇒シュクセきじ
パータベニェ ⇒べニェきじ
パータボンブ [仏] pâte à bombe
パータマカロン ⇒マカロンようきじ
パータマシェ [仏] pâte à mâcher
パータマドレーヌ ⇒マドレーヌきじ
パータマンケ ⇒マンケきじ
パータムラング [仏] pâte à meringues
パータリンツァー ⇒リンツァーきじ
パーチメントペーパー [英] parchment paper
パーティ [独] Party
ハート(がた) ハート(形) [仏] cœur
パート [仏] pâte, [英] paste, pastry, [独] Teig
パート・サブレ [仏] pâte sablée
パート・シュクレ [仏] pâte sucrée, [英] sweet (short) pastry, [米] sweet pie pastry, [独] Mürbeteig, Zuckerteig
パート・ダマンド [仏] pâte d'amandes, [英] almond paste, marchpane, marzipan, [独] Mandelmasse, Marzipan
パート・ダマンド・ア・セック ⇒タンプールタン
パート・ダマンド・エクストラ [仏] pâte d'amandes extra, pâte d'amandes tant pour tant
パート・ダマンド・クリュ [仏] pâte d'amandes crue
パート・ダマンド・コミューヌ [仏] pâte d'amandes commune, pâte d'amandes d'office
パート・ダマンド・コンフィズール [仏] pâte d'amandes confiseur, pâte d'amandes fondante
パート・ダマンド・シュペリウール [仏] pâte d'amandes supérieure
パート・ダマンド・タンプールタン ⇒パート・ダマンド・エクストラ
パート・ダマンド・ドフィス ⇒パート・ダマンド・コミューヌ
パート・ダマンド・ノワール [仏] pâte d'amandes noires
パート・ダマンド・フォンダント ⇒パート・ダマンド・コンフィズール
パート・ダマンド・ブランシュ [仏] pâte d'a-

mandes blanches
パート・ド・カカオ ⓁPâte de cacao — pâte de cacao
パート・ド・ジュジュブ Ⓛ pâte de jujube
パート・ド・パティスリー →かしようきじ
パート・ド・フリュイ Ⓛ cotignac d'Orléans, pâte de fruits, pâte de fruits d'Auvergne, [confiserie 囲み], 英 jelly, 独 Fruchtpaste
パート・ド・プリュノ Ⓛ pâte de pruneaux
パート・ド・ポム Ⓛ pommé
パート・ド・マロン Ⓛ pâte de marron(s)
パート・ド・レグリス Ⓛ pâte de réglisse
パート・バチュ Ⓛ pâte battue
パート・バチュ・プセ Ⓛ pâte battue-poussée
パート・ピスタシュ Ⓛ pâte pistache
パート・フイユテ Ⓛ feuilletage, pâte feuilletée, puff paste, puff pastry, 米 flaky pastry, 独 Blätterteig
パート・プセ Ⓛ pâte poussée
パート・フリアブル Ⓛ pâte friable
パート・ブリゼ Ⓛ pâte brisée, 英 short pastry, 独 Geriebenerteig
パート・ルヴェ Ⓛ pâte levée, 英 dough, 独 Hefeteig
パート・ルヴェ・フイユテ Ⓛ pâte levée feuilletée, 英 plunder, 独 Plunder
パート・ルヴェ・フイユテ・ダノワーズ →デニッシュきじ
バーナー Ⓛ brûleur
ハーブ Ⓛ fines herbes, herbe, pluches
ハーブエキス 独 Kräuterextrakt
ハーブティー Ⓛ infusion, tisane
バーベリー →せいようめぎ
パーボイルドライス Ⓛ [riz 囲み]
バーボンヴァニラ Ⓛ vanille Bourbon, 英 vanilla fragrans
バーミセリ →ヴァーミセリ
バームブラック 英 barm brack
パームゆ パーム油 Ⓛ Palmöl
パールシュガー →あられとう
パイ Ⓛ pâté, tarte, tartelette, 英 pastry, pie, 独 Tarte
パイエット Ⓛ paillette
パイカーラー 英 pie-collar
はいがいりパン 胚芽入リパン Ⓛ pain aux germes de blé
パイカッター →パイぐるま
パイがわ パイ皮 英 pie crust
パイきじ パイ生地 Ⓛ feuilletage, pâte à foncer, pâte à pâté, pâte brisée, pâte sablée, pâte sucrée, 英 pie crust, pie pastry, short sweet pastry, puff pastry, 米 flaky pastry, sweet pie pastry, 独 Blätterteig
パイクーラー Ⓛ grille, 英 dipping wire, 米 cake rack, 独 Gitter
パイぐるま パイ車 Ⓛ roulette, roulette à pâte, roulette multicoupe, 英 jigger, 独 Rädchen, Teigschneider
パイクレット 英 pikelet
ハイグロウン 英 high grown
はいごう 配合 独 Rezept
パイざら パイ皿 Ⓛ tourtière, 英 pie dish, pie tin, 独 Backform
ばいせんした 焙煎した Ⓛ torréfié
ハイティー 英 high tea
ハイドロメーター 英 hydrometer
パイナップル Ⓛ ananas, 独 Ananas
パイばさみ パイ挟み Ⓛ pince à pâte, pince à tarte, 英 mazipan pincer, patterned pastry, pincer, tweezers, 独 Pinzette
パイピング Ⓛ dressage, 英 piping
はいぶん 灰分 Ⓛ cendre
はいぶん 配分 Ⓛ répartition
パイペストリー Ⓛ pâte à pâté, 英 pie pastry
はいみつとう 廃蜜糖 →モラセス
ハイレシオケーキ 英 high-ratio cake
パイレックス 英 Pyrex
パイローラー Ⓛ laminoir, 独 Teigausrollmaschine
パイント 英 pint
ババロワ Ⓛ bavarois, bavaroise, crème à bavarois, 英 Bavarian cream, 独 Bayrischerkrem
ババロワーズ Ⓛ bavaroise

パヴェ [仏] pavé
バウムクーヘン [仏] gâteau à la bronch, gâteau des pyrénée, [独] Baumkuchen
バウムクーヘンシュピッツ [独] Baumkuchen-spitz
バウムクーヘントルテ [独] Baumkuchentorte
バウムベハンク [独] Baumbehang
パウンド(ケーキ)がた パウンド(ケーキ)型 [仏] moule à cake, [英] bread tin, loaf tin, [米] loaf pan, [独] Keksform
パウンドケーキ [仏] cake, quatre-quarts, [英] fruit cake, plum-cake, pound cake, slab cake, [米] loaf cake, sponge, [独] Englischer Kuchen, Gleichschwer, Sandkuchen
はがす 剝がす [仏] décoller, détacher
はがた 葉型 [仏] empreinte à feuille, moule à feuille
バガテル [仏] bagatelle
はかり 秤 [仏] balance, bascule, [独] Waage
はかる 計る [仏] mesurer, peser, [独] messen, wiegen
ばくが 麦芽 [仏] malt, [独] Malz
ばくがとう 麦芽糖 [英] malt sugar, [独] Maltose, Malzzucker
パクチー ⇒コリアンダー
はくちゃ 白茶 [仏] thé blanc
はくちょう 白鳥 [仏] cygne, [独] Schwan
バクテリア [仏] bactérie
バクラヴァ [仏] baklava
はくりきこ 薄力粉 [英] soft flour, [独] Weißemehl
はけ 刷毛 [仏] brosse, pinceau, [英] pastry brush, wash brush, [独] Pinsel
パケ [仏] paquet
バケツ [仏] baquet, seau
バゲット [仏] baguette
はこ 箱 [仏] boîte, caisse, coffret
ぱさぱさになった [仏] rassis
はさみ 鋏 [仏] ciseau, [独] Schere
はさむ[1]〔差し込む〕 挟む [仏] enfoncer, intercaler, introduire
はさむ[2]〔摘まむ〕 挟む [仏] pincer, [英] pinch, [独] kneifen
パサリヤージュ [仏] passarillage, passerillage
パサレル [仏] passarelle, passerelle
はしばみ 榛 ⇒ヘーゼルナッツ
パシャード [仏] pachade
はしり(のくだもの) はしり(の果物) [仏] primeurs
バジリコ ⇒バジル
バジル [仏] basilic
パスカ [仏] paskha
パスクラサン [仏] passe-crassane
パスタ [仏] pâte
パスティ [英] pasty
パスティーヤ [仏] pastilla
パスティーユ [仏] pastille, pastille de Vichy, pastille du mineur, [英] pastille
パスティーユ・デュ・ミヌール [仏] pastille du mineur
パスティーユ・ド・ヴィシー [仏] pastille de Vichy
パスティス [仏] pastis
パスティス・ガスコン [仏] pastis gascon
パスティス・ケルシノワ [仏] pastis quercynois, serpent quercynois
パスティスブリ [仏] pastis bourrit, pastis landais
パスティスベアルネ [仏] pastis béarnais
パスティスランデ ⇒パスティスブリ
パスティッチ [仏] pastizz(i)
パスティヤージュ [仏] pastillage, [英] gum paste, sugar paste, [独] Gummiteig
パステーテ ⇒ヴォロヴァン
パステーテンタイク [独] Pastetenteig
パステーテンハオス ⇒ヴォロヴァン
パストゥールさっきんき パストゥール殺菌器 [仏] pasteurisateur
バスマ [仏] basma
バスマティまい バスマティ米 [仏] [riz 囲み]
パスリヤージュ ⇒パサリヤージュ
パスレル ⇒パサレル
パセする [仏] passer

パセリ　⒡ persil
パソワール　⒡ passoire, ⒠ strainer
バター　⒡ beurre, ⒠ butter, ⒟ Butter
バターいれ　バター入れ　⒡ beurrier
バターオイル　→むすいバター
バターカーラー　⒟ Butterrollenmesser
バターキャラメル　⒟ Butterkrem
バタークリーム　⒡ crème au beurre, ⒠ butter cream, ⒟ Butterkrem, Französischer Butterkrem
バターケーキ　⒟ Teekuchen
バタースポンジ　⒠ butter sponge, Wienermasse
バタータルトレット　⒠ butter tartlet
バターパン　⒠ butter bun
バターミルク　⒡ babeurre, lait battu, lait de beurre, petit-lait, ⒠ butter milk
バタール　⒡ bâtard
バタクラン　⒡ ba-ta-clan
はちみつ　蜂蜜　⒡ miel, ⒠ honey, ⒟ Honig
はちみつしゅ　蜂蜜酒　⒡ hydromel, ⒠ mead
はっか　薄荷　→ミント
はっかく　八角　⒡ anis étoillé, badiane
バッカス　⒡ Bacchus
パッキング　⒡ joint
バックマッセ　⒟ Backmasse
ハックルベリー　⒠ huckleberry
はっこう　発酵　⒡ fermentation, pointage, ⒠ ferment, final proof, panary fermentation
はっこうがし　発酵菓子　⒟ Hefegebäck, Hefekuchen
はっこうきじ　発酵生地　⒡ pâte levée, ⒠ dough, leaven, ⓐ yeast dough, ⒟ Hefeteig
はっこうスターター　発酵スターター　⒡ poolis(c)h, ⒠ pre-ferment, sponge
はっこうする(はっこうさせる)　発酵する(発酵させる)　⒡ fermenter, lever, pointer, pousser, travailler, ⒠ ferment, leaven, prove, rise, ⒟ gären
はっこうにゅう　発酵乳　⒡ lait fermenté
パッションフルーツ　⒡ fruit de la passion, grenadille, passiflore
バッチ・バン　ⓐ batch bun
バッテンバーグケーキ　⒠ battenberg cake
バット　⒡ candissoire, conche, plaque, plaque à débarrasser, ⒟ Teller
はっぽうせいシードル　発泡性シードル　⒡ cidre bouché
はっぽうせいミネラルウォーター　発泡性ミネラルウォーター　⒡ eau gazeuse
パテ　⒡ pâté, ⒠ pie, ⓐ patty
パティ　⒠ patty
パティシエ　⒡ pâtissier, ⒠ confectioner, ⒟ Bäcker, Konditor, Konditorin
パティスリー　⒡ pâtisserie, ⒠ cake, pastry, ⒟ Konditorei, Konditoreiware, Mehlspeise
パテ・オ・プリュヌ　⒡ pâte aux prunes
パテナイフ　⒡ triangle
パテモールド　→パテようかた
パテようかた　パテ用型　⒠ paté mould, pie
パテようきじ　パテ用生地　⒡ pâte à pâtés, ⒟ Pastetenteig
パドゥ　→フラン・カタラン
バトネ　⒡ bâtonnet
パトランク　⒡ patranque
バトン　⒡ bâton
パトン　⒡ pâton
はな　花　⒡ fleur
パナシェ　⒡ panaché
はなしぼり　花絞り　⒡ rosace, ⒠ rose, rosette
はなづな　花綱　⒡ feston, guirlande
バナナ　⒡ banane, ⒠ banana, ⒟ Banane
バナナスプリット　ⓐ banana split
ハニーケーキ　⒡ pain d'épices, ⒠ honey cake, ⒟ Honigkuchen
パニーニ　⒡ panini
パニエ　⒡ panier

パニエがた　パニエ型　Ⓛ moule à panier
パニス　Ⓛ pannisa, panisse
パニュル・アングレーズ　Ⓛ panure
パニュルス　Ⓛ banyuls
パヌケ　Ⓛ pannequet, 英 pancake
パヌトン　Ⓛ paneton
パヌレ　Ⓛ panellet
パネットーネ　Ⓛ panettone
バノック　英 bannock, Pitcaithly bannock, Selkirk bannock
バノックビスケット　英 bannock biscuit
ババ　Ⓛ baba
パパイヤ　Ⓛ papaye, 独 Papaya
パパゲーノトルテ　独 Papageno Torte
ババようきじ　ババ用生地　Ⓛ pâte à babas
パピヨット　Ⓛ papillote
パピヨン　Ⓛ papillon
パフ　英 puff
ハフキン　英 huffkin
パフケース　Ⓛ croûte, 英 puff case
パフドライス　Ⓛ[riz 囲み]
パフペースト　→フイユタージュ
パプリカ　独 Paprika
はまなつめもどき　浜棗もどき　Ⓛ ximenia
ハム　独 Schinken
ばら　薔薇　Ⓛ rosace, rose, 英 rose, rosette
ばらいろの　薔薇色の　Ⓛ rose, rosé
パラチンケン　独 Palatschinken
バラックパリンカ　Ⓛ barack
バラブリス　英 Bara brith
ばらみつ　→ジャックフルーツ
ばらもよう　薔薇模様　Ⓛ rosace
はらわたをぬく　はらわたを抜く　Ⓛ vider
はりあわせクッキー　張り合わせクッキー　Ⓛ sablé hollandais
はりい　針蘭　Ⓛ éléocharis
パリザーヴュルフェル　独 Pariser Würfel
パリザークレーム　→ガナッシュ
パリジャン　Ⓛ parisien
はりつける　張りつける　Ⓛ adhérer, appliquer, coller, plaquer
パリ=ニース　Ⓛ paris-nice

パリ=ブレスト　Ⓛ paris-brest, 独 Brühmassekranz
ハルヴァ　Ⓛ chalwa, halva, halwa
バルケット　Ⓛ barquette, 英 boat
バルケットがた　バルケット型　Ⓛ barquette
バルサック　Ⓛ barsac
ハルツァー　独 Harzer
ハルプアイス　→ハルプゲフローレネス
パルファンショコラ　Ⓛ parfum chocolat
パルフェグラセ　Ⓛ parfait, 英 parfait glacé, 独 Parfait
パルフェようかた　パルフェ用型　Ⓛ moule à parfait
パルフェようきじ　パルフェ用生地　Ⓛ parfait
ハルプゲフローレネス　独 Halbeis, Halbgefrorenes
パルミエパイ　Ⓛ palmier, 英 palm, pig's ear, 独 Schweineohren
パルミジャーノ・レッジャーノ　→パルメザンチーズ
パルメザンチーズ　Ⓛ parmesan
ハルレキン　独 Harlekin
ハルレキントルテ　独 Harlekintorte
パレ　Ⓛ palet
パレオール　Ⓛ palais or
はれつする　破裂する　Ⓛ éclater
パレットナイフ　Ⓛ amassette, palette, spatule en fer, 英 palette knife, 米 blade-spatula, 独 Palette
パレドール　Ⓛ palet d'or
パレブルトン　Ⓛ palet breton
バレンプローベ　独 Ballenprobe
ハロウィーン　独 Halloween
パロワ　Ⓛ palois
パン　Ⓛ bun
パン　Ⓛ pain, baguette, boule, boulot, miche, 英 bread, loaf, split tin, tin, 独 Brot, Brötchen
パン・ア・カフェ　Ⓛ flûte, pain à café
パン・ア・ユイトル　Ⓛ pain à huître

パン・ア・ロニオン	Ⓕ pain à l'oignon
パン・イタリアン	Ⓕ pain italien
パン・ヴィエノワ	Ⓕ pain viennois
パン・(アン)・エピ	Ⓕ pain (en) épis
パン・オ・キャロット	Ⓕ pain aux carottes
パン・オ・キュマン	Ⓕ pain au cumin
パン・オ・グリュテン	→グリュテンパン
パン・オ・グレーヌ・ド・セザム	Ⓕ pain aux graines de sésame
パン・オ・ザブリコ	Ⓕ pain aux abricots
パン・オ・ザルグ	Ⓕ pain aux algues
パン・オ・ジェルム・ド・ブレ	Ⓕ pain aux germes de blé
パン・オ・ショコラ	Ⓕ pain au chocolat, 英 chocolate roll
パン・オ・セーグル	Ⓕ pain au seigle
パン・オ・セレアル	Ⓕ pain aux céréales
パン・オ・ソジャ	Ⓕ pain au soja
パン・オ・ゾリーヴ	Ⓕ pain aux olives
パン・オ・ソン	Ⓕ pain au son
パン・オ・チョリゾ	Ⓕ pain au chorizo
パン・オ・ノワ	Ⓕ pain aux noix
パン・オ・フィーヌゼルブ	Ⓕ pain aux fines herbes
パン・オ・フリュイ・セック	Ⓕ pain aux fruits secs
パン・オ・プリュノー	Ⓕ pain aux pruneaux
パン・オ・ポム	Ⓕ pain aux pommes
パン・オ・マイス	Ⓕ pain au maïs
パン・オ・ラール	Ⓕ pain au lard
パン・オ・レ	Ⓕ pain au lait, 英 milk roll
パン・オ・レザン	Ⓕ pain aux raisins
パンがた パン型	Ⓕ moule à pain de mie, 英 bread tin, loaf tin, 米 loaf pan
はんきせいしょくひん 半既製食品	Ⓕ produits alimentaires intermédiaires
はんきゅう(けい) 半球(形)	Ⓕ dôme
はんきゅうけい 半球形の	Ⓕ semi-sphérique
はんきゅうけいのボウル 半球形のボウル	Ⓕ bassine demi-sphérique, calotte
バングレイズ	英 bun glaze
パン・クロワッサン	Ⓕ pain croissant
パンケーキ	Ⓕ crêpe, 英 farl, flap, flap jack, griddle cake, jack, pancake, pikelet, 米 batter cake
パンこ パン粉	Ⓕ chapelure, panure, 英 breadcrumbs
パン・コルドン	Ⓕ pain cordon
パンこをつくる パン粉を作る	Ⓕ chapeler
パンこをつける パン粉をつける	Ⓕ paner
パン・コンプレ	Ⓕ pain complet
パン・シュルプリーズ	Ⓕ pain surprise
バンズ	英 bun
パンせいけいようかご パン成形用籠	Ⓕ paneton
パンせいさく パン製作	Ⓕ panification
はんせいひんの 半製品の	Ⓕ semi-élaboré
パンセする	Ⓕ pincer, 英 pinch, 独 kneifen
パンだね パン種	Ⓕ levain, poolis(c)h, 英 ferment, leaven, pre-ferment, sourdough, sponge, 独 Backhefe
パンチ	Ⓕ punch, punch à la romaine, punch anglais, punch français, punch marquise, 英 punch
はんちょうりずみしょくひん 半調理済み食品	Ⓕ produits alimentaires intermédiaires
パンツァロティ	Ⓕ panzarotti
ハンディングアップ	英 handing-up
パン・デピス	Ⓕ pain d'épices, 英 gingerbread, ginger cake, honey cake, 独 Honigkuchen, Lebkuchen, Pfefferkuchen
パン・デピスようきじ パン・デピス用生地	Ⓕ pâte à pain d'épices
はんてん 斑点	Ⓕ tache
パン・ドゥ	英 bun dough
はんとうめいの 半透明の	Ⓕ translucide, 独 lichtdurchlässig
パン・ド・カンパーニュ	Ⓕ pain de campagne
パン・ド・グリュオ	Ⓕ pain de gruau
パン・ド・グリュテヌ	Ⓕ pain de gluten
パン・ド・ジェーヌ	Ⓕ pain de Gênes, 独 Genuakuchen
パン・ド・ジェーヌようきじ	パン・ド・ジェーヌ

用生地　⒡pâte à pain de Gênes
パン・ド・シュクル　→ぼうざとう
パン・ド・セーグル　⒡pain au seigle, pain de seigle, ⒠rye bread, ⒟Pumperinickel
パン・ド・ナント　⒡pain de Nantes
パン・ド・ノエル・オ・フリュイ　⒡pain de Noël aux fruits
パン・ド・プワール　⒡pain de poires
パン・ド・ミ　⒡pain de mie
ハンドミキサー　⒡batteur, robot ménager
パン・ド・メテイユ　⒡pain de méteil
パン・ド・ラ・メック　⒡pain de la Mecque
パン・ドルジュ　⒡pain d'orge
パン・ノルマン・オ・シードル　⒡pain normand au cidre
パン・バニャ　⒡pan-bagnat
パンビ　→ブラウンブレッド
はんびらきにする　半開きにする　⒡entr(')ouvrir
パン・ファンテジー　⒡pain fantaisie
パンプキンパイ　⒜pumpkin pie
パンプディング　⒡pudding au pain, ⒠bread pudding
パンブリエ　⒡pain brié
パンブリエ　⒡pain plié
パンブリオシェ　⒡pain brioché
パン・フロワ　⒡bain-froid
バンベリーケーキ　⒠Banbury cake
パン・ペルデュ　→フレンチトースト
パン・ポルカ　⒡pain polka, polka
パンや¹〔人〕　パン屋　⒡boulanger, ⒠baker, ⒟Bäcker
パンや²〔店〕　パン屋　⒡boulangerie, ⒠bakery, ⒜bakehouse, bake shop, ⒟Bäckerei
パンやきがま　パン焼き窯　⒡four
ばんれいし　番荔枝　⒡anone

ひ

ひ　火　⒡feu, flambée
ビーター　⒡broyeur, feuille, ⒠beater, paddle
ピーチ　⒡pêche, ⒠peach, ⒟Pfirsch
ピーチブランディ　⒠peach brandy
ビート　⒡betterave, ⒟Zuckerrübe
ビートシュガー　⒡[sucre 囲み], ⒠beet sugar
ピーナッツ　⒡arachide, cacahouète, cacahuèthe, ⒟Erdnuss
ピーナッツバター　⒟Erdnussbutter
ビーネンコルプ　⒟Bienenkorb
ビーネンシュティッヒ　⒟Bienenstich
ビーバー　⒟Biber
ビーバータイク　⒟Biberteig
ピーマン　⒡poivron
ピーラー　⒡couteau économe, éplucheégume, ⒠peeler, ⒟Schäler
ビール　⒡bière, blond, bock, ⒟Bier
ピエスモンテ　⒡pièce montée, ⒟Aufsatz
ピエスモンテグラセ　⒡pièce montée glacée
ピエスモンテようかた　ピエスモンテ用型　⒡moule à pièces montées
ピエスモンテようきぐ　ピエスモンテ用器具　⒡pièce à portiques, présentoir à pièce montées
ひえた　冷えた　⒡froid, ⒟kalt
ビガラード　⒡bigarade
ビガロー　⒡bigarreau
ピカンシャーニュ　⒡picanchâgne, piquenchâgne
ひきアメ　引き飴　⒡[sucre d'art 囲み], ⒠pulled sugar, ⒟Gezogener Zucker
ひきにく　挽き肉　⒡hachis
ひきのばすこと〔飴を〕　引き伸ばすこと　⒡étirage
ひきわり　挽き割り　⒡flocon
ひきわりこむぎ　挽き割り小麦　⒟Weizengrieß
ひきわりライむぎ　挽き割りライ麦　⒟Roggenbackschrot
ピクセル　⒡picoussel
ピケする　⒡piquer, ⒠dock, prick, ⒟Löcher stechen

ピケローラー ㊫ pique-vite, rouleau "pic vite", ㊖ docker, picker, ㊯ Locher
ピサラディエール ㊫ pissaladière
ひし 菱 ㊫ châtaigne d'eau, mâcre, madi
ひしがた 菱形 ㊫ losange
ひじゅう 比重 ㊫ densité
ひじゅうけい 比重計 ㊫ densimètre
ビスキュイ ㊫ biscuit, ㊖ sponge, ㊯ Biskuit
ビスキュイ・ア・ラ・キュイエール ㊫ buscuit à la cuiller (cuillère), ㊖ lady finger, ㊯ Biskotten, Löffelbiskuit
ビスキュイがた ビスキュイ型 ㊫ biscuit
ビスキュイきじ ビスキュイ生地 ㊫ pâte à biscuit, ㊖ sponge mixture, ㊯ Biskuit-masse
ビスキュイグラセ ㊫ biscuit glacé, ㊖ iced biscuit, ㊯ Biskuiteis
ビスキュイジェノワ ⇒パン・ド・ジェーヌ
ビスキュイ・ジョコンド ㊫ biscuit Joconde
ビスキュイ・ド・サヴォワ ㊫biscuit de Savoie
ビスキュイ・ド・ランス ㊫ biscuit de Reims
ビスケット ㊫ croquant, galette, petit-beurre, petit gâteau, ㊖ biscuit, ㊗ cookie, ㊯ Mürbegebäck
ピスタチオ ㊫ pistache, ㊖ pistachio, ㊯ Pistazie
ピストレ ㊫ pistolet, ㊯ Spritzpistole
ヒソップ ㊫ hysope
ピタ(パン) ㊫ pita
ビターアーモンド ⇒にがアーモンド
ビターオレンジ ⇒にがオレンジ
ビターチョコレート ㊫ pâte de cacao, [cacao 囲み], [chocolat 囲み], ㊯ Bitterschokolade
ひたす 浸す ㊫ baigner, imbiber, immerger, macérer, plonger, siroper, submerger, tremper, ㊖ dip, immerse, macerate, soak, ㊯ eintauchen, einweichen, nass machen, tränken
ビタミン ㊫ vitamine, ㊯ Vitamin
びっくりオムレツ ⇒オムレット・ノルヴェジエーヌ
ひっくりかえす ひっくり返す ㊫renverser, retourner
ピッチャー ㊫ pichet
ビッテレ・マクローネンマッセ ㊯ bittere Makronenmasse
ヒッペンマッセ ㊯ Hippenmasse
ピティヴィエ ㊫ pithiviers
ピトケイスリーバノック ㊖ Pitcaithly bannock
ひとそろい 一揃い ㊫ assortiment, batterie, série, service, tête à tête, ㊖ set
ひとつまみ 一抓み ㊫ pincée, pointe
ひとにぎり 一握り ㊫ poignée
ひなぎく 雛菊 ⇒デイジー
ビニョン ㊫ bignon
ピニョン ㊫ pignon, ㊯ Kiefernuss
ピヌラ ㊫ pignoulat
ピノ・デ・シャラント ㊫ pineau des Charentes
ヒホナトゥーロン ㊫ touron de Jijona, touron de Xixona
ひまく 被膜 ⇒コーティング
ひまくする 被膜する ⇒おおう
ひまくようクーヴェルテュール 被膜用クーヴェルテュール ㊫[couverture 囲み]
ひまわりゆ ひまわり油 ㊫[huile 囲み], ㊯ Sonnenblumenöl
びみ 美味 ㊯ Leckerei
ひめういきょう 姫茴香 ⇒キャラウェイ
ひゃくみこしょう 百味胡椒 ⇒オールスパイス
ひやす 冷やす ㊫ frapper, glacer, rafraîchir, refroidir, ㊖ chill, cool, refrigerate, ㊯ abkühlen (lassen), erkalten
ビヤホール ⇒ブラスリー
ビュイソン ㊫ buisson
ピュイダムール ㊫ puits d'amour
ビュウリ ㊯ Bürli
ビュッシュ・ド・ノエル ㊫ bûche de Noël, ㊖ yule log
ビュニエット ㊫ bunyète, crespell, garrife

ビュニュ　🄛 bugne
ビュニュようきじ　ビュニュ用生地　🄛 pâte à bugnes
ビュフェ　🄛 buffet
ピュルプ　🄛 pulpe
ピュレ　🄛 purée, 🄛 Obstmark, Püree
ひょうか　氷菓　🄛 glace, glacerie, 🄔 ice, 🄛 Gefrorene, Speiseeis
ひょうかようのかた　氷菓用の型　🄛 moule à glaces, [moule à glaces 囲み]
ひょうじゅんてきフイユタージ　標準的フイユタージュ　🄛 [feuilletage 囲み]
ひょうたん(がた)　瓢箪(形)　🄛 calebasse
ひょうめん　表面　🄛 surface, 🄛 Oberfläche
ひょうめんにうかぶ　表面に浮かぶ　🄛 surnager
ひよこまめ　ひよこ豆　🄛 chiche
ひらたい　平たい　🄛 platt
ひらまめ　平豆　→レンズまめ
ビルヴェッカ　→ベラヴェッカ
ビルネンブロート　🄛 Birnenbrot
ビルヒャーミューズリー　🄛 muesli, 🄛 Birchermüesli
ビルベリー　🄛 airelle myrtille, 🄔 bilberry, whortleberry, 🄛 Heidelbeere
ビロードのような　🄛 velouté
びわ　枇杷　🄛 bibace, bibasse, loquat, nèfle du Japon, 🄛 Mispel, Woll-Mispel
びん　瓶　🄛 bocal, bouteille, dame-jeanne, fiasque, 🄛 Flasche
ピンクペッパー　🄛 baie rose, faux poivre, poivre de Pérou, poivre rose
ひんしつ　品質　🄛 qualité, 🄛 Qualität
ひんしつきかく　品質規格　🄛 Qualitätsbestimmung
ひんしつほしょうきげん　品質保証期限　→しょうみきげん
ピンセット　🄛 pince, 🄔 tweezers, 🄛 Pinzette
びんづめ　瓶詰　🄛 conserve

ふ

ファーデンプローベ　🄛 Fadenprobe
ファー(ル)ブルトン　🄛 far breton
ファームハウスケイク　🄔 farmhouse cake
ファール　🄛 farl
ファイナルプルーフ　🄔 final proof
ファストフード　🄛 snack-bar, 🄔 fast food
ファソナージュ　🄛 façonnage
ファッジ　🄔 fudge
ファッシングスクラップフェン　🄛 Faschingskrapfen
ファットブルーム　🄔 fat bloom, 🄛 Fettreif
ファニング　🄔 fanning
ファリナージュ　🄛 farinage
ファリナード　🄛 farinade
ファリネット　🄛 farinette
ファリュ　🄛 brioche coulante, fal(l)ue, gâche améliorée
ファルキュレル　🄛 falculelle
ファルス　→つめもの
ファルスマン　🄛 farcement
ファルソン　🄛 façon
ファンシー　🄔 fancy
ファンショネット　🄛 fanchette, fanchonette
フィアドーヌ　🄛 fiadone
ブイイ(ゆで肉)　🄛 bouilli
フィーヌゼルブ　🄛 fines herbes
フィオン　🄛 fion
フィグ　→いちじく
フィゲット　🄛 figuette
フィセル　🄛 ficelle
フィナンシエ　🄛 financier
フイユタージュ　🄛 feuilletage, pâte feilletée, 🄔 puff paste, puff pastry, 🄔 flaky pastry, 🄛 Blätterteig
フイユテ　🄛 feuilleté
ブイヨン　🄛 bouillon
フィリング　→つめもの
フィルター　🄛 blanchet, filtre, 🄛 Filter
フィレ　🄛 filée, filet

フィロ [仏] filo, phyllo
フィロきじ フィロ生地 [仏] filo, pâte à filo
フィンガー [英] finger
フィンガービスケット [仏] biscuit à la cuiller (cuillère), [英] lady finger, [独] Biskotten, Löffelbiskuit
ブーシェ [仏] bouchée
ブーシェ・ア・ラ・レーヌ [仏] bouchée à la reine
ブーシェ・オ・ショコラ [仏] bouchée au chocolat
ブーダン [仏] boudin
フードプロセッサー [仏] robot-coupe, robot ménager, stéphan, [独] Stephan
プードル・ア・クレーム [仏] poudre à crème, poudre à flan
プードル・ア・フラン ⇒プードル・ア・クレーム
プードル・ド・カルーブ [仏] poudre de caroube
プープラン [仏] poupelin
ふうみ 風味 [仏] saveur
ふうみのある 風味のある [仏] savoureux
ふうみのない 風味のない [仏] fade
ふうみをだす 風味を出す [仏] relever, remonter
ブーランジュリー ⇒パンや[2]
フール [英] fool
ブール [仏] boule
ブール・エクストラ・ファン [仏][beurre 囲み]
ブールグール ⇒トゥルグール
ブール・クリュ [仏][beurre 囲み]
フール・セック [仏] four sec
ブール・ド・カンパーニュ [仏] boule de campagne
ブール・ド・キュイジーヌ [仏][beurre 囲み]
ブール・ド・クレーム・クリュ [仏][beurre 囲み]
ブール・ド・ゴム [仏] boule de gomme
ブール・ド・ターブル ⇒ブール・ド・キュイジーヌ
ブール・ド・ネージュ [仏] boule de neige
ブール・ド・ネージュがた ブール・ド・ネージュ型 [仏][moule à glaces 囲み]
ブール・ド・ペタンク [仏] boule de pétanque
ブール・ド・ベルラン ⇒ベルリーナ・プファンクーヘン
ブールドロ ⇒ブルドロ
ブール・ファン [仏][beurre 囲み]
ブール・プロヴァンサル ⇒ブール・ド・ペタンク
ブーレ [仏] boulé
フェアリーケーキ [英] fairy cake
フェイジョワ [仏] feijoa
フェーヴ [仏] fève
フェセル [仏] faisselle
ふえる 増える [独] zunehmen
フェンネル ⇒ういきょう
フォーク [仏] fourchette
フォースミート [英] forcemeat
フォールタイク [独] Vorteig
フォカッチャ [仏] focaccia
フォレスティーヌ・ド・ブルジュ [仏] forestine de Bourges
フォレ・ノワール [仏] gâteau de la Forêt-Noire, [独] Schwarzwälder-Kirschtorte
フォン [仏] fond
フォン・サブレ [仏][fond de pâtisserie 囲み]
フォンダン [仏] fondant, [独] Fondant
フォンダンいりヌガティーヌ フォンダン入りヌガティーヌ [仏] nougatine au fondant
フォンダンショコラ [仏] fondant au chocolat
フォンダンチョコレート [仏][chocolat 囲み]
フォンダントクレーム [独] Fondantkrem, Sahnefondant
フォンテーヌ [仏] fontaine, [英] bay
フォンテーヌブロー [仏] fontainebleau
フォンテーヌムース [仏] fontaine mousse
フォンデュ・オ・ショコラ ⇒チョコレートフォンデュ
フォンデュセット [仏] service à fondue
フォン・ド・シュクセ [仏] [fond de pâtisserie 囲み]
フォン・ナポリタン [仏] [fond de pâtisserie 囲み]
フォン・ノワ [仏][fond de pâtisserie 囲み]

フォン・ノワゼット 仏[fond de pâtisserie 囲み]
フォン・ベルレ 仏[fond de pâtisserie 囲み]
ふかいどすい 深井戸水 仏 eau de source
ふかざら 深皿 仏 plat creux
フガス 仏 fouace, fougasse
フガスプロヴァンサル 仏 fougasse provençale
フガセット 仏 fougassette
ふかなべ 深鍋 仏 fait(-)tout
ふきアメ 吹き飴 仏[sucre 囲み], 英 blown sugar
ふきこみせいけい 吹き込み成形 仏 soufflage
ふきつける 吹きつける 仏 pulvériser, vaporiser, 独 sprühen, zerstäuber
ふきん 布巾 仏 essuie-verre, linge, torchon, 独 Küchentuch
ふく 拭く 独 wischen
ふくらむ(ふくらませる) 膨らむ(膨らませる) 仏 bomber, bouffer, boursoufler, développer, foisonner, gonfler, lever, pousser, souffler, travailler, 英 leaven, rise, prove, swell, 独 aufgehen
ふくらんだ 膨らんだ 仏 soufflé
ふけつな 不潔な 独 schmutzig
ふさ〔果実の〕房 仏 grappe, quartier, régime
ふさすぐり 房酸塊→グロゼイユ
ふじゅんぶつ 不純物 仏 impureté
ふすま 麩 仏 fleurage, issue, son
ふすまいりパン 麩入りパン 仏 pain au son
ふた 蓋 仏 chapeau, couvercle
ふたをする 蓋をする 仏 chapeauter, couvrir
ふたをとる 蓋を取る 仏 décalotter, découvrir
ふだんそう 不断草 仏 bette
ふち 縁 仏 rebord, tour
ふちかざり 縁飾り 仏 bordure, crête
ふちをつくる 縁をつくる 仏 relever, videler, 英 thumb up
ふっかつさい 復活祭 →イースター
ふっくらした 仏 mousseux
ブッシュ・ド・ノエル →ビュッシュ・ド・ノエル
ブッタークーヘン 独 Butterkuchen
ブッタークレーム →バタークリーム
ブッターゲベック 独 Buttergebäck
ブッターシュトーレン 独 Butterstollen
ブッターシュトロイゼル 仏 英 streusel, 独 Butterstreusel, Streusel
フッツェルブロート 独 Hutzelbrot
ふっとう 沸騰 仏 ébullition, effervescence, frémissement
ふっとうする(ふっとうさせる) 沸騰する(沸騰させる) 仏 bouillir, bouillonner, frémir, frissonner, 英 boil, 独 kochen
プティカセ 仏 petit cassé
プティガトー 仏 gâteau à la pièce, gâteau individuel, gâteau-portion, petit gâteau
プティフール 仏 petit four, 英 afternoon tea fancies, fairy cake, fancy, Genoese fancy, 独 Feingebäck, Kleinkuchen, Petit-Four
プティブール 仏 petit-beurre, 英 biscuit
プティフールグラセ 仏 petit four glacé, 英 Genoese glacé
プティフールサレ 仏 petit four salé
プティフールセック 仏 petit four sec, 米 cookie, cooky, 独 Mürbegebäck, Tee-Fours
プティフールフレ 仏 petit four frais
プティフールムワルー 仏 petit four moelleux
プティフールようがた プティフール用型 仏 moule à petits fours
プティブレ 仏 petit boulé
プティポ 仏 petit pot
プティポ・ド・クレーム 仏 petit pot de crème
プティング 仏 pudding
プティング・ア・ラ・クレーム 仏 pudding à la crème
プティング・オ・ショコラ 仏 pudding au chocola

プディング・オ・パン [仏] pudding au pain, [英] bread pudding
プディング・オ・フェキュラン [仏] pudding aux féculents
プディングがた プディング型 [仏] pudding
プディング(・スフレ)・サクソン [仏] pudding (soufflé) saxon
プディング・デ・カビネ ⇒キャビネットプディング
プディング・ド・スムール [仏] pudding de semoule
プディング・ド・タピオカ [仏] pudding de tapioca
プディング・ド・ビスキュイ [仏] pudding de biscuit
プディング・ド・リ [仏] pudding de riz
プディング・パイ [英] pudding pie
プディングようきじ プディング用生地 [仏] pâte à pudding
プディングようといがた プディング用樋型 [英] pudding sleeve
ぶどう(のみ) 葡萄(の実) [仏] raisin, [独] Traube
ブドウきゅうきん ブドウ球菌 [仏] staphylocoque
ぶどうしゅ 葡萄酒 ⇒ワイン
ぶどうとう 葡萄糖 ⇒グルコース
ぶどうパン 葡萄パン ⇒レーズンパン
ふとうめいな 不透明な [仏] mat
フトラージュ [仏] feutrage
ブドワール [仏] boudoir
ぶなのみ 橅の実 [仏] faine, faîne
ブニョン [仏] beugnon
フヌイユ [仏] fenouil, [独] Fenchel
ブノワトン [仏] bennoiton
ふはい 腐敗 [独] Veränderung, Verderben
ふはいする 腐敗する ⇒くさる
プファンクーヘン [独] Pfannkuchen
プフェッファークーヘン ⇒ホーニッヒクーヘン
プフェッファーヌッス [独] Pfeffernuss
ブフテルン [独] Buchteln
プフラスターシュタイン [独] Pflasterstein
ふやかす [独] aufweichen
ふやす 増やす [独] vergrößern
フュルステンシュニッテ [独] Fürstenschnitte
フュルスト・ピュックラー・アイス [独] Fürst-Pückler-Eis
フラーデンタイク [独] Fladenteig
フライがえし フライ返し [英] turner
フライにする [仏] frire, [英] fry
フライパン [仏] galet(t)oire, poêle, poêle-four, sauteuse, tuile, [英] griddle, [米] skillet, [独] Pfanne
フライヤー [仏] bassine à friture, friteuse, négresse, [英] fryer, [独] Friteuse
ブラウニー [米] brownie
ブラウンシュガー ⇒あかざとう
ブラウンヌガー [仏][nougat 囲み]
ブラウンブレッド [仏] pain bis
ブラオナーヌーガト [独] brauner Nougat
ブラサド [仏] brassadeau, tortillon
ブラシ [仏] brosse, écouvillon, [独] Bürste
ブラジルナッツ [仏] noix du Brésil, [独] Brazilnuss
プラスティック [仏] plastique, [英] plastic
プラスティックチョコレート [仏] chocolat plastique, [英] modelling chocolate, [独] Plastikschokolade
プラスティックマッセ [独] Plastikmasse
ブラスリー [仏] brasserie
プラター ⇒おおざら
プラタウー [仏] plat à œufs
ブラックカラント ⇒カシス
ブラックジャック [英] black jack
ブラックチョコレート [仏][chocolat 囲み]
ブラックヌガー [仏][nougat 囲み]
ブラックベリー [仏] mûre, mûron, ronce, [英] blackberry, [独] Brombeere
ブラッドオレンジ [仏] sanguine
ブラットクーヘン [独] Blechkuchen, Plattkuchen
フラップジャック [英] flap jack
フラッペ [英] frappé, [独] Frappe

フラッペグラセ [仏] frappé glacé
フラッペコーヒー [英] frappé coffee
ブラ・ド・ヴェニュス [仏] bras de vénus
フラマリー [英] flummery
フラミック ⇒フラミッシュ
フラミッシュ [仏] flamiche, flamique
フラミュス [仏] flamusse
プラム [仏] brignole, mirabelle, prune, prune d'Agen, prune perdrigon, prune d'ente, quetsche, quetsche d'Alsace, reine-claude, [英] damson, greengage, plum, [独] Pflaume
プラムケーキ [仏] plum-cake, [英] plum cake
プラムプディング [英] plum pudding
フラムリ [仏] flamri, flamery
プララン [仏] pralin, [独] Praline
プラリーヌ [仏] boulet de Montauban, praline, praline berge
プラリーヌ・ド・モンタルジ [仏] praline de Montargis
プラリネ [仏] pralin, praliné, [英] croquant, praline paste, [米] sugared almond, [独] Praline
プラリネフォーク ⇒チョコレートフォーク
プラリネペースト [仏] pralin, praliné, [英] praline paste, [独] Pralinemasse
プラリュリーヌ [仏] praluline
フラン [仏] [英] flan, [独] Fladen
フラン・カタラン [仏] flan catalan
フランクフルタークランツ [独] Frankfurter Kranz
ブランシールする [仏] blanchir, [英] blanch
フランジパーヌ [仏] crème frangipane, frangipane, [米] almond cream, [独] Franchipan, Franchipan-Krem
フランスしきサーヴィス フランス式サーヴィス [仏] service à la française
フランスしきフイユタージュ フランス式フイユタージュ [独] Französischer Blätterteig
フランスメレンゲ ⇒ムラングフランセーズ
ブランデー [仏] eau-de-vie, [英] brandy, [独] Brandy, Branntwein, Weinbrand
ブランデースナップ [英] brandy snap
ブラン・ド・ノワール [仏] blanc de noirs
ブラン・ド・ブラン [仏] blanc de blancs
ブラントマッセ ⇒シューきじ
フランベする [仏] flamber, [英] flame
フランベようワゴン フランベ用ワゴン [仏] table à flamber
フランボワーズ [仏] framboise, [英] raspberry, [独] Himbeere
フラン・マレシャン [仏] flan maraîchin
ブランマンジェ [仏] blanc-manger, [英] blancmange, [独] Mandelsulze
フランようクリーム フラン用クリーム [仏] crème à flans
フリアン [仏] friand
フリアンディーズ [仏] friandise
フリーザー ⇒れいとうこ
フリーザーにかける [仏] sangler, turbiner
フリーズドライ [仏] lyophilisation
ブリーチーズ [仏] brie
フリードリッヒスドルファー・ツヴィーバック [独] Friedrichsdorfer Zwieback
ブリオッシュ [仏] brioche, campanili corse
ブリオッシュ・ア・テット [仏] brioche à tête
ブリオッシュ・アン・クーロンヌ [仏] brioche en couronne
ブリオッシュ・ヴォジエンヌ [仏] brioche vosgienne
ブリオッシュ・オ・フリュイ・コンフィ ⇒ブリオッシュ・ルレ・オ・フリュイ・コンフィ
ブリオッシュがた ブリオッシュ型 [仏] moule à brioche, brioche à tête, brioch mousseline, [英] fluted brioche mo(u)ld
ブリオッシュきじ ブリオッシュ生地 [仏] pâte à brioches, [独] Briochteig
ブリオッシュ・クラント ⇒ファリュ
ブリオッシュ・スイス [仏] brioche roulée aux fruits confits, brioche suisse
ブリオッシュ・ド・ガナ [仏] brioche de Gannat
ブリオッシュ・ド・サン=ジュニ [仏] brioche de Saint-Genix, gâteau de Savoie

ブリオッシュ・ド・ナンテール　⒧ brioche de Nanterre, brioch Nanterre, pain brioché
ブリオッシュ・ムスリーヌ　⒧ brioche mousseline
ブリオッシュ・ルレ・オ・フリュイ・コンフィ　⒧ brioche roulée aux fruits confits, brioche suisse
ふりかけき　振りかけ器　⒧ glacière, saupoudreuse
ふりかける¹　振りかける　⒧ parsemer, saupoudrer, semer, 英 spoon, sprinkle, 独 streuen
ふりかける²〔液体を〕振りかける　⒧ arroser, asperger, 英 splash, 独 beträufeln
ふりかける³〔粉を〕振りかける　⒧ poudrer, 英 dust, 独 bemehlen, besieben, bestreuen
フリゴリ　⒧ frigorie
プリソン　⒧ plisson
ブリック　⒧ brick, brik
ブリックがた　ブリック型　⒧ [moule à glaces 囲み]
ブリッジロール　英 bridge roll
ブリッツブレッタータイク　⇒そくせきパイきじ
フリップ　⒧ flip
フリテル　⒧ fritelle
ブリニ　⒧ blini
ブリヤ=サヴァラン　⒧ brillat-savarin
フリュイ・ヴォワレ　⒧ fruit voilé
フリュイ・エグゾティック　⇒がいらいかじつ
フリュイグラセ・オ・カラメル　⒧ fruit glacé au caramel
フリュイ・コンフィ　⒧ fruit confit, 英 candied fruit, confection, 独 kandierte Früchte
フリュイ・コンフィ・ダプト　⒧ fruit confit d'Apt
フリュイ・ジヴレ　⒧ fruit givré
フリュイ・セック　⒧ fruit sec
フリュイ・ティジュ　⒧ fruit tige
フリュイ・デギゼ　⒧ fruit déguisé, 英 caramel candied fruit, caramel fruit
フリュイ・デギゼ・オ・フォンダン　⒧ fruit déguisé au fondant
ブリューゲル　独 Prügel
ブリューマッセ　⇒シューきじ
フリュステンシュニッテ　独 Füstenschnitte
フリュスト・ピュックラー・アイス　独 Fürst-Pückler-Eis
ブリュッセルワッフル　⇒ベルギーワッフル
ブリュノーフレ　⒧ pruneau fourré
フリュヒテブロート　独 Früchtebrot
ブリュロ　⒧ brûlot
プリンテン　独 Printen
ふるい　篩　⒧ blutoir, crible, passoire, tamis, 英 sieve, strainer, 独 Sichter, Sichtmaschine, Sieb, Siebmaschine
ふるいにかける　篩にかける　⒧ bluter, cribler, passer, tamiser, 英 pass, sieve, sift, 独 passieren, sieben
フルーツ　英 fruit, 独 Frucht, Obst
フルーツクランブル　英 fruit crumble
フルーツケーキ　⒧ cake, plum-cake, 英 fruit cake, fruited cake, plum cake, pound cake, 独 Englischer Fruchtkuchen, Fruchtkuchen, Obstblechkuchen, Obstkuchen
フルーツサラダ　⒧ fruit rafraîchi, salade de fruits, 独 Fruchtsalat
フルーツシャーベット　⒧ sorbet aux fruits, 独 Fruchtsorbett
フルーツゼリー　⒧ pâte de fruits, 独 Fruchtgelee, Fruchtpaste
フルーツソース　⒧ sauce fruits, 独 Früchtesauce
フルーツデザート　⒧ fruit rafraîchi, 独 Obstdessert
フルーツのタルト　独 Obsttorte
フルーツのタルトレット　独 Früchtetörtchen, Obsttörtchen
フルーツパイ　英 fruit pie
フルーツバター　英 fruit butter
フルーツバナナ　⒧ banane fruit

フルーツバンド [英] fruit band
フルーツピュレ [独] Fruchtmark, Obstmark
フルーツヨーグルト [仏] yaourt aux fruits
フルーツローフ [米] fruit loaf
フルート [仏] flûte, pain à café
ブルーベリー [仏] airelle, bluet, brimbelle, myrtille, [英] blueberry, huckleberry, whortleberry, [独] Bickbeere, Blaubeere
ブルーム [仏] blanchiment gras, [英] bloom, [独] Reif
フルール・ド・セル [仏] fleur de sel
プルーン [仏] brignole, pistole, pruneau, pruneau au Sauternes, pruneau d'Agen, pruneau fourré, [英] prune
ブルガリアヨーグルト [仏] yaourt "goût bulgare"
ブルス [仏] brousse
ブルダルー [仏] bourdaloue
ブルッフ [独] Bruch, Karamelprobe
ブルッフプローベ [独] Bruchprobe
ブルドロ [仏] bourdelot
ブルトン [仏] breton
フルフトアイス [独] Fruchteis
フルプルーフ [英] full proof
フルロン [仏] fleuron
ブルワ [仏] broye
プルンダー [独] Plunder
プルンダータイク [独] Plunderteig
フレイキーペストリー ⇒フイユタージュ
フレーク ⇒ひきわり
フレークチョコレート [仏] copeau, pailleté fin chocolat, pailleté super fin chocolat, [chocolat 囲み]
ブレートヒェン [独] Brötchen
フレーバー [仏] parfum, [英] flavour
フレーバーティー [仏] thé parfumé
フレーバーヨーグルト [仏] yaourt aromatisé
プレーンヨーグルト [仏] yaourt nature
プレキシグラス [仏] Plexiglas
フレキシパット [仏] Flexipat
フレキシパン [仏] Flexipan
フレジエ [仏] fraisier
プレスき プレス機 [仏] presse
ブレストワ [仏] brestois
フレゼする ⇒こねる
ブレゼする [仏] braiser
ブレタークロカント [独] Blätterkrokant
ブレタータイク [独] Blätterteig
フレッシュチーズ [仏] caillé, caillebotte, demi-sel, faisselle, fromage blanc, fromage frais, macquée
プレッツェル [仏] bretzel, [独] Brezel
プレッツヒェン [独] Plätzchen
ブレッドアンドバタープディング [英] bread and butter pudding
ブレッドドゥ [英] bread dough
ブレッヒクーヘン [独] Blechkuchen, Plattkuchen
ブレンダー ⇒ミキサー
フレンチトースト [仏] mendiant, pain perdu, soupe dorée, [英] French toast, golden bread, panperdy
ブレンテン [独] Brenten
ブレンドする [仏] mélanger, [英] blend
ブロ [仏] boulot
ブロー [仏] bouland
フローズンクリームケーキ [米] frozen cream cake
フローズンフルーツ [仏] fruit congelé, fruit surgelé
ブロートマッセ [独] Brotmasse
フローヌ [仏] flaune, flône
プログレ [仏] progrès
プログレきじ プログレ生地 ⇒シュクセきじ
ブロシェット [仏] brochette, [英] skewer
プロセスチーズ [仏] fromage fondu
フロック・ド・ガスコーニュ [仏] floc de Gascogne
フロッケンザーネトルテ [独] Flocken-Sahnetorte
ブロッチョ [仏] broccio
フロニャルド [仏] flaugnarde, flognarde, flougnarde

プロフィトロール　🄻 profiterole
フロマージュ　🄻 fromage, 🄴 cheese, 🄳 Käse
フロマージュグラセ　🄻 fromage glacé
フロマージュフォール　🄻 fromage fort
フロマージュブラン　→フレッシュチーズ
フロランタン　🄻 florentin, 🄳 Florentiner
ブロワイエ・デュ・ポワトゥ　🄻 broyé du Poitou
フロンティニャン　🄻 frontignan
プロンビエール　🄻 plombière
プロンビエールようがた　プロンビエール用型　→カサートようがた
フワス　🄻 fouace, fougasse
フワスナンテーズ　🄻 fouace nantaise
プワラ　🄻 poirat
ぶんかつ　分割　🄳 Teiren, Verteilen
ぶんかつき　分割機　🄳 Scheider
ぶんかつする　分割する　🄻 diviser, scinder, 🄳 scheiden, trennen
ふんさい　粉砕　🄻 broyage, 🄳 Zerkleinerung
ふんさいき　粉砕機　🄻 broyeuse, moulin, 🄴 crusher, mill
ぶんたん　文旦　🄻 pamplemousse
ふんとう　粉糖　🄻 [sucre 囲み], 🄴 icing sugar, 🄼 confectioners' sugar, 🄳 Puderzucker, Staubzucker
ふんとうかけ(き)　粉糖かけ(器)　🄻 glacière, poudrette, saupoudreuse, 🄴 dredger
ふんにゅう　粉乳　🄻 poudre de lait, [lait 囲み], 🄳 Milchpuder, Trockenmilch
プンパーニッケル　🄳 Pumpernickel
ふんまつ　粉末　🄻 poudre, poussière, 🄳 Puder, Pulver
ふんまつアーモンド　粉末アーモンド　🄻 amande (en) poudre, 🄴 almond meal, 🄳 Mandelpulver
ふんまつたまご　粉末卵　🄳 Eipulver
ふんまつにする　粉末にする　🄻 pulvériser, 🄳 pulverisieren, zermalmen
ぶんみつ　分蜜　🄻 turbinage

ぶんみつき　分蜜機　🄻 turbine
ふんむき　噴霧器　→きりふき
ぶんりょう　分量　🄻 dose

へ

ペアイ　🄻 P.A.I.
ベイクウェルタルト　🄴 Bakewell tart
ベイクドアラスカ　🄻 omelette norvégienne, 🄴 baked Alaska, 🄳 Gebackenes Eis
へいこうな　平行な　🄻 parallèle
べいふん　米粉　→こめこ
ベイリーズ　🄴 Bailey's
ベイリーフ　→ローリエ
ベーカリー　→パンや²
ベーキングシート　🄻 plaque à pâtisserie, plaque de four, tôle, 🄴 baking sheet, 🄳 Backpapier
ベーキングチョコレート　🄻 [cacao 囲み]
ベーキングパウダー　🄻 levure, poudre à lever, 🄴 baking powder, leaven, 🄼 yeast, 🄳 Backpulver
ベークライト　🄻 bakélite
ベーコン　🄻 bacon, lardon, 🄴 bacon
ペースト　🄻 pâte, 🄴 paste, 🄳 Teig
ヘーゼルナッツ　🄻 aveline, coquerelle, noisette, 🄴 hazelnut, 🄳 Haselnuss
ペーテーエフウー　🄻 P.T.F.E.
ヘーフェクーヘン　🄳 Hefekuchen
ヘーフェゲベック　🄳 Hefegebäck
ヘーフェシュテュック　→イーストなかだね
ヘーフェタイク　🄳 Hefeteig
ヘーフェミュルベタイク　🄳 Hefemürbeteig
ベーレンタッツェン　🄳 Bärentatzen
ペカン(のみ)　ペカン(の実)　🄻 noix de pacane, noix de pécan, 🄴 pecan, 🄳 Pekannuss
ヘクセンハオス　🄳 Hexenhaus
ペクチン　🄻 pectine, 🄳 Pektin
ペコ　🄻 pekoe, pékoe
ベシャメルソース　🄻 béchamel
ペシャルマン　🄻 pécharmant

ペスカジューヌ Ⓕ pescajoune
ペストリー Ⓕ pâtisserie, pâte, 英 pastry
ペストリーシェル Ⓕ fond, 英 pastry shell
ベゼーマッセ 独 Baisermasse
へた Ⓕ pédoncule
へたをとる Ⓕ équeuter
ペッシュ・オ・フロマージュブラン Ⓕ pêche au fromage blanc
ペッシュ・ド・ヴィーニュ Ⓕ pêche de vigne
ペッシュ・メルバ Ⓕ pêche Melba
ベティ 英 betty
ベティーズ Ⓕ bêtise
ベテルマン Ⓕ bettelman
ペドノーヌ Ⓕ beignet soufflé, pet-de-nonne
ベトメンヒェン 独 Bethmännchen
ベニェ Ⓕ beignet, 英 fritter, 独 Fettgebäck
ベニェヴィエノワ Ⓕ beignet viennois, 英 doughnut, 独 Krapfen
ベニェきじ ベニェ生地 Ⓕ pâte à beignets, pâte à frire
ベニェスフレ Ⓕ beignet soufflé, pet-de-nonne
ベネディクティン Ⓕ bénédictine, 独 Benediktiner
ペパーミント Ⓕ menthe poivrée
ヘビークリーム →ダブルクリーム
ペピーノ Ⓕ pepino
ヘビーラム Ⓕ [rhum 囲み]
ペポかぼちゃ ペポ南瓜 Ⓕ citrouille
へら¹ 箆 Ⓕ tournette
へら²〔パート・ダマンド細工用〕 箆 Ⓕ ébauchoir
ベラヴェッカ Ⓕ berawekra, bireweck
へらす 減らす Ⓕ diminuer, 独 vermindern
ベラ・ド・ヴィクデソ Ⓕ perat de Vicdessos
へり 縁 →ふち
ペリエ Ⓕ Perrier
ベルエレーヌ →ベレーヌ
ベルガモット Ⓕ bergamote
ベルガモットミント Ⓕ menthe bergamote, menthe citoronnée
ベルギーワッフル Ⓕ gaufre de Bruxelles
ベルシコ Ⓕ persicot
ベルジパン（マッセ） →パーシパン
ベルモット Ⓕ vermouth, 独 Wermutwein
ベルランゴ Ⓕ berlingot
ベルリーナバレン →ベルリーナ・プファンクーヘン
ベルリーナ・プファンクーヘン Ⓕ berline, boule de Berlin, 独 Berliner Ballen, Berliner Pfannkuchen, Pfannkuchen
ベルリーヌ →ベルリーナ・プファンクーヘン
ペルレ Ⓕ perlé
ベレレーヌ（ベルエレーヌ） Ⓕ Belle-Hélène
へんかする 変化する Ⓕ transformer, varier
ベンガル 英 bengale
へんしつ 変質 Ⓕ altération, évent
へんしつする 変質する Ⓕ altérer, décomposer, dénaturer, éventer, tourner, 英 turn
へんしょく 変色 独 Verfärben
ペンテコステ Ⓕ Pentecôte, 独 Pfingsten

ほ

ホイッピングクリーム 英 whipping cream
ホイップクリーム Ⓕ crème fouettée, 英 whipped cream, 独 Sahne, Schlag-Obers, Schlagsahne
ホイップする →あわだてる
ホイル Ⓕ feuille, 英 foil
ボイルする →ゆでる
ボイルドメレンゲ →ムランクイタリエンヌ
ホイロ Ⓕ étuve, 英 prover
ホイロにいれる ホイロに入れる Ⓕ étuver
ポヴィドルタッシェルン 独 Powidltaschern
ほうこう 方向 Ⓕ sens
ほうこう 芳香 →かおり
ほうざとう 棒砂糖 Ⓕ pain de sucre, 英 sugar loaf
ほうじょう（のもの） 棒状（のもの） Ⓕ barre, bâton, bâtonnet

ほうじょうのつの 豊饒の角 Ⓛ corne d'abondance, Ⓔ cornucopia
ほうすいせい 防水性 Ⓛ étanchéité
ほうそう 包装 Ⓛ conditionnement, emballage, enveloppe, Ⓓ Verpackung
ほうそうする 包装する Ⓓ packen, verpacken
ほうちょう 包丁 Ⓛ couteau, Ⓓ Messer
ほうちょう 膨張 Ⓛ développement, dilatation, pousse, Ⓓ Teiglockerung
ほうちょうする 膨張する Ⓛ pousser
ほうちょうとぎ 包丁研ぎ Ⓓ Messerschleifer, Metzgerstahl
ほうちょうまい 膨張米 →パフドライス
ほうつきアイスキャンディ 棒付きアイスキャンディ Ⓛ sucette glacée
ほうねつき 放熱器 Ⓛ radiateur
ほうふざい 防腐剤 Ⓛ conservateur
ほうほう 方法 Ⓛ méthode, procédé, Ⓓ Verfahren
ボウル Ⓛ bassin, bassine, bol, branlante, calotte, cul de poule, cuve, jatte, Ⓔ basin, bowl, mixing bowl, Ⓓ Kessel, Schüssel
ほうれんそう 菠薐草 Ⓛ épinard, Ⓓ Spinat
ほうわようえき 飽和溶液 Ⓔ saturated solution
ホエー Ⓛ petit-lait, Ⓔ whey
ボーヴィリエ Ⓛ beauvilliers
ボージョレ Ⓛ beaujolais
ほおずき 酸漿 Ⓛ alkékenge, amour-en-cage, cerise d'hiver, coqueret, couqueret, physalis
ホーゼンクネップフェン Ⓓ Hosenknäpfen
ポートワイン Ⓛ porto, Ⓓ Portwein
ホーニッヒクーヘン Ⓓ Honigkuchen
ホーニッヒクーヘンタイク →ホーニッヒタイク
ホーニッヒタイク Ⓓ Honigkuchenteig, Honigteig
ポーニュ Ⓛ pogne
ポーニュ・ド・ロマン Ⓛ pogne de Romans

ボーヌ Ⓛ beaune
ホーベルシュペーネ Ⓓ Hobelspäne
ボーメど ボーメ度 Ⓛ degré Baumé
ポーリシュ →はっこうスターター
ボール〔容器〕 →ボウル
ボールがみ ボール紙 Ⓛ carton
ホールクーゲル Ⓓ Hohlkugel
ホーレンディッシャーブレタータイク →そくせいほうフイユタージュ, そくせいパイきじ
ホーン Ⓛ cornet, Ⓔ horn
ほおんする 保温する Ⓛ calorifuge
ほくおうふうワッフル 北欧風ワッフル Ⓛ gaufre scandinave, Ⓔ Scandinavian style waffle
ほし 星 Ⓛ étoile
ポシェする Ⓛ pocher, Ⓔ poach
ほしがたくちがね 星形口金 Ⓛ douille cannelée, Ⓔ fancy tube, Ⓓ Sterntülle
ほしがたのぬきがた 星形の抜き型 Ⓓ Sternausstecher
ほしぶどう 干し葡萄 →レーズン
ほしプラム 干しプラム →プルーン
ポシャージュ Ⓛ pochage
ボジョレ →ボージョレ
ほしりんご 干し林檎 Ⓛ pomme tapée
ホスチャ Ⓛ azyme, hostie, Ⓔ wafer
ボストンブラウンブレッド Ⓔ Boston brown bread
ほそひもカッター 細紐カッター Ⓛ rouleau à disques
ほぞん 保存 Ⓛ conservation, garde, Ⓓ Konservierung
ほぞんきげん 保存期限 →しょうひきげん
ほぞんする 保存する Ⓛ conserver, Ⓔ conserve, preserve, Ⓓ konservieren
ほぞんようびん 保存用瓶 Ⓛ bocal
ほぞんりょう 保存料 Ⓛ conservateur
ぼだいじゅ 菩提樹 Ⓛ tilleul
ほたてがい 帆立貝 Ⓛ coquille Saint-Jaques, Ⓔ scallop
ボック Ⓛ bock
ホットクロスバン Ⓔ hot cross bun

ホットケーキ	㋐ hot cake
ホットディプロマット	→キャビネットプディング
ホットプレート	㋐ hotplate
ホットメレンゲ	→ムラングスイス
ホットワイン	㋇ vin chaud
ポップコーン	㋇ maïs éclaté, maïs popcorn, maïs soufflé, ㋐ corn ball
ポティツェ	㋳ Potitze
ポティマロン	㋇ potimarron
ポティロン	㋇ potiron
ボテルメルク	botermelk, lait battu
ポ・ド・クレーム	㋇ pot de crème
ボトロー	㋇ bottereau
ポプシクル	㋐ Popsicle
ボベス	㋳ Bobbes, Bobes
ポマード	㋇ pommade
ポムタペ	㋇ pomme tapée
ポムドテール	㋇ pomme de terre
ポモー	㋇ pommeau de Normandie
ポモー・ド・ブルターニュ	㋇ pommeau de Bretagne
ホモジナイザー	㋳ Homogenisierung
ポリエチレン	㋇ polyéthylène
ポリオール	㋇ polyol
ポリッジ	㋐ porridge
ポルカ	㋇ polka
ポルティック	㋇ portique
ボルドー	㋇ bordeaux
ポレンタ	㋇ polenta
ポロネーズ	㋇ polonaise
ほろほろした	㋐ short
ほろほろにする	㋐ shorten
ポワール・ア・ラ・サヴォワヤルド	㋇ poire à la savoyarde
ポワール・オ・ヴァン	㋇ poire au vin
ポワール・サヴォワ	→ポワール・トゥロンド
ポワール・トゥロンド	㋇ poire Savoie, poire touronde
ポワール・ベル・エレーヌ	→ポワール・ベレレーヌ
ポワール・ベレレーヌ	㋇ poire Belle-Hélène
ホワイトカラント	㋳ weiße Johannisbeere
ホワイトクーヴェルテュール	㋇ [couverture 囲み], ㋳ weiße Kuvertüre
ホワイトチョコレート	㋇ [chocolat 囲み], [couverture 囲み], ㋳ weiße Kuvertüre, weiße Schokolade
ホワイトヌガー	㋇ [nougat 囲み], ㋳ weiße Nugat
ボワソングラセ	㋇ boisson glacée
ポワラ	㋇ poirat
ポワレ	㋇ poiré
ポワロン	㋐ sugar boiler
ほん　盆	㋇ plateau, ㋳ Tablett, Teller
ボンヴァレ	㋇ bonvalet
ほんこんふうワッフル　香港風ワッフル	㋇ gaufre de Hongkong, ㋐ Hongkong style waffle
ポンシェする	㋇ puncher
ポンチ	→パンチ
ポン=ヌフ	㋇ pont-neuf
ボンブ（グラセ）	㋇ bombe, ㋐ iced bombe, ㋳ Eisbombe
ポンプ	㋇ pompe
ポンプ・アヴェロネーズ	㋇ pompe aveyronnaise
ポンプ・ア・リュイル	㋇ pompe à l'huile
ポンプ・オ・グラトン	㋇ pompe aux grattons
ポンプ・オ・ポム	㋇ pompe aux pommes, pompo aux pommes
ボンブがた　ボンブ型	㋇ [moule à glaces 囲み]
ボンブきじ　ボンブ生地	㋇ pâte à bombe
ボンブだね　ボンブ種	㋇ appareil à bombe
ポンポネット	㋇ pomponnette
ボンボン	㋇ bonbon, ㋐ boiled sweets, confect, confection, ㋐ candy, ㋳ Bonbon
ボンボンいれ　ボンボン入れ	㋇ bonbonnière
ボンボン・オ・ショコラ	→ボンボン・ショコラ
ボンボン・ショコラ	㋇ bonbon au chocolat, bonbon de chocolat, ㋳ Praline
ボンボン・デュール	→ボンボン・プラン

ボンボン・ド・ショコラ →ボンボン・ショコラ
ボンボン・プラリネ 仏bonbon praliné
ボンボン・プラン 仏bonbon dur, bonbon plein
ボンボン・フレ 仏bonbon fourré

ま

マーガリン 仏margarine, 独Margarin(e)
マーブル 仏marbre, 英marble, 独Marmor
マーブルアイシング 仏marbrage, 英marble icing
マーブルケーキ 仏gâteau marbré
マーブルケーキようじ　マーブルケーキ用生地　仏pâte à gâteau marbré
マーマレード 仏marmelade, 英marmalade, 独Marmelade
マール 仏marc
マールづけさくらんぼ　マール漬け桜桃　仏[fruit à l'alcool 囲み]
マイケーファ 独Mai-Käfer
マイス・ア・グレン 仏maïs à grains
マイスシュクレ →スイートコーン
マイス・ドゥ →スイートコーン
マイスブロート 独Maisbrot
マイゼナ[1]〔商標〕 仏Maïzena
マイゼナ[2]〔粉〕 →とうもろこしこ
まえかけ　前掛け　仏tablier, 独Schürze
マカダミアナッツ 仏noix de macadam, noix de Queensland, 独Makadamie
マカロナード 仏macaronade
マカロン 仏macaron, 英macaroon, 独Makrone, Mandelgebäck
マカロン・ヴァニーユ 仏[macaron 囲み]
マカロン・オ・ショコラ 仏[macaron 囲み]
マカロングラセ 仏[macaron 囲み]
マカロンダミアン 仏[macaron 囲み]
マカロン・ド・グルノーブル 仏[macaron 囲み]
マカロン・ド・コルメリー 仏[macaron 囲み]
マカロン・ド・サンジャン・ド・リュツ 仏[macaron 囲み]
マカロン・ド・サンテミリオン 仏[macaron 囲み]
マカロン・ド・ナンシー 仏[macaron 囲み]
マカロン・ド・ニオール 仏[macaron 囲み]
マカロン・ド・ブーレイ 仏[macaron 囲み]
マカロン・ド・モンマリオン 仏[macaron 囲み]
マカロンノワゼット 仏[macaron 囲み]
マカロンフレーズ 仏[macaron 囲み]
マカロンようきじ　マカロン用生地　仏pâte à macarons, 独Makronenmasse
まきチョコレート　巻きチョコレート　→チョコレートコポー
まきちらす　撒き散らす　仏semer
まきもどす　巻き戻す　仏ramener
まく　巻く　仏enrouler, rouler, 英roll, 独einrollen
マクローネンゲベック 独Makronengebäck
マクローネンマッセ 独Makronenmasse
マケ 仏macquée
まげる　曲げる　仏incurver, 独beugen
マザグラン 仏mazagran
マザラン 仏mazarin
マジパン 仏pâte d'amandes, 英almond paste, marchpane, marzipan, 独Mandelmasse, Marzipan
マジパンスティック 独Modellierholz, Modellierstab, Modellierstäbchen
マジフルール 仏Magyfleur
マシュマロ 仏guimauve, 英marshmallow
マシヨン 仏massillon
マス 仏masse
まずい　不味い　独unzukömmlich
マスカット 仏muscat, 独Muskat, Muskateller
マスカルポーネ 仏mascarpone
マスクメロン 仏melon brodé, 英muskmelon
マスコット 仏mascotte
マスパン 仏massepain
マスパン・ディスダン 仏massepain d'Issoudun
まぜあわせる　混ぜ合わせる　仏délayer, 独

melieren
マセする （仏）masser
マセドワーヌ （仏）macédoine
マセナ （仏）masséna
まぜる（まざる） 混ぜる（混ざる） （仏）amalgamer, détremper, entremêler, incorporer, mélanger, répartir, réunir, panacher, （英）blend, fold, incorporate, mix, （米）combine, （独）beimischen, mischen
マタファン （仏）matafan, matefaim
まだらもよう 斑棋様 （独）Schecke
まっすぐにする 真っ直ぐにする （仏）rectifier
まっちゃ 抹茶 （仏）matcha
マッツァ （独）azyme
まつのみ 松の実 （仏）pignon, （独）Kiefernuss
まつり 祭り （仏）fête, （独）Fest
マデイラケーキ （英）Madeira cake
マデイラワイン （仏）madère, （独）Madeirawein
マトファン →マタファン
マドレーヌ （英）madeleine, （独）Schmelzbrötchen
マドレーヌがた マドレーヌ型 （仏）madeleine, moule à madeleine
マドレーヌきじ マドレーヌ生地 （仏）pâte à madeleines
まないた 俎 （仏）planche, planche à découper, planche à hacher, planche à pain, （独）Hackbrett, Küchenbrett
マニオク （仏）manioc
マノン （仏）manon
マフィン （英）muffin
まぶす →こなをまぶす
まめ 豆 （仏）fève, pois
まめこ 豆粉 （独）Bohnenmehl
マヨネーズ （独）Mayonnaise
マラガ （仏）malaga
マラガレーズン （仏）malaga, raisin de Malaga
マラコフ （仏）malakoff
マラコフトルテ （独）Malakofftorte
マラスキーノ （仏）marasquin, （独）Maraschino
マラスキーノづけさくらんぼ マラスキーノ漬け桜桃 （仏）[fruit à l'alcool 囲み]
マラニャン （仏）maragnan
マリーズ （仏）maryse
マリオン （独）Marion
マリナード （仏）marinade
マリニャン （仏）marignan
マリネする （仏）mariner, （英）marinate
マリネット （仏）marinette
マリブ （仏）malibu
マリレンクネーデル （独）Marillen Knödel
まるい 丸い （仏）rond, （独）rund
まるがたくちがね 丸形口金 （仏）douille unie, （英）plain tube, （独）Lochtülle
マルガレーテンクーヘン （独）Margarethenkuchen
マルキーズ （仏）marquise
マルキーズがた マルキーズ型 （仏）[moule à glaces 囲み]
マルサラしゅ マルサラ酒 （仏）marsala
マルスラン （仏）marcelin
マルチーズブラッド （仏）maltaise
マルツィパンコンフェクト （独）Marzipankonfekt
マルツィパンシュトーレン （独）Marzipanstollen
マルツィパンマッセ →ローマジパン
マルツィパンローマッセ →ローマジパン
マルテ （仏）maltais
マルディグラ （仏）mardi gras
マルトーズ →ばくがとう
マルミット （仏）marmite
まるめる 丸める （仏）enrouler, tourner, ballen, runden
マルメロ （仏）coing, （英）quince, （独）Quitte
まろやかな （仏）moelleux
マロワル （仏）maroilles
マロン （仏）marron, （英）chestnut, （独）Kastanie
マロングラッセ （仏）marron glacé
マロンクリーム （仏）crème de marron(s), pâte de marron(s)
マロンデギゼ （仏）marron déguisé
マロンピュレ （仏）purée de marron, （独）

Maronenpüree
マロンペースト　→マロンクリーム
まわり　周り　⒡ pourtour
マンケ　⒡ manqué
マンケがた　マンケ型　⒡ manqué, moule à manqué, ⒠ gâteau-base tin, sandwich plate, sponge sandwich tin, sponge tin, ⒟ Tortenform
マンケようじ　マンケ用生地　⒡ pâte à manqué
マンゴー¹〔果物〕　⒡ mangue, ⒟ Mango
マンゴー²〔生クリーム〕　⒡ mingaux, maingaux, mingots
マンゴーゆ　マンゴー油　⒡〔nouvelles M.G.V. 囲み〕
マンゴスチン　⒡ mangoustan, mangouste, ⒟ Mangostane
マンション　⒡ manchon
マンダリーネンエッケン　⒟ Mandarinenecken
マンダリン　⒡ mandarine, tangerine, ⒟ Mandarine
マンタロー　⒡ menthe à l'eau
マンディアン　⒡ mendiant
マンデルアイヴァイスマッセ　→アーモンドいりムラング
マンデルクーヘン　⒟ Mandelkuchen
マンデルクロカントマッセ　⒟ Mandel-Krokantmasse
マンデルゲベック　→アーモンドいりマカロン
マンデルシュトーレン　⒟ Mandelstollen
マンデルシュプリッター　⒟ Mandelsplitter
マンデルヌガート　⒟ Mandelnugat
マンデルヌッスマッセ　⒟ Mandel-Nussmasse
マンデルビスクヴィートマッセ　→アーモンドいりスポンジきじ
マンデルプルファー　→ふんまつアーモンド
マンデルベゼー　→アーモンドいりムラング
マンデルベルク　⒟ Mandelberg
マンデルホーニッヒシュニッテ　⒟ Mandel-Honigschnitte
マンデルマクローネ　→アーモンドマカロン
マンデルマッセ　→パート・ダマンド
マンデルミュルベタイク　⒟ Mandelmürbeteig
マンドリンカッター　⒡ mandoline

み

み〔パン〕　身　⒡ mie, ⒠ breadcrumb, crumb, ⒟ Brösel
ミード　→はちみつしゅ
ミートパイ　⒠ patty
ミエル・デ・ヴォージュ　⒡ miel des Vosges
ミエル・ド・ガリーク　⒡ miel de garrique
ミエル・ド・ナルボンヌ　⒡ miel de Narbonne
ミエル・ロザ　⒡ miel rosat
みがく　磨く　⒡ astiquer, écurer, récurer, ⒟ putzen
みかづき(がた)　三日月(形)　⒡ croissant, ⒠ crescent
ミキサー　⒡ batteur, batteur-mélangeur, blender, mixeur, robot, stéphan, ⒠ blender, grinder, ⒟ Mixer, Stephan
ミキシングボウル　⒡ cul de poule, ⒠ mixing bowl
ミグリアッチ　⒡ migliacci
みじかくする　短くする　⒡ raccourcir
みじんぎり　みじん切り　⒡ hachis
みじんぎりにする　みじん切りにする　⒡ ciseler, hacher
みず　水　⒡ eau, ⒟ Wasser
みずあめ　水飴　⒡ glucose, sirop de fécule, ⒠ corn syrup, ⒟ Stärkesirup
みずきりかご¹　水切り籠　⒡ égouttoir
みずきりかご²〔チーズ用〕　水切り籠　⒡ faisselle
みずきり(みずきりだい)　水切り器(水切り台)　⒡ égouttoir, passoire, ⒠ strainer
みずけをきる　水気を切る　⒡ égoutter, éponger, essorer, passer　⒠ drain, ⒟ abtropfen

みずさし　水差し　Ⓛ carafe, cruche, pichet
ミステル　Ⓛ mistelle
みずにさらす　水にさらす　Ⓛ dégorger
みせ　店　Ⓖ Geschäft
みぞをつける　溝をつける　Ⓛ canneler, Ⓔ flute
みたす　満たす　Ⓛ remplir, Ⓔ fill, Ⓖ füllen
みたてる　見立てる　Ⓛ simuler
みつおり　三つ折り　Ⓛ tour simple
ミック　Ⓛ mique
ミックス　Ⓔ mix
ミッシュ　Ⓛ miche
ミッシュブロート　Ⓖ mischbrot
みつばかざり　三つ葉飾り　Ⓛ trèfle
みっぷうする　密封する　Ⓔ seal
みならい　見習い　Ⓛ apprenti, apprentissage
ミニャルディーズ　Ⓛ mignardise
ミネラル　Ⓖ Mineral
ミネラルウォーター　Ⓛ eau gazeuse, eau minérale naturelle, Ⓖ Mineralwasser
みほん　見本　Ⓛ modèle
ミモザ　Ⓛ mimosa
ミヤール　Ⓛ millard
ミヤス　Ⓛ milhassou, millas(se), millassou
ミヤスペリグールダン　Ⓛ millas périgourdin
ミヤソン　Ⓛ millasson
ミューズリー　Ⓛ muesli, Ⓖ Birchermüesli
ミュール　Ⓛ mûre
ミュスカ　Ⓛ muscat, Ⓖ Muskat, Muskateller
ミュスカディーヌ　Ⓛ muscadine
ミュスカ・デュ・ヴァントゥ　Ⓛ muscat du Ventoux
ミュスカ・ド・アンブール　Ⓛ muscat de Hambourg
ミュルベゲベック　Ⓖ Mürbegebäck
ミュルベタイク　Ⓖ Mürbeteig, Mürbteig
ミュロワーズ　Ⓛ mûroise
ミュロン　Ⓛ mûron
みょうばん　明礬　Ⓛ alun
ミラネ　Ⓛ milanais

ミラベル　Ⓛ mirabelle, Ⓖ Mirabelle
ミル　Ⓛ moulin, Ⓔ mill
ミルク　→ぎゅうにゅう
ミルクコーヒー　→カフェオレ
ミルクセーキ　Ⓔ milk shake
ミルクチョコレート　Ⓛ [chocolat 囲み], [couverture 囲み], Ⓖ Milchschokolade, Milchkuvertüre
ミルクパン　Ⓛ pain au lait, Ⓔ milk roll
ミルクパンきじ　ミルクパン生地　Ⓛ pâte à pain au lait
ミルクプディング　Ⓔ milk pudding
ミルクロール　Ⓛ pain au lait, Ⓔ milk roll
ミルティーユ　Ⓛ myrtille, Ⓔ bilberry
ミルト　Ⓛ myrte
ミルヒアイアーユーバーグス　Ⓖ Milcheier Überguss
ミルヒシュパイゼアイス　→アイスミルク
ミルヒミッシュゲトレンケ　Ⓖ Milch-Mischgetränke
ミルヒラームシュツルーデル　Ⓖ Milchrahmstrudel
ミルフイユ　Ⓛ mille-feuille, Ⓔ cream slice, Ⓖ Kremschnitte
ミルリトン　Ⓛ Ⓔ mirliton
ミルリトン・ド・ルーアン　Ⓛ mirliton de Rouen
ミロワール　Ⓛ miroir
ミンスパイ　Ⓔ mince pie
ミンスミート　Ⓔ mincemeat
ミンスミートタルト　Ⓔ mincemeat tart
ミント　Ⓛ menthe, Ⓖ Pfefferminz
ミントケーキ　Ⓔ mint cake
ミントジュレップ　Ⓔ mint julep
ミントシロップ　Ⓛ sirop de menthe
ミントすい　ミント水　→マンタロー
ミントリキュール　Ⓛ peppermint

む

ムイエット　Ⓛ mouillette
ムース　Ⓛ mousse, Ⓖ Mus, Schaum

ムースグラセ　⓵mousse glacée, ⓭Halbgefrorene, Halbeis
ムーラン　⓵moulin, ⓮mill
ムール・ア・フイユ　⓵moule à feuille
むく　剥く　⓵décortiquer, dérober, détacher, émonder, éplucher, ⓭schälen
むこうほパン　無酵母パン　⓵azyme, hostie, pain azyme
むしに　蒸し煮　⓵étuvée
むにする　蒸し煮する　⓵braiser, étuver, fondre, ⓮steam
むにゅうこけいぶん　無脂乳固形分　⓵extrait sec, E.S.D.L.
むしやきにする　蒸し焼きにする　⓵poêler
むす　蒸す　→むしにする
むすいバター　無水バター　⓵gil, huile de beurre, M.G.L.A., [beurre 囲み]
ムスリーヌ　⓵mousseline
ムスリーヌがた　ムスリーヌ型　⓵brioche mousseline, moule à brioche mousseline
むたんさんすい　無炭酸水　⓵[eau 囲み]
ムッツェン　⓭Mutzen
ムッツェンマンデルン　⓭Mutzenmandeln
ムラージュ　⓵moulage
ムランガージュ　⓵meringage
ムラング　⓵meringue, ⓭Baisermasse, Meringenmasse, Schaummasse
ムラング・ア・ラ・シャンティイ　⓵meringue à la chantilly
ムラングイタリエンヌ　⓵meringue italienne, ⓭gekochte Schaummasse, italienische Windmasse
ムラングオルティネール　⓵meringue ordinaire, ⓭kalte-Schaummasse
ムラングきじ　ムラング生地　⓵pâte à meringues
ムラングラセ　⓵meringue glacée
ムラングスイス　⓵meringue suisse, meringue sur le feu
ムラングスュル・ル・フ　→ムラングスイス
ムラングドトーヌ　⓵meringue d'automne
ムラングフランセーズ　⓵meringue française
ムランゲット　⓵meringuette
ムリネット　⓵moulinette

め

めいか　銘菓　⓵spécialité, ⓮specialty, ⓭Spezialgericht
めいさん　名産　⓵spécialité, ⓮specialty, ⓭Spezialgericht,
メイドオヴオナー　⓮maid of honour
メインディッシュ　⓵plat de résistance, plat principal, ⓮entrée
メース　⓵macis
メープルシュガー　⓵[sucre 囲み], ⓮maple sugar, ⓭Ahornzucker
メープルシロップ　⓵sirop d'érable, ⓭Ahornsirup
メスシリンダー　⓭Messzylinder
めっきん　滅菌　⓵stérilisation
めっきんぎゅうにゅう　滅菌牛乳　⓵[lait 囲み]
メテイユ　⓵méteil, méture
メテイユこ　メテイユ粉　⓵farine de méteil
メテイユこパン　メテイユ粉パン　⓵pain de méteil
メテュール　⓵méture
メニュー　⓵carte, menu, ⓮menu, ⓭Speisekarte
めもり　目盛り　⓵échelle, graduation
メラス　→とうみつ
メリンゲンマッセ　→ムラング
メルヴェイユ　⓵merveille, nœud
メルバ　⓵Melba
メレンゲ　→ムラング
メレンゲシェル　⓮meringue shell
メレンゲパイ　⓮meringue pie
メロン　⓵cantaloup, melon, melon brondé, ⓮muskmelon, ⓭Melone
メロンがた　メロン型　⓵[moule à glaces 囲み]

めんじつゆ　綿実油　(仏)[huile 囲み]
めんだい　麺台　(独) Tisch
めんぼう　麺棒　(仏) rouleau, rouleau à pâte, rouleau à pâtisserie, (英) roller, rolling pin, (独) Nudelholz, Rollholz

も

モーヴ　(仏) mauve
モーツァルトトルテ　(独) Mozarttorte
モールイムヘムト　(独) Mohr im Hemd
モーレンコップフ　(独) Mohrenkopf
モーレンコップフマッセ　(独) Othellomasse
モーングーゲルフップフ　(独) Mohngugelhupf
モーンクーヘン　(独) Mohnkuchen
モーンシュツルーデル　(独) Mohnstrudel
モーンシュトーレン　(独) Mohnstollen
モーンボイゲル　(独) Mohnbeugel
モカ　(仏) moka, (英) mocha, (独) Mocca, Mokka
モカクーヴェルテュール　→コーヒーふうみのクーヴェルテュール
もくめもよう　木目模様　(仏) faux-bois
もくれん　木蓮　(仏) magnolia
モザイク（ケーキ）　(仏) mosaïque, (英) mosaic cake
モスコヴィット　(仏) moscovite
もちごめ　餅米　(仏)[riz 囲み]
モック　(仏) moque
モッペン　(独) Moppen
モデル　(仏) modèle
もどす　戻す　(仏) remettre
ものさし　物差し　(仏) règle, (独) Lineal
もみごめ　籾米　(仏)[riz 囲み]
もも　桃　(仏) pêche, (英) peach, (独) Pfirsich
もやす　燃やす　(独) verbrennen
もよう　模様　(仏) motif, (独) Muster
もようをつける　模様をつける　(仏) incruster
モラセス　→とうみつ
もりあわせ　盛り合わせ　(仏) plateau
もりつけ　盛りつけ　(仏) dressage
もりつける　盛りつける　(仏) dresser

モルヴ　(仏) glu, grand soufflé, morve
モルト　→ばくが
もろい　脆い　(仏) faible, friable, (独) weich
もろこし　(仏) sorgho
モンテする　(仏) monter
モンバズィヤック　(仏) monbazillac
モンパンシエ　(仏) montpensier
モンビン　(仏) mombin, prune d'Espagne, spondias
モンブラン　(仏) mont-blanc, torche aux marrons
モンモランシー　(仏) montmorency

や

やかん　薬罐　(仏) bouilloire, coquemar, (独) Teekessel
やきあみ　焼き網　(仏) gril, (米) broiler
やきいろをつける　焼き色をつける　(仏) roussir
やきがし　焼き菓子　(仏) financier, gâteau, (米) cookie, cooky, (独) Gebäck
やきぐし　焼き串　→くし(串)
やきごて　焼き鏝　(仏) caraméliseur, (独) Brenneisen
やきざら　焼き皿　(仏) plat à rôtir, plat sabot
やきりんご　焼き林檎　(仏) pomme au four, (英) baked apple
やく　焼く　(仏) brûler, calciner, cuire, frire, griller, poêler, rôtir, saisir, sauter, (英) bake, broil, griddle, toast, (独) abrösten, backen, rösten
やくこと　焼くこと　(仏) cuisson, (米) baking, (独) Backen
やくみだい　薬味台　(仏) ménagère, service à condiments
やさい　野菜　(仏) légume
やさいケーキ　野菜ケーキ　(独) Gemüsekuchen
やしざけ　椰子酒　(仏) vin de palme
やしょく　夜食　(仏) souper
やすませる　〔生地を〕休ませる　(仏) reposer,

séjourner, 英 rest, stand
やなぎはっか 柳薄荷 →ヒソップ
やりなおす やり直す 仏 renouveler
やわらかい 柔らかい 仏 mœlleux, mou, souple, tendre, 英 soft, 独 weich, zart
やわらかいヌガー 柔らかいヌガー 仏 [nougat 囲み], 独 Weichkrokant
やわらかくする 柔らかくする 仏 amollir, assouplir, décroûter, détremper, malaxer, ramollir

ゆ

ゆ 湯 仏 [eau 囲み], 独 heißes Wasser
ユアッシュテ 仏 U.H.T.
ゆうえん(の) 有塩(の) 仏 demi-sel
ゆうえんバター 有塩バター 仏 beurre demi-sel, beurre salé, [beurre 囲み]
ゆうきさいばいこむぎこ 有機栽培小麦粉 仏 [farine 囲み]
ゆうきのうぎょう 有機農業 仏 agriculture biologique
ゆうきラパデュラとう 有機ラパデュラ糖 仏 rapadura
ゆうしょく 夕食 仏 dîner, 独 Abendessen
ユーバーグス 独 Überguss
ユールログ →ビュッシュ・ド・ノエル
ゆがく 仏 blanchir, échauder, 英 blanch, blanchieren
ゆげ 湯気 仏 vapeur
ゆざまし 湯冷まし 仏 [eau 囲み]
ゆし 油脂 仏 graisse, huile, matière grasse, M.G., végétaline, 英 fat, grease, shortening, 独 Fett, Öl
ゆしをぬる 油脂を塗る 仏 vaseliner, 英 grease
ゆず 柚子 仏 yuzu
ゆする 揺する 仏 secouer
ゆせんなべ 湯煎鍋 仏 bain-marie, plaque à rôtir, 英 double boiler, 独 Wasserbad
ゆでる 茹でる 仏 bouillir, 英 boil, blanchieren, kochen
ゆむきする 湯剝きする 仏 émonder
ゆりうごかす 揺り動かす 仏 remuer
ゆるめる 緩める 仏 débloquer, décroûter, détendre, relâcher
ユンナンちゃ 雲南茶 仏 moka des thés, moka du thé

よ

ようえき 溶液 仏 bain, dissolution, 独 Lösung
ようき 容器 仏 bac, bahut, bidon, étui, pot, récipient, 英 container
ようぎん 洋銀 仏 maillechort
ようぐ 用具 仏 matériel
ようなし 洋梨 仏 passe-crassane, poire, williams, 英 pear, 独 Birne
ようなししゅ 洋梨酒 仏 poire, williamine, williams, 独 Birnengeist
ようなまようチョコレート 洋生用チョコレート →コーティングようチョコレート
ようべに 洋紅 →コチニール
ようりょう 容量 仏 volume, 独 Volumen
ヨークシャーカードタルト 英 Yorkshire curd tart
ヨークシャーティーケーキ 英 Yorkshire tea-cake
ヨーグルト 仏 yaourt, 英 yogh(o)urt, 独 Joghurt
ヨーグルトせいぞうき ヨーグルト製造器 仏 yaourtière
ヨード 仏 iode, 独 Jod
よごす 汚す 仏 noircir, 英 soil
よせあつめる 寄せ集める 仏 ramasser, rassembler, recueillir
よつおり 四つ折り 仏 tour double
よりあわせる 撚り合わせる 仏 torsader
よりわける 選り分ける 仏 trier
よわびでにる 弱火で煮る 仏 mijoter, mitonner, 英 stew
よわびにする 弱火にする 仏 réduire
よんぶんのいち 4分の1 仏 quart, quar-

tier

ら

ラーディケーキ [英] lardy cake
ラード [独] Schmalz, Schweinefett
ラームアイス [独] Rahmeis
ラームフラーデン [独] Rahmfladen
ライス ⇒こめ
ライスケーキ [仏] gâteau de riz, [英] rice cake
ライスコンデ ⇒コンデこうふうライスケーキ
ライスバン [英] rice bun
ライスビスケット [英] rice biscuit
ライスプディング [英] rice pudding
ライスペーパー [仏] hostie, [英] rice paper, wafer
ライチ ⇒れいし
ライトラム [仏][rhum 囲み]
ライニッシャー・ケーニッヒスクーヘン [独] Rheinischer Königskuchen
ライプツィガー・レルヒェン [独] Leipziger Lerchen
ライプニング [英] ripening
ライム [仏] citron vert, lime, [独] Limette, Limonette
ライむぎ ライ麦 [仏] seigle, [独] Roggen
ライむぎこ ライ麦粉 [仏] farine de seigle, [独] Roggenmehl
ライむぎパン ライ麦パン [仏] pain au seigle, pain de seigle, [英] rye bread, [独] Pumpernickel
ライヨール [仏] laguiole
ラヴェンダー [仏] lavande
ラカウー [仏] racahout
ラカナ [仏] lakhana
ラキ [仏] raki
らくしょう 酪漿 ⇒バターミルク
ラクトアイス [独] Kunstspeiseeis
ラクトース [仏] lactose, [英] sugar of milk, [独] Milchzucker
ラスク [仏] biscotte, [独] Kindernährzwieback, Zwieback, Zwiebackenbrot
ラストー [仏] rasteau
ラズベリー ⇒フランボワーズ
らせん 螺旋 [仏] spirale, [独] Spirale
ラタフィア [仏] ratafia
ラタフィアケーキ [英] ratafia cake
らっかせい 落花生 ⇒ピーナッツ
らっかせいゆ 落花生油 [仏][huile 囲み]
ラック [独] Regal
ラップ [仏] film étirable, film plastique, plastique, [英] plastic
ラトン [仏] raton
ラパデュラとう ラパデュラ糖 ⇒かりゅうくろざとう
ラベル [仏] étiquette, [独] Etikett
ラボット [仏] rabot(t)e
ラム [仏][rhum 囲み], [独] Rum
ラムヴィユー [仏][rhum 囲み]
ラムカン [仏] ramequin, [英] ramekin
ラムグランアローム [仏][rhum 囲み]
ラムしゅいりの ラム酒入りの [仏] rhumé
ラムダブルアローム [仏][rhum 囲み]
ラムパイユ [仏][rhum 囲み]
ラムババ [英] rum baba
ラムブラン [仏][rhum 囲み]
ラムレジェ [仏][rhum 囲み]
ラムをくわえる ラムを加える [仏] rhumer
ラルドン [仏] lardon
ランヴェルセする [仏] renverser
らんおう 卵黄 [仏] jaune, [英] yolk, [独] Dotter, Eidotter, Eigelb
ラング・ド・シャ [仏] langue de chat, [独] Katzenzungen
ランセット [仏] rincette
ランチ [仏] déjeuner, [英] lunch, [独] Mittagessen
ランディモル [仏] landimolle
らんぱく 卵白 [仏] albumen, blanc, [独] Eiklar, Eiweiß
ランビグ [仏] lambig
ランプ [仏] lampe
ランブータン [仏] ramboutan

り

- リ・ア・ランペラトリス　Ⓛ riz à l'Impératrice
- リーグニッツァボンベ　Ⓓ Liegnitzer Bombe
- リヴァル　Ⓛ lival
- リウート　Ⓛ rioute
- リエージュシロップ　Ⓛ sirop de Liège
- リエージュワッフル　Ⓛ gaufre de Liège, Ⓔ Liège waffle
- リエゾン　Ⓛ liaison
- リオレ　Ⓛ riz au lait
- リカヴァリータイム　Ⓔ recovery time
- リキュール　Ⓛ liqueur, Ⓓ Likör
- リキュール・ド・カカオ　→カカオリキュール
- リキュールボンボン　Ⓓ Likörpralinen, Weinbrandbohnen
- リキュールワイン　Ⓛ vin de liqueur
- リコッタチーズ　Ⓛ ricotta
- リコドン　Ⓛ rigodon
- リコリス　→かんぞう
- リ・コンデ　Ⓛ riz Condé, Ⓔ rice Condé
- リザーヴ　Ⓛ réserve
- リ・サレ　Ⓛ riz salés
- リ・シュクレ　Ⓛ riz sucrés
- リシュリュー　Ⓛ richelieu
- リセ　Ⓛ lissé
- リソール　Ⓛ rissole
- リソール・オ・プリュノー　Ⓛ rissole aux pruneaux
- リゾット　Ⓛ risotto
- リゾットようのこめ　リゾット用の米　[riz 囲み]
- リターデイション　Ⓔ retardation
- りっしょくパーティ　立食パーティ　Ⓛ lunch
- りっぽうたい　立方体　Ⓛ cube, Ⓓ Würfel
- リビエ　Ⓛ alphonse lavallée, ribier
- リボン　Ⓛ ruban, Ⓔ ribbon, Ⓓ Schleife, Streifen
- リモット　Ⓛ rimotte
- リュイファール　Ⓛ ruifard
- りゅうさんし　硫酸紙　Ⓔ parchment paper
- りゅうすい　流水　Ⓛ [eau 囲み]
- リューベックふうマジパン　リューベック風マジパン　Ⓓ Lübecker Marzipan
- リュールクーヘン　Ⓓ Rührkuchen
- リュス　Ⓛ russe
- リュスようきじ　リュス用生地　Ⓛ pâte à fonds de Russe
- リュネット　Ⓛ lunette, milanais
- リュバンじょう　リュバン状　Ⓛ ruban
- りょう　量　Ⓛ quantité, Ⓓ Quantität
- りょうしゅうしょ　領収書　Ⓓ Quittung
- りょうてなべ　両手鍋　Ⓛ bassine, Ⓓ Mulde
- りょうり　料理　Ⓛ apprêt, cuisine, mets, plat, Ⓓ Essen, Kochen, Küche
- りょうりする　料理する　Ⓛ accommoder, apprêter, cuire, cuisiner, Ⓔ cook, Ⓓ kochen
- りょうりにん　料理人　Ⓛ cuisinier, Ⓓ Koch, Köchin
- りょうりようバナナ　料理用バナナ　Ⓛ banane légume, banane plantain
- りょくちゃ　緑茶　Ⓛ thé vert, Ⓓ grüner Tee
- リング(がた)　リング(形)　Ⓛ couronne, Ⓔ crown, ring
- リングがた　リング型　→セルクルがた
- リングシュー　Ⓛ paris-brest, Ⓓ Brühmassekranz
- りんご　林檎　Ⓛ calville, Canada, granny smith, pomme, pomme en l'air, pomme Granny Smith, reine des reinettes, reinette, Ⓔ apple, Ⓓ Apfel
- りんごジャム　林檎ジャム　Ⓔ apple-butter
- りんごしゅ　林檎酒　→シードル
- りんごのタルト　林檎のタルト　Ⓛ tarte aux pommes
- リンツァーきじ　リンツァー生地　Ⓛ pâte à Lintzer
- リンツァートルテ　Ⓛ tarte Linzer, Ⓓ Linzertorte
- りんぼく　橉木　Ⓛ prunelle

る

ルウ　Ⓕroux
ルヴァンだね　ルヴァン種　Ⓕlevain
ルートビスケット　Ⓔroute biscuit
ルーレット　→パイぐるま
ルクセンブルゲルリ　Ⓕluxembourgeois
ルクム　Ⓕloukoum, Ⓔ Turkish delight
ルクルクレーム　Ⓖ Lukullkrem
ルスキーユ　Ⓕrosquille, rousquille
ルセット¹〔レシピ〕　Ⓕrecette, Ⓔrecipe, Ⓖ Rezept
ルセット²〔菓子〕　Ⓕroussette
ルッシッシェ・パステーテ　Ⓖ Russische-Pastete
ルッツェルナー・ビルネンヴェッゲン　Ⓖ Luzerner Birnenweggen
ルッツェルナー・プフェトリ　Ⓖ Luzerner Pfötli
ルドゥドゥ　Ⓕroudoudou
ル・ネギュス　Ⓕ Le Négus, Négus
ルバーブ　Ⓕrhubarbe
ルペール　Ⓕrepère
ルリジューズ　Ⓕreligieuse
るりぢしゃ　瑠璃苣　Ⓕbourrache

れ

れいか　冷菓　Ⓕentremets froid, Ⓖ kalte Süßspeise
れいきゃく　冷却　Ⓕrefroidissement, Ⓖ Kühlung
れいきゃくようようき　冷却用容器　Ⓕrafraîchisseur, rafraîchissoir
れいし　茘枝　Ⓕcerise de chine, letchée, letchi, litchi, lychee, rambooutan
れいすい　冷水　Ⓕeau glacée,〔eau 囲み〕, Ⓖ kaltes Wasser
れいせいアントルメ　冷製アントルメ　Ⓕentremets froid, Ⓖ kalte Süßspeise
れいせいチーズケーキ　冷製チーズケーキ　Ⓖ Käse-Sahnekrem-Torte, Quark-Sahnekrem-Torte
れいせいフルーツデザート　冷製フルーツデザート　Ⓖ kalte Fruchtdesserts
れいぞうこ　冷蔵庫　Ⓕréfrigérateur, frais, meuble, Ⓖ Kühlschrank
れいぞうしつ　冷蔵室　Ⓖ Kühlhaus, Kühlraum
れいとう　冷凍　Ⓕcongélation, réfrigération, surgélation
れいとうこ　冷凍庫　Ⓕcongélateur, freezer, froid, glacier, Ⓔfreezer, deep-freeze, Ⓖ Gefrierschrank
れいとうする　冷凍する　Ⓕcongeler, Ⓔfreeze, Ⓖ einfrieren
れいとうせいひん　冷凍製品　Ⓕcongelé, surgelé
れいとうひんほぞんこ　冷凍品保存庫　Ⓕconservateur
レイヤーガトー　Ⓔlayer gâteau
レイヤーケーキ　Ⓔlayer cake
レヴェイヨン　Ⓕréveillon
レースペーパー　Ⓕdentelle, napperon, Ⓔdoily, doyley
レーズン　Ⓕraisin blond, raisin sec,〔raisin sec 囲み〕, Ⓔcurrant, plum, raisin, Ⓖ Korinthe, Rosine
レーズンいりらいむぎパン　レーズン入リライ麦パン　Ⓕbennoiton
レーズンケーキ　Ⓔraisin cake
レーズンパン　→パン・オ・レザン
レードル　Ⓕlouche, pochon, Ⓖ Schöpflöffel
レーヌ・クロード　Ⓕreine-claude, Ⓔgreengage
レーヌ・デ・レネット　Ⓕreine des reinettes
レーヌ・ド・サバ　Ⓕreine de Saba
レープクーヘン　Ⓕlebkuchen, Ⓖ Lebkuchen
レーリュッケン　Ⓖ Rehrücken
レギュミエ　Ⓕlégumier
レクスハム・ジンジャーブレッド　Ⓔ Wrexham

gingerbread
レ・グラセ　🔅 lait glacé
レグリス　🔅 réglisse, 🅶 Lakritz
レグリス・スープル　🔅 réglisse souple
レグリス・デュール　🔅 réglisse dure
レグリス・フェキュレ　🔅 réglisse féculée
レケルリ　🔅 Leckerli, lecrelet, 🅶 Baseler Leckerli, Leckerli
レザン・ド・ケス　🔅〔raisin sec 囲み〕
レザンブラン　🔅 raisin blanc
レザンブロン　→スミルナ(・レーズン)
レし　レ氏　🔅 Réaumur
レジスター　🅶 Registrierkasse
レシチン　🔅 lécithine, 🅶 Lezithin
レジネ　🔅 raisiné
レシピ　🔅 recette, 🅴 recipe, 🅶 Rezept
レジャンス　🔅 régence
レショ　→コンロ
レストラン　🔅 restaurant
レゼルヴ　🔅 réserve
レッカリー　→バーゼラーレッカリー
レッドカラント　🔅 groseille, 🅴 red currant, 🅶 rote Johannisbeere
レディ・フィンガービスケット　🔅 biscuit à la cuillère, 🅴 lady finger, 🅶 Löffelbiskuit
レテス　🔅 rétès
レネット　🔅 reinette
レ・バチュ　→ボトルメルク
レフォルマチオンスブロート　🅶 Reformationsbrot
レモネード　🔅 citronnade, limonade, 🅶 Zitronenlimonade
レモン　🔅 citron, 🅶 Zitrone
レモンカード　🅴 lemon curd
レモングラス　🔅 citronnelle
レモンクリーム　🅶 Zitronenkrem
レモンケーキ　🅴 lemon cake
レモンしぼりき　レモン絞り器　🔅 presse-agrume, presse-citron, presse-demi-citron
レモンスカッシュ　🔅 citoronnade, limonade
レモンのけずりひょうひ　レモンの削り表皮　🅶 Zitronenschale
レモンバーム　🔅 mélisse
レモンピール　🅶 kandierte Zitrone, Zitoronat
レモンムース　🅶 Zitronen-Schaum-Wein
レモンロールケーキ　🅶 Zitronenrollen
レリーフ　🅶 Relief
レンジ　🔅 cuisinière, fourneau, plaque, 🅴 stove
レンズまめ　レンズ豆　🔅 lentille, 🅴 lentil
れんにゅう[1]〔加糖〕　練乳　→コンデンスミルク
れんにゅう[2]〔無糖〕　練乳　→エバミルク
レンネット　🔅 caille-lait, 🅴 rennet

ろ

ロイタ―ツッカー　🅶 Läuterzucker
ロイヤルアイシング　→グラスロワイヤル
ろうがん　竜眼　🔅 longane
ローズ　🔅 🅴 rose
ローズウォーター　🅴 rose water
ローズオイル　🅴 rose oil
ローズシロップ　🔅 sirop de rose
ローズヒップ　🔅 cynorhodon, gratte-cul
ローズベーコン　🅴 bacon
ローズマリー　🔅 romarin
ローズマリーはちみつ　ローズマリー蜂蜜　🔅 miel de romarin
ロートシルトビスコッテン　🅶 Rothschild-Biskotten
ローフ　🅴 loaf
ローファットぎゅうにゅう　ローファット牛乳　🔅〔lait 囲み〕
ローフがた　ローフ型　🔅 moule à cake, 🅴 bread tin, loaf tin, 🅴 loaf pan, 🅶 Keksform
ローマジパン　🔅 pâte d'amandes, 🅴 raw marzipan, 🅶 Marzipanmasse, Marzipanrohmasse, Rohmasse
ローマッセ　→ローマジパン
ローラー　🔅 broyeuse, rouleau, 🅴 roller, 🅶

Walze
ローリー・プディング [英] roly-poly pudding
ローリエ [仏] laurier, [英] bay leaf, laurel, [独] Lorbeer
ロール(まき) ロール(巻き) [仏] roulade, roulé, rouleau, [英] roll, [独] Roulade
ロールケーキ [仏] biscuit roulé, roulé, [英] jelly roll, roll, Swiss roll, [独] Roulade
ロールじょうの ロール状の [仏] roulade
ロールパン [英] bread roll, roll
ロールようビスキュイ(きじ) ロール用ビスキュイ(生地) [仏] biscuit en feuille, biscuit roulé
ロザス [仏] rosace, [英] rosette
ロザス・オ・ビガロー [仏] rosace aux bigarreaux
ロシアしきサーヴィス ロシア式サーヴィス [仏] service à la russe
ロシアふうシャルロット ロシア風シャルロット [仏] charlotte à russe
ロシアふうパテ ロシア風パテ [独] Russische-Pastete
ロシェ [仏] rocher
ロシェ・デ・ピレネー [仏] gâteau à la broche, rocher des pyrénées
ロスキーユ [仏] rosquille, rousquille
ロスチャイルドふうビスキュイ・ア・ラ・キュイエール ロスチャイルド風ビスキュイ・ア・ラ・キュイエール [独] Rothschild-Biskotten
ロゼット [仏] rosace, [英] rose, rosette
ロゼワイン [仏] vin rosé, [独] Rosé
ロック [仏] rock
ロックケーキ [英] rock cake
ロティ [仏] rotie
ロティール ⇒ゆせんなべ
ロドイド [仏] Rhodoïde
ロボ ⇒でんどうちょうりき
ロボクープ ⇒でんどうちょうりき
ロリポップ [英] lollipop, lolly
ロングライフぎゅうにゅう ロングライフ牛乳 [仏][lait 囲み]
ロンサン [仏] roncin

わ

ワイルドライス [仏][riz 囲み]
ワイン [仏] vin, [独] Wein
ワインクーラー〔シャンパン用〕 [仏] seau à champagne
わがた 輪型 ⇒セルクルがた
わぎり 輪切り [仏] rondelle, rouelle, tronçon
わぎりにする 輪切りにする [仏] tronçonner
わく 枠 [仏] cadre, gabarit
わける 分ける [仏] diviser, scinder, séparer, [独] scheiden, trennen
ワゴン [仏] desserte
ワシントンパイ [米] Washington pie
ワセリン [仏] vaseline
わたがし 綿菓子 [仏] barbe à papa, [英] candy floss
わたげ 綿毛 [仏] duvet
ワッフル [仏] gaufre, [英] waffle, [独] Waffel
ワッフルアイロン [仏] gaufrier, [英] waffle iron
ワッフルきじ ワッフル生地 [仏] pâte à gaufres, [独] Waffelteig
ワッフルシュガー ⇒あられとう
ワッフルやきがた ⇒ワッフルアイロン
わりあい 割合 [仏] proportion, raison, rapport, [英] ratio, [独] Satz
わる(われる) 割る(割れる) [仏] briser, casser, fendre, [英] split
わん 碗 [仏] écuelle, jatte, [英] bowl, [独] Schüssel

付　録

付録目次

1　フランスの砂糖　le sucre 515
2　フランスのシロップと糖液　le sirop et le sucre cuit 517
3　装飾アメ（砂糖）細工　les sucres d'art 520
4　フランスの甘味料　les matières édulcorantes 521
5　フランスの基本生地　les pâtes 524
6　フランスのクリーム類　les crèmes 529
7　フランスのカカオ　le cacao 533
8　フランスのチョコレート　le chocolat 535
9　フランスの氷菓類　la glacerie 537
10　フランスの果実　les fruits 542
11　フランスの牛乳　le lait 546

1　フランスの砂糖　　le sucre

A　原料

	砂糖きび　**canne à sucre**	甜菜　**betterave**
栽培地気候	熱帯・亜熱帯地方	温暖地方
主要産地	キューバ，インドネシア，中央アメリカ，南アメリカ，オーストラリア	フランス，ドイツ，北アメリカ，ロシア，ウクライナ
糖含有量	88％（搾汁）	15〜20％
収穫	植えつけから12〜18か月後	植えつけから6か月後

B　砂糖の製造法

I　製糖工程　　生産地

1) 原料を細断，圧搾して，糖汁を収集する
2) **糖汁の浄化**　石灰などを加え，不純物を取り除く
3) **濃縮**　加熱して水分を蒸発させて，糖度の高い糖液にする
4) **結晶化**　蔗糖が結晶
5) **遠心分離**　分蜜（糖蜜を除き，蔗糖の結晶を取り出す）を行なう

この段階で得られるもの

原料糖　sucre roux　赤褐色の砂糖．普通この段階で消費地に運ばれ精製，加工が行なわれる．甜菜の場合，最初の分蜜で一部グラニュー糖が抽出される

糖蜜　mélasse　分蜜によって除かれたもの．分蜜は3回まで行なわれる．糖蜜はそのたびに褐色の度合いを増す

粗糖　cassonade　砂糖きびの糖汁を直接結晶させて得た砂糖

II　精糖工程　　消費地

1) **洗糖**　原料糖に熱した濃い糖蜜を混ぜ，ペースト状にし，次に脱水する
2) **再溶解**　熱湯に溶かし，にごりを除く
3) **浄化，脱色**　石灰などを加え，不純物を除く
4) **濃縮，結晶化**　加熱し，蔗糖の結晶をつくる
5) **遠心分離**　冷却しながら，結晶と糖液に分離．結晶は乾燥させ，ふるいにかけて粒径を整える．糖液は再び濃縮，結晶化を繰り返す．3回まで行なう*

   *最初に抽出される結晶は，純度が高く白色．次第に茶色味を帯びた結晶となる．この段階の砂糖をベルジョワーズと呼ぶ．最終糖液は再び原料糖に混ぜられるか，ゴールデンシロップとして用いる

6) 加工　角砂糖など

C　砂糖の種類

名　称	特　徴
グラニュー糖 ざらめ糖 sucre cristallisé sucre granulé	白色，さらさらした結晶．製糖工程で得たもの．原料糖を精製したもの 商業上の品質格付として，純度の高い順に1〜4段階に分ける 2を標準とし，4は一般市場には出回らない
微粒グラニュー糖 sucre en poudre sucre semoule	白色，さらさらした結晶．直径約0.4mm
粉糖 sucre glace	グラニュー糖を粉末状に粉砕（直径約0.15mm以下），防湿剤としてスターチを2〜3%混ぜる
角砂糖 sucre en morceau	加熱して湿らせたグラニュー糖を型に詰め，乾燥させる．大きさは1〜4まであり，若い数字ほど大きい．3（7g），4（5g）が一般的
アダン糖 sucre de luxe sucre Adant	純度の高い糖液を型に流し，ゆっくりと結晶させ，脱水，乾燥させて，長方形などに切り分けた角砂糖
キューブ糖 sucre en cubes	精製糖や粗糖でつくった角砂糖．形は不揃い
あられ糖（粒状） sucre casson sucre en grains sucre perlé	純度の高い精製糖を砕き，ふるいにかけ，大きさを分ける．15mm〜0.5mm
粗糖 cassonade	茶色，さらさらした結晶．砂糖きびの糖汁を直接結晶化し簡単に精製したもの
ベルジョワーズ vergeoise	茶色，湿潤で細かな結晶．原料の香りが残る．精糖工程で，結晶能力の衰えた糖液を特別な方法により結晶化したもの
①薄茶色のもの vergeoise blonde	最初に残った糖液から分離した結晶
②茶色のもの vergeoise brune	2回目の結晶を分離して残った糖液から得た結晶

名　称	特　徴
氷砂糖 **sucre candi**	①白色透明．高純度の糖液を布を張った容器に入れ，ゆっくり（約10日間）と結晶させる ②茶色透明．白色の氷砂糖をつくった残りの糖液を①と同様の方法で結晶させる
棒砂糖 **pain de sucre**	精製糖液が熱いうちに，円錐形の型に流し入れ，結晶させる
ヴァニラ・シュガー **sucre vanillé**	グラニュー糖にヴァニラを混ぜる
液糖 **sucre liquide**	無色，濃蜜．62％の蔗糖を含んだ精製糖の加水分解溶液．相当量の蔗糖が転化糖に変化

2　フランスのシロップと糖液　　le sirop et le sucre cuit

シロップ，糖液の煮詰め段階

名　称	温　度	比重およびボーメ度	状　態	用　途
シロップの沸点	100℃	1.2407 (28°B)		
プティリセ **petit lissé**	103℃	1.2964 (33°B)	シロップが人さし指と親指の間で少し糸を引くがすぐ切れてしまう	
リセ **lissé**	104℃	1.3082 (34°B)		
ナペ **nappé**	105℃	1.3199 (35°B)	木杓子を中に入れると，少しシロップがまとわりつく．ぽとぽとと大きなしずくになって下に落ちる	パート・ド・フリュイ，砂糖漬け果物，リキュールボンボン
グランリセ **grand lissé**	107℃	1.3574 (38°B)	糸が少し長く引く（2～3cm）	

名　称	温　度	比重および ボーメ度	状　態	用　途
フィレ **filet**	110℃	1.3834 (40°B)	しっかりと糸を引く．途中で切れない	バタークリーム，砂糖漬け果物，ゼリー
プティスフレ **petit soufflé**	113℃		指を水に浸した後，熱いシロップをすくって，再び水に入れた時，指の間でシロップが2cmほど糸を引く	
グランスフレ **grand soufflé** モルヴ **morve** グリュ **glu**	115℃		プティスフレと同じ	
プティブレ **petit boulé**	117℃		上記の動作を繰り返すと，糖液が指の間で球状になる	パート・ダマンド，バタークリーム，ムラング，マロングラッセ，フォンダン（グラサージュ用）
ブレ **boulé**	120℃		糖液は指の間で直ちに球状になる	ムラング，バタークリーム，パート・ダマンド，フォンダン（ボンボンのセンター用）
グロブレ **gros boulé**	125〜 130℃		しっかりとした球状になる	パート・ダマンド・コンフィズール（ボンボンのセンター用），柔らかいカラメル
プティカセ **petit cassé**	136〜 150℃		固い球状に丸まる．砕ける．歯に少々残る	ヌガー・モンテリマール（柔らかいヌガー），カラメル（ボンボン）

名　称	温　度	比重および ボーメ度	状　態	用　途
グランカセ **grand cassé**	146～ 155℃		砕けやすく，歯にはつかない．鍋の周囲の糖液は淡い黄色に変化	固いヌガー，ジャム，パート・ド・フリュイ，アメ細工（シュクルティレ，シュクルスフレ，シュクルロシェ）
カラメルクレール **caramel clair** シュクル・ドルジュ **sucre d'orge**	156～ 165℃		色づきはじめる．明るい黄色	フリュイ・デギゼ，アメ細工（シュクルティレ，シュクルフィレ，シュクルスフレ，シュクルクレ），グラサージュ（グラスがけ），アントルメ，プディングの香りづけ
カラメルブラン **caramel brun** カラメルフォンセ **caramel fon-cé**	166～ 175℃		濃黄色．褐色．甘味はない	ヌガティーヌ，プラリネ，明るいカラメル，クリーム類，ムース，氷菓の香りづけ
カラメル **caramel**	180℃ 以上		色がだんだん濃くなっていく．180℃を超えると焦げくさく，酸味が増す．190℃以上は使用不能	クレームカラメル，コンソメ，ソースなどの着色用

3 装飾アメ（砂糖）細工　　les sucres d'art

種類	基本構成(例)	用途例
パスティヤージュ **pastillage**	粉糖……………………1kg 澱粉……………………100g トラガカントゴム(粉末)…12g 水………………約80〜100g	建築物, 楽器, 花瓶, 飾り皿, 額
シュクルマセ (糖化アメ) **sucre massé**	1) 砂糖　1kg ⎫ 117℃に煮詰める 　　水　300g ⎭ （プティブレ） 2) フォンダン	柱, ろうそく, 動物
シュクルロシェ (岩状アメ) **sucre rocher**	砂糖　1kg ⎫ 145℃に煮詰める 水　　400g ⎭ （グランカセ） グラスロワイヤル　80〜100g	岩, パン
シュクルフィレ (糸状アメ) **sucre filé** シュクルヴォワレ **sucre voilé**	砂糖　1kg 水　　400g ⎱ 155℃に煮詰める 水アメ 200g	アントルメ, 氷菓の飾り, 鳥の巣, 花芯, 揺り籠のヴェール
シュクルクレ (流しアメ) **sucre coulé**	砂糖　1kg 水　　400g ⎱ 158℃に煮詰める 水アメ 150g	ガラス, 皿, 菓子類を展示する台座
シュクルトゥルネ (糖化アメ) **sucre tourné**	砂糖　1kg 水　　400g ⎱ 145℃に煮詰める 水アメ 100g	ばらの花, 葉
シュクルティレ (引きアメ) **sucre tiré**	砂糖　1kg 水　　400g ⎱ 148℃に煮詰める 水アメ 200g クリームタータ　2g	ばらの花, 葉, 全種の花, 籠, りぼん
シュクルスフレ (吹きアメ) **sucre soufflé**	砂糖　1kg 水　　400g ⎱ 約145〜150℃に 水アメ 200g　煮詰める クリームタータ　2滴	果物, 動物

種類	基本構成(例)	用途例
グラスロワイヤル **glace royale**	粉糖　　　　250g 卵白　　　　2個分 レモン果汁　10滴	線描き模様, 花

4　フランスの甘味料　　les matières édulcorantes

蔗糖（スクロース）　saccharose
砂糖きび, 甜菜, かえでから抽出する砂糖. 二糖類(ぶどう糖と果糖)

性　質
固い角結晶. 光沢のある白. 特に臭いなし. はっきりとした甘味. 水溶性, 水温の上昇につれ溶解度も増す. アルコールには溶けない. 無水で約160℃で溶け, カラメル化し, 190℃から焦げはじめ, 炭化する. 加水分解後のみ発酵

転化糖　sucre inverti
蔗糖の加水分解で生じた果糖とぶどう糖の等量混合物

利　点
1) 転化糖は吸湿性であるため, 製品の湿りを保ち, 生地の乾燥を防ぐ
2) （氷菓, グラサージュ, ビスケット, 糖菓などで）結晶化, 粒状化を予防, 防止する
3) 酵母と直接同化するため, 発酵が良好でグルテンの伸展性, 生地の状態を向上
4) 焼き時間が短く温度が低くても, 製品の焼き色, 歯ごたえがよく仕上がる
5) 風味と香りが強まる
6) 冷凍する場合, 製品が乾燥しない. 特に氷菓の場合, 風味, 香り, 滑らかさ, 乳糖の粒状化防止, 発色に効果が大きい

A　転化液糖　sucre liquide inverti
乳白色あるいは薄黄色のシロップ. 工場製品（ビスケット, チョコレート, 糖菓, 飲料など）に使用

B　転化糖液　sirop de sucre inverti
粘性のあるペースト状または液状. 白色. 特殊な臭みはない. 蔗糖より20〜25%甘みが強い. 水溶性. 35℃より徐々に液化, 60℃で完全溶解. 発酵性あり. パティシエなどの専門職が用いる

ぶどう糖　（グルコース, デキストロース*）　glucose, dextrose
*純粋なグルコースの意味で使用

A　グルコース　glucose
1　Dグルコース　**glucose droit, D. glucose**
多くの果実, 蜂蜜に天然に含有

II 水アメ　sirop de glucose, glucose cristal

とうもろこし,じゃがいも,マニオクなどの澱粉を酸糖化(水と酸を加えて加水分解)または酵素糖化(酵素を使って連鎖したぶどう糖を切り離す)によってできた澱粉糖.ぶどう糖,麦芽糖,蔗糖,水分の混合物

性　質

粘性のシロップで,温度が高くなるに従い,粘性がなくなる.無色透明.ほぼ無臭.水溶性,アルコールにはほとんど溶けない.60℃で柔らかくなる.約86℃で溶ける.100〜110℃で脱水.発酵性あり.DE*が高いほど甘味が強い.60DEの水アメはスクロースとほぼ同等の甘味または少し劣る

> *加水分解の程度(澱粉の糖化度)を表わす.全固形分のうちデキストロースに還元した糖のパーセンテージ.DEが高ければ,デキストロースが多く純度が高い
> 　0〜20DE　　マルトース,デキストリン(澱粉の分解途中でできる糊精.甘味はないが粘性がある)
> 　20〜99.5DE　水アメ
> 　99.5〜100DE　デキストロース

利　点

1) 再結晶抑制,防止(糖液,フォンダン,シロップ,リキュール,ジャム,砂糖漬け果物などの製作時)
2) 製品の乾燥防止,保存性が高まる

III 脱水水アメ　sirop de glucose déshydraté または glucose massé

強力な加水分解により一部を脱水したもの.白色ペースト状.工場製品のビスケット,氷菓に使用

B　デキストロース　dextrose

純粋なDグルコース(全固形分の重さの内99.5%以上).加水分解によってできる白色の粉末状の結晶.製品化され,工場製品の糖菓(ヌガー,チューインガムなど)のほか,氷菓の安定剤として使用

蜂蜜　miel

蜜蜂が採取した花蜜の中の蔗糖をその唾液の転化酵素によりDグルコースと果糖の混合物に転化したもの.天然の転化糖.蜜源により味,色に変化がある

成　分

糖分76% (ぶどう糖と果糖70%,蔗糖6%)

性　質

粘性のシロップ状.保存状態により,果糖が結晶し,粒状堅固になる.白色から濃褐色まで多種.種類により有臭.特殊なやさしい甘味で蔗糖よりも強い.水溶性.温度が上昇するにつれてゆるくなる.アルコールにも溶ける.発酵性あり

種類	特色および収穫地（フランス）
イワオウギ蜜 miel de sainfoin	白色．味は繊細．ガティネ（パリ盆地），トゥレーヌ，シャンパーニュ，ブルゴーニュ地方
ラヴェンダー蜜 miel de lavande	薄い琥珀(はく)色 アルプス地方
ローズマリー蜜 miel de romarin	乳白色．芳香は強い ナルボンヌ地方
もみの木の蜜 miel de sapin	琥珀(はく)色．濃度がある ヴォージュ地方
アカシア蜜 miel d'acacias	琥珀(はく)色．味は繊細．結晶しない イル=ド=フランス地方
セイヨウアブラナ蜜 miel de corza	薄い黄色．粘りがある ノルマンディ地方
ヒース蜜 miel de bruyère	色は濃い．濃度があり，甘味は強い パンデピスによく使われる．ランド地方
ガリーグ蜜 miel de garrigue	琥珀(はく)色．力強い独特な芳香がある 地中海沿岸の石灰質の荒野（ガリーグ）に茂るタイム，ローズマリー，クローバーなどの蜜
多種花蜜，百花蜜 miel de toutes les fleurs	色は薄い黄色または茶褐色．いろいろな花からとり，濃厚な香りをもつもの，クリーム状のものなど，多種多様

果糖（フルクトース，レヴュロース）　fructose, lévurose
　甘い果実，蜂蜜に含有．蔗糖の加水分解によってできる

性　質
　微細粉末状．白色．無臭．甘味は蔗糖と同じ位強い．水溶性．約95℃で溶ける．発酵性あり

乳糖（ラクトース）　lactose
　哺乳動物の乳に含有．牛乳には1ℓにつき45～50ｇ含有．乳清より抽出

性　質
　粉糖状の細粒結晶粉末．結晶は無色不透明．粉末は白色．無臭．低甘味．6倍の水（20℃），2.5倍の熱湯に溶ける．アルコール，エーテルには溶けない．100℃より脱水，170℃以上では褐色のカラメルに変化．直接には発酵性なし

付　録

麦芽糖（マルトース）　maltose
　澱粉の不完全糖化（完全分解ではなく, 途中の段階で止める）によってできる
性　質
　結晶粉末状. 白色. 水溶性. 直接には発酵性なし

5　フランスの基本生地　　　les pâtes

I　膨らみ生地（パート・バテュ・プセ）　pâtes battues-poussées
　A　クリーム状の生地

名　称	基本材料	特徴および用途
シュー生地 **pâte à choux**	小麦粉, 砂糖, 油脂, 卵, 牛乳, 塩	エクレール, シュークリーム, ルリジューズ, サランボ, グラン, パリ＝ブレスト, シーニュ, パン・ド・ラ・メック, クロカンブッシュ, サントノレ, ペドノーヌ, ベニェなど. ほかの生地, クリームなどと合わせて用いる
ケーク生地 **pâte à cake**	小麦粉, 砂糖, 油脂, 卵, ベーキングパウダー, アルコールに漬けた砂糖漬け果物, レーズン類, 香り	ケーク
カトルカール用生地 **pâte à quatre-quarts**	小麦粉, 砂糖, 油脂, 卵, ベーキングパウダー, 香り	カトルカール
マーブルケーキ用生地 **pâte à gâteau marbré**	小麦粉, 砂糖, 油脂, 卵, ベーキングパウダー, ココア, 香り	マーブルケーキ
マドレーヌ用生地 **pâte à madeleines**	小麦粉, 砂糖, 油脂, 卵, 牛乳, ベーキングパウダー, 香り	マドレーヌ
パンデピス用生地 **pâte à pain d'épices**	小麦粉, ライ麦粉, 砂糖, 蜂蜜, 卵, 牛乳, ベーキングパウダー, スパイス	パンデピス

B 含気した生地

名 称	基本材料	特徴および用途
ビスキュイ生地 **pâte à biscuit**	小麦粉, 砂糖, 卵黄, 卵白, 香り	アントルメの台, ビスキュイ・ア・ラ・キュイエール, ビスキュイ・ド・サヴォワ
ジェノワーズ生地 **pâte à génoise**	小麦粉, 砂糖, 卵	アントルメの台
パン・ド・ジェーヌ用生地 **pâte à pain de Gênes**	粉末アーモンド, 小麦粉(または澱粉), 砂糖, 油脂, 卵, 卵黄, 卵白, 香り	パン・ド・ジェーヌ, アントルメの台
スフレ用生地 **pâte à soufflé**	小麦粉, 砂糖, 卵黄, 卵白, 牛乳, 香り	スフレ
ムラング生地 **pâte à meringues**	砂糖(または糖液), 卵白	アントルメの飾りつけ, 仕上げ, 氷菓のアパレーユ(ムラングイタリエンヌ), ケース, 装飾の製作(ムラングスイス), ケース, 様々な形, ヴァシュラン, ウ・ア・ラ・ネージュ(ムラングフランセーズ)
シュクセ生地 **pâte à succès** プログレ生地 **pâte à progrès** ジャポネ生地 **pâte à japonais**	小麦粉, 粉末アーモンド, ヘーゼルナッツ粉末(プログレ), 砂糖, 油脂, 卵白	小型菓子類, アントルメ類
ダコワーズ用生地 **pâte à dacquoises** リュス用生地 **pâte à fonds de Russe** ディジョネ用生地 **pâte à Dijonnais**	小麦粉(ダコワーズ), 粉末アーモンド, 砂糖, 卵白, 牛乳(ダコワーズ, ディジョネ), ヘーゼルナッツ粉末, すりおろしたココナッツ(リュス)	ダコワーズ, 小型菓子, アントルメ類

C　流動状の生地および揚げ物用生地

名　称	基本材料	特徴および用途
クレープ用生地 **pâte à crêpes**	小麦粉, 砂糖, 卵, 牛乳, 油脂, 塩, 香り	各種クレープ, パヌケ
ゴーフル用生地 **pâte à gaufres**	小麦粉, 砂糖, 油脂, 卵, 牛乳, 塩, 香り	各種ゴーフル
揚げ物用生地 **pâte à frire**	小麦粉, 砂糖, 油脂, 卵, 卵白, 牛乳, ビール, イースト, 塩	各種ベニェ
ビュニュ用生地 **pâte à bugnes**	小麦粉, 砂糖, 油脂, 卵, ベーキングパウダー, 塩, 香り	生地をのばして, 切り分けて揚げるビュニュ

II　練り込み生地（パート・ブリゼ）　pâtes brisées

名　称	基本材料	特徴および用途
敷き込み生地 （甘味／塩味） **pâte à foncer** **pâte brisée** **（sucrée/salée）**	小麦粉, 塩, (砂糖), 油脂, 卵, 水	油脂と小麦粉をすり混ぜる タルト, タルトレットの台（sucrée), キッシュ, 野菜のタルトなどの台（salée）
パート・シュクレ **pâte sucrée**	小麦粉, 砂糖, 油脂, 卵, 水	砂糖, 油脂, 卵をクリーム状にする タルト, タルトレットの台, ガレット, プティフール
サブレ生地 **pâte sablée**	小麦粉, 塩, 砂糖, 油脂, 卵, ベーキングパウダー, 香り	油脂と小麦粉をすり混ぜる サブレ, ガレット, 種々の型に抜いたビスケット
リンツァー用生地 **pâte à Lintzer**	小麦粉, 粉末アーモンド, 塩, 砂糖, 油脂, 卵, ベーキングパウダー, シナモン	油脂と小麦をすり混ぜる リンツァー・トルテ, サブレなど

III　折り込み生地（パート・フイユテ）　pâtes feuilletées

基本材料
　小麦粉, 塩, 水, 油脂

用 途
ショソン・オ・ポム, コンヴェルサシオン, ミルフイユ, ガレット・デ・ロワ, ピティヴィエ, コルネ・ア・ラ・クレーム, アリュメット, バンドなど

基本法 **feuilletage normal** **feuilletage simple**	デトランプに油脂を包んで折りたたむ
逆法 **feuilletage** **(inversé)** **feuilletage hollandais**	小麦粉を混ぜ込んだ油脂をのばしてデトランプを包んで折りたたむ
速成法 **feuilletage** **(rapide)** **feuilletage écossais**	油脂をデトランプに混ぜ込んで折りたたむ

IV 発酵生地（パート・ルヴェ） pâtes levée

A ヴィエノワズリ用生地（卵, 油脂を多く使った甘い発酵生地, パン菓子用）

基本材料
小麦粉, 塩, 砂糖, イースト, 卵, 牛乳, 油脂

名 称	特徴および用途
パン・オ・レ生地 **pâte à pain au lait**	プティパン・オ・レ, 種々の形（うさぎ, かめ, わになど）をした小型パン, ジャム入りパンなど
ブリオッシュ生地 **pâte à brioches**	ブリオッシュ（大・小・王冠形など）, ナンテール, ムスリーヌ, レーズン（ヘーゼルナッツ）入りブリオッシュなど. ブリオッシュ・スイス
クグロフ用生地 **pâte à kouglof**	レーズンを加える クグロフ
ババ生地 **pâte à babas** サヴァラン生地 **pâte à savarins**	ババ, サヴァラン, マリニャン, ポンポネット

B　ビュッフェ用パン生地

名　称	基本材料	特徴および用途
食パン生地 **pâte à pain de mie**	小麦粉, 塩, 砂糖, イースト, 粉乳（または牛乳）, 水, 油脂	食パン（山, 角, 円筒形など）, トースト, カナッペ, サンドウィッチ, クロックムシュー
極上パン生地 **pâte à pain de gruau**	特等強力粉, 塩, イースト, 粉乳, 麦芽, 水	プティパン, バゲット, バタール
パン・ヴィエノワ生地 **pâte à pain viennois**	小麦粉（または特等強力粉）, 塩, 砂糖, イースト, 粉乳, 水, 油脂	棒状または山形の食パン 食パン生地より砂糖, 粉乳, 油脂が少ない
全粒粉パン **pâte à pain complet**	パン種, 特等強力粉, 全粒粉, 塩, イースト, 粉乳（または油脂）, 水	食パン, カナッペ
ライ麦パン **pâte à pain de seigle**	パン種, ライ麦粉, 小麦粉, 塩, 水	丸型パン, レーズン（胡桃, アーモンドなど）入りライ麦パンなど
パン・ド・カンパーニュ **pâte à pain de campagne**	パン種, 小麦粉（またはライ麦と混入）, 塩, 水	丸形, 王冠形, コッペパン, 変り形

V　折り込み発酵生地（パート・ルヴェ・フイユテ）　**pâtes levées-feuilletées**

名　称	基本材料	特徴および用途
クロワッサン生地 **pâte à croissants**	小麦粉, 塩, 砂糖, イースト, 牛乳, 油脂, 卵（任意）	クロワッサン, パン・オ・ショコラなど
デニッシュ生地 **pâte levée feuilletée Danoise** クク用生地 **pâte à couques**	小麦粉, 塩, 砂糖, イースト, 牛乳, 油脂, 卵	クロワッサン生地より油脂が少ない．デニッシュ, ククなど

名称	基本材料	特徴および用途
折り込みブリオッシュ生地 pâte à brioches feuilletées	小麦粉, 塩, 砂糖, イースト, 卵, 油脂	サヴァラン, マンケ, パウンド型などで, そのまま, またはクリーム, 果物, ジャムなどを詰めて焼いたものなど
折り込みフガス生地 pâte à fougasses feuilletées	小麦粉, 塩, 砂糖, イースト, 卵, 牛乳, 油脂	折り込みブリオッシュ生地より卵, 油脂が少ない

6 フランスのクリーム類　　les crèmes

I　卵をベースにしたクリーム　crèmes aux œufs

名称	基本材料	特徴および用途
バタークリーム crème au beurre	砂糖, バター, 卵, 香り	
①全卵入り crème au beurre aux œufs, crème au beurre au sirop, crème au beurre au sucre cuite	糖液（またはシロップ）, バター, 卵, 香り	きめ細かく, 滑らかで軽い
②卵黄・牛乳入り crème au beurre à l'anglaise	牛乳, 砂糖, 卵黄, バター, 香り	軽く, 滑らか
③卵白入り crème au beurre à la meringue italienne	卵白, 糖液, バター, 香り	軽い
④火を通さない crème au beurre à froid	砂糖, 卵, バター, 香り	きめが粗く, 滑らかさに欠ける
クレームアングレーズ crème anglaise	牛乳, 砂糖, 卵黄, 香り	加熱してつくる ソース, ナパージュ, （バヴァロワ, バタークリームなどの）ベースのクリーム

名　称	基本材料	特徴および用途
クレームパティシエール **crème pâtissière**	牛乳, 砂糖, 卵, 小麦粉, バター（任意）, 香り（ヴァニラほか）	加熱してつくる. シュー生地やクレームダマンドと混ぜる シュー菓子, アントルメ, 小型菓子, タルト, タルトレットなどの詰め物
フラン用クリーム **crème à flan**	牛乳, 砂糖, 卵, 小麦粉（または澱粉, プードル・ア・クレーム）	果物などと共に型に入れて加熱 各種フラン
カスタードプディング用クリーム **crème caramel** クレームランヴェルセ **crème renversée**	牛乳, 卵, 砂糖	カラメルと共に型に入れて湯煎で加熱
サバイヨンクリーム **crème sabayon**	卵黄, 砂糖, ワインまたはリキュール	加熱する ソース, ナパージュ サバイヨングラセ
ヴァニラクリーム **crème vanille**	牛乳, 卵黄, 砂糖, 香り（ヴァニラ, コーヒー, チョコレート, プラリネ）	容器に入れて湯煎で加熱, そのまま供する

II　含気したクリーム類　crèmes battues
（泡立て器で, 攪拌(かくはん)し, 空気を入れたもの）

名　称	基本材料	特徴および用途
クレームダマンド **crème d'amandes**	粉末アーモンドと砂糖（または T.P.T.）, 油脂, 卵, 小麦粉（任意）, 香り（ラム酒, ヴァニラ）	ピティヴィエ, コンヴェルサシオン, アマンディーヌ, ダルトワ, バルケット・オ・マロンなど
クレームフランジパーヌ **crème frangipane**	（香りをつけない）クレームダマンド, クレームパティシエール, 香り	各種菓子の詰め物

フランスのクリーム類

名　称	基本材料	特徴および用途
マロンクリーム **crème de marrons**	ピュレ・ド・マロン, バター, ラム酒またはヴァニラを加える	各種菓子の詰め物. バルケット・オ・マロンなど
クレームムスリーヌ **crème mousseline**	牛乳, 砂糖, 卵 (または卵黄), プードル・ア・クレーム (または小麦粉), 油脂, 香り	クレームパティシエールとバタークリームを混ぜ合わせたもの
パリ＝ブレスト用クリーム **crème \<paris-brest\>**	クレームパティシエール, 油脂, プラリン, ラム酒または好みの香り	油脂の多いリッチなクリーム パリ＝ブレスト, アントルメ, 小型の詰め物
含気したガナッシュ **ganache montée**	チョコレート, 生クリーム, 香り, またはチョコレート, 牛乳, バター, 香り	ガナッシュを泡立て器でよく攪拌(かくはん). アントルメ, 小型菓子の詰め物

Ⅲ　軽くしたクリーム類　crèmes légères
　　(泡立てた生クリーム, ムラングなどを加えたクリーム)

名　称	基本材料	特徴および用途
ムラング入りバタークリーム **crème au beurre à la meringue italienne**	糖液, ムラング, 油脂, 香り, またはムラングイタリエンヌ, 油脂	軽いが, 滑らかさ, 味においてバタークリームに劣る
サントノレ用クリーム **crème à saint-honoré**	牛乳, 砂糖, 卵黄, 小麦粉, ゼラチン, ムラングイタリエンヌ	クレームパティシエールに泡立てた卵白を加えたもの サントノレ, シュー菓子の詰め物, 果物のタルト, アントルメ
シブスト用クリーム **crème chiboust**		
クレームレジェール **crème légère**		

名　称	基本材料	特徴および用途
シャンティイ **crème chantilly**	生クリーム, 砂糖, ヴァニラ	ケーキ類の詰め物, 飾り, 氷菓の飾り
泡立てた生クリーム **crème fouettée**	生クリーム, ムラングイタリエンヌ（または砂糖）, ゼラチン（任意）, 香り（ヴァニラ, コーヒー, チョコレート, プラリネ, リキュール, アルコール）	氷菓（パルフェ, スフレなど）, クレームバヴァロワーズ, ディプロマットなどに加える
チョコレート入り生クリーム **crème fondante**	スイートチョコレート, シャンティイ, ヴァニラ	アントルメの詰め物
ディプロマット・クリーム **crème à diplomate**	牛乳, 卵黄（または全卵）, プードル・ア・クレーム（または澱粉）, ゼラチン, 泡立てた生クリーム（加糖）	ゼラチン入りのクレームパティシエールに泡立てた生クリームを加えたもの ディプロマット, アントルメ, 小型菓子の詰め物
バヴァロワ・クリーム **crème (à) bavarois**	クレームアングレーズ, ヴァニラ, ゼラチン, 泡立てた生クリーム	クレームアングレーズにゼラチン, 泡立てた生クリームを加えたもの 冷アントルメ, シャルロットの詰め物
ムース　**mousses**		各種ムース, アントルメの基本クリーム
①全卵入りムース （クレームパティシエール法） **mousse aux œufs**	クレームパティシエール, ゼラチン, ムラングイタリエンヌ, 香り, 泡立てた生クリーム	
②卵黄・牛乳入り （クレームアングレーズ法） **mousse au lait et aux jaunes**	クレームアングレーズ, ゼラチン, ムラングイタリエンヌ, 泡立てた生クリーム, 香り	

名　称	基本材料	特徴および用途
③卵黄入り （ボンブ法） **mousse aux jaunes**	ボンブ用アパレーユ,ゼラチン,ムラングイタリエンヌ,泡立てた生クリーム,香り	（各種ムース,アントルメの基本クリーム）
④果物入り **mousse aux fruits**	泡立てた生クリーム,ムラングイタリエンヌ,果物のピュルプまたはピュレ,ゼラチン	

7　フランスのカカオ　　le cacao

I　カカオ豆　fève de cacao

北緯20度から南緯20度以内の熱帯植物カカオの樹の果実の種子．この果実はカボスcabosseと呼ばれ,楕円形で,長さ12〜15cm,重さ300〜600g,色は種類により緑,赤紫,黄,オレンジ色がある．種子は白色の粘性の果肉の中に縦に5列に25〜75粒入っている

収穫地

赤道アフリカ(ガーナ,ナイジェリア,コートジヴォワール,カメルーン,トーゴ,マダガスカル),中央アメリカ(コスタリカ,ニカラグア,メキシコ),南アメリカ(ブラジル,ヴェネズエラ,コロンビア,赤道地帯),オセアニア(バヌアツ,ニューギニア)

II　カカオ豆の処理工程

栽培地
1) **収穫**　カボス(カカオの実)より,種子を取り出す
2) **発酵**　収穫地の天然の酵母菌によって,温度(44〜47℃)で発酵させる．これには,チョコレートの風味を引き出す,赤褐色にする,豆に付着している果肉を落とす,発芽を防ぐといった目的がある
3) **乾燥**　天日または人工乾燥．保管,品質保存のために水分を蒸発させる
4) **輸送**　品質を充分に検査した後,袋詰めにし,加工工場へ送る

III カカオマスの製造工程 (cacao en pâte, cacao liqueur, cacao pur pâte)

1) **選別** 原地から来たカカオ豆の塵埃を送風などで取り除く
2) **焙炒** 100〜150℃で行なう．カカオの風味を引き出すことと水分を蒸発させるためである
3) **破砕と風選** カカオ豆の外皮，胚芽を取り除き，胚乳(ニブ)を取り出す
4) **摩砕** カカオニブを50〜70℃のローラーにかける．摩擦熱でニブに含まれている油脂が溶け，よく混じり合って濃褐色のペースト状となる

IV カカオマス製品

カカオバター **beurre de cacao**

カカオマスをカカオプレスで圧搾して油脂分を収集．濾過してから冷やし，型に流し入れ固めたもの．黄白色でチョコレートの香りがする．37℃より溶ける

ココア **cacao en poudre**

カカオマスを圧搾してカカオバターを絞った後の固まったかす(ココアケーキ)を粉砕して粉末状にしたもの．カカオバターが20%含まれている．水分は5〜9%

カカオ製品

名　称	構　成
カカオマス **cacao en pâte, cacao liqueur, cacao pure pâte, masse de cacao, pâte de cacao**	カカオ豆の胚乳をペースト状にしたもの
カカオバター **beurre de cacao**	カカオマスから絞った油脂
ココア(上級品) **cacao en poudre**	カカオマスからカカオバターを除去したもの．ただし20%以上のカカオバターを含む
低脂肪ココア(カカオ・メーグル) **cacao maigre (en poudre)** **cacao fortement dégraisse (en poudre)**	カカオバターの含有量8〜10%
加糖ココア **cacao sucré (en poudre)** **chocolat en poudre**	ココアに砂糖を加える．100g中，ココアは32g以上含有

名　称	構　成
加糖中級ココア **cacao de ménage sucré** **(en poudre)** **chocolat de ménage en poudre**	ココアに砂糖を加える．100 g 中，ココアは 25 g 以上含有
加糖低脂肪ココア **cacao maigre sucré (en poudre)** **cacao fortement dégraissé sucré** **(en poudre)**	低脂肪ココアに砂糖を加える．100 g 中，低脂肪ココアは 32 g 以上含有
加糖低脂肪中級ココア **cacao de ménage maigre sucré (en poudre)** **cacao de ménage fortement dégraissé sucré (en poudre)**	低脂肪ココアに砂糖を加える．100 g 中，低脂肪ココアは 25 g 以上含有
水に溶けやすいよう加工したココア **cacao solubilisé**	アルカリ処理をしたカカオマスよりつくる．水に溶けやすく，色も濃い

8　フランスのチョコレート　　le chocolat

製造工程
1) 混合　カカオマスにチョコレートの種類によって，カカオバター，砂糖，粉乳を混ぜ合わせる
2) 微粒化　混合物をローラーにかけて，微粒状の生地にする
3) 精練　大きなタンクに生地を入れ，回転攪拌(かくはん)装置で，水分を蒸発させ，悪臭を除去して均質化し，芳香，舌触りなど，チョコレートの状態をよくする
4) 調整　チョコレートは冷却するとカカオバターが変化を起こすので，温度調整を行なってから，型に流し入れ，振動機で気泡をとった後，冷却固化する
5) 包装　型から取り出し，アルミ箔，厚紙に包む

チョコレートの種類

名　称	成　分
調理用チョコレート **chocolat à cuire** **chocolat de ménage**	カカオマス……………………………30％以上 （内カカオバター 18％） 砂糖

名称	成分
板チョコレート chocolat à croquer	カカオマス……………………………38〜57% (内カカオバター 26%以上) 砂糖
フォンダンチョコレート スイートチョコレート chocolat fondant	カカオマス……………………………48%以上 (内カカオバター 26%以上) 砂糖……………………………………57%以下 (カカオバターは，精練の最後に混ぜる)
ホワイトチョコレート chocolat blanc chocolat ivoire	カカオバター…………………………20%以上 砂糖 乳脂肪(牛乳，生クリーム，バター) その他 着色料
ミルクチョコレート chocolat au lait couverture lactée couverture au lait	乳脂固形分……………………………14%以上 非脂肪カカオ分………………………2.5%以上 カカオバター…………………………25%以上 砂糖……………………………………55%以下
クーヴェルテュール couverture couverture foncée	カカオマス……………………………35%以上 (内 カカオバター 31%以上 　　非脂肪カカオ分 16%以上)

チョコレートの温度調整（室温18〜20℃）

チョコレートは溶かしてから，いったん温度を下げ，再び温度を上げて，カカオバターの結晶を安定させる必要がある

チョコレートの種類	溶解温度	下降温度	調整温度
フォンダン(スイート)チョコレートおよびクーヴェルテュール chocolat fondant couverture foncée	50〜55℃	26〜27℃	31〜32℃
ミルクチョコレート chocolat au lait couverture au lait couverture lactée	45〜50℃	26〜27℃	29〜30℃

チョコレートの種類	溶解温度	下降温度	調整温度
カラーチョコレート **chocolat de couleur** **couverture de couleur**	45～50℃	26～27℃	28～29℃

9　フランスの氷菓類　　la glacerie

I　回転凍結したものの名称, 材料, 含有率
　　（衛生管理について法規制を受けている製品）

名　称	材料および規定含有率
生クリームをベースにしたアイスクリーム **crèmes glacées** **glaces à la crème**	生クリーム, 牛乳, 蔗糖, 天然香料 　乳脂分 ………………………………………… 7%以上 　糖分（蔗糖） ………………………………… 14%以上 　無脂固形分 …………………………………… 31%以上 　天然香料 ……………………………………… 規定量*
卵をベースにしたアイスクリーム **glaces aux œufs**	卵黄, 牛乳, 蔗糖, 生クリーム, バター, 天然香料 　乳脂分 ………………………………………… 2%以上 　卵黄 …………………………………………… 7%以上 　蔗糖 …………………………………………… 16%以上 　天然香料 ……………………………………… 規定量*
シロップをベースにしたアイスクリーム **glaces au sirop** **glaces à ＋天然香料名** **glace standard**	水（または牛乳）, 蔗糖, 生クリーム・バター（任意）, 天然香料 　蔗糖（果肉以外の天然香料使用の場合） …… 18% 　蔗糖（果肉を使用した場合） ……………… 25% 　天然香料 ……………………………………… 規定量*
果物入りアイスクリーム **glaces aux fruits**	クレームグラセ crèmes glacées, グラス・オ・シロ glaces au sirop, グラス・オ・ズ glaces aux œufs をベースに殺菌または滅菌した果肉を加える
ソルベ／シャーベット **sorbets** ①果実入りのソルベ	水, 砂糖（および転化糖）, 果実またはアルコール, ワイン, リキュール, または香草（乳脂肪分, 卵黄, 人工香料を一切含まない） 回転凍結前の全材料の比重度 1.1074（14°B）～1.1335（17°B）

名　称	材料および規定含有率
1) 酸味のある果物入り **sorbet aux fruits acides**	殺菌または滅菌した果物（こけもも，カシス，グロゼイユ，フランボワーズ，ブラックベリー），柑橘類（レモン，グレープフルーツ，オレンジなど），外来果物（パイナップル，マンゴー，キウイ，パッションフルーツ，ばんれいしなど）．果肉15％以上
2) 酸味の少ない果物入り **sorbet aux fruits doux**	果物（杏（あん），さくらんぼ，苺，バナナ，桃，洋梨，プラム），外来果物（アヴォカド，バナナ，マンゴスチン，ライチ，パパイヤ，枇杷（びわ），柿など）．果肉35％以上
②ワイン，アルコール，リキュール入りシャーベット **sorbet aux vins** **sorbet à l'alcool** **sorbet à la liqueur**	ミュスカ，ゼレス，マラスキーノ，ポルト，果実の蒸留酒，ウォッカ，アルマニャック，リキュール類．比重度 1.1159（15°B）
③香草入り **sorbet aux plantes**	ミント，茶，ラヴェンダーなど

＊天然香料の最低規定量

名　称	材料および規定含有率
果　物	生または冷凍果物の果肉，ピュレ ⎫ 生または煮詰めた果汁　　　　　⎬ ············ 15％ 酸味の強い果物 ··· 10％
その他（100 g 中）	チョコレート（粉末または固形）···························· 2 g プラリネ（アーモンドかヘーゼルナッツ，その混合）····3 g コーヒー（抽出液または濃縮液）······························任意 ヴァニラ ···0.1 g ピスタチオ··· 3 g カラメル（蔗糖のもの）·· 8 g

II 型詰め凍結したもの（規制外製品）

名　称	材　料	用　途
ボンブグラセ **bombes glacés**	ボンブ種（卵黄, 比重1.2407～1.2624のシロップ), 泡立てた生クリーム, ムラングイタリエンヌ〔任意〕	ボンブグラセ, パルフェグラセ, スフレグラセのベース
パルフェ **parfaits**	①ボンブ種（卵黄, 比重1.2407～1.2624のシロップ), 香り（ヴァニラ, コーヒー, チョコレート, プラリネ, カラメル, ジャンドゥジャ, リキュール） ②果物入り. ボンブ種, 果物のピュレ, 泡立てた生クリーム	パルフェ（円錐形), ボンブグラセの中身, アントルメグラセ, ヴァシュランなどの詰め物, スフレグラセのベース
スフレグラセ **soufflés glacés**	①卵入り. ボンブ種（卵黄, 比重1.2407～1.2624のシロップ), ムラングイタリエンヌ, 泡立てた生クリーム, 香り（オレンジ系リキュール, チョコレート, プラリネなど） ②果物入り. 果物のピュレ, ムラングイタリエンヌ, 泡立てた生クリーム	スフレグラセ, アントルメグラセの詰め物
ムースグラセ **mousses glacées**	①卵入り. 卵黄, 砂糖, 牛乳, ゼラチン, 香り, 泡立てた生クリーム ②果物入り. シロップ（比重度1.3574), 果物のピュレ, 泡立てた生クリーム	ボンブグラセ, ヴァシュラングラセ, スフレグラセ, アントルメグラセの中身
サバイヨングラセ **sabayons glacés**	卵黄, 砂糖, アルコール類, 泡立てた生クリーム	型詰めの氷菓, 型詰めの氷菓の中身, クープグラセのソース

名　称	材　料	用　途
ビスキュイグラセ **biscuits glacés**	卵黄, 砂糖, ムラングイタリエンヌ, 泡立てた生クリーム, 香り	ビスキュイグラセ（長方形または正方形）

III　その他の氷菓

名　称	材　料	特徴および用途
ボワソングラセ **boissons glacées**	コーヒー, チョコレート, マロンクリーム, 果汁, 牛乳, シャンパン, 生クリーム, 砂糖など	半流動状に回転凍結, シャンティイで仕上げ, クープ, カップなどで供する カフェグラセ（カフェ・リエジョワ）, ショコラグラセ, マロングラセ, レグラセ, シャンパーニュグラセ, アイリッシュコーヒーグラセなど
クープグラセ **coupes glacées**	各種アイスクリーム, シャーベット, 果実（生, シロップ煮, 砂糖漬け, ドライ）, チョコレートソース, クレームアングレーズ, カラメル, ジャム, クリ, シャンティイなど	クープで供する メルバ, 洋梨のベレレーヌ, バナナ・スプリット, サンデー, ネーグル・アン・シュミーズなど
アイスクリームソーダ **ice-cream sodas**	炭酸水, ヴァニラアイスクリーム, 果肉（生またはシロップ煮）, シャンティイ	コップに果肉, アイスクリームを入れ, 炭酸水を注ぎ, シャンティイでおおう
フラッペグラセ **frappés glacés**	アイスクリームまたはシャーベット, 牛乳, 生クリーム	フラッペ
フリュイジヴレ **fruits givrés**	オレンジ, レモン, グレープフルーツ, マンダリン, パイナップル, メロン, りんご, 洋梨, マンゴー, バナナ	果肉をシャーベットまたはアイスクリームにして, 元の果実に詰め直して, 冷凍する

名称	材料	特徴および用途
アントルメグラセ entremets glacés		
①アントルメグラセ・クラシック entremets glacés classiques		
オムレット・ノルヴェジエーヌ omelettes norvégiennes omlettes surprises	ビスキュイ, アイスクリーム, ムラング	アイスクリームをムラングで包んで, オーヴンで焼く
ヴァシュラングラセ vecherins glacés	ムラングの殻と台, アイスクリームまたはシャーベット, シャンティイ	ムラングの殻で囲んだ中央にアイスクリームを置き, シャンティイで飾る
シャルロットグラセ charlottes glacées	ビスキュイ・ア・ラ・キュイエール, ムースグラセ (またはパルフェ, スフレ用アパレーユ, バヴァロワ用クリーム)	型の周囲にビスキュイ・ア・ラ・キュイエールを張りめぐらし, アパレーユを詰める
プロフィトロールグラセ・オ・ショコラ profiteroles glacées au chocolat	ヴァニラアイスクリームを詰めた小さなシュー, チョコレートソース	アイスクリームを詰めた数個のシューの上に熱いチョコレートソースをかける
②アントルメグラセ・モデルヌ (アン・セルクル) entremets glacés moderne (en cercle)	台. ジェノワーズ, ビスキュイ, ムラング, プログレなど 詰め物. アイスクリーム, シャーベット, ボンブ (パルフェ, スフレ) 用アパレーユ, ムースグラセ, ビスキュイグラセ, サバイヨングラセなど	セルクル型を用いて組み立てる

名　称	材　料	特徴および用途
（アントルメグラセ・モデルヌ）	取り合わせ．シャンティイ，チョコレート，ヌガー，ムラング，果実，引きアメ，クリ，ゼリーなど	（セルクル型を用いて組み立てる）
クレープグラセ crêpes glacées (surprises)	クレープ，アイスクリーム，シャンティイ，砂糖漬け果物，乾燥焼きしたアーモンドなど	熱いクレープにアイスクリームを添え，シャンティイ，砂糖漬けなどで飾る
ムランググラセ meringues glacées	ムラングの殻，アイスクリームまたはシャーベット，シャンティイ，果実（生，シロップ煮など），クリ	ムラングの殻にアイスクリームを置く，あるいは冷たい皿にアイスクリームを置き，ムラングで囲み，シャンティイなどで飾る
グラニテ granités	シロップと果汁 比重度1.0907（12°B）〜1.1074（14°B）	シャーベットより甘味が少ない．クープまたはシャーベット用グラスで供する

10　フランスの果実　　les fruits

果実の形態

名　称	特　徴
①多肉果 fruits charnus	果実が大きく，果肉は水分が多い．生食が可能
核果（石果） 　drupes	果皮は薄く，果肉が厚く，水分が多い．中心に石のように固い核が1つあり，その中に種子がある．種子は仁と呼ばれる．桃，杏（あん），さくらんぼ，プラムなど
漿果（液果） 　baies	果肉（中果皮と内果皮）に水分が多く柔らかい．数粒のやや固い種子がある．グロゼイユ，りんご，ぶどう，オレンジなど
②乾果 fruits secs	熟すると果皮が乾燥する果肉．不裂果と裂開果がある
痩果 　akènes	種子のようにみえる果実．果皮は薄い膜質．熟すると乾燥するが果皮は裂けない．ヘーゼルナッツ，アニス

名　称	特　徴
莢(さや) **gousses**	マメ科の果実．片側または両側の裂け目より種子が取り出せる．多数の種子を含む．豆，ヴァニラ，落花生
蒴果 **capsules**	子房が多心皮でできており多室，熟すると果皮が乾燥して心皮の縫線にそって縦に割れ，種子が出てくる．栗

多肉果

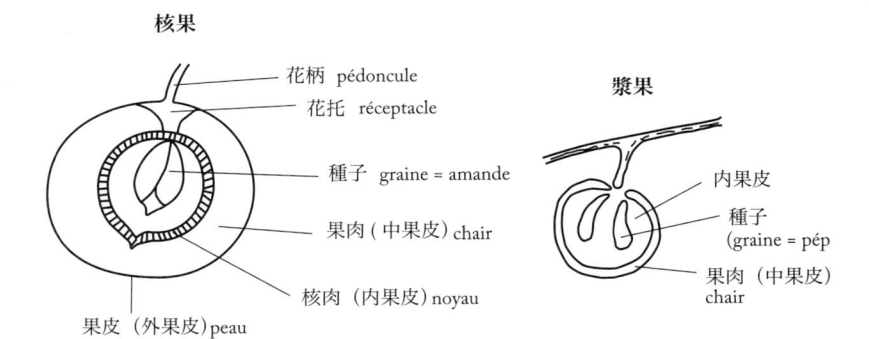

核果

- 花柄 pédoncule
- 花托 réceptacle
- 種子 graine = amande
- 果肉 (中果皮) chair
- 核肉 (内果皮) noyau
- 果皮 (外果皮) peau

漿果

- 内果皮
- 種子 (graine = pép)
- 果肉 (中果皮) chair

製菓上の果実の分類

名　称	果実形態，特徴，使用法	例
果物 **fruits frais**	多肉果．生のまま，または，コンポート，ジャム，ゼリーなどにして使用できる果実	杏(あん)，こけもも，カシス，さくらんぼ，マルメロ，苺，フランボワーズ，グロゼイユ，メロン，黒苺，すいか，桃，洋梨，りんご，西洋かぼちゃ，プラム，ぶどう
木の実 **fruits secs**	乾果．仁．採取した形で，または粉末，ペースト状，プラリネなどにしてパティスリー，氷菓，糖菓の風味を増すために使用．含有する油脂が酸敗しやすく長期保存は不可	アーモンド，アニス，落花生，栗，ヘーゼルナッツ，胡桃，ペカン，松の実，ピスタチオ

付録

名　称	果実形態, 特徴, 使用法	例
ドライフルーツ fruits séchés	多肉果. 天日干しするかホイロで水分を蒸発させたもの. 各方面に使用, 特にフリュイ・デギゼをつくる	杏(あん), バナナ, なつめやし, いちじく, 桃, りんご, 洋梨, プルーン, レーズン
柑橘類 agrumes	多肉果（液果, シトラス属）. 酸味があり, ビタミンCを豊富に含む. 各方面に多用	ベルガモット, セドラ, レモン, ライム, マンダリン, オレンジ, グレープフルーツ
外来果物 fruits exotiques	多肉果, 乾果, その他. 外国産, 特に熱帯地方産. パティスリーにはほとんど用いられないが, 氷菓, とくにシャーベットに多用される	パイナップル, ばんれいし, アヴォカド, バナナ, カカオの実, コーヒー, ごれんし, なつめやし, グアヴァ, ざくろ, パッションフルーツ, 柿, キウイ, ライチ, マンゴスチン, マンゴー, 枇杷(びわ), ココナッツ, パパイヤ, ヴァニラ
茎植物 plantes tiges	茎のみを使用. 装飾, コンポート, ジャムなどに用いる	アンゼリカ, ルバーブ

加工形態

名　称	定　義	用　途
ピュレ purées	果肉をつぶし, （一般に）煮てから裏漉ししたもの. 砂糖は無添加, または10％以下添加. 冷凍保存可	氷菓, クリーム, ソース
ピュルプ pulpes	果肉をつぶし, 裏漉ししたもの. 無添加. 冷凍または煮沸殺菌して保存	ピュレと同じ
ジャム confitures	果物全体あるいは果肉, 果汁と同量の砂糖を105〜107℃, 水分が蒸発するまで煮詰めたもの. 市販品の規定として製品1kgのうち350g以上の果実を使用. 数年保存可	大・小型菓子の詰め物, ナパージュ, ソース

名　称	定　義	用　途
マルムラード **marmelades**	粗切りにした果肉に同量の砂糖を加えて一晩置き，煮崩れるまで煮たもの．6か月～1年保存可	ジャムと同じ
ゼリー **gelées**	ペクチンの多い果汁と砂糖を水分が蒸発するまで煮詰めたもの．果汁1ℓに砂糖750g～1kg（比重1.2964〔33°B〕）	詰め物，グラサージュ，ソース，ナパージュ，ボンボン・ショコラのセンター
コンポート **compotes**	果物をシロップで弱火で煮たもの．一般にピュレ状だが，シロップの中にそのままの形状を残しているものもある．果物1kgに対し，砂糖300～400g，冷蔵庫で1週間	
シロップ煮または水煮瓶詰 **fruits au sirop** **fruits au naturel**	果物を瓶に入れ，熱したシロップまたは湯を注ぎ，密閉して必要時間煮沸したもの．シロップは水1ℓに対し，砂糖200～500g	タルト，アントルメ，クープ，アントルメグラセの詰め物
アルコール漬け果物 **fruits à l'alcool**	完熟していない果物をアルコールに漬けたもの．果物1kgに対し，アルコール（45°以上）1ℓ．砂糖を添加する場合もある	フォンダンがけのフリュイ・デギゼ，チョコレートのセンターなど
砂糖漬け果物 **fruits confits**	多肉果をシロップで煮詰めながら，果肉に含まれている水分を高濃度のシロップに代えたもの	各種菓子の飾り，クリーム類，アイスクリーム，ボンボン・ショコラのセンター，ケーク，ブリオッシュ，小型パンなどの発酵生地に混ぜ込む
ドライフルーツ **fruits séchés**	果物を天日干しするか，ホイロで乾燥させたもの	フリュイ・デギゼ，チョコレート，氷菓の飾りなど

名称	定義	用途
冷凍, 凍結果物 **fruits congelés** **fruits surgelés**	冷凍 −30〜−35℃ 凍結 −40〜−196℃で凍らせたもの	タルト, シャーベット, アイスクリーム, ソース, ジュース
果汁 **jus de fruits**	多肉果を絞り, 漉したもの, 水は一切加えない	清涼飲料, ソース, クリーム, シャーベットなど

11　フランスの牛乳　　le lait

I　牛乳からつくられる製品

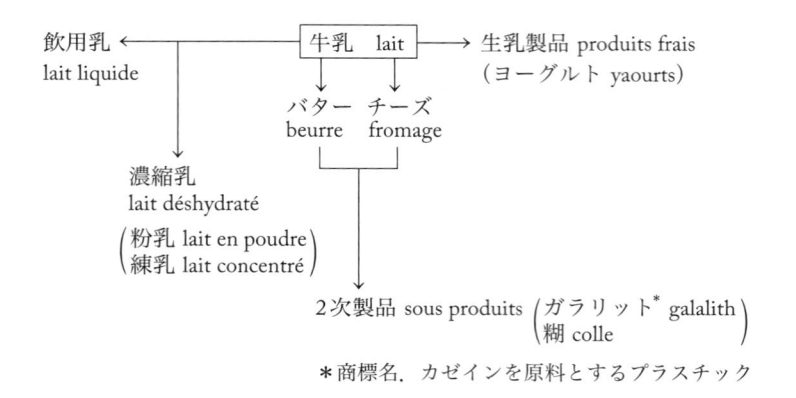

```
飲用乳　←―――　牛乳 lait　―――→　生乳製品 produits frais
lait liquide        │                （ヨーグルト yaourts）
   │             バター　チーズ
   ↓             beurre  fromage
濃縮乳              └──┬──┘
lait déshydraté         │
(粉乳 lait en poudre)    ↓
(練乳 lait concentré)  2次製品 sous produits (ガラリット* galalith)
                                          (糊 colle           )
                ＊商標名. カゼインを原料とするプラスチック
```

II　牛乳の保存処理法

　A　加熱
1) 煮沸　10分沸騰させ, 冷却
2) 低温殺菌　a) 73〜85℃で数秒　｝加熱して, 4℃に冷却
　　　　　　b) 63℃で約30分
　　　　フランスで最も利用されているのは85〜90℃で20〜25秒加熱する方式
3) 密閉高温殺菌
　a) 乳脂肪粒のホモゲナイズ(均質化)

b) 予備殺菌(130〜140℃で3〜4秒)加熱して70〜80℃に冷却
  c) 80℃に熱した瓶に詰めて密閉
  d) 110〜180℃の蒸気室で15〜20分加熱して冷却
4) **高温滅菌(ＵＨＴ方式)**
  a) 75℃に予備加熱してから霧状にして140〜150℃で2秒加熱してから、一気に70〜75℃、次いで冷却
  b) 75〜80℃に予備加熱してから高温滅菌器で150〜160℃に熱し、冷却、ホモゲナイズ、再び冷却する

 B 濃縮
1) **加糖練乳**(殺菌しない)
  a) クリームを加えて無脂固形分と乳脂分の割合を調整
  b) 105〜110℃で数秒加熱滅菌
  c) 70％の蔗糖を含む無菌シロップを添加
  d) 48〜53℃で真空濃縮
  e) 結晶化を防ぐために30〜32℃に急冷
  f) 攪拌(かくはん)しながらゆっくり15℃まで下げる
  g) 缶またはチューブに自動的に詰める
2) **無糖練乳**(殺菌する)
  a) クリームを加えて無脂固形分と乳脂分の割合を調整
  b) 低温殺菌
  c) 水分の蒸発
  d) 乳脂分の均質化
  e) 冷却
  f) 安定剤(塩化カルシウム、クエン酸塩など)を添加
  g) 缶に詰め密閉
  h) 殺菌

 C 脱水、乾燥
粉乳
1) **ハットマカー法** 130〜150℃に熱した2つのシリンダーに牛乳をフィルム状に均等に流し、急速に乾燥、粉末にする
2) **スプレー法** 150〜160℃の中で、回転する円盤(20,000回転／秒)に牛乳を噴きつけて霧状にする。ただちに乾燥され、粉末となる

 D 冷蔵、冷凍

III 流通牛乳

A 飲用乳

乳脂分3.5%以上, 1ℓ中36g以上含むことを規定

標示される事項

1) 乳脂分による種別　カートン, 瓶, プラスチック容器の口金の色が, 赤は全乳, ブルーは半脱脂乳または減脂乳, 緑は脱脂乳
2) 処理法　低温殺菌乳, 高温殺菌乳, ホモ牛乳, UHT乳
3) 保存期限月日

B 流通牛乳の種類

種 類	使用法	保存期間		用 途
		開封前	開封後	
生乳, 原乳 lait cru	5分間煮沸	冷蔵庫(5℃)で1日		1. 飲用
低温殺菌牛乳 lait pasteurisé ①量り売り en vrac	5分間煮沸	冷蔵庫で1日		2. 生地 　クレープ, 揚げ物, パン, プティフール
②カートン入り conditionné	煮沸不要	室温 (15～20℃) で1日. 冷蔵庫で2～4日	冷蔵庫で1日	3. クリーム 　クレームパティシエール, クレームアングレーズ, カスタードプディング, フラン
高品質殺菌牛乳 lait pasteurisé de haute qualité	煮沸不要	室温で1日. 冷蔵庫で2～4日	冷蔵庫で2日	4. 氷菓 　アイスクリーム
滅菌牛乳, ロングライフ牛乳 lait U.H.T.	煮沸不要	室温・暗所で数か月	冷蔵庫で2～3日	5. アントルメ 　リオレ, バヴァロワ, スフレ, プディング

種類	使用法	保存期間		用途
		開封前	開封後	
滅菌ホモ牛乳 lait stérilisé homogénéisé	煮沸不要	室温・暗所で数か月	冷蔵庫で2～3日	6.糖菓 カラメル,トフィ,ガナッシュ
香料入り滅菌牛乳 (乳飲料) lait stérilisé aromatisé	煮沸不要	室温・暗所で数か月	冷蔵庫で2～3日	飲用
加糖練乳 lait concentré sucré	煮沸不要	室温・暗所で数か月	冷蔵庫で8日	ミルクチョコレート製造
無糖練乳 lait concentré non sucré	煮沸不要	室温・暗所で数か月	冷蔵庫で1～2日	ミルクチョコレート製造
粉乳 lait en poudre ①脱脂粉乳 lait écrémé en poudre ②乳固形分0％粉乳,脱脂粉乳 lait sec 0% M.G. ③全脂粉乳 lait entier en poudre	水溶き,煮沸不要	室温(湿気および高温禁)で数か月	乾燥した場所で,全脂粉乳は10日,脱脂粉乳は2～3週間	ミルクチョコレート製造

仏英独=和
[新]洋菓子辞典
DICTIONNAIRE DES TERMES DE LA PATISSERIE

2012年3月20日　第 1 刷発行
2025年5月10日　第 11 刷発行

編　者 ©　千石玲子
　　　　　千石禎子
　　　　　吉田菊次郎
発行者　　岩堀雅己
印刷所　　大日本印刷株式会社

発行所　　101-0052 東京都千代田区神田小川町3の24
　　　　　電話 03-3291-7811（営業部），7821（編集部）　　株式会社　白水社
　　　　　www.hakusuisha.co.jp
乱丁・落丁本は，送料小社負担にてお取り替えいたします。
振替　00190-5-33228

Printed in Japan
株式会社松岳社
ISBN978-4-560-00043-4

▷本書のスキャン，デジタル化等の無断複製は著作権法上での例外を
除き禁じられています。本書を代行業者等の第三者に依頼してスキャ
ンやデジタル化することはたとえ個人や家庭内での利用であっても著
作権法上認められていません。